중독집단치료

중독집단치료

Group Psychotherapy with Addicted Populations

1판 1쇄 2015년 1월 15일

지은이 | 필립 플로레스
옮긴이 | 김갑중, 윤영선, 김교헌, 현명효, 신수경, 신성만, 김건종, 김용진, 권영실, 박보윤

펴낸이 | 임말희
편집 | 박충진
프린트 | 문성인쇄
펴낸곳 | 눈 출판그룹

출판등록 | 2012년 5월 23일 제321-2012-000122호
주소 | 서울특별시 서초구 서초동 효령로 60길 23-11서전빌 3층
전화 | 02-3394-4745
팩스 | 02-3394-4749
이메일 | malheeklarayim@gmail.com
홈페이지 | www.nun.or.kr

값 48,000원
ISBN 978-89-94347-40-0(93180)

파본이나 잘못된 책은 바꿔드립니다.

 이 도서의 국립중앙도서관 출판시도서목록(CIP)은 e-CIP 홈페이지(www.nl.go.kr/ecip)에서 이용하실 수 있습니다. (CIP 제어번호 :2014030621)

중독집단치료

Group Psychotherapy with Addicted Populations

필립 플로레스 지음

신상중, 윤영선, 김교헌, 현명호, 신수경, 신성만, 김건중, 김용진, 권영실, 박보윤 옮김

목차

II 집단 중독 치료

서문

필립 플로레스는 중독 치료자들에게 바이블로 통하는 책을 근 20년 전에 펴냈다. 나는 필립의 친구이자 동료로서 그의 『중독집단치료』가 3판을 거듭하며 변화하는 걸 지켜보면서 감탄을 금치 못했다. 따스함, 겸손, 헌신의 마음이 그의 뛰어난 지성과 만나 중독 치료자들의 임상을 포괄적으로 이해하게 해주는 훌륭한 책을 빚어냈다.

이 책은 왜 중독치료자의 필독서인가?

플로레스는 탁월한 임상가이자 화룡점정에 뛰어난 스승이다. 이번 3판은 대인관계 신경생물학 분야의 최신 연구들을 소개하는 것으로 출발한다. 의사로서 훈련받지 않은 치료자들도 난해한 의학용어의 융단포격을 두려워할 필요가 없다. 플로레스는 엄청난 양의 정보를 쉽게 전달하기 때문이다. 플로레스는 중독 환자들과 자신이 작업하는 치료 모델에 독자들을 참여시키고 애착이 핵심인 그의 모델을 독자들이 잘 이해할 수 있게 해준다. 그는 명쾌하고 일관된 방식으로 애착이론을 소개하며 임상 사례를 들어 중독 치료자들이 임상 실제에 통찰력을 갖도록 이끈다.

중독을 질병 개념에서 바라본 3장에서 플로레스 박사는 회복의 초석으로 단주를 신중하면서도 강력하게 주장한다. 그러나 학자적 양심에서 그는 또 절제 관리 모델을 실천하는 치료자들 편에서 제기되는 주장들에도 넓은 지면을 할애하며 치료자 각인이 결론을 내릴 수 있도록 여지를 남긴다. 정신역동을 다룬 4장에서는 중독 치료에 적실성 있게 적용될 수 있는 다양한 심리학 이론들을 광범위하게 소개하고 있다. 또 AA와 다양한 12단계 프로그램들에 대해 요약 정리하는 방식으로 중독과 회복에 대한 그만의 깊은 통찰을 보여준다. 회복 과정을 많이 경험한 회복된 환자들도 이 책을 통해 이상적 집단치료인 12단계의 근저에 놓인 심리학적 토대들에 관해 더 많이 알게 될 것이다. 나는 본 서문에서 검증된 기초 위에서 치료 작업을 하고자 노력했던 플로레스 박사의 헌신에 찬사를 보내고 싶다. 중독 집단치료자가 되고자 준비하는 독자는 이 책을 읽으면서 탄탄한 기초를 다지게 될 것이다.

중독 집단을 이끌고자 합니까? 이미 중독 집단을 이끌고 있습니까?

먼저 플로레스 박사는 치료 방법이 한 가지만 존재한다는 생각을 버리라고 치료자들에게 권한다. 또한 그는 치료자들이 집단치료에 사용할 수 있는 여러 치료기법들과 기술들을 사려 깊게 통합해 사용할 수 있도록 그 토대를 마련해 준다. 그는 대인관계적 개입이나 집단 그 자체의 치료적 개입과 관련해 이러한 기법과 기술들의 유용성을 설명하고, 이것들을 심리교육적 집단에서부터 통찰 지향 집단에 이르기까지 광범위하게 적용하고 있다. 적용 사례들은 각 장마다 간략한 임상 사례 형태로 제시되는데 각 사례에서 우리는 플로레스의 인간미와 유머감각을 엿볼 수 있을 뿐더러 다양한 이론들에 편견 없이 열린 그의 시선을 느낄 수 있다.

저자는 치료자들이 집단원들과 첫 회기에서 만나기 전에, 먼저 치료자들이 임상에서 쓸 수 있는 풍성한 치료기법들과 접하도록 따뜻하게 배려한다. 실로 임상 종결자인 플로레스는 집단치료자가 집단원들과 맺는 관계성을 강조한다. 본 책 1부에서는 집단 정신치료와 중독 회복에 관한 기초를 신중히 안내하는데, 이와 마찬가지의 신중함을 가지고 치료자가 치료 집단 내에 발을 들여놓기 전에 멤버들에게 치료자 자신을 어떻게 소개할지 미리 고민해 보도록 가이드 한다. 환자를 치료집단 내의 경험들로 준비시키는 과정을 설명하는 7장에서는 치료 동맹을 확립하고 유의미한 치료 계약을 체결하고, 치료 집단의 멤버가 되는 일에 관해 환자마다 갖게 될 감정과 환상을 탐색해 보는 것 등에 대해 설명한다.

2부에서는 집단치료를 본격적으로 다룬다. 저자는 겸손히도 집단 치료의 거장인 어빈 얄롬의 이론을 두 장에 걸쳐 소개한다. 얄롬의 고전적 텍스트들을 이미 접한 독자건 아니건 8장에서는 집단 내에서 일어나는 일, 집단원들 사이 혹은 집단과 집단원들 사이에서 일어나는 것 등에 관한 기초를 배우게 된다. 즉시성을 갖추는 것, 집단치료 경험을 활성화하는 것 등에 관해서는 임상 사례가 곁들여져 있다. 9장에서는 얄롬의 초기 연구를 창조적으로 확장시키는데, 얄롬의 치료법을 중독 환자들에게 특정적으로 적용하는 것에 관해 기술한 후, 흔히 중독환자들에게서 과소평가되곤 하는 역기능 가정에서 자란 성인아이 증후군을 얄롬의 방법론과 통합시킨다.

저자는 이렇게 독자를 실력으로 무장시키면서도 공존질환을 다룬 10장의 학습 내용을 과감히 넘어서라고 독자에게 격려한다. 역기능 가정에서 자란 경험이 성공적 치료 참여를 심하게 방해할 경우 공존질환은 심각한 문제가 된다. 플로레스는 1부에서 소개한 애착이론을 바탕으로 공존질환을 애착이론적 시각에서 이해할 수 있도록 개념 틀을 제공한다. 각 장에 소개된 풍부한 임상사례들은 초기 권위 인물에 대한 애착 실패가 현재의 삶에서 사랑과 관심을 받아내는 능력을 얼마나 손상시키는지를 잘 보여준다.

이러한 통찰은 치료 집단 내에서의 권위 인물-집단 리더인 치료자-의 기능에 대해 주목하게 한다. 여기서 플로레스의 공감능력은 더 명백히 드러나는데, 그는 치료자들이 자신의 성격특성, 특히 자신의 애착 유형을 인지하고 이러한 것들이 집단 리더로서 치료자가 권위 인물로 서는 데 어떤 영향을 미치는지 살펴보라고 권한다. 플로레스는 자기 자신이 어떤 컨퍼런스에서 얄롬과 마틴 신부라는 사뭇 대조적인 인물과 개인적으로 만난 일을 예리하게 기술하는 것으로 11장을 연다. 플로레스는 이 예를 리더십 스타일을 검토하는 출발점으로 삼지만, 그는 리더십 스타일들에 대한 판단을 삼가고 자신만의 스타일로 치료 집단에 멋지게 봉사하는 치료자들에게 아낌없는 찬사를 보낸다. 11장에서는 집단 리더십 스타일 문제에 관한 중요한 연구 결과들을 재검토하면서, 집단 리더는 집단 멤버들과 안정 애착을 형성하고 하나의 이론에 교조적으로 집착하지 않는 태도를 갖는 게 중요하다고 강조한다.

집단 멤버들을 더 잘 알게 되길 원합니까?

중독을 질병으로 인식하는 것, 중독 치료에서 집단을 사용하는 이유, 중독 집단치료자가 되기 위한 과정 등을 다룬 뒤 3부에서는 1부와 2부에서 이미 소개한 원칙들을 치료에 적용하는 것에 관해 다룬다. 그는 치료자라면 누구나 맞닥뜨리는 상황에서부터 출발한다. 환자와 만나 무엇이 문제고, 어떤 지점에서 환자가 오랜 시간 변화를 위해 힘쓸 수 있는지 알아본다. 이런 과정은 진단, 동기 평가, 재발 방지를 위주로 한 치료 동맹의 형성으로 이어진다.

이후 장들에서는 전형적인 중독 집단치료 여정을 다룬다. 어떤 멤버는 상당 기간 단주한 후에 집단에 들어오고, 어떤 사람은 어느 정도 단주에 이르기도 전에 집단을 떠나지만, 집단 전체로 볼 때 집단은 모든 단계를 전부 거치게 되는데 플로레스는 각 단계들을 잘 구분해서 설명한다. 13장에서는 초기 단약 단계를 거쳐 직면, 개입, 재발 등을 모두 포괄하는데 이러한 과정은 중독 집단치료에 임하는 치료자라면 누구나 겪는 일들이다. 플로레스는 이런 치료 수단들이 어떻게 집단 세팅 내에서 사용될 수 있는지 생생한 사례들을 들어 보여준다.

약물사용 하의 운전자나 법원 의뢰 환자(13장), 입원환자 집단이나 시설내 치료집단(14장), 장기 정신역동 치료집단(15, 16, 17장) 등에 모두 적용할 수 있는 치료 기법들을 동일한 원칙들로부터 통합해내는 저자의 능력에서 우리는 노련한 임상가의 모습을 재차 확인할 수 있다. 플로레스는 아주 능숙하게 작업하며 치료자의 투명성, 기밀유지, 여러 집단들에 동시 참여하는 것 등의 난제도 잘 다룬다. 마지막 장에서는 단기 집단에서도 흔히 볼 수 있지만 특히 장기 치료집단에서 일어나는 집단의 과정을 심도 있게 소개한다. 이러한 집단역동의 측면들에 일가견을 갖게 되면 독자는 중독자들과의 임상에서 풍성한 결실을 거두게 된다.

내가 필립 플로레스를 경탄하는 이유들은 본 서문에 뚜렷이 드러나 있다. 독자들도 이 책의 마지막 장을 넘길 때쯤이면 중독 집단치료의 거장인 필립 플로레스를 멘토로서 존경하게 되리라 확신한다.

Jeffrey D. Roth, MD (중독전문 정신과전문의), 시카고 일리노이에서

I

이론적 모델

1

대인관계 신경생물학과 중독 : 애착 이론적 관점

중독치료와 집단 정신치료의 세계는 이 책의 초판이 나온 1988년 이래로 꾸준히 발전하고 변화해 왔다. 우리가 중독을 이해하는 방법과 우리 사회에 지금 일어나고 있는 중독 행동에 대한 확산을 이해하는 방식에 대한 신경과학의 영향력 증가와 중독행동이 현재 우리 사회에 만연해 있는 방식들의 확산이 이런 변화들 중 가장 중요한 것이다. 이제 중독은 더 이상 알코올, 코카인, 헤로인 그리고 다른 중추신경계 억제제나 흥분제와 같은 정신활성 물질에 국한되는 것이 아니라 섹스, 도박, 일, 쇼핑, 운동, 심지어 인터넷과 같은 소위 '과정 중독process addictions'이라 불리는 것들을 포함해 계속 확장되고 있다(Freimuth, 2005). 이렇게 새롭게 생긴 중독들은 신체로 주입되거나 섭취되는 이제까지의 물질substance 중독과는 다르기 때문에, 중독의 '질병 모델disease model'은 다양한 조건들에 의해 공유되는 기본적 유사성을 더 잘 반영하는 새로운 패러다임에 맞게 확장되어야 한다. 중독이 신체에 들어온 물질류의 작용보다는 사람들의 습관적이고 강박적인 행동들과 더 많이 관련된다고 인식되고 있기 때문에, 더 철저하고 종합적인 이론적 관점이 요구된다. 많고 다양한 관점들, 예를 들면 어떤 사람들은 중독에 취약한 반면 어떤 사람들은 즐기기 위해 사용할 뿐 중독이 되지 않는 것과 같은 다양한 조건들에 대해 밝혀낼 수 있어야 한다.

이러한 조건들을 밝혀내기 위해서는 신경과학에서 새롭게 밝혀낸 더 많은 발견들을 포함시켜야 한다. 시대에 뒤쳐진 유전학적인 설명만으로는 불충분하다. 지난 50년간 셀 수 없이 쌍둥이 양자 연구를 했지만 누가 중독될 것인가를 예측하는 변인들의 단지 20%만이 설명 가능했다(Goodwin, 1979). 신경과학에서의 최근 연구 성과들은 애착 이론attachment theory을 보완해주는 것은 물론 중독과 관련된 역동을 이해하는 데 보다 완전하고 만족스러운 패러다임을 제공한다.

이 책에서 가장 중요하게 생각하는 것은, 이러한 진보된 패러다임이 집단 정신치료와 AA 12단계 프로그램에서의 집단 구성이 중독치료에 가장 유용한 구성인지에 대한 새롭고 설득력 있는 이유를 제공해 준다는 점이다.

대인관계 신경생물학

신경과학은 우리에게 놀라운 사실 즉, 사람의 뇌를 변화시키는 가장 효과적인 방법이 내부 신경전달물질을 복제, 차단하거나 대체하는 약물을 주는 것보다는 안전하고 지지적인 대인 관계와 정서적 유대 안에서 새로운 경험과 낙관적인 감정이 발생하도록 지속적으로 지원하는 것임을 가르쳐 주었다. 간단히 말해서 누군가의 마음을 변화시키기 원한다면, 감정적으로 맞춰주면서 의미 있고 보살펴주는 방식으로 이야기를 나누어야 한다. 최첨단 신경이미지 촬영법 연구결과들이 이를 확인해 주고 있다. 쇼어(Schore 2003a)는 수백 편의 신경 이미지 연구들을 검토한 결과, 치료적 동맹 안에서 상호 주관성 영역의 결정적 구성요소 내에서 일어나는 암묵적이고 신체에 기반을 둔 비언어적 의사소통의 중요성에 대해 증명해 주었다. 이러한 결정적 과정은 효과적인 치료 중에 뇌 안에서 일어나는 강력한 구조 변화를 설명해 준다. 신경과학은 지난 300년 동안 의학을 지배해왔던 마음-신체 이원론의 한계를 뛰어넘어 인간 행동을 보다 유동적인 것으로 이해하도록 이끌었다. 이러한 주장이 근거가 되어 르위스, 아미니, 레넌(Lewis, Amini, Lannon, 2000)과 같은 학자들은 "인간의 마음을 생리학과 심리학으로 나누는 것은 마치 빛을 입자와 파동으로 나누는 것만큼이나 불합리하다"(p. 167)고 말하게 되었다.

뇌-지도Brain-mapping 연구(Braun et al., 2000), 생체 내 신경 화학, 뇌 수용체 연구(Insel & Quirion, 2005), 최첨단 신경 이미지 기술(fMRI : functional magnetic resonance imagery, PET 스캔과 같은 다른 영상 기술들)은 애착, 물질 사용, 불쾌감, 만족감, 심지어 정신치료의 결과들이 나타나는 뉴런 경로들 또는 뇌 기능상에서의 변화들을 눈으로 볼 수 있게 해주었다. 뇌 피질의 변형, 신경발생, 강력하게 작용하는 뇌신경의 형성과 재조직 등의 용어들은 뇌가 생애 전반에 걸쳐 변화한다는 사실을 입증해 주는 증거다. 이런 용어들은, 태어날 때 이미 뇌에 내장되어 성인이 되어도 변경될 수 없다고 하던 1980년대 이전의 개념을 부정하고 있다(Taub & Uswarre, 2000; Morris et al., 2001; Weis et al., 2000).

섀런 베글리(Sharon Begley, 2004)는 이렇게 새롭게 발견된 사실들의 의의를 포착해 '거의 사용되지 않는 부분은 약화되거나 줄어들고 사용되는 회로는 강화 또는 확장됨' 으로써 그 구조와 기능을 변화시키는 뇌의 능력이 최근 발견되었음을 기록했다. 신경 가소성 과학이 육체적인 경험과 바깥 세계로부터의 정보 입력을 반영하는 뇌 변화에 대해 대부분 기록했음에도 불구하고(2004, p. 1) 명상meditation에서의 좀 더 최근의 연구는 뇌 구조를 바꾸는 것이 외부의 물리적 시연으로만 한정되지 않는다는 것을 보여준다. 뇌는 또 명상과 유사한 순수한 내적 정신적 표상에 대한 반응으로도 변화할 수 있다. 명상으로 잘 훈련된 사람들은 뇌의 회로망에서 큰 변화를 증명해 낼 수 있는 사람들이다. '이것은 의도적으로 바뀔 수 있는 몸의 일부분처럼 뇌에 대해서도 같은 변화의 가능성을 열어준다. 근육의 형태를 만드는 유산소 운동과 같이, 정신적 훈련 또한 뇌의 회백질 형태를 만들 수 있다고 과학자들은 추측하기 시작했다' (Begley, 2004).

이러한 새로운 이론은, 뇌가 어떻게 중독 상태가 되어 가는가에 대한 애착이론의 설명을 넘어서 뇌가 심리적 개입에 어떻게 반응하는지에 대한 구체적 증거를 제공해 준다. 예를 들어 SPET(양전자 방사 단층 촬영single positron-emission tomography) 검사로 유사한 진단을 받은 비슷한 나이 대의 두 사람을 비교하는 연구를 했다. 한 사람은 1년 동안 심리치료를 받았는데 다른 사람은 그렇지 않았다. 심리치료 전에 시행한 SPET 이미지에서는 비교 대상으로 선정한 열 명의 건강한 개인에 비해 안쪽의 전뇌 다발medial forebrain bundle에서 줄어든 세로토닌serotonin 흡수율을 보여 주었다. 1년 동안의 심리치료 후, 치료를 받은 개인의 SPET 패턴은 정상으로 회복되었지만 치료를 받지 않은 개인은 이전 상태 그대로였다.

몇몇 예비 연구들에서도 fMRI(기능적 자기 공명 영상functional magnetic resonance imaging)는 필로폰methamphetamine 남용을 위한 치료 후 어떤 사람이 재발할 것인가에 대해 정확하게 예견할 수 있었다고 밝혔다(Paulus, Tapert & Schuckit, 2005).

또 다른 놀라운 발견은 중독된 뇌에 대한 치료는 새로운 치료법의 개발보다는 이미 쓰고 있는 현재의 기법들임이 증명되었다. 이런 의미에서 '대인관계 신경생물학interpersonal neurobiology'이라는 새로운 영역은 신뢰해도 좋은 영역임이 입증되었다. 즉 누군가와 대화하는 것은 특별히 그 만남이 의미 있고, 감정적인 공명과 조화 그리고 강한 감정적 연합 하에서 일어나는 것이라면 신경 회로와 시냅스 강도를 바꿀 수 있을 거라는 것이다. 정신분석에서부터 인지행동치료CBT에 이르기까지 모든 형태의 심리치료는 이런 변화를 이루는 데 성공적이며, 관련된 신경 회로의 성장을 강화할 수 있다. 소통을 위한 언어의 사용과 이때의 감정적 조율attunement은 신경회로의 성장과 통합을 위한 가장 최선의 매체다.

이제까지의 신경생물학과 심리학 사이에 존재했던 잘못된 분리는 애착 이론과 신경과학의 공헌으로 점차 줄고 있다. 그간 수정되어야 하는 뇌와 심리치료에 관한 잘못된 결론을 보여주는 많은 연구가 행해졌는데, 최근의 과학적 발견들은 다음 여섯 가지 사실들을 분명히 보여준다.

1. 애착과 심리치료는 뇌의 화학반응을 바꿀 수 있다.
2. 학습learning에 기초한 경험들은 신경 연결을 바꾼다.
3. 강화reinforcement는 활성화(환경적 자극)를 요구하는데, 강화는 뇌 기능의 자동화된 패턴과 강도를 바꿀 수 있다.
4. 시냅스의 강도는 경험에 의존한experience-dependent 현상이다.
5. 의미 있는 방식으로 말하는 것, 주의를 기울이는 것, 애착 등은 뇌의 생리화학 반응과 시냅스의 전달, 강도, 숫자를 바꿀 수 있다.
6. 애착은 유전자 발현을 바꿀 수 있다.

시겔(Siegel, 2006)이 지적했듯이, 신경과학적 심리치료는 신경과학이라는 독립된 분야에 심리치료라는 임상 분야를 통합하는 방법을 보여줌으로써 흥미로운 역사적 지점에 우리를 놓이게 한다. 신경과학으로부터 나온 최근의 연구 결과들은 이제 마음의 관점에만 적합한 단순한 '단일한-두개골single-skull' 개념은 존재할 수 없으며, 이것은 우리가 마음을 어떻게 정의하느냐에 따라 지금도 완전히 변화되고 있음을 보여준다. 마음은 단순히 뇌의 생화학적 기능이며 그렇게 누적된 분자들의 결과에 지나지 않는다는 오래된 환원론적 관점은 이제 명백히 구시대적 관점이 되었다. 이러한 구시대적 관점은 사람의 마음을 변화시키는 가장 좋은 방법으로 그 약을 주거나 하는 방법들을 통해 시냅스의 연결들을 바꾸는 것이라는 믿음을 강화해 주었었다.

그러나 마음은 단순한 뇌 활동 그 이상을 의미한다. 마음은 뇌가 마음 자체를 만들어 가도록 한다. 시겔이 말했듯이 '뇌는 마음의 장난감이다.' 하나뿐이고 밀폐된 닫힌 기관으로 보는 관점으로서의 마음은 더 이상 존재하지 않는다. 새로운 관점은 마음을 여러 뇌들 간 에너지와 정보의 흐름뿐 아니라 하나의 뇌 안에서도 에너지와 정보의 흐름이라고 정의할 때 이제까지의 여러 오해들과 화해할 수 있게 된다.

대인관계 신경생물학적 관점은 집단 치료자들이 신경과학의 발견들을 긍정적으로 받아들이고, 어떻게 마음이 다른 사람과의 사이에서 일어나는 경험과 집단 심리치료를 통해 변화되는가를 명확히 이해할 수 있도록 해준다.

마음은 약물만에 의한 것이 아닌 사람들과의 관계에 의해 뇌에 새겨지는 경험과 그러한 경험의 지속성에 의해 형성되는, 이미 유전적으로 프로그램화된 뇌가 성숙하면서 발달한다. 시겔이 말했듯이, 가장 강력한 인간관계 중 하나는 적절히 지도되고 관리되어진 치료적 관계다(2006). 어떤 형식의 심리치료도 결과적으로 뇌를 변화시키지 못한다면 효과적이라 할 수 없으며, 마음에 오래 지속되는 변화를 위해서는 뇌에서의 변화가 요구된다. 중요한 것은 치료약만으로는 이런 목적을 달성하는 데 충분치 않다는 것이다. 주의력결핍 과잉행동장애 환자ADHD들을 대상으로 한 최근 사전 조사(Siegel, 2006)에서는 그들의 마음에 이미 길들여져 있는 쉽게 산만해지는 경향을 바꿀 수 있도록 가르칠 수 있다고 증명하였는데, ADHD환자 60명 이상의 피험자들은 명상을 통해 훈련하는 마음챙김 기법을 활용하여 그들의 충동을 억제하고 없애는 것에 대해 배울 수 있었다. 시겔이 처음으로 연구 결과를 동료들에게 보여주었을 때, 첫 번째 받은 질문은 "당신이 사용했던 명상을 할 때 치료기간 즉 용량dosage은 어느 정도였는가?" 라는 것이었다. 시겔은 경험이 어떻게 시냅스의 성장을 촉진하는 유전자를 활성화시킬 수 있는가에 대해 설명했다. 뇌 신경형질의 부분인 신경 줄기 세포는 대략 24시간마다 스스로 나뉘는데, 신경 줄기 세포들이 나뉠 때 하나는 줄기 세포 라인에 남아 있지만 나머지 하나는 뇌에 통합된 뉴런으로 성장하는데 이때 가치 있는 새로운 경험을 기다리게 된다. 이때 전혀 새로운 경험이 제공되지 않으면 더 이상 어떤 뉴런의 성장도 일어나지 않는다. 그러나 어떠한 경험이 반복적으로 제공된다면 흥미로운 일이 일어나기 시작할 것이다. 뉴런은 변화되기 위해 준비되는 기간이 한 달 정도 걸리고 두 세 달이 지나면 정착된다. 90일에서 120일 후에, 새로운 줄기 세포의 분화와 관련한 뇌의 통합적 기능에 큰 변화가 일어날 수 있다.

이러한 발견들로부터 중요한 의미를 찾을 수 있다. 시겔이 얘기했듯이 모든 심리치료자들이 꾸었던 꿈을 확고하게 해주는 과학적 증거들이 지금 존재하고 있는 것이다. 심리치료는 사람의 마음을 바꾸는 것만이 아니다. 그것은 뇌를 바꾼다. 중독치료에 이러한 연구 결과들이 시사하는 중요한 점은 뇌뿐 아니라 인간의 행동과 마음을 변화시키기 위해서는 치료에 헌신적으로 투자된 특정한 시간이 요구된다는 인식이다. 시겔의 업적의 의미가 좀 더 주의 깊게 검토된다면 '90일 동안 90번의 모임'이라는 AA 직감력에서 나온 인식과 제안은 권위를 더욱 인정받게 될 것이다. 알코올 중독자의 뇌가 온전한 정신의 뇌로 바람직한 변화를 이루기 위해서는 시겔이 기술했던 줄기 세포의 분화에 큰 변화가 일어나기까지 적어도 90일의 시간이 필요하다.

신경과학은 효과적 치료에는 다음 세 가지 요소를 포함돼야 한다는 확신을 주고 있다.

1. 새로운 경험
2. 신경 가소성neuronplasticity을 위한 적당량의 정서적 각성
   - 새로운 시냅스 연결망
   - 낡은 시냅스 연결망의 수정
   - 줄기 세포들이 온전히 통합된 뉴런으로 분화하도록 촉진하는 것
3. 지지 자원support

애착의 신경생리학

신경과학 분야에 축척된 데이터들로부터 연구자들은 그들의 발견을 설명해 줄 수 있는, 치료에 대한 실증적 적용이 가능하고 임상적 타당성이 있는 이론적인 틀을 찾았다. 다양한 관점에서 이렇게 축적된 정보들은 공유하고 있는 현상을 설명하고 통합할 수 있는 설득력 있는 이론을 필요로 했다. 애착 이론이 이것에 필요한 패러다임을 제공해 주었다. 애착 이론은 발달이론 중, 신경생리학과 신경과학에서 얻어진 새로운 발견들에 비추어 정신분석 이론을 업데이트한 시도라고 볼 수 있다(Diamond & Marrone, 2003).

애착 이론은 수많은 연구영역에서 대인 간 신경생리학과 아동 발달, 진화 심리학, 기억, 유전, 정신분석을 포괄하는 개념적 틀과 공통적인 언어를 제공하는 지식의 본체로서 발달해 왔다. 이러한 통합적인 개념적 틀과 공통된 언어는 연구자들과 과학자들로 하여금 전통적으로 독립적인 연구 분야들을 단일한 조망으로 통합하는 것을 가능하게 했다. 애착 이론과 그것이 인접 학문에 미친 영향력의 또 다른 참신함이 있다면, 그것은 애착 이론이 아동 발달 연구, 신경과학, 치료 결과 연구, 동물 연구, 현대 정신역동 이론을 서로 확증하게 하고 정보를 주면서 자연스럽게 서로의 연구들을 고무한 것이다.

예를 들어 시겔(1999)은 애착이 아동의 발달에서 신경생리학에만 영향을 미치는 것이 아니라 성인들에 있어서도 신경형성 자극에 영향을 준다는 증거를 분명히 제공한다.

콕스(Cox 2006)는 애착 경험이 신경 활동을 점화시키고 유전자 발현에 변화를 가져온다는 점과 새로운 단백질의 생성을 자극해 새로운 뇌 구조를 가속화시킨다는 견해를 지지한다.

시겔은 애착 시스템이 뇌 활동을 바꾸도록 작용하는 방법을 기술했다(1999, p.67). 그의 주장은 아동들의 발달하는 마음과 중독자들의 중독된 뇌가 비슷하다는 것으로 확장되었다.

1. 애착은 중요한 양육자의 특성에 대한 기억, 정서, 동기 과정들을 조직하거나 영향을 주는 방법들이 발달시켜온 뇌의 선천적 시스템이다. 여기서 중요한 양육자는 부모들일 수 있으며 스폰서sponsor, 또는 집단 구성원이 될 수도 있다.
2. 애착 시스템은 유아(그리고 성인)가 부모(또는 친구나 배우자, 치료자, AA 동료들)와 의미 있는 의사소통을 하도록 증진시키며 친밀함을 추구하게 만든다.

3. 가장 기초적인 단계에서 이런 행동 체계는 생존의 기회를 증가시킨다. 보울비Bowlby가 말했듯이 혼자일 때보다 동료가 있다면 아프리카의 세렌게티 야생에서 생존할 가능성이 더 많은 것처럼 느껴지듯이, 우리가 어두운 길을 걷거나 심각한 암과 투병할 때 동료와 함께라면 생존 가능성은 더 커질 것이다. 중독에서의 회복 또한 혼자 노력하는 것보다 함께할 때 더 성공적이다.
4. 마음의 측면에서 보면 애착은 미성숙한 뇌(또는 중독된 뇌)가 보다 성숙한 기능을 하는 부모(또는 집단 리더들) 뇌를 사용할 수 있도록 대인 관계를 구축하는 것이다.
5. 안정 애착의 정서적 교류는 부모(또는 그룹멤버)의 반응들이 아동(또는 중독자)의 언어적, 비언어적 신호들 가운데 나타나게 하는데, 이것은 아동(또는 중독자)에게 긍정적인 정서를 증가시키고 부정적인 상태를 조절하는 데 기여할 수 있다.
6. 특히 도움을 주는 부모들(또는 그룹멤버들)은 두려움이나 불안 또는 슬픔과 같은 불편한 감정들을 줄여줌으로써 아이들(또는 다른 그룹멤버들)로 하여금 그들 스스로를 위로하고 그들이 화가 났을 때 안정감을 제공해 줄 수 있다.
7. 반복되는 경험들은 아동(또는 중독자)이 안전기지라는 내부 감각을 느낄 수 있도록 해주는 기대감, 정신 모델, 애착 도식 등으로서 암묵적 기억 형태로 저장된다.

학제 간 연구와 애착 이론 : 중독 치료에 정보를 주는 근원

애착 이론(Bowlby 1988)이 중독과 치료에 기여하게 될 공헌은 이 이론이 갖고 있는 광범위한 함축성으로 인해 제대로 인식되지도 이해받지도 못했다. 발달 신경생리학에서 축적된 증거들이 일정한 수준에 이르기까지(Siegel 1999) 애착 이론은 정신분석의 부수적 분야로 간주되었고, 다만 사회심리학과 아동 발달에서만 타당성이 인정되었기 때문에 신경과학(Schore 2003a; Sroufe 1996)과 발달정신분석(Stern 1985) 학계는 정신분석학계가 보울비의 업적을 인정할 것을 강조했다. 다이아몬드와 마론(Diamond & Marrone 2003)과 코티나와 마론(Cortina & Marrone 2003)은 모든 학문에서 패러다임적 전환을 받아들이기 어려워한다는 쿤(Kuhn 1962)의 개념을 활용해, 정신분석계가 애착이론에 저항을 보인 것은 보울비의 이론이 정신분석을 가볍게 변형시킨 데 그치지 않고 사실상 '애착 이론은 임상과 발달 현상을 이해하는 전적으로 새로운 체계를 제시하기'(Cortina & Marrone, 2003, p. 14) 때문이라고 주장한다.

치료에 대한 애착 이론의 잠재적 공헌은 중독 분야에만 한정되지 않는다. 보울비의 초기 생각들(1973)은 공통적인 언어와 공통된 개념 체계를 규정하고, 많은 연구 영역에서 이루어진 다양한 발견들에 공통적인 해석을 제공해 주는 지식의 본체로 발전되어 왔다. 이러한 통합은 전통적으로 독립적인 연구 분야의 많은 연구자와 과학자들이 통합된 조망 안에서 협력할 수 있도록 했다. 이제 애착이론이 집단 치료와 중독에 대해 갖는 타당성을 잘 보여주는 방식으로 여러 다양한 분야에서 이루어진 연구 성과들을 간략히 요약해 보이겠다.

뇌 질환으로서의 중독

이 영역에서의 목표는 대인관계의 경험, 정신적 과정, 아동 발달, 애착, 스트레스 그리고 물질 사용 등에 대한 몇 가지 공통된 원칙들로부터 모아진 지식을 통합하는 것이다. 그렇게 해서 치료에서의 대인 관계적 신경생리학을 기술하기 위한 개념적인 틀을 제공하도록 돕는 것이다. 이렇게 해서 고안된 치료를 위한 적절한 패러다임이 적용된다면, 치료의 결정적 요소를 전달하기 위한 집단 심리치료는 특별히 유용한 매개체가 될 수 있을 것이다. 다양한 과학적 원칙을 제공하는 최근 증거(예, 신경과학, 동물 연구들, 신경생리학, 아동 발달학 등)들은 애착 이론이(Bowlby, 1988) 이러한 잠재적인 연구 결과들이 온전히 실현되고 성공적인 치료가 더 극대화되기 위해 적용되어야 하는 그룹 치료의 방법에 정보를 주는 효과적이고 모든 이론적인 기초를 아우르는 공식을 제공하고 있다고 설명한다.

아동 발달 연구에서의 시사점들

어떤 다른 이론적 관점보다 애착 이론은 특히 유아의 신경생리학적 발달을 결정하는 데 결정적인 것으로 초기 애착 경험을 강조하고 있다. 모든 유아들은 유전적인 기질을 가지고 태어난다. 그들의 뇌가 발달할 때 초기에 거대한 시냅스와 신경세포들의 발생이 일어난다. 뇌의 구조가 정상적으로 발달하기 위해서는 아동의 뇌가 기대하고 기다리는 적절한 경험들이 제공되어야 한다. 그러한 경험이 '일어나는가'에 따라 뇌의 구조는 더 좋거나 더 나쁘게 변하며 확고히 자리 잡아 이후 삶을 위해 구축된다. 결정적인 초기 경험의 유무가 뉴런이 가지는 특정한 기질을 더 강화할 수도 있고 약화시킬 수도 있다. 특정한 경험들이 제공되어야 하거나 혹은 그 경험이 영원히 상실될 가능성이 있는 결정적 발달 단계라는 것이 있다. 결정적 경험의 부재는 아동이 나머지 삶을 살기 위해 필요한 뇌의 구조를 형성하며, 많은 경우에 변화될 수 없는 취약한 인격의 흔적을 남기기도 한다.

예를 들어 유아의 뇌는 눈으로 보는 시각적 경험을 기다리고 있다. 만약 그 경험이 출생 후 4개월까지 제공되지 않는다면, 뇌는 깊이를 지각하는 능력을 획득할 수 없게 된다. 제2외국어 습득은 또 하나의 좋은 예다. 생후 첫 5년 동안 아동의 뇌 발달을 위한 다중언어multilingual 사용 경험을 제공하는 문화는 이에 대한 뇌의 수용성(이해력)을 증가시킨다. 물론 제2외국어는 그 이후에도 습득될 수 있으나 훨씬 더 힘들고 고된 과정이 될 것이다.

삶에서 첫 일 년 동안 경험한 초기 애착 관계의 질은 인간의 정서적 관계의 발달에 강력한 효과를 발휘한다. 아동의 발달하는 뇌 구조는 애착 경험의 질에 의해 보다 풍부하고 민감하게 형성된다. 한번 인식된 패턴 또는 애착 형태가 뇌에서 구축되면 그것은 성인에 이르기까지 지속된다. 비록 트라우마trauma와 같은 다른 경험들이나 이후 다른 애착 관계가 이러한 관계적 핵심에 영향을 줄 수 있지만, 애착 형태의 근본적인 변화는 어렵다.

발달하는 뇌

모든 신경 발달은 유전적 기질과 함께 출발한다. 유아의 뇌를 보면 출생 시에 신경 시냅스들이 많이 자라나기 시작하고 있음을 볼 수 있다. 발달하면서, 아동의 뇌는 여러 경험들을 기다린다. 경험이 적절하게 제공되는가 그렇지 않는가에 의해 두 가지 잠재적 결과가 나타나게 된다. 하나는 흔히 'Blooming' 이라 하는 '번성하는 과정'이고, 다른 하나는 'Pruning' 이라 불리는' 소멸되는 과정 '이다.

- 번성하는 과정Blooming : 신생아의 뇌가 발달할 초기에는 신경 시냅스들이 많이 자라나기 시작한다. 이 단계에서는 유아의 제한된 정신운동 능력 때문에 뇌가 수동적인 수용체로서 경험을 기다린다. 경험과 환경적인 자극이 제공되면 이러한 번성 과정이 일어나면서 뇌의 구조를 형성한다.
- 소멸되는 과정Pruning : 이러한 경험과 연령에 맞는 적절한 환경적 자극이 제공되지 않을 때 소멸pruning이 일어난다. 소멸의 과정은 실제로 신경이 죽는 것이며, 잠재적인 시냅스와 신경 전달회로의 약화라는 결과를 가져온다.

특정한 경험이 제공되는 정도에 따라 발달하는 뇌는 신경의 성장으로 반응한다. 이러한 경험들이 제공되지 않는다면, 자극의 부족과 소멸에 의해 아동의 뇌는 영향을 받아 결국 뇌의 구조가 바뀐다. 유아의 언어, 목소리, 얼굴 표정, 심지어 원인과 결과에 대한 교훈들(예: 아기가 웃으면 엄마도 웃는 등)과 같은 경험에 의한 노출에 의해 강화된 시냅스의 연결은 뇌 구조의 영구적인 Blooming(번성하는) 부분이 된다.

초기 경험에 의해 강화되지 못한 연결은 소멸되어 간다. 두 눈의 시각, 언어 발달, 음악 능력, 애착능력의 발달 등이 이에 해당한다. 생애 첫 4개월 동안 시각 자극을 박탈당한 새끼 고양이는 영원히 두 눈의 시각(깊이 지각)을 잃는다. 아이들이 생후 1년 안에 음악이나 외국어에 노출되는 경험을 가진다면, 이후 생에서 어떤 다른 때 배우는 것보다 이러한 기술들을 훨씬 더 풍부하게 발달시킬 수 있다. 자극의 결정적인 때가 제공되지 않는다면 발달하는 뇌는 다른 주제로 넘어 간다. 남아있는 신경 구조는 바뀌기 어렵다. 발달하고 있는 뇌에 필요한 적절한 반응의 제공에 실패했을 때의 잠재적으로 해로운 영향에 대해 경각심을 불러일으킬 수 있는 심각한 사례가 있다. 바로 인간적인 따스함과 애착능력을 영원히 잃어버린 고립되고 공감능력 없는 반사회적 인격장애Sociopath다.

다른 영역에서의 뇌 회로는 각기 다른 시기에 성숙한다. 결국 각각의 회로들은 다른 나이 때의 삶의 경험에 좀 더 민감하다는 것이다. 아동의 뇌는 전형적으로 아래와 같이 중요한 발달단계를 거친다.

- *태어나서 1년까지* : 운동 발달, 감정 조절, 시각, 애착, 암묵 기억, 어휘 능력
- *1살에서 2살까지* : 제 2언어, 수학, 논리, 외현 기억의 가장 기초적인 징후
  (예 : "곧" 또는 "저녁식사 후에" 등의 의미를 이해할 수 있으나 시간과 날짜 등에 대한 이해는 부족함)
- *2살에서 3살까지* : 음악, 분리 및 개별화, 대상 항상성, 대상들 간의 관계

뇌는 환경과 상호작용하는 개방된 시스템이며 쉽게 환경에 영향을 받는다. 아동의 뇌와 환경 사이의 관계는 상호적인 관계다. 뇌 발달은 아동의 경험에 영향을 주고 아동의 경험은 뇌 발달에 영향을 준다. 특히 대인관계나 애착은 정상적인 뇌 발달에 필수적이다. 많은 연구가 애착과 대인 상호작용이 뇌 활동에만 영향을 주는 것이 아니라 뇌 신경세포의 발달에도 결정적이라는 것을 입증해주고 있다.

예를 들어, 안정애착secure attachment에 의해 제공되는 감정적 조율은 실제로 아동의 전두엽 영역의 혈류의 흐름을 증가시키고 뇌의 감정과 주의를 주관하는 신경 조직의 발달을 촉진시킨다. 애착 양상으로부터 조율에 의해 제공되는 감정적 공명이 없다면 감정적인 흥분과 전두엽의 각성 영역이 약화될 것이고, 결국은 억제를 일으키는 뇌 영역의 성장이 가속화될 것이다.

비록 많은 연구들이 안정 애착은 뇌의 중요한 영역의 성장을 자극한다고 증명하고 있지만, 반대의 경우도 있을 수 있다. 결정적인 시기에 적절한 자극의 부재는 신경의 성장을 억제할 수 있다. 게다가, 스트레스는 신경화학 작용의 메커니즘을 통해 뇌 발달에 중요한 영향을 줄 수 있다. 신경 화학적 스트레스는 이미 성숙한 뇌뿐만 아니라 아직 미성숙하고, 발달하고 있는 뇌에도 영향을 줄 수 있다. 무시 받았던 아동들의 뇌는 무시 받지 않았던 아동들의 뇌와 두드러지게 다르다는 것을 보여주는 연구들이 있다.

무시하기neglect는 아동의 머리 둘레를 작게 하고 fMRI 검사결과 수십억의 세포가 손실되어 위축된 뇌를 보여주고 있다. 감정과 애착을 매개하는 뇌의 부분과 관련된 부위에서 위에서와 같은 유사한 해부학적 변화들이 우울한 어머니에 의해 양육되어진 아동들에게서 발견된다. 이러한 모든 연구조사에서는 선천적인 영향뿐 아니라 양육과정의 중요성을 확실하게 증명하고 있다.

안정 애착은 신경생리적인 항상성을 창조한다

애착의 부재는 단순히 뇌 안에서 일어나는 정신적인 붕괴에만 한정되지 않는다. 돌봄, 사회적 의사소통, 놀이, 의사소통이 대뇌 변연계 영역에서만 작동하는 것이 아니기 때문에, 애착 관계가 무너지면, 신체의 다른 영역들에도 심각하게 영향을 미친다. 버려진 개인은 모든 부분의 항상성homeostasis에 다양한 혼란이 오는 것을 경험한다. 루이스 등 2000은 아동들과 성인이 이러한 결과로 오는 상실감을 처리하도록 강요받으면서 크게 잘못 될 수 있다는 충격적인 설명을 해주고 있다.

> 장기적인 분리는 감정 이상의 것들에 영향을 준다. 장기적인 고립이 가져온 절망감은 신체적으로 견딜 수 있는 한계를 넘어 걷잡을 수 없게 한다. 분리는 신체를 혼란스럽게 하고, 관계성을 잃어버리는 것은 육체적 질병을 야기할 수 있다. 성장 호르몬 수준은 급격히 떨어지게 된다. 사랑으로부터 박탈된 아동들이 성장하는 것을 멈추고, 칼로리 섭취와 상관없이 몸무게가 점점 더 줄어드는 것은 이러한 이유에서다.
>
> 아동들만 상실의 복잡함에 반응하는 것은 아니다. 성인들도 오래된 분리를 경험하면 정상적인 심혈관 기능, 호르몬 수준, 면역 체계가 방해받는다. 딘 오니시Dean Ornish는 '사랑과 생존Love and Survival'이라는 흥미로운 책에서, 고립과 사망률의 관계에 대한 문헌들을 조사한 결과를 쓰고 있다. 결론으로 수십 개의 연구들은 혼자 사는 사람들은 조기 사망률이 현저히 높았다고 증명하고 있다는 것이었다.

'그들은 돌봐주는 배우자, 가족, 또는 공동체와 연결된 사람들보다 3배에서 4배 더 일찍 사망하는 것 같다'(pp. 79-80)

발달의 결정적인 시간 동안, 아동들이 빈약한 애착을 경험한다면, 그들의 뇌는 낮은 아편 수용체recepter 밀도를 보여준다. 이러한 의미는 감정을 조절하거나 스스로를 위로하기가 더 어려워진다는 것이다. 몸에서 자연적으로 분비되는 진통제의 적절한 공급이 적어져서 좀 더 고통스러운 감정 상태에 취약해진다.

고립된 원숭이에게 고농도의 아편제opiate를 주는 실험을 하면 고립으로부터 오는 울음을 억제한다. 아편제의 작용을 차단해주는 아편 길항제opite antagonist를 주면 원래대로 다시 울기 시작했으며, 결국 그들의 원래 분리에서 온 스트레스 반응은 강화되었다. 이러한 영장류 실험의 결과는 분리와 상실에 대해 반응하지 않는 헤로인 중독자와 같은 인간 반응과 유사하다고 할 수 있다. 헤로인에 중독되어 각성 상태 일 때, 그들은 사람들과 그들과의 관계가 어떤지에 대해서 전혀 중요하지 않다는 듯이 대한다. 그들의 정맥을 통해 투입된 헤로인은 분리 불안과 애착 상실에 대한 고통에 대항할 수 있도록 보호하는 것이다.

상실의 영향에 대한 축척된 증거들은 압도적으로 애착 양상(관계성)은 정상적인 심리를 위한 강력한 조절인자 임을 제안하고 있다. 어떻게 개개인들이 분리와 상실을 처리했는가는 그들의 초기 애착 관계의 기간과 질에 의해 결정된다. 이러한 초기 관계성의 질은 대뇌 변연계와 기억 체계에 저장된다. 한 개인에게 있어서 애착과 분리에 대한 전체적인 영향을 이해하기 전에, 기억의 신경 구조와 생물학을 탐색해 보는 것은 중요할 것이다.

요약하면, 애착에 대한 세 가지 중요한 요점이 기억되어야 할 것이다.

1. 안정 애착은 안정된 신경생리적 항상성neurophysiological homeostasis을 창조한다.
2. 안정 애착 경험을 가지고, 개인은 좀 더 자기self를 잘 통제할 수 있다.
3. 안정 애착 경험의 부재는 개인을 조금 더 분열seperation에 취약하게 만든다.

애착과 정서의 생물학

정서에 대한 생물학 연구에서 나온 최근의 결과들은 애착 이론과 잘 조화될 수 있는 정서의 새로운 모델을 낳았다. 이 정서의 새로운 모델은 실제 임상에서의 적용에서도 더 밀접하게 일치 된다.

정서는 개인의 생리적인 특성들과 분리될 수 없다. 이러한 사실은 인간뿐 아니라 대부분의 사회적 성격이 강한 포유류의 사례에서도 사실이다. 폴 에크만(Paul Ekman, 1992)의 최근의 대표적인 연구 결과로 동물과 인간이 얼굴 표정과 정서 사이의 공통적인 생리학적 연결을 공유한다는 사실을 시사하는 증거를 보여준다.

정서적 생활은 초기 경험에 의해 결정적으로 형성된다. 그리고 정서적 생활은 모든 정신적 활동에 대한 중요하며 특히 무의식적으로 작용해서 조직적인 행동을 계속적으로 만들어가는 일반적이며 선천적인 기능에서 시작된다. 애착은 정서적 생활을 하는 전문적인 예시라고 할 수 있다. 애착은 주로 돌봐주는 보육자와 서로 정서적 신호를 주고받는 자연적인 능력에서 시작된다. 정확하게 말하면 자기와 타인의 정서적 신호를 읽는 아동의 능력의 근원은 어머니와 유아의 유대에 의해 결정적으로 형성되고, 다음에 일어나는 모든 대인관계의 무의식적 기반이 된다.

에크만과 다른 사람들(예: Izard, 1971)의 연구는 정서가 개체의 생존에 중심적인 역할을 하는 것을 확인하였다. 이 문제는 다윈Darwin에 의해 처음으로 제시되었는데, 그는 얼굴 표정이 전 세계 모든 문화에서 그리고 모든 인간에 있어서 동일하다고 주장하였다. 이러한 발견은 정서가 일반적이고, 우리의 생리에 가깝게 묶여 있고, 모든 인간 경험과 관계에 있어서 중심적이라는 점을 시사한다. 정서는 처음으로 어머니와 유아에서 시작해서, 또한 의사소통 기능을 한다. 감정의 표현은 애착을 유지하는 것을 돕고(예 : 격리될 때 우는 것, separation cry), 의사소통의 가장 초기의 원초적인 형태이다. 감정의 표현은 애착에 영향을 주고, 기본적인 생존 기능을 한다.

정서는 타고난 것이고, 학습된 것이 아니라는 증거와 애착이 뇌의 구조를 형성하고 우리의 기억에 영향을 미친다는 증거가 늘어가면서, 애착 이론가들은 뇌, 정서, 그리고 애착 사이의 정확한 상호작용의 정확한 표상에 있어서 이전의 정신 역동 이론 모델 모두가 부족하다는 결론을 내렸다. 전의 이론적 모델이 부적절하고 부정확하다는 결론을 내린 한 가지 주요 이유는, 그 모델이 심리학과 생물학 사이의 대립/양극화에 의해 방해받았기 때문이다. 즉 마음과 몸의 이원론에서 비롯된 의학적 모델의 결과가 바로 르네 데카르트Ren Descartes의 이원론의 영향으로 남아있는 것이다. 이러한 대립/양극화는 애착 이론의 입장과 완전히 상극이다. 애착의 관점에서 정서는, 기본적인 뇌의 기능이고, 정신역동 갈등의 부수현상이 아니다.

다윈은 실제로, 이 대립/양극화가 전혀 없는 이론을 처음으로 주장한 사람들 중 하나이다. 그는 생존을 위해 전진하는 능력과 종의 번식 때문에, 정서가 유발되고 계속되는 행동이라고 믿었다. 정서가 원래 갖추어져 있는 것이고 얼굴 표정과 밀접하게 연결되어 있다고 시사하는 에크만의 연구 같은 증거를 보더라도 정서는 계통 발생적으로 과거(우리가 다른 포유류와 유전적으로 공유하는 과거)의 일부분으로 생각해야 한다. 애착 이론은 정서의 생물학과 심리학의 통합과 함께, 정서를 위한 능력이 선천적이고 학습되지 않았다고 가정한다. 정서를 위한 이 능력은 뇌의 더 넓은 기능의 일부분이 되고, 환경을 읽고 신체가 적절한 반응(투쟁-도주)을 할 수 있도록 준비시킨다. 우리의 정서적 반응 또한 이러한 경험들의 기억에 영향을 미친다. 그리고 이로 인해 정서는 삶 속에서 우리의 우선순위, 신념, 확신을 형성하는 정신적 활동의 중요한 조직책으로 여겨진다. 따라서 정서들 간의 연결은 우리를 인격체로 결정하고 정의하는데 중요하고도 지대한 영향을 미친다.

정서는 사회화하는 과정에서 중요한 역할을 한다. 정서 체계는 특히 우리의 환경에서 다른 사람들의 정서적 신호를 읽고, 타인이 읽을 수 있는 적절한 정서 상태(예 : 사랑하는 이가 방으로 들어올 때 웃는 것)를 보여주는 것과 같은 사회적인 역할을 하도록 되어 있다. 유아는 특히 어머니와 유아 간에 즉각적인 의사 전달을 제공하는 정서적인 유창성을 타고난다.

애착의 신경해부학

최근 정서와 기억에 대한 신경생물학과 신경해부학의 발전으로 인해 애착 이론은 정서와 기억을 중재하는 뇌의 영역에 특별한 관심을 가지게 되었다. 애착 이론가들은 뇌에서 변연계를 중요한 기관으로 보는데 이것은 바로 변연계가 정서와 기억의 자리이기 때문이다. 변연계는 애착의 강력한 중재 기관이다. 뿐만 아니라 변연계에서 일어나는 정서와 기억간의 복잡한 상호작용은 분리와 상실이 사람의 생리적 및 심리적 상태에 미치는 영향을 이해하는 데 필요한 기초를 제시한다. 변연계는 복잡한 뇌 기능을 조직화하는 데 필수적인 신경구조의 교차로에 위치하고 있기 때문에 조직화 하는 과제 성취에 유리하다. 모든 학습과 조건화 반응은 변연계의 수준에서 일어난다. 정보는 음식, 포식자, 성적 대상과 같이 정서적으로 중요한 대상의 위치를 가리키는 동기 지도를 형성하면서 변연계에 부호화되고 저장된다. 이러한 정보는 개인이 자신의 환경을 살피고 즉각적으로 안전 아니면 위험 지역을 감지할 수 있는 변연계에서 처리된다. 그러나 변연계 수준의 빠른 뉴런 발화는 그 사람이 당신에게 위험하다고 말할 수 있게 하지만, 왜 위험한지를 설명하지는 못한다.

과학은 뇌의 위계적 구조에 대해 우리 모두가 가지고 있는 문화적 편견을 공유하고 있다. 흔히 변연계를 포함한 뇌의 하부 영역이 낮은 수준의 뇌 기능을 담당하는 것이 틀림없을 것이라는 추측을 한다. 신피질neocortex은 진화에서 최근에 발달한 영역으로 여겨지기 때문에, 신피질은 분명히 상위의 더 중요한 뇌 기능을 담당할 것이라고 가정한다. 애착 이론가들은 이를 실수로 간주하고, 사람들이 공유하는 이러한 위계구조에는 오해의 소지가 있으며 심지어는 뇌 기능의 적절한 이해를 방해할 수도 있음을 제안한다. 실제로 변연계는 우리가 어떻게 살아가며, 남은 삶을 어떻게 보낼지 결정하는 중요한 조직화 요소를 뇌에 제공한다.

애착 이론은 신피질이 실제로는 소위 뇌의 하부 영역을 담당하며, 의사소통 발생의 가장 중요한 단계들은 변연계 수준에 있다고 주장한다. 감정 없이 흘러나오는 말들이 얼마나 설득력 없는지를 생각해보라. 또한 어머니와 영아 사이에 볼 수 있는 의사소통의 강력한 교환을 입증한 연구를 고려해보라. 루이스와 동료들(2001)은 모호한 것이 항상 쓸모없는 것은 아님을 알려주는 이러한 타입의 의사소통이 지닌 묘미에 대하여 아래와 같이 적고 있다.

> 감정은 변연계가 있는 생물들의 사회적 감각 기관이다. 시각은 전자기방사선의 반사된 파장을 경험하게 해주고, 청각은 공기 주변의 기압파에 대한 정보를 제공하며, 감정은 포유동물이 자신의 내적 상태와 주변 포유동물의 동기를 감지할 수 있게 해준다.(pp. 62-63)

암묵 기억 대 외현 기억

기억과 정서 간의 관련성은 인간이 하나의 종으로서 생존할 수 있도록 도와주었기 때문에 이들 간에는 밀접한 관계가 있다. 정서적 학습은 변연계 수준에서 일어나며 변연계는 해부학적으로 기억, 정보와 서로 연결되어 있기 때문에, 회상 가능한 정보는 애착, 정신병리, 학습에 깊은 영향을 미친다. 정서성이 짙은 정보는 '동기 지도'로써 기능하면서 변연계에 저장되고 부호화 된다. 이 동기 지도는 음식, 포식자, 그리고 성적 대상과 같이 정서적으로 중요한 대상들을 가리키는 중요한 과제를 담당한다. 원시 시대의 남성은 즉각적으로 자신의 환경을 살피고 안전 또는 위험 상황을 감지(예: 직감, 직관 등)할 수 있었다. 이 정보는 섬세하게 처리되어 저장되었기 때문에 사람은 멈춰서 생각하거나 이유를 설명할 필요 없이 즉각적으로 위험을 감지하고 이에 반응할 수 있었다.

설명할 수 없는 지식

사람들이 지식을 습득하고, 자신이 행한 과제를 왜 풀었는지 그 당위성에 대한 이해가 없어도 자신의 수행 수준을 향상시킬 수 있다는 것을 보여주기 위해 기발하고 창의적인 연구들이 설계되었다. 이 연구들 속 실험 대상들은 새로운 과업에 대한 그들의 수행 중에서 예증을 통한 지식의 습득을 보였다. 어떻게 그들이 그 문제를 해결하는 지에 대해 질문을 받았을 때, 그들은 적용한 전략에 대해 설명하지 못했다. 유사한 결과들이 외현기억을 상기하고 저장하는 역할을 하는 뇌의 한 부분인 해마에 손상을 받은 사람에게서 발견되었다. 심지어 해마가 없는 사람들이 새로운 과업을 배우고, 할당된 과업을 완수함으로써 이러한 능력을 증명할 수 있었을 지라도, 그들은 그들이 배운 것을 기억해내지 못했다. 또한 어떻게 그 문제들을 성취하고 해결해 냈는지에 관해서도 설명하지 못했다.

자각이 없는 지식knowledge without awareness은 과학적으로 증명된 현상이다. 비록 이러한 기억과 분리된 경험의 이해에 대한 능력이 정신역동 이론을 통해 무의식을 일깨운다는 것과 유사하기는 하지만, 애착이론에서는 외현기억과 암묵기억이라는 구역이 형성돼 있다는 것을 선호한다. 외현과 암묵기억이라는 용어들이 해부학적으로 더 정확하고, 실제로 뇌 속에서 일어나는 현상들과 더욱 가깝다고 믿기 때문이다.

1. 외현기억 : 이런 종류의 기억은 실제 기억의 작은 부분을 차지한다. 회상을 하기 쉽게 하고, 저장과 사실을 검색하는 능력들과 관련이 있다.
2. 암묵기억 : 설명되지 않는 지식knowledge that cannot be explained 이해력과 사고의 힘으로부터 분리된 기억이다. 우리들의 지식의 가장 많은 부분을 차지하는 부분으로 암묵적으로 저장되며 탐색하기에 더욱 어렵다. 암묵기억은 또한 우리가 배워왔던 것들의 결과물(가령 자전거를 탈 때, 혹은 공을 찰 때와 같은 근육의 기억)을 나타낸다. 어떻게 그것을 하는지는 설명할 수 없지만 할 수는 있다. 비록 무의식과 유사점이 있으나 억압이나 적극적인 검열active censorship 혹은 해리를 뜻하진 않는다. 정보는 그곳에 있고 종종 행동에 의해 증명되지만 설명될 수는 없다. 암묵기억은 3가지 중요한 특징에서 외현기억과 구분된다.

- *생존과의 상관성relational* : 이러한 유형의 기억은 정서적으로 많은 부담이 되는데 그것이 생존의 목적을 제공하기 때문이다. 두려움, 화, 배고픔, 성적 행위와 같은 강한 정서 상태에 의해 이끌어진다. 암묵기억의 활성화는 즉각적이어서 정보를 처리하는데 드는 시간의 손실이 없다. (가령 저 곰 한 마리가 막 내 위에 올라선다면 나는 위험할까? 무엇을 해야 할까?)
- *가장 초기의 기억earliest memory* : 이것은 언어 발달 이전에 대부분의 아동기 때 작동하는 기억의 종류이다. 아이일 때는 대부분 상처에 취약하고, 강한 정서 상태의 영향 속에 있다.
- *정서성emotional* : 암묵기억은 정서와 대뇌 변연계의 하드웨어에 입력되어있다. 그것은 애착을 중재하며, 보울비의 내적 작동 모델internal working model을 면밀하게 조절한다.

신경과학의 공헌

많은 연구 결과들은 적절한 애착은 아동의 뇌 발달에 깊은 영향을 줄 수 있다고 한다. 그동안 축적된 증거들은 많은 환경의 요인들 또한 중독 질환에 대한 뇌의 증가된 민감성에 기여하고 있다는 것을 보여준다. 특정한 유전적 이상과 알콜리즘Alcoholism 사이의 가능한 관계성에 대한 연구는 여러 행동 이상 증후군과 관련 있는 통계적으로 유의한 유전적 변종(대립형질allele이라는 유전자로 불리는데, 염색체와 짝을 이루는 같은 위치에 있는 유전자의 대체 형태이다)의 발견을 이끄는 계기가 되었다.

- 중독성 장애
- 흡연
- 충동적 폭식
- 비만
- 주의-결핍 장애
- 병적 도박
- 뚜렛 증후군Tourette's syndrome

이러한 장애는 공통적으로 생물학적인 기질 즉 세포와 신호전달 분자를 구성하는 내장되어 있는hardwired 시스템과 서로 연결되어 있다. 이 생물학적 기질은 뇌의 변연계-간뇌 영역을 말하며 보통 쾌감센터라고 불리며 안정감, 따뜻함, 포만감 등의 추구에 문제가 있을 때 그에 따른 갈망, 결핍감을 느낀다. 이렇게 유도된 결핍감과 부조화감은 선천적으로 유발되는 것이다. 만약 이러한 요구들에 적절하게 반응해주지 않는다면, 변연계 시스템의 신호들은 위협받고, 불안해지고, 불편해지게 된다. 이때 갈망감은 이러한 부정적 감정들을 최소화하기 위해 개인이 무언가의 행동을 하도록 동기화시키는 촉발요인이 될 것이다. 이러한 상태를 보상 결핍 증후군으로 부른다(Blum, Cull, Braverman, & Comings, 1996).

보상 결핍 증후군

보상결핍 증후군reward deficiency syndrome은 뇌 쾌락 메커니즘에서의 적절한 감각적인 보상 부족 상태를 포함한다. 이 증후군은 일상적인 활동으로부터 생화학적이며 신경학적으로 적절한 보상을 얻을 수 없어 생기는 것으로 믿어진다. 중요한 신경전달물질의 하나인 도파민dopamine과 세로토닌serotonin의 고갈은 이러한 상태에 빠지도록 한다고 가정한다. '정상의 평범한 사람'에서 이러한 신경전달물질은 행복감Well-being을 느끼게 해주며 자극하거나 억제하는 복잡한 반응들 사이의 흐름 안에서 함께 작용한다. 보상 폭포 이론The Cascade theory of Reward에 따르면 유전적 이상과 오래 지속되는 스트레스, 장기간의 약물남용은 인간과 동물 모두에게서 비정상적인 갈망이라는 자아-지탱 방식self-sustaining pattern으로 유도될 수 있다는 것이다. 이러한 분열된 상태는 다음의 사항에 의해 유도될 수 있다.

- 오래 지속된 스트레스
- 유전적 이상
- 장기간의 물질 남용

중독된 뇌를 이해하는 데 공헌한 연구 결과들이 무엇인지 살펴보면서 이러한 세 가지 요소를 간략하게 점검해보겠다.

오래 지속된 스트레스와 중독

스트레스에 관해 부인할 수도 없고 반박할 수 없는 사실이 몇 가지 있다. 누군가를 심각한 스트레스에 자주, 너무 오래 두어 보아라. 그러면 그 사람의 주요한 질병의 증상이 더 심해지고, 심지어 죽기까지 하는 비율이 매우 높아진다(Sapolsky, 2004). 면역력을 정상 이하로 떨어뜨리는 주요한 스트레스의 힘은 수 백 명의 사람과 동물 연구에서 입증되어 왔다. 본질적으로, 이 연구들 모두에서는 증가되거나 감소된 스트레스와 질병의 경과 또는 사망률 사이의 관계를 보여주고 있다. 정신신경 면역학자들은 이러한 관계가 다음의 단계를 통해 성립된다고 말하고 있다.

1. 문제를 겪고 있는 개인들은 스트레스를 받고 있다.
2. 스트레스는 스트레스 반응 전원이 켜지도록 이끈다(글루코코티코이드glucocorticoid, 에피네프린epinephrine의 분비 등).
3. 스트레스 반응의 강도와 지속은 면역 기능을 떨어지게 하는데 충분하다.
4. 떨어진 면역 기능은 질병을 악화시키고 전에 가지고 있었던 질병에 대한 저항력을 파괴시키는 등의 이상 반응들을 증가시킨다.

불행하게도, 스트레스와 질병 간의 관계는 중독에서 그렇게 간단한 것이 아니다. 특히 중독자들에게서 그렇다. 유전적 소인과 개인의 반응 스타일 간의 상호작용에 따라 복잡해진다. 어떤 사람은 낮은 스트레스 반응을 하는 반면, 어떤 사람들은 스트레스에 민감하게 반응을 하기도 한다. 애착에 대한 과거사와의 상호작용 즉 안정 애착 상태인지 불안정 애착 인지에 따라 다르고 내적으로 작용하는 정신역동적인 측면 예를 들면 어떤 사람들은 스트레스가 많은 생활양식과 혼란스러운 관계에 끌리는 경향들은 결국 누가 중독과 물질 남용 장애를 발달시킬 위험이 있는지를 결정할 것이다. 그러나 약간의 스트레스가 있는 환경이라도 누군가에게 중독 관련 장애를 발달시키는 데 취약하게 하는 위험 가능성을 증가시킬 것이라고 확인되었다. 앞으로 각각에 대해 간단하게 검토하게 될 것이다.

어머니의 스트레스와 성장하는 배아

출생 전과 후 스트레스 모두가 질병 취약성의 위험을 증가시킨다. 영국의 사우샘프턴 병원에 있는 데이비

드 베이커David Baker는, 태아에서 영양과 관련된 문제들fetal nutritional events과 대사성질환 발생 위험 간의 관계를 처음으로 기술했다. 성인 질환의 태아기 원인들 FOAD : fetal origins of adult disease에 관한 최근 지식들은 부모의 스트레스, 배고픔, 영양실조, 사망 간의 관계를 나타내는 방대한 양의 자료를 축적해 보여주고 있다. 사폴스키는 아래와 같이 이 연구를 요약했다.

> 스트레스와 관련된 다량의 글루코코르티코이드glucocortocoid에 태아를 노출시키면 비만, 고혈압, 심장혈관계 질병, 인슐린 저항성 당뇨병, 생식 장애, 불안, 뇌 발달 장애 등의 위험성이 커질 수 있고 심지어 태아의 자손에게도 같은 장애가 나타날 수 있다. (2004, p.100)

예비 연구는 어머니라는 환경 즉 성장하고 있는 배아를 감싸고 있는 호르몬이 섞인 통bath이 나중에 발달이상을 일으켜 정신병리를 유발할 수도 있음을 보여준다. 이는 어머니의 스트레스가 태아의 스트레스를 야기한다는 것을 시사한다. 적어도 임신 첫 3개월 또는 그 다음 3개월 동안의 영향이 태아에게 가장 많은 영향을 미친다. 이때의 뇌가 발달과정상 가장 예민한 단계에 있는 시기이기 때문이다. 뇌 발달에 영향을 미치는 어떤 것이든 오래 지속되는 효과를 보인다. 예를 들어 아비샤이 엘리너, 브룬손, 샌드맨, 바람(2002)은 4세와 7세의 아동 연구에서 임신 동안 높은 수준의 불안을 보고하는 여성이 스트레스를 받지 않는 여성보다 행동장애, 우울증, 불안을 갖는 자녀를 가질 확율이 2배나 더 높다는 사실을 발견했다. 이러한 연구는 라이프스타일과 관련이 있는 질병이 출생부터 시작될 수 있다는 점을 시사한다. 어머니가 임신 동안 건강하지 않거나 몹시 스트레스를 받으면 자궁 내의 악조건에 의해 어떤 질병이 프로그램 될 수 있다는 증거가 존재한다. 동물 연구도 비슷한 결과를 보고한다. 예를 들어서 호퍼(1984)는 스트레스가 높은 어미에게서 태어난 쥐와 영장류들이, 미로를 피하면서 지나친 배변과 고조된 감정 상태와 수줍음을 보였다고 보고했다. 호퍼는 스트레스 반응을 조절하는 데서의 어려움을 설명하면서, 임신 동안의 스트레스가 아직 태어나지 않은 아기의 해마hippocampus에서 민감성이 둔해지는 반응을 촉진시킨다는 것을 보여주었다.

안정 애착과 발달

어머니와 신생아 모두가 관계에 있어서의 스트레스 수준에 영향을 줄 수 있다. 비록 유아의 기질이 안정 애착을 결정하는 데 중요한 역할을 할 것이라는 증거가 존재하지만, 연구는 많은 요인들이 부정적 기질을 극복하는 데 기여할 수 있다는 것을 보여주었다. 포나기, 저글리, 쥬리스트, 타르제(2002)는 높은 성찰적 기능high reflective function 즉 안정 애착의 결과로 인한 공감과 통찰 능력을 지닌 어머니는, 아동이 부정적인 기질을 가졌다 해도 보다 안정 애착된 아동으로 기를 수 있다. 부정적인 기질을 지닌 유아에 대해 어머니의 높은 민감성이 애착 안정성을 28%에서 68%로 증가시키는 큰 효과를 보이는 결과를 실험적으로 밝혀냈다.

많은 다른 연구들은 초기 상실, 트라우마, 방치 등이 글루코코르티코이드 수준을 높이고 뇌에서 가장 발달된 부분인 전두 피질의 크기와 활동을 감소시킴으로써 전반적 성장에 영향을 준다는 것을 보여준다. 또 다른 명백한 스트레스 요인은, 아동기의 성적 육체적 학대의 결과인 외상후스트레스장애PTSD다. 전문가들은 트라우마, 특히 아동기의 반복적인 트라우마가 중독에 취약하도록 만들면서 발달하는 뇌에 엄청난 영향을 끼친다는 점을 우리에게 가르쳐준다.

안정 애착과 스트레스에 대한 적응

안정 애착은 정신병리를 방어한다. 안정 애착은 불안, 우울, 적대감을 낮추고 자아를 탄력성 있게 해주며 감정조절능력을 높여준다. 불안정 애착은 학대, 주요 우울증, 양극성 장애, 알코올 중독, 물질 남용 등 가족적인 위험 요소가 큰 비중을 차지하는 정신병리와 밀접하게 관련되어 있다. 아동이 성장하면서 접하는 다양한 관계적 맥락이 발달하는 뇌를 이후 정신 장애에 맞서는 탄력성으로 각인시키든가 정신 장애에 대한 취약성으로 각인시킨다.

이 주제에 관한 연구들은 스트레스 적응에서의 성공 또는 실패를 결정짓는데 중대 요인으로서의 성인 애착 방식의 중요성을 확인시켜 준다. 보울비(1980)의 애착 이론은 삶과 죽음에 관한 여러 이슈들, 육체적 정서적 위협, 규범적 비규범적 발달 과제, 개인 및 대인간적 상실 등을 포함한 생활 사건의 넓은 범위에 미치는 확실한 영향을 보여준다. 이러한 생활 영역 모두에서 내적작동모델internal working model은 스트레스 요인을 평가하고 그에 대처하는 방식을 형성하는 것으로 보이며, 이러한 사건들에 대한 사람들의 정서 반응을 조절하는 것으로 보인다.

보울비(1980)의 이론은 또 불안정 애착을, 스트레스를 받을 때 개인의 탄력성을 손상시키는 위험 요소로 본다. 불안정한 사람(불안-양가적 애착과 회피형 애착)의 초기 애착 경험은 보육자에 의한 불안정하고 부적절한 스트레스 관리, 심리적 불편을 완화시키는 데서의 개인적 무능감으로 특징지어진다(Bowlby, 1973; Shaver & Hazan, 1992). 이러한 경험은 생활 스트레스 요인에 대한 성공적 대처와 적응에 필요한 내적인 자원의 성장을 가로막을 수 있다.

성인의 인격은 성장기에 경험한 중요 대상과의 상호작용, 특히 애착 대상과의 상호작용의 산물로 보인다. 운 좋게 정상적으로 좋은 집안에서 애정 어리고 다정한 부모 밑에서 자란 사람들은 타인을 대할 때 지지와 안정과 보호를 구할 수 있고 또 찾을 수 있는 대상들로 본다. 아동의 기대는 뿌리 깊게 형성되고 반복적으로 확인되기 때문에 어른이 되어서도 전혀 다른 종류의 세계를 상상하는 것을 어렵게 여긴다(Bowlby, 1973).

덜 안정적인 환경에서 자란 아이들은 뇌 발달의 측면에서는 운이 없었다고 할 것이다. 돌봐주고 지지적인 대상과의 경험이 없었을 것이다. 어떤 경우는 이러한 대상의 존재조차 확신하지 않았으며, 많은 경우는 돌봐주는 대상이 지지적이고 배려하는 태도로 응해 줄 가능성이 거의 없었을 것이다. 이렇게 자란 아이들이 어른이 되었을 때, 돌봐주는 대상들이 언제든 여유가 있고 믿을 수 있는 사람들이라는 확신이 들지 않는다는 건 너무 당연한 일일 것이다. 그들 눈을 통해서 보면 세상은 편안하지 않고 예측 불가능하다. 그리고 그들은 세상을 꺼리거나 세상과 싸우며 반응한다(Bowlby, 1973, pp. 208-209).

높은 스트레스 반응자 VS 낮은 스트레스 반응자 & 애매한 상황

보네노스(2004)의 연구가 보여주듯이(트라우마와 탄력성에 대한 10장을 참고하라), 같은 스트레스 상황이라도 비슷한 강도로 반응하지 않는다. 중요한 이유 중 하나는 바로 안정 애착 대 불안정 애착이라는 개인의 과거경험 때문이다. 세랭게티 평원의 영장류를 대상으로 한 새폴스키(2004)의 연구는 두 가지 형태의 애착이 인간에게 어떻게 적용될 수 있는지를 설명해 준다. 새폴스키는 애매한 위협적 상황에 놓인 개코원숭이들의 반응을 연구했다. 그들의 반응을 기록하였고, 그들의 코르티코이드 수준(스트레스 반응 정도의 지표)을 측정하였다. 첫 번째 시나리오에서는 안정 애착된 대상과, 태어날 때부터 어미에게서 격리되어 안정 애착이 안 됐기에 위협적 상황에서 공격적인 행동을 보이는 라이벌 개코원숭이와 함께 두었다. 두 번째 시나리오에서는 라이벌 개코원숭이를 공격적이지 않은 위치에 안전하게 떨어뜨려 두었는데 위협이 느껴지지 않았기 때문에 상황은 모호해졌다. 이런 상황에서 안정 애착된 대상은 이러한 상황들의 차이를 파악했지만 불안정하게 애착된 대상은 제대로 상황을 파악하지 못했다.

> 안정 애착된 개코원숭이에게 하나는 나쁜 상황이고, 또 다른 상황은 의미가 없다고 할 수 있다. 하지만 다른 수놈 개코원숭이는 자신의 라이벌 개코원숭이가 사육장 건너편의 떨어진 곳에서 낮잠을 자고 있을 때에도(하루에 5번 정도 일어나는 상황인데도) 불안해했다. 수놈 개코원숭이가 두 상황 간의 차이점을 구별할 수 없었던 것은, 차이점을 구별할 수 있는 원숭이보다 코르티코이드 호르몬 수준이 평균적으로 2배 더 높았기 때문이다. 사육장 건너편에서 낮잠을 자는 라이벌 개코원숭이가 만일 다른 편 원숭이를 혼란에 빠뜨린다면, 이 원숭이는 계속적인 스트레스를 받게 될 것이다. (Sapolsky, 2004, pp. 313-314)

우리가 배워왔듯이 여러 사회적 자극에 과잉 반응하는 사람들은 자신의 내적 혼란을 조절하고 관리하는 것을 돕기 위해 질병을 발생시키거나, 물질에 의존하게 될 위험성이 더 크다.

가난, 사회경제적 지위, 그리고 스트레스

만성 스트레스의 가장 좋은 예는 가난이다. 가난하다는 것은 육체노동, 일과 관련된 사건 등 많은 육체적 스트레스 요인을 포함한다. 심리적 스트레스 요인은 자기 통제력이나 예측 능력의 결여에서 온다. 건강을 적절히 관리하기 위한 접촉 기회의 부족, 열악한 음식 섭취, 적은 재정적 자원, 위험한 작업 환경, 위험하고 유독한 환경에의 노출, 유아 사망률과 범죄의 증가 등은 스트레스를 증가시키는 요인이다. 결론적으로 가난은 주요 질병발생 위험성을 증가시키는 요인과 관련이 있다. 당연히 가난은 물질 남용 장애를 발생시킬 위험을 높인다. 동물 연구는 스트레스와 물질 사용 간의 관계를 입증해 준다. 마약에 노출되기 전에 쥐에게 스트레스를 주면 스트레스를 받은 쥐는 중독 시점까지 스트레스에 반응해서 마약 자가투여가 증가했다. 스트레스도 예상하지 못한 스트레스는 예상 가능한 스트레스보다 더 효과적으로 쥐를 중독으로 몰아간다. 임신한 쥐에게 스트레스를 주면, 그 쥐의 새끼도 역시 마약 자가투여의 경향이 커진다.

중독에 빠진 인간, 쥐, 영장류는 모두 스트레스를 받을 때 재발 가능성이 더 높아진다. 쥐가 레버를 누름으로써 스스로 투여했던 약물을 염기성 용액으로 대체하는 것은 쥐의 레버 누르는 행위를 소거시킨다.

이러한 과정을 통해 "회복" 단계에 있는 쥐가 스트레스 상황에 있을 때 소량의 약물을 투여하는 실험적 조작은 다시금 쥐의 자가 투여를 증가시킨다. 사폴스키는 이와 유사한 수많은 연구를 통해 다음과 같은 결론을 내렸다.

> 이러한 사례들에서, 발달 기간 동안 겪는 스트레스 요인은 단지 일시적인 도파민 분비의 상승을 야기하는 것만으로는 영향을 미칠 수 없다. 장기간의 어떤 것이 발생해야만 한다. 일생 동안 뇌와 신체의 "프로그래밍"을 야기하는 출산 전후의 경험들. 보상 경로의 민감성에 영구적 변화가 있는 것이 틀림없다는 것 외에 중독성 물질에 대하여 이것이 어떻게 작용하는지는 분명하지 않다.

동물 연구 결과들

불안정 애착과 스트레스간의 관계에 대한 동물 연구에서 수집한 증거는 대다수의 아동발달 연구 결과들을 입증해 주었다. 예를 들어, 주거 침입자 패러다임The Resident intruder Paradigm이라 불리는 수없이 반복된 한 연구는 실험적으로 유도된 스트레스를 받는, '사회적으로 패배한' 쥐를 연구하였다. 침입자 쥐가 지배자 쥐의 영역에 배치된다. 본래 거주하고 있던 지배자 쥐는 일반적으로 침입한 쥐에게 '조롱 공격mock attack'을 시작한다. 이때 침입한 쥐는 쉽게 나가떨어져 자신의 배를 드러낸다. 몇 분 후, 지배자 쥐의 영역에서 침입자 쥐를 내보낸다. 얼마 지나지 않아 침입자 쥐는 일반적으로 1주일 정도 지속되는 우울증에 빠진다(체중 감소, 털 손질 중단, 스트레스 호르몬의 증가, 수면 방해). 패배감을 느끼는 것은 정상적인 반응이다. 그러나 실험이 안정 대 불안정 애착으로 통제될 때, 불안정하게 애착된 쥐와 안정적으로 애착된 쥐는 다른 반응 양상을 보인다. 태어난 후 분리된 불안정 애착 유형의 쥐들이 회복하지 못하거나 치료 받지 못하면 죽음에까지 이르는 것에 반해, 안정적으로 애착된 쥐들은 훨씬 빨리 회복한다. 유사한 상황에 있는 인간에게 그렇게 하듯이, 치료는 침입자 쥐에게 항우울제를 투여하거나 지지와 접촉을 제공하는 '치료자 쥐'가 있는 안전한 환경에 배치하는 것을 포함한다. 치료가 없을 경우, 이 불안정하게 애착된 그리고 사회적으로 패배한 쥐들은 절대 자발적으로 회복하지 못한다. 그들은 음식 섭취를 거부하고 2차 감염이 발생하며 체중이 감소하고 심한 경우에는 죽음에 이른다.

다른 유명한 연구 패러다임으로 일관성 있고 예측가능한 부모의 태도가 어려운 상황에서도 스트레스를 감소시킬 수 있다는 것이 실험결과로 나왔다. 이 실험에서 붉은 털 원숭이들에게 3가지 다른 조건을 주었고 음식의 가용성은 실험적으로 조작되었다. 3가지 조건은 다음과 같다.

1. 낮은 먹이 탐색 요구
2. 높은 먹이 탐색 요구
3. 2주 간격으로 높은 먹이 탐색 요구에서 낮은 먹이 탐색 요구로 전환

먹이 탐색이 안정적일 때 – 낮은 조건이든 높은 조건이든 – 원숭이들은 정상적으로 행동했다. 유아 원숭이들은 먹이 탐색 요구가 높은 쪽이든 낮은 쪽이든 안정적인 조건에 할당되었을 때 잘 해나갔다. 조건은 2시

간이나 10시간 동안 지속될 수 있었는데, 예측 가능하게 유지되었다. 그러나 예측이 불가능한 상태에서는 고착행동을 유발했고 어미로 하여금 자신의 새끼를 떼어놓게 만들었다. 원숭이 집단 내에서 일어난 주요 변화로는 더 많은 긴장, 지배 행동, 더 적은 상호간의 털 손질이었다. 더 많이 달라붙는 행동은 어미들이 자신의 새끼를 떼놓으려 하는 반면 새끼들은 접촉을 유지하려 애쓸 때 관찰되었다.

유전자 이상

유전 대 양육

지난 세기에 생물학과 사회과학에서 우세했던 유전 대 양육 논쟁은 이제 구식이 되어버린 틀린 이분법이다. 최근 신경과학의 발전은 우리에게 유전과 양육이 상호 배타적 범주가 아니라는 것을 가르쳐 주고 있다. 유전적 잠재력과 환경적 상황 간의 상호작용은 유전자 발현율을 높이거나 억제한다. 애착이론은 페리(Perry 2002)가 "유전자 독재"라 부른 바 있는 유전적 결정론을 비롯해서 다양한 신경과학 지식과 그 맥을 같이 한다. 페리는 유전과 양육의 상호작용에 대해 두 가지 훌륭한 역사적 사례를 제공했다.

> 천 년 전에는 서부 유럽인의 1% 미만만이 글을 읽을 수 있었다. 기본적으로 모든 사람이 읽는 것을 학습할 유전적 잠재력을 갖고 있었지만, 이러한 잠재력은 보편적 공교육이 출현하기 전까지는 미개척된 채로 남아 있었다.
>
> 1211년에 독일의 황제, 프레드릭Fredrick II세는 자연스러운 "신의 언어"를 발견하려는 시도로 수십 명의 아이들을 침묵 속에서 양육했다. 그러나 신에게 선택받은 언어는 절대 나타나지 않았다. 아이들은 한 번도 어떤 언어를 입 밖에 내지 않았고 모두 어린 시절에 죽고 말았다(van Cleve, 1972). (Perry, 2002, p.79)

연구 결과들에 따르면, 복잡한 신경 패턴들은 광범위하게 작용되는 신경 가소성의 특징을 지닌다. 신경이 발달하는 중대 시기에 새로운 시냅스 경로들이 정해지고, 뇌는 말 그대로 경험에 의해 형성된다. 그러나 존재하는 경로들은 모든 성인기 삶 동안 강해질 수도 있고 약해질 수도 있다. 중추신경계의 가소성 용적은 유기체가 변화하는 환경과 더 효과적으로 상호작용할 수 있도록 허용하는 점진적인 적응에 의해 만들어진다. 페리(2002)는 유전적 잠재력에 내재된 기회와 취약성을 포착하는 신경발달의 8단계를 상세하게 기술했다.

1. 신경의 발생
2. 이동
3. 분화
4. 세포의 소멸
5. 신경세포의 말단 형성arborization

6. 시냅스의 형성
8. 수초의 발생 myelination

'쓰지 않으면 잃어버리는' 결과

유리한 쪽으로든 불리한 쪽으로든 아동기 환경의 영향은 모든 신경발달 과정과 상호작용한다. 인간 뇌의 수많은 기능들은 유전적 잠재력과 시기적절한 경험 사이의 복잡한 상호작용의 결과다. 신경계는 아동기의 인지, 정서, 사회 그리고 생리적 기능 발달의 조정을 책임진다. 따라서 아동기의 경험들은 이러한 신경계의 능력을 형성하는 데 중요한 역할을 한다. 필수적인 경험들이 최적의 시기에 제공되지 않을 때, 신경계는 최상의 방식으로 발달하지 않는다. 학대에 대한 연구, 정서적 접촉이 부족한 고아원에서 자란 아동들에 대한 증거, 동물 박탈 연구 등은 모두 아동들이 주 양육자와 접촉이 있는 안정적인 정서적 애착과, 동료들과의 자발적 상호작용을 가질 필요가 있음을 보여주었다.

유전적 잠재력의 발현은 최상의 환경 조건을 요구한다. 우리의 신경계는 필수적인 경험들 없이 발달하지 않는다. 신경계는 생활 주기 내내 겪는 경험에 대한 반응으로 창조되고 조직화되며 변화한다. 인생에서 뇌가 경험에 가장 민감해지는 – 그래서 긍정적, 부정적 방식으로 가장 쉽게 영향 받는 – 시기는 유아기와 아동기다. 이 시기 동안의 경험은 평생의 기능에 영향을 주는 방식으로 신경계를 형성하게 된다. 이 시기는 아동기에 유전적 잠재력이 발현될 최고의 기회이자 취약한 시기이기도 하다.

자연 선택과 생존의 신경생리학

뇌는 사회적 맥락과 애착에 의해 중재되는 선택적 행동 패턴의 강화 또는 억제에 대한 기제를 포함한다. 따라서 다른 동물과 상호작용하는 동물의 행동은 유전자에서 사회 집단으로의 일방통행이 아니다. 사회 집단의 역동 또한 유전자 발현의 생화학에도 강한 영향을 미치기 때문이다. 이러한 대상들을 만날 수 있도록 자연 선택이 우리에게 제공하는 주요한 전략은 관계의 창조다. 우리가 하나의 종으로서 성공해왔던 것은 독립적이고 고립된 개인으로서가 아니다. 우리가 살아남고 번성했던 것은 상호의존적 관계 – 가족, 씨족, 공동체, 부족 그리고 사회 – 를 통해서다. 우리는 다른 사람이 필요하다. 따라서 가장 강력하고 복잡한 일부 신경계는 소속, 소통, 애착에 헌신한다.

매우 기본적인 수준에서 생존은 잡아먹히는 것을 피할 수 있는 것과 관련이 있다. 개인이 세렝게티의 평원, 뉴욕의 어두운 골목길, 애틀랜타의 교외 어디에 있어도 만약 그가 동료와 함께 있다면 생존 가능성은 매우 높아진다. 무력한 영아가 살아남기 위해서는 생존 기술을 일찍부터 숙달해야 한다. 갓난아기와 양육자의 유대감을 형성시키는 행동은 필수적이다. 분리에 대한 울음은 가장 분명한 생존의 예다. 예측 가능한 양육 행동을 고취시키기 위해 다른 사람들의 감정과 의도를 지각하는 능력은 또 다른 예다. 유전적 자질과 연합된 이 기술들은 우리를 인간으로 차별화해주는 행동의 레퍼토리를 형성한다. 이 능력과 관련된 불균형이나 결핍은 모두 정신질환과 중독의 기초가 된다.

자기 돌봄과 지지

스트레스와 보살피는 행동이 어떻게 인간과 다른 사회적 포유류의 생물학적 기질에 작용해 적응하는지를 이해하는 것은 중요하다. 자연 선택은 가장 적합한 것의 생존을 선호할 뿐만 아니라 선호하는 대상으로 돌봄, 유대, 사랑, 애착 등이 유전적으로 내재된 종들을 포함한다. 결국 뇌는 보살핌에 대한 유전자 발현 능력을 지니고 있다. 이것이 발현되느냐 마느냐는 사회적 환경이 이것의 발현을 억제하느냐 촉진하느냐에 달렸다. 신경촬영법 연구는 우리에게 이타주의, 돌봄, 애착 등이 이미 뇌에 내재돼 있음을 보여주고 있다. 왜냐하면 이러한 행위들이 생물학적 종으로 살아남을 수 있도록 도와주기 때문이다. 심지어 다윈도 적자생존과 자연도태는 힘과 공격성만을 뜻하는 문제가 아니라고 지적했다.

> 동물들은 첫 번째로 사회적 상태에 놓인 것으로 가정한다. 서로 분리되어 있을 때 불편함을 느끼는 반면 함께 있을 때는 편안함을 느낀다. 그러나 사회 안에서 살아감으로써 이득을 얻는 이런 동물들이 함께 살 수 있도록 유도되기 위해서는 이러한 감각들이 일차로 발달된 것이라고 보는 것이 더 타당한 관점이다. … 밀접한 관계 속에서 살아감으로써 이득을 얻는 이런 동물들과 함께, 사회생활 속에서 큰 기쁨을 느낄 수 있는 개체들은 다양한 위험들에서도 최적의 탈출을 할 수 있다. 반면에 동료들을 거의 돌보지 않고 고립되어 살아가는 개체들은 멸종될 것이다. (Darwin 1871)

다윈을 따르는 연구자들은, 스트레스가 많고 복잡한 상황에 반응하는 세 가지 주요 패턴의 생화학적 표식의 존재를 규명해왔다. 이 세 가지 전략은 모두 진화적 적응으로 설명된다. 달리 말해 뇌는 투쟁 행위 패턴의 강화 혹은 억제에 대한 메커니즘을 유지하고 있으며 그것은 스트레스를 주는 진화적 압력에 대한 순응으로 설명될 수 있다. 이 세 가지 주요 전략은 다음과 같다.

1. 투쟁 혹은 도피Fight or flight
2. 해체Dissociation
3. 배려와 친교Tend and befriend

뇌가 선택하는 패턴은 사회적 집단, 지지 체계의 맥락과 역동에 의해 혹은 그것들의 결핍에 의해 달라지며 부분적으로 중재된다. 실험적 근거들은 경쟁(투쟁 혹은 회피), 고립(분열), 협동(배려와 친교) 등을 강화하거나 억제하는 환경이 조성될 수 있음을 보여준다. 일부 집단에서 투쟁 혹은 회피 반응이 양육 반응보다 더 우세하다 하더라도 보살핌을 위한 반응은 여전히 유효하다. 배려와 친교 반응은 자식의 보살핌과 사회적 유대에 유용한 것으로 여성에서 더 강력하다는 유력한 증거가 있다. 그와 유사한 메커니즘이 남성에게도 존재하나 대부분의 사회체계들은 남성에게서 보살핌을 위한 반응을 자극하는 유전적 기능이 성숙되는 것을 억제한다. 게다가 수많은 근거들이 지속되는 스트레스가 과잉 각성 혹은 분열 반응을 일으키는 뇌의 회로에 편중되는 경향이 있음을 시사하고 있다. 보살핌을 위한 지속적인 관계는 배려와 친교 반응의 방향으로 가는 뇌의 회로 쪽으로 편중되는 경향이 있음을 보여준다(Eisler & Levine, 2002, p.46).

그러나 양육 행위는 단순히 생존이나 생식이 아닌 생물학적으로 내장된 동기에 달렸다. 양육을 위한 행위는 심각하게 해당 기관이 손상된 개인들을 제외하고 모든 이에게 기쁨을 선사한다. 연구 결과들이 대개의 포유류에게 기쁨이나 긍정적 정서(예 : 보살핌, 협동, 사랑, 유대)와 같은 내적 동기가 중요함을 말해주고 있다. 양육행위를 하는 이들과 양육을 구하는 이들이 동정과 동조attunement를 통해 만날 때 양자 모두는 안도감과 만족감을 경험하게 된다. 이러한 만족감은 발달하는 모든 성숙한 개인mature adults이 관계 안에서 주고받으려는 타고난 욕구를 가졌음을 보여준다.

보살핌, 도파민, 옥시토신

돌보는 행위caring 자체는 그것을 받아들이든 제공하든 뇌에 좋은 것이다. 중추신경계의 입장에서는 '보살핌'과 '스트레스를 느끼는 것'은 서로 양립될 수 없다. 한쪽이 우세한 상태가 되지 두 가지가 균등하거나 동일하게 기능하기는 어렵다. 다시 말하면 교감신경계가 담당하는 스트레스 반응과 부교감신경계가 주로 관여하는 돌보는 반응 중 어느 한쪽이 우세하다는 것이다. 에이슬러와 레빈(2002, p.25)에 따르면 지속적이고 긍정적인 사회적 유대감이나 애착 경험은 옥시토신의 수준과 이 호르몬을 높이는 부교감신경계 회로의 활성도를 증가시킬 수 있다. 이러한 작용으로 교감신경과 관계되는 스트레스 시스템의 활동에 균형을 맞출 수 있다.

모든 포유류에서 신경전달계와 도파민, 옥시토신 등과 같은 펩타이드 호르몬들은 유대감 형성을 매개하거나 조절하는 데 영향을 준다. 지속적인 스트레스는 옥시토신의 활동 수준을 저하시키며 유대감을 형성하는 능력까지 저하시킨다.

반면에 도파민은 넓은 범위의 긍정적 정서에 관여하며 옥시토신은 가족이나 사회적 관계와 관련된 긍정적 정서에 특히 중요하다. 지지적인 사회적 애착은 옥시토신을 증가시키는 경향이 있으며, 코르티솔과 같은 스트레스 호르몬은 감소시킨다. 그렇다면 보살피는 행동을 촉진하는 AA나 집단치료와 같은 환경이 만들어져 상호 지지 수준이 높아진다면 동일한 생화학적 효과가 일어날 수 있다. 이와 관련해서 에이슬러와 레빈(2002, p.15)은 다음과 같이 기술했다.

> 옥시토신이 투쟁/도피 반응과 분열이라 불리는 또 다른 형태의 일반적 반응을 억제한다는 다양한 연구 결과가 있다. 투쟁 혹은 도피 반응이 학대받는 아이처럼 만성적으로 스트레스를 받는 사람들에게 너무 흔한 것처럼, 분열 반응은 사회적 상호작용으로부터 철수되거나 동결되는 데에서 특징적으로 나타난다. 이와 반대로, 옥시토신은 긍정적인 사회적 상호작용과 불안하지 않은 감각 반응(예 : 음악)을 추구함으로써 스트레스에 대한 반응을 촉진시킨다. 이러한 반응을 하는 집단이 바로 테일러와 그 동료들이 인급했던 배려와 친교 집단이다.

옥시토신의 실험적 투여가 약물내성과 의존의 발달을 억제할 수 있다고 제안하는 근거가 있다(Eisler & Levine, 2002). 또한 보살피는 것과 보살핌을 받는 것은 내인성 옥시토신의 방출을 자극하기 때문에, 이 경우는 AA 안에서나 집단치료에서 나타나는 유대감이나 애착 유형의 비중을 추론할 수 있다. 만약 보살핌이 옥시토신의 방출을 이끌어낸다면 약에 대한 갈망이 감소될 것이라고 말한다. 보살핌의 신경생리학은 집단치료와 AA가 왜 매우 중독 치료에 효과적인지에 관한 대안적인 설명과 더불어 중독 치료 현장에서 일어나는 일들을 잘 설명해 준다. 보살핌을 촉진하는 치료는 그렇지 않은 치료에 비해 확실히 생물학적인 이점을 갖고 있다.

사랑하는 이의 사진을 보는 사람들과 전혀 로맨틱한 관계가 없는 친구의 사진을 보는 사람들의 뇌 활성화를 비교해본 결과, 어느 타입의 주제에 노출되어 있느냐에 따라 피질의 활성화가 현저히 다르다는 것을 발견했다. 또한 코카인의 영향 하에 있는 사람들과 영아의 울음을 듣고 있는 엄마의 뇌 활성화가 매우 비슷한 뇌 영상 이미지로 표출된다는 것을 알 수 있었다. 보살핌을 주고받는 것은 옥시토신의 수준을 증가시키며, 기쁨을 주기 때문에, 높은 수준의 옥시토신은 약물에 대한 욕구를 감소시킨다. 이러한 연구들은 사람들과의 애착이 더 많은 약물에 대한 욕구를 줄여주는 효과가 있다는 것을 시사한다.

요약하면 성인의 애착 스타일은 사람들이 스트레스를 유발하는 사건에 대처하는 방식을 예측할 수 있는 유용한 수단이다. 안정적으로 애착된 성인들은 스트레스 사건에 매우 잘 견디며 그 사건이 초래하는 스트레스에 압도되지 않고 불쾌한 정서를 잘 다룰 수 있다. 많은 애착 관련 문헌들이 스트레스를 인정하고, 스스로를 돌보는 전략을 사용하며 다른 이들의 정서적 지지에 의지함으로써 스트레스를 다루는 안정 애착에 대해 기술했다. 연구들에 따르면 안도감이나 편안함을 얻고자 하는 욕구가 있을 때 의미 있는 타인들을 찾을 수 있는 즉 안정 애착이 이루어진 사람들이 사용하는 내적 작동 모델들은 스트레스 경험에 대처할 때 다른 사람의 도움과 지지를 구하는 경향성을 나타낸다. 그러나 불안정하게 애착되어 회피하는 사람들은 정서 표현을 꺼리고 부정적인 감정이나 기억들을 부인하고 고통스런 느낌을 가져올 수 있는 사건들은 평가 절하한다(Hazen & Shaver, 1987).

유전자 발현에 대한 동물 연구들과 환경의 효과

동물 연구는 아동발달에서 안정 애착과 돌봄의 중요성, 그리고 어떻게 양육 환경이 "위험한 유전자"를 극복할 수 있는지에 관해 지지하는 근거들을 제공한다. 털 손질grooming을 많이 하는 어미 쥐에 의해 길러진 영아 쥐는 성인기에 장애가 적다. 그러나 털 손질을 적게 하는 어미 쥐에게 길러진 영아 쥐는 성인기에 털 손질을 적게 하는 어미가 될 경향성이 있다. 털 손질을 적게 하는 기질의 쥐로 태어난 새끼들이 털 손질을 많이 하는 쥐들에게 입양돼 길러질 때, 털 손질을 적게 하는 쥐의 새끼들이 털 손질을 많이 하는 행동을 보인다. 게다가 털 손질을 많이 하는 쥐들에게 입양돼 길러진, 털 손질을 적게 하는 쥐들은, 성인기에 털 손질을 많이 하는 어미로 자라날 가능성이 있는 새끼들을 출산할 확률이 더 높다. 이처럼 양육 환경과 부모의 돌봄은 부정적 기질의 유전적 가능성을 명백하게 극복할 수 있다. 미국 아동건강과 인간개발 연구소 위원인 스티브 수오미Steve Suomi는 붉은 털 원숭이에 대한 광역 연구를 통해 얼마나 양육과 유전이 상호작용하는지를(2004) 보여주었다. 그는 강한 모성적 양육이 위험 유전자의 부정적 영향을 제거할 수 있을 뿐 만 아니라, 이점으로 변화할 수 있는 어떤 유전자를 나타나게 할 수 있다는 것을 발견했다.

장기적인 물질 남용과 또 다른 강박적인 중독 행동

얼마나 유전적 가능성이 크든 스트레스가 얼마나 많든, 자신의 중추신경계에 중독 물질을 접하게 하지만 않는다면 중독될 가능성은 절대 없을 것이다. 물질 사용 그 자체가 중독의 가장 큰 원인이라는 것은 분명한 사실이다. 물질 사용의 유독성이 신경생물학적 변화를 가져오는 데 기여하는 요인이기 때문이다.

최근에 부상하는 신경학 연구와 뇌 영상 연구는 중독이 단지 나쁜 습관 그 이상이라는 사실을 확증해 주고 있다. 미국국립약물남용연구소(Alan Leshner, 1997b)뿐 아니라 미국국립정신보건원(Steve Heyman, 1995)의 지도자급 연구자들도 아직 불확실한 선상에 있는 개인들에게 신경생리학적 변화가 일어난다면 되돌릴 수 없을 것이라고 주장했다. 그들은 장기적 물질 남용은, 결국 뇌 기능에 영구적 변화를 초래하는 어떤 신경전달물질이 내부에서 생산되고 결국 신경계의 시냅스를 바꿔놓을 수 있다고 주장한다. 이러한 변화는 결과적으로 어떤 행동상의 우선순위behavioral priorities를 야기하는 안쪽전두다발medial forebrain bundle의 이상 가설이 제기하는 뇌의 보상 중추에 영향을 준다. 여러 가지로 매우 취약한 상태에서 장기간의 물질 사용은 스트레스와 상호작용하며 마약의 중독효과는 뇌 신경회로와 생화학적 변화를 가져올 수 있으며 이런 상태로 남겨진 취약한 개인은 중독의 흔한 결과인 특정 장애, 예를 들면 보상결핍증후군reward deficiency syndrome과 같은 질병을 얻게 된다.

모든 물질이 뇌에 동일하게 영향을 끼치는 것은 아니다. 어떤 약물은 매우 치명적이어서 인간 신경생리의 생물학적 기반을 심하게 공격한다. 사용자가 원하는 수준의 약물 효과로 인하여 사용자의 신경생리와 신경구조를 더욱 더 변화시킬 수 있다. 농축 코카인crack cocaine과 암페타민 각성제meth crystal가 이러한 변화를 일으키는 가장 좋은 예다. 비록 가벼운 음주casual drinker와 이따금씩 마리화나를 사용하는 사람은 쉽게 찾아볼 수 있지만 암페타민이나 농축 코카인을 가볍게 즐기는 사용자는 거의 보기 드물다. 이러한 약물들은 뇌가 처리하기에는 화학적으로 너무 강력하다. 그 독성은 매우 극단적이고 뇌 구조의 신경생물학적 기반에 대한 공격은 매우 해롭다. 헤로인 같은 약물도 사랑의 유대와 애착을 조절하는 뇌화학 기전에 직접적으로 작용하기 때문에 손상을 준다. 사람이 약물에 중독될 때 그의 친구나 사랑하는 사람들이 보이는 가장 흔한 반응은, 가족과 친구에게 등을 돌리게 만드는 중독자의 행동에 당황하는 것이다. 이러한 일들은 현재 진행 중인practicing 중독자와 알코올중독자에게 왜 심리치료가 불가능한지를 설명해준다. 그들은 치료 동맹을 형성할 수 없고 치료자는 그들의 삶에 어떤 영향도 끼치지 못한다.

보상결핍증후군은 최근 중독에 대한 새로운 신경생물학적 연구 결과들이 지지를 받고 있다. 중독성 물질의 장기 사용은 시냅스 및 특정한 신경전달물질의 내부로부터의 생성을 변화시킨다. 어떤 시점에 가면 중독된 뇌는 중독되지 않은 뇌와 질적으로 달라진다. NIDA 국장을 지냈던 알렌 레스너(Alan Leshner 1996)는 장기 사용이 뇌 신경생리에 불가역적 변화를 불러올 수 있다고 주장했다. 일단 뇌에서 이런 "변화"가 발생하면, 물질 사용자는 남용자에서 중독자 혹은 알코올중독자로 영원히 변화된다. 중독된 뇌는 신경생물학적으로 중독되지 않은 뇌와는 질적으로 달라진다는 뜻이다. 이러한 사실은 왜 알코올중독자와 중독자가 "조절 음주" 또는 가벼운 물질 사용이 가능한 사람으로 절대 돌아갈 수 없는지를 말해준다. 중독자의 뇌는 회복 불능 상태로 영구히 변화된다.

이 같은 견해에는 흥미로운 측면이 있다. 익명의 알코올중독자 모임AA이 알코올 섭취, 뇌, 중독에 관해 직관적으로 알고 있던 사실들을 현대 신경과학이 입증해 주고 있다는 점이다. AA만의 독특한 용어를 사용해 AA 멤버들이 10년간 서로에게 상기시켜 온 것은 "일단 오이가 피클이 되면 피클은 절대 다시 오이가 될 수 없다" 는 것이다.

알렌 레스너(1997a)는 약물 사용과 중독 사이에 존재하는 기본적인 불연속성을 인지할 필요성을 다음과 같이 설명했다.

> 중요한 것은 중독이 많은 약물 사용의 결과일 수는 있지만, 약물을 많이 사용하는 것과 동일하지는 않다는 점이다. 약물을 사용하는 것과 약물 중독 사이에 있는 용어들인 약물 사용, 약물 남용, 중독과 같은 것들은 하나의 스펙트럼 선상에 연속적으로 존재할 수 없다. 또 사용자는 본인의 의지에 따라 자유롭게 앞뒤로 이동할 수도 없다. 실제로 일단 중독된 뇌는 중독되지 않은 뇌의 신경생물학과 다르기 때문에 중독은 질적으로 다른 상태다. (1997a, p.2)

신경과학적 관점에서 쓴 글에서 헤이먼(1995)은 과도한 약물 사용은 신체적 심리적 방어 기능을 위한 적응적 뇌 기능으로 조건화된 단서에 대한 반응인 약물 갈망의 근저에 있는 뇌 기능에 장기적 변화를 초래한다고 보았다. 이러한 적응과 뇌 기능 변화의 필수적 구성 요소는 과도한 약물에 의한 "뇌의 동기 시스템들에 대한 강제 징용"이며 이로 인해 이런 일이 벌어졌다는 것을 자각하는 데 필요한 능력이 부인되거나denial 상실된다. 따라서 헤이먼은 치료자들이 부인과 거짓말을 혼동하지 말아야 하며 부인이 알코올 중독자 또는 중독자가 진실을 말하지 않는다는 의미는 아니라고 경고한다. 사실 뇌의 동기 시스템들은 뇌의 보상 회로에 의해 통제되어 일어난 결과라는 것이다. 그는 반복된 약물 사용의 결과로 생기는 뇌의 적응이 바로 중독행동과 중독행동의 우세라고 보았다. 치료의 영향에 대한 것은 이해가 쉽지 않다. 각종 중독자 혹은 알코올 중독자의 행동은 그들의 자의적 통제나 선택 하에 있지 않다. 이들에 대한 치료적 개입 시, 동기가 얼마나 부족한 상태인지 중독된 개인이 만든 부인의 정도가 어느 정도인지를 주의 깊게 살펴야 한다. 이러한 접근은 중독자들이 자신의 뇌 기능을 충분히 통제하고 있는 사람으로서 선택 및 행동조절의 능력을 갖고 있다고 가정하는 접근들보다 효과적이다.

신경심리학적 손상

놀랍게도 중독의 치료와 진단에서 가장 중요한 변인 중 하나이지만 종종 무시돼온 변인은 약물과 알코올이 뇌에 미치는 영향이다. 이것은 많은 이유에서 중요한 함의를 갖는다. 다양한 심리치료 기법들이 환자가 자기 자신과 처한 상황에 대한 정확한 통찰과 이해에 근거해 결정을 내릴 만큼 합리적이라고 가정한다. 그러나 적극적으로 중독물질을 사용하고 있거나 회복 초기 단계에 있는 중독 환자들에게 전통적 형태의 심리치료를 수행하는 것은 불가능하다. 대부분의 치료자가 이런 의견에 동의한다 해도, 일부 환자들의 경우는 3개월, 6개월 심지어 9개월 간의 회복기 동안 보이는 증상들이 때로 매우 미묘하고 특이하기 때문에 물질 남용자에게 일어난 인지 손상의 심각성을 이해하는 데 실패한다. 그리고 대부분의 알코올중독자와 중독자는 말을 유창하게 잘하는 것으로 보여 언어 지능에는 현저한 장애를 드러내지 않기 때문에 종종 실제보다 더 건강해 보인다.

치료자들은 먼저 이러한 인지 결손을 자각하고 이해할 필요가 있으며 치료적 접근은 중독 환자의 욕구와 그들이 실제로 갖고 있는 능력을 적절히 매치함으로써 이루어질 수 있다. 이러한 요소들은 초기 치료 전략과 집단 심리치료를 다룬 8장에서 상세히 탐구될 것이다. 신경심리학적 검사는 추상적 추리, 유연한 사고, 유동성 지능, 최근 학습 능력에 민감하게 반응하기 때문에 알코올중독자와 중독자는 뇌 손상에 의한 결과를 보여주는 점수가 높다. 하지만 언어 지능과 이전 학습은 그렇게 많이 손상되지 않는다. 따라서 주의 깊게 의심해 보지 않는 관찰자에게는 정상인 것처럼 보일 것이다. 그러나 손상 정도는 대개 영구적이지 않으며 대뇌 피질의 구조적 손상까지 포함하는 것은 아니다. 중독자의 뇌기능장애는 진행성 뇌기능장애라기보다는 영양 및 비타민 결핍으로 인해 악화된 알코올성 뇌질환의 결과다. 대부분의 알코올중독자와 중독자는 단주와 단약을 유지하고 비타민과 영양 섭취를 늘린다면 대뇌피질 기능의 감소로부터 "자발적 회복"을 경험한다. 인지 기능의 회복은 점진적이고 꾸준히 일어난다. 가장 큰 차도는 단약(단주) 1~2년 후 성취한 전체 회복기 중 첫 한 달 동안 경험하는 현저한 기능회복이다.

헤이먼은 이어서 중독이 뇌의 질병이라는 것을 꼭 기억해야 한다고 강조한다. "현대 신경과학을 토대로 한 중독에 관한 질병모델의 핵심은, 취약한 개인의 적당한 약물 사용이 지속적으로 뇌 기능상의 이상 적응을 만들어낸다는 것이다"(Verbal communication, 1995). 신경과학 분야에서 다년간 축적된 데이터를 근거로 그는 중독을 동기와 정서, 약물 유발이 포함된 병리생리학과 취약한 개인의 뇌에서 지속적으로 일어나는 분자 변화의 신경 기반과 특이하게 연결된 질병이라고 보았다. 결국 중독은 의식적인 행동 조절력의 상실을 초래한다. 헤이먼은 몸에 밴 행동 패턴은 약물을 계속 사용하는 한 바뀔 수 없다고 여기고 "모든 심각한 만성 질환 환자들처럼, 중독자는 치료에 순응하고 재발의 고위험 상황을 피할 필요가 있다" 고 역설했다.

이러한 관점에서 중독을 보는 것은 왜 이 장애가 다양한 형태를 띨 수 있고 무수한 패턴에 걸쳐 있는지 이해하게 해준다. 샤퍼(Schaffer 1995)는 중독을 의식이 지닌 조절력이 변화된 상태로서 가장 잘 이해된다는 입장을 점차 확고히 하게 되었다. 이 상태는 장기간의 뇌 기능 변화로 인한 뇌 보상 회로의 적응과 연관 있는 뇌 작용의 생화학적 생리적 변화의 요소를 포함한다. 이러한 뇌 기능의 생리적 적응은 조건화된 단서에 반응하는 충동적 행동에 영향을 받는다. 따라서 중독은 약물에 대한 의존 또는 단약(단주)과 관련된 금단 증상과의 관련보다는 학습된 행동 즉, 강력하고 정서적인 보상 경험으로 인해 소선화된 반응이나 인지 및 정서적 기능의 결손과 더 관계가 깊다. 일단 물실의 생화학적인 영향 때문에 중독증상의 스타일, 반응 및 사고의 강박적 패턴이 뇌에서 형성되면 개인은 조건화되거나 강박적이 되거나 중독성 몰입 대상으로서 다른 대상에게 몰두하는 경향이 있다.

결론

보상결핍증후군을 유발하거나 영향을 미칠 수 있는 스트레스, 유전, 물질 남용 간의 상호작용 방식을 알아보았다. 이 모든 것들로부터 어떤 결론을 내릴 수 있는가? 어떤 중독자는 유전적으로 알코올중독자로 발전하거나 어떤 다른 것이 중독과 관련돼 있다 하더라도, 좋은 운명을 타고나서 안정된 토대나 안정 애착을 제공하는 부모를 만나 빈곤하지 않은 환경에서 스스로 안정적으로 애착될 경우 중독이 생기지 않는다. 외상이나 어려운 환경에 빠진다 해도 안정적인 애착 발달 과정에 있는 아동의 뇌는 스트레스의 수준을 최소화시킬 뿐만 아니라 성인과 같은 내적 자원과 탄력성을 제공한다.

신경과학이 우리에게 알려준 내적 자원은 개인의 유전적 가능성을 가장 유리한 방법으로 준비해온 신경생리 및 신경생물학적 발달의 최고 수준을 반영하는 것이므로 내적 자원이 스트레스 관리 능력과 대인간 친화력을 최대한 끌어올린다.

불행히도 아동이 알코올중독 부모에게서 태어나더라도 최상의 환경이 계속해서 주어진다면 중독으로 발전할 위험은 거의 없을 것이라고 아동 발달 연구와 신경과학의 연구 결과들이 보여준다.

새롭게 떠오르고 있는 관점으로 애착 이론은 데카르트 시대 이래로 의학적 돌봄medical care을 괴롭혀온 심신 이원론 모델에 이의를 제기하고 있다. 익명의 알코올중독자모임AA은 피하자 그냥 술을 마시지 말자라는 태도로 복잡한 논쟁을 단순하게 유지함으로써, 환경과 유전적 상황에서 기인하는 위험이 아무리 크더라도 그저 체내에 중독물질만 없으면 된다는 식으로 이 모든 복잡한 인과관계에 관한 논쟁을 가볍고 순전히 이론적인 것으로 만들어버리고 있다.

애착과 동물 연구

포유동물에서 애착 실패의 결과는 동물연구를 통해 폭넓게 사실들을 알아냈다. 원숭이 연구는 중독자나 알코올중독자에서 발견되는 중독 행동과 고립된 원숭이 사이에서 발견된 많은 행동적 유사점 때문에 특히 유용했다. 집단 내에서 다른 원숭이들로부터 고립된 채 자라고 안정 애착을 빼앗긴 원숭이들은 집단에서 살아남거나 적응하는 일이 매우 어려웠다. 그들은 감정과 신호를 적절히 알아차리거나 표현할 수 없기 때문에 자주 고립되고 다른 원숭이들과 잘 지내지 못했다. 고립된 원숭이들은 더 빈번하게 싸움에 끼어들고 종종 자해를 했으며 공격적이었고 부적절한 성적 행동을 했다. 또 그들은 행동의 역기능적 패턴을 고치는 데 어려움이 있었으며 음식과 물을 폭식했다.

크래머(Kraemer 1985)의 "고립 증후군"은 중독과의 특별한 연관성, 즉 고립된 원숭이들과 알코올중독자 및 중독자 간의 유사성을 확실히 보여주었다. 이들에 대한 진단과 치료의 방향은 큰 의미가 있다. 중독자나 알코올중독자처럼 고립된 원숭이들도 다음과 같은 행동을 보인다.

1. 음식과 물 폭식
2. "보통 원숭이" 보다 알코올을 더 많이 선호하고 마시는 경향
3. 학습된 행동 패턴의 소거 및 반응 세트의 변화가 어려움
4. 불안정하고 공격적인 관계
5. 문제를 키우는 행동
6. 바람직하지 못한 성적 관계

7. 돌보는 행동을 제공하기 어려움
8. 고립되는 경향(고독한 동물들)

동료 원숭이들과의 관계 연구

고립된 고독한 원숭이들이 건강한 애착 관계를 지닌 동료 "치료자 원숭이들"과 함께 있을 때 다시 정상적 행동을 보여주기 시작하는 모습을 여러 연구들에서 볼 수 있었다. 행동이 변하면서 그들은 집단 내 다른 원숭이들과의 관계에 적응하기 시작했다. 그러나 그들이 "치료자 원숭이들"을 빼앗기게 되면 정상적 회복과정은 유지되지 않았다. 그들은 감정 신호나 단서에 대한 학습 및 반응 능력을 유지하지 못함으로써 급속히 나빠지거나 적절하게 기능하지 못했다.

동료 원숭이들이나 "치료자 원숭이들"과의 애착은 빈약한 부모 애착 경험을 상쇄할 수 있다. 부모 없이 혹은 알코올중독자 부모에게서 자란 아동들도 이와 유사할 것이다. 가정의 형제들이 부모의 결점을 보상할 수도 있다. 재미있는 현상은 "치료자 원숭이들"이 장기간 병든 원숭이들과 함께 시간을 보낸 뒤 집단으로 돌아올 때 우울이나 불안 징후를 많이 보인다는 점이다. 어떤 원숭이는 치료자 "소진burn out"에서 흔히 보이는 증후군에 해당할 정도다.

고립되거나 병든 원숭이들은 신경화학적 손상에 따른 다양한 현상을 보이기도 한다. 다음의 것들이 흔히 발견된다.

1. 노르에피네프린 수준이 격감된다. 수준이 너무 낮아지면 절망 반응despair response이 더욱 심해진다.
2. 감각기 입력에 더 쉽게 압도되는 경향에서 오는 도파민 시스템의 조절장애가 발생한다.
3. 세로토닌 수준이 부정적인 영향을 받는다. 낮은 수준은 우울을 야기하고 높은 수준은 집단 내 높은 지배 서열을 야기한다.
4. 체내 선천적 아편제 시스템이 부정적인 영향을 받는다.

집단 정신치료의 관계론적 관점

애착이론은 정신역동 이론에 속하는 새로운 관계론적 모델 발전의 한 부분으로서 지난 몇 년 동안 일어난 개념적 혁명을 보여 준다. 개념 면에서 혁명이 일어났다는 것은 정신분석, 인지과학, 신경생물학의 가장 좋은 아이디어를 애착이론이 종합했을 뿐 아니라 중독을 이해하고 치료하는 확실하고 실제적인 방법을 제공했다는 뜻이다. 또한 관계론적 관점은 왜 어떻게 12단계 프로그램의 치유적인 힘이 물질남용 환자를 치료할 때 강조될 필요가 있는 전략들과 직접적 관계를 가지는지에 대해 본질적으로 타당한 대안적 설명을 제공한다. 애착이론(Bowlby 1980)은 최초로 중독 사이클에 대한 실제적이고 대안적인 이론적 해석을 제공했다. 중독 사이클은 질병 개념과 양립할 수 있을 뿐만 아니라 익명의 알코올중독자들 모임AA이 왜 그렇게 작동하는지에 대해 완전하고 지적으로 만족스런 설명을 제공함으로써 질병 개념을 확대했다. 풍부한 유산과 정신역동 이론에 단단한 기반을 두고 있는 애착이론은 단약(단주) 기반 치료abstinence-based treatment 접근법의 장점을 정당화하는 데 훌륭한 이론적 관점을 제공한다.

또한 신경과학과 애착이론의 통합은 중독에 관한 포괄적 메타-이론을 보여준다. 이 메타-이론은 질병 개념에 관한 다양한 정신 건강 모델을 통합할 뿐 아니라 기존의 중독 치료 전략들과 양립할 수 있는 임상 실습 가이드라인도 제공한다. 통상적 원리에 따라 치료를 실시하는 대부분의 중독 전문가는 12단계 치료 철학과 긴밀한 관계에 있는 단약(단주) 기반 치료적 접근을 충실히 따른다. 매일 집단과 작업하는 사람의 직접적 임상 경험과 모순되는 치료법은 그 이론이 아무리 훌륭하다 해도 결국은 무시될 수밖에 없다.

대부분의 중독 치료는 역사적으로 12단계 단약(단주) 기반 치료법의 지배를 받아왔다. 그 결과, 깊이 있는 정신역동 지향의 정신치료를 중독 치료와는 별개의 것으로 치부하는 현상이 나타났다. 그러나 애착이론은 전통적 추동이론이나 본능이론에 토대를 둔 정신분석적 사고가 순응, 발달 정지, 자아의 구조적 결함 등을 강조하는 관계론적 접근법으로 이동하는 데 기여했다. 관계론적 모델의 발전은 정신내적 논쟁에서 개인의 중독 행동의 원인이 되는 대인관계 혹은 관계론적 어려움에 관한 설명에 초점을 두었다. 가장 중요한 것은 이러한 관계론적 관점이 중독 현상과 전형적인 중독자 및 알코올중독자의 문제를 이해하는 새 혁신의 길을 열었다는 점이다.

집단 정신치료의 신경과학

대인관계 신경생물학은 집단 치료자가 신경과학에서 나온 강력한 통찰결과를 치료적으로 적용하는 데 유익한 자료가 된다. 뇌는 매우 관계적 성질을 띠며 대인관계에서 생기는 정서가 뇌를 구조화한다. 구술narrative과 애착이 행동변화에 근본이 되며 뇌와 정신의 변화를 중재한다. 집단 치료자는 개인의 애착 양식을 통해 알려진 신경생물학적 수준을 고려함으로써 자신의 관점에 다른 차원을 덧붙인다. 집단 치료보다 더 나은 상호작용 회복 가능성은 어디에도 없다. 방임, 학대, 장기 스트레스의 초기 발달 경험과 이를 뒤이은 과도한 물질 사용으로 야기된 뇌의 화학적 손상과 중독성 스트레스 호르몬의 방출은 신경 회로에 영향을 미치게 된다. 애착 이론의 원리에 의해 유도된 집단 치료는 집단 내에서 이용 가능한 교정적인 대인관계와 민감한 반응responsiveness에 의해 촉진된 신경발생을 통해 각인된 경로를 변경하고 수정하는 훌륭한 기회를 제공한다. 그 결과, 물질 남용자는 결국 역기능적 신경회로를 수정할 수 있고 일정 시간 후 남용자의 뇌는 "재설계" 된다.

로스(Roth 2004)는 중독이 기본적으로 고립과 고독의 질병이라고 말한다. 그러면서 중독자의 마음과 영혼을 묘사하고 집단 정신치료가 중독 치료에 효과적인 이유를 설명한다. 이 책은 이러한 이유에 관한 독자들의 이해를 돕고자 한다. 관계를 만들고 유지하는 능력의 손상된 결과이자 그에 대한 해결책으로서의 중독 개념이 이 책 전체에 내포되어 있다. 단주와 회복이 이루어지고 유지되려면 중독자는 건강한 정서적 조절 관계를 형성할 수 있는 능력을 증진시켜야 한다. 집단치료는 이러한 목적을 달성하기 위한 이상적 수단이다. 로스는 이러한 관점이 중독자가 관계 안에서 어떤 사람 혹은 무언가 다른 것에 전념하지 않는 한 중독치료가 성공적으로 이뤄질 수 없는 이유를 설명해 준다고 본다. 약물에 애착되어 있는 한 중독자는 회복을 위한 훈련이나 다른 누군가에게 애착을 가질 수 없다. 다른 사람들과의 애착관계 형성에 헌신하지 않으면 치료나 회복은 전혀 기대할 수 없다. 로스는 중독이 애착을 방해하도록 계획된 질병이라고 설득력 있게 설명하고 있다. 중독자 혹은 알코올중독자가 자신이 특정 약물보다 다른 무언가에 애착을 가진다고 생각할 때 그것 자체가 회복을 향한 강력한 스텝이다. 집단은 모든 중독과정에 수반되는 고립감과 수치심을 줄여주기 때문에 이러한 분리나 애착 문제와 사투를 벌인 적이 있는 개인들로 구성된 집단은 이 과제를 더 잘 할 수 있다.

이 책은 보다 포괄적이고 명료한 패러다임을 제공하는 것을 목표로 한다. 이 패러다임은 다양한 신경과학의 최신 발견들을 더 잘 설명하고 구체화한다. 이러한 발견들을 알리고 조직함으로써 애착이론은 자연스럽게 하나의 패러다임을 제공하게 된다. 애착이론은 어떻게 대인관계가 뇌를 형성하고 조각하는가에 관한 총체적 이해를 아우르는 이론적 기반을 제공할 뿐 아니라 뇌 기능에 관한 뿌리 깊은 오류를 수정하는 모델로서도 기능한다. 가장 중요한 것은, 저마다 장점을 뽐내는 기존의 혼잡스럽고 다양한 치료법들에 새로운 치료 모형을 추가하고 있지 않다는 점이다. 오히려 애착이론은 모든 효과적인 치료 모델과 치료법들이 이미 하고 있는 것이 무엇인지를 확인하고 구체화하는 범 이론적 토대를 제공한다. 중독 치료와 집단 정신치료 분야에 종사하는 우리 치료자들에게 애착 이론은 관계론적 접근법의 중요성을 입증해 준다. 대인관계적 접근법은 상호간의 지지와 정서적 각성을 유도하는 환경 내에서 확립되는 강한 정서적 유대를 촉진한다. 이것들에 관해서는 모두 다음 장에서 깊이 탐구될 것이다.

2

중독을 이해하는 기반으로서의 애착이론

파티에 가기가 두려운가? 술을 몇 잔 마셔라. 이성에게 말 걸기가 어려운가? 소량의 스피드speed나 코카인이 당신의 성대를 기름칠하고 당신을 재미있고 매력적인 사람으로 만들어 줄 것이다. 중요한 저녁 초대를 해야 할 형편이거나 직장 상사와 몇몇 요주의 인물들을 위한 모임을 가져야만 할 형편인가? 리브리움librium이나 발리움 몇 알이 마술을 부릴 것이다. 외출해서 새로운 친구들을 만날 생각을 하니 너무 부담스러운가? 뭐 그럴 필요 없이 집에 틀어박혀 있으면 더 좋지 않을까. 사람들과 접촉하기보다 마리화나와 관계를 맺는 것이 더 믿을 만하고 통제하기 쉽지 않을까. 위의 예들에서 특정한 패턴을 발견했는가?

정도의 차이는 있겠지만, 현대사회에서 많은 사람들이 삐걱거리는 대인관계에서 생겨나는 공포와 어려움을 관리하기 위해 향정신성 물질에 의존하는 경향이 늘고 있다. 다행하게도 대부분의 사람들은 앞서 언급된 물질들을 장기적으로 심각한 결과를 초래할 만큼 사용하지는 않는다. 그러나 유전적 요인이나 생물학적 기질과 관련된 정신내적 결함에서 오는 취약성 때문에 일부 사람들은 물질에 대한 의존성을 발달시키고 중독되기도 한다.

중독의 원인은 단일 차원적 현상만은 아니다. 축적된 많은 연구 결과들이 오랫동안 지속적으로 물질을 사용하면 뇌 기능이 변화해 한번 물질 섭취를 시작하면 통제가 불가능하다고 지적한다. 일부 사람들에서는 통제력의 상실이 급속히 진행되고, 다른 사람들의 경우는 부지불식간에 점진적으로 진행된다. 처음에는 대인관계에서 오는 어려움을 관리하도록 도와주던 물질이었던 것이 이제는 원래 취약했던 애착 능력을 점차로 손상시킨다. 물질의 독성으로 인해 장기간 물질 남용이 계속되면 신경생리적 기능이 점차 손상되고 심리적 구조가 붕괴된다(Parsons & Farr, 1981). 결국에 가서는 처음에 갖고 있던 대인관계 기술들까지 약화된다. 그렇게 되면 대인관계를 관리하기가 더욱 어려워지고 물질에 더 많이 의존하게 되며, 이는 손상을 가속시키고 중독적인 반응 패턴을 조장한다.

짐은 우울증과 자살 생각을 호소하며 3개월 전 진료소를 찾아 왔다. 항 우울제 처방과 심리치료가 시작되었다. 치료 시작 후 몇 주 동안에 걸쳐 짐이 매우 고립된 생활을 하고 있음이 치료자의 눈길을 끌었다. 짐은 직장 동료 몇명을 제외하고는 접촉하는 사람이 거의 없었다. 지난 수개월에 걸쳐서 그는 주위 사람들로부터 점차 철수해 가는 자신을 발견했다. 우울증이 극에 달했을 때는 "주말은 죽음이죠. 금요일 날 집에 들어 온 뒤로 월요일 아침에 직장에 다시 나갈 때까지 아파트를 떠나 본 적이 없어요"라고 고백한다. 낯선 도시로 전직해온 지 2년여 동안 짐은 다시 거절당하는 것이 두려워 어느 누구와도 쉽게 사귀지 못했다. 이 도시로 오기 5년 전에 이혼한 이후, 짐은 누구와도 깊이 사귀지 못했고 데이트가 점점 어려워졌다. "이 나라의 반대편에서 전처와 함께 살고 있는 내 아이들이 그립죠. 하지만 그녀가 재혼한 뒤로 아이들과의 접촉도 점점 줄어들었죠. 아이들은 이제 더 이상 전화도 없어요."

주말에는 무엇을 하며 지내느냐고 치료자가 묻자, "비디오 영화 몇 편을 빌리고 12병들이 맥주 몇 박스를 사들고 들어가죠"라고 답했다. 치료 과정에서 탐색을 통해, 세상의 사적 관계들로부터 철수한 한 남성이 알코올에 의존해 자신의 고독감과 거절에의 공포를 어떻게 견디어 나가는지에 관한 그림이 드러났다. 자신의 뇌가 중독되고 있는지도 모른 채, 자신의 고독감을 해결하려던 시도가 우울을 키우고 더 큰 문제를 만든 것이다. 짐의 사회적 기술은 충분히 개발되지 못했고 에탄올의 독성으로 인해 크게 손상되었으며 자신감과 수용능력은 잠식되어 갔다. 음주를 줄이거나 포기하라는 권고에 그는 크게 놀라며 저항했다. "뭐라고요 ? 그 아파트에 술도 없이 덩그러니 혼자 있으라고요 ? 술은 제가 지금 얻을 수 있는 유일한 위안인데, 그것마저 못한다면 전 외로워서 자살하고 말걸요."

짐의 사례가 말해주듯이, 모든 물질중독과 알코올 중독이 대인관계 기술이 나빠서 시작된 것은 아니다. 많은 사람들이 처음에 갖고 있던 사회적 기술들을 점차적으로 손상시켜 가는 오랜 기간을 통해 역기능적 스타일로 변해간다. 애착 능력이 없어서 물질 남용이 생겼건, 물질 남용의 결과로 애착 능력 이 손상되었건 간에, 회복과 치료에서는 안정 애착 능력을 개발해야 한다. 애착이론에 따르면 사람들이 자신의 정서 상태를 홀로 완전히 조절하는 것은 불가능하다(Lewis et al., 2000). 그래서 물질 남용자들이 그들의 역기능적 애착양식(불안정 회피 애착, 불안정 양가 애착, 불안정 혼란 애착)을 완화시키고 건강한 대인간 정서 조절 능력(안정 애착과 상호성)을 발전시키기 전까지는, 강박적 중독 대상들 (예, 알코올, 약물, 성, 게임, 일 등)의 어느 한두 가지에 영구적으로 취약할 수밖에 없다.

애착이론과 자기심리학

애착이론(Bowlby, 1980)과 자기심리학(Kohut, 1984)에 익숙한 중독치료전문가들은 중독과 건강한 애착이 역 상관관계에 있음을 깨달았을 것이다. 알코올과 약물이 만들어내는 강한 정서적 쇄도 현상 때문에, 그것들은 매우 보상적이고 보다 미묘한 정서적 설득들을 금지시키는 결과를 초래한다. 결과적으로 취약한 개인이 보이는 화학물질에 대한 애착은 대인관계의 방해물이자 대체물로 작용하게 된다. 경험 많은 중독 전문가들은 물질 남용자들과의 치료 경험을 통해 이 사실을 알게 되고 AA에서도 이를 직관적으로 알아차리게 된다. 1940년 대 초반 설립된 이래로, AA 회원들은 서로에게 "우리는 진정한 관계를 맺지 못했었다. 우리는 인질을 붙잡고 있었다" 는 것을 상기시켜 왔다.

중독에서 회복된 사람들은 자신들의 관계가 전형적으로 부적응적이고, 불만족스럽고, 조종을 하려 들었거나, 필요 이상으로 문제가 많았음을 인식하고 있다. 변덕, 질투, 불신, 실망, 끝없는 어려움들이 그들의 가장 친밀한 관계를 지배해 왔다. 새로운 관계를 발전시키고 생소한 사람과 말문을 트는 것은 흔히 자신의 능력 범위를 넘어서는 일이다. 많은 사례들의 물질 남용 초기 역사를 보면, 물질 사용은 보완적 기능을 한다. 물질 사용이 대인간 애착 양식에서 느낄 수 있는 부적절감과 서투름을 완화시켜주는 역할을 하기 때문이다.

알코올중독자와 다른 중독자들이 해당 물질을 적절히 사용하고 관리할 수 있도록 가르칠 수 있느냐와 관련해서는 현재 논란이 있다. 이 문제는 3장에서 자세히 다루기로 한다. 여기서는 애착이론이 현재 중독치료 영역을 지배하고 있는 단주(혹은 단약) 기반 접근법들을 지지한다고 말하는 것으로 충분하다(Miller, 1995). 애착이론은 단주가 회복의 일차 목표가 되어야 한다는 중독에 대한 AA의 입장과 일치한다. 중독자들과 지속적인 관계를 맺어 온 사람들은 누구나가 이들과 치료 동맹을 맺기가 얼마나 어려운가를 익히 알고 있다. 물질에 의존적인 사람들이 치료에 애착을 형성하기 전에, 그들은 먼저 자신들의 중독 대상으로부터 탈애착detached 되어야 한다. 취약한 개인의 약물에 대한 애착이 대인관계의 방해물이자 대체물로서 작용하기 때문이다.

애착 장애로서의 중독

애착이론과 자기심리학에 관한 최신 연구는 역기능적 애착 방식이 대인관계에서 만족을 얻는 능력을 방해하고 이런 어려움을 지속시키는 내적 작동 모델의 형성에 일조한다고 지적한다. 어린 시절의 발달 실패는 일부 사람들을 취약하게 하고 그들로 하여금 소용없는 자가 복구 시도를 하게 만든다. 물질 남용자는, 어린 나이에 필요했었던 발달에 대한 욕구를 박탈당해, 자신의 "내부에 있는 결핍"을 "바깥 어딘가"에서 대신 채우려 든다.

그래서 중독은 일종의 애착 장애로 볼 수 있다. 친밀한 애착을 형성하는 데 어려움을 보이는 사람들은 자신들의 친밀감 결핍을 약물이나 알코올로 대치하려는 경향을 보인다. 다른 사람들과 정서적 친밀감을 유지하기 어렵기 때문에, 그들은 자신을 잠식해 들어오는 공허감에서 일시적으로 벗어나게 해주는 다양한 강박 행동들(예 : 성, 음식, 알코올, 일, 도박, 컴퓨터 게임 등)로 이런 공허함을 내지한다. 따라서 자기 구조 내의 결함이 교정되지 않는 한, 하나의 강박 행동은 그것이 사라진다 해도 또 다른 강박 행동으로 대치될 가능성이 높다.

애착이론은 단일 이론이라기보다 관계에 대해 생각할 수 있는 일반적인 틀에 해당한다. 특히 어릴 적에 형성된 내면화된 관계성(내적작동모델)의 패턴이 성인기까지 영향을 미치고 영속화되는 방식에 관한 구술이라고 할 수 있다. 관계성과 불안정 애착의 이런 패턴이 변화되지 않는 한, 중독자는 한 대상을 다른 중독 대상으로 대치하는 취약성을 계속 안고 살아갈 것이다. 이런 역기능적 관계 패턴을 수정하고 변화시킬 수 있는 방법을 이해하기 위해서는, 애착 방식들에 관한 중요한 연구들과 애착 방식이 성인이 되어서도 어떻게 유지되는지를 보여주는 증거들을 고찰해 볼 필요가 있다. 부모가 자녀들을 어떻게 양육하는지에 관한 이해는 치료자가 내담자들을 어떻게 치료해야 하는가를 탐구하는 데서 중요한 함의를 지닌다.

애착 양식과 안정 애착

보울비(Bowlby, 1980)와 애인즈워스(Ainsworth, 1989)는 유아들의 내적 스트레스 조절이 양육자와 관계 맺는 방식에서 나타나는 차이점들을 폭넓게 설명했다. 이런 패턴이나 애착 양식은 일단 형성되고 나면 소거가 어렵고 성인기의 대인관계(예 : 친구, 사랑, 연인 관계)로까지 확대된다. 개인의 애착 양식은, 안정과 불안정이라는 두 범주로 나뉜다. 불안정 애착은 세 가지 기본 차원들(회피형/ 양가형 혹은 몰두형/ 혼란형)로 다시 나눌 수 있다. 안정 애착은 보울비의 모형에서 중심적이고 결정적인 개념이다. 그의 이론은 애착과 분리/상실이라는 대극적 주제에 기초해 있다. 그의 이론이 치료에 시사하는 바를 음미해 보기 위해서는 보울비의 애착 개념이 내포하는 세 가지 핵심적 특징을 살펴볼 필요가 있다.

1. 생물학적 기능 : 애착의 생물학적 기능은 포식자로부터의 돌봄이다. 애착의 일차적 기능은 안전을 제공하는 것이다.
2. 애착과 놀이 : 안정 애착과 창의적이거나 탐험적인 놀이 사이에는 호혜적 관계가 있다. 아이는 애착 인물에게 안전하게 애착되었을 때만이 그 애착 대상인물로부터 분리될 수 있다. 이 원리는 치료에 중요한 함의를 지닌다. 안전하게 애착된 아이가 애착 대상인물을 떠나서 외부 세계를 탐험할 수 있듯이, 치료자에게 안전하게 애착된 내담자가 자신의 내부 세계를 탐험하는 데 따르는 위험을 감수할 수 있다. 이 원리는 집단에도 동일하게 적용된다. 집단에 안전하게 애착된 구성원이 그 집단 내부에서 주어지는 더 많은 위험을 감수할 수 있고 다른 집단 구성원들과 함께 더 많은 탐구를 해 나간다.
3. 애착의 지속성 : 보울비는 애착이 어린아이들만의 욕구가 아니며 아동기에 시작된 애착 양식이 일생 동안 지속된다고 믿었다. 성인의 인간관계 패턴이나 관계적 병리는 아동의 경우 못지않게 애착 면에서 이해될 수 있다.

애인즈워스와 낯선 상황

보울비의 애착이론은 메리 애인즈워스의 연구가 아니었더라면 오늘날처럼 널리 수용되지 못했을 것이다. 그녀의 간단하지만 쉽게 재현할 수 있는 검사가 유아들을 안정 혹은 불안정 애착 유형으로 쉽게 분류하도록 해준다(Ainsworth, 1989). 낯선 상황은 유아가 자신의 일차적 돌봄이와 3분간 분리되어 낯선 방에서 낯선 사람과 함께 있는 동안 보이는 반응을 평가한다. 현재 다음과 같은 네 가지 반응 패턴이 인식되고 있다.

1. 안정 애착 : 일차 양육자와의 분리에 저항하고 재결합에 의해서 차분하게 달래어지며 다시 탐색적 놀이로 되돌아가는 아이들. 정상 모집단의 관찰 대상 아동들의 2/3가 이런 방식으로 낯선 상황에 반응한다. 그러나 어머니 자신이 아동기에 학대 받은 경험이 있거나 사회경제적으로 낮은 계층의 모집단에 속한 아이들에서는 다음과 같은 불안정 애착 유형이 더 많이 관찰된다.
2. 불안정-회피 애착 : 이 유아들은 분리에 거의 저항하지 않는다. 일차 양육자가 다시 돌아왔을 때 이 유형의 아이들은 무관심한 듯 보이지만, 불안하게 양육자 주위를 맴돈다.
3. 불안정-양가성 애착 : 이 유아들은 일차 양육자가 방을 떠날 때 강하게 저항하지만, 다시 돌아와 재결합할 때 쉽게 달래어지지 않는다. 불안정-양가성 애착 유형의 아이들은 양육자의 무릎에 자신들의 머리를 파묻고 울거나 격렬하게 매달리는 경향을 보였다.
4. 불안정-혼란 애착 : 이 아이들에서는 어떤 일관된 반응 패턴이 확인되지 않는다. 그들은 분리에 직면해 얼어붙거나 붕괴돼 바닥에 누워버린다. 재결합 시에는 흔히 벽에 공허하게 기대어 있는 반응을 보인다.

치료에 대한 함의

애착이론과 자기심리학의 통합은 중독 치료에 중요한 함의를 갖는다. 두 이론의 장점을 잘 활용하기 위해서는 각 이론의 주장 명제들을 요점정리해 보는 것이 중요하다. 애착이론의 10가지 기본 명제는 다음과 같다.

1. 애착은 그 자체로서 기본적 동기이며 다른 이차적 추동으로 환원될 수 없다.
2. 무의식적 환상이나 내적 추동보다 실제 세계에서 일어나는 일들이 더 중요하다.
3. 개인이 자신의 정서를 조절할 수 있는 정도는 그들의 가장 이른 시기의 애착 경험에 의해 결정된다.
4. 애착 욕구로부터의 자유를 뜻하는 분리나 개별화는 정상적 발달이나 치료의 합당한 목표가 되지 못한다.
5. 양육적인 환경의 존재 혹은 그런 환경의 결여가 뇌 회로 발달에 영향을 미친다. 그러나 애착이나 자기대상 반응성에 대한 욕구는 평생에 걸친 과정이지 특정 단계에 국한된 것이 아니다.
6. 부모에 대한 아이의 애착은 부모의 아이에 대한 애착과 다르다. 부모(혹은 치료자)가 아이(혹은 내담자)를 자신의 충족되지 않은 애착 욕구를 충족시키는 대상으로 사용하고자 할 때 정신병리가 생긴다.
7. 돌봄과 친화적 관계(상호성)는 자기가 충분히 발달했을 때 도달하는 별개의 발달 단계들이다.
8. 장기적인 관계에서는 필연적으로 서로 조율되지 않음, 저항, 파열음, 수리, 재결합 등이 발생한다. 수리나 손상복구 과정의 결여가 오히려 모든 역기능적 관계의 특징이다.
9. 유전이냐 환경이냐를 따지는 해묵은 논쟁은 이제 더 이상 발달이나 행동 변화를 논하는 데 적절한 질문이 못된다.
10. 관계의 성질을 결정하는 데 절차적 영역(암묵적 기억)과 선언적 영역(명시적 기억)은 서로 구분되며, 심리치

료와 중독치료에서 중요한 함의를 지닌다.

아래에서 위 10가지 주장들을 자세히 논의하기로 한다.

1. 애착은 그 자체로서 기본적 동기이며 다른 이차적 추동으로 환원될 수 없다.

애착이론도 자기심리학과 마찬가지로 대상관계이론의 계승자로 간주된다. 이들 세 이론은 중요한 공통점을 갖고 있지만 고전적인 추동이론(정통 프로이트 이론)을 따르는 정도 면에서 차이가 난다. 애착이론과 다른 두 이론을 구분하는 가장 결정적인 요소는 애착의 중요성을 강조하는 정도다. 애착이론은 고통과 기쁨 그리고 애착의 의미를 이차적 추동으로 환원시킬 수 없다는 입장을 분명히 한다. 애착은 일차적인 동기적 힘으로 그 자체의 역동이 있으며, 그 역동은 광범위하고 복합적인 결과들을 창출한다(Bowlby, 1973).

애착이론은 심리적 이론이자 생물학적 이론이다. 자연 선택(=적자생존의 원리)은 진화적 적응 환경에서 부모-자녀간 근접성을 조장하는 기제를 선호했을 것이다. 애착은 단순히 심리적으로만 추동되는 것이 아니라 대인간 근접성에 대한 강한 생물학적 욕구에 의해 추진되고 적응된다. 일차적인 생물학적 기능은 역경에 처했을 때 원조와 안전을 보장하는 것이다. 이는 인간뿐 아니라 사회를 이루고 사는 모든 포유류 종의 부모-자녀 관계에 적용된다.

2. 무의식적 환상이나 내적 추동보다 실제 세계에서 일어나는 일들이 더 중요하다.

애착이론과 고전적 정신역동이론 사이의 근본적인 불일치는 현실 세계에서 일어나는 사건들의 영향보다 환상이나 정신 내적 경험들의 중요성을 더 강조하는 역동이론의 주장에 대한 보울비(Bowlby, 1980)의 불만과 관련이 있다. 보울비는 외부 현실보다 내적 경험을 더 중시하는 데 동의하지 않는다. 파울크스(Foulkes, 1975) 처럼, 보울비도 복잡한 현상들을 순수한 심리 내적 과정들로 환원시키려는 치료 개념을 비판했다. 그래서 애착이론은 외부 행동과 더 일치하는 방식으로 관찰된 행동을 설명하고자 했다. 보울비는 정신병리가 대인관계의 실제 경험에서 유래한다고 강조하고 고전적 추동이론은 이론적인 면에서 지나치게 자유롭다고 비판했다.

보울비는 정신분석적 교의의 기본 가정들에도 도전했다. 그는 정신분석의 에너지 방출 모델이 시대에 뒤떨어진 19세기 물리학과 생물학에 기초하고 있었기에 이 모델의 역동적이고 경제적인 관점을 믿지 않았다. 페어번(Fairbairn, 1952) 처럼 보울비도 프로이트 이론은 19세기 물리학에서 비롯된 시대착오적인 모델에 뿌리를 두고 있다고 비판했다. 보울비는 자신의 입장을 지지하기 위해 생물학, 진화론, 동물행동학, 인공두뇌공학, 정보체계이론 등의 현대적 성과들로 혁신적인 전환을 해야 한다고 주장한다.

보울비는 정신분석 문헌들에서 사용하는 "대상object"이라는 용어의 사용 방식에 불편함을 느꼈다. 그는 애착 관계의 양자적인bi-personal 성격을 보다 잘 포착한다는 의미에서 애착 인물attachment figure이라는 용어를 선호했다. 그는 대상이라는 용어가 광범위한 개념들을 내포하는 것으로 사용되어 왔기에 부정확하고 다양한 해석을 야기하게 된다고 보았다. 마론(Marrone, 1998)이 지적했듯이, 대상이라는 용어는 상이한 의미를 지닌다: 대상은 사물일 수도 있고 추동이나 의도의 목표물일 수도 있다. 애착 인물이라는 용어가 모든 사회적 포유류에게 일차적인 동기의 힘은 관계를 추구하는 것이라는 페어베언(1952)의 아이디어를 더 잘 반영해

준다. 자기대상 전이가 그렇듯이 애착도 그 자체로서 치유적이라는 면에서, 애착 인물은 코헛이 말하는 자기대상과 유사한 기능을 한다.

3. 개인이 자신의 정서를 조절할 수 있는 정도는 그들의 가장 이른 시기의 애착 경험에 의해 결정된다.

상실(우울) 혹은 상실 위협(불안)은 심리적 스트레스의 핵이다. 상실과 실망에 대처할 수 있는 탄력성과 역량은 우리의 현재 및 초기 애착 경험과 직접적인 관련이 있다. 애착이론은 아동과 양육자 간의 결속의 중요성을 강조하기 때문에 중독과 애착의 관련성에 대해 연구할 수 있는 합당한 길을 열어준다. 고전적인 정신역동적 발달이론들이 초기 아동기 경험이 성인의 정신병리에 중요한 영향을 미친다는 점을 인식해 왔지만, 애착이론이 제시된 이후에야 비로소 설명이 제자리를 잡았다. 친밀하고 장기간 지속되는 관계가 인간 본성의 필수요소이고 오랜 기간 지속되는 만족스러운 관계를 확립하지 못하는 것은 초기 애착 경험의 질과 직접적으로 관련이 있다. 효과적이지 못한 애착 방식을 극복하기가 어려운 사람들은 자신들의 결핍을 보상하기 위해 중독적인 강박행동을 사용하는 취약성을 보인다. 루이스 등(Lewis et al., 2000)은 애착은 단지 좋은 아이디어 정도가 아닌 법칙임을 지적하면서, 생물학적으로 추동되는 욕구의 일차성을 강조했다.

타인에게 애착되고 가까이 머물게 되는 기제가 뇌의 특정 영역과 관련되는 생물학적 근거가 있다는 사실이 밝혀지고 있다. 애착이론은 우리의 정서와 신경생리가 개방적 순환회로를 이루고 있어서 다른 포유류나 "애착 대상 인물"로부터의 입력과 외부 조절이 요구된다고 본다. 우리는 자신의 정서를 독립적으로 조절할 수 없다. 우리 자신을 조절할 수 있는 정도는 우리 자신이 겪은 최초 애착 경험의 길이나 강도에 따라 결정된다. 유아기의 애착이 안전하고 안정적일수록 자기조절 능력도 더 크다. 안정 애착이 결여되어 있으면 인생사에서도 정서 불안과 중독에 더 취약해진다.

4. 애착 욕구로부터의 자유를 뜻하는 분리나 개별화는 정상적 발달이나 치료의 합당한 목표가 되지 못한다.

중독과 그 치료에 적용된 애착이론은 이 시대와 문화에 중요한 함의를 지닌다. 오늘날 북미와 서구세계는 독립과 자율, 그리고 자족을 향해 분투하고 있지만, 이는 흔히 자기와 타인으로부터의 소외라는 비용을 지불하게 한다. 이 문제는 알코올 중독과 중독에서 가장 일관되게 드러난다. 그들은 의존을 몹시 싫어하며 개인화의 극단에서 삶을 영위한다. 자율성은 소외와 관계의 상호성을 해치는 비용을 치르면서 추구된다. 애착이론은 단순히 1인 심리학one-person psychology에서 벗어나는 것뿐만 아니라, 인간은 항상 타인과의 관계 안에 놓여있다는 근본적 대인 개념을 제시하고 있다. 애착이론이 주장하듯이, 효과적인 치료는 인간됨의 본질이 개인적인 것이 아니라 사회적인 것이라는 관념에 기초해야 한다.

대상관계이론을 통해 보울비는 내사된 자기나 자기표상이 그들 내부에 강렬한 정서를 담고 있고, 그것들이 자신의 내적 경험을 외부 세계로 투사하는 경향성을 불러온다(Ogden, 1982)는 점을 알게 되었다. 투사적 동일시projective identification의 힘을 통해서, 사람들은 외부 세계에 있는 다른 사람들을 위협하고 부추기고 자극하여 자신의 내적 투쟁과 기대에 기여하게끔 한다. 이는 외부 세계가 자신의 경험과 기대를 확인시켜 주는 방식이 되게끔 자신의 대인간 상호작용을 이끌어 가는 자기충족적 예언에 해당하는 "인생 각본"이 된다. 역설적이게도, 이런 인생 각본의 재현은 투사적 동일시 욕구의 만족에 기여하고 일시적으로 불안을 감소시켜 주는 이러한 경험의 친숙성이 도착적 안락감을 제공한다.

이 쟁점에 답하기 위해서 보울비(1980)는 대안적인 내재화 모델을 만들었다. 그에 따르면, 정신분석은 내재화 과정을 외적이었던 것을 내적인 것으로 만드는 메커니즘으로만 본다. 그의 내적작동모델IWM :internal working model은 피아제 이론(Piaget, 1954)과 상당히 합치하며 대상관계이론에서 말하는 내재화된 자기 및 대상 표상에 관한 기술과도 공통점이 많다. 그러나 IWM은 대인 영역이 관계를 이루는 두 사람 모두에 의해 창조된다는 점을 강조한다는 점에서 상호주관성이론intersubjectivity theory(Stolorow, Brandchaft, & Atwood, 1987)과 이론적으로 더 잘 맞아떨어진다.

> 물리적으로 얼마나 떨어져 있는가와 상관없이, 애착인물이 반응적일까에 관한 신뢰는 적어도 다음과 같은 두 변수에 달렸다: (a) 애착인물이 지지와 보호의 요구에 일반적으로 반응하는 사람인가 아닌가 (b) 자기가 다른 사람, 특히 애착인물이 도움을 주는 방식으로 반응할 가능성이 높은 사람인가 아닌가의 여부. 논리적으로 이 두 변수는 상호 독립적이지만, 실제에서는 서로 혼입될 가능성이 크다. 그 결과 애착인물과 자기 모델은 상호보완적이고 서로를 공고화시키는 방식으로 발달할 가능성이 높다. (Bowlby, 1973, p. 238)

양육자에 대한 정서적 가용성이 IWM의 형성에 결정적 요인이 된다. 코헛의 주장처럼, 부모가 아이와 무엇을 하느냐보다 "어떻게 함께 하느냐"가 더 중요하다. 스턴SStern, 1985도 대상이나 자기 표상이 내재화될 뿐 아니라 "함께 한 경험"이라는 관계의 성질도 내재화된다고 보았기 때문에 유사한 견해를 가지고 있다. 매론Marrone, 1998은 보울비가 내재화를 "완전히 외부에만 존재하는 것도 아니도 그렇다고 내부에만 존재하는 것도 아닌 어떤 것으로 마음속에 표상되는 것은 분리된 개체로서의 부모가 아니라 관계다(p. 44)" 라고 정의한다고 기술하고 있다. "오로지 아기만 존재하는 경우는 없다" 라는 위니캇Winnicott, 1965의 고전적 진술처럼, IWM은 존재의 일차적 단위가 자기나 대상 표상이 아니라 관계와 그 관계를 지배하는 규칙이라는 입장을 견지한다. 반복되는 경험을 통해 아이는 부모에게서 무엇을 기대할 수 있는가를 학습한다. 이런 기대를 지배하는 규칙들은 정신적 표상으로 내재화되고, 가까운 관계들에서의 그 사람의 사고와 감정 및 행동을 이끌어가게 된다. "당신과의 관계를 유지하려면 내가 어떻게 해야 하는가?" 라는 질문에 내포되어 있는 규칙들이 IWM의 구조를 결정하고 그 관계의 반복적 성질을 만들어 내는 결정력으로 작용한다.

5. 양육적인 환경의 존재 혹은 그런 환경의 결여가 뇌 회로 발달에 영향을 미친다. 그러나 애착이나 자기대상 반응성에 대한 욕구는 평생에 걸친 과정이지 특정 단계에 국한된 것이 아니다.

보울비는 애착이 인간 삶의 "요람에서 무덤까지" 필수적이라고 보았다. 애착에 대한 욕구는 특정 단계에만 국한되는 것이 아니라 평생에 걸쳐 중요하다. 애착이론가들은 '일대일' 뿐만 아니라 집단이나 관계망에 대한 애착도 불안정한 생존을 돕기 때문에 생물학적으로 필수적임을 깨달았다. 초기의 발달에서는 부모에 대한 애착이 유아가 위험과 위협에 처했을 때 안전을 보장해 주지만, 성장해 감에 따라 동료 및 집단과의 친화적 관계가 더 중요해진다. 이는 이런 관계들을 통해 상호 도움을 주고받고 의미론적인 질서를 얻을 수 있기 때문이다(Litchtenberg, Lachmann, & Fosshage, 1992). 친화적 관계affiliative relationships는 단순히 물리적 근접성에만 기초하는 것이 아니라 의미와 표상들의 복합적인 조합에 의해 매개된다. 장기적인 회복을 달성하려면 "친화적 관계"를 확립하는 역량이 반드시 필요하다. AA가 현재처럼 잘 작동하는 이유 중 하나는, AA가 중독을 대신할 수 있는 친화적 관계를 맺을 기회를 제공해 주기 때문이다.

애착과 상호 조율과 정서적 안정 사이에 아주 미묘한 상호작용이 존재한다. 애착이론가들은 "안정 애착이 해방을 초래한다(Holmes, 1996)"는 역설을 잘 알고 있다. 이 역설은 안정 애착이 형성된 아이뿐만 아니라, 개인치료든 AA참여를 통해서든 관계없이 치료에 안정 애착된 성인들에게도 동일하게 적용된다. 안정 애착된 아이가 자신의 양육자로부터 더 멀리 나아가 주변 환경을 탐험하는 모험을 감수하듯이, 안전하게 애착된 환자는 치료 회기 동안 자신의 내면세계를 탐험하는 위험을 택할 것이다. 매론은 스턴의 다음과 같은 말을 인용하면서 이런 입장을 지지한다.

> 스턴1985은 인간 존재의 진수가 홀로 있음보다는 함께 있음이며, 함께 있음에는 연결, 유친, 애착 및 안전과 같은 기본 요소들이 포함되어 있다고 주장한다(p. 240). 그는 더 나아가 유아에게 관계의 질에 해당하는 애착이 시초의 엄마-유아 간 유대를 넘어서 또래 동료들에게도 확장될 수 있음을 인식하고 있었다. 스턴은 애착과 안전감이 어떻게 정서적으로 상호 결부되는지를 설명하고 있다.(p. 158)

6. 부모에 대한 아이의 애착은 부모의 아이에 대한 애착과 다르다. 부모(혹은 치료자)가 아이(혹은 내담자)를 자신의 충족되지 않은 애착 욕구를 충족시키는 대상으로 사용하고자 할 때 정신병리가 생긴다.

카렌 월런트Karen Walant, 1995는 현대사회가 분리와 개별화를 지나치게 강조하고 있다고 비판한다. 그는 어떤 비용을 지불하고라도 자율성을 추구하려는 편향 때문에 우리가 자신들의 정서를 스스로 조절할 수 있다는 잘못된 신화나 신념을 갖게 되었다고 주장한다. 아이를 돌보려는 부모의 본능적 욕구가 의존을 병리와 수치로 여기는 문화적 규범에 의해 희생당하고 있다. 월런트는 물질 남용을 애착이론의 관점에서 조망하면서, 중독은 초기의 충족되지 않은 발달적 욕구의 외상적 결과에 대처하기 위한 수단이라고 보았다. 그녀는 자신이 규범적 남용normative abuse이라고 부른 것의 효과를 없애기 위해서는, 환자들과의 관계를 보다 관계적이고 친밀하게 이끌어야 한다고 권고한다. 이는 중독자들에게 자신이 고립된 존재로 남기보다는 더 크고 만족스러운 관계의 일부가 되게 하는 것이다. 그녀는 소외되고 파편화된 자기에서 회복되는 수단으로 환자와 치료자 사이의 완전한 이해의 순간인 "몰입 경험immersion experience"의 필요성을 강조한다.

중독을 애착 관점에서 조망하는 것은 현대의 우리 문화가 학대라는 인식도 없이 아이들에게 의도치 않게 학대하게 되는(규범적 남용의) 이유를 설명해 준다. 월런트는 자족과 개성화에 대한 20세기의 강조는 인격장애나 중독을 포함해서 성인기 심리치료를 요하는 문제들을 양산하게 된 원인이라고 적고 있다(1995, p. 1). 더 나아가 현대사회에서 중독이 증가하는 일차적인 이유는 아동들의 정상적인 애착 욕구가 독립과 개성화를 강조하는 문화적 규범으로 인해 희생되기 때문이다. 부모의 돌봄 본능과 공감이 그 욕구를 수치스러워하고 의존을 병리라고 보는 문화적 규범으로 대치될 때 규범적인 학대가 발생한다.

보울비는 건강한 애착 욕구와 의존성을 혼동하는 사람들의 경향에 대해 경고한다. 임상가들은 성인

병리를 설명하기 위해 애착이라는 용어를 너무 흔하게 사용한다(West & Sheldon-Keller, 1994). 고통의 시기를 지나갈 때 특히 상실 경험으로 위협받을 때, 확신과 위로와 이해를 바라는 인간의 욕구를 병리나 미숙한 행동으로의 퇴행으로 보아서는 안 된다. 많은 치료자들이 환자가 자신이 너무 요구적이라며 당혹해 할 때 환자의 그런 평가를 받아들이거나 그것이 문제라고 생각한다. 이런 가치 평가는 의존성은 미숙함과 같다는 아이디어에 기초하고 있다. 이러한 태도는 치료자의 평가에 반영되는데, 이는 독립성을 성숙과 정신건강으로 보는 문화에 의해 다시 강화된다. 의존성이라는 마귀를 서둘러 물리치기 위해 환자들은, 흔히 예전에 어린 자신이 위로와 확신을 구하러 다가갔을 때 비판적이었던 부모님이 자신에게 했던 것과 유사한 비난을 스스로에게 하고 다시 외상을 입는다.

누군가에게 의존하는 것은 애착되는 것과 다르다. 애착은 상당한 시간에 걸친 돌봄과 친숙성과 연속성을 지닌 정서적 결속이다. 얼마든지 의존이 되지 않으면서 애착될 수 있다. 동반의존과 같이, 의존적이지만 애착되지 않을 수도 있다. 애착이론이 시사하듯이, 의존성은 혼란스럽고 경멸적인 용어일 뿐만 아니라 자율성과 독립성에 대한 강박을 반영하며 인간 종의 생물학적 현실과도 일치하지 않는다.

7. 돌봄과 친화적 관계(상호성)는 자기가 충분히 발달했을 때 도달하는 별개의 발달 단계들이다.

상호성은 타인을 나와 다르고 독립적이고 동등하게 인식할 것을 요구한다. 대부분의 물질 남용자들이 숙달해야 할 발달적 기술은 이런 갈등들과 자기애적인 상처를 다루는 일이다. 물질 남용자들은 반응 목록이 제한되어 있어 순종 아니면 반항, 복종이 아니면 지배하려 드는 양극단의 선택을 보인다. 오랜 시간 맑은 정신 상태와 금주와 단약을 유지하려면, 다른 사람과의 관계를 포기하거나 관계가 가학피학적 양상으로 타락하게 만드는 대신, 관계에서의 갈등을 해결할 수 있는 방법을 배워야 한다. 불화를 해결하는 능력은 심리적 구조를 형성하게 하며, 최적의 좌절optimal frustration은 종전에는 자기대상에 의해 제공되던 기능들을 자기가 점진적으로 내재화할 수 있도록 해 준다. 자기 및 자기대상 기능을 제공해 주던 사람과의 깨어진 유대가 회복될 때 심적 구조가 재건설 된다(Harwood, 1998).

코카인 중독과 자칭 성 중독에서 회복중인 35세의 마이클은 2년 넘게 주 1회의 외래치료 집단에 열심히 참여하고 있다. 입원치료 프로그램에서 퇴원하고 집단에 참여할 즈음 그는 자신의 삶에는 흥미로움이나 기쁨이 없다고 반복해서 불만을 호소했다. 이런 증상을 지속적으로 호소하였으나, 집단 내에서의 성적 행동화는 늘었지만 단약하고 깨끗한 정신 상태를 유지해 나갔다. 그의 집단 밖 관계는 단기적 밀회와 복잡한 성적 관계가 두드러졌다. 집단에 꾸준히 참여하면서 그는 점차 집단 밖에서도 의미 있는 관계를 발전시켜 나가기 시작했다. 마침내 그는 한 여성과 장기적인 관계를 맺게 되었고, 기타 교습을 받기 시작했다고 집단에 알렸다. 그는 자기 인생에서 처음으로 "성과 약물과 로큰롤" 외의 다른 것을 즐길 수 있게 되었다고 자랑스레 선언했다. 그는 집단의 분위기 메이커 역할을 자임했는데, 흔히 모임이 끝날 때면 "오늘밤 모임은 너무 괜찮지 않았어요?"라고 말하곤 했다.

집단 모임과의 허니문은 두 명의 멤버가 집단을 떠나고 두 명의 새로운 여성 멤버가 들어오면서 끝이 났다. 그전까지는 집단 구성이 매우 안정적이었는데, 새로 들어 온 멤버 중 한 여성이 공격적이고 때로 남의 일에 몹시 간섭하는 사람이었다. 어느 날 밤 마이클이 관계를 지속하는 것에 관한 어려움을 말하고 있는데, 새 멤버로 들어

온 엘리스가 그를 심문하기 시작하더니 그의 행동을 판단하는 말이 섞인 침범적인 질문들을 퍼부어댔다. 이런 일이 있고 나서 몇 분 후에 집단 리더가 심문 당한 느낌이 어떠냐고 물었을 때, 그는 "괜찮아요. 전혀 신경 쓰지 않아요" 라고 답했다. 그는 엘리스와 집단 리더에게 외적인 흐트러짐 없이 웃음을 보였고 집단은 계속 진행되었다.

그후 마이클은 집단 회기에 두 번 빠졌는데, 그때마다 전화를 걸어 참석하지 못하는 그럴싸한 이유를 댔다. 그리고 집단에 다시 돌아와서는 집단 회기 내내 침묵하고 뒤로 물러나 있었다. 집단 리더가 집단 구성원의 변화가 그를 침묵하게 하고 결석하게 만들었냐고 물었을 때 마이클은 그렇지 않다고 부정했지만, 집단의 다른 구성원들에게 확신을 줄 만큼은 아니었다. 집단은 그의 태도에서 미묘한 차이를 발견했다. 마침내 마이클은 정말로 그날 자신을 "좀 이상한 놈"으로 느꼈지만 무엇 때문에 그런지는 설명할 수 없다고 말했다. 집단의 많은 노력 끝에 마이클은 매우 침범적이고 성적으로 수치심을 불러일으키는 엄마와 두 명의 누이들이 지배하던 가정에서 어린 아이로서 겪은 경험을 털어놓았다. 혹시 엘리스에게서도 그런 느낌을 받지 않았느냐고 물었을 때 그는 꼭 그렇다고 확신할 수는 없다고 말했다. 더 깊은 탐구를 통해 엘리스가 자신의 누이를 떠오르게 했고 3주 전에 엘리스가 그를 심문하듯 몰아쳤을 때 자신이 괴로웠을 거라는 막연한 인식을 가지게 되었다. 다른 집단 멤버가 왜 그 당시에 그렇다고 대답하지 않았느냐고 묻자, 마이클은 자발적으로 "그때 내가 그렇게 느꼈던 것을 확신할 수 없었다"고 말했다. 몇 달 동안의 회기에서 마이클은 집단에서 물러나 있거나 숨고 싶을 때는 미리 약속한 신호를 보내어 자신의 모호한 느낌들을 활용해 보라고 집단으로부터 격려 받았다. 이런 작업은 그의 공감과 정서 인식 능력을 향상시켜 주었다.

중독은 만족스러운 관계의 부재에서 오는 결과이자 그에 대한 사후 처방이기 때문에, 타인과 만족스러운 애착을 발전시키는 능력에 대한 강조는 성공적 치료에서 매우 중요하다. 발달에서의 상호성은 자기와 타인을 서로 다른 욕구와 소망을 지닌 독립된 개인으로서 지각하는 동시에, 요구에 의해서가 아니라 상호성에 기초하여 공감적이고 호혜적인 관계를 발전시켜나 수 있는 인간으로 바라볼 수 있는 능력을 뜻한다. 관계이론(Jordan, 1986)에서 지적하듯이, 상호성과 친화적 관계는 개인의 발달과 성장에서 결정적인 부분이다. 경쟁, 수행, 성취, 개인주의, 애착보다 자율성을 더 가치 있게 보는 환경에서 자란 대부분의 물질 남용자들에게는 상호성이 특히 어렵다. 친밀감과 상호성을 탐색하면서 관계의 책임감에 대한 인식과 관계가 기쁨과 좌절 모두의 원천이 될 수 있음을 깨닫게 된다. 물질 남용자들은 성숙한 관계란 한 사람에 의해 일방적으로 결정될 수 없으며 상호 동의와 승인이라는 상호작용을 거쳐 달성되어야 함을 배워야 한다. 지배와 복종, 의존과 자율과 같은 핵심 주제들은 관계를 통해 고통스럽게 다루어지고 협상되어야 한다.

8. 장기적 관계에서는 필연적으로 서로 조율되지 않음, 저항, 파열음, 수리, 재결합 등이 발생한다. 수리나 손상복구 과정의 결여가 오히려 모든 역기능적 관계의 특징이다.

양육자가 아이의 저항을 인식하고 보복 없이 수용할 수 있는 역량이 정신건강의 기초가 된다. 오히려 상실감과 상처와 실망의 부정이 모든 정신병리의 발단이 된다. 조율 실패와 분열은 모든 진실한 관계의 불가피한 부분이기 때문에, 양육자가 저항에 어떻게 반응하느냐가 발달, 결혼, 우정 및 효과적인 치료에서 결정적으로 중요하다. 유아-양육자 사이의 애착 연구가 보여주듯이, 둘 사이의 정서 조절이 안정 혹은 불안정 애착을 결정하는 요소다. 유아의 흥분, 격노, 실망 등을 조절할 수 있는 엄마의 능력이 유아로 하여금 정서를 발달하는 자기 가운데 통합하여 중요한 조직화의 기능을 하도록 만들어 준다. 부모가 아무리 잘 돌보려 하고 주의를 기울여도 아이가 상실감이나 실망감을 겪지 않을 수는 없다. 그래서 보복이나 방치 없이 저항을 인식하고 수용하는 역량은 발달과 성인 애착 양자에서 모두 결정적으로 중요하다. 자신의 환자에게 이런 역량을 제공할 수 있는 치료자는 환자의 발달적 유착을 풀어줄 수 있다.

치료의 장기적 목표는 중독자들이 애착과 상호성의 역량을 발달시켜서 그들이 고립과 소외의 고리를 깰 수 있도록 돕는 것이다. 그러나 애착이 중요한 만큼이나 독립감sense of separateness의 유지 또한 중요하다. 애착과 자율성 사이의 양극성은 조심스럽게 관리되어야 한다. 안정 애착은 일단 불안정 애착 방식이 해소되었을 때에만 확립 가능하다(Ainsworth, 1989). 장기적인 회복이 성공적으로 달성되었다면, 물질 남용자는 관계에서의 상호성을 어떻게 유지해 갈 수 있는가를 알아야 한다. 그들은 또한 알코올이나 약물에 의존하지 않고 갈등을 해결해 가는 중요한 과제를 학습해야 한다. 이를 통해 만족스러운 관계를 유지하는 더 좋은 기회를 확보할 수 있다. 파인스Pines, 1998는 이것이 왜 그렇게 중요한지에 대해 다음과 같이 이야기한다.

> 건강한 인간 존재는 타인들이 상호성, 만족감 및 계속적 성장에 대한 추진력을 제공하는 깊숙이 소속된 문화a culture of embeddedness 가운데서 성장한다. 그런 문화 속에서 애착과 관계성의 과정들이 발달한다. 애착과 관계성으로부터 인생의 심리적 이중 나선구조에 해당하는 자율성과 연결성 양자가 발달한다. 공정하다는 감각을 제공해 주는 기본적인 생물적 근원에 뿌리를 둔 상호성의 느낌이 문제되는 상황을 바로잡고 그렇게 함으로써 만족을 얻으려는 추동을 발달시킨다. 상황을 바로잡는다는 것은 관계가 잘못되었을 때 이를 바르게 한다는 의미이다. 즉, 관계가 회복 불가능하게 파괴됨 없이 인간적인 죄책감에서 잘못을 바로잡으려는 추동이다.(1998, p. 7)

9. 유전이냐 환경이냐를 따지는 해묵은 논쟁은 이제 더 이상 발달이나 행동 변화를 논하는 데 적절한 질문이 못된다.

데카르트 시대 이래로 과학을 지배해 오던 심신 이원론은 애착이론과 신경과학의 발달로부터 도전받고 있다. 애착이론은 생화학적 개입(투약)이 행동을 변화시키듯이, 환경적 개입(스트레스 유발 자극의 감소나 안정 애착의 제공)이 그 사람의 신경계나 생화학의 변화를 초래할 것이라는 입장을 가지고 있다. 환자가 치료 장면에서 정서적으로 관여될 때, 그/그녀의 뇌가 변화된다. 효과적인 심리치료가 신경생리를 변화시킨다는 증거들이 쌓이고 있다. 과학적 연구 증거들은, 우리의 선진 기법들(신경 영상 기법)이 뇌에서 일어나는 미묘한 변화를 이제 막 정밀하게 측정하기 시작하고 있지만, 모든 정신적 과정은 그에 상응하는 생리적 변화를 동반한다는 것을 증언하고 있다. 결과적으로, 애착은 단지 추상적 개념만이 아니라 복합적인 생리적 과정이다.

정서는 엄마-유아 사이를 처음 시작으로 해서 소통적 기능을 한다. 애착이론은 유아와 그 부모들이 서로 밀접한 정서적 결속을 이루도록 만드는 생물적으로 타고난 바탕이 있다고 주장한다. 이런 애착은 정서 조절 기능에 중요한 역할을 하고 이러한 상호 조절적 관계가 애착의 기반이 된다. 안정 애착은 안정된 신경생리적 항상성을 창조해 주고 그것의 결여는 신경생리 체계에 혼란을 초래한다. 모든 사회적 포유동물들은 서로서로 생리를 상호 조절하고 정서의 동시적 교환synchronous exchange을 통해서 상호간에 신경계의 내적 구조를 수정해 간다. 동물 연구와 신경 영상 연구들은, 안정 애착이 생화학과 신경생리에 변화를 가져온다는 것을 입증한다(Lewis et al. 2000). 모든 사회적 포유동물의 중추신경계는 개방 피드백 고리를 이루고 있기 때문에, 이들 사이의 정서적 상호작용은 서로의 신경생리를 변화시킨다. 이런 정서적 상호작용의 성질과 효과가 애착의 기반이다. 이러한 기억은 변화로 기록된다.

10. 관계의 성질을 결정하는 데 절차적 영역(암묵적 기억)과 선언적 영역(명시적 기억)은 서로 구분되며, 심리치료와 중독치료에서 중요한 함의를 갖는다.

애착이론은 동맹(관계)이나 모든 진실한 관계에 내재되어 있는 변형적 힘을 이끄는 암묵적 규칙에 초점을 맞춘다. 보스톤의 변화 연구 집단(Stern et al., 1998)은 치료에서 진행되는 변화 과정을 연구했다. 그들은 모든 유형의 심리치료들에서 변화를 유도하기 위한 일차적 치료 활동으로 외현적 지식(인지와 해석)을 지나치게 강조하고 있다고 지적한다. 외현적 개입(해석, 통찰 및 인지적 이해)은 절차적 과정이라는 암묵적 영역(관계나 동맹)보다 덜 중요한 것으로 보인다. 그들은, 사람들이 어떻게 변화하는가를 설명하기 위해 현재의 방식 외에 "또 다른 무엇"이 더 필요하다고 말한다. 새로운 정신의 조직화나 절차적(암묵적) 지식에 변화를 일으키는 것은 치료자-환자 사이의 관계와 상호주관적 만남(참 만남의 순간)이라고 지적한다. 환자가 치료에 애착될 때, 암묵적 기억만 관여되는 것이 아니라 암묵적 기억이 수정될 수 있게 허용하는 생물적 기제도 함께 관여된다. 치료적 관계가 강력하게 확립되면, 환자는 치료자와의 관계를 안내하는 새로운 규칙들을 뽑아낼 수 있게 되고 이때 비로소 자신의 신경계와 IWM의 수정이 시작된다. 정신생물학적psychobiological 관점에서 보면, 심리치료는 생리를 안정시키는 섬세한 조절적 애착 관계를 확립해서 애착 패턴에 관한 암묵적 정서 기억을 수정하려는 작업이다.

암묵 기억이란 대상들의 관계에 관해서 추출한 규칙들을 일반화한 것이고 자신이 생존하기 위해 그 규칙들과의 관계에서 어떻게 행동해야 하는지에 관한 것이다. 그래서 학습된 반응들의 조건화와 형성에는 설명보다는 직접적인 경험이 훨씬 더 강력하다. 아이들은 "내가 당신과의 관계에서 생존하고 버림받지 않기 위해 어떻게 행동해야 하나"를 몸으로 알고 있다. 이런 과정을 지배하는 규칙들과 자각하지 못하는 지식들은 내재화되고, 그 사람의 내적작동모델의 핵심 성분이 된다. 일단 특정한 규칙이 학습되어 기본 특성으로 자리 잡으면, 그것은 암묵 기억의 일부가 된다. 이런 정보는 외현(명시) 기억에 쉽게 드러나지 않아서 타인과의 관계에서 내가 어떻게 행동할까를 결정하는 규칙을 탈 학습하기가 쉽지 않다. 관계성과 관련된 규칙들이 자각하기가 어렵기 때문에, 그 행동은 자기영속적인 특성을 갖게 된다. 타인들과의 경험은 암묵 기억의 지배를 받는 강한 정서 경험의 영향 하에 들어가서, 타인을 그 규칙을 벗어나지 않는 행위를 하는 사람으로 왜곡해서 바라보게 하고, 이런 관계성의 규칙을 알아차리지 못한 채 이를 계속 적용하게 만든다.

내적작동모델("만약 내가 이렇게 하면, 상대는 이렇게 응대해 오겠지")은 장기적인 결과를 초래하고 변화되기 어렵다. 암묵 기억에 관한 최근 연구결과들은 정서 반응의 개인적 패턴들이 우리의 암묵 정서 기억에 기록됨을 보여준다. 이런 관점에서, 치료는 암묵 정서 기억에 기록된 정서 반응들을 확립된 치료적 관계에서 일어나는 정서의 동시적 교환방식으로 다시 고쳐 쓰게 하는 방법이 된다. 사람들은 최초의 애착 경험에서 유래하는 애착 양식을 오랫동안 지속한다.

중독 치료에 대한 시사

애착이론은 다양한 정신건강 모델을 질병개념으로 통합할 뿐만 아니라 현존하는 중독 치료 전략들과 양립 가능한 임상적인 실천지침도 제공해 주는, 중독에 관한 종합적인 상위(메타) 이론을 제공한다. 정규적인 방식으로 치료서비스를 제공하는 대부분의 중독 치료자들은 12단계 치료철학과 밀접하게 연계된 단주 기반 치료를 하고 있기 때문에 이런 임상 경험을 무시하는 이론은 별로 소용에 닿지 못한다. 아무리 종합적이고 지적으로 만족스러운 이론일지라도 실천적인 경험에서 벗어나고 임상장면에 성공적으로 적용하기 어렵다면 그 이론은 신용을 유지하기 어렵다.

애착이론적 관점에서 중독에 접근하는 방법은 중독치료를 할 때 고려해야 할 자세에 중요한 함의를 제공한다. 대다수의 중독치료 전문가들은 중독과 애착상의 문제가 복잡하게 서로 얽혀있음을 직관적으로 이해한다. 관계 문제가 중독행동의 원인이건 결과이건 간에, 중독자들은 건강한 대인 관계를 발달시키도록 도와 줄 때 치료가 가장 잘 된다. 모든 성공적인 중독치료들 사이에 공통점이 있지만, 치료를 계속하는 중독자가 가장 개선이 잘 된다는 아주 기초적이지만 심원한 의미를 담고 있는 사실이 있다(Leshner, 1997a). 때때로 간과되고 있지만 물질 남용자들의 치료에서 핵심 성분은 "성공적인 중독 치료는 용량-반응 관계" 라는 점이다. 더 많은 치료적 개입이 제공될 수록 그리고 더 오랫동안 치료를 계속할수록 더 나은 치료 성과를 보인다. 대상이 치료자든 치료 프로그램이 되었든, 그에 대한 애착에 문제가 생기면 많은 물질 남용자들은 중도탈락과 재발의 취약성을 보이게 된다. 그렇게 되면 결과적으로 치료 제공자는 치료와 프로그램의 구조 변화를 검토할 수밖에 없게 된다.

중독과 물질 남용을 자기-대상 반응성self-object responsiveness에 대한 욕구를 제대로 충족시키지 못하는 애착장애로 조망할 때, 자조집단인 AA가 왜 성공적인지에 대해서도 설명할 수 있다. 물질 남용은 애착 장애의 결과요 자기self 상처에 대한 반작용이다. 자기심리학이 상기시켜 주듯이, 자기와 자기-대상 간의 결속 경험은 심리적 성장과 건강에 핵심이 된다. 어느 누구도 만족스러운 조절적 관계에 대한 욕구를 피해갈 수 없으며, 건강한 대인관계나 친밀감을 유지할 수 없는 정도만큼이나 인간에의 친밀감을 물질로 대치하고자 하는 취약성도 커진다. 역으로, 가장 밀접한 관계에서 입은 실망과 상처는 불확실한 인간과의 접촉에서 도망쳐 나가 물질이 순간적으로 제공해 주는 신기루와 같은 안전성과 예측가능성에 빠져들게 만들 수 있다.

아래의 사례는 알코올 중독자의 예로, 물질에 대한 애착이 치료 동맹을 형성하고 유지하는 능력을 어떻게 방해하는가를 보여준다.

52세의 중독자이자 성 남용자인 리치는 거의 30여년을 치료와 AA를 드나들며 지냈는데, 문제 개선에 별 차도가 없었다. 이 기간 동안 그가 유지했던 유일한 장기적 관계는 25년 된 결혼관계인데, 그의 아내는 리치가 자신을 얼마나 비참하게 만들었는지를 상기시키는 데서 큰 쾌락을 맛보는 듯했다. 부부치료를 받아보라는 반복적인 권유에도 그녀는 "난 문제 없어요. 남편이 문제지" 라며 거절했다. 아동기의 성적 학대로 생긴 심각하고 지속적인 자기비난으로 인해 리치는 가학-피학적 관계sado-masochistic relationships 외에는 어떤 다른 관계도 맺지 못했다. 주말의 심한 폭음 뒤에는 우울과 절망감이 어김없이 뒤따랐다. 마침내 리치는 치료에 참여하기로 마음먹었다. 석 달간의 단주

뒤 그는 집단에 점차 애착을 보였다. 다른 구성원들의 도움으로 자신의 모든 관계, 특히 그의 아내와의 관계 속에 숨어 있는 파괴성을 탐색해보기 시작했다. 곧 그의 아내는 남편이 나쁜 역할을 떠맡고 있는 한에서만 성녀로서 자리를 유지할 수 있음이 드러났다. 리치가 점차로 집단에 더 강한 애착을 보이고 새로운 형태의 관계를 발전시키기 시작하자, 아내는 점점 더 우울해져 개인 심리치료를 받기에 이르렀다. 이후 3개월에 걸쳐서도 리치는 눈에 띄게 좋아지고 단주를 유지했으며 집단에서 새롭고 중요한 역할을 담당하게 되었다. 집단이 피상적으로 표류하거나 회피할 때면 언제나 리치가 집단이 과제에 집중하도록 하는 책임을 맡았고 집단 구성원들이 회복에 대해 진지하고 서로 정직하게 상호작용하게끔 격려했다. 그런데, 이 모든 것들이 하루 저녁에 다 무너졌다. 리치는 고통을 겪고 황폐화되었으며 아내가 유방암 진단을 받았다고 집단에 선언했다. 그의 아내는 분노에 차서 "당신의 술주정 때문에 내가 스트레스를 받아 암에 걸리게 되었고, 이 모든 책임은 당신에게 있다" 고 퍼부었다. 그런 주장이 우스꽝스러웠지만 리치가 최근 발달시키고 있던 '좋은 나' 는 이런 언어적 저주를 감내하지 못했다. 2주 만에 그는 다시 재발했으며, 그후 집단과 집단 구성원들에 대한 태도와 관계가 극적으로 변했다. 그는 집단에서 뒤로 물러나 있고 정서적으로 소원해졌으며 여러 회기에 출석하지 않았다. 어쩌다 집단에 참가한다 해도 지루해 하거나 뿌루퉁했으며 집단 구성원들에게 "찌는 소리 그만하고 자기 동정도 그만두라"고 비판했다. 생기 넘치고 타인에게 깊은 관심을 보이던 사람이 자기에만 빠져 있고 타인의 감정을 완전히 무시하는 냉담하고 멸시적인 사람으로 변해 있었다. 집단은 2개월 동안 그가 전에 보여주던 관계를 회복하고 AA와 금주로 다시 돌아오게 하기 위해 백방으로 노력했으나 허사였다. 그는 점차 집단에서 떨어져 나갔으며 이제 개인 치료도 그만 둔 아내와의 과거 관계로 돌아갔다.

중독을 애착장애로 다루기 (요약)

애착장애의 관점에서 중독을 바라보면 치료에 대한 많은 함의를 찾을 수 있다. 애착-지향 중독 치료의 원리들을 요약하면 다음과 같다.

1. 애착이론은 인간이 자기 스스로 정서를 조절할 수 있다는 잘못된 신화에 도전한다. 사람들은 서로서로 정서조절을 돕는다.
2. 애착은 이차적인 추동이 아니다. 다른 모든 사회적 포유류처럼 인간은 생물학적으로 다른 사람들을 필요로 하게끔 태어났다. 자연선택은 진화적 적응환경에서 부모-자녀 간 근접성을 촉신하는 기제를 발달시켰다. 위협과 스트레스 기간 동안 보호자와 가까이 있도록 만들어 주는 능력 덕분에 인간은 종으로서 생존할 수 있었다.
3. 안정 애착은 해방을 가져다준다. 인생 초기에 강력한 애착 경험을 하면 정서조절의 외부 원천을 과도하게 요구하지 않는다. 정신건강은 돈이나 권력처럼 그 자체로서 끌어당기는 힘이 있다. 정신적으로 건강한 사람들은 성인 생활에서 그들이 필요로 하는 것을 획득할 수 있는 더 큰 능력이 있다. 어느 정도 충분한 good-enough 양육으로 사랑 받고 반응을 받아온 사람들은 여러 발달 시기들에 걸쳐 굳건한 자기를 획득한다. 일단 아이들이 다른 사람의 일관된 흥미와 사랑을 받게 되면, 그들은 다른 사람들

로부터 반응성을 유발하는 역량을 갖추게 된다. 그리하여 그들이 어른이 되어서 맺는 관계는 보다 만족스럽고 보상적이 되며, 정서 조절을 위해 물질에 눈을 돌려야만 하는 가능성은 줄어든다.

4. 역기능적이거나 불안정 애착 방식을 발달시킨 사람은 보다 취약하게 되고 정서 조절을 위해 물질이나 다른 강박행동과 같이 외부적 조절 원천을 찾게 될 확률이 높아진다. 친밀하고 장기적으로 지속되는 관계는 인간 본성의 핵심 성분이고, 장기적이고 만족스러운 관계를 맺지 못하는 것은 어려서의 애착 경험의 질과 직접적인 관련이 있다.
5. 장기적으로 지속되는 물질 남용은 취약한 사람의 뇌에 변성을 초래할 수 있으며, 중독은 번지수가 틀린 자기-복구의 시도라 볼 수 있다. 물질 사용의 독성적 결과는 이미 존재하는 애착이나 대인간 어려움을 더욱 악화시키고, 그 사람이 중독 전에 보유하던 대인관계 기술을 좀먹는다.
6. 건강한 정서조절 양식을 발달시키기 전까지는 한 종류의 중독을 다른 종류의 중독으로 대치시킬 수 있는 취약성이 상존한다. 역설적이게도, 중독자들은 물질에 빠져(애착되어) 있는 한 다른 정서 조절의 형태를 발견할 수 없다.
7. 중독 치료의 초기 단계에서 중독자들은 중독 대상으로부터 애착을 거두어들이도록 요청 받는다. 관계 또한 중독될 수 있기 때문에, 중독자들은 보다 좋은 연인과 친구를 어떻게 선택해야 하는지도 배워야 한다. 아울러, 투사적 동일시와 반복 강박을 통해 자신이 과거에 대우 받았던 방식 그대로 다른 사람을 대하는 경향이 있다는 것도 배워야 한다.
8. 시간이 지나면 치료는 내담자의 내적 작동 모델이 자신의 모든 친밀한 관계를 안내하던 암묵적 규칙을 바꾸는 방식으로 변화되게 한다. 이런 관점에서 보면 치료는 취약한 내담자가 포로로 잡혀 있는 발달적 덫을 바로 잡으려는 과정이다. 인격 병리를 치료하고 상호성과 갈등 해결의 역량을 재확립하려는 것이다. 애착과 자기-대상 반응성에 대한 욕구는 특정 단계에서만 작동하는 것이 아니고 일생을 통한 과정이기 때문에, 치료의 궁극적 목적은 다음의 목표들을 달성하려는 것이 된다.

- 오래 전 충족되지 못한 묵은 욕구가 정신 구조의 건설을 촉진하는 방식으로 만족되어야 한다.
- 일단 오래 묵은 욕구가 보다 성숙한 방식으로 충족되면, 내담자는 최적의 수준에서 기능하고자 하는 자기-대상들의 욕구도 수용하게 된다.
- 정신건강은 자기의 욕구들을 충족시키기 위해 자기-대상들을 사용할 수 있는 능력이라 하겠다.
- 내담자는 작은 상처, 홀대, 자기애적 상처, 공감 실패 등으로부터 신속하게 회복하는 능력을 갖게 된다.

이번 장 전체와 이 책 전반을 통해 지속되는 주제는 다음과 같다. 좋은 중독치료는 물질 남용자를 물질에 대한 애착에 다시 빠져들게끔 혼란시키지 않으면서 버티어 주는 환경, 애착과 안전, 탐색의 분위기를 조장하는 안전기반을 제공하는 것이다. 중독치료에 이런 원칙을 적용한다는 것은 응집성, 정서 조절 및 정서 조율의 욕구가 집단치료의 중심 목표가 되어야 함을 뜻한다. 일단 화학 물질로부터 애착을 떼어내고 단주나 단약이 달성되면, 애착이론은 좋은 치료동맹(집단이나 AA에 대한 애착)이 성공적 치료 성과를 예측하는 최상의 예측요인이라는 많은 연구 증거들을 설명할 수 있는 이론적 근거가 된다. 이 책의 후속 장들에서는 애착이론의 원리들을 중독 환자의 집단치료에 적용해서 치료의 유지와 효과성을 높일 수 있는 방책들을 탐색할 것이다.

3

질병 개념과 집단치료

1990년대 신경과학의 발달로 중독이 뇌의 질병이라는 아이디어가 소개되기 오래 전부터 중독치료 영역에서는 중독이 질병이라는 개념이 반세기도 더 전부터 이미 지배적이었다. AA가 1940년대에 질병 관점을 처음으로 소개했다. 이 개념이 의료계에 의해 열광적으로 수용된 일차적 이유는 그 당시 명망 있고 영향력 있던 많은 의사들이 제공해 준 진지한 지원 덕분이었다. AA의 빅북을 만든 창립자 빌 윌슨의 정신과 주치의였던 헨리 티부Henry Tiebout MD, 1953와 윌리엄 실크워스William Silkworth MD 등-『AA시대의 개막(1957)』에 나타난 윌슨의 견해도 참조하라-이 대표적인 인물인데, 실크워스가 처음으로 윌슨에게 알코올중독은 신체적 알레르기와 같다고 제안했다.

질병으로서의 중독 개념은 지난 50년에 걸쳐 의학계에서 다듬어져 왔다(Jellinek, 1960; Mann, 1973; Vaillant, 1983). 중요한 것은 그런 아이디어가 당시의 주류 언어로 스며들고 직접적인 임상 장면에서 큰 도움이 되는 것으로 입증되어 초기의 질병 개념이 쉽게 수용되었다는 점이다. 비록 새로운 신경과학적 관점을 통해 보다 엄밀하고 적확한 정보가 출현하겠지만, 임상적인 유용성에서는 초기 모델이 한 수 위라고 할 수 있다. 어떤 사람들은 초기의 질병 개념이 과학적으로 정확하기보다는 은유적인 것으로 보았다.

1950년대와 60년대에 들어서 AA의 12단계로 자신의 단주를 달성했던 많은 임상전문가들이 자신의 알코올중독 환자들에게 질병 개념의 치료적 접근을 통해 놀랄 만한 성과를 얻게 된다. AA 원칙들을 표준 의료적 치료에 통합시켰을 때 중독의 이해와 치료에 중요한 변화가 초래된다. 중독을 질병 관점에서 보면, 그 대상이 알코올이냐 약물이냐를 떠나 어떤 심한 핵심 병리의 한 증상에 불과하다. 치료 성과가 나려면 모든 화학물질들의 중단, 곧 단약이 선행되어야 한다. 질병 개념을 지향하는 치료자는 환자가 화학물질을 끊지 않는 한 심리치료로부터 어떤 이득도 얻지 못한다는 입장이다. 이런 입장은 심리적 문제들에 대한 고전적이고 전통적인 접근들과는 전혀 다르며 중독 치료의 특수성을 정당화한다. 이는 중독이 과연 순수하게 심리적인 현상인가에 대한 의문도 제기한다. AA가 줄기차게 주장하는 질병 개념에 따르면, 중독은 질병이며 중독이 제대로 치료되기 위해서는 12단계 중 첫 단계처럼 단주가 필수적이다.

AA 치료 철학을 받아들이기 전에는 대개 심리적 갈등과 대인간 역동이 중독의 원인이라 보는 것이 일반적이었다. 그러나 질병 개념은 이를 반박한다. 우울, 불안, 성격 병리 등은 중독의 원인이 아니라 결과나 증상이라는 것이다. 임상이나 개인적 경험을 통해서 중독전문가들은 중독자나 남용자들이 그들이 사용하던 화학물질의 사용을 중단하면 많은 사례들에서 증상들이 완전히 사라지거나 적어도 상당히 줄어든다는 사실을 알게 됐다.

조지 베일런트George Vaillant, 1983의 종단 연구는 1970년대에 지속되었던 조절 음주(절주) 대 단주(질병 개념) 사이의 논란에 종지부를 찍었다. "알코올 중독을 심리적 불안정성의 증상으로 보던 병인론적 가설들은 회고적 연구에 기초한 환상이었다"(1982, p. 494). 결과적으로, 베일런트는 AA 공동체와 임상 치료자들이 오랫동안 몸으로 알고 있던 사실을 확증해 주었다. 베일런트는 "종단 연구는 정신의학자들에게 알코올 중독자들이 보였던 정신병리가 알코올 남용의 원인이 아니라 결과라는 놀라운 사실을 일깨워 주었다. 즉, 알코올 중독은 정신 질환을 끄는 마차가 아니라 말horse이었다"(1983, p. 317).

단주는 필수적인가?

모두가 단주를 목적으로 하는 치료적 접근을 팔 벌려 수용하지는 않았다. 많은 사람들이 질병 개념을 AA의 많은 기본 가정들처럼 순진하고 의문스러운 것으로 거부했다. 다수의 중독 전문가들은 사람들이 약물에 처음 "낚이게 되는 것"은 약리적이 아니라 심리적이고 사회적인 것이라고 주장했다(Ray, 1983; Peele, 1989). 그 사람의 사전 성향이 물질을 중독적으로 사용하게 만들 수 있다. 증거에 의하면, 소수의 사람들만이 약물에 우연히 중독된다. 예를 들어, 병원에서 수천 명의 사람들이 모르핀에 노출되고 심지어 신체적 의존성을 보이기도 하지만, 병원을 떠난 후에는 모르핀을 계속 사용하지 않는다. 임상적 양상을 더욱 복잡하게 만드는 것은 많은 폭음가들이 알코올 중독자가 아니라는 사실이다. 특정 물질이 바람직한 효과(일시적 쾌감)를 초래할 때 중독의 잠재성은 있지만, 내성과 신체적 의존성을 불러오는 약물들은 대개 중독 가능성이 훨씬 더 높다.

많은 이론가들이 사람들이 특정 약물에 의존적이 되는 이유는 그 약물이 아니라 사용자에게 있다(Ray, 1983)는 생각에 동의하지만, 물질의 계속적인 사용은 뇌의 생리적이고 신경생물적인 변화를 초래할 수 있다(Heyman, 1995). 최근의 신경생물학적 연구들은 특정 물질의 지속적 사용은 뇌 기능의 변화를 초래해 사용자로 하여금 물질을 비중독적인 방식으로 사용할 수 없도록 만든다는 것을 보여주고 있다.

준거에 대한 의문

중독과 물질 남용을 구분하기란 쉽지 않다. 알코올 남용과 중독은 어떤 차이가 있을까? 차이가 있다면, 언제 술고래가 남용자가 되고 또 남용자가 중독자가 되는가 하는 것이다. AA는 이 물음에 대해 수십 년 동안 고민해 왔다. 물질 사용의 어느 시점에서 물질 남용자는 다시 되돌아올 수 없는 어떤 선을 넘는다. 마치 오이 피클이 다시 오이가 될 수 없듯이, 뇌 회로와 신경생리의 적응이 물질 남용자의 뇌 기능을 영원히 바꾸는 식의 변화를 초래할 수 있다. 아직 분명하게 정의할 수 없는 어떤 지점에서, 물질과 물질 사용의 의례 ritual가 뇌의 동기 센터를 지휘하는 위치를 차지할 수 있다. 그렇게 되면 물질 남용자는 특히 첫 잔을 마시거나 첫 약물을 흡입한 뒤 더 이상 자발적인 통제를 하지 못하게 될 수 있다. 그런 단계에 들면, 알코올 중독자나 다른 중독자들은 외부적 단서나 내적 감정 상태들이 촉발하는 강하게 유도된 조건화된 반응 패턴의 노예가 되어버린다.

역사적으로 중독 치료 영역은 두 진영 –질병 단주(약) 기반 모델과 정신건강 모델– 으로 양분되어 왔다. 이런 분열은, 1930년대에 반복해서 도움을 청했지만 전통적인 의료 영역에서 제대로 된 도움을 받지 못했던 빌Bill W.과 밥Bob이 다수의 다른 환자들과 AA 공동체를 형성한 이래로, 지속되어 왔다. 이들은 본인들이 겪는 고통의 본질을 잘 이해하지 못하는 의료계 때문에 생겨난 좌절을 공유하고 있었다. 이들의 공동 노력은 미국에서 자조모임 운동을 잉태시켰다. 그러나 이런 움직임이 있은 후 70년이 지난 지금까지도 정신건강 공동체의 많은 사람들은 의료계를 거부한 AA를 결코 흔쾌히 받아들이지 못하는 것 같다.

여러 해에 걸쳐, 중독 치료에 관한 정신건강 모델은 일차적으로 학자들에 의해 주도되어 온데 반해 단수(약)를 기초로 한 치료적 접근은 임상가들이 주도했으며 이런 임상가들은 단주(약) 지향 모델을 고수하는 치료 프로그램에 참여하고 있었다(Miller, 1995). 대학에서 근무하며 중독에 관심을 갖는 연구자들은 학구적인 사람들로, 학습이론에 기반을 둔 많은 연구 성과물을 생산했는데 그 안에는 중독자들도 정상적으로 술을 마실 수 있도록 가르칠 수 있다는 핵심 주장이 들어있다. 학구적인 연구자들이 주장하는 조절 음주와 절제 관리는 중독자들과 일상에서 마주하고 있는 임상가들의 실제 경험과 정면으로 배치되었기에 이들 사이의 간극은 더 커지고 분명해졌다.

다행히도 이런 분열에 중요한 예외도 있었다. 점차적으로 많은 전문가들이 두 접근법들 사이에 화해 무드를 조성하려는 의지를 보여주었다(Flores, 1988b; Khantzian, Halliday, & McAuliffe, 1990; Brown, 1985; Vaillant, 1983; Minkoff, 1995; McHugo, Drake, Teague, & Xie, 1999). 최근에는 공존하거나 병행해서 발생하는 장애에 관한 연구 분야, 특히 특수한 모집단에 적용되는 임상 치료 모델에서 일어난 최근의 진보는 중독 장애를 가진 사람들의 평가와 치료에 보다 통합적 접근이 가능하도록 해주었다(Jerrell & Ridgely, 1999; McHugo, Drake, Teague, & Xie, 1999). 더욱 중요한 것은 두 진영을 분리시킨 고질적인 적대적 태도가 줄어들기 시작했으며 정신건강과 물질남용 치료 분야가 협력 면에서 역사적 장애물을 극복하기 시작했다는 점이다(Meissen, Powell, Wituk, Girrens, & Arteaga, 1999; National Association of State Mental Health Program Directors, 1999; Ridgely, Lambert, Goodman, Chichester, & Ralph, 1998). 그리하여, 시범 연구 계획들이 이 다양한 접근법들에 통합의 기초를 제공하고 이중 진단을 위한 보다 효과적인 치료적 진전을 가져왔다(Group for the Advancement of Psychiatry, 1993; National Association of State Mental Health Program Directors and National Association of State Alcohol and Drug Abuse Directors, 1998).

지난 20여년에 걸쳐 학구적 지향의 연구자들에 의해 다량의 모순적 증거가 쌓였다. 이 연구자들 중 다수는 질병 개념을 토대로 하는 치료의 기본 가정들에 의문을 제기한다. 학습이론의 관점에서 중독을 보는 많은 연구자들(Sobell & Sobell, 1973b; Marlatt, Larimer, Baer, & Quigley, 1993; Kishline, 1994)은, 알코올 중독자들이 비중독자처럼 음주할 수 있게 가르칠 수 있다는 증거들을 보여주며, 단주 대신 조절 음주와 절제 관리를 추천한다.

조절 음주(Sobell & Sobell, 1973b)와 절제 관리(Kishline, 1994; Marlatt, 1983) 및 자발적 회복(Sobell, 1995)은 AA가 소

중히 여기고 받아들이고 있는 치료에 대한 입장을 반박하는 많은 연구결과들을 생산했다. 연구 결과들이나 치료 성과와 관련된 상이한 주장들을 자세히 검토해 보면, 중독자와 물질 남용자를 명확히 구분하는 것의 중요성이 간과되고 있음을 알 수 있다. 감별 진단의 중요성에 대해 제대로 답을 하려면, 무엇이 알코올 중독이고 어떻게 찾아낼 수 있는가와 관련되는 "준거 문제"가 핵심으로 등장한다. 알코올 중독이라는 개념 대신 알코올 의존이라는 용어를 선호하는 DSM-IV-TR(2000)은 이 딜레마에 관한 한 거의 도움이 되지 않는다. 실제로 AA에서 활동적인 많은 알코올 중독자들은 알코올 의존에 해당하지 않는다.

이 쟁점과 관련해서 조절 음주의 성공과 실패를 예측해 주는 것으로 보이는 예후적 지표들을 자세히 살펴볼 필요가 있다. 특히 절제 관리에서 성공적이었던 사람들을 살펴보면, 그들은 신체적 의존성이 덜 하고, 보다 젊고, 알코올 중독이나 약물 중독의 가족력이 없는 이들임이 드러난다. 어떤 사람들은 이들이 결코 중독된 적이 없고 단지 물질 남용자에 속한다고 주장한다. AA의 열렬한 회원들조차도 모든 대주가가 모두 알코올 중독은 아니며 만약 어떤 사람이 자신의 음주를 관리하거나 조절할 수 있다면 더 많은 힘을 갖게 될 것이라고 인정한다.

베일런트는 "고혈압처럼 알코올 중독도 일종의 연속체여서 더 많이 혹은 더 적게 가질 수 있다" 고 주장한다. 그의 이런 입장은 "높은 수위high bottom" 와 "낮은 수위low bottom" 사이의 구분이 필요하다는 AA 및 그 조직의 주장과 합치한다. AA의 경험 상, '높은 수위' 의 알코올 중독자들은 '낮은 수위' 의 알코올 중독자들이 보이는 심각한 증상이나 상실을 겪지 않는다. 두 유형 간의 큰 차이에도 불구하고, 두 유형 모두 유사한 치료에 반응하기 때문에 진단과 관련해서는 둘을 구분하지 않는다. '높은 수위' 의 알코올 중독자들(예 : 비행기 조종사, 신경외과의사, 수의사, 변호사, 신부 등)은 자신들의 술 문제에도 불구하고 요구가 많은 자신들의 직업에서 책임성 있게 기능을 한다. 이들은, 회복과 단주를 성취하기 전에, '낮은 수위' 알코올 중독자들이 보이는 정도만큼의 사회적 퇴행을 보이지 않는다.

베일런트의 연구는 자기보고나 음주량에 근거해서 알코올 중독을 진단하는 것이 왜 그처럼 신빙성이 없고 매우 주관적인지(예 : 많은 대주가들이 알코올 중독이 아님)를 지지해 준다. 베일런트의 고전적 연구(1983)는 알코올 중독을 정확하게 평가하는 가장 신뢰로운 방법은 알코올 관련 문제나 사회적 일탈(예 : 음주운전 관련 입건, 알코올 소비와 관련된 건강문제, 공공장소에서의 만취, 알코올 관련한 법적 문제 등)의 빈도임을 확인시켜 준다. 베일런트는 개인의 알코올 중독 심각도와 사회적 일탈 사이에 매우 높은 상관관계가 있고, 이런 요인들을 확인하고 평가하는 것이 주관적으로 지각하는 음주량이나 통제력 상실이나 알코올리즘 등의 추상적 개념을 측정하는 것보다 더 신뢰로움을 입증했다.

뇌 영상과 같은 신경학적 연구 결과들의 등장은 중독이 단지 나쁜 습관 그 이상임을 시사하고 있다. NIDA(Alan Leshner, 1997a)와 NIMH(Heyman, 1995)의 소장들도 아직 잘 정의되지는 않았지만 일단 어떤 선을 넘게 되면 돌이킬 수 없는 신경생리적 변화를 겪게 된다고 주장한다. 이들은 장기간에 걸친 물질 사용이 신경 시냅스와 특정 신경전달물질들의 내인적 생산을 변화시킬 수 있고 이것이 뇌 기능의 영구적 변화를 초래할 수 있다고 주장한다. 이런 변화는 뇌의 보상 중추(중전뇌엽MBF 부근으로 가정하고 있는)에 영향을 미치고 중독을 뇌 질환으로 만드는 증후군(예 : 보상 결핍 증후군)을 불러온다.

조절 음주가 효과가 있다고 주장하면서 협력 작업을 추구하는 사람들은 절제 관리MM의 효능성을 지지하기 위해 오드리 키쉬라Audery Kishline, 1994의 연구를 언급하는 일은 재고해 보라고 권할 것이다. 중독 치료 영역 전반에 알려진 바와 같이, 그녀는 고속도로를 역주행하다 다른 차와 정면으로 충돌해서 38세 남성과 자신의 12세 된 딸을 사망케 했다. 이러한 비극적 사고가 더욱 많은 주목을 받게 된 것은 MM의 창립자인 그녀의 사고 당시 혈중 알코올 농도가 법적 허용치보다 3배 이상 높았다는 사실 때문이었다. 대중매체들의 보도에 따르면, 그녀는 재판에서 "MM은 득보다 해가 더 많았다" 고 말했다. 이제 키쉬라인은 MM 운동을 "자기 문제를 은폐하려는 알코올 중독자들" 이라고 기술하고 있다.

이런 비극을 더욱 곤혹스럽게 만드는 것은 절제 음주에 관한 소벨과 소벨(Sobell & Sobell, 1973b)의 논란 많은 연구가 20여년 전에 '60 minutes' 라는 시사 프로그램에 노출된 내용과도 유사성이 있기 때문이다. 프로그램의 보도에 의하면, 성공적으로 치료되었다던 이들의 모두는 아니지만 대다수가 죽거나 재발하거나 AA에 들어갔다는 것이다. 방법론적인 결함과 연구 결과의 윤리적 함의에 대한 반박(Pendery, Maltzman, & West, 1982)과 역 반박(Marlatt, 1983)이 전문 학술지에 여러 해에 걸쳐 게재되었다. 위험 수위에 있는 사람들에게 조절 음주를 권고할 수 있는가에 대한 윤리적 딜레마에 특히 관심이 쏠렸다. 어떤 사람들은 MM이 의료의 가장 신성한 신조에 해당하는 "해를 끼치지 마라"에 위배된다고 말한다. 소벨의 연구에 대한 찬반 논란이 완전히 가라앉지는 않겠지만, 지지자와 비판자 모두 그 연구 결과가 결코 반복 검증되지 않았으며 기껏해야 일종의 변칙이라는 데 동의했다(Nathan, 1992).

베일런트는 조절 음주나 절제 관리에 대한 연구 결과들을 살펴볼 때 꼭 필요한 입장을 잘 요약하고 있다. 치료가 성공적이라는 주장을 평가하려면 단기적인 횡단 연구가 아닌 장기에 걸친 종단 연구가 필요하다. 그는 모든 회복중인 알코올 중독자들이 경험으로 알고 있듯이, 알코올 중독자들이 몇 주, 몇 달, 혹은 심지어 몇 년에 걸쳐서 음주를 통제할 수 있다는 사실을 알고 있다.

질병 개념은 단주가 치료의 첫 단계에서 필수적임을 요구하기 때문에 중독을 질병으로 받아들이는 것은 또 다른 중요한 시사점을 지닌다. 여러 해에 걸쳐서 알코올 중독 치료에 단주가 필수 요구사항이어야 하는가? 하는 쟁점을 둘러싸고 뜨거운 논쟁이 있었다. 인지행동주의적 지향의 연구자들은 단주의 대안으로 절주(조절 음주)를 제안했다(Marllat, 1983; Sobell & Sobell, 1973b; Pendery et al., 1982). 1980년대 초반에 이 논쟁은 단주의 입장으로 기울어졌다. 절주에 관한 많은 추적 연구들의 결과가 알코올 중독자들이 술을 마시면서 자기-조절을 유지할 수 있다는 주장은 크게 과장되었거나 오도될 수 있음을 보여주고 있다. 베일런트(1995)는 매우 잘 통제된 장기 추적 연구 결과들을 통해서 성공적으로 치료되었다고 판단된 조절 음주자들 가운데 80 90%가 재발되었음을 밝혔다. 미디어와 인기 대중매체가 조절 음주로 알코올 중독자들을 성공적으로 치료했다고 주장하는 한 연구를 자체 추적한 뉴스 프로그램(60분)을 내보내기도 했지만, 연구자들에게 이 60분짜리의 보도는 크게 호도되어 있어 매우 당혹감을 느끼게 했다. 성공적으로 치료되었다던 20명 중 19명이 재발되거나 술로 인해 사망했다.

최근 몇 년 사이에, 이 논쟁이 소벨(1995)과 알랜 말렛 등이 제창하는 절제 관리 프로그램의 자발적 회복 연구의 형태로 다시 등장했다. 두 경우 모두, 적절하게 술을 마실 수 있고, 자신들의 알코올 소비를 줄이며, 단주 없이 회복할 수 있거나, 공식 치료나 AA 참가 없이 스스로 음주를 멈추는 사람들을 찾아내는 데 방점이 놓여 있다.

분명히 중독에 대한 AA 치료가 모든 중독자들에게 잘 적용되는 것은 아니며, 일부 사람들에게는 다른 치료적 접근이 필요할 것이다. 말렛(1983)과 소벨(1995)은 AA나 기타 12단계 접근법들에 반응하지 않는 사람들을 위한 대안적 치료법을 찾아내고 탐색하려 했다는 점에서 분명 칭찬을 받아야 한다. 여기서 누가 알코올 중독자이고 누가 아닌가를 결정하는 진단 준거 상의 불일치가 있다면 큰 문제가 발생한다. 진단 준거의 혼란은 많은 파급효과를 갖는다. 그런데, 분명히 많은 사람들이 의존성이나 신체적 심리적 금단 증상들을 보이면서도 AA나 기타 12단계 프로그램에서 사용하는 중독 정의에 기초해서는 중독이라고 진단되지 않을 수 있다. 약물 남용자와 간헐적으로 폭음하는 사람들은 AA 기준에서는 중독자로 인식되지 않지만 소벨과 말렛 기준에서 보면 중독자로 분류될 수도 있다.

소벨(1995)의 자발적 회복 연구는 AA나 어떤 공식적인 치료 없이도 자기 스스로의 힘으로 음주를 줄이거나 멈출 수 있는 사람들이 있음을 보여주고자 했다. 소벨은 자신의 어려움을 치료나 자조집단의 도움 없이 해결하는 사람들의 특징을 찾아내려 했다. 그녀는 또 단주를 하지 않고 회복되는 사람들의 비율을 확인하고자 했다. 말렛의 절제 관리적 접근과 유사하게, 일부 음주자들은 술을 완전히 끊지 않고도 자신의 음주 행동을 조절할 수 있다고 주장한다. 이러한 연구 시도들에는 의문의 여지가 있다. 하나는, 자발적 회복이나 절제 관리와 같은 새로운 용어들이 예전의 조절 음주의 단순한 짝퉁으로 옷만 갈아입은 것은 아닌가? 하는 질문이다. 대다수의 추적 연구 결과들이 시간이 흐를수록 성공적이라던 조절 음주자의 비율이 감소함을 보여주고 있다. 대다수의 알코올 중독자들이 단기 동안은 음주를 통제하거나 단주를 할 수 있다. AA는 이런 사실을 익히 잘 알고 있다. 자기 스스로 음주를 멈출 수 있거나 절절하게 마실 수 있다면 AA의 기준으로 알코올 중독이 아니다. AA는 오직 음주를 중단하기를 원하고 또 중단할 수 있도록 도움 받기를 원하는 알코올 중독자들을 위한 기관이다.

두 번째는, 말렛과 소벨의 연구가 심각한 증상들을 거의 경험하지 않고 문제 음주 기간이 짧은 사람들은 회복을 위해 반드시 단주를 해야 할 필요는 없다는 것을 보여주기 위한 것인가라는 질문이다. AA는 그런 사람들은 결코 알코올 중독자가 아니라고 간단하게 반박할 것이다. 정의상 알코올 중독자는 상당 기간 동안 자신들의 음주를 성공적으로 통제하거나 조절하지 못한 사람들을 뜻한다. 신경심리 및 신경생리적 연구 결과들이 12단계 회복 프로그램에 있는 사람들이 경험한 통제 불능을 지지해 준다. 장기적인 회복을 성취하고 지속하려면 단주가 필수적인 첫 단계다. 이런 관점에서 AA와 12단계 프로그램들은 행동적으로 지향된 프로그램들과 철학적으로 큰 차이를 보인다. 행동지향적 프로그램들은 알코올 소비와 그 행동에 대한 적절한 통제를 최종 목표로 한다. AA에서는 단주 혹은 보다 적절하게는 금욕이 치료의 시작이지 최종 목표는 아니다. 한 회복자가 최근 어떤 AA 모임에서 "AA가 나를 예전 생활로 돌아가게 해 준 게 아니다. AA는 처음으로 나에게 참다운 인생을 살게 해주었다" 고 말했다.

말렛과 소벨의 연구는 유용한 연구가 수행되려면 일관된 진단 준거를 확립하는 일이 중요함을 보여준다. 12단계 프로그램들과 행동 지향의 프로그램들은 중독을 같은 방식으로 정의하고 이해하지 않는다. 알코올 중독자나 다른 중독자들의 회복을 위해서는, 중독이 단순히 변화가 요구되는 나쁜 습관 그 이상임을 명심해야 한다. 중독에는 한 사람이 자신의 인생을 영위해 가는 방식을 지시해 주는 태도와 신념 체계와 가치관이 포함되어 있다. 이런 논쟁의 강도가 강력한 개인적 신념과 전문직업적 영토 싸움으로 한층 격화가 되는 반면, 학술 영역과 혐오 치료나 행동 치료를 사용하는 몇몇 임상 영역을 벗어나면 논쟁의 임상적 효과는 거의 미미하다. 미국의 대다수 임상가들과 치료 프로그램 상담가들은 자신들의 경험을 통해 단주나 단약이 중독자나 알코올 중독자들의 회복을 위한 유일한 치료적 대안임을 알고 있다. 이는 AA, NA, CA의 중독자들 모두에게 공통사항이다. 그러나 이런 논란은 단순히 학구적인 범위를 넘어서 현실적인 의미를 가질 수 있다. 중독되었거나 화학물질에 의존성을 발달시킨 사람들과 장기적 베이스에서 접촉하는 사람들이라면 누구나, 알코올 중독자나 다른 중독자들이 자신들이 알코올이나 약물을 사회적으로 수용되는 방식으로 통제하는 것을 배울 수 있다는 말을 얼마나 듣고 싶고 믿고 싶어 하는지를 잘 알고 있다. 10명의 알코올 중독자들을 방 한 구석으로 몰아넣고, 연구 결과가 10명 중 1명 정도는 정상 음주로 회복될 수 있다고 말해 보라. 모두가 자신이 바로 그 열 명 중의 특별한 한 사람이라고 믿을 것이다. 왈러스(Wallace, 1984a)가 현재 치료 받고 있는 160명의 알코올 중독자들을 대상으로 한 비공식적 연구에서 보여주듯이, 160명 전부가 과거 한 때에 조절 음주를 시도했었고 실패했다. 이 160명의 실패자들 모두가 자신의 질병에 치명적으로 굴복당하도록 저주 받지는 않았을 것이다. 이 논쟁은 보다 긴박한 시사점을 던진다. 단주는 대상자가 꼭 남용자이거나 중독자가 아니라 하더라도 그 사람에게 해로운 효과는 거의 없다. 반면 단주는 흔히 그 사람의 생활에 건강과 만족을 가져다준다. 그래서 약물과 알코올을 중단하는 위험은 그 사람이 통제된 사용을 시도했다가 실패할 경우 초래될 수 있는 기회비용을 주의 깊게 저울질해 본 후에 고려해야 한다. 이를 제대로 고려하지 못한다면 많은 사례들에서 치명적 실수를 하게 될 것이다.

패러다임 변화

지난 50여 년 동안, 중독의 이해와 치료에서 극적이고 중요한 변화가 발생했다. 중독 치료가 합법화되고 중독 문제가 미국의 가장 중요하고도 일차적인 건강 문제로 인식되기 시작했다. 예전에는 중독 치료가 AA와 다른 12단계프로그램들(예 : 코카인 익명자모임, 마약 익명자모임 등)이나 외떨어져 있는 중독 치료 전문병원이나 프로그램들을 통해서만 가능했다. 지금은 주요 대도시 지역에 중독 치료를 전문으로 하는 병원이나 외래 환자 치료 프로그램이 적어도 하나쯤은 있다. 중독 치료에 대한 수요가 증가하는 현상은 현대 문화에서 알코올과 물질의 사용이 증가한 직접적 결과이다. 중독의 가장 결정적인 촉진 요인은 특정한 약물의 가용성과 접근성이 늘어난 것이다. 중독에 대한 사회적 관용성이 얼마나 크냐 혹은 성격이나 유전적 소인이 얼마나 강한가에 관계없이, 약물에 접근할 수가 없다면 중독이 될 수 없다. 30년 전의 중독 치료는 덜 복잡했다. 중독자는 음주를 중단하도록 지시받고 필요하면 해독을 처치 받았으며, AA 모임에 나가라고 권유받았다. 지금은 특히 30세 미만의 젊은 사람들에게서 알코올 문제 하나만을 보이는 중독자를 찾기는 드문데, 이들은 다양한 약물들을 사용하거나 남용하기 때문이다. 한 가지 약물을 중단하면 다른 약물에 중독되는 경우를 의미하는 교차 중독 개념이 대부분의 물질 남용자와 알코올 중독자들의 치료에서 흔히 적용된다. "다중 약물 남용자poly-drug abuser"라는 명칭도 흔한 진단명이 되었다. 약물 사용의 증가가 진단과 치료의 양상을 복잡하게 만들었다.

약물사용의 증가는 물질 의존에 대한 효과적 치료의 수요를 증가시켰다. 결과적으로, 집단치료가 인기를 얻게 되었고 모든 물질 의존과 남용 장애에 대한 치료적 대안이 되었다. 처음에 집단치료의 사용 증가는 부분적으로 집단이 갖는 높은 비용 효과성 때문이기도 했지만 AA와 12단계 프로그램이라는 인기 있는 지지집단 형성의 영향 덕이기도 했다. 그러나 장기적이고 지속적인 방식으로 물질 남용자들과 작업을 하는 대부분의 전문가들(Khantzian et al., 1990; Flores, 1993; Flores & Mahon, 1993; Vannicelli, 1992; S. Brown, 1985; Brown & Yalom, 1977; Washton, 1992; Matano & Yalom, 1991)은 집단치료가 중독 치료의 본질적이고 결정적 성분이 되어야 한다는 데 동의한다. 그 이유는 다음과 같은 중요한 요인들과 관련이 있다. 즉, 중독 과정 자체의 성질이 우울, 불안, 고립, 부인, 수치, 일시적인 인지적 손상, 인격병리 등을 생산하거나 악화시키기 때문이다. 이제는 내담자가 중독자든 아니든 상관없이 이런 문제는 개인치료보다 집단치료에 더 잘 반응한다는 인식이 퍼져 있다. 집단치료 고유의 장점들에 대한 인식이 생기면서 집단치료는 더 이상 이차적이거나 열등한 치료 형식이 아니다. 이제 집단을 개인치료에서 치료 받는 내담자는 얻을 수 없는 강력한 치료적 힘을 제공하는 원천으로 보게 된 것이다. 이런 집단 역동의 치료적 힘은 숙련되고 잘 훈련된 집단 지도자의 손에 의해서, 개인치료에서는 가능하지 않은 생기 있고 독특한 치료적 경험을 제공하는 방식으로 조율되고 활용될 수 있다.

집단치료가 그 자체로 합법적인 치료 형식으로 인정받고 수용되는 것이 물질 남용자의 급속한 증가와 맞물리면서 환자들과 함께할 집단을 지도하는 자격증이 있거나 없는 집단 지도자들에 대한 수요가 증가했다. 이런 요구는 집단치료에서 적절하게 훈련받지 못한 집단 지도자들에게도 부과되었고, 그래서 중독 환자들에게 잘 맞지 않는 집단치료 모델을 적용하도록 강요받기도 했다. 집단치료는 입원과 외래치료 모두 그리고 치료 후 서비스와 재발 방지 모두에서 미묘한 성분이기 때문에, 제대로 된 치료 효과를 내기 위해서는 집단치료의 실천적이고 효과적인 모델을 분명히 확립하는 작업이 매우 중요하다.

중독자와 알코올 중독자들을 위한 집단 정신치료의 효과성에 관한 질문이 보다 정밀하게 제기되고 그에 대한 적확한 답이 얻어져야 한다. 집단치료가 알코올 중독자와 다른 중독자들을 위한 효과적인 치료 양식인가? 이에 대한 답은 중독자들의 전형적인 방어 양식에서 찾을 수 있다. 그것은 흔히 부인이라고 알려진 성격 양식이다. 중독은 실상 부정의 질병으로 흔히 언급된다. 그러나 물질 의존자들은 극도로 복합적인 방어 양식과 성격 병리를 보이기 때문에, 집단 지도자는 집단 구성원들 각자의 방어 과정들과 성격 역동에 대해 분명한 이해가 있어야 한다. 거의 20년 전에 존 왈러스(1977a)는 이 문제에 대해, 알코올 중독자들의 성격 방어 특질이라 할 수 있는 방어 양식에 관한 비공식적 에세이 형태로 답하고자 했다. 그후, 칸치안 등(Khantzian et al., 1990), 크리스탈과 라스킨(Krystal & Raskin, 1993), 플로레스와 마혼(Flores & Mahon, 1993) 등이 코헛(1977a)이 제안했었던 "중독은 자기self의 장애"라는 가설을 계승 발전시키고자 했다. 후속 장들에서 자기의 장애를 다루는 동안 집단치료가 물질 남용자들의 방어 체계와 부정의 벽을 어떻게 부수는가를 보여줄 것이다. 4장에서는 대상관계와 자기심리학의 관점에서 보는 중독 환자들의 특징을 보다 구체적으로 기술할 것이다. 이 책 전반을 통해서 집단 심리치료의 장점이 알코올 중독자와 다른 중독자들의 방어 양식을 직면시키고 변화시키는 데 도움이 된다는 것을 알리려 한다.

중독 환자들을 치료할 때 고려해야 할 쟁점들에 초점을 맞추겠지만, 중독 환자들에게만 국한되지 않는 집단 정신치료의 중요한 장점들이 있다. 집단 정신치료에서 치료적 과정을 둘러싸고 일어나는 현상들을 심리적 관점이나 심리적 참조 틀만으로 완전히 이해할 수는 없다. 5장에서는 집단 정신치료에서 발생하는 치료적 힘, 특히 중독과 알코올 중독자들에게 작용하는 힘을 현상학적, 실존주의적, 인류학적 관점에서 바라보는 대안들을 제공한다. 18장에서는 집단에서의 치료 과정의 심리적 측면들에 초점을 맞추고 집단이 중독의 치유와 치료 및 고착에 어떻게 작용하는가를 검토해 본다. 집단이 개인의 인생을 변화시키는 데 왜 그렇게 효과적인가를 설명해 주는 또 다른 이유가 있다. 이런 효과의 중요성을 이해하는 한 가지 방식은 집단 정신치료를 인류학적 관점에서 바라보는 것이다. 제롬 프랭크Jerome Frank는, 원시 문화의 치유 의식ritual과 현대 서구 의료계에서 행하는 현대적 의식 사이에 존재하는 유사성을 창의적으로 이끌어낸 탁월한 저술(1961)을 발간했다. 그는 현대 사회에서도 치유의 원리들이 동일하게 작동하고 있다고 본다. 그는 집단이 고립과 사기저하를 완화시켜주기 때문에 개인치료보다 훨씬 더 강력한 치료적 힘을 제공한다고 설득력 있게 주장한다. 프랭크는 고립과 사기저하가 사람들이 정신과적 치료를 찾게 만드는 일차적 동인이라 본다. 인류학적 관점에서 프랭크는 집단치료가 개인치료에 비해 많은 장점을 지녔다고 본다. 중독과 중독 치료에서 사회와 문화가 하는 역할에 대해서 이야기하는 것은 이 책의 범위를 넘어선다. 그러나 이 시점에서 중독자들이 집단에 보다 우호적으로 반응하고 있고, 그 이유가 중독 발생에 기여한 문화와 사회적 힘이 자신들이 만들어 내었었던 바로 그 결손을 치료하는 데 거꾸로 사용될 수 있기 때문임을 지적해 둘 필요가 있다.

프랭크가 잘 지적하고 있듯이, 집단은 그 구성원들에게 많은 장점들을 제공한다. 집단치료의 장점에 관한 실증 연구는 풍부하다. 집단 심리치료의 효과성에 관한 리뷰 논문에서, 알랜(Allen, 1990)은 집단의 효과성을 도저히 부정할 수 없다는 결론에 이르게 한 많은 연구들을 인용하고 있다. 집단치료의 효과성에 관한 또 다른 리뷰 논문에서, 다이스(Dies, 1992)는, 40년 동안의 실증 연구 성과들을 검토한 후에, 개인과 집단 치료의 효과 사이에 실제적인 차이가 거의 없음을 발견했다. 그는 심리치료의 비용 부담을 합리화하기 위해서는 집단치료가 미래의 치료 선택이 될 수밖에 없다고 결론 내린다.

중독자들에 대한 집단 정신치료의 효과성에 대한 실증 연구는 최근까지도 제한적이고 일화적이며 논란이 있었다. 중독 관련 최근 연구들에 대한 종합적 리뷰 결과는 18장에 나와 있다. 지난 10년간 이 주제에 관한 다수의 저술들과 논문들은 놀랄 만한 합의에 이르게 되었는데, 이런 합의는 중독 환자들을 대상으로 집단 치료를 정기적으로 시행하는 다수의 연구자 및 임상가들(Khantzian et al., 1990; Vannicelli, 1992; Flores & Mahon, 1993; Matano & Yalom, 1991)이 각자 독립적인 경로를 통해서 얻어진 결과로부터 유래한 것이다. 그들의 권장 사항들은 이 책의 후속 장들을 통해 철저하게 검토되고 소개될 것이다. 이런 발표가 있기 전에도, 집단치료의 적용에 대해 잘 조직화되고 명료하게 정리된 논리는 없었지만, 집단 치료의 사용은 열렬이 권상되고 지지를 받으며 적용되고 있었다.

집단 정신치료를 사용하는 경향은, 중독 환자들을 대상으로 하는 집단 정신치료는 집단이 구성원들을 보호하기 때문에 특별히 자격을 잘 갖춘 리더가 필요 없다는 널리 퍼져 있던 잘못된 생각 때문에 방해를 받았다. 그러나 실은 그렇지 않다. 집단 치료가 잠재력을 충분히 발휘하기 위해서는, 집단 과정, 집단 역동, 집단의 발달 단계, 그리고 확장된 훈련과 집단 지도의 경험을 통해서만 알 수 있게 되는 수많은 쟁점들에 대한 이해가 요구된다. 개인치료에서만 훈련받았거나 중독자가 아닌 환자들을 대상으로 경험을 쌓은 치료자들이 집단 정신치료의 지도자 역할을 맡는 경우가 허다하다. 아울러 자신의 중독 경험 때문에 중독과 질병 과정에 대해 지식을 갖게 된 많은 알코올 상담가들이 집단 정신치료에 대한 공식적 훈련을 받지 않고 집단의 리더 역할을 맡게 되는 경우도 많다. 집단 정신치료가 어렵고 중독 환자들은 집단 리더에게 특수하고 고유한 문제들을 부과하기 때문에, 이런 모집단을 대상으로 하는 집단 정신치료는 특정한 기술들을 많이 요구한다. 제대로 훈련 받지 못했거나 잘못 훈련된 리더들이 이끄는 집단들은 집단 정신치료의 잠재력을 발휘하지 못하거나 심지어 부정적인 효과를 초래하기도 한다.

주로 물질 중독자로 구성된 집단을 지금 이끌고 있거나 장차 이끌게 될 잠재적인 집단 치료자들을 훈련하고 교육할 필요성이 분명히 존재한다. 이는 집단에서 물질 중독자들이 집단 정신치료자에게 상당한 어려움을 야기하기 때문에 더욱 그러하다. 이런 필요성은 집단 치료자가 회복된 중독자이거나 중독자 자신이거나 혹은 학구적 전통에서 훈련 받았든지 간에 모든 경우에 적용된다. 두 경우에서 문제는 흔히 두 가지 기여 요인들과 관련된다. 즉, 효과적인 집단 정신치료 훈련을 받을 기회가 없었거나 물질에 의존된 환자들에게 부적절한 심리치료 모델을 가르쳤거나 하는 두 경우에 해당한다.

불행하게도 집단 정신치료에 대한 대다수 접근법들은 물질 의존 환자들의 특수한 특질들과 이들이 집단 리더에게 부과하게 되는 특수한 문제들을 제대로 고려하지 않는다. 결국 집단 지도자들은 중독 환자들로 구성된 집단을 효과적으로 이끌기 위한 부가적인 지시와 훈련과 보다 실제적인 제안을 열망하게 된다. 이런 어려움을 더욱 가중시키는 것은 집단치료가 입원과 통원 치료 장면 모두에서 알코올과 물질 중독자 치료의 필수적 부분이라는 사실이다. 집단 지도자들은 "물에 가라앉거나 헤엄쳐 생존하거나 하는sink or swim" 상황에 놓이게 된 자신을 발견하곤 한다. 대다수의 사람들은 자신들이 개인 정신치료에서 배웠던 기술을 응용해서 창의적으로 반응할 수 있다. 그러나 이럴 때 나타나는 반응은 흔히 집단 장면을 배경으로 하는 개인치료 수준을 벗어나지 못한다. 두 사람 수준에서든 집단 수준에서든 개인 치료는 집단 정신치료가 아니다. 치료자들은 개인 수준에서는 잘 작동하던 원리가 집단 정신치료에서는 전적으로 부적합함을 발견하게 된다. 이런 문제를 넘어서서 자기 이해, 심리적 성장, 정서적 치유 및 진정한 친밀감의 풍부한 잠재력과 같은 집단 장면에서만 존재하는 장점들을 개인 수준에서는 활용할 수 없다. 집단 지도자는 집단 정신치료에서 드러나는 기본적 쟁점들에 대해 친숙해지고 민감해져야 하고 자신이 그런 역동성 있는 집단 과정에 빠질 수 있어야 한다.

많은 집단 치료자들은 AA와 다른 12단계 프로그램들에서 직관적으로 받아들인 절차를 사용해서 그런 상황에 반응한다. 이는 AA의 원칙들이 부적절하다고 말하려는 것이 아니다. 반대로, 대부분의 사람들은 AA 프로그램의 원칙들을 사용하지 않고서는 중독으로부터의 회복이 불가능하다. 이것이 대부분의 성공적 치료 프로그램들에서 AA와 기타 12단계 프로그램들에 출석하는 것을 치료 과정의 필수로 요구하는 이유이기도 하다. 그러나 AA와 12단계 프로그램들은 집단 정신치료가 아니며, 이런 양식들을 혼동하지 말아야 한다. 반대로, 집단 정신치료는 AA나 다른 12단계 프로그램들의 대치물이 될 수 없다. 12단계 프로그램과 집단 정신치료는 회복 과정에 중요한 보완 성분들을 제공하며, 집단 정신치료는 치료 과정에 중요한 도구가 될 수 있다. 자신들의 중독에 기여하고 있는 정서적 갈등과 대인관계 갈등들을 이해하고 탐색할 수 있는 기회를 제공해 줌으로써 집단이 치료 과정을 가속시켜 주는 한, AA와 같은 12단계 프로그램들은 중독자들이 단주나 단약을 통해 말짱한 정신을 유지하도록 도울 수 있다.

집단 정신치료가 입원과 외래 중독 환자들 모두를 위한 중요한 치료 양식으로 자리 잡고 있음에도 불구하고, 대부분의 집단 치료 모델은 비중독자들을 위한 외래 정신치료 경험들로부터 유래되었다. 그러나 비중독 외래환자 대상의 집단치료 경험에서 유래한 이론 및 실천적 고려사항들이 물질 의존자들에게 언제나 적용 가능한 것은 아니다. 심지어 얄롬(Yalom, 1975)은 알코올 중독자와 성격장애 환자들을, 집단 정신치료 양식에 맞지 않는다는 이유로, 집단 정신치료에서 제외할 것을 주장하기도 했다. 결과적으로, 현재 수용되고 있는 집단 정신치료의 원칙들은 중독 환자 치료의 실체와 필요성을 감안하여 수정될 필요가 있다. 이 문제는 치료 스텝들과 함께 대다수의 중독 환자들이 서로 다른 집단 치료 양식들을 혼돈하기 때문에 더욱 복잡해진다. 예를 들어, 환자들은 치료 과정에서 AA, NA, CA 집단, 토론 집단, 교육 집단, 치료 후 집단, 지지 집단 등 무수히 많은 집단치료 양식들에 노출된다. 이런 상황에서 환자들이 집단 정신치료 원칙들에 대해 혼동하고 스텝들이 집단 정신치료가 개인의 회복에 미칠 수 있는 영향의 중요성을 흔히 간과한다는 사실은 그리 놀랍지 않다. 개인의 회복 과정에 포함되어 있는 시간 요인에 대한 고려도 중요하다. 회복 과정의 처음 며칠 동안 입원해 있는 장면에서 집단 리더가 집단 정신치료를 행하는 것과 치료 후 집단에서 6개월 동안 단주를 한 환자에게 행하는 집단 심리치료는 전혀 다를 것이다.

이 책의 목적은 집단 심리치료와 중독 영역의 지도적인 이론가들(Yalom, 1975; Brown & Yalom, 1977; Wallace, 1978a; Vannicelli, 1992; Khantzian et al., 1990; Washton, 1992; Wallace, 1978a; Flores & Mahon, 1993)이 기술하고 실천하고 있는 집단 정신치료의 체계적 모델을 검토하여 제시하는 것이다. 이 책은 입증된 전략들을 정의하고, 물질 의존자들이 집단 정신치료에 가지고 오는 특수한 문제들에 대한 이해를 제공함으로써 치료를 개선시킬 수 있는 제안들을 구체화하고자 한다. 집단 정신치료가 오랜 동안 치료 프로그램의 필수적인 성분으로 자리를 잡고 있었지만, 집단의 지향성은 장면에 따라 매우 큰 차이를 보여 왔다. 그럼에도 불구하고, 알코올 중독자나 다른 중독자들을 대상으로 장기적인 치료를 해 온 대다수의 전문가들은 단주나 단약이 치료의 첫 단계라는 데 동의한다. 단주나 단약이 일단 확립되고 나면, 치료 집단은 중독자 자신과 중독에 관해 배울 수 있는 독특한 기회를 제공한다.

워쉬톤(Washton, 1992)은 집단 치료의 장점을 다음과 같이 요약한다.

1. 서로를 확인하고 유사한 문제를 겪고 있는 다른 사람들로부터 수용을 경험함.
2. 단주와 물질 사용에 관한 현실 검증의 긍정적인 역할 모델링 향상. 다른 사람들의 유사한 태도와 방어에 직면하게 됨으로써 중독자 자신이 갖고 있는 중독에 대한 태도와 물질 사용을 중단하는 것에 대한 자신의 방어에 관해 보다 잘 이해할 수 있는 기회를 갖게 됨.
3. 직면, 즉각적 피드백, 동료들로부터 받는 단주에 대한 긍정적인 압력.
4. 유친, 응집성, 자신의 감정을 보다 직접적으로 확인하고 소통하는 법을 배우면서 얻는 사회적 지지.
5. 구조, 규율, 회복과 약물 사용에 관해 사실적 정보들을 학습하고 교환하면서 자신의 한계를 설정함.
6. 희망 고취, 미래에 대한 영감, 공동 목표와 아이디어들의 추구.

거의 20여 년 동안 필자는 집단 정신치료자, 자문가, 그리고 훈련자로서 입원과 외래 장면 그리고 공적 영역과 사적 영역 모두에서 다수의 치료 집단을 이끌고 지도 감독하는 기회를 가졌다. 현재도 중독 집단에 집단 정신치료를 적용할 때의 원칙들을 만드는 작업에 관여하고 있다. 이런 노력은 서로 관련되어 있는 것은 아니지만 현대 중독 치료에서 동시에 일어나고 있는 두 가지 흐름의 입장에서 보면 꼭 필요하다. 그 첫 번째는 회복자들을 전문적 치료자 자원으로 활용하는 것이다. 두 번째는 대부분의 프로그램들에서 집단 정신치료를 치료의 필수 성분으로 포함시키는 추세다. 불행하게도, 대다수의 전문가들을 자신들의 학문적 경력을 쌓는 동안 집단치료나 중독에 대해 적절한 훈련을 받지 못한다. 그들 중 대다수는 중독자들에 대한 집단 정신치료 원칙들에 노출되지 않는다. 그래서 집단 정신치료에서 중독 환자들의 욕구를 충족시키기 위해 필요한 특수화된 이론과 실무를 명료하게 정리할 필요가 있다.

집단치료와 질병 개념의 특정한 시사점

집단 치료자로서 당신이 중독을 질병이라고 믿는다면, 그것은 당신이 치료에 접근하고 심리치료를 행하는 방식에 영향을 미칠 것이다. 질병 모델은 당신으로 하여 중독을 일단 걸리기만 하면 완치가 될 수 없는 일차적 질병으로 보도록 요구한다. 더구나, 질병 모델은 알코올과 약물에 대한 중독을 심장 질환이나 당뇨병과 같은 만성 질환으로 조망하도록 요구한다. 만성 질환은 재발하기 일쑤이기 때문에, 재발 위험을 줄이기 위해서는 본인의 생활양식과 행동습관을 지속적으로 모니터링하고 변화시켜 갈 것을 요구한다. 중독을 질병으로 받아들인다는 것은 이 조건을 다른 정신 혹은 정서 장애로 인한 이차적 사인이나 증상이 아니라 특정한 정서, 행동, 및 조건화된 반응 성분들을 지닌 신체적 질병으로 본다는 것을 뜻한다. 이런 관점에서 집단 정신치료는, 특히 치료의 시초에 심리적 병리를 해결하려는 것이 아니라 단주와 회복을 방해하는 방어와 성격적 결함들을 확인하는 것을 목적으로 한다. 여기서는 대인간 갈등에 의해 유발되는 불편한 감정들을 다룰 수 있는 역량이 회복 과정의 아주 중요한 성분이다. 집단 정신치료는 AA와 다른 12단계 프로그램들의 원칙에 잘 따르도록 사용되어야 한다. 그런 원칙들을 따르는 동안 회복자들은 자신의 대인 관계와 관련된 난점들을 자세히 검토할 수 있는 기회를 갖게 된다. 대부분의 중독자들은 대인간 갈등에서 기인하는 강한 정서 때문에 재발되는 경우가 많다.

질병 모델은 물질에 의존적이 된 사람들은 그렇지 않은 일반인들에 비해 에틸알코올과 다른 약물들에 대한 신진대사와 생리적 반응이 전혀 다름을 받아들이라고 요구한다. 뇌와 간, 엔돌핀과 그 수용기, 신경 세포막의 침투성, 특정한 유전적 뇌파 패턴, 대사의 차이 등에 관한 증거와 함께 부모의 알코올 환경을 통제한 다수의 유전 연구 결과들이 중독을 질병으로 조망하는 데 부족함이 없는 과학적 근거들을 제시하고 있다. 중독의 역사, 증상 및 사인들이 식별 가능한 패턴을 형성한다는 데 대해서는 의문의 여지가 거의 없다. 알코올이나 약물에 의존성을 발달시키는 사람들은 신체, 정신, 정서, 도덕, 그리고 영적인 영역을 포함한 인생 전반의 영역에서 퇴행을 보인다. 중독이 몰고 오는 총체적 파괴성은 재검증할 필요성이 없다. 중독이 효과적으로 치료되기 위해서는 태도, 개인의 책임감, 공적인 인식 등이 선행되어야 한다. 중독을 질병으로 인식하는 것은 중독이라는 용어에 흔히 동반되는 '낙인'을 제거하고 치료를 합법적인 것으로 만들어 준다. 끝으로, 질병 개념은 중독이 뒤에 숨어 있는 다른 진짜 문제가 해결되면 그 증상들이 자동적으로 완화되는 이차적 질병이 아니라 치료의 초점이 되는 일차적 질병으로 자리 잡을 수 있게 해 준다.

물질 의존이 진정한 질병이냐에 관한 논쟁이 흔하다. 질병 개념을 반대하는 사람들은, 당뇨 환자들과는 다르게 물질 남용자들이 그 문제가 자신들에게 나쁜 영향을 미치는 행동에 대한 선택권(예 : 물질을 사용할 것인가 아닌가?)을 가졌기 때문에, 중독이 질병이 아니라고 주장한다. 나아가 당뇨 환자들은 그렇게 행동하는 데서 즐거움을 느끼지도 못한다. 질병 개념 반대론자들은 알코올 중독자들과 다른 중독자들은 물질을 사용함으로써 쾌락과 만족을 느끼기 때문에 약물 사용을 선택하는 것이고, 그들을 병들게 만드는 것은 바로 쾌락의 선택 때문이라고 주장한다. 그러나 도날드 굿윈(Donald Goodwin, 1979)이 재치 있게 반박하듯이, 질병 개념의 반대론자들도 매독이나 임질과 같은 성병을 질병이 아니라고 하지는 못하겠지만 이들 역시 중독과 유사한 원인을 보인다. 중독이나 성병 모두 쾌락 활동을 선택하는 데서 유래하며 만약 그런 활동을 선택하지 않았다면 당사자들의 신체 안으로 들어오지 못했을 외적인 병인이나 위험 물질의 유입을 내포하고 있다.

사실 장기적인 건강에는 손상을 초래하는 부적절한 습관이나 생활양식과 관련된 문제들은 모두 질병과 관련되고 우리가 보통 인식하고 있는 것보다 그 정도가 크다. 생활양식과 질병의 연결은 지난 75년간에 걸쳐서 미국 사람들이 표출한 건강 보호 욕구에서의 혁명에 크게 기인하고 있는데, 이제 서구 산업사회들도 이런 혁명을 인식하기 시작했고 의료 전문가들도 이를 이제 막 깨닫게 되었다. 혁명은 미국인들의 사망과 질병률이 지난 세기 말에 유행했었던 전염성 질병과 이제 더 이상 관련이 없다는 것이다. 대신 오늘날 가장 유행하는 질병들은 우리들의 생활양식과 관련되는 만성 장애들이다. 인플루엔자, 폐렴, 결핵, 디프테리아 등의 전염성 질병들이 부분적으로는 우리가 어떻게 행동하고 생활하는가의 산물에 해당하는 심장 질환, 뇌-혈관 질환, 호흡기 질환, 각종 암, 그리고 알코올 중독 등으로 바뀌었다. 얼마나 많이 먹고 마시는가, 담배를 피우는가 그렇지 않은가, 일상의 스트레스를 어떻게 대처하는가, 얼마나 많이 운동을 하는가 등이 우리의 건강과 질병 취약성에 가장 큰 영향력을 행사하는 요인이 되었다. 어떤 면에서, 오늘날 대다수의 사람들을 괴롭히는 가장 심각한 의료 문제들은 궁극적으로는 전혀 의학적인 것이 아닌 문제가 되었다. 그 문제들은 대부분 행동상의 문제로 본인들의 반응 패턴을 변화시킬 것을 요구하고 있고 그래서 생활양식과 직접 관련이 있거나 생활양식에 대한 태도와 관련이 있다(Stachnik, 1980).

현대 의학이 태도와 생활양식 그리고 행동이 질병에서 중요한 역할을 한다는 점을 깨닫기 시작하자, 이 현상을 설명하기 위한 새로운 의료 패러다임이 필요하다는 것을 인식하게 되었다. 질병을 인식하던 종전의 이해 틀은 데카르트의 16세기 이원론 철학에 너무 얽매여 있다고 비판 받았다. 토마스 쿤(Thomas Kuhn, 1962)은 『과학 혁명의 구조』라는 책에서, 과학에서 새로운 패러다임으로의 전환이 일어나는 것은 기존 패러다임에 많은 모순들이 축적되어 패러다임 위기에 봉착하게 될 때나 가능하다고 말했다. 그가 언급하였듯이, 과학적 발견들과 기존 개념들에 대한 모순자료들은 질서 있는 방식으로 축적되어 많은 양의 정보로 축적되는 일은 결코 없다. 보다 많은 연구자들과 과학자들이 치유와 신체적 질병 사이의 관계를 탐구해 감에 따라, 그들은 마음과 질병 및 회복과의 관계가 매우 미묘한 것임을 깨닫게 된다. 그런데 이 관계는 종전의 질병과 건강에 대한 인습적 태도들에 도전하는 내용들로 구성돼 있다.

중독이 지난 30여 년에 걸쳐 사회의 일상생활에 만연하게 됨에 따라, 우리의 문화가 중독을 정의하고 그것을 질병으로 치료하는 방식에도 많은 변화가 일어났다. 과거에는 중독이 알코올과 약물에만 한정되어 있었지만, 지금은 "흥분 광"이라거나 테니스, 달리기, 라켓볼이나 다른 종류의 운동에 "중독되었다"라는 표현을 드물지 않게 듣게 된다.

AA의 단주 모델이 중독 치료에서 인기를 얻어감에 따라 질병 개념은 그 적법성을 인정받았다. 1970년 대 초반, 치료 센터들은 자신들의 알코올 회복 프로그램들에서 물질 남용자들을 치료하기 시작했다. 이렇게 서로 다른 두 가지 중독을 통합하는 치료 결과는 처음의 기대만큼은 성공적이지 못했다. 이에 대해서는 12장에서 다룰 것이다. 그러나 치료에 종사하는 사람들은 둘 사이에 상당한 유사성이 있고 질병 개념 모델이 그 당시까지 구할 수 있었던 어떤 개념보다 더 유효성이 크다는 것을 깨달았다. 알코올 중독 환자들의 행동이 중독자들과 많은 차이가 있었음에도 불구하고, 회복 과정은 둘이 너무나 유사했다(Early, 1994). 중독 센터와 중독 전문가들은 점차적으로 다른 강박장애나 행동들(예: 도박, 음식, 성, 일, 심지어 관계 맺기)까지도 다른 중독에서 공유하고 있는 특성들과 매우 유사한 특징을 지니고 있음을 알아차리게 되었다. 더욱 중요하게는, 이 장애들에 12단계를 도입했을 때 유사한 정도의 성공률을 보였다는 점이다. 이와 동시에 상담가, 정신과의사 및 다른 의료 전문가들이 이 환자들과 장기적인 관계를 맺기 시작하면서, 한 사람이 특정한 중독 문제를 보인다면 장차 그 사람은 또 다른 중독 문제를 보일 가능성이 매우 높다는 사실도 알게 되었다. 중독 환자들의 많은 사례들에서 한 가지 장애(예 : 코카인 의존)를 제거하면 다른 장애(예 : 성 중독)가 발생할 확률이 매우 높음이 분명해졌다.

공동의존의 확인과 알코올 중독자의 성인 아이(Adult Children of Alcoholics: ACOAs)가 다른 중독에서도 확인됨에 따라, 중독은 사용하는 물질과 관련되는 것이 아니라 모든 중독 질환들을 특징짓는 행동 및 태도와 관련되는 것임을 알게 됐다. 예를 들어 섭식 장애를 중독 모델로 치료하려 한다면, 모든 중독 치료 노력을 물질이나 음식에 대한 강박적 소비 행동에 선행하거나 그에 뒤따르는 생각, 감정, 행동에 초점을 맞추게 된다. 공동의존과 ACOA 쟁점들을 유사한 전략들로 치료하는 접근은 중독 충동이 특정 물질에만 한정되지 않고 활동이나 의례 혹은 타인과의 관계에서도 출현할 수 있음을 보여주고 있다.

중독, 단주 및 질병 개념

이번 장의 초반부에서 언급했듯이, 조절 음주, 자발적 회복, 절제 관리 등을 둘러싸고 있는 논란은 조절 음주 연구를 시행할 때 사용하는 진단 준거가 서로 다름으로 인해 더 격화된다. 한 연구에서 알코올 중독자로 진단된 사람이 다른 연구에서는 알코올 중독자 기준에 맞지 않을 수도 있다. 확실히, AA에서 알코올 중독자로 규정된 많은 사람들이 DSM-IV 준거(미국정신의학회, 1994)에서는 그렇지 않은 것으로 진단된다. 많은 전문가들이 알코올 중독에 대한 DSM-IV의 준거가 AA의 그것보다 더 좋다고 생각하지는 않는다. 그것은 단지 서로 다를 뿐이다.

커티스 바렛Curtis Barrett은 이런 논란을 다음과 같이 멋지게 요약했다.

오늘날 얼마나 다양한 진단 혹은 접수 준거들이 사용되고 있는가를 보여주기 위해, DSM-III 준거(미국 정신의학회, 1980)와 자조집단인 AA에서 사용되는 준거를 대조해 보면 그 실상의 일면을 엿볼 수 있다. DSM-III를 보면, 먼저 정신 장애 목록에 '알코올리즘(혹은 알코올 중독)'이라는 용어 자체가 없다는 사실에 충격을 받는다. 그러나 조심스레 읽어보면, "알코올 의존이 알코올리즘을 칭하고 있음(APA, 1980, p. 169)"을 알 수 있다. 알코올 의존을 진단하기 위해서는 다음의 준거들이 요구된다: (a)병리적인 알코올 사용 패턴을 보이거나 알코올 사용으로 인해서 사회적이거나 직업적인 기능의 손상을 초래함과 (b) 내성 혹은 금단. 알코올 중독과 알코올 남용 사이의 구분은 내성이나 금단이 발달해 있느냐에 의해 정해진다. 그래서 블랙아웃, 폭음, 과도한 음주의 조절 불능, 실직 및 음주운전과 같은 법적 전력을 가진 사람에게 DSM-III 준거를 사용한다면 알코올 중독/알코올 의존으로 진단되지 않을 수도 있다. (1985, p. 19)

언제나처럼, AA는 그런 논란을 피하고 "단순함을 유지하라"는 자신들의 전통에 따른다. AA 구성원들은 스스로 진단하라고 요구 받는다. 누군가의 알코올리즘을 다른 사람이 진단하는 것은 자기 스스로의 진단에 비해 이차적인 것이다. AA 구성원은 자신이 알코올 중독이라고 말하면 바로 알코올리즘이다. AA는 본인이 원한다면 필요한 문헌과 정보를 제공한다. 그러나 본인 스스로의 판단으로 자신을 알코올 중독자로 정의하는 것이 AA 프로그램의 근간이다.

바렛(Barrett, 1985)은 아래와 같이 덧붙인다.

이 장에서 AA가 "어떻게 일하는가."(AA World Service, 1939)를 알고 싶어 하는 독자는 "회복프로그램으로 제안된" 12단계를 고려해야 한다. 이의 첫 번째 단계는: "우리는 알코올에 무력했으며, 우리의 삶을 수습할 수 없게 되었다는 점을 시인했다"이다. 만약 사람들이 자가진단에서 추가적 도움을 원한다면, DSM-III와 크게 다르지 않은 모종의 활동을 허가할 것이다.(1985, p. 19)

단주는 AA의 명확한 목표다. 하지만 AA 회복 프로그램은 알코올이나 약물을 전혀 하지 않는 어려운 적응 행동을 성취할 수 있는 능력 갖추기의 문제를 다룬다 "AA는 우리가 어떻게 음주하는가를 가르치지 않는다. 어떻게 단주하는가를 가르친다"(AA, 1939). AA는 알코올중독자가 조절 음주로 돌아올 가능성을 배제하지 않는다. 하지만 진짜 알코올 중독자라면 그런 목표는 성취되지 않는다. 그러므로 AA는 조절 음주 즉 조절 가능한 음주로 돌아가는 알코올중독자는 잘못 진단된 것이라고 본다.

이러한 준거 문제들을 고려해 볼 때, 알코올의존에 대한 DSM-IV R을 활용하는 능숙한 연구자는 아마 AA에서 알코올중독자로 보는 사람들을 알코올중독자라고 진단하지 않을 가능성이 있다. 이런 난점들은 왜 설제된 음주, 자발적 회복, 절제 관리 연구들이 논란 많고 모순되는 결과를 드러내는가를 설명해 준다.

중독 연구자들은 준거 문제의 중요성에 대한 이해를 잠시 놓칠 수 있다. 그러나 질병과 투쟁하고 있는 알코올중독자와 물질남용자에게 준거의 문제는 문자 그대로 삶과 죽음의 문제다. 예를 들어, 왈러스(1984b)는 알코올중독자와 중독자의 회복과정에 핵심적 요소를 제공하는 AA의 이념적 기반을 확인하였다.

사실 그는 알코올중독자와 중독자들이 AA가 견지하고 있는, 실체에 대한 어떤 편향된 관점을 필요로 한다고 주장한다. "알코올중독자들은 감정에 좌우되지 않고, 객관적이고, 학구적 지성을 추구하는 단어나 아이디어들을 다룰 여력이 없다"(1975, p. 7).

왈러스에 따르면, 화학물질에 의존된 사람들은 중독되지 않은 맨 정신의 상태를 지속하기 위해서는 매우 안정되고 지속적인 신념체계가 필요함을 직감적으로 알고 있다. 왈러스는 학구적인 연구자들 또한 실체에 대해 편향된 관점을 가지고 있다고 주장한다.

> 과학주의와 과학의 수사학이라는 깔끔함의 이면에 숨어 있는 것은 매우 부적절한 성격측정도구, 부적당한 표집절차, 부적절한 측정방법, 부적절한 연구 변수들의 선택, 심각하게 위배된 통계적 가정, 잘못된 자료수집과 오류의 기록과 분석 등이 포함되어 있다. 지금 당신이 학구적으로 매우 뛰어난 수준의 연구들을 보고 있는가? 그렇지 않은가? 중독에서 깨어나는 알코올중독자가, 마치 혼란의 바다에서 시를 건져 올리는 시인과도 같이, 자신들의 신념체계에 매달리는 것을 발견하게 되는 것이 경이롭지 아니한가?(1975, p. 7)

왈러스는 또 알코올중독이 된 원인에 대한 자기 귀인self-attribution과 자신의 행동에 대한 설명체계를 가질 수 있도록 돕는 것이 중요함을 깨닫고 있다. 이런 관점에서 치료는 일종의 "이국적 신념exotic belief"을 가르치는 것이다. 그 신념이 현실과 얼마나 가까운가는 별 상관이 없기 때문에 이국적이라 부른다. 그 신념의 진정한 가치는 다음과 같은 사실들을 통해 확인된다. (1) 과거를 미래에 대한 희망을 불어넣어 주는 방식으로 설명할 수 있도록 해주고 (2) 알코올중독자와 중독자들로 하여 그들의 죄책감, 불안, 회한, 혼란 등을 대처할 수 있도록 해주고 (3) 중독에서 깨어나 깨끗한 상태를 유지하고, 12단계 프로그램에 머물며, 자신들이 바라는 방향으로 삶을 변화시킬 수 있는 구체적인 행동을 하도록 도와준다. 왈러스가 말한 것처럼, 알코올중독자나 중독자는 자신의 개인적 어려움이나 사회적 어려움이 중독의 결과가 아니라는 사실을 깨닫게 되는 금욕의 시간을 갖게 된다. 하지만 이런 깨달음은 그들의 삶에서 알코올과 약물을 중단하고 자신들이 바라는 방향으로 살기 시작한 이후에 비로소 드러나게 된다. 마틴 부버(Martin Buber, 1964)가 주장한 것처럼, 위기의 사람은 방향성이 필요하다. 오직 금욕이 유지된 후에만 삶에서 심층적인 심리적 문제를 다루기 시작할 수 있다.

이 연구에 함축된 의미를 고려하면, AA와 12단계 프로그램의 구조화와 지향성은 알코올중독자와 중독자의 회복을 시작하는 데 필수적이다. 하지만 많은 전문가들은 12단계 프로그램의 또 다른 중요한 관점을 잘 인식하지 못한다. 12단계 프로그램은 새로이 회복되는 중독자와 알코올중독자에게 희망과 영감을 제공한다. 제롬 프랭크Jerome Frank는 AA와 12단계 프로그램이 알코올중독자와 중독자가 치르는 사기저하와의 싸움을 돕는다고 말한다. 얄롬은 희망의 고취를 이야기하고 우리의 삶에서 "필수적 거짓말vital lies"을 강조하는 부처의 가르침을 말하고자 하였다. 이는 알코올중독자와 중독자의 "이국적 신념"에 대한 왈러스의 제안과 아주 유사하다. 12단계 프로그램은 개인 삶의 신념과 영감의 중요성을 간과하지 않기 때문에 효과가 있다.

AA공동체와 학구적 전문가들 사이에 나타나는 중독에 대한 관점과 이해의 차이는 티베트의 수도승이자, 『티베트인의 삶과 죽음The Tibetan Book of Living and Dying(1992)』의 저자인 소갈 린포체Sogyal RinPoche의 이야기에서 잘 드러난다. 책에서 그는 자신이 티베트를 떠나 미국에서 부처의 가르침을 강의하기 시작했을 때 한 경험을 기술하고 있다. 놀랍게도, 서구인들은 동양인들이나 그의 티베트 고향사람들과는 극적으로 다른 방식으로 반응함을 발견했다. 서구인들은 가르침이 "흥미로움interesting"을 발견하는 반면, 동양 사람들은 부처의 가르침이 "영감을 줌inspiring"을 발견하였다. 그는 상이한 문화적 경험과 가치가 전혀 다른 기대와 반응을 유도함을 발견했다. 린포체는 우리가 서구 유산의 산물이고 우리의 문화는 감성보다는 지성, 영성보다는 합리성, 그리고 심장보다는 머리에 더 높은 가치를 둔다고 생각한다. 우리의 경험은 우리가 보고, 알고, 궁극적으로는 반응한다는 걸 함축하고 있다.

이러한 관점은 내가 중독적인 약물을 전문으로 하는 아틀란타의 정신과 개업의들 그룹에 채용되어 전문직업적 경력을 막 쌓기 시작했을 때, 아주 개인적인 방식으로 드라마틱하게 다가왔다. 사무소의 많은 의사들 자신들도 화학약물과 알코올로부터 회복 중에 있었다. 그들 모두는 AA나 질병개념과 회복에 대한 12단계 접근과 같이 질병 개념을 강조하는 치료 프로그램들을 통해 중독 문제가 깨끗해졌다. 그들 모두는 이미 여러 해에 걸쳐 맨 정신으로 깨끗하게 잘 지내고 있었는데 여전히 프로그램에 적극적으로 참여하고 있었다. 그 결과, 치료에 대한 12단계 접근은 중독환자들에 대한 그들 스스로의 접근과 치료에 강하게 반영되었다. 내가 이런 실무를 여러 달 동안 하고 난 뒤 어느 날, 12년 동안 AA를 통해 치료하고 활동하는 중인 한 정신의학자(샘Sam이라고 부르겠다)가 나에게 어떻게 중독을 전문으로 하는 실무에 종사하게 되었는지를 질문했다. 그가 그런 질문을 한 이유 중의 일부는 내가 애틀란타에서 매년 열리는 SECAD(Southeast Conference on Addictive Diseases) 컨퍼런스에 참석한 것에 관한 것이다. 이 컨퍼런스에 한 번도 참석한 적이 없거나 컨퍼런스에 친숙하지 않은 독자들을 위해 잠시 설명한다면, 이 대회는 중독 치료에 대한 12단계와 질병 개념만을 소개하는 6일 동안의 이벤트다. 참가자들은 대부분 스스로 중독에서 회복된 건강 서비스 전문가들이다. 샘은 내가 SECAD에 처음 참석한 것을 알았기 때문에 질문에 대한 나의 반응을 흥미로워 했다. 그는 나를 상아탑에서 갓 나온 초보자로 자신들의 "프로그램에는 속하지 않는" 사람으로 보았기 때문에, 중독과 AA 프로그램에 대한 나의 태도를 약간 의심스러워하는 듯 보였다. 그와 프로그램에 참여한 다른 사람들은 자신들의 중독을 치료받는 동안 경험 했던 잘못된 치료와 관리와 오진으로 인해 전문가들에 대해 불신하고 있었다. 나는 컨퍼런스에 대해 별로 관심 깊지 않다고 답했다. 그가 왜냐고 물어 왔을 때, 나는 치료나 중독에 대한 유용하거나 새로운 정보를 듣거나 찾지 못했다고 솔직하게 답해주었다. 그는 좋은 얼굴로 고개를 저으며 답했다. "필Phil, 자네는 전체적인 숲을 놓치고 있네, 사람들은 정보를 얻기 위해 SECAD에 오는 것이 아니라 영감을 얻으려고 가는 거라네."

같은 이유로, 회복중인 약물이나 알코올 중독자는 AA에 정보를 얻기 위해 가는 것이 아니라 영감을 얻기 위해 간다. 린포체의 불교에 관한 책에서처럼, 동기화나 영감 불어넣기는 치료의 아주 핵심적인 부분이다. 그것은 왜 프로그램이 효과를 발휘하고 또 왜 많은 학구적 연구자들이 그것에 대해 결코 이해하지 못하는지를 설명해 준다. 학구적 연구자들은 보통 알코올 중독이나 다른 중독과 투쟁할 때 겪게 되는 심적인 고통과 공허함이나 절망적 사기저하의 느낌을 망각하거나 제대로 접촉하지 못한다. 중독자들은 정보 그 이상을 필요로 한다. 그들은 누군가에 의해서 정서적으로 감동을 받고 영감을 얻어야 할 필요가 있다. 중독은 진정성 있는 솔직한 인간 접촉을 차단하고 사람을 고립시킨다. 얄롬과 레즈(Yalom & Leszcz, 2005)는 동일시와 이타심의 중요성을 언급하고 집단의 강력한 치료적 요소로 희망의 고취를 들고 있다. 잊지 말아야 할 것은 알코올중독이나 물질남용자라는 꼬리표 뒤에는 위기 속에서 살아가고, 숨 쉬고, 고통 받고, 혼란되고, 고립되고, 확고한 삶의 방향성과 신념을 절망적으로 갈구하는 사람이 있음을 결코 잊어서는 안 된다.

불교적 전통으로부터 나온 예시는 아마도 필수적인 거짓말, 희망의 고취, 이국적 신념, 중독치료에서의 영감의 중요성을 명확하게 해주는 데 도움을 줄 것이다. "유용한 환상" 의 개념은 불교에서 가장 중심이 되는 것 중 하나이다. 승려와 종교적 스승들은 개인의 삶에서 의심과 혼란의 시기 동안 개인의 신념과 희망을 동원하는 것이 중요함을 깨닫는다. 개별 제자들이 만약에 환상을 갖지 않는다면 자기 이해의 초기 단계에서는 수용하기 쉽지 않았을 인생의 중요한 원리를 깨닫게 해 준다면, "환상"을 창조하는 것은 유용하다.

허치슨(Hutchinson, 1969)은 팔정도를 기술하면서 부처의 입장을 다음처럼 요약했다.

> 이 경험의 내용은 무엇인가? 부처의 답은 의사의 질병 치료에 대한 진단 및 처방과 유사하다. 불교 전통은 부처의 진리를 사성제苦集滅道와 팔정도로 가르쳐 왔다. 사성제의 첫 번째와 두 번째는 아마도 진단을 나타내고 세 번째와 네 번째는 치료를 나타내는 것 같다. 첫째는 모든 존재가 고통 혹은 고苦dukkha라 하며, 그 고통은 무명의 갈망에 뿌리를 두고 있다. 이를 갈망 혹은 집集trishna이라 한다. 세 번째 진리는 무지의 갈망을 없애는 것으로 고통이 사라진다는 것이며滅, 네 번째 진리는 팔정도를 통해 이를 성취할 수 있다는 것道이다. 불교 저술가 중 한 명으로서 그는, "부처는 인간의 모든 주요 질병에 대한 근원적 해결책을 찾았다" 고 말했다. (p. 111)

불교 가르침의 중심은 탐욕의 불꽃을 "꺼버리는 것"이다. 종종 절멸이나 죽음의 혼란스러움에 직면해서, 부처는 제자들에게서 고통을 생산해 내는 "무지한 갈망" 을 없애려 했다. 이런 예에서 든 부처의 제자의 경우와 유사하게, 알코올중독자들도 자신을 행복하게 만들어 줄 것이라고 믿는 그것(즉, 음주)을 내려놓고 그 믿음이 바로 고통을 잉태하는 원인이며 자신들의 행복에 대한 오해라는 점을 깨달아야 한다. 유용한 환상을 통해 이런 순환을 깨는 데 도움을 받는다.

불제자들은 아마도 삶의 의미에 대한 질문과 열반 경험에 대한 욕망으로 승려에게 접근할 것이다. 제자들은 올바른 행동과 올바른 생각을 포함하는 8정도를 명상하고 실천에 옮기라고 당부 받는다. 명상 6개월 후, 제자는 깨달음을 얻지 못한 상태로 가르침을 받기 위해 스승을 다시 찾는다. 2년이 지나 제자가 그의 스승을 다시 찾아뵈었을 때, 그는 자신이 가르침 받은 모든 것을 행하였으나 아직 열반이 이르지 못하였음에 불만을 표시하였다. 제자는 인내를 가지고 깨달음에 이르기 위한 8정도의 실천(연습)을 계속하라는 스승의 말씀을 받아들였다. 다시 명상과 실천을 꾸준히 한 5년 뒤에, 제자는 더 이상 그의 불만을 참지 못하고 마침내 화를 내며 그의 스승과 대면하였다. 제자는 말했다. "나는 스승님이 나에게 하라고 하신 모두 것을 행하였습니다. 나는 깨달음을 위한 8정도를 연습했습니다. 매일 명상을 하였고 바른 생각과 바른 행동의 원리를 연습하였습니다. 나는 모든 노력을 다했어요. 하지만 아직 여전히 열반에 이르지 못했습니다!" 그러자 그의 스승은 사랑과 이해의 답을 했다. "나의 아들아, 열반이란 없단다. 그러나 너의 명상과 8정도 연습 때문에 지금 더 좋아지지 않았니? 그렇지 않아?"

이런 불제자처럼, 12단계 회복 프로그램에 참여하는 알코올중독자들은 더 나아진다. 어기적거리는 그들의 삶은 이제 어떤 방향성을 갖게 된다. 심리적이고 신체적인 건강은 대부분 회복된다. 단주가 5년 정도 지속되면, 알코올중독자들은 자신의 문제가 진짜로는 자신의 알코올리즘으로 인해 야기된 것이 아님을 깨닫게 된다. 그들이 아직 온전한 깨달음을 얻은 것은 아니지만, 음주를 하거나 약물을 사용할 때보다 지금 훨씬 더 나은 삶을 살게 된다.

이는 조절 음주, 자발적 회복, 그리고 조절음주를 지향하고 있는 MM이 명확하게 놓치고 있는 쟁점이다. 왜 알코올중독자나 약물중독자에게 적절하게 음주하고 오락적으로 약물을 사용하라고 가르치기 위해 고통을 받는가? 설립자 빌 윌슨의 주장처럼, 단주모임은 알코올중독자나 약물중독자의 생활방식이나 삶에 대한 그들의 왜곡되고 결핍된 철학에 더욱 관심이 있다. 음주, 약물사용, 단주의 문제에 직면하는 것이 프로그램에 결정적으로 중요하지만, 이는 12단계 중 단지 첫 단계다. AA와 다른 12단계 프로그램의 첫 단계가 음주와 약물 사용에 대해 명시적으로 언급하는 유일한 단계라는 사실은 잘 알려져 있지 않다. 다른 11개의 단계는 알코올중독자와 약물중독자에게 그들의 생활방식과 가치관의 파산을 바꾸기 위한 지침으로 사용된다. 이러한 관점은 왜 물질 남용자들에게 적당히 물질을 사용하는 것이 매력적인가를 훈련하는지에 대해 본질적인 의문을 갖게 한다. 그것은 보잘 것 없는 목표이고 목적지에 이르기 위한 수단이 되는 뗏목을 완전히 놓치는 것과 같다. 맥크래디(McCrady, 1985)에 의하면,

> 알코올리즘으로 진단 받은 사람은 알코올리즘을 위해 열심히 일한다. 그들은 막대한 양의 알코올을 소비하고 알코올 소비로 인해 자신들의 삶에서 끔찍한 개인적 아픔을 경험한다. 왜 그들은 계속해서 음주를 하고 스스로 아픔을 반복적으로 만들어 내는가? 알코올중독자의 음주를 도우려는 대신, 치료자들은 음주의 욕망이 "비합리적 신념"임을 보게 되었다. 인지 행동 수정에 대한 심리학자들의 지식은 "C2H5OH는 아주 중요하고 이것은 알코올중독자인 자신들의 삶에서 완전히 제거할 수 없다"고 믿고 있는 그들의 비합리적 신념을 없애는 것을 도와주는 데 사용된다.

만약 자발적 회복과 절제관리의 옹호자들이 알코올중독자가 잠시 동안 음주를 통제할 수 있다는 것을 보여주기 원한다면, AA에 친숙한 대부분의 사람들도 이미 그런 사실을 오래 전부터 익히 알고 있었다는 점을 지적할 필요가 있다. 알코올중독자들은 그들이 술을 끊거나 죽기 전에 종종 여러 해 동안 자신들의 음주를 통제한다. 그들은 또한 한 번에 몇 주, 심지어 몇 달 동안 그들의 음주를 통제한다. 그러나 진정 변화와 치료를 필요로 하는 것은 그들의 감정적인 아픔과 삶의 파산이다. 대부분의 알코올중독자들은 음주 통제가 자신의 음주를 망친다고 인정한다. 많은 사람들은 질문한다, "왜 나는 오직 한 잔의 맥주를 원하는 건가요?" 이러한 관점에서, 통제는 실제로 알코올중독자들이 강렬하게 추구하기를 원하는 자유를 방해하기 때문에 중독에 대한 바람직한 목표가 아니다. 모든 중독자들에게 통제는 해결책이 아니라 문제다. 스튜어트(Stewart, 1985)에 의하면,

> 문제가 있는 알코올중독자는 통제의 상실보다 통제의 사용으로 인해 더 큰 고통을 겪는다. 진정으로 자유로운 알코올중독자는 통제를 유지하는 것에 관심을 쏟지 않는다. 그들은 계속되는 자유에 더 큰 관심을 갖는다. 늘 통제력 상실에 대해 두려움을 가져야 하는 통제 지향 알코올중독자는 즐거운 절제의 좋은 예가 되지 못한다.
> ... 단주는 알코올중독자에게 계속되는 자유의 상태 중 하나다. 여러 해 동안 단주해 온 많은 알코올중독자들은 이런 신념을 지지한다. 하지만 단주 자체만을 건강한 목표로 삼는 것은 아니다. 단주 자체는 의지력에 의한 통제에 불과하지만, 단주와 건강성에 대한 전념은 절제된 사랑 행위이다. (pp. 373-374)

이런 논란을 해결하기 위한 대안은 환자들 스스로 단주 대 절주 지향의 위험과 혜택을 따져보고 선택하라고 요청하는 것이다. 그러나 중독자나 알코올중독자들이 중독의 고통 속에 있을 때 이런 중요하고 합리적인 결정을 할 수 있을 만한 역량이 없기 때문에, 단주하지 못했을 때 발생할 수 있는 위험성과 단주 지향의 치료가 갖는 장점을 제대로 보지 못한다. 왜 AA와 전문직업적으로 지향된 치료 접근 사이에서 파트너 정신이 발달하지 않고 지식과 전문성의 조합이 생기지 않는가? 그렇게 함으로써, 지금 발생하고 있는 파괴적인 영토싸움보다 실제로 알코올중독자와 약물중독자들을 더 잘 도울 수 있는 혁신적인 치료 모델을 개발할 기회를 갖게 될 것이다. 그것이 바로 이 책의 정확한 목적과 이어지는 주제들이다. 즉, 화학적으로 의존된 사람들을 성공적으로 치료하기 위한 대안들을 마련하는 작업이다.

12단계 프로그램에 의심을 품거나 적대적인 전문가들은 프로그램의 실제 내용이 무엇이고 왜 이 프로그램이 효과를 내는지에 대한 이해에 자신들의 에너지를 쏟는다면, 가치 있는 무언가를 배우게 될 것이다. 무엇보다 중요한 점은, AA는 왜 그런가보다는 어떻게 그렇게 하는가에 더 많은 관심을 갖는 매우 실용적인 프로그램이라는 사실이다. 왜 믿을 수 없는지를 캐거나 서로 분열하는 대신에, AA의 결과를 이해하려고 한다면 양측 모두에 이득이 될 것이다. AA 프로그램의 새로운 구성원들이 되는 사람들은 종종 다음과 같은 이야기를 듣게 된다. "부러지지 않았는데 왜 고치려 하는가?" 프로그램에 비판적인 사람들은 오직 그것의 영적인 뿌리만을 보고 타락, 응종compliance, 마음 통제, 의존 등을 조성하는 종교적 이데올로기라고 판단한다. 많은 비판자들은 그들 스스로도 서구의 이성 철학과 과학적 심리학에 깊은 이념적 뿌리를 두고 있다. 만약 그들이 많은 프로그램들의 역사적인 뿌리가 실용 심리학과 철학의 선구자인 윌리엄 제임스의 생각에 닿아 있음을 안다면, AA를 좀 더 잘 이해하고 수용하게 될 것이다. 제임스의 여러 발표와 그의 고전적 저서인『종교적 체험의 다양성Varieties of Religious Experience』(1902)은 AA의 주창자인 빌 윌슨과 빅 북 및 12단계와 12원리에 심대한 영향을 미쳤다. 제임스와 모든 실용주의자들이 주창하는 한 가지 교의는 어떤 것의 가치와 진실을 결정하는 것은 바로 그것이 지니는 유용성과 실천적 효용성이다. 작동하고 효과를 내는 것이 진리로 간주된다. 실용주의자들은 크고, 추상적이고, 둔감한 이론이나 존 듀이John Dewey가 말한 "관찰자적 지식" 보다는 그들이 어떤 일을 시도해 보고 검증해 본 경험을 바탕으로 하는 실용적 지식에 훨씬 더 흥미가 있다.

AA 구성원들은 "분석하지 말고, 실제로 실천해보라! 90일 동안 모임에 90번 나가라!" 는 말을 듣는다. 제임스의 권고를 따르는 것은, 자신의 생각과 느낌에서 변화를 원한다면 먼저 행동부터 바꾸는 것이다. AA 멤버는 "당신의 몸이 모임으로 향한다면 당신의 마음이 따라올 것입니다"라는 이야기를 듣는다. 이런 실용적인 모토는 카톨릭 신부이자 AA와 그 철학을 몸으로 구현해 보인 AA의 열렬한 지지자 파더 마틴Father Martin보다 더 극명하게 보여 준 예가 없다. 한 번은 그에게 AA가 왜 효과가 있는지를 물었을 때, 마틴 신부는 그의 독특한 스타일의 말투로 "AA는 작동하기 때문에 효과를 내지요!"라고 답했다. 약물중독자나 알코올중독자들을 12단계 프로그램의 원리에 따라 행동하도록 가르치는 것의 유용성은 적용가능성과 그 효과로 결정된다.

이 책의 초판(1988)이 출간된 이래로, 많은 전문가들이 AA와 12단계 철학을 더 잘 받아들이고 이해하게 되었다. 그들은 AA에 반대하여 일하는 것의 문제점을 확인하고 AA와 전문적인 치료 프로그램을 통합하는 방법을 찾으려 했다. 민코프(Minkoff, 1995)는 12단계와 정신건강치료의 철학을 상호보완적으로 통합하는 것이 가치 있음을 제안한 사람 중 하나다. 그는 중독의 질병모델과 정신질환의 질병모델을 함께 고려하는 치료의 "통합 개념적 모델"의 필요성이 존재한다고 믿는다. 민코프는 중독자일 뿐만 아니라 정신 장애 환자인, 이중 진단 된 환자들에게 특히 초점을 맞추었다. 그는 정신건강모델과 질병모델을 둘로 나누는 것이 불필요하다고 인식하였기 때문에, 중독을 질병으로 본 그의 시도는 상호 독립적이고 일차적이면서도 서로 상호작용하고 있는 두 질병을 보다 잘 이해하게 해주었다. 그는 분열의 역사적 뿌리가 의료계가 초기에 알코올중독자를 적절하게 치료하고 이해하지 못한 데서 유래했다고 인식했다. 근본적으로, 현대의학이 알코올중독자의 곤경을 초래하였고, 이것은 1930년대 의학의 실패다. 이 때문에, 빌 윌슨과 다른 알코올중독자들이 많은 고통을 경험하였고 그들 스스로 자신들을 위한 치료법을 만들 수밖에 없었다. 그들은 자신들의 고통을 줄여주는 효과를 보이는 것 자체에 관심이 있는 반면, 무엇이 병인지 무엇이 치료에 적절하게 관여되는지를 기술하는 당시의 우세한 신념과 철학에는 별 관심이 없었다.

민코프는 정신건강모델과 질병모델을 분리하려는 경향과 전형적으로 위계적으로 치료에 접근하는 의료 관행에 도전했다. 그는 우리에게 다음과 같은 정신의학적 치료 상황이 얼마나 터무니없을지에 대해 생각해 보라고 요청한다. 만약 불안한 누군가가 오면 오직 불안장애 전문가에 의해서만 치료를 받고, 그 환자가 우울에 대한 어떤 신호를 보이면 우울전문가를 불어와야만 하는 상황을 상상해 보라.

도데스(Dodes, 1988)는 그의 경험을 바탕으로 정신분석 치료와 12단계 프로그램의 조합으로 500명 이상의 환자들을 치료한 사례에 대해 언급했다. "환자들은 자신들 내부에서 정신분석과 12단계 기능이라는 두 겹의 수준을 파악할 수 있었고, 그래서 치료적 접근의 이중적 수준을 잘 수용할 수 있었다"고 말했다(p. 288). S. 브라운(Brown, 1985)은, 성공적으로 음주를 중단하고 회복한 알코올중독자들을 대상으로 한 10년간의 연구를 기반으로 쓴 그녀의 훌륭한 책,『알코올중독 치료: 회복의 발달학적 모델Treating the Alcoholic: A Developmental Model of Recovery』에서 동일한 결과를 보고하였다. 그녀는 근본적으로 AA 구성원들에게 어떤 것이 효과를 보이고 왜 그런 효과가 나타나는지를 확인하는 일에 관심이 있었다. 그녀가 AA와 전문직업적인 조력자 사이의 불신과 경쟁적인 반감을 예민하게 알고 있었기 때문에, 그녀는 자신의 책에서 "AA와 전문직업적인 조력자 사이의 상생적 파트너십"을 형성하고자 했다. 비록 자신이 명시적으로 알코올중독자의 편에 서 있고 자신의 책을 "전문직업적인 조력자와 알코올중독자가 아닌 사람들에게 알코올과 알코올리즘에 관한 기존의 신념, 가치관, 이론 등을 재검토하도록 도전한 것" 이라고 언급했다 하더라도, 그녀는 "알코올중독자는 전문가를 몹시 원한다" 고 강하게 믿었다. 그녀의 책은 이제 막 전문가 공동체에서 일기 시작한 "상생적 작업 관계" 에 대한 많은 요구 중의 한 예다.

분열에 대한 이유를 자각하면서, 브라운은 전문가 공동체에 여전히 잔존해 있는 위험에 대해 다음처럼 경고했다.

> 만약 당신이 알코올리즘으로 고통 받고 있다면, 아마도 당신의 알코올리즘은 의사나 심리학자 또는 다른 전문가들에 의해서 알코올리즘으로 진단 받지 못할 확률이 높다. 만약 당신이 알코올리즘으로 진단 받게 된다면, 그때 당신은 부적절한 치료적 권고를 받게 될 것이다. 당신은 아마도 음주의 "양을 줄이세요" 라는 말을 듣거나, 당신의 진짜 문제가 무엇인지를 결정하기 위해 정신의학자에게 의뢰될 것이다. 만약 당신이 단주하고 회복해서 다른 삶의 문제에 대해 전문가의 도움을 요구한다면, 이번에는 당신의 요구를 너무 두려워하는 치료자를 만날 가능성이 높다. 물론 많은 예외가 있긴 하지만, 이는 매우 암울한 그림이다. (p.9)

브라운의 결론은 왜 회복된 약물중독자나 알코올중독자가 전문가들을 믿지 못하는지를 설명하는 데 도움이 된다. 확실히 12단계 프로그램의 많은 구성원들은 자신들을 자주 잘못 진단하고 중독과 투쟁하는 사람들에게 실제적인 도움을 거의 제공하지 못하는 "무지한 전문가" 를 미심쩍어 할 수 있는 권리를 얻는다. 예를 들어, 알코올중독자들은 전문가들이 중독자의 문제에 관한 "진짜 핵심"을 찾으면서 "술을 줄이라" 고 권고하는 동안, 개인적으로 더욱 나쁜 상태로 곤두박질치는 경험을 했다고 빈번하게 보고한다. 한 가지 소용에 닿는 방법은 많은 멤버들이 끔찍한 이야기를 들려주는 얼마 밖에 없는 AA에 참여하는 것이다. 사실 AA가 처절하게 도움이 필요한 알코올중독자들에게 진정으로 도움이 되지 않는 유형이라면, 지금까지 결코 존재해 오지는 않았을 것이다. 사회적 현상으로서의 AA는 사회에서 허가된 치료 모드가 부적절하기 때문에 만들어진 모집단의 일부가 치료 공동체로 함께 묶여진 하나의 예다. AA 설립자인 빌 윌슨은 그의 치료와 알코올리즘의 회복에 대한 AA와 전문직업적 도움의 상호 협력에 대해 아무런 의심을 가지지 않았다. 그는 그의 친구이자 정신의학자인 핸리 티부에게 두 번에 걸쳐 장기 심리치료를 받았다. AA에 의해 실시된 조사 결과는 AA구성원의 60%가 과거에 어떤 유형이든 심리 치료를 찾았고 이 비율은 해마다 증가하고 있음을 보여주고 있다(Alcoholics Anonymous, 1990).

과거 AA모임에 대한 대부분의 비판은 AA가 구성원들에게 AA의 이념적이고 종교적인 신념체계를 받아들이라는 압력을 넣고, 이런 압력이 구성원들에게 어떤 방식으로든 해를 끼칠 수 있다는 데 초점을 맞춘다. 예를 들어, 토우니어(Tournier, 1979)는, AA의 치료방법이 과학적으로 확립되지 않았고 공동체적 유대감의 이념이 치료 영역을 지배해서 새로운 아이디어가 제한받는 상황을 창조한다는 이유로, AA의 효과성을 비판하였다. 존스(Jones, 1970)도 "전체주의 이념을 승인하고 있다" (p. 195)는 이유로 AA 프로그램을 비판하였다. 불행하게도, 이런 비판들은 식견이 짧고 AA의 치료 철학에 대해서 잘 모르고 하는 공격이다. 만약 AA의 비판자들이 그들 스스로와 AA 프로그램 사이에 존재하는 이념적 차이를 이해하는 방향으로 에너지를 쏟았다면, 중독자들은 더 많은 도움을 받을 수 있었을 것이다. 만약 그들이 AA에 대해 보다 정확하게 이해를 한다면, 그들의 입장과 AA 입장 사이에 그리 큰 차이가 없음을 발견할 수 있을 것이다. 전문가들은 심리치료와 치료에 대해 실제로 잘 배우게 되어서 중독자뿐만 아니라 중독문제로 고통을 받지 않는 사람들도 더 잘 다룰 수 있게 될 것이다. 집단 정신치료의 영역들에서 서로 상충하고 있는 이 두 개의 관점은 치료에 대한 지지적 접근으로 통합될 수 있을 것이다. AA와 집단 정신치료 원리들의 결합은 흥미진진하고 매우 상호 보완적인 형태로 재탄생될 것이다.

4

정신분석 이론과 관계 모델

중독은 다양한 관점에서 설명하고 이해할 수 있다. 중독을 질병으로 보는 것은 중독에 대한 가장 오래된 관점이기도 하고, 또한 더 중요하게는 가장 실용적인 관점이기도 하다. 지금까지 중독의 질병모델은 성공적 치료와 회복에 있어 장기적으로 실질적 영향을 미치는 유일한 모델이 되어왔다. 역사적으로 보면 행동주의적, 영성적, 인지적, 상호관계적, 현상학적, 문화적, 사회적, 생물학적, 유전적, 존재론적, 심리적, 그리고 역학적 관점과 같은 다양한 대안적인 관점들이 제시되어 왔고, 이 중 상당수는 상당한 타당성과 장점을 가지고 있다. 그러나 질병 모델이라는 단 하나의 관점만이 단기적으로든 장기적으로든 실제로 치료에 도움이 되었다. 간단히 말해서, 질병모델은 지금까지 세월이라는 시험을 이겨온 것이다. 새로운 방법론들은, 비록 처음엔 밝은 전망을 약속하면서 흥분과 논쟁을 불러일으키지만, 결국은 인기 팝스타들보다도 더 빨리 그 영향력이 사라져버렸다. 이는 물론 의학에선 전통적이고 권위 있는 방법론만이 가치 있다는 뜻은 아니다. 반대로, 대안적 설명은 중요한데, 이를 통해 실용적 측면이 더 보완될 수 있고, 중독 문제에 있어서도 같은 현상을 더 정밀하고 철저하게 이해할 수 있는 관점을 얻을 수 있기 때문이다. 이를 통해 약물의존으로 고통받는 사람들을 더 효과적으로 도울 수 있을 것이다.

그 대안적 관점 중 하나가 칸치안 등(Khantzian et al, 1990)이 제시한 "자가 투약 가설"이다. 코헛(Kohut, 1977b)의 초기이론을 바탕으로 칸치안은 질병 모델과도 부합할 뿐 아니라 약물 그리고 알코올 중독자의 치료와 회복에 도움이 되는, 유용하고 실천적 적용이 가능한 중독과정에 대한 이론적 모델을 제시하고 있다. 이 "자가 투약 가설"은 집단정신치료에 중요한 함의를 지닌다. 이 이론은 중독에 대한 이해를 확장할 뿐 아니라, 약물중독을 치료해 온 AA와 다른 12단계 프로그램을 보완해 준다. 또 12단계 프로그램이 보이는 효과에 대한 대안적 설명을 제공하고, 약물중독 치료를 위해 집단치료를 진행할 때 치료적 역량을 키우기 위해 강조할 사항들에 대한 이론적 기반도 제시해준다.

이 "자가 투약 가설"이란 보완적 이론이 중독치료에 있어 어떤 의의를 지니는지 적절히 이해하기 위해서, 어떻게 AA와 다른 12단계 프로그램이 발전해 왔는지, 그리고 성공하게 되었는지를 이해하면 도움이 될 것이다. 지난 20년 동안, 많은 기관과 조직에서 우리 사회에서 점점 증가하는 알코올과 약물 문제를 다루기 위하여 AA의 12단계 프로그램의 원칙을 활용해왔다. AA 모임의 내적 결속력은 알코올 중독과 비슷한 다른 장애들을 다루기 위해 12단계 프로그램을 변형하고 조정하는 많은 시도들 속에서도 꾸준하게 유지되어 왔다. NA(수면제 중독자 모임), CA(코카인 중독자 모임), GA(도박중독자 모임), 알코올 중독자라는 성인아이 모임Adult Children of alcoholics, 공동의존Co-dependency, 알코올 중독 가족 자조모임Al-anon, 폭식증이나 거식증과 같은 식이장애, 그리고 심지어 익명의 감정 모임Emotion Anonymous까지 모두 AA의 12단계 프로그램의 원칙을 각기 다른 문제를 치료하기 위해 활용하였고, 모두 어느 정도 성공적 결과를 얻었다. 대답해야 하는 질문은, 이런 다양한 문제들 사이의 공통점이 무엇이기에 비슷한 방식으로 접근하여 공통적 이득을 얻게 되는가 하는 것이다.

물론 얄롬이 정리한(제18장 참고) 치료적 요소(보편성, 희망의 주입, 응집성 등등)들이 AA 프로그램이 제공하는 집단치료 속에서 작동하고 있을 것이다. 또한 AA의 원칙들(정직성, 개인적 평가, 성격 결함의 제거, 타인 돕기 등)이 이를 자신의 삶에 적용하는 사람들에게 도움이 되기도 할 것이다. 비록 앞의 진술이 옳다고 하더라도, 이는 중독의 다양한 양상과 인격적 변수와의 중요한 상관관계에 대해서는 잘 설명해주지 못한다. 따라서 중독자들이 공유하는 유사성과 공통적 특징을 이해하는 것이 중요하다. AA에 친숙한 사람들은 많은 알코올 중독자가 음주를 중단하고, 자신의 대인관계 문제들을 해결하고, 삶을 다시 살기 시작하는 것을 본다. 술을 끊은 많은 알코올 중독자들이 다시 삶을 즐기기 시작하고, 생산적이고 건강하고 성공적인 경력와 인간관계를 발달시켜 나간다. 그러나 성공하는 사람이 있는 만큼, 비슷한 수의 중독자들이 다시 술을 마시기 시작하고, 술 이외에 다른 종류의 강박과 중독에 빠져 이전처럼 파괴적인 방식으로 행동하기를 계속한다. 그들은 자주 재발하고, 하나의 중독에서 다른 중독으로 옮겨 다닌다(코카인, 헤로인, 마리화나). 많은 사람은 폭식을 하거나 비만이 되고, 거식증을 보이기도 한다. 식이 습관도 음주나 약물 문제가 그랬듯 통제에서 벗어나 강박적이 된다. 자신을 삼키는 공허감이나 지루함, 우울과 싸우기 위해 약물을 사용했듯 강박적으로 일을 하게 되거나, 도박을 하기도 하고, 섹스에 빠져든다. 건전한 맑은 정신을 유지하지 못하고, 삶에서 고요함이 빠져나간다. 그들은 AA의 용어대로 "마른 주정dry drunk" 상태가 되는 것이다. 술은 끊었지만, 성격적 특성은 변하지 않는다. 심지어 AA의 빅북BigBook에서도 AA 프로그램이 모든 사람에게 효과가 있을 수는 없다고 말한다.

> 그렇게 불행한 사람들이 있다. 자신이 뭔가 잘못한 게 아니라, 그냥 그렇게 태어나 버린 것 같다. 그들은 천성적으로 정직하게 살아가는 게 불가능한 것 같다. 술을 끊을 확률은 평균보다 낮다. 심각한 감정적 정신적 장애에 시달리는 사람들도 있다. (Alcohol Anonymous 1939, p59)

우리는 재발을 반복하는 사람들에 대한 의문에 답하고 이렇게 실패가 반복되는 이유에 대해 이해할 수 있어야 한다. 그냥 쉽게 그들이 "프로그램을 받아들일 준비가 안됐다", 혹은 "아직 바닥을 치지 않았다" 라고 말해버리고 싶은 유혹이 들기도 한다. 그러나 자그만 요정 같은, 사랑스런 외모의 마틴 신부는 그런 태도를 혐오했다. 그는 이렇게 말하곤 했다. "말을 물가에 데려갈 수는 있어도 물을 먹일 수는 없단 말은 물론 옳다. 하지만, 말을 목마르게 할 수는 있다!" 마틴 신부는 중독치료 전문가들이 알코올중독자나 약물중독자들과 같이 작업을 할 때는 중립적이거나 거리를 두는 태도는 좋지 않다고 생각했고, 그들이 치료에 대한 동기를 가지도록 돕는 방법을 찾아야 한다고 믿었다. 물론 치료에 대한 목마름을 증가시키는 방법 중 하나는 풍성하고 충만한 느낌을 주는 뭔가를 제공하는 것이다. 이러한 관점은 여러 가지 약물에 중독되어 있고 하나의 장애에서 벗어나면 다른 장애에 빠져드는 환자들의 특이한 역동을 이해하는 데 꼭 필요하다. 이를 이해함으로써 전문가들은 뭔가가 부족하고 불만스럽다고 느끼게 만드는 내면의 결핍에 다가갈 수 있도록 환자를 도울 수 있을 것이다.

성격 병리와 중독

이제 이 장의 주제로 들어가자. 최근 중독에 대해 좀 더 알게 되면서 "프로그램에 참여할 수 없을 정도로 심각한 환자들"이란 복잡한 문제를 조금 더 잘 파악할 수 있게 되었다. 그들이 가진 병은 다양한 용어-성격병리, 인격장애, 구조적 결함 혹은 비응집적 자기감각 등-로 묘사할 수 있는 특정 조건과 연관되어 있는 것 같다. 미국정신의학회에서 발행한 "정신장애의 진단 및 통계 편람"(DSM-IV-TR)에서는 이를 인격 장애로 정의하고 있다. 정신과적, 그리고 정신분석적 인격 장애 진단은 반복되는 관찰에 근거하여, 비적응적 성격구조 때문에 증상이 나타나는 환자들을 특정한 몇 그룹으로 분류하고 있다. 이 때 유사한 성격적 경향을 보이는 환자를 각각의 그룹으로 구분한다. 더 나아가 비슷한 증상을 보이는 환자들을 분석적으로 이해하면서, 이들이 그 근본적 갈등이나 성장 경험에 있어 상당한 유사성이 있음을 알게 되었다. 비록 이러한 분류가 인격장애가 있는 사람들을 분류하려는 의도로 만들어지기는 했지만, 이는 일반 대중에 있어서도 특정한 성격적 경향을 가진 사람들을 구분하는 틀로서 유용하게 활용될 수 있다. 인격 장애는 성격 유형과 구분해서 이해해야 한다. 인격 장애는 어떤 정의할 수 있는 병리적 특성이 존재하는지 여부에 의해서가 아니라, 그러한 특성이 그 개인의 대인관계에 부적절한 영향을 미칠 때 비로소 진단된다. 인격 장애가 있는 사람들은 하루하루 일상생활 뒤에서 해소되지 못한 자신의 어린 시절 경험이 재연되는 것을 보는 경향이 있고, 그 오래된 갈등과의 전투 때문에 경직된 방식으로 현실에 반응하면서 내부적 동요를 느끼고 현실 생활에 적응하는 데 실패를 겪게 된다. 사실 스트레스와 퇴행을 일으키는 질병의 압력 때문에 건강과 질병 사이의 경계가 흐려지는 경우가 자주 있고, 따라서 정신과 임상에서 마주치는 환자들의 성격적 경향을 대략적으로 묘사하는 데 있어 일반적인 정신과적 분류와는 다른 의미로 쓰이는 일상어들이 같이 사용되어 왔다.

만약 알코올중독자나 약물중독자가 실제로 사회병리성, 경계성, 혹은 자기애성 인격 장애를 가지고 있다면, 이 환자의 치료는 성격 병리를 가지고 있지 않은 경우에 비해 훨씬 복잡한 문제가 된다. 중독과 성격 병리와의 관계는 치료에 있어 중요한 함의를 지닌다. 슈키트(Schuckit, 1973)는 이러한 두 질환 사이에 존재하는 원인론적 상관관계의 여러 가능성에 대해서 다음과 같이 요약하였다. 첫째, 인격 장애의 공통된 증상으로서 성격적으로 문제가 있으면서 알코올과 약물을 남용하는 부류가 있다. 둘째, 물질에 의존하는 개인은 일차적으로 약물 혹은 알코올 의존의 결과로서 성격병리가 나타난다. 혹은 셋째, 어떤 공통된 요인이 존재하여 이 때문에 중독과 성격장애가 발생한다.

중독 환자 치료에 있어 이러한 서로 다른 세 경우를 구분하는 것은 중요한데, 성격적 문제가 있는 환자에게는 도움이 되는 방법이라도 약물과 알코올에 의존하는 사회병질자의 치료에는 큰 도움이 되지 않을 가능성이 높기 때문이다. 이러한 문제를 다룬 연구에서 베일런트(Vailant, 1983)는 반사회성과 알코올 중독은 복잡하게 얽혀있으며 그 원인 역시 다양하다고 하였다. 그는 결론내기를 "한 장애가 존재한다면, 두 번째 장애가 존재할 가능성은 굉장히 높아진다"(325쪽)고 하였다. 그러나 "병전 인격에 있어 알코올 중독 환자의 대부분은 비중독자와 거의 다르지 않다. 반면, 사회병질자들은 자기감각이 거의 발달하지 못한 굉장히 불행한 사람들이고, 그들은 자신의 느낌을 변화시키기 위해 많은 종류의 약물을 남용하게 된다."(p.325) 베일런트가 이야기한 "자기 감각the sense of self"이 어떤 의미인지, 그리고 이 자기감각이 성격장애나 중독과 어떤 관련이 있는지에 대해서 지난 10년 간 많은 것을 알게 되었다. 유능한 전문가들이 중독과 인격 장애의 치료와 이해에 헌신하게 된 데는 중요한 두 가지 요인가 있었다. 먼저 많은 임상가와 심리학자, 사회사업가, 상담가, 간호사, 신부 그리고 성직자들이 자기 자신의 중독에서 벗어나기 위해서 치료법을 찾기 시작했다. 그들은 모든 약물 중독자와 알코올 중독자들이 결국 깨닫게 되는 것, 즉 자신의 삶을 장기적이고 근본적으로 바꾸기 위해서는 우선 약물 사용을 중단해야 한다는 것을 알게 되었다. 위대한 이론이나 통찰, 혹은 믿음이나 이해도 약물이나 알코올 중독을 중단하고 변화시키는 데 거의 아무런 도움이 되지 못했다. 그들의 전문가적 위치와 교육 역시 효과가 없었다. 오로지 AA와 AA 프로그램의 원칙들만이 그들을 삶으로 되돌려놓았고 증상을 호전시켰다. 변화의 두 번째 요인은 수많은 헌신적 전문가들이 이렇게 수많은 사람들을 좌절케 한 질병을 치료하기 위해 실제로 도움이 되는 단 한 가지 수단을 통해 중독 문제를 진지하게 연구했다는 것인데 그것은 바로 약물 중독자들과 직접 치료 작업을 하는 것이었다. 지난 10년간 중독과 연관된 수많은 전문가 단체가 탄생했다. 중독 행위를 연구하는 심리학자 모임SPAD, 국립알콜중독협의회NCA, 국립약물중독학회NIDA, 국립알콜중독/남용학회NIAAA, 국립약물알콜중독협회NADAC, 국제AA 의사협회IADAA, 미국의학협회AMA, 그리고 미국알콜중독의학협회AMAA와 같은 단체들은 지난 수년간 알코올 중독과 약물의존을 이해하기 위해 노력한 많은 단체들 중 아주 일부일 뿐이다. 많은 전문가들은 자기 자신이 중독으로부터 회복되었거나 혹은 회복중인 자신의 동료와 관계를 맺거나 아니면 중독관련 조직들에 직접 참여하면서 최근 그 어느 때보다도 더 중독의 문제에 실질적으로 접근하고 있다.

대상관계이론과 자기심리학의 공헌

이처럼 알코올 중독과 약물의존을 이해하는 데 있어 그 전문적 관심의 초점이 달라져 온 만큼, 개인 심리학 영역에서도 지난 삼십년 간 많은 변화가 계속되어 왔고, 이러한 변화는 현대에 이르러 오토 컨버그Otto Kernberg의 대상관계이론(1975)과 하인츠 코헛Heinz Kohut의 자기심리학(1977b)에 축적되어 있다. 최근 정신과 임상에 표준화된 진단적 접근이 도입되면서 많은 발전이 이루어지고, 정신분석에서 욕동이나 본능이론 대신에 적응과 구조이론(자아 그리고 자기)으로 그 이론적 강조점이 옮겨가면서, 심리적 장애 그리고 대인관계에서의 문제들, 알코올 중독, 약물중독 사이의 관련성을 설명하는 새로운 연구 결과와 이론들이 제시되었다. 프로이트의 자족적이며 잠재적으로는 완벽해질 수 있는 정신내적 구조로서의 사적 자기라는 개념은 타인과 맺는 관계에 영향을 받는, 대인관계에 의해서 결정되는 자기라는 개념으로 조금씩 대체되었다. 흠 없는 존재가 되기 위해, 그리고 타인에게 좋은 인상을 주기 위해 내면화된 노력을 계속하는 자족적이고 폐쇄적인 정신내적 자기intrapsychic self라는 관점(갈등이론)은, 자신의 결함과 단점을 그대로 인정하고, 타인은 독립적이고 분리된 존재이며 우리의 욕구나 욕망을 충족시키기 위해서 존재하지 않는다는 것을 인식하면서, 본래의 자기 자신의 모습으로 타인과 함께 하려는 욕망에 의해 결정되는 자기라는 관점(대상관계이론)으로 대체되었다.

이렇게 관점이 변화하면서, 한 사람의 행동과 인격을 결정하는 데 있어 대인관계의 영향을 강조하는 쪽으로 강조점이 옮겨갔다. 마틴 부버Martin Buber의 "무엇이 인간을 독특하게 만드는가?" 라는 질문과 유사한 질문을 던져온 정신분석과 정신역동이론은 역시 부버와 비슷한 결론에 도달하였다. 즉 "인간은 독특하다. 왜냐하면 우리는 타인과의 관계에 의해서 정의되기 때문이다" 라는 것이다. 해리 스택 설리번Harry Stack Sullivan의 대인관계이론처럼, 이러한 관점에 따르면 우리는 관계의 산물이며, 우리의 자기 감각은 우리가 다른 사람에 의해서 어떻게 지각되는지, 그리고 우리가 다른 사람을 어떻게 인식하고, 그 인식을 왜곡하는지에 따라 결정된다. 마틴 부버는 이렇게 요약했다(1955b).

> 인간 존재에 있어 근원적 실제는 개인 자체도 혹은 집단 자체도 아니다. 개인과 집단 각각은 그 자신만을 고려한다면, 강력한 추상일 뿐이다. 개인은 그가 다른 개인과 살아있는 관계 속에 발을 들여놓아야 만이 진정한 존재가 된다. 집단 역시 관계의 살아있는 단위를 이룰 수 있어야만 진실된 존재가 될 수 있다. 인간 존재의 근원적 실제는 타인과 같이 있는 한 인간인 것이다. 인간 세상의 유일무이한 특징은 한 존재와, 자연 어디서도 그와 닮은 것을 찾을 수 없는 다른 존재 사이에서 어떤 일이 일어난다는 것이다. 언어는 단지 그러한 사태의 흔적이자 수단일 뿐이나, 모든 영혼은 언어를 통해서 무엇인가를 이루어 왔다. 인간은 언어에 의해 인간이 된다. 그러나 그 과정 속에서 언어는 자신을 넓게 펼치기도 하지만 부패하거나 시들어버릴 수도 있다. 언어는 한 존재가 유일무이한 타자로서 타인을 대면하는 순간에서 발원하며, 이 때 서로 간의 의사소통은 각자 나름의 영역을 넘어서서 서로 닿을 수 있는 공통의 영역 속에서 이루어진다. 나는 이렇듯 인간이 인간으로서 존재함을 통해서 성립되는, 아직은 개념적으로 이해하기 힘든 이 영역을 "사이between"의 영역이라고 부른다. 굉장히 다양한 정도로 실현됨에도 불구하고 이는 인간 현실의 근원적 범주이다. 바로 이 영역에서 진정한 제 삼의 대안이 시작되어야 한다.
>
> 바로 이 "사이" 개념은 인간 사이의 관계를 관례적으로 그래왔듯 개개인 영혼 사이나 그 개인을 품고 속할 곳을 정해주는 일반적 세계 속의 일로 한정하지 않고, 인간 개인 사이의 생생한 실제 속에서 일어나는 것으로 파악하는 것을 통해서 성립되는 것이다.(p.203)

부버는 이러한 자기의 발달은 진정한 상호적 존재가 되는 데 있어 단순한 준비단계일 뿐이라고 주장한다. 우리는 타인과 진실하고 믿음직한 관계를 맺을 수 있게 되기 위해서 우리 자신이 된다. 그러므로 우리는,

우리가 진정한 대화 속에서 다른 사람과 관계를 맺기 전에는 아직 거짓되고 그릇된 존재인 것이다. 부버의 나-너 관계에 대한 고전적 묘사(1960) 속에서 이러한 원칙이 가장 아름답게 표현되었다.

사람들은 나-너 관계에 대한 묘사를 분리된 두 개인이 하나로 합쳐지는 신비스러운 융합에 대한 묘사와 헷갈리고는 한다. 비록 어느 정도는 진실이더라도, 나-너 개념에 있어 그러한 신비스런 융합이란 측면이 사태의 핵심은 아니다. 마틴 부버는 나는 너보다 앞서 있고 이 둘 사이 경계에서 사건이 일어난다고 말하기를 좋아했다. 이를 통해서 부버는 나-너 관계를 맺기 전에 각자의 개별성을 이해하는 것이 중요하다는 것을 강조하고 싶었던 것이다. 우리는 먼저 자율적이고 자립적이 되어야 비로소 타인과 깊은 관계를 맺을 수 있다. 만약 자신의 경계를 알지 못한다면, 우리는 관계 속에서 쉽게 자기 자신을 잃어버리게 될 것이고, 나와 내가 아닌 것을 구별할 수 없게 될 것이다.

이것이 하인츠 코헛(1977b)과 마가렛 말러(Margaret Mahler,1979), 그리고 우리가 앞으로 다룰 다른 대상관계 이론가들이 다루는 주제이다. 코헛과 말러는 이론적 배경도 다르고 관점도 다르나, 경험적 관찰에 기반한(코헛은 성인 환자를 보았고 말러는 아이들을 보았다) 그들의 이론은 인간조건에 대한 이해에 있어 핵심적이고 결정적인 부분에 있어서 서로 일치한다. 우리는 우리 자신을 잃지 않으면서 타인과 가까워질 수 있는가? 우리는 정말로 홀로 있는 것을 견딜 수 있는가? 코헛 식으로 이야기하면, 어떻게 우리는 과대하거나 거짓되지 않은 응집적인 자기를 발달시키는가? 우리 모두는 진실된 자신의 모습 그대로 사랑 받고 존경받고자 하는 기본적인 욕구를 가지고 있다.

이는 중독 치료에 있어서 중요한 주제이다. 많은 알콜 중독자와 약물 중독자들은 마음 속 깊이 자신이 가치 없거나 어떤 식으로든 결함이 있다고 느낀다. 그들은 약물을 통하여 이러한 무가치함에 저항하지만 결국 이는 거짓자기false-self를 형성하게 된다. 그들의 과대성과 자기중심성은 자신이 조각나 있고 불완전하다는 느낌에 저항하기 위해서 내세우는 방어이다. 우리가 가진 최악의 두려움은(약물 중독자들과 알코올 중독자들은 이러한 두려움을 느끼지 못하는데) 우리가 자신의 진실된 모습으로 타인과 함께 할 때 거절당하고 사랑 받지 못할지도 모른다는 것이다. 이러한 관점에서 마틴 부버와 대상관계 이론가와 AA는 모두 치료와 회복에 있어 공통된 목표를 가지고 있다. 즉, 약물 중독자와 알코올 중독자들은 현실적이 되어야 하고 진실해야 한다는 것이다. 자신이 누구고 어떤 사람이라는 이유로 거절당하거나 방임되지 않을 거라는 것을 배워야 한다. 그래서 결국은 자신이 거절 당하고 방임 당했던 이유는 자신의 행동과 자신이 일으킨 사건들 때문이었다는 것을 깨달아야 한다. 일단 자신을 사람들로부터 소외시킨 것이 자신의 행동 때문이었다는 것을 깨닫는다면, 이에 따라 행동을 바꾸어야 한다. 결국, 자신이 개별적이고, 홀로이며, 자신의 현재 상황과 위치에 책임이 있다는 것을 깨달아야 한다. 이러한 자각과 건강한 관계의 확립을 통해 구조적, 성격적 결함이 줄어들 수 있다. 좋건 나쁘건 간에 정신분석 그리고 정신역동 이론은 인간의 심리적 발달과 기능에 대한, 지금까지 만들어진 모든 이론 중 가장 영향력 있고 포괄적인 이론이다.

정신내적 모델로부터 상호관계 모델로의 초점 변화는 굉장히 중요하다. 이렇게 관점이 변화함으로써, 왜 비슷한 발달 과정을 거쳐도 다양하고 폭넓은 증상들이 발생하게 되는지를 좀 더 완벽하게 설명해주는 심리적 기제에 대한 이론이 발달할 수 있었다. 이러한 관점에서, 모든 중독(약물, 음식, 도박, 섹스 등)은 자기의 성격적 결함(성격결함, 충동조절장애, 과대성, 자기중심성 등)과 연관해서 이해할 수 있게 된다. 이 이론은 중독자와 함께 치료 작업을 하는 전문가들에게 중요한 함의를 지니며, 또한 지금까지 약물 중독자나 알코올 중독자의 삶에 있어서 흩어져 있고 연관이 없는 것처럼 보였던 사건들의 연관성을 집단 치료의 리더가 이해할 수 있도록 도와줄 수 있었다.

코헛은 최근 NIDA 연구 모임에서 발표한 서문에서 이렇게 말했다.

> 자기에 대한 새로운 심리학의 설득력은 다음 네 가지 심리적 장애에 있어서 가장 확실하게 드러난다. (1) 자기애적 인격장애 (2) 도착 (3) 비행 (4) 중독. 왜 이렇게 얼핏 보기엔 각자인 문제들이 같은 개념 틀을 통해서 풍성하게 이해될 수 있는 것일까? 왜 이렇게 서로 다르고 심지어 대조적인 증상들이 자기심리학의 관점에서 잘 이해될 수 있는 것일까? 다시 말해서, 앞의 네 문제는 어떻게 서로 연관되어 있는가? 일견 상당히 다르고 심지어 대조적인 증상들 사이의 공통점은 무엇인가? 이러한 질문에 대한 대답은 간단하다: 이러한 장애들 모두에 있어 그 개인은 자신의 인격 핵심에 존재하는 허약함에서 기인하는, 일종의 근원적 유약함 때문에 고통 받고 있다. 그는 자기 안에 존재하는 결함의 결과로 고통받는다. 이러한 장애의 증상은, 흐릿하고 숨겨져 있든, 뚜렷하든 명확하든 간에, 자기self의 결함 때문에 이차적으로 발생한 것이다. 이러한 장애의 증상은 우리가 이들이 모두 인격의 중심적 결함을 치유하려는 노력-물론 실패한 노력-의 결과인을 되새길 때 이해할 수 있게 된다.
>
> 자기애적으로 손상된 개인은 칭찬과 인정을 갈망하고, 이상화된 지지적 타자와 융합하기를 갈망한다. 왜냐하면 그는 자기인정self-approval 혹은 자신의 내적 자원에서 기인하는 유능감을 통해 충족감을 느끼는 것이 불가능하기 때문이다. 도착자들은 어떤 형상이나 상징을 가지고 성적 행동을 하도록 이끌리는데, 그러한 행위가 자신을 원하는 사람이 있다는 느낌, 자신이 실재하고, 살아있고, 강력하다는 느낌을 주기 때문이다. 비행을 저지르는 사람은 특정한 행동을 자꾸 반복하는데, 이를 통해서 자신이 자신감 혹은 어떤 이상ideal을 유지할 수 없다는 것을 깨닫는 것을 회피할 수 있기 때문이다. 그리고 마지막으로 중독자들은 약물을 갈망하게 되는데 왜냐하면 그 약물이 자신의 근본적 결함을 치료해줄 수 있는 것처럼 보이기 때문이다. 그에게 있어 약물은 자기대상self-object의 대체물이 되는 것이다. 우리에게는 이 자기대상이 마치 우리의 일부인 양, 우리의 필요에 따라 그 반응을 전능하게 조절할 수 있다는 느낌을 가질 수 있어야 하는 시기가 있다. 그런데 중독자들에게 있어, 바로 그 시기에 자기대상이 그 필요를 충족시켜주지 못했고, 이 때문에 결국 정신적 외상을 초래할 정도로 좌절된 것이다. 약물을 삼킴으로써 중독자는 반영하는 자기대상이 자신을 달래주고 받아들여주기를 상징적으로 강요한다. 아니면, 그는 상징적으로 이상화된 자기대상이 자신과 융합함으로써 그 마술적인 힘에 동참하기를 원한다. 어떤 경우이던 간에, 약물의 섭취는 자신이 가지고 있지 못한 자신감을 제공하는 것이다.
>
> 이러한 약물의 함입incorporation을 통해 그는 세상에 받아들여진다는 느낌을 스스로 제공하고 이를 통해 자신감을 느끼게 된다. 다시 말해, 자신이 강력하고 가치 있다는 느낌을 주는 힘의 근원과 융합하는 경험을 창조하는 것이다. 그리고 이러한 모든 약물의 효과는 살아있다는 느낌, 자신이 이 세계에 존재한다는 확실성을 증가시키는 경향이 있다. (1977a, pp. 7-9)

코헛은 중독의 근원이 아이의 초기 경험과 연관되어 있다고 생각했다. 그러나 그는 원인과 치료 간의 차이는 명확하게 구분했다. 결론적으로 이야기하면, 코헛은 중독의 원인과 치료에 있어 어린이의 초기 관계가 가지는 의미를 강조했다.

> 이러한 자가 치료self-cure를 위한 시도는 비극적인데, 왜냐하면 이는 일시적 효과 밖에 없고 따라서 이런 식으로는 결국은 실패하기 때문이다. 그 물질이 어떤 화학적인 성분을 함유하고 있든, 얼마나 자주 약물에 탐닉하든, 얼마나 영리하게 다른 중독자들의 도움을 받아 자신의 행동을 이상화하고 신화화하든, 그들은 결국은 실패한다. 어떤 정신적 구조도 세워지지 못하고, 자기 내의 결함은 계속된다. 이는 마치 위에 구멍이 난 사람이 자꾸 먹음으로써 허기를 채우려고 하는 것과 같다. 그는 정신없이 음식을 삼키면서 어쩌면 미각의 쾌락을 느낄 수도 있겠지만, 음식이 소화기관으로 흡수될 수 없기에, 계속 굶주릴 수 밖에 없다. .... 따라서, 어린 시절의 어떤 문제가 중독에 취약한 인격으로 이끄는가라는 질문에 대해 우리는, 최종적으로 이야기하자면, 비록 다 그런 건 아니겠지만, 부모가 무엇을 하는가보다 부모가 어떤 사람인가가 더 중요하다고 대답해야 할 것이다. (1977a, pp. vii-ix)

만약 우리가 대상관계이론의 함의를 진실로 이해하고자 한다면, 우리는 세 인물의 공헌을 파악해야 한다. 마가렛 말러(1979), 오토 컨버그(1975), 그리고 하인츠 코헛(1977b)이다. 말러는 정상 아동의 심리적 발달에 대한 작업으로 가장 많이 알려져 있다. 컨버그는 경계선적 인격 구조를 이해하는 데 많은 공헌을 했다. 코헛은 자기애적 인격장애를 이해하고 설명하는 데 독자적인 길을 걸었다. 이 세 인물은 모두 중독 행동을 이해하는 데 중요한 공헌을 했지만, 특정한 문제에 관해서는 서로 다른 견해를 보이기도 한다. 컨버그는 많은 자기애적 장애를 지닌 환자가 경계선적 인격 구조를 가지고 있다고 보았다. 반면 코헛은 경계선적 병리를 공감이 부족하고 아이를 잘 돌보지 못했던 타자 때문에 발생한 심각한 자기애적인 손상의 결과로 보았다. 흔히 심각한 경계선적 반응이자 요구로 보이는 것들이 실제로는 공감이 부족한 자기대상이 유발한 효과라고 코헛은 생각했다. 말러는 그러한 문제에 대한 논쟁을 피했고, 자신은 스스로 경험한 것을 묘사하고 있는 것뿐이라고 주장했다.

마가렛 말러의 이론과 정상 발달

전문가 경력의 대부분을 심각한 장애가 있는 아이들과 보냈던 말러는 뉴욕의 마스터스 아동 센터에서 정상 아이들과 그 어머니를 연구하는데 열정을 쏟았다. 1959년부터 말러와 동료들은 관찰실을 마련하였고 그곳에서 아이들이 어머니와 상호작용하고 장난감을 가지고 노는 것을 관찰할 수 있었으며, 또한 아이들이 어머니로부터 헤어질 때 어떤 일이 일어나는지를 실험하였다. 4개월부터 4살까지의 아이들과 그 엄마들이 이 연구에 참여하였다.

수년에 걸쳐 쌓인 방대한 자료를 통해 말러는 아이가 자라서 한 인간이 되는 과정 속에서 나타나는 정상적 발달단계의 양상을 그려보기 시작했다. 핵심적으로, 말러는 아이의 심리적 탄생이라는 현상을 연구하고 있었다. 말러의 연구는 자아가 일차적으로 대상을 추구하는 특질을 가진다는 대상관계적 관점에 기반하였다. 이는 전통적 욕동이론에 대비되는데, 거기서 대상은 그 관계를 맺는 잠재력 때문이 아니라, 욕동을 감소시키려는 목적으로 추구된다. 말러의 작업은 대인관계에 있어 내면화internalization 기제에 초점을 맞추었다. 말러는 어떻게 대인관계가 정신내적 구조를 결정하는지 그리고 어떻게 이러한 정신내적 구조가 유지되고 변형되고 과거의 관계를 재활성화 하는지에 관심이 있었다. 정신구조의 발달과 중독에 있어 이러한 내면화된 관계가 갖는 의미는 이장의 후반부에 서술될 것이다. 일단, 말러의 정상발달단계와 이론 상 중요한 용어의 정의를 정리하였다.

자아심리학과 대상관계 이론

말러의 이론을 이해하기 위해서 우리는 먼저 말러의 이론과 대상관계 이론 그리고 자아심리학 사이의 관계를 이해해야 한다. 자아란 개념은, AA가 친숙하고 AA 멤버들이 '자아가 부족하다', '자아를 회복했다'는 식으로 이 난어를 쓰는 데 익숙한 이들에게는 특히 더 혼란스러울 것이다. AA에서 자아는 흔히 자기중심적이고 자신의 가치에 대해서 과도하게 팽창된 감각을 가지고 있는 개인을 가리키는 대중적 의미로 쓰인다. 프로이트가 원래 '자아ego'란 단어로 의미했던 것과는 상당히 다른 함의를 지니며, 자아심리학자들은 이 용어를 인격의 실행 기능(추론, 결정, 방어의 작동 등등)을 담당하는 정신의 특정 부분을 지칭하기 위해서 의도적이고 기술적으로 사용했다. 헨리 티보트Henry Tiebout는 AA에 있어 중요한 역사적 인물이다. 그는 AA를 지지했던 소수의 정신과 의사 중 하나였다. AA의 창립자인 빌 윌슨Bill Wilson의 친구이자 정신분석가로서 티보트는 이 자아라는 용어가 담고 있는 다른 의미 두 가지를 구분하기 위해서 노력했다.

> '자아'에 대한 이런 대중적 개념은, 과학적 근거가 부족할지는 모르지만 중요한 가치가 있는데, 즉 보통 사람들이 이해할 수 있을 만큼 쉽게 그 의미를 전달할 수 있다는 것이다. 이러한 '팽창된 자아' 라는 개념은 자신의 문제가 가장 중요하고 항상 먼저라는 정서에서 유래하는 일련의 성향들에는 뭔가 공통된 이유가 있다는 것을 함의하고 있나. 이러한 의미를 지닌 '자아' 란 개념은 오랫동안 그렇게 쓰여 오긴 했으나, 용어 사용에 있어서 난점은 여전하다. 그 어려움 중 일부는 심리학과 정신의학 영역에서는 '자아' 라는 단어가 정신적 삶을 관장한다고 가정된 정신적 요소를 지칭하는 데 사용되어 왔다는 데서 기인하다. 프로이트는 정신을 세 영역–즉, 이드, 자아, 그리고 초자아–으로 구분했다. 프로이트에 따르면 이드는 깊숙한, 본능적 영역에서의 느낌의 활동을 담고 있고, 초자아는 양심이 위치하는 자리로서 그 기능은 이드에서 기인한 충동을 제한하는 것이다. 자아는 이드의 요구와 때로 과하게 시기하거나 편견이 심한 초자아의 통제 사이에서 중개자로서 활동해야 한다. 프로이트 자신은 이드와 초자아의 활동을 주로 연구했다. 프로이트가 자아에 남겨놓은 공백을 그 추종자들이 메우기 위해 열정적으로 노력했지만, 아직 일반적으로 인정되는 어떤 결론에도 이르지 못했다.(티보트, 1954, p. 4)

해리 스택 설리번Harry Stack Sullivan(그는 얄롬의 숨겨진 멘토라 할 수 있을 것이다)이 처음 기초를 세웠던 자아심리학을 계승한 이론가들은 개인의 대인관계를 더 중요하게 생각하였다. 대상관계이론가들은 자아심리학자들의 작업을 계승하여, 한 개인의 내적 인식과 그 인식의 왜곡이 외적 생활에서 어떻게 드러나는지를 이해하려 하였다.

> 만약, 예를 들어, 한 개인의 대상 표상의 목록이 단순하고 원시적으로 구조화되어 있어, 타인에 대한 관점이 모든 것을 주는 대상 아니면 악의적 그리고 가학적으로 거부하는 대상, 이렇게 둘 중 하나 밖에 없다면(소위 요구-만족적 대상 관계라 불리는데), 타인의 행동은 이러한 두 원시적이고 극단적인 경험을 포함하는 행동들로만 선택적이고 원시적으로 받아들여지고 구조화될 것이다. 반면, 만약 이러한 내적 '이미지'가 타인의 다양한 측면-공감, 지성, 유머 감각, 동기 등-을 포괄한다면, 그 사람은 타인의 훨씬 더 복잡하고 미묘한 경험을 받아들일 수 있는 잠재력을 가지고 있을 것이다(이를 대상항상성이라 부른다).
>
> (햇처와 크론Hatcher & Krohn, 1980, p.300)

만약 어떤 사람이 타인과 관계에 있어 외면적으로 어려움이 있다면, 혹시 이러한 어려움이 내면 정신세계의 왜곡과 연관되어 있는 것은 아닌가 물어야 한다. 대상관계이론은 이러한 질문에 대한 대답을 목표로 하는 일종의 유심론적 심리학이다. 사람들의 내적 삶을 들여다보는 것은 외적 삶을 관찰하는 일보다 더 흥미로운 일이다. 대상이라는 단어는 타인이 눈에 보이지 않을 때라도 그 사람의 정확한 정신적 표상을 마음속에 간직할 수 있는 능력을 의미하는 학술적 용어이다. 대상항상성object constancy을 발달시키고, 정확하고 왜곡 없는 타자의 정신적 표상을 가질 수 있는 능력은 모든 사람이 성취하지는 못하는 중요한 발달과제이다. 말러는 이러한 왜곡의 원인과 발달정지와 대상일관성 간의 연관관계를 이해하려 노력했다. 이에 대한 탐구를 통해 말러는 자아 혹은 초기 모아母兒 관계와 연관된 자기self의 근원을 추적했다. 말러는 "실제" 대인관계의 압력 속에서 인간 정신에 어떤 일이 일어나는지를 다루는 중요한 이론을 제공했다. 컨버그는 말러의 작업이 어떤 의미가 있는지에 대해, 대상관계이론에 대해 서술하면서 설명했다.

> 대상관계이론이란 무엇인가? 핵심적으로, 대상관계이론은 대인관계의 내면화에 대한 정신분석적 접근이며, 어떻게 대인관계가 정신내적 구조에 영향을 미치는지, 그리고 어떻게 이러한 정신내적 구조가 현재 대인관계 속에서 내면화된 과거의 타자와 맺었던 관계를 보존하고 변경하고 재활성화 하는지에 대한 연구이다. 대상관계이론은 대상의 내적 세계(타인과의 내면화된 관계)와 실제 대인관계 사이의 상호작용을 다룬다. (컨버그, 1970, p.1)

그보다 수십 년 전에, 표도르 도스토예프스키는 이 개념을 직관적으로 포착하여 우아하게 묘사한 적이 있다.

> 비록 많지 않더라도, 좋은 기억 특히 고향에서의 좋았던 어린 시절에 대한 기억보다 우리가 살아가는데 있어 더 숭고하고 강력하고 유익하고 좋은 것은 없다는 것을 알아야 한다. 사람들은 교육에 대해

이렇다 저렇다 말을 하지만, 어린 시절부터 간직해 온 따뜻하고 아름다운 기억 약간이야말로 최고의 교육이다. 만약 이러한 기억들을 많이 간직하고 있을 수 있다면 우리는 죽을 때까지 보호받을 것이다. 그리고 만약 누군가의 마음에 남아있는 좋은 기억이 단 하나뿐이라고 하더라도, 그 하나가 언젠가 자신을 구하는 수단이 될 수 있을지도 모른다. 어쩌면 우리는 조금씩 사악해질 지도 모르고, 악을 멀리하지 못하고 흔들릴 수도 있고, 타인의 눈물을 비웃고, 콜야Kolya가 방금 이야기한 대로 "나는 인류를 위해서 고통 받기를 원해"라 이야기하는 사람들까지 냉소하게 될 지도 모른다. 나아가 어쩌면 그런 사람들을 악의를 품고 조롱하게 될지 모른다. 그러나 우리가 아무리 사악해지더라도 – 그리고 이건 신이 여전히 금지하는 것이다 – 우리가 어떻게 류샤Llusha를 묻었고, 죽기 직전까지 그를 얼마나 사랑했는지를, 그리고 바로 이 돌 위에서 그와 친구처럼 나누었던 이야기들을 기억한다면, 우리 중 가장 잔인하고 가장 냉소적인-만약 우리가 그렇게 된다 하더라도-사람도 감히 바로 이 순간 따듯하고 착했던 그를 진심으로 비웃을 수는 없을 것이다. 더 나아가, 아마도, 기억 하나가 우리를 거대한 악으로부터 지켜줄 지도 모르고, 그렇다면 우리는 이를 회상하면서 이야기할 것이다. "그래, 그 때 나는 착하고 용감했으며 정직했었지!"(1957, p.87)

프로이트도 이와 비슷한 언급을 한 적이 있다. 그는 이렇게 말했다. "어머니에게 헌신적인 사랑을 받아온 사람은 살아가는 동안 자신이 승자란 느낌을 계속 지니게 되고, 이러한 성공에 대한 자신감이 종종 실제 성공을 낳는다"(1921. p.19).

내적 표상의 발달을 완벽하게 이해하기 위해서는, 말러가 행한 작업의 의미를 이해하는 것이 중요하다. 피아제Piaget의 연구를 이해하는 것도 도움이 되는데, 피아제는 유아의 인지적 발달 단계에 초점을 맞추었다(피아제, 1954). 피아제는 발달에서 대상항상성의 달성을 중요시 했다는 점에서 말러와 유사했다. 육 개월 된 아이에게 공을 하나 보여주고, 그 공을 천으로 덮으면 아이에게 공은 더 이상 존재하지 않는 것이 된다. 눈에 보이지 않으면, 존재하지도 않는다. 공에서 천을 치워버리면, 아이는 방금까지도 없었던 물체가 마술적으로 나타나는 것을 보고 깜짝 놀라게 된다. 피아제는 유아가 인지적 발달 후반기에 이르러서야 공이 천으로 덮여있을지라도 그 공에 대한 정신적 표상을 유지할 수 있게 됨을 발견했다. 더 자란 아이들은 공이 보이지 않더라도 그 공이 여전히 존재한다는 것을 알고 있기 때문에, 천 밑에 공이 있는지 찾아볼 것이다 이러한 원칙은 유아와 주요 양육자와의 관계에도 그대로 적용된다. 엄마가 방에 없더라도 엄마는 여전히 존재한다는 것을 알 수 있는 아이의 능력은 대상항상성의 중요한 단계에 도달했음을 의미하고, 에릭슨의 용어로 한다면, 기본적 신뢰의 단계에 도달한 것이다.

몇 개의 예가 이를 더 명료하게 보여줄 수 있을 것 같다.

한 번은 친구가 집에 놀러 와서, 나와 아들은 거실에 있는 동안 아내가 먹을 걸 챙기러 부엌에 간 적이 있다. 그 친구는 우리 가족과 알게 된지 제법 된, 중년 여인이었다. 비록 교육은 많이 받지 못했고 순박했지만, 남부 켄터키 시골에서 자란, 속 깊고 상식을 갖춘 여인이었다. 그 때 두 살이었던 내 아들은 거실에서 담요를 가지고 노느라 바빠

서 엄마가 부엌에 간 걸 눈치 채지 못했다. 부엌에서 뭐를 찾던 아내가 바로 옆 창고로 들어갔는데 갑자기 문이 뒤에서 쾅 닫혔다. 그 소리 때문에 잠깐 깜짝 놀란 아들은 장난감에서 눈을 떼고 엄마가 방에서 떠난 걸 눈치 챘으나 금방 다시 놀이에 집중했고, 엄마가 없는 것에 신경 쓰지 않았다. 이러한 아이의 반응에 여인은 확고한 말투로 외쳤다. "참 착한 꼬마구나!" 갑자기 칭찬하는 것에 조금 놀라서 나는 그녀에게 감사 인사를 하면서 왜 그렇게 말하셨는지 물어보았는데, 그녀는 이렇게 대답했다. "엄마가 방을 떠났는데도 안 울었잖아요. 착한 꼬마네요!"

이 여인은 알지 못했겠지만 아들이 놀라지 않은 이유는 그가 이미 대상항상성을 이루었기 때문이었다. 방을 떠난 엄마가 비록 보이지는 않지만, 머릿속에 엄마에 대한 안정적 정신적 표상을 유지할 수 있었기 때문에, 그에게 엄마는 계속 존재하였던 것이다.

한번은, 대학병원 외래에서 심리학과 인턴으로 근무하던 때, 나는 수차례 정신과에 입원한 과거력이 있고 여러 진단을 받아온 여성과 정신치료를 하게 되었다. 가장 자주 받은 진단은 경계성 인격 장애였다. 열 세션 정도가 지나자, 이 여인은 한주일이 끝나갈수록 점점 더 많은 불안을 느끼기 시작했다. 그녀는 처음에는 편안하게 세션을 시작했지만, 내 사무실을 떠날 준비를 하기 시작하면서 두려움은 절정이 되었다. 너무 불안해져서 내 사무실 7층 아래에 있는 병원 로비에 도착할 때쯤은 내게 전화를 하지 않을 수 없을 정도였다. 모든 전화는 비슷한 내용이었다. "괜찮으세요? 엘리베이터를 타고 내려오는데 당신에게 뭔가 끔찍한 일이 일어난 거 같아 어쩔 줄 모르겠어요" 정말 별일이 없고 내가 여전히 사무실에 있다는 것을 확인하면, 그 여인은 금새 자신을 추스렸지만, 다음 주에는 똑같은 일을 반복했다.

이 35세 여성은, 내 두 살 난 아들과는 다르게, 발달적으로 정체되었고 대상항상성을 달성하지 못했다. 내 아들은 중요한 발달단계를 성공적으로 통과하였기에 엄마가 보이지 않아도 공포나 두려움을 거의 느끼지 않았지만, 이 여인은 머릿속에 나에 대한 정신적인 표상을 유지할 능력이 없었기에, 결과적으로 자신에게 중요한 대상을 잃을지도 모른다는 공포에 압도되었다. 불안은 나를 떠난다는 생각만으로도 시작되었고, 감당할 수 없을 정도로 커졌기에 내가 아직 존재한다는 것을 확인하기 위해 전화하지 않을 수 없었다. 일관되고 침착하게 안심을 시켜주면 그것만으로 금새 그녀의 혼란과 분열은 달래질 수 있었다.

이러한 실례는 아이의 발달 과정이 방해 받을 때 일어날 수 있는 극단적인 경우를 보여준다. 우리가 알코올이나 약물 사용이 개인의 발달적 고착과 연관되어 있다는 것을 이해하려면, 먼저 정상적 발달의 다른 단계를 이해해야 한다. 호너(Horner,1979)는 이 과정을 이렇게 묘사했다.

> 심리적 건강과 정신병리는 모두 대상관계 발달의 변천, 그리고 이를 통해 정신이 구조화되고 종합되는 과정이라는 관점에서 이해할 수 있다. 이러한 발달적 연쇄는 먼저 출생 시의 정상적 자폐 단계로 시작한다. 그리고 애착 과정을 통해, 분화되지 않은 자기-대상 표상으로 상징되는 정상적 공생기로 진행한다. 이 시점에서 아이는 분리-개별화 과정이라는 발달 과제에 맞닥뜨린다. 이 과정은 부화기, 연습기, 그리고 재접근기라는 소단계로 다시 구분할 수 있고, 이를 통해 자기정체성과 대상항상성을

이룰 수 있게 된다. 이 시점에서 아이는, 그리고 그가 자라서 될 성인은 자기에 대한 확고한 감각을 가질 수 있게 되고 타자로부터 분리되는데, 이제서야 그는 타인을, 욕구를 충족시켜 주는 대상이 아닌 완전한 한 인간으로 받아들이고 관계를 맺을 수 있게 되고, 좋은 대상과 나쁜 대상, 그리고 이와 유사하게 좋은 자기표상과 나쁜 자기표상 사이의 분열을 유지할 필요 없이 양가성을 감당할 수 있게 된다. 그는 또한 자신의 자기애적 평형 혹은 자기 안의 자원에서 기인하는 좋은 자기감각을 유지할 능력을 지니게 되는데, 이는 모성 기능을 변형하여 자기 안으로 내면화함으로써 리비도적 대상의 항상성을 이룰 수 있기에 가능한 것이다. (p.25)

대상관계이론의 용어에 익숙하지 않은 사람들에게는 호너의 진술은 혼란스럽고 처음에는 이해하기 어려울 수도 있겠다. 호너의 논지를 완전히 이해할 수 있도록 말러의 정상발달단계를 꼼꼼하게 기술해보려 한다.

말러의 정상발달이론

말러는 아이가 대상항상성을 이루고 이를 통해서 안정적 자기개념 혹은 응집적 자기cohesive self에 도달하는 과정을 포함하는 정상적 발달단계에 대한 이론적 틀을 구축하였다. 이 과정이 완결되기 위해서는 두 국면이 선행하여야 하는데, 이는 정상 자폐기와 정상 공생기로서, 이 때 엄마와 아이는 상호작용하면서 향후 아이의 심리적 탄생 혹은 부화의 기초를 놓는다. 분리 개별화 단계는 네 소단계로 이루어지는데, 분리 과정은 세 살 즈음에 절정을 맞는다(그림 4.1).

1단계 : 두 선행 국면-애착
- 1. 정상 자폐기(0-1개월)
- 2. 정상 공생기(1-4개월)

2단계 : 세 분리 개별화 소단계-부화
- 1. 분화(5-9개월)
- 2. 연습(10-15개월)
- 3. 재접근(15-24개월)

3단계 : 네 소단계-대상 항상성
- 1. 자기와 자기정체성의 구축

제1단계 : 정상 자폐기

생후 첫 한 달 동안, 유아는 외부세계의 지나친 침입을 막아주는 자극에 대한 장벽으로 기능하는 일종의 정신적 보호막 안에 감싸여 있다. 실제로 이러한 자폐적 껍질은 자극 장벽으로 기능하면서, 과도한 자극이나 지나친 환경의 요구로부터 유아를 보호한다. 이 때 아이는 외부 현실에 대해 상대적으로 무관심한데, 이는

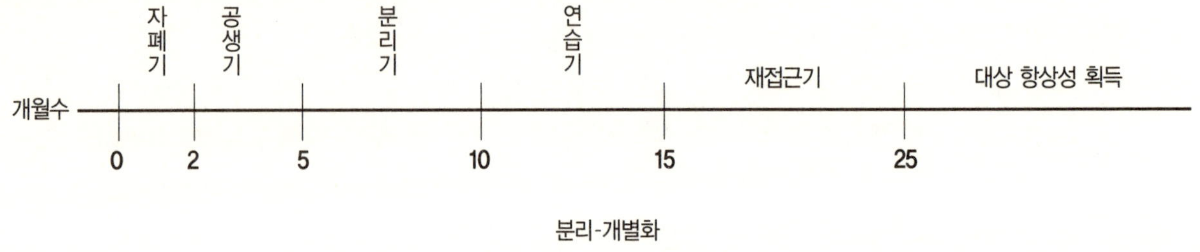

〈그림 4. 1〉 정상발달단계 : 마가렛 말러의 연구 검토

심리적 발달의 한계로 인해, 환경에 심리적으로 관여하는 능력에 한계가 있기 때문이다. 이러한 정상 자폐 단계는 이차적 자폐증과 다른데, 후자의 경우 아이는 태어날 때부터 엄마를 보조자아auxiliary ego로 활용하는 능력이 없고, 따라서 아이는 엄마나 다른 사람과 관계를 맺는 데 아무 관심도 보이지 않는다. 말러는 실제 자폐아가,

> 동일성을 유지하려는 강박적 욕구를 가진다고 말했다. 이 아이들은 소수의 물건들이나 동작에 정형화된 방식으로 집착하고, 여기에만 정서적 애착의 징후를 보인다. 그 결과로 아이는 자신의 고정된 세계에 어떤 변화라도 일어나면 이를 절대 견디지 못한다. 일차성 자폐증을 앓는 아이는 혼자 있기만 한다면 충분히 만족스러워하고 편안해 보인다는 점에서 뇌에 구조적 질환이 있거나 공생적이고 정신병적인 아이들과 다르다. 이러한 자폐 아이들은 자신의 변화 없고 제한된 죽어있는 세계 속에서 살면서 마음대로 하도록 허락만 된다면, 전능한 마술사처럼 행동한다. (말러, 1968, p.68)

호너(1976)는 정상 유아 애착의 초기 발달 과정을 자폐아의 발달과 이렇게 구분했다.

> 막 태어난 순간에 아이는 말러가 정상 자폐기라 불렀던 그런 상태에 있다. 코헛(1977) –그는 응집적 자기구조의 진화라는 관점에서 사유했는데– 은 이 시기를 조각난 자기fragmented self의 단계라고 불렀다. 말러는 유아의 자폐증에 작동하는 구조적 요소들에 대해서 연구하면서, 그 아이들이 안아주기를 기다리는 자세도 보이지 않고, 안아 달라 손을 뻗지도 않고, 특정한 미소 반응도 없다는 것을 발견했다. 부족한 것은 그러므로 애착-추구 행동이며, 따라서 자아 발달을 촉진하는 엄마/아이 사이라는 모체가 존재하지 않는 것이다. 방어적 혹은 보상적 구조(코헛, 1977)는 더 고위 기능을 성취한 것처럼 보이게 할 수는 있으나, 그러한 방어나 보상이 실패하면 그 개인은 자신의 핵심적 병리 상태로 다시 되돌아간다. (p.31)

자폐아는 이렇게 초기 발달단계에 고착된 채로 남아있고 애착을 향해 나아가지 않는다. 안아주기를 기대하는 자세도 없고, 웃지도 않고, 손을 뻗는 행동도 – 모두 애착 추구 행동인데 – 없기에 자아 발달을 통상적으로 촉진하는 엄마-아이 사이의 모체가 형성될 수 없다. 환경이 전체적으로 병리적인 상황에서는 유아의 기본적 구조화 과정이 방해받게 되고, 이 때문에 이차적 자폐증으로 후퇴하게 될 수도 있다. 물론 말러는 이 과정에서 환경보다 구조적 요인이 훨씬 더 중요하다고 생각했다.

정상적인 공생기 애착

생후 두 달 째가 되면, 유아는 희미하게나마 엄마가 외부의 대상임을 인식하게 된다. 엄마 얼굴에 대한 기억 흔적이 발달하기 시작한다. 과거에 기뻤던 경험을 바탕으로 엄마 얼굴을 인식함으로써 아이는 엄마가 있으면 긴장이 으레 해소될 것이라는 기본적 믿음을 가질 수 있게 된다. 그러나 유아는 자신과 엄마가 같은 경계 안에서 둘이 하나 된 상태인 듯 행동한다. 유아의 관점에서는 자신과 엄마 사이에 어떤 경계도 없다. 그들은 하나다. 이 행복한 시기에 그들은 공생적 구球 안에 감싸여 있는 것이다. 아이는 자신과 엄마가 분리된 존재라는 것을 실제로 이해할 수 없다. 유아는 일차적 대상에 대한 애착 과정을 통해서 이러한 공생적 구에 감싸인 채 남아있게 된다. 유아는 또한 자신의 긴장을 줄이려는 노력과 이를 위한 엄마의 노력을 구별할 수도 없다. 이 첫 수 개월 동안 아이는 엄마를 내사introjection하고 엄마를 "나침반" 처럼 사용함으로써 보호받고 있고, 안전하고 믿을 수 있다는 기본적 감각을 가질 수 있게 된다. 대상과 자기, 좋은 것과 나쁜 것, 쾌락과 고통이 거칠게 분화되어 있는 상황에서 공생기의 유아는 고통스러운 경험을, 인지적 능력의 한계 때문에 유일하게 가능한 방어인 분열이라는 기제로 처리할 수밖에 없다. 이 때 유아는 좋은 것과 나쁜 것을 각각 나눈 뒤, 나쁜 것을 공생적 연합의 밖으로 던져버린다. 분열이라는 원시적 방어기제는 성인 경계선 인격 장애 환자에서 존재하는 성격병리를 이해하는 데 핵심적이다. 이에 대해서는 이 책의 후반부에 더 심도 있게 다룰 것이다.

이 발달단계에서 중요한 것은 유아가 외부 대상에 애착을 가질 수 있는 능력이다. 호너는 유아가 타인과 관계를 맺을 수 없을 때 일어나는 일에 대해서 이렇게 묘사했다.

> 가장 원시적 단계에서, 애착의 실패는 자기가 초기에 구조화되는 데 심각한 결함을 초래할 수 있다. 시설에 수용되는 것과 같은 환경적 요인 때문에 만족스러운 공생이 불가능해지고, 애착의 발달이 실패하면 특징적 문제가 발생하게 된다. 즉, 규칙을 지키지 못하고, 죄책감을 경험하는 능력이 부족하고, 지속적인 관계를 맺는 능력은 없으면서 아무에게나 친근하게 다가가고 또 애정을 과도하게 요구하는 등의 모습을 보이게 되는 것이다. 소위 "감정 없는 정신병질자" 역시 애착과 함께 발달하는 정서적인 유대관계를 맺는 데 실패하는 것이 특징이다.
> 다른 병리적 애착의 형태는 거짓자기false-self 형성을 통한 애착이다. 이 상황에서 실제적인, 핵심자기는 애착이 되어 있지 않고, 대상과 연관되지 못한 상태로 남아 있다. (호너, 1979, pp.28-29)

첫 5-6개월 동안, 발달적으로 건강한 아이들의 경우 정상적 공생을 유발하는 타고난 애착추구 행동을 보인다. 자기와 대상에 대한 최초의 정신적 표상(미분화된 자기-대상 표상)이 이단계의 특징이다. 신체와 정신도 아직 구분되어 있지 않다. 이는 말러의 발달 과제의 핵심인데 이 단계에서 중요한 것은 엄마와 유아가 상호적으로 특정한 신호를 주고받는 것이다. 말러는 이렇게 썼다.

> 관찰한 바에 따르면, 유아는 욕구와 긴장 그리고 쾌감을 표현하기 위해서 상당히 다양한 신호를 보낸다. 복잡한 방식으로 엄마는 그 중 특정한 신호에 선택적으로 반응한다. (1979, p.18)

말러는 이렇게 서로 간 신호 주고받기를 통해 리히텐슈타인(Lichitenstein,1961)이 유아가 "내 엄마의 아이"가 되는 과정이라고 부른 복잡한 모형이 구축된다고 했다.

보울비(1958)는 아이가 자신의 환경을 스스로 변화시킨다는 것을 강조했다. 어떤 아기는 과하거나 예측할 수 없게 반응하기 때문에 엄마가 충분히 좋은 보살핌을 주는 게 어려워진다. 그러나 생후 첫 1년 동안은 엄마와 아이 사이에 일어나는 상호작용의 양뿐 아니라 질을 결정하는 데 엄마가 아이보다 더 많은 역할을 할 것이다.

애착의 실패는 자기가 초기에 구조화되는 데 여러 문제를 일으킨다. 구조적 그리고 환경적 요인 간의 미묘하고 섬세한 상호작용 역시 이러한 결함이 드러나는 양상을 변화시킨다. 말러와 호머는 이 과정을 자세하게 연구했는데, 이를 간략히 요약하면 다음과 같다.

1. 감정 없는 정신병질자의 특징은 애착과 함께 성장하는 정서적 유대를 형성하지 못하는 데 있다.
2. 분리와 이별로 인한 애착의 붕괴는 일생동안 계속되는 분열성 탈 애착 schizoid detachment 을 일으킬 수 있다. 이 경우, 탈 애착은 대상과 관계를 맺을 때 받게 되는 극심한 충격에 대한 방어로 쓰인다.
3. 병리적 애착의 또 다른 형태는 가짜자기fake-self 구조를 통한 애착으로, 이는 후에 자기애적 인격구조로 이끈다.

제2단계 : 분리 개별화 소단계

1. 분화 differentiation

애착에 대한 갈망이 커져갈수록, 유아는 점점 더 어머니로부터 떨어져서 독립하고 탐험하려는 강력한 욕구를 경험하기 시작한다. 4-5개월쯤이 되면, 유아는 자신을 달래주고, 먹여주고, 긴장을 줄여주는 엄마가 자신과 분리된 존재라는 것을 인식하기 시작한다. 이때가 소위 "부화기"의 시작이다. 부화기는 유아의 심리적 탄생의 첫 단계이며, 모성적 대상과의 공생적 애착관계에서 자유로워져서 독립한 한 명의 개인으로 출현하게 되는 시작 단계이다.

이 발달 단계를 성취하는데 실패하게 되면, 아이는 혼란스러워지고 대상상실과 마주했을 때 자기가 소멸되는 느낌으로 고통 받게 된다. 외부경험과 내부경험을 분리하는 것이 불가능하기에, 무엇이 나고 무엇이 내가 아닌지 혼란스러워진다. 극단적 경우 내부자극이 외부현실과 뒤섞여서 환각과 망상을 일으킨다.

이렇게 아이가 부모의 간섭적인 개입intrusiveness으로부터 스스로 독립하는데 실패했을 때, 흔히 가족들은 서로 갈등 속으로 얽혀 들게 된다. 치료자의 사무실에 아이와 같이 방문한 엄마가 딸에게 말한다. "여기 참 춥다. 정말 난 추워. 너 스웨터 좀 입으렴" 이와 같은 언급이 가족구성원 간 경계가 명확하지 않고 감정도 따로 구분되어 유지되지 못하는 가족체계를 보여 주는 명백한 예이다.

2. 연습 practicing

생후 10-15개월 사이에, 아이의 관심은 엄마에서 자신의 자율적 능력으로 옮아간다. 운동기능, 인지, 그리고 학습에 대한 자율적 동기가 생긴다. 자아기능, 현실 검증력, 이차 사고과정, 그리고 좌절에 대한 인내력이 늘어나면서 아이는 외부 대상에 덜 의지할 수 있게 되고, 걸음마를 시작한 아이는 조금씩 더 자신에 대한 믿음과 자율성을 가지게 된다. 10-12개월 쯤 된 아이가 똑바로 서서 걷기 시작할 때 연습 소단계는 절정에 이른다. 이제 아이는 말 그대로 육체적으로 독립하고, 더 멀리 더 자랑스럽게 돌아다닌다.

> 초기 연습 소단계 동안 운동능력이 확장되면서 아이의 세계도 넓어진다. 엄마와의 근접성과 거리를 결정하는 데 조금씩 더 능동적 역할을 하게 될 뿐 아니라, 그 때까지는 상대적으로 익숙한 환경만을 탐험할 수 있었던 감각양식들도 확장되면서 순식간에 그는 더 넓은 현실을 발견하게 된다. 볼 것도 들을 것도 만질 것도 더 많아지는 것이다. (말러, 파인Pine & 버그만Bergman, 1975, p.66)

이 소단계가 끝날 즈음이면 아이는 팽창된 전능감을 경험하는데, 이는 이 시기 아이가 느끼는 자신의 마술적 능력에 대한 감각에 더해진다. 그는 서고, 걷고, 기어오르고, 뛰고, 심지어 말할 수 있다. 그는 진심으로 그가 우주의 중심이라고 믿는다! 그를 제지할 수 있는 것은 아무 것도 없다! 지난 수개월 간 이루어진 환상적으로 빠른 속도의 성장에 고무되어 아이는 세상이 정말로 자신의 소유물에 불과하다 믿게 된다. 정상적 과대성과 일차적 자기애는 아이 발달에 있어 이 시기에 고유하고 건강한 모습이다. 이러한 팽창되고 전능한 표상은 과대자기의 핵으로서, 만약 아이의 발달 과정이 이용불가능하고 간섭적이며 돌보아주지 못하는 자기대상에 의해 손상되었을 때에는 성인이 되었을 때 극단적 자기중심성이나 병리적 자기애로 드러나게 된다. 호너는 과대자기의 발달을 이 연습기에 경험된 시련의 결과로 보았다. 그녀는 이렇게 썼다.

> 팽창되고 전능한 자기대상 표상은 과대자기의 핵으로서, 병리적인 자기애를 보이는 환자나, 혹은 경계선 인격장애 환자, 혹은 자기애적 인격장애 환자에서 볼 수 있다. 자기의 어떤 부분이 과대자기 구조에 융합되는 정도에 따라, 갈등으로부터 자유로운 기능의 발달이 저해되고, 그만큼 자기는 정상적 성숙의 흐름을 따라갈 수 없게 되기에 결과적으로 발달 상 문제가 생긴다.
>
> 자율적 기능들이 병리적 과대자기 구조에 융합하게 되면, 이 기능들은 현실 속에서 뭔가를 이룩하는 데 활용될 수 없기 때문에, 건강하고 현실에 기반한 자존감의 형성이 힘들어진다.
>
> 과대자기는 이러한 초기 발달 시점에 발생한 구조적 병리의 징후라 할 수 있으며, 조금 더 발달한 성

격 속에서 보일 때에는 자존감 상실의 위험에 대처하기 위해 사용하는 방어 기제로 볼 수 있다.(호너, 1979, p.32)

알코올 중독자나 약물 중독자들과 함께 작업하는 사람들은 치료에 있어 이러한 자기중심성과 과대성이 중요하게 고려된다는 것을 알고 있다. 이 때 말러의 연구가 어떤 함의를 지니는지에 대해서는 이장의 후반부에서 더 자세하게 살필 것이다.

3. 재접근 rapproachment

유아의 연습 소단계가 끝나가면서, 아이는 점점 더 자신이 엄마에게서, 그리고 엄마가 자신에게서 분리되어 있다는 것을 인식하게 된다. 이제 아이에게 두 번째 탄생이라는 위기가 시작된다. 전능한 과대성 속에 있던 걸음마 기 아이들은 세상을 지배하기 위해 영광 속에서 집에서 탈출하여 길 위로 뛰쳐나가지만 결국은 발이 걸리고, 넘어지고, 무릎이 깨진다. 갑자기 그는 자신이 얼마나 약한지, 무력한지를 절절하게 깨닫게 되고, 결국 환상은 깨질 수밖에 없다. 무릎이 깨지고 피가 흐른다. 더군다나 엄마는 보이지도 않는다. 18개월에서 24개월 사이의 아이는 재접근 위기를 겪기 시작하는 것이다.

아이는 자신이 분리되어 있고 무력하다는 것을 갑자기 깨닫고 괴로워한다. 좌절은 마음속에서 지속되고 공격성은 내면화된다. 현실 속 경험이 자신의 전능성에 대한 과대평가를 짓이긴다. 자존감이 쪼그라들기 시작하고, 아이는 이제 쉽게 부끄러움을 느낀다. 자신의 한계를 갑자기 깨닫기 시작하면서 인지적, 정서적 측면에서 탈중심화 과정을 겪기 시작한다. 이는 인지적, 육체적, 그리고 정서적 발달을 통해 스스로에 대한 자각이 일어나고, 이를 통해 아이가 자신이 뭘 원하고 바라던 간에 사물의 원인과 사건은 자신 외부에 존재한다는 것을 깨닫게 될 때 이루어진다. 아이는 전능성의 상실로 괴로워하고 엄마가 보장해주는 안전을 다시 되찾기를 원하게 된다.

재접근 기는 모순적인 시기가 된다. 아이가 자신이 분리되어 있다는 것을 인지하면서, 그는 이러한 자각을 억누르고 가까운 접촉을 유지할 전략을 발달시킨다. 사랑하는 대상과 다시 융합되기를 바라면서 동시에 엄마에게 삼켜지는 것을 두려워하기에, 잽싸게 도망가는 행동들이 두드러진다. 아이의 친밀함과 의존에 대한 양가성은 부모도 그만큼 힘들게 한다. 아이는 모든 부모들이 두려워하고 한탄하는 소위 "끔찍한 두 살"의 시기에 접어든 것이다. 한 엄마는 이렇게 불평했다.

> 저 작은 악당을 어떻게 해야 할 지 도저히 모르겠어요! 저 놈은 내게서 멀리 있을 때 행복해 보여요. 그런데 갑자기 날 불러대고 그래서 안아주면, 또 나를 밀어내요. 뭘 원하는지 도대체 모르겠어요!

발달학 용어로 하면, 아이는 자신의 독자성과 자기됨을 확인하려고 노력하고 있는 것이다. 아이가 "싫어요" 라고 말할 때, 자신이 뭘 원하는지 스스로도 알지 못할 것이지만, 그럼에도 아이는 "싫어요" 라고 말하는 것을 통해 엄마로부터 분리되어 있다는 것을 확인한다. 이 시기에 아이가 느끼는 좌절을 이해하려고 노력하다 보면, 엄마는 혼란스러울 수밖에 없다. 또한 이 때문에 아이가 자신과 타인에 대한 공격성을 견디는 데 다시 한 번 문제가 생긴다.

몬테는 아이의 이러한 갈등이 어떤 결과를 낳는지 요약한다.

> 자아 발달 관점에서 볼 때, 재접근 기는 아이의 갈등을 내면화하고 "모두 좋은" 엄마와 "모두 나쁜" 엄마 간의 충돌을 조정하는 능력을 갖추는데 중요한 시기이다. 좋은 엄마는 모든 쾌락과 안전감, 따뜻함과 친밀함을 제공해주는 사람이다. 공생기에는 이러한 "좋은 사랑대상"은 자신의 일부로 인식된다. 그러나 이제 심리적으로 성장하면서 아이는 심각한 갈등에 부딪힌다. 엄마가 불가피하게 어두운 측면을 가지고 있다는 걸 알게 되는 것이다. 때때로 엄마는 욕구를 좌절시키고, 고통을 주고, 자신을 돌보는데 무관심하거나 산만하고, 때로는 사라져버리는데 이는 엄마의 단점 중에서도 아이에게 가장 고통스럽게 느껴진다. 새롭게 발달하는 아이의 자아가 보기엔 이러한 "좋은 엄마"와 "나쁜 엄마"가 같은 사랑대상일 리가 없다. 엄마는, 한 때 나의 일부였었고, 절대 나쁠 리가 없다. 그러나 엄마가 항상 좋은 게 아니라는 것을 부인할 수도 없다. 만약 좋은 엄마와 나쁜 엄마가 한 사람이라면, 그렇다면 나 역시도 내 안에 어떤 나쁜 측면을 품고 있을 것인데, 그건 불가능하다. 왜냐하면 나는 완전히 선하기 때문이다.
>
> 재접근 기의 아이는 모순적 사랑대상을 '모 아니면 도'의 방식으로 다루는 방어 기제를 작동시키는데, 이러한 방어에 대해 자아의 "분열"이란 용어를 쓴다. 따라서 엄마는 좋으면서 동시에 나쁠 수는 없게 된다. 좋은 엄마가 있고, 나쁜 엄마가 있다. 좋은 엄마는 사랑대상으로 공생기 동안 아이의 자기애적 자아 속으로 내면화된다. 나쁜 엄마는 외면화되는데, 모든 고통이 발생하고 내게 속한 대상을 위협하는 내 밖의, 외부 세상으로 투사된다. (몬테, 1980, p.211-212)

그림 4.2는 분열 방어 기제의 발달 과정과 이 때 아이가 겪는 어려움을 요약한 표이다.

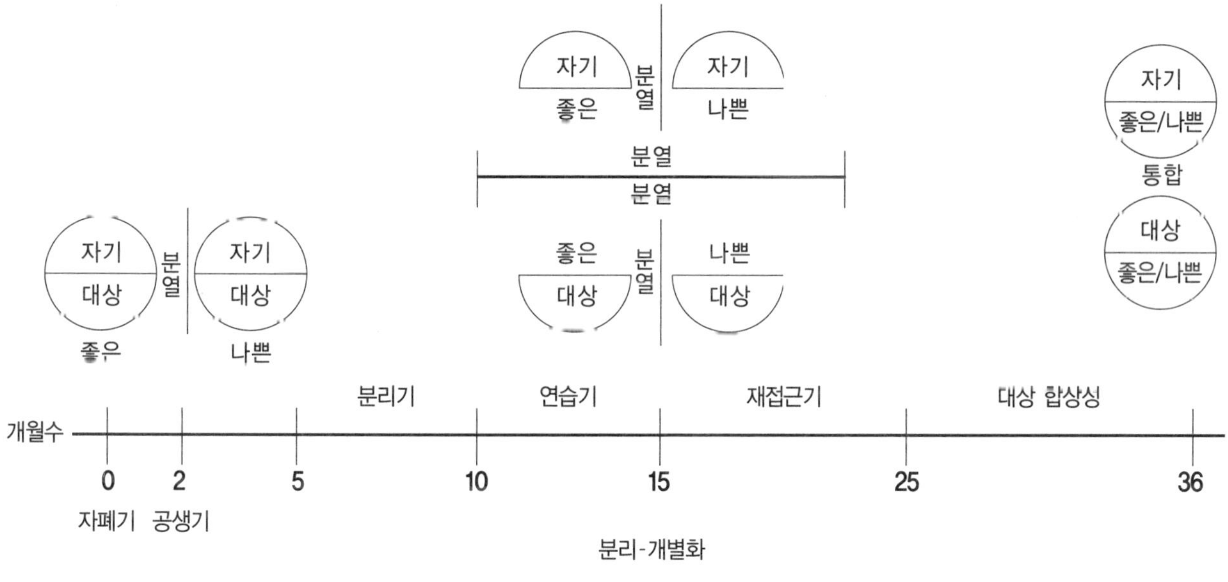

〈그림 4.2〉 자기-대상 발달

몬테가 묘사했듯, 대상항상성은 우리가 성자도 악마도 아니며 사랑도 하고 미워도 하는 전체적 인간이라는 생각을 정서적으로 받아들이는 것과 연관이 있다. 이러한 양극단의 감정을 연합하고 통합할 수 있게 됨으로써, 우리는 자신이 전체적 인간이라는 느낌을 확인한다. 대상항상성이 미약할 때, '좋음' 을 지키는, 다시 말해 자기의 소중한 부분을 부정적인 혹은 원치 않는 자기로부터 지키는 유일한 방법은 이러한 어두운 부분을 분열시키고 떼어놓는 방법 밖에 없다. 그 결과로, 자기와 타인의 전체성을 인식하는 것이 불가능해진다. 그 때 그 개인은 타인이 자신을 실망시키면 원치 않는 대상을 없애듯, 타인을 없애버릴 것이다. 그는 타인이 좋았던 적이 있음을 기억하지 못할 것이고 가장 최근에 나빴던 기억만 떠올릴 수 있게 된다.

재접근 위기를 "충분히 좋은 엄마"의 도움으로 극복해가면서, 아이는 불안이나 부끄러움 없이 전능하다는 느낌을 벗어 던질 수 있게 되고, 좋음과 나쁨을 통합된 전체로 종합할 수 있게 된다. 아이는 자기정체성의 통합과 응집적 자기의 발달이 일어나는 대상 항상성 발달의 마지막 단계에 진입한다. 말러는 이렇게 썼다.

> 18개월 정도가 되면, 아이는 자신이 엄마와 신체적으로 분리되어 있다는 것을 지속적으로 경험하는 걸 이해할 수 있는 수준에 다다른다. 이는 피아제가 말한, 대상의 지속성을 인지적, 감각적으로 인식할 수 있게 되는 단계와 일치한다. 이 때 아이의 감각운동 지능은 진정한 표상 지능으로 발달해가기 시작하고, 하트만이 말한 내면화라는 중요한 과정이, 아주 천천히, 자아의 동일시를 통해서 일어난다.
>
> (말러, 1968, p.21)

제3단계 : 대상항상성

2세 후반기에서 4세 사이에 아이는 상당한 정도의 정서적 대상항상성을 획득한다. 이 때 이루어야 할 세 가지 과제가 있다.

1. 내면적으로 그리고 정신적으로, 아이들은 엄마가 없을 때라도 엄마의 이미지를 계속 가지고 있을 수 있게 된다. 이러한 편안한 느낌은 충분히 좋은 엄마와 좋은 자기 경험을 내면화 한데서 나온다. 아이는 이러한 긍정적 이미지에 기대어, 심지어 화나고 좌절하고 외로울 때도 독립된 자기로서 기능할 수 있다.
2. 분리와 개별화가 이루어진다. 응집적 자기구조의 관점에서 사유했던 코헛은 이를 '핵심자기의 성취' 라고 불렀다. 컨버그는 이를 자기정체성 통합이 이루어지는 과정으로 보았다. 부버는 이를 나-너 관계에 참여할 수 있기 위해서 필요한 분리된 나의 발달로 묘사했다. 위니코트Winnicott가 말한 거짓자기 구조나 '마치-인양 인격as-if personality' 은 이 단계가 성취되면 나타나지 않는다. 샤르트르 식으로 말하면 진정한 자기가 성취된 것이다.
3. 정신적 구조의 발달은 계속된다. 충분히 튼튼한 독립된 자아정체성이 확립됨으로써 자기가 가진 자원을 통해 자기애적 평형을 조절하는 능력이 생긴다. 코헛 식으로 이야기하면, 변형적 내면화transmuting internalization가 이루어진다. 개인은 스스로 자신을 진정시키고 달랠 수 있게 되고, 감정적으로 고통스런 상태에서 벗어나기 위해 외부의 자기대상이나 만족을 주는 원천(예 : 알코올, 약물, 섹스, 음식, 자극

적인 놀이)에 기댈 필요가 없어진다. 자기표상 속으로 모성적 기능이 동화됨으로써 적절한 정신구조가 형성된다. (그림 4.3을 보라)

그림 4.4는 발달적 체계를 요약한 것이며, 호너(1979)가 초기에 제안했던 체계를 약간 변형한 것이다. 여기서 보듯, 말러의 연구는 중독과 발달, 그리고 정신적 구조의 형성 사이의 연관성을 이해하는 데 중요한 함의를 지닌다. 말러의 작업은 생후 첫 3년 동안 아이들이 성공적으로 넘어야 하는 발달적, 적응적 조건에 초점을 맞추고 있다. 호너의 개요(그림 4.4)는 이러한 발달 과정과 정신증, 성격 장애 그리고 신경증 간의 연관성을 이해하는 데 도움을 준다. 지금까지 항상성을 유지하고 '욕구만족을 위한need-satisfying' 애착을 이루는 최초 단계에서 시작해, 분리, 개별화 단계를 거쳐 대상항상성과 같은 정신적 표상을 유지하는 능력에 이르는 말러의 정상발달이론을 요약해보았다. 성공적으로 이 발달 단계를 통과하면, 아이는 말러가 말한 응집적 자기를 이룩하게 된다. 응집적 자기를 발달시키는 과정에서 이루어지는 정신적 구조 없이는, 성격 병리와 중독의 가능성이 훨씬 증가한다.

칸치안Khantzian과 트리스Treece는 구조적 결핍과 중독이 직접 연관되어 있다고 보았다.

> 주변 환경으로부터 적절한 돌봄(일차적으로 엄마가 제공하는)을 받는 것을 통해서 아이는 이 단계의 과제들을 적절하게 숙달할 수 있게 되고, 이를 통해 안정된 자아구조와 충동과 대상관계 조절능력을 발달시킬 수 있게 된다. 발달 과정에서 지나친 결핍 혹은 과도한 몰두가 있게 되면, 그 정도에 따라 다양한 정도의 자아 결함이 발생하고, 발달 상 결함과 손상에 대한 보상을 위해 약물을 대신 사용하게 된다. (1977, p.73)

이런 입장에 따르면 약물과 알코올 중독은 성격장애에서 흔히 보는 구조적 결함의 문제가 된다. 칸치안은 이 입장을 이렇게 정리했다.

> 지난 20년 간 정신병리와 약물의존 사이의 중요한 연관성을 입증하는 많은 증거들이 쌓여왔다. 그러나 병리와 중독 사이의 역학적 인과관계는 여전히 불확실했다. 그러나 최근 정신과 임상에서 표준화된 진단적 접근이 활용되고, 정신분석에서도 과거처럼 충동 혹은 본능이론보다는 적응, 발달, 그리고 구조적(자아와 자기와 같은) 요인들이 훨씬 더 중요시되면서, 심리적 장애나 기능 이상과 약물남용 간의 연관성을 설명할 수 있는 새로운 증거들이 늘어났다.
> 비록 약물에 대한 의존이 심각해지면 이 때문에 심리적 기능장애가 일어날 뿐 아니라 정신적 실환까지 발생하는 건 명백하지만, 최근의 정신과적 그리고 정신역동적인 연구에 따르면, 물질남용 문제가 있는 사람은 정신적 혼란과 고통스러운 감정 상태 때문에, 쉽게 약물에 의존하게 된다는 것을 알게 되었다. 중독자들의 괴로움과 고통은 자아와 자기가 가진 능력의 결함 때문이며, 이 때문에 이들은 감정을 조절하는 능력 그리고 자존감과 타인과의 관계나 행동을 규제하고 조절하는 능력에 문제가 있다 (칸치안, 1985, p.1)

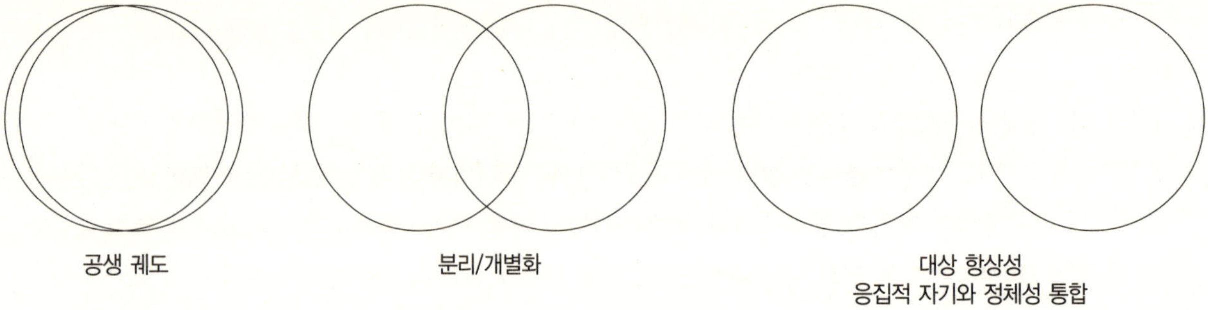

〈그림 4.3〉 정서적 대상 항상성

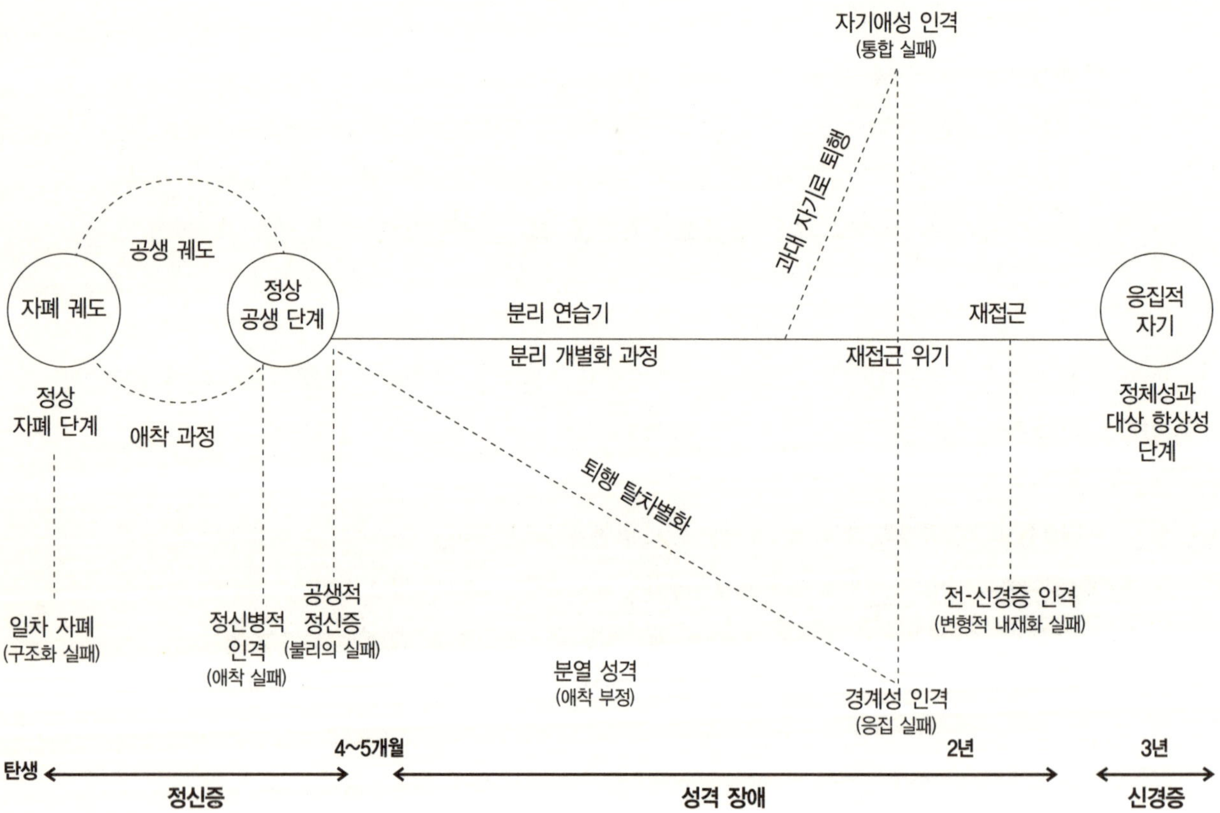

〈그림 4.4〉 대상관계 발달 단계 및 그에 연관된 병리들

자아를 넘어서 : 코헛의 자기심리학

공허감과 우울감을 핵심 문제로 가졌던 환자들을 치료했던 하인츠 코헛의 작업은 여러가지 면에서 소아 발달에 있어 개인성의 기원을 다룬 마가렛 말러의 연구를 확장시켰다. 코헛은 정신분석이론을 그 당시 자아 개념의 틀을 넘어 더 넓힐 필요가 있다고 생각했고 이를 통해 부적절하게 형성되거나 손상된 자기감각이란 관점에서 환자의 자기애적 취약성을 이해할 수 있게 되기를 원했다. 말러처럼, 코헛은 자기 조절을 위한 내적 정신구조의 발달, 그리고 이를 통한 건강한 개인성과 독립성의 성취에 있어 어머니가 결정적으로 중요하다는 것을 강조했다. 코헛은 아이의 핵심자기는 유아 때 형성되면서 이를 통해 이후에 바탕이 되는 자존감, 이상, 그리고 야망이 만들어진다고 강조했다. 엄마와 맺는 관계를 통해서 아이는 정신적 힘, 충동, 그리고 갈등과 같은 다양한 요소들을 응집된 자기감각으로 통합시킬 수 있다. 그러나 핵심자기는 무조건 칭찬하거나 꾸짖는다고 만들어지는 것이 아니다. 오히려, 어머니가 아이에게 공감적이고, 비언어적이며 직관적으로 반응함으로써, 그리고 아이의 노력을 인정하고 받아주는 분위기를 통해서 형성된다.

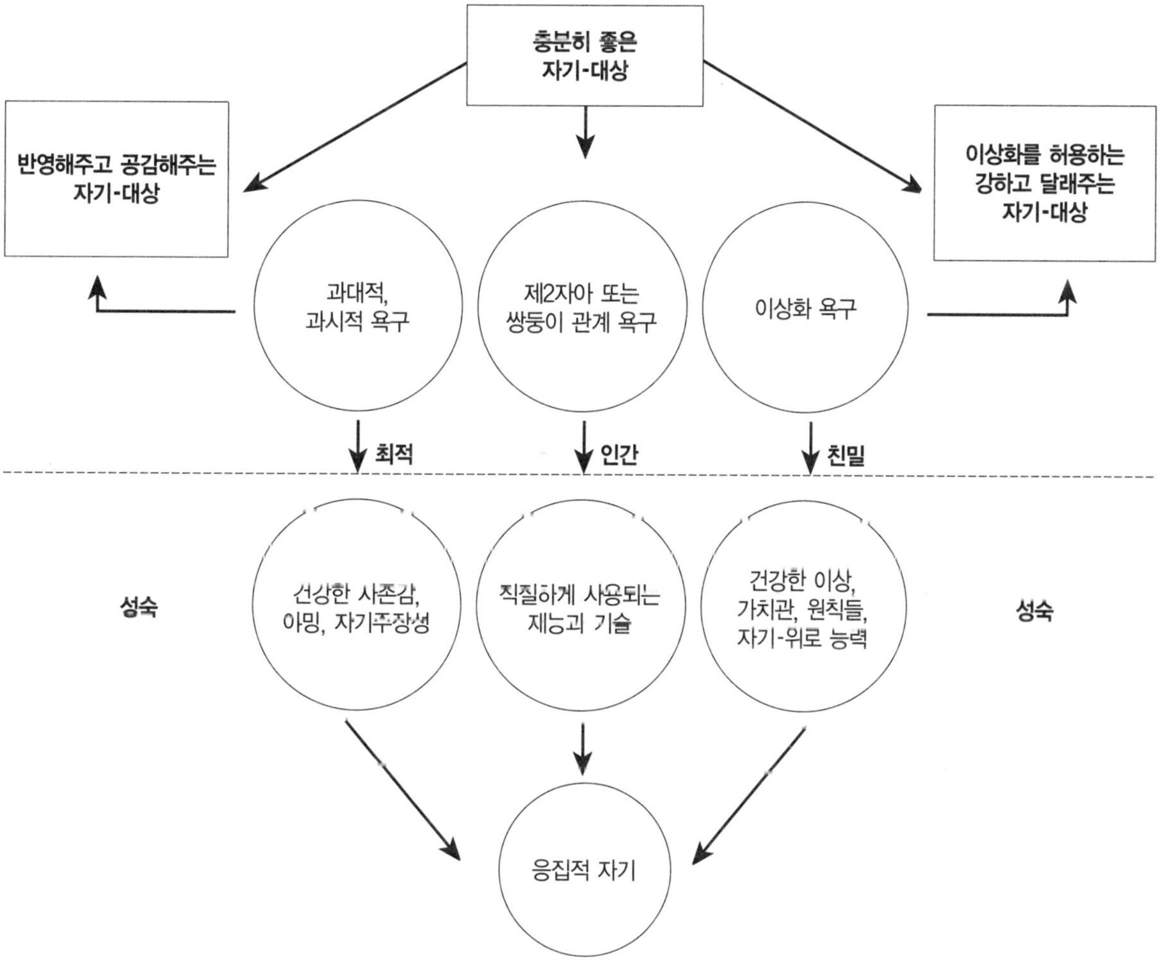

〈그림 4. 5〉 제2자아 또는 쌍둥이관계 욕구의 성숙

핵심자기nuclear-self는 두 극 즉 이상과 야망이라는 두 고정점을 중심으로 형성된다. 마지막 책(1984)에서 코헛은 자기를 구성하는 세 번째 요소를 도입했는데, 이는 대체자아alter ego와 쌍둥이관계 욕구twinship need의 성숙을 포함한다(그림 4.5를 보라).

코헛(1977a)이 중독과 자기애 문제에 어떤 기여를 하였는지를 이해하기 위해선 그의 핵심개념을 이해해야 한다. 또한 다른 대상관계 이론가가 이와 연관해 공헌한 부분도 파악할 필요가 있다. 위니코트(1965)뿐 아니라, 페어번(1952)과 건트립(Guntrip1971) 역시 중독과 그 치료에 있어 중요한 함의를 지니는 인격 발달에 대한 대안적 설명을 제공했다. 다음은 대상관계이론의 17가지 핵심 원칙이다.

1. 자아와 자기는 태어날 때부터 존재한다.
2. 리비도나 본능 에너지는 이드가 아니라 자기의 기능이며 여기서 기원한다.
3. 프로이트가 제안했던 죽음 본능은 없다. 공격성은 이드와 연관되어 있지 않으며, 좌절이나 박탈에 대한 반응이다. 실제로 페어번의 이론에서 이드의 자리는 없다.
4. 자기 혹은 자아는, 따라서 리비도나 본능 에너지는 그 본성 상 대상을 추구한다.
5. 불안의 근원적 그리고 원초적 형태는 아이에게 분리불안으로 경험되며, 이는 아이가 유기당하거나, 양육자와 적절한 조율attunement에 실패할 때 촉발된다.
6. 대상의 내면화internalization는, 본래는 초기 부모상이 지닌 좌절을 주고 만족스럽지 못한 측면에 적응하기 위해 아이가 채택한 방어 수단이다.
7. 아이의 발달에 있어 초기대상이 좌절스럽고 만족스럽지 못할수록, 대상과 그 대상의 자기표상self-representation은 단순히 내면화되는 게 아니라 내사introjection될 가능성이 높아진다.
8. 내사되는 대상은 항상 세가지 요소를 지닌다. (1) 대상표상 (2) 자기표상 (3) 이와 연관된 감정
9. 내사된 대상의 두 측면(흥분시키는 그리고 좌절시키는)은 대상의 주핵main core으로부터 떨어져 나와 억압된다.
10. 이 내사된 대상표상의 두 측면은 흥분시키는(리비도적) 좋은 대상과 거부하는(반리비도적) 나쁜 대상이다.
11. 자기표상 역시 비슷한 방식으로 분열되고, 리비도적 자아(좋은 자기)와 반리비도적 자아(나쁜 자기)와 동일시된다.
12. 내면화된 대상의 억압되지 않은 핵은 자아이상ego-ideal으로 묘사된다.
13. 흥분시키는(리비도적) 대상과 거부하는(반리비도적) 대상은 아이의 원原자아original ego에 의해 하나로 모이게 될 뿐 아니라, 억압된 대상은 리비도적 자아와 반리비도적 자아의 자기표상을 담고 있기 때문에, 개인은 퇴행되지 않았으나 억압을 수행하는 기제인 자아의 중심핵central core(중심자아central ego)과 함께 남겨진다.
14. 이러한 상황이 내면화되면서 원자아는 세 부분으로 분열된다. 먼저 (A) 자아이상에 부착된 중심 자아(의식적인)가 있고, (B) 흥분시키는 리비도적 대상(좋은 대상)에 부착된 억압된 리비도적 자아(좋은 자기)가 있고, (C) 거부하는 반 리비도적 대상(나쁜 대상)에 부착된 억압된 반 리비도적 자아(나쁜 자기)가 있다.
15. 이러한 내적 상황은 페어번의 기본적 분열자리basic schizoid position를 형성하는 원동력으로, 이 때 참자기true self는 숨겨지면서 친밀한 인간관계에서 분리된다. 거짓자기false-self(마치 인양 인격)가 외부 세계의

타인과 관계를 맺기 위해 만들어진다.

16. 프로이트의 욕동이론에서와는 달리, 초자아라 부르던 것은 (A) 자아이상, (B) 반 리비도적 자아 (C) 반 리비도적 대상이 이루는 삼중구조와 동일시된다.
17. 반 리비도적 자아(나쁜 자기)는 거부하는 반 리비도적 대상(나쁜 대상)에 부착되면서, 잠재적으로 좋은 대상을 포함한 모든 대상과 리비도적 자아(좋은 자기)에 적대적이고 단호한 태도를 가지게 된다. 페어번은 이러한 자기표상을 내적 파괴자internal saboteur라고 불렀다. 반 리비도적 자아는 모든 희망에 대한 약속을 불신하며, 특히 약속이 가능할 거라 믿게 만드는 잠재적으로 좋은 대상을 신뢰하지 않는다. 또한 반 리비도적 자아는 리비도적 자아(좋은 자기)를, 사랑 받을 수 있다는 믿음을 가지고 있기 때문에 어리석고 순진하다고 힐난하며, 속거나, 학대당하거나, 거부당하고 버림받지 않고 리비도적 대상에 의해 사랑받을 수 있을 거라 믿기 때문에 비난한다.

그림 4.6과 4.7은 페어번과 건트립이 윤곽을 잡은, 위에서 서술한 명제를 도식적으로 표현한 것이다. 그림 4.6은 실생활 속에서 외부세계와 신뢰 관계를 맺을만한 정신적 에너지가 고갈된, 내사된 자기표상과 대상

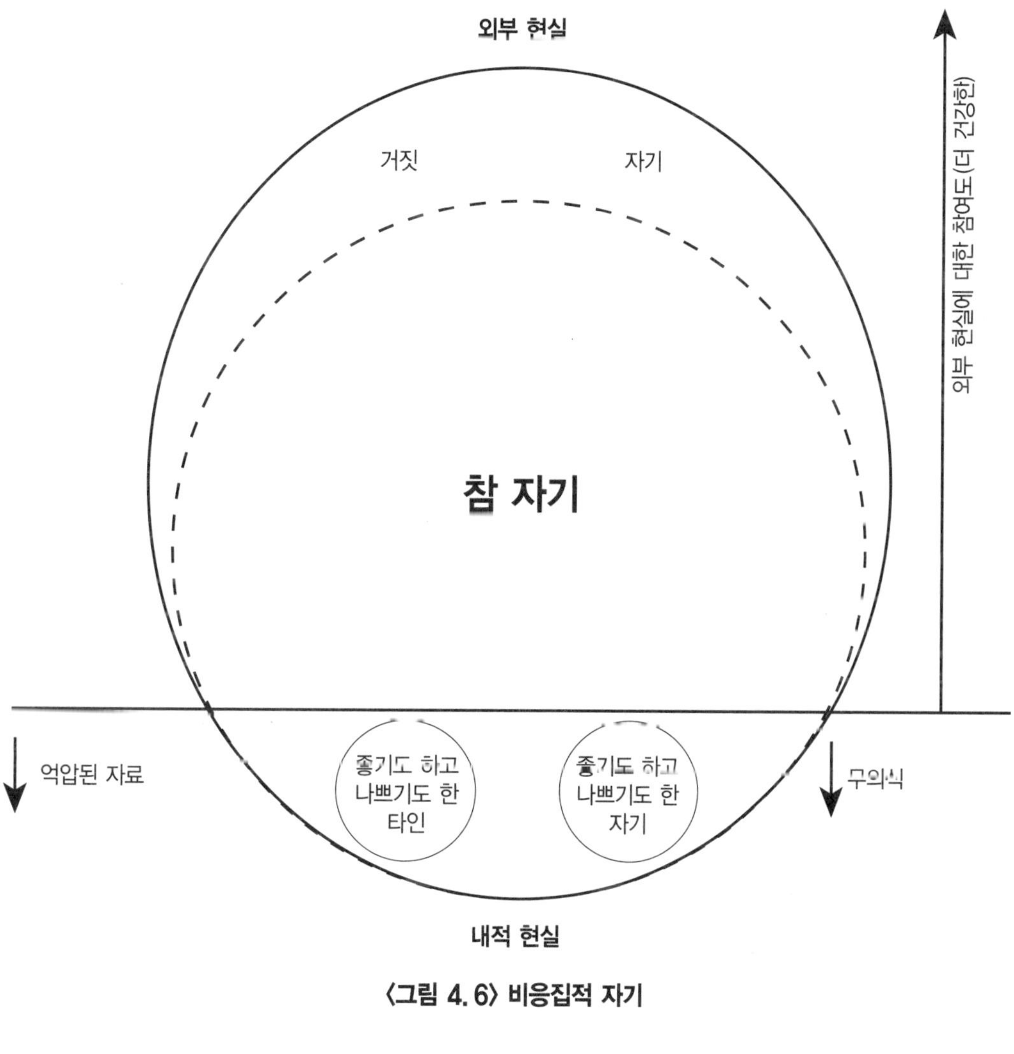

〈그림 4. 6〉 비응집적 자기

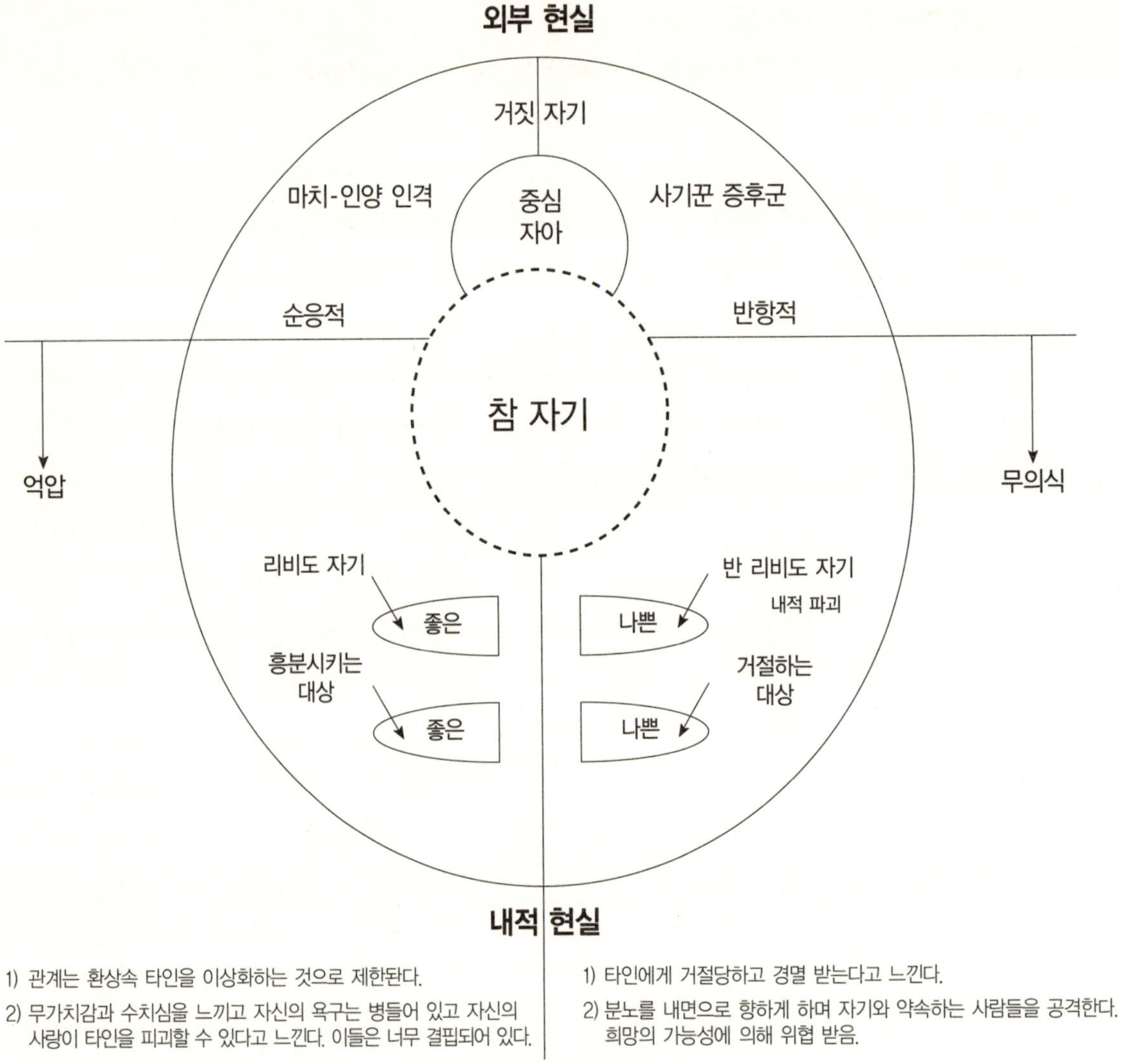

〈그림 4.7〉 응집적 자기

표상의 내적 세계에 의해 지배되는 비응집적 자기를 도식화한 것이다. 이렇게 되면 타자와 관계를 맺을 때 거짓자기 구조가 지배적이 되고, 이 때문에 타인에게 맹종하거나 반항하게 된다. 핵심자기 혹은 참자기는 거의 남아있지 못하고 어떨 때에는 중심자아가 접근할 수 없게 된다. 무의식적이며 억압된 내적 세계는 타인과의 상호작용에도 영향을 미쳐서 이러한 사람들의 외적 세계는 조금씩 내적 경험과 기대로 이루어진 내적 현실을 따르도록 강압당하게 된다. 반복강박의 압력과 투사적 동일시라는 방어기제로 인해, 과거는 현재에 계속 재현되고, 파국이 일어날 거란 예상은 모두 현실화된다. 대상 선택(초기의 내재화된 대상과 비슷한 사람을 선택하는 것) 역시 이 과정을 고착시키는 데 일조한다. 역설적이게도, 비록 이런 과거가 현재에 재연되는 것이 고통스러울지라도, 이는 불안을 약간 줄여준다. 왜냐하면 이 고통은 이미 익숙할 뿐 아니라 뜻밖의 일을 예측해야 하는 불확실성을 줄여주기 때문이다. "내가 기대한 대로 일이 벌어졌어. 난 당신이 날 버릴 줄 알았고, 그래서 내가 당신을 못 믿었던 거야"

반면, 그림 4.7은 과거, 내사된 대상, 그리고 자기 표상에 훨씬 정신적 에너지가 덜 묶여 있는 상태인 응집적 자기를 도식화한 것이다. 수십 년 전에, 프로이트는 우리의 정신적 에너지를 군대에 비유한 적이 있다. 군대의 규모가 크면 클수록 외부와 진실된 관계를 맺는 데 쓸 수 있는 더 많은 정신적 에너지를 보유할 수 있다. 만약 아이가 너무 어릴 때부터 감당할 수 없을 정도의 갈등과 다툼에 맞닥뜨리게 되면, 우리는 매번 갈등이 있을 때마다 요새를 지을 수밖에 없고 그 안에 일정 인원을 두어야 한다. 만약 끊임없이 싸워야 하고 그 때마다 너무 많은 요새를 짓게 된다면, 우리는 고갈되어버릴 터이고, 삶을 앞으로 이끌어 갈 정신적 에너지는 거의 남지 않을 것이다. 응집적 자기는 참자기와 훨씬 더 많이 접촉할 수 있고, 따라서 그림 4.7의 점선이 보여주듯, 타인에게 보여주기 위해 선택된 자기에 쉽게 영향을 준다. 그런 사람은 상황에 따라서(사회적인 모임, 구직, 친한 친구와 대화 등등) 자신의 다른 측면들을 보여주면서도 내적 일관성을 유지할 수 있는 능력을 지니고 있다. 내면화된 대상표상, 자기표상의 좋은 측면과 나쁜 측면이 통합되어 있기 때문에 타인과 상호작용할 때에도 왜곡이 덜 발생한다. 결핍감과 의존의 문제도 해결이 된 상태이다. 개인의 내적 삶은 더 이상 유아기의 전-양가적 의존 단계pre-ambivalent infantile stage of dependency에 지배되지 않는다. 사랑과 증오의 양가성은 더 성숙한 건강한 의존 단계로 대체되었고, 자신은 다른 사람들이 그렇듯 선할 뿐 아니라 나쁘기도 하다는 인식도 가지고 있다. 내면화 과정, 더 정확히 이야기하면 자기표상과 대상표상의 내사 과정이 이 이론에 있어 필요불가결한 부분이기 때문에, 이에 대해 더 설명하고자 한다. 아래 문단은 오그덴(1983)의 초기 논문에서 가져온 것이다. 그는 이 과정의 구축에 대해 이렇게 썼다.

> 이 논문의 논지는 다음과 같다. 대상관계가 내면화될 때 자아는 부분들로 분열되고, 이것이 억압된 후에는 타인과 특정한 관계를 맺을 때 이를 방해하는 내적 대상이 된다. 이 내적 관계는 원래의 관계가 지닌 특성을 닮는다. (p.227)

기술적으로는 정확하지만 때때로 모호하고 추상적인 오그덴의 문장을 쉽게 이해할 수 있는 일상적 언어로 옮겨본다면 다음과 같다.

1. 어릴 때 차갑고, 비판적이고, 거부적이며 냉정한 엄마와 자라게 된다면 이 경험이 그 아이의 내적 대상관계의 특질을 결정짓게 된다.
2. 그 아이는 이러한 정서적 충격에 따르는 고통을 감당하기 위해, 무의식 속에서 이 비판적인 어머니를 억압할 것이다. 엄마의 좋은 측면(좋은 대상)은 엄마의 나쁜 측면(나쁜 대상)으로부터 분리된다. 나쁜 대상(비판적인 엄마)은 억압될 뿐 아니라, 그에 대한 자기표상(나쁜 자기)은 그 관계의 강렬한 정서적 요소와 함께 같이 억압된다. 아이에겐 나쁜 대상("넌 끔찍한 아이야") 그리고 나쁜 자기("난 못됐어. 난 끔찍한 아이야"), 그리고 내면화된 비판적인 나쁜 대상("엄마가 날 미워하듯 나도 날 미워해")과 동일시된 자기표상이 남는다. 이상화된 엄마는 의식에 남아있다.
3. 어른이 되면, 그는 자신 안에 내면화된 대상(비판적이고 감질나게 하는 엄마)과 자기(나쁜 아이 그리고 착한 아이), 그리고 분노, 격노, 수치, 공포에 기초한 강렬한 감정의 모음을 자신 안으로 내사한다. 투사적 동일시의 힘 때문에 이러한 내적 대상관계는 잠재해 있다가, 외부 세계 대상과 긴밀하고 친밀한 접촉이 있을

때 활성화된다.

4. 내면화된 대상관계는 투사적 동일시를 통해서 타인과 관계에서 행동으로 나타나게 된다. 그는 외부 세계의 대상을 압박하여 자신의 내적 세계의 경험과 기대를 따르게 만든다. 결과적으로, 이러한 "생의 시나리오"는 내적 대상표상(차갑고 비판적인 엄마)과 일치하는 외적 대상(차갑고 비판적인 여자)을 찾거나, 타인을 압박하여 자신이 기대하는 대로 행동하고 자신을 대하게 만드는 식으로 행동화된다(즉 차갑고 비판적인 방식으로).
5. 외부의 나쁜 대상(차갑고 비판적인 엄마)에 대한 애착은 반복강박의 결과이며, 내적 대상, 자기표상이 변하기 전에는 이러한 외부 세계의 나쁜 대상으로부터 풀려나기는 극히 어렵다.
   오그덴은 이렇게 썼다.

> 저항은 환자가 자신의 무의식적 내적 대상관계와 연관된 병리적 애착을 포기하는 걸 어려워하는 것으로 이해할 수 있다.....이러한 유대는 나쁜 대상을 자신이 원하는 식으로 변화시키고자 하는 욕구에 근거하는데, 나쁜 내적 대상과의 유대를 맺는 두 번째 방식은 내적 대상의 불공평함이나 냉혹함 혹은 나쁜 행동을 폭로하는 식의 형태를 띤다. (1983. p.236)

6. 감질나게 하는, 내면화된, 분열된 좋은 대상표상, 자기표상에 대한 애착은 중독 과정을 악화시키는 요인 중 하나이다. 요구가 많은, 그러나 그럴 자격이 없는 좋은 자기표상은 결코 만족시킬 수 없는 바닥없는 구멍일 뿐 아니라, 감질나게 하는 좋은 대상은 어떤 한계도 실망도 없는 완벽한 사랑과 인정, 그리고 가능한 최대의 돌봄이라는 약속을 결코 실현시켜주지 않는다. 과도하게 아기에게 몰두하고, 지나치게 만족을 시켜주고, 변덕스러운 엄마는 차갑고 비판적이고 거부하는 엄마만큼 아이의 발달에 손상을 줄 수 있다. 이렇게 되면 좌절을 견디는 능력은 내면화되지 못하고 충동 조절 능력 역시 획득하지 못한다.
   오그덴은 이렇게 썼다.

> 나쁜 내적 대상과 유대하는 한 가지 방식은 갈망하는 자기craving self가 감질나게 하는 대상에 애착을 가지는 것이다. 이러한 유대의 특질은 중독물질에 대한 중독자의 관계와 비슷한데, 두 경우 모두 포기하는 것이 극도로 힘들다. (1983, p.236)

7. 반 리비도적 자아(내적 파괴자)는 타인에 대한 갈망(대상허기object hunger)과 희망과 성취에 대한 약속이 좌절되는 과정에서 축적된 분노와 격노의 저장소가 된다. 이러한 격노가 희망이나 사랑을 약속한 타인(외부의 나쁜 대상)에게 겨누어질 뿐 아니라, 상황이 달라질 수 있다고 믿고 그렇게 변하길 원하는 자기 자신에게도 겨누어진다. 치료적 환경에서, 이는 환자가 변화에 저항할 뿐 아니라 적극적으로 치료를 파괴하려는 모습으로 나타날 수 있는데, 왜냐하면 어떤 외적 행동 변화도 내적 대상관계에 대한 위협이 되기 때문이다.

용어의 정의

자기애Narcissism : 정신분석 이론에 있어 코헛의 일차적 공헌은 자기애의 개념을 변화시킨 데 있다. 코헛은 자기애를 대상관계와 애착에 대한, 건강하고 나이에 적절한 욕구를 지니는데 필요한 정상 발달과정으로 타당화했다. 고전적 욕동이론에서는 자기애를 만족을 미루는 것을 참지 못하는 것과 같은 이기심 혹은 완고한 자기중심주의로 보았다. "나는 모든 것을 내 마음대로 하겠다" 는 주장은 AA에서 팽창된 자아inflated ego의 위험을 경고할 때 상황과 매우 비슷하다. 코헛의 관점에서는, 자기애적 욕구는 이기적인 것이 아니라, 자아와 자기에게 가장 중요한 타자 즉 자기대상 간의 관계에 있어 장애가 발생했다는 신호이다. 이 때 자기애는 타인에게 받지 못한 것을 스스로 공급하기 위한 우회적 방법으로 볼 수 있다.

최적의 좌절 Optimal frustration : 최적의 좌절은 유아가 자신의 자아, 자기, 그리고 발달에 해로운 영향 없이 견딜만하게 주어지는 불안, 스트레스, 혹은 좌절의 양이다. 최적의 좌절은 정신구조의 성장과 발달을 촉진한다. 너무 오래거나 너무 강하지 않은 좌절이 주어지는 조건에서 건강한 인격이 발달할 수 있다. 특정한 시기에 너무 과하거나 너무 적은 좌절이 아이의 인격발달에 장애가 될 수 있듯이, 정신치료 동안 너무 좌절이 적거나 혹은 많아도 치료 경험에 방해가 될 수 있다.

재충선refueling : 연습 시기 때, 유아는 엄마를 떠나 주변을 탐험한다. 그러나 아이가 지치고, 힘이 소진되고 불안해지면, 아이는 다시 자기대상과 정서적 연결을 추구한다. 충분히 좋은 엄마는 아이를 집어삼키거나 혹은 반대로 아이를 거부하면서 밀어내지 않고 이런 정서적 "재충전" 을 허락할 것이다.

변형적 내면화transmuting internalization : 반응적이고 공감적인 자기대상이 존재하는 자기대상 환경의 모태 안에서 심리적 구조 형성이라는 특별한 과정이 이루어지게 된다. 아이의 핵심자기는 이러한 변형적 내면화의 과정을 통해서 형성된다. 그 이전 단계에서 아이의 반영하고 이상화하려는 욕구가 충분히 만족되지 않으면 구조의 구축은 일어날 수 없다. 구조는 반영하고 이상화된 자기대상들이 아이에게 반응하는 데 있어 사소하고, 상처가 되지 않는 정도로 실패하는 일들이 반복되면서, 이를 통해 구축된다. 이를 통해 조금씩 자기대상과 그 기능이 아이의 자기와 그 기능으로 대체된다. 자기조절self-regulating과 자기위안self-soothing이 내면화된다. 만약 변형적 내면화에 실패하면 그 개인은 자신이 내면에서 공급할 수 없는 것을 외부에서 찾게 된다(음식, 섹스, 약물 등등).

거짓자기false self : 아이의 핵심자기의 온전성이 위협받게 되면, 더 많은 자기애적 상처를 피하기 위해서 방어적 혹은 보상적 구조, 다른 말로 거짓자기 구조가 형성된다. 그런 개인은 소위 "마치 인양 인격" 을 발달시키는데, 이는 종종 "참자기" 가 더 조각나지 않도록 숨기는 과대자기grandiose self에 의해 강화된다. 그런 방어적 과정을 통해 이미 위축된 자기감각이 더 위축되는 것을 피할 수 있게 되는데, 자신의 실제 모습이 아니라 겉으로 보이는 행동이 성공의 원인으로 지목되기 때문이다. 결과적으로, 그들은 스스로 조만간 실제 모습이 들통날 "사기꾼" 이라고 느끼게 된다(사기꾼 증후군imposter syndrome).

거짓자기는 참자기를 숨기고 보호하기 위한 방어 기능이다. 거짓자기는 이를 위해 환경적 요구에 아래의 다섯 가지 방식으로 반응한다(위니코트, 1965) :

1. 한쪽 극단에서 거짓자기는 자신을 진짜로 내세우고 관찰자들은 이 모습이 진짜 모습이라고 생각한다.
2. 조금 덜 극단적인 경우, 거짓자기는 참자기를 방어한다. 참자기는 잠재적으로는 존재한다고 인정되고, 비밀스러운 삶이 허용된다.
3. 거짓자기의 주된 관심은 참자기가 다시 자신의 모습을 찾을 수 있는 조건을 찾는 데에 있다.
4. 거짓자기는 동일시에 기반해서 구축되고, 다양한 모습을 띤다.
5. 거짓자기는 정중하고 예절 바르게 사회적 규칙을 잘 지키는 것을 통해서 드러난다.

오그덴은 위니코트의 거짓자기 개념이 대상관계이론에 공헌한 부분에 대해 훌륭한 솜씨로 포괄적으로 정리했다.

> 내적 대상관계에 대한 이론이 발달하는 데 있어 위니코트의 주된 공헌은 인격체계 안에서 서로 상호작용을 하며 기능하는 복수의 자기구조에 대한 이론을 통해 이루어졌다. 위니코트는 유아를 독특한 인격의 개인성을 이룩할 잠재성(참자기 인격 혹은 참자기 구조라 불리는)을 가지고 태어나는 것으로 보았고, 이는 충분히 좋은 엄마가 제공하는, 아이의 요구에 잘 반응하는 안아주는 환경이라는 맥락 속에서 발달하는 것이었다. 그러나 엄마가 아이의 자발적 동작을 자신의 것으로 대체해버릴 때(예 : 유아의 호기심 넘치는 탐색을 위한 독립성에 대한 엄마 자신의 불안), 유아는 발달하고 있는 자기에 대한 감각이 정신적 외상을 초래할 정도로 방해 받는 경험을 하게 된다. 이런 식의 영향이 초기 모아 관계의 중심적 특성이 될 때, 유아는 두 번째(반동적인) 인격구조(거짓자기구조)를 발달시킴으로써 자기 자신을 지키려고 시도하게 된다. 이 거짓자기는 쉬지 않고 엄마의 의식적, 무의식적 요구를 감시하고 이에 자신을 맞춰가면서 일종의 보호막을 제공하게 되는데, 그 뒤에서 참자기는 자신의 온전함을 유지하기 위해 필요한 내밀한 공간을 보장받을 수 있게 된다.
> 거짓자기를 악의가 있는 것으로 이해해서는 안 된다. 오히려 이는 소위 돌보는 자아caretaker self로서, 내적 자기가 타인(어머니)의 내적 논리를 따라 발달하는 데서 오는 과도한 압박에서 기인한, 소멸에 대한 위협을 경험하지 않도록 적극적으로 삶을 관리한다. 참자기가 경험하는 소멸에 대한 공포는 거짓자기에 대한 전적인 의존을 낳는다. 이 때문에 그는 거짓자기가 기능하는 방식에 대한 의존을 줄이는 것이 극도로 힘들어지는데, 이는 자신이 이 때문에 삶의 허무함을 느끼게 되더라도 그렇다. 거짓자기 수준에서 기능하는 것은 흔히 학문적, 직업적, 사회적인 성공으로 이끄나, 시간이 지나면 이 사람은 점점 스스로가 지루하고, 세상으로부터 떨어져 있고, 그냥 한 동작 한 동작을 이어갈 뿐 기계적이고, 자발성이 결여되어 있다고 느끼게 된다. (p.231)

충분히 좋은 엄마 역할good enough mothering : 이는 위니코트가 만든 용어로서 최적의 좌절의 결과로 아이가 정신구조를 형성할 수 있도록 돕는, 엄마의 조정 능력을 의미한다. 충분히 좋은 엄마는 자라나는 아이를 완벽하게 만족시키지도 않고 상처받을 정도로 좌절시키지도 않는다. 대신에 엄마는 발달과 좌절을 견디는 능력의 성장을 위해서 조금씩 아이에 대한 자신의 직관적 이해를 줄여나간다.

자기관리self-care : 알코올 중독과 약물 중독자들은 자기 파괴적이고 자기 패배적인 행동으로 악명이 높다. 그들은 근본적으로 스스로를 돌보고 자기 패배적 행동으로부터 자신을 보호하는 능력이 결여되어 있다. 약물에 의존하는 사람은 감정을 조율하는 자아 능력이 결핍되어 있거나 덜 발달되어 있기 때문에, 피곤하거나 아프거나 허기지거나 불안하거나 우울하다는 것을 종종 스스로 알아채지 못한다. 약물 중독의 과거력과 함께 그들은 흔히 다양한 악명높은 건강을 해치는 습관들을 같이 가지고 있다. 많은 사람들이 줄담배를 피우고, 운동을 하지 않거나 과도하게 운동을 하고, 음식을 아무렇게나 먹으며, 편히 쉬고 즐기는 능력 또한 거의 없다. 이런 자기관리 문제 때문에 중독자들은 스스로에게 상처를 주거나 피해가 되는 행동을 피하기나, 여기에 저항할 수 있을 만큼 이를 인지하고, 조심하고, 걱정하고, 두려워하는 것도 잘 하지 못한다. 그들은 흔히 어렸을 때 충분한 양육을 받지 못했다. 또한, 부모에게 알코올 중독 문제가 흔하고, 문제가정에서 자란 경우도 많아서, 위험하거나 스스로에게 해가 되는 행동의 결과를 평가할만한 적당한 대비도 되어 있지 못하다. 그들은 잠재적으로 파괴적이거나 고통스러운 환경 속으로 끊임없이 들어간다. 만족스럽지 못하고 역기능적인 대인관계도 흔하다. 칸치안(1982)은 이러한 자기관리에 있어서의 무능력을 발달 상 문제로 이해했다. 말러와 다른 발달이론가에 대해서 논하면서 그는 이렇게 결론을 냈다. "그들은 자기관리능력을 갖추는데 있어 이상적 부모의 양육과 발달 초기의 보호가 중요하다고 강조했다. 그리고 돌봄이 극단적으로 부족되거나 방종이 극단적으로 용인되면 이것이 자기관리능력의 발달에 얼마나 파괴적인 영향을 초래하는지에 대해 말했다."(p.590)

정서조절affect regulation : 자기관리능력이 부족하기에 약물 중독자와 알코올 중독자들은 자기 파괴적이며, 위험한 행동을 꾸준히 멀리 하는 것이 어려울 뿐 아니라, 자아기능에도 결함이 생긴다. 이 때, 그들은 내면에서 일어나는 감정의 불안정한 혼돈을 적절히 다루고 이로부터 스스로를 보호하기 위해 자신의 느낌feelings을 이에 대한 안내나 신호로 이용하는 능력이 저하된다. 알코올과 약물 중독자들은 감정조절에 장애가 있는데 이는 "느낌을 분별하고 말로 표현하는 데 무능하고, 불안과 우울을 감당하지 못하며, 감정 조절에 장애가 있고, 행동화하고, 문제를 일으키고, 경조증이나 공포-불안 상태, 공황 불안, 정서적 불안정과 같은 극단적 정서가 드러나는 것"(칸치안, 1982, p.590)과 같은 모습으로 표현된다.

만약 발달이 방해 받지 않고 정상적으로 진행된다면, 우리의 느낌은 행동을 조절하는 데 안내자 혹은 신호의 역할을 한다. 그렇지만 발달 정체라는 문제를 겪고 있기에, 알코올이나 약물 중독자들은 자신의 느낌을 이해하는 능력을 분화시키고 발달시키는 데 흔히 실패한다. 결과적으로 그들은 자신의 느낌을 신호나 안내로 이용하는 능력이 없다. 칸치안은 이렇게 썼다.

> 자극을 막아주는 자아 기능에 결함이 있기 때문에 그들은 정서를 구별할 수가 없게 되거나, 아니면 자신의 느낌을 견딜 수 없고, 이에 압도당하게 된다. 그 결과 다른 사람들에게는 특별히 정신적 외상이 되지 않을 그런 상황에서도 자신을 압도하는 느낌을 떨치기 위해 부인denial의 기제나 알코올 효과에 의지하게 된다.(1982, p.591)

중독자들은 스트레스 상황에서 스스로를 진정시키고 평온을 유지하는 능력이 부족하기에 결국 외부 기제에 기대게 되는 것이다.

자기투약 가설self-medication hypothesis과 감정 조절

코헛의 초기 이론에 기반하여 칸치안(1985)은 중독 과정에 대한 대안적 이해를 시도하는데, 이는 현재의 질병 개념에 부합할 뿐 아니라 이를 확장하면서, 약물과 알코올 중독자의 치료와 회복에 도움이 되는 유용하고, 실질적이며 이론적인 설명을 제공하고 있다. "자기투약 가설"은 정신치료에 중요한 함의를 지니는데, 왜 물질 중독자들이 이 물질 저 물질을 옮겨가며 중독이 되는지를 설명할 수 있을 뿐 아니라, AA와 다른 약물 중독 치료를 위한 12단계 프로그램을 보완해 주기 때문이다.

초기의 마취제 중독자들과의 작업 동안, 칸치안(1982)은 오피오이드opioid에 중독되는 특정한 사람들이 있고 그 이유는 이 약물이 가진 독특한 약리적 효과 때문이라는 것을 처음 깨달았다. 헤로인 중독자들은 그 약이 공격성을 낮춰주기 때문에 좋아한다. 자신의 강렬한 격노를 다스리고 진정시키는 데 헤로인이 도움이 되는 것이다. 결과적으로, 칸치안은 이런 불법 약물이 주는 효과는 불안, 우울, 그리고 다른 고통스러운 감정 상태를 줄여주는 약의 효과와 비슷하다는 것을 깨달았다. 화학적으로 중독된 사람은 어떤 의미에서는 자신에게 부족한 것을 고치거나 회복하기 위해서 스스로의 무자격 주치의처럼 행동하는 것이다. 결론적으로, 칸치안은 중독자들이 추구하는 것은 쾌락이 아니라, 자신의 감정적 자기를 조절하고, 비록 일시적일지라도 삶을 지속적으로 지배하는 결핍과 수치와 부적절함이란 느낌에서 벗어나려 시도하고 있다고 생각했다.

후기 작업에서 칸치안은 모든 물질 중독자들은 특정한 약물을 남용하고 거기에 의존하게 되는 경향이 있는데, 이는 그들이 감정 조절에 있어 나름의 특유한 문제가 있기 때문이라는 것을 발견했다. 중독자들은 어떤 약물에 이끌리는데, 이는 특정 느낌을 조절하는 데 있어서 그 약물이 도움이 되기 때문이라는 것이다. 대부분의 중독자들은 다양한 약물들을 시도해보지만, 결국 어떤 약물 하나에 끌리는데, 바로 그 약물이 문제가 되는 기분 상태를 조절해주는 효과가 있기 때문이다. 예를 들어, 마취제 중독자들은 오피오이드가 공격성, 분노 그리고 격노와 연관된 불쾌감을 조절하는 효과가 있기 때문에 이끌린다. 만성적 우울이나 양극성 장애, 과잉행동 증후군이나 주의집중장애는 코카인 중독자들이 자주 보이는 증상들이다. 지루하고, 허무하고, 내면이 죽어있고, 삶이 의미 없다고 느끼는 중독자들은 정신자극제psychostimulant에 매혹된다.

후기 작업을 통해 칸치안은 역의존적counter-dependent이고, 감정을 제한하며, 억제된 사람들은 알코올이나 진정제에 끌린다는 것을 알게 되었다. 만성적 불안에 시달리는 예민하고 걱정 많은 사람들은 벤조디아제핀 계 약물에 중독되기 쉬우며 발륨이나 자낙스xanax와 같은 약한 진정제에 끌리는 반면에, 더 고립되고 분열성 특징을 보이는 사람들은 마리화나나 환각유도제hallucinogen와 같은 약물에 매혹을 느낀다. 칸치안(1982)이 썼듯이 "이러한 선택은 다양한 약물이 각각 특징적으로 정신에 미치는 작용과 연관되어 있다. ... 다양한 약물을 시험해보는 과정에서 개인은 한 약물의 작용이 다른 약보다 더 좋다는 것을 발견하게 된다"(p.757). "자기투약가설"은 비록 초기 가정의 상당 부분이 이후 연구에 의해 증명되지는 못했지만 여전히 치료에 있어 중요한 함의를 지닌다는 것이 밝혀졌다. 중독 약물이 자기 치료적 기능을 한다는 것을 알게 됨으로써 중독 치료에 있어서 약물 그리고 알코올 중독자들이 물질을 남용하는 이유에 대한 논의의 초점이 쾌락 추구에서 고통의 감소로 옮겨지게 되었다. 이러한 변화 덕에 임상가는 좀 더 긍정적이고 공감적인 정신치료 관계를 맺을 수 있게 되었다.

감정조절 이론 affect regulation theory

감정조절 이론은 단지 약물과 알코올 중독자뿐 아니라, 모든 사람이 감정 조절을 돕는 자기대상을 필요로 한다고 주장한다. 어떤 사람들은 유전적 그리고 환경적 변수 때문에 다른 사람들보다 더 쉽게 감정적 혼란을 겪는데, 이는 그들이 감정조절능력에 더 심각한 결함을 가지고 있기 때문이다. 이렇게 예민한 사람들은 우리 인류가 감정 조절을 위해 타고난 능력, 즉 타인에게 의지할 수 있는 대인관계 기술을 가지고 있지 못하며, 외부 자원에 더 많이 의존하게 된다.

코헛과 칸치안의 설득력 있는 논증 덕분에, 감정조절이론은 중독에 대한 정신분석적 사고에 있어 그 강조점이 고전적 충동 혹은 본능이론에서 적응, 발달적 정체, 그리고 자기구조의 결함을 강조하는 관계모델로 옮겨가는 것에 기여했다(건트립, 1971, 페어번 1952). 칸치안은 중독 과정에 대한 대안적 설명을 제공했는데, 이는 기존의 질병 개념에 부합할 뿐 아니라 그 이론을 확장하면서 물질 중독자의 치료와 회복을 증진시키는데 유용할 뿐 아니라 실용적이고 이론적인 개념을 제공하고 있다. 애착이론은 애착 경험의 심리생물학적 측면을 강조하면서 감정조절 이론에 이론적 기초를 제공했다. 이렇게 애착이론과 감정조절이론은 우리 문화와 정신건강 체계를 지배했던 오류 즉, 의존은 나쁘다는 오류에 도전했다.

의존과 자기

자기의 결함은 자아이상ego-ideal 형성의 실패를 가져온다. 코헛의 개념틀(1977b)에서 보면, 알코올과 약물 중독자들은 부모의 존경받고 존경하는, 용기를 북돋으며 가치 있다고 평가되는, 이상화된 특질들을 적절하게 내면화하지 못했다. 그 결과로 그들에게는 자기가치감이 부족하고, 만성적으로 낮은 자존감으로 고통 받는다. 자기 자신, 그리고 타인과 자신의 관계를 적절하게 평가하는 능력이 부족하기 때문에, 그들은 인정과 확신을 위해 외부 자원에 의존할 수밖에 없다. 약물과 알코올 중독자들은 자주 밖에서 일을 찾고 타인에 의지하고 또 타인의 덕을 봐서 행복감을 느끼려 시도하는데, 이는 내적 자원을 통해 스스로 행복을 느끼는 게 거의 전적으로 불가능하기 때문이다.

컨버그(1975)는 어떻게 완고하고 원초적인 방어를 통해 이들이 자기의 일부분을 익입하고 해리시키게 되는지를 강조했다. 알코올과 약물은 자신의 과대자기에 연료를 공급하고, 나쁘기만 한 내면화된 대상을 부인하면서 동시에 좋기만 한 자기이미지와 대상이미지를 활성화시키려는 시도로 볼 수 있다. 크리스탈 Krystal 1982은 이러한 방어 때문에, 알코올과 약물 중독자들은 그들이 술을 마시거나 약물을 하지 않는 한 자신의 느낌을 경험할 수 없다고 말했다. 물질 사용을 통해 그들은 자신의 느낌들을 짧게 그리고 견딜만한 강도로 경험할 수 있게 되는 것이다.

보울비(1988)는 치료자들이 건강한 애착에 대한 욕구와 의존을 헷갈리는 경향이 있다고 경고했다. 너무 자주, 임상가들은 애착이란 단어를 성인 병리를 설명하기 위해서 사용한다(웨스트West & 셀던-켈러Sheldon-Keller, 1994). 특히 정서적 스트레스가 있을 때 안심과 위안과 이해를 구하는 인간의 욕구를 병리적이거나 퇴행적이거나 미성숙한 행동으로 해석해서는 안 되며, 특히 상실 때문에 힘들어하고 있다면 더 그렇다. 그러나 많은 치료자들이 이러한 관점에 너무 빨리 경도되며, 환자가 혼란스러워하면서 스스로가 "너무 요구가 많은 것 같다" 고 인정할 때 이러한 자기평가에 너무 쉽게 동의해 버린다. 그들은 종종 치료자가 동의한 것 때문에 스스로의 생각을 더 강화하고, 독립성을 성숙과 정신적 건강과 동일하게 생각하는 문화는 이를 더 단단하게 만든다. 의존이라는 악마에 대항하려는 막무가내의 시도 속에서 환자들은 종종 다시 상처받게 되고, 비판적인 부모가 안심과 확신을 원한다는 이유로 자신을 비난했던 때 느꼈던 수치심과 비슷한 느낌을 다시 받게 된다.

누군가에게 의지한다는 것은 애착된다는 것과 같지 않다. 애착은 정서적 유대감으로 돌봄, 친숙함, 지속성이라는 특질을 가지며 오랜 시간에 걸쳐 형성된다. 우리는 애착되지만 의존적이지 않을 수 있다. 결과적으로, 의존적이면서 애착되지 않을 수도 있는데, 이것이 바로 상호의존co-dependency의 경우이다. 애착이론이 암시하듯, 의존이란 단어는 혼란을 일으킬 뿐 아니라 비난의 뉘앙스가 들어있는 단어이다. 이는 우리 문화의 강력한 오류 즉 독립성과 자율성에 대한 우리의 강박을 반영하는 것이며, 이는 우리 종의 생물학적 현실과도 잘 맞지 않는다.

타인과의 건강한 의존이라는 이 원칙과 밀접하게 연관된 것이 바로 자기대상에 대한 자기애적 욕구와 감정조절능력의 성숙이다. 코헛(1977b)은 자기대상에 대한 초기 욕구(이는 정신구조의 구축을 포함하는 일종의 보상 과정이다)와 자기대상 반응성에 대한 성숙한 욕구(여기엔 그들이 이상적인 수준에서 기능하도록 조율하는 두 건강한 개인 간의 상호조절과정이 포함된다)를 구분했다. 회복 초기에, 알코올과 약물 중독자들은 전형적으로 원초적archaic 자기대상을 필요로 한다. 그들의 과도하게 있는 척하는grandiose 방어의 사용은 약물이나 알코올 중독자 집단에서 표현되는 가치들과 상호작용한다. 중독으로부터의 절제와 회복은 약물을 사용하는 생활방식chemical-using life-style에 대한 자기애적 고착을 방해한다. 치료는 건강한 자기애의 성숙을 촉진하는 회복 과정을 제공할 때 가장 효과적이다. 때때로, 그 개인은 치료 프로그램을 이상화하면서 여기에 애착되어야 할 필요가 있을 수도 있다.

프로그램에 대한 이상화된 애착은 각 개인의 자기애적 욕구를 건강한 방식으로 만족시켜준다. 만약 물질 중독자가 이 프로그램의 철학에서 표현되고 인정받는 가치들을 내면화한다면 이는 일종의 치료적 경험이 될 수 있다. AA의 가치는 참가자들에 의해 열정적으로 내세워지기에, 알코올이나 약물 중독자들의 집단 속 문화가 내세우는 신조와 정면으로 부딪히게 되는데, AA 프로그램의 가치를 이상화함으로써 알코올과 약물 중독자들은 음주와 약물 사용에 마음을 덜 뺏기게 된다. 또한 그들은 자신이 이상화하는 사람들에게 건강하게 의지할 수 있게 된다. 이러한 존경받는 새로운 대상들은 이전 술친구나 약물을 같이 사용하던 친구들 그리고 초기 부모상보다 훨씬 더 의존할 만하고 공감적이기 때문에, 그들은 기꺼이 다른 인간에게 의지하는 위험을 무릅쓸 수 있게 된다. 이런 분위기 속에서 개인적 변화가 가능하다는 믿음이 싹트는 것을 시작으로 희망에 대한 감각이 생겨난다. 동일시를 위한 새로운 대상들의 도움과 함께 더 적응적인 관계 양상들이 출현할 수 있다.

볼비(1979a)는 상호적 감정조절을 제공하는 건강한 관계에 대한 욕구는 "요람에서 무덤까지" 지속되는, 인간 행동에 꼭 필요한 일부라고 보았다. 코헛(1984)도 이에 동의하였고, 우리는 더 이상 자기대상이 필요치 않을 만큼 자랄 수는 없으며 치료는 환자가 치료적 환경 밖에서 건강한 애착을 형성할 수 있을 때 끝난다고 말했다. 애착이론과 자기심리학의 아주 중요한 또 다른 측면은 바로 이 이론들과 AA와의 조화가능성이다. 각각의 관점은 중독을 감정을 조절하고 정신구조의 결함을 수리하려는, 결국은 실패한 시도로 본다. 발달적 실패 때문에, 취약한 개인은 친밀한 애착을 형성하는 능력이 부족하게 되고, 이 때문에 알콜과 약물 중독자들은 사람 대신에 물건과 물질에 애착되게 된다. 두 이론 모두 중독의 질병이론을 일종의 은유로 보면서, 왜 AA가 효과가 있고 왜 절제가 필요한지에 대한 대안적 설명을 제공한다. 그러나 애착이론을 통해 알 수 있듯이, 우리가 얼마나 나이를 먹었고 감정적으로 얼마나 발달했는지와 상관없이 우리는 언제나 타인으로부터 어느 정도 정서적 조절을 받을 필요가 있다. 타인에 대한 욕구를 부인하는 것은 그 개인이 대인관계 영역 밖에서 만족(약물, 알코올, 음식, 섹스, 일, 도박 등등)을 찾게 만든다.

감정표현 불능증 alexythymia

감정표현 불능증은 자신의 감정에 이름을 붙이고 이 감정을 활용하는데 무능한 것으로 특징지워진다. 알코올과 약물 중독자들은 자신의 감정을 언어로 표현하는데 문제가 있는데, 이 때문에 감정적 반응이 신체화되는 경향이 있다. 그 결과로, 그들은 느낌 대신에 어떤 감각에 직면하게 된다. 이 생리적 감각은 신호로서는 쓸모가 없고, 대신 고통스러울 뿐 아니라 압도적인 느낌으로 주체를 당황스럽게 만든다. 그러한 고통스런 정서적 상태는 그 느낌 뒤에 있는 "이야기"로 우리를 이끄는 대신에, 불편하다는 느낌 자체에 집중하게 만든다. 이런 사람은 자신의 가장 고통스럽고, 괴롭고 중요한 감정을 표현하는데 충격적일 정도로 무능력하다. 모두는 아니더라도 많은 느낌들이 신체적 불편함과 갈망이라는 신체적 괴로움으로 변화된다. 알코올과 약물은 감정을 차단함으로써 그 신호를 해석하고 거기 참여하는 것을 막기 위해서 사용된다. 크리스털(1982)은 이러한 현상이 또한 "욕동과 연관된 환상을 품는 능력을 감소시킨다." 고 말했다. 또한 "사고하는 것은 조작적이고 일상적이게 되면서 지루해진다. 해석할만한 전이 발달을 위해 필요한 공감능력 역시 심각할 정도로 감소한다."(p.614) 요약하면, 알코올과 약물 중독자들은 술을 마시거나 약물을 쓸 때만 스스로 그리고 타인과 즐길 수 있다.

무감동증 anhedonia

많은 알코올과 약물 중독자들은 기쁨과 쾌락과 행복을 경험하는 능력을 가지고 있지 못하다. 약물은 실제적으로 그들이 만족을 얻고 괴로운 기분 상태로부터 벗어나는 유일한 길이다. 크리스털(1982)은 이에 대해 유아기의 정신적 외상 때문에 언젠가 모든 게 다 끝날 버릴 것 같은 느낌이 계속되기에, 그들은 견딜 수 없을 정도로 정신적 외상을 주는 상황을 다시 경험할까 봐 항상 두려워하게 된다고 보았다. 그들은 항상 아주 활동적인데, 왜냐하면 잠깐 여유를 가졌다가는 예상했던 파국이 들이닥칠까 두렵기 때문이다. 크리스털(1982)은 치료에 있어서 이 문제의 중요성에 대해서 썼다.

쾌락과 기쁨을 느낄 수 있는 능력을 키우도록 환자를 돕는 방법에 대해 우리는 거의 모른다. 이는 특히 알코올 중독 문제가 있는 전문가, 특히 알코올 중독에 빠진 임상가를 도울 때 심각한 문제가 된다. 이런 사람들은 문제음주 이면에 심각한 강박성과 "일 중독", 그리고 무감동증이라는 문제들을 함께 보이곤 하는데, 약물은 가혹한, 기계와 같이 엄격한 자기 조절을 유지하기 위해 흔히 사용된다. 많은 사람들이 직업적 사회적 영역에서 상당히 오랫동안 엄청난 성공을 이뤄내지만, 그들이 보이는 현실에 대한 "최상의" 적응은 사실 "조작적operative" 생활방식의 일부이다. (p.615)

치료에의 적용: 교정적 감정 표현

공감 empathy

자기심리학의 관점에서 볼 때, 아이가 응집적 자기를 발달시키기 위해서는 부모로부터 공감적인 조율attunement을 받는 것이 필요하다. 응집적 혹은 "양극의 자기bipolar self란, 초기 과대자기가 자기 확신적 야망으로, 그리고 이상화된 자기가 성숙한 가치와 이상으로 변형되는 것을 통해 발달적으로 성취된다." (스톤Stone. 1992, p.335) 소소하거나 일시적인 공감 실패는 해롭지 않다. 사실, 주기적 실패는 변형적 내면화라는 중요한 과정을 촉진시킨다. "충분히 좋은 엄마"가 제공하는 "안아주는 환경" 속에서의 최적의 좌절은 실제로 정신구조의 구축과 외부대상이 제공하던 기능의 내면화를 촉진시킨다.

코헛(1977b)이 공감과 조율의 부족을 정신병리의 가장 근본적 원인으로 지목한 이래, 그는 치료적 도구로서 공감을 사용하는 것이 자기의 회복에 있어서 결정적이라고 생각했다. 공감 혹은 "대리성찰vicarious introspection"이 자기심리학자들이 정보를 수집하는 가장 기초적인 양식이 되었다. 치료자의 과제는 전이적 관계 속에서 활성화되고 드러나는, 환자가 요구하는 자기대상의 기능을 확인하는 것이다. 최초에 부모가 적절한 공감을 하지 못했기 때문에, 아이는 여러 가지 잘못된 경로(알콜, 약물, 섹스 등등)를 통해서 조절을 위한 그릇된 시도를 시작한 것이기에, 이러한 발달 정체의 회복에 있어 핵심적 요소 중 하나는 치료자가 자신을 자기 대상으로 사용할 수 있도록 제공할 수 있는가 하는 것이다.

분열 splitting

유아가 분리-개별화 소단계에 접어들기 시작하면서, 공생적 단위는 네 이미지로 분열된다. 즉 좋은 자기, 좋은 대상, 나쁜 자기, 나쁜 대상이 그것이다. 이러한 분열의 목적은 유아가 "무조건 좋은" 그리고 "무조건 나쁜" 이미지가 결국은 한 사람이라는 것을 깨달을 수 있을 때까지 좋은 이미지를 충분히 보존하는 것이다. 이 때 아이는 자신을 먹여주는 "좋은 엄마"가 나쁜 짓을 할 때 벌을 주는 "나쁜 엄마"이기도 하다는 깨달음을 견딜 수 있게 된다. 엄마가 좋기도 하고 나쁘기도 하다는 사실을 견딜 수 없는 무능력 때문에 발생하는 압도적 불안에서 스스로를 보호하기 위해서, 발달적으로 정체된 아이는 자신의 느낌을 소위 "모 아니면 도" 혹은 "흑 아니면 백"의 이미지로 분열시키게 된다. 따라서 엄마는 좋은 동시에 나쁠 수 없게 된다. 그 아이는 나쁜 대상을 내면화하고 내사하거나(나는 나쁘다. 엄마는 좋다), 엄마를 이상화하고 나쁜 이미지를 외부 세계로 투사한다(세상은 악하다. 나는 좋다).

방어로서, 컨버그(1975)는 "분열" 이란 용어를 도입했고 이를 "무조건 좋은" 이미지와 "무조건 나쁜" 이미지를 적극적이자 방어적으로 분리하는 것으로 정의하였다. 그러한 방어기제는 개인이 좋은 동시에 나쁠 수 있는 대상의 정신적 표상을 유지할 수 없게 만든다. 대상이 만족스러울 때는 "무조건 좋은" 것으로 이상화되나, 거부적일 땐 "무조건 나쁜" 것으로 폄하된다. (그림 4.2를 보라)

투사적 동일시 projective identification

이는 경계성 인격 장애의 인격구조에서 보이는 원시적 방어기제이다. 투사의 목적은 모든 내면화된 나쁜 이미지들을 타인에게 넘김으로써 이를 제거하는 것이다. 결과적으로, 외부의 외면화된 대상이 나쁜 것으로(화난, 협박하는) 지각된다. 그 후에 주체는 이 외면화된 대상을 조절하려 애쓰는데, 이는 자신이 그렇게 다뤄질 거라 두려워하는 바로 그 방식으로 외부 대상이 자신을 취급하는 것을 피하기 위해서이다(공격받거나 조정 당하거나). 역설적이게도, 그들의 의심쩍어하는 방어 행동으로 인해 이들은 타인에게서 자신이 가장 싫어하는 바로 그 행동을 유발하게 된다. 그들은 결과적으로 이 분노를 강조하고 이 분노에 동일시하면서 외부 대상은 실제로 정말 나쁘다(자신을 조정하려 하고, 분노해 있다)는 믿음에 더 확신을 가지게 된다. 그들의 의심은 자기실현적 예언이 된다.

임상실례가 이 중요한 방어 기제를 명료하게 이해하는 데 도움이 될 것이다.

서른 두 살의 코카인 중독자가 코카인에 취했고 사람들(경찰과 군대)이 자신을 추적하고 있다고 의심하기 시작했다. 그는 거리로 뛰어 내려가 우체통과 공중전화박스 뒤에 숨었다. 그의 방어적이고 의심쩍고 화난 행동에 놀란 사람들이 경찰에 신고를 해서, 경찰이 그를 쫓기 시작했다. 경찰이 자신을 쫓는다는 것을 발견하자, 다른 사람이 자신을 추적하고 공격할 것이라는 두려움이 확인되었다. 경찰이 아무 이유 없이 자신을 쫓는다는 믿음이 정당화되었기에 마침내 그는 욕설을 퍼부으며 경찰관을 공격하였다.

5년 동안 단주를 해온, 마흔 두 살의, 알코올 중독에서 회복 중인 브렛은 그의 고용주에 의해서 의뢰되었다. 그가 직장에서 다른 동료들과 끊임없이 싸움을 벌였기 때문이었다. 그는 일을 굉장히 잘 해나갔으나, 사무실에서 여러 가지 감정적 분란을 많이 일으켰기 때문에, 훌륭한 실적에도 불구하고 잘리기 직전이었다. 네 번의 집단치료 회기 이후에, 브렛은 집단치료의 리더가 부적절하다며 분개하고 불평하기 시작했다. 그는 리더가 자신을 돕지 않으며, 치료를 위해서 지불하는 비용이 부당하고 돈이 아깝다고 말했다. 다섯 번째 회기 후에 그는 그 전 주에 치료실에 들어올 때 리더가 자신을 비난으로 가득한 눈빛으로 바라보았다고 추궁했다. 그는 또한 리더가 다른 모든 집단 구성원에게는 자신에게보다 더 호의적으로 반응하며 그가 자신을 특별히 싫어하는 것 같다며 힐난했다. 전혀 그렇지 않았기 때문에, 리더는 이 문제를 충분히 탐색하였고, 마침내 브렛이 자신을 다루는 방식이 바로 정확하게 그가 살면서 다른 사람들을 다루는 방식과 일치하며, 그는 주로 타인에게 자신이 가진 문제(화, 싸움, 비판)들을 귀인하고 있다(투사)고 지적했다. 집단의 다른 구성원들은 리더의 이러한 관찰에 동의하며 리더를 지지했다. 브렛은, 다른 집단구성원들로부터의 피드백을 통해서, 대인관계에서 많은 어려움을 야기했던 중요한 방어기제를 깨달을 수 있었다.

중간 대상 transitional object

이는 위니코트(1965)의 개념으로 유아가 최초로 "내가 아닌" 소유물을 인식하고 선택하는 것을 가리킨다.

그 소유물은 보통 담요나 장난감이나 인형이다. 이 대상은 보통 유아가 자신의 독립성을 인식하는 것을 촉진하고 자기 충족적이 되어가는(어머니로부터 독립해가는 : 역주) 아이를 달래준다.

자기대상 self-object

타인이 "정신 내적으로 경험되고 자기라는 감각을 일깨우고, 유지하고, 그 자기 감각에 긍정적 영향을 미칠 때, 우리는 이 타인을 자기대상이라 부를 수 있다"(울프, 1975. p.271). 자기대상은 자기가 아니며 대상도 아니다. 차라리 이는 관계에서 이루어지는 어떤 작용의 주관적 측면이다. 자기대상 전이는, 마치 물질 남용처럼, 실제로 자기회복을 위한 시도이다. 연약한 개인은, 아이 때 시작되었으나 아직 마치지 못한 과정을 완료하려고 시도하게 된다. 코헛(1977b)은 우리가 우리 자신을 완성하려는 희망을 결코 포기하지 않는다고 믿었다. 같은 맥락에서 폴 오른스타인(Paul Ornstein, 1982)은 치료의 구조와 치료동맹을 유지하는 것의 중요성에 대해서 말하면서 이렇게 썼다. "자기는 항상 자기 자신을 완성할 수 있는 적절한 환경을 찾고 있다"

코헛은 건강한 자기애와 병리적 자기애를 구별했다. 아이의 자기대상 요구에 대한, 단계에 적절한 공감적 반응은 자기의 응집과 발달을 위해서 필수적이며, 이는 건강한 자존감으로 이끈다. 이상화하거나 반영하는 자기대상이 없다면, 아이는 자기애 측면에서 취약하게 자라게 되고 감정 조절에 있어서 어려움을 겪고 혼란스러워지게 되어 중독 행동에 빠져들 가능성이 많아진다. 결과적으로 취약한 개인은 살아가면서 겪을 수밖에 없는 감정적 상처와 실망(감정조절 불능affect disregulation)을 다룰 수 있는 내적 구조를 만들지 못하게 된다. 베이클(Baca, 1985)은 이렇게 썼다.

> 잘못된 자기대상 반응 때문에 생긴 자기의 결함 때문에, 주체는 코헛이 전이유사 상태transference-like state라고 부른 상태가 되는데, 이 때 그는 자기를 회복하기 위해 필요한 반응을 제공해 줄 자기대상을 성인이 되어 찾고 있는 것이다. (p.488)

이런 관점에서, 베이클은 전이적 관계가 근본적으로 자기회복을 향한 시도라고 주장했다. 베이클의 이론은 칸치안(1982)의 자기투약 가설과 유사하다. 칸치안(2001)과 코헛(1977a) 모두 물질사용과 초기 자기대상 관계는 비슷한 기능을 한다고 제안했다. 즉 둘 다 결함이 있는 자아를 지탱하려는 필사적이지만 무익한 시도를 반영하는, 보상을 위한 행동이라는 것이다. 코헛과 다른 이론가들(울프 1988, 스톨로로우 등 1987)이 자기애적 결함이 있는 환자들과의 수년에 걸친 치료 작업을 통해 수집한 증거를 통해 공통된 자기대상 전이 일곱 가지를 확인할 수 있었다.

1. 반영하기mirroring : 아이의 타고난 활력, 자신이 중요하다는 느낌, 자신이 유일무이하다는 느낌을 확인 받으려는 반응. 이는 엄마가 아이의 느낌과 흥미에 공감적으로 조율할 때 보이는 "눈동자의 반짝임" 이다. 이 경험으로부터 아이는 건강한 자기애와 과대성을 발달시킨다. 이를 통해 적당한 확신 그리고 훈련과 성취를 향한 충동을 포함한 건강한 자존감이 생긴다.
2. 이상화하기idealizing : 만약 아이에게 이상화를 허락하고 제공하는, 강하고 달래주는 자기대상이 있다

면, 건강한 이상을 가질 능력, 그리고 가치와 규범이 내면화된다.

3. 대체자아 혹은 쌍둥이관계alter ego or twinship : 아이와 자기대상 간의 최적의 상호작용을 통해 형성된 확고한 자기감각은 위의 두 극-권력과 성공에 대한 근원적 갈망을 만들어내는 반영하기mirroring라는 첫 번째 극과, 기본적이고 이상적인 목표와 가치를 만들어내는 이상화하기idealization라는 두 번째 극과의 관계에서 세 번째 극을 이룬다. 인격의 핵심은 야망과 이상 사이에서 구축되는, 기본적 재능과 기술이라는 전이지대에서의 압력장tension arc에 의해서 결정된다. 자기대상에 대한 욕구는 자신보다 거대한 어떤 것, 인간 사이에 속하고자 하는 욕구로 구성되는데, 이는 소외와 고독의 반대편에 있는 것이다. 이는 공동체의 일원이 되고자 하는 욕구를 반영한다.
4. 적대관계adversarial : 다른 사람을 파괴할지도 모른다는 두려움 없이 타인과 경쟁하고 최고로 자신의 잠재력을 끌어올리고자 하는 욕구. 아이에게 있어, 이는 파괴적 보복에 대한 두려움 없이 마음껏 놀고 싶은 욕구이다. 어른에게 있어 이는 다른 사람이 관계를 파괴하지 않고 분노를 견디고 불화를 조정해 나갈 거라는 확신이 된다. 이러한 경험을 통해 회복력resiliency이 생긴다.
5. 효능감efficacy : 타인과 관계에서 중요하다는 느낌, 의미 있다는 느낌을 가져본 경험. 자신의 존재와 반응과 행동이 다른 사람에게 긍정적 영향을 준다는 느낌, 그래서 자신이 타인에게 도움이 되고 중요한 존재가 될 수 있다는 느낌.
6. 자기인식Self-delineating : 애착 상실에 대한 위협 없이 자기의 개성화와 독립을 장려하는 대상과의 관계. 흔히 애착 관계를 유지하기 위해서 특정한 방식으로 행동하라는 압력 없이 타인이 자기 자신이 되도록 허용하는 관계.
7. 증인되기witnessing : 자기대상이 목격자가 되어 자신에게 가해진 부당함이나 오류에 대한 감정적 이해를 제공해주는 데 대한 요구. 이러한 관계는 특히 정신적 외상을 겪은 사람에게 중요하다.

이러한 자기대상 전이는 집단치료에서 더 중요한데, 교정적 경험의 기회가 더 많이 일어나기 때문이다. 집단이 계속해서 만나고 관계가 발전하면서, "친밀함을 추구하는 행동"이 활성화된다. 이를 통해 각 개인의 내적작동 모델을 이끌어내고 탐색할 수 있는 기회가 주어지는데, 이 때 파괴적 방식으로 관계를 맺는 것과 같은 반복적 문제를 변화시키고 수정하는데 도움이 되는 편안한 분위기가 형성될 수 있다. 일단 집단이 애착 대상이 되면, 집단은 잠재적 자기대상의 후보가 되고, 이를 통해 더 다양한 전이가 창조되며 구성원들이 자신이 원했던 특정한 확장된 자기대상 기능을 확립할 수 있는 가능성이 생긴다(하우드Harwood, 1986). 적내관계와 효능경험(울프, 1980)이 증가하면서, 집단 구성원들이 '자기인식을 위한 자기대상기능self-delineating self-object function'을 경험할 수 있는 가능성을 제공하는데, 이는 자기가 독립해 있다는 감각이 형성되는데 있어 기초가 된다(스톨로로우 등, 1987).

그림 4.8은 집단에서의 자기대상 전이의 확장 가능성을 보여주고 있다.

짧은 임상실례를 통해 어떻게 이러한 자기대상 기능이 집단에서 활성화되어 치료적 이득을 가져오는지를 볼 수 있다.

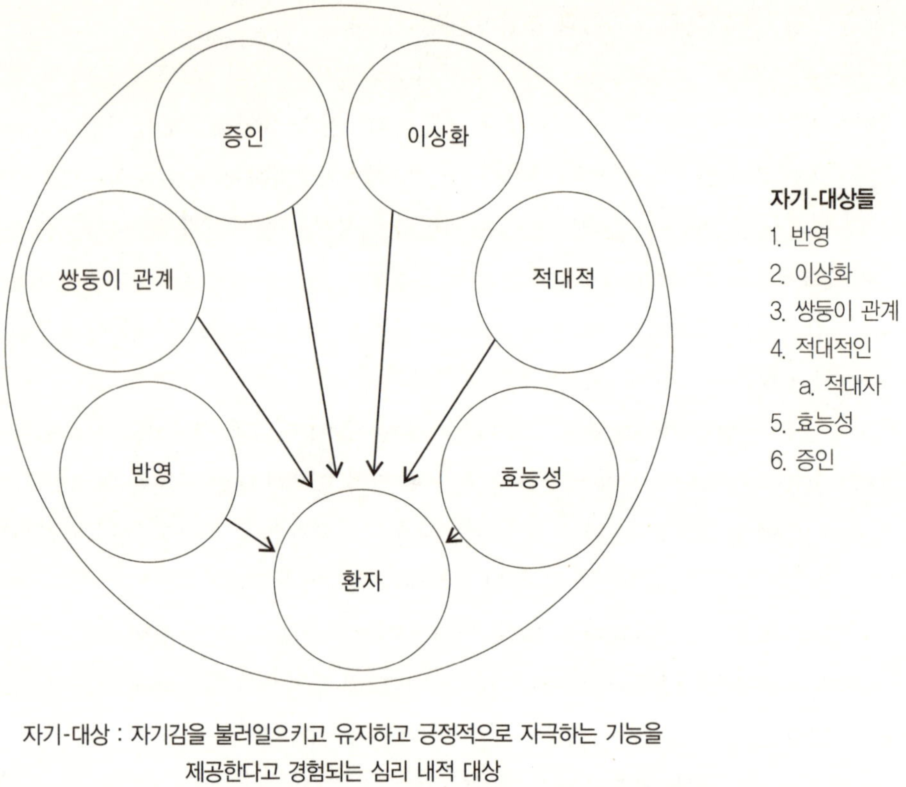

〈그림 4. 8〉 집단 안에서 자기-대상 전이 가능성

안젤라는 매력적이고 활기 넘치는 삼십 대 초반 여인으로 외래 기반 장기집단 치료를 시작했을 때 단주 1년째였다. 집단 사람들은 금새 그녀가 다른 사람들에게 아주 잘 반응하고 활기 넘치며, 치료에 몰두하고 있다는 것을 알아보았다. 그러나 사람들은 안젤라가 집단 밖 다른 사람에게 그렇듯 집단 내 사람들도 얕보고 험담하는 경향이 있다는 걸 조금씩 느끼기 시작했다. 그녀는 빠르고 강렬하게 애착을 보이다가 갑자기 그 관계에 대한 환상에서 깨어나거나 지루함을 느끼는 것처럼 보였다. 안젤라는 집단 내에서 이런 식의 행동 패턴을 반복했다. 그녀는 남자에게는 매우 유혹적이었고 여자에게는 관심이 없었다. 아들 넷에 딸 하나인 집안에서 유일한 딸로서, 가부장적인 아버지를 두었던 안젤라는 여자를 하찮고 의미 없는 존재로 취급하면서 남자와는 사랑과 증오가 교차하는 관계를 맺었다. 그녀의 집단 그리고 집단 리더 중 한 명에 대한 애착은, 그녀가 집단에게 불러일으키는 다른 종류의 자기대상 반응을 견디게 할 정도로 충분히 강했다. 한 남자가 지속적으로 그녀가 타인을 조종하는 방식을 직면시켰는데 반면 두 남자는 그녀 특유의 유혹하는 패턴에 말려들어갔다. 네 번째 남자는 그녀가 집단에서 가장 문제를 많이 일으키는 순간에도 일관되게 그녀를 보호하고 지지해주었다. 두 여자가 경쟁적으로 그녀와 얽혀들었는데, 세 번째 여자는 그녀의 남자관계의 어려움을 이해하고 공감해주었다. 또 다른 여성, 에블린은 안젤라가 새롭게 동일시하는 대상이 되었다. 에블린의 몸가짐은 안젤라와 완전히 반대였음에도 불구하고, 에블린는 지속적으로 집단에서 자신을 지지하고 존중하고 돌보는 남자 멤버들을 얻을 수 있었는데, 이는 그녀가 자상하고 타인에게 자신을 강요하지 않기 때문이었다. 안젤라는 모든 조용한 여인이 엄마처럼 피학적이지는 않다는 것을 깨달았다. 집단 구성원들과 상호작용

하면서, 안젤라는 가정에서 형성되었던 파괴적으로 관계를 맺는 패턴을 변형하고 수정하기 위해서 요구되는 자기대상 반응을 일으킬 수 있었다.

중간대상으로서의 집단의 가치는 동일시 과정을 촉진하는데 있다. 이는 알코올과 약물 중독자들을 다음과 같은 면에서 돕는다.

(1) 다른 집단 구성원과 동일시함으로써 내면화된 분열된 자기상을 더 통합된 자기표상으로 변화시킬 수 있다.
(2) 부분대상을 전체대상처럼 보았던 것(예 : 치료자가 오로지 나쁜 대상으로만 보이는 것)에서 변화가 일어난다.
(3) 집단의 리더에게 삼켜지지 않을까 두려워했다가, 조금씩 다른 집단 구성원들을 통해서 그런 일은 일어나지 않는다는 것을 깨닫게 된다. 왜냐하면, 리더가 생각만큼 그렇게 강하지 않다는 것을 알게 되고, 다른 구성원들과 환자가 리더를 공유하기에 환자의 융합에 대한 갈망이 방해 받기 때문이다(코세프, 1975, p.237).

자기대상 전이 : 치료에 대한 함의

불충분한 대상 반응의 결과로, 물질 중독자들은 자기가치감이 부족하며 자존감이 낮을 뿐 아니라 만성적으로 수치심에 시달리게 된다. 반응을 잘 해주는 환경과 정서적 조율이 이루어지는 모체 안에서만이 심리적 구조가 형성되는 고유한 과정이 진행되는 것이다. 구조의 구축은 이전 단계에서 아이가 반영 받고, 쌍둥이가 되고twinship, 이상화하고자 하는 욕구가 충분히 만족되지 않으면 일어날 수 없다. 반영해주고 공감하는 자기대상이 상처가 되지 않을 정도로 반응에 실패할 때, 이를 통해 심리적 구조가 구축된다. 특히 자기와 자기대상 기능을 제공하는 사람 간의 파괴되었던 유대가 다시 회복될 때 이 구조는 건설된다(하우드, 1998). 최적의 좌절이라는 이상적 분위기 속에서 불화를 해결하면서 조금씩 자기대상이 제공했던 기능이 내면화되는 것이다. 최적의 좌절은 이러한 소소하고 상처가 되지 않을 정도의 공감 실패가 발생하는 이상적 환경을 나타낸다.

최적의 좌절이라는 맥락 안에서의 공감 실패를 통해 자기대상의 기능이 각 개인이 스스로를 달래고 진정시키는 능력으로 대체되게 된다. 코헛(1984)은 이러한 과정을 변형적 내면화라고 불렀다. 만약 감정 조절과 자기 위안하는 능력이 내면화되면, 그는 만족을 위해 외부의 자원에 그만큼 덜 의존하게 된다. 인아주는 환경이 공감 실패를 해결하고 회복하는 기회를 더 많이 제공하면 할수록, 양육자와의 파괴되었던 유대가 재형성되는 기회가 늘어나고, 그만큼 구조는 더 튼튼하게 세워질 수 있다(비비, 1993).

임상 실례

도로시는 자신의 여성 치료자가 "남자문제를 해결하는 기회"를 주기 위해 그녀를 남성과 여성이 섞인 집단치료에 의뢰하였을 때, 2년간 단주를 하면서 AA에 적극적으로 참여하고 있었다. 아들 넷이 있는 집에서 유일한 여자였으며 공군소령인 아버지를 둔 도로시는 끊임없이 놀림과 조롱을 받으며 자랐다. 집단에는 여성과 남성이 섞여 있었기 때문에, 도로시는 집단의 여성들과 친밀한 관계를 유지하면서 이들을 집단 내 남성들을 다뤄야 할 때 완충제로 사용했다. 그러나 그녀와 집단의 남성 리더와의 관계가 큰 문제로 떠올랐다. 실제든 상상된 것이든 간에, 이 리더가 자신을 이해하고 방어하는 데 실패할 때마다 그녀는 저항과 격노라는 감정으로 폭풍처럼 반응했다. 집단, 특히 집단의 여성들이 보복에 대한 압도적인 두려움의 방어벽이 되어주면서, 도로시는 상처가 생길 때 이를 헤쳐 나가는데 필요한 격려와 지지를 받았다. 남성 치료자의 지속적 인내를 통해, 각각의 회복과정을 통해 정신적 구조가 구축되었고, 그녀에게 자기 자신으로 자립할 수 있는 능력 뿐 아니라 남자들을 맹렬하게 공격하지 않고 그들의 단점을 인내할 수 있는 능력이 생겨났다.

자기심리학의 관점에서 정신적 구조는 어떤 실체나 기제가 아니라, 자기경험을 유지하고 회복하고 공고히 하는 것과 연관되는 일련의 심리적 기능들의 조합 즉 일종의 능력을 의미한다. 정신적 구조 혹은 자기구조는 조각난 정서를 의미 있는 경험으로 통합하고 구조화하는 능력을 표상한다. 구조 형성 패턴과 의미의 획득은 이전에 외적 대상이 제공하던 기능들의 내면화를 통해 발달하며, 자기대상에 과도하게 의지하지 않고 이러한 기능들을 감당할 수 있는 능력을 반영한다. 외부의 도움이 필요한 정신적 구조 혹은 자기구조의 결함은 보통 충족되지 못한, 나이에 적절한 애착에 대한 요구와 연관된 발달 실패의 결과이다. 반면에, 자기구조의 성공적 형성과 확립은 적절한 발달의 결과 감정조절 능력을 갖추게 되었음을 의미한다.

치료에 있어 최적의 좌절과 치료자가 일부러 환자를 좌절시키는 것을 혼동해서는 안 된다. 좌절은 지속되는 어떤 진실한 관계에서도 자연스럽게 일어난다. 최적이라는 뜻은 적절하게 반응하면서 파괴된 유대를 재확립하는 것을 허용하는, 안아주는 환경holding environment 속에서 형성된 분위기를 의미한다. 만약 적절한 치료 환경이 형성된다면, 치료적 관계 내에서 일어나는 즉흥적 반응의 자연스러운 부산물로서 심리적 구조가 조금씩 만들어지게 될 것이다.

AA와 자기대상 기능

자기대상 전이는 어린 시절에 불충분하게 만족된 자기대상 욕구가 치료 안에서 그리고 대인관계 속에서 재생되는 것을 의미한다. (1) 반영을 갈망하는 인격mirror-hungry personalities은 확신을 주고 감탄하는 반응으로 자신의 메마른 자기에 자양분을 공급해 줄 자기대상을 갈망한다. (2) 이상을 갈망하는 인격ideal-hungry personalities은 자신의 특권, 힘, 아름다움, 지성, 그리고 도덕적 우월함에 감탄하는 타인을 영원히 찾는다. (3) 대체자아 인격alter ego personalities은 자신의 외양과 의견, 가치에 동조하는 것을 통해 자기의 존재와 현실성을 확인해주는 자기대상과의 관계를 원한다. 반영, 이상화, 쌍둥이되기에 대한 자기심리학 개념들은 어떻게 AA가 오래 참여하는 멤버들에게 도움을 주는지를 설명할 수 있는 또 다른 관점을 제공한다. AA의 멤버가 생애 처음으로 사람들이 자신의 말을 경청하고 자신을 이해하고 있다고 느낄 때, 반영이 일어난다. 그들은 사람들이 자신을 지켜보고 자신에게 반응한다고 느낀다. 이런 반영의 결핍 때문에 고통스러워하던 사람들(반영을 갈망하는 인격)은 자신의 지속적 단주가 프로그램의 다른 사람들에게 불러일으키는 주의 덕분에 이전에는 충족할 수 없었던 건전한 과대성과 자기과시와 존경에 대한 욕구를 채울 수 있게 된다. 후원자에 대한 것이든, AA 집단에 대한 것이든, AA에서 말하는 소위 "우월한 힘High Power"에 대한 것이든, 이상화는 자신보다 더 현명하고 강한 원천과의 동일시를 통해 스스로 강해진다고 느낄 때 명백하게 드러난다. 오랫동안 단주를 하면서 명철한 정신을 유지해온 AA의 다른 멤버들은 신입 멤버가 회복을 위한 행동을 모방하는 중요한 롤 모델이 된다. 멤버가 집단에 속해있고 자신과 비슷한 경험을 한 다른 동료를 알게 되는 일이 주는 치료적 효과에 대해 말할 때, 여기 쌍둥이 되기라는 기세가 작동하고 있다. 다른 많은 자기대상 기능이 지속적인 12단계 작업과 후원을 통해 제공된다.

임상실례

부모님이 일찍 돌아가신 후 세실은 중서부 시골에서 이모와 삼촌들 틈에서 자랐다. 열일곱 살 때, 그는 충동적으로 해군에 입대했고 이후 4년간 전 세계를 여행한 후 스물두 살 때 제대하였다. 그는 입대 후부터 음주를 시작했고 이후로도 지속적으로 이십 년 간 특별한 문제없이 술을 마셨다. 두 번의 이혼 후 그는 지난 10년 간 짧은 만남은 여러 번 가졌지만, 여자와 교제하는 것을 조심스러워했다. 그는 항공사에서 일했고 직장 때문에 이년 마다 이사를 다녔다.

세실은 어느 날 "우울감과 삶의 무의미함"을 호소하며 치료자의 사무실에 나타났다. 그는 도시로 이사 온 후 몇몇 AA와 집단치료에 참여해본 적이 있다고 쉬지 않고 말을 하면서 자신이 알코올 중독자라고 결론을 내렸다. 실제로, AA의 동료가 그에게 치료자의 이름을 가르쳐주면서 약속을 잡으라고 압박했다고 했다. 일단 항우울제가 처방되었고 세실은 외래 집단치료를 시작하는 것에 동의했다.

다음 몇 달간 세실은 열정적으로 AA와 집단치료에 참석했다. 지속적으로 단주하면서, 그는 자신의 음주 패턴을 이해할 수 있게 되었다. "나는 술을 마시고 있지 않으면 아버지나 다른 남자들과 불편해서 같이 못 있어요"라고 말하면서 그는 이어서 "술친구"들에 둘러싸여 있는 한 남자 그림을 그렸고, "선술집"이 "타인과 연결되는" 걸 기대할 수 있는 유일한 장소가 되었다"라고 말했다.

조금씩, AA가 이전에 "선술집"이 했던 것과 비슷한 역할을 하기 시작했다. 그는 집에서 모이는 집단에 참여했는데, 그 집단의 사람들을 존경하고 감탄하며 바라보았다. 후원자와 친밀한 관계를 맺기 시작했고 AA 프로그램의 각 단계를 충실히 작업했으며, 자주 빅북Big Book을 펼쳐 읽고 매일명상 부분을 숙고했다. 그는 이렇게 말했다. "아시다시피 나는 한 번도 이모나 삼촌들이 내게 강요했던 신 같은 걸 믿어본 적이 없어요, 근데 AA가 말하는 '나보다 우월한 힘'이나 영성이란 개념은 말이 되는 것 같아요."

몇 달 후, 그는 흥분한 모습으로 집단에서 발표를 했다. "모임에서 의사랑 변호사들 여러 명이 같이 커피나 한 잔 하자고 하더군요. 그리고 내게 AA의 단계를 작업해나가려면 어떻게 해야 하냐고 물었어요. 한 변호사는 글쎄 자신의 후원자가 되어 달라 하더라구요"

자기 회복의 시도로서의 중독

치료적 접근방법으로서 자기심리학의 중요성을 설명하려고 시도하면서 하워드 베이클은 이렇게 썼다. "우리가 변형되지 않은 고전적 욕동이론을 임상에 그대로 적용한다면, 환자는 자신이 이해 받고 있다고 느끼기 힘들 것이다"(1992, P.56). 결론적으로 베이클은 그가 "치료를 잘 하는 고전적 이론가가 말하는 것과 실천하는 것 사이의 중대한 간극"이라 표현하는 것에 대해 말하고 있는 것이다(1992, P.56). 이러한 관점은 물질중독 환자의 치료를 위해 어떤 관점으로 접근할 것인가를 결정하는 것과도 연관된다.

베이클의 비판은 그가 고전적 정신역동이론을 비중독 환자에 대한 실제 치료와 일치시켜보려는 시도에서 나온 것이다. 이와 비슷하게, 칸치안은 중독 환자에게서 이를 시도했다. 베이클과 칸치안이 둘 다 이를 위해 하인츠 코헛의 자기심리학의 이론적 접근 방식에 의지한 건 우연이 아닌데, 왜냐하면 이 이론은 중독 뿐 아니라 모든 정신병리에 있어 의미 있는 고유한 관점을 제공하기 때문이다. 자기심리학은 정신내적 갈등을 중요하게 생각한 프로이트의 고전적 욕동이론으로부터 벗어나 초점을 인간관계, 그리고 제대로 충족되지 못할 때 정서적 발달의 정지를 일으키는 나이에 적절한 발달적 욕구로 변환시켰다. 정신구조의 회복을 통해서 결함이 수리되지 않는 한, 그 개인은 내적 자기구조가 만족을 주지 못하기 때문에 이를 외적 원천에서 찾게 되기 쉽다.

이런 관점에서 중독은 자기회복을 위한 잘못된 시도로 볼 수 있다. 충족되지 못한 발달적 요구로 인해 손상되고, 쇠약하고, 비응집적이고, 조각난 자기를 형성한 사람들은 내적으로 비어있고 불완전하다 느끼기 때문에 외부에서 뭔가 좋은 것을 찾게 된다. 그들은 기분을 조절할 능력이 없으며 많은 경우에는 자신이 어떻게 느끼는지도 식별하지 못한다. 내적 자원이 없어 거기서 아무것도 이끌어 낼 수 없기에 그들은 자기조절을 도와주는 자원을 외부에서 구할 수 있기를 지속적으로 원하게(대상허기) 된다. 고통스럽고, 거절하며 수치를 주는 관계가 자기결함의 원인이기 때문에, 그들은 자신이 원하지만 한 번도 실제로는 받아본 적이 없는 것을 얻기 위해 타인에게 의지할 수도 없다. 욕구의 박탈과 대상허기 때문에 그들은 타인을 혼란스럽게 할 뿐 아니라 스스로에게도 수치스럽게 느껴지는 비현실적이며 견디기 힘든 감정을 느끼게 된다. 결과적으로 알콜, 약물 그리고 다른 만족을 주는 외부 원천들(음식, 섹스, 일 등등)이 기분을 조절하는 역할을 맡게 되고, 결국 이는 자율성, 독립성에 대한 잘못된 감각과 타인에 대한 욕구의 부인을 낳는다. 이러한 자기회복을 향한 시도는 또한 일종의 강박적 양상(예 : 도박, 성적 도착, 피학 가학적 관계)을 띠기도 하며, 이는 결국은 원래 어려움을 악화시킬 뿐이다. 크리스털(1982)이 말했듯, 중독은 결국 실패한, 스스로를 치료하기 위한 시도이다. 약물에 중독된 개인은 어떤 의미에서는 자신에게 부족한 것을 고치고 치료하기 위해 스스로의 무허가 주치의처럼 행동하고 있는 것이다.

칸치안과 다른 정신역동 지향의 치료자들(크리스털, 1982; 웜서Wurmser, 1978, 맥두걸McDougall, 1989)은 이제 중독을 조금 더 깊이 이해하고 이를 적용하기 위해 자기심리학과 대상관계이론에 주의를 기울이고 있다. 아래의 서로 연관된 문제 네 가지가 모든 약물과 알코올 중독자들에게 지속적으로 나타난다는 의견에 대해 사람들은 조금씩 의견 일치를 보이고 있다. :

1. 취약한 자존감. 이 때문에 자신을 압도하는 수치심과 굴욕감에 저항하기 위해 과대적 방어를 사용하는 거짓자기가 형성된다.
2. 자기관리의 실패
3. 감정을 분별하고, 견디고 조절하는 데 있어서의 무능력
4. 착취적이거나 지배적이거나 가학적이거나 피학적이지 않은, 건전하고 서로 만족을 주는 관계를 형성하고 유지하는 데의 어려움.

취약한 자존감

알코올과 약물 중독자는 자신이 조각나 있다는 느낌, 낮아진 자존감 그리고 불안 같은 괴로운 감정과 싸우기 위해 필요한 내적인 구조를 갖추지 못하였기 때문에, 결국 스스로를 달래고 안정시키기(변형적 내면화) 위해서 외적 자원(알코올, 약물, 섹스, 자극거리들, 음식 등등)에 이끌리게 된다.
코헛과 울프는 이렇게 썼다.

> 출생 초기에 자기가 충분한 반응을 받지 못하게 되면, 이후에 그는 자신을 집어삼키려는 생기 없는 무감각이라는 고통스러운 느낌을 피하기 위해서, 거짓-흥분pseudo-excitement을 일으켜준다면 그것이 무엇이든 다 사용하려고 한다. 성인이 되면 어린 시절보다 스스로를 자극하기 위해 더 많은 것을 사용할 수 있게 되는데, 성적 측면에서는 중독적인 문란한 성생활이나 다양한 도착을 보이게 되고, 그 밖에는 도박이나 약물 그리고 알코올처럼 흥분을 일으키는 행동에 몰두하거나, 과도하게 많은 사람들과 어울리는 생활방식으로 나타나기도 한다. 만약 분석가가 이러한 활동의 방어적 껍질을 꿰뚫어 볼 수 있다면, 그는 필연적으로 허무감으로 가득한 우울이라는 감정을 발견하게 될 것이다. (코헛 & 울프, 1978, p.418)

코헛과 울프의 관점에서, 중독자들이 알코올이나 약물을 통해 긴장 상태로부터 벗어나려 시도하는 이유는 변형적 내면화를 통해 스스로를 다스리는 능력이 부재하기 때문이다. 이 때문에 그들은 어쩔 수 없이 스스로 할 수 없는 것을 대신해 줄 수 있는 다른 대상을 찾게 된다. 자기대상 욕구와 욕망이 왜곡되어 있기 때문에, 그들은 끊임없이 타인과의 관계에 실망하고 자신의 목표를 달성하는데 실패하게 된다. 오직 내면에서만 얻을 수 있는 자양분을 외부에서 찾기 때문에 끊임없이 좌절하고 절망한다. 결국 대부분의 알코올과 약물 중독자들의 삶은 공허하고 결핍되어 있다는 느낌으로 점철되어 있다. 그들은 만약 누군가가 자신에게 박탈된 '충전'의 기회를 주기만 한다면 완전해지고 충만해질 수 있을거라 믿는다. 그들은 필연적으로 실망할 수밖에 없는데, 왜냐하면 성숙된 성인으로서 더 이상 이런 유아적 욕구를 유아적 방식으로 충족하는 것을 견딜 수 없기 때문이다.

결과적으로 그들은 끝없이 자신의 '뭔가가 더 필요하다는 느낌'을 부인하기 위해 투쟁할 수밖에 없

다. 그렇기에 역의존적이게 되고, 다른 사람은 다 자신을 거부하고 멀리한다고 느끼게 된다. "만약 당신이 나를 사랑한다면, 당신은 나를 실망시키지 않겠지. 내가 실망했으니, 당신은 나를 사랑하지 않는 거야" 그들은 분열, 투사적 동일시와 같은 기제를 쓰면서 친밀함을 두려워하기에, 만족스러운 관계를 맺는다는 것이 불가능하다. 그들은 점점 이러한 과정에서 자신이 어떤 역할을 하고 있는지를 이해하지 못하는, 억울해하고 실망하는 사람이 된다. 알코올과 약물은 그들의 유일한 하인, 그리고 유일한 친구가 된다.

자기애 개념의 재정의

코헛(1984)의 가장 근본적 공헌 중 하나는 자기애 개념을 변화시킨 것이다. 코헛은 자기애를 정상적이고 발달적으로도 건강한, 대상관계에 대한 나이에 적절한 욕구로 정당화했다. 코헛의 관점에서 보면, 자기애적 요구는 이기적인 것이 아니라, 자기와 자기의 가장 중요한 타인 즉 자기대상 사이의 관계에 있어서 문제가 있었음을 반영하는 것이다. 고전적 욕동이론은 자기애를 미숙한 개인이 자기 맘대로 모든 것을 하고자 하는, 완고한 고집스러움을 의미하는 이기주의, 혹은 자기중심성으로 간주했다(이는 AA에서 정의하는 자아의 개념과 굉장히 비슷하다).

건강한 자존감은 나이에 적절한, 부모의 충분한 반응과 감정적 조율의 결과물이다. 건강한 부모의 모습은 아이를 건강한 자기애로 이끄는 이상화의 필수적 요소를 제공하는데, 이는 정서적 건강에 있어 기본적이며, 주관적인 편안함의 느낌과 스스로 가치 있다 느끼는 자신감으로 구성된다. 자신의 중요성이나 잠재력에 대해 편협하지 않은 방식으로 '느낄' 수 있고 성숙한 방식으로 타인과 관계를 맺을 수 있는 사람은 대개 일종의 '의미에 대한 감각sense of meaning'을 지니고 있으며 자신이 세상과 어떻게 관계 맺고 있는지를 안다.

이와 반대로, 코카인이나 알코올 중독자의 상당수가 굉장히 성공한 것처럼 보이고 직업에 있어서 높은 성취를 보이지만, 이러한 환자들과 지속적으로 같이 일해 온 사람들은 그들의 자기가치에 대한 기본적인 감각이 얼마나 깨지기 쉬운지를 느끼고 충격을 받는다. 과장된 경제적, 육체적, 지적 성공에 대한 갈망에도 불구하고, 인정받고 싶고 받아들여지고 싶은 욕구는 그들을 끊임없이 상처와 거부와 수치심과 굴욕에 취약하게 만든다.

건강한 자기애와 병리적인 자기애

자기심리학은 건강한 혹은 성숙한 자기애를 자신에 대한 감정적 투자의 감소가 아니라, 주고받는 것이 균형을 이루는 서로 만족을 주는 관계를 맺을 수 있는 능력을 반영하는 것으로 항상 보아왔다. 오른스타인(1981)은 이렇게 썼다. "자기가 어느 정도 독립적인 자주성을 획득한 후에야 타인에게도 자신과 같은 자주성이 존재한다 것을 이해할 능력이 생긴다."(p.358). 건강한 자기애의 경우, 그는 자신의 유일무이함을 건강한 방식으로 존중하면서 동시에 타인 역시 유일무이하며 독립적이라는 것에 상호적으로 동의할 수 있다. 그렇게 되면, 뭔가를 줄 수도 받을 수도 있고 그러면서 관계에서 우열이나 상하를 가를 필요를 느끼지 않는다.

반면 자기애적 행동이나 인격장애를 통해 드러나는 병리적 자기애의 경우, 그 주체는 진정으로 호혜적인 상호 관계를 유지할 능력이 없다. 그들은 스스로를 깎아내리거나(타인을 이상화할 때), 스스로를 부풀리게 된다(이때 그들은 자신이 특별하다는 걸 인정하면서 자신을 채워줄, 반영하는 자기대상을 원하는 것이다). 반영하는 자기대상은 결국은 평가절하되고, 자신을 채워준 후에는 경멸당하게 된다. 일단 쓸모없어지면, 타인은 낡은 옷처럼 버려지거나, 유행이 지나고 연비도 낮은 낡은 차를 새 차로 바꾸듯 팔아 넘겨질 것이다. 진짜 자기애적 인격장애가 있는 사람들은 다른 사람들을 경멸하며 자신 속에 완벽하지 못한 측면이 있는 것에 수치심을 느끼기 때문에, 타인과 함께 있는 것을 견디지 못한다.

이렇게 보면, 자기애는 더 이상 건강한 자존감과 자신감의 원천이 아니라 일종의 방어, 즉 수치심과 무가치감이라는 고통스러운 감정을 막아내기 위해 만들어낸 거짓자기나 과대자기라는 방어가 된다. 모리슨(Morrison 1989)과 다른 이론가들이 자신 있게 주장했듯이, 자기애적 방어 밑에는 항상 수치심이나 굴욕감이 웅크리고 있으며 이 감정이 이 방어를 계속 유지시키는 원천이기도 하다. AA는 오래 전부터 중독을 극복하는데 있어 가장 넘기 어려운 장애물이 바로 과대성, 자기중심성, 그리고 겸손의 부족이라는 것을 알고 있었다. 정신역동이론에서 유래한 기술적으로 부정확한 용어를 사용했음에도 불구하고, AA는 회복에 있어 반드시 다뤄야 하는 주제의 핵심을 꿰뚫고 있다. 코헛의 자기심리학이 과대성과 자기애에 대한 이론적 변화를 가져오기 오래 전부터, 티부Tiebout과 같은 초기 알코올 중독치료 개척자들은 이미 1950년대에 알코올 중독치료에 있어 "팽창된 자아의 항복"과 자아의 변화가 반드시 필요하다고 주장했다. 1971년에 베이트슨은 회복에 있어 최대의 장애물로 중독자들이 "거짓된 자존심"을 도저히 포기하려 하지 않는 것을 꼽았다. 용어는 조금 다를지 몰라도 기본적 전제는 같다. 초기 이론가들은 과대성과 같은 자기애적 문제가 중독과정에 있어 일차적인 귀결primary corollary임을 알고 있었던 것이다.

거짓된 자만, 팽창된 자아, 그리고 과대성은 결과적으로 열등감과 부적절감이란 느낌에 대한 방어로 이해할 수 있다. 티부(1954)이 제안했듯, 그럴만한 이유가 있으니 있어 보이려고 하는 법이다. 만약 우리가 스스로 충분하다 느끼거나 믿는다면, 자기를 팽창시키거나 거짓된 자존심을 내세울 필요가 없다. 이러한 관점에서 볼 때, 자존감이나 확신 혹은 자신감은 건강한 자기애를 반영하며 과대성이 필요하지 않다는 것을 함의한다. 자존감 결핍으로 고통 받을 때, 우리는 종종 수치심이라고 불리는 견딜 수 없는 감정에 휩싸이는 것이다. 자기심리학 관점에서 모리슨(1989)은 이렇게 썼다.

> 수치심을 경험하는 것은 너무도 고통스럽기에 이를 부인하기 위해 완벽성, 과대성, 우월성, 그리고 자기완전성에 자기애적으로 몰두하게 된다. ...이 때 수치심은 실패나 결함에 대한 자기애적 불완전성을 지닌 자기에 대해 느끼는, 불가피한 감정으로 이해할 수 있다.(p.66)

모리슨과 다른 이론가들은 수치심을 모든 정신병리의 초석으로 보았다. 수치심을 느낀다는 것은 다른 사람 앞에 노출되고 타인이 자신의 불완전성을 목격하도록 허용된다는 것을 의미한다. 수치심은 그 정의 상 이러한 불완전성이 타인 뿐 아니라 스스로에게도 감춰진 채 남아있어야 한다는 의미를 지닌다. 당혹스럽다는 감정과 굴욕감은 자신의 악함과 허약함, 그리고 무력감과 탐욕이 타인에게 노출되었다 느낄 때 필연적으로 느끼게 되는 감정이다. 그 연속성 상 한쪽 끝에는 쉽게 수치심을 느끼는 사람이 있는데, 그는 자신의 취약성이나 평범한 약점들 그리고 실패를 어떤 대가를 치르더라도 부인하고 회피해야 하는, 일종의 고발로 경

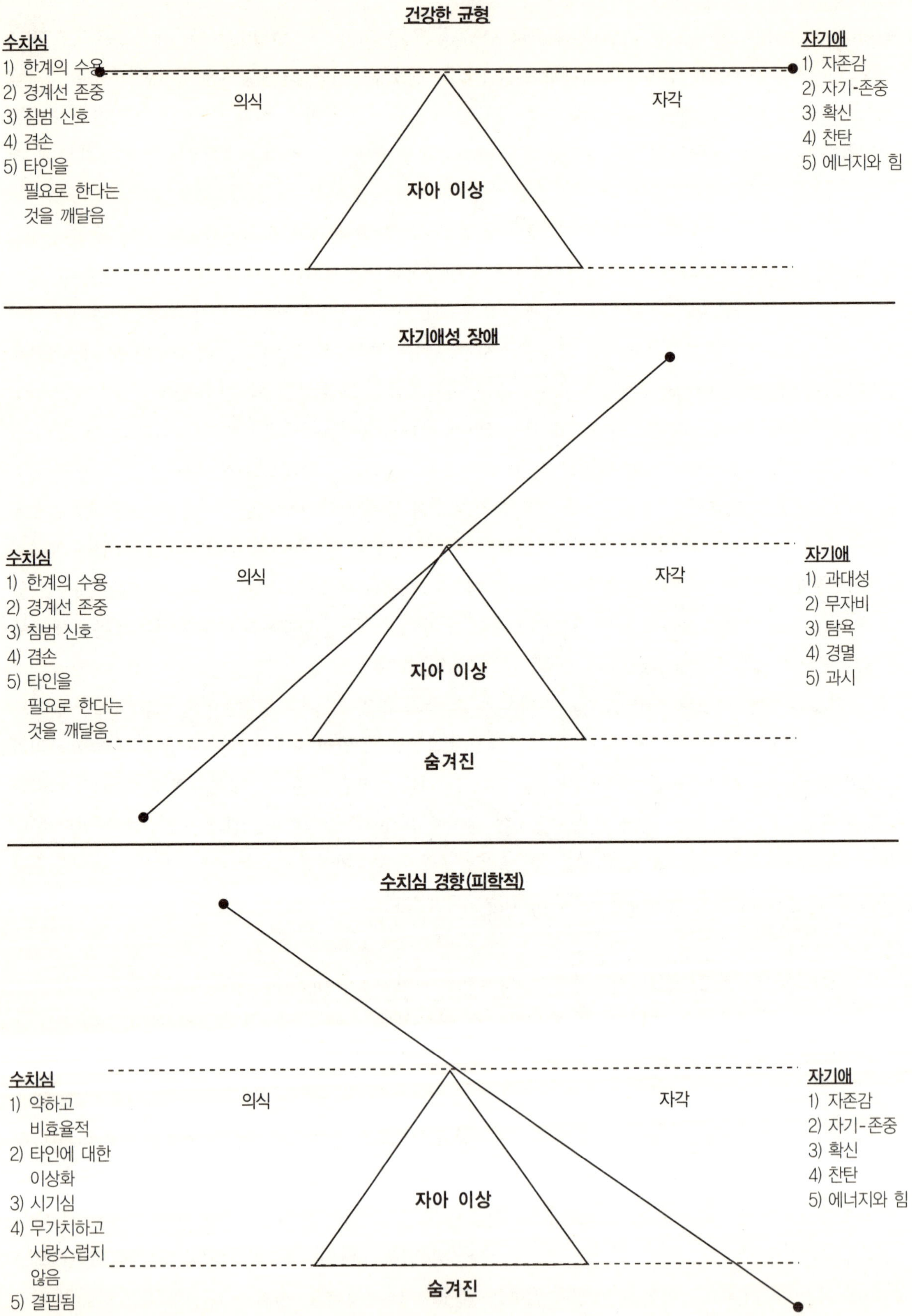

〈그림 4.9〉 수치심과 자기애의 균형

험하는 사람들이다. 그 반대쪽 극에는 자기애적 인격장애를 가진 사람들이 있는데 그들은 자신이 절대로 틀릴 수 없다고 확신하는 식으로 이러한 수치스러운 불완전함을 방어한다. 나는 그냥 실수란 걸 하지 않는다! 항상 문제나 오류는 다른 사람에게 있다. 더 극단적인 경우, 그들은 너무나 방어적이기 때문에 건강한 수치심 자체를 느낄 능력이 없다. 그런 사람들은 근본적으로 뻔뻔하다. 커츠(1983)와 브래드쇼(1993)가 지적했듯이 수치심을 느끼지 않는다는 것은 무고하다는 것과 전혀 다르다. 후자는 순진하다는 뜻이고 이는 잘못한 게 없다는 뜻이다. 수치심을 느끼지 않는다는 것은 성격 상 아주 심각한 결함이 있다는 뜻인데, 스스로 어떤 한계를 설정하고 타인의 경계를 존중하는 것을 도와주는 건강한 수치심이라는 신호가 결핍되었거나 거기에 접촉하지 못하는 것이다. 그러한 사람들은 쉽게 과시적이거나 관음증적이 되는 경향이 있다. 어떨 때, 그들은 성적으로 고착되어서 성적 도착을 보인다.

그림 4.9는 건강한 자기애와 건강한 수치심 사이에 내재하는 미묘한 균형을 도식으로 나타낸 것이다. 이러한 균형이 성취되면 개인은 이 연속선 상 양쪽에 닿을 수 있다. 그러나 자기애적 인격장애에서 볼 수 있듯 병리적 자기애가 지배적이 되면 자기애가 병리적 양상을 띠면서 그 반대쪽 극인 수치심은 의식 밑으로 가라앉게 된다. 반면 수치심이 지배적이 될 때 자기애적 자원의 건강한 부분은 사용할 수 없게 되고, 수치심은 피학적 양상을 띠게 된다.

약물에 찌들어 혼란스러운 밤을 보낸 후 다음날 아침에 후회하고, 부끄러워하고, 스스로를 경멸하는 일이 반복되면, 알코올이나 약물 중독자들은 모든 술과 약물을 끊고 절대로 다시는 손대지 않겠다는 거짓 맹세를 하게 된다. 알코올과 약물은 처음에는 자기애적 방어를 지탱하는 역할을 하는데 왜냐하면 이렇게 약물에 의존하는 삶에서 수치심이라는 감정이 가장 지배적이기 때문이다. 그러나 이러한 자기회복을 위한 시도는 상황을 악화시킬 뿐인데, 이 시도 자체가 방어를 더 경직되게 만들기 때문이다. 일단 피할 수 없는 반격이 시작되면 수치심과 후회는 너무도 강렬하여 알코올과 약물 중독자들은 이에 저항하기 위해 사용할 수 있는 유일한 자원인 알코올과 약물에 다시 기댈 수밖에 없다.

자기심리학적 관점에서 보면 수치심은 굴욕을 주는 공격 때문이든, 아니면 중요한 자기대상으로부터 공감적 조율을 받는데 실패한 결과이든 간에 초기 대상관계 실패의 결과이다. 쉽게 수치심을 느끼는 사람들은 이를 보상하려는 방어의 결과로, 종종 스스로를 괴롭힐 정도로 야망으로 가득하고, 성공 지향적인데, 모든 실패를 자신의 타고난 결함에 대한 선고이자 증거로 받아들인다. 수치심은 오직 지속적인 성취, 과대성, 강박적이고 중독적인 행동화를 통해서만 견딜만해 진다. 과대성의 과시적 특징은 타인이 자신을 강하고 독립적이고 아름답고 성공한 사람으로 보아주기를 바라는 욕구를 반영한다. 자신을 과시하는 것은 자신이 숨긴 것(부적절함, 불완전함, 그리고 결점)을 혹 볼까 두려워 타인의 주의를 분산시키는 방어이기도 하다. 자기애적 개인은 서커스에서 쇼를 벌이는 마술사와 같다. 그는 계속 타인의 주의를 분산시키는데 이는 자신이 숨기는 것을 눈치 채지 못하게 하고 자신이 보여주고 싶은 것에만 주의를 쏟도록 하기 위해서이다. 방어로서의 과대성은 정신구조의 건강한 요소로서의 과대성과 구분해야 한다. 베이클은 이렇게 썼다.

> 우리는 자신이 독특하고 중요하다는 개인적 확신의 감각을 가지고 있다. 이는 아마도 자기대상이 자신을 반영해주는 최적의 경험을 통해서 만들어지는 자기감각일 것이다. 이러한 자기감각은 건강한

방식으로 정서적 색조를 띠게 된다. 반면, 고전적 과대성 개념에 가까운 모습을 보이는 사람들이 있는데, 이들은 보통 사람들이 일상적으로 경험하는 느낌을 넘어서는 팽창된 자기감각을 보인다. 이는 일종의 병리적 상태로 이해하는 것이 적합할 것이다. 이는 낮은 자존감을 부인하는 것과 연관되어 있다.(1992, p.72)

자존감과 자기애, 그리고 수치심 사이의 관계는 중독치료에 있어 굉장히 중요한 함의를 가지고 있다. 약물과 알코올은 뒤엉켜 풀 수 없는 과대적 방어의 일부분이 되어버려서 방어와 약물을 분리하는 것 자체가 불가능하다. 일단 약물이 더 이상 과대자기와 그 방어를 강화하는데 쓰이지 않기 시작하면, 자기애적 특질을 지닌 모습들도 더 쉽게 다뤄질 수 있다. 이전까지 부인되어 왔던 자기의 수치스러운 부분이 표면으로 올라오게 되는데, 이런 부분이 받아들여지고, 인정되고, 소유된 후에야 성격적 변화가 가능하다. 만약 성격적 결함이 제거되지 않고, 성격적 패턴이 변화되지 않으면, 중독질환이 있는 사람은 계속 재발할 가능성이 높고, 하나의 중독을 다른 중독으로 대체할 가능성도 높아진다.

이것이 바로 자기심리학과 12단계 철학이 중독을 설명하고 이해하고 치료하는 데 있어서 동의하는 부분이다. 두 관점은 비록 사용하는 언어는 다르지만 서로를 보충할 뿐 아니라, 치료에 있어 아주 유사한 권유를 한다. 수치심의 해소와 자기장애의 치료는 AA에 대한 장(5장)과 장기 치료에 대한 장(15장)에서 더 깊이 있게 다뤄질 것이다.

회복을 향한 접근

자기심리학은 정신내적 갈등을 중시하는 프로이트의 욕동이론에서 떨어져 나와, 관계 그리고 나이에 적절한 발달적 욕구가 적절하게 충족되지 못할 때 발생하는 정서적 발달의 정체에 주의를 기울이고 있다. 정신구조의 재건을 통해서 이러한 문제가 해결되지 않는 한, 개인은 내적 자기구조가 필요한 능력을 제공하지 못하기 때문에 만족을 외적 자원에서 찾을 수밖에 없게 된다. 오르몽(Ormont 2001)는 현대적 정신분석 관점에서 이렇게 자신 있게 말했다. 발달적 실패(부모가 성숙을 위해 필요한 양분을 공급해주지 못해서, 아이가 인격에 있어 발달적 결함이 생겼을 때)는 언어를 습득하기 전에 발생하기 때문에, 전오이디푸스적 문제를 가진 환자는 말이나 해석에 반응할 수가 없다. 성격적 변화는 그러므로 해석이 아니라, 경험을 통해, 즉 치료자의 자기대상으로서의 기능을 "미세내면화microinternalization" 하는 것을 통해 가능하게 된다. 오르몽는 이러한 경험 없이는 어떤 정신적 성장도 불가능하다고 말했다.

이러한 관점에서 치료는 느낌을 신호로 사용할 수 없고 감정을 조절하는 것이 불가능한, 전오이디푸스적 문제를 가진 환자의 발달적 정체에 적합하게 조율될 필요가 있다. 발달적으로 정체된 환자는 정신구조 상 결함을 복구하기 위해서 교정적 정서적 관계가 필요하다. 이런 관점에서 볼 때, 치료는 AA가 단주와 회복을 위해서 멤버들에게 요구하는 변형적 경험과 굉장히 유사한 목표를 가지게 된다. 오르몽(2001)는 이러한 치료적 접근의 중요성에 대해서 이렇게 썼다.

환자는 마치 아이처럼, 도전을 극복하고 장애물을 넘는 데서 기쁨을 얻는, 자신에게 자양분을 공급하는 사람에 대한 경탄을 내면화하고자 하는 성숙을 향한 욕구를 가지고 있다. 이 아이-환자child-patient는 이상화된 부모의 대리자와 융합하고자 하는 욕구를 가지고 있고, 이는 분석가와 안전과 규율과 평온함을 공유하기 위해서이다. 환자는 자기애적 욕구에서 시작해 스스로를 보살피는 능력을 갖추는 방향으로 나아간다.(p.345)

대인관계 interpersonal relationship

타인과 서로 만족스러운 관계를 형성할 수 있게 되기 전까지, 물질남용 문제가 있는 사람들은 중독에 취약한 상태로 남아있을 것이다. 타인과 건강하고 상호적인, 친밀한 관계를 맺을 수 있는 능력과 이를 대신하여 약물, 알코올, 섹스, 음식, 자극거리, 일, 그리고 다양한 다른 것들에 강박적으로 의존하는 것 사이에는 반비례 관계가 있다. 대상관계 이론가와 자기심리학자들이 반복해서 말하듯, 우리는 태어날 때부터 대상을 추구하는 동물이다. 우리는 친밀한 인간적 접촉을 추구하도록 타고났고 그렇게 이끌린다. 친밀한 접촉이 결핍되거나 혹은 이러한 관계를 맺을 능력이 없는 만큼, 우리는 심리적 구조에 있어서 정서적 결핍 혹은 질병을 앓게 되는 것이다. 자주 인용되고 흔히 길에서도 마주치는 "안아주세요, 약물 말구요Hug, Not Drugs"란 차량용 스티커는 우리가 때때로 느끼는 것보다 더 정확한 말인 것이다. 이는 사랑 받으면 건강해질 수 있다는 것을 의미하는 게 아니다. 이는 비현실적 소망이자 환상일 뿐이며, 공동의존을 일으키는 압력이다. 차라리 타인을 필요로 한다는 사실을 부인하는 것은 또한 자신이 인간임을 부인하는 것이라 말해야 한다. 그렇지 못하면 우리는 인간적 친밀함과 따스함과 돌봄을 사물로 대체하게 된다.

어니스트 커츠(Ernest Kurtz 1979)는 AA가 요구하는 상호성 – 한 명의 알코올 중독자가 타인을 돕고 동시에 타인으로부터 도움을 받는다 – 을 회복 과정의 초석이자 12단계 프로그램이 성공적인 이유로 보았다. 다른 사람으로부터 고립되는 것은 수치심이 초래하는 결과 중 하나이고 중독으로 이끄는 힘이다. 왜냐하면 약물을 사용하는 것은 상황을 부인하고, 과대적인 방어를 사용하는 것을 강화하고, 그를 더 고립시키기 때문이다. 회복은 이러한 과정을 역전시키는데, 이는 살기 위해서 약물이 필요하며("나는 알코올 중독자다") 삶을 계속하기 위한 유일한 희망은 자신 역시 타인이 필요함을 솔직하게 받아들이는 것이기 때문이다. 그림 4.10은 커츠가 정의한 이 과정을 그림으로 나타낸 것이다. 타인이 필요하다는 사실을 부인하는 것("나는 아무도 필요없어요")은 인간적 친밀함과 가까움 대신에 알코올과 약물을 사용하도록 이끈다. 일단 의존과 중독이 견고해지면, 의존에 대한 부인이 뚜렷해진다("나는 알코올 중독자가 아니야. 원하면 언제든 끊을 수 있어"). 바닥을 치고 난 후 부인하던 것을 인정하는 것을 통해서 이런 과정을 뒤집을 수 있고("나는 정말 누군가가 필요해"), 이것이 12단계 프로그램에 있어 이후 11단계를 진행하기 위한 기초가 된다.

이러한 관점에서, 12단계 프로그램의 첫 단계는 바로 알코올이나 약물 중독자들이 자신에게도 다른 사람이 필요하다는 사실을 인정하고 자신도 부족한 게 있는 인간이라는 것을 인정하는 것이다. 인간이 된다는 것은 결함이 있고 불완전하다는 것이다. 커츠의 관점에서 이것이 바로 원죄의 근원이다. 자신의 불완전함을 부인하려고 하는 것은 과대적인 짓이며, 신에게만 기대할 수 있는 것을 행하려는 우상숭배이다. 수치심은 이러한 과대성을 파괴한다. 이것이 바로 우리가 헐벗었고 우리에게는 죄가 있다는 깨달음이다. 우

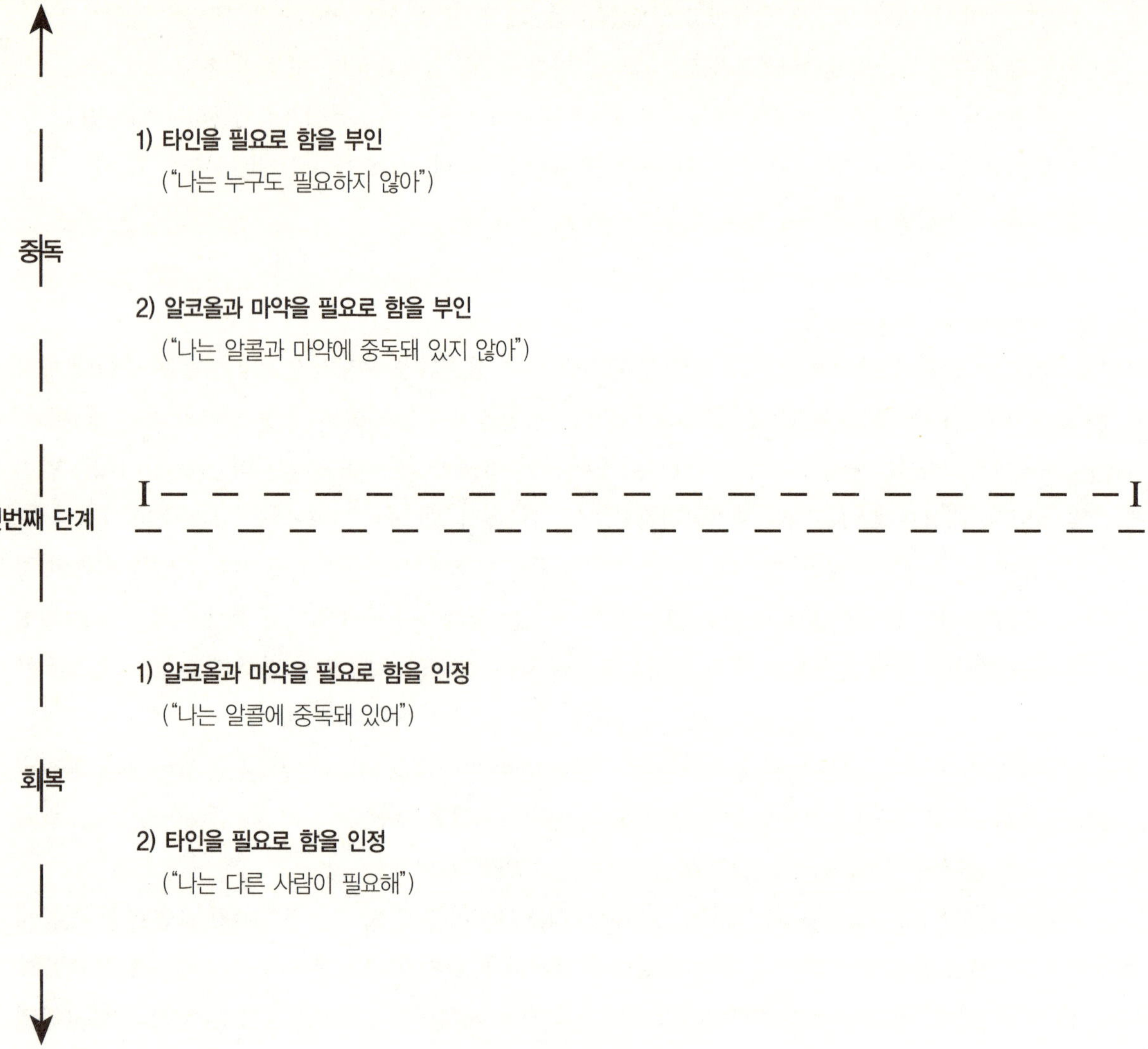

〈그림 4. 10〉 부인과 수용

리는 지식이라는 금단의 열매를 먹었다. 수치심은 자신에게 결함이 있다는 것을 받아들이는 것만으로는 해소되지 않는다. 결함이 있는 다른 사람으로부터 받아들여지는 것이 필요한 것이다. AA의 관점에서 볼 때, 이 과정에서의 네 번째 단계는 있는 그대로의 자신에 대한 "두려움 없는 도덕적 평가"를 요구한다. 이를 위해서는 서로 솔직한 상태에서 냉철하고 꾸밈없으며 가혹한 현실에 기반한, 자신을 속이지 않는 정직한 자기평가가 요구된다. 단주와 단약을 위해서는 결국 우리는 타인이 필요하고, 스스로 불완전하다는 것을 받아들여야 한다. 이를 위해서 서로서로가 자신과 타인이 그렇다는 것을 느낄 필요가 있다. 서로를 필요로 하는 것 그리고 서로 주고받는 상호적 관계는 지속적 회복과 정신적 건강을 위한 기초가 될 것이다. AA를 통해서 이러한 과정이 어떻게 이루어지는지에 대해서는 5장에서 다룰 것이고, 집단치료 속에서 어떤 일이 일어나는지에 대해서는 이 책 전체에 걸쳐서 탐색할 것이다.

5

AA와 12단계 프로그램

중독치료를 위해 단주에 기초한 12단계 접근법은 보편적으로 사용되고 있음에도 많은 전문가로부터 의외로 외면당하고 비판을 받아왔다. 최근 심도 있는 종합적인 문헌 검토 결과, 12단계 단주 치료는 국내에서 가장 보편적으로 사용되고 있는 치료법으로 확인됐다(Miller, 1995). 이 사실은 놀랍게도 기존 중독치료의 발표된 논문들이 12단계 접근법을 제외시켰다는 점과 대조된다. 왜 이런 일이 생겼는지 궁금해 한 밀러는 그 이유를 이 치료법을 연구한 숫자가 적거나 방법론의 어려움(적절한 대조군이 없다거나, 선택적 오류 등) 때문에 연구 결과가 비과학적인 면으로 흐르지 않았나 생각했다. 사실 단주 동맹(AA)의 익명원칙이 과학적인 연구에 걸림돌이 되고, 연구 참여에 많은 시간이 소요되는 것에 참여자들이 부정적 견해를 가지고 있기 때문이다. 하지만 밀러는 지금까지 많은 연구에서 외면당한 이유가 연구자들과 12단계 프로그램 사이의 견해 차이에서 오는 건 아닌지 반문하게 되었다. 그리고 그는 정신적인 면에 치우친 치료 방식이 과학적인 요소의 결여와 의료계로부터 인정받지 못하는 원인이 아닌지 의심하게 되었다.

밀러는 최근 로만(Roman, 1989)에 의해서 실시된 전국의 알코올 및 중독 치료 병원의 설문소사에서 밝혀진, 12단계 치료법에의 압도적 의존도에 비해 이 치료법이 아직도 외면당하고 있다는 사실에 놀랐다. 이 조사에는 총 125개의 개인병원, 종합병원, 사설 치료센터가 포함됐다. 로만은 모집단을 전국의 치료 병원을 대표할 수 있도록 표집했다. 설문 조사에 응한 사람들은 관리 직원들, 프로그램 운영자, 임상 수퍼바이저, 홍보직원, 그 밖의 고용인(상담가, 간호사 등)들이었다.

여러 전문가들이 단주에 기초한 치료에 관해 수행한 수많은 연구 결과와는 대조적인 결과가 로만에 의해 밝혀졌다. 97%의 프로그램 진행자들은 그들의 치료 철학이 알코올중독을 질병으로 보는 개념으로부터 크게 영향 받았다고 보고하였다. 대다수(95%)의 진행자들은 그들의 치료 방식이 12단계 단주 프로그램을 토대로 한다고 보고했다. 그리고 90%의 응답자들은 중독 환자들의 치료 목표가 완전한 단주가 아닌 것은 수용할 수 없다는 의견이었다.

밀러(1995)는 해리스, 호프만 & 스니즈(1991)의 연구조사 결과를 소개한다. 8,087명의 입원 환자와 1,663명의 외래환자를 대상으로 단주를 원칙으로 한 치료 방식의 효과를 조사하였다. 1년 후 추적 가능한 대상은 70%로 4166명의 입원환자와 898명의 외래 환자를 포함하였다. 결론은 단주 성공 요인은 퇴원 후 지속적인 사례관리와 AA자조모임의 규칙적인 참여가 매우 밀접한 상관관계에 있음을 보여주었다.

밀러는 광범위한 문헌 검토 결과, 알코올중독이나 다른 중독 치료에도 12단계 프로그램이 유용하게 활용될 수 있다고 주장하였다. 12단계 프로그램 안에서는 리더가 집단 멤버들과 같은 언어로 말하는 것은 물론 멤버들과 동일한 경험적 관점에서 중독을 이해할 수 있도록 서로 도움을 받는다는 것이다. 이 프로그램의 철학적이고 실용적인 적용에 대한 깊은 이해와 조사를 통해 많은 이점을 끌어낼 수 있다. 또한 12단계 프로그램의 원칙은 집단리더에 대한 멤버들의 신뢰를 향상시킬 수 있다. 이에 대한 올바른 이해를 위해서는 12단계 운동 진화 과정의 역사적인 맥락을 알아야 한다. 12단계 프로그램과 단주, 중독을 질병으로 보는 개념, 그리고 이와 관련된 실존주의, 수치심, 자기심리학등을 이해하기 위해서는 AA 치료법에 대한 철저한 이해가 선행돼야 한다.

AA에 관한 오해들

전문가들 사이에서 AA는 비방과 오해를 많이 받는 집단이다. 사실 AA를 비방하는 대부분의 사람들은 실제로 AA 모임에 참여하거나 AA를 보다 적극적으로 이해하려 노력하지 않고, 단편적인 얕은 상식으로만 이 집단에 비판을 가했다. 심지어 어떤 사람들은 AA모임을 사이비 종교단체, 혹은 비과학적이고 실험적 결과에 근거를 두지 않은 단체라 부르기도 하였다(예: Jones, 1970; Tournier, 1979; Marlatt, 1983). 또한 AA 참여자들은 강제적인 억압에 못 이겨 자신의 의지에 따른 조정 능력을 주인에게 빼앗긴 노예처럼 돼 갔다고 비판 받아 왔다. 그러나 이것은 명백한 진실의 왜곡이다. 이런 입장들은 AA의 진정한 취지를 알지 못한 데서 나온 비판이다. 그러나 다행히도 많은 전문가들은 AA에 대해 비교적 편견과 선입관이 적다(예: Kurtz, 1982; Bateson, 1971; Barrett, 1985; Thune, 1977; Freimuth, 1994; Sollod, 1993; S. Brown, 1985).

최근까지 전문가들과 AA와 같은 자조모임 단체들과의 관계는 불신과 상호간 무시였으며 건설적인 상호 협력관계를 위한 가능성은 전혀 고려되지 않았다. 이렇게 서로 극단으로 치닫는 이유 중의 하나는, AA 참여자들이 모임을 통해 도움과 긍정적인 결과를 얻기 전에 소위 전문가들로부터 별로 도움을 받지 못한다는 것이다.

많은 전문가들이 전통적인 치료 방식을 통해 실패와 실망을 경험한 것은 사실이다. 그러면서 양편 모두는 서로의 관계에 대해 불만이 가득했다. AA참여자들은 전문가들이 무능하고 돌보는 능력이 부족하다고 생각했고 전문가들은 중독자들을 의지가 부족하고 교활하기까지 한 치료불가능한 사람들로 보았다.

하지만 최근 십여 년 간의 다양한 발전을 통해, 많은 전문가들과 성실한 AA 협심자들이 서로 가까운 관계를 유지할 수 있게 되었다. 지금까지 자조적 치료 단체들은 전문 단체에 근거를 두지 않고 스스로 생겨난 것으로 간주돼 왔다. 하지만 리버만과 보만(Lieberman & Borman, 1979)이 지적한 것처럼, 자조 집단의 형성 단계에 적절한 전문가들의 조언이 실제로 있었다. 12단계 프로그램의 역사적 뿌리를 자세히 들여다보면 이것이 AA의 경우에 해당된다는 것을 알 수 있다. AA의 창시자인 빌 윌슨Bill Wilson은 윌리암 제임스William James의 고전『종교적 체험의 다양성The Varieties of Religious Experience, 1902』을 통독했으며 제임스의 실용주의 철학이 AA 치료 회복의 중심 주제로 흐르고 있다. 또한 칼 융Carl Jung과의 많은 서신 교환을 통해 얻은 정신적 영향력이 윌슨의 치료법에 배어 있다. 커츠(Kurtz, 1982)는 AA의 쟁점과 실존주의 철학 사이에는 심오한 유사점이 있다고 지적했다. AA의 철학적, 이론적 뿌리는 다양하고 심오하다. AA에 영향을 준 근원은 이 장 후반부에서 다룰 것이다. 먼저 우리는 AA의 유일한 목적인 고통 받는 중독자들을 돕는 것과, 논쟁 없는 상태를 유지하려는 노력에도 불구하고(the fifth and tenth traditions of The Twelve Traditions/12전통 중 다섯 번째와 열 번째 전통) 왜 AA가 많은 전문가와 학자들로부터 계속 잘못 인식돼 왔는가를 이해해야 한다.

많은 헌신적인 전문가와 학자들이 빠른 속도로 AA와 같은 자조 집단을 이해하고 밀접하게 협력하는 것의 중요성을 깨닫고 있는 반면, 또 다른 많은 전문가들은 이러한 자조집단들을 이해하거나 배우겠다는 욕구나 동기부여가 전혀 없다. 리버만과 보만(1979)은 자조집단과 친밀하게 일하는 전문가들은 이미 전통적인 치료 방식을 이용한 중독 치료에 환멸을 느끼고 있음을 지적했다. 중독자들과 꾸준히 일해 온 전문가들은 정통적 치료방법으론 충분한 도움을 얻을 수 없다는 걸 경험을 통해 깨달았다. 그래서 전문가들이 자조집단에 관심을 갖게 하는 그 첫 '훈련'은, 그들이 주로 처방하던 이상적 치료의 틀을 벗어버리는 것부터 시작된다. 중독자들이 스스로를 치유하고 도울 방법을 찾고 있을 때 일부 완고한 전문가들은 중독 환자들을 도울 수 있는 좀 더 좋은 치료법을 조사하고 있었다.

많은 전문가들은 그들의 전문 분야 자체가 그들에게 실망을 안겨 주었기 때문에 AA를 통해서 스스로 도울 수 있는 방법을 모색해야만 했다. 다수의 내과의, 정신과 전문의, 심리치료사들이 AA의 회원이고 열성적인 후원자인 이유는 오직 AA만이 성공적인 그들 스스로의 중독 치료에 도움을 주었기 때문이다. 커츠(1982)는 이렇게 말했다. "이제는 AA를 신중히 받아들여야 한다." 그러나 AA만이 성공적 치료 성과와 사회적 중요성을 지닌다고 보아서는 안 된다. 그렇지만 AA의 독특한 지적 중요성 또한 그 진가를 인정받아야 한다. AA는 당연히 받아야 할 지적 존경을 여러 가지 이유로 받지 못하고 있다. 커츠는 이러한 평가절하 현상은 절제와 개인의 책임성을 강조하는 실존주의 철학에 대한 배척 때문이라고 보았다

> 대개 AA는 그 지적 가치를 인정받지 못하고 있다. 그 이유는 AA의 핵심 가치가 물질적인 것보다는 절제와 상호공존을 중요시하고, 이것이 현대를 살아가는 사람들에게는 받아들여지기 어렵기 때문이다.(1982, P. 28)

튠(Thune, 1977)도 비슷한 정서를 표현하고 있으나 AA에 대한 잘못된 이해는 이 프로그램이 실증주의적이지 못하고 이상주의를 강조하기 때문일 거라고 느끼고 있다.

AA의 12단계 프로그램이 전통적 의학, 심리학 그리고 사회학적 인과설에 도전하고 있음은 결코 우연이 아니며 이 프로그램은 또 이 분야 전문가들의 연구 결과나 의문점들도 무시하고 있다. AA의 뿌리는 과학에 근거하기보다는 옥스퍼드그룹운동Oxford Group Movement의 비실증주의적Non-positivist, 준부활운동적quasi-revivalistic, 이상주의적transcendentalistic 노력에서 찾을 수 있다. AA를 정신분석학적 그리고 실증주의적 모형으로 이해하려는 시도는 이 프로그램의 고유성을 흐리게 할 뿐이다.

커츠(1979)와 튠(1977)은 왜 많은 전문가들이 아직도 심리치료와 12단계 프로그램의 접목이 서로의 상반된 견해와 가치관(Humphreys, 1993) 때문에 불가능하다고 생각하는지 그 중요한 이유를 설명하려 했다. 솔로드(Sollod, 1993)는 12단계 협심자들의 전형적인 가치관과 전문가들에 의해 전형적으로 받아들여지는 가치는 절대로 혼합할 수 없는 좋은 예라는 관점에 도전하고 있다. 플라이무스(Freimuth, 1994)는 무려 60%의 AA 협심자들이 심리치료를 받았다는 사실을 예로 들며 이의를 제기했다(p.551). 베르긴(Bergin, 1981)이 언급한 '과학적 유물론'과 '유신론' 사이의 유사한 가치관들은, AA와 과학을 토대로 한 심리치료사 간의 가치관 차이가 더 이상 존재할 필요가 없음을 보여주는 하나의 예이다. 알코올 및 약물 중독자들과 효과적으로 일하기를 원하는 중독전문가들은 반드시 이 간격을 좁혀야 하며 그들이 가지고 있는 가치관과 선입관이 무엇인지를 깊이 모색해야 한다.

가치, 과학 그리고 AA

과학에서 유용성을 찾는 것은 새로운 것이 아니다. 그러나 과학자 개인의 특이한 경험은 객관적인 설명과 관찰을 왜곡시킬 수 있다. 예를 들어 쿤(Kuhn, 1962)은 많은 과학자들이 많은 가치관을 공유하지만 종종 그 가치관을 적용함에 있어 큰 차이를 보인다고 주장했다. 대개의 경우 사실의 정확성을 판단하는 것은 안정적이다. 그러나 간결함, 일관성, 그럴듯한 이유 등을 판단하는 능력은 저마다 큰 차이가 있다. 흡사한 가치관이 과학자들 사이에 폭넓게 공유되고 이 가치관을 수행하는 것이 깊고 과학적 구성요소가 충분하다 할지라도 가끔씩 이 가치관의 실제 적용은 개인의 성격 특성과 역사적으로 이런 가치관들이 어떻게 적용되었고 이해되어 왔는지에 따라 크게 달라질 수 있다.

이성 대 지식

과연 과학적 접근이 중립적인 것인지에 대한 논란은 꾸준히 제기되어온 과학철학에서의 논점이다. 프랭크(Frank, 1961)는 연구자들이 문화적 기준을 포함시키기보다는 고립된 상태에서 과학적 준거만을 적용해 가치가 있는 행동인지 아닌 지를 평가하고 있다고 지적했다. 화이트헤드(Whitehead, 1925)가 설득력 있게 주장했듯이, 현실주의적인 문화적 편견을 뛰어 넘을 수 있는 최선의 방법은 추상주의를 통해서다. 화이트헤드는 수리과학이야말로 인류 정신의 가장 독창적인 창조물이라 했다(p.19).

화이트헤드는 우리 안에 있는 현실에 대한 기대나 편견을 없애는 데는 추상성이 높아질수록 낫다고 주장했다. 수학은 추상성과 구체성 사이를 연결하는 다리 역할을 한다. 순수 수학만을 다루면 추상 세계에만 머물게 되므로, 편견 없는 진실에 도달하려면 추상적 논리를 관통해서 각 사물의 고유성을 살려내야 한다.

화이트헤드는 추상개념을 분별없이 마구 사용하는 것은 지식인들의 악습이며 현명한 이성이 필요하다고 경고하였다. 여기서 그는 추상성의 오만한 사용에 반응하는 것이며, 에머슨Emerson처럼 앎understanding과 이성 사이를 분별하려 한다. 에머슨은 이성을 앎의 고차원적 형태로 보는데 왜냐하면 이성이 심장의 직관적 느낌과 감성으로 하여금 현실에 대한 다른 지각적인 앎을 완성하도록 해주기 때문이다(White, 1972). 에머슨과 초월론자가 옥스퍼드그룹운동에 중요한 영향을 미쳤다는 것을 기억해야 한다. 에머슨, 초월론자들 그리고 결국에 옥스퍼드그룹과 AA가 깨달은 것처럼 앎만으로는 인간 세계와 우주 간의 도덕적 통일성을 이해할 수 없는데, 그 이유는 앎이 우리의 오감에 의해 한정돼 있어 현실에 대한 지각이 부정확해지기 때문이다.

앎에 이르는 또 다른 방법인 에머슨의 도덕적 감성론이 완성되기 수년 전, 칸트(White, 1972에 인용됨)는 우리의 지적인 앎도 우리의 이성적 정신도 사물들이 그 자체로서 무엇인지(여기서 칸트는 사물들에 대한 이런 본원적 지식을 본체계noumena라 부른다) 알도록 이끌지 못한다고 설득력 있게 주장함으로써 이 문제에 대한 답을 초월주의자들에게 제시했다. 칸트는 시간과 공간은 우리의 경험에서 도출된 경험적 개념이 아니라 현상들을 '감지할' 수 있도록 우리 경험에 부가된 것임을 보여주었다. 칸트는 공간과 시간은 우리가 지각하는 어떤 것이라기보다 우리가 어떻게 지각하는지를 반영해 주는 것임을 입증하였다. 우리의 정신은 현상을 부과하고 그것을 범주로 정리한다는 것이다. 흄Hume의 선례를 따라 칸트도 우리가 원인과 결과라 판단하는 것은 단지 '상수 연어constant conjunction : 실험분석적 상접' 또는 습관에 불과하다고 지적했다. 이는 유익하고 필요한 습관일 수는 있지만 우리에게 익숙한 것을 보고 수용하도록 이끈다. 이렇게 되면 우리 기대 바깥의 것을 놓치기 쉽다. 알아가는 정신은 수동적인 관중이 아니라 능동적인 행위자agent다. 이것은 세상을 단지 그려보기만 하지 않고 실제로 형태지어 나간다. 우리의 마음이 대상적objective 세계에 구조를 부과하는 그 방식 때문에 우리도 동일한 인과율 법칙에 지배된다. 우리의 이성적 사고만으로는 본체계를 완벽히 이해할 수 없다. 이 난제에서 벗어나기 위해 칸트는 어떤 원인적 영향이나 이중성에도 지배되지 않고 그러면서 시공을 초월해 있는 이 본체계적 현실을 설명하기 위해서 실천 이성이나 앎의 초월적 방식에 호소하였다. 칸트의 목표는 확장된 감성이나 심성을 앎의 또 다른 방식으로 규정하는 것이었다. 칸트는 나중에 이렇게 서술했다. "나는 믿음에게 자리를 내주기 위해 이성을 절제해야만 했다."

심리치료 과정에 있는 심리치료사들로 하여금 스스로의 현실 지각의 한계를 고찰해보라는 도전을 통해 오스본Osborne과 볼드윈(Baldwin, 1982)도 이와 유사한 정서를 표현한다. 그들은 대다수의 심리치료가 하나의 환각상태에서 다른 하나로의 측면 이동을 의미할 뿐이라고 지적하면서 자신이 해석하고 있는 현실만이 유일한 진실이라고 믿는 자만심 때문에 환자뿐 아니라 치료자 자신들에게도 뜻하지 않은 어려움을 불러온다고 제안했다. 자콥 브로노스키(Jacob Bronowski, 1973)는 이렇게 경고했다. "사람들이 현실에서의 검증 없이 자신이 절대적 지식을 갖고 있다고 믿을 때... 이 때는 그들이 신들에 대한 지식에 도달하려고 갈망하는 때다." 지식과 확실성을 결코 혼돈해서는 안 된다. 이런 망상은 처참한 결과를 낳을 수 있다. 왓즈라윅(Watzlawick, 1978)은 가장 위험한 착각은 "현실에 대한 자신의 관점만이 유일한 실제"(p.xiii)라고 믿는 것이라는 데 동의했다. 오스본과 볼드윈이 제시했듯이 많은 심리치료 전문가들은 환자들이나 환자들의 문제보다 더 광범위한 착각의 재연에 의해 발목 잡힐 수도 있다(1982, p.266). 이것은 매우 중요한 포인트다. 왜냐하면 많은 전문가들이 쉽게 AA의 근본이념을 비판하지만 그들이 갖고 있는 지각적 선입견에 대해서는 동일하게 냉철한 시각으로 판단하는 데 실패했기 때문이다. 이 사실과 밀접하게 연관돼 있는 것으로, 사실과 가치 간의 전통적인 구별이 상호주관성intersubjectivity에 토대를 둔 가성의 객관성(pseudo-objectivity: 현실에 대한 자신만의 관점)을 반영하는 또 하나의 착각임을 이해 못하는 것을 들 수 있다(Osborne & Baldwin, 1992, p.267).

자기기만self-deception은 자신의 상태를 부정하고 있는 중독자에 국한된 것만이 아니고 자만심에 가득 찬 확실성과 자존심 때문에 한계를 통찰하는 이성의 능력이 저하된 모든 개인에게도 해당된다. 겸손함이 없는 이성은 자기기만이 된다. 프로이트(1910)의 정신분석학은 본래 우리 자신에 대한 이해와 진실성의 고찰에 도움이 되려는 의도에서 개발되었다. 그는 인간은 자기기만에 빠지는 본성이 있으며 화려한 변명으로 무장한 이상적 사고가 이 현상을 극복하는 데 주된 장애물이 된다는 점을 잘 알고 있었다. 소크라테스처럼 프로이트도 "너 자신을 알라" 고 종용하였다. 정신분석은 고대 그리스의 "진리를 알면 진리가 너를 자유롭게 하리라"는 격언을 바탕으로 형성되었다. 무엇보다 프로이트는 우리 자신에 대한 부정직한 성향을 파고들려는 의도에서 출발했다. 한스 스트룹Hans Strupp은 이렇게 요약했다(1972),

> 이전의 누구와도 다르게 프로이트는 자기기만이 보편적이고 팽배해있는 인간의 특성임을 밝혀냈다. 정신분석을 통한 인간의 무의식적 동기에 대한 통찰은 프로이트가 염두에 두던 숙달master과 통제control에 대한 길을 열었다.

불행히도 프로이트의 기본적 가설에 의하면, 믿음은 단지 나약한 인간 지성에 불과하고 진실을 찾는 데 길잡이 역할에 그칠 뿐이다. 스트룹은 이성적 지성도 프로이트가 생각하는 종교만큼이나 환상일 수 있다고 지적했다. 그러나 불행히도 프로이트는 고대의 철학자들이 믿고 있는 인간 이성은 만물의 모든 비밀을 풀 수 있는 능력으로 인간에게 궁극적 진리를 가져다 줄 수 있다는 생각을 따랐다. 그에 반해 셰스토브(Shestov 1932)는, 이 철학자들은 자신들이 신적으로 추앙하는 이성의 마력에 인류를 얽매어 놓는 데 성공했을 뿐이라고 경고했다.

> 이성은 율법 없이도 행한다. 인간은 저절로 스스럼없이 풀려 나오는 이성을 사랑한다. 지식의 이론은 이성을 찬양할 따름이며, 누구도 감히 이성에 질문을 제기할 수 없거니와 그 절대적 권력에 감히 의구심을 품는 건 더더욱 있을 수 없다.

과학 대 종교

베르긴(Bergin, 1981)은 과학이 독보적 진리의 원천이라는 과거의 위엄을 잃었다고 주장했다. "이러한 변화는 과학이 직관적이고 가치에 물든 문화형태라는 분석에 의해 드러나고 또 그렇게 자극받고 있다."(p.95). 베르긴은 기계적인 생각과 인종적 중립성에 의해 지배받는 과학은 뭔가 부족하고 다른 무언가를 더 원하고 있다고 말한다. 특히 많은 종교단체들의 영적, 사회적 실패들이 비종교적 접근의 실패로 이어지고 있다고 지적했다. 베르긴도 베이칸(Bakan, 1972)처럼 과학적 방법을 신을 대신해 경배하는 행위에 반대하는 입장이었다. 니체Nietzsche는 서양 문화의 과학에 대한 집착을 종교적 우상숭배의 한 예(이 우상숭배는 개인이 사실 앞에 복종하는 것으로 나타남)로 기술하면서 이러한 현상들에 심정적으로 동조하고 있다. 말콤 머거리지(Malcolm Muggeridge, 1980)는 무미건조한 지식의 수집에 대해 경고하며 이렇게 말했다.

> 지식을 수집하는 것은 탐욕의 한 종류고 마이다스 스토리 같은 결과를 초래한다. 이번에는 지식에 대해 탐욕스러운 인간이 만지는 모든 것이 진리로 바뀌게 되며, 그의 믿음은 종교학이 되고, 그의 애정은 색욕이 되며, 그의 지혜는 과학이 되어 의미를 추구하다 진리를 무시하게 된다.

진리와의 연관성에 관한 이해 없이 지식을 추구하는 것은 가치가 없을 뿐 아니라 유해하기까지 하다고 머거리지는 말했다. 그는 지식이나 과학을 거부하는 것이 아니라 이것이 하나님의 목적을 위해 사용되어야 한다고 믿는다. 그가 뜻하고자 하는 것은 정신적, 감성적 관련 없이 적용되는 지식은 그저 추상적이고 우리를 우리의 경험적 진정성으로부터 멀어지게 만든다는 것이다. 종교적 비판 기준과 과학적 비판 기준의 차이점은 아주 작고 미묘하다. 예를 들어 프랭크(1972)는 천주교와 스스로 정신건강 종교라 부르는 그가 전공한 심리학을 다음과 같이 익살스럽게 비교했다.

> 정신건강 운동은 몇 가지 측면에서 체계화된 종교와 유사하다. 과학이 그것의 신학이며 의례들을 따른다. 성직자 회원들이 존경심을 가지고 집중하는 동료들 앞에서 근엄하게 논문을 읽고 하는 그런 컨퍼런스 같은 의례들을 따른다. 이 종교의 맹신자로서 나는, 다른 모든 종교들처럼 이 종교도 그 추종자들로 하여금 그들이 믿는 우주학과 상반되는 모든 현상을 무시하도록 유도 받는다고 말하고 싶다.

화이트헤드(Whitehead, 1933)는 과학은 이 도전을 잘 받아들이고 있으며 직관적 통찰과 감성을 포함시킨 특정 영역을 넓혀가고 있다고 강력히 주장했다. 그는 과학적 이성과 현대 과학의 비인간적 자세-자연을 무미건조하게 무음, 무취, 무색으로 축소해버리는 마음자세와 끝없이 무의미한 물질적인 것만 추구하는 것-에 반대했다(Brown, 1959, p.316). 현대과학은 페렌치Ferenczi의 금언을 확인시켜 준다: "순수 지성이라는 것은 적어도 서서히 무감각해지는 죽음의 산물이자 결국 광란의 법칙 가운데 존재한다"(Brown, 1959, p. 317). 화이트헤드는 이에 동의하며 다음과 같이 썼다.

> 원하는 것은 온전한 환경 속에서 유기체에 의해 보여지는 무궁무진하게 다양한 종류의 생기에 찬 가치들을 음미해보는 것이다. 당신은 태양과 대기와 지구 자전에 관한 모든 것을 이해하고도 저녁노을의 아름다운 광채를 놓칠 수 있다. 실제로 어떤 것이 구체적으로 성취된 것을 직접 감각하는 걸 대신할 수 있는 건 없다.

화이트헤드는 추상적 사고라는 미로에서 빠져나오는 방법으로 구체적 사고를 중시하라고 제안한다. 에머슨의 사상이나 AA에 영향을 미친 초월적 신념들과는 달리, 화이트헤드는 보다 상위 형태의 지식으로서의 감정에 급진적으로 호소하지 않는다. 그는 인간과 우주 사이의 관계에 대한 보다 포괄적 인식(추상 개념과 구체 개념 사이의 혼돈을 피하고 우리의 허약한 지성이 제공할 수 있는 것 이상의 어떤 관계인식 능력으로, 우리 인간이 의지할 수 있는 것)을 개발할 필요성을 제시했다.

화이트헤드는 과학적 방법 그 자체를 비난한 게 아니라 '잘못 위치 지워진 구체적 사고의 오류'를 비판했다. 우리는 인간 사고에 대한 추상적 이상주의 가운데서 길을 잃고 헤맬 위험에 있다고 그는 경고하였다. 우리는 추상성과 구체성을 혼돈하여 추상을 현실로 판단한다. '날것의 사실'에 대한 '과학적 유물론주의'를 실제 자체라고 믿고 적용할 수는 없다. 왜냐하면 외부의 사물들은 '단순한 위치' 차원에서 존재하는 것이 아니라 관계 가운데 존재하기 때문이다. 화이트헤드의 경고에 따르면, '과학적 탐구'가 어떤 단위에 대해 말할 때 "그 단위가 전체로서의 우주와 맺고 있는 조회지점 및 관련성을 배제하거나 우주가 그 단위와 맺고 있는 관계성을 배재한 채로 그 단위에 대해 말할 수 없다"(p.39). 비록 과학은 철학이 필요 없다고 주장하지만 이미 과학은 부지불식간에 그리스 철학에서 하나를 빌려왔다고 화이트헤드는 인정하였다. 그는 "자연의 질서에 대한 믿음이 없다면 살아 있는 과학은 불가능할 뿐 아니라 존재할 수도 없다"고 보았다.(1925, p.39)

과학철학과 합리성의 한계

미국 철학은 현대과학 및 과학적 방법론이라는 도전에 대한 응전의 특성을 띠고 있다. 모튼 화이트(Morton white, 1972)가 말했듯이 미국의 철학적 사고에는 이중적 경향이 짙게 나타난다. 이 이중성은 지식이라는 것은 경험에 의해 결정되거나 의미에 대한 분석적 의도에 국한된다는 과학의 도전에 대해 도덕적 감성 반응의 형태로 나타났다. 랄프 왈도 에머슨, 조나단 에드워드, 윌리암 제임스 그리고 찰스 피어스는 근본적으로 과학적 방법론과는 다른 지식을 확립하는 방법으로서 감정, 정성, 열정에 호소하는 데 앞장서 왔다. 제임스가 말했듯이 "과학은 우리에게 무엇이 존재하는지를 말해줄 수 있으나 존재하는 것과 존재하지 않는 것의 가치를 비교하기 위해서는 과학이 아니라 파스칼이 우리의 마음이라고 부른 것에게 자문을 구해야 한다."

특히 물리학은 과학이 탐구과정에서 도덕적 감성과 일치될 때마다 깊은 함축적 의미에 도달한다는 것을 보여주었다. 브로노브스키가 설명했듯이, "개념적 수수께끼conceptual riddles는 양자물리학에서 결국 수학 공식에 의해 풀리지만... 우선은 머릿속에서 계산이 아닌 통찰과 상상, 곧 형이상학을 요구하는 정신적 수수께끼가 풀려야 이 개념적 수수께끼도 이어서 풀린다"(1973, p. 363). 맥스 본Max Born은 "나는 이론물리학이 사실은 철학이라고 확신한다"(Bronowski, 1973, p. 363에서)고 고백하면서 위 견해에 동조한다. 이 말 뜻은 물리학에서 축적된 새로운 관념들은 현실에 대한 다른 시선을 낳는다는 것이다. 세계는 고정되고 단단한 일련의 사물들로 구성돼 있지 않다. 왜냐하면 세계에 대한 우리의 지각과 세계는 서로 동떨어진 것이 아니기 때문이다. 세계는 우리 시선 아래에서 변화하고, 우리와 상호작용하며, 세계가 생산해낸 지식은 결국 우리 인간에 의해 해석된다.

외양과 실재를 구분하고 우주의 근본적 골격을 모두 드러내기 위해 과학은 일군의 감각들rabble of the senses을 번역해 내야만 했다. 아인슈타인은 적절한 비유를 통해 핵심을 찌른다. "가장 높은 건축물을 짓기 위해서는 내용물을 비우는 대가를 치러야 한다"(Barnett 1948, p.113).

그래서 과학자들은 우리의 경험들로 구성된 통상의 세계, 감각 지각의 세계를 서서히 포기하도록 강요받아 왔다. 앎을 정의함에 있어서 존 로크와 합리주의자들이 쌓아올린 금자탑과 달리 과학자들은 질들qualities은 마음속에만 존재하므로 물질, 에너지, 원사들과 별들로 구성된 객관적인 우주 전체는 오직 인간 의식의 구성물(=인간의 감각들로 형태 지어진 관습적 상징들로 구성된 조형물)로서만 존재할 뿐이라는 놀라운 결론에 도달했다. 바넷Barnett이 썼듯이,

> 너무나 역설적이게도 과학자와 철학자가 현상 세계라 불러온 것-인간의 감각 기관 생리에 의해 디자인된 빛과 색체로 구성된 세계 – 은 유한한 인간이 그의 본성적 자질로 인해 갇혀 사는 세계다. 과학자들이 실제 세계 – 마치 인간의 지각perception 평면 아래에 감춰진 빙하처럼 색깔도 소리도 촉감도 없는 우주-라 불렀던 것은 상징들의 골격 구조다 (Barnett, 1984, p. 137)

이 땅에 잠시 머무는 동안 인간은 마음속에서 여러 일들을 과거, 현재 그리고 미래라는 흐름을 느낌에 따라 자의적으로 정리한다. 그러나 인간 의식이라는 굴레 속이 아니라면, 객관적인 실체 세계 곧 우주는 '생겨나는' 게 아니라 그저 존재할 뿐이다. 그것의 전체적 장엄함은 오직 우주적 지성에 의해서만 포괄될 수 있다.

과학자들은 우리에게 사물의 '본질'에 대해선 전혀 알려주지 못하지만 사건들을 기술하고 그것들 간의 관계를 규정하는 데는 성공했다. 화이트헤드는 "사건이 진정한 사물들의 단위"(1933, p. 198)라고 선언했다. 이로서 그가 뜻하는 바는 아무리 이론적 체계가 바뀌고 아무리 상징과 관념들에서 내용물이 비워진다 해도 가장 본질적이고 지속적인 삶의 사실은 일어남들, 활동들, 그리고 사건들이다. 예를 들어 불확실성의 법칙은 우리가 실제적인 전자의 충돌을 예견할 수 없다고 지적한다. 그러니 어떤 의미에서 전자들은 '실제'가 아니라 이론적 상징일 뿐이다. 다른 한편으로 그 충돌은 '실제'이며 그 사건은 '실제'이다. 이것은 마치 실제의 객관적 세계가 우리의 의식이라는 투명 플라스틱 지붕 밑에서 영원히 반쯤 숨겨진 채로 존재하며 우리 감각으로는 포착되지 못하고 오직 우리 존재에 의해 경험될 뿐인 것과 같다.

불확실성 원리는 이미 알려져 있는 과학적 원리로는 전자의 위치와 속도 둘 다를 동시에 규정할 수 없다고 주장한다. 전자의 위치를 관찰하면 그 속도가 변화하고 반대로 속도를 정확히 측정할수록 위치는 불분명해지기 때문이다. 양자물리학은 그러므로 고대과학의 두 기둥인 인과율과 결정론을 흔들고 있는 것처럼 보인다. 이러한 불확실성의 여지를 인정함으로 과학은, 우주 만물의 현 상태와 속도에 대한 지식을 가지고, 우주의 역사를 시대를 초월해 예측할 수 있다는 고대적 희망을 낳게 한다. 이러한 여지를 받아들일 때 생기는 부산물의 하나는 자유 의지의 존재에 대한 새로운 논쟁이다. 왜냐하면 물리적 사건은 정의내릴 수 없고 미래는 예측 불가능하다면 어쩌면 양을 알 수 없는 "마음"이 이 변덕스러운 우주의 무한한 불확실

성 가운데서 인간의 운명을 가이드할지도 모르기 때문이다.

여기서 베르너 하이젠베르크Werner Heisenberg의 불확실성의 원리는 그 위대한 단순함으로 우리를 깜짝 놀라게 한다. 브로노브스키는 이것을 가리켜 "심오한 발상이다. 20세기뿐 아니라 과학의 역사상 가장 위대한 발상 중의 하나"라고 외쳤다(Bronowski,1973, p365). 어떤 면에서는 이것은 일상의 사건들의 확고한 원리다. 인간은 자연을 객관적으로 관찰할 수 없으나 우리가 관찰하는 과정에 불가피하게 참여하게 된다. 하이젠베르크의 원리(관찰자 없이는 물리학이 존재하지 않는다는 원리)는 모든 물리학 법칙의 기본 사항이다. 인간 조건을 이해하는 비밀에 대한 해답은 과학과 종교, 합리성과 직관성, 이성과 감성이 모두 융합되는 지점에 놓여 있는 것 같다.

합리적 사고와 과학의 한계

지식의 확실성과 존재의 불확실성 사이의 변증법적 균형은 사회과학자들과 철학자들이 겪은 20세기 초기의 딜레마일 뿐 아니라 1929년 주식폭락과 1930년대의 대공황을 지나며 알코올중독자들 또한 일상에서 겪은 경험이었다. 축적된 지식과 세계를 제어, 통제, 이해할 수 있다는 끝없는 가능성을 약속하는 과학적 방법론에도 불구하고 실제 세계는 두려움, 의심, 공포, 불확실성을 경험하고 있었다. 후기계몽주의 시대의 환멸은 과학이나 합리성이 한계에 다다랐을 뿐 아니라 기만적이라는 것을 사회가 깨닫기 시작했음을 반영한다. 이는 또 지성이 이야기한 것과 실제 감성적 선에서 가슴으로 느낀 것 사이의 개인적 갈등을 해결하려는 개개인들이 직면한 딜레마를 반영한다. 이 감성적이고 지성적인 분위기로부터 실존주의, 정신분석, AA가 등장하게 되었다. AA와 현대 심리학과 실존주의 철학 간의 상호접합을 불러온 사회적, 문화적, 지적 분위기에 대해서는(Ernest Kurtz, 1979)가 광범위하고 포괄적인 분석을 제공했다.

커츠는 많음이 적음이 되는 역설, 또 실존철학에서 오만과 겸손 간의 대립이 사회적 차원에서 또 알코올중독자들에서 작용하는 것을 기술하며 이렇게 썼다.

> 20세기 미국 역사는 현대성에 관한 네 가지 역설의 역사로, 이 역설은 처음에는 미국인에게 나중에는 현대인들 모두에게 열병처럼 퍼졌다. 합리성과 통제의 승리는 오히려 점점 합리성과 통제의 종국적 불가능성을 드러내는 것만 같았다. 더 큰 합리성과 통제에 대한 갈증과 추구는 그 성공이 점점 더 공허하게 지각됨에도 불구하고 더욱 강해졌다. 근본적으로 현대적 분투, 곧 현대성 자체의 견지에서 본 현대성의 정체성은 중독적이다. 항상 더 적은 만족을 얻게 됨에도 불구하고 항상 더 많은 것을 향해 분투하는 것이다.(1979, P.171)

Kurtz는 실존주의 철학자들이 부딪힌 딜레마는 알코올중독자 개개인이 직면해야 했던 딜레마의 전조였다고 주장했다. 실존주의 작가들, 특히 사르트르와 하이데거는 상실된 것으로서의 인간 존재의 진실을 직면했는데, 하이데거는 이 인간 존재의 진실을 현존재Dasein라 불렀다. 헤겔의 변증법적 관념론과 데카르트의 코기토는 느낌이나 존재보다는 절대적 객관성 추구와 지나친 정신에 대한 강조로 인해 오히려 인간을 인간 자신으로부터 분열시키는 결과를 초래하고 말았다. 헤겔과 데카르트에 맞서 소렌 키에르케고르는 데카르트의 명언 "나는 생각한다, 고로 존재한다"를 역발상적으로 이렇게 바꾸었다. "나는 존재한다, 고로 생각한다." 키에르케고르와 대부분의 다른 실존주의자들에게는 존재가 언제나 사고에 선행한다. 사고에 대한 우리의 지나친 투자는 우리 존재가 우리 자신과 조화되지 못하도록 만들었다. 실존주의자들은, 다른 서양 철학이나 논리실증주의자들과 달리 불확실성을 미덕으로 삼았다. 실존주의자들은 우리가 확실하게 알고 있는 것은 아무것도 없으나 역설적이게도 우리가 모르고 있다는 사실만은 알고 있다는 입장을 견지했다.

마틴 부버(1963)는 앎knowledge은 항상 알아감knowing이라는 희생을 치뤄야만 가능하다고 했다. 그가 말하고자 한 뜻은, 자신이 누군지 혹은 무엇인지에 대한 의문 없이 존재하는, 따라서 자기 삶에서 어떤 의미를 찾을 필요성에 의해 자극되지 않는 다른 피조물들과 달리, 인간은 우리가 알지 못한다는 것과 결코 알지 못할 것임을 알도록 운명 지워져 있다는 것이다. 그럼에도 불구하고, 완전한 해답을 결코 얻을 수 없을 것을 알면서도 우리는 계속 이 어려운 질문을 던져 나가야 한다고 하이데거는 말했다.

이런 시각에서 볼 때 중독은 무한한 지식, 능력, 통제에 대한 우리의 자기기만과, 우리가 알지 못하고 부족하고 유한하다는 것을 받아들임에서 오는 고통, 불안, 두려움, 공포들 간의 충돌이라 할 수 있다. 이 문제를 다루면서 커츠는 중독성 질환을 인간 조건에 대한 은유로 보는 것이 상당히 유익하다고 제안한다. AA와 전통적 복음주의적 경건파 간의 유사점을 묘사하면서 커츠(1979)는 이렇게 서술했다. "고대적 통찰은 인간은 근본적으로 유한한 상태에 있으며, 이 유한성의 초월은 먼저 이 한계 상태를 받아들인 다음 이러한 구원이 개인의 자기 바깥에서부터 온다는 걸 받아들일 것을 요구한다고 본다"(p.202). 커츠는 또한 중독이 인간이 처한 궁지에 대한 어떤 비유이기도 한 상태를 반영하는 과정이라고 제안했다. 우리 자신의 가치를 결정하고 우리에게 의미를 부여하고 행복과 기쁨을 제공하는 수단을 올바른 행동과 태도를 통해 얻지 않고, 이러한 만족의 근원을 지나치게 외부 자원에 의존한다면 이는 우리가 결코 제어할 수 없는 것을 제어하고자 하는 것이다.

중독은 지나친 자만, 지배와 끝없는 쾌락에 대한 요구다. 오만한 지배와 타인들이 필요치 않다는 착각을 부풀리기 위해 약물이나 알코올을 사용하는 중독은 불가피한 이 악순환의 과정을 더욱 심화시킨다.

AA는 우리의 한계와 대면하는 이 상태를 "바닥을 친다hitting bottom"고 표현한다. 12단계 프로그램의 다른 사람들은 이를 영적 응급상황이라 부른다. 실존주의자들은 이를 실존적 위기로 묘사한다. AA처럼 실존주의자들도 이러한 직면은 궁극적으로 교회나 현대 의학과 같은 문화적으로 승인된 제도적 정의나 제약들을 벗어나 개인 홀로 경험되어야 하는 개별적 직면이 되어야 함을 인정한다. 자조운동이 이러한 발달을 향한 방향제시에 원동력이 되었다는 것은 너무나 당연한 일이다.

자조운동 The Self-help movement

몇 가지 영향력이 자조운동에 기여했는데 그중 가장 오래되고 잘 알려진 자조 운동의 하나가 AA다. 자조운동에 기여한 한 가지 요인은 미국의 다원론적 민족학인데 미국인들은 단체 결성을 통해 사회적 정체성을 찾는 참여자들joiners이라 할 수 있다(Dumont, 1974). 당시에 도움을 제공할 수 있었던 소수의 전문가들도 자조

운동에 기여했다. AA가 형성된 1930년대에는 지금보다 더 적은 수의 전문가들이 참여했다. 심리치료도 거의 개인치료에만 국한되었다. 그런 전문가들은 계속 1:1의 치료를 고집하였고 집단이나 동료 간 영향의 잠재력을 충분히 활용하지 못해 집단으로 치료했더라면 더 많이 도울 수 있었을 사례들을 상당히 놓치게 되었다. 결국 전문가들의 수가 적었으며 보다 효과적이고 적절한 치료전략을 사용하지 못해 환자들의 치료 요구를 충족시키는 데 실패했다.

물론 전문가들의 수가 충분하고 자조 집단 내에서 다뤄지는 그러한 문제에 효과적인 개인적 접근이 사용되었다 하더라도, 자조집단은 몇 가지 이유에서 지속적으로 활발히 성장했을 것이다. 가장 중요한 이유로는 첫째, 자조집단은 비용이 적거나 무료고 둘째, 동료peers 간 영향력이 강력하다는 것이다.

강력한 동료 간 영향력은 특히 동료 간에 비슷한 문제를 공유할 때 그렇다. 동일시identification, 지지와 공통된 관심사의 공유sharing는 강력한 치유의 힘이 된다. 최근에 와서야 전문가들이 치료적 증진을 극대화시키는 집단의 힘에 대해 제대로 인식하고 있다. 얄롬을 비롯한 연구자들이 조직적인 방식으로 활용하기 시작한 집단 치료의 장점을 AA는 이미 직감적으로 인식한 것이다. 행동 변화에 있어 AA 참여 동료들은 종종 전문가들보다 더 큰 영향력을 미친다.

심리학 이론이나 연구 결과들이 동료가 중요한 영향력의 근원이 된다는 임상적 의견을 지지하고 있다. 특히 또래는 개인의 유년 시절과 청소년기에 커다란 영향을 준다(Muus, 1968; Patterson & Anderson, 1964). 동료 간의 영향은 특히 개인들의 초기 사회화 과정에 중요하다(Hartup, 1970). 페스팅거(Festinger, 1954)는 개인은 자신과 비슷하다고 느끼는 사람들로부터 가장 영향을 받는다는 설득력 있는 증거를 제시했다. 가트너Gartner와 키스먼(Kiessman, 1984)은 이러한 견해에 동의하면서

> 가장 강한 영향을 미치는 사람은 내담자가 자신과 비슷하다고 보는 사람이다. 예를 들어 AA 모임에서 한 고령자가 자기는 중독자지만 이제는 단주하고 있다는 말을 들으면서, 새로운 회원은 이를 통해 자신의 미래 모습을 보게 된다.(p.21)

엠릭, 라센, 에드워드(Emrick, Lassen & Edward, 1977)도 비슷한 얘기를 하고 있다. "재사회화resocialization는 중독자들을 위한 동료중심의peer-oriented 거주 치료시설에서 일어나는 사건과 메커니즘을 가장 적절하게 묘사하고 있다"(p.121). 동료가 개인에게 강력한 영향을 줄 수 있다면 동료그룹peer groups은 더 강력한 영향을 줄 수 있다. 에릭과 동료들(1977)이 발표한 연구는 집단이 사회적 지지, 사회적 정체성identity, 사회적 실체reality를 개인에게 부여하는 데 역할 한다고 지적한다. 동료그룹은 동료로 구성되지 않은 그룹보다 훨씬 많은 영향력을 보여준다. 정의 상 동료그룹은 동질성similarity의 기초가 더 단단하다. 동료들로 구성된 심리치료 집단에서의 동질성은 집단 구성원들을 그 집단으로 이끈 문제나 이슈들 가운데 있다. 알코올이나 약물에 대한 공통된 경험과 태도가 서로 간에 친화력을 높인다. 얄롬과 레쯔(Leszcz, 2005)가 명확하게 증명했듯이 그룹 회원들 간의 동질성은 더 큰 응집력을 가져온다. 동질성과 응집력은 더 많은 태도의 일치뿐 아니라 그룹 회원들에게 더 큰 영향력을 미친다. 또 동료들에게서는 더 적극적이고 효과적으로 배우고 서로 더 기꺼이 모방한다는 점이 있으며, AA와 같은 자조 집단들이 널리 확산되고 활성화되는 데는 충분한 근거들이 있다.

단주동맹 Alcoholics Anonymous : 역사적 뿌리

AA의 창립은 1935년으로 추정되지만 이 프로그램의 기원은 더 일찍이, 창시자인 빌 윌슨에 의해 시작되었다. AA의 역사를 이해하기 위해서는 윌리암 그리피스 윌슨William Griffith Wilson을 알아야 한다. 윌슨은 두 차례에 걸쳐 월가에서 큰 재산을 모으고 탕진한 바 있으며, 알코올중독자로 여러 해 동안 조절 음주를 시도했지만 번번이 실패한 호기심 많은 인물이었다. 절망으로 자살 순간까지 내몰린 윌슨은 그의 네 번째이자 마지막 중독치료를 위한 입원 직전에 친한 친구의 방문을 받는다. 윌슨처럼 절망스런 알코올중독자였던 에비 티Ebby T.는 복음주의적 성격의 옥스퍼드그룹운동을 통해 구원에 이르게 됐다고 윌슨에게 말해주었다. 그래서 그는 저명한 스위스 출신 심리학자인 칼 융에게 치료 받은 바 있는 에비 티의 친구로 울랜드 에이치 Rowland H.의 소개로 옥스퍼드그룹의 신앙운동에 참여하게 되었다. 재주와 재력이 많은 금융계의 천재였던 그는 1931년에 모든 알코올중독 치료의 실패에 대하여 절박한 심정으로 스위스 쮜리히로 가서 칼 융에게 분석을 받았다. 그러나 미국으로 돌아온 지 얼마 안 되어 그는 재발했다.

로란드는 그 후 칼 융으로부터 "솔직히 더 이상의 의료적, 심리적 치료가 소용없는 절망적인 상태"라는 말을 듣는다. 칼 융은 단 하나의 희망적 가능성은 영적 혹은 종교적 체험, 다시 말해 진정한 회심이라고 제안했다. 하지만 그는 가끔 이런 종교적 체험이 중독자들에게 치유를 가져오지만 비교적 드문 경우라고 경고했디(Kurtz, 1979, p.8~9). 에비는 진구 빌에게 이 이야기를 전달하면서 칼 융 식의 통찰력insight과 강조점 emphasis을 제시했다. 훗날 이 사건은 윌슨이나 AA에게 중요한 의미를 갖게 된다.

에비의 노력에도 불구하고 윌슨은 술을 끊지 못했다. 하지만 윌슨은 이 정보를 그의 주치의인 윌리엄 실크워스William D. Silkworth와 나누게 된다. 결국 이 인물들(융, Silkworth, Ebby T.)을 통해서 일련의 사건들이 일어나기 시작하였고 결과적으로 이것이 AA의 시발점이 되었다.

『AA가 성년이 되다Alcoholics Anonymous Comes of Age, 1957』라는 저서에서 윌슨은 알코올중독의 질병개념을 이끌어낸 실크워스의 도움이 AA에게 얼마나 중요한지를 인정했다. 더욱 중요한 것은 윌리암 제임스가 말한 "영적 체험의 변형transforming spiritual experiences은 거의 항상 재난과 붕괴 가운데서 찾을 수 있다"는 말을 인용한 것은 실크워스였다(James, 1902, p.213). 이 책에서 윌슨은 그의 최근의 음주에 뒤따른 특히 심각하였던 우울과 불안을 치료 받으며 그가 가졌던 히신 경험에 대해 묘사했다. 그가 묘사한 것들을 모두 고려할 때, 그는 전형적으로 철학이나 종교 문헌에서 신비 경험이라 기술하는 것을 경험한 것이다(Buber, 1960; Kaufmann, 1956; Stace, 1966).

자주 언급되지는 않았지만 윌슨의 기록된 서술은 역사적 배경과 문화적 영향을 초월하는 다른 신비스러운 체험과 많은 공통점을 보인다. 눈을 멀게 할 만큼 밝은 빛과 후에 따르는 희열, 시간을 초월한 느낌, 고요함 그리고 고귀한 존재와 하나 된 느낌 등을 일반적으로 보고한다. 윌슨이 묘사하였듯이, "이제 나는 신의 현존Presence으로 채워진 새로운 의식 세계에 있는 나 자신을 발견했다. 우주와 함께한 커다란 평온이 나를 엄습해 왔다"(Kurtz, 1979, p. 20).

윌슨은 곧 그의 '영적 체험spiritual experience'이 걱정되기 시작했다. 의사인 실크워스가 이미 그에게 알코올로 인한 뇌손상에 대해 경고하지 않았던가? 한참 후인 1955년에는 AA 대회에서 이에 대해 처음으로 문헌을 써서 발표했다. 그는 이 사건(영적 체험)에 대해 언급하는 것을 꺼렸는데 이 사건이 그에 대한 신뢰성에 도움 되기보다는 해를 줄 수 있다는 것을 발견했기 때문이었다. 그는 특히 AA가 술주정뱅이들이 종교적으로 변하여 착실해진 그런 단체라는 인상을 주는 걸 피하고자 했다.

이 영적 경험을 성찰한 후에 윌슨은 이러한 경험을 본격적으로 검증하기 시작했다. 그의 좋은 친구인 실크워스와 의논한 결과, 그가 미치지 않았다는 것을 확인했다. 이러한 신앙체험은 종종 '절망적 중독자' 들에 의해 보고된 바 있는데 이들은 완전히 바뀌어서 중독에서 회복했다. 실크워스는 윌슨에게 윌리암 제임스가 쓴 『종교적 체험의 다양성Varieties of Religious Experience』을 소개했다. 그 후 몇 년 동안 윌슨은 제임스의 책을 열심히 읽었다. 독서를 통해서 회심체험에 대한 보편적 근거를 얻는 데 성공했다. 제임스의 이론은 영적 경험은 명확한 객관적 실체를 가지고 있으며, 개인의 삶을 완전히 바꿀 수 있다는 것이다. 모든 경험은 아니라도 그중 일부는 종교적 경로를 통해서 왔다고 제임스는 믿었다. 하지만 모든 것이 아픔과 처절한 절망에 근거를 두고 있다. 완전하게 바닥을 친 희망complete deflation at depth은 누군가를 전환시키는 경험을 할 수 있도록 준비시키는 필요조건의 하나다. 회복 중인 중독자라면 누구나 아는 '바닥을 친 희망deflation at depth'을 AA에서는 '바닥을 친다hitting bottom'고 표현한다.

제임스가 자주 인용한 바 있는 류바(Leuba, 1896)와 스타벅(Starbuch, 1899)은 회심체험conversion experience에 대해 명확하게 표현하고 있다. 류바는 이때의 반전reversal을 강조하였고 변화의 두 번째 전제조건은 자기포기self-surrender임을 지적하였다. 사실 이것이 AA 12단계 프로그램의 첫 단계다. 윌슨은 여전히 두려웠지만 그리 오래지 않아 자신의 경험을 통합시킬 수 있었다. 윌리암 제임스의 글을 읽으면서 윌슨이 자기 경험을 통합시킬 수 있었던 점에 대해 쓰면서 커츠는 윌슨이 겪었을 투쟁을 잘 묘사하였다.

윌슨이 제임스의 책에서 얻은 생각은 AA의 역사에서 후일 유의미하게 작용하게 된다.

> ... 제임스의 생각에 영적 체험은 객관적 실체를 갖고 있었다. 뜻밖의 선물처럼 그것은 사람을 변화시켰다. 어떤 것은 갑작스러운 밝은 광채였고, 또 어떤 것은 아주 서서히 나타났다. 어떤 것들은 종교적 경로로부터 나왔고 또 어떤 것은 그렇지 않았다. 하지만 거의 전부가 고통, 피해, 재난 등의 중요한 공통분모를 지니고 있다. 완벽한 절망과 바닥에 꺾인 희망은 받아들이는 이를 준비시키기 위해 거의 언제나 필요했다. 이 모든 것의 의미가 내 뒤통수를 치는 듯했다. 바닥을 친 희망, 그래 이것이다. 정확히 이것이 내게 일어났었다.
>
> 윌슨이 깨달은 요점은 네 가지 AA의 기본 원칙 중 세 번째이다. 이 핵심 사상의 절반 즉 영적 회심spiritual conversion의 필요성은 칼 융으로부터 로울랜드에게로 전해졌다. 옥스퍼드그룹의 실천과 또 다른 하나는 동료 간 만남을 통한 것이다. 빌과 에비 사이의 첫 만남처럼 한 명의 중독자로부터 다른 한 명의 중독자에게 대화를 통해 절망과 희망이 동시에 전달된다. 이런 것이 실크워스의 자상한 지도와 제임스의 의미 있는 사상들의 영향 아래 윌슨의 사고 안에서 온전히 하나로 합쳐진 것이다.(Kurtz, 1979, pp.20-21)

윌슨은 이런 성격의 극적인 변화는 쉽게 일어나는 현상은 아니지만 불가능한 것은 아님을 알게 되었다. 이것은 제임스의 보고에 의하면 칼 융의 사례보고서에서 묘사된 종교적 회심 같은 전환 현상을 말한다. 이와 유사하게 칼 융은 윌슨에게 외상후 신경증traumatic neurosis과 성공적인 치료 후에 재발이 발생한 사례 몇 가지를 언급하며 이런 현상들은 건강 상태에서 신경증으로의 변환이라고 말했다.

같은 맥락에서 마틴 하이데거(Martin Heidegger, 1963)와 칼 야스퍼스(Karl Jaspers, 1975)는 개인들로 하여금 극적이고 다급한 삶의 변화를 야기하는 상황들에 대해서 광범위하게 기술했다. 야스퍼스는 이런 현상들을 한계 상황이라고 표현했다. 하이데거가 묘사하였듯이, 한계 상황은 개인적 존재의 평가와 직면이 촉매역할을 한다. 분노와 절망angst은 개인에게 자신의 인식과Enlschlossenheit 세상과의 상호관계를Existenz 처절히 바꾸도록 만드는 필수적인 감정적 요소다.

윌슨은 이 현상이 회복과정에서의 중대한 요소임을 직관적으로 알아차릴 수 있었다. 그러므로 내려놓는다는 것surrender은 AA의 회복 12단계 중 주춧돌 역할을 하게 된다. 내려놓는다는 것은 보통 자신의 개인성individuality을 배제시키는 것을 가리키며 또 자신을 타인에게 맡기는 것이다. 개인성을 배제시키는 것과 자신을 타인에게 맡기는 것의 차이점은 앤지알(Angyal, 1965)과 AA가 적용해 아는 것처럼 매우 어렵고 중대한 결정이다. "사람은 외부세력에 굴복하고 복종을 통해 작아진다. 자신의 고립을 포기함으로 더 큰 것에 소속되며 자신의 삶을 넓혀가는 것이다"(Angyal, 1965, p. 107).

몇 년 후에 윌슨은 칼 융과 서신교환을 하기 시작했다. 융의 편지가 윌슨이 AA의 치료철학을 개발하는 데 중대한 영향을 끼친다. 그런데 짚고 넘어가야 할 중요한 것은 윌슨이 자신의 경험을 이해하려는 고집스러운 집념이 후에 AA라 알려지게 된 단체의 심리적, 종교적, 영적 모습과 씨름하고 해답을 찾으려는 노력으로 이어졌다. 이 경험을 해석하고 규정지으려는 윌슨의 바람이 후일 옥스퍼드 그룹운동과 연결된다.

윌슨은 "학생이 준비되면 스승이 나타난다"(Kurtz에서 인용, 1979)고 썼다. 이 말은 그가 곧 옥스퍼드 그룹운동의 지도자와 만나면서 들어맞는 말이 됐다. 결국 그들 간의 상호교환은 상호 협력적이 돼 옥스퍼드 그룹의 영적 원칙이 AA를 운영하는 초석이 됐다: (1)자기성찰 (2)실수의 인정 (3)잘못된 것의 회복 (4)다른 사람들과 함께하는 꾸준한 노력.

AA의 기본 신조인 성격상의 결함, 손상된 것으로부터의 회복과 다른 사람들과의 협력과 공조 등은 옥스퍼드 그룹운동, 에머슨과 이상주의자들의 직접적인 영향을 받아 만들어진 것이다. 결국 이러한 원리의 적용은 알코올 및 약물 중독 치료에 독보적인 치료방식의 발전으로 이어지게 된다.

AA-왜, 어떻게 기능하는가?
AA에 대한 이해

AA는 자신을 이렇게 말한다. "자기의 경험, 장점, 희망을 다른 이들과 나누는 남성들과 여성들의 교제로 서로 공통된 문제를 해결해 주고 중독에서 회복되도록 다른 이들을 도와주는 것이다." 그리고 "단주를 유지하고 다른 이들도 적응하도록 도와주는 것(AA, 1939)"이 목적이라고 말한다. 가족 및 친구들에게 배척당할 가능성과 회원들에게 따라다닐 수 있는 꼬리표를 피하기 위해 익명을 요구한다. 익명을 통한 비밀보장은 자유롭고 솔직하게 문제를 이야기하고 말하기 어려운 대화를 가능케 한다.

하지만 AA 철학의 토대가 되는 것은, 자신에게 억제할 수 없는 중독 문제가 있음을 직시하고 인정하는 것이다. 회원들은 꾀병을 부리는 후보회원들을 쫓아다니거나 응석을 받아주지 않는다. 그들은 후보회원들이 만약 단주를 원한다면 언제 어디서든 나서서 도와줄 것임을 분명히 한다. 이 프로그램은 단지 술만 끊거나 가족이나 직업을 잃을 것이 두려워 술을 끊어보려는 사람들에게는 별 효과가 없다. AA가 효과적이 되려면 반드시 자기문제에 관한 깨달음을 얻는 데 정진해야 한다고 명시하고 있다. 이 모임에 들어가려는 자는, 절제를 못하는 알코올중독자의 처참한 사회적 고립에 진저리를 치고 엉망으로 뒤엉킨 삶에 최소한의 질서를 가져오고자 하는 바람이 반드시 있어야 한다.

AA는 제안된 12단계 프로그램에 의해 인도되는 집단이다. '권유suggested' 라는 단어가 강조되어야 하지만, 회원들 스스로 모이는 것 외에 AA에서 강제하는 것은 없다. 기본적으로 AA는 중독자도 인정받고 사랑 받을 수 있는 사람임을 보여준다. 수상쩍고 버림받고 외로웠던 모습으로 AA에 들어온 중독자들은 회복될 가치가 있는, 인간사회의 소중한 일원으로 받아들여진다. 자신과 같이 처참했던 다른 회원들의 인생경험을 듣고 그들이 어떻게 중독을 극복해 나가는지 바라보면서 다른 회원이 할 수 있다면 자신도 할 수 있겠다는 희망을 품게 된다. 이렇게 해서 한번 도전해 보리라는 의지가 생긴다.

알코올중독자들은 하루하루를 술 없이 사는 법을 터득해 나가야 한다. AA 모임에 참석하고 문제를 얘기함으로써 술에 대한 거부감을 키우고 술에 대한 의존도를 점점 없애는 방식으로 삶을 재구성해 나가야 한다. 가장 핵심적인 개념은 중독자 자신이 스스로 절제할 수 없는 중독의 문제를 가졌다는 것을 인정하는 것이다. 반드시 재활 프로그램의 초석이 되는 교의를 받아들여야 한다. "단 한 잔도 너무 많다."

알코올중독자들은 그들이 가진 병의 특성에 의해 정교한 변명과 자기합리화적 체계를 세워놓는다. 자신의 질병에 대한 정확한 인식과 솔직한 인정을 방해하는 심리적 변명은 술 자체만큼이나 이 질병과 깊고 복잡하게 연관되어 있다. 버논 존슨(Vernon Johnson, 1973)이 이러한 상호작용의 역학을 잘 요약하였다.

> 이 근본적인 상태의 가장 근원적 문제는, 자기 파괴의 패턴에 갇혀 위험하게 의존하면서 살아가는 중독자들의 망상과 흐려진 판단력이다. 이것들이 치료 과정에 들어가는 것을 완전히 차단하므로 이것들을 먼저 찾아서 다루어야 한다. 중독자는 누군가가 접근할 때마다 도움의 필요성을 철저하게 거부하고 피하려 한다. 그들은 현실과 동떨어져 있다는 사실을 유의하여야 한다.(p.44)

AA는 정확한 인지recognition의 필요성을 강조하는데(이것이 12단계의 1단계다), 이는 중독자가 위기에 처해 자신보다 위대하신 힘Power greater than themselves에게 마음속 깊은 곳에서부터 항복surrender할 때 생겨날 수 있다. 그러나 회복 과정에서 영적, 종교적 원동력은 중독자가 적나라하게 노출된 상태로 스스로를 대면하여야 하므로 지나쳐서는 안 된다. 이런 위기상황이 주는 '존재론적 의미existential overtone'는 회복 프로그램에서 중요한 의미를 부여하는 심리적 요소이다. 중독자들은 단지 파괴적일 뿐인 술에 대한 의존을 건설적인 힘과 교환하라고 권유받는다(2, 3단계). 그 힘이 무엇인가에 대한 중독자의 생각은 AA에서 중요하지 않다. 중요한 것은 신규회원이 알코올로 인해 자신의 삶을 잘 관리하지 못한 점을 인정하는 것이다. 중독자가 항복함에 따라 그는 자기 자신이 될 수 있는 가능성을 보게 되고 타인들과 의미 있는 관계를 심화시키는 방향으로 움직이는데, 이것이 회복에 도움이 되기 때문이다.

일단 영적 자각이 마음속 심연에서 일어나게 되면, 중독자는 반드시 개인적 대가를 치러야 한다. 용서와 회복이라는 개념의 역동적 연관성은 쉽게 받아들여지기 힘든 개념이다. 질병을 앓는 동안 저지른 잘못들이 완전히 화해reconciliation될 수는 없다. 이 화해의 과정은 단조롭고 고통이 따르는 단주로 가는 길이다. 친구나 이웃의 생각과는 달리, 중독자들은 술 없는 하루를 맞이할 아침에 깨어나는 것이 행복하지만은 않다. 과거에 경험했던 고통스러운 숙취가 하루 일상을 맞이하며 밀려오는 공포와 걱정보다 더 견디기 쉬워 보이기 시작한다. 그 대가의 하나는 심리적 고통이다. 그러나 보상은 용서받은 느낌과 새로운 대인관계에서 느끼는 생동감이다. 막연히 술을 끊겠다는 목표로는 충분치 않다. 삶을 바라보는 새로운 방식, 자기가치와 자존감에 대한 새로운 느낌, 그리고 타인과의 관계와 책임responsibility에 대한 새로운 인식은 단주생활의 핵심이다. 흔히 성숙한 종교적 믿음은 중독자가 맞이해야 할 시련의 시간을 위한 감성적 도움과 새 출발에 도움을 준다. 중독자들 스스로의 윤리적 자산목록이 AA의 도움으로 생기게 되면(4단계), 그들은 과거의 잘못을 위대하신 힘Higher Power과 타인들에게 인정한다(5단계). 그리고 그들이 학대한 이들에게 회복과 보상을 가져다주고, 과거에 지은 죄를 최선을 다해 청산하고자 한다(9단계). 이 정화법catharsis은 매우 중시되는데, 알코올중독의 강박에는 죄책감이 일으키는 강한(반복) 충동성이 있기 때문이다. 자신의 잘못에 대한 개인적 증오는 다시 질병을 밀어내는 데 강력한 영향을 미친다고 믿는다. 해를 끼친 모든 사람들에 대한 목록을 만들고(8단계) 이것들 때문에 흔들리지 않겠다는 굳은 결심은(10단계, 11단계) 단주와 다른 중독자를 돕는 일에 선행조건이다(12단계).

AA의 접근방식은 실용적이기 때문에, 모든 중독자가 한때 술 없이 적어도 24시간을 보낸 적이 있다는 착안에 근거하여 AA 회원들이 평생 혹은 오랜 기간 동안 술을 끊겠다고 맹세하지는 않는다. 중독자들은 내일에 대해선 어쩔 수 없다고 생각한다. AA는 중독자가 오늘 하루 24시간 동안 단주하는 데 집중하기를 원한다. 그들은 음주의 유혹을 느낄 때 이것만 오늘 꼭 직면해야 할 문제로 받아들인다. 그들은 내일의 유혹에 대해선 걱정 말고 단지 오늘 술 마시는 것을 미루는 일에 집중하라고 교육받는다.

단주생활에서는 지역모임에 규칙적으로 출석하는 일이 중요하다. AA 모임과 교제는 각자의 감정과 일상생활의 문제를 대처하는 새로운 방법을 시험할 수 있는 기회가 된다. 중독자들은 종종 자신과 비슷한 문제로 허둥대는 타인들로부터의 비판이나 도움은 받아들이지만 의사나 목사 혹은 다른 전문가로부터 오는 유사한 반응은 거부한다. AA가 단주로 이끄는 가장 성공적인 방법인 것은 바로 이런 원리를 활용하기 때문이다. AA는 동료의식과 같은 문제를 공유하는 것뿐 아니라 타인이 줄 수 있는 개인적 이해나 성격 역동과 정서적인 장점을 가져오는 이익을 준다. 하지만 보통 AA의 분위기는 밝고 유쾌하다. 보편적으로 AA의 회원들은 알코올중독은 심각하게 생각하지만 자기 자신에 대해선 그렇지 못하다. 이것이 회복치료의 또 다른 중요한 부분이다.

실용주의: AA에 미친 영향

야콥 브로노브스키(Jacob Bronowski, 1973)는 20세기 과학철학을 정의하면서, 모든 과학의 핵심원리는 인간과 물리적 세계가 진화하고 있다는 아이디어에 있음을 확신했다. 이것은 놀라운 것이 아니다. 대학 신입생들의 생물학 강의에서도 이렇게 가르치고 있기 때문이다. 하지만 브로노브스키는 흔히 외면되었던 사실인 물질 자체matter itself가 진화한다는 사실을 강조했다. 물질과 생명은 같은 양식을 따른다. 진화라는 것은 원자들이 좀 더 복잡한 구조로 만들어지는 과정이다. 진화란, 브로노브스키가 설명하듯이 단순한 데서 복잡한 단계로 사다리를 오르는 것인데 각 단계는 그 자체로 안정돼 있다는 것이다.

브로노브스키는 인간의 지성적 진화 역시 느리고 단계별로 힘든 과정을 거치는 것이라 밝히고 있다. "인간의 상승에는 과학적, 이성적 기초가 깔려있다"고 설명했다(1983). 우리는 다른 이들이 닦아놓은 기초 위에 학설과 지식을 쌓아가는 것이고 우리 진화 과정의 임시적 단계에 다다를 뿐이다. 지식은 절대로 확실하지 않으며 우리가 진리라고 규정하는 정의들은 독립적으로 존재하는 사물 구조들을 결정적으로 표상해 주지 못한다. 진리에 대한 우리의 정의는 지적 구조물로, 이는 경제성과 간결성을 근거로 가능한 대안들 중에서 선택적으로 재구성된 구조물인 것이다.

이러한 관점을 근거로 윌리암 제임스(1970)는 진리는 유익하고 제대로 작동하는 것이라고 결론지었다. 그는 "진정한 아이디어는 어떤 이를 원하는 곳 어디나 데려다 줄 수 있는 경험의 지도"라 설명하였는데, 이는 현상론자들phenomenologists과 많은 실존주의적 개념existential ideas들을 예비한 것이었다(p.37). 제임스에 따르면 인간은 어떤 개념의 결과들을 경험함으로써 그것의 진리치를 확인한다. 진리는 생명을 추구하는 조직에게 성취를 가져다주는 수단이다. 진리는 개념들을 유발시키는 개념을 가리킨다. 제임스에 따르면, 과학 이론들은 그것들이 제대로 작동한다는 단순한 이유로 채택된 것이며 따라서 그 결과들도 만족스러운 것이다.

노년에 제임스는 베르그송의 반주지주의적anti-intellectualism인 형태를 제안하였다. 결국에 그는 진리에 대한 삼분법적trialistic 관점을 포기하게 된 것이다. 이러한 삼분법적 관점을 포기하기 이전에는, 지식은 경험에 의해 정의되고 강제되며(자연과학에서처럼), 관념들에 대한 분석적 의도에 따라 강제되거나(순수과학에서처럼), 종교적 신념이나 형이상학에서와 같이 자유로운 선택(도덕적 감성에서와 같이)에 의해 강제된다고 믿었다. 제임스는 개인은 총체적으로 다양한 신념들(철학적, 논리적, 과학적 신념 등등)과 비교를 통해 어떤 신념을 판단한다는 쪽으로 시각을 바꾸었다. 현상론자들과 마찬가지로, 그는 가장 오래되고 가장 존경받는 신념들을 저해하지 않으면서 여러 다양한 신념들 사이에서 스스로 균형을 잡을 수 있는 그러한 신념이 일반적으로 진리로 받아들여지고 그것의 생존 가치를 인정받는다고 제안했다. 그는 진리는 경험이 투사된 지도이고, 진리와 유익한 것은 서로 동의어라고 느꼈다. 따라서 진리는 실용적이다!

물론 제임스는 실용주의pragmatism라는 새로운 철학 체계의 대표주자 중 한 사람이었다. 이 철학의 주된 요점 중 하나는 어떤 것이 유용성을 상실하면 진리성도 상실한다는 것이다. 절대적 진리라는 개념은 어떤 궁극적인 지식이라기보다 탐구의 한계 지점으로서 기능한다. 우리가 기대하는 것이 참임을 우리가 발견한다. 방편이 되는 것은 참이다. 참은 우리의 요구에 부합한다.

존 듀이John Dewey는 또 한 명의 실용주의자로 제임스와 같은 감성을 지녔다. 제임스처럼 듀이도 튠의 AA에 관한 제언들과 많은 부분에서 강한 유비관계가 있는 견해들을 피력했다. 예를 들어 듀이는 지식의 방관자적 측면을 비판했으며 생각은 단지 경험에 연루되는 행동의 한 방식이라고 주장했다(White, 1972 에서 인용). 듀이의 지식에 관한 유기체적 이론은 세계 및 환경과 투쟁하는 인간에 대한 시각을 보여주며, 지식은 세계와 씨름하는 이러한 행동 경험으로부터 파생된다는 것을 보여준다. AA가 회복 중인 중독자들이 프로그램에 참여해 새로운 요소들을 받아들일 수 있도록 경험의 지평을 넓히거나 그들의 구성개념을 확대시키기를 권장하듯이, 듀이도 너무 많은 이론가들이 가능성의 세상에서 물러나 안전한 추상 개념의 세계로 물러나는 것을 안타까워했다.

확실히 많은 AA 회원들은 전문가professional들이 중독에 관심을 갖는 것은 단지 학문적인 이유에서이며 그 관심도 일시적일 뿐이라고 입을 모아 비판한다. 추상적으로는 전문가들의 이론이 맞지만 그것들을 실제 적용해 보면 실효성이 없는 경우가 흔하다. 듀이도 말했듯이, 많은 전문가들은 안전한 이론적 세계를 떠나서 알코올 환자들과 구체적인 현실 수준에서 만나는 것을 주저한다. 그것은 너무 힘든 만남이기 때문이다.

많은 전문가들은 추상과 구체(혹은 현실)를 혼동함으로써 이 문제를 더 심화시키고 있다. 일부 전문가들은 알코올환자들을 치료하는 데서 기술적 중립성의 중요성을 잘못 해석한다. 추상적으로 또 이론적으로 중립의 원칙은 치료자가 환자들의 행동에 대해 싫고 좋음을 언급하지 않고 그들을 판단하지 않는 태도로 수용하도록 한다. 이 원리의 배후에 있는 의도는 이론적으로 건전하다. 개인에게는 타인의 판단이나 영향 없이 스스로 결정하는 것이 최선이기 때문이다. 이론상 이것이 자기조절력이 내면화되는 방식이다. 이러한 자세는 해로운 의존, 이상화, 거짓 순응 등을 막아준다.

하지만 구체적이고 경험적이고 '현실적' 차원에서는 이러한 자세가 중독자들에게는 파괴적일 수 있다. 추상 개념에 대한 지나친 의존은 개인들이 하고 있는 실제 경험을 잘못 해석하게 만든다. 흔히 추상적인 이해는 구체적 경험이라는 것을 무시하는 대가로서 우리에게 주어진다. 추상 개념과 구체 개념의 분리는 서양의 이성적 사고에 배어있는 이원론적 구분에 의한 결과이다.

듀이는 평생에 걸쳐 서양사상의 이원론적 경향을 비판했다. 그는 서양철학이 고대 그리스의 철학적 영향으로부터 이어져온 편견을 보여주고 있다고 느꼈다. 듀이가 비판한 바에 따르면, '구경꾼 지식Spectator Knowledge'은 그리스 철학자들에 의해 보다 우월한 것으로 판단되었는데 왜냐하면 이들은 수동적 관조를 통해서 지배자들이 얻은 지식과, 노예로서 노동을 상요당하는 피지배층이 저급하고 실제적인 활동을 통해 얻은 지식을 구별했기 때문이다. 이상주의idealism는 지식의 더 고귀한 형태로 받아들여졌다. 듀이는 이것은 현실적으로 예측 불허의 능적 세계에서 추상적 개념의 안정된 세계로의 후퇴를 의미한다고 보았다. 그러므로 구경꾼 지식은 능동적 행위에 대한 두려움과 세상의 경험적 몸부림에 대한 주저함에서 영향 받았다고 듀이는 판단했다. 듀이는 윌 듀란트Will Durant와 AA의 철학에 동의하면서 행위가 따르지 않는 사고는 하나의 질병이라고 믿었다(Durant, 1926).

AA와 듀이는 자아, 추상적 사고, 인간 존재의 딜레마를 연결해서 다루는 것을 비판하는데, 즉 지식이라는 것은 알아가는 과정에 대한 부담을 대가로 치르고서 얻을 수 있다는 것이다. 부버(Buber, 1960)는 특히 추상 개념(나-그것I-It)과 구체 개념(나-당신I-Thou)을 구별하는 것의 중요성을 강조했다. 부버는 개인이 전 존재와 완전한 현존을 가지고 들어가는 직접적이고 상호적인 만남과, 간접적이고 비상호적인 주체와Subject와 객체object 간의 관계성을 구별했다. 부버는 우리가 우리 생각이라는 추상적 이상주의에서 길을 잃고 헤매는 위험에 처해있다고 느꼈다. 이러한 추상화가 바로 알프레드 노스 화이트헤드(1925)로 하여금 많은 지성인들이 추상적인 해석과 구체적인 발현을 혼동하는 경향에 대해 질문을 제기하도록 만든 것이다. 화이트헤드는 대개 부정합된misplaced 구체성의 오류가 과학의 오개념misconception이라고 경고했다. 화이트헤드와 제임스의 저술은 AA의 성공의 핵심에 있는 공통된 원리를 비춰준다. AA가 고집스럽게 주장하는 '사건' 즉 중독자들 간의 실제적 만남은 구체적인 것이 추상적인 것에 묻혀버리지 않도록 보장한다. 이런 방향성은 늘 반복되는 AA의 신념에 잘 나타나 있다. "분석하지 말고 생동하게 하라" "90일 동안 90회의 모임에 가라" "마음이 가면 몸도 따라갈 것이다" 등등. 이런 격려들은 제임스가 권장하는 것이 너의 생각으로 새로운 행동 방식을 만들지 말고, 너의 행동으로 너의 새로운 사고방식을 만들어 나가라-을 잘 보여준다.

AA의 실존주의적 관점

커츠는 AA가 효과적인 이유는 AA가 실존주의 철학과 여러 면에서 유비관계가 있기 때문이라고 설득력 있게 주장했다. 그러면서 그는 AA가 고유한 지성적 의미를 가진 운동으로서 인정받지 못해 왔다고 지적했다. AA의 근원과 유래에 관해 보면 이 프로그램은 많은 실존주의적 주제를 표현한다. 모든 실존주의 철학자들의 첫 번째 주제는 인간 존재의 한계에 대한 인식이다. AA의 첫 단계("우리는 우리가 알코올중독에 무력했으며 우리의 생활을 처리할 수 없게 되었다는 것을 깨닫고 시인했다")는 중독자가 이러한 본질적 한계를 인식하고 인정하는 것을 요구한다. 커츠는 이렇게 썼다.

> 우리가 술 앞에 무력했음을 인정한다. 우리 인생이 엉망이 되었다는 것도 인정한다(26, p.59; 27, pp. 21-24). AA는 중독자가 아닌 알코올중독에 역점을 두고 있다. AA의 첫 단계는 본질적 한계를 지닌 한 사람으로서의 중독자에 초점을 맞춘다. 알코올에 대해 무력했음을 인정하는 것에 내재돼 있는 "나는 중독자다"라는 인식은 인간의 본질적 한계, 개인의 근원적 유한성(적어도 알코올중독자에게는)을 일차적 진리로 받아들이는 것이다.(1982, p.43)

알코올에 대한 무력함과 알코올중독에 대한 자신의 한계를 인정한다는 것은 중독자에게 인간사의 다른 한계들을 직면하고 인정하는 데 본보기로 활용된다. AA의 더 큰 통찰은 한계의 온전성을 아는 것인데, 이것은 중독자가 술을 더 이상 마실 수 없다는 한계를 받아들일 수 있게 된 후에 필요한 통찰이다. 커츠는 이 딜레마를 이렇게 요약했다.

> AA는 윌리암 제임스, 옥스퍼드그룹, 칼 융, 윌리암 던컨 실크워스 등 다양한 근원으로부터 가져오고

배웠다. 또한 AA 자체의 지속적인 경험도 AA 이념의 발전에 지대한 영향을 미쳐왔다. AA라는 이름에 담긴 개념이 이러한 통찰을 가장 잘 요약 설명해준다. AA의 이해에서 알코올중독자는 참담한 상황에 처한 자신을 발견한다. 집착하고 강박적으로 술에 중독되어서 그는 결국 술에 취해 자신을 파괴한다. 중독증이 질병이라고 통상 그려지는 것과 달리 중독자는 중독 증상을 가진 것이 아니라 그저 중독자일 뿐이다. 그러므로 중독자가 비중독자처럼 집착하지 않고 자연스럽게 술을 즐기는 사람을 비난할 수는 없다. 알코올중독자란 단어에 포함된 의미는 절망적인 무력함과 근본적인 개인의 한계를 말한다.(1982, p.41)

중독자가 자신의 한계를 인정한다는 것의 핵심은 그들이 스스로의 취약점을 드러내고 이 한계를 받아들임을 통해서만 단주에 성공할 수 있다는 것을 인식하는 것이다. 이것이 바로 AA 치료의 원동력이다. 공통으로 가지는 취약점을 공개적으로 인정하고 다른 중독자들과 공유하는 것이다. 커츠는

'신이 아님Not-God'은 먼저 '당신은 신이 아니다'라는 뜻으로, AA 프로그램의 메시지다... AA가 그들 멤버들에게 주는 근본적이고 일차적인 메시지는 그들이 무한자도, 절대자도, 신도 아니라는 것이다. 특히 알코올 중독자의 문제는 무엇보다 신과 같은 능력, 곧 통제의 능력을 바라는 것이다. 하지만 이 메시지는 적어도 중독자들의 경우에는 이런 통제 능력이 없으며 심지어는 자기 자신도 통제하지 못한다고 말한다. 따라서 알코올중독에서 회복하는 첫 단계는 이 사실을 받아들이고 수용하는 것인데, 이 사실은 이미 다른 사람들은 너무도 잘 알고 있으나 강박적인 중독자들에 의해서만 필사적으로 부인되고 있다.

그런데 AA는 프로그램이면서 그 자체가 동료의식fellowship이다. 따라서 '신-아님'이란 메시지에는 두 번째 측면이 있다. 즉, 중독자가 신도 무한자도 절대자도 아니기 때문에, 알코올 중독 여성 혹은 남성은 본질적으로 유한하다는 것이다. 하지만 바로 이 유한성으로부터 – 중독자 자신의 유한함에 대한 수용으로부터 – 치유와 온전함이 시작된다. 중독자가 AA 회원으로 존재한다는 것은 자신이 신이 아니라는 것을 받아들이는 것일 뿐 아니라 다른 중독자들과 연결됨을 확인하는 것이다... 사람들과 연결하고 관계하기 위한 초청과 이렇게 해야만 된다는 인식은 중독자가 자신의 한계를 받아들이는 것에서부터 시작한다.(1982, p.42)

중독자가 인간 조건의 한계를 인정한다는 것은, 그들이 가진 조절력의 한계limited control와 의존성의 한계limited dependence를 이해하는 데 필수요건이 된다. 단주를 유지하려면 그들은 이 차이점을 반드시 배워야 한다. 커츠는 이렇게 썼다.

유한한 것으로서의 통제력, 절대적이지 않지만 그렇다고 전적으로 포기될 수도 없는 그런 제한적인 통제력에 대한 강조가 AA 프로그램 전체에 퍼져있다. "당신은 뭔가 할 수 있지만 모든 것을 다 할 수는 없다"라는 메시지가 늘 암묵적으로 흐르고 있으며 때로는 명백하게 이 메시지가 흐른다. AA 회원

은 '다시는 결코 마시지 않는다'는 약속을 하지 말도록 경고 받는다. 대신에 오늘 하루 첫 잔을 마시지 않도록 배운다. 실천하기 쉽지 않은 알코올에 대한 포기보다는 실천하기 쉬운 모임에 참석할 것을 권유받는다. AA 식의 제한적 절제가 그 유명한 '평온함을 청하는 기도Serenity Prayer'에 훌륭하게 요약되어 있다. "신이시여, 제가 바꿀 수 없는 것은 받아들이는 평온함을 주시고, 제가 바꿀 수 있는 것은 바꿀 수 있는 용기를 주소서. 그리고 바꿀 수 있는 것과 바꿀 수 없는 것을 구별할 수 있는 지혜를 주소서." (1982, p.53)

바닥을 치다hitting bottom: 실존주의적 관점

이러한 한계의 수용은 지적 통찰보다 더 많은 능력을 요구한다. 사람들이 자기중심적으로 느끼고 있는 세상에 대한 통제력은, 그것의 잘못된 전제들과 기만적인 측면이 함께 가차 없이 폭로될 때에만 포기될 수 있다. 이런 깨달음과 마주하는 것은 키에르케고르가 말하는 공포와 두려움과 전율을, 하이데거가 말하는 실존불안을, 사르트르가 말하는 존재불안을, 부버가 말하는 심연의 공포를 일으킨다. 제임스의 용어(예: '심도 깊은 거품 빼기deflation at depth')를 빌려 AA는 이것을 '바닥을 친다hitting bottom'고 부른다. 또 다른 실존주의적 작가인 야스퍼스는 이것을 '한계 상황limit situations'이라고 부른다. 이 위대한 철학자들은 개인이 진심으로 자신의 실존적 곤경의 핵심이 무엇인지를 질문하기 이전에 감정의 격변emotional upheaval이 필요하다는 생각을 공유하고 있다. 이 점이 발가벗겨진 존재의 빛 가운데 만천하에 노출되기 전까지는 개인은 인간의 한계 상태를 받아들이기를 원하지도 않고 받아들일 수도 없다.

알베르 까뮈는 이러한 점을 요약하면서 독자들로 하여금 삶의 진정성을 되돌아보라고 도전적으로 말했다. 사르트르가 말한 것처럼 카뮈는 우리 대부분이 '허위의식bad faith'이라는 일종의 착각 속에서 살아간다고 하였다. 우리는 죽음, 공포, 고통을 직면하며 살기를 원치 않기 때문이라는 것이다. 카뮈는 우리들이 잔인할 만큼 정직할 수 있다면 우리 삶에 오직 두 가지 진실만이 있다고 느꼈다. 우리는 죽을 것이고 사후에는 아무것도 존재하지 않는다는 것이다. 그는 더 나아가, 우리가 인생의 한계를 받아들이기를 거부하는 이 질문들에 진실로 대답한다면 우리는 자살하거나 처음으로 진실한 삶을 살기로 결신한다고 말했다. 사르트르가 말한 것처럼 '진정성 있게authentic' 된다는 것이다. 우리는 하찮은 것은 하찮게 여기고 생명을 우선시하게 된다. 그리고 더 이상 죽음과 인생의 한계를 거부하지 않게 된다. 죽음을 거부하면 궁극적으로 삶을 거부하는 것이 되기에 이 둘을 떼려야 뗄 수 없기 때문이다.

말할 나위 없이 카뮈의 도전은 거의 모든 사람들이, 중독자와 비중독자들을 포함해서, 고통이 따르므로 받아들이기를 두려워한다. 대부분의 경우, 중독자들은 정신의 심연 끝까지 내몰리게 되면 까뮈의 도전에 응할 수밖에 없게 된다. 그들은 말 그대로 죽거나 아니면 삶을 AA 프로그램의 첫 단계에 복종시키면서 바꾸어야만 한다. 중독자가 이 도전을 받아들이고 그 경험을 접목시키면 그들은 대개 보다 뜻 깊은 삶을 영위할 수 있게 된다. 니체는 우상타파적인 그의 문체로 이 경험을 간결하게 표현했다. "당신을 죽이지 않는 것이 당신을 강하게 할 것이다."

모든 철학과 사회과학은 인간의 진정한 고통의 문제를 다루어야 한다. AA는 최소한 고통은 필연적이고 긍정적일 수도 있는 인생의 일부라고 인정한다. 다른 많은 치료법들은 증상을 고착화시키지 않으면서 위기 시의 환자의 자산들을 동원하는 실제적인 치료의 측면들을 인지하지 못함으로써 문제를 더 악화시킨다. 빅터 프랭클(Viktor Frankl, 1969, p.713)의 글을 인용하자면, 고통과 치료의 이상적인 결론은 개인에게 고통의 이유를 제시하는 것이다. 의미치료의 용어를 빌리자면, 그 사람의 고통에 의미를 부여해 주는 의미에의 의지를 제시하는 것이다. 고통이 의미 있는 패러다임에서 바라봐질 때 비로소 그것은 성장 과정으로 쓰임 받을 수 있다.

AA는 치료의 근본적 원리를 다루고 있다. 개인의 모든 자원이 동원되어 치료적 변화를 가져오기 전에 개인은 부조화 상태를 경험해야 한다. 흔히 고통과 아픔이 환자로 하여금 환자 상태와 행동에 대한 솔직한 주장을 시작하도록 종용하기 전에는 변화가 생기지 않는다. 그러나 고통은 개인적으로 의미 있는 영역으로 통합되어야만 한다. 도저히 알 수 없는 이유로 고통 받는 사람들은 패배당하고 쓴맛을 느끼고 의욕을 상실한다.

프랭클의 제2차 세계대전 중의 개인적 경험은 생생하게 이 원리를 증명하고 있다. 유대인 출신의 정신과의사였던 그는 나치에 의해 체포되었고 가장 참혹한 대학살 수용소 중의 하나로 이송된다. 그는 이 죽음의 수용소를 벗어날 수 있으리라는 가능성을 믿을 수 없었다. 하루가, 한 달이, 일 년이 지나면서 나치의 간수는 그에게 독일이 전쟁에 이기고 있다고 계속 반복하면서 그가 절대로 수용소를 떠나지 못할 거라고 말하였다. 견딜 수 없는 고통과 처참한 죽음에 둘러싸이는 경험을 하며 프랭클은 동료들이 서서히 희망을 잃고 말 그대로 누워서 죽어가는 것을 목격했다. 곧 프랭클은 누가 살아남고 누가 죽을 것인지를 결국에 구별할 수 있게 된다. 자기가 당하는 고통의 원인을 알 수 없는 자들은 삶의 의미를 상실하여 죽을 가능성이 더 커진다. 프랭클은 자신의 고통을 믿음과 희망을 통해 의미 있는 배경으로 놓을 수 있는 자는 자신의 고통에 의해 덜 파괴된다는 것을 알았다.

이와 유사하게 AA 회원들은 '동병상련의 아픔kinship of suffering'을 나눈다. 이런 맥락에서 알코올중독으로부터의 회복은 자신의 경험을 이해하는 다른 사람들과의 고통 나눔을 요구한다. 커츠가 정의한 것처럼, AA에서의 상호성은 서로 고통을 나누는 것에서 시작된다. 이것은 중독자들에게 '온전한 인간이 된다는 것은 타인을 필요로 한다는 것임을' 가르친다(1982, p.55). AA는 중독자들에게 그들의 고통에 대해 서로가 공감하는 설명을 제공한다. AA는 회원들의 경험에 의미 있는 패러다임을 제공함으로써 그들에게 닥친 고통을 이해하도록 돕는다.

AA는 다양한 방식으로 고통이 한 사람의 삶에 의미 있게 용해될 수 있도록 허락하는 배움의 과정이다. AA는 독특한 교육방식을 가진다. 중독자들이 더 나은 자기 인식을 갖고 스스로에게 좀 더 솔직해지도록 훈련시킨다. 또 본능적 충동을 조절할 수 있는 방법을 가르쳐 준다. 좀 더 자유롭게 느낌을 표현하고 인간이 지닌 한계에 대해 보다 관대하며 과거에는 어렵게 느껴졌었던 욕구의 연기를 회복시키고 심지어 욕구를 포기하는 능력을 길러준다. 교육을 통해 중독자들은 끝없는 쾌락추구에는 한계가 있다는 사실을 받아들이는 법을 배운다. 프로이트가 전에 기술했듯이 정신분석의 목표는 신경증에서 오는 불행감을 평범한 고통으로 변형시키는 것이고, 다른 이들처럼 본능적 충동과 쾌락에 한계가 있다는 것을 받아들일 때 중독자는 회복의 길로 접어든다.

이것은 행복과 기쁨이 치료나 회복에 반대가 된다는 뜻을 함축하지 않는다. 오히려 중독자들은 잘못된 이유로 고통 받지 말도록 가르침을 받는다. 고통과 아픔은 기쁨과 행복처럼 삶의 일부이다. 불교의 가르침처럼, 무지한 과욕이 고통에 이르게 한다. 이러한 내용들이 제임스 클라벨James Clavell의 <쇼군Shogun>이라는 소설에 생생하게 그려져 있다. 브랙웰Blackwell이 자신과 세상에 대해 저주한 이유는 한 사람의 의미 없는 죽음 때문이다. 그의 일본인 애인과의 대화 중에 브랙웰은 세상은 옳지 않고 그런 일이 다시 일어나서는 안 된다고 말한다. 그가 무감각한 이 세상에서 계속 성실하게 살 수 있는지 묻자 그의 일본인 애인은 그의 분노, 좌절, 공허감에 대해 답한다. 동양 철학적 관점에서 보면 그가 틀렸고 세상은 어리석지 않다고. 그녀는 그의 분노는 세상을 있는 모습 그대로 받아들이는 것을 거부하고 다른 것으로 만들려는 그의 집착에서 온다고 정확하게 깨닫게 했다. 브랙웰이 이처럼 고통 받은 것은 그가 세상이 달라지기를 원했고 미리 정해진 기대치의 자기중심점에 꼭 맞아 떨어지기를 원했기 때문이라는 것이다.

전통적인 불교의 가르침 가운데 유사한 전통으로 중독자의 회복에 유익한 명상은 종교적 수련에서 제자들에게 중요한 용도로 쓰일 수 있다고 했다. 사람이 고통을 받는 데는 각각 이유와 의미가 담겨있다는 희망과 약속이 필요하다. 고통 없이 완전한 행복만이 존재하는 삶을 찾아 헤매는 것은 헛수고이다. 실존주의자들이 적극적으로 우리에게 상기시켜 주듯이 세상에는 단 두 가지의 완벽한 진실만 있다. "사람은 고통 받고, 사람은 죽는다." 불교의 가르침은 살아있는 생명체의 본질은 고통 받고 죽는 것임을 인식하라고 권장한다. 이는 피할 수 없는 진실이긴 하지만 우리가 옳지 않은 이유로 고통을 받거나 부정적 시각에 사로잡혀서는 안 된다. 불교신자들이 권장하듯이 이 세상에서 우리는 고통을 기꺼이 받아들여야 한다.

하지만 새로 회복된 중독자들이 이런 분노와 마주하고 싸울 준비가 될 때까지 그들은 붙들고 믿을 수 있는 무언가가 필요하다. 깨달음enlightenment을 구하긴 하지만 불교를 공부하는 학생들은 그 탐구가 헛된 수고라는 것을 처음부터 미리 알고 있다. 티 에스 엘리엇T.S.Eliot가 기술했듯이 "우리는 탐험을 멈출 수 없고 우리 탐험의 끝은 출발점에 다시 당도하는 것이고 그곳을 처음으로 발견하는 것이다"(Eliot, 1943, p.59).

우리가 찾고 탐색하는 주제는 헤르만 헤세의 싯다르타Siddartha의 이야기에서 볼 수 있다. 병적 고통을 보통의 인간적 고통으로 변화시키는 프로이트의 치료목표도 이런 주제와 나란히 가는 것이다. 혹은 스트룹Strupp도 "치료는 환자 자신도 우리처럼 행복하지 않다는 것을 받아들일 때 끝이 난다"(1972, p.31). 에브 폴스터(Erv Polster, 1981)는 비슷한 감성을 표현하며 이렇게 말했다. "우리는 반드시 지나친 아픔 없이 고통 받는 법을 배워야 한다."

이런 관점에서 보면 고통은 세상을 있는 그대로 받아들이지 않으려는 의지와 우리가 예상하는 모습대로 세상을 끼워 맞추려는 고집이라고 정의할 수 있다. 이런 식의 생각은 일종의 맹목적 심취라 할 수 있는데 여기서 중독자는 자신이 부딪힌 한계가 받아들여지지 않을 때 술을 통하여 세상과 마주한다. 알코올과 마약은 불행과 고통과 한계를 부정하는 하나의 통로가 되어버렸다. 알코올중독자들은 성공, 지식, 우정, 건강, 잘 사는 것 등에서 얻어지는 보통의 적절한 즐거움을 모르게 된다. 술과 마약은 이기심과 쾌락주의적 즐거움을 쫓게 만든다. 이런 쾌락은 싸구려 전율이며 중독자의 고결함과 자기존중이라는 대가를 치루고 얻어진다. 즐거움은 가치, 믿음, 관습, 개념 그리고 타인에게 피해를 주지 않는 행동 사이의 섬세하고 중요한 상호작용을 통해 진실 되게 얻어져야만 한다. 알코올과 마약은 자기존중self respect이라는 대가를 치르고 쉽게 얻어지는 전율과 같은 것이다. 사회적으로 용인되는 정상적인 방법으로 즐거움을 얻는 것이 뒤바뀌고 더럽혀졌기 때문에 자기가치감과 자존감을 점점 잃게 되는 것이다. 술과 마약을 통한 황홀은 자존감이라는 대가를 치르고 받아내는, 뇌 안에서 일어나는 속임수에 불과하다.

이런 관점에서 볼 때 치료는 쉽게 얻어지는 전율을 진실하게 노력해서 얻어지는 행복으로 바꾸는 것이다. 온전함은 쉽게 살 수 있는 것이 아니다. 이것은 꾸준한 노력으로 얻어지는 것이다. 이렇게 해서 온전함이 생기고 나면 수치, 모멸, 병적 고통을 이겨내게 된다.

헤밍웨이는 행복이란 당신이 가진 돈의 가치를 알아가는 것이고 그것을 얻었을 때가 언제인지를 아는 것이라고 정의 내렸다. 헤밍웨이의 말은 화학물질을 통해서 얻어진 행복은 허무함과 자존감의 상실로만 이어지는 중독자의 상황과 연관이 있다는 것이다. 주목할 점은 헤밍웨이는 행복을 훔칠 수 있거나 쉽게 얻어지는 그런 싸구려로 묘사하고 있지 않다는 것이다. 행복은 값을 치르고 얻어지는 것이다. 하지만 헤밍웨이가 조심스럽게 덧붙인 것처럼 당신은 그것을 언제 얻었는지 알아야 한다. 쉽게 산 행복은 허무하고 조금도 만족스러운 느낌을 주지 못한다. 중요한 것은 이것이 노력으로 얻어진 게 아니어서 진정한 가치를 인정받지 못한다는 것이다. 진정한 이해 없이 얻어진 행복은 자존감이란 대가를 치르고 구입되어진다. 쇼펜하우어도 비슷한 말을 했다. 사람은 가진 것보다 더 많이 행복에 투자한다는 것이다. 칸트도 이런 점을 요약해 이렇게 서술했다. "도덕성은 우리를 어떻게 행복하게 만들까에 관한 것이 아니다. 우리 자신이 행복이라는 것이 가치를 어떻게 만들어 갈까에 관한 것이다"(Durant, 1926에서 인용).

머거리지(Muggeridge, 1980)는 무기력한 인간이 신에 대한 믿음 없이 또는 AA에서 말하는 위대한 힘higher power 없이 살려고 하면 어김없이 유혹에 빠져 과대망상이나 색정광 아니면 둘 다가 돼버릴 수 있다고 경고한다. 신에 대한 믿음은 우리에게 겸손함을 가르치며 겸손함이 없이는 계속 흥분, 쾌감, 욕망에 집착하여 끝없이 좇게 된다. 자만심 가득한 상태에서는 행복을 쾌락과 맞바꾸는 위험이 도사린다. 머거리지는 "좇아가는 행복은 잡히지 않는다... 내가 보기에 좇는다는 것은 잘못된 생각인데 행복이란 그저 일어나는 것이다. 그냥 우리에게 찾아오는 것이다. 우리에게 행복은 신비스럽게 찾아온다. 우리와 신의 관계가 조화로울 때 그렇다." 이것은 베이트슨Bateson의 관점과 비슷한데 중독은 개인이 알코올과 경쟁적이고 지배적인 다른 것들과 대칭적인 관계에 갇혀버리는 결과를 낳는다. 베이트슨(1971)이 말했듯이, 자기 자신이나 다른 사람들로부터 자기가 분리돼 있다는 착각 하에 있지 않으면 조절을 해줄 자기도 존재하지 않는다. 회복이라는 것은 자기 자신 안에서 조화로움을 찾아가는 것이고 상보적인 인식론적 입장을 찾는 것이다. 베이트슨의 관점에서는 AA는 새롭고 바른 인식론의 변화다.

회복 중인 중독자가 행복을 찾고 이해하는 데는 바라보는 관점의 변화가 필요하다. 이런 변화 없이는 중독자가 실패하거나 AA에서 말하는 '겁에 질려있는 단주white knuckle sobriety' 상태에 빠지기 쉽다. 많은 중독자들이 이러한 관점의 변화를 가져오지 못한다. 하지만 평온을 찾는 것은 가능하다. 평온함의 추구는 바람직한 목표로 AA 회원들이 적극적으로 좇는 것이다. 평온함은 흔히 잘못 이해되는 개념인데, 고대 그리스의 철학자 에피쿠로스Epicuros는 이것을 완벽하게 포착해 냈다. 에피쿠로스는 쾌락이 유일하게 납득이 가는 삶과 행동의 결과물이라고 믿었다. "자연은 모든 생명체가 다른 무엇보다도 자신의 유익함을 택하도록 유도한다. 우리는 쾌락을 피해서는 안 된다. 하지만 반드시 가려서 택해야 한다."(Durant, 1926, p.36에서 인용). 에피쿠로스는 감각보다는 평온의 기쁨을 찬양한다. 그는 영혼을 혼란시키고 흥분시키는 쾌락에 대해 경고하고 영혼은 고요함과 온화함을 더 원한다고 말한다. 종국에는 쾌락을 쫓지 말고 평온과 마음의 휴식을 찾으라고 제안한다.

실존주의 철학은 어떤 면에서는 비관적이고 어떤 면에서는 긍정적이다. 실존주의자들은 일반적으로 개인이 끝없는 행복에 대한 환상을 포기할 때 비로소 행복을 찾을 수 있다고 믿는다.

에른스트 베커(Ernest Becker, 1973)는 이런 상황을 완벽하게 묘사하며 이렇게 기술했다. "나는 쾌활한 로봇과 대화하고 있다. 내 생각에 세상에는 기쁨과 좋은 것만 얘기하는 쾌활한 로봇이 넘쳐난다. 나는 세상의 공포와 고통에 대해 얘기하는 것이 내 임무라고 생각한다." 베커가 얘기하는 공포는 우리가 고통과 죽음을 견뎌내기를 거부하는 것을 말한다. 우리는 반드시 이런 점들을 있는 그대로 바라보고 삶의 아름다운 것에만 머물며 이를 피하려고 해서는 안 된다. 그는 이 점을 깔끔하게 정의하며 이렇게 기술했다. "절망의 터널을 지난 후에야 개인은 기쁨과 희망과 신뢰를 얻게 된다."(p.36) 오토 랑크Otto Rank(Yalom, 1980에서 인용)는 이에 동의하며 말하기를, "역동적인 악dynamic evil은 실제가 아닌 이룰 수 없는 세상, 즉 죽음과 고통 그리고 불순함이 없는 그런 세상을 만들려고 시도하는 것이다."

많은 실존주의 작가들은 있는 그대로의 세상을 자연스럽게 받아들이는 것과 한계를 모르는 이기적인 쾌락 욕구와의 대처 상황에서 이성이 승리해 현실적인 선택을 할 것이라고 믿고 있다. 소크라테스의 말처럼 우리는 '너 자신을 알라' 고 권유 받는다. 이런 식으로 AA 회원들은 AA 프로그램이 주장하는 진실된 존재가 자아반성, 자아지각, 해방, 치유 그리고 결과적인 구원으로 가는 열쇠를 쥐고 있다고 믿도록 교육받는다.

중독자들이 성장하기 위해선 반드시 무절제한 풍요로움과 자기만족의 환상을 포기해야만 한다. 그들은 포기하고, 노력하고, 고통을 이겨내고, 욕구충족을 연기하고, 책임감을 갖고 무엇보다도 능동적이고 책임감 있게 운명을 만들어가는 법을 배워야만 한다. AA는 중독자들의 자기에 대한 허위의 토대를 허물어뜨리려고 나선다. 삶의 어느 때보다도 중독자들은 자기기만self deception이 널리 팽배해 있는 보편적인 인간 심성이라는 것을 반드시 이해해야만 한다. 하지만 비중독자와 달리, 중독자들은 자기 자신을 속일 여력이 없다. 왜냐하면 자기기만이 불가피하게 되돌아오기 때문이다. 중독자들은 자신의 삶이 화학물질들이나 자신이 알지 못하고 통제할 수 없는 어떤 세력들에 의해 지배되는데도 자신이 독립적으로 살아간다는 믿음을 유지하며 그 확신을 누그러뜨리지 못하는데, 중독자들은 자신이 그렇게 살아가고 있음을 기억해야 한다.

AA는 어떻게 작용하는가 : 현상학적 관점

후설Husserl의 제자인 하이데거는 분석적인 생각보다는 자연스럽게 존재론적이며 경험적 현상들을 들여다보면 진정한 인간이란 무엇인지에 대한 덜 오염된 관점을 보게 되리라고 믿었다(Dasien). 하이데거는 불교철학에서 말하는 완전하고 순수한 순간의 직접성에 대한 인식을 일컫는 깨달음enlightenment이라는 것과 많은 유사성이 있는 상태에 도달하려고 노력하고 있었다. 이러한 것들은 분석하고, 설명하고 이해하고 또는 경험을 감각적으로 이해하려는 방법에 이미 존재하는 선입견을 우회하려는 시도이다.

튠(1977)은 이러한 현상학적 방법을 AA에 대한 연구와 해석에 적용했다. 튠은 AA가 효과적인 이유는 회원들이 모임에서 자신의 과거사를 회고하는 것에 중점을 둔다는 데 있다. 자신의 인생사를 이야기함으로써 과거에 의미를 부여하고 미래에 대한 희망을 보여주는 법을 배우게 된다. 순수한 현상학적 구조 안에서 튠은 과거는 중독자였건 아니었건 누구에게도 무의미하지 않는다는 입장을 보였다. 과거는 개념적 모형을 사용하여 해석되고 창조되어진다. 더 중요한 것은 이 모형들이 미래의 창조, 과거처럼 자동적으로 주어진 것이 아닌 미래를 위한 모형이 된다는 것이다(p.83). 튠은 AA에서 삶의 역사를 이야기하는 것의 중요성을 이렇게 기술했다.

> 어떻게 보면 AA가 신입 회원에게 반드시 주어야 할 첫 번째 교훈은 그들의 삶이 모순되었고 분별이 없었다는 것이다. 동시에 신입 회원이 프로그램의 이점을 온전히 받아들일 수 있도록 중독자의 눈에 비춰진 세상에 대한 이해와 해석이 정확하게 제시돼야 한다. 다시 말해 AA를 통해서 보면 술을 끊지 못한 중독자들은 세상을 다르게 느끼고 이해할 뿐 아니라 스스로의 인지력과 이해력도 부정확하게 인지하고 이해하고 있다.
>
> 치료를 통해서 그들은 반드시 그것을 평가할 수 있는 새로운 방법을 습득하여야 한다. 좀 더 추상적으로 개정되고 이제는 정돈된 세상적 관점만이 아니라 AA는 구성원 사이의 관계를 바꾸는 기회를 제공한다. 예를 들어 그들의 인생사를 얘기할 때 회원들은 중독자의 삶을 그들이 이해하는 바대로 설명한다. 즉, 천천히 내리막길을 걷는다. 혹은 원을 맴돌고 있다. 술을 계속 마시는 한 미래는 그저 다시 재현되는 과거의 연속일 뿐이다.(1977, p. 81,82)

삶의 역사 : 현상학적 관점에서의 AA

현상학의 대전제 중 하나는 세상과 자아는 자동으로 주어지는 것이 아니라 인생을 살면서 지속적으로 재창조된다는 것이다. 개인의 삶에 대한 통찰은 그들이 살아가는 세상에 대한 분석으로부터 나온다. 튠은 중독자가 바라본 세상과 자연, 그리고 자기가 구성되는 경험과 의미들은 중독자가 중독되는 과정에서 그리고 치료받고 회복되는 과정에서 지속적으로 재편성되고 재해석된다는 것이다. 이 과정의 중심에는 알코올중독의 경험과 그것이 부여하는 의미를 새롭게 정의하는 데 중요한 관점이 있다.

중독을 AA에서는 결함 있는 삶의 방식defective mode of life(Madsen,1974)으로 본다. 이러한 관점이 시사하는 바는 자기와 세상에 대한 재구성과 재해석에 초점을 맞춘 이러한 치료방식이, 중독을 다른 신체적 질병이나 고쳐야 할 나쁜 버릇 정도로 여기는 방식보다는 우월하다는 것이다.

이것이 AA의 주장이고 AA가 누리고 있는 성공의 핵심이다. 다른 치료방식들처럼 AA도 진단과 진료라는 두 가지 고민에 직면한다. 그러나 프로그램 치료 과정의 분석은 이른 바 '정통' 서양의학에서는 그 유사점을 찾을 수 없다(Thune, 1977).

알코올중독의 진단과 해석에 있어 AA는 신경정신의학적 정의와 많은 차이점을 보인다. 객관적 진단(심리학에서 과학적 진단에 중요하고도 꼭 필요한 요소인)이 중독자들로부터 직접 나온 것이 아닌 것에서 기원한다면 이것은 치료프로그램과 무관한 것이다. 이 프로그램의 성공의 열쇠는 개인이 스스로를 중독자로 진단내릴 수 있느냐 없느냐에 달려있다. 이 자가진단이 바로 AA의 회복으로 가는 12단계의 핵심이다. 랭(Laing, 1969)의 말로 바꿔 말하면, 중독자는 자신이 알코올중독이라는 질병을 갖고 있지 않다는 것을 반드시 이해해야 한다. 그는 단지 중독자일 뿐이라는 것이다.

질병모델에 의하면, 알코올에 대한 신체적 알레르기 반응까지 더해져서 중독자들은 성숙하지 못하고 이기적인 중독자의 성격을 갖고 있다. 그들은 영적으로 병들어 있고 미숙하고 자기중심적인 성격은 오직 가식적이고 피상적인 관계만을 타인과 혹은 '고귀한 존재higher power'와 갖도록 만든다. AA의 치료과정 중 이 정신적이고 영적인 불균형을 개선하기 위해서는 자아의 중심에 대한 이해의 변화만으로는 부족하다. 타인들과 자신의 과거를 나누는 것이 필요하다. 처음부터 인생사는 AA의 실제와 이론에 주된 부분을 차지하고 있다. 인생사에서 회원들은 그들의 경험과 결국 중독에 빠지게 된 자제력에 대해 이야기한다. 대부분의 경우 발표자는 중독기간 중 신체적으로 유기된 상태가 아니었더라도 정신적으로는 버려진 상태임을 보여 주고자 한다. 프로그램을 받아들이고 난 후 많은 이들이 '인격의 변화personality change'를 경험했다고 말하며 이에는 자신과 세상에 대한 새로운 이해도 함께 수반된다.

그들의 과거사는 전형적으로 비슷비슷하기 때문에 과거에 대한 정확한 분석과 구성으로 이어진다. 이 과정에서 개인의 과거는 중독을 자제하는 도구로 이용된다. 이야기를 통하여 중독자들은 자신의 삶을 보다 지적으로 이해하게 된다. 이전과는 다른 구조와 논리로 자신들의 삶을 이해하게 되는 것이다.

의학적 지향의 치료 방식과 달리, AA는 정상인이나 비중독자로서보다는 중독자로서 그들이 갖고 있는 기본적 '존재성'을 이해하도록 돕는 것이 관건이라고 본다. AA는 육체적 결함보다는 존재의 영적 결함을 강조하는데, 이는 알코올중독증이 존재의 결함이라는 믿음을 명확히 표현해 준다. 여러 면에서 AA는 영적이고 종교적인 단어들을 사용하는데, 이는 더 정확하고 접근성 있는 철학적-존재론적 용어들이 부재하기 때문이다.

AA의 관점에서 본 중독은 술의 오용이라는 문제에서 생긴 존재 양태나 생활 방식의 문제에 지나지 않는다. 단주는 꼭 필요한 첫 걸음이나, 다른 중요한 전반적으로 결함 있는 삶의 형태를 변화시키기 전의 첫 단계에 불과하다. AA는 단주에는 성공했으나 계속 결함 있는 생활 패턴을 유지하는 동료들을 '마른 주정뱅이dry drunk'라고 부른다. 이는 술은 포기했으나 중독자의 삶과 연관된 중독자 자신의 자기 구조에 대한 잘못된 인식은 아직 못 버렸기 때문이다.

사회에서는 중독자와 술을 반드시 연관 지어 생각하나 AA는 이 두 가지를 분리해서 생각한다. 먼저 언급한 바와 같이 AA는 개인이 술을 몇 년간 끊었다고 해도 그들이 술을 마시고 안 마시고와는 상관 없이 그들의 행동은 여전히 중독자의 행동일 수 있다고 주장한다. 그러므로 AA는 폭주를 즐기는 자들을 포함하여 많은 애주가들이 반드시 중독자는 아니라는 것을 잘 알고 있다(AA, 1955).

이런 AA의 지향을 고려한다면, 중독자들도 훈련에 따라 사교적으로 술을 즐기게 할 수 있다는 연구결과(Sobell & Sobell, 1973a)는 AA를 당혹하게 했음이 분명하다. 왜냐하면 이런 시각에서 보면 중독은 단지 나쁜 습관으로 교육으로 고칠 수 있는 것이 되기 때문이다. 이처럼 AA와 과학적 연구단체 사이에 깊은 골이 생긴 것은, 후자가 알코올중독을 연구 패러다임에 편입시키고 병인론에 따라 달라지는 성격의 문제를 규명하는 데 역점을 두기 때문이다. 이 논쟁은 쉽게 해결되지 않는다. 고명한 학자들도 수년간 알코올중독이 정신의 문제인지 육체의 문제인지를 결정하지 못하고 있다. 하지만 이 분야의 뛰어난 연구가인 루쓰 폭스(Ruth Fox, 1973), 옐리넥(E.M. Jellinek, 1960), 마티 맨(Marty Mann, 1973)은 모두 다 알코올중독이 문화적, 심리적, 육체적 영역을 포괄한다는 것을 인식하고 있었다.

알코올중독에 대한 AA의 접근법을 둘러싸고 오해와 논쟁들이 엄청나게 일었지만 AA의 치료효과에 대해선 거의 아무런 이의도 없다. 논문은 AA가 정말로 효과적이라는 사실을 입증해주는 것으로 넘쳐난다(Bourne & Fox, 1973; Bailey & Leach, 1965). 그러므로 결정적인 질문은 AA가 효과적이냐 아니냐가 아니라 AA가 어떻게 효과적이냐는 것이다. 이에 대한 답은 오래 전부터 몇 가지 이유로 심리학자들로부터 외면당해 왔다. 그 이유 중 하나는 AA가 과학적 검증에 잘 들어맞지 않는 변수인 초월적, 비실증적 토대를 갖고 있다는 점이다. 쿤(Kuhn, 1962)이 말했듯이 학자들은 종종 그들 공동체가 인정하는 자격 소지자들끼리만 서로 소통하는 폐쇄적 체제가 되는 수가 많다. 이런 상황에서 전문가들이 이미 입증되고 수용된 자신들의 방법론에 맞지 않는 변수들을 탐구하기 위해서 그들의 학문적 패러다임을 떠나기를 꺼린다는 것은 이해할 만하다.

쿤의 이런 설명은 왜 일부 전문가들이 AA를 합법적 치료법으로 수용하기를 꺼리는가를 이해하는 데 도움을 준다. 튠의 AA에 대한 현상학적 설명에 비춰볼 때, 전문가들의 이런 거리낌의 태도는 AA를 탐구하고 이해하는 데서 패러다임 이동에 실패했기 때문이라 할 것이다. 그러므로 문제는 AA가 아니라 전문가들이 그들의 인지적 설명 모델을 확장하지 못한 데 있다. AA가 올바로 이해되고 탐구되기 위해서 이러한 인지적 확장이 필요한데도 말이다. 이러한 관점의 변화가 성취되면 AA에 대한 튠의 다음과 같은 결론을 더 잘 이해하게 될 것이다.

> 그러니까 AA '치료'는 개인 삶의 상징적 요소들의 체계적 조작을 통해서 삶과 세상에 대한 새로운 시작을 제시한다. 이것은 행동에 대한 새로운 접근, 의미와 암시를 제시한다. 이 현상들은 조사 연구된 모임 안에서 확실하게 일어났지만 논문을 통해 보면 비슷한 형태가 다른 AA 모임에도 존재한다. 어느 알코올중독 치료프로그램이든지 중독자에게 성공적으로 그가 중독자란 사실을 보여주어야 하고 더 정확히 중독자가 이 사실을 스스로에게 보여주는 데 성공해야 한다. 결국엔 자가진단이 되는 자신의 과거에 대한 새로운 발견만이 이것을 가능케 한다. 나는 AA와는 다른 이념을 토대로 한다 하더라도 필요 요건 중 하나는 자기와 세상을 정의내리는 새로운 치료방식을 보여주는 것이다.
> 하지만 이런 제의들이 다른 분석적 관점에서 내린 결론들과 상반된다고 받아들여서는 안 된다. 오히려 이는 의학, 사회학 그리고 심리학이 제공하는 다른 관점들을 보완해주는 현상학적 관점을 보여주기 위함이다. 이것은 다르지만 확연하게 상호보완적인 관점들의 규합이며 결국 알코올 중독증과 치료기법에 대한 보다 완전한 이해에 이르게 한다.(1977, p.88)

알코올 중독의 자기 귀인

자신에 대해 이야기하는 것 다음으로 중요한 것은 지속적으로 모임에서 자기를 알코올중독자로 소개하는 것이다. "나는 알코올중독자입니다I am an alcoholic" 라는 자기외침은 AA 회원들에게 그들이 옛 모습의 사람과 딱 한 잔의 차이just a drink away라는 사실을 지속적으로 상기시켜 준다. 이는 AA를 지나치며 슬쩍 겉모습만 또는 순수하게 학문적으로만 접하는 사람들에게는 혼란스러운 사건들이다. 그들은 이 의식의 중요성을 이해하지 못한다. 사실 많은 비판가들은 AA의 이런 방침에 시비를 건다. AA 밖에 있는 사람들은 이것이 중독자들에게 모욕적이거나 그들의 잘못을 상기시켜주는 부정적 요소라고 말한다. 그들은 이것이 어떻게 지속적 인품저하나 자존심의 상실과는 다른 어떤 것에 이르게 할 수 있는지 보지 못한다. 이에 반해 AA 회원들은 이 의식을 자랑스럽게 행하여 매번 그들 스스로에게 매우 중요한 메시지를 전하게 된다.

프로그램 밖의 사람들이 자신을 단지 술을 너무 마신 사람이라고 정의하는데 반해, AA에서는 중독자 자신에게 원인을 돌리는 자기귀인self attribution을 통해 더 많은 정보를 전달한다. '알코올중독'이란 단어는 AA 멤버가 건전한 단주를 지속시키기 위해서라면 경계해야 할 이 모든 것(자기중심적 행동, 부정적 태도, 부패한 가치관)을 의미한다. 중독자로서 지속적으로 자기귀인을 한다는 것은, AA 회원이 꼭 성취해야 할 건강한 단주상태와는 정반대 상태에 자신이 놓여있다는 것을 자동으로 함축하는 것이다. 이렇게 스스로 알코올중독자라 선언함으로써 자신이 이룩한 것들을 잃는 데 단 한 잔이면 충분하다는 사실을 떠올린다.

윌슨은 이미 오래 전에 이와 유사한 생각을 표현하면서, 회복 중에 있는 모든 알코올중독자 안에는 외부인들이 결코 이해할 수 없는 두 가지 뿌리 깊은 권위자authority가 존재한다고 했다. 첫째, AA 멤버들의 삶에는 인정사정 안 봐주는 술과 이 술과 연관된 모든 것들로 대표되는 독재자가 있다. 둘째, 권위자는 내면의 목소리inner voice이다. 윌슨은 이것을 힘, 생명력 혹은 듣는 이가 좋아하는 모든 말이라고 불렀다. 어떤 의미에서, 회복 중인 알코올중독자는 음주생활 중에 있는 중독자와 모든 면에서 다르다. 바로 이 점 때문에 비중독자들이 왜 한 잔 만으로도 중독자가 예전 모습으로 미끄러지기에 충분한지를 이해 못한다.

이런 관점에서 보았을 때, 알코올중독은 단순히 술을 과하게 마시는 것만이 아니다. 따라서 AA는 술의 소비를 줄이려면 중독자의 성격적 결함을 전체적으로 치유할 때 가능하다고 본다. 전문가들이 AA의 치료 방식에 대해 어렵게 생각하는 것은 전반적인 면에서의 절제가 필요하다는 데 있다. 사과에서 썩은 부위를 잘라내는 것처럼 많은 전문가들은 알코올중독을 한 부분에 초점이 맞춰진 장애로 보고 잘라내면 된다고 보고 있다. 그러나 AA는 알코올중독 자체를 우선 상대해야 할 일차적인 문제로 본다. 단주만이 중독으로 변해버린 삶의 패턴을 깨는 첫 단계다. 단주를 확실히 성공한 후에야 중독자들은 스스로의 성격을 바꾸려는 노력에 초점을 둘 수 있게 된다.

개인은 어느 한 시점에서 건강할 수도 있고 그렇지 않을 수도 있다. 술은 건강치 않은 생활양식이 중독자의 건강한 잠재력을 지배하도록 만든다. AA가 이미 알고 있듯이, 중독자들은 정신적으로 고립되어 있고 타인과 피상적인 선에서만 관계를 유지할 수 있다. 자신의 존재가 술에 의해 통제되고 흐려져 있기 때문에 그들은 자기에 대해 정의 내리지 못한다. 술은 누구와도 의미 있는 관계를 유지하는 것을 불가능하게 만든다. AA의 동료의식은 회복 중인 중독자에게 자기보다 더 위대한 무언가와 동일시하게 함으로써 타인들과 건강한 관계를 맺도록 해준다.

앤지알(Angyal, 1965)은 중독자의 자신에 대한 새로운 정의는 그를 자신의 과거로부터 단절시키는 것이 아니라 과거에 대한 그의 견해를 바꾼다고 결론지은 튠의 견해에 동의했다. 이것은 정확히 회복되는 과정에서 AA가 성취하는 것을 튠이 말한 것이다. 이것은 중독자들의 삶에 관한 이야기 속에서 재확인된다. 앤지알은 튠이 생략한 다른 두 가지 중대한 이슈를 건들였다. 하나는 부정denial의 의미이고 또 하나는 재발에 관한 문제다.

앤지알은 중독자의 회복과정에서 흔히 볼 수 있는 부정이라는 현상을 이해하려고 애썼다. 왜 그토록 중독자들은 치료에 거부하는 걸까? 왜 그들은 자신에게 음주 문제가 있다는 것을 인정하기 전에 꼭 바닥을 쳐야 하는가? 왜 알코올중독자 그를 제외한 모든 사람들은 다 그가 중독자라는 걸 알고, 무엇 때문에 다른 사람들이 빤히 다 알고 있는 것을 그들만 모르는 걸까? 소신 있는 일반인에게는 자신이 잘못을 범했다는 것을 인정하는 것이 재난이 되지 않는다. 그러나 보상적 자존심이 중요한 요소로 작용하고 체면을 중시하는 중독자의 구조 내에서는 이것이 재난이 될 수 있다. 중독자는 기존의 생활모습을 포기하는 것을 생명에 대한 위협이 아닌 자신의 온전성에 대한 위협으로 경험한다. 이것은 무슨 대가를 치르고라도 피해야 할 자기-배신이다. 중독자가 술을 마시는 것에 위협을 느끼면 그들은 당연히 모든 것이 산산조각 나는 것처럼 느끼고 자신이 무화될 것 같고, 정서적으로 죽어간다고 느끼는데 이는 별로 놀라운 일이 아니다.

앤지알이 다루는 두 번째 문제는 AA의 치료에 아주 필수적인 회복의 과정이다. 이에는 두 가지의 이차적 문제점이 관여한다. 첫 번째는 알코올중독에 대한 초기인식이고 두 번째는 흔한 문제인 재발에 관한 것이다. AA의 회복으로 가는 12단계 중 첫 번째는 자신이 알코올중독자란 사실을 인정하는 것이다. 앤지알은 이렇게 썼다.

> 지금까지 해오고 또 지금도 하고 있는 모든 행동과 자기파괴에 대해 책임을 지고 또 간단히 솔직하게 인정한다. 이렇게 타인에게 인정함으로써 중독자는 헛된 겉모습을 버리고 두려운 비밀의 좁은 공간으로부터 벗어난다.(1965, p.118)

앞으로의 첫 걸음은 중독자 스스로가 미래에 다르게 살 것이라는 확신이 없다면 불가능한 일이다. AA는 중독자에게 이 모델을 보여준다. 이것이 성공되면 다음 단계는 죄책감과 수치심을 다루어야 한다. AA는 죄책과 수치심을 해결하는 단계를 회복과정의 어려운 부분으로 본다. 죄책과 수치심을 해결하는 데 필수요소들은 AA의 마지막 아홉 단계들에 나타나 있다. 앤지알은 이렇게 썼다.

> 죄책감을 다루는 방법은 단 하나다. 후회하는 것이다. 해를 끼친 것과, 실천하지 않은 건설적인 행동들에 대해 슬퍼하는 것이다. 또 그간 잡아보지 못한 기회들, 놓쳐버려서 어쩌면 다시 할 수 없을 모험들, 사랑과 도움을 찾아 다가왔던 사람들 또는 도와주려고 내게 다가왔던 사람들과 짧은 인연으로 그쳐버렸던 것을 애석해 하는 것이다.(1965, p.136)

하지만 수치심과 싸우는 데는 후회 그 이상이 필요하다. 다른 삶을 살겠다는 강한 의지를 지니고 중독자가 중독자의 생활을 포기할 때만 수치심은 사라질 수 있다. 수치심은 개인의 자기 감각에 변화가 올 것을 요구한다. 이것은 보다 느리고 대개는 보다 힘겹게 이루어진다.

수치심의 해결은 중독자의 통찰과 노력struggle이 실제 결실를 가져오는 지속적인 변화로 이어지느냐의 여부에 달렸다. 이것은 중독자가 새로 생기는 건강한 삶의 패턴과 일체감을 느끼느냐에 달려있고 과거의 자기-개념과는 전적으로 다른 관점에서 자기 자신을 재정의할 수 있느냐의 여부에 달렸다. 앤지알은 중독자의 생활양식에서 변화의 중요성을 강조한다. "회복된 중독자들의 보고를 통해 봤을 때, 쉽게 재발된 사람들과 그들이 다른 점은, 그들은 단지 술의 폐해 때문에 술을 포기한 것이 아니라, 그들 삶에 보다 광범위하게 일어난 변화가 음주생활과 어울리지 않기 때문에 단주를 했다는 점이다."(1965, p.121). 회복된 AA 멤버는 이성적이고 책임감 있는 존재라는 자기에 대한 재정의가 음주와 더 이상 양립불가능함을 느낀다. 이러한 과정이 진행됨에 따라 수치심이 주는 악영향도 서서히 사라진다.

앤지알은 또 건강해지는 것(단주)과 건강을 유지하는 일(단주유지)의 중대한 차이점을 밝혀준다. 그는 후자가 너무 적게 강조되었다고 느낀다. AA는 건설적인 성향을 알게 모르게 소실되는 것의 위험성을 인식하고 있다. 알코올중독자로서의 생활패턴은 다시 서서히 돌아올 수 있으며 긴 시간이 지난 후에야 그 변화를 느낄 수 있을지 모른다.

그렇기 때문에 회복 과정에서 과거의 음주 상황을 피하는 것이 아주 중요하다. 회복 과정에서 그들은 자신들처럼 음주를 많이 하는 사람들과 스스로를 분리시켰다. 전에 술을 같이 마셨던 사람들과의 지속적인 만남은 새로운 변화에 지속적 위협이 된다. 중독자의 새로운 행동을 단지 위선적 자세로 보는 사람들과의 일상적 접촉을 통해 이 새로운 자세는 서서히 약화될 수 있다.

앤지알은 재발을 예방하는 최선의 방책과 AA가 중독자의 발전에 핵심이 된다고 보는 요소는 바로 겸허함인데, 이 겸손은 자신의 과거 방식이 '파산' 했음을 인정하고, 보상심리와 거짓행위를 버리는 것으로 표현된다고 했다. 앤지알은 단주에 이르기 전에 꼭 필요한 변화를 이렇게 묘사하며 핵심을 찌른다.

> 수년 동안 술 한 방울도 입에 대지 않은 AA의 멤버가 자신을 알코올중독자라고 말할 때 이것이 과하게 표현된 것 같고 거짓 느낌을 받을 수 있다. 이러한 자신의 평가는 글자 그대로 진실이고 재발을 방지하기 위한 최고의 보호책이다. 중독자가 자랑스럽게 음주습관을 영원히 버렸다고 말할 때 오히려 그는 재발이나 폭음의 날이 얼마 멀지 않았다.(p.61)

정직성, 부인 그리고 타인의 필요성

AA의 통찰과 실존주의 철학자들은, 부정denial과 자기기만self deception이 모든 인간 악과 고립의 근원이라는데 의견을 같이 한다. 이러한 악의 경향을 극복하기 위해서는 중독자들이 절대적 정직성을 가지고 타인에 대한 필요성을 직시할 수 있어야 한다. 커츠(1982)는 그 과정을 이렇게 요약한다.

> AA의 통찰을 통해서 보면 어쩔 수 없는 한계 때문에 인간에겐 필수적 욕구가 있다. 절대적 한계의 부정은 보통 욕구의 부정으로 나타난다. 중독자의 욕구에 대한 부정은 두 가지이다. 술에 대한 욕구의

> 부정은 타인의 필요에 대한 부정과 한 데 어우러지고 서로 꼬인다. 알코올 중독 초기에는 중독자가 술을 마시는 이유가 타인에 대한 욕구를 충족시킬 수 없기 때문이라는 것을 부인한다. 점점 사람보다 술이 확실한 만족을 주는 요인이 되면서 '술 몇 잔'이 가령 파티에서 사람들과 어울리는 것보다 더 중요해진다. 후기 단계에는 몇 번 "나는 언제나 내가 원할 때 술을 끊을 수 있다"(술의 필요성에 대한 부인)에서 실패를 경험한 후 부정은 다시금 타인의 필요성에 대한 부인이 된다. "날 내버려둬- 요거 혼자 끊을 수 있어."(p. 73)

커츠가 주장하는 정직과 상호성mutuality의 개념은 AA의 회복 프로그램을 이해하는 데 매우 중요하다. 개인의 건강한 생활을 위해선 이 두 가지 상호관계가 매우 중요하다. 이 조합이 한 개인에게 필요한 조화를 제공하여 세상에 적극적인 참여자로 살아가게 해준다. 실존주의자들이 제시하였듯이 고립되어 있는 중독자들은 흔히 불안과 소외로 고통 받는데, 그들은 이것을 실존적 위기라고 부른다. 같은 의미에서, 중독자는 전체의 일부가 되지 못한다. 그들은 참여하지 않기 때문에 진정한 선택의 자유도 없다.

물론 이것은 실존주의적 주제들이다. 소외와 선택에 대한 거부 혹은 무능력은 사르트르가 "허의의식에서의 행동acting in bad faith"이라 부른 것의 특징이다. 일면 실존주의에서 정의하는 건강의 필수적 부분인 진정성은 세상과 자신으로부터 고립된 자에게는 불가능한 것이다.

커츠(1982)는 진정한 존재를 향한 몸부림 – 진정으로 자기 자신이 되고자 하는 것 – 이 개인의 삶에서 가장 중요하고 의미 있는 것이라고 기술했다. 이 주제는 대부분의 실존주의 철학에 퍼져있고, 부버라는 실존주의자는 그의 글에서 이 주제를 수차례 다루었다. 그는 사람들 사이를 더욱 멀어지게 하는 사회적 사고의 집단성collectivity을 비난했다. 부버에게 집단성이란 군집본능이며 사람들을 소외시키는 '군중crowd'이기에, 이것은 사람이 자신만의 고유성을 가지고 타인들을 만나도록 허용하지 않는다. 부버도 앤지알처럼 우리의 죄책은 우리 자신의 잠재력과 고유성을 실현하지 않고 인지하지 못하는 데 있다고 느꼈다. 마틴 하이데거는 이런 상황 때문에 우리가 본원적 죄책감을 느낀다고 옳게 지적했다. 하이데거에 따르면 진정한 죄책은 다음의 사실로 이루어진다. 즉, "존재being의 땅에서 실존existence은 유죄이며 그 실존을 구현하지 않음(하이데거가 말한 '고유의 그 사람the one=Das man'이 되지 않는 것)으로써 실존은 유죄가 된다"는 것이다(Buber, 1964, p.390).

부버는 인간 말날의 필수적 상태를 규정하는 '나-당신I-Thou'의 중요성을 묘사하면서 커츠를 미리 앞서고 있다. AA 프로그램처럼 부버의 나-당신 개념도 개인의 자기보다 더 넓은 어떤 것에 관여되는 것의 중요성을 강조한다. 물론 부버에게 가장 고귀한 나-당신 관계는 개인이 신을 인격적 차원에서 경험할 때 일어난다. 그러나 부버가 말하는 나-당신은 신과의 관계 그 이상이다. 이것은 우주와 조화되어 존재하는 바로 그 구체적 경험을 말한다. 이러한 만남은 개인이 진실된 관계 경험에 열린 마음을 가질 때면 언제나 일어날 수 있는데, 이런 관계성은 한 사람과 맺을 수도 있고 무생물 대상과 맺을 수도 있다. 심지어 분명치 않은 만남도 최고 관계의 작은 부분이다. 부버는 누구 혹은 무엇과 관계하는 것은 개체들을 우주의 질서로 합일시키는 영적인 힘과 접촉하는 것과 비견할 수 있는 경험이라고 보았다.

부버의 천재성은 나-당신이라는 공식화에 있지 않다. 그에 앞서 이미 다른 사람들도 이를 형식화한 바 있다. 하지만 직접적, 상호적 만남(온 존재로 현존성을 가지고 만나는)과 주체와 객체I-it 간의 간접적 비상호적 만남의 근본적 차이점을 지적하는 것을 가장 핵심 문제로 보았던 사람은 부버가 유일하다.

앤지알처럼 부버도 자율성이나 나-그것의 범위 안에서 관계 맺는 능력의 필요성을 인식했다. 부버는 '나'의 분리를 긍정적으로 여겼는데, 왜냐하면 이러한 '나'의 발달이 영원한 '당신'을 그 고유함 가운데서 만나도록 해주기 때문이다. 따라서 부버의 체계에서는 이런 분리된 '나'는 여러 이유로 필수적이다. 그는 인간이 단순히 이성적 동물은 아니라고 느꼈다. 그는 동물들은 그들 존재에 대한 확증을 필요로 하지 않는다고 보았다. 동물들은 의문 없이 동물 그 자체이기 때문이다. 하지만 인간은 '타자'의 존재 안에서 현존을 요구한다. 따라서 자각은 더 상위의 것이다. 자각에는 선택의 요소가 있기 때문이다. 한 인간은 '나'의 분리됨으로 인해 다른 인간 존재를 '당신'으로 만날 수 있는데, 두 사람 모두 그들의 고유성과 유사성이라는 역설을 인식할 수 있다는 점에서 이것이 가능해진다.

앤지알과 부버가 나란히 강조하는 주제는 한 인간이 자율적이 되는 것인데, 자율적이지만 역동적 전체의 일부가 되기 위하여 타인을 조종 않기로 선택하는 것의 중요성을 두 사람 모두 강조한다. 앤지알이 강한 어조로 말한 것처럼, "우리는 우리 자체로서는 아무것도 아니다. 우리는 누군가에 의해 이해되고 인정될 때에만 생명력을 지니는 하나의 메시지다"(1965, p.170). 부버가 말하는 치료사는 자신이 아는 문헌이나 관찰과 연관해서 자기관찰, 자기분석, 실험 등을 통해 자기를 기준으로 치료방향을 결정하는 심리학자와 다르다. 부버가 말하는 치료사는 인간의 전체성을 인식하기 위하여 자기-반성의 행위 안으로 온전히, 실제로 들어가야 한다. 다시 말해, 치료사들은 전혀 준비된 철학적 안전장치 없이 자신의 삶의 행위로서 이러한 만남의 독특한 차원으로 자신을 던져야 한다. 즉, 그들은 그들이 진정으로 살아있을 때 그들을 향해 닥쳐오는 모든 것들에 자신을 노출시켜야 한다.

치료에 이것이 암시하는 바는 심오하다. 치료 받는 개인들은 흔히 고립되어 있는데, 자신 안의 건강한 가능성과 접촉하려면 진정한 상호적 대화에 참여할 수 있는 그들의 능력을 반드시 이해해야 한다. 두 개인의 실제적 만남이 중독자의 삶에 팽배해 있는 고립의 악순환을 부셔버릴 수 있는 것도 바로 이 때문이다. 부버의 치료가 강조하는 바는 특히 만남을 통한 치유이다.

부버가 제의했듯이 AA의 중대한 단계는 자기-초월self transcendence인데 이에는, 우리처럼 본질적으로 유한한 존재로 인식되는 타자들과의 새로운 관계 맺음이 필요하다. 이러한 관점의 변화에는 온전히 인간이 된다는 것은 곧 타인들을 필요로 하는 것임을 인식하는 것이 요구된다. 중독자들에게 이것은 쉬운 일이 아니다. 커츠는 알코올중독에 수반되는 깊은 수치심 이 중독자들이 이렇게 변화하는 것을 더욱 어렵게 만든다고 느꼈다. 실제로 커츠는 AA가 이 수치심을 치료하기 때문에 효과가 있다고 느꼈다. 커츠의 수치심에 대한 묘사를 이해하는 것은 매우 중요하다. 왜냐하면 이것과 자기애성 인격장애에 대한 코헛의 기술 사이에 커다란 병렬관계가 있기 때문이다. 6장은 대상관계, 자기심리학, 성격병리 등이 중독이나 집단치료와 어떤 관련성이 있는지를 집중 조망한다. 이 문제들에 관한 코헛의 이론은 여기서 다시 언급하지 않겠지만, 커츠가 수치심을 기술한 것과 코헛이 나르시시즘을 기술한 것 사이에 큰 유비관계가 있음은 주목할 만하다.

AA : 자기심리학적 관점

중독을 자기 장애로 보고, 또 자기-대상self-object 반응에 대한 욕구가 문제적으로 표출된 자기애적 현상으로 보는 것은 왜 AA와 다른 12단계 프로그램이 물질 의존자들에게 효과가 있는지를 대안적으로 설명해 준다. 자기심리학자들은 자기애성 장해들이 복구되는 데 꼭 필요한 많은 교의들을 제시한다. 코헛은 자기애성 인격장애를 자기self의 상처에 반응하는 것으로 보았으며, 자기와 자기-대상 간의 유대경험이 정신적인 건강 및 성장에 매우 중요하다고 보았다. 코헛은 생애 초기에 긍정적인 자기대상 경험을 한 사람들과 이런 유대 경험이 소실되거나 파손되었기에 이러한 경험에 대한 대체물로서 술과 마약을 찾는 사람들 사이에는 역의 상관관계가 있다고 암시한다. 따라서 이런 잘못된 자기 복구의 시도들이 포기될 수 있으려면 이들은 자기대상 반응(반영, 융합, 이상화)에 대한 욕구가 단계적이고 만족스럽게 충족되는 건강한 대인관계로 대체하는 법을 배워야 한다.

AA와 다른 12단계 프로그램들은 이것을 여러 가지 방법으로 한다. 무엇보다 AA는 중독자들이 자신의 자기대상 욕구가 착취적이거나 파괴적이거나 수치스럽지 않은 방법으로 충족될 수 있도록 돌봐주는 holding 환경을 제공한다. 충족되지 못한 성장 욕구 때문에 중독자와 알코올중독자들은 인간적 반응에 대한 압도적인 욕구(대상 허기)를 갖고 있는데, 자신들의 이런 욕구는 너무나도 강해 만족될 수가 없다고 느끼며 자신이 이런 강한 욕구를 갖고 있다는 데 수치심을 느낀다. 다른 중독자들과의 동일시를 통하여 그들은 자신만 나빴다는 생각에 예전에는 받아들이지 못했던 자신 안의 것을 수용할 수 있게 된다. 한 회복중인 초보 멤버는 자신의 AA에서의 첫 경험에 대해 이렇게 말했다. "모두에게 나에 대한 끔찍하고 혐오스럽고 수치스러운 것들을 말했는데 그들 모두는 나를 혐오하는 대신 자신들의 전화번호를 주었다." 이렇게 감정적으로 취약한 상태에서의 수용acceptance은 자신이 가장 기본적이고 공감적인 수준에서 이해 받는다고 느낄 때만 용인될 수 있다. 공감empathy과 감정적 조율emotional attunement은 자기심리학에 의한 치료의 주춧돌일 뿐만 아니라, 중독자들이 전에는 받아보지도 못하고 용인하지도 못했던 대상반응성과 만족을 이제는 느끼도록 해주는 토대이기도 한다.

돌봐주는 환경holding environment으로서 AA는 중간 대상transitional object, 즉 개별화와 내재화가 확립되기 전에 한 사람에게 지나치게 한 사람에게만 의존하는 것을 막기 위해 충분히 분리를 제공하는 건강한 의존 대상의 역할을 한다. 점진적으로 중독자들은 과대적 빙이들(나르시시즘)과 기짓자기 가면을 버리고 본래의 자기 모습인 (참) 자기를 발견하게 된다. 실존주의적 용어로는, 그들이 되고자 하는 모습과 실제 모습(신-아님)이 대치하면서 허위의식 속에서 살던 중독자로서의 삶을 멈추고 진정한 삶이 그들에게 부과하는 한계성을 갖고서 보다 진정한("안녕, 나는 조라고 해. 회복 중인 알코올중독자지") 삶을 살게 된다. 점차적으로 어린아이 같은 방법으로 자신의 욕구를 충족시키는 것을 버리고 보다 성숙된 방법으로 친밀한 인간관계를 정립해가는 과정을 통해 (프로그램에 참여함으로써 성격적 결함을 제거하고) 중독자들은 더 나은 자기 관리와 감정 상태의 관찰 능력을 내면화한다. 이 과정의 요점은 있는 그대로 자신의 자기를 수용하는 것인데, 이를 위해서는 과거에 숨겨져 있던 자기에 대한 수치심을 다룰 필요가 있다.

칸치안(Khantzian, 1994)은 AA가 자만심의 자기애적 방어를 관통할 수 있는 프로그램이기 때문에 중독자의 치유에 효과적이라고 말했다. 칸치안에 의하면 중독자가 고통 받는 근본적인 이유는 그들이 음주를 자제하지 못하고 스스로를 자제하지 못하기 때문이다. 자신의 약점을 인정하지 못하고 그들은 타인들로부터 홀로 떨어져 있다. 수치심과 그들의 과장된 성격 방어 때문에 그들은 꼭 해야만 하는 것들을 할 수 없었다. AA가 효과적인 것은 일단 프로그램에 입회하게 되면 타인과의 접촉이 지속되어 지속적인 접촉을 통해 중독자들이 지금까지 그들의 삶을 지배해왔던 대인관계의 장애를 개선할 수 있기 때문이다. 칸치안은 오직 타인과의 지속적인 접촉을 통해서만 자기의 질병이 치유될 수 있다고 설명한다. 그는 질병을 앓고 있는 알코올중독자의 문제를 다음 네 가지 면에서 보았다. ① 감정들의 관계 ② 자존감 혹은 건강한 자기애(나르시시즘)의 부족 ③ 서로 만족스런 관계성 ④ 자기 관리 등이다. 그는 수치심이 음주하는 알코올중독자들로 하여금 연대와 접촉을 어렵게 만든다는 커츠의 견해에 동의한다.

AA : 수치심과 나르시시즘의 치료

커츠(1981)는 기분이 나빠지는 데 두 가지 길이 있다고 말한다. 하나는 죄책감이고 다른 하나는 수치심이다. 커츠에게는 수치심이 더 강력하고 원초적인 감정이다. 죄책감은 자신이 한 일에 대해 기분이 나쁜 것이다. 이것은 규율위반이고 이것의 초점은 행동에 맞춰져 있다. 내가 일이 끝나면 너를 집으로 데려다 주기로 약속했다. 나는 약속을 지키지 않았다. 그래서 나는 기분이 나쁘고 내가 한 것에 죄책감을 느낀다. 수치심은 목표에 다다르지 못하는 것이고 개인의 자기감각과 무가치감과 관련된다. 수치는 존재의 핵심을 건드린다. 내가 한 뭔가에 대해 안 좋게 느끼는 것이 아니라 내가 누구이고 무엇인가에 대해 안 좋게 느끼는 것이다. 죄책감은 양적인 노력 즉 행동 개선으로 치유된다. 그러나 수치는 질적인 노력(자기 정체성의 재탄생)으로만 치유되며 회심과 새로운 자기 감각을 요구한다.

커츠의 관점에서 보면 수치심의 치료는 난해하다. 수치심은 대화를 통해 치유될 수 없다. 수치심은 어쩌면 서로의 약점을 통해서만 치유될 수 있다. 우리는 타인의 아픔을 느끼기 전에 우리 자신의 아픔부터 느껴야 한다. 그러므로 중독자들이 스스로의 아픔을 수치스럽게 여기지 않을 뿐 아니라 타인의 수치심과 아픔도 느끼고 서로 소통하는 이 치료법은 고통의 분배가 치유를 가져온다고 가르치고 있다. 중독자들은 수치스럽게 느낀 점을 타인에게서 발견했을 때 이를 받아들이도록 배운다. 환자가 완치되기 전에 그들은 반드시 그들 모습 그대로 타인에게 받아들여진다는 것을 배워야 한다. 이 과정은 타인 안에 있는 본인의 수치스러운 모습을 받아들이면서 시작된다.

상호성은 그래서 치료의 아주 중요한 부분이 된다. 이것이 왜 AA와 집단치료는 효과적인데 개인치료는 그렇지 못한가에 대한 이유이다. AA와 그룹치료 모두 수치심이 생기는 중요한 이유가 되는 대인관계의 고립을 깨는 역할을 한다. 모든 중독자들은 자신의 솔직한 모습 때문에 무시당하고 조롱당할까 봐 두려워한다. 자신의 진솔한 자기를 드러내 보이는 것은 두려운 일이다. 자신에 대해 서로 노출하는 과정을 통해 타인으로부터 확인받는 것이 필요하다. 수치스러운 과거를 드러내고 숨겨진 참자기의 수치스런 부분과 접촉하는 것은 개인에게 당혹감을 준다. 중독자가 자기 자신과 대면하게 될 때, 그는 내적 모순과 거짓자기와 방어적 면을 깨닫게 된다. 거짓자기 밑에는 두려움과 수치심이 있다. 중독자는 이러한 불일치와 직면을 통해, 그리고 꾸준히 타인들로부터 확인받고, 타인들이 자신의 노출된 참자기를 수용한다는 것을 확신함으로써만이 이런 느낌들을 해결할 수 있다.

수치심에는 노출을 수반된다. 이는 바라봐지고 뜻밖에 들키는 느낌에 의해 유발된다. 수치심은 자기가 자기에 노출됨으로 써 극대화된다. 따라서 수치심에는 자기가 줄어드는 경험이 수반된다. 자기는 전형적으로 자기 스스로를 보기를 거부한다. 이것이 알코올중독자들의 부정과 자기기만의 토대다. 수치는 자기가 거짓된 면인 거짓자기를 뚫고 나올 때 생겨난다. 치료 에서 자기는 두려움에 싸인 그 모습 그대로 바라봐져야 한다. 자신의 참자기를 직변하기를 극도로 두려워하는 중독자들이 이러한 자기 노출을 하는 데는 용기와 통찰이 요구된다.

커츠(1982)는 실존주의가 말하는 비진정성과 위니코트(Winnicott, 1965, 4장)가 말한 '거짓자기false self' 그리고 대상관계 이론가들 사이에 있는 중요한 유비관계들을 지적했다. 커츠는 거짓자기가 발현되는 방식에 대해 이렇게 썼다.

> 간혹 공포 때문에 개인은 자신이 타인들에게 노출되는 것을 숨기려 하는데, 이는 승인과 수용을 얻어냄으로써 뷰리의 고통을 누르려는 것이다. 이렇게 계속 하는 한, 그는 이상하고 이름 없는 공포를 체험하고 고통스럽고 타락시킨다고 느껴지는 불편한 상태에 갇히게 된다.(p.61)

커츠는 진정한 자기가 타인에게 노출되는 것에 대한 공포가 부정직과 자기기만의 원인이라고 보았다. 일단 이런 부정직성이 굳어지고 나면, 중독자는 타락하게 된다.

> 그가 누구인지를 말하는 것이 내키지 않건 혹은 그럴 능력이 없어서건, 이들은 마음 속에서는 자신이 속이고 있다는 것을 안다. 비밀스럽고 사랑스럽지 않고, 불법적인 자기를 숨기고 있다는 데 수치심을 느낄 뿐만 아니라. 실제 존재하는 그 사람으로 보이지 않는 것, 또는 그렇게 보이지만 실제로는 아닌 상태로 존재하는 것-보이는 것과 실제 존재 사이의 확대되고 용의주도한 혼선-인 영혼의 짓누름은 직면할 경우 결코 용인될 수 없는 것이다. 그가 간절히 얻고자 하는 온전함을 얻지 못하는 절망감에서 그는 온전함의 환상을 붙들려고 돌아선다. 그는 자신의 사적인 자기를 공적으로 만들지 못하기에, 공적인 자기에게 사적인 자기를 순응하도록 만든다. 이러한 선택은 교묘히 진실의 상실을 불러온다. 이를 말하지는 않지만 알고 있다.(p. 61)

중독자와 비중독자를 포함한 대부분의 개인들은 종종 자신이 거짓되고 진짜가 아니고 진정하지 않다는 것을 인식하지 못한다. 그들은 달리 존재하는 법을 모른다. 그들은 종국에 이 거짓자기가 진짜라고 믿기에 이른다. 왜냐하면 이런 거짓자기의 방어막 없이는 그들에게 어떤 것도 안 남기 때문이다. 그러므로 그들의 거짓된 겉모습이 위협 받을 때 그들의 두려움은 재난상황이 된다. 그들은 수치와 비존재의 두려움에 노출되어진 느낌을 받는다.

거짓자기에 대한 구성의 영역에서 알코올중독자들의 존재와 회복의 역설을 설명하기 위해 커츠와 실존주의자들이 코헛, 울프(1978), 그리고 자기심리학자들과 뜻을 합쳤다.

코헛은 참자기true self가 부서져 있고 나약하고 응집력이 없기 때문에 생겨난 방어적 겉모습이 나르시시즘이라고 보았다. 이런 참자기를 방어 없이 세상에 드러내는 것은 어떤 대가를 치르더라도 반드시 피해야 할 위험이다. 커츠는 무가치함과 당혹스러움에 대한 깊은 감각이 수치심이라고 하면서 이런 느낌이 모든 중독자들을 전염병처럼 괴롭힌다고 했다. 코헛의 관점에서 보면 중독자들은 응집력 있는 자기가 부족하기 때문에 항상 타인들로부터 확증받기를 추구하고 자신의 자존감을 세우기 위해 유력한 타자들과 연합하고자 한다.

코헛은 이것이 AA가 왜 그토록 효과적인 치료법인지를 설명해준다고 생각했다. 코헛은 자기애성 장애가 보여주는 세 가지 종류의 전이 왜곡을 정의하였다(4장 참조). 즉, 그들은 이상화하고, 반영에 굶주려 있고, 융합 경향이 강하다. 그래서 AA는 그들을 위하여 이상적인 타자(즉, AA프로그램과 AA의 원칙 등)와 구체적이고 실현가능한 목표들을 제공한다.

중독자들이 AA 프로그램이 그들에게 요구하는 모든 원칙들을 따른다면 그들은 필요한 모든 반영과 확증을 얻게 된다. AA는 그들을 받아들여서 그들이 과거 무엇을 하였건 상관없이 그들이 앞으로 도움을 원하거나 필요로 할 때는 언제든지 그들을 위해 곁에 있어 줄 것이다. 프로그램의 원칙들이 내면화될 때까지 AA는 항상 '충분히 좋은' 어머니로서 과도기의 중간대상 역할을 할 것이다. AA는 또한 중독자들이 융합할 수 있는 이상화된 타인들(후원자들, 단주에 성공한 회원들)을 제공한다. 이상적인 타인들과 융합하는 일은 중독자들의 고갈된 자기를 담는 그릇 역할을 한다. 채워지지 않는 확증의 필요성을 가지고 있는 이런 중독자들은 단주를 하는 한 다른 AA 멤버들의 성원을 받게 된다. 어떤 AA 멤버들은 '지도자guru 같은' 자질을 가질 수도 있다. 그러면 그들은 번영시키는 귀감 역할을 확실히 하게 되고 이 확인의 근원이 절대로 없어지지 않도록 하기 위해서 그들이 할 수 있는 모든 노력을 기울이게 된다(단주). 동시에 다른 회복 중인 중독자들에게 인상적인 타인 역할을 제공하게 된다. 그러나 코헛이 보는 위험은 자기도취적 인간들은 그들의 거짓자기가 진실한 자기라고 믿을 수 있다는 것이다. 그들은 스스로 자기도취적이며 웅장한 상상에 속을 수 있다. 커츠는 이 현상을 그들의 열망의 한계를 받아들이기를 중독자들이 거부하는 것이라고 정의했다. 그들은 자기도취증에 빠져있을 뿐 아니라 과대망상증에 의해 타락돼 있다.

점점 더 원하고 그럴수록 더욱 만족하기 어려운 중독자의 딜레마는 모든 인간 존재의 딜레마와 나란히 간다. 지적인 동물로서 우리 모두는 현재 존재하지 않는 상황을 상상할 수 있는 능력이 있다. 지적 능력을 매개로 우리는 현재를 바꿀 수 있는, 미래에 동작과 행동으로 옮겨질 수 있는 일련의 상황들을 마음 속으로 그려볼 수 있다. 따라서 우리는 우리가 행하지 않았으면 존재하지 않았을 상황들을 계획하고 성취하고 창조할 수 있다. 우리는 타인에게 영향을 주고 사물들을 다르게 만들 수 있는 능력이 있다. 더 많이 성취할수록 우리는 더 많이 우리의 성취를 믿게 된다. 우리의 성취가 커질수록 우리는 더 우리 자신을 기만하여 우리가 특별하고 고유하고 무한하다는 착각에 빠지도록 한다. 우리는 우리가 고유하다는 감각에 의해 속는데, 이렇게 되면 우리가 성취하고 창조하고 스스로를 발전시킬 여지가 없어진다. 우리는 우리가 신이라고 믿게 된다. 우리는 우리에게 절대 지배력이 있다고 믿고 겸손을 잃게 되는데, 이는 우리로 하여 우리 자신이 되지 못하도록 만든다.

따라서 인생에는 변하지 않는 하나의 모순이 있다. 인간은 한편으로 유한한 피조물이나 다른 한편으로 무한한 욕구를 가지고 있다. 우리가 성취한 것의 영향을 벗어나는 것은 불가능하다. 우리의 모든 성취는 우리가 우리를 특별하다는 착각에 빠지게 한 대가로서 얻어진 것이다. 하지만 우리가 위대성을 갈망하지 않는다면 우리는 평범하게 남을 것이다. 우리는 우리의 손끝 너머에 완벽함이 존재한다고 끝없이 다짐한다. 찰스 프랑켈(Charles Franklel, 1971)은 이 딜레마를 이렇게 요약했다.

> 인간은 어떻게 노력하든지 어쩔 수 없이 주위 상황에 얽매여 있다. 편협한 전망과 사적이고도 너무 사적인 자기다. 가장 높은 이타주의에도 이기주의가 있기 마련이다. 가장 객관적이라 해도 그들의 사고 속에는 개인적이고 자기가 포함된 지극히 당파적인 뭔가가 있을 수밖에 없다. 그러나 인간이 이런 필연성에 사로잡혀 있다는 사실에도 불구하고 인간은 또한 자유롭다. 그들이 어떤 시각을 취한다 하더라도 그것은 상대적일 뿐이며 완벽함의 유한한 조각에 불과하다. 하지만 그들은 그들의 이해력 저편에 완벽함이 있다는 것을 알 수 있다. 그들은 그들의 제한적인 상황 너머를 볼 수 있고, 다르게 보는 관점이 가능하다는 것을 인식하고, 그래서 비개인성과 객관성 같은 것이 존재한다는 것을 믿는다.
> 간단히 말해 인간은 두 세계 사이에서 긴장하며 사는 피조물이다. 하나는 그들이 살고 있지만 소외감을 느낄 수밖에 없는 실제의 유한한 세상이고, 다른 하나는 그들이 열망하는 이상적인 세상이지만 그들이 영구히 제명된 세상이다. 실망한 이상주의자가 되는 것이 인간의 공통된 영구적 운명이다. 인간의 온전한 도덕적 삶은 "불가능한 승리를 구하고 어쩔 수 없는 패배에 스스로를 적응시키는 것" 을 요구한다.(p.88)

우리 업적의 근원은 또한 우리의 약함과 어리석음의 근원이다. 프랭클의 논쟁은 우리의 부도덕과 선함이 같은 기원을 가지고 있음을 시사한다. 따라서 인간이 무엇을 하든지 이는 부패한 것이다. 우리의 업적은 우리의 허약함을 잊도록 유혹하고 우리의 힘이 커짐에 따라 우리의 자만심과 독단주의도 함께 커진다. 하지만 프랭클은 만약 사람이 가까운 미래를 넘어서 볼 수 없다면 보다 나은 것을 원함에 의해 격려되지 못할 것이며 그 후의 어떤 성과도 상상할 수 없을 거라고 느꼈다. 하지만 지식은 알아가는 과정을 대가로 치르고 얻어진다. 이해는 죽음과 고통이 삶의 일부라는 사실을 앎으로써 획득된다. 이러한 이해는 불안감을 불러온다. 이러한 이해가 인간을 동물과 구별해 준다. 우리가 동물들이 느끼는 단순한 행복을 결코 느낄 수 없는 이유도 바로 이것인데, 인간과 다르게 동물들은 의심 없이 있는 모습 그대로이기 때문이다.

프랭클은 모든 개인이 직면하고 있으며, 알코올중독자들에서는 자기기만의 원천이 되고 있는 실존적 딜레마를 이렇게 묘사하였다.

> 하지만 불안은 또한 다른 어떤 것의 원천이다. 이것은 인간 죄악의 근원이다. 불안의 고통이 인간을 그 불안에서 탈피하도록 애쓰도록 몰아가기 때문이다. 그들은 바로 지금 너머에 무언가가 있다는 사실을 잊기 위해서 호색에 빠진다. 그들은 절대자를 지구로 데려왔다고 스스로를 확신시키려 애쓰면

> 서 광기에 빠진다. 그들은 열망을 줄여서 냉소주의에 빠지거나, 자신들의 능력을 부풀려서 자만이나 오만에 빠지게 된다. 한마디로 그들은 그들의 유한하고 상대적인 능력을 절대자와 동일시하려고 한다. 이것이 바로 원죄다. 죄는 영혼의 마약이다. 이것은 인간이 어쩔 수 없이 굴복하고 마는 영원한 유혹이다. (1971, p.89)

프랭클이 밝혔듯이 원죄는 인간이 선악과를 먹었기 때문이다. 의도로 가득한 생각들이, 존재에 대해 질문하지 않는 동물들의 담백한 행복을 함께 누리던 남녀를 에덴동산으로부터 추방되게 만들었다. 생각은 인간 안에서 추상성과 구체성 사이의 분열을 낳는다. 의식은 실제로는 아무것도 존재하지 않는 곳에 이러한 분열적 이분법을 부과함으로써 문제를 야기한다. 베이트슨(Batesen, 1971)은 이러한 사고의 갈등을, 주체-객체의 이분법으로 이러한 분열을 창시했던 데카르트의 철학적 유산에서 비롯된 인식론적 오류의 하나로 기술했다. 알코올중독자들은 통제가 불가능한 것을 통제하려고 시도한다. 조절을 담당하는 '자기self'가 없는 사람은 결코 자기 자신을 조절할 수 없다. 자기는 추상적인 개념화일 뿐이다. 베이트슨은 이것을 생각하기(예: 그의 언어로는 '대칭')와 존재하기(예: '인식론')에서의 오류로 보았다. 베이트슨에 따르면 개인들은 내적 전투에 사로잡히고 알코올중독은 전쟁터가 된다. AA는 중독자들에게 전쟁을 포기하라고 요구하며 대칭적으로 생각하기보다는 보완적인 방식으로 삶에 접근하라고 권유한다. 베이트슨이 밝힌 것처럼 AA는 중독자들에게 잘못된 인식론을 포기하도록 권한다. 그렇게 되면 그들은 스스로를 조절할 수 있다는 불가능에 더 이상 도전하지 않을 것이고, 대신 자신들을 있는 그대로 받아들일 것이다. 커츠(1982)는 이런 입장을 다음과 같이 요약했다.

> 실존주의적 사고가 우리에게 상기시키듯이 인간적인 사상가들, 곧 인간 현상을 연구하는 자들은 통제의 정언명령을 피해야만 한다. 인간으로서 인간 존재는 도구도 단순한 객체도 아니다. 무엇에 대한 '객체' 이자 또 다른 잠재적 도구인가? 데카르트로부터 온 주체-객체의 이분법은 헤아릴 수 없을 만큼 인간의 사물에 대한 지식과 통제를 확대시켰다. 하지만 사람에게 적용될 경우, 알코올중독의 세계에서 AA의 경험이 증명해 주듯이, 이 이분법은 불행히도 부족할 뿐 아니라 비극적으로 파괴적이다. 주체-객체의 이분법은 '객관성'에 대한 요구로 인하여, 진리의 획득을 계시라기보다는 하나의 정복 행위로 간주한다. 이러한 이분법적 양식이나 접근은 따라서 인간적 가치에 폭력을 가한다. 사람을 사물처럼 다루는 것은 소외를 증가시킬 뿐이다. 그러한 접근은 알코올중독을 치유하기보다는 악화시킨다. (p.47)

애착대상으로서의 위대한 힘

AA의 영성spirituality, 굴복surrender 및 위대한 힘higher power에 대한 강조는 뇌과학과 애착이론의 렌즈로 봐도 신선한 관점을 띤다. AA는 중독자들에게 다른 많은 혜택과 더불어 그들의 삶에서 전에 존재하지 않았거나 잃어버렸던 영적 요소를 새롭게 발견하게 해준다. 이러한 접근과 뜻밖에 발견된 사실은 단주와 회복에 중요한 역할을 한다. 일부 학자들에 의해 알코올중독은 고립의 병이라는 것이 오래 동안 인정되어 왔다(Roth, 2004). AA의 참여는 중독자의 삶을 점유하고 있는 고립감과 소외감을 해소시킨다. AA는 중독자들이 다시 정상적인 인류의 구성원으로 돌아오게 할 뿐 아니라 그들의 삶에서 상실되었던 공동체와 동료의식을 다시 제공해 준다. 이러한 과정에서 위대한 힘과의 관계는 강한 조절력을 가진 애착 경험을 제공할 뿐 아니라 신경생물학적으로도 강력한 변화를 줄 수 있다.

강한 연결성

다트머스Dartmouth 의과대학(k.kline, 2003)이 후원한 공동연구 보고서에 따르면 신경생물학적으로 우리는 원래 서로 연결하도록 배선돼 있고hard wired connection 타인과의 애착을 통해서 의미를 찾도록 생물학적으로 준비돼 있다. 우리의 뇌는 이런 식으로 진화함으로써 종으로서의 개인과 집단의 생존을 책임졌다. 관계와 애착의 생물학적 근거는 병적 위험을 줄이고 면역체계의 향상을 도모한다. 관계와 애착에 대한 필요성과 함께 우리가 왜 존재하는가에 대한 이유를 찾으려는 생물학적 욕구가 있다. 우리의 뇌는 삶에서 이유 혹은 의미(긍정적 감정상태, 경이, 만족, 희락)를 필요로 하며 이것이 우리의 호기심을 부추겨 탐구하고 발견하고 지식을 추구하게 된다. 감정의 신경생물학은 우리에게 기쁨이 슬픔보다 더 낫다는 것을 환기시키며 그래서 우리는 건강, 생존, 탐구와 창조적 번영 쪽으로 더 기울게 된다.

다트머스 공동연구 보고서는 몇 가지의 결론으로 보고서를 마쳤다. 다음 일곱 가지 결론은 회복과 AA 사이의 관련성에 대해 잘 보여준다.

1. 중요한 연구 결과들이 사람들은 의미 있는 것을 추구하도록 배선돼 있고 삶의 궁극적 목적이 무엇인지를 질문하는 내장된 능력을 타고났음을 보여준다. 왜 나는 여기 존재하는가? 내 삶의 목적은 무엇인가? 어떻게 살아야 하는가? 내가 죽으면 무슨 일이 일어날까?
2. 시간과 문화들을 가로질러 이 구별되는 인간의 추구는 영적인 모색과 경험 그리고 종교적 믿음과 실천 등과 밀접하게 연결되어 있다.
3. 신경과학자들은 삶의 진실에 관한 심오한 질문에 해답을 찾고자 할 때 활성화되는 뇌 부분이, 영적 종교적 체험들을 담당하는 뇌 부분과 일치한다는 것을 발견했다.
4. 달리 말하자면 의미에 대한 추구는 영적, 종교적 추구와 생리학적으로 연관돼 있는 것으로 보인다.
5. 우리가 타인에게 애착되고 애착을 유지하는 메카니즘은 생물학적으로 내장돼 있고 이러한 점은 갈수록 뇌의 기본 구조에서 현저하게 발견되고 있다.
6. 양육적인 환경이나 그것의 결핍은 유전자 생성과 뇌 회로의 발달에 영향을 준다.
7. '천성 대 양육'에 관한 오래된 논쟁-인간 행동의 주된 결정인자는 유전인가 환경인가-은 아동의 안녕과 청소년 프로그램에 관한 진지한 토론에 더 이상 적실성이 없다.

의미에 대한 욕구는 뇌의 신경생리에 생물학적으로 배선되어 있다. 우리는 애착을 형성하도록 태어났고 우리의 뇌는 생리적으로 이 목표를 완수하도록 배선돼 있다. 타자들, 그것이 사람이건 어떤 신념체계건, 이에 대한 애착이 없으면 우리는 중독과 같은 온갖 문제들에 취약해진다. 거부할 수 없는 사실은, 행복한 결혼생활을 하고 든든한 후원체계가 있고 종교적 혹은 세속적 신념체계가 있는 사람들은 더 장수하고 질병에 덜 걸리고 정신적 충격이나 질병에서 더 빨리 회복한다(Anderson & Anderson, 2003). 또 어떤 연구결과는 관계의 유형이나 관계의 부족 등은 그 사람의 애착 유형에 크게 좌우된다는 것을 시사한다. 예를 들면 안정 애착 유형을 가진 개인들은 신을 사랑해주고 용서하는 신으로 묘사하는 경향이 큰 반면, 불안정 애착 유형의 사람들은 신을 동떨어져 있고 통제하고 처벌하는 이미지로 묘사할 가능성이 크다. 영성은 역동적 애착 과정으로, 이 과정에서 신에게로의 역동적 애착은 돌보는 사람과 돌봄을 받는 사람들 사이에서 항상 일어나는 애착 과정과 많은 유사성이 있다. 유아가 안전기지와 안전한 피난처 가까이에 있고자 하는 것처럼 신앙인들도 안전 기지와 피난처로서 그들의 신 가까이에 머물고자 한다.

유의미한 많은 연구결과들이 사람들은 의미 있는 것을 추구하도록 '배선돼' 있고 태어날 때부터 삶의 목적에 대해 궁극적 질문을 던지도록 내재된 능력을 타고났음을 보여준다. 왜 나는 여기 존재하는가? 내 삶의 목적은 무엇인가? 어떻게 살아야 하는가? 내가 죽으면 무슨 일이 일어날까? 시간과 문화들을 가로질러 이 구별되는 인간의 추구는 영적인 모색과 경험 그리고 종교적 믿음과 실천 등과 밀접하게 연결되어 있다. 뇌 영상을 이용해서 신경과학자들은(Newberg, D'aquili & Rause, 2001) 삶의 진실에 대한 심오한 질문에 해답을 찾는 인간의 욕구를 지배하는 뇌의 부분이 영적, 종교적 경험을 지배하는 뇌의 부분과 일치한다는 것을 발견했다. 달리 말하자면 의미에 대한 추구는 영적, 종교적 추구와 생리학적으로 연관돼 있는 것으로 보인다.

익명의 설문조사에서 대다수 응답자들은 그들의 종교적 신념을 '신과의 관계'로 묘사했으며 그들 신앙의 목표는 더 깊은 관계를 발전시키는 것이라고 했다. 여기에서의 시사점은 위대한 힘에 대한 AA의 개념이 그들 회원들이 지금껏 술이나 다른 물질과 맺어왔던 관계와는 전혀 다른 어떤 것과의 의미 있는 관계를 발전시키도록 기회를 제공한다는 것이다. AA의 빅북은 알코올 중독의 뿌리는 본질적으로 영적인 것에 대한 중독자의 오해와 부정에 있음을 오래 전부터 주장해왔다. 몰입 경험, 불변의 결속 그리고 초기의 정신역동이론가들이 기술한 바 있는 대양감oceanic feeling 등은 모두 애착 경험의 본질적 요소들로, 이는 알코올중독자나 그 외 중독자들이 그들 삶을 지배하는 고립감이나 소외감과 싸울 때 꼭 필요한 경험이다. 위대한 힘에건, AA 프로그램에건, 스폰서나 심리치료자에건, 일단 애착이 이뤄지면 이것이 모든 중독의 근저에 자리하고 있는 고립감이나 수치심을 부수는 데 도움을 준다.

II

집단 중독 치료

6

집단 정신치료의 다른 모델들

아브라함 매슬로우Abraham Maslow는 "만약 당신이 가진 유일한 도구가 망치라면, 당신에게 모든 문제는 못으로 보일 것이다" 라고 하였다. 이 설득력 있는 풍자는 중독 문제를 해결하고 치료하는 데 아무런 의심 없이 하나의 이론만을 맹목적으로 적용하는 것의 잠재적 딜레마를 간결하게 요약하고 있다. 이 책에서는 다소 편향적으로 중독을 질병 개념으로 보고 있지만, 중독을 단지 질병의 관점에서만 바라보는 것은 우리로 하여금 중독을 특정 도구에 의해서만(예: AA) 제자리에 박혀지는 못으로 보도록 잘못 이끌 수 있다. 이와 같이 좁은 시야로 인해 특정한 구성원들로 제한되어 있는 단체는 익명의 알코올중독자 협회만이 아니다. 대부분의 심리치료 정통 학파들과(정신분석, R.로저스를 따르는 학파, 게슈탈트 등) 마찬가지로 집단 정신치료 분야에도 중독 환자를 치료하는 데 그들만의 방식이 유일하다고 믿는 옹호자들이 있다. 유감스럽게도 그런 파벌주의는 근시안적인 것으로 중독치료에 적용할 수 있는 다양한 선택권을 제한한다.

이 장은 12단계 프로그램과 상호 협력 정신으로 함께 뭉친 전문가집단에 초점을 맞추기보다는 오히려 집단이라는 설정 하에 약물에 의존된 개인을 치료하는 데 체계적 모델을 제공하는 방향으로 맞춰져 있다. 오늘날의 집단 정신치료는 그들만의 파벌주의 형태로 애를 먹고 있다. 특정한 집단 심리치료를 지지하는 사람들은 종종 집단치료에 있어서 그들만의 남다른 접근법의 우월성을 주장한다. 각각의 집단 심리치료 모델은 특정 집단에 적합한 특별한 무언가를 가지고 있고, 숙련된 전문가에 의해 매우 효과적인 치료적 경험을 제공할 수 있다. 치료 모델은 치료 대상이 되는 특정 집단에게 적합한 것이어야 하며, 치료 목적은 선택된 치료 모델에 중요한 영향을 미친다. 집단 정신치료가 중독 치료에 효과적인 부가 수단이 될 수 있으려면 많은 것들을 고민해야 하고 궁극적인 해답을 얻어야 한다. 예를 들면, 중독자가 회복 과정 중 어떤 단계에 있는지가 우선적으로 파악되어야 한다. 금주한지 2~3일 째 되는 집단과 1~2년 되는 집단 사이에는 확연한 차이가 있다. 두 번째로 집단의 목표가 무엇인지도 생각해 보아야 한다. 좀 더 구체적으로 말하면, 집단의 목적이 단주와 단약에 있는지, 집단 정신치료 설정에서 그 목표를 어떻게 강화시킬 수 있을지에 대한 고민이다. 6장은 집단 정신치료 기법들 중에서 어떤 특정한 기법을 지지하는 것이 아니라 각기 다른 회복 단계에 있는 약물 의존 환자들의 욕구를 가장 잘 충족시키는 모델을 찾는 데 주안점이 있다. 집단 정신치료 모델들은 집단 리더가 집단의 특정 양상이나 집단 구성원들의 행동을 각기 다르게 분석할 것을 요한다.

집단 정신치료의 모델들

성공적인 집단 정신치료는 집단 구성원의 약물 의존 여부와 상관없이 다음의 두 가지 조건을 고수하고 유지해야 한다. 첫째, 집단의 과제와 구조는 각 구성원들의 필요에 잘 맞으며 그것들을 충족시키는 것이라야 한다. 만약 집단 리더와 치료 기관이 '질병 모델'을 고수한다면 단주가 목표가 되어야 하고 집단 과제는 그 목표 달성을 위해 구조화되어야 한다. 둘째, 리더의 결정과 기법은 집단의 전체적인 과제와 목적에 부합되도록 적용되어야 한다. 유감스럽게도 집단의 목표 달성을 위한 체계적인 계획들이 충분히 강조되지 않은 탓에 집단의 목표는 애매모호하고 혼란스러운 경우가 많다. 집단의 리더와 구성원들은 종종 성취할 과제나 목표보다는 기법이나(의사소통 연습, hot seat 등) 이론적 지향(정신 분석, 게슈탈트 등)의 측면에서 집단을 바라보는 경향이 있다. 이런 경우, 기법과 이론들은 그 집단의 구체화된 목적을 성취하기 위한 도구라기보다는 규칙적으로 따라야 할 종교의례처럼 될 수 있다. 이런 맥락에서는, 12단계 프로그램이나 집단 정신치료와 같이 특정 목표를 달성하기 위해 등장한 집단치료 접근법들이 비슷한 목표를 향한 다른 방식들이라기보다 서로 경쟁하는 기법들로 보인다.

싱어Singer, 아스트라찬Astrachan, 굴드와 클라인Gould & Klein은 집단 정신치료 분야의 경험적heuristic "인지 지도cognitive map"에 관해 큰 그림을 보여주었다. 인지 지도는 다음의 두 가지 기본 변수에 따라 집단 사건을 분류하는데, 각각의 변수들은 (1) 집단 사건group event에 대한 과업 체계와 (2) 그 과업에 참여하고 있는 체계의 심리적 수준이다. 이 인지 지도는 미래에 집단 리더가 될 여러분들이 약물 의존 집단을 이끌어 갈 때 이용할 수 있는 대안들에 관한 이해를 돕기 위해 각색된 형태로 제시되었다. 싱어는 집단에서 일어나는 사건은 학습과 심리적 변화라는 양극단으로 이루어진 가상의 연속체 어딘가 에 놓여 있다고 보았다. 지나친 단순화의 위험이 있지만, 그의 주장에 의하면 집단 구성원들은 두 가지 주요 원인에 의하여 소집단으로 나누어진다. 그들은 새로운 정보를 학습하거나 행동의 어떤 측면을 변화시키기 위해 모인 것이다.

싱어에 따르면, 학습은 개인의 경험으로 인해 인지적 혹은 지각적인 변화를 가져오는 것으로 정의된다. 이 장을 읽고 있는 당신에게도 새로운 정보 학습을 통한 인지적 변화가 있기를 바란다. 한편, 심리적 변화는 변화된 해결 능력, 성격 구조의 변화 혹은 반응 방식의 확장으로 정의된다. 이런 관점에서 볼 때, 심리적 변화는 보통 집단 구성원의 인지 구조 변화보다는 집단 사건의 경험적 요소와 더 연관이 있다. 집단 안에서 구성원들은 일반적으로 이 둘(학습과 심리적 변화) 중 하나에 적절히 맞춰져 있다. 집단과 리더의 특정 지향성은 그 집단이 변화나 학습을 얼마나 강조할지를 결정하는 중요한 요인이 된다. 사실 변화와 학습은 서로 양립할 수 없는 것이 아니라 해결책을 찾기 위해 서로 중재할 수 있는 것들이다. 특정한 집단 치료 세팅 안에서는 학습이나 변화 중 어떤 것을 우선순위로 할지 분명히 해야 하며, 그렇지 못할 경우, 암시적으로라도 우선순위가 있어야 한다. 물질 의존 환자들로 구성된 정신치료 집단에서 회복 중인 알코올중독자에게 지속적 알코올 소비가 야기할 결과를 고려해 본다면, 최소한 치료 초기 동안에는 학습보다 변화를 우선시해야 할 것이다. 그러므로 집단 정신치료에서의 과제는 3가지 연속체인 1) 학습 2) 학습과 변화 3) 변화로 정의될 수 있다(표 6.1참고).

학습	학습과 변화	변화

〈표 6. 1〉 집단 심리치료 세팅 내에서의 과제(Singer, Astrachan, & Klein (1975)에서 응용)

개입의 심리적 수준

집단 정신치료에서 집단 리더는 분석하고 개입하는 방식에 있어 다양한 선택권을 가진다. 적절한 심리적 개입 수준은 광범위하기는 하나, 분명하게 구별되는 다음의 3가지 범주로 분류될 수 있다. 첫째, 집단 리더는 집단 과정process의 수준에서 개입을 선택할 수 있다(예: 집단 사건이 무엇인지 혹은 집단 안에서 특정 시간에 특정 구성원 혹은 구성원들이 보이는 일련의 반응을 이끌어내는 역동성이 무엇인지). 둘째, 집단 리더는 집단원 간의 관계적 수준에 초점을 맞출 수도 있다(예: 집단이 특정 구성원들 사이에서 발생하는 특정한 상호작용이 무엇인가? 왜 어떤 구성원은 대부분의 구성원들에게는 지지적이면서 비슷한 상황에 있는 특정한 한 구성원에게만 공격적으로 반응하는가?). 셋째, 집단 리더는 각 구성원들의 개인 내적 과정에 집중할 수 있다(각 구성원들이 자신의 불안, 분노, 스트레스에 어떻게 방어, 반응하고 그것을 해결하는가?). 이것들 각각은 개념적으로는 다르지만 결국 서로 연관되어 있다. 일반적으로 행동은 다양한 요인에 의해 결정되므로, 집단 내에서 발생하는 사건은 모두 여러 층위에서 동시에 발생하는 과정의 산물로 이해될 수 있다. 최근에 회복중인 알코올중독자 집단의 첫 번째 회기를 예로 살펴보자.

집단 만남 초기, 패트릭은 아파트를 나눠 쓰고 있는 그의 룸메이트를 신뢰하는 데서의 어려움과 분노에 대해 나누고 싶다고 했다. 그의 주된 불만은 룸메이트가 지속적으로 마약을 복용하여 그를 신뢰하기 어렵다는 점에 집중돼 있었다. 패트릭은 복잡한 양상의 오랜 음주 내력이 있고 다소 사납고 거친 성격을 가지고 있으며, 현재는 마약을 하지 않고 있으나 지난 몇 년간 음주를 조절하는 데 반복적으로 실패했음에도 불구하고 단주를 해야 할지 음주량을 줄여가야 할지 결정 못하고 있다. 또 반복적인 재발로 인해 최근 이혼을 한 상태다. 패트릭의 상황에 대한 구성원들의 반응은 양분돼 있다. 집단원 대부분은 그를 지지하고 현재의 딜레마적 상황에 염려를 표현했다. 그런데 샤론이라는 한 여성은 룸메이트에 대한 신뢰가 부족한 패트릭에게 강한 거부감을 보이면서 그를 이유 없이 맹렬하게 공격했다. 샤론은 조용하고 걱정이 많은 성격이며, 현재 처방받은 안정제에 중독돼 있는 상태다.

집단 수준에서 볼 때 이들의 상호 작용은 여러 가지 방식으로 비춰질 수 있다. 룸메이트와의 관계에서 패트릭이 초점을 두었던 '신뢰'라는 문제는 전체 집단원이 직접적으로 다루고자 할 법한 주제다. 집단 전체가 새 구성원들로 구성되어 있고 각인이 집단 환경 내에서 신뢰와 지지, 유대감을 확실하게 느끼지 못하고 있는 상황이기에 더욱 그렇다. 따라서 신뢰라는 주제를 마치 외부 현상처럼 다루는 것은, 집단 구성원들에게 지금-여기에서의 주제를 다루는 강렬함을 피하는 한 방편이 될 수 있다. 집단 리더와 구성원들 간의 신뢰 부족에 대한 감정들을 직접적으로 다루는 걸 피하는 것은, 각 구성원들이 새롭고 익숙하지 않은 집단 환경 때문에 느끼는 전반적인 불쾌감이 전치된 것일 수 있다.

이러한 집단 사건을 대인관계 수준에서 보자면, 위 두 사람 사이에 그들의 해묵은 분노를 자극하는 촉발제가 있었을지 모르며, 좀 더 정확히 말해서 두 사람 사이에 전이가 나타난 것일 수도 있다. 패트릭에 대한 샤론의 반응은 사실 그녀 남편이나 인생의 다른 중요한 사람들로부터 신뢰받지 못한 데서 온 분노를 반영한다. 그녀의 분노는 패트릭이 룸메이트의 마약 문제를 이해해주지 못한다는 사실로 인해 더 자극되었다. 그녀 자신이 타인에 의해 부당하게 판단 받아왔다고 느끼기 때문에 패트릭의 룸메이트가 겪는 딜레마와 자신을 강하게 동일시하고 있었던 것이다. 게다가 현재 그녀는 자신이 신뢰하던 의사(그녀에게 안정제 처방해 주었던)에게 배신감을 느끼는 상황이기에 패트릭을 더더욱 참을 수 없었다.

패트릭의 도발적인 태도와, 그 자신의 알코올 문제는 부인하면서 타인 문제에 대해서는 참지 못하는 패트릭의 태도가 샤론으로 하여금 그녀 아버지에 대한 기억을 떠오르게 한 것이다. 샤론의 아버지는 그가 알코올중독자라는 사실을 부인하면서 자신을 신뢰하지 못하는 어머니를 계속 비난했었다.

대인관계 수준에서 볼 때, 두 사람은 자신의 내면에 있는 오래된 분노, 갈등, 환상, 방어, 보상을 집단 안으로 가져온 것이다. 개인적 수준에서 본다면 패트릭은 집단에 적극 참여하는 모습을 보이지만, 대인관계 수준에서 본다면 다른 구성원들이 그의 룸메이트 문제를 다루게 함으로써 정작 자신의 문제인 회복과 금주에는 초점이 맞춰지는 것을 피하고 있었던 것이다. 동시에 패트릭은 룸메이트가 중독자인지 아닌지에 대한 끝없는 논쟁으로 집단을 끌어들였는데 사실 그 논쟁은 룸메이트가 아닌 그 자신에 대해 고민하고 답할 필요가 있는 중대한 주제였다. 패트릭의 이런 도발적이고 회피적인 방어 스타일은 치료 관계 내에서 이해 받고, 탐색되어지고, 궁극적으로 직면될 필요가 있었다. 집단의 회기를 완전히 이해하기 위해서는 세 가지 수준 모두에서 정보가 요구된다. 그래야만 왜 특정한 행동이 특정 시기의 집단 구성원들에게 두드러지

	학습	학습과 변화	변화
집단 수준			
대인 관계 수준			
개인 내적 수준			

〈표 6. 2〉 가능한 과제 및 목표에 대한 개념 지도〈Singer et al. (1975)에서 응용〉

게 나타나는지를 충분히 설명할 수 있다. 그러나 이러한 주제들이 정해지기 전에 집단 리더는 '이 집단의 목표가 무엇인가?' 라는 핵심 질문을 유념해 두어야 한다.

이 질문에 대한 답을 찾기 위해, 이제 집단 리더는 집단원들에게 맞는 목표와 가능한 과제에 근거하여 인지 지도 내에서 자신의 개입방법을 선택할 수 있다.

학습 과제나 통찰 지향적 집단과 관련하여 다음 세 가지 수준(집단 수준, 대인 관계 수준, 개인 내적 수준)은 고려의 대상이 되는 체계 및 과정과 연관이 있다. 집단 리더는 세 가지 수준 중에서 집단 구성원들의 욕구와 흥미를 가장 잘 충족시킬 만한 것을 선택한다. 자기 자신을 더 잘 이해하는 집단원들이 있는가? 또 이 단계가 어떻게 잘 성취될 수 있을까? 변화의 측면에서 볼 때, 인지적 수준은 변화를 이끌어내기 위한 수단으로 활용되는 그 과정과 관련이 있다. 예를 들어 동료 집단의 압박(집단 수준), 리더와 집단 구성원들 간의 치료적 관계(관계적 수준), 방어적 구조의 해석과 직면(개인 내적 수준) 등은 모두 약물에 의존하고 있는 개인의 행동을 변화시키는 데 사용 가능한 방법들이다.

집단 정신치료 대부분의 모델들은 다음 4가지 범주에 속한다. (1)준거 중심 변화 집단focused criteria change group (2)개인 지향적 성장과 개인적 변화 집단individually oriented growth and personal chage groups (3)지향적 집단oriented groups (4)과정 지향적 정신 역동 집단process oriented psychodynamic groups. 집단의 네 가지 유형에 대해서는 좀 더 설명할 것이며, 그림 6.3 ~ 6.7에서 체계화될 것이다. 여기에 제시된 인지 지도들은 싱어와 그의 동료들(1975)이 여러 집단 사건의 과업과 구조에 대한 비형식적 관찰에 근거해 만들었음에도 불구하고, 좀 더 단순하면서도 싱어와 그 지지자들이 토대로 삼았던 롬랜즈Lomranz, 라킨Lakin, 시프먼Schiffman(1972)의 경험적이고 분석적인 관찰과도 일치한다. 물론 이 범주의 유형들에 딱 들어맞지 않는 집단 사건도 많다. 이러한 유형적 분류에는 단점이 있지만, 이러한 제안이나 다양한 집단 정신치료 접근법에 맞추어 보려는 시도들은 초보 집단 리더들이 집단 중독치료에 이용 가능한 선택들을 더 잘 이해하도록 도와준다.

집단 치료의 네 가지 다른 모델들을 설명하기 전에 중독 치료에서 심리교육적 집단이 하는 역할을 간략히 언급할 필요가 있다. 심리교육집단은 입원환자, 외래환자, 낮병원 환자들의 치료 프로그램에서 치료 계획을 수립할 때 필수적인 요소로 여겨진다. 심리교육집단이 다룰 수 있는 주제에는 제한이 없다. 다만 치료자와 치료 프로그램의 독창성과 창의력에 의해서만 제한될 뿐이다. 심리교육집단은 치료적이긴 하지만, 엄격히 말하면 심리치료집단과는 차이를 보인다. 심리교육집단들은 보통 회복과 관련된 주제, 질병과 중독 개념에 대한 정보 제공을 강조하며 교훈적이기 때문이다.

심리교육 집단

심리교육 집단의 주된 목적은 약물 남용의 행동적, 의학적, 심리적 결과에 대한 인식을 증진시키는 것이다 (Galanter, Dermatis, Egelko & De Leon, 1998). 심리교육 집단은 약물 남용에 대한 내담자의 부인을 직면시키고, 지속되는 치료에 잘 참여할 수 있도록 도우며, 부적응적인 특정 행동에 대해서(예: 마약 복용자와 어울리는 것 등) 변화를 격려하기도 하고, 회복에 도움이 되는 행동들은 지지한다. 또 심리교육 집단은 가족 구성원이나 타인들로 하여금 약물 남용과 치료를 이해하도록 돕고, 남용자가 스스로의 회복 과정에 이용 가능한 자료들을 학습하는 데 도움을 주기도 한다.

대부분의 심리교육 집단들은 상당히 구조화되어 있고 사전에 계획된 교육 과정과 매뉴얼에 따라 진행된다. 심리교육 집단들은 일반적으로 시간이 제한되어 있는 경우가 많으며, 집단 리더는 매우 능동적으로 역할을 하고 토론을 진행할 책임이 있다. 심리교육 집단은 추후에 설명될 많은 다른 집단과 형식 면에서 차이가 있지만, 교육자는 참여자들을 집단 과정 속으로 끌어들이려는 시도를 적극적으로 할 것과, 참여자들이 자신의 약물 남용에 대해 배운 것을 이야기할 수 있도록 도울 것을 추천한다. 집단의 진행 과정에서 생기는 주제들을 무시하는 것은 심리교육 집단의 잠재적 효과성을 감소시킬 수 있기 때문이다.

임상적인 예시

오후 심리교육집단의 주제는 "자아 지수Ego Factors"와 알코올 중독에서 회복하는 데서의 항복의 중요성"이었다. 토론을 진행했던 젊은 여성 리더는 버트에게 끊임없이 도전을 받았다. 버트는 심해지는 알코올 중독 때문에 2주 전 입원형 알코올 치료 프로그램에 들어온, 완강하고 고집 센 43살의 남성이었다. 버트는 알코올중독자에게 있어서 항복의 중요성에 대해 집단원들이 솔직하게 토론하도록 이끌어 가려는 리더의 시도를 반복적으로 거부하고 방해했다. 알코올중독자들이 자신의 의견과 다른 것을 수용하는 데 전형적인 거부반응을 보인다는 리더의 의견에 한 집단원이 동의하자 버트는 악의에 찬 반대의견을 제시했다. 집단 리더는 잠시 조용히 서서 집단원들의 분노에 찬 얼굴을 바라보다가 그에게 물었다.

"버트, 지금 다른 집단 구성원들이 어떻게 느끼고 있는지 들어보겠어요 ?" 그는 무관심하게 으쓱하였다. "아니요. 솔직히 말해서, 난 정말 그들이 지금 무슨 생각을 하고 무엇을 느끼는지 신경 쓰지 않아요." 집단 리더는

미소를 보였지만 확고한 목소리로 말했다. "음, 그게 바로 이 토론에서 내가 지금 이야기하려는 바예요." 그녀는 주의를 끌기 위해 팔을 흔들었다. "나는 당신이 우리가 토론하고 있는 주제를 잘 보여주고 있다고 생각해요. 당신은 지금 대부분의 알코올중독자에게 심각한 문제가 되는 주제에 대한 좋은 예를 보여주고 있어요." 버트는 주저하다가 나머지 집단 구성원들을 둘러보고는 그들의 표정을 보고 놀라 무슨 말을 하려다가 말았다. 한동안 그는 말이 없었다. 집단 리더는 집단원들로 하여금 집단의 "지금 여기에서" 일어나고 있는 과정에 집중하도록 이끌어 감으로써 언쟁을 "재구성" 할 수 있는 기회를 포착했다. 그녀는 곧장 버트를 똑바로 보았다. "버트, 나는 우리가 토론하고 있는 이 추상적 개념들을 실제적이고 현실적인 방법으로 경험할 수 있는 기회를 당신이 집단 전체에게 주고 있다고 생각해요. 항상 통제할 수 있어야 한다는 생각을 포기하는 것이 당신 같은 알코올중독자들에게 얼마나 어려울 수 있는지 우리에게 보여주고 있는 거죠." 버트가 대답하기 전에 다른 집단 구성원이 말했다. "맞아요, 버트. 솔직히 말해서 나는 그녀가 나눠주었던 이 딱딱한 자료들과 강의 때문에 지루해 하고 있었어요. 나는 '이것들이 나와 회복에 무슨 상관이 있지?'하고 계속 생각했어요. 하지만 이제는 좀 더 확실히 알겠어요." "나도 그래요." 또 다른 구성원이 거들었다. "처음에 나는 당신이 자꾸 방해를 해서 짜증이 났었어요. 하지만 나도 똑같이 하고 있기 때문에 당신 모습에서 나를 볼 수 있어요. 나는 누가 내게 무엇을 해야 한다고 말하는 걸 견디지 못해요." 그 남자는 웃으면서 리더를 가리켰다, "특히, 내게 무엇을 해야 할지 말하는 사람이 여자일 때는 더욱요." 나머지 사람들도 모두 웃었고, 버트는 집단이 남은 30분 동안 통제와 자기중심성에 대해 활발히 토론하는 동안 미소 지으며 고개를 끄덕였다.

준거 중심 집단

변화 중심 집단focused change groups은 특별히 집단 구성원이 자기 파괴적이거나 자기 방어적 목표 행동을 보일 때 그것들을 변화시키거나 제거하기 위해 고안되었다. 변화 중심 집단은 보통 단기로 진행되며, 증상의 감소(부끄러움, 슬픔, 공포증, 이혼 극복, 고통 조절)나 행동 연습(주장하기, 갈등해결 등)에 초점을 둘 때뿐 아니라 중독행동(담배, 섭식, 약 복용)의 치료에 사용되어왔다. 보통 변화 중심 집단은 매우 직면적이거나 매우 지지적이거나 둘 중에 하나다. 변화 중심 집단의 리더는 매우 능동적이며 그 초점이 행동 변화에 맞춰져 있기 때문에 집단원들의 자기 학습이나 통찰력은 중시하지 않는다.

변화 중심 집단은 증상 감소나 행동 변화를 강조하기 때문에 그 준거가 매우 구체적이고 명확하기 때문에 집단의 성격도 매우 동질적이다. 이질적인 집단이 집단 구성원들 각각의 차이점으로부터 학습하도록 격려하는 것과 달리 동질적 집단은 집단원들의 순응과 행동변화를 이끌어내기 위해 집단 구성원들의 삶에서 유사성을 찾는다. 동질성에 초점을 둔 준거 집단은 통원 치료 형태로도 시행될 수 있지만 보통은 그 집단의 요구에 맞춰 규격화된 세팅 내에서 행해진다.

여기서 동질적, 이질적 집단 구성이 무엇을 의미하는지 좀 더 확실히 해둘 필요가 있을 것 같다. 얄롬(1975)은 집단의 구성 및 치료 결과에 있어서 이 두 요소들 간의 상호관계에 대해 광범위하게 재조사하였다. 그는 "집중적인 상호작용이 일어나는 집단 치료에서는 이질적 집단이 동질적인 집단보다 더 많은 이점이 존재한다는 임상적 느낌sentiment"(p. 261)이 들었다고 말한다. 동질적인 집단이 좀 더 빨리 응집력을 가지고 즉각적인 지지를 해줄 것 같지만(그래서 탈락자와 갈등이 더 적게 발생할 듯하지만) 그들 역시 피상적 수준에 머무르기 쉬우며, 그 결과 성격 구조를 변경할 가능성이 더 줄어들 수도 있다.

성격 구조의 변화는 약물 의존 환자들의 성공적, 장기적 치료에 필수 요소이기 때문에, 알코올이나 약물을 사용하지 않은 기간이 길어질수록 집단에서 이질성이 차지하는 비중 또한 커진다. 얄롬이 추천한 방식을 인용하자면, 집단의 동질성에 초점을 두는 것은 집단 초기에 유익하고, 이질적인 요소에 집중하는 것은 후에 약물 의존자가 후속 상담이나, 재발방지 교육을 받을 때 혹은 장기 외래환자 그룹에서 더 중요해진다.

그러나 얄롬이 주장한 바대로, 동질성과 이질성을 적절히 사용하기 위해서는 다른 요소들을 고려해볼 필요가 있다. 얄롬은 집단원들의 대처 및 갈등 양식에 있어서는 최대한 이질성을 강조하고, 불안을 견디는 능력이나 취약성의 정도 면에서는 동질성을 이끌어내도록 권유하고 있다. 노련한 전문가라면 다 알고 있듯이, 약물에 의존된 사람들은 회복 초기에 그들의 취약성을 다루는 일을 잘 견디지 못하고 불안이나 불확실성도 잘 참지 못한다. 그러나 술에 취하지 않고 맑은 정신 상태를 유지하고자 한다면 자신의 취약성을 다루고 불안과 불확실성을 견디는 능력을 개발해야 한다. 그래야 더 이상 자기 위로의 방편으로 약물을 사용하지 않을 것이기 때문이다. 앤 알론소Anne Alons(1985)에 의하면 감당할 수는 있지만 상당히 높은 불안 수준을 유지하며 집단을 진행할 때 집단이 가장 잘 기능한다고 보았다. 회복 초기에 알코올이나 마약 중독 환자들은 애매모호함이나 불확실성을 견디지 못한다. 그래서 회복 후반부에 약물을 사용하지 않고서 이러한 감정들을 다루는 법을 배우는 것이 매우 중요하다. 싱어와 동료들(1975)은 중독치료 집단을 준거 중심 변화 집단의 예로 들며 그리 호의적이지 않은 태도로 묘사했다(Figure 6.3을 보라).

> 모든 표적 행동은 사실상 중독적이다. 각각의 표적 행동은 무기력, 무의미, 우울, 절망, 불안을 피하는 수단이 될 뿐 아니라 신체적 의존을 심리적으로 강화시킨다. 거의 항상 이런 사건event이 잠재되어 있는 프로그램들(예: Phoenix House, Weight Watchers)과 집단 리더들은 고백이나 모욕confession and humiliation과 같은 입회 의식을 통해 프로그램과 집단의 정체성을 강력하게 고취시킨다. 다른 것에 의존하는 것은 표적 행동을 끊어내는 것을 가능하게 한다. 리더들은 집단원들이 처음으로 중독 행동을 멈춘 다음 절주나 절제를 유지하도록 돕기 위해 집단 압력이나 지지적 처벌(해석이나 설교조의 전이transference가 아닌)을 사용한다. 준거 중심 집단 리더들은 관계적이고 개인 내적인 과정들이 변화에 주된 수단이 된다고 주장한다. 더 면밀하게 조사된 바에 따르면, 은밀하게 활용된 집단 과정이 변화의 주된 요인이다. (Singer et al.,1975, p.146)

역사적으로 흔히 중독자들을 대상으로 시행되었던 집단 정신치료는 사실상 동질성에 초점을 맞춘 집단의 변형된 형태다. 보통, 매우 능동적이고 직면을 잘하고 지시적인 집단 리더는 집단 환경 내에서 각 구성원들이 모두 "뜨거운 의자hot seat"에 앉는 시간을 가질 때까지 순차적으로 함께 한다. 그 때 나머지 집단원들은 리더의 영향력과 지도력에 따라 주인공을 직면하거나 지지하면서 관중 또는 보조자로서의 기본적 역할을 맡는다.

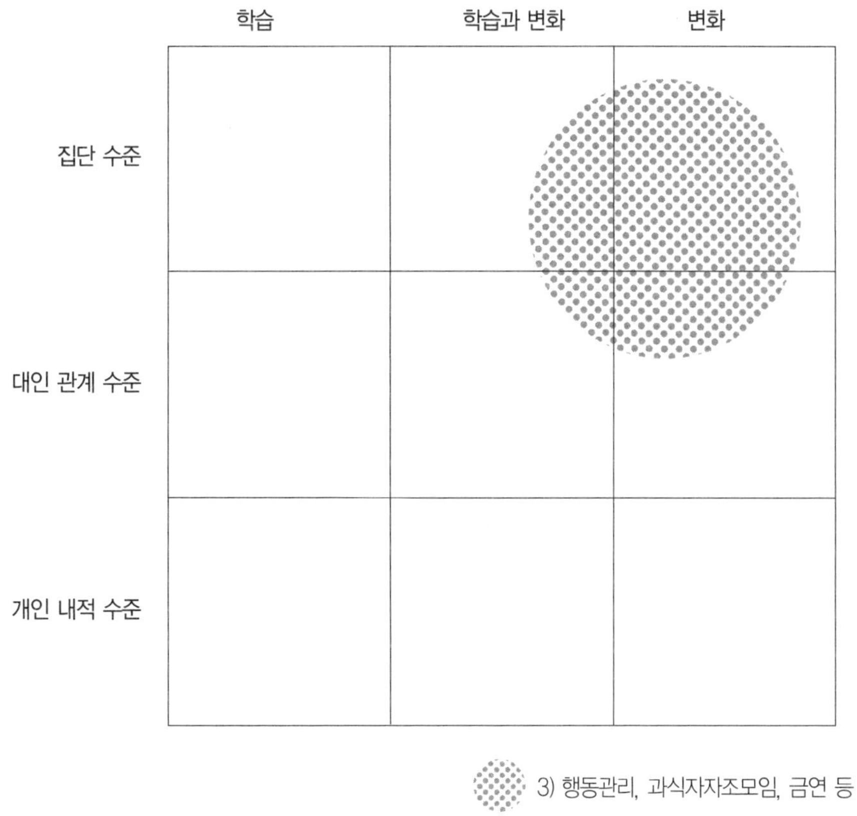

〈그림 6. 3〉 준거 중심 변화 집단 〈Singer et al. (1975)에서 응용〉

준거 중심 집단의 특성 중 많은 부분이 12단계 집단에서 발견됨에도 불구하고 싱어와 그의 동료들은 Alcoholic Anonymous, Narcotics Anonymous, Cocaine Anonymous와 같은 12단계 집단을 준거 중심 집단 형태에 포함시키는 데 실패하였다. 그러나 AA, NA, CA가 이 범주에서 제외된 것은 오히려 잘된 일이다. 중독 치료에 준거 중심 집단을 적용하는 것에 대한 정확한 설명이 있기는 하지만, AA 및 다른 금주 프로그램에서 12단계가 지닌 중요성에 대해서는 정확히 설명하지 못했기 때문이다. 프로그램의 성공을 좌우하는 실제적 비법은 집단 과정에 있는데, 12단계는 집단 과정에서 독특한 학습 요소가 된다. 회복 중인 알코올중독자나 마약중독자는 쉽게 인정하는 태도를 보이기 때문에, 단지 모임에 나간다는 것만으로는 그들의 금주나 절주 상태의 지속을 보장할 수 없다. 오직, 12단계 프로그램에 참여하는 것을 통해서만 지속적인 금주나 절제가 가능하다. 12단계 프로그램이 약물에 의존된 구성원들에게 보다 효과적인 도움을 줄 수 있는데도 AA, NA, CA가 전문가가 이끄는 집단을 필요로 하는 이유는 무엇일까? 집단의 유일한 목적이 지지에 있다거나, 금주나 절제를 보장해주는 것에 있다면 전문적으로 리드되는 집단일 필요가 없다. 집단 정신치료는 절대 AA, NA, CA의 대체물이 되어서는 안 된다. 집단 정신치료 자체만으로는 알코올 중독이나 마약 중독에서 깨끗이 벗어나도록 할 수 없다. 이러한 중독에는 AA, NA, CA의 프로그램들이 더 효과적이다. 집단 정신치료는 약물에 의존된 개인을 재발하게 할 수 있는 영향력들뿐 아니라 그들이 프로그램을 따르고 받아들이는 것을 방해하는 개인 내적 혹은 관계적 갈등에 대한 이해를 돕는다. 집단 정신치료는 회복

과정이 빠르게 진행될 수 있도록 돕고, 회복의 12단계를 이해하고 받아들이고 참여하는 데 어려움이 있는 사람들에게 12단계 프로그램의 단계들을 보완해 줄 수 있다.

개인 지향의 변화 집단

개인의 개별적 변화 원리에 따라 리드되는 집단들도 각 개인의 행동 변화(고통의 감소건, 의식화의 능력이나 창조적 역량의 증진이건)를 이끌어내는 것이 최우선 과제다. 개인의 행동 변화를 목표로 한다는 점에서 이 접근법은 준거 중심 집단과 어느 정도 유사성이 있다. 그러나 집단 설정 안에서의 개인 치료 방식에는 상당한 차이가 있다. 이 접근법에서도 한 번에 한 사람씩 차례로 작업하는 하는 동안 나머지 집단원은 보조자나 관중의 역할을 하지만 대개 단단하게 마련된 이론이 적용되는 기법과 전략들을 가이드한다. 리더가 집단 내에서 개인치료를 하는 준거 중심 집단과 달리 이러한 접근법들 가운데 어떤 것은(싸이코 드라마, 정신운동psychomotor) 집단원들이 개인 치료에서는 절대 일어날 수 없는 것들을 경험하도록 하기 위해 나머지 집단원들을 매우 구조적이고 지시적인 방법으로 활용한다.

이러한 집단의 형태는 재결정 심리치료(Goulding & Goulding, 1979), 사이코드라마(Moreno,1971), 게슈탈트(Perls,1969), 생물에너지학Bio-Energetics(Lowen, 1969)과 정신운동Psychomotor(Pesso, 1991)을 포함한 광범위한 집단 정신치료 기술과 이론을 반영함에도 불구하고, 이 모든 접근에서 변화의 매개체는 정신내적인 것에 대한 초점과 리더의 개입에 있다. 집단은 개인들의 집합체로 간주되며, 리더가 본질적으로 한 번에 한 사람을 대상으로 작업하는 동안, 나머지 집단 구성원은 관찰자나 토론자, 제2자아, 중요한 타인 등의 대리자 역할을 담당한다. 집단 과정은 동료들의 지지나 다중 전이 표상을 제공하는 것을 제외하고는 전형적으로 치료를 방해하거나 제한하는 것으로 여겨져, 활발히 사용되지 않는다. 변화는 강조되고, 통찰이나 학습은 종종 변화의 방해물 또는 장애물로 간주된다. 이 모델의 전형적인 원형은 구성원들이 차례로 "뜨거운 의자"에 앉아 그룹 리더와 작업하는 펄스Perls의 게슈탈트 심리치료 집단이다. 주지화, 통찰, 학습은 "다른 사람 마음을 침습함mind-fucking" 혹은 인지적 방어를 지칭하는 펄스의 용어이다. 집단 구성원들은 자신의 내적 경험에 집중하고 알아차림을 증가시키도록 격려 받는다. 펄스가 자주 언급했듯이, 그들은 정신을 놓았다가 다시 제정신으로 돌아와야 한다. 변화는 각 회기의 주요 초점이 되고, 상식적인 수준의 이해는 별로 강조하지 않는다. 그러나 사실 모든 게슈탈트 치료가 펄스의 방식을 따르는 것은 아니다. 게슈탈트를 이처럼 지나치게 정형화된 형태로 보여주는 것은 오직 예시를 들 때뿐이며, 어쩌다 한 번씩 전통적인 빈 의자 기법이나 뜨거운 의자 기법을 사용하고 엄격한 절차를 따르면서 치료 중에 자신의 의견을 제한하는 어브Erv와 미리암 폴스터Miriam Polster 집단의 게슈탈트 치료사들만이 그것을 제대로 보여줄 수 있다.

폴스터와 굴딩스Gouldings는 집단치료에 이 접근법을 사용하는 대표적이고 탁월한 치료사들이다. 폴스터와 그의 동료들은 게슈탈트 치료가 현상학적으로 실존주의 심리치료에서 파생되었다고 설명한다. 지금 경험하고 있는 것에 대해 개인의 자각을 강조한다는 점에서 현상학적이며, 그 초점이 책임 및 자유와 선택에 있다는 점에서는 실존주의적이다. 게슈탈트 치료는 고전적인 정신분석에 대한 재고로부터 시작했다(Perls, 1969; Polster, 1975). 그것은 다양한 자원을 통해 얻어진 지식들을 통일된 임상적 방법론으로 통합하기 위해 전체적이고 독립된 시스템으로 빠르게 변화되었다(Perls, Hefferline, & Goodman, 1951). 과거의 게슈탈트의 인기

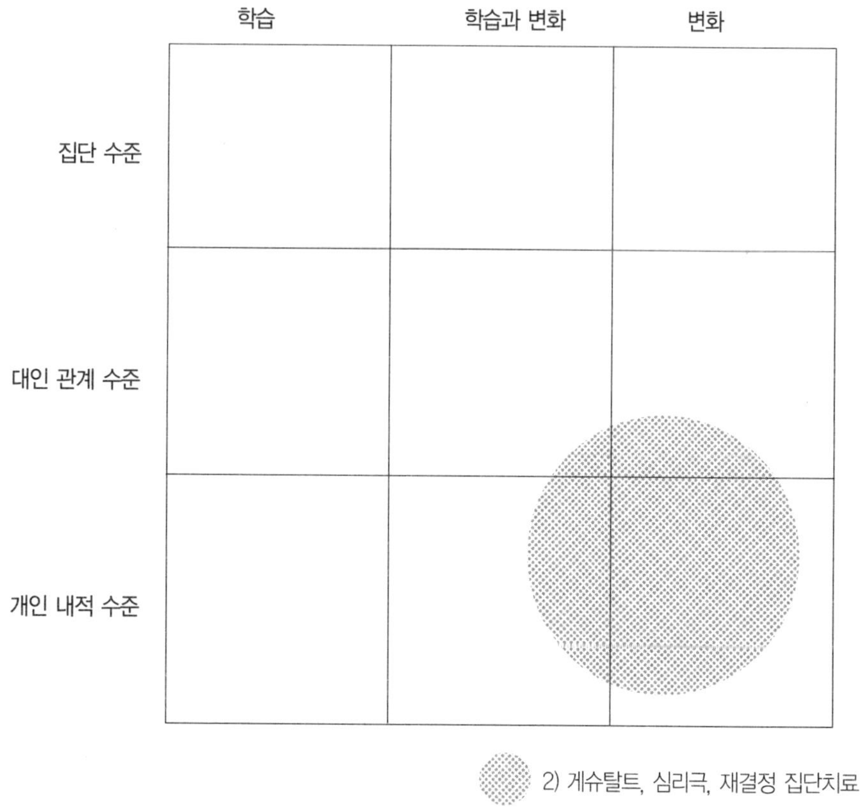

〈그림 6. 4〉 개인별 성장 및 인성 변화 집단 〈Singer et al. (1975)에서 응용〉

가 모두 프리츠Fritz 펄스 덕이었다는 것은 잘못된 판단이며, 모든 게슈탈트 치료가 펄스의 방식은 아니다(Dublin, 1976; Dolliver, 1981). 게슈탈트 치료는 다른 사람들(예: Laura, Perls 1976; Erv and Miriam Polster, 1976; James Simkin, 1976; Joseph Zinker, 1977)의 영향도 지대하게 받아왔다. 이 점들을 염두에 두고 게슈탈트의 역사적 뿌리와 영향에 대해 간단히 설명하겠다.

게슈탈트 치료는 현상학적 분야 이론의 형식과 베르트하이머Werthheimer, 콘러와 코프카Konler & Koffka의 베를린 학파에서의 게슈탈트 심리학과 밀접한 관련이 있다. 이것의 주요 특징은 즉각적인 전체 경험, 지금 여기here and now, 일반적으로 편향의 근원이 되는 자기에 대한 성찰이다. 이 도식에서 경험은 반드시 전제assumption나 추론inferences과 구별되어야 한다. 의식은 그 장field의 기본적 상황에 대한 통찰을 얻는 데 사용된다. 주지화와 합리화는 일단 치료사에 의해 반드시 관찰되고 탐구되어야 하는 방어와 저항으로 간주된다.

게슈탈트 심리학 분야의 초기 실험들은 질서정연한 방식으로 지각들을 배열하려는 유기체의 본래적 경향을 보여주었고, 질서정연하게 완전히 배열된 형태를 완전한 게슈탈트Complete gestalt라고 명명했다. 개인의 기억 안에서 성가시게 지속되었던 미해결 과제는 후에 불완전한 게슈탈트를 형성하게 된다. 이런 불완전한 게슈탈트가 미해결된 채로 남아 계속해서 현재의 경험을 왜곡하지 않도록 재경험을 통해 완벽한 게슈탈트가 되도록 해야 한다.

변화는 고조된 경험을 통해서만 일어나고, 불안은 반드시 경험되고 완성되어야 하는 불편감의 근원을 알려주는 신호로 여겨진다. 신경증은 경험의 고착과 왜곡을 가져오는 난국에 봉착했을 때 발생한다. 궁지에 몰린 사람은 자신의 능력을 인식하지도 신뢰하지도 못하게 되고, 자연스러운 의식의 흐름도 멈추게 된다. 의식이 방해를 받게 되면 환경과의 분리가 어려워지고 지나치게 의존하게 되어 자아 경계가 제한되는 결과를 가져온다. 그래서 치료의 목적은 대부분 자아경계의 확장과 개인이 환경과 자유롭게 충분히 접촉하도록 만들어주는 의식의 가변성이 된다. 자아 경계는 주로 접촉을 통하여 확장된다.

실험은 게슈탈트 치료의 열쇠이며, 시도는 난국의 "해결 작업work through"이다. 생각을 한다는 것은 동화되는 것에 저항하기 위한 기본적 방어이기 때문에 게슈탈트 치료에서는 의식을 강화하고 접촉을 증가시키기 위하여 액션 메소드action method를 자주 사용한다. 프리츠 펄스는 신체방어와 성격구조에 대한 빌헬름 라이히의 이론을 확장했는데, 신체적 방어와 제약들을 강조함으로써 게슈탈트 치료자들이 인지적 방어들을 간과하게 만드는 결과를 초래했다. 두 의자 대화, 실연enactment, 유도된 환상directed fantasy과 같은 모레노Moreno의 사이코드라마 기법은 액션 메소드 개발의 원형으로 사용되었으며 이 기법들은 접촉의 필요에 대한 자각을 증가시켜 자아 경계의 확장을 도우며, 해결 작업의 준비를 용이하게 한다. 게슈탈트 치료의 전제는 사람의 본질이 형태와 전체로 조직되어 있다는 것임을 명심해야 한다. 그러나 폴스터와 폴스터(1976), 켈리(Kelly, 1955) 등이 입증해 보였듯이, 모든 개념에는 그 이면이 함축돼 있다. 우리의 정신과 감각은 우리가 속한 환경에서 끊임없이 이중성에 반응한다는 것이다. 게슈탈트 치료는 치료철학에 있어서 정반합Thesis, antithesis, synthesis의 헤겔 철학과 유사하다.

요약하면 게슈탈트는 이전의 어떤 치료법과 달리 인간이 가진 최적의 기능에 대해 큰 그림을 제공하고 설명을 한다. 어떤 의미에서 게슈탈트는 인간이 얼마나 자주 완전하게, 자유롭고 자율적이고 독립적으로 살 수 있는지 묘사한 신념 체계이다. 또한 게슈탈트 이론과 프리츠 펄스의 영향은 재결정redecision 치료에 근거가 된다. 이 이론적 접근에 유래를 둔 단체의 반쪽인 밥 굴딩Bob Goulding은 프리츠 펄스와 작업하며 많은 시간을 보냈다. 사실 굴딩 학파는 그들의 재결정 모델에서 게슈탈트(혹은 최소한 게슈탈트의 기법들)를 통합해왔다. 굴딩 학파는 또한 책임감, 자유, 선택과 현재를 강조했다. 순수 게슈탈트 학파 학자들의 치료와 달리 굴딩 학파의 치료는 에릭 번(Eric Berne, 1961)과의 관계를 통해 전수받은 강한 인지적 요소를 가지고 있다. 번은 인간의 본성을 설명하는 데 도움이 되는 행동 치료를 개발하고자 노력했다. 번은 과학자였고, 행동과 감정을 모두 이해하고 예상하며 조절하는 데 관심이 있었다. 그의 접근은 완전히 정신분석적이라기보다 인지적 성격이 강했다. 하지만 그는 프로이트식 심리학 훈련도 받았으며 그것의 영향을 많이 받았다. 어떤 사람들은 번이 제안한 자아 상태들이(부모, 성인, 아동) 단지 프로이트의 자아, 이드, 초자아를 대체한 것일 뿐이라고 주장한다. 그러나 교류분석TA은 자아 상태 그 이상이다. 교류분석은 이전의 그 어떤 다른 이론보다 결정과 변화에 더 초점을 맞춘 정교한 이론으로 발전해왔다.

관찰자들은 굴딩 학파의 변화를 만들어내기 위한 노력이 집요하다는 것을 알게 되었다. 굴딩 학파는 짧게 작업하고, 20분 단위로 나눌 것을 주장하고, 한 회기를 통해서도 사람이 변할 수 있다고 확신했다. 사람은 자신이 생각하고 반응하고, 행동하고 느끼는 방식에 대한 완전한 책임을 인식하고 있다고 주장한다는 점에서 이들은 급진적 실존주의자들이다. 결론적으로 개개인들은 삶에서 변화를 불러올 수 있는 힘을 스스로 가지고 있음을 알아야만 한다.

굴딩 학파는 일반적으로 다음의 3가지 원칙들을 따르는 간단하지만 효과적인 모델을 가지고 있다. 그 3가지 원칙은 다음과 같다. (1) 계약 작업contract work (2) 난국 명료화 작업impasse clarification work (3) 재결정 작업redecision work. 그러나 굴딩 학파의 치료적 접근에는 이 보다 훨씬 많은 것들이 있으며, 관심 있는 독자라면 굴딩의 워크숍을 간략히 요약해 놓은 존 맥닐John McNeel의 재결정 치료의 7가지 요소에 대한 분석을 살펴보라. 굴딩 학파의 주장에 따르면 우리는 기분이 나쁠 때 다음의 3가지 중 하나를 한다고 한다. 다른 장소에 있거나, 다른 시간에 있거나, 아니면 환상이나 게임 속에 틀어박혀 있다. 굴딩에게 게임과 환상은 매우 중요하다. 게임과 환상 없이는 나쁜 감정이나 괴로움이 지속되는 것을 막을 수 없기 때문이다. 이런 괴로운 감정들을 추적해 보면 종종 유년시절의 초기 결정decision에서 형성된 경우가 많은데, 여기에 굴딩 학파의 가장 중요하고 독특한 이론적 특징이 있다. 교류분석 이론에서 결정은 그것이 잊혔건, 유아기에 부모의 양육에 의해 조장된 것이건, 유년시절 동안 생존에 필수적이었건 간에 궁극적으로는 자기 결정이었고 어느 정도까지는 철회 가능한 것으로 본다. 이 도식에 따르면 우리들 각각은 어린 시절을 지나는 동안 세상에서 살아남기 위해 필요한 초기 결정들을 해왔다는 것이다. 그러나 이 초기 결정들은 그 시기에는 생존을 목적으로 사용되었지만, 나중에는 무의식 수준에서 우리 의식 밖에 머물며 이따금씩 현재에 경험하는 것들에서 문제를 일으킨다. 그리하여 초기 단계에서 부적절한 정보로 만들어진 잘못된 결정을 의식 속으로 가져와서 필요하다면 버려야 하고, 현실적인 사실적 정보에 근거한 재결정으로 대치해야 한다.

굴딩 학파의 천재성은 모델이 재결정과 변화를 가져오는 데 있어 실용적이고 효과적이란 점에 있다. 전통적인 리버만Lieberman, 얄롬, 마일즈(Miles, 1973)의 치료 효과성 결과 연구는 그들이 연구 프로젝트에서 평가한 모든 치료사들 중에서 굴딩 학파가 가장 영향력이 있음을 명시하고 있다. 그 효과성은 2가지 요인으로 나눠 볼 수 있다. 첫째로 리버만, 얄롬, 마일즈의 표현에 의하면 그는 적절한 정서 자극제moderate affective stimulator다. 이는 그가 그의 집단 구성원들을 충분히 각성시키면서도, 그의 개입이나 직면이 구성원들을 압도하지 않았음을 뜻한다. 둘째로, 인지의 통합적 사용과(교류분석) 정화(게슈탈트)를 통하여 그는 효과적인 변화를 위한 두 가지 중대 요소를 함께 가져올 수 있었다. 그의 연구는 통찰력만으로는 행동 변화를 일으키기에 충분치 않음을 입증했다. 정서적 각성에 이러한 통찰력이 수반되지 않으면 지속적인 변화는 경험되지 않는다는 것이다.

펄스와 폴스터, 굴딩스에 의해 대표되는 이 모델은 지난 10년 동안 서서히 발전되어 왔고, 대중적으로 활용되기에 이르렀다. 싸이코 드라마가(Moreno, 1971) 거의 프로이트만큼 오래되었고, 집단 치료에서 개인 지향적 접근의 원조격임에도 불구하고, 비슷하면서도 다양한 이론들이 흔히 회귀치료나 집중 표현 심리치료IEP 중의 하나로 나타나는 보편적인 형식에 통합되어 왔다. 중독 치료에서 이 접근이 다시 각광받게 되었지만 효과성 면에서 선의의 피해자가 생길 수 있다는 것 때문에 다소 시들해졌다. 그러나 IEP는 다양한 치료 프로그램에서 여전히 널리 사용되고 있으며, 미국 전역에서 많은 치료사들이 활용하고 있다.

IEP는 정부 차원에서 ACOAs(Adult Children of Alcoholics)와 동반의존 치료를 위한 프로그램들에 적용된 후부터 새롭게 인기를 얻었으며, 전통적인 치료 방식들과 12단계 지향의 알코올 및 마약 치료 프로그램에서 효과를 보지 못한 마약중독자들과 알코올중독자들을 위한 대안적 치료 방식으로 서서히 발전되었다. 사람들은 여러 번 재발을 겪었거나, 12단계 프로그램을 열심히 성실하게 참여했지만 술이나 마약 없이 지내는 기간이 일정 시간 이상 지속되지 못했던 마약 및 알코올 중독자들에게 이 접근이 효과가 있을 것으로 기대했다. IEP 모델은 섭식장애, 성폭행, 여러 해리성 장애들, 특히 외상후스트레스장애PTSD로 고생하는 환자들에게는 어느 정도 성공을 거두었다. 약물 복용이나 "대화 치료" 같은 보다 전통적인 치료에 실패한, 지나치게 통제되고 감정적으로 억압된 사람들에게도 IEP 모델은 유익했다. 이 치료법의 옹호자들은 IEP를 사용할 수 없는 대상은 사고장애(정신분열증) 환자나 심각한 정신 이상 환자들뿐이라고 생각한다.

중독 치료자들은 빠르게 감정에 영향을 줄 수 있는 방법을 찾고 있기 때문에 이 모델을 적용하는 것에 대해 동기부여가 잘 된다. 중독 환자들은 자신이 느끼는 감정과 거의 접촉하지 못하고, 이보다 덜 환기적인 접근법에는 저항적이기 때문이다. 중독자들에게서 매우 흔히 나타나는 성격과 방어기제들에 대처하면서 느끼는 좌절감이 치료자들로 하여금 더 효과적인 치료법과 대안을 찾도록 자극했음이 분명하다. 특징적으로 나타나는 병적 증상들을 치료하고자 할 때 생기는 좌절이 중독 치료에만 한정된 것은 아니지만, 이 둘은 서로 관련성이 있다. 전문가들은 중독 문제가 있는 사람들에게 영향력을 미치거나 효과적으로 치료할 수 있는 방법들을 오랫동안 찾아왔다. 루이스 오르몽Louis Ormont은 중독자들을 가리켜 전오이디푸스 콤플렉스 갈등을 겪는 사람들이라고 말했다. 그에 따르면, 중독 환자들은 효과적으로 단어를 사용하는 법을 학습하기 이전에 어려움을 경험했기 때문에, 그 어려움들을 특별한 문제로 보게 된다는 것이다. 그 결과 그들은 말하기보다는 행동으로 옮기고, 혹은 감정을 과장해서 드러내는 경향이 있다. 보통 이들은 해석이나 설명에 잘 반응하지 않는다. 오르몽에 따르면 이런 환자는 감정이나 행동을 통해서 영향 받기 때문에 감정이나 행동을 통하여 접근해야 한다. 그 결과 몇몇 사람들은 이러한 환자들에게는 말하는 것보다 행동을 강조하는 IEP 접근이 다른 치료법보다 더 효과적일 것이라고 보았다.

전오이디푸스 콤플렉스적 인격은 일반적으로 아동이 사고를 개념화하기 위해 언어를 사용할 수 있기도 전에 인격 발달이 저지된 것으로 이해되고 있다. 인격은 아동이 충분하게 자아의 힘을 얻기 전에 굳어지기 때문에 치료 중에 있는 성인은 갈등, 어려움, 감정을 정교화 하는 데 어려움을 느끼거나 그것이 불가능하다고 여긴다. 불안의 초기 기원은 아동이 자신을 표현하거나 자신의 경험을 인지적으로 이해하기 위한 기본적 언어를 발견하기 이전 상태에서 상당 수준의 혹은 전적인 어려움이 있었음을 암시한다. IEP 치료사들은 불안에 대해 이렇게 설명하면서 치료적 기법으로서 단어나 해석들을 사용하는 것은 거의 소용이 없다고 보았다. 통찰력과 학습은 불가능하거나 거의 중요성이 없었다. 감정은 변화를 만드는 데 있어 꼭 필요한 첫 번째 조건이었다. IEP 치료사들은 보통 이러한 환자들은 내면의 자아를 경험할 수 없기 때문에 중독 치료에서 가장 자주 사용되는 도구 중 하나인 직면 역시 거의 도움 되지 않는다고 보았다. 이것이 바로 존 브래드쇼John Bradshaw가 지지한 전략들의 일부가 그토록 가치 있다고 여겨진 이유다.

IEP 치료사들은 브래드쇼와 다른 사람들이 "내면아이child within"라고 칭한 사람들, 즉 감정이나 느낌이 분열되었거나 원인이 된 정신적 외상 주변으로 감정이나 느낌이 얼어붙어버린 사람들을 돕고자 노력했다. IEP는 이 분리된 장벽들을 부수거나 용해시키는 데 도움이 된다고 여겨지는 기법들을 이용했고, 그리하여 추측컨대 그 전오이디푸스 컴플렉스 환자가 그(그녀)의 "참자기true self" 혹은 "내면 아이inner child"를 경험할 수 있도록 도와줌으로써 그 굳어진 감정들을 풀어주었다. 처음에 IEP는 집단 치료자들에게 새로운 기법으로 등장했지만, 그들을 이끌었던 원리는 오랜 역사와 전통을 가지고 있다. IEP 접근의 주요 주제는 집단 환경에 적용이 되면서 행동 지향적인 심리치료라는 것이다. IEP는 단순히 자신의 감정, 생각, 과거 사건에 대해 말하도록 하기보다는 집단의 "지금-여기" 상황에서 생각과 감정들을 경험하도록 해주는 것이 더 유익하다는 이론적 원리에 뿌리를 두고 있는 기법들이나 적용 원리들로 구성된 하나의 체계라고 할 수 있다. 집단 멤버들은 행동이나 감정을 통하여 그들의 경험들을 표현하도록 유도되고 격려된다.

IEP가 자주 받는 비판은 하나의 이론을 만들기 위해 여러 기법을 섞어 놓았다는 것인데, 이는 어느 정도 사실이지만 그 적용에 있어서는 공정한 평가라 할 수 없다. 이것의 적용 원리 중 많은 부분은 카타르시스와 정화반응 그리고 적합한 정서 경험을 강조하는 초기 프로이트의 정신분석 이론을 바탕으로 하고 있다. IEP는 주로 환자들의 감정과 그 감정을 표현하는 것에 관심을 둔다. IEP 치료사들은 환자들이 자기 생각에 집중하고 자신의 감정을 분석하고 주지화하기보다는, 자신이 경험하는 감정을 신체나 정서를 통해 표출하도록 만드는 작업을 훨씬 더 중시한다. 사고와 통찰을 무가치하게 여긴다기보다, 이것들은 감정을 경험하고 그 감정을 표현하거나 풀어내는 데서 생기는 부수적인 것으로 본다.

IEP의 발자취 중 중요한 부분은 행동 지향적 심리치료와 관련이 있다. 그 뿌리는 1930년대로 거슬러 올라간다. 당시는 모레노가 환자들이 단지 어려움과 갈등에 대해 이야기할 수 있게 하는 것보다 사이코드라마에서 그 어려움들을 직접 실연하도록 하는 것이 훨씬 도움이 된다는 것을 발견하던 시기다. 모레노는 처음에 이 접근법을 "자발성의 극장Theater of Spontaneity"이라 불렀다. 수년에 걸쳐 그의 초기 이론들은 다른 사람들(게슈탈트의 프리츠 펄스, 재결정 치료의 밥 굴딩과 메리Mary 굴딩, 생물에너지학의 알렉산더 로웬Alexander Lowen, 정신운동학의 알 페소Al Pesso)에 의해 확장되었는데 이들은 주지화, 합리화, 감정의 고립화가 해결되지 않은 정신적 외상이나 곤경을 처리하고 극복하는 데 주요 장애물이 된다고 보았다.

수십 년에 걸쳐 이 이론들은 느슨하게 정의된 지식 체계로 종합되고 굳어져왔는데, 이 체계는 감정의 표현과 억눌리고 막힌 감정의 표출을 심리치료의 주된 목표로 삼았다. 주지화된 이해나 통찰만으로는 불안, 우울감, 반복적 자멸 행동이나 중독에서 벗어나기 어렵다. 구체적인 기법들이 이러한 목적을 위해 계발되었고, 이러한 접근법은 집단 세팅 내에서 가장 효과를 발휘한다는 견해가 널리 지지되고 있다. 이 같은 유형의 문제와 차후 치료 작업이 반드시 수반되어야 하는 두려움, 수치심, 고립의 감정 등을 환자가 해결하려면 자극과 지지와 동일시 간의 균형이 필요한데, 이러한 균형을 집단 세팅이 제공해 줄 수 있기 때문이다.

대인관계 학습과 변화 집단

대인관계 학습 집단은 이제 고전이 된 감수성 훈련이나 T-집단T-groups에 뿌리를 두고 있다. 현재 이러한 집단 접근은 싱어Singer의 상호작용적 집단치료 범주에 들어가며 얄롬(1985)의 집단과 자주 연결된다. 이 접근법의 명시적 목적은 집단 멤버들이 자신의 행동이 타인에게 미치는 효과를 이해하고 또 얼마나 타인의 행동이 자신에게 영향을 주는지를 이해하도록 돕는 것이다. 감정이나 정서적 표현들은 그것들이 동기, 의사소통, 행동에 중요한 역할을 한다는 점을 전제로 탐구된다. 따라서 T-집단의 우선적 학습과제는, 이러한 집단은 집단 내에서 일어나는 상호작용을 토대로 한다는 점을 숙지하는 것이다.

얄롬은 집단 멤버들의 행동에 부수적 변화를 촉진하기 위한 또 다른 방법으로 행동적 완화를 이용함으로써 이 접근에 변수를 더했다. 리더의 과제는 집단멤버의 행동을 평가하지 않고 피드백을 주는 롤 모델이 되는 것이다. 경험은 집단 리더의 지시를 통해 확인되는데 이는 집단내 개개인이 다른 멤버들로부터 동의를 얻을 수 있도록 하고, 얼마나 자신의 태도나 행동이 타인에게 영향을 주는지에 대해 배울 수 있도록 해준다. 얄롬은 학습과 변화를 분리할 수 없는 사건들로 보면서 둘 중 어떤 것도 나머지 하나 없이는 일어날 수 없다고 보았다.

변화와 학습에 대한 얄롬의 관점은 약물 의존자들을 다룰 때 그 중요성이 더해진다.

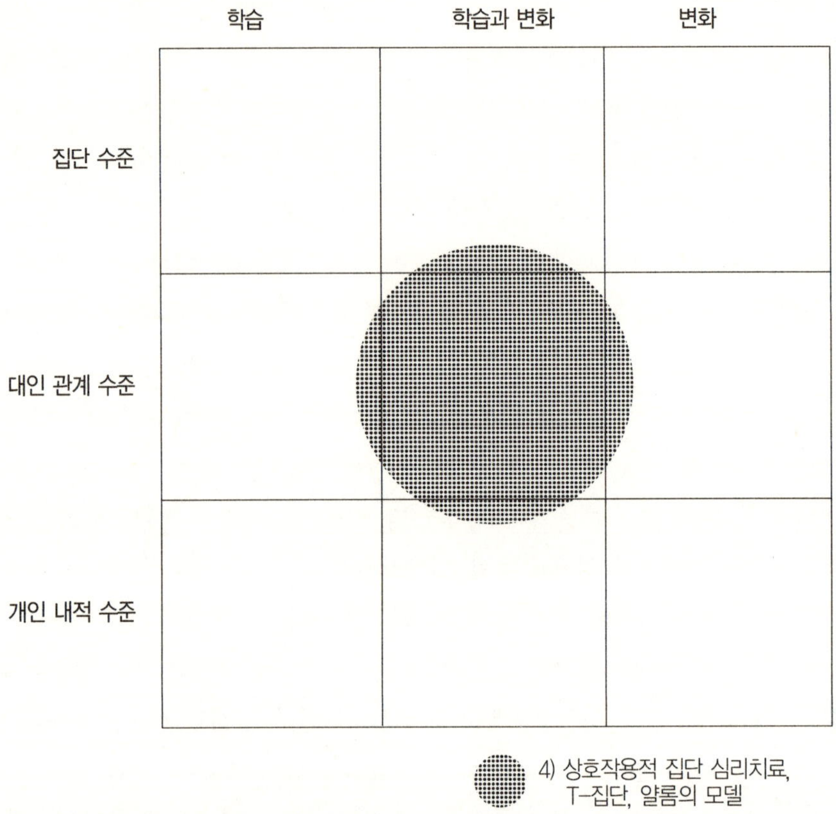

〈그림 6. 5〉 대인관계 지향의 집단 〈Singer et al. (1975)에서 응용〉

견고한 기초 위에서 12단계 집단과 접촉해왔던 모든 리더들은 약물 의존자들이 왜 술을 마시고 약물을 하는지에 대한 이유를 탐구하는 동안에도, 죽을 만큼 술을 마시거나 인사불성이 될 때까지 약을 할 수 있다는 것을 안다. 통찰력, 자기이해, 학습만을 강조하는 접근은 치료와 회복의 초기 단계에서는 약물 의존자들에게 그리 오래 가는 이로운 효과를 주지 못한다.

얄롬의 모델과 대인관계 접근법은 8장과 9장에서 많은 페이지를 할애하여 탐구될 것이다. 이 장에서는 집단원 간의 대인적 상호작용이 치료의 주춧돌이라는 점을 아는 것이 중요하다. 그래서 전체로서의 집단Group-as-a-whole 혹은 정신 내적 역동에 대해서는 깊이 다루지 않을 것이다. 얄롬은 집단 멤버들이 스스로에 대해 배우고 행동을 변화시키는 기회를 확실히 하는 동안 인지적인 것과 정서적인 것 사이에서 균형을 유지할 것을 강조한다. 집단이 사회 내 작은 세계의 역할을 하는 동안, 멤버들은 서로 교환하고 새로운 행동을 연습할 기회를 가짐과 동시에 서로 비교함으로써 스스로에 대해 학습할 기회를 갖는다. 그들이 이런 것을 집단 내에서 성취하면 바깥 현실 속에서도 새로운 행동을 일반화할 수 있게 된다.

정신역동 집단의 집단 과정

이 접근을 가장 마지막 순서로 선택한 이유는 이것이 가장 널리 활용되고 있고, 그 적용에 있어서도 확고한 이론적 기반을 갖고 있기 때문이다. 그리고 이론적 기반의 정교함 때문에 감정, 변화, 통찰, 학습의 통합과 다른 세 모델의 결합을 가장 쉽게 하노록 해주는 접근법이기 때문이다. 곧 제시될 요약에서 알게 되겠지만, 집단치료에서의 정신 역동적 접근은 다양한 영향력을 끼치기 때문에 그 적용에서 무엇이 강조될 필요가 있는지에 대해서도 다양한 해석이 가능하다.

현재 정신역동 집단치료라 불리는 것은 포괄적인 집단 치료 모델이며, 집단 치료에서는 항상 세 가지 주된 요소를 인식하게 된다. 1. 정신 내적 혹은 개인적 역동 2. 대인관계적 역동 및 체계 3. 그룹 자체를 하나의 역동으로 보는 것. 이 접근에서 리더의 역할은 이러한 모든 요소들을 일관성 있고 유동적이고 보완적인 흐름으로 통합하는 것이다. 즉, 어떤 타입의 치료인가에 대해(그룹 전체의 치료인가, 개인 치료인가, 대인관계적 치료인가) 변수들(집단의 발달 단계, 각 집단 멤버의 자아 강도, 다뤄지는 목표 집단, 집단 저항과 맞물려 작용하는 개인의 저항, 집단 역동의 유도 등)의 과잉이 영향을 줄 수 있다는 사실을 집단 내의 특정 시기에 강조할 필요가 있음을 항상 기억해야 한다. 노련한 정신역동 집단 리더들은 특정 시기에 자신이 선택한 개입의 수준(개인적, 집단적, 대인적)이 나머지 두 수준에 강한 영향을 줄 것이라는 점을 안다. 집단 리더는 개입의 한 수준을 지나치게 강조하면 치료적 관계나 영향력이 줄어들며 다른 두 수준의 희생이 따른다는 것 역시 잘 인식하고 있다. 정신역동 지향의 집단에서 우선시하는 개인적 수준은 치료자가 추구하는 이론, 또 그가 받은 훈련, 경험의 성질에 의해 부분적으로 결정된다. 따라서 정확히 똑같은 방법으로 집단치료를 실행하고 기록하는 정신역동 지향의 집단 리더를 찾기란 매우 어렵다.

과정 지향적인 정신역동 집단치료로 정의된 분야에는 광범위한 다양성이 존재한다. 과정 지향적인 정신역동 집단치료를 공부하는 학생이라면 윌프레드 비온Wilfred Bion이 집단 정신치료를 가르친 방식이 알렉산더 울피어, 에른스트 슈바르츠Alexander Wolfeer, Ernest Schwarts 등의 다른 권위자들과 꽤 다르다는 것을 금방 알 수 있다. 이 이론가들은 그들의 정신역동 집단치료에 있어서 헬렌 드루킨(Helen Drukin, 1964), 헨리에타 글래처(Henriette Glatzter, 1969), 앤 아론소(Anne Alonso, 1985), 스캇 루탄과 월터 스톤(cott Rutan and Walter Stone, 1993), 루이스 오르몽(Louis Ormont, 1992)에 의해 실증되었던 일련의 정신역동 집단 유형과는 상당히 다르나.

이러한 집단 정신치료 접근들 간의 세부적 요소와 차이를 이해하려면 각 접근법의 기초가 프로이트의 정신역동 이론 위에 세워졌다는 것을 인식해야 한다. 프로이트가(1921) 집단심리학에 기여한 공헌은 무시할 수 없는 것이다. 집단 정신치료의 주요 학파는 모두 프로이트의 생각에 직간접적으로 영향을 받아왔다. 비온부터 알렉산더 울프Alexander Wolfe까지 모든 집단 정신역동 과정을 지향하는 집단 정신치료자들뿐만 아니라, 게슈탈트의 프리츠 펄스, 교류분석의 에릭 번, 사이코드라마의 모레노, 성격 대인관계이론과 얄롬에게 영향을 준 해리 스택 설리번Harry Stack Sullivan에 이르기까지 이들 모두의 접근법들이 프로이트 심리학

내에 굳건히 뿌리내리고 있다고 할 수 있다.

그러므로 집단 정신치료의 이 특정한 학파들 사이에서 유사점과 차이점을 설명하려는 용감한 시도에 앞서, 집단 정신치료에 대한 프로이트의 초기 저술들을 훑어보는 것이 합당한 순서일 것이다. 집단 내에서의 퇴행에 대한 프로이트의 개념은 어떤 집단에서라도 발생할 수 있는 역동을 이해하는 데 아주 중요하며, 집단심리 분야에서의 그의 중대한 공헌을 반영한다. 프로이트는 집단이나 우리의 본능이 어리석고 원초적이고 궁극적으로는 파괴적이라는 극히 편향된 의견을 갖고 있었다. 집단 멤버들은 대부분 무의식적이긴 하지만 새롭게 형성된 집단 상황에서 살아남으려면 어떻게 해야 할지를 결정하기 위해 계속 시도한다. 그러므로 낯선 집단 안에서 개인은 퇴행적인 반응이 일어나는 기본적 생존 상황에 처해 있으므로 공격성, 두려움, 분노, 불안 등의 원초적 감정에 직면할 수밖에 없다. 이전에 프로이트는 다른 누구보다도 집단 본능의 강력한 힘에 저항하는 개인을 옹호했고, 각 개인을 집단 규범에 따르는 사회적 압력과 전투 중인 것으로 인식했다. 프로이트가 옹호하려 했던 개인과 사회, 또는 개인과 프로이트가 혐오했던 집단 본능 사이에는 항상 갈등이 존재한다. 프로이트는 각 구성원이 집단 상황에서 자신의 개인성을 부정하는 결과를 가져오는 전염성 있는 심리적 위축의 근원으로서 집단을 바라보았다. 집단 멤버들은 순종에 목말라 있고, 다른 사람들처럼 생각하고 행동해야 할 필요를 느끼기 때문에 강한 집단 리더에게 의존한다. 집단에 속한 개인은 이런 무의식적 압력에 굴복하게 되고 그들의 자아이상을 집단 리더에게 투사한다. 집단 이상은 결과적으로 집단 리더에게서 나타나게 되고, 각 멤버의 자아 이상을 대신하게 된다. 이로 인해 집단은 리더를 실제보다 더 크게 여길 필요성이 생기는 것이다. 집단 멤버들은 리더가 실제보다 더 위대하기를 원하는데, 이러한 믿음이 그들에게 보호에 대한 확신을 제공하기 때문이다. 하지만 동시에 그들은 리더를 몰아내고 파괴하길 원하기도 한다. 멤버들의 이 두 모순된 감정은 발달 단계 초기와 관련이 있으며, 프로이트 원시적 신화(예: 아버지를 살해한 후 그 형제들이 피로 유대관계를 형성한 것)에 반영되어 있다. 집단 멤버들은 자유선택에 뒤따르는 책임감과 관련된 개인의 죄책감과 불안으로부터 자신들을 보호해 줄 거라는 믿음 때문에, 그들을 대신해서 과업을 위대하게 실현시켜 줄 신화적 영웅을 창조하려 하는 것이다. 프로이트는, 집단정신과 동일시함으로써 안전을 찾는 동시에 권위에 대항하려는 인간의 이중성 때문에 발생하는 양가감정과의 사투가 바로 삶의 모든 것이라고 보았다. 각 멤버가 자신의 개인성을 부인하는 것은 결국 병리 현상을 유발시키는데, 이는 순응하려는 집단 본능의 요소와 다른 사람들처럼 행동하게 만드는 사회적 압박의 부산물로 보인다.

집단 정신치료에 대한 프로이트의 공헌 중 가장 중요한 부분은 그가 집단 내에서 퇴행 현상을 중요하게 생각했다는 것이다. 퇴행은 모든 집단 세팅에서 일어나는 근본적 현상이다. 집단리더들이 퇴행의 중요성을 인식하지 못하거나 퇴행과 관련해서 약물 환자들에게 안정감과 신뢰감이 갖는 중요성을 깨닫지 못한다면, 집단 경험이 치료에 도움이 되기 어렵다. 집단 상황에서 신뢰감, 안전감, 일관성이 지니는 중요성에 대해서는 마약 및 알코올 중독자들의 집단 정신치료에서 얄롬이 말하는 치유 요소들이 어떻게 기능하는가를 탐구하는 18장에서 충분히 다룰 것이다. 지금은 정신역동 지향의 집단들에 적용될 수 있는 다양한 이론들만 간략히 다룰 것이다.

전체로서의 집단Group-as-a-whole 관점은 타비스톡Tavistock 유형의 소그룹이나 스터디 그룹에 가장 잘 나타나 있다(Bion, 1961; Rice, 1965). 전형적인 타비스톡식 접근법에서는 집단 과정에서 학습이 일어나는 사건들은 그룹 차원의 수행이나 특정 권위와 관련된 사항 혹은 드러나지 않는 진행 과정에 초점을 맞추는 통합된 학습 과제를 가진다. 그 다음으로 강조할 것이 있다면, 관계적 현상이라고 할 수 있다.

해석과 개입은 체계로서 집단 내에서 발생하는 '지금 여기'의 현상에 초점을 두며 시간, 역할, 과제의 경계 등을 엄밀히 관찰하는 리더의 주된 기술이다. 강조할 것은 권위관계와 집단 멤버들의 리더십에 대한 반응이다. 집단에서 감정은 보통 처음에는 집단 리더에게 맞춰지다가 점차 다른 집단 멤버들에게도 향한다. 그러한 집단들은 대개 이끌기가 어려우며, 다수의 타비스톡 리더들은 본연의 타비스톡 집단은 정신치료 집단이 아니며, 절대 정신치료를 의도하지 않는다고 할 것이다. 타비스톡 집단은 멤버들에게 어떻게 권위에 반응하고 스트레스를 주는 애매모호한 상황에 대응할지를 가르친다.

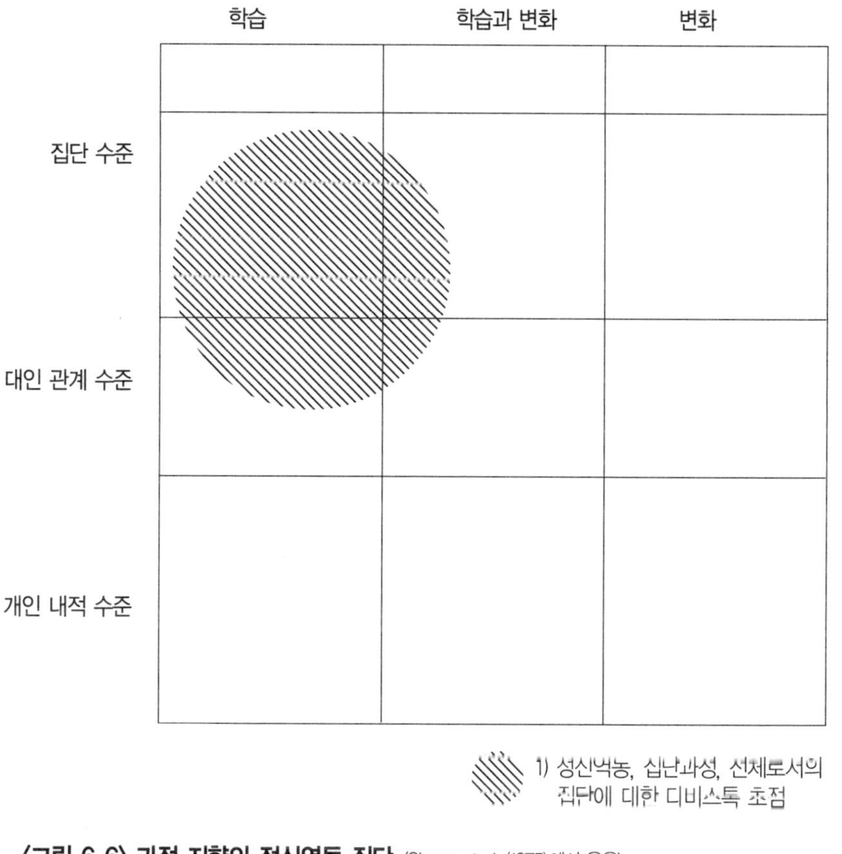

〈그림 6.6〉 과정 지향의 정신역동 집단 〈Singer et al. (1975)에서 응용〉

AA, NA, CA 등의 활발한 멤버이면서 회복 중인 알코올중독자나 마약중독자라면 누구나 명백히 이 질문들에 대답할 수 있을 것이다. 약물에 의존하는 사람은 보통 그나 그녀의 삶 모두에서 극도의 곤란을 겪는다. 따라서 회복되기 시작한 알코올이나 마약중독자들을 위한 이런 집단 접근은 그들의 금주를 지지하는 데 도움이 되기보다는 오히려 문제만 가중시킨다.

비온(1961)은 타비스톡 접근과 가장 근접한 태도를 취한 이론가이다. 비온의 모델은 집단 내의 개인을 무시하며, 심지어 리더가 집단 세팅에서 개인의 문제들을 다룬다면 그 리더는 집단 멤버들이 중요한 집단

주제로부터 초점을 옮기도록 허용함으로써 집단 작업을 회피하고자 하는 멤버들의 시도에 공모하는 것이 된다고까지 보았다. 비온의 구조에서 볼 때 개인들은 집단 세팅 안으로 들어오면 집단 심리로 퇴행한다. 비온은 퇴행 상태에 있는 개인의 집합체로서 집단을 바라보기를 선호한다. 집단 멤버들은 3가지 기본 가정들을(투쟁-도피, 의존, 짝짓기) 선택함으로써 정신증이나 신경증을 방지하고자 할 것이다. 이 가정들은 17장에서 자세히 다룰 것이다. 여기서는 비온이 이러한 가정들을 해석될 필요가 있는 집단 저항의 형태로 본다는 관점을 기술하는 것으로 만족하자. 비온의 관점에서 보면, 개인은 집단 안에서 다루어질 수 없고, 가장 적절한 치료의 표적은 집단에서 가장 흔히 공유되는 불안과 이 불안에 대항해서 생성되는 방어들이다.

지난 몇 년 동안 아가자리안(Agazarian, 1992)은 다소 독특하고 다른 전체로서의 집단 접근의 적용을 발전시켰다. 그녀는 일반체계이론GST의 원리에서 상당 부분을 채택하여 집단치료에 적용시켰다. 대부분의 GST를 실행하는 사람들이 그러하듯 그녀 역시 모든 체계들이 근본적으로 흔한 구조를 소유하고 있고, 동형체isomorphy 때문에 그 체계의 다른 단계로 개입할 때 한 부분을 변경할 수밖에 없다는 입장을 유지한다. 아가자리안의 관점 안에서 세 가지 시스템은 항상 하나의 집단 내에서 작용하고 있다. 이 체계들은 전체로서의 집단 시스템과 더 큰 체계 안의 하위조직(두 명 이상의 집단 멤버들), 그리고 자기-대상 표상들self-object representations과 자신의 대상에 대한 내적 체계를 가진 개인을 포함한다. 집단의 이 세 단을 이룬 시스템은 네 번째 시스템의 더 큰 맥락 안에서 작용하는데 이때 맥락은 치료가 제공되는 시설이나 제도적 세팅이 될 수 있다. 그 체계의 각 부분은 나머지 다른 부분에 영향을 끼친다.

아가자리안의 모델은 상대적으로 새로운 것이었으며, 그녀는 좀 더 많은 경험과 정보를 축적하여 자신의 이론을 서서히 발전시켜왔다. 그녀는 집단 리더들이 처음에는 상위체계Group-as-a-whole를 다루고 점차 하위체계를 작업해 나가도록 권했다. 지난 몇 년간은 그녀가 치료에 있어서 하위체계를 더 활용해왔다. 대부분의 체계 이론가들처럼 그녀도 집단 내 개인들은 절대 자신의 입장을 표현하지 않고, 항상 집단의 전반적인 긴장 상태를 표현한다고 믿었다. 상위체계의 퇴행적 움직임the regressive pull은 집단 멤버들의 개인적인 역동들과 접점을 형성하며, 이때 집단 멤버들은 이 접점 안에서 그가 가족이나 자신의 삶 속에서 담당하는 역할을 다시 반복한다. 결과적으로 집단 역동의 퇴행적 당김을 통해 각 구성원은 자신의 사적인 역동을 반복강박의 힘을 통해 집단 내에서도 되풀이하는 것이다.

일반 체계이론은 멤버들이 집단에서 맡고 있는 역할을 매우 강조한다. 체계이론에서는, 반대되는 입장이나 견해들은 집단 내에서 연계되어야 한다고 본다. 왜냐하면 체계 내의 모든 행위는 일정한 반응을 만들어낸다고 보기 때문이다. 예를 들어, 집단 안에서 어떤 공격성이나 적대감도 생겨서는 안 된다는 집단적 합의 때문에 어떤 퇴행적 움직임이 일어난 경우라면, 그리고 현실과 동떨어진 이러한 합의가 "이 집단은 최고로 안전해. 이곳에서는 아무도 상처받지 않아"라는 형태를 띤다면, 이런 이상적 목소리에 정반대되는 일탈적 목소리가 맞은 편 극단에서 "난 여기서 안전하다고 느끼지 않아"라고 울려퍼지기 마련이다. 누군가로 하여금 어떤 주제의 모든 면에 대해서 혹은 정반대의 입장들에 대해서 말하게 하는 것은 집단 경험에 제한을 두는 경계를 설정해 주고 현실검증을 제공한다. 반대 입장이 표명되게 하기 위해 아가자리안이 하위집단을 사용하는 것은, 어떤 사람도 집단 내에서 홀로 일탈적이거나 반대되는 입장을 취하는 것이 매우 어렵다는 그녀의 인식에서 기인한다. 가족이나 집단이 듣기 원치 않는 진실을 말하는 사람들은 종종 희생양이 될 수 있다. 아가자리안은 집단 멤버들이 역할을 가지도록 하기 위해 퇴행적 움직임이 집단 내에 존재함을 잘 알고 있으며, 희생양과 환자로 인식된 두 사람이 가장 빈번히 사용되는 두 역할이라는 것도 잘 알고 있다. 한 집단이 나머지 한 멤버(희생양)에게 모든 나쁜 것을 다 갖고 있다며 공격하는 데 온통 시간을 보낼 수 있거나 아픈 것만 다 갖고 있다고 생각하는 누군가(확인된 환자)를 도와주는 데 시간을 다 보낸다면 그 집단원들은 스스로를 다룰 필요가 없게 된다.

아가자리안은 정신병리를 주로 자기의 부정적인 면을 자기 것이 아니라고 부인하고 거절하면서 이 부인된 부분을 다른 사람에게로 투사하는 사람들의 결과물로 인식했다. 융은 이것을 자신의 어두운 부분을 자기 것으로 인정하는 데 실패하거나 자신의 그림자에 익숙해지는 데 실패한 것으로 기술했다. 우리가 부인하는 모든 것은 숨겨진 상태로 남아 무의식적으로 우리 행동에 영향을 미친다. 이러한 방어에 강력히 묶여 있는 개인들은 전부 아니면 전무라는 입장을 고수하는 경향을 보인다. 물질중독자들이나 알코올중독자들은 이런 태도로 악명이 높은데 12단계 프로그램은 중독자들의 이런 경향을 "흑백논리적 사고"라고 부른다. 이러한 경직된 입장은 불안에 대한 방어이다. 상황을 좋거나 나쁨이라는 뚜렷한 범주로 나누는 것은 애매모호함을 줄이고 세상을 좀 더 예측가능하고 안전한 것으로 보이게 한다. 그러나 이것은 현실에 대한 부인이라는 대가를 치르게 하며, 누군가를 절대 악인 혹은 절대 선인으로 몰아붙이도록 만든다. 아가자리안은 멤버들이 집단 내에서 반대의견들과 분열된 부분에 초점을 맞추도록 함으로써 집단이 삶에 내재된 애매모호성을 다루도록 추진한다. 그녀는 각 개인이 자신의 실존적 모호성과 더불어 살기를 바란다. 그녀는 이런 태도가 어떠한 부인도 없이 작업되어, 반복 강박에 의해 다시 행동화되지 않기를 희망한다.

아가자리안의 전제는 다음과 같다. 즉, 집단 리더가 집단의 더 큰 상위체계에 초점을 둔다면 그 체계 내에서 진화하는 고유한 역동들이, 이 체계에 속한 개인들이 자신들의 차이점들을 인식하고 그것들을 작업해 나가는 동안에 불안과 갈등을 만들어낸다. 바꿔 말하면 각 멤버의 개인적인 역동들이 집단 역동과 충돌하게 된다는 것이다. 이런 문제들이 집단 수준에서 동형성이나 삼투압에 의해 다뤄지고 통합되고 해결되면, 개인적인 차이들도 체계내의 하부그룹에 의해 담겨지게 된다. 대부분의 개인들은 불편한 불안이나 공격에 대해 너무 방어적이며, 이러한 불안이나 공격성의 출현에 대해 집단원들은 각기 다른 수준의 수용능력과 인식능력을 보여준다. 집단은 멤버들에게 안아주는 환경과 합성의 '집단적 자아group ego'(다른 모든 멤버들의 관찰하는 자아들로 구성된)를 제공하는데, 이 집단적 자아는 한 개인 멤버라면 거절했을 수도 있는 관찰들이나 감정들을 대부분 담아내고 각 개인들은 이러한 집단 차원의 관찰과 느낌들에 기여하기 때문에, 융통성과 가용한 자원을 증가시킨다. 결국 이것은 모든 집단원들의 관찰과 의식을 증가시킨다. 전체집단과 그것의 하위집단들은 멤버들에게 통합되고 조절될 수 있는 기회를 제공하면서 멤버들의 감정과 생각의 그릇으로 적합해진다. 정반합Thesis, Antithesis, Synthesis의 변증법적 과정과 매우 유사하게 체계적 접근은 분열과 반대들이 경험될 수 있도록 허용한다. 집단 리더의 과제는 이 분열의 경계를 넘는 의사소통을 증가시키는 것이다. 집단이 의사를 어떻게 소통하느냐가 무엇을 소통하느냐보다 훨씬 더 중요하다. 이러한 전략은 집단 내 의사소통을 증대시키고 각 구성원에게 더 나은 자기 이해를 촉진한다.

아가자리안이나 비온의 입장과는 전혀 반대로 볼프Wolfe와 슈워츠(Schwartz, 1962)는 집단이나 집단 과정은 하나의 은유, 즉 존재하지 않는 하나의 착각에 불과하다고 보았다. 볼프는 집단 리더는 항상 "집단들이 아닌, 개인들이 치료 목적으로 온다"는 것을 기억해야 한다고 풍자적으로 논평했다. 더하여 그는 "집단 역동은 아무도 치료한 적이 없다" 고 날카롭게 비판했다. 집단 리더가 집단에 해석을 해주는 것은 집단 의식이라는 착각을 증가시키는 것밖에 안 된다는 것이다. 집단은 모든 멤버들을 비슷하게 만들려고 하기 때문에 그런 믿음을 강화시키는 것에 대항하여 볼프는 집단 리더들을 주의시켰다. 집단은 각 멤버들이 퇴행하고 집단의 가장 지배적인 멤버가 하는 것처럼 행동하도록 강요한다. 집단적 자아는 하나의 신비주의로 집단의 순응성, 압박, 동일성에서 비롯된 인위적 결과물이다. 볼프와 슈워츠에 따르면 단일화된 집단 의식을 만드는 경향이 비판 받아야 하는 것은, 그것이 착각을 가중시키고 퇴행과 순응을 촉진하는 반면 집단 멤버의 개인화 과정은 약화시키기 때문이다. 대신, 집단의 초점은 각 멤버들의 분리됨, 개인성, 전이의 왜곡에 맞춰져야 한다. 집단 세팅은 개인적 갈등들이 다른 집단원들과의 관계 안에서 표출되도록 만들기 때문에 집단 리더는 개인 치료 세팅에서보다 더 많은 자료들을 얻게 된다. 집단 세팅 내에서 이루어지는 개인 치료는 개인 치료에 존재하는 전이 강도를 감소시키기 때문에 각 환자가 더 많은 유익을 얻을 수 있다.

더킨(Durkin, 1964)과 글래쳐(Glatzter, 1969)는 집단치료를 지향하여 개인내적 과정과 집단 과정의 결합을 주장했다. 더킨과 글래쳐는 영국 자아심리학파에 근거를 두고 있는데, 이들은 집단세팅 안에서 각 개인의 자아 특질과 방어들을 분석하는 일이 집단 리더의 우선 과제라고 보았다. 이들은 자아가 스트레스나 역기능적 상황에서 살아남기 위해 택해야만 했던 병적 타협에 대해 분석이 이루어져야 한다는 신념 때문에 자아의 발달적 평가에 초점을 둔다. 정신 병리는 자아의 지속적인 대처 과정의 일부이며, 이런 병적인 노력은 전이 왜곡 안에서 가장 눈에 쉽게 띈다. 집단은 전이 왜곡의 더 많은 근원들을 허용하기 때문에, 집단 리더는 각 멤버들에게 추상적인 방법으로 자신의 병리에 대해 말하게 하는(개인치료) 상황에 비해, 환자 각인이 어떻게 자신의 병리를 행동화하는지를 더 쉽게 볼 수 있는 하나의(집단) 실험실을 갖게 되는 것이다. 더킨과 글래쳐에 따르면 집단의 목적은 이러한 전이 저항을 분석하고, 멤버들에게 어떻게 그들의 과거가 그들의 현재 기능에 영향을 주고 있는지를 보여주는 것이다.

집단 설정은 집단 리더가 자아 이조적 방어를 더 효과적으로 다룰 수 있게 한다. 자아 이조적 방어는 자아 동조적ego syntonic 방어들과 다른데, 후자는 사실상 더 많이 깊이 배어 있고 기질에 관한 방어적인 자세를 나타낸다는 점에서 차이점을 보인다. 그와 대조하여 자아 이조적 방어를 가진 개인들은 그들 스스로 경험하는 데 거의 어려움이 없다. 그것은 그들의 인생에서 좌절감을 가진 중요한 사람이나 불행한 배우자, 심술 난 상사들로 인해 치료에 보내지거나 치료 안으로 오도록 개인들을 빈번하게 이끌고, 다른 더 많은 어려움들을 유발하는 알코올, 마약 중독자의 방어스타일(자아도취적인 행동, 중독 등)이다. 타인의 직면과 전이 왜곡을 통해 집단 설정은 자아 친화성 방어들이 자아 이조적이 되도록 하며 개인이 변화에 좀 더 동기부여 받도록 촉진시킨다. 만약 그들이 행동에 불편함을 거의 느끼지 않고 그들을 다루는데 어려움 때문에 문제를 가지고 있는 사람은 타인이라는 것을 확고히 믿는다면 왜 도대체 그 개인들이 변화하기 원할까?

또한 Durkin과 Glatzzer의 모델에서 집단은 리더에게 부정적, 긍정적 둘 다의 전이 왜곡을 피할 수 있는 더 많은 기회를 허락한다. 개인 치료 동안 그 또는 그녀의 치료사에게 긍정적 전이를 경험한, 지나치게 순종적이고 수동적이며 공격적인 개인은 분노 감정을 더 숨기는 경향이 있다. 집단 멤버들은 그런 개인의 분노에 접근 가능한 표적이 되기 쉽다. 또 이해와 지지에 대한 집단 멤버들의 욕구는 집단 리더에 의해서보다는 지지적인 방식으로 자발적으로 반응하는 경향이 있는 다른 집단 멤버들에 의해 더 잘 충족된다. 집단 정신역동에 관한 가장 최신의 종합적 이론은 Rutan과 Store에 의해 제시되었다. 그들은 자기심리학과 대상관계이론 둘 다로부터 나온 중요한 요소들을 더하는 동시에 지금까지 기술된 다양한 이론적 입장들을 통합할 수 있었다. 이와 관련해서는 중독 치료의 장기적 전략과 중독의 정신역동을 다루는 후속 장들에서 더 자세히 설명할 것이다.

중독 치료의 구체적 응용

이 부분에서는 집단에서 사용가능한 다양한 중재 수준들을 요약했는데, 이는 각 치료 모델의 장단점을 실례로써 보여주기 위함이다. 핵심 질문은 약물에 의존돼 있는 개인들에게 가장 잘 적용되는 접근은 어떤 것인가이다. 하지만 집단 내 마약 및 알코올 환자들을 다룰 때 가장 좋은 전략적 접근을 결정하는 데는 너무 많은 개입 변수가 고려돼야 하므로 이 질문은 범주적으로 명료히 답할 수 없다. 비 중독환자들에게 매우 효과적이라고 해서 꼭 중독환자들에게도 적용되는 것은 아니다. 시간 의존적 과정으로서의 치료가(치료 초기 단계에서 효과적인 것이 반드시 치료 후기 단계에서도 효과적인 것은 아니다) 중독환자들을 다룰 때, 지도 원칙이 되어야 한다. 집단치료가 효율적으로 극대화되기 위해서는 기저에 놓은 성격병리, 자아능력은 물론이고 의존돼 있는 물질까지도 신중히 평가해야 한다.

이런 집단과 작업할 때는 감정과 인지, 학습과 변화, 구조화와 모호성, 개인과 집단 사이에서 균형이 유지되어야 한다. 집단 리더는 자기 탐구, 성격 패턴 발견, 방어의 완화, 억압 감정들의 해소를 촉진하면서도, 각각의 중재 방식은 단약의 필요성에 견주어서 신중히 평가돼야 한다는 것을 항상 명심해야 한다. 한쪽으로 치우치거나 다른 쪽을 너무 소홀히 여기면 알코올이나 마약 사용의 재발 가능성이 커진다. 재발이 일어나면 치료는 본질적으로 비효율적이고 갑작스럽게 중단된다. Yalom의 대인관계 모델에 의해 가장 적절하고 완벽히 실증된 바 있는 대인관계적 접근은 바로 약물 의존자들을 효과적으로 다루는 데 필요한 다양한 요인을 모두 고려했던 바로 그 집단치료 기법이다.

Yalom의 추천 사항들은 집단치료에 매우 적응적이므로, 환자의 재활 욕구가 유지되는 가운데서 변형 기법이 비교적 쉽게 구사될 수 있다. 그의 모델은 치료 초기에 엄격해질 수 있지만(입원 환자들에게 치료 윤곽을 제시하면서 더욱 체계가 잡힘) 이후 금주가 확실해지고 재발 위험성이 덜해지면 느슨해 실(자기심리학과 현대의 정신분석적 기법들이 통합되면서 보다 덜 구조화 됨) 수 있다.

약물 의존자가 집단 리더에게 흔히 가하는 어려움들을 실례로 보여주기 위해 아래에 예화들을 제시하였다. 첫 번째 사례는 치료에서 단약을 우선순위로 삼지 않고 통찰이나 학습만으로 성공적 치료에 필수요소들을 제공할 수 있다는 이론적 입장을 고수함으로써 흔히 실수를 범하는 경우를 다루었다.

Bob은 음주운전 체포 후에 조사 받기 위해 보내졌다. 재정적으로 성공한 유명한 부동산 중개업자인 그는 자선 활동과 많은 시간을 기부하려는 의지, 지역사회 조직을 위한 노력으로 지역사회에서 어느 정도 인정도 받고 있었다.

그는 또 재능 있는 아마추어 테니스 선수이기도 했다. 조사 받는 과정에서 그는 매우 또박또박 말하고 개방적이고 솔직했는데, 이런 태도는 그가 받은 6년간의 정신분석과 매주 외래 환자로 2년간 심리치료 집단에 있으면서 얻은 자신과 관계에 대한 깊은 통찰을 증언해 주고 있었다. 그는 수년에 걸쳐 음주를 해왔다고 고백했지만 치료에서 그가 이런 문제를 꺼낼 때마다 거의 주목 받지 못했다고 말했다. 그는 이전에 "내가 할 수 있는지" 보기 위해서 두 번 자진해서 단주한 적이 있었다. 처음의 금주는 6개월간 지속되다가 "한 사교 모임에서 완전 주접을 떨며" 블랙아웃으로 끝나고 말았다. 그가 스스로 금주할 수 있었고 의사나 치료자, 심지어 그의 아내마저도 그가 '알코올중독자의 한 명'일 리 없다는 의견을 가졌었기에 그도 계속해서 자신의 염려는 별 근거가 없다고 확신했었다. 인터뷰가 끝나기 전에 치료사는 그가 심각한 알코올 중독자가 될 수 있음을 시사하는 증거들(반복적인 정신 잃음, 음주운전 체포, 조절하려는 주기적 시도, 알코올 중독의 가족 내력, 음주시 반복되는 수치 경험, 그가 음주를 시작할 때 취할지 아닐지를 확신할 수 없음을 나타내는 통제력의 상실)을 요약했다. Bob은 즉시 이 정보들에 안도감을 보였고, 지난 몇 년 동안 그의 경험을 사람들에게 이해시키려고 노력했다고 말했다. 자가 진단이 유일하게 알코올 중독에서 정말 중요한 진단이라는 말을 치료사에게서 듣고 Bob은 그 다음 주에 여러 AA 모임들에 가 볼 용기가 생겼고 그곳에 자주 나가서 자신이 알코올 중독자일 가능성에 대해 결정지어 보리라 마음먹었다. 그는 다음 회기에 환한 얼굴로 나타나서 치료사에게 백색 포커칩을 내밀며 이렇게 말했다. "내 집에 찾아온 것 같군요. 이 사람들이 저와 상관이 있고 저 또한 이들과 관계를 맺을 수 있다는 느낌이 드는군요."

이 예시는 학습과 통찰만으로 중독의 진행을 바꿀 수 없음을 보여준다. 모든 중독자들이 직면해야 하고 공격적으로 부인이라는 벽을 허물어야 하는 건 아니다. 이 사례가 설명해 주듯 때로 중독자들은 자신의 경험을 누군가가 경청해 주고 그것을 인정해 주기만 바랄 뿐이다. 치료가 전적으로 학습에 의존해 있을 때 맞게 되는 치료의 실패는 다음의 사례에도 잘 나타나 있다.

41세의 이혼녀인 Donna는 알코올 중독자와 두 번 결혼했고 자신의 "짜증을 누그러뜨리기 위해" 벤조디아제핀에 중독돼 있다. 지난 15년간 심리치료실을 들락거렸지만 한 사람과 1년 반 이상 지속하지 못했고 9개월 이상 심리치료 없이 지내지를 못했다. 그녀는 보통 이해와 통찰을 지나치게 강조하는 심리치료사를 골랐고 치료사가 그녀에게 약 복용을 포기하게 하거나 행동 변화를 촉구하면 치료를 중단했다. 칵테일파티에서 그녀는 자신이 남성들과 관계 맺는 게 힘든 이유를 지인들에게 쉽고 명확하게 말할 수 있다. 그리고 그녀의 자녀들에 대한 실패는 그녀 부모의 그녀에 대한 실패와 비슷하지만, 그녀는 변하지 않는다. 그녀는 유년시절부터 계속 반복해서 괴롭혀온 자기 파괴와 자기 방어적 인간관계 스타일을 보이면서도 자신을 그렇게 행동하도록 만드는 이유들을 이해하고 설명할 수 있다. 방어 체계가 주로 주지화, 합리화, 감정의 고립으로 구성돼 있기 때문에 그녀의 방어 방식을 단지 강화시키기만 할 뿐인 심리치료사들에 대한 그녀의 지속적 몰두가 그녀를 변하지 않게 만들고, 그녀의 문제와 관련된 감정을 살피지 못하도록 막았다. 그녀의 중독 문제는 별도로 다뤄진 적이 없었고 이것이 그녀의 논리적 유형의 성격이 변화되는 것을 방해했다. 그녀에 대한 벤조디아제핀의 지속적 처방 근거는 정당화될 수 없었다. 벤조디아제핀의 사용을 멈추려는 그녀의 시도들은 소위 '신경을 가라앉게 해주는' 대체물로서의 알코올 섭취라는 결과를 가져왔다. 그녀는 약 사용을 정당화했는데 왜냐하면 그녀의 음주 문제를 염려해 여 알코올 대신 발륨을 복용하라고 권

한 바로 그 주치의에 의해 약이 처방됐기 때문이었다. 이것은 AA의 날카로운 통찰을 다시금 지지하는데, AA의 통찰에 따르면 그간 의사들은 알코올 중독자들이 마치 발륨 부족에 시달리는 사람들인 것처럼 다루어 왔다.

물론 치료 스펙트럼의 다른 한 끝에서 작업하는 집단 리더 역시 감정 표현이나 변화만을 강조함으로써 치료 효과를 반감키거나 통찰을 저해할 수 있다. 스스로를 발견하는 데 빠져 있는 집단의 '광신적인 팬들'은 종종 집단치료 상황을 그들의 이익을 위해 조종하는 경향이 있다. 집단 심리치료에 타고난 재능이 있는 심리치료사인 Mary Goulding은 많은 집단 멤버들을 끌어들일 수 있는 '게임들'을 잘 인식하고 있으며, 이상한 낌새를 눈치 못 채는 집단 리더들에게 경험만 믿고 섣불리 개입하지 말 것을 경고하였다. Mary Goulding은 그녀의 집단에 온 적 있는 한 여성의 얘기를 들려주었다.

주말에 하는 장기 집단에 들어가는 한 여성이 집단에서 그녀의 죽은 어머니에 관한 슬픔에 대해 말하기 시작했다. 그녀는 죽은 어머니에 대한 빈 의자 기법에 빠르게 달려들었고 결국 울면서 어머니의 죽음과 자신이 홀로 남겨진 것에 대한 갑작스러운 분노를 표현했다. 그때까지 집단 멤버들 대부분은 혼자 울거나 적어도 그 여성의 감정적 분출에 강한 영향을 받고 있었다. 그녀의 리더가 죽은 어머니에 대한 그녀의 '작업'을 끝내자고 권유하자 그녀는 울면서 말했다. "그럼 이번이 어머니에게 마지막으로 작별인사 하는 건 거예요." 이에 집단리더가 재빨리 물었다. "마지막이라고요?" "네, 그래요!" 그녀가 외쳤다. "나는 1960년에 Fritz Perls와 캘리포니아에서 죽은 어머니에게 작별인사를 했고, 1972년에는 Erv와 Miriam Polster 모두 클리블랜드에 있었을 때 그들과 함께 어머니께 작별인사를 했고 뉴욕에서는 또 다른 치료사와 했어요."

위 사례는 극적이고 영향 받기 쉬운 정서 표현에 능한 집단원에 의해 순진한 집단 리더가 사로잡힐 수 있는 위험성에 대해 잘 보여준다. 집단 세팅 내에서 물질 의존자들과 작업할 때의 위험은 감정 표현만을 촉진하는 방식을 집단 리더가 사용하면서 그로 인해 집단 멤버들이 감정적으로 넘치고 과잉 자극될 가능성이 있다는 것이다. 이 같은 일은 약물에 의존돼 있는 퇴역 군인들을 위한 Veterans Administration Hospital 입원 병동에서 내가 사이코드라마 집단을 이끌 때도 무수히 경험했던 바이다.

32살의 백인 미혼남성인 Caleb은 그가 약물 병동에 입원해 있는 동안, 매주 한 차례씩 열리던 심리드라마 집단에 참석했고 한 번은 주인공으로 자원하였다. 조용하고 다소 수줍음이 많은 Caleb은 자동차 사고로 죽은 그녀의 여자 친구에 대해 이야기하기 시작했다. 그 사고는 그가 그녀의 차를 운전하는 동안 길에서 제대로 방향 전환을 하지 못해 발생하였다. 그때 그가 제대로 운전을 하지 못한 건 운전할 당시 그가 몹시 취해 있었기 때문이었다. 매우 강력하고 폭발적인 심리드라마 장면은 집단 멤버들을 의지함으로써 보조적으로 또 다른 자아들이 연기되었다. 마지막 장면에서 Caleb은 자동차에서 그녀의 죽은 여자 친구를 빼내었고 절망적으로 소리치고 그녀에게 용서를 간청하면서 그녀 시체에서 어떤 반응이 나오도록 애썼는데 이 장면을 눈물을 흘리며 고통스럽게 연기했다. 집단 종결 회기 때 두 동료 치료사와 많은 집단 원들은 그 심리드라마의 감독이 Caleb의 극적 조우 동안 보여준 강하고 능숙한 지휘력을 감탄하고 축하해 주었다. 불행히도 다음날 아침 그 모임은 Caleb이 전날 저녁 의료진의 반대에도 불구하

고 병동을 떠났음을 알게 되었다.

의심할 바 없이, 오래 억압돼 있던 경험과 연결돼 있던 강렬한 감정의 넘쳐남은 갈렙에게 매우 위협적이고 압도적이었음이 드러났다. 이 시나리오는 이 집단에서 너무 자주 반복되었다. 결과는 매번 같지 않았지만, 환자를 과잉 자극하는 일이 약물 의존 집단의 심리치료에는 그다지 유익하지 않다는 것을 확인시킬 만큼의 일관된 결과가 나타났다. 다른 집단에서 비슷한 상황의 최근 사례는 훨씬 나은 결과를 보였다.

3년간 금주 하면서 알코올 중독에서 회복중인 31세의 Jane은 최근 삶에서 겪은 상실(남편과의 이혼)을 다루는 데 어려움이 있어 외래 환자를 위한 심리치료 집단에 들어갔다. 집단의 3번째 회기 초반에 Jane은 그녀의 이혼을 둘러싼 현재의 감정에 대해 간략하게 말했고, Jane이 취한 채로 운전했을 때 발생한 자동차 사고로 그녀 친구가 죽게 되었을 때 느꼈던 감정과 현재 감정이 얼마나 비슷한지에 대해 말했다. 이번에 치료사의 결정은 이혼 때문에 자극된 감정에 초점을 맞추고 그녀 친구의 죽음에 관한 감정은 추적하지 않기로 했다. 현재 갑작스럽게 스트레스가 되는 결혼 상황으로 인해 그녀가 지금 가지고 있는 자아능력으로부터는 물론 다른 집단원들로부터도 지지 받을 수 있을지 집단 리더가 확신할 수 없어 이러한 결정을 내리게 되었다. 또한 집단 리더는 그녀가 다른 집단원들과 좀 더 연대와 신뢰를 갖도록 시간을 주었고 그녀가 외상을 줄 수도 있을 경험을 효과적으로 잘 다룰지를 신중히 평가하기 위해 시간을 더 갖고자 했다. 6개월 정도 후에 그녀는 과거 사고에 대해 다시 언급했다. 이번에는 집단 리더가 그 과거 사건을 좀 더 자세히 다루기로 하였다. 친구의 죽음 때문에 죄책감을 느끼고 결국 자살 충동까지 느꼈던 스토리를 Jane이 말하면서 다른 집단 멤버들도 그녀가 자신의 이야기를 나누는 것에 반응하도록 고무되었다. 집단이 상호작용 형식으로 진행되어왔기 때문에 다른 멤버들이 자신을 비난할 것이라는 그녀의 두려움이 검토되었고 결국 그것은 근거 없는 것으로 밝혀졌다. 그녀는 그것이 인생에서 용서할 수 없는 사고라고 느꼈음에도 불구하고 다른 멤버들의 지지와 그녀를 받아들인다는 그들의 나눔으로 죄에서 매우 깨끗해진 느낌과 해방된 느낌을 받았다. 그녀는 다음 주에 눈에 띄게 감정적으로 개선되어 집단으로 돌아왔고 그녀의 삶에서 일어난 극적인 변화를 이야기하며 '마치 가슴이 후련해진' 느낌이라고 덧붙였다.

치료 결과에 있어 Caleb과 Jane의 경험상 차이점은 중독 치료 집단의 리더가 어떤 집단 형식을 취할지에 대해 시사하는 바가 크다. 어떤 접근법이 특정 한 환자들에게 더 잘 맞는다 하더라도, 중독 환자의 특수한 상황들을 고려하여 변화와 학습이 꾸준히 잘 통제되고 효과적으로 이뤄질 수 있는 방법을 취하는 것이 바람직하다. 이 책의 나머지 부분이 약물 의존자들 치료에 선호되는 관계적 집단 모델을 명확히 설명하는 데 할애된 것도 바로 이러한 이유에서다. Yalom 특유의 대인관계적 집단 정신치료 모델은, 집단치료가 중독 치료의 효과적 수단이 되기 위해서는 반드시 확립되어야 할 과제나 목표들에 가장 잘 부합된다.

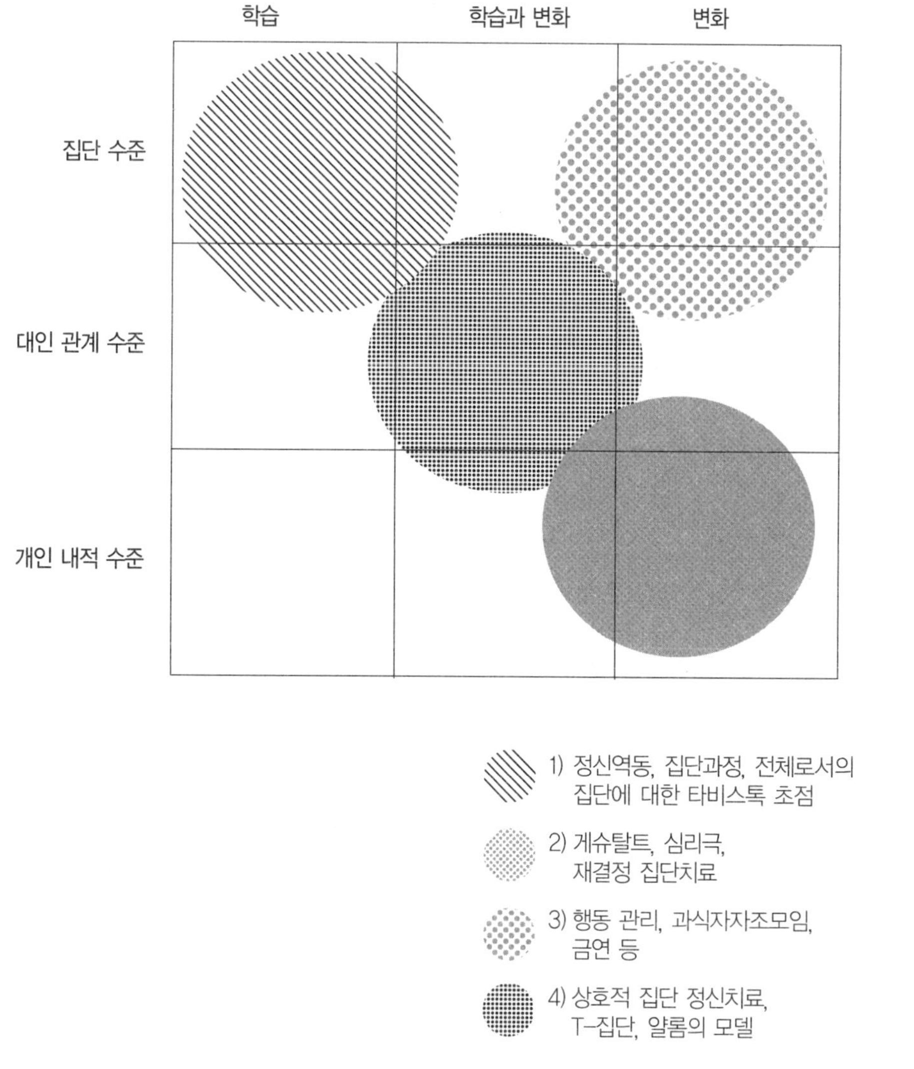

〈그림 6. 7〉 다양한 집단 모델 요약 〈Singer et al. (1975)에서 응용〉

Yalom 모델이 수정되어야 하지만 그 모델의 다른 대체안들이 집단 리더에 의해 실행되기 전에 이 접근의 기본들을 이해하는 것이 중요하다. 이 장을 마치기 전에 최종적인 개념 지도(그림 6.7을 보라)가 제시되어 있는데 이는 잠재적인 집단 리더들로 하여금 그들 앞에 놓인 다양한 옵션들이 집단의 과제, 목표는 물론 집단 멤버들의 특정 욕구가 가장 이롭고 생산적인 방식으로 충족되게 하기 위해서 집단 리더가 택하고자 하는 개입 방식 등에 달려있음을 알도록 하기 위해서다.

7

물질 의존 환자를 집단치료에 준비시키는 일

어느 물질 의존자에게 치료가 필요하다고 결정될 경우 그 혹은 그녀는 분명히 정신치료집단에 배치될 것이다. 알코올과 약물환자들을 치료하는 세팅이라면 이 사실은 의문의 여지가 없다. 정확한 이유를 언급할 수는 없으나 모든 알코올과 약물 치료 프로그램에서 집단정신치료는 가장 우세한 치료 방법이다. 모든 입원 시설, 낮 병원, 그리고 사후관리 프로그램에서도 통합적 치료 방법 중 하나로 집단정신치료를 진행한다. 12단계 프로그램에 참여하는 것 이외에 중독 관련 치료 현장에서 집단정신치료 만큼 자주 활용되는 프로그램을 찾기란 쉽지 않다. 그러나 그 활용의 우수성에도 불구하고 정신치료집단에 참여하는 환자들을 준비시키는 일의 중요성에 대해 그간 관심이 없었던 것 또한 사실이다. 정신치료집단에 처음 참여하는 것 자체가 얼마나 어려운 일이며, 불안감을 촉발시키는 일인지를 고려해 볼 때 이는 매우 유감스러운 일이다. 집단정신치료가 가져올 수 있는 조기 불안감을 잘 조절하지 못함으로 인해 많은 중독 환자들이 집단치료로부터 얻을 수 있는 이익을 충분히 얻지 못하고 있기 때문이다. 12단계 프로그램이 마치 아무런 준비 없이 참여할 수 있는 것처럼 보이기 때문인지 많은 알코올 및 약물 치료사들이 집단치료준비 작업의 중요성에 대해 잘 알지 못한다.

특히 물질의존 환자들을 위한 집단 사전준비 작업은 급성중독과 금단현상 또한 다루어야 하기 때문에 문제는 더욱 복잡해진다. 많은 경우 환자들의 인지가 손상되었을 뿐만 아니라 물질 사용에 의한 감정 장애 또한 갖고 있기 때문에 이들을 심리적 차원에서 개입한다는 것은 결코 쉬운 일이 아니다. 집단에 참여한다는 것은 그 누구에게나 어려운 일이지만 금단 초기 증상의 극심한 고통 가운데 있는 급성 위기 상태의 환자들에게는 특히 집단 참여가 쉽지 않다. 그런데 이 중독자들 중 급격한 위기 없이 치료 현장에 나타나는 경우는 거의 없다. 대부분의 중독자들은 불만에 가득찬 배우자와 고용주, 법에 의한 처벌 혹은 생명을 위협할 만한 합병증에 의해 강제로 치료 현장에 투입된다. 더욱이 이들은 보통 제도적 차원에서 강제적으로 집단 치료프로그램에 소개되어지는 경우가 많기 때문에 자신들을 돕고자 노력하는 치료진에게 고마워하기는 커녕 치료진의 의견을 수용하려 하지도 않는다. 중독자들이 어느날 갑자기 아침에 일어나 "오늘은 기분이 좋은 걸. 살아 있다는 거 자체가 멋진 일이지! 한번 28일 동안 병원 치료 프로그램에 참여해볼까"라고 하기는 만무할 것이다.

많은 집단정신치료 이론가들과 임상가들은 집단에 참여한다는 사실 자체가 얼마나 어렵고 높은 불안감을 야기할 수 있는 일인지 잘 알기 때문에 집단 참여 준비 작업의 중요성에 대해 이야기한다. 그러나 현실에서 중독 환자들의 이러한 어려움에 대해 실질적으로 관심을 갖는 사람은 거의 없었다. 상당한 연구 결과들과 임상적 경험들이 치료 준비 작업에 도움 될 만한 실용적 가이드라인을 제공하고 있기는 하나 이 지침서들은 대부분 외래 치료 프로그램에 참여하는 비 중독자들을 위한 것이다. 물론 이 지침서들은 상당히 유용한 정보를 담고 있기 때문에 중독 환자들에게까지 일반화 시켜 적용할 수도 있을 것이다. 그러나 알코올 중독자들을 비롯한 중독자들은 신경학적으로 상당 부분 손상되어 있다는 것을 간과하고 있는 한계를 갖고 있음 또한 사실이다. 이 문제에 대해서는 12장에서 더 자세히 살펴보도록 하겠다. 지금 현재 우리가 꼭 알아두어야 할 사실은 중독 환자들의 경우 겉보기에 멀쩡한 것처럼 보이는 환자들조차도 중독으로 인한 인지 손상 정도가 상당히 심각하다는 것이다. 그렇기 때문에 중독자들의 이러한 특성을 고려한 가장 구체적이고 간결하고 기본적인 지침서만이 이들에게 도움을 줄 수 있다. 치료자는 치료 초기에 이 사실을 절대 간과해서는 안 된다.

다행히도, 비중독자들을 대상으로 한 집단정신치료 프로그램에서는 이 부분을 간과하지 않았다. 많은 집단정신치료자들이 공통적으로 사전 준비작업의 중요성을 강조했다(Yalom & Leszcz, 2005; Rutan & Stone, 2001; Burlingame, MacKenzie & Strauss, 2004). 리더 주도형 치료집단구조에서 집단 준비작업은 리더가 갖추어야할 광범위한 기술 범주 중 초기 구성 요소에 해당한다. 그 효과 정도와 시행 방법에 대해서는 다양한 의견이 존재하나 연구자들과 치료 전문가들 공히 치료집단 구성원들을 준비시키는 작업을 통해 더 큰 치료 프로그램의 효과를 볼 수 있다는 사실 자체에 대해서는 동의한다. 전문가들이 치료준비 집단의 중요성에 대해 관심 갖는 것에 비해 그 효과성을 입증할 만한 경험적 증거가 미약하기는 하지만 가장 신중한 연구자들조차 사전 집단준비의 중요성에 대해 언급하고 있다(Piper & Ogrodniczuk, 2004).

건강 관련 서비스에 종사하는 사람이라면 누구나 치료 순응도compliance를 향상시킬 수만 있다면 그것이 어떠한 형태의 개입이든 치료 성공률을 향상시키는 데 기여한다는 사실을 알고 있다. 모든 유형의 집단치료들이 그 집단의 치료 기간(장기 치료 혹은 단기 치료), 치료 세팅(외래진료 혹은 입원), 이론적 모델(인지이론 혹은 정신역동이론)에 관계없이 집단준비의 유익함에 대해 보고하였다(MacKenzie, 2001; Budman, Demby, Soldz & Merry, 1996; Yalom & Leszcz, 2005). 이 유익함에 기여하는 공통적 요소가 무엇인지 확인하는 것은 중요하다. 집단 사전 준비는 또한 초이론적transtheoretical 접근법에서 주장하는 것이기도 한데 이 초이론적 치료 접근법에서는 치료프로그램에 참여하는 개인과 집단의 변화 과정을 이해하는 것에 초점을 두고 있다(Safran & Muran, 2000). 효과적 치료 프로그램의 구성에는 다음의 3대 독립 변수가 필수적이라고 한다(Luborsky, 1976; Bordin, 1979).

- 과업에 대한 합의
- 목표에 대한 합의
- 환자-치료자 간 결속의 질

적절한 사전 집단준비는 이 세 가지 요소 모두를 충족시킨다(Burlingame et al., 2004; Yalom & Leszcz, 2005; Rutan & Stone, 2001). 사전 집단준비가 집단에 처음 참여하는 구성원들에게 얼마나 큰 영향을 미칠 수 있는지에 대한 이 연구의 함의를 이해하는 것은 중요하다. 얄롬을 비롯한 이 분야 여러 전문가들은 중독자들로 구성된 집단을 이끄는 어려운 임무를 시작하고자 하는 집단리더들에게 이 세 가지 요소를 잊지 말 것을 당부한다.

선택과 구성

집단 구성원들은 동질적일 수도 이질적일 수도 있다. 그러므로 집단 구성원을 선택할 때에는 실행하고자 하는 집단의 유형(동질집단인가, 이질집단인가)이 무엇이냐에 따라 그 선택 기준이 달라진다. 중독 치료 프로그램 참여 대상자를 결정함에 있어 집단 초기 단계에서 확인할 수 있는 유일한 기준은 그가 물질의존이라는 진단명을 가지고 있는가이다. 이러한 측면에서 보자면 이들은 이미 동질적 집단을 이룬 것이다. 이질적 집단에서는 한 가지 목적, 한 가지 진단, 한 가지 초점만을 가질 수 없으나 동질적 집단을 통해서는 누구라도 그 집단을 통해 유익을 얻을 수 있다. 그러나 외래 환자들을 대상으로 하는 장기 정신치료집단의 구성원 선택 과정은 사정을 통한 주의 깊은 판단이 요구된다. 진단적 범주와 환자의 성격 측면에만 주된 관심을 갖는 기존 임상 면담과 구조화된 사정은 환자들에게 그다지 도움이 되지 않을 뿐더러 신뢰할 만한 사정 기준이 되지도 않았다(Salvendy, 1993; Piper, 1994). 이보다는 내담자가 어느 정도로 대인관계를 잘할 수 있는가(Yalom & Leszcz, 2005), 심리 상태는 어떠한가(McCallum & Piper, 1990), 대상관계object relations의 질은 어떠한가(Piper, Ogrodniczuk, Joyce, Weideman & Rosie, 2007), 과거 긍정적인 집단에 대한 경험이 있는가(과거 집단에서 나타난 행동은 미래 집단에서 나타날 행동을 예측하는 가장 중요한 인자이기 때문에)(Piper, 1994) 등 세심한 부분들에까지 주의를 기울였을 때 더욱 성공적으로 참여자들을 사정할 수 있었다.

임상 경험 및 경험적 조사(Piper, 1994; Salvendy, 1993)가 반복적으로 증명하고 있듯이 누가 집단치료로부터 도움을 받을 수 있을지를 정확하게 예상하기란 어려운 일이다. 집단 구성원을 선택하는 기준은 항상 변화할 수 있다는 것과 항상 신중하게 고려해야 할 부분이라는 사실을 기억하면서 가장 이상적인 참여자로부터 한계선상에 있는 참여자 그리고 가장 부적절한 참여자에게 이르기까지 구성원을 선택해 나가는 과정이 중요하다. 집단 구성원의 선택과 집단의 구성은 상호 영향 관계에 있다. 어떤 그룹에서는 전적으로 부적절하다고 보이는 한계선상에 있는 참여자가, 다른 집단에 가서는 아주 잘 참석할 수 있을 뿐 아니라 심지어 그 집단의 전체적 기능을 향상시키는 역할을 수행할 수도 있다(Gams & Alonso, 1998). 예를 들어 가장 이상적이라고 생각되어지는 참여자들로 구성된 고기능의 이질적 집단에서는 한 명 혹은 두 명 정도의 한계선상에 있는 참여자들을 잘 받아들일 수 있을 뿐만 아니라 그 참여자가 집단에 가져오는 이질성으로 인해 더욱 집단을 풍요롭게 할 수도 있다. 이와는 대조적으로 부적절한 참여자들이 주류인 집단에서는 그 집단 정신역동의 무게 때문에 혹은 대인관계 역량의 한계로 인해 기능이 좋은 참여자들을 받아들이지 못할 수도 있다.

이상적인 참여자: 그것이 참여자의 보고에 의한 것이든 혹은 직접적 관찰에 의한 것이든 참여자가 이전에 집단에 대해 긍정적인 경험을 한 적이 있다면 이것이야말로 이 사람이 이 집단에서도 잘할 것이라는 가장 좋은 예견 인자가 된다(Piper, 1994; Salvendy, 1993). 심리적으로 가장 동기가 잘 부여된 참여자들을 보면 이들은 질 높은 대상관계를 맺을 수 있으며 피드백을 주고받을 수 있고 자신들의 문제를 상호관계 용어로 정의할 수도 있으며 적절한 자기개방이 가능하고 주어진 집단 과제를 수행할 수 있는 능력이 있다(Piper et al., 2007; Rutan & Stone, 2001; Yalom & Leszcz, 2005; Friedman, 1989; McCallum & Piper, 1990; Salvendy, 1993).

부적절한 참여자 : 집단치료에 참여하는 것 자체를 견디지 못하는 참여자들을 보면, 집단규칙을 따를 의지 자체가 없거나 급박한 위기 상황에 있고, 긴장되고 모호한 상황을 참지 못하며 다른 사람들에게 관심이 전혀 없어서 집단리더들을 다른 사람들과 함께 공유하지 못하고 독점하려 한다. 또한 지나치게 자기중심적이고 편집증적이어서 집단에 잘 조화되지 못한다. 낮은 지능, 타고난 기질, 알코올 및 약물에의 중독, 정신증적 특성 또한 이질적 장기 외래 정신치료집단에서 흔히 볼 수 있는 징후이다(Rutan & Stone, 2001; Yalom & Leszcz, 2005; Friedman, 1989; Salvendy, 1993).

한계선상에 있는 참여자 : 위의 양극단 범주 사이에 있는 사람들이다.

연구 결과들이 지닌 함의

한 유수 대학에서 수행한 연구 결과에 따르면 198명중 70명에 해당하는 환자들이 치료 세팅에 나타나기 시작한 지 다섯 번째가 되기 전에 이미 치료집단에서 낙오했다고 한다. 치료자가 판단하기에 지속적으로 치료를 받기만 한다면 분명히 도움을 받을 수 있을 것 같다고 느낀 환자들조차도 마찬가지였다(MacLeod, 1968). 얄롬Yalom과 랜드Rand(1966) 또한 또 다른 연구에서 이와 비슷한 결론을 보고하였다. 집단치료 시작 당시에 있던 환자들 중 삼분의 일에 해당하는 사람들이 10회기 모임 후에 아무런 진전 없이 집단에서 낙오했다고 한다. 그러나 이와는 대조적으로 치료 모임에 50회기 이상 참여한 환자들의 경우에는 임상적으로 진전이 있음을 확인하였다. 이 모든 연구 결과들이 공통적으로 강조하는 것은 새로 모임에 참석한 사람들에게 있어서는 처음 몇 번의 모임이 매우 중요하다는 사실이다. 맥레오드MacLeod(1968)는 이에 대해 치료 시작 초기 몇 시간을 어떻게 관리하는가가 치료 실패 및 치료 낙오의 결정적 요인이라고 설명한다. 환자들이 지속적으로 치료에 참여하도록 할 수 없다면 이들을 향상시킬 수 있는 기회 또한 없을 것이기 때문이다. 그는 또한 다음과 같이 제안한다.

> 치료 상황에서의 불안전성을 회피할 수 있는 최고의 방법은 가능한 빠른 시일 내에 치료적 동맹 혹은 치료적 관계를 발전시키는 것이다. 치료적 동맹을 발전시킨다는 것은 치료자와 환자가 서로 실제 현재 경험 속에 존재하는 사람들로서 서로 친숙해지는 것을 의미한다. 치료자는 자신을 전이 대상으로

드러내서는 안 된다. (1968, p.402)

치료 초기에 치료적 동맹을 방해하거나 상당한 정도의 긴장감 혹은 불안감을 야기할 만한 일이 있다면 그것이 어떠한 일이라 할지라도 삼가야 한다고 맥레오드는 말한다. 모든 치료적 방법론들이 치료 초반에 일련의 공통된 권고 사항을 따를 것을 제시한다. 치료 효과성을 향상시키기 위해서는 치료자와 환자가 서로 협력하여 치료 목표에 동의하여야 하며 그 협력은 지지적 동맹이라는 맥락 속에서 이루어져야 한다. 치료 동맹과 치료 결과 간 정적 상관관계를 다양한 경험을 통해 이미 알고 있다면. 치료 초기에 집단 동맹 및 결속력을 강화시키기 위해 사전 집단준비가 얼마나 중요한 역할을 하는지 또한 알고 있을 것이다. 사전 집단 준비 만남은 집단리더와 미래 집단 참여자간 가장 기본적인 동맹 강화에 기여할 뿐만 아니라 집단 응집력 및 다른 집단 구성원과의 관계를 촉진시키는 견인차 역할을 수행한다. 집단 응집력 혹은 집단 내 동맹을 발전시키는 첫 번째 단계는 집단 구성원들과 집단리더가 서로 상호 동일성을 확인하는 것이다(Yalom & Leszcz, 2005). 집단리더가 집단 구성원들과 동맹을 맺음으로써 얻을 수 있는 이점이 무엇이든지 간에 그 이점을 활용하고, 그 얻은 이득은 다시 집단 구성원 간 응집력 및 동맹을 강화시키는데 활용하는 것이 가장 좋은 방법이다(Burlingame et al., 2004). 이는 치료자에 의해 주도되어지는 구조 속에서 신중하게 행해져야 한다.

사전 집단준비 작업의 가장 주된 목표는 치료적 동맹을 형성하는 것이기 때문에 집단을 리드하는 치료자와 준비 작업을 수행하는 치료자는 동일인 이어야 한다(Yalom & Leszcz, 2005; Rutan & Stone, 2001). 다만, 이를 명확하게 증명할 수 있을 만한 연구 결과가 없다는 것이 한계이다.

치료동맹과 집단 내의 응집력cohesion

응집력이라는 개념은 정신역동과 상호관계 집단정신치료에서 집단치료 초기 준비단계에서뿐만 아니라 전체 치료 과정에 걸쳐 중요한 역할을 수행한다. 관계 더 정확히 말해 알코올중독자를 비롯한 중독자들의 애착관계를 조절할 수 있는 건강한 정동 형성 능력의 부재는 중독 장애의 병인론 및 해결책 모두에 있어 결정적 요소이다. 구성원 대 구성원, 구성원 대 집단, 집단 대 리더라는 집단정신치료에서 발생할 수 있는 모든 경우의 관계를 통해 애착 유형의 결함을 조사할 수 있을 뿐만 아니라 이 결함을 회복시킬 수 있는 사회 분화를 제공할 수도 있다. 집단리더가 형성하고자 기대하는 가장 최상의 분위기 혹은 감정적 기운은 바로 응집력 있는 집단이다.

응집력이라는 개념을 제대로 이해하는 것은 물질 남용자들을 대상으로 하는 집단치료에서뿐만 아니라 모든 진단 범주에 있는 사람들을 대상으로 한 집단치료에서 매우 결정적이다. 집단 내에서의 응집력이란 집단 구성원들 간에 형성된 애착관계의 본질을 의미한다. 그리고 이 애착관계는 치료가 발생할 수 있는 맥락을 제공한다. 집단정신치료에서의 응집력은 개인치료에서 나타나는 치료적 동맹과 같은 것이다. 만약 집단에 응집력이 없다면 이 집단을 통해 성취할 수 있는 것은 거의 없다. 이는 개인치료에서 치료적 동맹이 형성되지 않은 경우 얻을 수 있는 효과가 제한되어있는 것과 같은 이치이다. 얄롬의 '집단을 치료함에 있어 중요한 요소 12가지'의 우선순위를 정하는 일련의 연구에 대한 리뷰를 보면, 성공적 집단치료를 위해 가장 중요한 단일 요소가 바로 응집력임을 확인할 수 있다. 이는 물질 남용자들을 위한 집단의 경우 특히 더 그러하다(18장 참고). "집단 응집력은 효과적인 장기 치료를 위해 치료자들이 최대한으로 개발하고자 직접 혹은 간접적으로 노력해야만 하는 필수불가결 요소이다"라고 얄롬은 말한다(p. 111, 1985). 얄롬은 집단의 치료요소들에 대해 설명하거나 이들을 서로 비교할 때, 변화 메커니즘을 위한 치료요소와 변화 조건을 위한 치료요소를 명확하게 구분한다. 변화하기 위한 조건을 만들기 위해 응집력이 얼마나 중요한 역할을 수행하는지는 결코 과장될 수 없다. 다른 치료요소들을 활성화하기에 앞서 응집력 있는 환경을 형성하는 것이야 말로 가장 중요한 것이라는 얄롬의 주장은 다른 많은 연구들에 의해서도 반복적으로 입증되고 있다.

어떤 연구자들은 집단 응집력과 집단 동맹은 두 개의 개별화된 개념이라고 주장하기도 한다. 동맹이란 집단 구성원과 집단리더와의 관계에만 한정된 개념이며, 응집력은 집단 구성원 간 친밀 정도에만 적용될 수 있는 개념이라는 것이다. 벌링에임Burlingame, 후리만Fuhriman, 존슨Johnson(2001)의 정의가 얄롬과 오르몽의 개념 정의 보다 더 애착이론에 적합하게 응집력을 설명하는 것 같다. 오르몽(1992)은 집단에서의 응집력 획득을 집단에서의 공동체 의식 형성과 유사한 것으로 본다. 모든 집단 구성원들이 서로 적절히 감정을 나누고 의사소통할 수 있도록 집단리더가 잘 조율할 수만 있다면, 이로 인해 치료력은 배가 될 것이라고 한다. 적절한 환경이 형성되기만 한다면 "이 사람들은 서로를 그 어느 누구보다도 더 조화로운 합의 공동체로 인식하게 될 것이다"(1992, p.2인) 라고 오르몽은 쓰고 있다. 치료 공동체에서 이들이 통합하여 기능할 수만 있다면 이들은 하나의 단일체로서 그 무언가를 발휘할 수 있을 만한 가능성 있는 대상이 된다는 것이다.

벌링에임 등Burlingame et al.(2001)은 성공적 치료 결과와 치료동맹과의 관계를 고찰하고 있는 리뷰 논문에서 집단치료의 성공을 위해 조직화가 필요한 주요 요소로 집단 응집력을 들고 있다.

> 구성원 대 구성원 그리고 구성원 대 집단 간 관계는 집단치료에 있어 주요한 치료 메커니즘이기 때문에 집단리더는 최상의 치료적 환경을 개발하기 위해 각 참여자들의 개별적 치료 성장에 대해 관심을 기울여야 할 뿐만 아니라 전체로서의 집단에 대해서도 주의를 기울여야 한다. 진정 영악한 치료자는 구성원들 간 관계를 향상시키고, 서로서로 도울 수 있도록 가르칠 때 집단 구성원들을 가장 잘 도울 수 있다는 사실을 안다. 많은 집단 구성원들이 익혀야 할 치료적 과업은 이러한 관계 속에서 성공적으로 협상할 수 있는 방법을 배우는 것이다. 이때 비로소 서로 치료자의 시간과 주의를 확보하고자 경쟁하거나 그것을 나누어야만 하는 "약화된 개인치료"가 아닌, "진짜 집단치료" 형식이 제대로 치료적 영향력을 발휘하게 될 것이다.(2001, p.373)

벌링에임 등(2001)은 집단 응집력이 치료 결과를 예견하는 요소인 것에 대한 경험적 증거를 제시하고 있다. 많은 연구들이 집단 응집력과 환자의 치료 향상이 서로 강한 정적 상관관계가 있다고 결론 내리고 있다.

- 애착 및 관계의 향상(집단에서 이해 받는 느낌, 보호받는 느낌, 편안한 느낌 등)을 보고한 환자들의 경우 증상 또한 크게 개선되었다고 보고하였다.

- 증상 개선은 환자들의 자기보고에 의해서도 확인 된다. 구성원들은 집단을 좋아하였으며, 친밀감을 경험하였고, 수용 받는 느낌이었으며, 집단 내에서 함께 문제를 해결하는 과정 중에 따뜻함·공감·다정함·배려·친절함 등을 경험하였다.
- 집단에 대해 느낀 매력의 정도가 구성원의 집단 참여 기간에도 영향을 미쳤으며, 이는 집단치료 초기에 특히 그러하였다.
- 집단 내 마찰은 프로그램 결과에도 나쁜 영향을 미쳤다
- 외부 관찰자가 측정한 집단 응집력 정도는 집단 구성원들이 보고한 증상 개선 정도와 연관되었으며, 특히 프로그램 시작 30분이 결과에 결정적 영향을 미쳤다.
- 집단리더가 자신을 이해하고 있으며 중요하게 생각한다고 느낀 구성원은 더 큰 증상 개선을 보였다. 이와 대조적으로 집단리더로부터의 부정적 느낌 경험은 치료 결과에도 나쁜 영향을 미친 것으로 나타났다.
- 집단 및 집단 구성원에 대한 강한 긍정적 애착 감정은 자기개방 빈도 및 피드백의 빈도를 증가시켰으며 그 결과 더 강한 상호작용과 긍정적 결과를 가져왔다.
- 초기 집단 응집력의 개발은 집단 내 갈등 조절 능력에도 영향을 미쳤다.

집단내 우호적 관계 형성하기 및 유지하기

벌링에임 등은 치료 유지 기간· 집단 응집력· 성공적 치료 결과를 향상시킬 수 있는 여섯 가지 원칙을 제시하였다.

1. 집단리더는 집단 구성원 간 감정 표현의 촉진을 주요 목표로 삼아야 한다. 집단 구성원들이 자신의 감정을 표현할 수 있도록 장려하며, 그 표현된 감정에 서로 반응하고 공유할 수 있도록 해야 한다.
2. 집단리더의 존재는 각 개인으로서의 집단 구성원뿐만 아니라 집단 전체에까지 영향을 미칠 수 있어야 한다. 그렇기 때문에 집단리더는 자신의 감정 상태를 조절할 수 있는 능력을 갖는 것이 중요하다.
3. 적절한 때에 적절한 피드백을 제공하는 것은 관계 형성 과정을 촉진시킴에 있어 핵심적인 요소이다.
4. 실시간 관찰 가능한 집단리더를 모델링 하는 것, 효과적인 피드백을 서로 제공할 수 있도록 안내하는 것, 적절한 통제 및 연대를 유지할 수 있도록 하는 것은 집단 응집력에 긍정적 영향을 미칠 수 있다.
5. 집단리더는 프로그램 초기에 집단을 운영함에 있어 명백하게 할 필요가 있다. 집단이 조직적으로 잘 운영되면 운영될 수록, 자기개방 및 응집력의 정도 또한 높아질 것이기 때문이다.
6. 집단리더는 사전 집단 준비 작업을 통해 치료에 대한 기대감을 심어주거나 집단규칙을 정할 수도 있으며, 집단 구성원들이 프로그램에 효과적으로 참여하고 응집력을 강화시키기 위해서는 어떻게 행동해야 하는지를 교육할 수도 있다.

애착이론가들은 구성원 대 구성원 간 애착뿐만 아니라 구성원 대 집단 간의 애착 또한 필요하다고 지적한다. 이 둘은 생물학적으로 공존할 수 밖에 없는 운명이기 때문이다. 인간 초기 발달단계를 보면 유아들은

이 시기 동안 애착관계 형성을 통해 생명의 위협과 위험으로부터 자신들을 보호한다고 한다. 그러나 이 아이가 성장해 나감에 따라 더 큰 상호 호혜성 및 의미 있는 관계 형성의 중요성을 인식하면서, 동료 및 집단과의 친화적 관계를 맺고자 한다(Litchtenberg et al., 1992)는 사실 또한 알 수 있다. "친화적 관계"는 단순히 물리적 근접성에 기반한 것은 아니며 이 보다 더 복잡한 의미에 근거한다. AA가 알코올중독자들에게 효과적일 수 있는 이유는 이 모임이 "친화적 관계"를 형성할 수 있을 만한 기회를 제공하기 때문이다.

영향과 이점

많은 경험적 증거들에도 불구하고 어떠한 방법이 중독치료 성공에 가장 효과적인지에 대해서는 아직 합의를 이끌어 내지 못했다. 다만 사전 집단 준비 작업이 치료요소 일부를 향상시킴에 있어 매우 효과적이었다는 증거가 있을 뿐이다. 그러나 이 또한 일부 다른 요소들을 향상시킴에 있어서는 그다지 영향력을 발휘하지 못할 뿐 아니라 전혀 영향을 미치지 못하기도 한다.

강한 영향력 : 가장 강력한 이점은 참여자들이 치료 프로그램에 지속적으로 참여한다는 것이다(Piper & Perrault, 1989). 사전 집단 준비 작업과 집단 응집력 간에는 정적 상관관계가 있다는 증거들이 이를 뒷받침 하고 있다. 사전 집단 준비 작업이 잘 되어 있으면 있을수록 집단 목표 및 과업에서 이탈하는 경우가 적었으며, 참여자들의 출석율은 증가되었고, 불필요한 에너지를 소모하는 일이 적었으며 불안감 또한 감소되었다. 이 뿐만 아니라 집단의 목표 및 역할에 대해 더 잘 이해하면 이해할수록 이 집단이 치료 효과에 긍정적으로 작용할 것이라는 믿음 또한 향상되었다(CORE-R, 2006). 집단 자체가 지니는 강한 매력은 참여자들의 치료 유지 욕구를 증진시키지만, 집단 내에서의 불필요한 감정 소모는 참여자들의 치료 유지에 악 영향을 미친다는 것이다(Burlingame et al., 2004).

혼재된 영향력 : 사전 집단준비 작업을 통해 발전된 치료 과정(열린 대인관계, 자기개방), 향상된 집단 응집력, 좀 더 강력한 치료 연합을 기대할 수 있다고 한다.

영향력 없음 : 집단 참여 유지 및 집단 출석율이 치료 효과와 직접적인 관계가 있다고 말하기는 어렵다. 치료 효과에 영향을 미치는 다른 집단치료 변수들을 정확하게 설명하기 복잡하다는 것이 그 이유일 것이다. 준비 의지는 집단 참여자들이 집단에 더 오래 머무를 수 있도록 하며 그 결과 많은 이득을 볼 수 있게 될 것이다. 그러나 준비 그 자체가 치료 효과에 큰 영향을 미치지는 않는 것으로 나타났다. 준비 정도와 치료 프로그램의 효과 간 낮은 상관관계는 많은 요소들에 의해 설명될 수 있을 것이다. 집단에 매일 같이 얼굴을 보이도록 하는 것만으로는 충분치 않다. 한 두 번의 사전 준비 모임이 미칠 수 있는 영향력은 시간이 지남에 따라 약해질 수밖에 없다. 치료 전반에 걸쳐서 다른 영향 요인들(집단 구성, 집단리더의 기술, 응집력, 적용하고자 하는 치료 프로그램과 집단 참여자의 특성이 일치하는 정도)이 치료 효과에 영향을 미칠 수 있기 때문이다. 집단 참여율과 유지율 이외에도 집단치료 프로그램에 영향을 미칠 수 있는 요소들이 존재한다.

예비 집단의 형성 : 치료유지 증진 및 중도 탈락율 줄이기

어떤 물질 남용자들은 다른 이들보다 치료 프로그램을 통해 더 좋은 효과를 얻는 경우가 종종 있다. 어떠한 이유로 이러한 일이 발생하는 것일까? 프로젝트 MATCH 연구(1997)를 비롯한 일련의 연구들이 이 문제에 대해 조사하였다. 프로젝트 MATCH에서는 서로 다른 세 가지 개입방법(익명의 알코올중독자들, 인지행동치료, 동기 증진)을 이용한 치료 프로그램에 물질 남용자들을 임의로 배치하였다. 이는 각 참여자들의 특성과 욕구에 적합한 개입방법을 사용하는 것이 치료 효과에 어떠한 영향을 미치는지를 알아보기 위함이었다. 많은 치료자들이 이 연구결과에 대해 궁금해 했는데, 그 결과는 어떠한 접근법도 특별히 그 효과가 두드러지지 않았다는 것이었으며 이 사실은 많은 치료자들을 놀라게 했다.

MATCH 연구결과로부터 다음의 중요한 몇 가지 사실을 도출할 수 있다. 물질 남용자들 중 일부(30%)–치료 수용적 내담자라고 정의되어지는–는 다른 참여자들과 치료적 동맹을 맺을 수 있도록 돕는 훈련된 치료자에 의해 제공된 치료를 받기만 한다면, 어떠한 개입방법에 의한 치료 프로그램이냐에 상관없이 긍정적으로 반응한다고 한다. 그러나 그 외 나머지들–치료 저항적 내담자라고 정의되어지는–은 환자 자신이 가지고 있는 특성 및 프로그램과 치료자가 가지고 있는 특성들의 상호 작용으로 인해 치료 프로그램을 그만두게 된다고 한다.

어떠한 치료 방법을 사용하느냐 혹은 어떠한 방향성을 취하느냐에 상관없이, 참여자들의 지속적 치료유지 요인은 무엇인가에 초점을 맞추는 것이 더 생산적이라는 결론에 이르게 된다. 참여자들이 프로그램 참여를 그만 두는 데에는 그만한 이유가 있다고 한다. 그 중 가장 큰 이유가 되는 변수는 치료적 동맹에 불화를 일으킬 가능성이 있는 것들–치료자 혹은 프로그램 구성–때문이다. 즉 치료자가 치료적 동맹을 적절히 조절하는 데 실패하는 경우(전이로 인한 감정이입 실패, 역 의존 행동, 투사적 동일시 등), 부주의하게 치료 프로그램을 바꾸는 경우(본 치료 프로그램 종료 후 사후관리 프로그램으로 이행하는 경우, 여러 치료자들을 거치게 되는 경우, 휴가나 갑작스런 질병으로 인해 지속적 프로그램 참여가 불가능해진 경우)가 이에 해당한다. 치료 저항적 내담자들에게 치료동맹 및 애착의 실패는 특히나 감당하기 어려운 일일 것이다.

치료동맹의 실패는 치료자의 실패로 인한 것이거나 혹은 부적절한 프로그램 구성에 의한 것이거나 이 둘 중에 하나이다. 그러나 이 장에서는 치료자 변수에 대해서만 살펴보고자 한다. 모든 연구 결과들이 공통적으로 뒷받침 하는 사실은 어떠한 진단 범주에 적용한 프로그램이냐에 관계없이 치료 실패 및 치료 넌오에 영향을 미친 가장 중요한 요소는 바로 치료동맹 형성 및 유지의 실패였다는 것이다. 약물 남용자들의 특수한 상황(약물질환자들은 대부분 DSM 다축체계의 축 2에 해당하는 장애를 동반하는 경우가 많으며, 물질 남용 유도성 대뇌피질 손상에 의한 뇌병증 및 급성 위기, 만성 스트레스 등을 동반하는 경우가 많다) 때문에 특히 그러하다. 사실 약물 남용자들이 치료 세팅에 오게 되는 이유도 위에서 언급한 동반 질환으로 인한 경우가 많다. 치료에 저항적인 물질 남용자들은 치료동맹 결렬로 인해 치료에 실패할 가능성이 더욱 크다. 그리고 이들과의 치료동맹이 결렬되는 이유는 바로 이들이 가지고 있는 동반 질환에 대해 간과했기 때문일 가능성이 높다. 비 물질 남용자들에게는 효과적인 개입방법이었다고 할지라도 이 집단에게는 적합하지 않을 수 있다.

이 환자군이 치료를 유지할 수 있도록 하기 위해서는 더 큰 만족감과 민감성, 더 적합한 치료 구성을 제공할 수 있어야 할 것이다. 성공적인 관계 형성은 치료적 동맹의 관리 및 형성을 더욱 강화할 수 있기 때문이다. 나는 이를 또 다른 말로 치료 애착 혹은 회복이라고 칭한다. MATCH 연구는 치료적 관계를 관리하는 것의 어려움(이는 유독 물질 남용자들에게 더 어려운 일이다) 이외에도 어떻게 하면 치료를 유지할 수 있도록 할 것인가에 대해 다루고 있다.

치료 유지 증진

물질 남용 환자군에 대한 치료 전략을 이해함에 있어 왜 애착이론이 중요한지에 대해 설명하고자 한다. 그러나 치료 애착(치료적 동맹 형성)을 형성하는 것보다 더 중요한 것은 그 전에 먼저 현재 남용하고 있는 중독 물질과의 애착을 분리해야 한다는 사실이다. 물론 이 사실을 깨닫기란 매우 어려운 일이다. 그러나 이 사실을 알지 못한 채 중독자들과 치료적 동맹을 형성한다는 것은 불가능한 일이다. 물질 남용과 애착과의 관계를 자세히 살펴봄으로써 여러 중요한 치료적 함의를 발견하게 될 것이다. 한 사람이 수용할 수 있는 애착의 정도와 물질 남용 정도 간에는 역의 상관관계가 성립함을 알 수 있다. 물질 남용자가 다른 사람과 건강한 애착관계를 형성한다는 것은 불가능하지는 않다 하더라도 매우 드문 일이다. 애착이론에서는 중독을, 정서적으로 건강한 관계를 형성할 수 있는 능력 손상의 결과이자 잘못된 해결책이라고 본다. 결론적으로 말해, 물질 남용 치료에 있어 치료 유지는 가장 중요한 요소이다. 이는 모든 충동적/중독적 행동의 추동요인으로 관계형성 능력의 부재가 주요하게 작용하고 있음을 의미한다.

치료집단으로 들어가도록 권유

목표 및 목적

치료 준비 과정 중에 반드시 성취되어야 할 목적에 대해 전문가들과 경험적 연구가 공통적으로 주장하는 바가 있다(Yalom & Leszcz, 2005; Rutan & Stone, 2001; Burlingame et al., 2004; Piper & Ogrodniczuk, 2004). 그 목적은 크게 네 가지 범주로 나뉜다.

1. 가장 기본적인 작업동맹 도입부 형성하기
2. 집단 참여에 대한 초기 불안감 줄이기
3. 집단리더와 집단 구성원 간 목적에 대한 합의 이루어내기
4. 집단치료에 대한 정보 및 안내사항 제시하기

본격적인 치료에 앞서 미리 동맹을 형성하라

집단에 처음 참여하는 사람은 집단에 참여해야 한다는 사실만으로도 이미 큰 스트레스를 받는다. 이러한 때, 집단리더를 알고 있다는 것 자체가 그에게는 큰 도움이 될 것이다. 대부분의 환자들에게 있어 집단치료는 시작하기 가장 어려운 형태의 정신치료라고 한다. 그러나 집단리더와의 동맹은 그 동맹의 정도가 아무리 약하다 하더라도 이러한 어려움을 최소화시킬 수 있다.

프로이트(1921)가 이미 지적한 바와 같이, 집단은 퇴행을 촉진하기도 한다. 집단에 처음 참여하는 경우 참여자들은 거부, 생존, 수용과 관련된 문제들에 의해 촉발된 강한 감정의 소용돌이를 다루어야만 하기 때문이다. 집단에서 어떻게 살아남을 것인가를 결정해야 하며, 누가 자신을 공격할 것 같은지 혹은 지지해 줄 것 같은지를 구별해야만 한다. 집단이 요구하는 바에 적응해야 할 뿐 아니라, 집단에서 수용되고는 행동과 거부되는 행동을 파악해야 한다. 역동적 집단정신치료와 같이 비 구조화된 집단에서는 특히 더 그러하다. 집단 참여자들은 시행착오를 통해 어떠한 행동은 괜찮고 어떠한 행동은 그렇지 않은지를 발견해야만 한다. 때로는 이러한 모호함이 퇴행을 초래하기도 하고 이 퇴행의 정도가 개인마다 특이하게 나타나기도 한다. 집단리더는 참여자들이 이러한 비 구조화된 상황에서 퇴행을 보일 수도 있다는 사실은 충분히 예상할 수 있지만, 각 참여자들이 이 퇴행에 어떻게 반응할 것인지는 예상할 수 없을 것이다.

금단 현상 초기 단계에 있는 중독자들의 집단을 다룰 경우 퇴행을 촉진하는 기술은 매우 결정적이어서 재앙적인 결과를 초래할 수도 있다. 알코올중독자들을 비롯한 중독자들은 스트레스를 다룰 수 있는 능력이 매우 취약하다. 회복으로 가는 길 초기에 이러한 모호함을 다루도록 강요받을 경우 이들은 종종 예전에 사용하던 비적응적 대처기술 – 물질 사용 – 에 다시 의존 하곤 한다. 적응적 대처기술들을 충분히 습득한 후에야 비로소 집단 내에서 이러한 퇴행에 대해서도 다룰 수 있다. 집단리더는 재발이 집단 참여자들에게 얼마나 치명적인지를 잘 알고 있어야 한다. 약물이나 알코올 사용을 촉진시킬 가능성이 있다면 그 개입법은 주의 깊게 사용되어져야 할 것이다. 즉, 집단리더는 회복 초기에 나타날 수 있는 퇴행을 방지하기 위해 모든 방법을 다 동원해야 한다.

한 번의 면담만으로 집단 구성원이 될 면담자와 동맹을 형성하기란 불가능한 일일 것이다. 그러나 동맹까지는 아니더라도 노력을 통해 면담자의 불안감과 두려움은 얼마든지 감소시킬 수 있다. 짧은 시간이지만 한 번의 만남만으로도 면담자의 치료집단 참여 동기를 향상시킬 수 있으며 이는 치료 반응도 향상에까지 영향을 미칠 수 있다. 비중독자에 관한 연구들은 이들을 주 1회 행해지는 치료집단에 규칙적으로 참여하도록 하기 위해 몇 번의 사전 개인 면담을 갖는 것이 좋은지에 대해 서로 다른 의견들을 갖는다. 그러나 시간 및 비용 효율성이라는 현실을 고려해 볼 때, 이러한 목적은 단 한 번의 면담으로 달성해야 한다. 그리고 대부분의 경우, 사전 집단준비가 잘 이루어지기만 한다면 단 한 번의 면담이면 충분할 수 있다. 그러나 기관에서 근무하고 있는 집단리더가 처한 현실은 이 단 한 번의 면담을 갖는 것마저도 어렵거나 불가능한 경우가 많다. 대부분의 중독자들이 치료기관(병원, 낮 병원, 외래 치료 프로그램 등)의 집단 프로그램에 실제 나타나기 전까지는, 사전 면담을 하기란 거의 불가능하기 때문이다. 그러나 아무리 현실이 이렇다 할지라도 치료집단에 참석하기 전에 단 10분 내지 15분 동안만의 만남이라도 가질 수 있다면 사전 면담을 전혀 갖지 않는 것보다는 훨씬 나을 것이다.

집단 내에서의 퇴보를 최소화할 수 있는 한 가지 방법은 실제 집단치료를 시작하기 전에 집단 구성원들과 미리 동맹을 체결하는 것이다. 집단 구성원과 리더와의 동맹은 중독자의 재발 가능성을 줄일 수 있다. 심리치료를 받아본 경험이 전무한 집단 구성원의 경우 리더와의 동맹은 특히 더 중요하다. 이들은 치료 프로그램에서 낙오될 확률이 더 높기 때문이다.

집단에 참여함으로 인해 발생할 수 있는 초기 불안감 다루기

불안감을 줄여라

집단 참여가 스트레스와 불안감을 유도할 수 있다는 것은 모두가 동의하는 사실이다(Rutan & Stone, 2001; Yalom & Leszcz, 2005). 집단리더는 구성원의 불안감을 감소시키고자 노력함으로써 구성원들의 집단 참여율뿐만 아니라 집단 응집력 및 집단 성장의 향상 또한 도모할 수 있다(Burlingame et al., 2004). 집단에 대한 비현실적 기대와 잘못된 개념은 집단에 대한 실망감과 예기 불안을 가져올 수 있는데, 집단리더는 사전 집단준비를 통해 이를 경감시킬 수 있기 때문이다. 이 사전집단의 구조structure를 잘 형성하기 위해서는 먼저 준비가 필요하다. 이 집단 구조의 목표는 불안감을 감소시키는 것에 있다. 집단리더가 집단의 목표, 과업, 역할 및 방향성을 명확히 세우지 못함으로 인해 발생할 수 있는 불안감을 특히 주의해야 한다(Yalom & Leszcz, 2005).

대부분의 사람들은 집단에 참여하는 것 자체만으로도 상당한 불안감을 느낀다. 집단리더는 집단 구성원들이 집단 내에서 불안감에 대해 이야기할 수 있도록 그리고 그 느낌에 대해 서로 나눌 수 있도록 독려해야 한다. 집단리더는 구성원들에게 집단 초기에 이러한 느낌에 대해 서로 토의하는 것이 매우 유익한 일임을 알려야 한다.

그러나 알코올중독자들을 비롯한 중독자들은 집단 시작 전에 흔히 가질 수 있는 이 불안감이라는 이슈에 대해 조금은 독특한 반응을 보인다. 이들과 함께 사전 집단준비를 하게 되는 리더들은 다음의 두 가지 중 한 가지 반응을 관찰하게 될 것이다. 문제를 행동으로 표출(반사회적 특질, 반복적 범법행위 등)하는 경향이 있는 중독자들 그리고 불법 약물(코카인, 히로뽕, 마리화나, 암페타민 등)을 남용하는 환자들의 경우, 이들은 종종 자신의 불안감을 의식하지 못한 채 지내고 있음을 알 수 있다. 반면, 고립된 생활(광장공포증 특질, 대중 공포 등)을 즐기는 경향이 있고 좀 더 합법적인 약물(항불안제, Clonopin, Valium, Librium과 같이 처방된 약물)을 남용하는 환자들의 경우 이들의 불안감은 그 정도가 크고 통제가 불가능해서 스스로 자신의 불안감을 인식하고 있는 경우가 많음을 알게 될 것이다. 사전 집단준비를 할 때, 이 두 환자군은 서로 다르게 접근되어야 한다.

성격적 특성

성격이 좀 더 강하고 무의식 수준의 불안감을 갖는 환자들에 대해서는, 이들이 집단에 참여하기 전에 미리 불안감에 대한 인지를 향상 시킬 수 있도록 도와야 한다. 여전히 자신의 불안감을 의식하지 못한 채로 방치된다면 이들은 실제 세상에서 그러했던 것처럼 집단 내에서도 자신의 불안감을 문제 행동으로 표출할 것이다. 이들은 집단 내에서 행동이 아닌 말로 자신의 감정을 표현하는 방법을 배워야 한다. 자신 스스로가 불안감을 인지할 수만 있다면 그 느낌을 언어로 표현하는 것에 대해 동의할 것이다. 불안감은 그 누구나 느낄 수 있는 것임을 인지시켜야 한다. 이를 통해 이들은 자신이 느낀 공포나 불편감이 결코 이상한 일이 아님을 확증 받게 될 것이다.

성격이 그다지 강하지 않은 중독자들의 경우 이들은 불안 장애(공황 발작, 공포증 등) 병력을 갖고 있을 가능성이 높다. 약물이나 알코올은 이를 위한 자가 처방이었는지도 모른다. 알코올이나 약물을 하지 않은 상태에서도 이들의 불안 지수는 실제로 높을 것이다. 이러한 환자군에게 집단치료 참여는 특히나 어려운 일이다. 이들의 지속적 치료참여를 돕기 위해서는 이들이 사용하는 부적절한 방어기제에 대해 알리고, 변화할 수 있다는 용기를 가질 수 있도록 끊임없이 지지해 주어야 한다.

중독자와 치료자 간 사회문화적 차이에 대한 민감성

중독자들의 집단 참여를 더욱 어렵게 하는 또 다른 요소 중 하나가 바로 중독자와 치료자 간 사회문화적 차이다. 중독자들은 대부분 사회-경제적으로 취약한 경우가 많은 반면 치료자들은 대부분 중산층인 경우가 많기 때문에 서로 맞지 않는 부분들이 존재하는 것이다. 하이더Heider(1976, p.341)는 사회적 약자층에 해당하는 중독자들에 관한 고찰 논문에서 "사회 취약 계층에 해당하는 환자들의 경우 대부분 심리 치료에 대해 잘 알지 못하거나 잘못된 정보를 가지고 있을 가능성이 크며 전통적으로 심리치료사들이 갖고 있는 방향성과 다른 가치, 생활양식, 기대를 갖고 있을 확률이 크다"고 말한 바 있다. 베리니스(Verinis, 1995)는 이러한 유형의 환자들은 대개 "즉각적이고 구체적인 해결책과 직접적인 개입법"(p.96)을 요구한다라고 지적하였다. 미국 원주민 알코올중독자에 관한 나의 연구(Flores, 1985)에서도, 이 환자군의 저조한 중독 회복율의 원인을 치료자와 원주민 중독자 간 가치 차이에서 찾은 바 있다. 이 모든 연구결과들이 뒷받침하는 것은 중독자들을 위한 집단치료를 준비함에 있어 치료자들은 사회적·경제적·문화적·교육적 차이에 대한 민감성을 잃지 말아야 한다는 것이다.

환자가 치료에 대해 갖는 희망이 무엇인지 명확한 합의 이루기

목표에 대한 합의

치료자는 사전 집단준비를 통해 환자들로부터 '일정 기간 동안 집단치료 프로그램에 참여하겠다'는 고지된 동의를 얻어 낼 수 있다. 이는 보통 구두로 이루어지는 경우가 많으며 때에 따라 서면으로 이루어지기도 한다. 치료 사례비에 대해 논의할 수도 있고 이 환자가 진짜 집단치료에 적합한 대상인지, 집단에 참여할 경우 받게 될 긍정적·부정적 영향이 무엇인지에 대해서도 논의할 수 있다(Salvendy, 1993). 집단 구성원 간 비밀보장과 익명성 보호에 대해서도 민감하게 대처(Rutan & Stone, 2001; Salvendy, 1993)할 수 있어야 하며 이와 동시에 비밀보장의 한계에 대해서도 조심스럽게 다루어야 한다. 필요한 경우 치료적 협력 차원에서 환자에 대한 정보가 다른 치료자에게 전달될 수도 있으며 약에 대한 정보를 제공할 수도 있음을 논의해야 한다(Leszcz, 1989).

일정 기간 동안 중독자들과 치료 프로그램을 진행해본 치료자라면 누구나 알 수 있는 사실 중 하나는, 중독자들은 종종 '너무 거창해서 실현 불가능한 목표'를 갖곤 한다는 것이다. 이들은 보통 사람들처럼 적절하게 술을 마치고 약을 이용할 수 있기를 바라지만, 이 목표는 절대 달성 불가능한 것이다. 이 사실을 빨리 깨닫고 수용할 수만 있다면, 이로 인해 치료가 방해 받을 일은 없을 것이다. 사실, 자신의 한계를 인정하고 받아들이는 것이 AA가 주장하는 치료의 첫 번째 단계이다. 일각(Sobell & Sobell, 1973b)에서는 알코올중독자들 또한 스스로 조절하면서 음주를 할 수 있다고 주장하기도 하나 이 부분에 대해서는 명확한 합의가 이루어지지 않았다. 재발 위험성 그리고 이로 인해 발생할 수 있는 결과 중 하나인 죽음이라는 논제는 학문적으로도 매우 중요하다. AA에서는 '알코올중독자들은 절대 사회적 음주를 할 수 없는 사람들'이라고 정의 내리고 있다. 만약 알코올중독자 8명으로 구성된 집단치료 프로그램에서 '당신들 중 한명은 확률 상 사회적 음주가 가능한 사람으로 회복될 수 있습니다'라고 말한다면 이 8명 모두가 자신이 그 예외적인 한 사람이 될 수 있을 거라고 생각할 것이다.

단약·단주 이외의 추가적 목표

지금 막 치료를 시작한 중독자들에게는 특히나 단약·단주가 주요 치료목표가 되어야 하지만 그렇다고 해서 다른 목표들을 무시해도 된다는 것은 아니다. 버논 존슨(Vernon Johnson, 1973)은 그의 뛰어난 저서 "내일부터 끊을 꺼야 I'll Quit Tomorrow"에서 심리치료집단에 참여하는 중독자가 가져야 할 두 가지 목표에 대해 다음과 같이 설명한다.

1. 감정을 가진 사람으로서 자신과 다른 사람들을 발견하기
2. 이 발견을 방해하는 방어기제 확인하기

> 변화가 우리가 추구해야할 궁극의 목표라면, 지금 당장의 목표는 우리에게 변화가 필요한 부분이 무엇인지를 정확하게 아는 것이다. 이를 위해 우리는 우리 스스로를 볼 수 있어야 한다. 즉 자기 자신이 어떠한 감정 상태에 있는지 발견해야 한다. 적대감으로 가득 찬 사람이, 자신에 대해 무력감과 무망감을 느끼는 것은 너무나 당연한 결과일 것이기 때문이다. '자신의 감정을 발견해야 한다.'는 이 치료의 첫 단계를 단지 추상적 이론이 아닌, 실제행동으로 옮겨야 한다. 우리는 지금 무력하며 통제 불가능하다고 느끼고 있다. 집단치료가 우리에게 제공해 주는 중요한 역할 중 하나는 바로 우리의 이러한 솔직한 감정 상태를 발견하는 데 방해가 되는 것이 무엇인지 알 수 있도록 돕는 것이다.(Johnson, 1973, pp. 118-119)

이러한 관점에서 보자면 집단치료 리더는 환자의 감정에 초점을 맞출 필요가 있다. 비중독 집단 참여자들과 달리 유해 화학물질에 중독된 환자들은 자신의 감정에 대해 전혀 알지 못한다는 사실을 알게 될 것이다. "지금 기분이 어때요?"와 같이 간단해 보이는 개입만으로도 놀랄만한 효과를 볼 수 있다. 집단리더들은 또한 중독자들이 자신의 감정 상태를 알아차리는 것을 얼마나 어려워하는지도 알게 될 것이다. 이들은 자신의 감정 상태를 어떻게 하면 알아차릴 수 있는지 배워야 한다. 이 과업을 달성하지 못한 환자들에게 재발은 어쩌면 당연한 결과였는지도 모른다. 단약-단주라는 목표 그리고 회복이라는 목표를 성취하기 위해서는 먼저 자신의 감정을 이해하고 관리하는 것부터 시작해야 한다.

커츠(1979)에 따르면 알코올중독자들의 알코올 중독은 영성에 대한 부정과 오해에 기인한다고 한다. "알코올중독자들은 알코올이라는 물질을 통해 영성을 획득하고자 노력하고 있었다. 그들은 마치 알코올을 소비함으로써 '삶의 질'을 향상시킬 수 있는 것처럼 생각하고 있는 듯하다"(p. 208)고 언급한 바 있다. 알코올중독자들은 소위 '삶의 질'이라며 추구하는 것을 영성과 혼돈하고 있는 듯이 보인다. 왜냐하면 이 둘 다

절대적인 것 – 인간의 유한성이라는 한계 너머에 존재하는 완전한 감정 통제 – 에 대한 추구를 포함하고 있는 듯이 보이기 때문이다. 오직 절대자만이 완벽한 감정 통제가 가능하다. AA는 알코올중독자들에게 자신이 신이 아님을 가르친다.

> 알코올중독자들은 온전한 인간으로 현실을 살아냄으로써만 얻을 수 있는 것들을 알코올을 섭취함으로써 얻고자 한다. 그러나 현실은 절대적인 감정과 기분의 통제를 공짜로 주지 않는다. 감정이란 현실에 대한 반응, 특히 자기self 밖에 놓인 현실에 대한 반응이기 때문이다. 감정에 대한 절대적 통제란 인간 영역 너머에 존재하는 무한대에 대한 추구를 의미하는 것이다.(Kurtz, 1979, p. 209)

이러한 관점에서 볼 때, 알코올중독자들이 진정 단주를 유지하고자 한다면 자기감정의 한계를 알고 수용할 수 있어야 한다. 집단리더들은 알코올중독자 및 중독자들에게 항상 좋은 감정을 유지하고자 하는 것 혹은 어느 한 순간이라도 나쁜 감정은 피하고자 하는 것은 불가능할 뿐만 아니라 쓸데없는 짓임을 설득할 수 있어야 한다. 우리가 어떠한 감정을 느끼는 데에는 다 그럴만한 이유가 있기 때문이다. 커츠가 이미 언급한 바와 같이, 감정을 통해 우리는 현실을 판단할 수 있으며, 감정을 매개체로 하여 현실과 관계를 맺을 수 있다. 감정은 우리가 어느 순간 진정 행복한지 알려줄 뿐만 아니라 우리의 내면이 지향하고 있는 가치와 행동이 일치하지 않는 경우 경종을 울려주기도 한다.

단약·단주가 1년 이상 유지되었다면 이제는 좀 더 명백한 개인적 목표들을 세울 수 있어야 한다. AA, NA, CA는 공히 단약-단주를 유지하는 최소 1년 동안만은 그 어떠한 중요한 변화(이혼, 이직 등)도 시도하지 말 것을 요청한다. 12 단계 프로그램은 이제서야 신경심리학 연구들이 경험학적으로 증명하기 시작한 것들을 직관적으로 알고 있었던 듯이 보인다. 알코올중독자들을 비롯한 약물 중독자들은 그들의 음주 및 약물 남용 습관으로 인해 추상적 사고를 가능토록 하는 인지 처리 기능이 결함되어있기 때문이다. 그들의 뇌 손상 정도가 아무리 미미하다 하더라도 여전히 그들의 뇌는 이미 손상되어 있는 상태임을 실험을 통해 간파할 수 있다. 12장에서 이 부분에 대해 자세히 다룰 것이다. 지금으로써는, 일단 최소 1년 동안 단주·단약을 유지할 수 있어야 이때부터 비중독 환자들이 추구하는 목표들에 대해서도 논의를 시작할 수 있을 것이라는 사실을 밝히는 것만으로도 충분할 듯하다.

집단 정신치료에 대한 정보 및 교육 제공

정보 제공하기

집단에 대한 비현실적 기대를 줄이고 집단 활동 시 흔히 발생할 수 있는 장애물에는 어떠한 것들이 있는지 확인해 봄으로써, 집단에 대해 잘못 인식된 개념을 수정하고 집단의 발전을 향상시키는 것이 이 정보 제공하기의 목표이다. 출석 및 시간 엄수의 중요성에 대해 설명하고, 하위 집단의 개념에 대해 알리며, 집단 프로그램 중간 중간 다른 사람들과 사회적으로 교류하는 것이 얼마나 중요한지에 대해 알리는 것이 중요하다(CORE-R, 2006). 바람직한 집단 참여, 자기개방, 상호 피드백, 집단리더의 역할 등에 대해서도 알려야 한다

(Yalom & Leszcz, 2005).

약물 남용자들로 구성된 집단치료에서, 환자들은 생각보다 빨리 상당히 강한 감정들을 드러낼 것이기 때문에 집단이 어떻게 운영되는지에 대한 구체적이고 상세한 정보를 미리 제공함으로써 이들을 감정적으로 안도시킬 수 있어야 한다. 집단을 통해 기대해야 할 것들이 무엇인지 정확하게 안다면, 집단 구성원들은 집단 내에서 더 적절하게 상황에 대처할 수 있을 것이다. 이는 다양한 방법을 통해 성취될 수 있다.

방법 및 절차

사전 집단준비를 통해 달성되어야 할 목표에 대해서는 상당한 동의가 존재하나 이 목표를 달성할 수 있는 방법들에 대한 의견은 실로 다양하다(Burlingame et al., 2002).

- 회기 및 시간의 다양성 : 4회기 프로그램에서부터 1시간 미만의 단기 프로그램에 이르기 까지(Piper & Perrault, 1989)
- 참여자 수의 다양성 : 1대 1 준비 모임으로 할 것인가 혹은 1대 다수의 모임으로 할 것인가(Piper & Perrault, 1989)
- 정보제공 방법 : 수동적인 방법에서부터 좀 더 능동적인 방법에 이르기까지 다음의 네 가지로 분류가능 1)서면, 2)구두, 3)시청각, 4)실제 경험을 통해 알게 함(Piper & Perrault, 1989)
- 수동적인 방법들은 보통 설명서를 사용하는 것이다. 치료 모델에 관한 인지적 정보를 제공하며, 관찰을 통한 대리 학습 기회를 제공한다.
- 능동적인 방법들에서는 주로 행동 시연을 사용한다. 참여자들은 좀 더 치료적인 경험을 제공받게 될 것이다. (Piper & Perrault, 1989)
- 집단 구성원의 교체율이 잦은 입원 집단 프로그램에서는 매 회기 시작 5분부터 10분에 이르는 시간 동안을 잘 운영해야 한다(CORE-R, 2006)
- 연구 결과에 따르면 위의 세 가지 방법을 다 혼합하여 사용할 경우 최상의 결과를 가져올 수 있다고 한다(Yalom & Leszcz, 2005)
- 집단에 처음 참여하는 신규 참여자에 대한 특별한 배려와 범문화적 다양성에 대한 고려가 있어야 한다(Salvendy, 1993)
- 집단에 처음 참여하는 구성원에게 집단 심리치료의 필요성 및 구조에 대해 설명하는 자료를 제공한다(Gauron & Rawlings, 1975)
- 집단을 통해 어떠한 것들을 기대할 수 있으며, 어떻게 해야 이 집단을 자신에게 가장 이롭게 활용할 수 있는지를 설명한다(Wogan, Getter, Ani역, Nichols, & Okman, 1977)
- 어떤 집단리더들은 일방 투시 거울을 통해 실제 집단치료가 어떻게 진행되는 지를 볼 수 있는 기회를 준다(Wogan et al., 1977)
- 집단에서 모범적인 모습을 보이는 구성원이 담긴 오디오 테이프를 보여줌으로써 그러한 행동들을 모방할 수 있도록 격려한다(Truax & Wargo, 1969)

위에서 언급한 이 모든 연구들에서 사전 집단준비 없이 집단에 참여한 환자들보다 사전 집단준비를 한 환자들의 경우에 집단 프로그램 참가 3개월 후 더욱 향상된 모습을 보였다고 보고한다. 어떠한 형식의 사전 집단준비가 더 낮은 중도 탈락율에 기여했는지를 증명할 수는 없으나 적어도 사전 집단준비를 가진 구성원이 더 빨리 집단 환경에 적응할 수 있었다고 한다.

얄롬은 사전 집단준비가 갖는 이점에 대해 알리고자 노력하였다. 얄롬은 경험을 통해, 집단 초기에 집단규칙을 잘 전달할 경우 구성원들이 집단에 지속적으로 남아있을 확률이 더 높다는 사실을 알 수 있었다. 집단 초기에 잘 형성된 건전한 집단규칙은 집단치료 기능을 향상시킴에 있어 득이 된다는 결론에 이르게 된 것이다. 정신역동치료 지향성을 지닌 치료자들은 전이 및 전이 왜곡의 발전을 저해하는 그 어떠한 기술도 절제하여 사용할 것을 주장한다. 집단 사전준비는 이러한 과정을 방해하는 기술 중 하나이기 때문에, 이로 인해 집단치료 효과에 손상을 가져올 수 있다는 것이다.

이 논쟁에 대한 얄롬의 결론은 이러하다. 집단 사전 준비를 통해 얻을 수 있는 것이 이를 통해 잃게 되는 것 보다 훨씬 크다. 집단 사전 준비를 통해 전이 이외에 집단 운영에 있어 중요한 다른 치료적 요소들의 발달을 가져올 수 있다. 물론 얄롬 또한 전이가 집단치료에서 가져올 수 있는 순기능에 대해 잘 알고 있었다. 그러나 사전 집단준비 활동을 한다 하더라도 전이는 여전히 집단에서 충분한 기능을 발휘할 수 있을 것이다.

얄롬의 사전 집단준비 실험-통제 연구

얄롬, 프로우트Flouts, 뉴웰과 랜드Newell, & Rand는 그들의 1967년 연구에서 새로운 집단 구성원들에게 25분간 사전 준비모임을 제공하였다. 이 연구 대상자들은 무작위로 사전 집단준비 모임을 갖는 실험군과 그렇지 않은 대조군 중 하나에 배치되었다. 25분간 진행된 사전 준비모임은 다음의 세 가지를 성취 목표로 설정하였다.

1. 집단치료에 대한 신뢰를 향상시킴으로써 집단이 자신에게 도움을 줄 것이라는 긍정적 기대를 가질 수 있도록 한다.
2. 집단에 대한 흡인력 및 집단 응집력을 향상시킨다.
3. 구성원들이 집단 내에서 직면적이며 동시에 지금-여기에 입각한 상호관계를 맺을 수 있도록 지도한다. 얄롬은 사전 집단준비 동안 이 부분에 대해 특히 강조하였다.

얄롬은 이 세 가지 목표를 달성하기 위해 참여자들에게 다음의 다섯 가지 구체적 지침 또한 제공하였다.

1. 정신적 상호 교류 이론의 중요성을 강조하고 집단치료의 이론적 기초에 대해 논의한다.
2. 집단에 대해 소개한다.
3. 집단치료의 기대 효과 및 결과에 대해 설명한다.
4. 집단치료에서 경험할 수 있는 스트레스에 대해 알린다.

5. 다른 집단 구성원들과 자신의 감정에 대해 나눌 것을 촉구한다.

집단치료에 대한 이론적 기초

집단치료를 시작하기 전에 집단치료의 발생 역사에 대해 짧게 소개하였다. 초기에 집단치료가 사람들로부터 관심을 받을 수 있었던 것은 저비용 고효율의 경제적 이유 때문이었다는 것을 밝힌 것이다. 그러나 집단치료를 진행하면 할수록 이 자체가 지닌 정교하고도 독특한 치료 효과 또한 있었음을 명확히 알렸다. 사실, 집단치료는 여러 가지 치료 방법 중 선택 가능한 하나의 대안일 뿐이다. 그러나 많은 사례들이 집단치료가 개별상담 보다 더 효과적인 치료 방법임을 입증하고 있다. 집단치료를 시작하기 전에 그 역사에 대해 설명하는 주목적은 집단치료가 절대 개인치료에 비해 열등한 치료가 아니라는 점, 집단치료가 매우 효과적인 치료 방법이라는 점을 알림에 있다.

집단에 대한 합리적 설명

설리반의 대상관계 이론에 대해 짧게 소개했다. 모든 사람들이 어려워하는 주제 중 하나가 바로 다른 사람들과 친밀하고 우호적인 관계를 형성하고 유지하는 것이었음을 상기시켜주었다. 우리 모두는 자신이 느낀 감정 – 그것이 부정적인 감정이든 혹은 긍정적인 감정이든 간에 – 을 다른 사람들과 솔직하게 나눌 수 있기를 얼마나 바라고 있는지에 대해서도 다시 한 번 확인 시켰다. 집단은 커다란 방에 놓여있는 거울로 묘사될 수 있다. 사람들은 거울을 보며 자기 자신이 사람들에게 어떻게 보여 지고 있는지, 사람들이 자신을 어떻게 바라보고 있고 자기 자신은 어떻게 다른 사람들로부터 영향 받고 있는지를 발견하게 된다. 일반적 사회 구조는 이러한 상호작용의 발생을 허용하지 않지만, 집단에서는 이러한 상호작용이 단지 허용되는 것에서 그치는 것이 아니라 장려되는 소우주다.

집단정신치료의 효율성

집단치료 과정이 힘들 수 있음을 주의시켰다. 집단에 참여한다는 것은 결코 쉬운 일이 아니다. 서로 다른 사람들이 만나 관계를 형성한다는 것은 상당히 힘든 일임을 경고했다. 그렇지만 이를 통해 “실제 세상”에서 실천할 수 있는 엄청난 경험을 쌓게 된다는 것 또한 분명히 했다. 집단의 다른 구성원들과 관계 맺는 연습을 충실히 수행할 의지만 있다면, 집단 밖에서의 관계 형성도 훨씬 수월해 질 수 있다는 사실을 알렸다.

집단에서 경험할 수 있는 스트레스원

다른 집단 구성원과 진정한 관계를 형성한다는 것이 얼마나 힘든 일인지를 알렸다. 특히 집단 초기에 예기치 않은 당혹감과 낙망감을 경험할 수도 있음을 미리 경고하였다. 집단이 어떻게 자신과 자신이 처한 상황에 도움을 줄 수 있는지 의구심이 들기도 할 것이며, 때로는 다른 집단 구성원과 원만한 상호관계를 맺는 연습이 집단치료로 자신을 이끌었던 그 문제를 해결하는 것과 어떻게 연관되어 있는 것인지 명료해 보이지 않을 수도 있을 것이다. 당혹감과 낙망감을 경험하게 될 수도 있다는 사실은 분명히 예상하고 있어야 하며,

이것이 집단을 포기하는 이유가 되어서는 안 된다는 사실 또한 알아야 한다. 자기 자신을 솔직하게 드러낸다는 것은 결코 쉬운 일이 아니며, 사람들은 누구나 자신의 감정을 솔직히 드러내는 것에 대해 조금씩은 두려움을 갖는다는 사실에 대해서도 알려야 한다. 사람들은 보통 자신의 솔직한 감정을 숨긴 채 다른 사람들이 먼저 자신에게 솔직해 지기를 기대한다. 그 결과 다른 집단 구성원들과 리더에게 무언가를 계속 숨기게 될 것이다. 정말이지 수없이 많은 감정들이 발생할 것이다. 집단리더가 집단 구성원들에게 좀 더 구체적으로 방향을 제시하지 않는 것에 대해 불편감과 좌절감을 느끼는 것은 흔히 발생하는 감정 중 하나이다. 많은 경우 사람들은 이러한 좌절감의 원인을 다른 사람들에게 돌리고는 이렇게 질문하곤 한다. 얄롬과 그의 동료들은 이를 "장님이 장님을 어떻게 인도할 수 있겠어?"라는 말로 표현했다(1967, p.418). 어떤 집단 구성원들의 경우에는 이러한 감정을 전혀 경험하지 않을 수 있을지도 모르겠으나 집단 초기에 경험하는 이러한 감정은 흔하게 나타나는 현상임을 알렸다. 사람들은 자기 자신이 바보 같아 보일까봐, 다른 사람들로부터 거부되고 공격당할까봐 두려워하지만, 이 두려움은 반드시 다루어져야만 하는 중요한 주제이다. 그러나 집단에 의해 강제적으로 자신의 두려움을 노출할 필요는 없다. 자기 자신에게 맞는 속도로 서서히 자기개방이 이루어지게 될 것이다.

집단 구성원 간 상호작용 독려

집단 구성원들은 다음 사항에 대해 반복적으로 교육 받았다. 집단을 자기 자신에게 도움을 주는 방향으로 활용할 수 있는 가장 좋은 방법은 집단 구성원 및 집단리더에게 정직하고 솔직해지는 것이다. 얄롬은 지금 현재 자신이 느끼는 감정을 다른 사람들과 공개적으로 나누는 것의 중요성에 대해 지속적으로 강조하였다. 바로 이것이 집단치료의 핵심이다. 집단에서 신뢰를 형성하기 까지 상당한 시간이 소요 되었다. 그러나 이때 잊지 말아야 할 사실은 모든 사람들은 서로 다른 속도로 신뢰를 형성한다는 것이다. 집단 내에서 신뢰, 안전, 응집력을 충분히 형성한 이후라 할지라도 사람들은 여전히 집단에 대해 위험을 감수해야 하는 곳으로 생각하곤 한다. 그럼에도 불구하고 배움과 위험 감수를 지속하는 동안, 매번 새로운 행동들을 시도해 볼 수 있도록 독려되어지는 것이다.

집단 사전 준비 결과

얄롬은 1967년 그의 연구에서 집단 사전준비가 집단치료의 조기 종료 및 집단치료 중도 탈락율에 영향을 미칠 수 있다는 사실을 입증하는 데에는 실패했다. 그 이후 행해진 많은 연구들도 집단 사전준비와 치료 지속성과는 거의 관련이 없다는 얄롬의 연구 결과를 지지해 주고 있다. 그러나 중요한 것은 얄롬은 그의 연구 결과, 집단 사전준비가 분명 집단 구성원 간 신뢰를 향상시켰으며 더 빨리 상호작용을 할 수 있도록 도왔다는 사실을 입증하였다. 즉, 집단 사전 준비를 완료하고 난 후 집단에 본격적으로 참여하는 경우에, 집단에서 흔히 발생할 수 있는 초기 불안감은 빨리 떨쳐 버리고 좀 더 쉽게 집단 과업 과정으로 옮겨갈 수 있다는 것이다.

유해화학물질 의존자의 집단 사전준비에서 특별히 나타나는 문제들

유해화학물질 의존 외래 환자들로 구성된 치료집단을 운영하다 보면, 중독 문제를 갖고 있지 않는 사람들에게서는 잘 나타나지 않는 한 가지 특이한 면을 발견하게 된다. 알코올중독자들을 비롯한 대부분의 중독자들은 AA, CA, NA 모임과 같은 자조 모임에 참여해 본 경험이 있다는 것이다. 지금 현재도 활발하게 AA, CA, NA에 참여하는 중에 집단치료를 받고자 집단 사전준비 모임에 나타나는 사람들도 있다. 이러한 경우, 이들이 지속적으로 자조 모임 참여를 유지할 수 있도록 독려해야 한다. 정신치료집단은 그들의 중독 문제를 치료하고자 하는 목적만으로 구성된 것이 아닐 뿐만 아니라, 동료관계가 기반이 된 프로그램들(AA, CA, NA)을 대체하는 것 또한 아님을 분명히 밝혀야 한다. 집단치료는 오히려 이러한 동료 기반 프로그램을 보충하고 보좌하는 역할일 수 있다. 금주 혹은 단약을 충분히 실행하지 못하고 있는 사람들에게 집단치료는 오히려 금기일 수 있다. 집단리더가 여러 가지 치료 유형에 다 정통하지 않은 경우에는 특히 더 그러하다.

집단치료에 참여하는 것이 치료에 유익이 될 것으로 판단되어지는 경우, 집단리더는 그 참여자에게 집단은 결코 AA, CA, NA처럼 진행되지 않음을 명확히 교육해야 한다. AA, CA, NA에서는 몇 년간 활동해 본 경험이 있지만, 집단치료에는 처음 참여하는 경우에는 특히 이 내용을 확실히 전달해야 할 것이다. 12단계 형식의 프로그램과 집단치료 프로그램을 혼동하게 된다면 이 두 가지 유형의 치료 모두에 방해가 될 것이다. 특히 이제 막 금주와 단약의 길에 들어선 사람들에게 있어 동료집단과 전문가에 의한 치료집단 간 차이점을 제대로 안다는 것은 매우 중요한 문제일 수 있다. 상당 기간 동안 단주를 유지해온 회복자의 경우에는 치료 유형의 변화에 쉽게 적응할 수 있지만 이제 막 회복의 길에 들어선 사람들에게 있어서는 동료집단과 전문가에 의한 치료집단 간 차이를 알고 이에 적응하는 일은 결코 쉬운 일이 아니다. 일부 환자들에게 있어, 이 정보를 명확하게 전달하는 것은 단지 치료에 도움을 주는 정도가 아닌 매우 중요한 문제일 수 있다.

전문가에 의해 운영되는 집단이나, 동료에 기반한 집단(AA, CA, NA) 모두 단주와 회복을 위해 특별히 제작된 프로그램인 것은 사실이나, 이 두 치료 프로그램 유형 간에는 분명 결정적 차이점이 존재한다. 전문가에 의해 운영되는 집단은 특정한 행동주의적-심리적 원칙과 기술의 사용을 강조한다. 이는 증상 완화를 위한 노력으로 일반화시켜 그 누구에게나 적용시킬 수 있는 것이어야 한다. 반면, AA와 같은 동료집단은 특정 치료 구성 요소(단주와 같은)에만 집중한다.

전문가에 의해 운영되는 집단치료의 주된 치료 내용은 집단 내에서 이루어지는 직면, 토의, 교육을 통한 자기성찰 및 치료순응 향상에 있다. 반면, 동료 기반 집단은 단주 및 단약을 유지할 수 있도록 서로를 지지해 주는 것을 주 내용으로 한다.

치료 특성

이 두 치료 프로그램 유형의 특성을 더 명확하게 이해하기 위해 차이점 및 공통점을 <표 7.1>, <표 7.2>에서 기술하였다.

이 각 치료 프로그램은 참여자의 개별 치료 과정에 알맞게 적용하는 것이 핵심이다. 집단리더는 서로 다른 이 두 가지 유형의 치료 프로그램을 특정 알코올중독자에게 언제, 어떻게 적용해야 그 치료 효과를 최대화 할 수 있는지 알아야 한다.

치료 계약서를 제시하고 수락 받아내기

외래 환자를 대상으로 집단치료를 본격적으로 시작하기에 앞서, 환자들에게 치료 계약서를 제시하고 이에 대한 동의를 받아내는 것은 성공적 집단치료의 결정적 요인이다. 그러나 이에 대한 중요성이 전문가들 사이에서마저도 빈번하게 간과되곤 한다. 집단리더를 위한 훈련 프로그램에서도 다루고 있지 않은 경우가 종종 있을 정도이다. 그리고 때로는 알코올중독자들을 비롯한 중독자들의 경우 대부분 강제적으로 치료 현장을 찾기 때문에, 계약서를 작성한다는 것이 비실용적일 뿐만 아니라 불가능한 일일 때도 있다. 이러한 환자들에게 이들의 특정 선호를 충족시킬 수 있을 만한 치료 목표를 설정한다는 것은 바람직하지도 적절하지도 않기 때문에 이들에게 치료 계약서를 제시하고 이에 대한 동의를 받아내는 일 또한 하지 않을 것이다. 더욱이 대부분의 환자들은 치료집단에서 요청하는 어려움들을 감당하려 하지 않는다. 즉, 계약서를 작성해야

〈표 7.1〉 동료집단과 전문가에 의한 집단의 차이점

동료집단	전문가에 의한 집단
1. 치료 목표를 단주 및 단약에 특정한다.	1. 각 개인이 가지고 있는 사회적, 심리적, 생물학적 및 중독 행동 관련 문제가 무엇인지를 사정하여 각 개인에게 맞는 치료 목표를 설정한다.
2. "어떻게" 단주 및 단약을 할 수 있는지, "어떻게" 회복할 수 있는지를 강조한다.	2. "왜" 단주 및 단약을 해야 하고 "왜" 회복을 해야 하는지를 강조한다.
3. AA의 빅북과 12 전통을 읽는 것으로 모임을 시작한다.	3. 집단 응집력 및 전통적 집단 과정의 발달을 중시한다.
4. 알코올 사용 및 회복과 관련된 개인사를 주된 내용으로 하는 일대기life history	4. 특별한 형식 없이 자신의 회복 과정을 구두로 보고 한다
5. AA 원칙을 집단리더가 교훈적으로 설명	5. 집단구성원들이 서로 지지해 주고 피드백을 해줄 수 있도록 조정
6. 감정을 강조하기 보다는 AA 12전통의 첫 4단계 강조	6. 집단 구성원들이 서로 자신의 감정을 나눌 것을 강조
7. 집단 내에서 적극적으로 토의에 참여하는 좀 더 민주주의적인 집단리더십 강조	7. 집단리더의 역할이 정형화 됨
8. 단주 및 단약을 유지할 수 있는 방법이 무엇인가가 토의의 초점	8. 저항 및 직면 강조

〈표 7.2〉 동료집단과 전문가에 의한 집단의 공통점

1. 집단 토의
2. 잘못된 중독에 대한 개념 이해 수정
3. 중독 관련 정보 제공 및 치료 순응에 대한 욕구
4. 치료 이슈 형성
5. 집단 구성원간 지지
6. 단약 및 단주를 방해하는 환자의 언행을 감소시키는 것이 목적
7. 가족의 치료 참여를 강조하며 가정환경의 변화 촉구
8. 단약 및 단주를 어렵게 하는 원인이 무엇인지 끊임없이 찾고자 함

할 필요성이 거의 없는 것이다. 그러나 집단리더는 그럼에도 불구하고 치료 계약서를 제시해야 한다. 치료집단에서 환자들에게 요청되어지는 것이 무엇이며 어떠한 것들을 지켜야 하는지를 알리는 것은 집단 구성원들의 집단에 대한 이해를 높여 결국 집단리더의 이득으로 돌아올 것이기 때문이다.

집단리더는 집단이 외래환자로 구성되어 있는가, 아니면 입원환자로 구성되어 있는가에 따라 서로 다른 독특한 문제들을 경험하게 될 것이다. 집단리더가 입원 환자들을 대상으로 집단치료를 운영하는 경우 다루어야 할 문제들에 대해서는 8장에서 다루게 될 것이다. 이 장에서는 외래 환자 집단의 경우를 집중적으로 다룰 것이다.

루탄과 스톤(1984)은 외래 환자들을 대상으로 한 개방형 치료집단과 계약을 맺을 때 필수적으로 포함시켜야 할 7가지를 제시하였다. 집단 구성원들은 적어도 다음의 사항들에 대해서만큼은 동의해야 한다고 한다.

1. 매주 정해진 시간에 나타나 모임이 끝날 때 까지 참석해야 한다.
2. 집단으로 자신을 이끌었던 그 문제를 해결하고자 적극적으로 참석해야 한다.
3. 자신의 감정을 행동이 아닌 말로 표현해야 한다.
4. 집단을 통해 알게 된 사람들과 사회적 관계가 아닌 치료적 관계를 형성해야 한다.
5. 자기 자신을 애초에 치료집단으로 이끌었던 그 문제를 해결할 때까지, 지속적으로 집단에 참석한다.
6. 치료비를 정해진 날에 정확하게 지불한다.
7. 다른 구성원의 비밀을 존중해야 하며, 집단 구성원에 대한 개인 신상을 함부로 발설하지 않아야 한다.

루탄과 스톤(1984)은 계약서가 꼭 형식을 갖춘 문서일 필요는 없다고 보았다. 중요한 것은 집단 구성원들이 이 기본 규칙들을 지키고 따를 수 있도록 잘 알리는 것이라고 보았기 때문이다. 이 기본 규칙들은 좀 더 생산적이고 안전한 치료적 환경을 형성할 수 있도록 하기 때문에, 외래 환자들은 치료집단에 실제 합류하기 전 이에 대해 동의해야 한다. 나의 경우에는 각 참여자들이 집단규칙을 확실히 이해할 수 있도록 하기 위해 11가지 집단규칙이 적혀 있는 종이를 나누어준다. <문서 7.1>이 바로 이것이다.

〈문서 7.1〉 집단치료 기본 규칙

효과적인 집단치료는 많은 노력과 신뢰의 발전을 필요로 한다. 11가지 집단치료 기본 규칙과 이에 대한 설명은 정신치료집단에 처음 참여하는 사람들의 집단에 대한 이해를 돕기 위해 성공적 집단의 필수 요건이라고 판단되어지는 내용들을 기록한 것이다.

1. 집단 서약 : 치료집단 참여를 통해 많은 도움을 받고자 한다면 다음의 사항에 동의해야 합니다.

1) 당신을 치료집단으로 이끈 그 문제에 대해 이야기 하십시오.
2) 당신 삶에 있어 의미 있다고 생각되는 것들에 대해 이야기 하십시오.

3) 당신의 생각과 감정을 집단리더 및 집단 구성원들에게 표현하십시오.

4) 당신을 치료집단으로 이끌었던 그 문제를 해결하기 전까지는 집단을 중도하차하지 않겠다고 동의하십시오.

2. 비밀보장 : 집단 구성원들은 서로의 신상 정보 및 그 사람임을 알 수 있는 어떠한 정보도 외부로 유출하지 않을 것을 동의해야 합니다. 자신의 이야기가 외부로 새어나갈 우려가 있다고 생각하게 된다면 어느 누구도 자신의 이야기를 온전히 개방하지 않을 것입니다.

3. 치료현장 안팎에서 이루어지는 집단 구성원 간 만남 : 치료현장 안팎에서 집단 구성원들이 서로 만나는 것을 금지하지는 않습니다. 그러나 그 만남에 대해 집단 내에서 자유롭게 공유할 수 있어야 합니다. 이는 치료 통합을 저해할 소지를 미연에 방지하기 위함입니다. 집단 구성원들과 사회적 관계를 형성하는 것보다 치료적 관계를 형성하는 것이 치료에 훨씬 도움이 된다는 사실을 기억하십시오.

4. 하위 집단화 : 두 사람 이상이 자신의 감정을 다른 사람들과 나누고자 하위 집단을 형성하는 경우, 그들은 보통 그 집단 구성원들과만 교류하게 됩니다. 이로 인해 모든 집단 구성원들이 함께 공유해야할 중요한 정보와 감정이 억제될 수도 있습니다. 이는 결국 집단 내 상호 피드백 작용을 통해 발생할 수 있는 자기 인식self awareness과 성장의 기회를 박탈하게 됩니다. 또한 하위집단 구성원들은 집단 내에서 특이 행동을 보이게 되는데 이는 서로를 보호하고자 하는 노력이 오히려 서로에게 진정 필요한 피드백을 제공하지 못하도록 하는 형태로 나타나곤 합니다. 그렇기 때문에 하위집단에서 나누었던 이야기들을 전체 집단으로 가져와 다시 토의해보는 과정이 꼭 필요합니다.

5. 집단 구성원들 간 성적 접촉 금지 : 집단에 참여하는 동안에는 다른 구성원들과 성적 접촉을 갖지 않을 것을 동의해야 합니다. 이 성적 접촉 금지 규정이 오히려 치료자간 친밀감을 촉진할 것이며 그 결과 성장과 변화의 기회를 제공해 줄 것입니다. 이 때 비로소 집단 구성원들은 자기개방 및 문제 해결에 절대적으로 필요한 집단 구성원 간 신뢰를 발전시킬 수 있게 될 것입니다.

6. 사무실 기기 손괴 및 파손 금지 : 분노는 신체 행동이 아닌 언어로 표현되어져야 합니다. 여타 다른 감정들과 마찬가지로 분노 또한 자유롭고 적절하게 표현되어질 수 있습니다. 이는 통찰과 성장의 기본입니다.

7. 알코올 및 약물 사용 금지 : 알코올 및 약물을 한 상태로는 그 누구도 집단에 참여할 수 없습니다.

8. 집단치료 졸업 vs. 집단치료 종료 : 집단 참여를 중단하고자 하는 경우 그 참여자는 최종 결정을 내리기에 앞서 집단 내에서 이에 대해 토론을 해야 합니다. 충분한 생각과 집단 토의 후에 집단치료 참여 중단에 대한 결정을 내리게 된다면 이는 함께 기뻐하고 즐거워 할 시간이 될 것입니다. 그렇지만 집단치료에서 직면하게 되는 비판들을 회피하고자 집단을 그만두고자 한다면 이는 집단치료 졸업이 아닌 종료를 의미하게 될 것입니다. 집단 구성원들이 제공하는 피드백은 정말 중요한 것입니다. 정신치료 지속 여부를 결정함에 있어 그 누군가의 승낙을 필요로 하는 것은 절대 아니지만, 성장이라는 측면에서 생각해 볼 때 이 문제를 두고 집단에서 토의를 하는 것은 매우 중요합니다.

적어도 집단치료 졸업 4주전에는 이를 다른 구성원들에게 알려야 합니다. 아무런 통보 없이 치료를 종료하게 되는 경우 이것이 전체 집단에게 미치는 영향은 실로 큽니다. 더욱이 이러한 행동은 당신을 처음 이 집단치료로 이끌었던 과거의 그 모습으로 다시 돌아가게 할 가능성이 크다는 것을 의미하기도 합니다. 충분한 작별을 고하는 시간, 혹 다른 구성원들과 종결하지 못한 이슈들이 있다면 이를 해결해 볼 수 있는 시간을 꼭 갖으십시오.

9. 출석 : 시간을 엄수하여 규칙적으로 집단치료에 참여하는 것은 그 집단에 참여하는 모든 이들의 가치를 향상시키는 일이기도 합니다. 이를 통해 향상된 집단 응집력은 함께 서로 노력해 볼만한 분위기, 지지적인 환경, 그리고 문제 해결의 성공을 가져옵니다. 만약 결석을 하게 되는 경우 미리 전화 연락을 주십시오. 집단치료는 정해진 시간에 시작하고 종료할 것

입니다. 집단 구성원들은 시작하는 순간부터 끝나는 순간까지 함께 할 것을 동의해야 합니다.

10. 약속 : 6개월 동안 이 집단에 꾸준히 참석할 것을 약속할 경우에만 집단치료에 참여할 수 있습니다. 한 두번 결석 후 집단에서 낙오되는 구성원들로 인해 집단치료가 방해 받는 일이 없어야 할 것입니다. 이 약속을 잘 이행하여 꾸준히 집단에 참석하는 사람은 많은 도움을 받게 될 것입니다.

11. 비용 : 집단정신치료 비용은 매 회기 기준으로 부과됩니다. 집단에 결석한 경우에도 이는 마찬가지입니다. 집단치료 시간을 어떻게 사용할지, 참석할지 말지를 결정하는 것은 개인의 자유이지만 이에 대한 책임은 받아들여야 합니다. 매달 말일 전에 비용을 납부해야 합니다.

명확한 계약 형성 및 집단 구성원의 정확한 집단규칙 이해가 집단에서 흔히 발생할 수 있는 어려움들을 얼마나 많이 예방해 줄 수 있는지 알게 될 것이다. 집단 구성원의 경계를 명확히 하는 것 또한 효과적인 집단 형상을 위해 필요 하다. 이는 치료적 환경(응집력)을 도모하며 다른 치료적 요인들이 유기적으로 작동할 수 있도록 돕는다. 집단 구성원들이 규칙을 위반하는 경우 집단리더는 이를 저항의 한 방법으로 이해할 수도 있으며, 참여자의 성격적 특성 및 집단에서 발생한 전이의 문제로 이해할 수도 있을 것이다.

8

상호관계 집단정신치료

얄롬은 집단정신치료에 관한 2권의 훌륭한 저서를 남겼다. 첫 번째 저서는 1970년에 출간(1975년 2판 출간, 1985년 3판 출간, 1995년 4판 출간, 2005년 Molyn Leszcz와 공동 저자로 5판 출간)된 것으로, 비중독 외래 환자들에게 집단정신치료를 어떻게 적용할 것인가를 주된 내용으로 하고 있다. 얄롬의 두 번째 저서(1982)는 급성 정신 질환을 앓고 있는 입원 환자들을 대상으로 한 것으로, 어떻게 집단정신치료를 진행할 것인가에 대한 내용을 총괄적으로 정리한 것이다. 얄롬은 1970년에 발행된 외래환자를 대상으로 한 그의 첫 번째 저서에서 집단정신치료 방법론에 대한 이론적 기초를 설명하였다. 이 장에서는 그 저서를 근거로 얄롬이 집단정신치료에 미친 지대한 영향에 대해 중점적으로 살펴볼 것이다. 얄롬은 자신의 집단정신치료가 어떠한 이론에 근거하여 이루어졌는지를 잘 설명하지는 못했다는 평가를 받곤하는데 그래서 일부 집단정신치료자들은 얄롬의 저서들이 상호관계 집단을 어떻게 운영할 것인가에 대한 실천적 기본 원리에 대해서는 잘 설명하고 있으나, 철학적 기반 및 이론적 배경을 제공하는 것에 대해서는 무시하고 있다며 비판을 하기도 한다.

그러나 얄롬을 좇아 설리반의 대상관계 정신치료 이론(1953)을 따라가 본다면, 이러한 비판이 사실무근임을 깨닫게 될 것이다. 설리반의 기본 신조를 이해하면, 왜 얄롬이 그토록 집단정신치료란 이렇게 진행되어야 하는 것이다라고 주장했는지를 이해하게 될 것이다. 재롬 프랭크Jreome Frank의 영향 또한 무시할 수 없다. 물론, 내가 아는 한, 얄롬이 직접 프랭크가 그에게 미친 영향에 대해 언급한 적은 없으나 그의 전체 글에서 묻어나고 있다. 설득 및 치료에 대해 인류학적으로 설명하고 있는 프랭크(1961)의 논문을 읽어 본다면, 얄롬이 집단치료에서 치료적 요인(희망에 대한 주입, 이타주의, 보편성, 존재론적 요소 등)이라고 나열한 것들은 바로 프랭크의 철학이 얄롬에게 지대한 영향을 미친 결과 임을 알게 될 것이다. 이 장 후반부에서는 설리반과 프랭크의 업적이 얄롬의 집단정신치료에 어떠한 영향을 주었는지를 얄롬의 이론적 기반을 하나하나 해석함으로써 확인해 볼 것이다. 그러기에 앞서 지금은 얄롬이 설명한 집단정신치료의 "기초 배관basic plumbing" 및 집단리더의 기본 과업에 대해 살펴보고자 한다. 이 글에서 제시되고 있는 자료들은 1975년에 출간된 얄롬의 저서

제 5장에 제시된 내용들을 요약해 놓은 것에 불과하다. 여기에 제시된 내용 이외에 더 구체적인 내용을 탐색해 보고자 한다면 얄롬의 저서를 확인해 볼 것을 추천한다.

얄롬이 제시한 리더의 기본 과업

얄롬의 집단정신치료 모델에 따르자면 집단리더는 크게 세 가지 중요한 과업을 갖는다. 그 과업은 다음과 같다.

1. 집단이 끝까지 살아남도록 하라
2. 집단문화를 형성하고 치료적 규범들을 세워라
3. 집단 현장에서 지금-여기 기법에 충실하여 집단 구성원들을 교육하고, 그에 대한 역할 모델이 되어라

집단이 끝까지 살아남도록 하는 과업은 집단을 형성하고 유지하는 데 필요한 모든 노력을 포함한다. 보통 집단 구성원 중 어느 누가 집단정신치료를 통해 이익을 얻고 프로그램에 성공할 것인가를 예상하기 보다는 어느 누가 집단치료에서 낙오될 것인가를 예상하는 것이 더 쉽다. 얄롬은 집단리더들에게 어떻게 하면 좀 더 나은 집단을 구성할 수 있을 것인가가 아닌, 어떻게 하면 집단 구성원들을 치료에 더 잘 준비시킬 수 있을 것인가에 시간을 투자할 것을 촉구한다. 집단의 경계를 정하는 일, 집단 구성원들을 치료에 준비시키는 일에 관한 내용은 이미 7장에서 다루었다. 이 장에서는 집단리더가 수행해야할 기본 과업이라고 얄롬이 제시한 과제 중 나머지 두 과제를 중심으로 살펴보고자 한다. 그리하여 유해화학 물질 의존자들을 위한 정신치료집단의 성공에 이러한 과업이 어떻게 중요한 역할을 수행할 수 있는지를 제시할 것이다.

집단문화 및 치료적 규범 형성

일단 집단 이라는 실체가 형성되고 나면, 집단리더는 어떻게 하면 집단규칙과 집단문화를 치료적 사회체계 내에서 잘 구성해 나갈 것인가를 고민하기 위해 그의 에너지 중 많은 부분을 투자해야 한다. 이는 얄롬이 집단 효과성의 결정적 요소라고 보았던 치료요소들(18장 참고)을 활성화 시킬 것이다. 다른 그 어떤 집단과 달리, 정신치료집단 구성원들은 집단 내에서 자신이 다른 구성원 및 집단리더로부터 받은 즉각적인 느낌에 대해 자유롭게 이야기 해야 한다. 이러한 분위기를 확실히 하기 위해 집단리더는 다음의 여섯 가지 집단규칙을 형성하고 이러한 방향으로 구성원들을 안내해야 한다.

1. 솔직함과 자발성은 독려되고 지지되어야 한다.
2. 모든 집단 구성원들이 활발히 집단 모임에 참여할 수 있도록 보장해 주어야 한다.
3. 얄롬이 '상호 호혜적 취약성reciprocal vulnerability'이라고 표현한 바 있는 그러한 환경 속에서 서로 자기를 개방 할 수 있도록 한다.

4. 모든 구성원들은 자기 이해에 관한 욕구를 독려 받아야 한다.
5. 다른 구성원의 약점, 개인적 실패, 경솔함 등을 무비판적으로 수용할 수 있도록 도와야 한다.
6. 자기 자신의 불만족스러운 부분에 대해 탐색해 보고, 그 불만족과 관련되어 있는 행동에 대한 변화 욕구를 독려해야 한다.

대부분의 집단리더들은 위에서 제시한 규칙들에 대해 동의할 것이다. 문제는 어떻게 해서 이 규칙들을 실행에 옮길 것인가 이다. 이에 대한 대답은 간단하게 행동 수정 및 행동 강화 이론에서 찾을 수 있다. 집단리더는

1. 건강하고 기능적인 규칙들을 형성하고 이를 강화시켜야 한다.
2. 건강하지 않고 좋지 않은 규칙들은 회피·무시·소멸시켜야 한다.

얄롬의 관점에 따르자면 치료자는 변화를 촉진할 수 있는 분위기와 환경을 조성할 수 있어야 한다. 집단은 각 집단 구성원이 가져오는 대인관계상의 어려움을 분석하고 조사하는 실험실에, 그리고 집단리더는 이 실험실을 총 지휘하는 기술자에 비교될 수 있다. 올바른 집단문화가 제대로 형성되었을 때에야 비로소 집단이 집단으로서 제 역할을 수행할 수 있다. 즉, 집단 구성원의 비적응적 행동을 변화시킬 수 있는 도구로 집단이 제대로 사용되어질 수 있는 것이다.

치료자들은 집단규범을 구성하기 위해 다음의 두 가지 도구 혹은 방법들을 활용할 수 있을 것이다. 첫째, 치료자는 집단 구성원의 적응적·비적응적 행동 및 집단역동을 이해할 수 있는 능력을 지닌 전문가다. 이러한 치료자는 좀 더 쉽게 구성원들의 심리적 문제가 무엇인지 확인할 수 있을 뿐만 아니라 어떠한 행동이 건강하며 적응적 행동인지를 결정할 수 있다. 둘째, 집단리더는 리더임과 동시에 다른 집단 구성원들에게 본보기가 되는 참여자가 될 수 있다.

기술적 전문가

얄롬이 집단리더를 기술적 전문가라고 칭할 때 그가 의미한 것은 무엇인가? 집단리더는 집단에서 그가 수행하는 역할 때문에 자동적으로 집단 구성원들이 그에게 부여해 주는 일정한 특성을 갖게 된다. 예를 들어, 많은 집단 구성원들에게 있어 집단리더의 역할은 때로 다른 사람을 돕는 선한 안내자일 수도, 때로 권위주의적 독재자일 수도 있을 것이다. 대게 다른 유형의 집단정신치료들은 집단 구성원이 리더에게 보이는 전이 반응에 많은 관심을 갖는다. 그러나 얄롬은 이 보다는 집단 구성원 간 상호작용과 치료적 집단문화 형성에 가장 큰 관심을 보인다. 집단리더는 자신의 권위와 경험을 치료적 집단문화를 형성하는 방향으로 사용할 수 있어야 한다고 얄롬은 이야기 한다. 집단리더에 대한 전이 및 전이 왜곡은 항상 발생하는 것이며, 이에 대해서는 집단리더가 생각하기에 진짜 필요하다고 판단 될 때 얼마든지 탐색해 볼 수 있는 것이라고 보았다. 얄롬 또한 전이 왜곡이 치료적으로 매우 중요하다는 사실은 잘 알고 있었지만, 적절한 집단문화를 형성함에 있어 이 문제는 이차적인 것이라고 보았으며 집단 구성원들이 집단 내에서 너무 빨리 퇴행을 경험

하도록 강요하지 않는 것이 보장되어야 한다고 보았다.

집단리더는 집단 구성원들이 집단리더가 아닌, 서로서로와 더 잘 상호작용할 수 있도록 확실히 하기 위해 그에게 부여된 기술적 전문가로서의 역할을 잘 활용할 수 있어야 한다고 얄롬은 주장한다. 이러한 과정은 첫 번째 집단치료 회기가 시작되기 전에 각 구성원들을 대상으로 이루어져야 한다(7장 참고).

그러나 아무리 준비 교육이 잘 이루어진다 하더라도 집단 구성원들은 그들의 에너지를 집단리더에게 집중하는 방향으로 사용하고자 할 것이다. 그렇기 때문에 이 어려운 문제를 해결하기 위해 집단리더는 다양한 미묘한 기술들을 사용할 수 있어야 한다. 예를 들어, 다른 집단 구성원이 한 말에 대해 자발적으로 자신의 의견을 말하는 구성원이 있다면 그를 칭찬해 주는 것이 필요하다. "아주 좋은 피드백이었어요." 라는 간단한 말로도 집단리더는 집단 구성원들에게 집단 구성원 간 피드백과 상호작용이 매우 중요하며 집단 내에서 활발히 독려되는 것임을 알릴 수 있다. 또한 "왜 다른 집단 구성원에게 자신의 생각을 직접 이야기하지 않느냐"고 반복적으로 이야기함으로써 집단 구성원 간 상호작용의 중요성을 알릴 수도 있다. 왜 직접적으로 다른 구성원에게 자신의 생각을 이야기하지 않고 집단리더인 본인에게 그 말을 하느냐고 질문해 볼 수도 있을 것이다. 직접적으로든지 혹은 간접적으로든지 간에, 질문에 대한 대답을 회피함으로써도 집단 구성원 간 상호작용을 활성화시킬 수 있다. 비언어적 행동 또한 중요한 도구가 될 수 있는데 예를 들어, 집단리더에게만 말하는 구성원이 있다면 그가 말할 때 고의적으로 몸을 그로부터 돌려 다른 곳을 바라봄으로써 리더가 중심이 되는 집단에는 전혀 관심이 없다는 메시지를 분명히 전달할 수도 있을 것이다. 또한 집단 구성원들이 응시하는 곳이 집단리더가 아닌 다른 구성원이 되도록 함으로써 서로간의 눈 맞춤 발생 빈도를 높일 수도 있을 것이다. 집단리더에게는 집단리더가 아닌 집단 구성원과 상호작용할 수 있도록 도와야 할 책임이 있다. 이 과업은 결코 쉽게 달성될 수 있는 성질의 것이 아니다. 때론 직접적으로 때론 간접적으로 즉, 다양한 방법들을 동원하여 원하는 메시지를 전달하기 위해 집단리더의 기술적 전문가로서의 역할을 요하는 것이다. 집단리더는 집단리더가 아닌 집단 구성원들 서로가 서로에게 에너지를 쏟아야만 한다는 사실을 알리기 위해 끊임없이 노력해야 한다. 이 때 비로소 얄롬이 주장한 제대로 된 집단정신치료를 운영할 수 있다.

본보기가 되는 참여자

얄롬이 주장한 바와 같이 집단리더는 명시적·암시적인 방법으로 집단규범을 형성할 수도 있지만, 대인관계에서 본보기가 되는 행동을 집단 구성원들에게 직접 보임으로써도 집단규범을 형성할 수 있다. 이러한 생각은 치료자가 어떠한 지위를 차지해야 하는 가에 대한 개념 정리에서부터 시작된다. 얄롬은 개인치료에서의 치료자 역할과 집단치료에서의 치료자 역할이 달라야 한다고 생각했다. 얄롬이 주장하는 이 본보기가 되는 참여자 되기 과업은 집단치료에서 리더가 가져야 한다고 흔히 주장되는 태도에 역행하는 것처럼 보일 수도 있다. 집단리더는 구성원들에 대해 중립적이어야 하며 자신의 감정을 구성원에게 전이시켜서는 안 된다는 것이 통념이기 때문이다. 그러나 집단리더의 이러한 태도는 집단 구성원 간 상호작용이라는 가장 중요한 규범을 포기하는 것이다. 이는 마치 우리가 젊은이들에게 다른 사람의 감정을 절대로 상하게 해서는 안 되며 항상 예의 바르게 행동해야 한다고 가르치는 것과 같다. 모든 사람들이 보기기에 그 상대방에게 분명한 잘못이 있음에도 불구하고 이를 항상 용납해야 한다고 말하는 것이다. 집단정신치료의 성공은 구성원들이 새로운 행동을 시도해 볼 수 있도록 도우며, 다른 구성원들과 직접 상호작용 해보는 위험을 감수할 것을 끊임없이 독려함에 있다. 이를 가능하게 하는 최고의 방법은 집단 구성원들이 집단리더의 모습을 관찰하여 그러한 행동을 내재화 하고 모델링 할 수 있도록 하는 것이다. 집단리더가 어떠한 말을 하는가 보다는 어떠한 행동을 하는가가 훨씬 중요하다. AA에서 자주 인용되듯이 "당신은 당신이 내뱉은 말을 실행에 옮기는 법을 배워야 한다." AA 참여자들은 누가 말만하고 실천하지 않는지를 직감적으로 안다. 이와 마찬가지로, 집단리더가 자신의 분노, 불안, 좌절을 어떻게 다룰 것인가를 아는 것은 집단 내에서 그러한 감정들을 어떻게 다룰 수 있는지 알고 있다는 말과 같다. 마샬 맥루한Marshall McLuhan이 언급한 바와 같이 "집단리더 자체가 중요한 치료제인 것이다."

집단리더가 집단 내에서 어떠한 행동을 하는가가 어떠한 말을 하는가 보다 훨씬 더 중요하다. 예를 들어보자. 유태계 신학자이자 실존주의 철학자인 마틴 부버(Martin Buber, 1963)는 유대인들의 하시디즘 Hasidism[1]에 대해 매우 독창적인 글을 쓴바 있다. 정통파 유대교 전통에 따르자면, 모든 정통 종교 계율이 흔히 그러하듯이, 선택된 특정 소수만이 경전을 해석할 수 있도록 허락됐다고 한다. 이러한 정통파의 가르침 내에서 사람들은 자신들이 가지고 있는 특정 문제를 해결하고자 종교리더에게 답과 조언을 구하곤 하였다. 이와 마찬가지로 전통 의료적 돌봄이나 심리학적 돌봄에서도 환자들은 의사에게 진단 및 자신의 문제에 대한 해석을 의뢰하며 자신의 고통을 경감하고 변화시키기 위해서는 어떻게 하면 되는지 조언을 구했다. 그러나 이러한 전통적 심리치료 유형에 대항하여 새로운 치료 방법을 찾고자 했던 움직임은 하시디즘 운동의 영향도 1960년대 나타난 인본주의적 제 3세력 운동의 영향 때문만도 아니었을 뿐 아니라 AA에서만 나타난 특별한 경우도 아니었다. 이러한 관점의 변화는 바로 현대사회 종교 개혁주의자들과 동시대 심리치료 유형이 차지하고 있는 지위의 변화를 반영하는 것일 뿐이다. 여기에서의 차이점은 전통 권위자들과 개혁 운동가들이 경전을 대하는 시각에 있다. 개혁 운동가들은 계율을 해석함에 있어 답을 찾고자 하는 사람 자신이 직접 신의 뜻을 발견하고 진리를 찾기 위해 적극적으로 훈련에 임할 것을 독려한다. 각 개인이 직접 자신을 위한 진리를 찾아야 한다고 주장했던 초대 기독교 사회 영지주의 운동 또한 바로 이러한 관점 변화의 좋은 예가 될 수 있다. 1960년대 유행했던 존 프라인John Prine의 노래가사는 이러한 시대적 정신을 잘 표현하였다. "그 나라로 이사를 가게 되면 일단 집을 한 채 사고 나서 스스로 예수님에 대해 배울꺼야." 이 노래 가사는 맹목적인 신앙인이 되기보다는 자신 스스로 답을 찾고자 맡겨진 책임을 다할 것을 주장하고 있다. 영적 진리에 대해 각 개인이 어떠한 해석을 할 것인가에 대한 중요성은 AA에서도 나타난다. 중독을 치료함에 있어 전통적 심리치료 방법이 아닌 각 개인이 능동적으로 답을 찾아야 함을 강조하고 있는 것이다. 이것이 바로 마틴 부버가 독자들에게 간절히 전해주고 싶어했던 메시지이다. 하시디즘 전통에 따르자면 자딕zaddik이라고 불리는 종교리더는 훈계가 아닌 예화를 통해 가르침을 주었다. 이 관점에 따르자면 이 세상

역주 1) 하시디즘 : Israel ben Eliezer에 의해 18세기 후반 폴란드와 우크라이나의 유대교도 사이에서 일어난 신비주의적 경향의 신앙 부흥 운동

그 어떠한 것도 은밀한 것은 없다고 한다. 모든 것이 단순하기 때문에 믿음의 사람 누구나 자기 스스로 그 가르침의 간소함을 붙잡을 수 있다. 자딕은 학자도 아니고 그렇다고 해서 종교적 이성과 지혜를 상징하는 인물도 아니다. 치료자 스스로 역할 모델이 될 수 있는 참여자가 되어야 한다고 기록했던 얄롬처럼 여기에서도 '관계'가 가장 중요한 요인이다. 선생님이라는 특성이 교리의 자리를 차지하게 되는 것이다. 그 자체가 가르침이 된다. 자딕의 한 제자는 이렇게 말했다. "나는 자딕으로부터 토라Torah를 배우기 위해 그에게 가는 것이 아니라 그가 어떻게 그의 구두끈을 매는지를 보기 위해 간다."

집단리더는 자신에 대해 어느 부분을 어느 정도까지 함께 나눌 것인지를 주의 깊게 결정해야 한다. 얄롬이 말한 집단리더의 투명성이란 집단리더는 모든 것을 참으며 모든 것을 다 공개해야 한다는 것이 아니다. 이러한 전부 아니면 전무라는 식의 접근법은 분명 실패할 수밖에 없을 뿐만 아니라 집단과 그 구성원들을 파괴하는 일이기도 하다. 정직을 위한 정직은 우스꽝스러운 짓이다. 집단리더는 어느 정도의 정직성과 투명성을 가지고 자신을 드러내는 것이 가장 집단을 이롭게 하는 것인지 혹은 집단을 방해하지 않는 것인지를 결정할 수 있어야 한다. 이를 통해 집단 구성원들은 정직에 대한 기본 가정에 대해 배워야 하며, 집단리더는 집단 구성원들이 다른 집단 구성원을 파괴하고 공격하고자 하는 목적으로 등 뒤에 진실을 숨기는 일을 허용하고 있지는 않은지 항상 주의해야 한다. "전 그냥 솔직하게 말하는 거예요"라는 말은 결코 다른 사람들을 사악하게 공격하는 것에 대한 변명이 될 수 없다. 커츠(1983)가 말하듯이 "나쁜 의도를 갖는 정직함은 거짓말보다 더 나쁘다." 집단리더는 정직함과 책임감 사이에서 균형 잡는 법을 배워야 한다. 즉, 집단리더의 투명성은 집단리더가 구성원들과 어떠한 정보를 나눔에 있어 그것이 집단과 그 구성원들을 돕는 일인가 아니면 방해하는 일인가라는 기준에 의해서만 결정되어야 한다. 집단리더는 집단이 집단리더를 위해 존재하는 것이 아님을 절대 잊어서는 안 된다. 자기개방에 앞서 집단리더는 항상 지금 이 순간 자신을 정직하게 드러내는 것이 집단과 구성원들에게 도움이 되는 일인지를 스스로에게 물어야 한다. 이와 관련된 한 사례가 이 점을 더 명확히 해 줄 수 있을 것 같다.

3년 동안 단주를 하며 알코올 중독으로부터 회복중인 빌Bill은 4회기 째 치료집단에서 '3년 전 술에 취해 의식이 없는 상태에서 6살 된 딸을 성적으로 추행한 사실이 있다'고 밝혔다. 애초에 빌은 이 사실을 밝힐 생각이 없었다. 다른 구성원이 술에 중독되어 있는 동안 했던 잘못된 행동들에 대한 후회와 죄책감에 대해 이야기하자, 빌 또한 자신도 모르게 즉흥적으로 고백했던 것이다. 그의 이 고백은 집단에 폭탄을 터뜨린 것과 같았다. 그는 분명 그가 의도 했던 것보다 훨씬 더 자신에 대해 드러내고 말았다. 특히, 과거 어린 시절에 알코올 중독 부모로부터 성추행을 당한 경험이 있던 일부 집단원들은 빌의 고백에 의해 촉발된 분노와 당혹감으로 충격에 휩싸였다. 혼돈에 빠진 집단 구성원들이 빌에게 어떻게 반응해야 좋을지 몰라 허우적대고 있음이 분명했기 때문에, 집단리더는 이 상황을 풀어나가고자 무엇인가를 시도해야 했다. 집단리더는 우선 감정에 솔직해져야 한다고 판단했다. 즉, 구성원들이 자신들의 불편한 감정을 숨긴 채 어찌해야 할지 몰라 괴로워할 필요가 없는 문제라고 보아, 집단리더가 먼저 빌의 고백에 대해 느낀 점을 나누기로 결정했다. "당신의 그 당혹스럽고도 끔찍한 경험을 우리들과 기꺼이 나누어 주심에 대해 감동 받았습니다. 이 집단이라면 그렇게 솔직해 짐으로 인해 발생할 수 있을 위험까지도 충분히 감당해 낼 수 있겠다고 결정할 수 있을 만큼 이 집단을 신뢰한다는 뜻이겠지요. 제 경우엔, 아버지가 저를 성추행했던 기억이

떠올라 복잡 미묘한 감정이에요. 당신이 당신의 이야기를 우리에게 나눠준 것과 같은 그러한 용기가 저에게도 있는지는 잘 모르겠지만, 당신이 그러한 위험까지도 감수하고 솔직해 질 수 있었다는 사실이 저로서는 정말 기쁩니다." 집단리더의 이 피드백을 바로 이어 받아, 다른 구성원들 또한 이런 비슷한 감정을 빌과 나누기 시작하였다. 빌이 몇 년 동안 자기 비난과 죄책감으로 인해 괴로워했던 것을 이제는 극복할 수 있게 되기를 돕고자 원하는 심정으로 그리한 것이었다. 이 사건은 또한 집단 구성원들에게 다음의 메시지를 분명하게 전달하고 있었다. 가장 깊숙한 곳에 있는 가장 두려운 비밀까지도 이 집단 내에서 나눠질 수 있으며, 이로 인해 쉽게 판단되거나 비난을 받지도 않으며 거부되지도 않는다는 사실을 말이다. 이 예에 나타난 집단리더의 경우 그녀는 어느 정도의 자기개방을 통해, 자칫 잘못했으면 빌 뿐만 아니라 집단 구성원 모두에게 그리고 집단의 치료직 환경 자체에 파괴적 경험이 될 수도 있을 뻔한 끔찍한 상황을 피해갈 수 있었다.

빌이 자신의 비밀을 나누었을 때, 빌 뿐만 아니라 모든 구성원들은 자신이 집단에서 얼마나 잘 수용되고 있는지를 알 수 있었다. 또한 집단리더는 좀 더 안정된 구조 속에서 구성원들의 부정적인 감정들을 탐색해 볼 수 있었다. 이 경험을 통해 집단은 긍정적인 해결책을 도출할 수 있는 방법을 배울 수 있었고 집단리더는 이러한 비슷한 상황이 다시 발생했을 때 어떠한 반응이 예상될 수 있는지를 집단 구성원들에게 보여줌으로써 그들에게 더 큰 자유를 줄 수 있었다. 집단규칙을 형성함에 있어 집단리더가 적극적이며 직접적인 역할을 수행했기 때문에 불필요한 수고를 덜 수 있었던 것이다. 그렇지 않았다면 이 집단은 다음 단계로 넘어가 안정되고 응집력 있는 모습을 보이기까지 힘든 시간을 보내야 했을 것이다.

집단리더는 또한 무비판적으로 수용하는 일과 집단 구성원 각 개인의 강점과 약점을 잘 알아보는 일에도 역할 모델이 되어야 한다. 집단 응집력이 어느 정도 발전 된 후에 행해지는 직면과 해설은 바람직하지만 아직 충분히 성숙하지 않은 집단에서의 직면과 해설은 그 집단을 파괴할 수도 있다. 집단 내에서 비밀을 드러내는 것이 아직은 안전하지 않다고 말하고 싶은 집단리더는 없을 것이다. 빌의 경우도 마찬가지였다. 한동안의 침묵 후에 집단원이 자신의 비밀을 드러냈을 때, 집단리더는 어떠한 반응을 보일지 선택할 수 있다. "왜 이런 말을 미리 하지 않았나요?"라는 식으로 해석될 수 있는 반응을 보일 수도 있을 것이다. 아니면 대조적으로 "그런 이야기를 이 집단에서 나눌 수 있겠다고 생각하실 만큼 이 집단을 신뢰하시는 것 같군요" 라고 말함으로써 완전히 다른 영향을 집단에 미칠 수도 있을 것이다. 이 두 가지 집단리더의 반응은 집단 구성원들에게 서로 다른 대응 결과를 가져오게 한다. 첫 번째 예는 이러한 대응을 촉발시킬 수 있다. "내 비밀을 지금 말하라고... 잘 못하면 걸려들겠는데... 조용히 입 다물고 있는 편이 낫겠군." 두 번째 예를 통해서는, "집단에서는 어떠한 이야기를 하든지 안전하며 집단리더나 다른 구성원들이 나를 비난하시는 않을까라는 두려움 없이 내가 준비되었을 때 무슨 이야기든지 해도 되겠구나" 라는 안도감을 느끼게 될 것이다.

대인관계에서 정직성과 자발성

집단리더들은 또한 대인관계에서 어떻게 하면 정직하고 자발적일 수 있는지에 대한 모델링이 되어야 한다. 리더 중심의 1차원적(모두가 좋아하거나 모두가 불만족 하는) 집단을 운영하고자 하는 것이 아니라면 위에서 언급한 이 역할은 집단리더의 필수 과업이다. 그러나 이 정직성과 자발성이라는 것 또한 책임성과 균형을 이루어야 한다. 얄롬은 빅터 프랭클Victor Frankle의 "미국 동부 해안에 있는 자유의 여신상은 미국 서부 해안에 있는 책임의 여신상과 균형을 이루어야 한다."는 말을 인용하여 현 미국 사회가 직면한 사회 문제를 지적한다. 집단치료에서도 마찬가지다. 집단의 정직성과 자발성이라는 자유 또한 책임성과 적절히 조화를 이루었을 때에만 가능한 것이다. 집단리더는 집단 내에서 어떠한 결정을 내릴 때 완벽함·자발성·정직함이라는 축과 통제·구조화·책임성이라는 또 다른 한 축 사이의 좁은 용마루narrow ridge 사이에서 균형을 잡아야 한다. 칼 로저스(Carl Rogers, 1942)를 비롯한 수많은 이론가들에게 지대한 영향을 미쳤던 마틴 부버는 과학이라는 정확하고 구조화된 세상과 종교 혹은 영성이라는 불확실하고 혼돈에 가득 찬 세상 사이에 놓인 좁은 용마루에 관해 독창적인 글을 쓴바 있다. 부버의 이 글은 심리치료사들에게 치료자란 확실한 근거를 가지고 있는 사람이어야 할 뿐만 아니라 이 세상에 절대적인 것이란 없다는 "신성한 불확실성holy insecurity"을 가지고 있는 사람이어야 한다는 사실을 반영해 주고 있는 듯하다. 부버가 이야기 하는 좁은 용마루라는 개념이야 말로 그가 이야기한 나와 너의 관계I-Thou relationship 철학이 의미하는 바를 가장 잘 설명한다. 절대적인 것이란 존재하지 않는다는 관점을 취함으로써 부버는 그의 이해와 지식이 취하고 있는 관점을 잘 표현할 수 있었다.

> 내가 어떠한 관점을 취하고 있는지에 대해 친구들에게 설명해야 할 때, 나는 "좁은 용마루"라는 표현을 쓰곤 한다. 절대성이라는 넓은 고지대에 안주하지 아니하고, 좁고 가파른 용마루에 서 있기 때문이다. 표현할 수 있을 만큼 확신할 수 있는 지식은 없지만 그 확신을 만날 수 있을 가능성만큼은 절대 닫혀 있지 않은 그 곳이 바로 좁고 가파른 용마루기 때문이다.(Buber, 1955b, p.184)

부버에게 있어 좁은 용마루란, 혼돈·불확실성과 정확함·확실성(절대적 지식에 대한 신념에 근거한) 사이에서의 균형을 의미한다. 양 극이 각각 가지고 있는 어려움에 대해 부버는 잘 알고 있었다. 자신이 절대적인 지식을 가지고 있다는 믿음은 독단주의, 망상, 영성의 부재로 이어지며 또 다른 극단은 혼돈, 무정부주의, 쾌락주의로 이어진다. 부버의 이 좁은 용마루 개념을 잘 이해할 때 비로소 그가 이야기한 나와 너의 관계I-Thou relationship, 심연abyss, "신성한 불확실성holy insecurity" 등의 실존주의 철학 또한 제대로 이해할 수 있다.

임상 심리치료사로서 그리고 대부분의 시간을 환자 만나는 일(개인치료 혹은 집단치료로)로 보내는 전문가로서, 다음 약속 손님이 치료현장에 나타나기까지 기다리는 동안 나는 항상 끊임없이 고군분투하곤 한다. 때로는 그 기다림 중에 엄청난 불안감에 휩싸일 때도 있다. 오늘은 또 어떠한 요구를 받게 될까? 이 사람의 요청에 나는 제대로 반응 할 것인가? 치료 시간을 제대로 맞추고자, 대답을 잘 하고자, 정확한 정보를 제공하고자 하는 나의 욕망들 때문에 고뇌한다. 확실치 않은 독특한 상황에서 어떠한 요구를 받게 될지 모르기 때문이다. 물론 이 과정 중에 스스로 편안함을 찾아가겠지만, 부버가 이야기 했던 바와 같이 자발성과 통제성 사이에 놓인 좁은 용마루를 걷게 될 것 또한 나는 알고 있다. 나는 매일 같이 내 스스로를 확신시키고 안심시켜야 한다. 나와 그(내담자)와의 만남에서 다시 한 번 새로운 신뢰를 발견하게 될 것이고, 이 두 영혼의 만남이 스스로 대화의 길을 찾아가는 것을 경험하게 될 것이다.

치료자가 이미 많은 준비가 되어있어야 함은 당연하지만, 때때로 치료자는 자신이 줄 수 있는 것 그 이상을 요구받곤 한다. 온전한 존재로서 아픈 영혼들이 가득한 이 세상을 탐험해 보고자 시도해 보는 것, 부버는 이에 대해 다음과 같이 적절하게 묘사한 바 있다.

> 치료자들은 때로 자기 본질과 완전히 다른 것들을 경험해야 하기 때문에 무서움에 떨곤 한다. 아무리 전문가로서 돈을 받으며 하는 일이라지만, 일상적으로 반복되는 평범한 일과 달리 정말 위험하고 끔찍해서 절대 하고 싶지 않은 그런 일들도 접해야만 하는 때가 있다. 그가 해야 할 일은 한 사례를 꺼내 들고는, 오랜 동안의 훈련과 실습을 통해 이룩한 전문가적 우월성을 가지고 '요청하는 자'와 '요청받는 자'가 마주하는 그 가장 기본적인 현장 속으로 들어가는 것이다. 그런데 함정은 이 치료자가 주의 깊게 선택해서 한 행동들에 있는 것이 아니라, 그 치료자 자신에게 있다. 훈련과 실습을 통해 잘 형성되어져 있던 구조 속에 숨겨진 자아selfhood, 혼돈에 쌓여있으며 사탄과 친하기를 즐기는 자아. 그러면서도 동시에 이들과 씨름하고 극복할 수 있는 비천하지만 어떠한 힘을 가지고 있는 그러한 자아. 요청을 듣는 동안 지적 전문가가 가장 잘 노출되어진 그 곳에서 역설의 위기가 발생하곤 한다. 그는 그만의 방을 떠나 '자기self'가 '자기self'와 노출되는 세상 속으로 들어가 그를 신뢰하고 그가 신뢰해야 할 화자와 함께 하는 결정적인 한 시간을 보내야 하는 것이다.(Buber, 1964, p.395)

이러한 관점을 집단리더에게 적용시켜 보자면, 집단리더들은 집단에 있는 동안 완벽해 보이고자 하는 그들의 욕구를 포기해야만 한다. 집단리더들은 자신이 얼마나 틀리기 쉬운 존재인지를 인정하고 수용할 수 있어야 한다. 다음의 예가 이에 대해 더 명확하게 설명해 줄 수 있을 것 같다.

정신치료 훈련 집단 4회기 모임 때의 일이다. 한 구성원이 리더에게 저항했다. 지난 모임 동안 리더가 잘난 채 하며 자신들을 통제하려 들었다는 것이 그 이유였다. 과거 이러한 직면을 받아본 경험이 없던 리더는 너무 놀란 나머지 한동안 말을 잇지 못했다. 다른 구성원들은 리더가 이 공격에 어떻게 대응할지를 기다리며 초조하게 지켜보았다. 리더는 자신에게 저항한 구성원 여성에게 과거에 그녀의 아버지에게도 그렇게 느끼고 대응한 적은 없는지를 물었다. 그녀는 한편으로는 놀라기도 하고, 한편으로는 문제의 초점이 자신과 집단리더 사이의 갈등이 아닌 다른 곳으로 옮겨진 것에 대해 안도하기도 하며 방금 리더가 한 말이 사실임을 깨달았다. 그리고 리더의 격려에 힘입어 아버지에 대한 그녀의 감정과 그 둘의 관계에 대해 살펴보기 시작했다. 그녀와 아버지의 관계에 대한 리더의 해석 또한 물론 옳은 것이었지만, 구성원들의 리더에 대한 지각 또한 정확했다. 그는 정말 거만했으며 통제적이었다. 리더가 문제의 초점을 그녀와 아버지와의 과거 관계로 재빨리 옮긴 것은 리더 자신의 두려움과 욕구에 기인한 바가 크다. 절대 실패해서는 안 된다는 태도를 유지함으로써 리더는 자신의 발등에 떨어진 불은 끌 수 있었다. 만약 리더가 자신에게 저항한 구성원의 그때 거기there and then로 도망가지 않고 그녀의 비난과 공격을 있는 그대로 받아들

였더라면 좀 더 치료적인 도움을 집단과 그 구성원에게 줄 수 있었을 것이다.

지금 여기here and now에 입각하여 저항한 그 구성원의 감정을 자세히 검토했더라면, 리더는 왜 그렇게 그녀가 집단리더와 같은 성격 특성을 보이는 사람들(특히 권위를 가지고 있는 사람일 경우에 더)에게 강한 반발을 보이는지를 이해시킬 수 있었을 것이다. 지금 여기 전략에 충실하다 보면, 리더는 자신이 완벽하지 않을 뿐 아니라 항상 완벽하게 칭찬 받을 만한 특성을 갖고 있는 것도 아니라는 메시지를 구성원들에게 전하게 될 것이다. 리더는, 이와 동시에, 자신은 자신의 이러한 단점들을 충분히 받아들이고 있으며 이러한 단점을 다른 사람들에게 알리는 것에 대해 어떠한 두려움도 없고 방어적이지도 않다는 사실 또한 전하게 될 것이다. 집단 구성원들은 이 강력한 메시지를 배우게 되는 것이다. 사람이 항상 무결할 필요는 없으며 다른 사람들이 그러한 것처럼 그들 또한 어떤 잘못을 할 수 있다는 사실을 받아들이게 될 것이다. 이 잘못이 없었다면 다른 사람들과 더 의미 있고 행복한 관계를 형성할 수 있었을 그러한 단점은 누구에게나 있다. 그들은 또한 집단리더에게 직면하는 일은 얼마든지 있을 수 있는 일이며 중요한 것은 이를 대화를 통해 건설적인 방향으로 해결할 수 있음을 배우는 것임을 알게 될 것이다.

집단리더가 자신의 잘못을 인정하고 받아들였을 때 집단 과정에 어떠한 긍정적 영향을 미칠 수 있는지는 에브 폴스터Erv Polster가 이끈 게슈탈트 집단에서도 확인할 수 있었다.

나는 가끔 그가 진행하는 훈련 집단에 참여하곤 했는데 하루는 에브가 어느 구성원의 문제를 놓고 논쟁을 벌이고 있었다. 요는 한 남자 구성원이 자신의 여자 친구에게 청혼(자신은 그 다지 하고 싶어 하지 않는) 하는 문제를 놓고 결정을 내리지 못하는 상황이었다. 에브는 게슈탈트 구조를 충실히 따르면서 맨 처음 그 여성과 결혼하고자 생각했던 이유를 나열해 볼 것을 그 남자 구성원에게 제안했다. 어떠한 이유로 그가 그녀와의 결혼을 거부하고 있는지 깨닫게 하기 위해 에브는 몇 번이나 똑 같은 이야기를 반복했다. 그러자 그 남자 구성원은 에브가 마치 자신을 그녀에게 장가보내기 위해 설득하는 유대인 엄마 같이 느껴진다고 반응 했다. 에브는 이 남자의 이야기를 듣고는 다소 놀란 표정으로 그에게 왜 그렇게 느꼈는지를 물었고 그는 에브가 했던 말들 때문임을 알려주었다. 에브는 잠시 동안 곰곰이 생각해 보더니 웃으며 "당신 말이 맞군요."라고 답하고 다시 그 문제를 짚어 보기 시작했다. 그러자 그 남자 구성원 또한 에브와 함께 웃으며 에브가 자신의 잘못을 인정하고 입장을 바꾸어 다르게 생각해 본 것에 대해 감사함을 표했다. 이 경험은 집단 구성원 모두에게 중요한 배움의 순간 이었다.

집단규범의 확립

집단리더는 어떻게 집단규범을 형성할 수 있는가에 대한 질문에 답하기에 앞서 그가 어떠한 규칙들을 만들어 나가기 원하는지부터 알아야 한다.

첫 번째로 가장 중요한 것은 자조 모니터링 집단self monitoring group의 규범을 세우는 것이다. 만약 이를 확실히 하지 않는다면 그 집단은 리더 중심의 의존적·수동적 집단이 될 것이다. 집단리더는 그의 에너지를 구성원들 각자가 자기 자신을 반영하고 평가할 수 있도록 돕는 일에 쏟아내야 한다. 약 30분 정도를 피상적인 이야기만 하며 시간을 보낸 집단의 경우와 비생산적인 이야기를 끊임없이 쏟아 내는 한 명의 구성원에 의해 집단이 독점된 경우를 예로 들어 보자. 이 후 집단리더는 어떠한 반응을 보여야 할까? 얄롬에 따르면 리더는 구성원들 스스로가 자신들의 수동성에 대해 직시할 수 있도록 질문을 던져야 한다고 한다. "집단이 시작된 지 한 30분 정도가 지난 것 같은데 지금 집단이 어떻게 잘 되고 있나요? 여러분 각자 다 만족할 만한 내용과 방향으로 움직이고 있나요? 만약 아니라면, 왜 이에 대해 아무 말씀도 안하시나요? 이 집단을 다른 방향으로 움직이도록 하기 위해 당신이 할 수 있었던 일은 무엇인가요? 왜 당신은 그 행동을 취하지 못했나요? 이 집단에게 최소 1점부터 최대 10점까지 중에 몇 점을 주시겠어요? 당신의 참여도에 점수를 준다면 몇 점을 주시겠어요? 어떻게 하면 그 점수를 높일 수 있을까요? 그 점수를 높이기 위해 당신이 할 수 있는 역할은 무엇일까요?" 라고 물을 수 있을 것이다.

제시된 각각의 질문들은 집단 자체에 대해 생각해 볼 수 있도록 촉구할 것이다. 각 질문들이 의도하는 바는 집단의 평가 기능을 집단리더가 아닌 집단 자체로 옮기고자 함에 있다.

자기개방 규범

건강한 집단을 형성함에 있어 자기개방은 매우 중요한 요소이다. 그러나 집단리더는 구성원들이 자신의 속도에 맞게 자기 자신을 노출할 수 있도록 도와야 한다. 집단의 자기 노출은 가장 방어적인 구성원이 자기 자신을 개방하는 정도의 깊이 까지만 진행될 수 있다. 어느 지점까지 자기 자신을 개방한 구성원들은 다른 구성원들 또한 이 "상호적 취약성reciprocal vulnerability" 분위기에 동참할 것을 기다린다. 다른 구성원들이 자신의 이야기에 어떠한 반응을 보일지 몰라 불안하기 때문이다. 자기 자신에 대해 개방하기를 거부하는 가장 방어적인 구성원들 까지도 어느 정도 준비가 되었을 때 집단 구성원들은 비로소 자기 자신을 개방할 수 있도록 독려될 수 있다. 큰 비밀–어떠한 집단이든 그 집단에는 큰 비밀을 간직하고 있는 구성원이 적어도 한 명은 있기 마련이다–은 비밀들로 이루어진 거미줄의 중심과 같은 역할을 하게 된다. 그래서 모든 대화가 그 중심을 향해 연결되는 것이다. 집단이 자신의 커다란 비밀을 드러내기 힘든 곳일수록, 다른 주제와 관련된 이야기들 또한 서로 오고가지 않게 될 것이다. 왜냐하면 그러한 대화들이 중심으로 이어져 결국에는 자신들의 가장 깊숙한 곳에 놓여 있는 그 커다란 비밀과 연결될지도 모른다는 불안감을 갖고 있기 때문이다.

집단 구성원들에게 무언가를 자백하도록 강요하는 것도 않되지만, 특히 그들의 큰 비밀을 노출시킬 것을 강제해서는 절대 안 된다고 얄롬은 기록한 바 있다. 대부분의 사람들은 자신의 비밀이 노출되었을 때 그것에 대해 다른 사람들이 어떠한 반응을 보일지 몰라 두려워한다. 자기개방이 이루어지기에 앞서 구성원들의 이러한 두려움과 신념을 충분히 탐색해 보아야 한다. 이는 정말 쉬우면서도 아주 유용한 기술을 통해 가능할 수 있다. 얄롬은 이를 소위 초 개방metadisclouser–개방에 대한 개방–이라고 불렀다. 예를 들어 한 구성원이 한동안 집단 내에서 자기 자신에 대해 자유롭게 이야기 하던 중 갑자기 말을 멈추고는 이 주제는 더 이상 내가 이야기할 수 있는 것이 아닌 것 같다고 얘기했다고 가정해 보자. 이 때 집단리더는 그 구성원에게 더 이상의 이야기를 강요할 것이 아니라 자기개방 후에 일반적으로 경험할 수 있는 두려움의 본질에 대해 집단 구성원과 다 함께 이야기를 나눠 볼 수 있을 것이다. "이 주제에 대해 이야기할 경우 무슨 일이 일어날 것 같아 두려운 거죠? 누가 가장 강력한 반응을 보일 것 같아요? 누가 가장 수용적인 태도를 보일 것 같아요? 그 이야기를 집단 구성원들과 나눌 경우, 발생할 수 있는 가장 최악의 일은 무엇인가요?" 이러한 질문들은 모든 구성원들이 각각 자신의 저항을 탐색해 볼 수 있도록 도울 것이다. 게슈탈트 용어로 설명하자면 이는 소위 '저항과 함께 가기'로서 종종 게슈탈트 치료의 핵심이 되곤 한다. 집단 구성원들은 그들의 자기개방을 방해하는 두려움-그것이 합리적인 것이든 비합리적인 것이든-이 무엇인지 탐색해 볼 것을 독려 받는다. 집단 구성원들에게 자신을 개방하지 못하는 이유가 무엇인지를 탐색해 볼 수 있도록 함으로써, 그리고 그 이유를 다른 집단 구성원들도 또한 동감하는지를 확인해 봄으로써, 개방 자체가 얼마나 고통스럽고 두려운 일인지를 물어봄으로써 이야기의 깊이를 더해갈 수도 있을 것이다. 이 두려움과 관련된 감정의 문제는 집단 구성원들과 함께 일함에 있어 핵심이 되곤 하며, 때로는 그가 개방하길 두려워하는 비밀 그 자체보다 훨씬 더 중요하기도 하다. 집단리더는 구성원들의 자기개방에 대한 저항을 탐색 할 때 매우 주의해야 한다. 잘못해서 미성숙한 상태의 자기개방으로 이어질 경우 집단규범을 해하는 집단이 될 수도 있기 때문이다. 구성원들이 충분히 준비되지 않은 상태에서 리더의 립 서비스로 인해 미성숙한 자기개방으로 이어질 경우 집단의 안전성과 신뢰는 심각하게 손상을 받을 수도 있다.

위에서 언급한 초 개방 기법은 집단 구성원들이 이미 어느 정도 자기개방을 한 이후에도 활용할 수 있다. 집단리더는 구성원들에게 자신의 비밀을 집단과 함께 나눈 소감을 물을 수 있을 것이다. 이후 구성원들은 자신의 두려움에 대해 나누며 그들의 재앙 신념체계를 수정해 볼 수도 있고, 자기개방이 그들이 생각했던 것만큼 그다지 끔찍한 경험은 아니었음을 깨닫게 될 수도 있을 것이다. 자기개방을 처음 시도해 보는 집단 구성원들에게 자기개방이라는 위험을 감수해 봄으로써 그들이 가지고 있었던 헛된 두려움의 실체를 확인해 볼 것을 촉구할 수도 있다.

> 쟈넷Janet, 당신은 오늘 당신의 비밀을 집단과 함께 공유해 보는 위험을 감수했어요. 이건 매우 중요한 일이죠. 그 고통스러웠던 경험을 우리와 함께 나눌 만큼 우리를 신뢰해 준 것에 대해 깊은 감사를 표합니다. 당신의 부모가 그랬던 것처럼 다른 구성원들이 당신을 비난하지는 않을까 많이 두려웠을 거라는 거 압니다. 오늘 당신이 이 집단에서 다른 사람들로부터 들은 이야기를 잘 기억했으면 좋겠습니다. 어느 누구도 당신이 한 그 얘기들 때문에 당신을 무가치한 사람이라고 생각하지 않았다는 사실 또한 꼭 기억했으면 좋겠습니다. 아니 오히려 반대로 당신이 그 고통스러웠던 경험에 대해 이야기할 때, 당신도 사람들의 표정을 보아서 알겠지만, 예전보다 더 따뜻하고 다정한 눈길로 당신을 바라보았다는 사실을 아셔야 합니다. 거부당할 것에 대한 두려움과 자기개방에 대한 두려움이 지금까지 오히려 당신을 벽처럼 둘러싸고 있어서 다른 사람들을 쫓아내는 역할을 했던 거지요. 어쩌면 당신이 가장 두려워하는 그 거부감과 비판을, 당신이 다른 사람들에게 보내고 있었던 것인지도 모릅니다.

얄롬의 관심은 자기개방의 내용이 무엇인가가 아닌 자기개방의 과정이 어떠한가에 있다. 나를 가로막고 있는 장벽과 같았던 그 과거의 두려움을 집단 구성원들과 함께 살펴봄으로써 집단 내에서 수용됨을 경험하는 것이다. 이것이 바로 얄롬 모델의 핵심이다. 치료적 개입 보다, 직면보다 그리고 저항에 대한 탐색보다 더 앞서는 것이 바로 치료적 환경 및 분위기이다.

자기개방이 일단 한번 이루어지고 난 후에, 그 집단 구성원은 이 자기개방으로 인해 절대 처벌을 받아서는 안 된다. 구성원들이 서로 이전투구 하지 않도록 하는 것이 가장 중요하다. 종종 다른 구성원을 공격하고자 하는 목적으로 그 구성원이 가지고 있는 가장 민감한 부분을 건드리는 경우가 있다. 술에 취해 아무런 판단도 못하는 상태에서 자신의 딸을 성추행한 적이 있다고 고백한 빌Bill의 경우를 예로 들어보면, 빌에게 적대심을 가지고 있는 다른 집단구성원이 빌에게 맞서고자 그의 자기개방을 악용해서 "당신이 나를 비판할 자격이 있는 사람이던가요? 난 적어도 내 자식을 추행하지는 않았어요." 라고 말할 수도 있는 일이다. 이럴 경우 집단리더는 "모두 정지"라고 외치고 난후 "방금 집단에서 매우 중요한 일이 발생했습니다." 라고 말하며 재빨리 이 문제에 개입해야 한다. 공격 받은 구성원에게는 지금 기분이 괜찮은지를 확인하고, 상대방 구성원에게는 과거에 힘겹게 자기 개방한 내용 때문에 다른 사람들로부터 공격 받은 경험이 있지는 않은지 물어야 한다. 또한 이 두 사람 사이에서 발생한 갈등을 보면서 다른 구성원들은 무엇을 느꼈는지 이야기 할 수 있도록 독려해야 한다. 방금 이 공격이 다른 구성원들의 앞으로의 자기개방에 어떠한 어려움으로 작용할 수 있는지를 꼭 짚어 지적해야 한다. 즉, 갈등이 현재 이 집단에 미치는 영향 그리고 앞으로의 자기개방 및 정직성에 미칠 영향에 대한 탐색이 필요하다. 자기 개방된 내용은 그 어떠한 상황에서라도 존중되어야 함을 구성원들에게 주지시키는 것은 전적으로 리더의 몫이다. 서로를 상처 내기에 바쁜 '싸움을 위한 싸움' 이 절대 허용 되서는 안 된다.

사람들은 보통 자신의 실재를 경험하는 것을 두려워한다. 알코올중독자와 같은 중독자들은 특히 거부와 거절에 대한 두려움 때문에 더더욱 자신의 실재를 경험하고 싶어 하지 않는다. 당신이 나를 어떠한 사람이라고 생각하는가에 관한 것이라면 나를 거부해도 좋고 나를 좋아하지 않는다 해도 괜찮다. 그렇지만 당신이 진짜 진실한 나를 만났고, 그 진실한 나를 거부한다면 이야말로 고통 이상의 고통을 가져올 것이다. 사람들에게 용인되어지는 범위 내에서만 자신을 드러내고자 결정한다면 인간의 삶이란 정말 인공적일 수밖에 없다. 삶에 대한 인공적 접근법의 어려움을 커트 본네것Kurt Bonnegut은 다음과 같은 말로 표현하였다. "당신이 어떠한 사람으로 보여지는가를 항상 주의 깊게 살펴야 한다. 왜냐하면 어느 순간 그 모습이 당신의 실제 모습이 되어버렸음을 발견하게 될 것이기 때문이다."

집단 내에서는, 집단 구성원 서로가 실제 자신을 드러낼 수 있어야 한다. 이를 통해 구성원들은 어떠한 행동을 하는가가 아닌, 자신이라는 존재 자체로 다른 사람들로부터 수용되고 사랑받을 수 있음을 경험하게 될 것이기 때문이다. 자기에 대한 내적 투사의 내용(내 실제 모습을 안다면 당신은 나를 좋아하지 않을 겁니다. 나는 나쁜 사람이거든요.)을 뒤집을 수 있어야 한다. 진정한 자기개방을 독려하고 그 개방되어진 모습을 그대로 수용할 수 있는 집단은 이러한 내적 투사가 오히려 자신과 다른 사람과의 진정한 교제를 가로막고 있음을 깨닫게 할 것이다. 결국 집단 구성원들은 자기 스스로가 그 의미 있는 관계 형성을 차단해 버렸음을, 스스로 가지고 있었던 자신에 대한 부정적 이미지가 지속적으로 잘못된 연인들과의 만남, 잘못된 친구들과의 만남을 선택하도록 이끌었음을 깨닫게 될 것이다. 다른 사람들에게 실제 존재하는 자신이 되어 봄으로서 '진짜 자신' 을 경험할 수 있게 되고 자신감을 향상할 수 있게 된다. 집단치료의 목적은 각 구성원들이 자신의 내부에서 들려오는 메시지를 알아차리고, 자기 자신을 제대로 평가할 수 있도록 돕는 데 있다. 집단 내에서 좀 더 진솔하고 솔직할 것을 독려받게 된다면, 집단 구성원들은 자기 자신을 꾸미거나 기만하는 일을 그만 두게 될 것이며, 이러한 진정성이 결국에는 실제 삶에서 까지 나타나게 될 것이다. 그리고 이를 통해 진정 중요한 메시지를 배우게 될 것이다. "진짜 내가 돼도 괜찮은 거구나"

절차적 규범과 반 치료적 규범

이상적이게는 집단이 덜 구조화 되어 있고 자유로운 상호작용이 가능할 수록 더 효과적인 집단이 될 수 있다. 리더는 집단의 구조화 정도를 결정함에 있어 매우 주의해야 한다. 집단 구성원들이 서로 충분하게 상호작용하지 못한다면, 그리고 서로 충분히 솔직하지 못하다면, 이 집단은 반 치료적 규범들을 만들어낼 가능성이 크기 때문이다. 한번 형성된 규범은 웬만해서는 쉽게 바뀌지 않는다. 집단에서 흔히 형성되곤 하는 반 치료적 규범들에는 어떠한 것들이 있는지 살펴보자.

1. 각 구성원들이 순번대로 돌아가며 모임의 중심이 되는 형태
   각 구성원들이 회기마다 한 명씩 돌아가며 모임의 중심이 되는 형태이다. 자신의 이야기를 기꺼이 하고자 하는 의지가 있는 사람이 집단의 첫 중심이 되곤 하는데 이러한 경우 그 관심을 다른 구성원에게로 돌리기란 절대 쉬운 일이 아니다. 이러한 형태는 두 가지 이유로 인해 매우 위험할 수 있다. 첫째, 미성숙한 상태에서의 자기개방을 초래할 수 있다. 집단의 중심이 되어버린 그 구성원은 다른 구성원들로부터 더 많은 이야기들을 토해 낼 것을 요청 받게 될 것이며, 집단 압력에 못 이겨 결국 자신이 나누고자 준비했던 것 보다 더 많은 것들을 드러내게 될 것이다. 이 사람은 결국 감정적으로 강간을 당하게 되는 것이다. 둘째, 다른 구성원들의 불안을 증가시키게 된다. 다음 모임의 중심은 자신이 될 것이라는 생각 때문에 차라리 집단에서의 낙오를 선택하는 것이다.
2. 한 가지 주제만 놓고 이야기하는 형태
   한 회기를 한 가지 주제에 대해서만 이야기하는 형태를 취할 수도 있다. 그 누구도 그래서는 안된다고 이야기한 적은 없지만, 주제의 방향을 틀어서는 안 된다는 규칙이 형성되는 것이다.
3. "이것보다 더 센 거 있어can you top this ?" 의 형태
   마지막 사람이 노출한 내용보다 더 사적이고 더 감정적일 수 있는 경우에만 자기개방을 할 수 있겠다고 다음 사람이 생각할 수도 있다. 얄롬이 소위 '자기개방 난교spiraling orgy of self disclosure' 라고 표현했던 모습을 보일 수 있다. 때로는 말보다 사소한 행동이 다른 사람들과의 갈등을 조장하는 원인이 될 수 있음을 집단 구성원들은 배워야 한다.
4. 집단 결합력이 너무 강해 새로운 구성원에게 적대적이기까지 한 형태

집단리더가 주의하지 않는다면, 새로운 구성원의 출현이 집단 내 갈등을 초래할 수도 있다. 집단이 새로운 구성원을 수용하지 못하고 부정해 버리는 형국이 될 수도 있다. 기존 구성원들에게 새로운 구성원을 받아들일 수 있도록 준비시키는 것은 리더의 책임이다. 이에 대해서는 7장에서 이미 언급한바 있다.

5. 집단리더 중심의 집단

   리더에게 대적하지 못하는 형태의 집단이 형성될 수도 있다. 리더에게 지나치게 복종적인 리더 중심의 의존적 집단이 될 수도 있다.

6. 한 방향 경험 one sided experience

   모든 것이 너무 사랑스럽거나 아니면 모두 공격적인 그러한 일차원적 집단이 될 수도 있다. 진정한 친밀함을 표현하지 못하고, 자신의 실제 감정을 표현하지 못하는 집단이 될 수도 있다.

집단의 중요성

집단 구성원들이 집단을 중요하게 생각하면 할수록 집단은 더 큰 치료효과를 가져올 수 있다. 집단리더는 이 사실을 분명히 알고 할수 있는 모든 방법을 사용하여 집단 구성원들에게 이러한 신념을 강화시켜야 한다. 집단의 성공에는 두 가지 요소가 필요하다. (1)구조 혹은 목적, 그리고 (2)헌신이 바로 그것이다. 집단리더는 집단을 시작하기에 앞서 그 집단의 구조 혹은 목적을 명확히 해야 한다. 집단이 일단 시작되어 진행되기 시작한 이상, 이 집단이 그들 삶에 있어 가장 중요한 사건일 수 있음을 알려야 한다. 시간 엄수를 강조함으로써, 그리고 집단 구성원들이 결석을 고려하고 있을 때 이러한 정보를 다시 한 번 제공함으로써 리더는 집단의 중요성에 대해 다시 한 번 강조할 수 있을 것이다. 어느 집단 구성원의 결석이 예상되는 경우 무슨 이유로 참석이 힘든지를 다른 구성원들에게 미리 알릴 것을 요청해야 한다. 이는 구성원들이 집단 회기 사이사이에 서로 소통할 수 있도록 도울 것이다. 집단 회기 간 연속성을 강조하게 될 뿐만 아니라 집단에서 다루어지고 있는 문제들에 대해 지속적으로 생각해 볼 수 있도록 독려하는 장치가 될 수 있기 때문이다. 집단리더는 매 집단회기가 서로 연결될 수 있도록 도와야 한다. 만약 한 구성원이 제안한 토의 주제가 지난 회기에 나누었던 주제와 비슷하다면, 집단리더는 이에 대해 "2주 전에 존이 이야기했던 내용과 비슷한 것 같군요" 라고 말할 수도 있을 것이다. 그리고 어느 구성원이 감성 변화를 보이거나 위축되는 모습을 보일 경우에는 지난 회기에 있었던 상호작용의 흔적을 추적해 볼 수도 있을 것이다. 예를 들어, "2주 전에 존과 논쟁을 한 이후로 말을 많이 안하시는 것 같아요."

보조 치료자와 같은 구성원

얄롬이 주장한 바와 같이 집단 구성원들 스스로가 다른 사람을 도울 수 있다는 사실을 알게 될 때, 집단은 가장 잘 기능할 수 있다. 유일한 도움의 원천으로 리더에게만 의존하는 것은 지양해야 하며 기회가 있을 때마다 집단 구성원들 서로가 서로를 도울 수 있도록 해야 한다. 가장 좋은 방법은 집단 구성원에게 직접 물어보는 것이다. "밥, 이 문제에 대해 많은 피드백을 받으셨는데 어떤 말이 가장 도움이 됐나요?" 만약 어떤 구성원이 자신이 너무 이기적인 것은 아닌지를 궁금해 한다면 이렇게 물어볼 수 있을 것이다. "켄, 여기 있는 사람들은 모두 당신을 잘 알잖아요. 직접 그들에게 물어 보는 건 어때요?"

한번 형성된 규범은 지속적으로 유지되어야 한다. 만약 규범을 저해하는 행동이 있다면 모니터링 되어야 한다. 예를 들어, 어떤 구성원이 다른 구성원에게 "조, 당신은 그에게 그렇게 말할 권리가 없습니다. 당신이 그보다 더 나빠요"라고 반응했을 경우, 집단리더는 재빨리 "제 생각에는 그렇지 않아요. 우리 모두 비슷한 문제를 갖고 있는 건 사실이지만, 당신의 말은 다른 사람들에게 도움이 됩니다"라고 말하며 바로 그 시점에 개입해야 한다. 그리고 다른 구성원들에게 조에 대해 어떻게 생각하는지를 물을 수 있다. 그가 집단에 도움이 되는 존재인지 아니면 해가 되는 존재인지를 다른 구성원들에게 묻는 것이다. 집단리더는 이 과정을 어느 정도 진행하고 난 후에 비로소 조를 공격했던 구성원에게 "다른 구성원들은 조에 대해 당신과 다른 생각을 갖고 있는 듯하네요. 조에 대해 다른 어떤 감정을 갖고 있는 건 아닐까요?"라고 물을 수 있을 것이다.

얄롬은 집단리더의 적극적, 직접적 역할을 강조한다. 이 때 집단리더의 역할은 개인치료에서 강조하듯 무비판적으로 다른 사람을 투영해 주어야 하고 다른 사람의 언급을 명료화 시키는 역할에 있지 않다. 얄롬은 집단리더의 역할 중 다른 어떠한 측면보다도 규범 확립자로서의 역할을 중요시 여긴다. 집단이 진행되는 동안 치료적 환경을 조성하게 될 집단규범을 확립·유지·발전시키는 리더에게 있어 매우 중요한 일이다. 이렇게 규범이 형성되고 나면, 집단리더는 치료자가 수행해야 할 세 번째 과제로 나아갈 수 있게 된다. 얄롬은 이 세 번째 과제를 '지금-여기here and now의 활성화와 과정에 대한 명료화' 라고 불렀다.

지금-여기의 활성화와 과정에 대한 명료화

이 관점에서 취하게 될 집단리더의 과업은 무엇인가? 집단리더는 집단 구성원들이 다른 구성원, 집단리더, 그리고 전체 집단에 대해 그때 그때 생각하고 느끼는 바에 대해 집중할 수 있도록 도와야 한다. 집단에서 발생하는 일에 대한 각 개인의 즉각적인 반응은 그 구성원이 집단 밖 과거와 현재의 삶 속에서 어떻게 반응해왔는지를 보여주기 때문이다. 즉, 지금-여기에서 일어나는 일에 집중할 수 있도록 하는 것이 바로 집단리더의 역할이다.

얄롬은 무슨 이유로 이 방법의 중요성을 강조하는 것일까? 이러한 치료적 관점은 집단 구성원들이 실제 사회 밖에서 어떻게 생활하고 있는지를 알게 해주는 바로미터가 되기 때문이다. 집단리더는 구성원들에게 그들의 대인관계상 나타나는 갈등, 두려움, 의심에 대해 이야기해 볼 것을 촉구할 필요가 없다. 집단 내에서 집단리더 및 집단 구성원들과 상호작용하는 동안 그 모든 문제가 나타날 것이기 때문이다. 집단 밖에서 다른 사람들을 소외시키는 사람들은 집단 내에서도 다른 사람들을 소외시킬 것이다. 다른 사람들로부터 이용당하는 사람들은 집단 내에서도 이용당하고 있을 것이다. 분노를 조절하지 못하는 사람들은 이러한 분노 조절의 어려움을 집단 내에서도 경험하게 될 것이다. 각 구성원이 가지고 있는 아킬레스건이(그 건이 개인 특질에 의한 것이든 심리적인 것이든) 집단이 진행되는 과정 중에 모든 사람들이 알 수 있을 정도로 바로 지금-여기에서 나타나게 될 것이다. 이러한 관점에서 보자면, 집단은 마치 실험실과 같다. 지금-여기에서 바로 일어나고 있는(그때-거기에 대해 이야기할 필요 없이), 그래서 그들의 갈등을 볼 수 있는 소우주와 같다고 할 수 있다.

치료적 집단 과정을 실천에 옮김에 있어 필요한 것이 무엇인지를 알아차린 리더라면, 그 다음 떠오르는 질문은 '어떻게' 이를 실천에 옮기는가 일 것이다. 집단 밖에서 어떠한 일이 발생했었는지, 각 개인이 가지고 있는 과거 경험은 어떠한 것인지를 아는 것은 중요하지 않다. 지금-여기에 초점을 맞추는 것이 바로 집단의 강점인 것이다. 이를 위해서는 두 가지 요소를 살펴야 한다. (1)내용-집단 구성원들이 현재 경험하고 있는 것, (2)과정-반영적 관찰, 명료화, 과정에 대한 이해. 결론부터 말하자면, 얄롬의 모델은 두 단계를 필요로 한다. 첫째, 경험의 내용을 이해해야 한다. 지금 현재 발생하고 있는 사건을 통해 집단 구성원들이 경험하고 있는 것이 무엇인지 알아야 한다. 둘째, 그에 따른 과정을 이해해야 한다. 집단은 자신들이 경험한 내용을 이해하고 이에 대해 다시 한 번 생각해 볼 수 있어야 한다. 즉, 집단은 단순히 일어난 사건 자체의 내용에만 관심을 갖는 것이 아니라 그 사건이 발생하게 된 과정 또한 회상할 수 있어야 한다. 왜 하필 이 시점에 조는 빌이 아닌 메리Mary에게 반응하는가? 왜 루실Lucille은 남자들이 던진 질문에만 대답하며, 그에게 가장 도움이 되는 사람의 말에는 반응하지 않는 것일까? 샤론Sharon은 다른 사람들로부터 판단 받는 것에 대한 두려움을 이야기 하면서, 왜 "저는 여러분을 믿어요."와 같은 말을 하는 것일까? 이러한 질문들은 과정의 중요성을 이해하는 데 필요한 예시들이다. 얄롬은 집단리더가 스스로에게 이러한 질문들을 끊임없이 던질 것을 요청한다. 인간의 정신병리는 상호관계가 일어나는 곳이라면 그 어느 곳에서나 같은 모습으로 나타난다. 어떠한 상호관계이든 이는 그 사람이 가지고 있는 많은 행동 양식들을 보여줄 수 있다. 집단리더는 이를 통해 그 사람을 전체적으로 파악할 수 있는 단서를 발견하게 된다.

지금-여기 기법을 잘 이해하기 위해서는 자기 반영이라는 연결고리가 필요하다. 이 과정을 통해 집단은 지금-여기에서 일어나고 있는 내용을 토대로 자기 반영을 할 수 있게 된다. 집단 내에서 발생하는 특정 사건을 그 내용 자체로만 바라보지 않고 전체 과정으로서 이해할 수 있도록 돕는 것은 집단리더의 역할이다. 집단리더의 신중한 코멘트를 통해 구성원들은 이 과정을 인지하게 된다. 즉, 집단리더가 과정에 대한 언급을 잘 할 때, 구성원들의 자기 반영이 실현될 수 있다(그림 8.1).

집단리더의 과정에 대한 언급은 특정 메시지의 메타커뮤니케이션metacommunication 측면을 이해할 때 가능하다. 얄롬은

> 메타커뮤티케이션이란 커뮤니케이션에 대한 커뮤니케이션을 의미한다. 예를 들어 다음의 예문들을 비교해 보자. "문 좀 닫아!", "문 닫는 거 싫어요?", "춥죠?", "좀 추운데 문 좀 닫아 주시겠어요?" 각 문장들은 단순 요청이나 명령이 아닌, 이보다 훨씬 많은 메타커뮤니케이션을 내포하고 있다-상호작용하고 있는 두 사람의 관계를 알아 볼 수 있는 메시지를 전달하고 있는 것이다.(1975, pp.122-123)

집단리더라면, 왜 이 구성원이, 이 시점에, 이러한 태도로, 이러한 질문을 하는지를 이해해야 한다. 대인관계에서 이루어지는 대화가 어떻게, 왜 발생하고 있는지를 살피는 것이다. 얄롬은 그의 책에서 과정을 이해

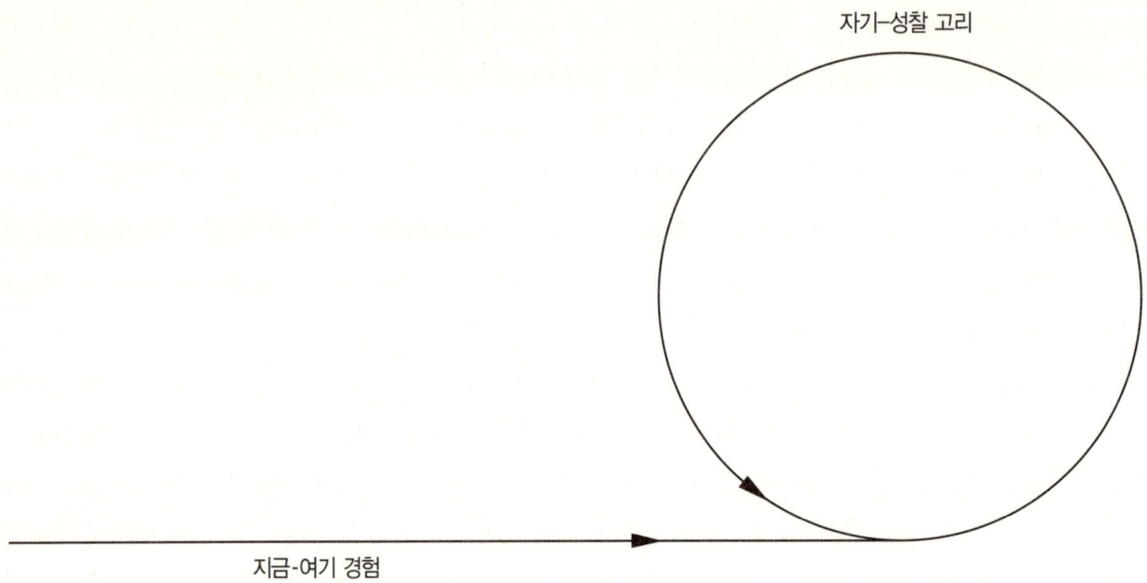

〈그림 8. 1〉 자기-성찰 고리

하는 것에 대해 좋은 예를 들었다. 학생이 강사에게 "프로이트는 몇 년도에 죽었죠?" 라고 묻자 강사는 1939년이라고 대답했고, 학생은 이에 대해 "아니요, 1938년이었어요." 라고 반박했다면, 그 학생의 질문은 질문이 아니었던 것이다. 이미 자신이 답을 알고 있음에도 묻는다면 그 답이 궁금했던 것은 아니기 때문이다. 자신의 지식을 자랑하고 싶었거나 강사를 당황하게 만들고 싶었거나 이 둘 중에 하나다. 이렇듯 집단리더는 항상 구성원들이 언제, 어떠한 상황에서, 누구에게 말하고 있는가를 살펴야 한다. 얄롬은 다음과 같은 예도 제시하였다.

> 치료집단 모임 초기에, 불독같이 생긴 집요한 성격의 열의에 찬 학생인 버트Burt가 집단 전체를 향해 그리고 특히 로스Rose(단순하고, 점성술에 빠져있는 미용사)를 향해 "부모라는 건 비열한 존재다." 라고 주장했다. 그의 이 발언은 다른 구성원들의 다양한 반응을 가져왔다. 그리고 그 집단 모임은 난장판이 되어 버렸다. (1975, p.123)

이를 내용적으로만 분석하자면, 버트의 부모에 대한 발언으로 인해 집단에서 논쟁이 벌어졌다는 정도로 요약될 수 있을 것이다. 그러나 이를 과정적으로 보자면, 버트가 다른 사람들과 어떻게 상호작용하고 있는지를 추론할 수도 있다. 집단리더는 다음과 같은 질문을 스스로에게 던질 수 있을 것이다: (1)왜 버트는 특별히 로스(다분히 감정적이고, 그다지 지적이지 않으며, 많은 자녀를 가지고 있는)를 바라보며 그러한 발언을 했을까? (2)왜 버트는 지적이지 못한 사람들을 못 견뎌하지? (3)왜 버트는 그렇게 간접적인 방법으로 로스를 공격한 것일까? (4)왜 버트는 집단 전체를 향해 그러한 발언을 함으로써 자신을 공격의 표적이 되게끔 한 것일까?

얄롬 또한 지적하듯이, 집단리더의 어떠한 추측도 옳은 것일 수는 없다. 다만 치료가 진행되는 동안 버트를 통해 좀 더 탐색보아야 할 문제가 있음을 알게 될 뿐이다.

지금-여기 기법을 실현하기 위해 필요한 치료자의 기술

집단 전체 과정에 대한 이해는 집단리더가 지금-여기에 충실했을 때에만 가능하다. 집단 구성원들은 시시때때로 다양한 방법을 통해 그들의 관심을 그때-거기there and then로 옮기려 하기 때문에 지금-여기를 충실히 실행한다는 것은 매우 어려운 과업일 수 있다. 집단 외부에서 발생했던 일이 집단의 중심 화제로 떠오를 경우, 리더는 즉각적으로 그러한 내용의 주제가 집단 내에서 직접적으로 언급된 적도 없고 의식된 적도 없지만 그와 유사한 상황이 있지는 않았는지 생각해 보아야 한다. 어떻게 하면 지금-여기의 문제로 돌릴 수 있을 것인지를 항상 고민해야 하는 것이다.

이에 대한 예가 이해를 도울 수 있을 것이다.

심리치료 훈련집단 첫 번째 시간이었다. 잭Jack은 그의 룸메이트와의 문제에 대해 다른 집단 구성원들의 조언이 필요하다며 이야기를 시작했다. 잭은 상당히 자세하게 왜 그 룸메이트를 신뢰할 수 없게 되었는지, 왜 이 문제를 그와 직접 다 털어놓고 이야기할 수 없는지에 대해 설명했다. 처음엔 잭에게 이런 저런 충고를 하다가 결국 사람들은 과거 자신의 실패했던 우정에 대해 이야기하기 시작했다. 이 시점에 집단리더는 신뢰의 중요성에 대해 언급하고, 사람들이 집단 내에서도 이에 대한 두려움을 가지고 있는 것은 아닌지를 물었다. 그러자 그때-거기에 집중되었던 관심이 일순간 지금-여기로 옮겨지게 되었다. 그리고 서로가 지금-여기에서 느끼는 다른 사람과의 신뢰문제에 대해 이야기하기 시작했다. 이를 통해 구성원들은 상호작용함에 있어 마음 깊은 곳에 숨겨 두었던 두려움에 대해 나눌 수 있었다. 집단 말미에 리더가 잭에게 룸메이트와의 문제에 관한 충분한 답을 찾을 수 있었는지를 물었다. 그러자 잭은 사실은 룸메이트와의 관계가 문제가 아니었으며, 자신이 집단에 대해 갖고 있던 두려움이 문제였음을 깨닫게 되었다고 말했다.

잭의 자기개방은 심리치료의 중요한 원칙을 설명해 주고 있다. 집단리더가 끊임없이 스스로에게 물어야할 질문은 '이 환자는 많고 많은 이야기 중에 왜 하필 이 시점에, 이러한 이야기를 소재로 삼고 있는가.' 하는 것이다. 집단이 진행되는 동안에도 구성원들 각자의 삶에서는 무수히 많은 사건들이 발생했을 것이다. 지난주에 있었던 수많은 사건 중에 왜 하필이면 잭은 신뢰에 관한 문제, 친구 관계에서의 불신에 대한 두려움을 대화 주제로 선택했을까? 물론 잭이 의도적으로 친구 이야기를 꺼낸 것은 아니었지만 무의식적으로나마 집단 내에서 경험하는 불신과 두려움이 그 이야기를 생각나게 한 것인지도 모른다. 룸메이트와의 신뢰문제 그리고 집단과의 신뢰문제가 잭의 삶에서 동시에 발생하고 있었던 것이다. 집단 분위기가 룸메이트와의 일을 생각나게끔 한 것이다. 그는 물론 그의 의식 속에서 가장 명료하게 떠오른 주제를 떠올렸을 테지만 지금-여기 관점에서 보자면 그가 선택한 이야기 자체는 이차적인 문제일수도 있다. 집단리더는 이렇게 동시에 진행되고 있는 문제들을 들을 수 있는 제 3의 귀를 가져야 할 것이다.

이 치료적 기법의 기본은 모든 유형의 대화에서 발생하는 무의식적 요소들의 중요성을 인지하는 것이다. 감정적 기능상의 문제는 전적으로 개인의 의식 수준 밖에서 일어나게 된다. 무의식적 대화—숨겨진 혹은 위장된 진짜 메시지—를 이해해야 한다. 그렇기 때문에 집단리더는 사람들이 무의식적 표현을 통해 중요하게 전달하고자 하는 의미가 무엇인지를 경청을 통해 파악할 수 있어야 한다. 로날드 랭스(Ronald Langs, 1976)는 경청

과정 혹은 대화적 접근법이라고 그가 명명한 복잡한 모델을 제시한바 있다. 랭스는 사람들의 말을 듣고 그가 명백하게 표현하고자 하는 말의 내용과 잠재적으로 표현하고 싶어 하는 말의 내용이 무엇인지를 구별할 것을 리더들에게 촉구했다. 명백한 표현은 그 사람의 연상작용의 표면에 불과하다. 이러한 대화는 직접적이며, 즉각적이고, 그 사람이 무슨 이야기를 하고자 하는지가 자명하다. 잠재적 표현은 자명하게 직접적으로 드러나는 것은 아니지만, 숨겨진 혹은 위장된 진짜 메시지를 내포할 수 있다. 집단리더의 역할은 이 숨겨진 메시지를 명확하게 밝혀내는 것이다. 잭이 룸메이트와의 신뢰문제를 이야기 했던 것과 마찬가지로 우리는 종종 위장된 형태로 자신의 문제를 드러내곤 한다. 그렇기 때문에 집단리더는 각 개인이 갖는 미분 동작을 읽을 수 있어야 한다. 미분 동작derivative이라는 용어는 프로이트가 사용한 것으로 명백한 내용(잭의 룸메이트에 대한 불신)을 통해 잠재된 이미지(잭의 집단에 대한 두려움과 불신)를 유추할 수 있게 된다는 것이다.

치료자가 미분 동작을 해석할때 장애가 될 수 있는 요소들이 몇 가지 있다: (1) 대부분의 사람들은 명백하고, 직접적으로 표면상에 드러난 즉, 상대적으로 조종하기 쉬운 문제들을 다루고 싶어 한다. (2) 비 간접적인 것 – 직접적으로 보이거나 만져지지 않고, 즉각적으로 이해되지 않고, 쉽게 조정되지 않는 – 들은 마치 존재하지 않는 것인 양 생각하고 싶어 하는 것이 인간의 성향이다. 잠재적인 의미를 포함하고 있어 즉각적으로 쉽게 구별되지 않는 생각이 있다는 것을 치료자들이 모르는 척 하는 경우가 많다. (3) 그리고 가장 중요한 이유일 수 있는 것은, 각 개인이 가지고 있는 미분 동작들 대부분은 치료자들 또한 개인적으로 어려워하고, 잘 하지 못하고 있으며, 실수하고 있는 감정과 관계된 경우가 많다는 것이다.

가장 잘 숙련된 치료자들조차도 이 무의식적 회피의 먹잇감이 되곤 한다. 왜냐하면 미분 동작 대부분이 상당히 도전적이며 비판적인 내용인 경우가 많기 때문이다. 어느 잘 훈련받은 집단정신치료자가 지방에서 온 간호사들을 대상으로 워크샵을 진행하고 있었다. 그녀는 상당히 권위 있는 정신분석 기관에서 공인한 훌륭한 치료자였으며, 집단정신치료를 가장 강력한 무기로 삼고 있는 치료자였다. 워크샵은 크게 두 부분으로 나눌 수 있었는데 처음 부분은 정신역동을 이용한 집단치료 이론에 대한 훌륭한 발표였으며, 두 번째 부분은 청중들 중 자발적으로 집단에 참여하기를 희망한 사람들을 대상으로 직접 집단치료를 시행하는 것이었다. 그녀가 집단의 무의식적 미분 동작을 회피하고자 고분군투하는 모습을 보인 것은 바로 이 두 번째 부분에서였다. 집단은 처음부터 그녀에게 저항하기 시작했다. 왜냐하면 그녀가 다루고자 하는 주제가 그들이 가지고 있는 종교 및 권위에 대한 근본적인 분노, 좌절, 소외에 관한 것이었기 때문이다. 이 워크샵에 참석한 대부분의 간호사들은 미국 서부 지역의 조그만 마을에서 온 사람들이었기 때문에, 그들의 삶에 직접 적용될 수 없는 비실재적인 근본적 종교에 대한 것을 나누기 보다는 그 이상의 경험을 가지고 있는 경우가 많았던 것이다.

치료자는 청중들에게 자신의 워크샵 첫 번째 시간에 설명했던 것과 같은 훌륭한 집단정신치료를 시연할 수가 없었다. 오히려 그 간호사들에게는 그녀가 강조했던 프로이트, 정신역동 이론, 장기 심리치료, 무의식의 의식화라는 주제들이 마치 그녀가 그토록 이야기하고 싶어 했던 종교에 대해 근본적으로 갖고 있는 분노, 좌절 문제로 다가왔기 때문이다. 나는 집단과 동떨어져 청중으로서 그 부분들을 관찰하고 있었기 때문에 이 집단의 문제를 쉽게 알아차릴 수 있었지만, 그 유능한 집단치료자는 잠재적으로 표현되고 있는 좌절의 소리를 들을 수 없었다. 왜냐하면 이것이 그녀의 비판에 대한 무의식적 두려움을 촉발시켰기 때문이다.

이 미분 행동이라는 것은 다양한 방법들로 해석될 수 있다. 집단 구성원들이 직접적으로 자신의 이야기를 시작하기 전이라 할지라도 집단리더는 얼마든지 그들이 취할 행동양식은 무엇이며 성격특성은 무엇인지를 짐작해 볼 수 있다. 왜냐하면, 행동이라는 것 자체가 많은 것들을 이야기하기 때문이다. 예를 들어, 한 치료자가 앞으로 집단에 참여하게 될 사람을 사전 면담하기 위해 대기실로 가던 중, 그녀가 커다란 낱말 퍼즐 책을 앞에 두고 열심히 집중하고 있는 모습을 보았다고 하자. 그녀는 그 낱말 퍼즐 완성을 바로 코앞에 두고 있었기 때문에 그 책에 너무나 집중한 나머지 치료자가 그녀를 자신의 방문으로 데려가기 위해 대기실로 들어왔다는 사실조차 알아차리지 못했다. 치료자는 몰입해 있는 그녀에게 자신의 등장을 알리기 위해 그녀의 이름을 두 번이나 불러야 했다. 방을 옮겨가는 동안, 치료자는 생각했다. "이 사람은 아직도 낱말 게임에 푹 빠져있겠지." 치료자의 판단은 옳았다. 그녀는 아까 보았던 단어들을 이리저리 다시 한 번 생각하면서 그녀의 치료 시간 대부분을 보냈기 때문이다. 물론 그녀는 이러한 그녀의 상태를 지식화, 합리화, 감정적 격리를 통해 숨기고 있었지만 말이다.

지금-여기 활성화 : 기술

집단리더에게 있어 기술에 정통하는 것보다 더 중요한 것이 있다면, 그것은 그 기술을 효과적으로 사용하기 위한 이론적 기반 및 전략을 제대로 이해하는 것이다. 집단리더는 지금 여기에 대해 제대로 바라볼 수 있도록 스스로를 훈련시켜야 한다. 중심을 외부로부터 내부로, 일반적인 것에서부터 구체적인 것으로 옮길 수 있어야 한다. 어떠한 주제가 주어지든 이렇게 물을 수 있어야 한다. "이걸 어떻게 집단과 연결시키지?", "이걸 어떻게 하면 지금-여기로 가져올 수 있을까?" 이것이 바로 얄롬 모델의 핵심이다. 이것이 바로 그가 집단 심리치료의 핵심에 다가가는 이론적 전략이다. 얄롬의 이 전략을 잘 이해할 수만 있다면, 집단 회기가 반복적으로 단조롭게 진행되는 것을 걱정할 필요가 없게 될 것이다. 집단 구성원들은 집단리더와 그의 동료 구성원들을 데리고 6개월 전 그때 거기로 데려가고자 노력하지 않아도 되며, 이 때문에 지루한 집단을 경험하게 될 위험 또한 없을 것이다. 그들의 과거 경험, 어려움, 행동 패턴 모두가 지금-여기에서 활성화 될 수 있다. 한번 제대로 된 분위기가 형성되고 나면, 집단리더는 인간 상호작용을 탐험해 볼 수 있는 살아있는 실험을 경험하게 될 것이다. 이는 지금-여기를 활성화하는 다양한 방법들을 통해 가능하다. 그때-거기에 대한 언급을 모두 지금-여기와 관련된 이슈들로 변화시켜야 한다. 한 환자가 그의 아버지와 대면한 과거 경험을 이야기 하고 있는 경우라면, 그에게 이렇게 물을 수 있을 것이다. "여기 있는 사람들 중 당신에게 그와 비슷한 감정을 불러일으키는 사람이 있나요?" 이 때 치료자는 전이의 가능성을 주의해야 한다. 환자가 아버지에 대한 불평을 표현하는 것이기 때문이다. 또 한 예로, 친언니에 대한 불평을 끊임없이 쏟아내던 환자의 경우를 살펴보자. 잘난체 하는 언니에게 하고 싶은 말이 많지만 보복이 두려워 참고 있다는 것이 그녀의 주장이었다. 집단리더는 이 여성의 그때-거기의 사건을 지금-여기로 가져오기 위해 비슷한 감정을 집단 내에서 경험한 적은 없는지를 물을 수 있을 것이다. 한 남자가 자신은 특정 유형의 사람들과 함께할 경우 수많은 관계상의 문제를 겪는다며 불평했다. 어떠한 문제를 그때-거기에서 겪었는지를 물어보는 대신, 그가 말한 특정 유형의 모습이 각 구성원들에게서도 나타나는지 물을 수 있을 것이다. 이러한 개입법은 구성원들 간 지금-여기에서의 활성화를 촉진시킬 수 있을 뿐만 아니라 그가 다른 구성원들에 대해 어떠한 생각을 갖고 있는지에 대해서도 알 수 있다.

집단이 마치 칵테일 파티에서 하는 수준의 대화를 하고 있다면, 집단 구성원 중 누군가는 이 집단이 모임의 목적을 심각하게 받아들이지 않고 있다며 불평을 토로할 것이다. 이 때 집단리더는 특히 누가 집단을 심각하게 받아들이고 있지 않은 것 같은지 물을 수 있을 것이다. 또 누군가는 집단 구성원들이 좋은 사람인척 위장하며 갈등을 회피하고 있다고 불평할 수도 있을 것이다. 이때 집단리더는 그러한 분위기를 주도하는 사람이 누구인 것 같은지를 물음으로써 집단의 상호작용을 더 활발하게 할 수도 있을 것이다. 때로는 메시지(I statements)를 사용해 자신의 생각을 직접적으로 다른 사람들에게 이야기할 수 있도록 하는 간단한 기법을 통해서도 좀 더 활기차고 생동감 넘치는 대화를 유도할 수 있을 것이다.

위에서 제시한 예들은 모두 집단리더가 어떻게 지금-여기를 활성화시킬 수 있는지 보여준다. 한 집단 구성원이 그때-거기에 관한 이야기를 시작할 경우, 집단리더에게는 때론 지지적으로 때론 도전적으로 지금-여기에 있는 구성원들에게서 그와 비슷한 경험을 한 적은 없는지를 물음으로써 지금-여기를 활성화시킬 수 있는 선택권이 있다. 가장 다정하고, 가장 덜 위협적이며, 가장 지지적인 혹은 가장 열심히 참여하는 집단 구성원이 누구라고 생각하는가를 물을 때 감수해야 할 위험과 가장 위협적이고, 가장 분노에 차있으며, 가장 무심하다고 생각되는 집단 구성원이 누구인지를 물을 때 감수해야 할 위험은 상당히 다르다. 집단리더가 선택한 질문 유형에 따라 집단이 경험하는 결과도 다를 수 있다. 지지적이며 화합적인 집단문화를 형성할 수도 있고, 직면적이며 도전적인 집단문화를 형성할 수도 있다. 집단치료가 제대로 기능하기 위해서는 두 가지 기술 모두 필요하지만, 리더는 집단의 현재 발달 정도에 따라 한 가지 기술만을 선택할 수밖에 없다. 집단이 아직 충분한 신뢰와 응집력을 보이지 못하고 있다면 도발적인 직면을 감수할 단계는 아닐 것이다. 각 집단의 발달 단계에 맞게 그 집단 전체의 퇴행과 적대감을 최소화시킬 수 있는 방법을 선택해야 한다. 충분한 신뢰와 응집력이 형성된 집단이라면 구성원들에게 도발적인 질문을 던질 수도 있을테지만 이러한 경우에도 집단 존재 자체를 위협하는 수위까지 가서는 절대 안된다.

집단리더가 아무리 정확한 이론과 뛰어난 기술을 갖고 있다 하더라도 실제 세계는 훨씬 더 냉혹할 수 있음을 기억하라. 심각한 중독 환자들의 경우에는 집단리더가 그들을 돕기 위해 열심히 노력하고 있다는 사실 또한 모를 수 있기 때문이다. "저는 여러분 모두를 다 같이 신뢰합니다. 나는 여기에 계신 여러분을 다 같이 좋아합니다"라는 말은 절대 사실이 아니다. 정신치료집단에 참여하고 있는 그 어느 누구도 다른 사람들에게 똑같은 감정을 느낄 수는 없는 일이다. 집단에 있는 모든 사람들은 서로 다르며, 서로가 서로에게 다른 감정을 갖는다. 각 집단 구성원들에게 서로 다른 감정들을 갖게 된 원인을 탐색해 보도록 하는 것은 개인의 자기이해와 자기성장을 위한 강력한 원천이 된다. 집단리더는 구성원들이 주장하는 평등의 오류를 절대 믿어서는 안 된다. 그러나 그렇다고 해서 이에 대해 항상 적극적으로 저항할 필요 또한 없다. 집단리더는 구성원들의 저항을 유발하기보다, 각 구성원들이 다른 특정 구성원들에게 보이는 반응들을 탐색해 볼 수 있도록 촉구해야 한다. "그래요, 당신이 집단에 있는 모두를 신뢰한다는 사실을 알겠습니다. 그렇지만, 당신이 특히 한 사람을 뽑아야만 한다면 그 사람은 누구일까요? 잠깐 동안 각 구성원들의 얼굴을 둘러보면서 혹 당신 마음에 어떠한 자극을 주는 사람은 없는지 살펴보시겠어요?" 이러한 촉구는 그들의 영역을 침해하는 것이 아니다. 방어적이고 저항적인 구성원의 경우에는 이러한 집단리더의 요구에 반응하지 않을 것이다. 이럴 땐 단순히 그들에게 지금 기분이 어떠한지를 물으면 된다. 그리고 다른 구성원들은 어떠한 기분인지를 물을 수도 있다. 그러면 거의 대부분, 이를 통해 집단은 다양한 이야기를 나누게 될 것이다. 누군가는 자신은 그 어떤 누구도 믿지 못하겠다는 반응을 보일 수도 있고, 자신에게 그러한 요청을 한다면 자신 또한 어떠한 반응을 보일지 몰라 할 것 같다고 말할 수도 있을 것이다.

집단에서 소외된 구성원이 있다면 그가 다른 구성원들과 진정한 만남을 가질 수 있도록 '그저' 촉구하는 것만으로도 효과가 있을 때도 있다. 지금까지 항상 거짓되고 기만적인 삶을 살아온 사람에게는 진정한 친밀함, 진정한 관계야 말로 가장 강력한 치료적 경험일 수 있다. 부버(1955b)는 "만남을 통한 회복healing through meeting"이라는 말을 통해 진정한 대화의 중요성에 대해 강조한 바 있다. 부버는 인간의 관계 욕구에 대해 자세하게 기술하였는데 우리 모두는 다른 사람들이 자신의 이야기를 들어주길 원하는 기본적 욕구를 갖고 있다고 한다. 때론 자신의 울부짖음을 누군가 들어주고, 자신은 혼자가 아니라는 사실을 아는 것만으로도 충분하다. 많은 경우 이 울부짖음에 대한 답을 들을 수는 없는 것이 사실이나, 때론 그 대답이 필요 없기도 하다. 부버는 이렇듯 자신의 이야기를 간절히 들어주길 원하기는 하지만 대답은 필요치 않는 인간 현상에 대해 묘사하였다. 이에 대한 예가 더 확실한 이해를 도울 수 있을 것 같다.

메리Mary는 세 달 이상을 아무 말없이 그저 앉아 있기만 했다. 다른 구성원들을 지지하고 용기를 주어야 할 때만 입을 열었다. 그랬던 그녀가 최근 집단 구성원들에게 자신의 문제에 조언 해줄 것을 요청했다. "나의 많은 문제들"에 대해.... 그녀는 알코올중독자인 남성과 결혼하고 난 후부터 집단에 참여했다고 한다. 남편의 반복되는 단주 실패에 대한 낙담감이 그 원인이었다. 그녀의 지난 6년간의 결혼 생활은 몇 차례의 해고, 몇 차례의 음주운전으로 인한 기소, 그리고 몇 차례의 공공장소에서의 모멸감 경험으로 요약되었다. 그녀는 한동안 유지되곤 하던 남편의 단주에 속고 또 속았다. 이번에는 다르겠지, 이번만은 다를꺼야라는 거짓 희망이 오고 가기를 반복한 것이다. 그녀가 자신의 고립감과 낙담감에 대해 얘기하기 시작하자, 그 여느 때와 마찬가지로 집단 구성원들은 끊임없는 충고를 쏟아내며 그녀의 말에 반응해 주었다. 메리의 수동성과 낙담감은 항상 다른 사람들로부터 이러한 반응을 이끌어내곤 했다. 어려움을 극복하고 직면하기 위한 어떠한 행동적 조취도 방어 당하곤 했다. 이 시점에서 리더는 집단의 피드백을 멈추게 했다. 그리고는 메리에게 집단 구성원들의 얼굴을 한 번씩 쭉 훑어보고 난 후, 지금 이 시점에 자신을 가장 잘 이해해 주고 있는 사람이 누구인지 선택해 볼 것을 요청했다. 집단리더는 메리가 진정으로 자신을 이해하고 있고 자신의 고통을 잘 공감해 줄 수 있는 그 누군가를 찾게 되길 원했다. 모든 사람들이 그녀를 다 잘 이해해 주고 있다고 몇 차례에 걸쳐 주장 하던 그녀는, 마침내 샐리Sally를 지목했다. 그런데 샐리는 메리에게 조언해 줄 것이 없다며 충고하기를 삼가한 사람이었다. 그럼에도 불구하고 샐리는 메리를 감정적으로 가장 잘 이해하고 있는 사람이었다. 왜냐하면 그녀 또한 비슷한 상황에 놓여 있었기 때문이다. 샐리가 그제서야 자신의 감정을 표현하기 시작했다. 샐리가 자신의 어려웠던 이야기를 나누기 시작하자, 메리는 더 자신에 대해 잘 깨달을 수 있었다. 남편을 향한 분노에 대해, 남편과 대립해야 할 필요가 있음에 대해 이야기하기 시작한 것이다. 샐리의 나눔을 통해 메리는 자신의 어려움을 더 명확히 할 수 있었다. 왜냐하면 샐리만이 진정으로 메리의 이야기를 들을 수 있었고, 메리의 경험을 이해할 수 있었기 때문이다.

구성원들이 서로 공감하고 이해할 수 있도록 돕는 것, 그리고 서로 소통할 수 있도록 돕는 것이야 말로 집단 초기 단계에서 리더가 수행해야 할 중요한 과제이다. 항상 직접적으로 상호간 대화를 시도할 것을 촉구할 필요는 없다. 집단 구성원들끼리 서로 소통하고 있는 모습을 말없이 지켜보는 비언어적 반응을 통해서도 이러한 목적은 충분히 달성될 수 있다. 이해하고 있다라는 표정을 지어보임으로써, 눈을 맞춤으로써, 고개를 끄덕임으로써 혹은 사소한 표현의 변화를 통해서도 서로가 공감하고 있음을 표현할 수 있다. 집단리더는 이러한 소통이 자유롭게 오갈 수 있도록 촉구하기만 하면 된다. 이를 통해 집단은 응집력을 향상시킬 수 있다. 집단 응집력이 형성되지 않는다면 다른 어떠한 치료요소들도 제대로 기능하지 못한다는 사실을 기억해야 할 것이다. 집단 응집력은 집단 구성원들이 서로 나누고, 관계하고, 서로에게 반응하는 방법을 배움으로써 향상될 수 있다. 부버는 하시디즘 전통의 첫 번째 리더인 바알 셈 토브Baal Shem Tov에 관한 이야기를 예로 들며 서로가 서로를 공급하는 것이 얼마나 중요한지에 대해 묘사한바 있다.

바알 셈 토브가 랍비가 된지 얼마 되지 않았을 때의 일이다. 그는 신에게 천국과 지옥의 차이점을 자신에게 보여달라고 기도하고 있었다. 어느 날 저녁, 그가 기도를 마치고 난 후 잠시 잠이 들었는데, 신이 그를 큰 방으로 안내했다. 방안에는 커다란 원탁이 놓여 있었고 배고픔에 굶주린 사람들이 그 원탁을 둘러싸고 앉아 있었다. 그런데 놀랍게도 원탁 한가운데는 정말 맛있고 영양이 풍부해 보이는 음식들이 놓여 있음에도 불구하고 사람들은 굶주림에 몸부림 치고 있는 것이었다. 원탁이 너무나 컸기 때문에 사람들은 자신들의 팔을 쭉 펼쳐도 그릇에 손을 댈 수가 없었다. 다행히 그들 손에 나무로 된 커다란 스푼이 들려져 있어서, 그 음식을 떠서 맞은편에 앉아 있는 사람에게 그 음식을 먹여 줄 수는 있었다. 그러나 스푼이 너무 긴 나머지, 그것을 자신들의 입으로 가지고 올 수는 없었다. 즉, 방 안에는 먹을 음식이 충분히 넘쳐 났음에도 불구하고, 그들은 기아에 허덕이고 있었던 것이다. 젊은 랍비는 이 광경을 보고 너무나 가슴이 아팠다. 이것이 바로 지옥이다. 신이 젊은 랍비에게 말했다. 그러고 난 후 신은 랍비를 또 다른 방으로 안내했다. 이전과 마찬가지로 이 방에도 커다란 원탁 위에 음식이 놓여 있었고 이를 둘러싼 사람들의 손에는 긴 스푼이 들려져 있었다. 그러나 이곳에는 기아와 슬픔 대신이 행복이 넘쳐나고 있었다. 사람들이 서로가 서로를 먹이고 있었던 것이다. 이것이 바로 천국이다. 신이 말했다. 지옥과 천국의 차이점이 바로 이것이다. 혼자만 먹으려고 하는 대신 서로 먹이고자 하는 것이 바로 천국이 지옥과 다른 점이다.

집단치료 또한 마찬가지이다. 집단 구성원들은 서로가 서로를 공급해 주어야 한다. 어느 누구도 혼자 앉아 감정적 결핍으로 인해 고통스러워할 필요가 없다. 리더는 다양한 방법을 통해 구성원들이 서로 먹일 수 있도록 할 수 있다. 여기에서 제시하는 예는 일부에 불과하다. 중요한 것은 이것이 얄롬이 주장한 집단정신치료의 기본 원칙이라는 것이다. 얄롬은 다음과 같이 적고 있다.

> 단순히 집단 구성원들이 서로 상호작용할 수 있도록 하는 것은 이러한 기술들의 목표가 아니다. 만약 집단리더가 교묘한 방법으로 너무 서둘러 상호작용을 활성화시키게 된다면, 감정표현과 자기개방이 너무나 쉽게 이루어지고 있다면, 그 집단리더는 초점을 잃은 것이다. 저항, 두려움, 조심성, 불신, 결핍과 같이 인간의 만족할만한 상호 관계 발전을 저해하는 이 모든 것들이 다 표현될 수 있어야 한다. 반들반들해 보이는 듯한 집단을 형성하는 것이 목적이 아니다. 집단 구성원들이 각자의 소우주 속에

서 제대로 기능하고 충분히 신뢰할 수 있도록 돕는 것이 목표이다. 변화에 대한 저항을 다루는 것은 변화의 핵심이다. 치료자는 장애물을 돌아갈 것이 아니라 통과해 지나가야 한다.(1975, p.140)

행동에 대한 대인관계 이론

집단이 지금-여기에 집중할 수 있도록 방향을 잘 잡았다면, 이제 집단리더가 다음으로 해야 할 일은 (1) 집단 구성원들이 각자의 행동을 인식할 수 있도록 돕고 또 (2) 그 행동이 다른 사람들에게 어떠한 영향을 미치고 있는지 알 수 있도록 돕는 것이다. 얄롬은 한 개인이 집단에 어떠한 영향을 미칠 수 있고, 집단 구성원 간 대인관계가 집단 밖에서 이루어지는 행동과 문제들을 어떠한 식으로 반영하고 있는지를 이해시키기 위해서는, 구조적 접근법을 사용할 수 있어야 한다고 주장한다. 얄롬은 지금-여기에서 발생하는 상호작용 과정을 이해하는 것이 어떻게 변화를 이끌 수 있는지에 대한 답을 주고자 노력하였다. 얄롬의 주장을 살펴보기에 앞서, 얄롬의 집단이 근거하고 있는 이론적 토대를 이해하는 것이 도움이 될 것이다.

얄롬이 자기 자신을 설리바니안Sullivanian이라고 공식적으로 명명한 적은 없으나 그의 이론들을 살펴보면 그는 분명 집단에서 대인관계를 통해 배워나가는 것의 중요성을 인식하고 있었다. 그는 반복해서 설리반을 참고하곤 했는데, 집단을 시작하기에 앞서 구성원들에게 설리반의 대인관계 이론을 소개했다. 그렇기 때문에 설리반의 주요 개념들을 이해하는 것은 얄롬의 집단치료 접근법을 이해함에 있어서도 도움이 될 것이다.

설리반의 대인관계 정신의학 이론

이 장에서 설리반과 그의 대인관계 정신의학 이론에 대해 자세히 설명하는 것은 불가능하다. 설리반의 이론에 대해 더 자세히 알고자 원하는 사람들은 얄롬(1975)의 저서 및 그가 추천하는 도서들을 읽어보길 바란다. 설리반이 얄롬에게 미친 영향의 중요성을 이해하기 위해서는 적어도 다음 네 가지 설리반 이론의 기조를 이해하는 것이 필요하다. 설리반(1953)은 다음과 같이 적었다.

1. 성격이란 온전히 다른 사람과의 상호관계를 통해 나타나는 산물이다.
2. 인간으로서 우리 모두는 다른 사람과 친밀한 관계를 형성하고자 하는 욕구를 갖고 있다.
3. 우리는 성장하면서 다른 사람들의 승인은 구하고, 비난은 피하고자 한다.
4. 다른 사람들에게 받아들여졌다고 생각하는가 혹은 그렇지 않다고 생각하는가에 따라 다른 자기self 개념이 성립된다.

만약 설리반의 이 네 가지 기본원칙의 중요성을 충분히 이해할 수 있다면, 얄롬의 집단정신치료가 취하는 기본 목표 또한 잘 알 수 있다. 그것이 좋은 쪽이든 나쁜 쪽이든 간에 다른 사람들과의 상호작용을 통해 형성된 결과물이 바로 우리라면, 우리의 강점과 약점을 가장 잘 이해할 수 있는 방법은 우리의 행동 원천 – 즉 다른 사람들과의 상호작용 – 을 파헤쳐 보는 것일 것이다. 그렇지만, 단순히 우리가 어떻게 다른 사람들과 상호작용하고 있는가를 관찰하는 것만으로는 정신치료집단에서 발생할 수 있는 변화 가능성의 중요함을 놓칠 수 있다. 얄롬은 집단치료를 통한 개인 삶의 변화를 실현하기 위해 설리반의 또 다른 세 가지 원칙을 활용한다. 그 세 가지 원칙이란 다음과 같다.

1. 준향왜곡parataxic distortion. 우리 모두는 다른 사람에 대한 우리의 인지를 왜곡시키는 성향을 가지고 있다. 설리반은 우리가 다른 사람들의 실질적 측면에 근거한 것이 아닌, 대인관계 현실을 왜곡한 상태에서 관계를 맺음에 대해 지적하였다. 즉, 우리가 어떠한 대인관계 욕구를 가지고 있느냐가 관계 왜곡에 영향을 미친다고 한다.
2. 자기 충족적 예언self-fulfilling prophecy. 설리반의 표현에 따르자면, 우리의 대인관계 왜곡은 저절로 지속되는 경향이 있어서 결국 자기 충족적 예언에 이르게 된다고 한다. 예를 들어, 자기 자신에 대해 사랑스럽지 못하고, 부적절하다고 생각하는 사람이 있다면, 그는 다른 사람들에 대해서도 그들의 고약하고 거부적인 부분만을 인식하기 쉽다. 그러면 결국 상대방은 그에게 방어적으로 대응할 수밖에 없게 될 것이며, 이는 다시 그가 예상한 것처럼 자신의 생각을 반증하는 것이 될 것이다.
3. 동감적 확인consensual validation. 이 개념은 개인의 심리 발달에서 설리반이 또래 관계를 얼마나 중요하게 강조하고 있는지를 보여준다. 아동기에 사람들은 또래 집단을 형성하게 되는데 우리는 이를 통해 자신의 생각이 다른 사람의 생각과 어떻게 다른지를 살핀다. 이 비교를 통해 우리는 나와 내 가족이 세상을 바라보는 것과 그 친구 및 그 친구의 가족이 세상을 바라보는 것이 다름을 알게 된다. 설리반은 준향왜곡이 동감적 확인을 통해 수정된다고 보았다. 예를 들어 메리Mary는 짐Jim을 매우 공격적이고 잔인한 사람이라고 인식하고 있는 반면 다른 사람들은 그를 매우 지지적이며 친절한 사람이라고 인식하고 있다면, 메리는 짐에 대한 자신의 왜곡을 타협해야 할 것이다. 다른 사람들과의 합의를 통해 확인되지 않은 지각은 내적 심리 변화를 가져온다.

이 세 가지 개념을 잘 이해할 수 있다면, 얄롬의 집단치료 목적 및 목표 또한 이해할 수 있다. 설리반이 주창한 바와 같이 정신치료의 목적은 사람들 사이에 발생하는 일들의 과정을 연구하는 것이다. 종합적 증상들이 대인관계 행동상의 문제로 변환된 것을 집단리더가 관찰하고 치료하는 것이다. 이러한 관점에 따르자면, 정신 질환이란 그 사람에게 고정적으로 박혀 있는 것이 아닌, 시스템과 상호작용의 기능장애라고 볼 수 있다. 시스템의 왜곡으로 인해 이러한 역기능적 상호작용이 반복적으로 나타나게 된다는 것이다. 사람들은 자신의 확증되지 않은 인지적 왜곡에 근거한 자신만의 대본에 따라 역할을 수행하고 있는 것이다. 이 대본은 우리의 삶이라는 커다란 틀 내에서 다른 사람들과의 관계 속에서 끊임없이 재연되고 있다. 우리는 우리가 이해하지 못한 그 누군가의 연극 속에서 자신도 모르는 연기자가 되어 있는 것이다. 집단이라는 상황 내에서 발생하는 상호 감정 및 적절한 상호작용에의 자유는 변화를 위한 매개체 이다. 이때 치료의 목적은 대인관계 왜곡을 전환-수정함에 있다. 대인관계에서 발생하는 상호 현실적 측면에 근거하여 사람들이 좀 더 만족적인 삶을 살 수 있도록 돕는 것에 있다. 설리반은 그들 스스로 인식하고 있는 자기self를 다른 사람들이 그에 대해 인식하고 있는 자기self와 일치하는 지점까지 확장시킬 수 있을 때 이를 실현할 수 있다고 보았다. 이를 로저스Rogers의 용어로 표현하자면, 자기 자신에 대한 인식 및 행동 그리고 다른 사람들이 그를 어떻게 인식하고 있는가가 모두 일치congruence해야 한다. 예를 들어보자. 자기 자신을 사랑스럽고 다정한 사람이라고 인식하고 있는 여성이 있는데 그녀가 다른 사람들에게 실제 하는 행동을 보면 적대적이고 공격적이다. 그리고 다른 사람들은 그녀를 거만하고 감정이 메마른 사람이라고 인식한다. 여기에는 분명한 불일치가 존재한다. 집단의 동감적 확인을 통해 이 사람은 자기 자신의 이 세 가지 측면이 서로 첨예하게 대립하고 있음을 확인하게 될 것이다. (1)스스로 인식하는 자기, (2)행동, (3)다른 사람들이 인식하는 자기. 이를 통해 그녀는 자신의 삶이 통일 되어 있지 않음을 확인하게 된다.

이러한 이론적 맥락 속에서, 얄롬은 집단리더가 다음의 몇 가지 단계로 이루어진 다소 복잡한 과업을 수행할 것을 촉구한다.

1단계. 집단 구성원들은 자신이 다른 사람들과 어떠한 관계를 맺고 있는지 알아야 한다.
2단계. 자신의 행동이 다른 사람들에게 미치는 영향에 대해 알아야 한다.
3단계. 그 결과, 즉 자신의 행동으로 인해, 다른 사람들이 그를 어떻게 생각하고 있는지 알아야 한다.
4단계. 자신의 대인관계 스타일에 만족하는지 여부를 결정해야 한다.
5단계. 자신의 대인관계 스타일을 바꾸고자 결심한다면, 먼저 변화하고자 하는 의지를 다져야 한다.
6단계. 마지막으로 집단과 리더는 구성원들이 자신의 변화를 곤고히 하여 집단 밖 현실 속에서도 그 변화를 일반적으로 실천할 수 있도록 도와야 한다.

얄롬이 강조한 각 단계 모두는, 집단리더의 구체화된 인지적 조언에 의해 촉진될 수 있다. 그리고 종국에는 이러한 집단리더의 역할을 지금-여기의 집단 상호작용 속에서 집단이 맡아야 한다고 보았다. 이는 집단이 익혀야 할 매우 중요한 역할이다. 왜냐하면 집단 구성원들은 결국 집단에서 이루어지는 일련의 코멘트를 통해 변화에 이르게 되기 때문이다. 집단리더는 다음과 같은 순서로 집단 구성원들을 안내함으로써 집단 구성원들 스스로가 변화의 과정을 주도할 수 있도록 도울 수 있다.

1. 당신은 이렇게 행동하고 있습니다. : 피드백을 통해 그리고 후에는 자기 관찰을 통해, 환자들은 다른 사람들이 그들을 어떻게 바라보고 있는지를 알게 됨으로써 자기 자신을 보는 방법을 배우게 된다.
2. 당신의 행동은 다른 사람들이 이렇게 느끼도록 합니다. : 구성원들은 그들의 행동이 다른 구성원들의 감정에 어떠한 영향을 미치는 지를 배우게 된다.
3. 당신의 행동은 다른 사람들이 당신에 대해 어떻게 생각하는지에 영향을 미칩니다. : 구성원들은 그들의 행동이 다른 사람들을 통해 평가되어짐을 배우게 된다. 사람들은 그 행동들을 좋아하기도 하고, 싫어하기도 하고, 기분 나빠하기도 하고, 존경하기도 하고, 회피하기도 하는 등 다양한 반응을 보인다.

4. 당신의 행동은 당신이 당신 스스로를 어떻게 생각하는지에도 영향을 미칩니다. 이전 세 단계를 통해 획득된 정보들을 바탕으로 환자들은 자기 평가를 시행한다. 즉, 자기 자신의 가치, 자기 자신이 사랑받을 만한 존재(자기 개념은 반영된 자기 평가self-appraisal를 통해 이루어진다는 설리반의 명언을 기억해야 할 것이다)(Yalom, 1975, pp. 154-155)인지 등을 결정한다.

얄롬이 지적한 각 기본 가정들은 변화를 위한 강력한 자극제일 수 있다. 얄롬 또한 지적하고 있는 바와 같이, 아는 것과 이해하는 것만으로는 변화를 이끌 수 없기 때문이다. 얄롬은 후에 그의 저서(1980)에서 이 네 가지 기본 가정들이 그의 실존주의 정신치료 접근법의 핵심임을 확인하였다. 이 네 가지 가정들은 얄롬의 실존주의 정신치료를 구성하는 네 가지 궁극 개념들 – 책임Responsibility, 죽음Death, 고립Isolation, 의미Meaningfulness – 과도 일치한다. 얄롬은 다음과 같이 기록하고 있다.

치료자의 목표는 환자들이 다음의 기본적 가정들을 적어도 하나, 혹은 이 중 몇 개, 아니 전부 다를 수용할 수 있는 지점까지 이끄는 것이다.

1. 오직 나 자신만이 내가 나 자신을 위해 만들어낸 그 세상을 바꿀 수 있다.
2. 변화는 결코 위험하지 않다.
3. 내가 진정 원하는 바를 달성하기 위해, 나는 변화해야만 한다.
4. 나는 변화할 수 있다. 나는 할 수 있다. (p. 157)

책임responsibility – 오직 나 자신만이 내가 나 자신을 위해 만들어낸 그 세상을 바꿀 수 있다

집단에 참여하는 사람은 누구나 동등한 기반 하에 출발한다. 모두 하얀 도화지와 같다. 혹은 얄롬이 쓰고 있는 것과 같이, "모든 사람들은 집단에서 다시 태어난다." 구성원들은 집단 내에서 그들의 지위, 운명, 그리고 삶의 공간마저도 형성하게 된다. "각자는 이 공간에 대한 '책임'이 있으며, 이 집단에서 각자에게 앞으로 발생하게 될 모든 사건에 대해서도 '책임'이 있다"(Yalom, 1975, p.153). 집단리더들이 그들의 역할을 제대로 수행해 적절한 집단문화를 형성하기만 한다면, 집단 구성원들은 집단 내에서 새로 형성된 삶의 공간이 그들에게 매우 안전할 뿐만 아니라 예견 가능한 곳임을 알게 될 것이다. 집단은 새로운 행동을 익히고 시험해 볼 수 있도록 허락된 공간이기 때문에, 구성원들은 자신들이 지속적으로 고통을 경험하게 되는 이유가 결국에는 자신이 변화할 수 없기 때문이 아닌, 변화 하려고 하지 않기 때문임을 알게 될 것이다. 이러한 이해를 바탕으로 집단 구성원들은 자신에게 발생하는 모든 일에 대한 책임이 자기 자신에게 있음을 깨닫게 될 것이다. 스스로 변화하고자 할 때, 비로소 그 변화는 가능할 수 있다.

죽음death – 변화는 결코 위험하지 않다

얄롬의 실존주의적 입장에 따르자면 죽음에 대한 불안감을 초월하지 못하고 실패할 때 정신병리가 발생하게 된다고 한다. 이 세상에서 자신이 있어야 할 곳에 대한 책임을 받아들인다 하더라도, 종종 변화에 실패하곤 하는데 이 변화를 가로막는 장벽이 바로 두려움-실패할지 모른다는 두려움-이라 한다. "변화가 마치 엄청난 위험을 초래 할 것처럼 느끼기 때문에 변화를 주저한다. 재앙이 닥칠지도 모른다는 두려움이 새로운 행동에 대한 시도조차 막고 있는 것이다"(Yalom, 1975, p. 158) 라고 얄롬은 기록하였다. 집단리더의 역할은 '변화는 위험한 것이다' 라는 신념에 근거한 불안을 치료하는 것이다. 우리는 변화와 책임을 두려워한다. 두려움이 현재 우리의 상황을 더 곤고하게 하여 역기능적 모습을 강화시키는 것임을 앎에도 불구하고, 우리는 지속적으로 자기 파괴적인 행동 패턴을 유지하고 있는 것이다. 이는 에릭 프롬Erich Fromm의 그 유명한 고전인 자유로부터의 도피(Escape from Freedom, 1941)의 주제이기도 하다. 변화를 시도할 경우 자신들에게 재앙이 발생할지도 모른다고 믿고 있는 환상을 집단 구성원 각자가 직접 바라 볼 수 있도록 해야 한다. 변화에 대해 가지고 있는 비실현적인 신념들을 조금씩 줄여 나갈수록, 좀 더 변화를 향해 전진할 수 있게 될 것이다. 그리고 결국 변화는 결코 위험하지 않다는 사실을 깨닫게 될 것이다.

고립isolation – 내가 진정 원하는 바를 달성하기 위해, 나는 변화해야만 한다

구성원들은 왜 자신들이 추구하는 방향과 역행하는 행동들을 지속하고 있는지 집단리더는 그 이유를 알아야 한다. 역행하는 행동들을 통해 보상이나 이차적 이득을 얻고 있는 것은 아닌지 알아야 한다. 자신이 가고자 하는 길과 실제 행동하는 길이 달라 발생하는 갈등들을 보면, 그들은 동시에 절대 충족될 수 없는 두 가지 것을 한꺼번에 이루고자 한다는 것을 알 수 있다. 이러한 갈등은 주로 무의식 차원에 놓여 있는 어린 시절의 욕구에 기인한 경우가 많다. 고립될 것에 대한 두려움이 자리 잡고 있다. 얄롬은 다음과 같이 쓰고 있다.

> 환자들이 지속적으로 자신들의 욕구와 반하는 행동을 하는 이유는 그들의 현재 행동이 제공하는 이익 때문임을 치료자들은 알아야 한다. 환자의 행동이 일련의 욕구와 목표를 방해함과 동시에 또 다른 일련의 욕구와 목표는 충족시키기 때문인 것이다. 즉, 환자들은 결코 동시에 만족되어질 수 없는 상반된 욕구들을 동시에 갖고 있다. 예를 들어, 성숙한 이성과의 관계를 형성하고자 함과 동시에, 종종 무의식이기는 하나 끊임없이 관심 받고, 위로 받고, 어머니와 같은 존재로부터 거세공포에 대한 두려움을 보상받고자 하고, 성인에게 허락된 그 끔찍한 자유로부터 휴식처를 제공받고자 한다.
> 그는 절대 이 두 가지 바람을 동시에 만족시킬 수 없다.: 여성에게 "나를 보호해 주세요. 나를 돌봐 주세요. 당신의 일부가 되게 해주세요." 라고 말하면서 동시에 성숙한 관계를 형성할 수는 없기 때문이다.
> 치료자는 이 부분을 환자들에게 명백히 할 필요가 있다. "당신이 진짜로 원하는게 내부 깊숙한 곳에 자리한 좀 더 근원적이고 유아기적인 욕구라면, 지금 당신의 행동이 타당할 수도 있겠군요." 치료자는 환자 스스로가 자신의 욕구 갈등의 본질을 이해할 수 있도록 도와야 하며, 그 욕구들 중 한 가지를 선택할 수 있도록 도와야 한다. 자신이 진짜 원하는바(성인으로서)가 무엇인지를 알게 된다면, 그래서 결국 자신의 현재 행동이 이러한 욕구에 반하는 것임을 알게 된다면, 이들은 다음과 같은 결론에 이르게 될 것이다. "내가 진짜 원하는 바를 얻기 위해, 나는 변화해야만 한다."(Yalom, 1975, pp.159-160)

관계라는 것은, 그것이 집단과의 관계이건, 집단리더와의 관계이건, 혹은 다른 의미 있는 타자와의 관계이건 간에 유아기적 기대와 욕구를 재생산해 내는 경향이 있다. 사랑받고 싶고 위로 받고 싶은 의존적 욕구뿐만 아니라, 거부당하고 버림받을 것에 대한 유아기적 두려움 또한 모든 친밀한 대인관계에서 부각된다. 유아기적 욕구와 절망감은 결국 문제 행동으로 나타나게 되며, 인격적 특성을 나타내는 독특한 성격으로 자리잡게 된다. 즉, 유아기적 욕구가 집단 내에서, 다른 의미 있는 타자와의 관계 속에서 현저하게 드러나게 된다. 집단리더의 역할은 구성원들의 유아기적 욕구가 성인이 된 그들의 삶에 더 이상 적합하지 않아 수정되어야 함을 깨달을 수 있도록 돕는 것이다. 또한 이러한 욕구들이 충족되지 못할 때 종종 발생할 수 있는 긴장감을 인지하고 참아낼 수 있도록 가르쳐야 한다. 한스 스트룹(Hans Strupp, 1978)은 이에 대해 다음과 같이 요약하였다.

> 환자는 이를 충족시키고, 포기하고, 수정하기 위한 행동을 취해야 한다. 치료자는 환자들이 더 이상 관계를 이용하여 이러한 욕구들을 충족시키지 않도록 주의 시켜야 한다. 치료자는 이렇게 말할 수 있다: 당신이 원하는 바가 내가 당신을 안아주고, 보듬어 주고, 보호해주고, 사랑해주는 것이라면, 당신은 내가 있는 앞에서 이와 관련된 감정들을 충분히 경험해야만 합니다. 이 과정은 분명 고통스러운 일이지만 절대 다른 사람의 도움을 받을 수 없는 부분입니다. 당신이 이 고통스러운 경험을 잘 견뎌내기만 한다면, 당신의 그 기대들이 얼마나 (a) 시대착오적 – 당신이 아동이었다면 합리적인 바램들이었을지 모르지만 결코 지금에 와서는 필요로 하지 않는 (b) 비현실적 – 성숙하고 독립적인 인간인 내가 당신이 요구한 것처럼 당신을 안아주고자 했다면, 당신은 나의 태도에 깜짝 놀라 나를 거부했을 겁니다. (c) 왜곡적 – 현재 상황을 아동기 때 그러했던 것처럼 얼마나 잘못 인식하고 있는지를 – 이었는지를 깨닫게 될 것입니다. 나는 또한 당신들이 나에게 이러한 욕구들을 전혀 가지고 있지 않았던 것처럼 행동하는 것 또한 용납하지 않을 것입니다. 이것이 바로 Freud가 말했던 '갈등은 반드시 의식 수준으로 끌어 올려져 그 곳에서 싸워야만 한다.' 는 것이다. (p. 15)

스트룹과 얄롬은 우리 모두가 대인관계에서 경험할 수 있는 갈등에 대해 언급하고 있다. 집단리더는 구성원들의 이러한 유아기적 욕구의 확대가 이들에게 결코 도움이 되지 않는 일임을 알아야 한다. 이들은 원하는바(인식되지 않은, 충족되지 않은, 유아기적 바람)를 얻었다고 생각하는 순간, 동시에 이러한 것들을 거부하게 될 것이다. 왜냐하면 더 이상 이러한 것들이 성숙하고 독립적인 성인의 건강한 기능이라는 자기 정의에 적합하지 않음을 알기 때문이다.

의미 없음 meaninglessness – 나는 변화할 수 있다 / 나는 할 수 있다

사람은 자신의 행동이 진실로 의미하는 바를 전적으로 이해 할 수 있을 때 비로소 성숙할 수 있고 삶의 의미를 발전시킬 수 있다. 자신의 행동이 진정 의미하는 바를 이해하게 되면, 더 이상 알 수 없는 끔찍한 힘에 의해 끌려 다니지 않아도 될 뿐만 아니라 자신을 통제할 수 있다. 자신이 왜 그러한 행동을 하는지 알게 되면 자신의 진정한 실존주의적 지위에 대해 알고자 노력하게 되기 때문이다. 일련의 사건들을 일관되고 예상 가능한 방식으로 조절할 수 있을 만한 자신만의 시스템을 개발하게 되는 것이다. 현재의 내가 나의 모습을 하고 있는 이유는, 그렇게 세상을 바라볼 수밖에 없도록 만든 사건들이 있었기 때문이다.

"환자들은 문제가 아닌 해결책을 가지고 우리에게 다가온다." 라고 스캇 루탄(1983)은 말한다. 집단리더로서 우리가 잃지 말아야 할 시각은 치료자들이 보는 것은 어쩌면 어린 아이들의 평범한 아니 어쩌면 비적응적 환경에 독창적으로 잘 적응하고 있는 모습일지 모른다는 것이다. 설리반 이론에 따르면 어린 아이들은 그들이 그들 삶에서 마주하는 대인관계 및 상호작용에 의해 형성된다. 아동이 성장하고자 하는 방향과 부모의 대인관계 욕구에 갈등이 존재한다면 이들은 어느 정도 타협점을 찾는 방향으로 성장하게 될 것이다. 로버트Robert와 메리 굴딩(Mary Goulding, 1979)도 그들의 재결정 이론Redecision Theory에서 이와 비슷한 주장을 하고 있다. 우리 모두는 현재 우리가 가지고 있는 정보에 근거해 어떻게 살아남을 것인가를 결정하게 된다. 그런데 불행하게도 아이들의 경우에는, 충분한 인지적 · 감정적 성숙이 있기 전에 잘못된 정보에 근거해서 결정을 내리는 경우가 많다. 그리고 이제는 더 이상 과거와 같은 상황이 아님에도 불구하고 무의식적으로 과거와 유사한 결정을 지속한다. 예를 들어, "내가 어떻게 느끼는지 당신에게 솔직히 말한다면, 당신은 나를 거부하게 될 거예요. 제가 엄마와 함께 하기 위해선 제가 생각하기에 '내가 이렇게 행동한다면 엄마가 좋아 할꺼야' 라고 생각하는 바대로 행동을 해야만 해요" 라고 지속적으로 생각하고 말하는 것이다. 현재 그들이 처한 삶의 위치가 어디인지를 알 수 있도록 도움으로써, 그리고 왜 그들이 이러한 위치에 올 수밖에 없었는지를 이해할 수 있도록 도움으로써, 삶의 의미에 대해 생각해 볼 수 있도록 할 수 있다. 더 이상 과거에 매어있지 않고 미래를 위해 변화할 수 있는 자유를 갖게 될 것이다. 한 집단 구성원이 이러한 이야기를 한 적이 있다 "저는 저 자신을 좋아하지 않았어요. 왜냐하면 항상 뭔가를 잘못했다고 생각하곤 했거든요. 하지만 지금은 달라요. 이제는 어떠한 행동을 하든지 그렇게 행동하고 있는 이유를 잘 알고 있어요. 전 좀 더 세상으로부터 누려야 할 것들이 많은 사람임을 알아요."

얄롬은 집단에서 다루어야 할 실존주의적 관점에 대해 다음과 같이 이야기 한다.

> 의지라는 개념은 우리에게 유용한 틀을 제공해준다. 치료자의 해석은 결국 환자의 의지를 어떻게 해석하고 있느냐에 따라 달라질 수 있다. 가장 흔하고 간단한 치료법은 훈계 이다. "이미 잘 알고 있겠지만 지금 당신의 행동은 당신이 진짜 원하는 것과 역행하는 것입니다. 당신은 지금 만족하지 못하고 있어요. 이건 당신이 진짜 원하는 게 아니잖아요. 제발 변해 봐요!" 환자가 변화할 것이라는 기대는 단순히 사람이란 무엇이 선(그의 마음 속 가장 깊은 곳에 자리 잡은)인지 알고 있으며, 그에 따라 행동하고자 한다는 도덕 철학 신념의 확장에 지나지 않는다. 아퀴나스Aquinas의 말에 따르자면, "사람이란, 그가 의지적으로 행동하고자 하는 한, 그가 상상할 수 있는 선에 따라 행동할 것이다." 라고 한다. 물론 일부 환자들에게는 이러한 정도의 지식과 훈계만으로도 치료적 변화를 기대하기에 충분할 수 있을 것이다. 이러한 사람들은 보통 단기간의 집단치료 경험만으로도 많은 변화를 가져올 수 있는 사람들이다. 그렇지만 정신병리학적으로 좀 더 깊은 곳에 자리한 문제를 갖고 있는 사람들은 이 보다 훨씬 이상의 것이 필요하다. (1975, p. 157)

얄롬의 지금-여기에 초점 맞추기의 예

집단 구성원들을 변화할 수 있도록 돕는 다음의 임상적 예가 얄롬의 제언들을 좀 더 잘 이해할 수 있도록 할 것이다.

알코올 및 약물 중독 환자 치료를 위한 숙련 상담가 훈련 과정에 8명의 전문가들이 모여 10회기에 걸쳐 매주 모임을 가졌다. 첫 회기는 세 명의 구성원에 의해 주도되었다. 적대적이고 직면적이며 이제 중독으로부터 회복된지 5년째를 맞이하고 있는 척Chuck은 그가 근무하고 있는 병원과 프로그램 부서장의 무능력에 대해 비난을 쏟아냈다. 그는 변화되지 않는 환경에 대한 희망을 버리고 학교로 돌아가야 되는 것은 아닌지를 고민하는 일에 집단 대부분의 시간을 사용했다. 이제 중독으로부터 회복 4년차인 히스테리컬한 성격의 간호사 팻Pat은 치료집단에 참여하는 것에 대한 두려움에 대해 끊임없이 이야기했다. 그녀는 다른 사람들에게 압도당하고 있다고 느꼈으며, 다른 사람들이 그의 불안정한 모습을 알아챌까봐 두려워했다. 정신과 간호사이자 병동의 임상 부장을 역임하고 있는 셜리Shirley는 팻이 자신감을 찾을 수 있도록 그리고 척이 진정할 수 있도록 하는 일에 집중했다. 그녀는 오로지 지지적으로만 반응하였으며 집단에서 부여 받은 그녀의 역할이 집단을 안심시키는 일이기라도 한 것처럼 모든 일이 잘 되어가고 있음을 확인시키고자 하였다. 셜리는 또 그녀와 같은 병동에서 근무하고 있는 정신보건 사회복지사 앤Ann에 대한 염려를 표현했다. 앤이 갑자기 급한 일이 생겨 집단에 참여하지 못했기 때문이다. 셜리는 앤이 다음 주에는 꼭 함께 하게 될 것이라는 것을 집단 구성원들에게 확신시키기 위해 많은 시간을 들였다. 셜리가 말한 대로 앤은 두 번째 집단 모임에 참석했다. 이 집단 훈련 과정의 또 다른 부분인 집단치료에 대한 강의가 진행되는 동안 앤은 조용히 듣고만 있었다. 강의가 끝난 후 사람들은 집단 모임이 이루어지는 장소로 향했다. 집단이 진행되던 중 조용히 듣고만 있던 앤이 갑자기 몸을 일으키며, "이 집단의 규범은 무엇인가?"를 따지듯 물었다. 그녀의 갑작스런 반응에 모두 깜짝 놀랐다. 집단은 크게 두 가지 반응을 보였는데 척이 주도가 되어 앤을 공격하는 한 무리, 그리고 셜리가 주도가 되어 앤을 이해하고 지지해 주어야 한다는 한 무리였다.

여기까지 관찰하고 난 집단리더는 앤, 팻, 척, 그리고 셜리에 대해 많은 정보를 수집할 수 있었다. 얄롬이 이야기한 과정 중심의 집단치료를 이끌기 위해 집단리더는 스스로에게 중요한 많은 질문들을 던져야만 한다.

1. 집단 구성원들은 그들이 집단에서 다른 사람들과 무엇을 하고 있는 것인지 알아차려야 한다

앤은 자신이 스스로를 얼마나 소외시키고 있는지, 거리를 두고 있는지 깨달았을까? 다른 사람들을 돌보고 구원하고자 하는 경향이 있음을 셜리는 알고 있을까? 미성숙한 자기개방과 자신을 거부하지 말라는 요청이 오히려 집단의 다른 구성원들을 압도하고 있다는 사실을 팻은 알고 있을까? 그녀의 이러한 미숙한 대처가 그녀가 가장 두려워하는 것을 다른 사람에게 강요하고 있다는 사실을 알까? 척은 자신이 다른 사람들에게 화내고 있다는 사실을 깨닫지 못하고 있는 듯하다. 그가 다른 사람에 대해 보이는 반응이 오직 화뿐임을 알고 있을까?

2. 집단 구성원들은 그들의 행동이 다른 사람들에게 어떠한 영향을 미칠 수 있는지 알아야 한다

앤은 그녀의 갑작스러운 요구와 비난이 다른 사람들에게 어떠한 영향을 주는지 깨달아야만 한다. 척은 다른 구성원들이 더 이상 그의 끊임없는 화에 대응하고 싶어 하지 않는다는 것을 알고 있을까? 다른 사람들을 돕고자 하는 태도가 오히려 어떤 사람들에게는 역효과를 가져올 수 있다는 사실을 셜리는 알고 있을까? 팻은 그녀의 히스테리컬한 면이 그녀를 함부로 대하게끔 유도할 수 있다는 사실을 깨달아야만 한다.

3. 집단 구성원들은 그들의 행동이 그들에 대한 의견을 형성하는 데 영향을 줄 수 있음을 알아야 한다

갑작스러운 분노 표현 때문에 다른 사람들이 그녀를 피하고, 신뢰할 수 없는 화난 여자로 인식하게 된다는 사실을 앤은 깨달아야 한다. 끊임없는 분노 표현은 자신을 비판적이고 무자비한 사람으로 인식하도록 만든다는 사실을 척은 알아야 한다. 팻은 그녀의 두려움이 오히려 그녀가 그토록 피하고 싶어 하는 결과를 초래한다는 사실을 알아야 한다. 다른 사람들은 그녀를 쉽게 압도당하는 사람으로 인식할 것이며, 그녀의 안정성에 대해 의문을 갖게 될 것이다. 셜리는 왜 모든 사람들이 문제를 가지고 그녀에게 다가오는지를 이해하지 못하며, 그녀가 그들에게 주는 것과 같은 지지를 왜 그녀는 받지 못하는지를 알지 못한다. 그녀의 다른 사람들을 돕고자 하는 마음이 다른 사람들 눈에는 그녀를 일차원적인 사람으로만 인식하게 한다는 사실을 그녀는 알지 못한다. 다른 사람들은 그녀를 주기만하고 받기를 원치 않는 사람으로 인식하는 것이다.

4. 집단 구성원들은 자신의 대인관계 스타일에 만족하고 있는지를 결정해야 한다

다른 사람들로부터 소외당하는 것에 대해 앤은 만족할까? 성난 사람 대 세상이라는 일상과 같은 대결 구도에 척은 만족할까? 불안정해 보이고 다른 사람들에게 쉽게 압도당하는 팻은 어떠한가? 이 질문들에 대한 대답은 사람들이 생각하는 것만큼 그다지 명백하지는 않다. 얄롬은 집단리더들이 주요 과업과 이차적 만족 간의 차이 및 이 둘 사이의 역동적 긴장에 대해 제대로 알 것을 강조한다.

주요 과업이란 집단 구성원들이 집단에 참여하게 된 이유 즉, 그들이 도움을 구하고 있는 영역을 의미한다. 이들은 증상이 완화되기를, 그래서 고통으로부터 자유로워지고 관계를 개선할 수 있게 되기를 희망한다. 그러나 얄롬 또한 지적 하듯이, 집단에서 나타나는 사람들의 모습은 그다지 간단하지 않을 뿐만 아니라, 집단이 진행됨에 따라 더더욱 복잡해져만 갈 것이다. 보통 집단 초기에 가졌던 주요 과업과 십난이 어느 성노 진행 된 후의 주요 과업 긴에는 상당한 변화가 있는데, 이는 바루 집단이 진행되는 동안 발생한 이차적 만족 때문이다.

얄롬은 이러한 딜레마에 대해 다음과 같이 적고 있다.

> 환자들은 주요 과업이 아닌, 집단에서 발생하는 이차적 만족에 우선적으로 집중할 것을 요청 받는다. 다른 구성원과의 관계, 투사하고 싶어 하는 이미지, 집단에서 가장 성적으로 매력적이고/가장 영향력을 많이 행사하며/가장 현명하고/가장 우월한 사람이고 싶어 하는 것 등이 이에 해당한다.(1975, p.147)

집단리더는 혹시 집단구성원들이 주요 과업과 이차적 만족 사이에서 갈등하고 있지는 않은지 그리고 이를 행동으로 표출하고 있지는 않은지 끊임없이 물어야 한다. 팻이 보이는 히스테리는 어쩌면 집단으로부터 관심과 집중을 받기 위한 하나의 방법이지 않을까? 원치 않는 일이라 하더라도 책임을 져야 하는 경우가 있는데, 그녀의 관계 맺는 스타일이 이를 방해하고 있는 것은 아닐까? 척이 항상 그렇게 화를 내는 건, 그의 약한 면을 다른 사람들에게 들키고 싶지 않기 때문은 아닐까? 앤의 집단에 대한 공격은 집단리더에 대한 공격이지 않았을까? 집단에 대한 지식을 드러내고자, 집단을 공격했던 것은 아닐까?

5. 지금 당장, 변화하고자 하는 의지를 행동으로 옮겨야 한다

『실존주의적 심리치료』라는 책에서 얄롬은 "앎에도 불구하고 이를 행동에 옮기지 않는 것은 전혀 알지 못하는 것과 같다"라는 일본 속담을 인용했다(1980, p. 296). 이 속담은 심리 치료를 통해 깨닫고 이해한 바를 행동에 옮기는 것이 얼마나 중요한지를 집단치료 구성원들에게 알리고 있다. 새로 깨달은 지식을 실천하지 않는다면, 이는 환자들에게 아무런 도움도 되지 않는다. 집단리더는 어떻게 하면 집단 구성원들을 변화시킬 수 있고, 그 변화를 행동으로 옮기게 할 수 있는지 알아야 한다. 밥과 메리 굴딩(1979)의 심리치료에 관한 독특한 관점은 변화하기 주저하는 환자들에게 도움이 될 수 있다. 밥과 굴딩은 심리치료를 환자와 집단리더간 체스 게임에 비유한다. 환자들은 더 나아지고자 기대하는 마음도 있지만, 때로는 집단리더를 꺾고 싶어 하는 마음도 있다. 치료자들은 바로 이 마음을 지배할 수 있어야 한다. 굴딩에 따르면 집단리더는 집단 구성원들이 표현하는 "첫 번째 속임수"를 잘 알아차려야 한다. 집단 구성원들은 "노력해 보았고, 필요하다는 것도 알지만, 할 수 없다try, need, can't"고 말하곤 한다. 그러나 굴딩은 그들이 말하는 '필요하다는 것을 안다'의 실제는 '원 한다'이며, '할 수 없다'는 말은 '하지 않는다'라고 한다. 그렇기 때문에 환자들이 자신의 문제를 "할 수 없다"가 아닌 "하지 않겠다"로, "필요하다"가 아닌 "원한다"로 바꿔서 정확하게 표현할 수 있도록 해야 한다. 이 때 비로소 환자들 스스로가 가지고 있는 저항은 극대화 하고 무력감은 극소화 할 수 있다. 이들이 변화하지 않는 이유는 변화에 따르는 위험을 감수하고 싶어 하지 않기 때문임을 깨달을 수 있도록 해야 한다. "노력해 보았다"는 말 또한 그러하다. 이는 무력감과 저항의 표현일 뿐이다. 밥은 이를 극복하기 위해 "노력 벨try bell"이라는 것을 사용하였다. 집단 구성원들이 "노력해 보았다try" 라고 말할 때 마다 종을 세게 울린 것이다.

첫 번째 집단치료를 진행하고 있는 알코올 중독 입원환자들의 모임이 이러한 딜레마를 잘 설명할 수 있을 것 같다.

AA에 참여할 것을 치료자가 권고하자, 한 환자가 AA에 대한 그의 불만을 토로하기 시작했다. 두 번째 알코올 중독 재발로 인해 입원을 한 상태임에도 불구하고 그는 왜 AA 모임에 참여하기를 요구 받아야 하는지 이해할 수 없었다. 한참 열변을 토하고 난 그는 다음과 같은 결론을 내렸다. "나는 내가 좋아할만한 AA 모임을 찾고자 노력해 봤어요. 그런데 찾을 수 없더군요. 저에겐 이 모임이 필요한 것 같지 않습니다." 그가 하고 있는 말이 실은 "나는 AA 모임을 찾지도 않을 것이며 그러고 싶지도 않다." 임을 지적하자 그는 자신이 지금까지 AA 모임에 대해 소극적으로 저항했다는 사실을 깨달았다. 그의 재발 원인은 병원 탓도, AA 탓도, 그리고 치료진 탓도 아닌 자신이 변화하기를 꺼렸기 때문임을 알았다.

굴딩이 지적한 것처럼 "노력해 보았다try", "할 수 없다can't", "필요하다need"는 말은 다음과 같이 의미를 담는다. 사람은 누구나 자신의 행동에 책임지고 싶어 한다. 그러나 실제로 행동에 책임을 져야 하는 순간에 직면하게 되면 마치 자신에게는 그러할 만한 힘과 능력이 없는 것처럼 속이곤 한다. 그러나 굴딩의 고찰에 더해 생각해 보아야 할 것이 있다. 굴딩 또한 이미 알고 있는 바와 같이 언어를 바꾸어 표현하는 것만으로는 의지의 강력한 변화를 가져오지는 못한다. 카리스마 있는 치료자라면 환자들이 치료진에게 순응할 수 있도록 그래서 그들이 원하는 적응적 반응을 보일 수 있도록 할 수는 있을 것이다. 그러나 이들이 보이는 순응적, 적응적 반응은 표면적 변화에 그칠 뿐 진정한 의미의 깊이 있는 변화에까지는 이르지 못한다. 굴딩 또한 이 문제를 잘 인식하고 있어서 적응적 태도를 보이는 아이와 같은 자아상태adaptive-child ego state가 아닌 자유로운 아이와 같은 자아상태free-child ego state에서 결정하고 판단할 것을 환자들에게 촉구하였다.

얄롬(1995)은 그의 최근 책에서 이에 대해 간단하게 설명하고 있다. 의지will를 두 가지로 구분하여 설명한 파버(Faber, 1966)의 아이디어에 착안하여, 현재 심리학적 사고에 대해 비판한다. 의식적 수준에서의 의지를 너무 강조한 나머지 의지에 대한 간단명료한 정의를 내리는 것에도 실패하여 의지의 진정한 의미에 혼란을 가져왔다..

파버에 따르면 의지에는 두 가지 차원이 있는데 첫 번째 차원의 의지는 행동을 수행하는 동안 의식적 수준에서 경험되는 것이 아닌 그 행동이 완료된 후에 추론을 통해 비로소 경험되는 것이라 한다(파버의 가장 큰 학문적 기여는 이 사실을 발견함에 있다고 얄롬은 보았다). 얄롬과 파버 모두 '중요한 선택은 의식적인 수준에서 경험되는 것이 아니다'라고 보았다. 우리는 우리가 선택한 행동이 어떠한 결과를 초래할지 예상할 수도 없으며 이 사건이 우리 삶을 어떠한 방향으로 이끌게 될지 또한 알지 못한다. 그러나 파버가 이야기 한 두 번째 차원의 의지가 있다. 이는 어떠한 사건이 진행되는 동안 경험될 수 있는 것으로 의식적 수준에서 이루어진다. "내 목표를 달성하기 위해 나는 이것을 선택하겠어. 내가 지금 먹는 것을 멈춘다면, 나는 살을 뺄 수 있을거야" 가 이에 해당할 수 있다. 이 두 가지 차원의 의지를 치료자는 적합하게 사용할 수 있어야 한다고 얄롬은 말한다.

> 두 번째 차원의 의지는 훈계를 통해, 그리고 의지력·노력·결정력에 대한 호소를 통해 접근할 수 있다. 그러나 첫 번째 차원의 의지는 이러한 명령들에 의해 영향 받지 않는다. 좀 더 간접적으로 접근되어야 한다. 두 번째 차원에서 적용되어야 할 것–훈계적 방법–을 첫 번째 차원의 행동에 적용하는 경우 문제가 발생할 수 있다. 의식적으로 지식을 쌓을 수는 있으나 지혜를 쌓을 수는 없는 일이며, 의식적으로 침대에 누울 수는 있으나 잠이 들게 할 수는 없기 때문이다. 먹되 배고프기 때문에 먹는 것은 아니며, 굴복하되 비굴해서는 안 된다. (1980, p. 299)

윌리암 제임스를 비롯한 실용주의자들이 고군분투했던 문제에 대해 얄롬은 매우 중요한 지적을 하고 있다. 제임스는 이 세상에 객관적 진실이란 존재하지 않는다고 하였다. 제임스에게 있어 진실이란 실용utility에 의해 결정되는 것이었다. 즉, 무언가 도움이 될 만한 것이 있다면 그것이 바로 진실이라는 것이다. 이러한 논리에 근거하여 제임스는 새로운 행동방식으로 사고하기 보다는 새로운 사고방식으로 행동할 것을 제안하였다. 당신이 믿고 싶은 바를 행동으로 옮긴다면, 곧 자신의 행동을 믿게 될 것이다. 오늘날과 같이 AA가 잘 운영될 수 있는 것 또한 이러한 제임스의 실용주의 영향이라 할 수 있다. AA 구성원들은 행동의 변화를 요청받는다. 그러면 자연스럽게 생각의 변화 또한 수반 될 것이라 한다. 굴딩이 주장하는 행동 변화 또한 같은 원리에 의해 작동된다. 사실 이는 2천년도 전에 공자가 주장한 명언이기도 하다 : "들은 것은 잊어버리고, 본 것은 기억하고, 직접 해본 것은 이해한다. I hear and I forget, I see and remember, I do and I understand"

6. 변화를 공고히 하여 집단 밖에서까지 일반화할 수 있도록 도와야 한다

집단리더는 집단 내에 존재하는 강화력the power of reinforcement의 중요성을 잘 알아야 한다. 구성원들이 아무리 사소하고 작은 것이라 하더라도 조금의 변화를 보였다면, 이 변화를 인지하고 이에 대해 집단 내에서 꼭 언급해 주어야 한다. 구성원들이 이들 삶에 나타난 작은 변화를 집단에서 보고하는 경우 그것이 아무리 사소한 것이라 하더라도 밥과 메리 굴딩은 이에 대한 칭찬을 아끼지 않았다. 고통, 분노, 분개를 밝혀내는 일에만 시간을 보내는 집단은 집단이 가지고 있는 중요한 치료적 과정의 중요성을 놓친다. 집단은 구성원들의 인생에 있어 변화 가능성을 극대화 할 수 있는 곳임을 충분히 감당해야 한다. 웃음과 격려는 집단을 더 원활하게 하며, 구성원들의 통찰력 또한 강화시킬 수 있다.

이러한 과정을 통해 집단 구성원들은 점차적으로 자신의 행동에 대해 더 잘 인지하게 될 뿐만 아니라, 자신의 행동이 다른 사람들에게 미칠 영향에 대해서까지 인지하게 된다. 자신이 그동안 괴로워했던 이유가 결국에는 자신의 잘 못된 행동이 다른 사람들에게 영향을 미친 결과 때문임을 알게 된다. 얄롬은 이 과정을 다음의 4단계로 정리하였다.

I. 당신은 이러한 행동을 한다.
  A. 누군가 자신의 감정을 당신과 나누고자 할 때면 당신은
    1. 그들을 구원해 주고자 한다.
    2. 비웃거나 조롱한다.
    3. 화가 난다.(누군가 당신이 말한 것에 동의하지 않는 경우, 턱에는 힘이 들어가고, 주먹은 꽉 쥐어지고, 언성은 높아지고, 눈은 부릅떠진다.)

II. 당신의 행동은 당신에 대해 이러한 감정을 느끼게 한다.
  A. 나를 항상 구원해 주고자 하는 듯한 태도에 짜증이 난다.
  B. 내 감정을 비웃는 것 같아 상처를 받는다.
  C. 당신의 반응에 깜짝 놀라서 더 이상 나의 감정과 생각을 나누고 싶지 않다.

III. 당신의 행동은 당신에 대해 이러한 생각을 갖게 한다.
  A. 당신은 모든 사람을 보살펴야만 하는 사람이다. 그렇기 때문에 오히려 당신은 정말 나에 대해 걱정하고 있다고 생각되지 않는다.
  B. 나는 당신과 당신의 웃음을 신뢰하지 않는다.
  C. 나는 정말이지 당신을 자기 밖에 모르는 이기적인 인간이라고 밖에 생각할 수가 없다. 나는 당신과

어떠한 일도 함께 하고 싶지 않다.

IV. 당신의 행동은 당신 스스로에 대해 이러한 생각을 갖게 한다.

A. 당신이 집단에 오게 된 이유는 바로 자신에게 만족할 수 없고 화가 났기 때문이다. 당신에게는 아끼는 친구도 만족할 만큼 오래 지속된 관계도 없다. 당신은 스스로 사랑 받지 못할 만한 사람이라고 생각하고 있다. 그렇지만 결국 생각해 보면 당신이 다른 사람들을 소외시키고 있다는 것을 알게 될 것이다. 당신은 그래도 여전히 그 태도를 계속 유지하고 싶은가? 그 태도로 인해 충분히 어렵지 않았는가? 그리고 가장 중요한 것은 당신이 변화하고 싶어한다는 사실이다(Yalom, 1995).

얄롬의 집단정신치료 모델은 집단 구성원들이 위에서 언급한 과정들을 하나하나 뼈저리게 경험할 것을 요청한다. 집단 구성원들은 자신의 행동에 대해, 그리고 그 행동이 자신의 삶에 미친 영향에 대해 깨달아야 한다. 얄롬의 모델은 다음에 제시될 14가지 기초 가정에 근거한 변화의 결과로 요약된다.

1. 어떠한 대인관계를 형성하고 있느냐가 우리의 모습을 결정한다. 과거의 대인 관계가 현재의 대인관계를 형성하기 때문이다.
2. 우리는 집단치료를 통해 과거 삶에서 일어났던 왜곡되고 분열된 대인관계를 수정할 기회를 갖는다.
3. 집단치료에서 나타나는 우리의 모습은 지금까지 우리가 관계 맺었던 세상의 축소판과 같다.
4. 집단치료는 지금까지 우리가 보였던 대인관계에 대해 연구해 볼 수 있는 좋은 도구가 된다.
5. 동감적 확인과 자기관찰self-observation을 통해 집단 구성원들은 그들의 대인관계에서 나타났던 준향왜곡parataxic distortion을 확인하게 된다.
6. 집단리더와 다른 집단 구성원들이 제공하는 피드백을 통해, 자신의 행동이 자신에 대한 다른 사람들의 느낌과 생각에 어떻게 영향을 미치고 있는지를 알게 된다.
7. 자신에 대한 인지발달을 통해, 자신의 대인관계에 책임을 져야 할 사람은 다른 그 누구도 아닌 바로 자기 자신임을 깨닫게 된다.
8. 이 책임을 받아들이는 순간, 오직 자신만이 행동을 변화시킬 수 있음을 알게 된다.
9. 이러한 깨달음은 그 사람이 경험한 감정의 양과 정적 상관관계를 이룬다. 그러나 이 경험을 지적으로만 받아들인다면, 이는 아무런 도움도 되지 않을 뿐만 아니라 변화와의 상관관계 또한 적어지게 된다.
10. 동기, 집단 참여도, 대인관계 성격 구조의 견고함, 대인관계 스타일 등은 변화에 직접적인 영향을 미친다. 즉, 동기가 더 내재화 되어 있을수록, 집단에 더 잘 참여하면 할수록, 대인관계 성격 구조가 일관되면 일관될 수록 행동 변화에 대한 가능성이 커진다.
11. 집단 내에서의 변화는 집단 밖의 다른 대인관계에까지 영향을 미친다. 자기분석의 정도 및 다른 집단 구성원들에게서 받는 피드백의 정도 또한 변화와 직접적인 상관관계가 있다.
12. 변화와 관련된 비합리적인 두려움은 얼마든지 극복될 수 있으며, 이 때 나타나게 될 변화는 더 이상 자기 존재 상실감에 대한 두려움, 죽음에 대한 두려움, 버려질 것에 대한 두려움 등을 초래하지 않는다.

13. 시간이 지남에 따라 사회의 소우주격인 집단에서의 경험을 통해 집단 내에서 좀 더 정직하게 행동할 수 있게 되며, 이는 결국 바깥 세상에서의 행동에 까지 영향을 미치게 될 것이다.
14. 결국, 처음에는 집단 내에서 이 적응적 과정을 내면화 하고, 후에는 그 과정을 집단 밖 세상에서까지 일반화 하게 된다. 구성원들은 새로 배운 집단행동을 집단 밖에서 충분히 시연해 본 후에 다시 그 경험을 가지고 집단으로 돌아와 충분한 시간을 두고 행동변화를 내재화시킨다. 점차 왜곡된 대인관계는 줄어들고 건강한 관계를 발전시킬 수 있는 능력은 향상된다. 불안감은 감소되고 자존감은 증가하여 스스로 자유로움을 느낄 수 있는 경지에까지 이르게 된다. 다른 구성원들에 대한 긍정적 반응의 증가는 다시 한 번 자존감과 자신감 향상에 기여하며 진정한 자기 노출, 위험 감수, 자존감 향상이라는 선순환은 결국 좀 더 자율적이며 비갈등적인 개인을 이끌게 된다.

현대 정신분석적 접근의 통합

얄롬의 대인관계 집단정신치료는 집단치료에서 가장 널리 적용되는 접근 방법 중 하나이다(Dies, 1992b). 이 접근법이 이렇게 대중적일 수 있는 것은, 상대적으로 단순하며 실용적일 뿐만 아니라 이해하고 가르치기에 쉬운 직접적 접근법이기 때문이다. 그의 저서는 매우 잘 쓰여져서 쉽게 이해할 수 있다. 또한 효과적인 집단치료를 시행하는데 필요한 기초 개념들을 명료하게 정리하였다. 모델에 대해 자세하게 설명하고 있어, 쉽게 적용할 수 있다. 그러나 모든 사람들에게 이 모델이 적합한 것은 아니다. 다른 대안적, 보충적 접근법들을 살펴보아야 하는 이유가 여기에 있다. 얄롬의 모델은 중독 회복 초기 및 중기에는 적합하지만 이 모델에도 단점은 있다. 화학물질 의존자들을 치료하는 데 필요한 완벽한 이해를 제공하지는 못한다. 오랜 기간 동안 회복을 유지하기 위해서는 화학물질 의존자들의 성격적 특성 또한 수정되어야 한다. 집단치료가 진행됨에 따라 더 현저하게 나타나게 될 다양한 역동들을 다루기 위해서는 좀 더 광범위한 이론적 체계화가 필요하다. 왜냐하면 한 사람의 성격을 바꾸기에 몇 개월은 결코 충분한 시간이 아니기 때문이다. 얄롬의 모델 이외에 좀 더 광범위하고 포괄적인 방법이 필요하다. 보통 한 개인의 성격을 변화시키기 까지는 수년간의 정신치료가 필요하다. AA와 12단계 프로그램들은 직관적으로 이 사실을 알고 있는 듯하다. 그래서인지 오르몽의 최근 집단치료 접근법은 얄롬의 이론적 명제와 양립할 수 있으면서도 장기적으로 치료가 이루어져야 함을 강조하고 있다.

나는 1992년 뉴욕에서 열린 미국 집단정신치료 연합American Group Psychotherapy Association, AGPA 총회에 참석했다가 우연치 않게 오르몽과 얄롬 사이에 유사점이 있음을 발견했다. 그들은 서로 다른 치료적 접근법을 보인다는 모델의 대표 실천자들로서 그 토론회에 참석하고 있었다. 얄롬이 그의 모의 집단 비디오 테잎을 보여주자, 토론회 참석자들은 각각 자신의 관점에 근거하여 비판과 비평을 쏟아냈다. 그들은 또한 자신의 이론적 토대에 근거해서 대안을 제시하였다. 그런데 패널들의 도발적이고 생생한 토론 속에서 오르몽과 얄롬이 서로 강하게 연합하여 비슷한 의견을 피력하고 있음을 확인했다. 효과적인 집단치료에 꼭 필요하고 중요하다고 생각하는 요소들이 많이 유사했다. 이로 인해 중요한 질문 한 가지가 제기 되었다. 자기 스스로를 설리반 이론의 영향을 받은 실존주의자라고 주창하고 있는 얄롬이, 그리고 종종 공공연하게 고전적 정신분석 치료에 대해 비판을 아끼지 않았던 그 얄롬이, 어떻게 스스로를 현대 정신분석학자라고 주창하고 오르몽과 같은 의견을 취할 수 있는 것일까?

둘 사이에 존재하는 공통점을 이해하기 위해서는 먼저 각각의 집단정신치료에 관한 관점을 비교·탐색해 보는 것이 필요하다. 이를 통해 각 집단정신치료 접근법 내에 공통적으로 존재하는 요소들에 대해 이해할 수 있을 것이다. 또한 이를 통해 완벽하고 강력한 집단정신치료 이론, 특히 대인관계 집단정신치료 이론을 도출할 수 있게 되길 기대한다. 얄롬의 글, 강의, 집단정신치료 이론 그리고 이것들이 일반 대중과 전문가 사회에 미친 막대한 영향을 고려해 볼 때 이는 매우 중요한 시도이다(Dies, 1992a). 사람들은 얄롬의 책이 비논리적이고 단순한 기술의 나열에 불과하다며 비판하곤 하지만 그의 저서 『집단정신치료의 이론과 실제 *The Theory and Practice of Group Psychotherapy*』는 수많은 비판에도 불구하고 여전히 많은 이들의 사랑을 받고 있다. 사실 그의 책은 이제 막 집단치료를 시작하는 사람들에게는 그야 말로 실제적인 정보를 제공한다. 그러나 일부에서 주장되는 바와 같이 이론을 좀 더 조직화할 필요가 있다. 바라기는, 오르몽의 견고한 현대 정신분석적 이론 기반이 얄롬의 이론을 지지하는 데 필요한 이론적 토대를 제공해 줄 수 있게 되길 바란다. 각 집단치료 접근법이 갖는 공통점과 차이점에 대해 자세히 살펴봄으로써 좀 더 견고한 대인관계 집단정신치료이론 기초를 형성할 수 있을 것이다. 집단정신치료에 대한 이 두 가지 관점의 통합은 얄롬의 이론을 더욱 확장시킬 뿐만 아니라 그의 치료 전략 개념을 좀 더 명료하고 상세하게 할 수 있을 것이다.

대부분의 유능하고 경험이 풍부한 치료자들은 그들이 어떠한 집단정신치료 이론을 지지하든지 간에 매우 비슷한 태도와 접근법을 보인다(Frank, 1978; Bergin, 1971). 사용하는 용어가 다르고 정반대의 이론을 적용하는 경우에도, 이들이 실제 행해지는 모습은 매우 상호보완적이다. 유본 아가자리안Yvonne Agazarian과 앤 알론소(1993) 또한 이와 같은 사실을 발견한 바 있다. 집단정신치료에 대해 서로 상반되는 관점을 취하고 있는 경우에도 치료 결과는 비슷하다는 것을 발견했다. 집단치료에서 나타나는 똑같은 현상을 어떻게 다르게 설명하고 있는가는 아무런 문제가 되지 않는다.

얄롬과 오르몽 또한 그러하다. 이들 사이에는 집단치료에 대한 서로 다른 이해가 분명 존재한다. 그러나 이 둘 사이의 차이점과 공통점을 밝히는 과정이 결국에는 모든 유형의 집단치료를 풍요롭게 하는데 도움이 될 것이다.

공통점

얄롬과 오르몽이 주장하는 각각의 집단정신치료에 대해 살펴보는 동안, 이 두 관점이 서로 상호보완적이라는 사실을 알게 되었다. 효과적인 집단정신치료를 위해 가장 본질적이고 핵심적인 요소라고 지적한 것들이 서로 유사했다. 많은 부분에 있어 그들이 공통된 의견을 가졌다는 것은 명백한 사실이다.

1. 집단에서 '지금-여기'의 중요성 강조
2. 모든 집단 구성원들이 모임에 적극적으로 참여할 수 있도록 하기 위해 집단리더가 취해야 할 역할 및 그 활동 정도

3. 지적인 대화 이상으로 감정적인 대화를 소중하게 생각하는 응집력 있는 집단 형성의 필요성
4. 모든 집단 구성원들이 집단과 다른 구성원들에 대해 책임이 있음을 수용하고 적극적으로 모임에 참여할 것을 요구하는 치료 규범 형성
5. 집단을 하나의 총체적 개입 대상으로 보는 방법 간과 혹은 무시

얄롬은 위에서 언급한 사항들에 대해 훨씬 더 자세하고 광범위하게 적고 있으며, 오르몽 또한 AGPA 멤버들 사이에서 가장 권위 있는 집단정신치료자라는 찬사를 받을 만큼 위에 지적한 추상적 이론을 살아있는 집단치료 예술로 승화시켰다. 물론, 오르몽도 집단치료에 대한 책을 저술한바 있기는 하나 이는 얄롬이 그러했던 것처럼 AGPA나 뉴욕시로부터 대단한 관심을 받지는 못했다. 그러나 이들의 서로 다른 사회적 배경, 서로 다른 이론적 원류에도 불구하고 이들이 집단치료에 대해서만큼은 그 전략, 개입방법 및 접근법 면에서 서로 상당히 상호보완적이라는 것은 부정할 수 없는 사실이다.

지금-여기

얄롬 만큼 '지금-여기'의 중요성을 강조한 집단치료 이론가는 아마 없을 것이다. 그래서인지 집단치료에서 그의 이름은 '지금-여기'를 강조해야 한다는 사실과 동의어처럼 사용되곤 한다. 그러나 그렇다고 해서 이 개념을 얄롬이 개발해 낸 것은 절대 아니다. 그가 강조함으로 인해 그 중요성이 더 명백하게 될 수 있었을 따름이다. 잘 훈련된 유능한 집단리더라면 누구나 집단에서 '지금-여기'가 얼마나 중요한 개념인지 알고 있다. 이론적 원류에 상관없이 실제 모든 행동들이 취해지고 있는 '지금-여기'인 집단을 강조한다. 일부 비평가들이 주장하듯이 얄롬은 때로 지나치리만큼 '지금-여기'를 강조하곤 했다. 그렇지만 얄롬이 그러했던 것처럼 그렇게 자주 '지금-여기'를 강조하지 않았더라면, 우리는 어쩌면 '지금-여기'의 중요성에 대해 명백하게 알지 못했을지도 모른다.

많은 이론가들이 집단에서 '지금-여기'가 얼마나 중요한지에 대해 이야기 했다. 아주 다양한 모습과 유형의 '지금-여기'가 가능할 수 있다고 말콤 파인스Malcolm Pines는 말한다. 집단 내에서 구성원들이 '지금-여기'를 경험할 수 있도록 하기 위해, 치료자는 존재하는 다양한 방법들을 사용하여 창조적으로 이를 촉진할 수 있어야 한다. 집단 구성원들은 '지금-여기'를 직면하게 되었을 때, 이를 회피하지 아니하고 어떻게 대응할 수 있는지를 배워야 한다. 다차원적으로 존재하는 '지금-여기'를 어떻게, 얼마나 경험할 것인가는 전적으로 집단리더의 이론, 기술, 지식, 경험, 용기에 달려있다(Pines, 1992). 견고한 이론적 틀에 기반하며 누릴 수 있었던 편안함과 확실성을 떠나, 즉시성과 불확실성이 난무하는 순간으로 들어가 집단을 만날 수 있어야 한다. " '지금-여기'라는 것은 항상 창조되어지는 것이다" 라고 파인스는 주장한다. '지금-여기'란 발견되어지길 바라며 가만히 기다리고 있는 것이 아니다. 집단리더가 자신의 창조성과 다른 사람을 돕고자 하는 깊은 곳에 있는 감정을 활용하여 집단 구성원들이 진실되고 정직하게 그리고 친밀하게 '지금-여기'라는 현실 속에서 서로를 알아갈 수 있도록 할 때, 집단리더와 구성원들 사이에 창조될 수 있는 것이다.

얄롬은 집단의 핵심 개념으로 '지금-여기'를 지목하며 "집단치료의 핵심 개념"이라고 명명하였다(Yalom, 1985, p.28). 집단리더는 집단 구성원들이 다른 구성원들과의 관계 속에서 즉각적으로 느끼는 감정과

생각에 항상 주의를 기울일 수 있도록 해야 한다고 얄롬은 주장한다. 집단 내에서 발생하는 즉각적인 '지금-여기'의 사건을 집단 구성원들이 과거 혹은 현재 밖에서 경험한 사건들 보다 항상 우선적으로 다루어야 한다. 즉 집단 내에서 발생하는 '지금-여기'의 사건이 집단리더의 가장 주요한 관심사이어야 한다. 이때 비로소 각 구성원들의 소우주를 발전시킬 수 있을 뿐만 아니라 그들의 있는 그대로의 모습을 관찰 할 수 있게 된다고 믿었기 때문에 얄롬을 '지금-여기'를 그토록 강조했다. 알론소(1985)와 루탄(1983)은 이에 대해 다음과 같이 말했다. "집단 구성원들은 그들의 문제가 무엇인지 이야기할 필요가 없다. 왜냐하면 곧 그 문제들이 그들을 붙들 것이기 때문이다."

집단이 진행되는 동안 각 개인들이 가지고 있는 특이한 정신과적 아킬레스건들이 모든 사람이 알아볼 수 있도록 그 모습을 드러낼 것이다. 이러한 관점에서 보자면 집단은 대인관계에서 나타나는 여러 가지 행동들을 관찰할 수 있는 실험실과 같다. 구성원들은 집단이 진행되는 동안 그들이 가지고 있는 특이한 갈등적 모습 혹은 반복적 충동 행동을 서로서로 보일 것이다. 모든 구성원들은 자신의 내면세계에 접근해서 그것을 탐색해 볼 기회를 갖게 될 것이다. 억압되고, 부정되고, 해리된 자기를 경험하게 될 것이며 또한 다른 사람들에게 자기 자신을 투사시키는 대상 표상을 경험하게 될 것이다. 각 구성원들이 지니고 있는 내면세계가 반복적 충동에 의해 집단 내에서 발현될 것이며, 이는 집단이 진행되는 동안 결국 내가 통제할 수 있는 무엇인가로 변화될 것이다. 왜냐하면 결국에는 집단리더와 구성원들이 그 문제를 지적해 낼 것이며 그 지적된 문제를 다루지 않고 그냥 흘려보내는 일은 절대 없을 것이기 때문이다. 오르몽이 그의 책에서 이미 지적하고 있는 바와 같이, 사람들이 자기 자신과 자신의 행동에 대해 생각해 볼 수 있도록 하기란 결코 쉬운 일이 아니다. 오르몽은 다음과 같이 적고 있다.

> 이는 집단치료에서 매우 사소한 문제일 수도 있다. 나 또한 수년 동안 이것의 중요성을 알아차리지 못했다. 당신의 정신psyche에 매우 중요한 순간순간 느끼는 감정이 무엇인지를 알고 그 감정에 이름을 붙여보는 작업을 통해 우리는 자신에 대해 더 많은 것들을 알아 갈 수 있다. 순간순간을 포착하지 못한다면 여느 날과 다름 없는 평범한 하루하루를 또 보내게 될 것이다.
>
> 이러한 작업을 하기에 집단은 매우 적절한 곳이다. 많은 사람들, 아니 거의 대부분의 사람들은 자신이 실제 무엇을 느끼고 있는지도 알지 못한 채 무의식적 암시만을 경험하며 살아가고 있다. 살아 움직이는 감정을 우리는 매일 같이 경험하며 살아가고 있음에도 말이다. 만약 사람들에게 어느 결정적 순간에 멈추어 서서 지금 느끼고 있는 감정을 하나의 프레임으로 낚아채 볼 수 있도록 한다면, 그들 안에 얼마나 역동적인 감정의 움직임이 일어나고 있는지 정확히 알 수 있다. 변화할 수 있도록 자극하고 존재에 색을 덧입히는 그러한 감정들 말이다.(1992, p.38)

자기 스스로를 실존주의자라고 밝히고 있는 얄롬과 달리, 오르몽은 집단의 지금-여기에 대해 덜 혁신적인 관점을 취한다. 다른 잘 훈련된 현대 정신분석자들과 마찬가지로, 그 또한 현재에도 끊임없이 재현되고 있는 과거에 대해 집중한다. 그는 과거가 보통 전이 왜곡이나 친밀감, 자발성, 억압에 대한 집단 구성원들의 저항으로 나타난다고 보았다. 오르몽은 다음과 같이 말한다. 집단 내에서의 지금-여기를 강조하는 얄롬의 의견에는 전적으로 동의하지만, 여기에 추가적인 설명이 필요하다. 지금 바로 이곳이 중요하기 때문에 '지금-여기'가 중요한 것이 아니라 이를 통해 저항과 전이를 확인할 수 있기 때문에 바로 '지금-여기'가 중요하다는 것이다. 저항과 전이를 정신치료의 핵심으로 보고 이들을 확인하고, 활성화하여 치료하고자 했던 그의 방법은 그의 이론적 전통과도 부합한다. 제대로 된 정신분석가라면 당연히 알고 있듯이 오르몽 또한 각 개인이 소유하고 있는 내면세계가 지금 여기에 있는 집단 내 상호작용 속에서 재현되곤 한다는 사실을 알고 있다. 과거는 항상 즉각적인 순간의 현실화를 통해 촉발되고 활성화된다. 즉 지금 여기에 투사되는 것이다. 인간 상호관계에서 나타나는 전이와 저항을 통해 치료자는 환자들의 과거 모습뿐만 아니라 현재의 삶 또한 알 수 있다. 치료자가 지금-여기가 제공하는 정보에 더 민감하면 민감할수록, 집단 구성원들은 지금-여기를 부정하지 않고 수용하게 될 것이다. 현재에 재창조된 과거를 살펴봄으로써 치료자들은 훨씬 더 중요한 정보들을 접하게 된다.

이러한 시각은 절대 새로운 것도 독특한 것도 아니다. 잘 훈련된 치료자라면 누구나 알고 있다. 그러나 오르몽과 얄롬은 이 주제에 대해 좀 더 특별한 방법을 취한다. 이 둘 모두 저항에 대해 면밀히 조사해 볼 것을 강조한다. 설리반의 영향을 받은 오르몽은 다음과 같이 쓰고 있다.

> 대상관계 분석가들은 환자들의 저항을 단순한 과거의 표현이 아닌, 현재 그들의 관계 맺는 법을 알아볼 수 있는 지표와 같다고 하였다. 저항은 이미 존재하는 대인관계의 소산물이라고 Harry Stack Sullivan은 지적하였다. 어떤 사람에게는 저항을 불러 일으키는 사람이 다른 사람에게는 그렇지 않을 수 있다. Sullivan은 억압 또한 대인관계 속에서 나타나는 것이라고 보았다. (1992, p.121)

다른 현대 정신분석학자들 및 자기 심리학자들self-psychologists과 마찬가지로 오르몽 또한 자기 파괴적인 방어기제 및 저항의 결과로 정신병이 발생하는 것으로 보았다. 그러나 그는 이러한 방어기제들 또한 필요하다고 본다.

오르몽이 집단리더들에게 구성원의 저항과 전이를 기쁘게 받아들이라고 하는 이유가 바로 여기에 있다. 집단 구성원들은 물론 이에 대해 반발할 것이다. 그들은 현재 발생한 불안과 감정적 자극을 피하기 위해 과거와 미래를 이용하곤 한다. 오르몽의 순간적 즉시성 강조는 그의 즉시성 원리의 또 다른 반영이자 얄롬이 말한 지금-여기와도 유사한 개념이다. 그러나 오르몽의 즉시성 원리가 좀 더 광범위 하다. 명백한 감정 표현을 요구할 뿐만 아니라 그 내용의 범위 또한 제한하지 않기 때문이다. 얄롬과 달리 오르몽은 그때-거기에 대해 이야기 하는 것 또한 제지하지 않는다. 집단 구성원들이 자기 삶의 중요한 부분에 대해 이야기 할 수 있도록 하는 것 자체가 중요하다고 본다. 그러나 이러한 이야기들이 상당한 거리감을 두고 지적인 차원에서만 이루어져 집단 및 집단 구성원들의 감정을 저해하는 쪽으로 진행된다면, 집단리더는 구성원들의 즉각적인 집중을 환기시키기 위해 최선을 다해야 할 것이다. 얄롬과 마찬가지로 오르몽 또한 다음의 사실을 잘 알고 있다. 인간은 자신의 경험을 얼마든지 줄일 수도 있지만 또한 얼마든지 자기 인생 드라마, 비극, 흥분 등을 늘릴 수도 있는 가능성을 가진 존재다.

얄롬과 오르몽의 이에 대한 입장은 폴란드 출신 소설가인 고 저지 고진스키Jerzy Kosinski의 그것과도 유사(1977)한데, 그에 따르면 인간은 자신의 인생 전개 방향 뿐만 아니라 자신을 둘러싼 주변인들의 인생이 어떻게 전개되고 있는지 또한 잘 알아야 한다. 그렇지 못한 인생은 자기 자신을 속이고 있는 것이며 자기 존재에 대해 진실하지도 못하다. 이는 하이데거, 부버, 싸르트르와 같은 실존주의 철학자들이 이야기 하는 실존적 죄책감existential guilt이라는 개념과도 유사하다. 존재의 추구라는 면에서 볼 때 우리는 우리 자신을 충분히 경험하지 못하는 것에 대해 존재론적 죄책감을 갖는다. 인생이라는 드라마가 진행되고 있는 이 사회와 내가 얼마나 잘 조화하고 있는가가 중요하다. 집단리더 먼저 이럴 수 있어야 하고, 그 다음 집단 구성원들을 이끌어야 한다. 즉 이들이 자신의 삶에 대한 책임감을 받아들이고 진정한 삶을 살 수 있도록 도와야 한다. 싸르트르는 "잘못된 신념bad faith"에 따라 살지 말 것을 경고한다. 하이데거는 세인das man[2]이 되어 군중심리를 좇아 사는 것에 대해 경고한다. 부버는 한 발 더 나아가, 우리는 결코 혼자서 진정한 삶을 살 수 없으며 다른 사람과의 관계 속에서만 자신을 제대로 알 수 있다고 이야기 한다.

진실되며 감정적으로도 충만한 집단이 취할 수 있는 모든 이점들을 온전히 활용하기 위해서는 집단리더 스스로 먼저 자신에 대해 지금-여기에서 명백하게 생각할 수 있어야 한다. 초점을 외부로부터 내부로, 일반적인 것에서부터 구체적인 것으로 옮기고자, 할 수 있는 한 모든 방법들을 다 동원해야 한다. 집단리더는 매 순간 제시되는 주제들을 보면서 이렇게 물어야 한다. "이걸 어떻게 하면 집단과 연관시킬 수 있을까? 이걸 어떻게 하면 지금 여기의 문제로 끌어올 수 있지?" 이것이 바로 얄롬이 말한 파워 세포power cell이고, 오르몽이 말한 즉시성의 원칙immediacy principle이다.

집단 구성원 간 상호작용

얄롬과 오르몽 만큼이나 집단 구성원 간 상호작용의 중요성에 대해 강조한 치료자도 없을 것이다. 이를 위해 각자가 사용하는 전략과 이유는 조금씩 다르지만, 지금 여기를 활성화시키기 위해 반드시 구성원 간 상호작용을 필요로 한다는 사실만큼은 같다. 구성원 서로가 서로에게 적절한 반응을 보여야 한다는 즉시성intimacy 개념은 지금-여기라는 개념과 한데 얽혀 있어 이 둘을 구별한다는 것조차 쉽지 않다.

얄롬은 인간 상호 관계 속에서 이루어지는 투입input, 산출output, 학습learning이야 말로 그의 집단치료법을 이루는 초석과 같다고 반복적으로 강조한다. 그는 모든 집단 구성원들이 정직함과 자발성이 요구되는 이 집단이라는 것에 적극적으로 참여할 것을 주장하였다. 비 판단적 수용nonjudgemental acceptance, 자기개방self disclosuer, 상호 호혜적 취약성reciprocal vulnerability, 자기 이해에 대한 욕구the desire for self-understanding는 그가 집단에서 형성하고자 했던 '치료 규범'의 핵심 요소들이다. 설리반의 대상관계 이론의 영향을 많이 받았던 얄롬은 설리반의 주요 개념들인 병렬적 왜곡parataxic distortion과 동감적 확인consensual validation을 끌어 들여 그의 집단정신치료 모델을 구성하였다.

얄롬의 영향을 많이 받아 대인관계이론 관점을 취하는 레쯔(Leszcz, 1992)는 "치료자가 각 집단 구성원들의 내부 세계로 들어갈 수 있도록 도와주는 창문과 같은 역할을 하는 것이 바로 대인관계interpersonal relationship이기 때문에, 이에 대해 살펴보는 것은 매우 중요하다"라고 하였다(p. 43). 현대 정신분석에 그 이론

역주 2) 세인das man(世人) : 잡담과 호기심에 사로잡혀서, 자기의 삶이 죽음으로서 끝나는 것을 직시하지 못하고, 그저 되는 대로 살아가는 사람

적 기반을 두고 있는 오르몽 또한 비슷한 주장을 한 바있다. 대상관계 이론에서 다루고 있는 투사된 자기 introjected self, 대상 표상object representation 등은 환자들의 내면세계를 외부 세계로 투사시켜 그 사람이 가지고 있는 성향을 확인할 수 있도록 돕는다(Ogden, 1982). 투사적 동일시projective identificaion[3]를 통하여 내적으로 용납될 수 없는 자신의 부분을 상대에게 투사시키며, 상대가 투사된 부분을 동일시하도록 유도하고 조종했던 것을 역설적으로 이용하는 것이다.

이러한 집단치료 접근법은 집단리더에게 과도한 부담을 초래할 수 있으며, 이 모두를 다 실현하는 것 또한 불가능하다. 그렇기 때문에 오르몽은 집단리더가 다른 그 무엇보다도 다음 두 가지만은 놓치지 말고 특히 신경 쓸 것을 주문한다.

1. 구성원들은 서로에 대해 느끼는 새로운 감정들을 어떻게 표현하고 있는가.
2. 구성원들은 다른 사람들과의 감정적 관계를 어떻게 발전시켜나가고 있는가.

집단리더가 이 과업을 최대한 잘 성취할 수 있도록 돕기 위해, 오르몽은 집단리더가 활용할 수 있는 치료 전략들을 소개하였다. 이 개념은 '연결 짓기bridging'라고 불린다. 오르몽은 이 연결 짓기 작업을 "집단 구성원들이 의미 있는 대화를 나눌 수 있도록 그리고 과거에는 전혀 경험해 보지 못한 감정적 유대를 발전시킬 수 있도록 촉진하는 모든 기술"이라고 서술한다(1992, p.15). 잘만 이용한다면, 연결 짓기 작업을 통해 집단을 더 생기 있게 할 수도 있으며, 집단 구성원 간 무관심은 줄이고 감정적 친밀감은 향상시킬 수도 있다. 이를 위해서는 집단리더의 역할이 중요하다. 지금-여기에서 발생하는 구성원 간 상호 교류에 항상 관심을 집중하고, 교류가 이루어지고 있지 않을 때에는 이를 활성화시키고자 노력해야 한다.

구성원 간 활발한 상호교류를 촉진시키기위해 집단리더는 활동적일 필요가 있다. 그러나 집단리더가 얼마나 활동적인가는 사실 집단 구성원들이 얼마나 서로 잘 관계 맺고 있는가, 서로에게 얼마나 솔직하게 감정적으로 개방하고 있는가와 직접적인 관련이 있다. 만약 집단 구성원들 간 상호작용이 활발하게 이루어진다면, 리더는 더 이상 집단에 개입할 필요가 없으며 최소한의 역할만 수행하면 된다. 리더의 기술과 예술은 바로 이때 발휘된다. 언제 활발히 참여해야 하고 언제 입을 닫아야 할지를 알아야 한다. 집단리더는 또한 각 구성원들의 감정을 읽을 줄 알아 이를 잘 활용할 수 있어야 한다. 일종의 가이거 계수기Geiger counter[4] 처럼 감정 측정기와 같은 역할을 수행해야 한다. 집단 구성원들이 제대로 감정 교류를 하지 못하고 있다면 이를 빨리 알아 차려서 그들의 진정한 상호 교류를 방해하는 원인이 무엇인지를 밝혀낼 수 있어야 한다.

이때 집단리더의 분명한 역할은 구성원들이 서로 자신의 생각과 감정을 나눌 수 있도록 하는 것이다. 자발성과 즉시성이 강조될 때 집단 구성원들은 좀 더 심오한 경험을 하게 된다. 충분히 서로의 감정을 나눔

주 3) 투사적 동일시(projective identification) : 내적으로 용납될 수 없는 자신의 부분을 상대에게 투사시키며 상대가 투사된 부분을 동일시하도록 유도하고 조종하는 방어기전이다. 보통 다음과 같은 단계를 거친다.
① 자기 속에 있는 위험한 충동과 공격적인 충동을 상대방에게 투사한다.
② 그 상대방에 대해 투사시킨 내용을 공감시킨다.
③ 투사시킨 내용대로 계속 조정하려 든다.

역주 4) Geiger counter : 가이거 계수관. 방사능 수치를 측정하기 위한 도구.

으로써만 느낄 수 있는 진정한 만남을 경험하게 된다. 오르몽은 집단리더가 감정을 어떻게 활용하느냐가 구성원들간 진정한 상호교류를 가능하게 하는 유일한 통로라고 믿는다. 한 사람의 진정한 성격 변화를 가져오기 위해서는 감정을 통한 대화가 반드시 필요하다. 자유로운 감정 표현과 교류에 바로 집단의 힘이 있다. 고전적 방법으로 훈련 받은 치료자들이 종종 그러하듯이 해석interpretation과 지적인 이해intellectual understanding만을 강조하는 것을 오르몽은 반대한다. 메이가 말한 바 있듯이 "환자가 필요로 하는 것은 설명이 아닌 경험"(May, 1983, p.158)이기 때문이다.

다음의 예가 이 점을 더 명확히 해 줄 수 있다.

매주 1회 일년 이상을 진행해오고 있는 외래환자 대상 집단정신치료 모임 초반에, 베티Betty가 이야기를 꺼냈다. 건강상태가 나빠져서 수술을 받아야 할 것 같다는 것과 그녀의 상사가 그녀를 해고한 이유가 바로 다름 아닌 그녀의 건강 악화로 인한 업무 소홀에 있었다는 것이다. 이 이야기를 들은 나머지 집단 구성원들이 그 상사의 무정함에 대해 놀라움과 충격을 표하자, 이에 힘입은 베티는 그녀가 당한 배신에 대한 분노를 발하며 이렇게 말했다. "난 내 동료들이 나에게 애정을 가지고 있다고 생각했었어요." 베티가 그녀를 돌보지 않은 사람들에 대한 절망감을 충분히 배설할 수 있을 만큼 시간을 준 후 집단리더는 지금 이 집단에 참석하고 있는 사람들은 그녀에게 애정을 가지고 있다고 생각하는지를 물었다. 베티는 재빨리 그렇다고 대답했다. 그러고는 톰Tom이 염려가 된다고 덧붙였다. 톰은 집단 내에서 가장 감정표현을 하지 않고 다른 사람들을 지지해 주지 않는 구성원들 중 하나였기 때문이다. 베티의 말에 한발 주춤 물러선 톰이 말했다. 모든 사람들이 그녀에게 안타까움을 표현하였으니 자기가 무슨 말을 한다 해도 반복에 불과할 것이며 별 도움이 되지 못할 것이라는 것이었다. 톰의 냉담함을 이미 경험한바 있는 많은 구성원들이 그의 교만과 무관심함을 비난했다. 구성원들이 톰에 대한 공격 수위를 높여가는 것을 한 동안 지켜본 후에 집단리더가 마침내 개입하기 시작했다. 톰이 집단의 모든 부정적 감정을 담아내는 희생양이 되어가고 있었기 때문이다. '다른 사람에 대한 애정'이라는 주제의 연속선상임을 강조하면서 리더가 구성원들에게 물었다. "톰에게도 자신을 표현하지 않을 권리 혹은 다른 사람들과는 다른 그리고 때로는 다른 사람들이 좋아하지 않는 감정을 표현할 권리가 있지 않나요?"

지금까지 침묵을 유지하던 베티가 톰을 지지하며 그에게도 감정을 솔직히 표현할 수 있는 자유가 있으며, 이는 그가 표현하고 있는 감정이 비록 다른 사람들과 다르고 다른 사람들이 좋아하지 않는 것이라도 마찬가지라고 말했다. 혹시 톰에게서 자신의 모습을 발견하고 있는 구성원들이 있지는 않은지를 집단리더가 묻자, 두 명이 자신들 또한 다른 사람에게 애정을 표현함에 있어 어려움이 있다고 대답했다. 자신의 문제만으로도 이미 충분히 갈등하고 스트레스를 받고 있다는 것이다. 베티에 대한 애정으로 인해 모든 구성원들로부터 비난을 받아야만 했던 톰이 마침내 목소리를 높여 집단 구성원들을 향해 "사실, 저 또한 베티에 대해 많이 염려가 됩니다." 라고 말했다. 그는 또 그의 아내와 친한 친구들 또한 항상 이와 같은 이유(항상 거리를 두고 반응이 없음)로 자신을 비난하곤 한다며 말을 이어 나갔다. 다른 사람에게 관심과 애정을 표현 하기가 어려운 일이라고도 했다. 그가 관심과 애정을 표한다 하더라도 그 결과는 달라지지 않을 것이기 때문이다. 그러자 앤디Andy가 톰에게 대항하며 말했다. "당신이 무슨 이야기를 하고자 하는 건지는 알겠어요. 그런데 당신은 다른 사람들이 당신에 대해 하는 말에 전혀 신경 쓰지 않는 군요." 그러자 톰이 무언가를 깨달은 듯한 표정을 지으며 이야기를 시작했다. 방금 앤디와의 대화가 과거 어린 시절 자신과 어

머니가 나누곤 했던 대화를 떠올리게 했다는 것이다. "아빠는 내가 하는 말에 전혀 신경을 쓰는 것 같지 않아" 라고 말하면, 그의 어머니는 아버지 편을 들며, 톰에게 말하곤 했다. "아빠가 표현을 안 해서 그렇지 항상 너를 사랑해" 라고. 그러자 앤디가 말했다. "이제 알겠죠? 당신이 지금까지 무슨 짓을 하고 있던 건지? 당신 아버지랑 똑같은 사람이 되고 있는 거죠. 당신이 그렇게 두려워하고 무서워했던 일이 현실화되고 있는 거라구요."

"저는 이렇게 생각하는데요." "저는 이점이 궁금하네요." 라는 말을 통해 집단 구성원들의 생각을 감정으로부터 분리시키는 경우, 생각을 분석한 후 말하도록 할 수는 있지만 온전한 감정 이입은 불가능해져 버리고 만다. 오르몽은 "감정 교환이 자유롭게 이루어지는 진정한 치료 공동체"를 희망했다. 이는 학습, 교육, 지적 통찰 등을 최우선으로 여기는 집단치료 유형과는 상당히 다른 것이다. 오르몽은 많은 사람들이 치료자의 해석에 반응하는 것이 아니라, 집단 내에서 이루어지는 감정과 행동에 의해 영향 받는 다고 믿었다. 이는 직접 경험을 통해서만 이루어질 수 있으며, 이러한 경험은 집단 구성원들끼리 순간순간 상호작용하는 가운데 채득될 수 있다. 오르몽은 다음과 같이 적고 있다. "우리는 항상 집단 구성원들이 서로 상호작용하기를 바란다. 이것이 바로 살아 움직이는 집단이기 때문이다. 그런데 때로 이러한 상호작용이 이루어지지 않을 때가 있다. 이 집단은 완전히 실패한 집단이다" (1992, p. 17).

응집력 대 치료 공동체

얄롬은 집단치료에서 집단 응집력이 얼마나 중요한지에 대해 자주 강조한다. 이는 그가 제시한 12가지 치료 요인 중 하나이기도 하다. 집단 응집력은 이 자체가 치료에 결정적 영향을 미치기도 하지만, 만약 이것이 존재하지 않는다면 나머지 11가지 치료 요인들 또한 적절한 효력을 발휘하지 못하기 때문에라도 집단 내에서 우선적으로 형성되어야 한다. 종종 개인치료에서의 치료적 동맹working alliance과 집단치료에서의 집단 응집력group cohesion을 같은 선상에 놓고 비교하곤 한다(Flores, 1988b, Leszcz, 1992). 적절한 집단 응집력이 유지되지 못한다면, 치료에 막대한 지장을 초래하게 될 것이다. 그러나 셰이드링거(Scheidlinger, 1983)가 주장하고 있는 바와 같이, 응집력cohesion을 집착adhesion과 혼돈해서는 안 된다. 치료 공동체therapeutic community를 형성하는 것은 중요하지만 그렇다고 해서 오직 서로에 대한 긍정적 감정만 표현되고 감정적 합의emotional consensus만을 요청하는 지지 집단을 형성해야 한다는 것은 아니다. 집단 구성원들로 하여금 자유로운 감정 표현을 방해한다면, 이는 한 방향만을 강조하는 비현실적인 집단이 되고 말 것이다. 공격성, 질투, 두려움과 같은 부정적 감정들 또한 자유롭게 표현되어야 한다.

오르몽의 치료적 공동체와 얄롬의 응집력은 상당히 유사한 개념들이기는 하나 오르몽의 개념이 응집력에 대해 좀 더 광범위하고 통합된 설명을 제공한다. 바로 이 부분이 그가 집단치료에 크게 공헌한 것들 중 하나이다. 왜냐하면 얄롬이 제시한 다음의 세 가지 필 수 요소 외에 한 가지 초석을 더 제시하고 있기 때문이다.

1. 지금-여기
2. 집단 구성원 간 상호작용
3. 응집력 혹은 치료적 공동체 형성

오르몽은 집단 구성원들이 상호간에 감정적으로 유대하고 대화할 수 있도록 집단리더가 얼마나 적절하게 지휘하느냐에 따라 치료 효과 자체가 달라질 수 있다고 생각했다. 적절한 분위기만 형성될 수 있다면, "한 사람의 해석과 통찰력으로 인해 변화될 수 있는 것보다, 여러 사람들과의 관계 속에서 발견하는 자기를 통해 변화될 수 있는 여지가 더 크다" 는 것이다(1992). 공동체 내에서 함께 통합적으로 작업하는 가운데 집단 구성원들은 더 많은 것들을 배우게 될 것이다. 모든 구성원들이 온전하게 감정적으로 활발히 참여할 수 있는 치료적 공동체가 제대로 형성·운영될 수만 있다면, 집단 구성원들은 한 개인치료자로부터 얻을 수 있는 것보다 훨씬 더 많은 것들을 서로 서로에게서 배울 수 있을 것이다. 모든 구성원들이 집단치료에 잘 참여할 수만 있다면 수용, 정직, 책임은 당연한 결과로 나타나게 될 것이다.

감정적 대화에 대한 즉시성의 강조야 말로 현대 정신분석을 고전 정신분석과 구별시키는 중요한 요소이다. 오르몽 접근법의 목표는 모든 구성원들이 자신이 맡은 역할을 수행 할 수 있도록 활성화시킴에 있다. 자신의 문제가 무엇인지 말하도록 하는 것 보다 집단 구성원들 간에 느끼는 감정과 반응에 대해 말하도록 하는 것이 훨씬 치료에 효과적이라고 오르몽은 말한다.

오르몽은 다음과 같이 쓰고 있다.

> 성공적인 집단은 하나가 되어 움직인다. 모든 구성원들이 집단에 잘 참여할 수 있도록 노력하다보면 치료자는 멀지 않아 구성원들 스스로가 집단 응집력에 도움을 주고 있다는 사실을 발견하게 될 것이다. 집단 구성원들 스스로 누가 집단 응집력을 방해하고 있는지 혹은 기여하고 있는지 잘 알기 때문이다. 모든 구성원들은 성공적인 집단을 만들기 위해 자신의 역할을 충실히 수행할 것이다.(1992, p. 14)

치료적 규범 형성

집단 구성원들이 하나의 공동체로 서로 상호작용할 수 있도록 할 수 있다면, 그리고 이 상호작용이 지금-여기라는 즉시성에 근거하여 충분한 감정 교류가 일어날 수 있는 정도라면, 구성원들은 집단이 줄 수 있는 혜택을 최대한 이용하여 자신에 대해 인식할 수 있을 것이다. 집단리더의 주요 과업 중 하나는 좋은 심난이란 어떠한 것인지를 집단과 그 구성원들에게 가르치는 것이라고 얄롬은 말한다. 여기에서 가르친다는 것은 무엇을 해야 할지 지시하는 것이 아니다. 각 구성원들이 집단 내에서 진실된 감정을 경험할 수 있도록 조정하는 것을 의미한다. 즉, 집단 구성원들이 서로와의 만남을 통해 진정한 만남과 추상적인 만남의 차이가 무엇인지를 배울 수 있도록 돕는 것이다. 이러한 수준으로 집단을 끌어 올릴 수만 있다면 이때부터 집단은 스스로를 모니터링할 힘을 갖게 된다. 스스로를 모니터링할 수 있는 집단은 자율적임과 동시에 자신들에 대해 책임을 질 줄 안다. 이러한 집단을 형성하기 위한 가장 좋은 방법 중 하나는 집단리더가 구성원들에게 좋은 동일시identification의 예가 되어 주고 좋은 역할 모델이 되어 주는 것이다. 얄롬이 제시한 집단리더의 역할 중 "본보기가 되는 참여자 되기model-setting participant"는 일반적인 집단리더의 역할과는 상당히 다른 독특한 역할이다. 이와 비슷한 맥락에서 현대 정신분석에서는 치료자를 "참여적 관찰자participant observer"라고 표현하고 있으며 이 개념은 오르몽에게도 영향을 미쳤다. 집단리더는 구성원들을 위해 자기 자신을 '실제 대상real object' 처럼 보여줄 필요가 있다. 때때로 집단리더는 집단으로부터 분리된 진짜 관찰자가 되어 집단 과정에 대해 언급해 주는 역할만 하는 것도 필요하다.

얄롬이 이야기한 '본보기가 되는 참여자'로서의 집단리더는 집단리더의 중립성neutrality과 투명성transparency이라는 측면에서 볼 때 매우 중요한 문제를 야기할 수도 있다. 그러나 디에즈(Dies, 1977)와 레쯔(Leszcz, 1992)가 주장하고 있는 바와 같이 투명성이라는 것은 단순히 집단리더가 모든 그의 감정과 반응을 항상 다 투명하게 보여야 한다는 사실을 의미하지 않는다. 노옴 네이버그(Norm Neibergh, 1993)는 두 가지 차원의 투명성이 있음을 강조한다. 치료자의 개인사를 드러내는 것, 그리고 자기 자신을 치료에 이용하는 것이 바로 그것이다. 전자가 필요한 경우는 거의 없지만, 때에 따라 특정한 상황에서 후자를 필요로 하는 때가 있다. 투명성은 현명하게 활용되어야 한다. 치료자 자신의 지위를 강화하고자 하는 목적으로 사용되어져서는 절대 안 되며, 오직 집단 구성원들에게 도움이 된다고 판단될 경우에만 사용해야 한다. 치료자는 자신이 경험하는 감정과 반응이 치료 목적을 위해 스스로가 야기한 것인지, 아니면 집단 구성원들에 의해 야기된 것인지를 구별할 수 있는 기술이 있어야 한다. 레쯔는 치료적 목적으로 투명성을 활용하는 것에 대해 다음과 같이 적고 있다. "집단 구성원들이 더 이상 치료의 가장 자리에 머무르지 않고 진짜 적극적으로 참석할 수 있도록 하기 위해 자신의 구미에 맞지 않는 이야기를 마치 구미에 맞는 이야기인 것처럼 말할 수 있는 방법을 찾는 것이 바로 치료자의 역할이다"(1992, p. 54).

오르몽은 부정적인 집단 경험을 해석decode, 확인identify, 평가evaluate하기 위해 자신의 감정을 활용할 수 있는 능력을 갖는 것이 집단리더에게 있어 얼마나 중요한지에 대해 강조하였다. 또한 덧붙이기를 "자신의 감정에 대해 전혀 관심을 두지 않거나 혹은 너무 밀착한 나머지 자신의 감정이 행동을 지배하도록 방치하는 치료자야 말로 최악의 치료자다."(1992, p. 52)라고 말한다. 치료자라면 환자들에 의해 유발된 객관적 역전이와 주관적 역전이의 차이에 대해서도 알아야 할 것이지만, 치료자로서 우리가 가지고 있는 가장 귀중한 도구는 바로 민감성sensitivity과 인간성humanity임을 잊지 말아야 한다고 오르몽은 강조한다.

만약 치료자들이 자신을 자신의 감정으로부터 분리시킨 상태로 계속 유지한다면, 이는 치료자에게서 가장 귀중한 치료 도구를 강탈하는 것일 뿐 아니라 자신의 감정을 속이는 것이기도 하다. 만약 집단리더가 자신의 감정은 분리 시킨채 오직 지적인 자각에만 의존하여 환자들을 해석한다면 집단 구성원들 또한 집단리더를 역할 모델 삼아 그렇게 할 것이다. 때때로 치료자들은 자신을 사물을 이용하듯 이용할 필요가 있다. 자신을 잘 활용하여 지금-여기에 근거한 활발한 상호작용이 가능할 수 있도록 해야 한다. 치료자란 환자들에 의해 촉발된 감정이 아닌 치료자라는 역할에 따라 움직인다는 사실을 치료자와 환자 모두 어느 정도는 무의식적 수준에서 알고 있다. 랭(Laing, 1972)은 이러한 치료자의 딜레마를 "치료자 현존의 부재the absence of the therapist's presence"라고 하였으며, 이 보다 더 최악의 상황은 "치료자 부재의 현존the presence of the therapist's absence"이라고 표현하였다.

성공한 집단정신치료란 구성원들이 집단 내에서 새로운 행동을 시도해 보는 것을 두려워하지 않고 과감하게 실천하는 것이다. 이를 위해 치료자는 응집력, 정직, 즉시성, 감정 표현, 집단 구성원 간 상호작용 등을 촉진시킬 수 있어야 한다. 구성원들은 리더의 진실한 모습, 충분한 감정 표현을 지켜보면서 이러한 것들을 배우게 될 것이다.

전체로서의 집단

유능한 대인관계 지향 치료자라면 누구나 집단의 역동이 그 집단에 속해 있는 개인의 감정과 행동에 막대한 영향을 미친다는 사실을 알고 있다. 집단의 분위기에 영향을 받지 않는다는 건 거의 불가능한 일이다. 집단의 발달 단계에 따라 집단의 진행 속도, 구성원들의 행동, 지향, 방이기제, 전이 왜곡 등도 달라질 수 있다. 이 중 어떠한 것도 부정되거나 회피해서는 안된다. 얄롬과 오르몽이 이와 관련해 많은 글을 남긴 것은 아니지만 그렇다고 해서 그 중요성마저 간과했던 것은 아니다. 단지 진실한 관계 형성의 중요성에 대해 더 많이 강조했을 뿐이다. 다른 학자들이 '전체로서의 집단' 에 대해 이야기하는 것과 달리, 얄롬과 오르몽은 '전체로서의 집단'이 저항을 보이거나 집단 구성원 간 상호작용을 방해하지 않는 한 이에 대해 특별히 관심을 기울이지 않았다.

유능한 치료자라면 누구나 알고 있듯, 집단이 비온Bion의 기본 가정[5](1961)에 휩쓸려 옴짝달싹 못하게 되는 때 '전체로서의 집단'에 대한 개입이 도움이 될 수 있다. 브라운(D. G. Brown, 1985)이 주장하는 바와 같이 비온의 기본 가정은 집단리더로부터 출발한다. 진솔한 인간적 감정을 방해 혹은 저해하는 소극적 집단리더에게서 그 원인을 찾는 것이다. 역기능적 가족과 유사한 병리적 환경은 의존성, 편가르기, 저항 등을 야기할 가능성이 높다. 진정한 친밀한 접촉을 용납하지 못하는 서너 명이 모여 편을 나누는 경우 이 집단은 비온의 기본 가정 반응을 보일 것이다. 관계의 어려움은 보통 거부되고 부정된 표현에 그 원인이 있기 때문에, 이러한 경우 이 집단은 더욱 낙후된 감정 기능 상태로 퇴보될 것이다.

비온의 기본 가정이 집단 내에서 그 모습을 보이려고 하는 순간 집단리더는 즉각적으로 적극 개입해야 한다고 오르몽과 얄롬은 주장한다. "소극적인 태도로 집단 구성원들이 어떻게 하는지 지켜보기 보다는, 고전 정신분석학자들이 개인치료에서 흔히 그러하듯, 저항이 발생하기를 기다리는 것이 아니라 저항을 집단으로 끄집어내어 모든 구성원들이 이 문제에 대해 생각해 볼 수 있도록 하는 것이다"(1990, p. 7)라고 오르몽은 적고 있다.

'전체로서의 집단'에 대한 개입은 절대 평가절하 되어서는 안 된다. 집단 구성원들이 결탁해 제시된 주제에 대한 감정적 경험을 거부하는 경우에는 특히 더 그러하다. 집단 구성원들이 자신들 간 상호 작용에 더 초점을 맞출 수 있도록 하기 위해 '전체로서의 집단' 개입 법을 적절히 활용할 수 있어야 한다. 예를 들어,

수년간 지속적으로 진행 돼오고 있던 치료집단 모임 초반에, 이제 모임에 참석하기 시작한지 얼마 되지 않은 토니Tony가 지금까지 집단에 참여 하면서 그가 집단과 다른 구성원들에 대해 느낀 복합적인 감정에 대해 이야기하기 시작했다. 일부는 그에게 친밀하게 다가왔지만, 어떤 사람들은 그에게 적대감과 두려움을 자아내기도 한다는 것이었

역주 5) Bion의 기본 가정 : 집단은 작업 과제에 방어하는 방식으로 때때로 싸우기와 도망가기, 짝짓기와 의존성을 보인다

다. 그는 구성원들에 대한 감정을 매우 용기 있고 솔직하게 이야기하면서, 지금까지 살아오면서 친밀한 관계를 맺고 유지한다는 것이 그에게 얼마나 어려운 일이었는지에 대해 고백했다. 집단 구성원들 중 몇 명이 그의 생각에 동의하며, 그들 또한 집단 내에서 복합적인 감정을 느끼곤 한다고 털어 놓았다. 그런데 집단 내에서 경험하는 이 복합적인 감정이 집단 외부에서 경험하는 그들의 개인적 인간관계 갈등과 유사한 측면이 있다는 것이었다. 사람들이 서로 자신의 경험을 나누고 있는 이 중요한 순간에, 가장 난폭하고 공격적인 성향을 지닌 구성원들 중 한명인 딕Dick이 그의 전 여자 친구와 관계 속에서 경험한 유사한 어려움에 대해 이야기하면서 약 5분 동안을 그가 경험하는 전반적인 관계의 어려움에 대해 혼자 떠들어댔다. 집단리더는 자신의 감정을 바로미터로 사용하여 딕이 혼잣말을 계속하면 할수록 무언가로부터 분리되고 기가 죽는 듯한 느낌이라는 것을 알아차렸다. 집단 구성원들 또한 서로의 감정을 나누기 보다는 흐트러진 자세로 그냥 편하게 담소를 나누는 듯한 분위기로 흘러가고 있음을 감지했다. 딕이 잠시 말을 멈춘 순간을 기회로 포착해 리더는 집단으로부터 특히 더 분리된 듯 보였던 세 명의 구성원을 주목하며 말했다. "여기 세 분은, 다른 분들도 마찬가지지만, 지금 딕이 이 집단에서 방금 한 일에 대해 감사하는 마음을 가지셨으면 좋겠습니다." 리더는 방금 자신이 한 말이 도대체 무슨 말을 하려하는 것인지 잠시 생각해 볼 수 있도록 시간을 준 후에 말을 이어 나갔다. "방금 그는 우리가 나누고 있던 감정적 교류의 불확실성으로부터 도망칠 수 있는 기회를 주었습니다. 그래서 집단에서 바로 지금 일어나고 있는 이 즉각적인 관계로부터 밖으로, 즉 여러분에게 익숙하고 안전한 곳으로 도망갈 수 있는 기회를 준 것이었습니다." 집단리더가 말을 마치자 구성원들은 집단 내에서 서로에게 느끼는 불안감에 대해 다시 한 번 이야기를 나누기 시작했다.

결론

이 장에서 다루지는 못했지만, 얄롬과 오르몽에게는 중요한 상이점들 또한 존재한다. 그러나 이장의 목표는 이 둘의 유사점을 발견하고 또 그것을 강조함으로써, 서로 다른 이 두 이론에 존재하고 있는 접점을 확인하는 것이었다. 왜냐하면 이러한 작업을 통해 더 완벽하고 설득력 있는 상호작용 집단정신치료의 이론적 근거를 제시할 수 있다고 판단했기 때문이다. 얄롬은 집단구성원 간 상호작용 촉진을 강조하는 체계적 집단치료 접근법을 구축했다는 점에서 그 공로를 인정받고 있다. 오르몽은 자기 스스로를 설리반의 영향을 받은 대인관계 치료자라고 밝힌 적이 없을 뿐만 아니라 현대 정신분석적 이론에 그 기반을 두고 있는 이론가이기는 하지만, 집단구성원 간 상호작용 중심 집단치료에 매우 혁신적이며 창조적인 시각들을 제공하였다. 서로 다른 이론에 기반을 두고 있는 두 치료자가 같은 주제를 두고 비슷한 관점을 형성할 수 있도록 공헌했다는 것은 매우 흥미로운 사실이다. 오르몽의 즉시성 원리immediacy principle, 연결 짓기bridging, 치료 공동체therapeutic community 형성 등의 개념은 얄롬의 지금-여기, 상호작용, 응집력 등과 상당 부분 상호보완적이다. 이 둘 모두 지적인 경험이 아닌 감정적 경험을 강조하는 집단 분위기를 형성함에 있어 집단리더의 역할이 얼마나 중요한지에 대해 이야기하고 있다. 집단 구성원들이 진정한 감정을 경험할 수 있도록 하는 것이 얼마나 중요한지에 대해 이 둘 모두 열변을 토하였다.

Yalom에 대한 비평

얄롬의 상호작용 모델 집단정신치료에 대해 소개하고 있는 이 장을 마무리하기에 앞서, 이 모델과는 다르지만 매우 훌륭한 접근법들이 많음을 짚고 넘어가고자 한다. 오르몽의 현대 정신분석학적 접근법이 바로 그 중에 하나이다. 오르몽은 얄롬 모델의 부족한 부분을 보충하면서도 그의 기본 가정과 전제들을 잘 유지하고 있다. 이 책 후반에는 또 다른 대안적 관점들 또한 소개할 것이다. 이 관점들은 알코올을 비롯한 중독 문제를 성공적으로 치료함에 있어 치료 후반기에 필요한 중요한 시각들을 제시하고 있다. 특히나 대상관계 이론과 자기 심리학은 중독 환자들에게서 흔히 관찰되곤 하는 성격적 특성을 다룸에 있어 매우 유용한 정보들을 제공한다.

얄롬에 관한 이 장을 마무리하면서, 그의 기초 모델에 대한 탐색과 이해가 얼마나 중요한지에 다시 한 번 강조 싶다. 집단치료 초보자에게는 특히 더 그러하다. 얄롬 뿐만 아니라, 폴스터, 굴딩, 오르몽, 프리츠 펄스, 알론소, 루탄, 아가자리안과 같은 거장들 또한 마찬가지이다. 그러나 그들 또한 거장이 되기 전에는 기초부터 배워야만 했던 학생이었다는 사실을 기억하라.

이는 모든 유형의 창조적인 예술에 다 적용되는 이야기이다. 그림의 기본 규칙을 깨고 추상적으로 그림을 그린 입체파 예술가 피카소Picasso 또한 그의 시작은 사실주의였다. 스페인에 있는 피카소 박물관에서 그의 초기 작품들을 보면 이를 확인할 수 있을 것이다. 그의 초기 작품들은 세부묘사, 구성, 대비, 표현 등을 강조한 정교함이 살아있는 전통 미술이었다. 그의 작품들은 혁신성과 창조성이 무엇인지를 여실히 보여준다. 규칙을 파괴하고자 한다면 먼저 그 규칙에 대해 알아야만 한다. 이는 집단리더에게도 똑같이 적용될 수 있다. 집단치료에 대한 한 가지 모델 및 접근법에 그 근거를 두고 있어야만 하는 이유가 바로 여기에 있다. 한 가지 모델을 잘 정립해 두었다면, 그 다음부터 집단리더는 자유롭게 새로운 규칙을 창조할 수 있다. 얄롬의 모델은 집단리더에게 많은 자유를 허락한다. 얄롬의 모델은 그 어떤 치료모델들 보다 알코올 및 중독으로부터 회복하는데 필요한 치료 초기 집단 유형에 대해 온전한 실천 원리들을 설명한다.

9

얄롬의 상호작용 모델의 수정

알코올중독자들을 비롯한 중독자들이 1970년대 대거 치료 세팅setting에 유입됨에 따라 이들에 대한 많은 연구들이 수행되었다. 그 결과 비중독자들에게는 효과적이었던 치료 전략들이 중독자들에게는 그다지 효과적이지 않다는 사실을 알게 되었는데 이 중에서도 가장 적합하지 않은 치료 전략은 바로 약물치료였다. 그 당시 정신과적 문제가 있는 환자들을 치료함에 있어 가장 주요하게 사용되던 방법은 약물치료였다. 현대 정신의학이 발달함에 따라 정신 질환을 생화학적 질병으로 인식하게 되었고 이는 많은 치료약물의 개발로 연결되었다. 그러나 중독 치료의 방향은 달랐다. 약물치료는 해결책이 되지 못했을 뿐 아니라, 그 자체가 문제이기까지 했다. 현재 약리학의 발달 수준으로는 중독 문제를 해결할 수 있을 만한 약물이 개발되지 않았기 때문에 중독자들은 그들의 질병을 해결하기 위해 다른 곳에서 도움을 요청해야만 했다. 그들은 이에 대한 대답을 자조그룹에서 찾았으며 1940년에 불기 시작한 익명의 알코올중독자들Alcoholic Anonymous 모임이 그 결과물이었다. 정신과 의사 공동체와 약사 공동체에서는 AA이외에 가능한 답을 찾고자 여전히 노력중이다.

중독자 치료를 위해 기존의 전형적 의료 모델은 폐기되거나 아니면 적어도 알코올중독자들을 비롯한 중독자들에게 적용 가능한 방법으로 재평가되어야 한다. 약물치료 뿐 아니라 개인치료 또한 중독자 치료에 효과적이지 못한 것은 매한가지였다. 당시 개인치료법으로 기대할 수 있는 효과란 최상의 경우 치료에 적절하지 않은 정도, 최악의 경우 치료에 해가 되는 정도였다. 여러 가지 이유들로 인해, 중독자들을 위한 치료에 집단치료가 힘을 더해야할 필요가 있었다. 중독을 인지 가능한 질병으로 보기 시작했다는 점, 그리고 집단치료가 하나의 독립적인 치료 방법으로 정당화되기 시작했다는 점이 주된 이유였다. 즉, 중독자들을 위한 대안적 치료법들이 요청되고 있었고, 마침 집단정신치료가 정신 질환자들을 치료하기 위한 방법 중 하나로 떠오르고 있었다. 그러나 집단정신치료가 중독자들을 위한 치료 대안으로서 점점 그 위상을 높여가고는 있었다고 하더라도, 그 기원이 원래는 비중독자들을 위한 외래환자 치료프로그램이었다는 점에서 한계가 있었다. 비중독 외래환자를 대상으로 개발된 집단치료를 물질 중독으로 고통 받고 있는 환자들에게 그대로 적용할 수는 없었던 것이다. 그래서 결국, 중독 환자 치료에 현실적으로 적합한 방식으로 집단치료 원리를 점차적으로 수정하게 되었다.

집단치료를 중독 질환을 치료하기 위한 효과적인 도구로 사용하기 위해서는, 집단치료를 포괄적 중독 이론과 중독치료를 위한 실천적 개념에 가능한 분명하게 연결시킬 필요가 있었다. 바로 이 시점에 중독 환자들을 대상으로 한 연구 결과들이 보고되기 시작하였으며 정기적으로 중독 환자들을 치료했던 임상가들의 경험적 권고들이 터져 나오기 시작했다. 그리고 결국에는 이를 바탕으로 중독 환자들을 치료하기 위한 방향이 조금씩 잡혀가기 시작했다. 1970년대 초반에는 심지어 중독치료에 대한 효과 연구가 모든 연구의 초점이 되다시피 되었다. 384개의 알코올중독자 치료효과 관련 연구를 고찰 해본 에메릭(Emerick, 1974)의 리뷰 논문에 따르면, 아무런 치료를 받지 않는 것 보다 그래도 몇몇 치료 방법은 효과가 있는 것으로 나타났다. 그러나 전문적 치료자의 역할이 치료 효과의 장기적 결과에 달리 영향을 미치지는 않는 것으로 나타났다. 그의 연구 결과는 스틴손Stinson, 스미스Smith, 아니드자야Arnidjaya, & 카프란(Kaplan, 1979)의 연구에서도 지지되었다. AA와 같은 동료 집단 중심의 돌봄 혹은 단약 및 단주에 근거한 12단계 치료 접근법 등이 전문가에 의한 치료 보다 환자의 회복에 있어 더 도움이 되는 것으로 보고되었다. 이 연구결과는 스트룹Strupp과 하드레이(Hadley, 1979)의 그것과도 일치한다. 치료 결과의 성공여부를 결정하는 것은 기술과 같은 특수 요소specific factors가 아닌 치료자의 특성과 같은 비 특수 요소nonspecific factors인 것으로 나타났다.

AA와 같은 동료 집단 중심의 자조적 접근법이 알코올 중독 치료에 매우 효과적인 것으로 밝혀지면서 이에 대한 많은 연구들이 가지를 치듯이 뻗쳐나가기 시작했다(Emerick et al., 1977). 알코올 중독 치료에 있어 AA와 같은 자조 모임이 전문가에 의한 치료보다 훨씬 더 간단할 뿐만 아니라 더 성공적이고 비용 효과면에서도 뛰어나다면, 전문가에 의한 치료가 수행해야 할 역할을 무엇인지에 대한 의문들이 제기되기 시작한 것이다(Stinson et al., 1979).

이러한 연구결과들의 함축적 의미를 고려해볼 때, 전문가에 의한 치료와 동료 집단 중심 치료의 공생관계를 모색해 보는 것이 필요함을 알 수 있다. 왈라스(Wallace, 1978b), 브라운Brown과 얄롬(1977), 커밍스(Cummings, 1979)는 이 두 가지 치료법을 함께 사용할 경우 치료에 더욱 효과적임을 증명하였다. 또한, 많은 알코올중독자들의 경우 AA와 같은 동료 중심 치료에 반응하지 않는 것으로 나타나자(Emrick et al., 1977) 중독 치료 전문가들은 성공적 치료를 위해 이 둘이 서로 보완할 수 있는 방법은 없을까를 고민하게 되었다.

비록 효과성 면에서 그 의문이 제기되기는 하였으나 스마트Smart, 슈미트와 모스(Schmidt, & Moss, 1969)는 집단치료가 알코올중독자들을 치료함에 있어 '정설dogma'이 되어야 함을 일찍이 알아차렸다. 그들은 또한 적어도 미국 내에서, 집단치료가 중산층 이상의 사람들에게는 매우 효과적인 치료 방법인 반면, 하층민에게는 좀처럼 효과가 없음을 알게 되었다. 결론적으로, 중독 환자들의 현실과 필요에 맞게 집단치료 원칙을 수정할 필요가 있었다.

개별 상담 경험만 있는 치료자들의 경우 그리고 비중독 환자들만 치료해본 치료자들의 경우에, 집단정신치료에서의 리더 역할에 대해 많은 부담감을 갖곤 한다. 집단정신치료가 더 어려울 뿐만 아니라 많은 특별 기술들을 요구하기 때문이다. 훈련을 전혀 받지 않았거나, 받았더라도 극히 빈약한 훈련을 받은 리더에 의해 이끌어지는 집단은 환자의 회복에 온전히 기여하지 못할 뿐만 아니라 때로는 부정적인 영향까지 미친다. 즉, 약물 의존자들로 구성된 집단을 이끌어 가기 위해서는, 집단치료자에 대한 교육이 반드시 필요했다.

치료 시 고려사항들과 집단치료

지난 몇 년간의 연구 결과와 임상적 경험에 따르면, 중독 환자들에게 적합한 특별한 집단정신치료가 필요하다. 중독 환자들을 대상으로 집단치료 형식을 취해 일하는 치료자들 사이에서는 일반적인 합의가 이루어졌다. 칸치안 등(Khantzian et al., 1990), 바니첼리(Vannicelli, 1988), 브라운(S. Brown,1985), 마타노Matano 와 얄롬(1991) 그리고 이 책의 저자인 플로레스(Flores, 1988b)는 중독 환자들만이 갖고 있는 독특한 문제와 특성을 수정하고 이에 적용하기 위해, 다양한 집단정신치료 전략을 소개하였다. 모두가 동의하는 것은 단약 및 단주가 약물 남용자들의 회복에 있어 가장 중요한 요소 중 하나라는 것이다. 그리고 집단치료에 참여하는 동안 동시에 12단계 프로그램에도 참석할 것을 지지하고 있다. 이들은 보통 얄롬(1975)의 상호작용 집단치료모델에 근거하여 프로그램을 진행하고 있다. 이들 대부분은 또한 얄롬의 이론뿐 아니라 정신역동 집단치료 원칙 또한 채택하고 있다. 화학 물질 의존 환자들의 경우 이들의 불안anxiety, 수치심shame, 분노anger, 죄책감guilt 등을 적절하게 다루어주지 않는다면 다시 화학물질 사용으로 돌아갈 가능성이 크기 때문에 이러한 문제를 조절함에 있어 특별한 기술이 필요하다. 이는 치료 초기에 특히 그러하다. 집단치료에서 최적의 좌절optimal frustration을 경험할 수 있도록 해야 한다는 개념은 환자의 치료에 있어 중요한 사실이다. 이에 관해서는 4장에서 이미 살펴본 바 있다.

중독환자들로만 구성된 치료집단을 진행할 때 집단리더는 이들의 다양한 중독 특성들도 잘 알아야 할 것이지만, 모든 치료에 적용될 수 있는 치료적 전략들에 대해서도 잘 알아야 한다. 이 중 중독 환자들을 치료함에 있어 특히 중요한 치료적 전략들을 정리해보면 다음과 같다.

1. 환자들은 단주와 단약을 위해 동료집단의 지지 뿐 아니라 긍정적 압력 또한 필요로 한다.
2. 환자들이 약물에 대한 강박적 사고와 행동으로 인해 고통 받을 때, 이로 인해 고통 받는 사람이 절대 혼자가 아니며 본인만 겪는 아픔도 아니라는 것을 알 수 있도록 상호 인증해 주어야 한다.
3. 다른 중독자들에게 나타나는 태도와 방어기제들을 살펴봄으로써 자신의 태도와 방어기제들 또한 더 잘 이해할 수 있는 기회를 갖게 될 것이다.
4. 정보 교환 및 경험적 학습을 통해 자신이 중독자라는 사실을 받아들이고 단약 및 단주가 항상 최우선 과제임을 받아들일 수 있도록 돕는다.
5. 명확하게 제한된 구조 속에서 물질 남용자들인 이들이 할 수 있는 것과 할 수 없는 것을 구별할 수 있도록 도와 동일시, 응집력, 희망, 지지 등을 경험할 수 있도록 한다.
6. 자신의 대인 상호작용 양식이 지금까지 어떻게 다른 사람들과의 만족스럽고, 건강하며 친밀한 관계

형성을 방해해 왔는지 깨달을 수 있도록 돕는다.

마지막 전략은 특히나 중요한데 왜냐하면 물질 남용자들치고 그들의 지속적인 인간관계에 어려움을 유발하는 성격장애자가 아닌 경우가 없기 때문이다. 건강한 관계를 형성할 수 있는 능력의 부재는 화학물질 사용 재발로 이끄는 주요 요인 중 하나이다. 칸치안 등 1990은 다음과 같이 적고 있다. "환자들이 처음 치료 현장에 나타나게 된 것은 약물 사용에 의한 것이었으나, 그 사람으로 하여금 약물을 끊고 자신에 대한 궁극적 변화를 경험토록 하는 것은 바로 성격에 대한 치료를 통해서이다. 우리는 결국 성격장애를 치료하는 것이 중독으로부터 회복할 수 있는 길이라고 본다"(p. 3).

장기간의 물질 남용 치료 경험에 의하면, 중독자들은 서로 만족할 만큼 감정적으로 친밀한 관계를 형성할 수 있을 만한 능력이 결여되었기 때문에 내적 취약성을 반복적으로 경험하게 되고 이를 해결하고자 외부 자극 및 외적 보상체계(알코올, 약물, 섹스, 음식, 도박, 포르노그라피, 일 등)를 찾는다. 결론적으로 볼 때, 이들은 자신의 중독을 또 다른 중독으로 대체함으로써 해결하고자 한다. 병리적 성격 때문에 이들이 맺는 관계는 남용 물질만큼이나 파괴적, 강박적, 중독적이기 쉽다.

AA에서 종종 보고 되듯이, "알코올중독자들은 관계를 맺지 못한다. 인질을 삼을 뿐이다." 물질 남용자들 대부분은 자신의 감정과 충동을 조절하는 데 극도의 어려움을 갖기 때문에, 자신의 성격적 결함 및 구조적 방어기제 문제를 다룰 수 있을 만큼 강한 자아ego가 형성되기 전까지는 즉 치료 초반에는 상당한 지지, 강화, 체계가 필요하다. 집단리더는 이들이 자신의 파괴적인 상호작용 스타일을 관찰하고 이해할 수 있도록 함과 동시에 감정을 조절(재발을 방지하기 위해)할 수 있도록 도와야 한다. 물질 남용자들이 단약·단주 및 건강한 기능을 유지하는 데 필요한 내적 변화를 달성할 수 있도록 하기 위해 집단리더는 섬세하게 대응해야 한다.

화학물질 의존자들로 구성된 집단을 이끌 때, 집단리더는 많은 혼동과 갈등을 다루어야만 하기 때문에, AA의 철학 및 전문 용어 뿐만 아니라 12단계 프로그램에 대해서도 잘 알고 있어야 한다. 마타노와 얄롬(1991) 또한 치료자라면 여러 가지 이유들로 인해 AA 용어, 12단계 12전통에 정통해야 할 필요가 있다고 주장한다. 그 중 한 가지 이유는 알코올중독자들을 비롯한 중독자들이 치료에 대한 저항으로 AA를 이용하고자 하는 경향이 있기 때문이다. 마타노와 얄롬은 "치료자의 AA에 대한 잘못된 이해 때문에 중독자들이 이를 치료 저항으로 사용되는 일이 없도록 해야 하며, 치료자는 정신치료 목적을 달성하기 위해서라도 AA에 대한 이해를 강화시켜야 한다"(p. 269)고 하였다.

과거 많은 훌륭한 치료자들이 AA에 대한 이해 부족으로 인해 "무식한 전문가"라는 평을 듣곤 했다. 마타노와 얄롬 은 AA 철학을 상호작용 틀에 통합시킴으로써 중독자들로부터 더 많은 신뢰를 쌓아갈 수 있다고 강조한다. AA에 대한 많은 지식과 해석을 통해 집단리더들은 AA에 대해 더 잘 이해할 수 있게 될 것이며 이는 그들의 과학적, 분석적, 심리학적 관점을 강화시켜 줄 수 있을 것이다(Flores, 1988; Kurtz, 1982; Thune, 1977). 단언컨대, 치료자라면 마땅히 AA가 화학물질 의존자들을 치료하고 이해함에 있어 전문가들에게 도움이 될 뿐만 아니라 배울 만한 게 있다는 전제하에 이 구성원들과 함께해야 한다.

집단정신치료를 위한 권고들

중독자들을 위한 치료 방법으로 집단정신치료를 사용하고자 할 때, 치료자는 중독 이론과 집단치료 이론 모두에 대해 명확하게 알고 있어야 한다. 알코올중독자들을 비롯한 중독자들을 대상한 치료에서는 보통 얄롬(1975, 1985, 1995)의 상호작용 접근론에 기반한 집단치료 모델이 권장된다. 그리고 치료 후반에는 현대 정신분석적 관점과 자기 심리학 관점 모두를 포함할 수 있도록 기술의 수정이 필요하다. 이 때 브라운과 얄롬(1977)에 의해 처음 제창되고 마타노와 얄롬(1991)에 의해 갱신된 가이드라인을 가능한 명확하게 따를 것을 권장한다. 일단 단약 및 단주에 어느 정도 성공하고 난 후, 치료 후반에는 칸치안 등(1990), 플로레스와 마혼(Mahon, 1993)에 의해 제시된 가이드라인을 따를 것을 추천한다. 치료 후반 권장 사항에 관한 내용은 15장에서 자세하게 다룰 것이다.

우선, 지금은 특정 전략과 프로토콜에 대해 소개하겠다. 이는 왈라스(1978b)에 의해 제시된 시간 의존적 과정time-dependent process과 브라운(1985)이 제시한 발달 과정developmental process 혹은 발달 모델로서의 회복을 치료에 적용한 것이다. 또한 커밍스(Cummings, 1979)의 배제 치료exclusion therapy 및 많은 다른 임상가들(Matano & Yalom, 1991)과 연구가들(S. Brown, 1985) 모두가 강력하게 주장하고 있는 '단약 및 단주가 치료의 핵심 목표가 되어야 한다는 사실'을 치료에 적용하였다. 이 상호작용 집단 모델은 AA 가이드라인에 따라 형성 운영되는 집단 및 엠릭 등(1977)과 아리브랜디(Alibrandi, 1978)가 설명하는 집단과 비교하며 살펴보아야 할 것이다.

프로토콜

집단정신치료 전략을 위한 프로토콜에 대해 간략하게 소개하고자 한다. 치료 초기에는 커밍스가 제시한 "배제 치료exclusion therapy" 패턴을 따르는 것이 좋다. 배제 치료란 기본적으로 내담자가 단주 및 단약이라는 목표에 동의하지 않는다면 그들은 치료에서 배제되어야 하며, 본격적인 치료에 앞서 치료 초반에는 약물 사용에 관한 문제를 가장 먼저 다루어야 한다는 접근법이다. 즉 치료 초기에는 알코올 중독 문제 자체가 치료의 핵심이 되어야 한다. 약 두 달 동안, 집단 대부분의 시간을 알코올 중독 개념에 대해 교육하고, 얄롬(1995)이 이야기한 집단 응집력을 발전시켜야 한다. 이 시점에 집단은 왈라스(1987b)가 이야기한 지지와 체계를 제공할 수 있게 된다. 그러면서 점차적으로 집단은 지지집단 모델로부터 얄롬(1974)이 제시한 상호작용 집단 모델로 옮겨가기 시작한다. 이 시기 동안 리더십의 형태도 수정되어야 하는데 리더가 직접적, 적극적 역할을 수행해야 했던 형태(Wallace, 1975)에서부터 집단 구성원들이 집단 과정에서 좀 더 적극적이고 책임감 있게 역할을 수행할 수 있는 형태로 바뀌어야 한다.

치료 초기 6개월은 성격 교정을 위한 시간이 아닌 단순히 단약 및 단주를 유지하기 위한 시간이다(Wallace, 1978b). 브라운과 얄롬(1977)이 제시하는 바와 같이 이 시기 동안 집단 구성원들은 표면적이고 얕은 차원의 자기 성찰 이상은 요구받지 않는다. 이 시기에 필요한 치료 개입 전략은 "천천히"이다(Brown & Yalom, 1977; Wallace, 1977b). 즉, 단약 및 단주가 유지되는 9개월 내지 12개월 동안, 정신역동에 대한 탐색은 크게 이루어지지 않는다.

치료가 진행되는 동안 많은 시간을 알코올중독자들의 부정 체계denial system에 직면하는 데 사용하게 된다(Wallace, 1975; Cummings, 1979). 알코올중독자들이 자신의 숨겨져 있던 감정을 점차적으로 알아차릴 수 있도록 하기 위해서는 많은 관심이 필요하다. 병식을 향상시키는 것 만으로도 중독자들이 갖는 극도의 죄책감을 덜어 줄 수 있다(Wallace, 1975). 왈라스(1978)가 제시하고 있는 전략들은 알코올중독자들에게 흔히 나타나는 '선호된 방어 구조Preferred Defense Structure'를 다루는 데 유용하다.

이러한 관점으로 진행되는 알코올중독 치료를 시간 의존적 과정time dependent process이라고 부른다. 이는 왈라스(1975)에 의해 제시되고 브라운과 얄롬에 의해 보강되었다. 이 관점에 따르자면 최근 진행되고 있는 특정 치료적 개입은 몇 년 동안 단주를 유지해 오고 있는 중독자들에게는 부적합할 수 있다.

왈라스가 권장하는 알코올중독자들을 위한 구체적 치료 방법은 다음과 같다.

1. 알코올중독자들은 '선취된 방어 구조'라는 말로 묘사되어질 수 있다. '선취된 방어 구조PDS'는 부정적인 뜻을 담고 있는 용어는 아니다. 사실, 이는 방어 기제라는 용어와도 아무런 관련이 없다. 알코올중독자들의 PDS는 이들의 목표를 달성하는 데 필요한 기술-전략과 전술-의 총체다.
2. 현재 시행되고 있는 알코올중독자 치료법들은 PDS를 효과적으로 활용하지 못하고 있다. 알코올중독자들의 PDS는 제거 대상이 아닌 유용한 치료 도구이다. 알코올중독자들의 PDS를 미성숙하게 직면하거나 너무 어렵게 다루는 것은 음주를 부추기는 일이 될 수도 있다.
3. AA와 같은 성공적 회복 프로그램들은, 직감적으로 알코올중독자들의 PDS를 보호하고 있음을 알 수 있다.
4. 역설적이게도, 음주를 유지하기 위해 사용된곤 하던 그 방어들이 효과적인 단주를 위해 사용될 수 있다.
5. 또 역설적인 사실은, 음주를 활성화시킬 수도 있고 단주를 활성화시킬 수도 있는 그 방어 구조들이 결국에는 장기간의 단주 유지를 위해서는 반드시 제거되어야 한다는 것이다. 이러한 성장이 있기까지 2년에서 5년이라는 단주 기간이 필요 하다(1978b).

시간적 요소

알코올중독으로부터의 진정한 회복을 원한다면 반드시 장기적으로 바라보라. 단기에 걸친 위기 상황 해결은 가능할수 있으나, 진정한 변화를 위해서는 적어도 12개월에서 24개월 정도의 시간이 필요하다고 얄롬은 주장한다. 이는 중독 문제를 전혀 가지고 있는 환자의 경우라 하더라도 마찬가지다. 음주 사실 자체는 위기 상황으로 보고 가장 먼저 다루는 것이 필요하다. AA를 비롯한 대부분의 알코올 중독 치료 체계를 보면, 치료 첫 1년은 위기 개입 상황으로 보고 너무 많은 변화를 강요하지 않는 것이 좋다고 한다(Alcoholics Anonymous, 1960; Chalmers & Wallace, 1978; Johnson, 1973). 치료 첫 1년은 인격 수정에 대한 강조는 거의 혹은 전혀 하지 않고, 오직 단주를 유지하는 데에만 전적인 관심을 기울여야 한다. 브라운과 얄롬(1977)은 알코올 중독 치료에서 시간의 중요성에 대해 강조한다. "지금까지 많은 원조자들로부터 버림을 받았거나 좌절을 경험한 바 있는 환자들에게 치료자의 끊임없는 인내와 희망은 확신을 줄 수 있다. 치료자의 지속적이고 변함 없는 헌신이 필요하다. 즉각적인 치료 효과를 기대하는 치료자라면 중독 분야는 그에게 적합하지 않을 수 있다" (p.437).

치료자는 알코올중독자들을 위한 모든 치료적 개입이 매우 느린 속도로 진행된다는 것을 알아야 한다. 갈등과 긴장이 변화를 위해 반드시 필요한 것은 아니지만 알코올중독자들이 그들의 음주 문제를 다룰 수 있도록 하는 데에는 종종 도움이 되곤 한다는 사실을 기억하고 매우 조심스럽게 접근하는 것이 필요하다. 다시 음주를 하게 된다면 아주 많은 것을 잃게 되리라는 사실을 알코올중독자들 또한 이미 잘 알고 있다. 그래서 진정 변화되기를 이들 또한 간절히 바란다. 그럼에도 불구하고 실제 치료 과정에 참여하게 되면 저항을 보이는 것 또한 사실이다.

구조

브라운과 얄롬(1977)에 따르면, 환자들이 변화하기를 꺼려하는 주된 요인 중 또 다른 하나는 바로 이들의 경직된 방어 체계이다. "구성원들은 서로에게서 흑백논리의 오류를 자주 발견하게 될 것이다." 알코올중독자들은 어떤 특정한 것에 대한 강한 선호를 표현하곤 하는데, 사람, 사건, 상황에 대해 극단적인 판단을 내리는 경우가 많다. "그들에겐 대안이라는 것이 거의 없다. yes 아니면 no, 흑 아니면 백, 둘 중에 하나 밖에 없다"고 왈라스(1975)는 말한다(p. 23).

이 때문에 알코올중독자들은 좀 더 조직이고 예상가능하게 운영되는 구조를 선호 한다. AA가 바로 그 대표적인 예이다. 남부 캘리포니아에서 운영되고 있는 AA의 경우, 이들은 보통 AA의 빅북 5장을 읽는 것으로 그 모임을 시작하곤 한다. "애나하임Anaheim에서 AA 모임에 일주일에 한번씩 10년째 참여하고 있는 사람의 경우 그는 빅북 5장을 1,560번 읽었을 것이다(1939, p. 23)". 브라운과 얄롬(1977)은 또한 신뢰할 수 있을 만한 지지 체계의 중요성에 대해서도 강조한다. "약속된 시간과 장소에서 지속적인 만남이 유지되고 있다는 사실을 구성원들에게 인식시키는 것이 매우 중요 하다"(p. 442). 이 간단한 요소가 장기 치료 경험에 매우 중요한 밑거름이 된다. 회복으로 향하는 지속적이고 안정적인 만남이 되기 위해서는 짧은 집단 경험은 충분치 않다.

부인denial 체계

알코올중독자들을 가장 잘 설명할 수 있는 말 중 하나가 바로 '선취된 방어 구소'다. PDS에는 부정, 합리화, 투사, 지식화, 최소화와 같은 방어 기제들이 포함된다(Wallace, 1975). 이러한 방어기제들은 특히나 알코올중독자들로 구성된 집단에서 더 잘 관찰할 수 있다. 이들은 자신이 무슨 생각을 하고 있고 얼마나 왜곡된 생각을 하고 있는지 알지 못한다. 술을 마시는 것과 그들이 경험하고 있는 어려움 사이에 어떠한 관련성이 있는지도 알지 못한다. 즉 부정 하고 있는 것이다. 이 때문에 많은 전문가들이 알코올 중독을 "부정의 질병disease of denial"이라고 말한다(Alcoholics Anonymous, 1939; Tiebout, 1953; Wallace, 1975). 치료자들은 자기감정을 알아차리는 것에 대해 노골적인 거부감을 드러내는 알코올중독자들에게 화를 내기 보다는 이들의 이러한 문제야 말로 인내와 이해심을 가지고 천천히 받아들여져야 하는 것임을 깨달아야 한다.

불안감은 최소한의 수준으로 유지하도록 하면서, 동시에 부정은 줄이고 자기 인지와 개방은 독려하는 것이야말로 알코올 중독 치료에서 가장 어려운 과업이다. 즉, 치료자들은 중독자들에게서 드라마틱한 변화를 기대하기 보다는 점진적으로 자신에 대해 알아간다는 사실 자체에 만족할 수 있어야 한다. 얄롬(1975) 또한 설명한 바 있듯이, 개인적 그리고 사회적 차원의 통합을 위해서는 "몽상pipedreams" 혹은 "생존을 위한 거짓말vital lies"이 필수적이다(p. 216). 이러한 것들을 결코 가볍게 취급되거나 정직함이라는 명목하에 제거하려 해서는 안 된다. 치료자에게는 정직함 보다 더 중요하게 여겨야 할 것들이 있다. 치료자들은 내담자들이 자신을 개방하는 과정 중에 많은 지지를 필요로 한다는 사실 또한 알아야 한다. 알코올중독 치료는 과도한 비난과 과소한 책임감 강조 사이에서, 과도한 죄책감과 과소한 반사회적 인격장애 허용 사이에서, 과도한 분노와 과소한 동조 사이에서 그리고 과도한 부정과 과소한 자기개방 사이에서 무엇을 선택하고 결정할 것인가 하는 문제로 이루어진다고 볼 수 있다(Wallace, 1975).

이러한 맥락에서 이루어지는 정신치료는 기존의 전통적인 정신치료와 달라야 한다. 치료자들은 끊임없이 어떠한 개입방법에 무게를 실을 것인가에 대해 고민해야 한다. 너무 성급해서도 안 되고 너무 직면적이어서도 안 된다. 변화가 빨리 이루어지지 않는다 해서 문제가 더욱 심각해지는 것은 아니기 때문에 차근차근히 문제를 해결해 나가는 것이 좋다. 물론 이러한 입장은 치료가 이루어지는 과정 내내 견지되어야 할 것이지만, 단주 기간이 길어지면 길어질수록 그 관심의 정도는 자연스럽게 약해질 것이다.

현재 진행되고 있는 알코올중독 치료들을 보면, 이들은 선취된 방어 구조를 활용하기 보다는 제거하고자 노력한다는 사실을 알 수 있다. 알코올중독자들의 선취된 방어 구조에 성급하게 대항할 경우, 이들의 음주 가능성은 더 커질 수 있다. 역설적이게도, 알코올중독자들이 자신의 음주를 유지하기 위해 사용하는 그 방어들이 오히려 단주라는 목표를 달성함에 있어 도움이 될 수도 있다는 사실을 기억해야 한다. 또 역설적인 사실은, 알코올중독자들의 음주를 활성화시킬 수도 있고 단주를 활성화시킬 수도 있는 그 방어기제들이 결국에는 장기간의 단주 상태 유지를 위해서는 반드시 제거되어야만 한다는 것이다. 그러나 많은 경우 이러한 성장이 있기 까지는 2년에서 5년이라는 단주 기간을 필요로 한다(Alcoholics Anonymous, 1955; Wallace, 1975).

초기 치료단계와 후기 치료단계

중독 환자들을 집단으로 효과적이게 보호하고 치료하고자 한다면, 명확히 구별된 두 단계를 거치는 것이 중요하다. 왈라스(1978b)는 일찍이 알코올 중독 치료를 "시간 의존적 과정"이라고 표현한 바 있다. 즉, 알코올 및 약물 중독으로부터 이제 막 회복하기 시작한 사람들에게 접근하는 방법과 수개월 혹은 수년에 걸쳐 단주 및 단약을 유지하고 있는 사람들에게 접근하는 방법은 달라야 한다. 화학물질 의존자들을 집단 치료하는 경우, 수많은 요소들을 고려해야 한다. 그 중에서도 환자의 자아 상태ego strength, 정서장애 성격병리character pathology, 단주 기간 등은 가장 조심스럽게 다루어져야 함과 동시에 가장 중요하게 고려되어야 할 요소들이다. 그리고 몇 가지 이유들로 인해 그 중에서도 단주 기간이 가장 중요하다. CT 스캔을 통해 얻을 수 있는 생리학적 증거, 신경정신과적 사정 및 그 밖의 신경생리학적 검사들이 이를 뒷받침 한다. 단주 및 단약을 한 동안 유지한다 하더라도, 이미 한번 손상된 뇌는 치료에 전혀 반응을 보이지 않을 수 있다(Flores, 1988b). 대부분의 약물 남용자들은 자신의 행동적-감정적 문제의 원인을 물질 사용에서 찾지 않는다는 사실 또한 기억해야 한다. 더욱이 불안이나 우울 수준이 관리 불가능한 수준에 이르면 이들의 파괴적인 방어 과정은 너무나 쉽게 이들을 다시 약물 사용으로 이끈다. 치료 초기에 가장 어려운 점은 불안감은 최소한의 수준으로 유지하도록 하면서, 동시에 부정은 줄이고 자기 인지와 개방은 독려해야 한다는 것이다. 그러나 지지, 독려, 정중한 직면에만 머물러 있어서는 안 된다. 자신의 정서장애, 성격병리 및 과거 고통스러운 감정들을 바라볼 수 있어야 한다. 이때 비로소 진정한 성격 변화 및 감정의 변화가 발생할 수 있다. 결론적으로, 치료자들은 각 치료단계에 맞는 전략이 무엇인지를 정확히 알고 전략 변화의 시점 또한 결정할 수 있어야 한다.

정확한 진단 하에 행해진 치료는 결정적 변화를 이끌 수 있다. 예를 통해 살펴보자.

앨리스Alice는 5년 동안 지역사회 정신건강센터에서 외래 치료를 받아온 35세의 코카시안계 여성이다. 그녀는 폭력적 폭발성향, 도발적인 태도, 요구적 태도 때문에 여섯 차례에 걸쳐 치료진을 갈아타야만 했다. 그녀에게는 경계성 인격장애라는 진단이 내려졌으며, 외래 치료진 중 그 누구도 그녀를 환자로 받아들이려 하지 않았기 때문에 집단치료에만 겨우 참석할 수 있었다. 중독 문제에 배경 지식이 있었던 집단리더는 치료 시작 후 6개월 정도가 지났을 때 앨리스의 문제 행동과 음주 사이에 연관성이 있음을 알아차렸다. 그리고 이에 대해 그녀에게 알려주기 시작했다. 물론 처음에 그녀는 둘 사이의 연관성에 대해 거부했다. 하지만, 다른 집단 구성원들 또한 둘 사이에 연관성이 있음을 관찰한 사실에 대해 언급해 주자 조금씩 이에 대해 생각해 보는 듯 했다. 모든 구성원들의 합의된 관찰을 다 부정할 수는 없었기 때문에 결국 앨리스는 그들의 이야기를 사실로 받아들였고, 술을 끊고 알코올중독자들을 위한 치료를 찾아보기 시작했다. 30일 동안 외래환자를 위한 알코올 치료에 참여한 후에 앨리스는 집단에 다시 돌아왔고 AA에도 꾸준히 참석했다. 집단에 돌아온 후 그녀가 보인 행동 변화는 매우 극적이었다. 다른 집단 구성원들이 그녀의 의견에 반대하는 것도 참고, 다른 사람이 그녀의 말을 중간에 가로챘음에도 불구하고 처음으로 화를 내지 않았다. 전 같았으면 맹렬히 비난 했을 일을, 이제는 그럴 수도 있는 일로 생각했다. 그녀의 행동 변화가 너무도 명백했기 때문에 치료진들은 그녀에게 감사함을 표하기 까지 했다. 그녀의 이러한 변화는 단주와 AA 참석 때문에 가능했다. 그녀에게 알코올 치료를 권유한 것 자체가 가장 정확한 진단이었다. 그녀의 중독 현상이 빚어낸 감정 문제를 두고 씨름하지 않고, 먼저 단주를 권했기 때문에 그리고 집단 내에서 다른 구성원들 또한 그 단주의 필요성을 강조할 수 있도록 할 수 있었기 때문에 이러한 변화가 가능했다.

초기 치료 전략

후기 치료 단계와 초기 치료 단계를 구별해 주는 것 중 하나가 바로 단주에 대한 시각이다. 중독 치료는 단주를 어떻게 바라볼 것인가에 따라 기본적으로 두 단계로 구성된다. 치료 초기에 필요로 하는 것은 알코올중독자들의 단주이고, 치료 후기에 필요한 것은 알코올중독자들이 다시는 음주를 시작하지 않도록 예방하는 것이다. 이는 AA의 "단순, 우직하게 지속하라Keep It Simple Stupid, KISS"는 전략과도 밀접하게 관련되어 있다. 알코올중독자들을 비롯한 중독자들에게 필요한 것은 단주 및 단약을 유지하는 것이다.

한 번도 물질을 사용해 본적이 없는 사람들에게 물질을 사용하지 않도록 하는 것과, 이미 중독된 사람들이 단주 및 단약을 유지할 수 있도록 하는 것은 완전히 별개의 문제이다. 중독자 스스로 단주 및 단약의 이점을 직접 경험하고, 수용하고, 깨달을 수 있도록 도와야 한다. 설득만으로는 충분치 않다. 스스로 직접 단주의 장점을 깨달을 수 있을 때까지 "다른 그 무언가"를 제공하는 것이 필요하다. 그 "다른 그 무언가" 중 하나가 바로 강한 애착관계의 형성이다.

그렇지만 단 하나의 관계, 단 하나의 치료적 동맹만으로는 부족하다. AA 및 12단계와 같은 프로그램들은 알코올 및 약물 중독자들에게 단약과 단주를 강조하는 것 이외에도 강력한 치료적 힘을 갖는다. 약물 중독자가 진정 회복의 길에 들어서기 위해서는 과거 이들이 가졌던 태도와 행동뿐만 아니라 이들이 관계했던 친구들까지 바꿔야 하는 등 모든 중독적 삶의 양식들을 포기해야 한다는 사실을 AA는 알고 있다. AA 기존 멤버들은 12단계 프로그램에 처음 참여하는 초심자들에게 이렇게 말하곤 한다. "또 다시 넘어지고 싶지 않다면, 그 넘어질 수 있는 곳에 가지 마십시오.", "진정으로 회복되고 싶다면, 노는 물과 노는 친구들을 바꿔야만 합니다."

단주 및 단약을 유지하고자 한다면, 중독자들은 과거 그들이 알코올 및 약물 사용을 통해 유지할 수 있었던 관계들은 모두 포기해야 하며, 이를 AA 프로그램에서 만난 동료들로 대체해야 한다.

중독 전문가들은 초기 치료 전략과 후기 치료 전략이 달라야 함을 수년에 걸쳐 주장해 오고 있다 (Flores, 1988b; Wallace. 1975; S. Brown, 1985). 효과적인 중독 치료를 위해서는 또, 초기 치료 전략에서부터 후기 치료 전략으로의 전환이 반드시 필요하다. 이는 성공적 치료를 위해 필요한 중요한 역설 중 하나이다. 치료 초반에는 매우 유용했던 임상적 개입들이 치료 후반에는 그렇지 않을 수 있다. 치료 초기 전략들이 더 이상 효과를 발휘하지 못하게 되었음에도 불구하고 이 전략들을 변경하지 아니하고 치료 후기에도 그대로 적용한다면 이는 지속적 단주 및 단약을 향상시키기 보다는 차라리 재발에 공헌하는 일이 될 수도 있다.

이와 관련해서, 애착이론이 우리에게 시사하는 바가 크다. 알코올과의 애착관계에 지속적으로 머물러 있고자 하는 한, 그 알코올중독자는 결코 치료적 동맹을 형성할 수 없다. 애착 능력을 향상시키고자 한다면 그 애착을 이용하는 수밖에 없다: 인간의 애착은 위기 상황에서 그 빛을 발하게 된다는 사실을 이용하는 것이다. 약물 남용과 긴박한 상황은 항상 함께 나타난다. 치료자가 이 과정을 잘 이해해서 긴박한 상황임에도 불구하고 당황하거나 서두르지 않고 아무런 개입도 하지 않는다면, 이는 결국 치료에 도움이 될 수 있다. 애착은 위기 상황에서 그 빛을 발하게 된다는 중요한 사실을 애착이론은 우리에게 주지시키고 있다. AA는 이러한 현상을 '바닥치기hitting bottom'라고 부른다.

죠지George는 성인이 된 이후 특별한 문제없이 지속적으로 술을 마셔왔다. 그러나 40번째 생일을 기점으로 그의 음주량은 급격히 늘어나기 시작했으며, 이로 인해 필름이 끊기는 등 직장 생활과 관련된 문제들이 나타나기 시작했다. 놀란 그의 가족들은 그에게 전문가의 도움을 받아볼 것을 제안하였으며 그는 마지못해 "치료를 받아보기로" 하고 2년 동안 술 마시는 것을 조절해 보고자 시도했다. 그러나 그의 이러한 시도는 재앙으로 끝을 맺게 되었다. 그는 지난 2년 동안 세 명의 치료자들을 만났는데, 치료 프로그램에 몇 회기 참가해 보고는 "그들과 통하는 것 같지가 않아. 내 앞에서 알랑거리는 것 같아서 싫어"라고 말하며 그만 두기 일 수였다. 그는 결국 직장을 잃게 되었

고 아내는 이혼하겠다며 그를 위협하는 상황에 이르게 되었다. 마지못해 다시 한 번 "치료를 받아보기로" 하였으나 이마저도 몇 회기 지나지 않아 이렇게 불평하며 포기했다. "난, 그들과 달라. 자기 연민에 빠져있는 꼴들이란... 참을 수가 없어." 그러다 결국 그는 엄청난 절망과 좌절에 빠지게 되었고, 그제서야 말 그대로 도움을 받기로 했다. 첫 인터뷰와 집단치료 첫 회기에 참여하는 동안 죠지는 "내 문제를 해결하기 위해서는 다른 사람들의 도움이 필요하다" 고 말하며 극적인 변화를 보였다. "자존심 같은 건 집어치워 버리고 인정해야만 할 것 같습니다. 저도 여러분과 똑같다는 사실을요. 그리고 이제는 더 이상 그 누구의 도움도 필요 없다는 듯이 행동하지 않겠습니다." 라고 말했다. 이 후 6주 동안 그는 집단과 애착을 형성할 수 있었으며, 치료 프로그램을 마친 이 후 AA에도 열심히 참석하였다.

시간 의존적 과정으로서의 알코올 중독 치료에 대해 처음 글을 쓴 왈라스(1978)는 우리에게 알코올 중독 치료에 있어 치료 초기 단계에 필요한 것과 치료 후기 단계에 필요한 것이 많이 다름을 알려주었다. 대부분의 중독 치료 전문가들은 다음과 같이 적어도 세 단계 이상의 치료적 전략들을 채택할 것을 지지하고 있다.

1. 약물 남용은 자가 복구self-repair를 위한 시도이다. 그런데 이러한 자가 복구는 이미 손상된 그 사람의 애착 형성 능력 및 친밀감 형성 능력을 더 악화시키게 된다. 이 때문에 치료적 동맹 및 집단에 대한 애착을 형성시킬 수 있도록 돕기에 앞서 그 사람을 중독 물질로부터 분리시킬 필요가 있다.
2. 치료 초기 전략으로는 만족·지지 제공 기술이 우선적으로 요청된다. 이를 통해 애착 능력을 극대화시킬 수 있기 때문이다.
3. 일단 단주가 시작되고 회복을 위한 애착이 형성되기 시작했다면, 정서장애, 성격병리 및 자기 결함이 수정될 차례이다. 이 치료 단계에서 중요한 부분은 환자가 비파괴적인 방식으로 갈등을 해결 할 수 있도록 돕는 것이다. 또한 건강한 상호의존성 및 친밀함의 상징인 성숙한 상호작용과 복잡성에 익숙해 질 수 있도록 도와야 한다.

정동 조율을 위한 치료자의 자질과 특별한 고려들

다른 치료자들에 비해 더 효과적인 치료자들이 있다. 이는 지난 20년간의 수많은 연구에 의해 명백히 밝혀진 사실이다. 성공적 치료 효과에 가장 큰 영향을 미치는 요인이 바로 치료자라는 변수이기 때문에, 임상적 유능성 및 전문성을 향상시키기 위한 방법이 무엇인지를 알아내기 위해 많은 노력이 있었다. 치료자가 무엇을 하는가 보다는 그 치료자가 어떠한 사람인가가 훨씬 중요하다고 연구 결과들은 증명하고 있다. 이러한 사실을 이미 간파한바 있던 볼비Bolwby는 이에 대해 돌봄 제공자가 어떠한 구체적 행동을 실행하고 있는가 보다 그 가정에 전반적으로 퍼져있는 감정의 질이 어떠한지가 훨씬 더 중요하다고 표현하였다. 그렇지만 효과적인 치료자가 단순히 따뜻하고 민감한 사람이기만을 요구하는 것은 아니다. 다음의 몇 가지 치료자 특성이 긍정적 치료 효과와 연관되어있는 것으로 확인되었다. 이 요소들은 크게 다음의 6가지 범주로 나눌 수 있다.

1. 치료자의 신뢰성
2. 치료자의 기술
3. 공감적 이해
4. 환자의 인정affirmation of the patient
5. 환자의 문제에 집중하는 능력
6. 환자가 정서적 경험에 집중할 수 있도록 이끄는 능력

마지막에 제시된 치료자 특성 범주는 정동 조율과 관련된 것이다. 중독자가 자신의 감정을 인지할 수 있도록 돕는 것은 중독 치료 및 집단치료에서 가장 중요한 일이다. 알코올중독자들을 비롯한 중독자들은 그들의 감정에 압도 당해있거나 아니면 아무런 감정을 느끼지 못하거나 하는 경우가 대부분이기 때문이다. 안전하게 보장된 환경에서 자신의 감정 상태를 탐색·발견할 수 있도록 도와줄 수 있는 집단리더가 필요하다. 자신의 미묘하면서도 강렬한 정동affect을 확인하고 표현할 수 있도록 돕는 민감하면서도 편안한 집단리더가 필요 하다.

집단에서 과도하게 방어적이거나 과도하게 연약한 모습을 보이는 중독자들에게 접근할 때 집단리더는 애착이론을 다시 한 번 상기해야 할 것이다. 연구에 따르면 어린 시절 한번 형성된 애착 양식(안정 애착, 불안정 애착, 혼란 애착)은 어른이 되어서도 그대로 유지(Hazan & Shaver, 1987)된다. 불안정 애착은 상호작용 부조화(Ainsworth, 1998), 감정조절 부전affect dysregulation과 연관된다. 어린 시절 돌봄 제공자(부모가 그들의 어린 자녀에게 보이는 반응 및 치료자가 그들의 환자에게 보이는 반응)가 감정 표현에 어떻게 반응했느냐가 그 사람의 정서적 건강 및 발달에 결정적인 영향을 미친다.

애착이론에 따르면 돌봄 추구 행위care-seeking behavior는 평생 동안 지속되며, 일반적으로 두려움, 스트레스, 질병, 불안 등에 의해 활성화 된다. 애착 행위의 대상은 보통 자신이 선호하는 돌봄 제공자와 유사한 모습을 지속적으로 찾음으로써 보호된다. 돌봄 추구 및 돌봄 제공 역동은 보통 유아기로부터 기원하기 때문에 그 사람이 어린 시절 어떠한 경험을 했는지에 대해 살펴보는 것은 정신치료 과정에 많은 도움이 될 것이다. 사람들은, 특히 유아의 경우, 불안감을 느낄 때 도움을 요청하곤 한다. 이 때 그들이 필요로 하는 것은 불안하지 않은 반응, 즉 그들의 욕구에 정확하게 반응하여 그들을 이해하고 돌봄을 제공해 주는 것이다. 어른이 되어서도 마찬가지다. 어른이 되어 무언가 이해 받는 듯한 느낌을 받는 다는 것은 어린 아이가 품에 안겼을 때 느끼는 만족과 같은 형태 이다. 돌봄 제공자가 돌봄 추구자와 성공적으로 의사소통할 수 있을 때, 돌봄 추구 행위는 일시적으로 멈추게 된다.

알코올중독자들을 비롯한 중독자들은 수십 년간 그들의 감정을 몰아내기 위해 노력해왔다. 약물을 사용함으로서 정동을 조절해 보고자했던 그들의 노력은 오히려 문제를 악화시킬 뿐이었으며 결국 그들의 감정을 인지·표현하는데 더 큰 어려움을 가져왔다. 불안정한 애착 양식을 보이는 어머니는 그들의 자녀들과도 불안정한 애착 형태를 맺을 가능성이 높으며, 이와 마찬가지로 불안정한 애착 양식을 보이는 치료자

는 그의 환자들과도 불안정한 애착관계를 형성하게 될 확률이 높다(Meyer & Pilkonis, 2001). 집단 구성원에게 다시 충격을 주고 싶은 리더가 아니라면, 치료자는 반드시 자신의 애착 유형 및 정동 조율 능력에 대해 정확히 알아야 한다.

정동 조율affect attunement이라는 것은 결코 간단하지 않다. 수많은 요인들이 정동 조율 성취에 영향을 미치기 때문이다. 이 중에서 가장 중요한 요소들로 돌봄 제공자와 돌봄 추구자간 애착 양식의 상호작용, 안전기지secure base의 존재 여부, 한번 발생한 관계의 단절을 원상 복귀할 수 있는 능력 등을 들 수 있다. 마지막에 언급된 정동 부조화affect misattunement 요소(관계의 단절, 원상 복귀)에 대해서는 15장에서도 자세하게 다룰 것이다. 이 외에 위에서 언급된 정동 조율의 요소들(돌봄, 안전기지)에 대해 지금부터 살펴보도록 하자.

애착 역동과 본능에 따른 상호작용 체계

최근 몇 년간, 개인치료에서는 동맹이 그리고 집단치료에서는 집단 응집력이 바로 성공적 치료 결과의 결정적 요인임을 밝히는 연구들이 수없이 행해졌다. 이러한 상황에서 애착이론은 인간 발달 초기 돌봄 제공자와 돌봄 추구자간의 상호작용이, 그 사람이 정서적 흥분 상태 및 위기 상황에 처했을 때, 다른 사람들로 하여금 자신을 도울 수 있도록 허용하는데 얼마나 장기간 영향을 미칠 수 있는지를 이해함에 있어 매우 유용한 패러다임을 제공해주고 있다. 관계 속에서 그리고 집단 속에서 안전하다고 느끼는 것은 절대적으로 탐색되어져야 하는 감정이다. 그 감정이 어린 아이가 처음 보는 방을 탐색해 볼 수 있을 정도의 안정감이든, 집단 구성원이 다른 집단 구성원과의 관계에서 휘몰아친 내적 감정을 탐색해 볼 수 있을 만큼의 안정감이든 다 마찬가지이다. 애착이론에 따르면 위협의 순간 및 불확실성의 순간에 돌봄을 추구하는 현상은 식욕, 성욕과 결코 다르지 않은 본능적 욕구라고 한다. 이 세 가지 모두는 인간의 필수 생존 욕구인 것이다. 즉, 효과적인 집단치료를 위해 집단리더는 '안전을 위한 욕구와 감정'이 '돌봄을 주고받는 능력'과 서로 어떻게 상호작용 하는지를 이해하는 것이 중요하다.

허드Heard와 레이크(Lake, 1997)는 돌봄 추구, 돌봄 제공, 탐색의 관계에 대한 이해를 돕기 위해 애착역동에 대해 설명한 바 있다. 각 범주는 서로 다르지만 상호 연관되고 상호 의존적인 본능 체계를 의미한다. 사람이 위기에 처하거나 위협을 받게 되면, 돌봄 추구 본능은 활성화 되고, 탐색 체계는 중단 된다. 즉, 자기탐색이 시작되기 전에 돌봄 추구 체계가 먼저 중지되어야 한다. 이는 돌봄 추구자가 돌봄 제공자로부터 자신이 원하는 대로 충분하고 안전한 반응을 받게 될 때 가능하다. 집단 내 안전한 응집 환경 속에서 구성원들이 감정적으로 충분한 위로를 받았을 때 비로소 자신을 위기 상황으로 몰아 넣었던 자기 행위에 대해 탐색해 볼 수 있다.

맥클러스키(McCluskey, 2002)는 허드와 레이크의 개념을 확대하여, 정동 조율이 탐색 기능과 자기빌견 기능을 향상시킬 수 있다는 측면에서 살펴보았다. 엄마와 유아 사이에서 일어나는 돌봄 추구 행위와 돌봄 제공 행위를 수년간에 걸쳐 연구한 후, 맥클러스키(2005)는 그녀의 연구 관심을 돌봄 제공자인 치료자와 돌봄 추구자인 환자 사이의 관계로 옮겼다. 애착이론에 따르면 돌봄 추구 행위는 일생에 걸쳐 지속되며 일반적으로 두려움, 스트레스, 질병, 불안 등에 의해 활성화 된다고 한다. 애착 행위의 대상은 보통 자신이 선호하는 돌봄 제공자와 유사한 모습을 지속적으로 찾음으로써 보호된다.

정동 조율과 탐색 그리고 안전 기지와 응집력 간 관계는 서로 보완적이다. 맥클러스키(2002)가 지적하고 있는 바와 같이 위기 상황에 처하더라도 아이들은 부모와 함께 있기만 하면 안정감을 느끼는 것과 마찬가지로, 집단 구성원들 또한 그들의 내적 감정 세계, 다른 구성원들과의 외적 관계를 탐색해 보기 전에 부모의 품과 같은 안식처가 필요하다. 불안감과 두려움은 탐색·발견과 서로 상극이다. 돌봄 제공자가 돌봄 추구자의 감정적 의사소통에 주의 깊게 다가가지 못할 경우 파문을 몰고 올 수 있다고 애착이론은 설명한다.

다른 사람들과 관계할 때 이 세 가지 본능적 상호작용 체계의 중심에 놓여있는 것이 바로 자기self이다. 다음 세 가지는 상호보완적 관계를 이루고 있다.

A. 돌봄 추구 체계
B. 돌봄 제공 체계
C. 탐색 체계
A, B, C는 서로 상호 연계적, 상호 의존적이다. A가 활성화되는 경우 C는 그 기능을 멈추게 된다.

안전 기지와 정동 조절

돌봄 제공이 효과적이지 않을 경우(조악한 감정 조율, 돌봄 제공자의 방어적 반응, 돌봄 제공자가 돌봄 추구자의 감정 탐색 기회 방심) 많은 문제들이 발생할 수 있다.

- 정동의 부조화 발생
- 자기 돌봄 및 타인에 대한 돌봄 약화
- 탐색 억제
- 생존을 위해 옛 방어 전략 활성화
- 대안적 돌봄 추구 행위 모색

안전 기지가 구축되지 못할 경우 정동 부조화는 악화되며, 자기 돌봄 및 타인에 대한 돌봄 또한 약화되고, 탐색은 멈추게 된다. 돌봄 추구 및 이와 관련된 모든 행동들(acting out, 순응, 조종)이 활성화 되면, 방어 기제 또한 활성화 되고 과거의 적대적, 비 감정이입적 환경에서 작용하던 낡은 규칙들 또한 활성화 된다. 이와는 대조적으로 돌봄 제공이 효과적인 경우에는, 안전 기지가 형성되며 탐색 활동이 활성화 된다. 돌봄 추구 행위를 멈추고 비방어적 상호작용을 하게 되는 것이다.

돌봄 제공이 효과적이고 안전 기지가 형성되는 경우 다음과 같은 현상들이 발생할 수 있다.

- 탐색 활동의 활성화
- 돌봄 추구를 멈춤
- 비방어적 상호작용
- 돌봄을 제공하는 사람이나 받는 사람 모두 만족감 경험

돌봄 추구, 정동 조율, 정신치료

수년간에 걸쳐 엄마와 유아 사이에서 행해지는 돌봄 추구 행위와 돌봄 제공 행위를 관찰한 후, 맥클러스키(2005)는 그의 연구 관심을 돌봄을 제공하는 치료자와 돌봄을 추구하는 환자와의 관계를 다루는 정신치료 쪽으로 돌렸다. 이 후, 위에서 언급된 원리들이 정신치료에서는 어떠한 식으로 전개되는지에 대해 조사했다. 그 결과 맥클러스키는 치료자들이 얼마나 자주 환자가 표현하는 감정에 적절히 대응하지 못하고 뒤로 물러서곤 하는지를 알게 되었다. 환자가 표현한 감정을 전혀 인식하지 못한 척 하는가 하면, 환자의 현 감정과는 전혀 관련이 없는 질문을 던지기나 화제를 바꿈으로서 환자들이 더 깊은 감정 탐색으로 들어갈 수 있는 기회를 방해하기까지 하였다. 치료자들에게 환자의 감정에 더 집중할 것을 요청하자 보통 다음의 세 가지 일이 발생하였다.

1. 환자들이 좀 더 활기 · 활력을 띠었으며, 낯빛과 근육의 움직임까지 변하였다.
2. 의사소통 시 더 많은 적합성을 보였다.
3. 치료자 또한 좀 더 활기차졌으며, 치료 회기에 좀 더 분명한 목적의식을 가지고 참여하였다.

치료자가 환자의 정동에 주의를 기울이지 않고 계속 상담을 진행한 경우, 더 이상의 감정 탐색은 이루어지지 못했다. 어떠한 환자도 자신의 말이 중요한 감정적 의미를 담고 있으니 이에 좀 더 집중해 달라고 주장하지는 않기 때문이다. 치료자가 환자의 정동 경험을 이해하는 방법이 치료자의 애착 유형과 일치한다는 사실 또한 중요하다. 보통 다섯 가지 유형의 돌봄 추구 행위와 돌봄 제공 행위를 확인할 수 있는데 이 각 유형은 네 가지 기본 애착 유형(안정 애착, 불안-무시형 애착, 불안-몰두형 애착, 불안-혼란형 애착)과도 관련되어 있다. 즉, 정동 조율의 성공 여부는 치료자caregiver와 환자careseeker 모두에 의해 결정된다. 맥클러스키(2005)는 다음과 같은 분류를 제시하였다.

I. 돌봄 추구 행위의 5가지 유형

- I. 자신의 감정, 문제, 염려에 대해 명백하게 설명하다.
- II. 자신의 감정, 문제, 염려에 대해 이야기하는 것을 꺼린다.
- III. 자신이 염려하는 문제에 대해 이야기하기는 하나 그를 도와주고자 하는 돌봄 제공자를 함정에 빠뜨리려고 한다.
- IV. 자신이 염려하는 문제에 대해 이야기는 하나 그를 도와주고자 하는 돌봄 제공자는 거부한다.
- V. 자신의 감정, 문제, 염려를 표출함에 있어 당황해하며, 지리멸렬하고 무질서하다.

Ⅰ. 돌봄 추구자의 정동을 조율하고 그것을 잘 조절하며, 돌봄 추구자의 목표를 위해 힘쓴다.
Ⅱ. 돌봄 추구자가 자신의 정동을 탐색하는 것을 막기 위해 고의적으로 그의 정동에 잘못 대응한다.
Ⅲ. 정동 문제에 관여하는 것을 회피하여 혼돈스럽게 된 후에야 다시 정동 문제에 관심을 기울이고는 그것을 조절하여 돌봄 추구자가 목표를 달성할 수 있도록 돕기 위해 힘쓴다.
Ⅳ. 돌봄 추구자의 정동에 잘못 대응하여, 혼돈스럽게 된다.
Ⅴ. 돌봄 추구자의 정동에 대응 하기는 하나, 혼돈스럽게 된다.

맥클러스키(McCluskey, 2005)는 이들 각각의 돌봄 제공 및 돌봄 추구 표현 양식이 서로 어떻게 영향을 미치는지에 대해 설명한다.

> 애착 역동 내에 존재하는 어떠한 체계든지 그 역동 내에 존재하는 다른 체계에 의해 짓밟히는 경우, 치료 목표 달성은 실패할 수 있다. 돌봄 추구자의 도움 요청으로, 돌봄 제공자 체계가 활성화되는 경우를 예로 들어보자. 그런데 이 돌봄 추구자의 도움 요청이 돌봄 제공자의 불안을 자극하는 방식으로 표현될 경우, 돌봄 제공자는 자기를 방어하는 식으로 후퇴할 수도 있으며 그 스스로가 돌봄을 추구하고자 할 것이다.(p. 133)

이와는 반대로, 돌봄 추구행위가 돌봄 제공자에 의해 충족되는 경우(공감, 감정 조율)에는 치료는 성공할 수 있다. 돌봄 추구자와 돌봄 제공자 모두 안도감과 만족감을 경험하기 때문이다. 이러한 만족감은 성숙한 어른 누구나 추구하고 싶은 욕구(관계 속에서 서로 주고받고자 하는 욕구)이다.

집단치료와 ACOA

알코올중독자 및 약물 중독자들을 대상으로 집단치료를 진행하다 보면, 많은 집단 구성원들의 부모 중 적어도 한명은 알코올중독자였음을 알게 된다. 뿐만 아니라 집단 구성원들의 배우자 및 그들이 관계 맺고 있는 의미 있는 타자들 또한 알코올중독자 부모 밑에서 성장한 경우가 많다. 중독은 집안 내력인 것 같다. 스스로가 화학 물질에 중독되었거나, 자신은 중독되지 않는다 하더라도 중독된 상대방에게서 매력을 느끼는 것 같다. 알코올중독자 및 약물 중독자들은 AA형식(Adult Children of Alcoholics, Al-Anon, Co-Dependency)을 띤 12단계 프로그램을 참여하는 경우가 많기 때문에, 이 때 알게 된 개념과 용어들을 집단치료 동안에도 많이 혼재하여 사용하곤 한다. 이러한 이유로 집단리더들은 중독자가 되어버린 ACOA와 그렇지 않은 경우의 ACOA 사이의 공통점과 차이점에 대해 잘 알고 있어야 한다. 이들은 서로 다른 역동을 보이기 때문에 적용하는 치료 전략 또한 달라야 한다. 중독자가 되어버린 ACOA의 경우 이들은 자신이 겪는 어려움에 대해 밖으로 표출하는 경향이 있으며 명백한 성격적 정신병리를 보이곤 한다. 반면, 비중독자인 ACOA는 은밀하게 행동화act in 함으로써 자신의 정신병리를 숨기는 경향이 있다. 학교 선생님을 비롯한 치료자들에게 좋은 모습을 보이고 싶어 하기 때문에 내적 고통과 갈등을 감추는 능력을 학습하게 되며, 심지어 어른이 되어서도 전문가에게 조차 자신의 문제를 숨기고 싶어 한다.

중독과 가족

알코올 중독 및 약물 남용은 가족 구성원 전체에게 영향을 미친다(Gitlow, 1973; Jellinek, 1960; Johnson, 1973). 중독자 부모 밑에서 성장한 아이들은 결국 원 가족을 떠나게 된다. 불안정하고, 혼돈되고, 역기능적인 알코올 중독 가정에서 성장한 이들의 경우 결국에는 그러한 경험들로 인해 스스로 중독자가 되거나 중독 성격을 발달시키는 것으로 알려져 있다(Brown & Beletsis, 1986; Cermak, 1984; Kritsberg, 1985). 이 들의 이러한 증상과 성격은 알코올 중독자 가정 출신 아이ACOA라는 용어로 잘 알려져 있다.

최근, ACOA라는 용어가 정확한 진단적 집합체인지에 대한 논란이 활발히 진행되고 있다. 세르막(Cermak, 1984)은 ACOA라는 용어는 낙인에 불과할 뿐 결코 진단명이 아니라고 주장하며 이 용어를 사용하고 있는 저자들이 이 개념을 과도하게 일반화 시키는 것의 문제점에 대해 지적하였다. 사실, ACOA에 관련된 문헌들을 살펴보면 저자들이 이 개념을 일화적· 임상적· 경험적으로 묘사하고 있을 뿐임을 알 수 있다. 아무리 좋은 경험적 연구라 할지라도 ACOA의 기질 및 특성을 비알코올 중독의 역기능적 가정에서 자란 아이들의 기질 및 특성과 명백하게 구별하고 있지는 못하다. 그러나 견고한 경험적 증거가 아무리 부족하다 할지라도, 여전히 많은 집단들이 스스로를 ACOA라고 명명하고 있으며 그 숫자 또한 증가하고 있다. 모든 ACOA들이 공통된 병인을 공유하는지에 대해서는 논란이 존재하나, 많은 알코올중독자 가정 출신 아이들이 자기 자신 및 다른 사람들에 대해 왜곡된 시각을 가지고 있는 것은 사실이다.

때로는, 알코올중독자 가정을 역기능적이라고 묘사하는 것 자체가 동어 반복적으로 들리기도 한다. 알코올 중독의 영향에 대해 설명하면서 이 두 가지를 서로 분리시켜 이야기하기란 불가능하다. 알코올중독자 가정에서 자란다는 이야기는 역기능적 가족 체계 속에서 성장한다는 것과 동일어이기 때문이다. 그러나 가족 체계를 붕괴시키는 것은 알코올 자체도 알코올 소비도 아니라는 것을 알아야 한다. 문제가 되는 것은 바로 알코올 중독 부모가 보이는 병리적 행위 및 괴상한 감정 표현에 있다. 즉 이러한 것들이 우리가 흔히 ACOA 특성이라고 하는 성격 기질을 발달시키는 것이다.

알코올 중독 가정에서 성장한 사람들은 누구나 비슷한 특성을 갖는냐고 이야기하기 전에, 매우 다양한 요인들(알코올 중독 부모 발병 당시 아동의 연령, 형제자매의 수, 출생 순서, 대리 부모의 유무, 알코올중독자가 부모 중 한명인가 아니면 부모 둘 다인가의 문제)이 주의 깊게 사정되어야 한다. 역기능적 알코올중독자 가정 체계 내에서 성장한다는 것은 대부분의 사람에게 있어 특정 유형의 정신병리적 환경을 경험하게 하고 그 결과 비슷한 성격 유형 및 기질을 출현시키게 된다라고 말하는 것이 좀 더 정확한 표현일 것이다.

자마스Jarmas와 카작(Kazak, 1990)은 ACOA에 대한 임상적 인상을 지지하는 많은 경험적 증거들을 제시하였다. 블랫(Blatt, 1974)의 발달학적 모델을 통해 살펴 볼 때, ACOA의 경우 비ACOA 보다 더 투사적 우울감을 표현하는 것으로 나타났다. 의존적 우울증dependent depression과 달리 내사적 우울증introjective depression은 죄책감, 열등감, 무가치감, 기대를 충족시키지 못함에서 오는 실망감 등을 포함한다. 자마스와 카작(1990)은 다음과 같이 적고 있다.

> 블랫Blatt의 발달학적 모델에서는, 본질적으로 다른 형상들 사이에서 모순을 스스로 해결할 수 없는 어린 아이가 분열되고 양가적인 부모의 형상을(대상표상) 내면화 하게 되면, 내사적 우울증이 발달하게 된다고 가정한다. 부모의 사랑과 수용을 잃을 것을 두려워한 나머지 그들의 내재화된 부모와 감정적 접촉을 유지하기 위한 방법의 일환으로 지나친 자기비판과 죄책감을 경험하게 된다는 것이다.(1990, p.245)

ACOA의 일반적 특징들

ACOA의 특성을 제대로 알고자 한다면 이들의 일반적 특징을 대상관계object relations 발달 구조 속에서 이해해야 한다(Bowlby, 1980; Mahler, 1979; Wood, 1987). 문헌을 통해 검토되어지는 이 대상군의 일반적 특징은 다음과 같다.

1. ACOA들은 충동적 돌봄 제공자들이다. 이들의 자기 가치감self- worth은 통제를 유지하고자 하는 욕구 및 다른 사람에 대해 과도하게 책임을 지고자 하는 욕구에 의해 반영된다.
2. ACOA들은 수치심에 의해 움직이는 사람들이다. 좋아 보이기 위해, 옳게 행동하기 위해, 그리고 다른 사람들로부터의 관심을 회피하기 위해 할 수 있는 한 다한다.
3. ACOA들은 자기self에 대해 안정감을 느끼지 못하며, 마치 카멜레온처럼 순응적 · 적응적으로만 다른 사람들과 관계 맺는다.

집단에서의 순응

ACOA들로만 구성된 집단을 이끌다 보면 독특한 어려움에 직면하게 된다. ACOA들은 집단리더가 자신에게 원하는 바가 무엇인지에 반응하며 이에 맞게 느끼고 행동하고자 한다. 알코올중독자인 부모가 지금 술에 취해있지는 않은지 기분은 어떤지를 민감하게 살펴야 했기 때문에 다른 사람들의 언행을 살펴 미묘한 차이를 발견하고자 하는 일에 예민하다. 카멜레온과 같은 순응적, 적응적 태도를 발달시킨 것이다. 또한 이들은 자신의 감정을 드러내는 것을 수치스러워할 뿐 아니라 두려워 한다. 어떻게 하면 자신의 감정은 숨기고 적합하게 행동할 것인가를 평생에 걸쳐 학습해 온 이들은 집단리더에게 가장 예의 바르고 의존적이며 순응적인 집단을 경험하게 해줄 것이다. 때로는 12단계 프로그램에서 배운 낙인과 슬로건을 과용하면서 이를 심화시키기도 한다. 바니첼리(Vannicelli, 1991)는 다음과 같이 집단리더들을 장려한다. ACOA에게는 자신의 행동을 최대한 구체적으로 묘사해 볼 것을 요청하라. 스스로를 어떻게 평가하고 있는지 탐색해 볼 수 있는 기회를 주어야 한다. 치료자는 "당신은 스스로를 ACOA라고 말했는데, 당신이 말하는 ACOA란 뭘 의미하는 거죠?" 혹은 "당신은 당신의 그러한 행동이 전형적인 ACOA의 모습이라고 설명하더군요, 이게 구체적으로 뭘 의미하는 건지 집단 구성원들에게 설명해 주시겠어요?"라고 물을 수 있다.

집단에서의 통제

통제는 ACOA 들에게서 가장 흔하게 확인되는 성격 특성 중 하나이다(Ackerman, 1979; S. Brown, 1988; Whitfield, 1987). 세르막과 브라운(1982)은 집단 구성원들을 대할 때 가장 어려운 부분이 바로 이 통제라고 한다. 통제할 수 없음에 대한 두려움과 통제 될 것에 대한 두려움이 최고조의 상태에 있다는 것이다. ACOA가 다른 사람을 신뢰하기란 매우 어려운 일이다. 이는 통제권을 다른 사람에게 줘버리는 것과 마찬가지이기 때문이다. 통제력을 상실하는 경우 이들은 불안감과 취약함을 경험한다. 통제 상태를 유지하고 자기 가치감을 지키기 위해 이들은 스스로를 강한 책임감으로 무장한다. 과도한 책임감은 보울비(1958)가 묘사한바 있는 강박적 돌봄 제공을 강화시킨다. ACOA들은 이러한 식으로 통제력을 보유하고 대인관계를 유지한다. 대개의 경우 ACOA들은 자신이 다른 사람들로부터 정서적 지지를 받는 대상이 되는 것을 참지 못해한다. 알코올중독자 및 약물 남용자들이 다른 사람과 만족스럽고 친밀한 관계를 형성하기 힘들어 하는 것과 마찬가지로 이들 또한 그러하다. 그렇게 되기까지의 이유는 비록 정반대 이지만 말이다. 알코올중독자 및 약물 남용자들은 돌봄을 제공하지는 못하고 받을 수만 있는 반면, ACOA들은 줄 수만 있고 받을 줄은 모르는 사람들이다.

집단에서의 치료전략

알코올중독자 및 약물 남용자들에게 장기간의 치료가 요해지는 것과 마찬가지로 ACOA들 또한 장기 치료를 요한다. 이 두 집단 모두 친밀한 관계맺기에 극도의 어려움을 느낀다. 알코올중독자 및 약물 남용자들이 알코올 및 약물에 대한 강박적 욕구로부터 쉴새없이 공격당하는 것과 마찬가지로 ACOA들 또한 끊임없이 다른 사람들을 책임지고 통제하고자 하는 욕구로 부터 공격 받게 될 것이다. 그러나 이 두 집단 간에는 중요한 차이점 또한 있다. 알코올중독자 및 약물 남용자들은 두드러지게 행동하는 것을 좋아하고 투사적 동일시를 통해 분노 및 적대감을 집단리더에게 돌리고자 애쓰는 반면, ACOA들은 행동으로 드러내지 않은 채 모든 잘못과 실패에 대해 자기 자신을 질책하고 비난한다. 이들은 집단리더가 실패하고 무능력할 때에만 투사적 동일시 한다.

다른 사람들을 통제하고 책임지고자 하는 ACOA의 절대적 욕구를 포기시키기란 매우 어려운 일이다. 이들은 지금까지 통제와 책임을 통해서만 지기 가치감, 자기 존재감을 확인했다. 대부분의 ACOA들은 어린 시절 그들에게 주어졌던 힘(대리 배우자, 비밀을 털어 놓을 수 있는 친구, 내재 부모)에 대해 엄청난 양가감정을 갖는다. 이들은 무능력하기만 했던 알코올중독자 부모 때문에 독특한 형태의 역할 전도를 경험해야만 했다. 부모를 양육해야만 했다. 알코올중독자 가정의 첫째 자녀인 경우 특히나 더 그러했다. 이렇게 평생을 지내왔던 이들에게 통제와 책임을 포기하기란 단지 어려운 정도가 아닌 고통스럽고 수치스럽기까지 한 일이다.

ACOA와 수치심

집단치료에서 수치심을 다루는 것을 선호했던 알론소와 루탄(1988)은 여러 이유들로 인해 이 대상군에 대해서만큼은 이런 저런 설명을 덧붙이고 있다. 가장 큰 원인은 알코올중독자 부모 밑에서 성장한 아이들이 일반적으로 경험하는 수치심의 강도 및 정도에 있다. 이들은 수치심을 내재화할 뿐만 아니라 알코올 중독 부모 때문에 전 가족이 겪는 당혹감과 경멸감을 자신의 책임으로 느낀다. 히바드(Hibbard, 1987)는 다음과 같이 적었다.

> 알코올중독자 부모에 의해 양육되어지는 경우 이것이 비록 비합리적인 나르시스틱한 외상이라 할지라도 그 자녀들은 부모들로 인해 많은 수치심을 경험하게 된다. 그런데 이 때 독특한 점은... 이들의 정신 구조화 발달 정도가 어느 단계일 때 자기self와 대상 표상 간 혼돈(상호작용)을 경험 했고, 얼마만큼의 깊이로 수치심을 경험했느냐 하는 것이다.(p. 784)

라이스(Rice, 1988) 또한 이미 언급하고 있는 바와 같이 "죄책감에 대한 해결책은 용서인 반면, 수치심을 해결할 수 있는 길은 수용에 있다." 수용은 자신이 경험한 수치심과 그것을 유발한 요인 및 사건을 다른 사람들 앞에, "밝은 빛" 가운데 드러냈을 때에만 가능할 수 있다. 수치심은 무언가를 숨겨 놓는 상태를 의미한다. 결국 수용을 경험하기 위해서는 노출이 절대적으로 필요하다. 이 때문에 수치심을 치료하기 위해서는 개별치료가 더 적합한 것이 아닌가 하는 논쟁이 있다. 그러나 알론소와 루탄이 잘 지적하고 있는 바와 같이, 다음과 같은 이유로 집단치료 세팅에서 노출하는 것이 더더욱 필요하다. 첫째, "잘 이해할 수 있도록 훈련된" 몇몇 사람을 제외한 다른 사람들과는 절대 공유되어서는 안 된다고 생각했던 그 추잡하고 사소한 비밀의 함축적 의미를 제거할 수 있다. 둘째, 자신의 수치를 노출한 당사자 ACOA 뿐 아니라 집단 구성원 모두가 지금까지 꽁꽁 숨겨왔던 자신만의 수치심을 나눌 수 있다. 자신의 수치심은 용납할 수 없었지만 다른 사람의 수치심은 용납해 봄으로써 스스로에게도 용기를 내어 볼 수 있는 연결 기회를 주는 것이다. 즉, 자신 또한 다른 사람들로부터 수용 받을 수 있도록 용납해 줄 수 있다. 사람은 사람 앞에 섰을 때 비로소 치유 받을 수 있으며, 사람은 누구나 다른 사람을 치유할 수 있다는 사실을 알아야 한다. 이것이 바로 설즈(Searles, 1973)가 말한 "치료적 협력 관계therapeutic symbiosis"이다. 이러한 경험과 인식은 집단 안에 있을 때에만 비로소 가능하다. 이것이야 말로 ACOA뿐 아니라 알코올중독자, 약물 남용자 모두에게 똑같이 적용될 수 있는 치유 과정의 핵심이자 정신이다.

AA와 집단정신치료

AA와 집단치료 모두에 소속되어 있는 것이 가능할까? 최근의 치료 전략들은 이 문제에 대해 발전된 견해를 보인다. 이 분야 선두에 있는 이론가들 모두 몇 년간의 임상적 경험에 근거하여 치료 성공률을 향상시킬 수 있는 대안들을 제시하고 있다(Brown & Yalom, 1977; Cummings, 1979; Wallace, 1975, 1978b). 예를 들어 커밍스(Cummings, 1979)는, 그의 "배제 치료"에 대해 묘사하면서 단주 및 단약을 주요 치료 목적으로 하는 AA와 양립 가능한 치료 전략들을 소개하고 있다.

단주라는 목표를 달성·유지하기 위해 알코올중독자들은 엄청난 주변 사람들의 지지를 필요로 한다. 상호작용 집단(수용뿐만 아니라 갈등마저도 필요로 하는)이 회복 과정에 필요한 모든 지지를 다 제공할 수 있는 것은 아니지만 집단 구성원들 서로가 필요할 경우 AA와 같은 사람들로부터의 도움을 구할 것을 지지해 줌으로써 이 문제를 어느 정도는 해결할 수 있다고 브라운과 얄롬(1977)은 말한다. 그러나 이와 동시에 이들은 두 집단 모두에 소속되어 있는 것이 집단 내 상호작용 과정을 방해하는 것은 아닌지에 대해 염려하였다. 물론, 초기에는 이 둘 사이에 불협화음이 존재했던 것이 사실이었다. AA와 일부 "무지한 전문가" 사이에 차이가 존재했기 때문에 이를 연결시켜 줄 수 있는 고리가 필요했다. 그러나 이러한 문제들은 다음과 같은 사실을 집단 구성원들에게 분명하게 지적해 줌으로써 해결할 수 있었다. 즉, AA와 집단치료는 매우 다르게 기능하지만 그들의 회복에 있어 똑같이 필요하다는 사실을 알려주는 것이다. AA는 집단치료가 제공할 수 없는 지지를 제공해 줄 수 있으며, 그 역 또한 마찬가지이기 때문이다. AA의 경우, 그 모임 형식 특성상 참여자들의 의존 욕구를 만족시켜 줄 수 있는 경향이 있다. 새로운 AA 멤버들은 단주를 유지하기 위해 다른 멤버들 및 "위대한 힘"에 의지할 것을 독려 받는다. 반면, 치료집단에서는 환자로 하여금 치료를 지속시킬 수 있을 만큼의 의존 욕구만 충족시킨다.

이상적인 경우, 견고하고 지속적인 AA 멤버십은 구성원들에게 치료집단에 전적으로 참여할 것을 허용한다. AA는 집단 구성원들에게 알코올 문제를 해결하는데 필요한 지지 체계로 기능할 수도 있을 뿐만 아니라 집단치료 과정 중에 발생할 수 있는 좌절을 견뎌낼 수 있도록 도와주는 기능을 할 수도 있다. 치료자는 환자들이 AA에 참여하도록 적극적으로 독려해야 하지만 이와 동시에 환자들이 AA에 대해 잘못된 개념, 편견, 왜곡된 생각 등을 가지고 있는 경우 이를 반박할 수도 있어야 한다.

AA 모임은 그 효과 면에서 볼 때, 단주를 달성 · 유지할 수 있도록 실질적 방법들을 지지하는 행동변화 프로그램이라고 왈라스(1978a)는 주장한다.

> AA에서 행해지고 있는 정적 강화(단주를 유지함에 필요한 사회적 인정과 사회적 지위), 사회적 모델링(역할 모델의 존재 여부, 단주에 임하는 학습 태도), 탈 감작(공통 경험을 나눔으로써 불안 및 죄책감 감소, 웃음, 과거 음주 행위에 대해 웃으면서 이야기할 수 있는 여유, 수용해주는 사회적 분위기), 인지행동변화(자기, 행동, 음주에 대한 인지 재구조화) 등은 현재 행해지고 있는 행동치료와 같은 맥락이다. (p.102)

마타노와 얄롬(1991)은 치료 과정 중 AA와 다른 자조 모임 간 통합을 지지한다. 그리고 더 나아가 이러한 자조 프로그램에서 사용하는 용어들을 통합·수용하기 위해 상호작용 모델을 수정할 것을 제안하였다.

> 알코올중독자들을 효과적으로 돕고 싶어하는 치료자라면 AA 전통에 대해 잘 알고 있어야 한다. 두 가지 이유에서 그러한데 (1)AA에 대해 정확히 알고 그 지식을 치료 과정에 통합시키기 위해, (2)AA 개념을 잘

못 사용하는 경우(AA 개념 왜곡, 치료 저항으로 이용) 이를 알아차리고 막기 위해서이다.(p.279)

알코올중독자 회복에 있어 집단치료가 AA를 대체할 수 있는 것은 아니다. 아니 오히려, 집단치료자들은 적극적으로 AA의 도움을 요청해야 한다. 마타노와 얄롬은 전문가와 'AA를 비롯한 자조 집단'이 서로 오해하고 있는 부분에 대해 지적한다. 이 오해에 관한 내용은 5장에서 AA를 비롯한 12단계, 12전통에 대해 언급하며 충분히 다루었다.

AA와 집단치료의 협력 관계는 회복 과정을 증진시킬 수 있다. 이 장에서 제시된 사항들은 비단 치료 과정에만 적용할 수 있는 것은 아니다. 이 어려운 대상군들과 함께 작업하는 모든 치료자들이 흔히 직면하곤 하는 함정을 피해갈 수 있도록 도울 것이다.

10

공존질환들과 집단정신치료 : 애착이론적 관점

지난 10년간 행해진 질병학 연구들을 살펴보면 정신 질환과 약물 남용이 공존하는 경우가 점차적으로 증가하고 있음을 알 수 있다. 최근 행해진 두 개의 대규모 연구(National Comorbidity Study, Epidemiologic Catchment Area Study)에 따르면 미국에 거주하고 있는 사람 중 천만 명에 달하는 사람들이 약물 남용 문제와 정신 질환을 함께 앓고 있다고 한다(약물남용 치료센터 Center for Substance Abuse Treatment, 1994). 이러한 연구들이 있기 전인 1994년에 약물남용 치료센터CSAT에서는 약물 남용과 정신질환 이 두 가지 모두로 인해 고통 받고 있는 대상자들을 돕고자 노력하고 있는 치료자들의 욕구에 따라 이들을 위한 치료 증진 프로토콜(TIP #9, Assessmet and Treatment of Patients with Coexisting Mental Illness)을 이미 개발하여 출판한바 있다.

최근 이 분야에서는, 특히 특별한 대상군에게 임상적 치료 모델을 적용하고 있는 분야에서는, 다중질환으로 고통 받고 있는 사람들을 사정하고 치료하기 위한 좀 더 세밀한 접근법들을 소개하고 있다(Jerrell & Ridgely, 1999. McHugo, Drake, Teague, & Xie, 1999). 이 두 영역(약물남용 치료 영역, 정신질환 치료 영역) 모두 기존에 이들을 분리시켰넌 서로에 대한 적대적 태도를 내려놓고 오래된 상벽을 허물며 협력하기 시작했다(Meissen, Powell, Wituk, Girrens, & Arteaga, 1999; National Association of State Mental Health Program Directors, 1999; Ridgely et al., 1998). 이 주창자들의 노력이 초석이 되어 이중 진단으로 고통 받고 있는 대상군들이 이제는 좀 더 효과적으로 치료를 받을 수 있게 되었다(Group for Advancement of Psychiatry, 1993; National Association of National Association of State Alcohol and Drug Abuse Directors State and Mental Health Program Directors, 1998).

중독-정신병을 끄는 말인가 끌려가는 수레인가?

50년 전의 중독 치료는 오늘날의 중독 치료처럼 그다지 복잡하지 않았다. 알코올 중독에 대한 치료는 거의 예외적으로만 이루어 졌으며, 그 대상도 40대 후반 혹은 50대 초반의 코카시안계 남성이 대부분이었다. 그들에게 행해진 중독치료는 필요한 경우에 한해 해독 치료를 받은 후, 술을 끊을 것을 훈계 받고, AA 모임에 나가라고 듣는 것이 전부였다. 그러나 요즘에는 상황이 다르다. 대부분의 중독자들이 알코올과 함께 다른 여러 가지 약물들을 복용하고 있으며 30세 전의 환자들에게서 이러한 현상은 더욱 두드러진다. 한 가지 약물 사용을 중단한 환자가 또 다른 약물에 다시 중독되는 교차 중독은 알코올중독자들을 비롯한 약물 남용자들에게서 흔히 발생하는 현상이다. "다중 약물남용자poly drug abuser"라는 용어 또한 흔한 진단명이다. 물질 남용자들의 "선택 약물"에 대해 알아보는 것이 필요한 시점이다. 분명 우리 사회의 증가된 약물 사용은 진단 및 치료 체계를 복잡하게 하고 있다.

중독 치료는 날이 갈수록 복잡해져가고 있으며, 지난 20년 동안 수 많은 논쟁에 휩싸여 있었다. 다양한 요인들이 중독 치료의 복잡성을 더욱 심화 시키는 데 공헌했는데 그 중에서도 가장 적은 영향을 미친 요인 중 하나로 약물 사용의 증가를 들 수 있을 것이다. 가장 막대한 영향요인 중 하나는 바로 일반인이 특정 약물에 접근하기가 너무 쉬워졌다는 데 있다. 중독문제에 대해 사회가 아무리 허용적이라 할지라도 혹은 중독을 향한 한 개인의 성향 및 유전적 소인이 아무리 강하다 할지라도, 약물 접근성이 용이 하지 않다면 그 누구도 중독되지 않을 것이다. 연령, 인종, 종교, 사회적 지위, 민족적 배경에 상관없이 이 사회의 모든 구성원들(남자, 여자, 청소년, 아동)이 급속한 합성 마약(LSD, 엑스타시ecstasy, 메스-크리스탈meth crystal) 사용의 확산과 함께, 마리화나, 헤로인, 코카인과 같은 불법 약물 사용이 증가함에 따라 치료 장면을 더욱 복잡하게 하고 있다. 현재 미국에서 발생하고 있는 약리학계의 혁명 또한 문제다. 물론 약물이 제공하는 많은 혜택들 또한 존재하는 것이 사실이나, 안정제, 암페타민, 진통제와 같은 중독 및 남용의 가능성을 가지고 있는 약물 또한 증가했기 때문이다. 중독치료 전문가들은 치료 전략 및 접근법에 대해 서로 모순된 태도와 충돌하는 견해들이 난무하는 가운데 마치 미로를 헤매고 있는 듯하다. 더욱이 화학물질 복용과 아무런 관련이 없음에도 불구하고(도박, 섹스, 일과 같이) 중독이라고 언급되어지는 질병의 증가 또한 이 문제를 복잡하게 하고 있다.

교차 중독

회복 초기에 흔히 발생하는 일 중 하나가 바로 다른 중독으로 옮겨 가는 것이다. 애착이론(Flores, 2004)과 정동 조절 이론(Khantzian et al., 1990)에서는 약물 남용자들이 왜 교차 중독에 빠지는지에 대해 설득력 있는 설명을 제공한다. 하나의 중독을 다른 중독으로 대체하는 양상은 중독 치료 현장에서 오랜 동안 관찰되었으며 이는 흔히 교차 중독이라고 불린다. AA 설립 초기, 12단계 집단에서는 프로그램에 참여하는 "초심자"들이 술이 아닌 다른 것에 중독될 때에만 술을 끊곤 한다는 사실을 정확히 알고 있었다. 더 이상 음주를 지속하지 않는 알코올중독자들의 경우 다른 약물에 의존하게 되는 경우가 많았으며 그 역 또한 마찬가지였다.

많은 중독자들이 그들의 주요 중독이 방해 받게 되는 경우 이를 다른 중독 행위로 교체했다. 알코올중독자들을 비롯한 중독자들은 중독 행위의 마지막 문이 닫히게 되는 순간 매우 불안해한다. 중독 전문가들은 그 마지막 문을 닫는 것이 매우 중요하다는 사실을 알게 되었다. 마지막 문이 닫힘과 동시에 중독자들은 비로소 전에는 보지 못했던 그리고 종종 고통스럽기만 했던 정문을 볼 수 있게 되고 종국에는 이 곳을 지나 AA가 회복이라고 부르곤 하는 진정한 변화의 경험으로 나아갈 수 있기 때문이다.

AA에 대해 잘 알고 있는 사람이라면 많은 알코올중독자들이 술을 끊은 후 그들의 관계를 좀먹곤 했던 성격적 결함에서 벗어나 삶의 길을 전환한다는 사실을 알고 있다. 반면, 단주를 유지할 수 없어 파괴적 행동을 지속적으로 보이는 사람들 또한 있는데 이들은 끊임없는 재발로 인해 고통스러워하고 하나의 강박적 행동(코카인, 마리화나 등)을 다른 것으로 대체하곤 한다. 많은 경우 폭식 때문에 과체중이 되거나 식욕 부진을 경험 한다. 그들의 섭식 행위 또한 그들의 음주 및 약물 사용이 그러했던 것처럼 충동적이 되어 통제 범위 밖에 놓이게 되는 것이다. 강박적 도박자, 강박적 일 중독자가 되기도 하고 끊임없이 그들을 압도하며 위협하곤 했던 공허함, 지루함, 불안, 우울 등을 극복하기 위해 약물을 사용했던 것처럼 성을 그러한 용도로 사용하기 시작한다. 그들은 건강한 단주를 하지 못하며, AA와 회복이 약속한 "평온"에 이를 수도 없다. 그들은 AA가 "마른 주정"이라고 명명한 바 있는 상태에 이르게 된다. 비록 술을 끊을 수 있을지는 몰라도 충동 성향은 없애지 못한다. AA의 빅 북(Big Book, 1939)에서도 "어떠한 사람들은 이 프로그램을 따라가지 못할 만큼 심각하게 아픈 경우도 있다" 고 이야기 했던 것처럼 AA가 모든 사람에게 효과적인 것은 아니다.

> 이런 불행한 사람들도 있다. 이는 그들의 잘못이 아니다. 그저 그런 식으로 태어났을 뿐이다. 철저하게 정직할 것을 요청하는 삶의 방식을 선천적으로 절대 개발시키지 못하는, 절대 따라 갈 수 없는 사람들이 있다. 중독자 중 절반 이하에 해당하는 사람들이 바로 이에 해당한다. 그리고 이런 사람들 중에는 지나치게 감정적이거나 정신질환으로 인해 고통 받고 있는 사람들도 있다.(p.58)

AA가 적고 있는 "지나치게 감정적이거나 정신질환으로 인해 고통 받고 있는 사람들" 은 천성적으로 충동적이다. 중독과 다른 충동 장애는 공존하는 경향이 있다(Orford, 1985). 성적 충동, 성중독, 성도착증, 중독적 관계, 도벽, 충동적 소비, 횡령, 도박, 자해 등을 포함해 다양한 역기능적, 파괴적 행동들은 서로 높은 상관관계가 있다. 예를 들어, 많은 연구들에서 니코틴 의존과 알코올 의존(Irons & Schneider, 1996), 성 충동과 코카인 사용(Washton, 1989), 충동적 소비, 섭식 장애와 충동적 도박(Carnes, 1991)간에 높은 상관관계가 있음을 보여 주었다. 75명의 회복중인 성중독자들을 대상으로 한 조사에서, 이들 중 39%에 해당하는 사람들이 화학물질 의존으로부터도 또한 회복 중이었으며, 32%에 달하는 사람들이 섭식장애를 갖고 있었고, 13%가 스스로를 충동적 소비자로, 5%가 충동적 도박자로 분류했다(Schneider & Schneider, 1991). 최근 연구에서는 충동적 행위와 인터넷 사용 간에도 상관관계가 있음을 보고하고 있다(Morahan-Martin & Schumacher, 2000). 상담 접수 담당자들은 약물 중독 치료를 시작하는 환자들의 초기사정에서 이들은 다양한 다른 충동 장애로 인해서도 고통 받고 있다는 사실을 발견하였다.

감별 진단 : 중독 혹은 정신 질환 ?

대부분의 약리학자들은 약물 중독의 원인이 약 자체가 아닌 그 약물을 사용하는 사람에게 있다는 사실에 동의 한다(Ray, 1983). 장기간의 약물 사용이 신체적, 신경 생물학적으로 뇌에 변형을 가져와 중독 과정을 부채질하게 되는 것은 사실이지만, 사람들이 약물에 코가 걸리게 되는 것은 약리학적 원인 때문이 아닌 심리적, 사회적 원인 때문이다(Ray, 1983). 우연히 약물에 중독되는 사람은 없다. 그들이 가지고 있는 특정 기질이 약물을 남용하게 했을 것이다. 병원에서 수천 명에 달하는 사람들이 만성적으로 몰핀 사용에 노출되어 왔고, 이들 중 일부는 신체적 의존 경향을 띠고 있는 것으로 나타나기까지 하였으나, 이들이 병원을 떠난 후 다시 마취제를 사용했다는 보고는 없다. 또한 이 임상 장면을 더욱 복잡하게 하는 사실은, 많은 폭주가들이 다 알코올중독자는 아니라는 것이다. 그렇지만 물질 사용 후 기분 좋은 경험을 하게 되는 경우(쾌감) 이 약물은 얼마든지 남용될 가능성 또한 있는 것이 사실이다. 내성과 신체적 의존을 발생시키는 약물들은 더 중독성이 강하다.

어떠한 치료 방법이 적절한가를 결정함에 있어 그 사람의 약물 중독 정도를 정확하게 사정하는 것은 매우 중요한 일이다. 기분전환용으로 사용하는 사람인가, 남용자인가, 의존자인가, 중독자인가, 공존 질환으로 고통 받고 있는 사람인가를 물어야 한다. 많은 사람들이 살아가면서 약물을 오용, 남용, 과용하는 중에 자신의 알코올 및 약물 사용 정도를 시험해 보는 기간을 갖는다. 그러나 이 많은 사람들이 다 의존자가 되는 것은 아니며, 모든 의존자가 다 중독자가 되는 것 또한 아니다. 어떤 사람들은 그들의 유전적, 생물학적 기질과 밀접하게 관련된 정신 내적 혹은 발달학적 결함으로 인해 더 쉽게 약물 남용자로 발전하기도 하며, 약물을 과도하게 사용하는 경우 현재의 공존 질환들을 더 심각하게 악화시키기도 한다(Flores, 2001; Khantzian, 2001).

약물 남용과 공존 질환 간 관계를 정확하게 사정하기 위해서는 그 사람의 약물 사용 히스토리를 조사해 보는 것이 필요하다. 플로레스(1997)는 약물 남용이 종종 예상 가능하고 확인할 수 있을 만한 패턴을 따르기 때문에 다음의 네 가지 유형으로 분류 가능하다고 이야기 한다.

1. 자신의 알코올 및 약물 사용 정도를 실험해본 후, 그것의 사용을 통제-조절하는 법을 일찍 깨닫는 사람. 이들에게 심각한 정도의 약물 사용 기간이 있을 수는 있어도 중독되는 일은 없다.
2. 인생 후반기에 와서야 자신은 알코올 및 약물의 사용을 통제·조절할 수 없음을 알게 되어, 그제서야 스스로 혹은 전문가의 도움을 받아 혹은 12단계 프로그램의 도움으로 약물을 끊는 사람. AA에서는 이들을 '높은 수위의 알코올 중독자high-bottom alcoholicsl'(술을 중간에 그만 마실 줄 아는 사람들 - 역주)라고 부른다.
3. 인생 훨씬 후반기에 이르러서야 단주 및 단약을 해야 한다는 사실을 알게는 되었으나 결코 끊지 못하거나, 끊었다 하더라도 단주 및 단약을 유지할 수 없어 끊임없이 재발하는 사람. 그들은 반복된 상실을 경험하며 종종 간병변과 같은 외부적 요인 때문에야 비로소 약물을 끊게 된다. AA에서는 이러한 사람들을 '낮은 수위의 알코올 중독자low-bottom alcoholics'(한번 마시기 시작하면 끝장을 보고야 마는 사람들 - 역주)라고 부른다.
4. AA 프로그램의 12단계를 위해 아무리 열심히 노력한다 할지라도 결코 단주를 유지할 수 없는 사람. 이들은 결국 건강이 악화되어 죽거나, 교도소나 길거리에서 최후를 맞곤 한다(p. 309).

마지막 2개의 영역으로 분류되는 사람들은 공존 질환으로 고생하게 될 가능성이 높다. 이들의 공존 질환을 알아차리지 못해 치료하지 않으면, 이들을 성공적으로 치료하게 될 확률을 줄어들 것이다. 이들은 또한 주요 정신질환(양극성 정동장애, 인격장애 등)으로 인해 고통스러워 할 가능성이 높다. 이로 인해 결국 단주 및 단약을 유지하기가 어려웠을 것이다. 많은 경우, 약물 사용을 끊는 것이 정신과적 증상을 더 악화시켰을 것이다. 심각한 인격장애(경계성 인격장애, 반사회적 인격장애 등), 주요 정신질환(양극성 정동장애, 정신분열증)등은 치료와 회복을 방해하는 공존 질환의 또 다른 예이다.

만성 정신장애인들을 대상으로 일해 온 민코프(Minkoff, 1995) 또한 비슷한 결론에 이르고 있다. 그는 이 두 가지 질병(정신질환과 약물 중독)을 독립적으로 주요하게 다루어야 함과 동시에 상호작용적 질환으로 다룰 것을 주장한다.

위에서 언급한 네 가지 유형 중 오직 첫 번째 만이 단주에 기반한 치료 접근법 이외의 다른 대안적 접근법이 유효할 수 있는 대상군이다. 각 유형에 맞는 차별화된 치료 접근법을 소개함에 있어, 첫 번째 유형의 경우에는 허위 양성 진단(중독이라고 진단되어졌지만 사실은 첫 번째 유형에 해당 함)을 내린다 하더라도 그 파급 효과는 그다지 크지 않을 것이다. 입원 환자 병동에서 일하던 내과 의사가 그의 직원에게 말했다. "알코올이 생존에 필요한 필수 영양소는 아닙니다. 이 사람이 술을 마실 수 있는가 아닌가에 전혀 유난을 떨 필요가 없습니다." 반대로 허위 음성 진단(중독 된 것으로 진단되지는 않았지만 사실은 중독자인 경우)은 결국 세 번째와 네 번째 유형에서 강조된 것과 같은 결과를 가져오게 될 것이다. 이러한 식으로 보자면 과도하게 진단overdiagnose 되는 것이 진단을 놓치는 경우underdiagnose보다 훨씬 더 낫다. 민코프는 중독 회복에 관한 질병 모델과 회복에 관한 정신 질환 모델 사이의 유사점에 대해 지적한다. 회복을 위한 12단계 프로그램이 제시하는 "단계"를 중독 문제 뿐 아니라 정신 질환에 대해서도 적용해야 한다는 것이다.

정신건강과 중독의 관계

물질 남용 치료 센터(Center for Substance Abuse Treatment, 1994)는 약물 남용과 정신과적 증상 사이의 관련성에 대해 자세히 고찰하였다(1994). 치료 증진 프로토콜Treatment Improvement Protocol(TIP #9)에서는 사정·판별 과정 중 반드시 고려되어져야만 하는 약물 사용과 정신과적 증상간의 관계 목록을 제시하고 있다.

I. 약물 남용은 정신과적 증상 및 유사 정신과적 증후군을 유발할 수 있다.
II. 약물 남용은 정신 질환을 유발 혹은 악화시킬 수 있다.
III. 약물 남용은 정신과적 증상 및 증후군을 감출수도 있다.
IV. 약물 남용으로부터의 금단은 정신과적 증상 및 유사 정신과적 증후군을 유발할 수 있다.
V. 정신 질환과 약물 남용은 상호 독립적으로 존재할 수 있다.
VI. 정신과적 행동은 약물 남용 문제와 유사할 수 있다.

이 보고서는 다음과 같이 결론 맺고 있다. "공존 질환은 다양한 모습으로 나타난다. 정신 질환자들은 약물 남용의 위험성이 더 크며, 약물 남용자들 또한 정신 질환에 걸릴 위험성이 더 크다"(p.4).

공존 질환들

정신질환을 공존 질환으로 가지고 있는 내담자들을 치료하다보면 독특한 도전에 직면하게 된다. 많은 약물 남용자들은 해독치료 혹은 구조화된 치료 프로그램을 필요로 한다. 이를 통해 사람을 위협하는 반복된 재발을 막을 수 있기 때문이다. 이들은 치료 초기에 특별한 여러 어려움을 보이곤 하는데 약물 남용 치료자들은 이 문제를 해결하기 위해 정신 건강 체계의 도움에 의존하곤 한다. 그러나 정신 질환 치료와 약물 남용 치료는 역사적으로 볼 때 서로 매우 다른 접근법, 관리 구조, 치료자의 자질, 재정 지원 방법을 갖는다. 즉 내담자들은 서로 매우 다른 세팅에서의 치료를 경험해야만 했을 것이다. 더욱이 이중 진단을 받은 환자들의 경우 유일한 치료 방법이 있을 수 없는 여러 다른 사람들로 구성된 집단이었을 것이다.

치료자는 이중 진단 집단을 치료하기 위해 흔히 이들에게 동반되곤 하는 증상들 전체를 효율적으로 확인하고 평가할 수 있도록 준비되어야 한다. 알코올 및 약물 남용자들에게서 1축 및 2축에 해당하는 증상을 확인하기란 매우 흔한 일이기 때문이다(Miller & Brown, 1997). 또한 이들은 두 가지 이상의 다중 약물로 인한 중독 문제로 고통 받고 있을 가능성이 크며, 한 중독에서 다른 중독으로 빠르게 옮겨가는 경우도 많이 있다. 이 때문에 치료자들은 이들을 치료하기란 매우 복잡하고 도전적인 일임을 발견하게 될 것이다(Flores, 2001). 중독 질환자들에게 다양한 모습으로 나타나는 문제들은 그 환자가 어떠한 사람이냐에 따라 다시 한 번 복잡해진다. 결론적으로 말해, 중독 질환으로 고통스러워하고 있는 모든 사람들에게 공통되게 일률적으로 적용할 수 있는 한 가지 치료 방법이란 있을 수 없다.

I 축 장애

알코올/약물 남용과 다른 정신과적 질병 간의 상호작용은 매우 복잡하다. 정신 건강 문제를 보이는 환자는 일반 대상군에 비해 약물 남용력을 갖고 있는 경우가 훨씬 더 많다(Miller & Brown, 1997). 그 역 또한 사실이다. 연구 결과에 의하면 알코올 및 약물의 사용은 많은 경우 우울증과 불안 장애를 촉발할 수 있다고 한다. 또 다른 예로, 사회 공포증 혹은 불안 장애와 같이 만성적으로 정서적 어려움을 갖는 사람들은 알코올과 약물로 자가 처방을 하기도 한다(Kushner, Sher, Wood, & Wood, 1994). 알코올 및 약물 남용자들은 다른 정신과적 진단을 받을 확률이 훨씬 높으며(Ridgely, Lambert, Goodman, Chichester, & Ralph, 1998) 실제로도 치료를 받기 위해 오는 많은 환자들이 정신 건강 문제를 호소하곤 한다(Brown et al., 1994). 그러나 많은 경우 이러한 정신과적 질환 및 정서적 어려움 등은 알코올 및 약물 사용을 끊거나 줄임과 동시에 거의 사라지거나 완전히 소멸되었다(Miller & Brown, 1997).

II 축 장애 : 성격 병리와 중독

중독 문제에 대한 이해가 좀 더 깊어짐에 따라 "이 프로그램을 따라가지 못할 만큼 심각하게 아픈 사람들"의 복잡한 문제에 새로운 빛이 드리워지기 시작했다. 그들의 질병은 성격 병리, 인격 장애, 구조적 결함, 자기에 대한 분열 등과 같은 수많은 용어로 묘사되어 진다. DSM-VI(American Psychiatric Association, 1994)에서는 이러한 증상들을 인격장애라고 부르고 있다. 인격장애에 대해 정신과적 혹은 정신분석적으로 유형들을 나누고 있는데 이는 환자들에 대한 반복적 관찰에 근거한 것이다. 비적응적 성격 구조를 보이는 사람들을 모아 보니 이들은 몇 개의 집단을 형성하였으며, 그 집단 내에 있는 사람들끼리는 서로 유사한 인격적 특질을 보였다. 인격장애를 보이고 있는 사람들을 서로 구분해 보고자 하는 목적으로 이들을 분류해 보기는 하였으나 이 분류는 일반 사람들을 유형화하는 데에도 유용하다. 인경장애는 인격유형과 구분된다. 이 둘 모두 병리적 특성에 대해 정의하고 있다는 점에서는 같으나, 인경장애의 경우 대인관계에서의 문제를 전제하고 있다는 점에서 다르다. 인격장애를 가지고 있는 사람들은 그들이 인생 초기에 경험한 해결되지 않은 드라마가 현재에도 매일 같이 그들 삶에 도사리고 있는 듯하다. 내적 불안과 반복된 실패에도 불구하고 그들은 여전히 그 드라마를 놓고 씨름을 한다. 사실, 스트레스와 질병에서의 퇴행은 건강과 질병 사이의 구분을 모호하게 하곤 하지만, 지금까지 정신과 의사들은 그들의 임상 현장에서 만나는 환자들을 성격적으로 유형화 해왔다.

만약 어떤 알코올중독자나 약물 중독자가 반사회적, 경계성적 혹은 자기애적 인격장애를 가지고 있다면, 이 환자는 이러한 성격적 병리를 보이지 않는 환자들 보다 훨씬 더 복잡하게 치료적으로 다루어져야 할 문제들을 갖고 있을 것이다. 중독과 성격 병리간의 관계는 치료적으로 매우 중요한 함의를 갖는다. 슈키트(Schuckit, 1973)는 이 두 질환 사이에 존재하는 병인학적 가능성을 간단하게 요약하고 있다. 첫째, 성격장애를 갖고 있으며 이와 동시에 약물과 알코올 남용하는 사람들이 있다. 왜냐하면 이것이 바로 그들이 가지고 있는 인격 장애의 증상이기 때문이다. 둘째, 화학물질 의존자가 약물과 알코올을 너무 많이 사용한 나머지 그 결과로 성격 병리를 보이는 경우가 있다. 셋째, 중독과 성격장애 둘 다를 유발하는 공통된 요인이 있다.

중독자들을 치료할 때에는 이들이 다음 세 범주 중 어디에 해당하는지 구별해야 한다. 성격적 결함을 가지고 있는 알코올중독자에게는 적합한 치료 방법이 약물 및 알코올에 의존하는 반사회적 인격장애자에게는 그렇지 않을 수도 있기 때문이다. 이 문제에 대해 연구한 베일린드(Vaillant, 1983)는 반사회적 인격장애와 알코올 중독은 복잡하면서도 서로 다른 다중 요인에 의해 기인하는 것 같다고 했다. 그는 "한 가지 질병이 나타나자마자, 두 번째 질병 또한 나타나기 시작한다."(p.325) 라고 결론을 내렸다. 그는 또한 "알코올중독자들의 병전 성격은 대부분 비알코올중독자의 그것과 전혀 다르지 않았다. 그러나 반사회적 인격장애자는 다르다. 그들은 자기self에 대해 알지 못하며 많은 종류의 약물을 번갈아 가면서 남용하며 기분 전환을 하고자 하는 사람들이었다."(p.325) 고 적고 있다.

지난 수십 년간 베일런트가 "자기 감the sense of self"이라고 표현한 그것과, 그것이 성격 장애 및 중독과 어떠한 관계가 있는지를 이해하고자 많은 이들이 노력했다. 두 가지 중요한 요인이 이를 위해 기여했다. 첫째, 수많은 의사, 심리사, 사회복지사, 상담가, 간호사, 성직자들이 자신의 화학물질 의존 문제를 치료하기 위한 책을 찾아야만 했다. 그리고 그들은 모든 중독자들이 알아야만 하는 사실 - 진정한 삶의 변화를 이야기하기에 앞서 화학물질 사용부터 끊어야 한다 -을 깨닫게 되었다. 훌륭한 이론, 통찰력, 믿음, 이해 등은 그들의 알코올 및 약물 의존 문제를 해결함에 있어 큰 영향을 미치지 못했다. 그들이 받았던 전문가 교육도 그들을 돕지 못했다. 오직 AA와 AA 프로그램이 제공하는 원칙만이 그들을 진짜 세계로 돌아올 수 있도록 도왔으며 그들의 증상을 진정시킬 수 있었다. 두 번째 공헌 요인은 수많은 헌신적 전문가들이 행한 알코올 중독자에 대한 진지한 조사에 있다. 지난 10년간 이 분야에 관심을 가졌던 전문가들이 수많은 기구를 세웠다. 중독 행위 연구를 위한 심리사 모임the Society of Psychologists in Addictive Behaviors, SPAD, 알코올 중독 국립 위원회the National Council on Alcoholism, NCA, 국립 약물 중독 기구the National Institute of Drug Addiction, NIDA, 알코올 중독 및 알코올 남용 국립 기구the National Institute of Alcoholism and Alcohol Abuse, NIAAA, 약물 및 알코올 중독 상담가 국립 협회the National Association of Drug and Alcohol Counselors, NADAC, AA 모임에 참석하는 의사 국제 협회the International Association of Doctors in Alcoholics Anonymous, IADAA, 미국 의학협회the American Medical Association, AMA, 알코올 중독에 관한 미국 의학협회the American Medical Association on Alcoholism, AMAA 등은 일부에 불과하다. 많은 이들이 알코올 및 약물 의존에 대해 이해하고자 많은 에너지를 집중시켰다. 많은 전문가들이 그들 스스로가 중독 문제로부터 회복되고자 혹은 회복 중에 있는 동료를 돕고자 하는 목적으로 그 어느 때보다도 진지하게 중독의 실체에 다가갔다.

경계성 인격구조와 병적 나르시시즘

'중독이 발전되기 전에도 그 사람의 전형적 성격 특질이 그를 만들었다' 는 생각을 모든 사람들이 받아들이는 것은 아니다. 그러나 하토콜리스(Hartocollis, 1964)는 전에 알코올중독자였던 환자가 오랜 기간 단주를 한 후에도 그들의 성격 특성은 그대로 관찰 될 것이라며 이에 대한 증거를 제시하고 있다. 정신분석적 치료를 받지 않았던 경우에는 특히 더 그러하다고 한다. 성격 병리가 중독의 결과이냐 아니면 원인이냐라는 논쟁 속에서 하토콜리스는 그의 견해를 명백히 밝히고 있다. 분명, 일부 중독자들은 성격 병리와 중독 문제를 함께 보인다. 그리고 어떤 이들은 알코올 사용 혹은 약물 사용 때문에 정신과적 문제를 일으켜 자기애성 및 경계성 인격장애를 보이기도 한다. 집단리더는 집단 구성원들이 어떠한 경우에 해당하는지를 잘 감별하는 것이 중요하다. 왜냐하면 그 사람이 어떠한 경우에 해당하는지에 따라 추천되는 치료 또한 다르기 때문이다. 그러나 모든 치료자가 공통되게 주장하는 내용 중 하나는, 컨버그Kernberg 또한 주장하고 있는 것처럼, 경계성 성격 병리에 대한 치료는 AA에서 추천하는 치료와 양립할 수 있다는 것이다.

하토콜리스와 하토콜리스(1980)는 그들의 입장을 다음과 같이 정리하고 있다. 알코올 및 약물은 그 사람의 심리적 기능에 악 영향을 초래한다는 것이다.

> 알코올중독자들은 상당히 오랜 기간 동안 평범하게 잘 기능하며 살았을지도 모른다. 자기애적 성격 특성, 강박적 방어, 그리고 엄청난 부인denial이 이들의 이러한 자기 기만성을 상당기간 보호해 주었

> 을 것이다. 그러나 실제로 이는 그를 가까운 사람들과의 관계로부터 소외시켰을 것이다. 물론 이들조차도 그가 의존하는 사람들이지 신뢰하는 사람들은 아니었을 테지만… 가장성 인격as if personality 자들이 그러한 것처럼 그들 또한 내적으로 공허함과 분노를 느끼지만 다른 사람들은 이들이 즐겁게 잘 생활하고 있는 것으로 생각한다. 그러나 내적-외적 절망감이 그의 보호 장치들을 조금씩 좀 먹어 들어가 결국에는 더 이상 참을 수 없는 한계에 이르게 되고 그는 고통에 떨기 시작한다. 예전과 같은 감정의 평온을 다시 유지할 수 있게 되기를 희망하면서 말이다. 그러다 보면 결국 이들은 다시 알코올 사용을 늘이게 된다. 적어도 술은 그들의 부인을 강화시키는 힘이 있기 때문이다. 그러나 술이 그들의 실제 행동을 향상 시켜 주는 것은 아니기 때문에 이들은 결국 그들의 경계성적 병리를 악화시키게 된다.(1980, p.99)

중독되었다 함은 그 사람의 주요 방어기제들이 많이 약화되었음을 의미함과 동시에 이 외의 다른 방어기제들은 강화됨을 의미한다. 기본적 정신 메커니즘이 적응력을 상실한 사람은 약물과 알코올을 그 상실에 대한 대체물로 삼곤 한다. 약물과 알코올의 사용이 일시적으로 정신적 고통을 진정시켜 줄 수 있을지는 모르지만 이것이 뇌에 미치는 악 영향은 결국 부인denial, 편가르기splitting, 투사적 동일시projective identification, 과대망상grandiosity과 같은 유아기적 방어기제를 강화시킬 뿐이다. 알코올 및 약물 사용에 의해 촉발된 억압은 피상적이고, 허술하며, 비적응적인 반응 형태와 강박증을 초래한다. 이러한 방어기제들은 자기 자신을 보호하기 위한 것이다. 자기 가치감의 상실에서 오는 참을 수 없는 영향들을 피해가고자 하는 것이다. 그러나 이는 결국 그들의 자기애에 손상을 가져온다.

이러한 발달학적 과정은 자기애성 인격장애와 경계성 장애의 구별을 모호하게 할 수 있다. 이 두 장애를 함께 다루고 있는 문헌에서도 이 둘을 명확하게 구분하고 있지는 않는 듯하다. 컨버그에게는 경계성적 인격장애 환자로 보이는 사람이 코헛에게는 자기애적 환자로 보일 것이다. 모두 다 그러한 것은 아니지만 대부분의 자기애적 인격장애자들은 경계성 인격구조 또한 갖고 있다고 컨버그는 이야기 한다.

반면에 코헛은 경계성 인격장애로 진단되어진 많은 환자들이 실제로는 자기애성 인격장애로 인해 고통 받고 있다고 이야기 한다. 경계성 인격장애자들의 행동 병리라고 인용되곤 하는 증상들(분노 반응, 편가르기, 투사적 동일시)을 보면 이는 치료자가 공감에 실패한 경우 자기애적 환자로부터 경험하게 되는 것과 같은 것임을 알 수 있다.

컨버그의 경계성 병리

코헛(1977b)과 컨버그(1975)는 모두 어린 시절의 발달 장애가 그 사람의 자기 통합 및 자기 견고화에 악영향을 미칠 수 있다고 이야기 한다. 양육 욕구 및 의존 욕구에 장애를 경험한 경우 특히 더 그러하다고 한다. 이 둘 모두 자기애성 성격병리 및 경계성 병리가 일부 사람들을 중독으로 이끈다고 지적하고 있기는 하나 어느 누구도 이에 대해 체계적으로 탐색해 본 적은 없다. 이 장에서는 체계적 탐색을 시도해 보고자 한다. 그에 앞서 우선 경계성 인격장애 특성에 대해 알아보도록 하자.

DSM-IV에서는 다음과 같은 기준을 충족할 경우 경계성 인격장애라고 진달할 수 있다고 한다. 제시된 8개의 목록 중에 5개 이상이 확인되면 그 사람은 강한 경계성 인격장애를 갖고 있는 것으로 볼 수 있다. 또한 이 성격적 특성이 과도한 알코올 및 약물의 사용에 의한 결과는 아닌지를 분별해야 한다. 물론 모든 알코올중독자들이 그러한 것은 아니지만 적어도 알코올 환자들을 대상으로 치료를 해본 경험이 있는 전문가라면 급성 알코올 중독 상태에 있는 환자들에게서 당연히 이러한 특성들을 확인하게 될 것이다. 집단치료자들의 이해를 돕기 위해 경계성 인격장애자들의 다양한 성격적 특성을 다음과 같이 제시하고 있다 (EAASSIII, PS).

I. E 공허감과 지루함Emptiness and Boredom : 자기 자신에 대해 그리고 분명한 인생의 목표 및 가치가 결여되어 있다는 사실에 대해 이러한 느낌을 갖곤 한다.

II. A 정동 불안정Affective Instability : 기분의 변화가 두드러지며, 충동성 및 예측 불가능성 등의 모습을 보인다.

III. A 분노Anger : 강렬한 분노 표현

IV. S 지속적 불안정Stable Instability : 이들이 다른 사람들과 관계 맺는 모습을 보면 다른 사람들과 지속적으로 불안정한 관계를 형성하고 있음을 알 수 된다.

V. S 자기 파괴Self-Destructive : 자기 혐오감이 너무 심하고 너무나 가혹한 초자아를 가지고 있기 때문에 자기 파괴적인 행동들을 보이곤 한다(자살 시도, 자해 등).

VI. I 정체성 혼돈Identity Confusion : 자기 통합의 부재

VII. I 충동성Impulsiveness : 분노 발짝을 잘하며 알코올 및 약물을 사용한다

VIII. I 혼자 있는 것을 참지 못함Intolerance of Being Alone

IX. P 정신과적 증상Psychotic Symptoms : 빨리 회복되곤 하지만 가벼운 정신과적 삽화를 경험할 수 있다.

X. S 피상적인 적응Superficial Adaptation : 피상적인 수준에서의 관계

위에 제시한 특성과 방어기제들은 중독자들이 한참 중독 상태에 있을 때의 모습과 유사한 것들이기 때문에, 많은 중독자들이 경계성 인격장애라고 고려될 것이다. 대상관계 이론 관점을 취하고 있는 치료자들의 경우 알코올 및 약물이 중독자의 행동에 미치는 영향에 대해 알아차리지 못한 채 경계성 인격 장애 치료에만 매달리려 할 것이다. 분명히 위에서 언급한 문제들은 반드시 다루어져야만 한다. 그러나 중요한 사실은 치료자의 성공적 개입 가능성은 환자의 단주 및 단약이 함께 이루어질 때 더 커질 수 있다는 것이다.

컨버그는 경계성 병리를 치료함에 있어 구체적인 제안들은 제시하고 있다. 그의 이러한 제안은 AA의 접근법과도 조화할 수 있다. 특히 컨버그는 통찰력 중심의 정신분석적 치료가 아닌 지지적 정신치료를 추천한다. 중독자들이 그들의 약물 사용을 멈추고 컨버그가 제시한 지지적 정신치료를 받을 경우 그 효과는 더욱 분명하게 나타날 것이다.

지지적 정신치료에 대한 컨버그의 기술

경계성 인격장애 환자들을 치료할 때 컨버그는 정신분석적 치료 보다는 지지적 정신치료를 더 선호한다. 이들은 다른 사람들에 대해 왜곡된 이미지를 갖고 있을 뿐만 아니라 자기 자신에 대해서도 분명한 정체성을 갖고 있지 못하기 때문이다. 그들의 대상관계는 극도로 빈약하며, 이들은 사람들을 다 좋은 사람과 다 나쁜 사람으로 이분화 시키곤 한다. 이들에게는 자신의 행동에 대해 직면해 주며, 행동을 명료화시켜 줄 수 있는 적극적인 치료자가 필요하다(Kernberg, 1984).

과거에는 지지적 정신치료에 대한 비판이 많이 존재했었다. 왜냐하면 이에 대한 명확한 정의가 존재하지 않기 때문이다. 많은 전문가들이 이를 귀에 걸면 귀걸이 코에 걸면 코걸이라며 비판했다. 이러한 비판에 대해 잘 알고 있던 컨버그는 지지적 정신치료시 필요한 요소들을 다음과 같이 정리하였다.

1. 명료화와 직면
2. 지지
   A. 감정적 지지
   B. 인지적 지지
3. 환경적 개입

명료화와 직면

경계성 인격장애 환자들을 대상으로 하는 정신치료는 치료자의 적극적인 역할을 필요로 한다. 치료자는 환자가 보이는 행동의 모순을 끊임없이 지적할 수 있어야 한다. 환자가 하는 말과 행동에 차이가 있는 경우 이를 명확하게 지적해야 한다. 환자의 현재 실체에 대한 탐색이 다 이루어지기 전까지는 그의 과거에 관심을 두지 않아야 한다. 그러나 화를 내는 듯 한 공격적인 직면은 바람직하지 않다. 이는 이들의 자기애를 손상시킬 뿐이며, 어린 아이와 같은 분노를 촉발시킬 뿐이다. 여기에서 말하는 직면이란, 환자의 행동으로 드러나는 모순들을 명확하면서도 단호하게 지적하는 것을 의미한다. 이 때 행해지는 직면은 비판적일 필요가 없으며 지지적인 방법으로도 얼마든지 가능하다. 지적되는 환자의 행동은 반드시 현재에 발생한 것이어야 한다. 과거의 것을 지적하는 경우 환자는 현재와 과거를 구별하는데 어려움을 갖기 때문이다. 그래도 여전히 환자의 과거 행동을 탐색해 보아야 한다면 우선 현재부터 명확히 해 놓아야 한다. 과거에 대한 미성숙한 직면은 오히려 왜곡된 방어기제를 강화시킬 것이다. 왜냐하면 환자들은 과거의 해결되지 않은 불평등함에 대한 분노를 현재로까지 연결시켜서 다시 한 번 분노와 거부를 나타낼 것이기 때문이다. 경계성 인격장애 환자에게 성숙하게 직면시킨 경우 어떠한 결과를 가져올 수 있는지에 대해 컨버그는 다음과 같이 적는다.

> 3회기 때의 일이다. 환자는 컨버그가 자신에게 화를 내며, 가학적으로 굴고, 조절하려 든다며 불평을 늘어놓았다. 바로 그 순간, 컨버그는 그가 지금 컨버그에게 불평하는 말 그대로를 어머니에 대해 이야기 하면서도 똑같이 한 적이 있다는 사실을 지적했다. 컨버그는 이렇게 물었다. "저를 당신 엄마처럼 생각하고 있는

것은 아닌가요?" 환자는 그의 질문에 선뜻 동의하며 이렇게 말하는 것이었다. "네. 이게 제 운명이겠죠. 그런 엄마를 갖더니 이제는 엄마와 똑같은 방법으로 나를 취급하는 치료자를 만났네요."(1983, Personal Communication)

지지적 정신치료

경계성 인격장애 환자들을 위한 컨버그의 정신치료 접근법은 두 가지를 요구한다. 치료자는 환자의 감정과 인지 모두에 지지적이어야 한다. 환자의 어깨를 항상 두들겨 주어야만 한다는 것이 아니다. 지지적 접근법에서 가장 중요한 요소로 꼽는 공감empathy을 동정sympathy과 혼돈해서는 안 된다. 코헛의 설명에 따르면, 공감이란 그것이 부정적이든 긍정적이든 상관 없이 환자의 감정에 동의하는 것을 의미한다. 감정적, 정서적 지지는 칭찬, 격려, 감정의 공유 등을 필요로 한다. 치료 초기에 경계성 인격장애 환자들은 그들과 활발하게 교류할 수 있는 적극적인 치료자를 필요로 한다. 인지적 지지 또한 매우 중요하다. 인지적 지지란 때에 따라 환자들에게 적절한 충고를 해 주는 것이다. 환자가 직접적으로 조언을 요청하는 경우 특히 유용하다. 환자들이 자신의 행동 및 현실을 제대로 해석할 수 있도록 정보를 제공하기 때문이다. 그러나 환자를 지나치게 통제하려 하거나 너무 강한 전이를 불러일으키지는 말 것을 컨버그는 주장한다. 지지적 관계를 통해 치료자는 환자에게 꼭 필요한 것들을 줄 수 있기 때문이다.

환경적 개입

치료자는 환자가 치료 중에 있을 때 뿐만 아니라 치료 밖에 있을 때의 삶에도 적극적으로 개입해야 한다고 컨버그는 주장한다. 밖에 있을 때의 삶에 대한 개입이란 때에 따라 환자의 가족, 학교, 고용주 등에 대해 이야기를 나누어야 할 필요가 있음을 의미한다. 지지체계(집단, AA 등)를 확립해야 하며 이를 장려해야 한다. 치료자가 아무리 환자를 위해 그들을 이해하고자 노력한다 할지라도 그들이 치료 장 밖에 있을 때의 삶에 대해 알지 못한다면 헛 수고일 수 있다. 그들이 밖에 있는 동안 자신의 삶을 파괴하고 있을지도 모르기 때문이다. 환자를 이해하고자 노력하는 과정은 반드시 필요하다. 그러나 절대 서둘러서는 안된다. 환자에게 AA 모임에 참석할 것을 요청하기, 환자의 고용주에게 전화해 직장에 나갔는지 확인해 보기 등은 환자들을 이해하고 이들의 행동을 이해하는 데 매우 중요한 단계이다.

물론 치료 시간 중에도 개입은 이루어져야 한다. 집단 안에서건 집단 밖에서건 발작 행동은 반드시 제지 되어야만 한다. 이를 위해서는 직면과 명료화가 필요하다. 전이 왜곡 또한 조사되어야 한다. 그들이 집단 구성원들 및 집단리더에게 보이는 자기 파괴적 행동에 대해 이해할 수 있도록 돕는 것 또한 매우 중요하다. 왜냐하면 이러한 행동은 집단 밖에서도 그대로 나타날 것이기 때문이다. 회복을 위한 과정 중에 집단 구성원들로부터의 합의된 비준 또한 중요하다. 그러나 컨버그는 환자의 과거에 대해 탐색해 보기 전에 현재 그의 현실을 명확히 할 것을 다시 한 번 주의시킨다. 컨버그는 치료 시간 중에 행해 질 수 있는 훌륭한 환경 개입에 대해 다음과 같이 적고 있다.

치료 중 담배를 피우곤 하던 한 환자가 있었다. 그는 컨버그가 자신의 행동을 해석한 내용에 대한 불만의 표시로 담뱃재를 카펫 위에 털거나 방구석으로 담배꽁초를 튕겨 버리곤 했다. 그는 말로는 항상 컨버그의 해석에 동의 했다. "맞아요. 제가 당신에게 보이는 불경스러운 모습이 제가 저희 아버지에게 보이는 모습과 유사해요." 그러나 이 환자의 행동은 변하지 않았다. 그는 여전히 담뱃재를 털고 꽁초를 방에 버렸다. 이 환자가 이러한 행동을 통해 느끼는 만족감은 일종의 자기만족이었다. 그리고 이 자기 만족감은 그의 변화 동기보다 훨씬 더 큰 것이었다. 마침내 컨버그가 말했다. 만약 계속해서 치료 중에 담뱃재를 털거나 담배꽁초를 바닥에 버리거나 한다면 더 이상 치료를 지속하지 않겠다고 했다. 그런데 그 말이 떨어지기가 무섭게 그는 또 다시 그 짓을 하고야 말았다. 컨버그는 자리에서 일어나 환자에게 자신의 방에서 나가 줄 것을 요청했다. 이에 대해 그 환자는 거부하였다. 그러자 컨버그는 만약 20분 내에 이 방에서 나가지 않는 다면 안전요원을 불러 강제로 나가게 하겠다고 이야기 했다. 20분 후면 그의 또 다른 예약 손님이 오기로 되어있었기 때문이다. 환자는 분노를 폭발하며 컨버그에게 말했다. "정신과 의사가 이렇게 행동하면 안 되는 거 아닙니까!" 컨버그가 여전히 자신의 입장을 고수하자 환자는 그의 사무실을 곧 떠났다. 다음 회기에도 상황은 반복되었다. 컨버그는 또 다시 환자에게 그의 방에서 나갈 것을 요청했다. 그 다음 회기에 그 환자는 더 이상 담뱃재를 털지는 않았지만 컨버그에게 가학적이며 야비한 치료자라며 대항했다. 그 다음 회기에 컨버그는 환자가 보인 행동의 함의를 탐색해 보았다. 컨버그는 그에게 자신이 그러한 식으로 행동할 수밖에 없었던 것은 환자가 그를 화나게 만들었기 때문임을 지적했다. "당신은 나에게 화가 나있어요. 그래서 나에게 잔인하게 굴고 싶어 하죠. 그런데 당신은 당신이 나에게 화나 있고 잔인하게 굴고 싶어 한다는 사실을 부인합니다. 당신은 내가 화를 내도록 그리고 당신에게 잔인하게 굴도록 나를 촉발시키죠. 그런데 오히려 당신은 당신 스스로가 갖고 있는 그러면서도 자기 자신에 대해서는 부정하고 있는 그 이유로 인해 나를 비난하고 있군요." 즉, 환자의 투사적 동일시가 해석된 것이다. 그러나 환자는 그의 행동이 미친 영향에 대해 이야기하는 것을 꺼렸다. 컨버그는 방금 그 둘 사이에 발생한 상호작용에 대해 면밀히 검토해 볼 것을 그 환자에게 수차례에 걸쳐 강조하는 수밖에 없었다. 환자는 컨버그가 무슨 말을 하고 있는지는 전혀 이해하지 못한 채 자신이 보인 행동만을 강조하며 여전히 반박을 계속했다. "보세요, 이제 더 이상 담배꽁초 안 버리잖아요. 왜 끝난 문제 가지고 이렇게 자꾸 이야기 하시는 건데요?" (1983, Personal Communication)

컨버그가 주장하고 있는 바의 핵심은 환자와 상호작용이 일어나는 경우 그 문제를 끝까지 완벽하게 검토해 보라는 것이다. 문제에 대한 명확화가 이루어져야 한다. 그렇지 않은 경우 환자의 경험은 결코 통합될 수 없다. 위에 제시된 환자의 경우 그는 컨버그와의 상호작용을 '사람들은 그를 싫어하고 화를 내거나 가학적인 태도를 보이거나 하는 식으로만 자신을 대한다.'는 또 다른 예로만 받아들이고 있다. 컨버그가 환자에게 그들 간에 발생한 상호작용을 면밀히 검토해 보고 다시 이해해 볼 것을 지속적으로 주장하지 않는 이상, 이 사람의 대인관계 왜곡 문제와 대상관계는 결코 바뀌지 않을 것이다.

이러한 관점에서 치료 할 경우 다음의 세 가지 주요 단계를 거쳐야 한다.

1. 행동의 명료화. "당신은 나에게 이러한 행동을 보이고 있습니다." 지지적이면서도 단호한 태도로 그 사람의 왜곡된 행동을 직면시킬 수 있어야 한다.
2. 자신들이 어떠한 행동을 하고 있는지에 대해 명확하게 인지시킬 수 있었다면, 이제는 이 문제에 대해 집단으로부터 확인을 받을 차례다. 집단 구성원들의 경우 이러한 문제에 직면했을 때 어떻게 이 문제를 다루는지 이야기 할 수 있도록 하라. 그들에게 인지적, 감정적 지지를 제공하다.
3. 치료 시간 이외에 밖에 있을 때 다른 사람들과 새로운 방법으로 관계 맺어 볼 것을 장려하라.

자기애적 인격 장애

흔히 자기애는 과도한 자기 몰두, 과도한 자기 사랑으로 잘 못 이해되곤 한다. 그러나 이들이 실제로 표현하고 있는 것은 자신이 내적으로 어떠한 사람인지를 확신하지 못하기 때문에 겉으로만 신나는 척, 중요한 척, 인정받는 척 하고 있을 뿐이다. 우디 알렌Woody Allen의 영화 젤리그Zelig[6]에 보면 이러한 사람들의 모습을 명확하게 알 수 있다. 그들은 자신이 어떠한 사람인지에 대한 확실한 정체성이 없기 때문에 끊임 없이 사회와 동료들로부터의 압력에 굴복하곤 한다. 젤리그는 마치 카멜레온과 같다. 영화에 보면, 그는 그의 주변에 있는 사람이 누구냐에 따라 그의 행동과 생각을 수시로 바꾸다가 결국에는 그들과 맞추기 위해 그의 외형까지 바꾸기 시작한다. 흑인들과 함께 있으면 그의 피부 또한 검어지며, 아시아인과 함께 있으면 그의 눈은 아시아인의 그것과 같이 째진 눈이 된다. 젤리그의 삶과 생존은 그가 얼마나 다른 사람들을 잘 모방하느냐 그리고 그들로부터 얼마나 인정받느냐에 달려 있다. 이 영화를 순응에 대한 사회적 압력과 자치성의 상실을 은유한 것으로 바라 볼 수도 있을 것이다. 그러나 젤리그의 모습은 바로 심각한 인격 장애인의 예이다. 그리고 좀 더 구체적으로 표현하자면 자기애적 인격 장애 범주에 포함되는 사람들을 묘사하고 있다.

좀 더 객관적인 시각에서 이러한 성격 병리를 더 잘 이해하기 위해서는 이들에 대한 진단 기준을 검토해 보는 것이 필요하다. DSM-IV(미국 정신의학회, 1994)에서는 자기애적 인격장애 환자의 특성을 다음의 8가지로 나타내고 있다. 물론 이러한 특징들이 자기애적 인격장애 환자에게서 흔하게 관찰되는 것은 사실이지만, 이는 코헛(1997b)이 묘사 했던 바와 같이, 상세하게 자기애적 인격장애의 복잡성을 설명하지는 못하고 있는 듯하다.

1. 자기 중요성에 대한 과대망상 : 그런데 이러한 감정은 강한 무가치감의 경험과 함께 종종 혼동되곤 한다.
2. 능력과 자기self에 대한 무한정한 자신감에 사로잡힘 : 젊음, 외모, 미, 성공 등에 대해 무한정한 자신감을 보임. 괜찮은 사람으로 보이고 싶은 욕구와 질투로 꽉 차 있음
3. 끊임없이 관심 받고 싶어 하는 과시 욕구 : 칭찬 받고 인정 받고 싶어 하는 욕구

주 6) 어떠한 상황에서도 자유자재로 변신할 수 있는 사람

4. 비판에 대해 냉담 하거나 분노와 굴욕감을 느낌
5. 특권 의식 : 상호작용 없이 다른 사람에 대해 기대함
6. 다른 사람을 착취 : 인격적 통합에 대한 고려나 다른 사람의 권리에 대한 고려 없이
7. 다른 사람을 과대하게 이상화 했다가 평가 절하했다가 함
8. 공감능력 결여 : 타인들의 감정이나 욕구를 인정하거나 확인하려 하지 않음

이러한 관점에 따르자면 자기애는 분명히 정신병적 증상이다. 이러한 사람들은 다른 사람들과의 관계 속에서 그리고 사회 내에서 수많은 어려움을 경험할 뿐만 아니라, 자기 자신에 대해서도 깊은 불만족감을 갖는다. 그러나, 코헛은 자기애적 인격장애자들을 훨씬 더 복잡한 역동을 가지고 있는 사람들로 보고 있다. 코헛이 정의한 바에 따르면, 자기애란 그들이 어린 시절 경험한 박탈감 때문에 스스로가 만들어낸 보상체계라고 한다. 많은 면에서 절망적인 세상과 역기능적인 가족 체계 내에서 경험한 지속적 자기애의 부정으로부터 자기를 보호하고자 노력하는 어린 아이의 모습과 비슷하다는 것이다. 또한, 이는 어린 아이가 환경에 적응해 갈 수 있도록 돕는 내적 통제 체계와도 유사하다. 그 환경은 자신의 잃어버린 전능감을 회복하고자 고분군투하고 있는 아이들에게는 너무도 무심하기만한 환경이다. 코헛은 자기애를 자기self를 형성해 가는 데 필요한 원동력이자, 자존감 향상의 원동력 그리고 자기 개념의 통합을 보호하는 데 필요한 안내자로 보고 있다. 이러한 원동력의 주요 과업은 개인 삶의 이미를 찾고 그 삶에 대한 가치를 인성해 주는 것이다.

코헛은 전 인류를 위한 자기애의 함의에 대해 묘사하면서 DSM-IV-TR이 제시하고 있는 것 이상을 이야기하고 있다. 코헛은 모든 인간이 이 자기애라는 문제로 투쟁하고 있음을 우리에게 경고한다. 자기중심적이고, 과대망상적이며, 쉽게 상처 받는 성향으로부터 자기 자신을 보호하고자 노력해야 하는 사람들은 비단 중독자뿐만이 아니라 우리 모두라는 것이다. 우리 모두가 우주의 중심이 되고 싶어 하는 경향이 있음을 지적하고 있다. 우리는 자기 자신을 특별하고 독특한 존재라고 믿으며 자신의 평범성 및 한계성에 대해서는 인식하고 싶어 하지 않는다. 이 주제에 대해서는 AA의 철학적 심리학적 기원에 대해 탐색해 보면서 이미 5장에서 자세하게 다루었다. 지금은 코헛의 중독에 대한 설명이 우리에게 매우 중요한 시사점을 던져주고 있다는 사실을 알고 넘어가는 것만으로도 충분할 것 같다. 왜냐하면 그의 이러한 설명은 화학물질 의존자 치료에 매우 중요한 공헌을 하고 있을 뿐만 아니라 많은 면에서 AA와 양립할 수 있을 만한 치료 모델을 제시하는 것이기 때문이다. 코헛은 우리들에게 자신의 자기중심성을 바라볼 것을 요청한다. 자신의 한계를 받아들일 것을 거부함으로 인해 우리는 중독에 이르게 되었을 뿐만 아니라 수많은 다른 사회적, 영적, 심리적 어려움 또한 겪게 되었다.

중독과 성격 병리와의 관계는 중요한 치료적 함의를 갖는다. 성격병리와 알코올 중독과의 관계에 대해 조사한 고전적 종단 연구에서, 베일런트(1983)는 인격 장애와 알코올 중독은 복잡하면서도 서로 다른 다원적 병인을 갖고 있다는 사실을 발견했다. "한 가지 장애가 나타나면 두 번째 장애 또한 나타날 확률이 높다."는 사실을 발견했다. 슈키트(1973)는 이 두 질병 사이에 존재하는 병인학적 가능성에 대해 다음과 같이 요약·동의하였다.

- 성격 장애와 물질 남용 문제를 둘 다 가지고 있는 사람들이 있다. 왜냐하면 이것이 그들의 인격 장애의 공통된 증상이기 때문이다.
- 화학물질 의존자들은 그들의 화학물질 의존 결과로 인해 성격 병리를 보일 수 있다.
- 중독과 성격 병리를 이끄는 공통 요인이 존재한다.

이 세 가지의 가능성을 분명하게 구별할 필요가 있다. 지속적인 약물 사용을 유발시켰던 스트레스가 뇌를 속일 수 있으며, 때때로 몸이 이 둘 사이의 구분을 혼돈스럽게 하기 때문이다. 정확한 진단을 위해서는 중독자가 상당 기간 동안 약물을 사용하지 않고 지낼 때까지 기다려야 한다.

외상과 중독

약물 남용 장애를 가지고 있는 여성은 감정적, 신체적, 성적 학대로 인한 심리적 외상으로 고통 받고 있을 가능성이 더 크다. 연구 결과에 따르면 여자가 중독에 이르게 되는 이유와 남자가 중독에 이르게 되는 이유는 상당히 다르다고 한다. 그렇기 때문에 그들의 욕구에 따른 치료 방법 또한 다를 수밖에 없다. 중독문제와 외상 관련 장애로 인해 정확한 진단을 내리기란 쉬운 일이 아니다. 볼레루드(Bollerud, 1995)는 외상 문제를 다루는 동안 약물이 환자의 감정적, 인지적 기능에 미친 영향을 평가 절하할 가능성이 있음을 경고한다. 중독 장애는 공격적으로 다루어져야 할 필요가 있다고 주장하며 12단계와 같이 단약 및 단주에 기반한 개입 방법을 적극 추천한다. 또한 AA를 이용할 수 있는 외상 환자들-다중 인격 장애를 앓고 있는 환자들이라 하더라도-이 좀 더 높은 회복율을 보인다고 결론 맺고 있다.

볼레루드(1995)는 그의 예비 조사 연구에서 다음과 같이 보고했다:

1. 치료에 참여한 여성 중 75%가 성적학대 경험이 있다.
2. 해리 장애를 앓고 있는 사람 중 50%가 화학물질 의존력 또한 갖는다.
3. 중독 문제로 입원한 여자 환자 중 35%가 해리 증상 또한 갖는다.

볼레루드는 이러한 연구 결과가 여성에게만 적용됨을 발견하였다. 정확한 수치가 존재하는 것은 아니지만, 성적 학대를 한 남성이 치료 받지 않은 경우 이것이 그 사람으로 하여금 중독자가 되게 한 주요 요인이라는 증거 또한 존재한다. 그녀는 다음과 같이 적는다.

> 화학물질 의존 장애가 있고 성적으로 학대받은 경험이 있는 환자들을 위한 치료가 실패하는 주된 요인은 치료되지 않은 2차적 질환 때문일 가능성이 크다. 성적으로 학대 받은 환자들의 예후와 회복에 화학물질 의존 혹은 약물 남용은 매우 결정적인 요인이다. 치료받지 못한 성적 학대는 약물 남용자의 재발 및 치료 실패의 가장 흔한 원인이다.

만성적 충격 및 준임상적subclinical 해리 상태

범죄, 재앙, 전쟁과 같은 명시적인 재앙은 외상후 스트레스 장애PTSD와 급성 스트레스 반응에 영향을 미친다. 그러나 대부분의 경우 성공과 개인 목표 달성이라는 허울 아래 자신의 질병을 숨긴 채 미묘한 증상들을 관찰해 보지 않고 넘기곤 한다. 이들은 임상적 혹은 준임상적 해리 상태, 혼란스러운 관계를 숨긴 채 많은 일을 성취하곤 한다. 그러나 시간이 지남에 따라 약물 남용이 그들의 방어기제와 성취 및 성공에 대한 환상을 침식해 버리고 만성적 정동 장애 상태로 이끈다. 이는 다시 상태를 악화시켜 관계의 문제, 직장에서의 문제 등을 유발하게 된다.

아담스(Adams, 2006, p.139)는 관계상의 만성적 충격을 다음과 같이 묘사한다. "어린 시절 치료받지 못한 스트레스들이 넘쳐 흘러, 애착 외상으로 상징적으로 각인된 것"이 치료 받지 못하고, 치료에 지속적으로 실패하는 경우 만성 충격에 빠질 수 있다. 이는 비단 애착의 실패에만 기인하는 것은 아니다.

> 치료 과정 중 경험한 고통뿐만 아니라 모든 반복적 고통들, 사고, 동료들의 놀림, 유아기적 질환 경험 등이 모두 그 원인이다. 신경체계에 새겨진 어린 시절의 방임과 박탈로 인해, 다른 사람들과 같이 있으면 안전감을 느끼지 못하며, 감정을 절제하거나 통제하지 못하고, 더 나은 삶은 그리지 못하며, 자신의 노여움을 달래지 못하게 된다.(Adams, 2006, p.138)

이러한 상태가 보여주는 깜짝 놀랄 만한 역설은 이러한 환자들의 경우 통합과 붕괴 사이를 왔다갔다 한다는 것이다. 성장 발달 중 경험한 부인, 해리, 자기 분리 등은 그의 실제 경험 보다 더 오래간다. 어른이 되어서도 두려움과 친밀감 다른 사람과의 접촉을 향한 필사적인 욕구 사이를 왔다갔다 하는 것이다(Mitrani, 1996). 이러한 방어기제들이 지속되는 현상에 대한 버렌스타인Berenstein의 묘사는 외상 관련 장애를 동반하는 중독자들이 장기간 단주하기가 왜 그렇게 힘들 수밖에 없는 지를 잘 설명해 주고 있다.

> 이런 불안감을 가지고 살아간다는 것 자체가 불가능하다. 내 안에 울고 있는 어린아이를 구하고자 행동이 불쑥불쑥 먼저 나가곤 한다. 이게 천성적으로 가지고 있는 방어기제 이다. 그런데 이 방어기제가 너무 오래간다. 아이는 자라 성장하고 좀 더 많은 능력을 소유하게 되어 더 이상 쉽게 파괴되지 않을 만큼이 상태가 되었음에도 불구하고, 여전히 그 방어기제는 살아있다. 실제 세계와 명백하게 교류하지 못하며, 그 방어기제를 포기한다면 막 죽게 될 것처럼 군다. 이 가능성에 대한 공포로 인해, 이들은 엄청난 대가를 치룬다. 현실로부터 자신을 고립시키며, 다른 사람들의 따뜻함으로부터 유리시킨다.(p. xvii)

개선된 증상 인식

신경과학 및 애착 중심 이론 연구가들의 공헌 덕분에 외상이 성장 발달 중에 있는 어린아이의 뇌에 미치는 영향을 이해하는 데 새로운 패러다임이 상정되었다. 분열된 자기 상태segregated self-states(실패한 의존성 및 애착 트라우마와 관련된)와 연관된 만성적 쇼크나 이에 대한 임상적 논의들은 한때 논란이 되고 혁명적이거나 심지어 이국적인 것으로 간주되었다. 그러나 애착이론가들, 대인관계 신경생물학자들, 외상 연구자들 덕분에 이제는 이러한 논의가 상식화 되었다. '그 밖에 달리 분리 되지 않는 해리 장애DDNOS'에서 나타나는 바와 같은 미묘한 해리 과정을 좀 더 깊게 이해할 수 있게 되었다(Adams, 2006).

> 재앙, 전쟁, 고문 등으로 인해 받은 충격으로 심각한 해리 상태가 나타날 수도 있다는 사실은 놀랄 만한 일이 아니다(외상 후 스트레스 장애 / 달리 분리되지 않는 극도의 스트레스 장애). 성 학대, 범죄 학대로 인해 해리성 정체감, 달리 분류되지 않는 해리성 장애, 불안정 애착 유형 등을 보이는 일 또한 놀랄 만한 일이 아니다. 최근에 들어서야 비로소 국제 임상계 및 학계에서 애착 외상과 관련된 해리 과정의 준임상적인 변이형의 존재를 공식적으로 인정하고 있다. (Liotti, 2004, p.139)

시겔(Siegel, 1999)과 쇼어(Schore, 2003a,b)의 신경과학계에서의 업적은 리오티(Liotti, 2004)와 반 데르 콜크(Van der Kolk, 2006)와 같은 외상학자들이 많은 고기능 환자들에게서 발생하곤 하는 미묘한 해리 과정을 설명하는 데 강력한 패러다임을 제공할 수 있도록 하였다. 신경과학계의 연구 결과는 '신경 쇠약은 이미 과거에 경험 했던 실패에 대한 두려움'이라는 위니코트의 오래된 주장을 여전히 뒷받침해 주고 있다. 신경 심리학자인 헵(Hebb, 1949)이 "함께 작동하는 뉴런은, 마음의 상태를 형성하기 위해 함께 묶인다." 라고 말한바 또한 이를 의미하는 것이다. 시겔은 이에 대해 다음과 같이 설명을 덧붙이고 있다.

> 반복된 공포와 두려움에 대한 경험은 마음의 상태가 그러한 것처럼 뇌의 순환 과정 중에 독려되어질 수 있다. 만성화 될 경우 이러한 현상은 좀 더 쉽게 활성화될 것이며 결국 이것이 그 사람의 특성이 될 것이다. 이러한 식으로 우리의 삶 또한 기억이 함축하고 있는 의미의 재활성화에 따라 달라질 수 있다. 우리는 그저 뿌리 깊이 박혀 있는 경험 속으로 들어가 현재의 경험이 현실인 것처럼 느끼는 것이다. (1999, p.32)

중독, 외상, 정동 퇴행

오래전 웜서(Wurmser, 1978)는 만성 충격 상태가 충동적 약물 사용에 의해 발생된다고 하였다. 그는 경험을 통해 물질 남용자들의 경우 명백한 외상후 스트레스 장애 환자들이 보이는 것과 같은 명백한 해리 상태가 아닌 미묘한 형태의 준임상적 해리 상태를 보일 가능성이 높음을 확인하였다. 중독 과정의 사이클을 보면 총 일곱 단계로 구성 되는데, 그 시작에는 상당한 급성 자기애적 위기(자기 자신에 대한 실망감 혹은 애착 대상에 대한 실망감)가 있음을 알 수 있다. 이는 자존감에 치명타를 입히게 되어 중독자로 하여금 퇴행 과정으로 선회하게끔 한다. 그 연쇄작용으로 중독자는 아래와 같은 것들을 경험하게 될 것이다.

1. 기대가 컸던 만큼 실망감도 커 갑작스러운 자존감의 하락을 경험함. 그 실망감은 어느 정도 타당한 이유가 있는 것이기는 하나 흔히 과도하게 과장되곤 함
2. 자기애의 손상으로 인해 뭐라 말로 명확하게 설명할 수 없는 정동의 퇴행이 발생 함. 그 감정은 주체할 수 없을 만큼의 강한 분노, 창피, 절망 등임. 방어기제가 제대로 작동하지 않아 적절한 감정을 갖

기가 힘듦

3. 감정은 곧 사라져 버리고 모호하지만 뭔가 참을 수 없는 긴장감이 남게 됨. 정신없이 흥분을 갈구하기도 하고 안도감을 찾고자 애쓰기도 함. 모든 기능들이 마비됨에 따라 외재화externalization(약물, 자기 만족적 흥분)에 의존. 관찰하는 것과 행동하는 것 사이에 분리가 발생되며 좀 더 문제가 될 만한 감정들이 짓누르기 시작. 더 이상 자신이 경험하고 인지하는 바를 제대로 인식하거나 해석해 내지 못함
4. 이러한 상태의 발달은 결국 행동화 하고자 하는 욕구에 이른다. 내부에서 발생하는 부정적인 감정을 외적인 것으로 해결하고자 함. 공격성, 흥분 추구, 약물 사용 등이 나타나며 내부에서 느껴지는 불편감으로부터 도피하고자 감정을 외부로 향하게 함
5. 이제 그들의 공격성은 외재화를 통해서만 다루어짐. 이 외재화는 다른 사람에게(사회적 규범들을 어김, 경계선을 침범 함) 향해 있기도 하지만, 이와 동시에 자기 자신에게(수치심, 굴욕감) 향하기도 함
6. 초자아의 분열 발생. 웜서(1978)가 쓰고 있는 바와 같이 "물에 빠져 죽어 가고 있는 사람에게 진실성이란 그 다지 중요한 문제가 아니다." 그들은 이미 고장 난 상태이기 때문에 신뢰성, 정직성 등은 말 그대로 그들과는 아무런 관계가 없는 것이 되어 버림
7. 마지막 지점은 엄청난 즐거움과 희열. 급성 자기애적 위기가 일시적으로 해결되고 이 축복 받은 상태를 계속적으로 복원하고자 하는 욕구가 그 사람을 극도로 요구적이게 하며, 비현실적인 태도를 보이게 함. 그런데 이는 그들을 극심한 실망감으로 이끌게 되며 결국 그들의 자기애에 너 큰 손상을 가하게 됨. 그러면 이제 이 순환이 완성되며 이들은 웜서가 "악순환"이라고 명명했던 바와 같이 다시 시작점에서부터 돌기 시작. 환자들은 그들이 애초에 가지고 있었던 것보다 훨씬 낮은 자존감과 취약성을 가지고 다시 시작점으로 돌아오게 됨.

관계 모형과 외상

코헛은 이렇게 미묘한 외상 관련 증상을 이해함에 있어 처음으로 문지방 이론의 틀을 가지고 접근한 사람 중 하나였다. 만성적 유기 혹은 만성적 남용의 흔한 결과로 나타나곤 하는 두 가지 서로 다른 자기self 상태(분열된 자기, 고갈된 자기)를 확인한 코헛은 발달 신경 생리학에 많은 공헌을 했다. 이는 자기애적 부모의 손에서 양육되어 어린 시절부터 일찍이 박탈감을 경험해본 적이 있는 외상 환자에게서 흔히 공포 외상이 관찰 된다는 사실을 알게 된 때와도 일치한다. 자기애적 부모들은 적절한 위로와 견제, 귀감이 되지 못했으며 정서적으로도 자녀들과 공감하지 못했다. 코헛은 억압, 억제와 같은 수평적 방어기제에 대해 관심을 기울이기보다는, 다음과 같은 사실을 이론화 했다. 어떠한 사람이, 특히 어린 아이가, 압도당할 만한 외상의 공포와 무력감에 직면하게 될 때, 사람의 뇌는 그 경험을 자기와 분리시키는 해리 상태를 보인다. 혼돈스럽고 압도적인 정동상태로부터 자기를 보호하고자 수직적 방어기제를 반사적으로 활성화시킨다는 것이다.

해리 및 수직적 방어기제(자기 자신이나 자기 경험을 자신과 분리시키고는 그것에 보호막을 싸는 일)가 갖는 준임상적 현상은 우리가 알고 있는 것보다 더 많은 환자들에게서 나타나곤 한다. 이는 크게 성공한 사람들에게서도 흔하게 발견된다. 수직적 방어기제를 무시하고 최소화 하고자 하는 경향은 아마도 수평적 방어기제(억압, 억제)를 강조하곤 했던 초기 정신분석학이 우리에게 남긴 축적된 편견의 결과 일 것이다. 쇼어(2003 a,b) 또한 정신분석

이론가들의 "잘못된 모든 것들을 탐색해 보기", 발달상 장애에서 나타난 초기 무력감, 소멸불안, 해리의 영향 평가절하하기 등을 비판하면서 이러한 견해에 동의를 표하였다.

"겁먹은frightened"과 "위협적인frightening"

부모의 신체적·성적 학대가 아이에게 끔찍한 경험으로 남게 된다는 사실은 누구나 아는 명백한 사실이다(이러한 끔찍한 경험은 아이의 성장하는 뇌에 오래도록 영향을 미친다). 그러나 부모 스스로가 너무 겁을 먹은 나머지 자녀들에게 적당한 위로를 제공해 주지 못하고, 울타리가 되어주지 못하는 것 또한 이에 못지 않게 해로울 수 있다. 메인Main과 헤스(Hesse, 1990)는 아이들에게 위협적인 태도를 취하는 부모만큼이나, 겁에 질려 있는 부모 또한 아이들에게 지장을 줄 수 있다고 지적한다. 불안과 공포에 가득 질려있는 부모는 그들이 아무리 아이들을 사랑하고 좋은 의도를 가지고 있다 하더라도 아이들에게 그가 경험한 것과 비슷한 혼란스러움을 경험하게 한다. 최근 한 연구가 제시하고 있는 바에 따르면, 불안 장애로 진단 받은 어머니로부터 양육된 아이들 중 65%가 불안 혼란형 애착 유형을 보였다. 아담스는 이에 대해 다음과 같이 설명한다.

> 명백한 학대는 없다 할지라도, 부모가 해결되지 않은 부분적으로 해리된 정신적 외상에 의한 불안을 갖고 있다면 이는 미묘한 행동과 감정 표현에 의해 그들 자녀들에게 전달된다. 그래서 결국 그 자녀들은 안정된 애착 전략을 발달시키지 못한다(Hesse & Main, 1999). 대신 이러한 아이들은 다면적이고, 서로 모순되며, 수시로 변하는 애착 유형을 내재화 하게 될 뿐만 아니라 불안 상태를 견뎌하지 못한다. 돌봄 제공자가 지니고 있는 자신의 내적 상태 및 반응에 대한 공포, 그리고 이들의 동시다발적인 욕구가 자녀에게까지 영향을 미쳐 스트레스와 공포에 대한 해결책으로 부모의 위로를 받아들일 수 없게 만들기 때문이다.(Adams, 2006, p.148)

관계상의 만성적인 충격은 애착 외상을 몸에 새기는 것과 같다. 스트레스를 잘 처리하거나 억제하지 못한 결과 아동기부터 이러한 애착 외상을 몸에 새기는 것이다. 현대 대부분의 외상학자들은 리오티(2004)가 채택했던 관점을 받아들이고 있는데 리오티에 따르면, 외상, 해리, 그리고 불안 애착은 "세 가닥으로 엮여진 하나의 놀이개"와 같은 것이라고 한다(p. 472). 즉, 만성적 애착 충격은 애착관계 속에서 발생하곤 하는 스트레스를 잘 처리하지 못하고 억제하지 못한 결과 그것이 현재에도 지속적으로 반복되어 나타난다는 것이다. 아동기 동안 축적된 이러한 현상이 결국 평생에 걸친 불안정 혼란 애착 유형으로 발현된다. 애착이론가들, 외상학자들, 그리고 대인관계 신경학자들은 이렇게 축적된 애착 유형이야 말로 다음과 같은 상황에 공헌한 가장 중요한 요소라고 결론 내리고 있다.

1. 초기 아동방임과 빈곤은 아동의 중추신경계에 치명적인 파급 효과를 남긴다. 그리고 이로 인해, 다음과 같은 수많은 어려움들을 초래하게 된다.
    a. 다른 사람들을 신뢰하지 못함
    b. 다른 사람들로부터 위로를 구하고 받는 일 불가능

c. 감정 조절의 어려움

d. 자신의 감정을 조절하지도 자신을 위로하지 못함

e. 희망을 갖거나 더 좋은 삶을 꿈꾸는 것을 어려워 함

f. 고통스러운 감정 상태를 조절하기 위해 물질에 의존하는 경향 증가

g. 공존 중독 문제를 갖게 될 가능성 증가

2. 다른 사람들과 안정된 애착관계를 발전시키고 건강한 자기 개념을 갖기 위해서는 부모의 역할이 결정적이다.
3. 아동의 건강한 의존 욕구에 돌봄 제공자가 제대로 대응하지 못하거나 이를 충족시켜 주지 못하는 경우 실패한 의존증을 초래하게 된다. 이 실패한 의존증은 참을 수 없는 감정 상태를 형성 · 축적하는 데 결정적인 역할을 한다.
4. 아동의 성장기 동안 애착관계에 있는 사람과 반복적으로 충격 상태를 경험 하거나, 스트레스를 제대로 처리하지 못하면 애착 충격을 받게 된다. 즉, 마음이 산산 조각 나는 것 같거나 마음이 갑자기 분열되는 듯한 느낌을 쉽게 받곤 한다.
5. 압도당할 만큼 참을 수 없는 감정 상태에 부딪히게 되는 경우, 이 아이는 자폐 증상을 보이며 자신의 감정을 캡슐에 싸 넣거나, 자신의 분열된 자기를 숨기게 된다.
6. 이렇듯 애착 외상으로 인해 쪼개신 삼성은 변화를 거부하며 다른 사람과 대화를 나누지 못하고 기억력에도 명백한 어려움을 갖는다.

다중 중독의 역동

아무리 기능이 좋은 환자라 할지라도 많은 중독자들은 한 가지 중독 문제가 아닌 다양한 중독 문제를 보인다. 중독 환자들의 이러한 충동적 행위는 대인관계 불만족에서 비롯된 것이다. 애착이론에 따르면 감정을 조절한다는 것은 외부의 도움 없이는 불가능 한데, 많은 중독자들은 이 문제를 또 다른 중독으로 대체하여 해결하고자 한다는 것이다. 이러한 현상이 발생하게 되는 역동을 살펴보면 다음과 같이 범주화 시킬 수 있을 정도로 공통된 양상을 보인다.

- 변경switching : 예전의 충동 행위는 그만 두었는데, 또 다른 충동 행위를 시작 함
- 변장masking : 다른 중독으로 옮겨가기는 하였으나, 여전히 그 전 중독문제 또한 숨겨두고 있음. 이전 중독 문제를 해결하기 위한 변명거리로 또 다른 중독에 빠짐
- 융합fusion : 하나의 중독 현상이 제대로 발현되기 위해서는 하나 이상의 또 다른 중독을 필요로 함
- 의식화ritualizing : 중독을 위한 하나의 의식으로 또 다른 중독이 필요함
- 둔감화numbing : 중독으로 인한 수치심을 둔감하게 하고자 또 다른 중독을 이용함
- 탈억제disinhibition : 하나의 중독이 또 다른 중독에 대한 억압을 낮춤

• 교체alternation : 하나의 중독에서 또 다른 중독으로 계속해서 바꿈

• 강화intensification : 여러 가지에 동시에 중독됨으로써 각각의 중독 문제를 심화시킴

2년 사이에 두 명의 여자 환자가 젊은 남자 정신과 의사의 성적 부정행위에 대해 탄원서를 제출했다. 이 일로 그 젊은 의사 알렌Allan은 행정 당국으로부터 정신과 치료를 받을 것을 명령 받았다. 알렌은 3년 전에 한 클리닉에 합류한 의사였다. 당시 클리닉은 중독환자들을 치료하기 위해 이에 대한 전문지식을 갖고 있는 의사가 필요했다. 알렌은 입원 중인 코카인 중독 환자들을 5년간 치료한 경험이 있었으며, 12단계 프로그램, 회복 프로그램, 단약 프로그램 등에도 활발히 참여한 바 있었기 때문에 가장 유력한 후보자였고, 결국 클리닉에 합류하게 되었다. 그는 끊임없이 일에 매진하였을 뿐만 아니라 많은 환자들의 신망을 받는 헌신적인 의사였다. 그는 약물 중독자들을 다루는데 매우 능숙했기 때문에 그의 진료실은 항상 문전성시를 이루었다. 그의 명성은 급속히 퍼져 끊임없이 진료 의뢰와 수퍼비전 의뢰가 들어왔다.

치료실에 들어서자마자 심리사는 알렌의 외모에 깜짝 놀랐다. 그는 깡말랐으면서도 매우 강인한 인상을 가지고 있었으며, 흐트러짐이 전혀 없는 옷매무새와 머리 모양을 하고 있었다. 알렌은 시종 발을 떨고 손가락으로 커피 잔을 튕겨 대긴 했지만 얼굴은 웃음과 흥미진진함으로 가득했다. 소년 같은 외모와 전염성 있는 웃음으로 인해 알렌은 매우 쉽고 빠르게 다른 사람과 어울릴 수 있었다. 인터뷰를 하기에 너무나 편한 상대였다. 자신에 대해 완전히 개방했을 뿐만 아니라 전혀 방어적이지 않았다. 과거 그의 삶에 대해서도 숨김없이 이야기 했다. 그는 어려서부터 주의력 결핍 장애 진단을 받고 5살 때부터 리타린Ritalin을 복용해 왔다고 했다. "우리 엄마는 항상 신경이 과민해 있었어요. 그리고 내가 리타린을 처방 받을 수 있게 되기 전까지는 저를 어떻게 다루어야 할지 몰라 안절부절 하곤 했죠. 저는 항상 열심히 공부하는 학생이었어요. 고등학교 때도, 대학교 때도, 의대에서도 마찬가지였죠. 우리 아빠처럼 항상 정신없이 바쁘게 일했어요. 십대 때에는 데이트를 해본 적조차 없었죠." 알렌은 약간 몸을 움츠리며 눈을 돌렸다. "대학교 땐 정말 수줍음 많은 뚱뚱한 아이였어요. 그렇지만 의대 입학 후 살을 뺐고 그 당시의 서러움을 다 만회했죠. 많은 여자들을 만나기도 했구요." 그는 눈웃음을 지으며 말을 이어나갔다. "학부 때에는 한 번도 술을 마시거나 약을 해본 적이 없었는데 의대에 입학하고 나서부터 speed를 복용하기 시작했어요. 레지던트 기간 동안 항상 깨어있기 위해 이를 복용하곤 했죠."

"덕분에 살도 빠졌어요. 물론 운동도 열심히 했구요. 달리기를 했죠. 달릴 때 기분은 정말 최고예요. 운동 시작 후 두 달 정도 지났을 때, 운동의 매력에 쏙 빠져 버렸죠. 마라톤도 몇 번 완주 했고, 지금도 매일 아침 한 두 시간 정도 달려요. 이때부터 여자들이 저를 알아보기 시작하더군요. 그전까지는 여자들 옆에만 가면 항상 초조해하곤 했는데... 그들이 나를 잡아먹기라도 할 것 같았거든요. 그런데 코카인을 사용하고 나서부터는 모든 것들이 달라지기 시작했어요. 이 두 가지-약과 여자-가 항상 함께 했죠. 나머지는 말 안 해도 아시겠죠?" 알렌은 큰 웃음을 짓더니 커피를 한 모금 들이켰다.

그를 탄원한 두 명의 환자에 대해 묻자, 그는 낄낄 웃더니 머리를 흔들어 댔다. "좀 더 조심했어야 했는데.. 그렇죠? 여자는 밖에 얼마든지 많은데. 아무리 그녀들이 나에게 꼬리친다 해도 내 사무실에 들어오는 여자들까지 다 건들 필요는 없었는데 말이죠."

결혼을 한 적이 있는지를 묻자, 그는 코웃음을 짓더니 머리를 흔들었다. "농담이시죠? 절 보세요. 제가 여

자를 꼬시는데 문제가 있을 사람처럼 보입니까? 게다가, 저는 쉽게 질려하는 타입이죠. 주의력 결핍장애가 맞긴 맞나봐요."

얼마나 많은 여성과 성경험을 한 적이 있는지를 묻자, 알렌은 잠시 생각하기 위해 동작을 멈추더니 몇 초 후에 이렇게 말했다. "확실히는 모르겠어요. 아마 2, 아니 3, 아니다 ! 한 4백 정도에 가깝겠네요."

알렌과 같은 사례는 얼마든지 있다. 그가 처한 상황은 알코올중독자들을 비롯한 중독자들이 흔히 겪는 어려움들이다. 어린 시절 주의력 결핍 장애를 앓았다는 것은 감정을 조절하는 데 장애가 있다는 것을 암시하는 사인이다. 또한 그는 아주 어린 시절부터 "너의 병을 치료하게 될 약"이라는 세상을 알게 되었을 것이다. 더욱이 그는 외동아들이었고 친구들도 없었기 때문에 학교 친구들이 그의 빈약한 몸을 두고 끊임없이 야유할 때도 도움을 받을 곳이 없었을 것이며, 이는 그를 더욱 위축시켜 외롭게 했을 것이다. 그의 부모 또한 건강한 자기를 형성하는 데 필요한 충분한 감정적 지지를 제공하지 못했음을 알 수 있다. 부모의 감정적 반응 결여 속에서 어린 소년이 선택할 수 있는 것들은 그다지 많지 않았을 것이다. 자신이 유일하게 인정받을 수 있는 학교 성적에 몰입하는 것, 그리고 음식. 비록 어린 나이이긴 했지만 그는 이때부터 이미 감정을 조절하고 욕구를 해결함에 있어 어려움을 겪고 있었다.

이렇듯 공격당하기 쉬운 그의 정신 상태는 대학시절 접하게 된 암페타민의 유혹을 이기지 못했을 것이다. 그리고 이 암페타민 중독은 그가 이미 갖고 있던 일중독을 더욱 강화시키는 하나의 의례가 되었을 것이다. 각 중독은 다른 중독을 강화시킬 뿐 아니라 다른 중독을 위한 핑계가 되곤 한다. 지금까지 살아오면서 취해왔던 다른 대처 전략들과 마찬가지로 과도한 암페타민 사용으로 인한 급격한 체중 감소 또한 중독과 비슷한 양상을 보인 달리기 강박증과 함께 연합하여 나타났다. 약물 사용은 그의 과도한 소심증을 해결하기 위한 핑계거리가 되었을 뿐 아니라 성 중독을 코카인 사용의 교체물로 사용하였다. 각 중독은 다른 중독에 대한 부담감을 덜어주는 역할을 했다. 외부 환경이 그의 약물 사용 포기를 강요하자, 그의 성 중독과 달리기 중독은 더 강화되었을 뿐 아니라 더욱 강박적이고 과도하게 되었다.

알렌의 상황은 모든 중독자, 알코올중독자 그리고 치료자들이 직면하게 되는 딜레마를 보여주고 있다. 물질 남용자들은 하나의 강박을 또 다른 강박으로 끊임없이 대체한다. 그들은 결국 약물을 사용하지 않고서는 견딜 수 없는 지경에 이를 때까지 갉아먹을 듯한 공허감과 참을 수 없는 불안 속으로 스스로를 몰고 간다. 바로 이러한 이유들로 인해 단약이 중요할 수밖에 없다. 모든 중독 행동이 사라지기 전까지는 건강한 감정 조절 개발(건강한 대인관계 애착)은 불가능하다.

다양한 여러 치료 철학들의 통합

오르몽은 플로레스의 저서를 소개하면서 이렇게 적고 있다. "많은 사람들이 아는 것처럼 질병 모델과 정신 건강 모델은 서로 다르지 않다." 오르몽의 이 말은 두 접근법이 상호보완적인 역할을 수행할 수 있다는 인식의 개선을 반영했을 뿐만 아니라, 중독 치료 이념과 정신 건강 치료 철학의 통합을 이끌었다. 과거 이 두 가지 접근법은 중독 치료 및 진단에 대해 서로 다른 정의를 내리면서 서로를 얕보는 듯한 태도를 취한바 있었으나 지금은 여러 헌신적인 임상가들과 연구자들의 노고 덕분에 더 이상 그렇지 않게 되었다(i.e., Minkoff, 1995; Khantzian, 2001; Flores, 2001).

회복 초기 단계에 있는 공존 질환자들의 경우 개별 심리치료만을 실시하는 일은 거의 없다. 켐커Kemker, 키벨Kibel, 말러(Mahler, 1993, p.299)가 제시하고 있는 바와 같이, "전문가들은 자기 혼자서만 환자를 치료할 수는 없는 일이라는 사실을 받아들여야 한다. 중독 상태가 심하면 심할수록 환자들은 더 깊이 고립돼 있을 가능성이 크다." 물질 남용자들이 물질 사용을 지속하는 한, 이들과 치료적 동맹을 맺고 유지하기란 어렵다는 게 애착이론이 취하고 있는 기본 입장이다. 화학물질 사용의 영향력이 너무나 강력하기 때문에 치료자는 이를 뛰어 넘을 수 있는 그 무언가를 제공할 수 있어야 한다. 그러나 알코올중독자들을 비롯한 중독자들을 약물 남용 행위의 결과로부터 자유로운 상태에서 치료하기란 거의 불가능한 일이기 때문에, 결국 그들은 환경의 역공을 피할 수 없게 될 것이다. 즉, 약물 사용은 삶의 위기를 불러들일 수밖에 없다(이혼, 실업, 음주 운전 등).

애착 체계는 위기 중에 개발 된다. 지속적인 약물 사용으로 인해 야기된 피할 수 없는 문제들이 치료자들에게는 재빨리 이용해야 할 기회가 되는 것이다. 이들이 직면하게 된 심각한 위기로 인해 이들은 치료 현장으로 의뢰될 것이기 때문이다. 그러나 치료자들은 그것이 아무리 치료에 도움이 되고 지지가 필요하다 하더라도, 애착관계를 가지고 타협을 해서는 안 된다. 치료적 관계를 재생 불가능하리만큼 손상시키지 않는 것이라면 물질 남용자들의 화학물질 사용의 파괴적인 천성에 대해 직면하는 것은 이 대상군과 함께 작업함에 있어 매우 중요한 기술이다.

왈라스(1978b)는 그의 고전적인 저서에서 알코올 중독 내담자들을 치료함에 있어 체계적 접근법이 얼마나 중요한지에 대해 처음으로 언급하였다. 이들의 결정적 문제는 무엇이고 적합한 치료 전략에는 어떠한 것들이 있는지를 알아보았다. 그는 또한 알코올중독자를 성공적으로 치료한다는 것은 똑같이 위험한 두 가지 대안 중에 한 가지 안전한 방법을 선택하는 일과 같다고 이야기 한 바 있다. 지나치게 많은 지지(환자의 알코올 문제에 대해서는 전혀 언급을 하지 아니하고 그 사람의 우울한 감정만을 탐색하는 것) 혹은 지나치게 많은 직면(단주를 하지 못하겠다면 치료를 그만 두는 것이 좋겠다고 강요하는 것)만으로 둘러싸인 좁은 산등성이를 걷는다는 것은 아무리 기술이 뛰어나고 아무리 경험이 많은 치료자라 할지라도 어려울 것이다. 치료자가 왜 그들이 술을 마실 수밖에 없었는지를 탐색하는 동안 그들은 AA에도 참석해 왜 다른 이들은 죽을 지경까지 술을 마셔야만 했는지에 대한 비슷한 이야기를 들어야 할 것이다. 그러면 그들은 또한 기존 AA 멤버들로부터 "내 방법을 따르지 않을 거라면 여기에서 나가십시오." 라는 태도를 취하는 "AA 나치" 와 "빅 북Big Book 추종자" 들을 조심할 것에 대한 경고를 듣게도 될 것이다.

공통된 치료 필요조건

어떠한 치료 접근법을 선택할 것인가에 대한 문제는 여러 가지 요인과 변수에 따라 달라질 수 있다. 어떠한 세팅(외래, 입원, 낮 병원 등)에서 치료를 받는가, 물질 중독 상태가 어느 정도로 심각하며 어떠한 물질을 사용하는가(중독 말기, 헤로인 /코카인 사용, 알코올 남용 초기 등), 어느 정도의 치료 동기를 가지고 있는가(법원 의뢰, 자발적 입원 등), 어떤 유형의 치료를 행하는가(집단치료, 개인치료, AA 등), 공존 질환을 갖고 있는가(양극성 장애, 불안장애, 인격 장애 등), 회복 단계의 어디쯤에 와 있는가(회복 초기, 회복 말기, 심사숙고 전 단계, 유지단계 등), 무엇을 치료 목표로 하는가(단주인가, 조절음주인가) 등을 세밀하게 고려해야 한다. 이 각 질문에 대한 대답은 치료자가 환자에게 다가감에 있어 어떠한 접근법으로 다가가야 하는가를 결정하는 데 도움을 줄 수 있기 때문에 하나하나 주의 깊게 평가되어야 한다.

물질 남용자가 협력치료를 필요로 하는 경우, 치료자는 혼돈에 빠질 수 있다. 물질 남용자와 치료자 간 동맹이 쉽게 형성되지도 않을 뿐 아니라, 환자는 매우 빠른 속도로 치료 체계에 흡수되어 버리기 때문이다. 통합 치료 프로그램에서는 환자들에게 동시다발적으로 집단치료, 약물 판별테스트, 약물치료(필요한 경우), 가족치료, 교육, 해독치료, 심리검사, 12단계 등을 실시한다. AA 프로그램에 익숙하지 않은 치료자들의 경우에는 12단계 프로그램이 문제가 될 수도 있을 것이다. 켐커 등(Kemker, 1993)은 자조 치료를 심리 치료 모델과 통합시켜야 하는 과업에 직면한 치료자들이 흔히 경험할 수 있는 어려움에 대해 적고 있다. 켐커는 또한 중독 치료에 있어서는 하나의 결정적인 요소가 환자들로 하여금 진단을 받아들이고 "회복 문화the culture of recovery"에 익숙해질 수 있도록 도울 수 있음을 지적하였다.

처음 알코올 중독 및 중독 진단을 받는 환자들 그리고 처음 이 분야에 발을 들여 놓은 전문가들은 여러 가지 대체 치료 이념들에 대해 알고 있어야 한다. 12단계 프로그램에 익숙해 져야만 하며, AA가 지닌 여러 가지 중요한 치료적 함의에 대해서도 잘 알고 있어야 한다. 마타노와 얄롬(1991) 또한 그들의 최근 저서에서 켐커가 이야기 하고 있는 것과 매우 유사한 주장을 펼치고 있다. 즉, AA와 12단계 회복 원칙을 심리치료 형식에 잘 통합할 수 있도록 특별한 관심을 기울여야 한다는 것이다. 마타노와 얄롬은 다음 사항을 주의하지 않는 경우 중독 치료에 대한 전통적 접근법은 실패할 수밖에 없다고 경고한다. (1)회복과 단주는 항상 함께 우선적으로 고려되어야만 하며, (2)환자들은 자신이 중독자라는 사실을 받아들여야만 한다. 회복 문화에 익숙해진다는 것이 초보 치료자들에게는 어려운 일일 수 있다. 그러나 이 환자군을 대상으로 지속적으로 치료를 제공하고자 한다면 12단계 회복 프로그램의 원칙 및 용어에 익숙해질 필요가 있다고 이들은 주장한다. 치료자들이 이에 대해 알지 못하다면 환자들이 AA 용어를 방어적으로 부적절하게 사용함에도 불구하고 제대로 대응하지 못하는 일이 생길 수도 있기 때문이다.

음주 운전으로 체포 된지 채 2년이 되지 않아 다시 음주 운전으로 구속된 케빈Kevin은 법원에 의해 사전형량조정 제도의 일환으로 정신과 상담을 받아 볼 것을 명령받았다. 30분 정도 면담을 한 후에 치료사는 그에게 정신과 상담을 받아 볼 것을 추천하였는데 케빈은 단호하게 거부했다. "말도 안 됩니다. 제 말 좀 들어 보십시오. 저도 지금까지 살아오면서 AA에 몇 번 참석해 오면서 배운 게 좀 있는데, 제가 어렸을 때 양육된 방식과 제 알코올 문제와는 아무런 상관도 없습니다. 내가 알코올중독자이기 때문에 술을 마시는 것이지 그들이 말하는 그런 자기 연민은 저에게 아무런 도움도 안 됩니다. 어쨌든 심리치료는 알코올중독자들에겐 도움이 안돼요. 오히려 술을 더 마시게 만들 뿐이라구요."

그는 의자 등 뒤에 기대어 만족하는 듯한 웃음을 짓더니 말을 덧붙였다. "AA가 또 나에게 가르쳐 준 게 있다면, 분석하지 말고 이용하라는 겁니다."

치료자 또한 주춤하지 않았다. "AA 모임에 이미 가본 적이 있으시다니 잘하셨네요. AA 모임도 권유드릴 생

각이었거든요. 다음에 AA 모임에 가셔서 기존 멤버들에게 빌에 대해 아는지 한번 물어 보시겠어요?"

"왜요 ? 빌이라는 사람이 누군데요 ?" 케빈이 물었다. 그는 짜증이 나는 듯 얼굴을 찌푸렸다.

"그러면 아마 그가 말해 줄 거예요. AA 창시자이자, 빅 북의 공동 저자이기도 한 그가 그 당시 저명한 심리학자 두 명의 영향을 받았다는 사실을 말이죠. 윌슨은 칼 융Carl Jung과 서신을 주고받았을 뿐만 아니라 윌리암 제임스William James의 '종교적 체험의 다양성'이라는 책에 깊이 심취해 있기도 했답니다. 이 두 사람 모두 윌슨의 사고와 영성에 막대한 영향을 끼쳤을 뿐만 아니라 AA 프로그램에도 많은 영향을 주었죠. 그 분이 이 이야기도 해 주실 수 있을 것 같군요. 빌은 두 번이나 헨리 티부이라는 심리치료사로부터 상담을 받았죠. 한 번 치료를 시작하면 그는 4년 정도 지속해서 받았다고 하는 군요. 분명히 심리치료가 그의 단주와 회복에 장애가 된 것 같지는 않습니다. AA의 창시자조차 전문가의 도움을 받아 혜택을 보았다면, 전 당신도 충분히 그럴 수 있다고 생각합니다."

치료자라면 알코올중독자들을 비롯한 중독자들이 어떠한 문제에 대해서는 책임을 질 수 있어야 하고, 어떠한 문제에 대해서는 그렇지 않아도 되는지 또한 구별해서 이야기 해 줄 수 있어야 한다고 마타노와 얄롬(1991)은 말한다. 예를 들어, 재발이라는 것은 항상 일어날 수 있는 일이기 때문에 이들은 질병 혹은 중독 문제에 대해서는 책임을 질 필요가 없다. 그러나 그들은 회복의 문제에 대해서만큼은 책임을 져야 한다. 일단 술을 마시기 시작하면 통제력을 상실해 버리게 된다는 사실에 대해 책임을 져야 할 필요는 없지만, 첫 잔을 시작한 것에 대해서는 책임을 져야 한다.

두 번이나 연속해서 상담 약속을 어긴 바바라Barbara가 치료자의 사무실에 나타나서는 "다시 미끄러졌어요." 라고 즉시 시인했다. 두 달이나 단주를 잘 유지할 수 있었는데 어쩌다가 다시 술을 마시게 되었는지를 묻자, 그녀는 어깨를 으쓱해 보이더니, 자신의 손을 빤히 들여다보다가 중얼거리듯 말했다. "모르겠어요. 그냥 또 미끄러졌어요."

"아니오, 바바라.그렇지 않습니다." 치료자가 부드럽게 말했다. "당신은 미끄러진 게 아니라 재발한 겁니다."

바바라가 고개를 들어 그를 바라보며 물었다. "그 둘이 다를 게 있나요 ?"

"아주 큰 차이가 있죠." 치료자는 그녀의 눈을 바라보며 그의 진심을 다해 이야기 했다. "재발은 다른 겁니다. 당신에게 무슨 일이 있었기 때문에 당신이 술을 마신게 아닙니다. 단지 당신이 마시기로 선택을 한 거죠. 재발은 재발이라고 불러야 합니다. 즉, 미리 계획된 음주였습니다. 당신이 마시기로 결정한 겁니다. 그렇지만 당신이 이 사실을 받아들이지 않았고 계속 부정한다면, 당신은 이 재발로부터 어떠한 것도 배울 수 없습니다. 똑 같은 실수를 계속해서 반복하게 되겠죠."

대인관계 모델들 : 통합

치료자는 다양한 정신 건강 모델을 질병 개념과 통합시킬 수 있어야 할 뿐만 아니라, 현재 자신이 진행하고 있는 치료 전략과 양립할 수 있을 만한 다양한 임상 가이드라인을 통합시켜 중독에 관한 종합적 메타 이론을 확립하고 있는 것이 중요하다. 아무리 종합적이고, 아무리 지적으로 만족 할 수 있을 만한 이론이라 할지라도 그것이 모든 문제를 해결할 수는 없다. 단주에 기반한 치료 접근법을 고수하고 있는 중독 전문가들 대부분이 12단계 치료와도 동맹을 맺고 있음을 알 수 있는데, 이들은 매일 같이 만나는 서로 다른 환자들의 임상적 경험과 그들이 기존에 갖고 있던 이론이 대립하는 경우 언제라도 과감하게 자신의 이론을 폐기할 수 있다. 애착이론은 이러한 목적을 달성하는데 도움을 준다. 정신 역동 이론에 오랜 기원과 전통을 두고 있음에도 불구하고 이 이론은 단주에 기반한 치료적 접근을 설명하는 데 매우 훌륭한 이론적 기반을 제공한다. 그리고 가장 중요한 것은 애착이론의 어떠한 기본 가정도 AA 프로그램의 원칙과 상반되지 않는다는 사실이다. 오히려 이 두 이론 간의 통합은 AA의 관점을 더욱 넓고 풍요롭게 할 뿐만 아니라 비평가들의 AA에 대한 비판을 완화시키는 역할을 하기도 한다. 루이스 등(Lewis et al, 2000) 또한 이러한 관점을 지지하고 있다.

> AA 모임과 AA의 다양한 요소들이 이미 보여주고 있는 바와 같이, 알코올중독자들을 재발로부터 보호할 수 있는 방파제는 다양한 영적 교감들을 포함한다. 서로의 이야기를 나누고자 사람들을 모이도록 하는 것 자체가 두말할 나위 없는 강점이 된다. 로버트 프로스트Robert Frost는 그의 저서에서 이를 "삶의 정화clarification of life"라고 표현하였다. 삶의 정화라 해서 거창할 필요는 없다. 혼돈 된 삶 가운데 순간순간 느끼는 것만으로도 충분하다. 집단 안에서 행해지는 구성원들 간 균형 회복만으로도 전체를 그리고 핵심을 느낄 수 있다.(p.214)

플로레스(2004)는 애착이론(Bowlby, 1980)이 다양한 정신 건강 모델을 질병 개념과 통합시킬 수 있도록 하는 것뿐만 아니라, 치료자들이 현재 자신이 진행하고 있는 치료 전략과 양립할 수 있을 만한 다양한 임상 가이드라인을 통합시켜 중독에 관한 종합적 메타 이론을 확립할 수 있도록 하는데 지대한 공헌을 하였다. 아무리 종합적이고, 아무리 지적으로 만족 할 수 있을 만한 이론이라 할지라도 그것이 모든 문제를 해결할 수는 없다고 플로레스는 주장한다. 겉보기에 서로 달라 보이는 AA 관점과 애착이론이지만, 이들을 통합하고자 하는 노력이 중독 환자들을 치료함에 있어 치료자에게 꼭 필요한 이해력과 인지 능력을 향상시킬 수 있다. 특히나 AA의 정밀한 과학적 기초 결핍에 대해 불만을 갖고 있는 치료자라면 이러한 작업을 통해 견고한 이론적 토대를 제공할 수도 있을 것이다. 각 이론을 더욱 명확하고 풍요롭게 할 수 있을 뿐만 아니라 대립되는 관점들을 소화롭게 할 수도 있기 때문이다.

중독 치료 및 병인학 연구를 위한 믿을만한 대안적 설명으로 애착이론을 받아들이는 것은 다른 관련된 관점들의 공헌을 인식할 수도 있도록 해준다. 정신역동 이론은 지난 20세기 후반기를 풍미했다. "한 사람one person"을 중심으로 한 심리학(중립적인 치료자는 환자의 일탈 행동을 무의식적 갈등 요인에 의한 것이라고 본다)과 달리 관계 모델은 "두 사람two person" 간의 심리를 다룬다. 이 관점에 따르자면, 환자의 심리는 그 사람이 상호작용하고 있는 치료자 혹은 다른 사람의 심리 맥락과 단단하게 연결되어 있다고 한다. 환자의 심리 치료 맥락 속에서 발전된 이해가 환자의 개인력과 관련된 것이라 할지라도, 현재 표현되고 있는 환자의 행동은 그 사람과 현재 관계 맺고 있는 사람과의 상황 및 심리 상태 속에서 나타나는 것이기 때문이다. 관계라는 것은 그것이 치료적인 것이든 사회적인 것이든지 간에 그 관계를 맺고 있는 당사자들의 투사, 가정, 희망, 바람, 두려움 등이 형상화된 것이다. 관계 모델의 발전은 정신 내적 투쟁을 지금 그 사람의 현재 상황에 상호작용 혹은 관계의 어려움을 탐색하는 것으로 그 초점을 옮겨 놓았다. 가장 중요한 사실은, 관계를 중심으로 한 관점이 기존의 알코올 및 중독자들을 위한 치료 방법이 갖고 있던 어려움을 이해함에 있어 좀 더 혁신적인 방법을 도입할 수 있도록 하였다는 것이다.

자기심리학(Kohut, 1977)은 단주·단약 중심의 치료 전문가들과 정신역동에 기원을 두고 있는 심리 치료자들 간 간극을 연결하는데 상당한 이론적 설명을 제공한 이론이었다. 코헛의 설명은 일찍이 런던에 있는 타비스톡Tavistock 클리닉에서 근무하던 보울비(1973) 및 다른 여러 학자들(Guntrip, 1971; Fairbairn, 1952; Winnicott, 1965)에 의해 개발된 관계 모델의 영향을 받은 것이었다. 대상관계 학파는 기존의 정신분석적 사고가 전통적인 추동 이론 혹은 본능 이론에서 적응, 발달 성장상의 억류, 자기 구조의 결핍 등을 강조하는 관계론적 접근법으로 이동할 수 있도록 도왔다. 보울비(1982)와 코헛(1975)의 이론은 중독 사이클을 설명할 수 있는 신뢰할 수 있을 만한 대안적 이론으로서도 그 가치를 갖는다. 이들 이론은 질병 개념을 설명하는 데에만 유용한 것이 아니라, 왜 AA가 효과를 나타내는지를 설명하는 데에도 지적으로 만족할 수 있을 만한 설명을 제공하기도 한다. 애착이론과 자기심리학은 치료를 위한 이론적 영향력을 확대시켰을 뿐만 아니라 AA와도 완벽한 조화를 이루며 화학물질 의존을 치료하는 프로그램으로서 12단계의 가치를 보완하였다. 코헛과 보울비의 관점은 또한 왜 12단계 프로그램이 효과를 보이는지에 대한 유효할 만한 대안적 설명을 제공한다. 프로그램의 치료 요인들이 물질 남용으로 인해 고통 받고 있는 환자들을 치료함에 있어 강조되어야 하는 전략들과 어떠한 직접적인 관계가 있는지를 설명하기도 한다. 이 책 전반에 걸쳐 살펴보고 있는 이러한 치료적 함의들은 중독자들을 위한 치료에 지대한 영향을 미치고 있다.

11

집단 치료 리더

성공적인 집단 치료에는 많은 변수들이 영향을 미친다. 집단 치료의 세팅 내에서 일어날 수 있는 모든 다양한 기여인자 중, 집단 리더의 자질만큼 영향력이 있고 중요한 것은 없다. 성공적인 집단 치료에 영향을 주는 가장 중요하고 예민하며, 비특이적인 특성은 치료자가 무엇을 하는가보다는 치료자가 어떤 유형의 사람인가와 더 많은 관련이 있다. 그렇다고 기술과 훈련, 그리고 경험이 성공적인 집단 치료에 아무런 기여도 하지 않는다는 뜻은 아니다. 개인과 집단을 포함하는 모든 형태의 성공적 정신치료는 이러한 여러 요소들 없이는 불가능하다. 그러나 정신 치료의 이러한 요소들은 학습을 통해 헌신적으로 배우고자 하는 경우에 획득될 수 있다. 성공적인 치료를 위한 비특이적인 기여 인자들은 보살핌, 민감성, 그리고 공감과 같은 무형의 중요한 요소들을 포함한다.

유능한 전문가에게 요구되는 힘든 과정을 시작하기에 앞서 개개인에게 그러한 자질이 존재하지 않는다면, 누군가를 다른 인간 존재에 대한 근원적 관심과 진정한 존경의 깊은 원천을 두드릴 수 있도록 가르치는 것이 가능할 수 있을까?

에릭 캐셀(Eric Cassell, 1985)은 그의 저서 『치료자의 기술The Healer's Art』에서 이러한 중요한 의문을 제기하였고 의사와 치료자들에게 치유하는 사람으로서의 역할을 수행할 것을 권고하였는데, 이는 환자를 실재의 병으로서만 통제하는 것이 아니라 전체론적인 의학적 관점에서 환자를 보는 것을 의미한다. 캐셀은 모든 형태의 질병이 환자에게 가져올 수 있는 단절감, 전능감 상실, 그리고 통제력 상실의 측면에서 발생하는 영향을 집단 리더, 치료자, 의사들이 인식해야 한다고 강조한다. 이러한 복잡성은 대부분의 경험 많고 유능한 집단 치료자들은 잘 알고 있지만, 현재 수련을 받고 있는 풋내기 치료자들에게는 제대로 알려주기가 어렵다. 사실상, 캐셀은 민감성을 가르치는 것이 가능한지에 대해 의문을 던진다. 그러나 그는 기교, 이론, 기술에 대한 점점 증가되는 스트레스에도 불구하고, 이러한 것들을 가르치는 일이 시도되었으면 한다.

오늘날 알코올과 약물 치료는 모든 종류의 의학적 치료가 직면하고 있는 것과 같은 어려움에 처해 있다. 특별한 기술, 대규모 진료, 수십억 달러에 달하는 법인 병원 네트워크 등에 중요성을 더 두고 있는데, 이들은 치료진의 이동, 관료적 체계, 연합적인 치료 정책, 그리고 복잡한 전문 과목으로 나뉘어 있으나 사실 이러한 모든 요소들은 친밀한 치료자-환자 관계를 방해하는 경향이 있다. 이전의 다른 치료자들 (얄롬, 폴스터, 굴딩, 오른스타인, 코헛) 과 마찬가지로 캐셀은 개인이 이러한 기술의 발전으로부터 실제적 이득을 얻으려면 보살핌과 치료를 제공하는 사람과 환자 사이에 없어서는 안 될 필연적인 인간관계의 회복이 대단히 중요하다고 강조했다.

집단 리더의 가치관

집단 리더의 가치 기준은 리더의 개인적 특성 중 가장 필수적인 부분이다. 치료자의 가치기준과 특성들은 성공적인 치료에 중요한 영향을 미친다는 것은 잘 알려져 있지만, 이 분야에서의 연구는 비중독 인구 집단에 제한되어 왔다. 연구 자료가 알코올중독자 또는 약물 중독자를 대상으로 하는 집단 치료에만 관련되는 것은 아니지만, 이러한 연구에 대한 간단한 리뷰는 이 장의 후반부에 나온다. 다수의 이러한 정보는 모든 종류의 치료에 적용될 수 있으며 중독 환자들과 함께 치료 작업을 진행하는 집단 리더들에게 유의한 것으로 입증될 것이다. 그러나 집단 치료와 중독 환자의 보편적 특성과 같은 이중의 영향에 의한 특수 환경은 치료자의 특성이 알코올 남용과 약물 남용의 치료에 더욱 중요한 역할을 하도록 만든다. 첫째, 집단 치료는 개인 치료에 비해 더 적극적이며 상호 작용하는 방식의 치료이다. 결과적으로 리더의 인격은 개인 치료에서 작용하는 것보다 성공적인 집단치료에서 더 중요한 역할을 담당한다. 둘째, 중독 환자는 보다 더 민감하며, 활기차고, 활동적인 리더를 요구한다. 왜 그럴 수 있는지에 대한 설명을 하기 전에, 이러한 점을 명확히 하는 데 도움을 줄 수 있도록 어빈 얄롬과 마틴 신부Father Martin가 참석했었던 전국 알코올 중독 컨퍼런스a national alcoholism conference에서의 일화를 소개할까 한다.

컨퍼런스 동안 얄롬과 마틴 신부는 우열을 가릴 수 없을 정도로 모두 훌륭하였지만, 완전히 서로 다른 모습을 보였다. 회의가 끝날 무렵 참석자들과 발표자들은 저녁에 '비공식적인' 모임을 가졌다. 마틴 신부는 일찍 모임에 도착하자마자 빠르게 사람들을 끌어 당겨 그의 주변에 다소 큰 규모의 '스스럼없는' 무리를 형성하였는데 사람들은 사랑스럽고, 작은 요정과 같은 성직자와 함께 같이 웃고, 농담하고, 이야기를 나누었다. 그 회의에 참석했던 사람들 중 다수는 마틴 신부와 같이 알코올중독자와 약물 중독자들을 회복시키는 일을 하고 있었는데, 그들은 카리스마와 매력을 가졌으며 사람의 마음을 끌 수 있을 만큼 유명인사인 마틴 신부와 함께 있기를 열망하였다. 마틴 신부는 그들을 실망시키지 않았는데, 그는 진정으로 그들 무리와 함께 즐겼으며 알코올 중독, 회복, 그리고 영성에 대한 작은 일화들을 서로 주고받는 것을 좋아했다. 한편 얄롬은 몇 시간 후 늦게 도착을 하였는데, 조용히 연회장을 돌았기 때문에 때로는 다수의 회의 참석자들이 알아채지 못하였다. 시간이 지나서야, 얄롬은 멈춰서 실존주의적 정신치료에 대한 그의 무디면서도, 자극적인 비평에 대해 질문을 했던 몇몇의 사람들과 정중하게 이야기를 하였다. 얄롬은 친절함을 유지하면서 정중한 반응을 보였지만, 같이 있던 참석자들은 어느 정도 얄롬과 같이 있는 것에 대해

불편함을 느꼈고, 때로 얄롬은 참석자들 중 다수와 사교적 상호작용을 하는 데 다소 서툴렀다. 가끔, 일부의 무리들이 "얄롬의 존재"를 가리키며, 서로 조용히 이야기를 하고, 그들이 얄롬 쪽으로 와서 함께 하기를 바라는 것처럼 보였지만, 눈치를 보다가 다른 대화에 빠져들거나 다른 사람을 대화에 끌어들이는 등 함께 대화하는 것을 포기하고 돌아서는 모습을 보였다. 얄롬은 어느 정도 그들에게 위협적인 존재였고, 그러나 그는 인식하지 못하였으며, 다른 사람들의 불편감을 없애기 위해 전혀 어떤 것도 하지 않았다. 30여분 후, 얄롬은 그 곳을 떠나려고 하였다. 그러다가, 그는 커다란 웃음이 들려오는 어떤 룸 구석에 모여 있는 사람들 앞에 잠깐 멈춰 섰다. 그는 사람들과 이야기와 농담을 주고받으며 사람들을 즐겁게 하고 있는 신부를 약간 호기심을 갖고 응시하였다. 이후 약간 망설이고 나선 그 방에 들어갔던 것만큼 빠르게 빠져나와 떠났다. 매우 짧은 시간 동안, 나는 두 사람 모두를 보면서 같이 가까운 곳에 서 있지만 현저한 대비를 보이는 서로 다른 성격 특성을 바라볼 수 있었다. 나는 어떠한 사람이 알코올중독자와 약물 중독자의 치료에 있어 가장 효과적일지에 대해 의문을 가지게 되었다. 통찰력 있는 지성을 가진 친절하고, 조용하며, 정중한 사람인가? 아니면 재기 넘치는 눈과 누구에게라도 전파될 수 있는 위트를 가진 카리스마적이며, 매력적이고, 사랑스러운 요정과 같은 사람일 것인가. 확실히 각각은 치료를 제공함에 있어 동일하게 중요한 점을 가졌다. 알코올중독자 혹은 약물 중독자를 회복시키는 데 있어 그 반응은 어느 쪽이 더 나을까? 최소한 이러한 경험을 근거로 한다면, 마틴 신부가 갖는 특성이 얄롬이 갖는 특성들에 비해 알코올중독자들의 마음을 더 많이 끄는 것처럼 보인다.

얄롬과 마틴 신부에 의해 보여졌던 서로 다른 인격적 특성들은 중독 환자들의 치료에 있어 하나의 중요한 변수를 상징한다. 많은 경우, 어떤 유형의 환자들은 얄롬과 같은 유형의 특성들을 선호할 수 있다. 확실히, 치료에 있어 강제적 침입을 두려워하고 보다 통찰력 있는 접근을 필요로 하는 개인들은 마틴 신부와 같은 유형의 치료자와는 어려움을 겪을 수 있다. 특정한 환자들이 특정한 유형의 치료자들에게 보다 호의적으로 반응한다는 것은 잘 증명된다. 사실상, 치료자-환자의 조화는 성공적인 치료에 있어 가장 중요한 영향을 미치는 인자 중 하나이며, 이에 대한 연구는 이 장의 후반부에서 다시 다루어진다. 그러나 아무리 숙련되어 있고 카리스마가 있다 하더라도 한 명의 치료자가 모든 환자들에게 전부가 될 수는 없다. 한 치료자의 어떤 성격 특성은 알코올중독자나 약물 중독자에게 호의적인 반응을 보다 쉽게 불러일으킨다. 중독 환자들에게서 공통적으로 나타나는 성격적인 결손들 중 그러한 특징 때문에, 마틴 신부와 같은 유형의 성격 특성이 얄롬과 같은 유형의 특성들에 비해 더 긍정적인 효과를 가져 오기 쉬울 것으로 보인다.

형식적인 중립을 채택하는 치료자는 이러한 상황을 악화시킬 수 있다. 둔감한 치료자는 원초적 동일시와 연관된 무의식적인 멸절 공포와 무가치감을 자극한다. 전이 왜곡이 강화되어 알코올중독자 혹은 약물 중독자들에게 둔하고, 무감각하고, 소원했던 부모상을 생각나게 한다. 알코올중독자들이나 약물 중독자들은 그들에게 둔감했던 부모상과의 관계가 강요되기 때문에 저항은 필연적으로 강화된다. 이는 그들이 그들을 만족시키기 위해 강하고, 자극적인 자기-대상을 필요로 하거나 약물 또는 알코올이 그들을 자극하는 방식으로 그들을 자극하는 이유가 된다. 수동적이고, 따분한 치료자는 억압적이고, 둔감하며, 활기 없는 또 다른 나쁜 대상으로만 인식될 것이다. 중독자들은 그들이 될 수 있기를 원하는 모델이나 표상으로 이상화된 다른 대상을 찾고 있는 중이다. 그들이 인간적인 관계를 통해 자극될 수 있고, 활기차고 충만한 치료자의 긍정적인 면과 동일시할 수 있게 된다면, 치료에 보다 적극적으로 반응할 것이다. 이는 특히 치료 초기 단계에 중요한데, 치료 동맹의 확립을 증진시킬 수 있기 때문이다. 약물 중독자들은 그들을 압도하고 위협하는 공허함과 무감각과 싸우기 위한 자신들의 시도에서 그들에게 모델이 되어 줄 활기차고 활동적인 누군가를 필요로 한다.

경계성 환자에 대해 저술하였던, 매스터슨(Masterson, 1981)은 치료자가 갖는 인격 특성의 중요성에 대해 같은 생각을 피력했다. 매스터슨이 생각하였던 효과적 치료를 방해하는 치료자의 역동은 수동성, 강박성, 복종적 유순함, 그리고 의존성 등이었다. 수동적인 치료자는 현실과 내면적 왜곡 사이에서 그것을 분별할 수 있도록 도울 수 있는 적극적이고, 현실적인 인물을 갖고 싶어 하는 환자의 요구를 부정한다. 복종적이고 유순한 치료자는 환자를 직면시키는 데 실패하여, 환자는 치료자가 그를 보살피지 않는다고 느낄 수 있다. 강박적인 치료자는 알코올중독자 또는 약물 중독자의 분노와 행동화에 대해 보다 쉽게 화를 내면서 반응할 수 있는데 이는 매스터슨의 관점에서 봤을 때, 치료자의 강박성은 그 자신의 분노나 통제하고자 하는 욕구에 맞서는 방어이기 때문이다. 치료의 요구에 이의 없이 따르는 약물 중독자 혹은 알코올중독자는 드물기 때문에, 환자가 치료자의 기대처럼 행동하지 않을 때 쉽게 화를 내거나 좌절하는 치료자는 이러한 환자 집단과 치료 작업을 할 경우 어려움을 겪게 될 것이다. 의존적이며 인정을 필요로 하는 치료자는 환자의 발달 과정 상의 문제가 반복될 위험에 빠진다. 환자는 치료에서 분리, 개별화, 그리고 자율성의 획득을 필요로 한다. 그들은 치료자의 미리 가정된 예상과 정확하게 맞지 않을 때조차, 비난으로부터 자유로워야 한다. 이렇게 기술된 치료자의 모든 성격 특성들은 또한 환자가 내재화할 수 있는 적합한 역할 모델(외부 대상)로서 치료자가 일하는 것을 방해할 수 있다.

한 인간으로서의 치료자

어브 폴스터, 어빈 얄롬, 밥 굴딩, 루이스 오르몽 그리고 다른 수많은 이론가들은 치료에서 성공적인 변화에 영향을 주는 사람으로서의 치료자의 중요성에 대해 여러 면에서 저술을 해 오고 있다. 얄롬은 치료자의 인격 특성들이 왜 어떤 설명에서는 이해가 되고 어떤 설명에서는 이해가 되지 않는지 그 이유를 넌지시 비치고 있다. 변화는 그러한 관계에 딱 들어맞는 해석들에 의해 창출된다. 환자가 상부에서 지시하는 듯한 방식으로 통제되고, 접근되거나 치료자에 의해 어떠한 대상으로만 여겨져 치료된다고 느낀다면 그들은 그러한 해석으로부터 이득을 얻지 못할 것이다. 매우 설득력 있고 감동적인 것이라 하더라도 환자가 그것을 듣지 않는다면 어떠한 해석도 이득이 될 수 없다. 진실성, 관심, 허용, 그리고 공감은 모든 기술적인 팁에 우선하는데 왜냐하면 그러한 기술이 뿌리를 내리기 위한 비옥한 토지가 될 수 있는 것은 관계이기 때문이다.

어브 폴스터와 미리암 폴스터는 정신치료에서의 변화를 촉진하는 주된 요소들 중의 하나가 치료자의 개인적 특질(개성)이라고 생각했다. 다수의 훌륭한 치료자들은 활기가 넘치는 사람들이다. 그들은 넓은 범위의 인간 감정들에 접근한다. 그들은 부드럽거나 강인할 수 있고, 심각하거나 익살스러울 수 있고, 용감하거나 공손하게 신중할 수 있다. 환자들이 치료자와 충분한 시간을 보낼 수 있다면 이러한 성격 특성들이 옮아갈 수 있다고 어브 폴스터와 미리암 폴스터는 생각한다. 그들의 환자들은 수용하고, 격려하고, 견디고, 꺾을 수 있는 방법을 아는 누군가를 경험하게 될 것이다. 그들은 결과적으로 개인의 성격 특성을 숨기지 않고 뜻밖의 일이나 경험에 직면할 수 있는 인간 존재가 어떤 것인지에 대해 배우게 될 것이다.

집단 리더의 자질

마틴 그로얀(Martin Grotjahn, 1983)은 효과적인 집단 치료에 필수적인 것은 집단 리더의 특정한 자질들이라고 기술하고 있다. 집단 리더는 집단 치료에서 중핵적 위치를 차지하는데 왜냐하면 개인 치료 이상으로 집단 치료는 상호작용의 역동에 기초하기 때문이다. 그로얀은 집단 리더의 여섯 가지 중요한 자질들을 목록으로 만들었다. 여기서는 한 가지를 덧붙여 일곱 가지 목록으로 소개하고자 한다.

1. 확실성Reliability
2. 자발성과 반응성Spontaneity and responsiveness
3. 신뢰Trust
4. 확고한 정체성Firm identity
5. 유머와 창조성Humor and creativity
6. 유연성Flexibility
7. 오류 가능성Fallibility

확실성

집단 리더는 확실해야 한다. 집단 구성원들은 일관되게 행동이 예측될 수 있고 이해될 수 있는 어버이 같은 인물을 요구한다. 집단은 정시에 시작하고 끝나야 한다. 집단 구성원들은 집단 리더가 어떠한 행동에 대해 어떤 때에는 그들을 지지하지 않고 같은 행동에 대해서도 다른 때에는 그들을 공격하지 않는다는 것을 배워야 한다. 그럴 때에만 집단 리더들은 집단 구성원들로부터 신뢰와 확신을 얻게 된다. 이것은 첫째로 집단 리더가 그들 자신에게 믿음과 확신을 가질 것을 요구한다. 이것은 그들이 가장 충만하게 인생을 경험했을 때에만 성취될 수 있다. 그들은 공포, 불안, 용기, 그리고 의존에 대해 알고 있어야만 한다. 그들은 사랑하는 것을 두려워하지 않아야 하고 분노에 대해서도 능숙하게 대처할 수 있는 사람이어야 한다. 집단 리더들은 칼 야스퍼스(Karl Jaspers, 1975)가 '무제한의 소통unlimited communication'이라 말했던 혹은 폴스터(1981)가 '접촉의 달인a connoisseur of contact'라고 말했던 것과 같은 수준의 능력을 소유해야 한다. 또한 프란쯔 알렉산더(Franz Alexander, 1950)가 '역동적 추리능력dynamic reasoning' – 지금, 여기의 측면에서뿐 아니라, 어떻게 환자가 현재의 그가 되어왔는지를 볼 줄 아는 능력 – 이라고 불렀던 재능도 가져야 한다. 진정으로 환자를 이해하려면 테오도르 릭Theodore Riek이 '제 3의 귀the third ear'라 불렀던 귀를 가지고 들어야만 한다(Grotjahn, 1983, p. 294에서 인용). 그러나 집단 리더들은 항상 이해하려고 애쓰면서도, 자신의 설명이나 해석에 힘을 기울이기보다는 이해하지 못하는데서 오는 긴장을 견딜 수 있어야 한다. 릭Riek이 말했듯이, "잘못 이해하는 것보다 이해하지 않는 편이 낫다."

자발성과 반응성

개인 치료에서 치료자들은 천천히 움직이는 체스 선수처럼 기다리고, 생각하고, 사색하는 시간을 갖는다. 그러나 집단 리더들은 집단에서 다양한 상황과 상호작용에 대한 무의식적 반응들에 더 의지해야만 하기 때문에 그렇지 못하다.

그로얀은 집단 리더를 오케스트라의 지휘자에 비유한다. 그들은 많은 오케스트라 단원들을 이끌면서, 연주를 하는 데 있어 중심 역할을 한다. 거기에 비해 개인 치료 치료자들은 객석에 앉아 있는 비평가와 같으며 자리에서 일어나고, 음악을 멈추고, 의견을 말하고는 다시 자리에 앉을 여유가 있다. 반면 집단 리더는 해석을 해줘야 할 뿐 아니라, 무엇이 일어나거나 어떻게 일어나는지 보여주어야 한다. 이는 집단 리더가 그 자신을 분리할 수 있어서 집단의 참가자이면서 동시에 관찰자가 될 수 있어야 한다는 뜻이다.

신뢰

집단 리더들은 타인뿐만 아니라 그들 자신에 대한 근본적인 믿음이 있어야 한다. 이것은 그들이 자신 및 타인과의 관계에서 나쁜 경험과 절망을 견딜 수 있는 능력을 가져야 한다는 것을 의미한다. 그러나 에릭슨Erikson이 말한 것처럼 사람들은 자기 혼자서 신뢰를 발달시킬 수 없다. 집단 리더들은 집단의 신뢰를 어떻게 발달시키고 보호해야 하는지를 알아야만 한다. 결국 집단 구성원들은 그들이 치료자보다도 집단을 더 신뢰하게 되기 때문이다. 집단이 우선적으로 추구하는 목적은 같은 구성원들과 그들 자신에 대한 믿음과 신뢰를 회복하는 것이다. 타인에 대한 신뢰는 자기애적이고, 자기중심적인 집착을 줄이고 구성원들에게 타인을 보살필 수 있도록 가르친다.

신뢰는 단순히 다정하고, 친절하고, 수용적인 것만을 의미하지 않는다. 그것은 고통스러운 진실과 자기기만self deception을 직시하는 위험을 무릅써야 한다는 것을 요구한다. 그것은 누군가가 환자를 직접 도울 수 없지만 영향을 줄 수는 있다는 것을 안다는 것을 의미한다. 여기에서 제기되는 의문은 타이밍에 관한 것이다. 굴딩, 오르몽 또는 폴스터의 관점을 갖는 치료자는 언제 격려하고, 직면시키며, 감화를 주어야 하는지를 안다. 이러한 이슈를 피해 갈 수는 없다. 프랭크(Frank, 1961)도 "정신치료자들은 반드시 환자에 대한 그들의 영향을 알아야만 한다. 이는 피해갈 수 없는 일이다. 유일한 관건은 치료자가 그의 영향력을 의식적 혹은 무의식적으로 사용할 수 있느냐 하는 것이다"라며 동의하고 있다. 모델(Modell, 1955)이 말한 것처럼, "모든 치료에서 문제trouble는 중요한 에너지들을 무지하게 적용하는 경향성을 따른다는 것인데 이를 잘 기억해야 할 것이다"(cited in Frank, 1961, p. 234).

설득persuation 이나 감화influence는 치료자 자신의 이익과 필요를 만족시키기 위해 조종이 허락된다는 것을 뜻하지 않는다. 오래 전에 칸트가 썼듯이 "인간은 수단으로 취급되어서는 안 되며 오직 그 자체로서 목적이 되어야 한다."(Durant, 1926에서 인용) 환자나 집단 구성원이 숙련된 의사로서 치료자의 가치를 결정하는 수단이 된다면, 상호 관계와 도움의 진정한 목적은 손상된다. 환자의 호전 또는 중독 환자가 물질 사용을 중단하는 것만이 집단 리더로서 치료자의 능력을 유일하게 반영하는 요점이 된다면, 치료라는 진정한 의미가 손상된다. 부버(Buber, 1964)는 이렇게 썼다.

> 상호 관계가 없는 일방적 도움은 주제넘은 것이다. 그것은 마법을 부리고자 하는 시도다. 환자를 지배하려고 노력하는 정신치료자는 행복감의 성장을 죽이게 된다. 아무리 미묘한 작은 형태라 하더라도, 치료자가 치유될 필요가 있는 잘못된 상황을 다루기보다는 환자를 지배하거나 환자에게서 재미를 보려는 욕망을 갖게 되는 순간, 속임수의 위험이 일어나게 되며, 온갖 돌팔이 의사들이나 하는 짓들이 나타나게 된다. (p.395)

이러한 것들은 조작된 신뢰의 한 예가 될 뿐 아니라, 실존 철학 원칙 중의 하나에 대한 위반 사례이기도 하다. 마틴 부버(얄롬 및 다른 실존-지향적 치료자와 마찬가지로 잘 알려진)는 환자가 선택과 성장에 대한 그들 자신의 잠재력을 보다 잘 인식할 수 있도록 만들어주는 실존주의 치료 목표를 지지하는데, 그것은 각자가 가지고 있는 고유함과 잠재성에 관심을 갖는 하시디즘Hasidism의 초기 가르침과 유사하며 이를 성취하는 데 도움이 될 수 있기 때문이다. 환자가 회복 과정에서 수동적인 수용자가 되기보다는 적극적인 부분을 담당해야 한다는 실존주의 정신치료자들의 주장은 실존주의가 갖고 있는 복잡성의 일부에 불과하지만, AA와 AA의 치료 철학에서 중요한 위치를 차지한다.

중독을 치료하는 많은 치료자들이 경험으로 아는 것처럼 알코올중독자와 약물 중독자를 변화시키는 것은 어렵다. 치료자가 중독 환자들을 성공적으로 치료하기를 원한다면 강제coercion, 조종manipulation, 직면confrontation, 중재intervention, 설득persuation은 치료자의 레퍼토리에서 중요하고 필수적인 기술이다. 중독 치료의 영역에서 일하는 많은 상담가들은 이러한 기술의 사용에 익숙하지만 종종 중독 치료 분야 외부의 사람들은 이러한 치료적 접근에 함축된 내용에 소스라치게 놀란다. 그러나 제이 할리(Jay Haley, 1976)가 지적하는 것처럼, 조종manipulation은 인간 상호작용의 필수적인 부분으로 치료자들이 그것을 인식하는가와 상관없이 일어나게 된다. 그래서 할리와 다른 치료자들은 그러한 본질을 무시하지 말고 그러한 접근의 결과를 숨김없이 인지하고 이해할 것을 제안한다.

중독 치료에 대한 이러한 모든 측면-강제, 조종, 중재, 그리고 직면-은 13장에서 자세하게 다루어진다. 여기서는 치료자의 신뢰성과 설득력 간의 관계를 고찰한다. 이것은 꼭 필요한 노력인데 설득의 요소들은 모든 종류의 정신치료에서 중요한 부분을 담당하기 때문이다. 사실상 정신치료는 대인관계내에서의 설득력의 미묘한 형태라고 볼 수 있다(Frank, 1961). 그러나 정신치료적 관계 내에서의 설득력, 혹은 그것의 결핍을 항상 명확하게 정의 내릴 수 있는 것은 아니다. 대부분의 치료자들은 설득이 수많은 중요한 요소들에 의해 영향 받는다는 데 동의하는데, 이것들 중 치료자의 인격 특성들이 일반적으로 가장 중요하게 인식된다. 경험, 신용, 훈련, 헌신, 가치 기준, 윤리, 그리고 열의는 치료자의 설득력에 있어 중요한 기여 인자들로 일반적으로 받아들여진다. 당연히, 이러한 방식으로 개념화된 정신치료는 치료에서 가치관, 윤리, 책임 등의 중요한 이슈들을 제기한다. 정신 치료에 있어 설득력의 존재를 모두가 동의하거나 인식하는 것은 아니다. 많은 사람들이 설득력이 인지가 되건 그렇지 않건 정신치료의 두드러진 특징이라고 생각한다. 게다가, 이러한 설득력은 이론적 견해들의 차이점을 뛰어넘는 것으로 알코올중독자 혹은 약물 중독자들 치료 시에 이런 다양한 견해들을 집단 치료에 적용시키면 설득력이 배가될 수 있다고 간주된다. 숙련되고 윤리적인 정신치료자의 손에 들릴 때, 이러한 설득력은 강화될 수 있으며, 이 때 집단은 중독자들의 회복 과정에서 강한 도구로 사용될 수 있다.

더 구체적으로, 이러한 이슈들은 행동에 의해 배우는 것(AA에서처럼)이 말에 의해 배우는 것보다 선호된다는 관념과 연결해서 고찰될 필요가 있다. "말대로 행하라Walk your talk"는 AA의 좌우명이 매우 효과적인 것도 바로 이 때문이다. 이것은 회복중인 환자에게 말로만 하지 않고 행동으로 옮기는 것을 요구한다. 훌륭한 치료자들처럼, AA의 구성원들도 알코올중독자나 약물 중독자들이 말하는 것에 속지 않는다. 알코올중독자들과 약물 중독자들은 90일 동안 90번의 모임에 참석할 것을 권유받는다. "몸을 돌보세요. 그러면 마음이 따라갈 겁니다.Take you body and your mind will follow"라고 그들에게 말한다. 이러한 것은 본질적으로 윌리엄 제임스가 여러 해 전에 제안했었던 원칙이다. 당신의 믿음을 바꾸길 원한다면, 당신이 믿는 것처럼 행동하라. 그러면 곧 당신이 행동하는 대로 믿게 될 것이다.

확고한 정체성

집단 리더가 보여주는 확고한 정체성은 집단 구성원들이 치료자를 있는 그대로, 즉 전이 속 상상이 아닌 실제 인물로서 인식하게 해준다. 확고한 정체성은 치료자가 집단과 그의 구성원들에게 개방적일 수 있게 하여 어느 구성원에게는 부모로, 다른 구성원에게는 친구나 교사가 될 수 있도록 한다. 집단 리더들은 상이한 구성원들에게 많은 존재가 될 수 있지만, 그들은 모두에게 확고한 정체성을 유지할 것이다. 때로 그들은 전이 왜곡을 초래하기 위해 백지의 스크린이 될 수도 있지만 동시에 그들은 집단과 그 구성원들과 치료 동맹을 발달시키기에 충분한 현실적인 한 사람이 될 수도 있을 것이다. 이것은 그들이 활동적일 것을 요구하지만, 집단이나 그 구성원들을 심하게 지배하는 정도로 능동적일 것을 요구한다는 뜻은 아니다.

확고한 정체성은 세 가지 다른 전이의 해결을 위해 집단이 리더를 이용하도록 허용하면서도 리더가 자신의 역전이 반응을 다루는 데 도움이 될 것이다.

1. 개인 치료에서와 같이, 중심 인물로서의 리더에 대한 전이
   Transference to the leader as a central figure, as in individual therapy.
2. 가족 내 형제자매들 사이에서와 같이, 그룹 내 구성원들에 대한 전이
   Transference to peers in group, as among siblings in a family.
3. 상징적 어머니로서, 전체로서의 집단에 대한 전이
   Transference to the group as a whole, as a symbolic mother.

올몬트, 루탄, 알론소와 같이 유능하고 훈련이 잘된 집단 리더들이 그룹을 이끄는 방식을 잘 생각해 보면, 집단 리더의 효과적인 치료능력에서 가장 중요한 요소가 작업 방식에 대한 그들 자신의 믿음에 의해 결정된다는 프랭크의 생각을 떠올리게 한다. 실제적으로 연구 결과들이 그것을 종종 보여준다. 자신들만의 치

료방식에 가장 많이 헌신돼 있는 치료자들이 분명히 환자의 치료 과정에 열의를 다한다. 결과적으로, 치료에 대한 치료자의 접근을 허용하고 믿는 데는 신념이 요구되며 그렇게 하는 환자들에게 치료자의 치료 양식이 효과를 나타낼 수 있다.

교류 분석Transactional Analysis과 게슈탈트 이론Gestalt theory은 복잡한 인격의 역동을 기술하는데 대상관계 이론object relations theory, 자기심리학self psychology, 또는 고전적 프로이트 심리학Freudian psychology의 이론을 함께 나누지 못하고 지나치게 단순하게 인격을 설명함으로써 때때로 비난을 받는다.

그러나 교류 분석, 게슈탈트, 그리고 심지어 AA까지도 그들의 단순함과 치료자의 감정적 개입 때문에 엄밀하게 따져보면 효과적 치료 방식일 수 있다. 이는 모든 치료가 위약 효과에 의해 설명될 수 있다는 것을 암시하려는 의도는 아니며, 치료 과정에서 위약 효과가 중요한 부분일 수 있다는 점을 지적하려는 것이다.

예를 들어, 왈라스(Wallace, 1978b)는 치료 양식으로서 AA가 지니는 가치는 알코올 중독자의 행동을 알코올중독 패러다임 내에 위치시키고, 알코올중독자의 경험을 특정한 인지구조 안에 편입시켰다는 것이었음을 인식하였다. 알코올중독자가 알코올 중독이 자신에게서 생긴 것이라는 인식을 갖게 하고 그러한 행동을 설명하고 이해할 수 있도록 돕는 것이 치료자의 주된 역할이다. 프랭크(1961)는 이런 인지적 요소가 치료에서 중대한 요소라고 보았다.

> 첫째, 그들은 환자가 그의 증상들을 지적하는 것을 가능하게 하는 인지적 구조를 제공하고 그들을 인과관계의 도식에 맞춘다. 불안의 주요 근원들은 명료하지 못한 것과 잘 모르는 것에 대한 두려움이기 때문에, 강력하게 환자의 불안을 감소시킬 수 있으며 자기 확신을 향상시킬 수 있다.

얄롬(1985)은 카타르시스와 통찰력 모두가 변화의 요소들이라는 것에 동의하고 이를 강조한다. 만일 둘 다를 얻지 못한다면, 중대한 변화들이 일어날지의 여부에 대해 얄롬은 의심할 것이다.

사실 이 점에 있어 정신치료는 "낯선 신념exotic belief"이라고 왈라스가 기술했던 바로 그 가르침인데, 여기서는 알코올중독자의 삶에서 실제로 일어나는 일들(이 경우에는 알코올 중독)을 기술하는 것의 참 가치가 적실성을 발휘하지 못한다. 얄롬은 문제를 폭넓게 다루었다. 우리들 각각은 생존에 필요한 구성개념들을 갖고 있다. 다른 말로 하면, 우리의 방어에는 합당한 이유가 있기에, 예민한 치료사는 그것들을 너무 빨리 벗겨내지 말아야 한다. 얄롬은 정직함에 두드러지게 연관된 책임감이라는 이슈에 대해 저술했다. 정직을 위한 정직은 치료에 그다지 도움을 주지 못하는 지나치게 완고한 자세다. 얄롬이 기술한 것처럼, '선의의 거짓말들Vital lies'은 때로는 생존에 필수적이며, 방어를 무너뜨릴 때와 다시 세울 때를 아는 치료자야말로 신중한 치료자일 것이다.

유머와 창조성

어떻게 보면 최고의 치료자들이란 유머를 아주 창조적으로 사용할 줄 아는 사람들이라 할 수 있다. 굴딩과 폴스터와 같은 치료자들은 우리들이 갖고 있는 훌륭한 유머기질과 신경증적 어려움의 관계에 대해 진지한 대화를 나누곤 했다. 그들은 각자의 훈련 프로그램에서 이러한 것을 반복적으로 보여주는데 그들의 워크숍들은 유머로 양념 친 음식처럼 맛깔나게 진행된다. “웃음이 초점을 흐리게 하지 않는다” 라고 폴스터는 기술한다. “오히려 웃음은 종종 요점을 더 명확히 하고 우울해질 수 있는 치료과정에 윤활유 역할을 한다. 이러한 현상은 교육뿐 아니라 치료 자체에도 해당된다(Polster & Polster, 1974, p.40). 유머를 창조적으로 잘 사용하면 전이 왜곡의 교정을 도울 수 있는데, 집단 리더가 적절히 유머를 구사하면 그룹 멤버들은 리더를 보다 전체적이고 실제적인 사람으로 바라볼 수 있게 되기 때문이다.

그러나 유머는 적대감을 감추거나 상대에게 상처를 주기 위해 사용되어서는 안 된다. 집단 리더들은 명석함이나 권력을 과시하고자 하는 치료자의 자기애적인 욕구로 인해 집단원들과 권력 다툼을 해서는 안 된다. 최고의 중재 또는 해석은 집단 리더만이 아니라 개개인 또는 다른 집단 구성원 전체가 만드는 것이기 때문이다. 유머는 그것이 정직함, 용기, 그리고 솔직함을 지원할 때 최고의 기능을 발휘한다.

창조성은 많은 형태로 일어날 수 있다. 제롬 프랭크(Jerome Frank, 1961)가 지적한 것처럼, 집단 리더의 인간적 태도personal attitude는 그들이 지니는 여러 인간적인 자질 중에서 가장 중요한 자질이다. 집단 치료자의 한 사람인 베르긴Bergin (1971)은 가장 중요한 치유 인자가 치료자의 인간적인 성격특성personal characteristics이라는 설득력 있는 연구 결과들을 보여 준다. 정신치료가 실제적인 면에서 설득의 한 섬세한 형태가 될 수 있다는 프랭크의 가설은 치료를 통해 가치 변화를 가져오려면 치료자의 인격적 매력이 중요할 것이라는 점을 생각해보면 이해할 만한 것이다. 버틀러Beutler (1979)는 환자의 가치, 태도, 믿음이 정신치료를 통해 변하고 어느 정도, 이러한 변화들이 치료의 성공 정도와 연관된다고 믿을 수 있는 충분한 근거들을 보여주었다. 그러나 이러한 가치들은 체계적인 방식systematic fashion으로 변화하며, 성공적인 환자들은 그들의 치료자가 갖고 있는 가치 체계를 받아들인다.

프랭크(1978)는 도움에 대한 환자의 기대를 자극하는 두 가지 원천을 알게 되었다. 하나는 치료자의 인간적 매력인데, 이는 종종 치료자가 하는 일에 대한 그 자신의 믿음에 의해 강화된다. 이는 굴딩, 폴스터, 올몬트, 루탄, 그리고 알론소와 같은 훌륭한 치료자들에게서도 명확히 확인된다. 이들은 모두 활기에 넘치는 사람들이며 자신들이 하는 일에 대해 열정적이면서 진심으로 누군가를 도울 수 있다고 믿는다. 또 그들한테서는 강한 카리스마를 느낄 수 있다. “모든 종류의 정신치료에서 치유력의 일부는 환자로 하여금 회복하고자 하는 희망을 갖도록 하는 치료자의 능력에 있다는 가설을 확증하는” 풍부한 임상적 증거들이 존재한다”(Frank, 1961, p. 62). 결과적으로, 어떤 치료자라 하더라도 그의 성공적 치료 원인의 일부는 도움에 대해 환자가 기대를 갖도록 만드는 치료자의 능력에 기인한 것일 수 있다. 프랭크가 제안한 바와 같이 “치료자의 능력은 치료자를 도움의 근원으로 여기는 환자의 인식에 기초하며, 이러한 사실은 환자의 고통을 더욱 배가시키는 경향이 있다.” 프랭크(1961)는 다음과 같이 지적한다.

> 환자가 갖고 있는 신념의 또 다른 근원은 치료자의 이데올로기나 속해 있는 학파가 될 수 있는데, 이러한 것들이 어떤 때는 터무니없어 보일 때도 있지만 환자에게 이론적 설명을 제공해주고 병에 대한 인식과 치료 과정을 만들어가는 데서 감동을 주는 치료적 힘들을 전달하거나 조절하는 위치에 치료자를 둔다는 이점도 있다. 이 점에서 치료자는 무당과 유사하다. 치료자는 새롭고 강력한 과학적 치료 원리

를 발견한 과학자로서의 태도를 취할 수 있으며, 그래서 어떤 것이라도 과학이라 이름 붙여지면 근대 서구사회 구성원들을 고취시켰던 것과 같이 그런 과학자의 기운이 치료자를 둘러쌀 수 있다. (p. 60)

이러한 점을 명확히 이해하는 데 도움을 줄 수 있는 한 예가 있다. 메어리 굴딩에게 수퍼비전을 받으면서 나는 마운트 마돈나Mount Madonna에서 메어리 굴딩과 밥의 수련 프로그램에 있는 수련생들 중 한명을 상대로 치료를 했다. 나는 그 수련생 "환자"가 드러내는 역동이나 패턴에 관하여 내 생각에 따라 중재와 해석을 했다. 그 수련생은 내 해석이 그에게 맞지 않는다며 바로 부인하고 무시하였다. 그러나 메어리가 그러한 해석과 패턴이 그에게 맞는 것이라고 동의해 준 후에 그는 나머지 수련 기간 동안 빠르게 내게 보였던 저항적 태도를 바꾸었고 치료적 작업은 충분한 효과를 보이면서 끝났다.

유연성

치료 결과에 대한 리뷰 논문들은 종종 치료자의 영향력으로부터 치료적 접근방법들의 효과를 구분하기가 어렵다는 것을 보여준다. 어떤 치료자들은 반응 방식을 바꾸거나 환자들이 보이는 부정적인 찬사, 분노, 저항, 무관심 등에 즉흥적으로 대처하면서 보다 유연하게 환자의 병리를 다뤄나간다. 노크로스(2002)는 "관계적 유연성relational flexibility"을 지닌 치료자들이 초기 세션의 어려움들을 보다 잘 뚫고 나가며, 치료적 동맹을 강화시키고 치료 결과를 좋게 한다고 말한다. 연구들은 특히 치료 초기 동안, 기술적 중재보다는 치료 동맹을 발달시키는 데 더 신경을 쓰는 치료자들이 더 낫다는 것을 보여준다. 다양한 형태의 치료 동맹으로 환자의 시선을 적극 끌어들이고 환자들이 치료 목표에 합력하도록 인도하는 것이 보다 나은 치료 결과와 연결된다.

재능 있는 치료자는 환자의 애착 스타일과 대화 패턴에 반응할 때 보다 유연성을 가지며, 환자의 생각이나 표현을 더 잘 받아들이는 것처럼 보인다. 지나친 통제나 완고함이 아닌 치료에 있어 열려 있으며 유연한 자세를 가지는 것에 대한 가치는 여러 연구 논문 전반에 걸쳐 시종 일관 강조되는 주제다. 예를 들어, 반신반의, 완고함, 비평적임, 냉담함, 긴장 그리고 산만함과 같은 치료자의 성격적 태도는 치료 동맹의 파괴와 모두 연관된다는 것이다. 부적절한 노출, 장시간의 침묵 유지, 너무 복잡한 구조 그리고 유연성이 없는 전이 해석 같은 치료자의 테크닉 역시 치료 결과에 부정적인 영향을 미치고, 치료 동맹을 파괴하며, 작업 동맹을 확립하는데 실패하게 된다.

환자가 치료자와의 치료적 관계를 사용하는데 필요할 수 있는 수많은 방법들을 치료자가 인식하지 못할 때 치료 동맹이 파괴될 수 있다. 루탄(1985)은 이러한 주제에 대해 독특한 관점들을 보여준다. 그는 치료에 있어서의 관계relationship는 항상 세 층을 이룬다고 말한다. 빈틈이 없이 치밀한 치료자라면 환자가 치료자를 속박할 수 있는 다양한 방법들에 주의하며 그들과 가까이에서 항상 조화로운 상태를 유지하여야만 한다. 환자가 치료자에게 관계적 방식의 범위 밖에서 접근을 하고 치료자 역시 다른 관계적 방식의 범위 밖에서 반응할 때 문제가 발생하기 쉽다고 루탄은 경고한다.

- 전이적 관계Transferential : 치료자는 전이 대상의 역할을 하면서 환자에게서 과거의 왜곡된 관계 패

턴과 애착 유형을 이끌어내게 된다.

- 전문가적인 관계Professional : 치료자는 단지 기술적인 전문가로 보여 지는데, 수년간의 수련과 경험은 인간 발달과 행동에 대한 특수한 기술과 지식을 소유한 인간으로서 치료자가 환자에게 접근하는 것이다.

- 믿을 수 있는 개인으로서의 관계Authentic Individual : 그 자신의 권리를 가진 독립되고 믿을 수 있는 하나의 인간 대 인간 존재로서 치료자는 가까이 다가가는 것이다.

이러한 점들을 보여주는 임상 사례를 보자

37세의 미혼 백인 남성인 스티브는 재발해서 입원 치료를 받은 후 외래 치료를 권유받았다. 입원 전에, 스티브는 거의 4년 동안 AA에서 적극적인 모습을 보였으며 AA 프로그램의 여러 단계들에서 성실하게 노력했고, 스폰서도 있었으며, 매일 AA모임에도 참석을 열심히 했지만 다시 음주를 하게 되었다. 처음에는 거의 2년 정도 치료가 진행되자 스티브는 성적 학대를 받았던 자신의 과거에 대해 숨김없이 이야기 할 수 있을 만큼 충분히 안정감을 느꼈다. 그러나 그 다음 해의 치료는 스티브를 아프고 괴롭게 했는데, 세션마다 과거의 성적학대 및 손상과 연관된 굴욕적인 세부 사건들의 고통스런 기억들을 통과하면서 치료 작업을 해 나갔기 때문이었다. 치료가 진행됨에 따라, 해결되지 않은 정신적 외상이 이전의 재발을 이끌었다는 것이 스티브와 그의 치료자 모두에게 명확해졌다. 스티브가 AA에서 말하는 받아들여짐과 평온함을 얻으려면, 어린 시절에 그에게 가해졌던 모든 공포들을 고통스럽게 회상해야만 한다는 것을 그들 모두는 알고 있었다.

억압된 기억의 회상과 훈습의 시간 동안 일그러진 기억, 공상, 그리고 공포로 흐려진 더러운 회상의 물을 통과하는 연습을 하는 것처럼 스티브는 치료자의 안내에 의존했다. 어느 날 스티브는 세션에서 평소와는 상당히 다른 모습으로 치료자를 대했다. 평소에는 치료자에 대한 전이적 이상화와 권위 인물의 의도에 대한 불신과 의심으로 덮여진, 조심스러운 의혹 사이에서 망설이곤 했다. 때로 그는 치료자의 권고에 의지하였고, 중독과 외상에 대한 치료자의 수년간의 경험이 그가 원하는 방향으로 그를 이끌어줄 것이라고 믿고 있었다.

그러나 이날은 달랐다. 스티브는 새로운 기억들을 벗겨 내거나 방어적인 태도에 대해 가졌던 다른 때의 불안을 보이지 않았고, 오히려 치료자의 의향을 물었다.

"오늘 어떠세요?" 스티브는 앉으면서, 미소를 머금고 질문했다. "정말 좋은 날이에요, 그렇죠?"

"그래 보이는군요. 하지만, 솔직히 말하면, 전 사무실에 갇혀만 있었어요. 오늘 바깥 날씨는 어떤가요?"

"찬란한 봄날입니다." 스티브는 긴 다리를 앞으로 뻗고 의자 뒤로 몸을 기댔다. "내일 열리는 메츠 경기 티켓을 얻었어요." 그는 이어 말했다. "1루 쪽, 덕 아웃 옆이요."

"야구 티켓이요? 팬이었는 줄 몰랐네요."

"예." 스티브는 고개를 끄덕였다. "쭉 팬이었어요. 하지만 항상 메츠 팬이었던 것은 아니구요. 신시네티 레즈the Cincinnati Reds를 많이 좋아했었죠." 스티브는 앉아서 앞 쪽으로 몸을 기울였는데, 그의 얼굴은 흥분으로 가득

차 보였다. "신시네티 레즈는 이제 지난 일이죠."

"빅 레드 머신(역주: The Big Red Machine은 신시네티 레즈의 닉네임)!" 치료자는 그에게 밝게 웃어주었다.

"예!" 스티브의 눈은 흥분으로 밝게 빛났다. "어떻게 그걸 아세요?" 스티브는 재빨리 벽에 걸려있는 학위를 흘끗 쳐다보았다. "맞다, 선생님은 신시네티 대학에 갔죠."

"그래요." 치료자는 고개를 끄덕였다. "그리고, 전 오하이오에서 자랐어요. 그래서 어린 시절부터 레즈 팬이 되었죠."

"저도 그래요." 그는 다리를 손으로 탁 치면서 크게 웃었다. "하하! 전 선생님이 오하이오 출신인지 몰랐네요. 전 오하이오 강 바로 옆에 있는, 인디애나에서 자랐어요.

"알아요." 치료자는 고개를 끄덕였다.

"아, 물론 선생님은 그걸 아시죠." 스티브의 얼굴은 붉게 물들었다. "잠시 동안, 선생님이 제 과거에 대해 많이 알고 있다는 것을 잊고 있었어요." 스티브는 한 숨을 돌리고 잠시 동안 치료자의 얼굴을 살폈다. "제가 어린 아이였을 때 아버지가 저를 레즈 경기에 데리고 간 것에 대해서는 말하지 않은 것 같네요."

"그래요, 그건 말하지 않았어요. 그땐 새로 지은 경기장이었나요 아니면 이전의 크로슬리 필드Crosley Field였나요?"

"크로슬리 필드요!" 스티브는 흥분하며 손뼉을 쳤다. "크로슬리 필드를 아세요?" 스티브는 대답을 기다리지도 않았다. "예, 아버지가 새로운 경기장을 짓기 시작하기 몇 개월 전에 경기를 보러 저를 거기에 데리고 갔었어요."

"정말로 근사한 경기장이었죠, 그렇지 않나요? 어렸을 때 저도 거기서 꽤 많은 경기를 봤어요."

스티브는 차분하면서도 만족스러운 미소를 지으며, 의자 뒤에 기댔다. 그는 치료자의 머리 넘어 벽을 응시했는데, 스쳐지나가는 과거의 이미지들을 보고 있는 듯했다. 그의 눈에 눈물이 고였고 말을 할 때 그의 목소리는 쉰 소리를 냈다. "정말 좋은 시간들이었어요. 그것은 아버지와 내가 항상 함께 나눌 수 있었던 한 가지였어요. 야구에 대한 우리의 사랑이요."

스티브는 세션의 나머지 시간을 아버지와의 관계에서 느꼈던 귀중하고 값진 기억들을 회상하는 데 썼다. 스티브는 안심과 사랑에 대해 잊고 있었던 시간들에 대해 이야기를 하였는데, 그 시기는 그의 부모가 이혼하고 성적 학대가 시작되었던 시카고로 그의 어머니가 그를 이주시키기 전까지였다. 스티브가 야구에 관해 이야기 한 것을 전이나 혹은 저항으로 해석하는 대신에, 그 순간의 진정성 내에서 스티브를 대했던 치료자의 결정은 그들의 관계를 더욱 깊게 하였다. 그 날 이후로 치료는 진전돼 갔고, 더욱 깊어졌으며, 보다 협력적인 방향으로 나아갔다.

이 실례에서와 같이 치료자들은 환자가 치료자와 맺고자 하는 관계 방식에 대해 인식하고 있어야 한다. 홈즈(Holmes, 1996)는 환자를 치료할 때 유연성이 중요하다는 루탄의 의견에 동의한다. 유연한 치료자는 환자마다 가지는 특유의 색다른 필요에 보다 쉽게 반응한다. 어떤 환자들에게는 그들이 싫어할 수 있는 치료자가 필요할 수 있고 어떤 환자들에게는 그들이 사랑할 수 있는 치료자가 필요할 수도 있다. 홈즈(1996) 는 다음과 같이 썼다.

어떤 그룹을 위한 분석의 과제는 분석 상황을 불가피하게 자극하는 증오와 시기를 뿌리 뽑는 것이다.

이로부터 진정한 친밀함의 토대에 대한 관심이 생겨날 수 있게 된다. 투사적 동일시의 전능한 힘은 증오와 탈애착의 현실을 부정하도록 만들며, 결국에는 우울 자리depressive position에서 직면되어야만 한다. 다른 한편에서 치료자는 안정 애착 경험이 박탈된 환자를 만나게 된다. 분석가의 임무는, 그러한 결핍을 회복시키고 사랑이라는 결속 안에서 환자의 믿음을 되찾게 해 주며, 얼마 동안은 환자의 이상화 욕구와 칭찬에 대한 요구는 물론 자신의 치료자와 평생 가는 파트너 관계를 상상하도록 허용하다가 오직 최적의 환멸 상태에서만 탈애착의 현실을 알게 함으로써 결국 자율적이 되도록 돕는 것이다. (p.68)

경험, 훈련, 그리고 재능

홈즈와 루탄은 재능 있고 노련한 치료자와 단지 직업으로서 일하는 일반 치료자를 구분 짓는 특별한 기술들에 대해 언급한다. 노련한 치료자들은 자신을 그들의 이론에 좀처럼 구속시키지 않는다. 그러나 재능 있는 치료자들은 이론에 근거를 두고 쉽게 그 안에 있는 경우가 더 많을 수 있는데 이때는 그것의 전달이 덜 경직되고 덜 기계적이 되도록 경험을 통해 이론을 보완한다. 재능 있는 추상주의 미술가처럼, 그들은 언제 어떻게 그러한 규칙들을 깨뜨려야 하는지를 안다. 피카소가 드로잉과 화폭들에서 적절한 형태와 구성을 유지하고 숙달하는 데 얼마나 일찌감치 능숙해 있었는가는 그의 초기 작품만 봐도 알 수 있다. 그러한 기초실력을 수년간 숙달한 후에야 비로소 피카소는 어떠한 규칙들이 깨어질 수 있고 어떻게 그것들이 창조적으로 응용될 수 있는가를 알게 되었다. 이처럼 기술의 적용에 유연성을 가질 수 있는 사람은 바로 숙달되고 재능 있는 치료자이다. 이론은 노련하고 경험 있는 치료자의 행동에 완벽하게 영향을 주지는 못한다. 단지 안내를 해 줄 뿐이다.

경험 있는 치료자들과 초심자들에 대한 비디오테이프를 살펴보면 이러한 사실을 분명히 알 수 있다. 서로 다른 이론적 시각을 가진 초심자들은 치료에 그들의 기술을 적용하는 데 완전히 다른 모습들을 보인다. 그러나 다른 이론적 시각을 가진 경험 있고 숙련된 치료자들은 그들이 왜 그렇게 하고, 무엇을 하는지에 대해 근본적으로 다른 이유들을 가짐에도 불구하고, 직접적인 적용에 있어서는 서로 닮은 것처럼 보인다. 경험은 이론이나 관념의 차이를 희석시키며, 숙련된 경험 많은 치료자들은 그들의 경험에 의해 치료에 효과적이라고 입증된 비슷한 일들을 하는 것처럼 보인다. 경험 많고 재능 있는 치료자들은 초심자들과 재능이 적은 치료자들에 비해 더 강력한 자기조절 기술과 보다 유연한 레퍼토리를 가진 훈련된 즉석 연주자들이다. 치료 동맹을 확립하기 위한 치료자의 조건은 단지 '멋진 사내' 또는 '상냥한 여인'이 되는 것 이상이 요구된다는 것을 강력하게 뒷받침하는 연구 결과가 있다. 여기에는 훈련, 경험, 그리고 재능이 요구된다. 그러나 재능이란 무엇으로 정의할 것이며, 어떻게 그것을 측정하고, 그것이 가르쳐질 수 있을까? 한스 스트룹은 어떻게 하면 정신치료 훈련 프로그램이 성공적 치료에 가장 중요한 기여 인자인 치료자-관계 변수the therapist-relationship variable의 전수를 강화할 수 있을지를 평가하기 위해 수년간 반복 실험을 통해 이 문제를 파악하게 되었다. 스트룹(1978)은 치료 동맹에 기여하는 바로 그 요소를 다음과 같이 기술하였는데, 그는 "치료 과정에서 일관되게 핵심적 기여 인자로 발견되는 것은 치료 관계의 동시대적 구성개념contemporary construct of the therapy relationship"이라고 말한다.

나는 이러한 자질들이 훌륭한 정신치료자의 '타고난 재능이라 불릴 만한 것들의 일부로 생각하지만, 얼마만큼 이것들이 선천적인지에 대해서는 확신이 서지 않는다. 다른 재능과 마찬가지로 치료적 재능도 훈련될 수 있으며 완전해질 수 있다. 그렇지 않다면, 우리의 훈련 프로그램이 정당한 것으로 규정될 수 있겠는가? 나는 음악적 재능으로 친다면 '음치'에 해당할 만한 치료자들을 내 연구에서 지치도록 수없이 만났었다. 전문적 기술과 마찬가지로 앞서 언급한 기본적인 치료적 자질들은 거의 정상분포를 보인다고 믿는다. 그렇다면 우리는 전체 치료자의 약 68%가 '평균'이며, 진정으로 눈에 띄게 걸출한 치료자는 약 16%에 불과하고, 수준 이하의 치료자도 이와 비슷한 퍼센티지일 것으로 예상해 볼 수 있을 것이다. (p. 34)

비슷한 맥락에서, 중독 치료와 본서 앞부분에서 언급되었던 프로젝트 매치 연구the Project Match Study(223페이지 참조)에 대해 저술하였던 리스Liese (1998)는 이러한 연구 결과들에 의문을 제기하였다. 왜냐하면 그러한 연구들이 치료자-관계 변수the therapist-relationship variable를 통제하는 데 실패했기 때문이었다. 리스는 다음과 같이 말하고 있다.

프로젝트 매치 연구에서 내 관심을 끌었던 것 중 하나는 유의미한 오차들이 연구 대상인 치료 집단 안에서도 나타날 수 있는지의 여부였다. 세 개의 치료 조건 내에 특별히 재능 있는 치료자들이 있었는가? 터무니없이 재능 없는 치료자가 있었는가? 그렇다면 이런 치료자들로부터 무엇을 배울 수 있을까? 어떻게 그들의 재능(또는 재능의 결핍)이 증명되었는가? 어떻게 재능은 치료적 접착adherence(이 연구에서는 표준화된 접착 척도standardized adherence scales를 사용하여 측정됨)과 관련하여 설명될 수 있었는가? 재능 있는 치료자와 재능 없는 치료자는 얼마나 비슷했으며 혹은 어떻게 다른 모습이었는가? 그들의 재능(또는 재능의 결핍)은 결과에 영향을 주었는가? 연구의 본래 목적에 더 타당한 질문을 해본다면, 특정한 치료자의 재능이 특정한 환자의 성격특성과 상호 작용하여 결과를 예측해 볼 수 있게 하였는가? (p. 17)

오류 가능성

집단 리더들도 언제든 실수할 수 있다는 것이 예측 가능해야 한다. 어떤 의미에서는, 그들이 실수하는 것이 허용되어야 한다. 치료자들은 실수를 인정함으로 인해 자신의 위치를 잃지 않는다는 것을 배울 것이다. 치료자의 위치는 그들이 완벽하지 못하고 때로 실수할 수 있다는 인간적인 면을 보여줌으로써 더 강화될 수도 있다.

유일하게 용서할 수 없는 실수들은, 치료자 자신의 지위를 이용하여 집단 구성원들에게 강요를 한다거나 환자들의 마음이 천천히 변하는 것을 관대하게 받아들이지 못하는 것이다. 알코올중독자들이나 약물중독자들의 치료는 즉각적인 성공과 극적인 결과를 요구하는 한 개인을 위한 작업과는 그 부류가 다르다. 이러한 요점은 자넷 말콤Janet Malcolm의 저서인, 『프로이트의 서재In the Freud Archives』(1984)에서 뚜렷이 찾아볼 수 있다. 그 자신이 가장 성공적인 분석가이기도 한 환자들과 때로는 지루하고, 더딘 보폭으로 끈기 있게 작업할 수 있는 사람들이 바로 정신치료자들이라고 말콤은 강조한다. 단지 예리하고 빠른 지성만을 소유한 치료자들은 그들과 함께 레이스를 유지하기 어려워하는 환자들의 무능력과 마주했을 때 이를 관대하게 받아들이는 능력이 종종 부족하다. 이런 정신치료자들은 치료에서 즉각적인 성공을 보지 못하면 쉽게 좌절하고 불만족해 한다.

치료에서 성공과 즉각적인 결과를 바라는 일부 치료자들에게는 치료자가 오류를 범할 수도 있다는 점을 인정하는 것이 어렵다. 일부 연구들이 이러한 이슈들에 대해 밝히고 있다. 부틀러Beutle(개인 서신에서)는 환자의 불쾌감을 더 많이 인식하는 치료자가 성공적인 치료 결과를 가져오는 데 더 많은 효과를 보인다는 예비 연구결과들을 발표한 바 있다. 또 환자에서 더 많은 저항을 인식하는 치료자들이 저항을 적게 인지하는 치료자들에 비해 치료에 더 성공적이었다. 이러한 요소들은 훈련과 치료에서 무엇이 중요한가를 시사해 준다. 보다 성공적인 치료자들은 환자가 저항과 불쾌감을 은폐하는 것에 더 민감하게 반응한다.

올몬트와 굴딩과 같이 경험 많은 집단 리더들은 두 개의 아주 다른 모델에서 출발해 작업하지만 실제에 있어서는 그들 사이에 차이점보다 유사점이 더 많다. 이 분야의 연구들(Frank, 1978)은 치료자가 실제로 제공하는 관계의 유형이 그들의 이론보다는 경험 수준에 의해 더 많이 결정된다는 것을 보여준다. 하나의 실험 연구는 다른 학파 출신의 치료자들도 치료적 관계의 본질에 대해서는 상당 부분 동의하며 학파가 다르더라도 경험 많은 치료자들은 같은 학파의 초심자나 원로들에 비해 이러한 치료적 관계의 본질에 더 많이 동의한다는 것을 보여주었다. 게다가, 녹화 인터뷰를 가지고 시행한 연구들은 다른 학파 출신의 숙련된 전문가들이 같은 학파 출신의 초심자들보다 훨씬 서로 비슷한 모습과 관계를 만들 수 있었다는 점을 보여주고 있다. 명백히, 실제적 경험은 학파의 차이를 극복한다.

앞서 제안했던 것처럼, 굴딩과 올몬트 사이의 차이는 실제 임상 적용에서보다는 이론 면에서 더 클 수 있다. 그들이 무슨 일을 하고 있는가보다 그들 각자가 어떻게 작업하느냐가 더 중요하다. 유능하고 잘 훈련된 집단 리더들은 가장 적절한 순간을 포착하는 능력과 인격 때문에 치료 작업을 성공적으로 잘 중재할 수 있다. 예를 들어 신비주의 유대 전통인 하시디즘에서 종교 지도자(zaddik: 덕이 있고 경건한 사람. 하시디즘의 정신적 지도자)는 위대한 힘이 작동하고 통과하는 비인격적인 그릇이나 매체도 아니며, 위대한 학자나 종교적 이성의 왕좌를 차지하지도 않는다(Buber, 1955a; Kopp, 1971). 오히려 자딕zaddik으로서 그는 무엇보다 자기 고유의 권리를 누리는 한 명의 사람이며, 그를 신뢰하는 사람들을 돕는 인간이다. 그리고 그가 사람들을 도울 수 있는 것은 그들이 그를 신뢰한다는 것 하나 때문이다.

자딕과 그의 추종자들 사이의 관계는 영적인 도움을 제공하는 데서 결정적인 요소인데, 이것은 마치 치료자와 환자 사이의 관계가 중요한 것과 같다. 가르치는 사람의 인격은 교리의 지위를 갖는다. 그는 어떤 의미에서 스승이다. 마찬가지로, 집단 구성원들은 치료에서 집단과 집단 리더와 집단 구성원들이 그들 자신의 분노, 슬픔, 혼란, 그리고 두려움을 다루는 방식을 지켜봄으로써 훨씬 많은 것을 배운다.

집단 리더를 위한 지침과 중요 사항

루탄과 스톤(1993)은 집단 리더가 마주 대하게 되는 수많은 역할과 임무들을 확인하고, 조직하고, 우선순위를 매기는 일에 많은 노력을 기울였다. 집단 리더가 어떻게 중재할지를 결정하려 할 때 나타나는 혼돈을 이해하려는 시도 가운데 그들은 리더가 선택할 수 있는 것들을 두 가지 범주로 구분할 것을 제안한다. 하나는 집단 리더의 역할 범주이며 다른 하나는 집단 리더의 초점 범주다. 루탄과 스톤은 이러한 선택들을 하나의 연속체로 제시하였다(표 11.1과 11.2.를 보라).

〈표 11. 1〉 집단 리더의 역할

1. 적극성 Activity	Passivity 수동성
2. 투명성 Transparency	Opaqueness 불투명성
3. 만족 Gratification	Frustration 좌절

〈표 11. 2〉 집단 리더의 초점

1. 과거 Past	지금 여기 Here and Now	Future 미래
2. 전체로서의 그룹 Group-As-a-whole	상호 작용 Interaction	Individual 개인
3. 집단 안 In Group		Out of Group 집단 밖
4. 정서 Affect		Cognition 인지
5. 과정 Process		Content 내용
6. 이해 Understanding		Experience 경험

집단 리더의 역할

적극성 대 수동성

루탄과 스톤의 말처럼 집단 리더가 가지는 적극성의 수준은 수많은 요인들에 영향을 받을 것이다. 발달 단계, 대상 인구, 목표, 이론적 지향, 집단의 구성, 그리고 리더의 인격까지도 모두 집단 리더가 얼마나 적극적일 수 있고 수동적일 수 있는지에 영향을 줄 것이다. 이 책에서 반복적으로 쓰고 있는 것처럼, 약물 중독자들과 알코올중독자들은 수동적이고 뭔가 억압돼 있는 리더에게는 잘 반응하지 않는다. 그들은 경쟁적이고 판단하며 지배하려고 하는 과도하게 통제적인 리더에게도 역시 반응하지 않는다. 특히 회복 초기 단계에서 리더의 적극성 수준은 개개의 집단 구성원들과 힘겨루기를 피할 수 있으면서도 집단을 위한 견고한 경계와 한계와 구조를 설정하는 쪽으로 유도될 필요가 있다. 집단 리더 편에서의 수동성은 너무나 쉽게 무관심disinterest, 탈애착detachment, 연약함weakness 등으로 오인될 수 있으며 리더의 이러한 성격특성들은 집단의 발전을 방해할 수 있는 강한 전이 반응을 유발하기 쉽다.

투명성 대 불투명성

치료자가 얼마나 개방할 것인가는 이러한 솔직함이 환자에게 얼마나 도움이 될 것인가에 의해 항상 좌우되어야 한다. 루탄과 스톤(1993)은 "보통은 치료 과정에 유익한 것만을 드러낼 때 도움이 된다"(p. 130)고 충고했다. 집단 리더 자신의 내부적 요구 혹은 집단 구성원들의 압력에 의해 그러한 반응이 일어날 때라면 개방이나 투명성은 피하는 것이 최선이다. 개인 정보에 대한 집단 구성원들의 요구는 항상 그 의도를 이해하기 위해 조심스럽게 살펴야 한다. 알코올 및 약물 중독자들과 작업하는 집단 리더들은, 개인 정보에 대한 이들의 요구는 항상 약물 및 알코올 사용에 대한 그들 자신의 과거력뿐만 아니라 그들의 원가족 내에서의 중독 관련 경험과 핵심적으로 연결돼 있다는 것을 곧 배우게 된다. 그러한 질문들에 직접적으로 답하는 것을 피하는 것은 치료 동맹을 저해할 위험이 있다. 정신적 어려움에 대해 도움을 구하는 일반 환자들과 달리, 알코올중독자와 약물중독자들은 치료자의 교육 정도와 전문적인 수련 정도 등을 이유로 치료자를 즉각 신뢰하지는 않는다. 이러한 불신은 '무지한 전문가ignorant professionals'를 주의하라고 경고하는 12단계 프로그램을 이미 공부한 경험 많은 다른 구성원들의 영향일 수도 있다.

그러나 환자들이 갖는 대부분의 궁금증들은 그들이 이해되고 도움 받을 수 있을지에 대한 확신과 관련된 두려움과 필요에서 발생한다. 대부분의 약물 중독자와 알코올중독자들은 프로그램 내에서 다른 사람들과 강하게 동일시하기 때문에, 중독자인 다른 사람들에 의해 즉각적으로 이해되고 수용된다고 느끼게 된다. 집단 리더들은, 알코올과 약물에 관한 치료자 자신의 개인력에 관한 정보를 얻고자 하는 환자들의 요구도 이러한 이유에서 생기기 쉽다는 사실을 기억해야만 한다. 만일 집단 리더들이 알코올 중독 가정 출신이 아니거나 중독의 개인력이 없다면, 구태여 이런 사실을 얘기할 필요는 없다. 중독 환자들은 치료자의 사생활에 대해 아는 것보다는 그들이 이해되고, 수용되고 도움 받을 수 있는지를 아는 것에 더 관심이 많다. 중요한 것은 치료자가 그러한 주제에 대해 주춤하거나 불편한 마음을 보이지 않고 간단하고 솔직하게 말할 수 있어야 한다는 것이다. 그러한 자세는 개인력의 일부를 아는 것보다 더 많은 것을 집단 구성원들에게 보여준다.

루탄과 스톤이 지적했던 것처럼, 개인 정보를 알리지 않는 것이 최선이라는 믿음을 치료자가 얼마나 엄격하게 유지하는가와 관계없이, 집단 구성원들이 집단 리더 개인의 인격적 특성들에 대해 많이 알지 못하도록 하는 것은 불가능하다. 치료자들은 자신에 관한 사실을 드러내는 일은 피할 수 있지만, 그들 자신을 한 인간으로서 나타내 보이는 것 자체를 피할 수는 없다. 루탄과 스톤(1993)은,

> 특정한 치료자가 개방과 폐쇄라는 연속선의 양끝에서, 폐쇄의 극단opaque pole을 엄격하게 유지해 아무리 불투명하게 유지한다 하더라도, 시간이 지난 후 집단 구성원들은 치료자에 대해 상당히 많은 것들을 알게 된다. 집단에서 적극적으로 활동하는 참가자로서, 집단 구성원들과는 다른 역할을 부여 받

> 았음에도 불구하고, 치료자는 비언어적인 방식으로 많은 것을 드러내게 된다. 환자들은 신체 언어와 얼굴 표정을 읽어내는 법을 배운다. 그들은 치료자가 기뻐할 때와 기분이 상할 때를 안다. 집단 치료자들이 덤덤한 스크린이 되어야 할 필요가 있다거나 그것이 더 유용하다는 뜻은 아니다. 집단은 강렬한 인간적 만남이기에, 치료자가 재미있는 순간에 웃음을 참거나 집단이 슬픔으로 괴로워할 때 눈물어린 느낌을 참는다는 것은 불가능하다(또는 비인간적이다). 치료자가 그들의 집단에 공감적으로empathically 조율되어 있으면, 그들은 모든 사람을 삼켜버리는 그 정서에 면역력을 가지지 못한다. 집단 구성원들이 그들의 치료자에 대해 많은 것을 알게 되는 것은 임무에 대한 치료자의 확고함을 통해서, 그리고 그의 배려와 보살핌과 사려 깊음을 통해서, 그리고 그의 성찰 능력과 정서를 수용하는 능력과 치료적인 방식으로 전진해 나가는 그의 능력을 통해서다. (1993, pp. 130-131)

만족 대 좌절

집단 리더가 그룹을 좌절시키거나 혹은 만족시키는 정도는 중독 치료에서 가장 일관되고 지배적인 주제들 중의 하나이다. 알코올중독자와 약물 중독자들이 그들의 일차적인 만족의 원천인 알코올과 약물의 포기를 감당해 낼 수 있으려면, 집단에서 특정 수준의 만족을 요구하고 필요로 하게 된다. 이 문제에 대한 자기심리학적 시각은 중독 환자를 치료할 때 언제 그리고 얼마나 많은 만족이 필요한지를 치료자가 결정하는 데 매우 유익하다. 자기심리학에서 정의하는 것과 같이 중독은 발달상 적절한 만족optimal gratification에 대한 욕구가 박탈된 결과다. 알코올, 약물, 음식, 성, 그리고 다른 형태의 잠재적 중독 행동은 자기 회복self repair의 시도다. 약물 중독자와 알코올중독자는 정신 구조의 결함 때문에 내부적으로 공급될 수 없는 것을 외부에서 획득하기 위해 노력한다.

이것은 치료자들이 "그들의 약물 중독 또는 알코올 중독 환자들을 사랑해 줘서 건강에 이르게 해야 한다"는 것을 뜻하지 않는다. 이것은 불가능할 뿐만 아니라 반치료적이다. 왜냐하면 중독자들이 상징적으로 물질 자체를 가지고 시도해 온 바가 바로 이것이기 때문이다. 오히려 중독된 개인은 즉각적인 만족 없이 좌절을 견디는 것을 배울 필요가 있는데 왜냐하면 정신의 구조화는 좌절을 용인할 수 있는 수준으로 관리함을 통해 생겨나기 때문이다. 최적의 좌절optimal frustration이라는 개념은 알코올중독자 및 약물 중독자와 집단 치료 작업을 할 때 집단 리더가 가져야 할 필요한 자세를 말한다. 안네 알론소가 말했던 것처럼, "집단은 참을 수 있는 최대 수준의 불안에서 기능할 때 최상의 치료 작업이 이루어진다"(1985). 불안이 너무 적으면, 집단은 집단 구성원들의 대응 및 적응 능력을 자극하는 도전적인 분위기를 조성하지 못한다. 너무 많은 불안은 개방, 탐구, 자기 발현 등에 필요한 신뢰, 안전 및 응집력을 방해한다. 최적의 만족은(중독 환자들이 즉각적인 만족을 얻기 위해 과거의 방법으로 돌아가지 않고 그들 자신에게 스스로 만족을 제공할 수 있을 때까지) 집단이 충분한 영양 또는 감정적 호응을 제공할 수 있도록 집단 리더가 돕는 것을 의미한다. 회복 초기에 개개인으로 구성된 집단은 더 많은 만족을 요구하지만 치료 후반기에는 훨씬 더 적은 만족을 요구하게 된다.

집단 리더의 초점

과거, 현재 그리고 미래

잘 훈련되고 경험 많은 집단 치료자들은 지금 여기the here and now라는 직접성에 초점을 맞추는 것이 집단 치료에서 가장 큰 치료적 이득을 가져올 수 있다는 것을 안다. 과거는 현재에 일어나는 일에 영향을 주는 정도와 관련해서만 중요할 뿐이다. 집단에서 현재의 사건들이 항상 우선시됨에도 불구하고, 과거의 정황 내에서 이해되지 않는다면 그것들은 종종 혼란스럽고 설명할 수 없는 것처럼 보일 수 있다. 그러나 한 사람이 중독자가 되어 갔던 이유를 밝히기 위한 시도로 과거를 조사하는 일은 비생산적인 일이다. 반면 과거의 상황 또는 정서 상태가 어떻게 최근의 알코올 및 약물 사용으로 이끌었는지를 이해하는 것은 대단히 가치 있는 일일 수 있다. 그러한 방법들은 재발 예방 전략에서 중요한 요소다. 한 개인의 과거 사건들이 처음 그가 어떻게 술과 약물을 시작하게 했는지를 설명하려는 시도는 보통 쓸데없는 일인데, 특히 이런 이해가 중독 환자들이 다시 약물과 알코올을 사용하도록 허용하는 빌미로 작용한다면 이러한 시도는 위험한 일이 될 것이다. 왜냐하면 모든 중독환자들은 비밀리에 재발을 꿈꾸고 있기 때문이다.

비슷한 방식으로 지나치게 미래에 초점을 맞추는 것도 현재에서 필요한 일들을 회피하는 또 다른 방식이 될 수 있다. 불안을 감소시키고 놀라움을 최소화하는 구조화된, 행동에 관한 연습의 형태로 나타나지 않는다면 내일에 대한 너무 지나친 강조는 중독 환자들에게 치명적일 수 있다. 미래에 대한 중독 환자들의 몰입은 다루기 힘든 불안과 두려움의 근원이 될 수 있다. 이는 특히 회복 초기에 있는 환자들에게 해당된다. 약물과 알코올은 보통 이런 불편한 정서적 상태를 조절하는 데 사용되어온 방법들이다. 새로 회복 중인 중독 환자들에게 그들의 동료인 AA 회원들이 장차 어떻게 될지는 생각하지 말고 지금 여기에 머무르도록one day at a time 끊임없이 촉구하는 이유도 바로 이 때문이다.

전체로서, 사람과 사람 사이로서, 개인으로서의 집단

집단을 이끄는 능숙함과 기술은 특정 순간에 어떤 수준의 중재(전체로서, 사람과 사람 사이로서, 개인으로서의 집단)가 집단과 그 구성원들에게 최대로 이익을 주게 될 것인가를 인식할 수 있는 리더의 능력에 의해 대부분 결정된다. 일반적으로 타비스톡 모델에서 엄격하게 적용하는 것과 같은, 전체로서의 집단에 대한group-as-a-whole 중재는 너무 많은 퇴행을 조장하고 중독 환자들에게 충분한 만족을 주지 못한다. 그러나 전체로서의 집단에 대한 중재를 잘 분별해서 적용하면 개인과 집단 역동이 서로 충돌할 때 중요한 역할을 할 수 있다. 개인적 중재는 때때로 정말 필요한데, 회복과정 초기 단계에서 필요하다. 그렇다고 과도하게 사용하지는 말아야 하는데, 이는 집단 리더에 대한 의존을 조장할 뿐 아니라 집단의 가장 강력하고 유용한 힘인 중독 환자들 간에 서로 돕는 일을 앗아갈 수 있기 때문이다. 집단 리더는 집단에 대한 치료 작업을 할 때 개인과 개인 간의 상호작용을 증진시키는 노력을 열심히 할 필요가 있지만, 어떻게 어떤 형태로 증진시켜야 할지는 회복의 단계와 집단의 발달 단계에 따라 다양할 것이다. 초기에는 개인과 개인 사이의 변화들이 지지support, 응집cohesion, 그리고 호응responsiveness의 분위기를 만들어내도록 격려할 필요가 있다. 구성원들이 공통으로 안고 있는 문제, 환경, 그리고 경험들 사이의 유사성들이 초기의 모든 중재 대상이 되어야 한다. 집단치료의 후반부와 회복과정의 후반부에는 내재화된 대상관계들internalized object relations이 투사되고 다른 사람들과 외부 세계에서 견뎌내는 방식을 밝혀내는 수단으로서 개인 간 상호작용이 강조될 필요가 있다.

현재 집단 치료는 중독 환자들의 삶의 많은 부분을 지배하고 있는 성격 병리를 치료하기 위한 수단이 되고 있다. 유사점보다는 집단 구성원 간의 차이점들이, 중독 환자들이 갖는 경직된 사고와 대부분의 그들의 관계를 지배하는 '흑백 논리나 전부 아니면 전무' 식의 사고를 잘 다룰 수 있도록 강조되어야 한다.

집단 안 대 집단 밖

집단 리더가 지금 여기에 대한 중요성에 가치를 두고 집단 구성원 사이의 상호 작용이 중대하다고 믿는다면, 그것은 집단 안 경험이 집단 밖의 경험에 우선할 수 있다는 생각을 따르는 것이다. 보고되는 집단 밖 사건들은 집단 안에서는 용납되지 않는 사건을 반영하는 것일 수 있기 때문에 그것에 대응하는 것이 무엇인지를 찾는 것도 항상 필요하지만, 집단 밖 사건들도 그럴만한 관심과 호응을 가지고 반드시 치료될 필요가 있다. 재활 중인 중독환자들로 구성된 집단인 경우에는 이것이 더 중요하다. 중독 환자가 약물과 알코올로 다시 돌아오게 된다면 치료는 본질적으로 중단되기 때문에 이러한 집단을 치료할 때 재발의 위험, 집단 밖 사건은 항상 중심이 되는 관심사다. 그러나 비중독자들로 구성된 집단에서처럼, 중독 환자들은 저항으로 또는 집단 내에서 감정적 긴장을 불러일으키는 사건들로부터 그들 자신을 떼어놓기 위한 방법으로 집단 밖 사건을 이용할 수 있다. 리더가 단주와 회복을 강화할 의도로 중독 환자 집단 구성원들이 과거의 음주와 약물 사용에 대한 '무용담'을 얘기하는 것으로 빠져나가게 할 때 이러한 저항은 특히 뚜렷이 나타난다.

루이스 올몬트는 집단 안에서 보고되는 집단 밖 사건이 저항인지 혹은 집단에 대한 감정적으로 중요한 무언가를 소통하려는 진정한 시도인지를 구분하는 데 유익한 제안을 하였다. 그는 외부의 사건이 생기 없고 초연한 방식으로 보고되는지 아니면 집단 내 다른 사람들의 반응을 증폭시켜 강한 감정을 불러일으키는 감정적으로 이입된 방식으로 보고되는지를 집단 리더가 신중하게 평가해야 한다고 말한다. 집단의 외부에서 발생한 어떠한 사건도 그것이 실시간으로 생생히 보고되는 한 집단에게는 중요한 함의를 가질 수 있다.

정서 대 인지

경험 많고 노련한 모든 치료자들은 인지적 이해와 감정적 이해 사이에 중요한 차이가 있다는 것을 안다. 인지 없는 정서 또는 정서 없는 인지에 지나치게 주의를 집중하는 일은 별 의미가 없다. 능숙한 치료자는 이것들을 어떻게 균형 맞추어야 하는지를 알며 치료의 특정한 시기에 어떤 환자들에게는 인지와 정서 중 어느 하나가 더 필요하고 또 어떤 환자에게는 그렇지 않다는 것을 분별한다. 중독 환자와 치료 작업을 할 때에는 환자들에게 얼마나 많은 정서적 접근이 필요한지를 평가하는 데 더 각별히 신경을 써야 한다. 너무 많은 감정은 너무 빨리 재발을 야기하는 수가 많다. 그러나 이러한 입장에는 수많은 예외가 존재한다. 때때로 억눌린 감정을 해소하는 데 실패하는 것이 쉽게 재발을 가져올 수 있다. 어떤 중독 환자는 자신의 감정을 안으로 억누를 필요가 있고 또 어떤 환자는 그것을 해소할 필요가 있는지를 결정하는 것은 쉬운 일이 아니다. 회복의 특정 시기에 있는 이들에게 얼마나 많은 감정이어야 너무 많은 것인지는 주의 깊게 따져봐야 할 문제다.

임상 경험과 최근의 연구는 카타르시스catharsis가 회복 초기에 있는 일부 중독 환자들에게 특히 중요하다고 말한다. 입원 환자 집단이 갖는 제한되고 안전한 환경 내에서 카타르시스를 잘 조직하고 편성함으로써 얻게 되는 이득을 고려해 본다면 제한하고limit 담아주는containment 환경이 중독 환자들이 약물로 다시 쉽고 빠르게 접근하는 것을 막기 위해 적절히 있어줘야 한다는 것을 분명히 알 수 있다. 퇴행을 위한 퇴행의 조장과, 억압된 감정의 자연스러운 해소를 허용하는 안전하고 치료에 도움이 되는 환경을 만들어 주는 것을 구별하는 것은 중요하다. 보다 덜 강제적인 방법의 치료가 효과적일 때, 불필요하게 침습적인 절차invasive procedure를 피하는 것은 외과 수술 영역에서와 마찬가지로 정신치료 영역에서도 중요하다.

과정 대 내용

집단 내에는 한 개인이 전달하는 내용에 집단의 개개인이 반응하도록 하는 강한 견인력이 존재한다. 집단치료의 과정에 관한 평가는 보통 집단 리더의 영역이며 책임이다. 과정이 개인 내부 예를 들어 개인의 자유연상에 의해서 생길 수 있음에도 불구하고, 집단의 과정은 집단 구성원들 사이에서 생기는 요구들을 자유롭게 교환하는 과정을 반영한다. 여러 감정들이 집단에게 쓸모 있는 역할을 하기 위해서는 모든 집단 구성원이 그들의 마음에 무슨 일이 일어나든 솔직하고 자발적으로 반응하는 것을 편안하게 느껴야 한다. 물론 모든 사람에게 이것은 어려운 일이지만, 중독 환자들에게는 특히 더 어려울 수 있다. 중독 환자들은 개인과 개인 사이의 갈등이나 불화를 잘 다루지 못한다. 수치shame에 대한 저항할 수 없는 감정과 자기애적 손상narcisdsistic injury에 대한 취약성vulnerability으로 괴로워하기 때문에, 그들은 다른 사람들에게 비슷한 감정을 가하는 것을 피하기 위해 많은 애를 쓰게 된다.

결과적으로, 감정적으로 위협을 주는 문제를 억지로 다루어야만 하는 상황이 된다면 그들의 상호 작용은 보통 표면적이며, 고도로 구조화되어 있고, 회피적이거나 투쟁적이 된다. AA 및 다른 12단계 프로그램의 영향과 오용misuse을 통해, 물질 사용 영역 이외의 영역에서는 소통을 피상적이고 통제되고 매우 지지적인 상태로 유지한다. 물질 사용의 영역은 그들이 감정에 대해서 그들이 할 수 있는 한 최대로 개방적이고 솔직하게 말할 수 있는 완전한 자유가 부여된 영역이다. AA와 12단계 전통은 그들의 모임에서 '논쟁cross talk'을 피하도록 한다. 그래서 내용content이 12단계 모임의 일차적인 초점이 되며 오로지 내용에 초점을 맞추려고 주로 충고를 하는 형식의 반응들을 유도한다. 이것은 일반 집단 정신치료를 받는 환자들에게 기대되는 것과는 정반대이다.

결과적으로, 집단 리더들은 치료 집단을 가장 효과적으로 사용할 수 있는 방법으로 집단 구성원들을 교육하기 위해 상당한 에너지를 다루고 지휘해야 한다. AA에서 유익한 것과 집단에서 요구되는 것을 구별하는 것은 각각의 형식이 특별한 가치를 지니며 또 두 가지 방식 모두 비하되거나 평가절하 되어서는 안 된다는 것을 집단 구성원들이 알도록 해준다.

이해 대 경험

루탄과 스톤(1993)은 모든 형태의 치료에 통찰insight과 이해understanding가 대단히 중요한 것은 사실이나 개인에게 어떤 실제적 변화를 가져오는 데에 이것들만으로는 부족하다고 강조한다. 뭔가 다르면서도 만족스러운 방식으로 인생과 다른 사람과의 관계를 경험할 수 있는 기회가 효과적인 변화 및 치유 과정의 기본이 된다는 것이다. AA와 다른 12단계 프로그램들이 중독 환자의 회복을 위해 이러한 실제경험을 제공하는 것처럼, 집단도 그의 구성원들에게 독특한 학습 경험을 제공할 수 있다.

집단의 응집cohesion에 대한 얄롬의 개념은 수용, 공감, 지지, 양육, 보살핌, 예측 가능성, 정직함 등으로 이루어진 건강하고 안아주는 환경holding environment에 속해 있다는 감정경험이 결국은 잠재적인 이득으로 작용한다는 것이다. 중독자는 물론 일반 사람도 그러한 경험을 하고 나서 변화되지 않는다는 것은 불가능할 것이다. 교정적 감정 체험corrective emotional experience의 정의와 효과에 대해 일부 논란이 있는 것은 사실이지만 최근에는 그것이 한 개인을 단지 사랑해서 건강에 이르도록 하는 것 이상의 의미를 담고 있다고 인정된다. 그것은 한 사람에게 믿을 만하고, 진실 되고, 돌봐주는 경험을 제공하는 것을 의미한다. 교정적 감정 관계라 불리는 이러한 관계들은 기능이 좋은 집단에서는 자연적으로 생겨난다. 중독 환자들은 비중독자들에 비해 상호적으로 만족스러운 관계를 확립하는 데 심한 어려움을 느낀다. 서로 만족을 주는 관계를 형성할 수 있는 능력을 가지려면 그것을 설명해 주는 공식을 제시 받기보다 경험으로 그것을 배울 수 있는 기회가 주어져야 한다. 루탄과 스톤은 이것을 그들의 저서에서 다음과 같이 요약했다.

> 집단은 이해(감정적 통찰과 인지적 통찰)와 교정적 감정 체험 모두를 필요로 하는 치료적 기회들을 특별히 제공한다. 집단은 훌륭하고, 보다 진실 되고 영양가 있는 관계를 통해 새로운 정신 구소를 건설할 기회와 새로운 행동 패턴을 시도하고 연습할 수 있는 기회를 제공한다. 집단 리더들은 이러한 연속체의 양 극단 중에서 택일할 필요는 없다. 그들은 양 극단 모두가 중요하며 환자들이 정보와 경험 모두를 가지도록 보장할 필요가 있다. (1993, p. 141)

집단 리더의 자질

그로얀(1983) 등에 의해 기술된 치료자가 갖추어야 할 많은 자질들은 분명 대단한 것들이지만 과학은 사물들이 겉으로 보이는 것과 항상 일치하지는 않는다는 것을 우리에게 가르친다. 휘테이커Whitaker, 얄롬, 폴스터 등과 같은 경험 많고 노련한 치료사들에 의해 기술된 바 있는 많은 태생적 성격특성들은 성공적인 치료에 있어 매우 중요한 부분을 차지하지만, 한편으로 치료자의 성격 특성과 성공적인 치료 사이의 상호 작용은 미묘하고 조심스럽다는 점을 많은 연구들이 보여주고 있다. 그러나 이렇게 기술된 선천적인 인간 특성을 가지는 것이 성공적인 치료에 필요한 전부라고 생각하기 전에, 독자들은 이러한 요소들에 대해 연구들이 발견해낸 것을 이해하는 것이 중요하다. 스트룹과 하들리Hadley(1979)는 치료자의 특성으로 비특이적인 요소들이 환자와 초기 동맹을 맺는 데 매우 중요하지만 이미 두 세 번의 모임이 진행된 장기 치료의 경우라면 초기처럼 그렇게 중요하지는 않을 수도 있다고 했다. 초기 면접 이후에는 기법, 훈련, 경험과 같은 요인들이 치료에서 더 중요한 부분을 차지하게 된다. 스트룹과 하들리는 전문 치료자는 아니지만 자상caring하고 따뜻한wamth 성격을 가진 사람들이 환자를 이해하고 공감할 수 있는 능력을 보일 수 있다면 초기 세션에서 많은 환자들에게 즉각적인 위안을 줄 수 있다는 것을 발견했다. 그러나 초기 관계가 확립되고 나서 그 다음부터 보다 특수한 중재가 필요하게 된다면, 비전문적인 치료자들은 어떻게 대응해야 할지 어쩔 줄 몰라 했다. 바로 이 지점에서 전문 치료자의 특수한 훈련과 기술이, 환자로 하여금 그들이 현재 처한 한계를 넘어가도록 하는 데서 요구된다.

치료 결과 연구들에 대한 철저하고 완벽한 리뷰들 중 하나에서, 베르긴(1971)은 성공적인 정신치료는 치료자가 가지는 자질에 의해 상당 부분 결정된다고 결론을 내린다. 또 그는 성공적인 치료에 가장 중요한 다음 세 가지 기여 인자를 발견하였다(중요한 순서대로).

1. 환자의 특성 The patient's characteristics
2. 치료자의 특성 The therapist's characteristics
3. 치료자의 기술 또는 이론적 지향

베르긴의 리뷰 결과, 가장 중요한 기여 인자 중 두 개는 대학, 수련 연구소, 기타 교육 시설에서 훈련과 감독을 아무리 잘 받는다 하더라도 한계가 있다는 것을 보여준다. 앞서 이 장의 초반부에서 캐셀이 말했던 것처럼, "민감성sensitivity을 가르치는 것이 가능한가?" 확실히 남을 돌볼 수 있는 능력은 성공적인 치료에 가장 중요한 변수로 보이지만, 이것은 치료 상황으로 치료자가 자신과 더불어 가져오는 어떤 것처럼 보인다. 그러나 휘테이커와 말론Malone(1953)이 말했던 것처럼, 치료자들은 스스로 성공적인 치료를 받은 경험이 있을 때 보다 유능해질 수 있다. 이것은 환자에게 휘둘리기 전에 수련 중인 치료자들이 그들 자신에 대한 치료를 먼저 받게 하는 것에 대한 하나의 좋은 논거가 된다. 확실히 이러한 제안은 집단 리더들에게 해당될 수 있다. 유능한 집단 리더가 되기 전에 좋은 집단 치료 경험을 치료자가 갖는 것이 중요하다. 또한 베르긴은 리뷰 결과, 성공적인 치료에 대한 환자의 기여도 중요하다는 것을 강조한다. 사실상 많은 환자들은 정신치료에 그다지 적합하지 않다. 그들은 너무나 불안정하거나 너무 저항이 심해 치료효과를 보기 어렵다. 환자가 갖는 이러한 특성들의 독특한 부분들에 대해서는 이 장의 후반부에서 살펴보게 될 것이다.

최근 수년간, 정신치료 과정과 결과에 관한 연구들은 이론에 있어 크게 확대되고 있으며 중요한 임상적 관련성이 있는 재미있는 결과들을 보여주고 있다. 치료 결과에 대한 연구가 많아진 것은 정신치료가 아무런 치료를 하지 않는 것보다도 별 효과가 없다는 초기의 주장들에 의해 자극되었다(Eysenck, 1952). 이 주제에 대한 방대한 양의 문헌들을 리뷰하고 종합하여 크게 발전된 방법들이 초기 연구 방법의 많은 부분이 심각한 결함을 갖고 있다는 것을 밝혀냈다. 많은 리뷰들이 내린 강력한 결론은 정신치료를 하는 것이 효과가 있다는 것이다. 치료를 받은 환자의 평균 수준은 대조군의 80백분위수(%tile)에 해당하는 환자만큼 건강한 상태인 것으로 나타났다.

특수한 효과

이 리뷰에서 알게 된 또 다른 결과는 어떤 치료들이 다른 치료에 비해 더 낫다는 것을 증명할 수 없다는 것이다. 이러한 결과가 보여주는 의미는, 특수한 기법에서 차이가 나는 것처럼 보이는 서로 다른 정신치료들이, 희망을 주고 저하된 덕성을 회복하며 협조 관계를 형성하고 현재의 상황에 대한 이해력을 높이기 위한 감각을 높여주고 그 상황을 통제할 수 있는 조절력을 증진시키는 치유 의식과 같은 것들이 치료들에 공통되거나 혹은 비특이적인 요소들이 가진 장점들이 공통적으로 작용하기 때문에 실제로는 별 차이가 없이 비슷하게 효과적이라는 것이다(Frank, 1961).

치료 초기에 측정될 때조차도, 치료 동맹의 질은 치료 결과에 대한 가장 좋고 일관된 예측인자인 것으로 나타난다. 환자와 치료자 사이의 좋은 치료적 관계라는 인자는 환자 혹은 치료자 한쪽에만 존재하는 인자보다 변화를 예측하는 데 더 중요한 것처럼 보인다. 게다가 치료적 동맹의 본질을 결정하는 데서는 치료자보다 환자가 더 우세한 것으로 보인다. 그러나 증거들은 모든 종류의 정신치료에서 성공의 일부는 도움에 대한 환자의 기대를 이끌어 내고 동원할 수 있는 치료자의 능력으로부터 나온다는 것을 보여준다. 프랭크(1961)는 특히 모든 형태의 치료에서 공통적으로 유효한 요인은 치료에 대한 환자의 믿음이며, 이러한 요인은 치료에서 신중하게 취급되어야 한다고 말한다.

치료에 대한 환자의 믿음과 도움에 대한 환자의 기대를 이끌어내는 것은 중독 환자들과 치료 작업을 할 때 중요한 이슈다. 용기를 북돋고, 회복을 보증하고 약속하는 AA와 같은 치료적 접근들은 이런 중독 환자들에서 더 효과가 있을 수 있는데 그러한 접근들은 환자의 도움에 대한 기대를 유발시키기 때문이다. 수동적이고 둔감하며 중독 환자 고유의 치료 동기에만 의존하는 치료적 접근은 종종 실패하게 되는데, 이는 치료에 있어 이러한 중대한 이슈를 다루지 못하기 때문이다.

프랭크는 도움에 대한 환자의 기대를 유발할 수 있는 두 가지 중요한 근원을 확인하였다. 첫째는 치료자에 대한 인간적인 끌림이라고 할 수 있는데, 이는 환자가 하는 일에 대한 치료자의 믿음에 의해 종종 강화된다. 환자의 신뢰를 얻을 수 있는 또 다른 원인은 치료자 혹은 치료 팀의 이데올로기인데, 이는 환자의 질병과 치료 경과를 이해하는 데 필요한 이론적 근거를 환자에게 제공한다. 규칙적으로 AA 모임에 참석하는 사람이라면 어떤 누구라도 각각의 이러한 에너지들이 AA 프로그램 내에서 강하게 작동되고 있다는 것을 안다.

프랭크는 치료 과정에서 환자의 신뢰를 높이기 위해 치유하는 힘의 전달자 혹은 조절자의 위치에 치료자를 두는 과정들을 보게 되었다. 프랭크의 관점에서 볼 때 그러한 위치는 여러 해 동안 단주를 유지하면서 열정적으로 알코올중독자를 회복시키는 위치 혹은 전문적인 정신치료자를 의미하는 것은 아니다. 현재 활동하고 있는 치료자들은 그들의 수상을 정교한 과학적 패턴을 가진 이론과 진단적 꼬리표를 가지고 뒷받침하고 있다.

게다가 정신치료의 성공은 어떤 특정한 치료 유형과 연관돼 있는 것 같지 않기 때문에, 그리고 불편함이 개선되는 현상은 사용된 치료의 종류에 관계없이 동일하기 때문에, 환자의 고통 완화는 치료자가 치료 과정에 환자의 신뢰, 희망, 믿음을 동원해 낼 수 있는 치료자의 능력과 더 관련이 있다고 프랭크는 단정한다.

성공적 치료를 위한 환자의 특징과 기여

오랜 시간을 통해 모아진 충분한 연구 결과에 의하면, 치료적 변화를 가져오는 가장 강력한 매개체는 감정적으로 연결된 개인과 개인 사이의 관계인 것처럼 보인다. 이러한 관계에서 꼭 전문 치료자가 함께할 필요는 없지만, 감정적으로 관계를 맺을 수 있는 실제의 사람real person과 함께해야 할 필요가 있다. 바람직한 치료적 변화를 가져오는 이러한 관계가 주는 효과는 많은 부분에 있어 치료자의 인격과 개인 간의 관계를 다루는 치료자의 기술에 의해 결정되는데, 특히 과거에 이러한 부분에서 어려움을 겪었던 개인에서는 더욱 효과적이다.

심한 정신병 환자와 같이, 어떤 환자들은 실제 대인관계에서 생기는 친밀감을 견디지 못한다. 심한 정신 지체, 뇌 손상, 약물 중독, 또는 심한 성격 장애로 고통 받는 환자들의 경우도 치료자와 진정한 치료 동맹을 형성하지 못한다. 적어도 대인관계 기술과 관련된 문제 때문에 정신치료를 받고 있는 경우는 환자가 치료에 가져오는 것이 성공을 좌우한다. 반대로, 환자의 질병이 심각하면 심각할수록, 그들이 치료에서 이득을 얻게 될 기회도 줄어든다. 치료자가 아무리 노련하고 환자와 '함께' 한다 해도 소용이 없을 것이다.

치료의 초기 단계

환자가 스스로 원해서 자발적으로 치료를 받으려는 마음은 수많은 중요한 요인들에 의해 결정되는데, 이러한 요인 중 가장 크게 영향을 주는 것은 환자가 겪은 고통의 정도다. 치료 초기 단계의 효과는 도움에 대한 환자의 기대를 이끌어 낼 수 있는 치료자의 능력에 의해 증가되며, 이것은 치료에 대한 기대감을 높일 수 있는 환자의 능력에 의해 많은 부분 영향을 받는다. 이는 환자에게 치료라고 하는 상징들을 받아들이고 반응할 수 있기를 요구한다. 정신치료에 잘 반응하는 사람들은 치료가 그들을 잘 도울 수 있을 것이라고 기대하며 그렇지 않은 사람들에 비해 사회적으로 잘 통합돼 있으면서 다른 사람들을 잘 믿는다. 다른 사람들에게 호의적으로 반응하는 능력이란, 사회적으로 규정된 역할 안에서 다른 사람을 쉽게 받아들인다는 것이지 잘 속아 넘어간다는 뜻은 아니다. 그러나 환자가 피암시성suggestibility이 강하고 경험한 고통이 크면 클수록, 진전이 없이 치료 안에 머물 가능성이 크다.

수많은 중요한 요소들이 치료자를 도와주는 사람으로 기꺼이 받아들이도록 할 것이다. 확실히 믿을 수 있는 정신치료자 또는 치유자로서 치료자에 대한 환자의 확실한 믿음을 불어넣는 치료자의 능력이 가장 중요하다. 그러나 이렇게 추론된 자질들에 대하여, 외부 관찰자로서의 치료자와 치료자가 섬기는 환자의 평가가 항상 일치하는 것은 아니다. 치료 결과와 치료자의 자질 사이에 발견되는 가장 일관된 관련성은 환자가 치료자에 대하여 가지는 지각에서 비롯되지, 치료자가 치료자 자신에 대해 갖는 지각이나 다른 관찰자들의 평가에서 기인하지 않는다.

환자가 자발적으로 치료를 유지하는 것은 많은 부분 치료자에 대한 환자의 인간적인 호감에 달렸다. 환자가 치료자를 믿을 수 있는 사람으로 인식한다면, 치료자를 보다 매력적으로 보게 될 가능성도 커진다. 신뢰성credibility과 매력attractiveness의 개념은 서로 배타적인 개념이 아니다. 전문가로 인식되는 사람과 신뢰를 불러일으키는 사람은 태도와 행동의 변화에 더 큰 영향을 줄 수 있다는 것을 연구들이 보여준다.

결국 환자들은 그들 자신의 세계관이나 신념 체계와 부딪치는 설명들과 해석들을 자신이 믿을 만하다고 여기는 치료자에게 전해 들었을 때 더 잘 받아들이게 된다. 그래서 충고를 수용하는 문제는 치료자의 능력, 기술 그리고 예견된 철저성과 매력 등에 대한 환자의 평가에 달려있다. 신뢰성과 마찬가지로 끌리는 매력도 대인간 유사성similarity이나 친화성compatibility의 이슈들과 전적으로 상호작용 한다.

인간관계에서 매력적으로 치료자를 여기는 환자의 태도는 결과적으로 긍정적인 결과를 가져오는 초기의 지각을 촉진한다. 매력은 치료 초기 단계에서는 신뢰성보다 더 중요하며, 환자가 치료동맹을 발전시키기에 충분할 만큼 치료에 머물게 하여 결국 실질적인 변화에 이르도록 해준다. 보통 믿음, 적성, 능력 등의 자질을 포함하는 신뢰성은 치료자가 갖는 보다 미묘한 측면이며, 치료의 전반적인 과정을 통해 환자가 얻게 되는 이득에 많은 영향을 준다.

치료 과정 : 치료자와 환자의 기여

치료자의 기여

여러 해 전 어브와 미리암 폴스터(1974)는 치료자의 성격이 성공적인 정신치료의 주요 요소라는 의견을 내놓았다. 그들은 가장 훌륭한 치료자들은 폭 넓은 범위의 인간 감정에 접근할 수 있는 활기차고 적극적인 사람들이라고 생각했다. 그들은 온화하지만 거칠고, 진지하면서도 재미있으며, 용감하면서도 사려 깊은 성격을 가진다. 환자가 그러한 치료자들과 충분한 시간을 보낼 수 있다면, 치료자의 그러한 모습들을 닮게 될 것이라고 주장한다. 환자들은 좌절을 수용하고, 분리시키며, 견디고 다룰 수 있는 방법을 아는 누군가를 체험할 기회를 갖게 될 것이다. 결국, 환자들은 그들이 사람 앞에 나서게 될 때 이러한 특성들을 숨기지 않고도 놀라움과 뜻하지 않은 경험에 맞설 수 있는 인간 존재가 된다는 것이 어떤 것인지 그 중요성을 배우게 될 것이다.

가장 중요한 것은, 치료자는 그 자신이 가지고 있는 감정적인 악의 화신emotional demon뿐 아니라 환자가 가지고 있는 악의 화신과도 편하게 이야기할 수 있어야 한다는 것이다. 때때로 치료자에 대한 감정적 요구는 너무도 대단하여 치료자 중에 자신의 전 존재를 걸고 '아픈 영혼들sick souls'의 세계로 모험해 들어갈 사람은 거의 없을 정도라고 마틴 부버Martin Buber(1963)는 말한다. 부버는 늘 그렇듯이 설득력 있게 이러한 모험을 기술한다.

> 어떤 사례들에서는 치료자가 그가 하고 있는 일에 의해 겁을 먹게 되는데 이는 그가 진직으로 어떤 다른 것을 요구 받고 있다는 의심이 들기 시작하기 때문이다. 자신의 직업 경제와 조화될 수 없는 어떤 것, 자신의 직업 규정을 위협할 수 있는 어떤 것을 요구 받는다고 느껴지기 때문이다. 치료자에게 요구되는 것은, 올바른 방법론적 객관화를 통해 주어진 사례를 설계하여, 오랜 훈련과 실천에서 빚어지고 확보된 전문적 우수성을 가지고서 부른 자와 불리운 자라는 가장 기초적인 상황 속으로 그 자신이 과감하게 걸어들어 가는 것이다. 심연은 치료자의 확고하게 기능하는 행동의 안정성에 말을 걸기보다 치료자의 심연에, 치료자의 자기에 말을 걸어온다. 훈련과 경험을 통해 굳건하게 서 있는 그 구조 아래 숨겨져 있는 치료자의 그 자기됨에 직접 말을 건다. 그 또한 혼돈과 악마에 익숙해 있으나 투쟁하고 극복하려는 겸손한 능력으로 우아함을 입은, 그래서 다시 언제든 새로 투쟁하고 극복할 준비

가 돼 있는 바로 그 치료자의 자기에. 이러한 부름을 들음으로써, 이 지적인 직업의 가장 선두에 서 있는 자로부터 이 부름이라는 역설의 위기가 터져 나온다. 결정적인 시간에 자신에게 맡겨지고 또 자신을 신뢰해온 환자와 더불어, 그는 심리치료라는 닫힌 방에서 떠났다. 분석가는 자신의 체계적이고 방법론적 우월성으로 지배를 하고, 자기가 또 다른 자기에 노출되는 그런 세계 속으로 환자와 함께 용감히 뛰어들었었던 바로 그 방에서 나간 것이다. (Buber, 1963, p. 98)

환자의 기여

정신치료에 대한 연구는 정신치료가 효과가 있다는 것을 보여주는 데 성공했다. 그러나 여러 연구들은 대부분의 치료효과는 환자가 나타내는 어려움들에 세심하게 반응하는, 유능하고 신뢰할 수 있으며 수용적이고 자상한 보살핌을 제공할 수 있는 사람으로서의 치료자를 대하는 환자의 인식에 의해 결정된다는 점을 시사한다. 이러한 인식들은 치료자가 지향하는 이론이나 받은 훈련 또는 치료기법에 의존하지 않는다. 또한 이러한 인식들은 환자들마다 다를 수 있다. 많은 부분에서 치료자의 훌륭한 자질들을 인식할 수 있느냐 없느냐의 여부는 환자의 성격특성들이 결정한다는 것이 명백하다. 그러나 왜 어떤 환자들은 특정 치료자와 잘 맞고 다른 치료자와는 그렇지 않은지는 명확하지 않다. 확실히 환자의 가치관 및 성격과 치료자의 가치관 및 성격이 서로 접근해 수렴되는 것이 치료적 관계의 확립에서 큰 부분을 차지한다. 정신 치료와 알코올 중독 치료 모두에서 성공은 좋은 치료 동맹의 확립에 상당히 의존한다는 강력한 증거들이 있다. 그러므로 치료적 관계에 환자가 기여하는 공헌의 본질과 치료 동맹을 이해하는 것은 중요하다.

환자가 정신치료에 가져오는 대인관계 기술과 관련된 문제들이 치료적 만남의 잠재적 성공가능성을 상당한 정도로 결정한다. 환자가 치료 상황에 더 많은 것을 제공할수록 그리고 그들의 병리가 덜 심각할수록 치료의 성공가능성은 높다. 반대로 환자의 병이 보다 심각할수록, 치료자가 아무리 숙련되고 재능이 있다 하더라도 환자는 치료에서 이득을 얻을 기회가 적어진다. 환자의 인격 특성들이 치료 동맹의 강도에 가장 중요한 기여 인자라는 것을 보여주는 연구가 있다. 그러나 바람직한 치료적 변화를 만들어내는 데서 이러한 관계의 효과는 대인관계 특히 대인관계에서 어려움을 겪었던 환자들과 작업하는 경우에는, 치료자의 성격이나 치료기술에 많은 부분 좌우된다. 그러나 심각한 정신병을 앓고 있는 일부 환자들은 진정한 개인 간의 친밀함을 견뎌낼 수 없다. 심각한 중독 환자들, 만성 물질 남용자들, 또는 심각한 성격 장애 환자들은 치료자와 진정한 치료 동맹을 형성하는 데 훨씬 더 어려움이 클 것이다.

치료의 초기 단계

치료에 처음으로 기꺼이 참여하고자 하는 환자의 의지는 수많은 중요 인자들에 의해 결정된다. 가장 중요한 것은 환자가 경험한 고통의 정도다. 초기 치료 단계의 효과는 도움 받으려는 환자의 기대를 이끌어 낼 수 있는 치료자의 능력에 의해 증가되며, 이것은 치료에서 좋은 결과를 얻을 수 있으리라는 환자의 기대감에 의해 많은 부분 영향을 받는다. 이것은 환자가 치료자에게 어느 정도 의존하는 마음이 있어야 한다. 정신치료에 잘 반응하는 사람들은 치료가 그들을 도울 수 있다고 기대하며 그렇지 않은 사람들에 비해 사회적으로 잘 통합되어 있고 의심이 적다. 호의적으로 반응하는 능력이란 사회적으로 규정한 역할 안에서 다른 사람을 쉽게 받아들인다는 것이지 잘 속는다는 뜻은 아니다. 그러나 환자가 피암시성이 강하고 경험한 고통이 크면 클수록, 진전이 없이 치료에 그대로 머물 가능성이 크다(Frank, 1978).

여러 요인들이 환자가 치료자를 자기에게 도움을 줄 수 있는 근원으로 기꺼이 인식하도록 할 것이다. 정신치료자 또는 치유자로서 환자가 확실히 믿도록 할 수 있는 치료자의 능력이 가장 중요하다. 그러나 이렇게 추론된 자질들에 대하여, 외부 관찰자로서의 치료자와 치료자가 섬기는 환자의 평가가 항상 일치하는 것은 아니다. 치료 결과와 치료자의 자질 사이에 발견되는 가장 일관된 관련성은 환자가 치료자에 대하여 가지는 지각에서 비롯되지, 치료자가 치료자 자신에 대해 갖는 지각이나 다른 관찰자들의 평가에서 기인하지 않는다.

환자가 자발적으로 치료를 유지하는 것은 많은 부분 치료자에 대한 환자의 인간적인 호감에 달렸다. 환자가 치료자를 믿을 수 있는 사람으로 인식한다면, 치료자를 보다 매력적으로 보게 될 가능성도 커진다. 신뢰성credibility과 매력attractiveness의 개념은 서로 배타적인 개념이 아니다. 전문가로 인식되는 사람과 신뢰를 불러일으키는 사람은 태도와 행동의 변화에 더 큰 영향을 줄 수 있다는 것을 연구들이 보여준다.

결국 환자들은 그들 자신의 세계관이나 신념 체계와 부딪치는 설명들과 해석들을 자신이 믿을 만하다고 여기는 치료자에게 전해 들었을 때 더 잘 받아들이게 된다. 그래서 충고를 수용하는 문제는 치료자의 능력, 기술 그리고 예견된 철저성과 매력 등에 대한 환자의 평가에 달려있다. 신뢰성과 마찬가지로 끌리는 매력도 대인간 유사성similarity이나 친화성compatibility의 이슈들과 전적으로 상호작용 한다.

애착 유형

예측할 수 있듯이 안정 애착 유형secure attachment style인 환자들은 보다 빠르게 치료 동맹을 형성할 수 있었으며, 치료가 끝날 때에 최고로 기능하며 보다 긍정적인 치료 결과를 가져온다는 것이 밝혀졌다(Meyer & Pilkonis, 2001). 그들은 치료자들과의 처음 만남을 보다 긍정적이고 적극적으로 평가하였으며, 치료자를 따뜻하고 접근하기 쉬우며, 섬세하게 반응해 주는 사람으로 기술하였다. 반면 많은 연구들은 조기 치료 종결을 예측할 수 있는 예측인자로 처음 치료 참여시나 첫 번째 세션이 끝난 다음에서의 치료 동맹의 강도를 꼽았다(Barber 등,1999). 거부 혹은 불안 애착 유형dismissive or anxious attachment style인 환자들은 치료에 더 많은 어려움을 겪었으며 초기에 치료 동맹을 형성하는 데도 더 큰 어려움이 있었다.

그러나 그들이 결국 치료자와 감정적인 연결이 되었을 때, 호전의 정도는 보다 극적이었다. 거부 애착 유형인 환자들은 치료 중간에 부족한 동맹 관계를 보고하였지만, 치료 후반부로 갈수록 매우 강한 치료 동맹을 보였다. 거부와 집착 애착 유형dismissive and preoccupied attachment style 환자들은 흔히 친밀해지기를 갈망하지만 버림받을 것을 두려워한다. 그들은 잠재적인 거절 가능성을 걱정하면서 가까운 동맹을 맺고자 애쓴다.

특정한 조건 하에서는, 불안정 애착 유형을 가진 심하게 손상된 환자들이 위에서 말한 관계의 궤적을 가장 잘 보여줄 수 있다. 이것은 치료자가 일단 치료 과정에 문제 환자를 끌어들일 수만 있다면 성공적이고 때로는 극적인 호전의 기회들이 크게 증가할 수 있음을 시사한다.

그동안 발전해 온 애착이론에서의 최신 동향은 각각 다른 애착 유형들이 개인의 내부 작동 모델internal working model의 지침으로 관계의 형태를 어떻게 반영하는지 반영해주는 개념적 틀을 제공해 오고 있다. 애착 유형 또는 내재화된 관계 유형은 성인기 동안 대인 간 상호작용의 질을 지속적으로 만들어 내는 강한 특성들이 된다는 것을 연구는 보여주고 있다. 보울비의 내부 작동 모델이라는 개념은 하나의 가설적인 메커니즘으로 한 사람의 내재화된 자기와 타인에 대한 관점이 어떻게 한 사람이 타인과의 관계를 유지하기 위하여 행동해야만 하는지 그 방법을 결정하는 메커니즘을 말한다. 관계에 대한 이러한 암묵적인 규칙들은 치료 관계에서 재연되지 않는다면 흔히 감지되지 않은 채로 있다가 억지 순응이나 조기 종결을 낳는다.

가설의 검증

애착이론과 자기심리학은, 치료적 만남 동안에 환자들이 이러한 병적인 신념과 규칙들을 바꾸기 위한 무의식적인 시도를 하게 된다고 말한다. 환자들은 어린 시절에 채택되었던 규칙들이 현재 치료자와의 관계에서 지속될지 아니면 거부될지 그 여부를 나름대로 정하기 위해 '시험'을 할 것이다. 치료자가 '시험을 통과' 한다면, 환자는 더 이상 낡은 습관들을 유지할 필요성이 없게 될 것이며, 해석도 필요 없이 자연스럽게 자신의 오래된 행동들을 수정할 것이다. 자기심리학도 치료적 관계에서 일어나는 재연의 중요성에 대해 이와 비슷한 관점을 가지고 있다. 스톤(1996)은 다음과 같이 기술한다.

> 자기심리학은 환자 스스로 치료적 경험을 찾을 것을 제안하는데, 이것은 이전의 결함 있는 자기 대상 self object 경험의 교정을 제공할 것이며, 그런 과정을 거치면서 불안정하고 불완전한 자기를 안정시키고 성장을 다시 시작할 수 있게 될 것이다. 낡은 자기 대상은 장애를 가지고 있는 환자에 의해 분리된 한 사람으로 경험되는 것이 아니라 자기의 일부로서 경험되는데, 이는 불완전하게 발달된 구조를 완성시키는 역할을 한다.... 환자들은 그들이 과거에 그랬던 것처럼 치료 상황에서 다시 상처 받게 될 것이라는 두려움을 극복하기 위해 치료 작업을 한다. 초기의 병적 신념을 거부하도록 하는 과정은 환자가 다시 성장하는 것을 돕는다. 공감적으로 가용될 수 있는 자기 대상들이 발달 상의 결함들을 채우고 자기를 안정화시키면서, 더 큰 응집성을 경험하게 된 자기는 목표와 이상에 대한 추구를 다시 시작할 수 있다. (p. 170)

스톤은 신중한 진단으로 이런 병적인 신념의 일부만을 식별해 낼 수 있으며 다른 병적 신념들은 치료 과정에서 드러난다고 덧붙였다. 때때로 치료자는 이 시험에 실패하거나 통과할 때까지 자신이 시험되고 있다는 것을 인식조차 하지 못 한다. 종종 이렇게 인식되지 못하는 딜레마에 대한 임상사례를 들어본다.

폴은 크랙 코카인 중독으로 수차례 재발을 한 오점과 문제투성이의 과거력을 가졌다. 최근 마지막 재발 후, 좌절한 폴의 후원자sponsor는 그를 치료에 의뢰하였고, 치료자에게 "어떠한 것도 소용이 없는 것처럼 보이기 때문에"라고 설명하였다. 여러 해 동안 폴은 AA에 적극적으로 참여했음에도 불구하고, 3개월 이상 지속하지를 못하였다. '치료 프로그램에 참여하고자' 하는 그의 동기와 자발성은 훌륭했다. 그러나 후원자는 그를 아는 모든 사람들처럼 혼란스러워했고 좌절했다. 그는 하라고 하는 모든 것을 다 하고 있었지만 계속 재발했다.

그의 치료자는 폴이 지난 2년 동안 최소 5명의 다른 치료자들과 관계를 맺으며 들락날락했었다는 것을 곧 알았다. 최초의 면담에서 왜 그렇게 많은 다른 치료자들을 만나게 되었는가에 대해 질문을 받았을 때, 폴은 사람 좋게 웃었다. “선생님들이 저를 치료에서 내쫓게 만드는 교묘한 기술을 제가 가진 것 같아요.”

“당신을 내쫓는다구요?” 치료자가 물었다. “왜 그 사람들이 당신을 내쫓을까요?”

“제 생각에 그건 제가 재발하기 때문인 것 같아요.” 폴은 어깨를 으쓱했다. “그 분들은 저한테 실망하게 돼요. 그러고 나서 보통 저에게 최후통첩을 하게 되죠. 외래 치료로는 저와 함께 치료 작업을 계속 유지할 수 없다고 말해요. 저는 지금 입원 치료를 받는 것에 동의를 해야 해요.” 폴은 어깨를 으쓱했다. “그 분들은 내 중독이 너무나 위험하다고 말합니다. 제 생각엔 제가 그 분들을 겁주는 것 같아요. 왜냐하면 크랙 코카인을 하면서 심해졌을 때는 자기 파괴적인 행동들을 할 수 있기 때문이죠.”

“그래서 최후통첩을 받은 것은 당신이 입원 치료에 들어가는 것을 그분들이 원한다는 것인가요?”

폴은 고개를 끄덕였다. “예, 제기랄. 저는 이전에 두 번이나 입원 치료를 한 적이 있었어요. 입원해 있는 동안은 좋죠. 그러나 밖에 나올 때마다, 재발을 했어요. 저는 그게 답이라고 생각하지 않아요.”

“음, 당신이 생각하기에 답은 무엇인 것 같은지 저에게 이야기 해 줄 수 있나요?”

놀란 기색이 폴의 얼굴을 스쳤다. “아, 전에 어떤 누구도 저에게 그런 것을 물었던 적은 없다고 생각되네요. 모든 사람들은 항상 저에게 무엇을 하라고 이야기 했을 뿐이었어요. 제가 무엇을 하고 싶은지 제 생각에 그 답은 뭐라고 생각하는지 선생님은 정말로 알고 싶으세요?”

치료자는 몸을 의자 뒤에 기대며 고개를 끄덕였다. “네, 그렇습니다.”

“전 이것을 외래 치료에서 해 봤으면 좋겠어요.” 폴은 몸짓으로 말했다. “입원 프로그램은 제가 아직 알지 못하는 어떤 것을 저에게 주거나 말해주지 않을 거예요. 젠장, 저는 거기서 일하고 있는 많은 카운슬러들보다도 프로그램과 중독에 대해 더 많이 알고 있어요.” 폴은 망설였다. “지금, 모든 상황을 제가 다 안다고 이야기하는 건 아니에요. AA가 말하는 ‘자기 의지는 빠르게 자란다’ 가 무엇인지 알아요. 저는 AA에서 활동을 잘 했었어요. 제가 어떤 병원에 가도 위험을 무릅쓰고 그것을 잃고 싶지 않아요. 전 선생님이 제안하는 것이라면 어떤 것이라도 할 거예요. 하지만 저와 함께 있으면서 저를 통제하는 것이 아니라, 저를 도와 줄 수 있는 누군가를 필요로 하는 거예요.”

“ 통제 받는 것을 좋아하지 않는군요?” 치료자가 물었다.

폴은 미소를 지었다 “선생님이 무슨 생각 하시는지 알아요. 중독자가 통제 받는 것을 좋아하지 않는다는 것과 후원자와 보다 전능한 힘에게 그러한 통제를 넘긴다는 것 전부 다요. 저도 그런 거 다 알아요. 제가 문제가 있다면, 그것은 사람들이 저를 너무나 많이 통제하도록 내버려 둔다는 거예요.”

“그것에 대해 어떻게 이해하고 있나요?”

폴과 치료자는 세션의 나머지 시간 동안 폴의 치료 순응도에 대해 이야기 하였다. 혹시 버림받을까 하는 폴의 불안이 모든 관계, 직업적 관계와 개인적 관계 모두에서 그를 지나치게 고분고분한 태도로 행동하게 만들었다는 것이 바로 명확해졌다. 그의 마약 사용은 반항적인 행동화와 관련된 여러 행동들로 나타났다. 그와 그의 치료자는 관계 안에서 자율성과 독립성에 대한 그의 요구를 나타내 보일 수 있는 보다 덜 자기-파괴적인 방법에 대해 이야기했다. 세션이 끝나기 전에, 폴은 하나의 추가적인 정보를 덧붙여 말했다.

“아, 제가 완전히 잊고 있었어요. 전 입양되었어요.” 폴은 얼굴을 찌푸렸다. “전 그것이 중요하다고 생각하지 않았지만, 전 치료자는 그것이 큰 문제라고 생각했었어요. 그래서 이것을 선생님께 말해야 한다고 생각했던 것 같아요."

치료자는 고개를 끄덕였다. "당신이 그것을 말해 주어서 기쁘네요. 저도 이전 치료자에 동의해요. 그것은 중요한 일이죠."

"정말요 ?" 폴은 치료자에게 야릇한 표정을 보였다. "전 그것에 대해서 완전히 기억 나지는 않아요. 저의 양부모님들이 저를 데리고 왔을 때 저는 태어난 지 겨우 삼사 일밖에 안 된 아기였어요. 그래서 전 엄마나 아빠가 누군지조차 전혀 몰랐어요." 폴은 주의를 기울이며 치료자를 살폈다." 선생님은 여전히 그것이 큰 문제라고 생각하세요 ?"

"예," 치료자는 말했다. "저는 여전히 그것이 큰일이라는 생각이 드네요. 그것에 대해서는 다음번에 더 이야기 해보도록 해요. 하지만 오늘 우리가 치료를 끝내기 전에, 당신이 AA 모임에 가는 한 기꺼이 할 수 있는 것에 대해 검토해 봅시다."

폴은 열심이며, 열정적인 환자인 것으로 밝혀졌다. 그는 매력적이고, 통찰력 있으며, 영리하고, 온화하며, 감수성이 강한 사람이었다. 치료 동맹은 빠르게 형성되었다. 잘 반응을 해 주는 치료자와의 새로운 협력을 통해 또 다른 재발을 막기로 결심하게 되면서 폴은 치료자의 어떤 제안에도 쉽게 동의했다. 폴이 AA 모임에 참석할 것을 제안 받자, 어떤 날은 하루에 두 번 참석하기도 하였다. 이전의 크랙 코카인 판매상으로부터 전화를 피하기 위해 전화번호를 바꿀 것을 제안하자, 폴은 직장과 집의 전화번호를 바꿨다. 그 자신의 주도로, 폴은 하나가 아닌 두 명의 새로운 후원자를 모집하였다. 치료는 빠르게 진행되었고 치료자는 현재 매주 진행되고 있는 치료 집단에서 함께 치료 작업을 해 나갈 것을 제안했다. 폴은 동의하였다. 그는 열심히 치료 작업을 하는 그룹 내의 인기 있는 멤버가 되었다. 개인 치료에서 그가 보였던 것과 동일한 전염성 있는 열정이 집단 치료에서도 나타났다. 그의 민첩한 기지, 호감 가는 태도, 그리고 지지적인 반응들은 곧 다른 집단 구성원들 모두를 압도했다. 폴의 감수성은 전파되었다. 그 그룹은 쉽게 그와 유대감을 형성했다.

치료는 6개월 동안 훌륭하게 진행되었다. 폴은 크랙 코카인에 대한 가장 긴 단주를 할 수 있었다. 6개월 기념 칩을 받은 후 얼마 되지 않아, 폴은 AA에서 만난 한 여성으로 5년 이상 단주를 해 오고 있는 사람과 진지한 교제를 시작했다. 그들의 관계는 빠르게 발전했고 그룹 내의 어떤 누구도 그 사실을 알기 전에, 폴은 그녀와 함께 살 집으로 이사를 할 것이라고 선언하였다. 일부의 그룹 멤버들은 그들의 관계 속도에 대해 주의할 것은 경고했지만, 대부분의 사람들은 그에 대해 진심으로 축복해 주었다.

그러나 3주가 지나서 폴은 재발했다. 폴은 다음 번 집단 모임과 두 번의 개인 치료 약속에 나타나지 않았다. 그가 결국 치료에 돌아왔을 때, 그는 몹시 후회했고 슬픔으로 뒤덮여 있었다. 만난 지 얼마 되지 않은 상태에서 형성했던 그 여성과의 새로운 관계의 강도는 그가 쉽게 통제하거나 이해할 수 없는 강한 감정을 유발했다. 갈등들이 관계 내에 자라났고 폴은 그것들을 감당할 수 없었다. 순종과 수동공격성의 행동화 사이에서 폴이 갖게 되었던 동요는 새 여자 친구에게는 너무 커서 참을 수 없는 것이었고 결국 그녀는 그 관계를 끝내게 되었다. 폴은 망연자실했다. 그의 재발은 불가피했다.

세션이 끝날 무렵, 폴은 치료자를 보면서 말했다. "전 무엇을 해야 되죠 ?"

"당신이 이미 해 오고 있던 것을 하면 됩니다. 약속을 했고 AA 프로그램에 다시 돌아옴으로써 당신은 옳은 일을 한 겁니다." 치료자는 폴을 안심시키면서 미소 지었다. 이번의 재발에 대해 이야기해 보고 그것으로부터 당신이 무엇을 배울 수 있었는지 살펴봅시다. 그러면 다시는 일어나지 않을 거예요."

폴은 안도한 것처럼 보였다. "고마워요. 전 선생님이 화가 나서 저를 치료에서 내쫓을 거라고 생각했었어요."

"아니요. 그런 일은 없을 겁니다. 하지만 우리는 이번의 재발에 대해서는 이야기해야 하며 다음번엔 당신이 무엇을 다르게 할 수 있는지 살펴보아야 합니다. 재발보다 더 나쁜 한 가지는 재발을 살피지 않아 생기는 재발입니다."

폴은 다시 그룹 치료에 돌아왔고 그의 재발에 대해 길게 이야기를 하였다. 그룹은 폴에게 지지적이었으며 회복으로 돌아올 수 있도록 그에게 용기를 주었다. 그런데 폴의 태도가 변했다. 그는 조용히 있는 시간이 길어졌으며 최근 끝낸 그 관계에 대해 강박적으로 몰입하며 위축되었다. 그는 "나를 버린 것"에 대해 그녀에게 화가 나 있었다. 그가 그들의 관계에서 일어났던 모든 것들을 더 많이 설명하면 할수록, 집단 구성원들에게는 사실상 폴이 그녀를 먼저 버렸다는 것이 명백해져 갔다. 그녀는 그가 한 약속을 지키지 않는 것에 대해 점차 자극을 받게 되었다. 그녀가 화를 내게 되었을 때, 그는 순종하고 추가적인 약속을 하였는데 그의 수동 공격적 충동들은 그가 그 약속들을 지키도록 허용하지 않았다. 집단에서는 그의 태도가 점차 궤도를 벗어나게 되었다고 부드럽게 직면시키기 시작했다. 두 달이 지나기 전에, 폴은 다시 재발했다.

이번의 재발은 기간이나 강도에 있어 더 심각한 것으로 밝혀졌다. 그는 코카인을 하느라 직장에도 여러 날 출근하지 않았고 상사는 곧바로 근신하도록 했다. 하나의 패턴이 그룹과 일터 모두에서 나타나기 시작했다. 그룹 멤버들처럼, 그의 고용주는 폴을 신뢰할 수 없는 사람이라고 생각했다. 개인 치료에서, 치료자는 폴이 다른 사람들이 자신에게 할까 봐 두려워하는 일을 그가 다른 이에게 하고 있음을 깨닫게 하려고 끈질기게 시도하였다.

폴은 귀 기울여 듣는 것을 거부하였고, 3주가 되지 않아 다시 재발하였다. 폴이 집단 치료와 개인 치료 약속에 모두 나타나지 않은 이틀 후, 치료자는 변명하는 그의 전화를 받았다. 폴은 치료자가 그를 여전히 보길 원하는지를 풀이 죽어 물었다. 치료자가 그에게 "물론 전 당신을 만나고 싶어요. 다음 주 정규 약속 시간이 있잖아요, 그죠?" 라고 말했을 때 폴은 놀라워하였다.

최근의 재발 후 가진 치료 약속에서, 치료자는 폴을 입원 환자 프로그램이나 사회 복귀 훈련 시설에 들어가게 하기 위해 노력하였다. 폴은 고통스러운 분노를 느끼면서 반응했다. "알았어요. 올 것이 왔군요. 최후의 통첩은 무엇인가요? 선생님이 원하는 대로 제가 하지 않는다면, 역시 저를 버리겠죠?"

"아니요, 전 당신을 계속 볼 거예요. 당신이 무엇을 하는지에 관계없이요. 하지만 계속되는 재발과 크랙 코카인이 당신의 사고를 어지럽히고 있나는 생각이 드네요. 전 이러한 순환을 당신이 끊길 진심으로 응원해요. 당신은 지금 조절 불능 상태예요."

폴은 치료자를 바라보았다. 안도와 공포가 동시에 그의 얼굴에 스쳤다. "전 당신이 원하는 일이라면 뭐든 하겠어요. 다만 저를 입원 환자 치료에 참여하게는 마세요. 그건 제가 고등학교 때 처음으로 마약을 시작했을 때 부모님이 저에게 했던 것이에요." 폴의 얼굴은 성난 표정으로 바뀌었다. "그분들은 저를 괴롭히길 원하지 않았고 그래서 절 어떤 거지같은 병원으로 내쫓아 버렸어요. 그분들은 다른 모든 사람들처럼 절 버렸어요."

"폴, 내 말을 들어봐요." 치료자는 그의 손을 들어 폴의 주의를 끌었다. "다른 사람이 당신을 버리는 것에만 너무 초점을 맞추고 있어서 당신이 다른 사람들을 어떻게 버리고 있는지를 보지 못하고 있어요."

"제가 다른 사람을 버리고 있다는 것은 무슨 뜻이죠?" 폴은 이를 악물며 도전적으로 치료자를 응시하였다.

"그들은 저를 위해 주지 않는 사람들이에요."

"당신은 어떤 것에 너무 사로잡혀 있어서 제 생각엔 상황을 명확히 볼 수 없는 것처럼 보이는군요." 치료자는 말했다. "사람들 모두가 버릴지 아닐지를 보기 위해 얼마나 많은 코카인과 그를 시험하는 강박 행동이 존재하는지 모르겠군요."

폴은 몇 초간 조용히 앉아 있었다. 한숨을 쉬고, 턱을 문지르더니 치료자의 눈을 유심히 바라보았다. "왜 당신은 저를 버리지 않았죠?"

치료자는 몸을 앞쪽으로 기울이면서 폴에게 시선을 고정했다. "왜냐하면 전 당신이 하고 있는 것이 시험이라는 것을 알기 때문이죠. 전 어떤 것이 강한지 몰라요. 제가 그 시험을 통과하는 것에 대한 당신의 두려움이 더 큰지 아니면 제가 실패하는 것에 대한 당신의 두려움이 큰지요."

폴의 재발과 버림받음에 관한 고통, 규제에 관한 주제는 다음 두 달 동안 치료에서 지속되는 주요 화제가 되었다. 그러나 아무것도 도움이 되지 않았다. 폴의 재발은 빈번히 계속되었다. 그는 좀 더 심층적인 입원 환자 혹은 외래 환자 치료에 들어가는 것을 거절하였다. 그는 치료자가 "내 인생의 다른 모든 사람들처럼" 그를 버릴 구실을 찾기 위해 노력하고 있을 뿐이라는 주장을 계속하였다.

폴은 치료자의 권유에 대해 이성적으로 심사숙고할 수 없었고 그것을 따르기를 거절했다. 치료자에게 버림받는 것에 대한 폴의 공포는 최악의 공포가 실현될 것이라고 보는 그의 강박 충동에 의해 유발되는 것이라고 치료자는 강하게 느꼈다. 치료자가 안심시키려 하면 할수록 폴은 점점 더 불안해 했다. 그는 치료자를 무슨 수를 써도 승산이 없는 절망적인 상황에 가두었다. 폴이 입원해 치료 받는 것을 동의하지 않아 치료자가 그의 치료를 거절한다면, 그가 '행동하지' 않으면 유기될 것이라는 그의 검정 가설을 확인시켜 주는 것이 될 것이다. 치료자가 외래에서 폴의 치료를 지속한다면, 치료자가 그에게 어떤 권한을 부여하게 되는 것일 수도 있다는 것을 두려워하게 될 것이다. 치료자는 어느 정도의 관계와 동맹을 유지하면서도 폴의 중독과 자기 파괴적 행동을 지속적으로 직면시키기 위한 방법을 찾기로 결심하였다.

폴은 다시 재발했다. 한 주 내내 직장에 나가지 않자 고용주는 그를 해고했다. 그는 집단 치료 세션에 나타나지 않았고, 모든 집단 멤버들이 했던 것처럼, 그가 치료를 떠나기 4주 전에 집단에게 알린다는 약속을 했음에도 불구하고, 전화를 걸거나 집단에게 그가 일방적으로 치료를 종결하기로 결심했다는 것을 알리지도 않았다. 며칠이 지난 후, 그는 치료자에게 전화를 걸어 그가 너무나 난처한 상황이 되어 더 이상 치료 약속에 올 수 없다는 메시지를 남겼다. 2주 후, 치료자는 자동 응답기에 남겨진 한 통의 메시지를 받았다. 폴은 "지금 6일 동안 코카인을 하지 않고 있고요. 선생님께서 제가 했던 모든 일들에도 불구하고 저를 여전히 보길 원하신다면, 치료에 다시 돌아가고 싶어요"라고 이야기하였다.

치료자는 그에게 답변을 보냈다. "물론 전 당신을 기꺼이 보길 원해요. 준비 되시는 시간에 언제라도 시간 약속을 잡으세요."

전화는 더 이상 오지 않았다. 폴의 상황은 치료자들이 중독 환자와 작업을 할 때 종종 직면하게 되는 두 개의 관련된 딜레마를 보여주고 있다. 약물 중독 혹은 알코올 중독 환자의 병리는 종종 약물 사용에 의해 악화되어, 이미 가지고 있던 쓸모없는 애착 유형의 악화를 가져온다. 때때로 크랙 코카인과 같은 강력하게 중독되는 약물은 개인 간의 애착을 실제적으로 불가능하게 만든다. 두뇌의 동기 유발 중추에 대한 물질들의 영향으로 생기는 강렬

한 감정적인 쇄도와 강력한 강화 특성들은 특정 물질이 남용되기 시작하기 전에 존재했던 구조가 무엇이든지 타협하게 된다. 애착 관계의 조절 능력에 관계된 민감함은 많은 약물들의 설득력 있는 힘에 비교해 볼 때 매우 약하다. 약물과 많은 물질들이 만들어 내는 강화 특성들에 대한 애착은 다른 사람과의 애착에 의해 만들어질 수 있는 어떠한 감정적 영향보다도 더욱 강력하다. 또한 폴의 사례에서와 같이, 이성적으로 생각할 수 있는 능력-즉 자신이 무엇을 하고 있는지를 바라보고 왜 그런지를 이해하는 능력-은 모든 실제적 문제에 있어서 통찰과 자기이해가 불가능할 정도로 손상된다. 자기 이해와 동기는 물질 남용에 의해 제거된다.

치료동맹과 중독: 특별한 고려 사항들

이전의 사례가 보여주듯이 중독 환자의 치료는 종종 치료 동맹의 형성에 따른 특수한 문제가 존재한다. 가장 큰 문제는 협력적인 작업 동맹의 확립이다. 강한 동기를 가지거나 혹은 헨리 데이빗 소로Henry David Thoreau가 '조용한 절망quiet desperation'이라 불렀던 괴로움으로 고통 받아 치료의 길에 들어서게 되는 많은 환자들과 달리, 자신의 자유 의지로 치료에 들어서는 알고올중독자 혹은 약물 중독자는 거의 없나는 사실이다. 그들은 일반적으로 자신의 가족이나 고용주, 사법기관 등 전적으로 외부 압력에 의해 치료에 들이서며, 민성 물질 남용에 의해 유발된 급성 건강 문세들을 같이 경험하게 된다. 그늘은 상황을 부정하거나 심한 감정적 혼란에 빠져 죄책감, 우울, 수치심 그리고 치료 동맹을 형성할 수 없거나 기꺼이 형성하지 못하는 정도의 인지능력 저하로 고통을 겪는다. 종종 그들의 주요 문제들이 물질 남용과 관련되어 있다거나 더 악화될 수 있다는 것을 직면하기를 거부한다. 많은 알코올중독자들과 약물 중독자들은 공공연한 억지가 세며 화를 내는 경우가 많은데, 그것은 이제까지 살아오는 동안 주위 환경과 그들에게 영향을 끼쳤던 인물들이 그들이 필요로 하지도 않고 원하지도 않는 치료를 강제해 왔기 때문이다. 중독 환자들 스스로 치료가 필요하다는 데 동의했을 때조차도, 약물 남용의 과거력을 숨길 수 없었음에도 불구하고, 그들은 보통 비중독적인 방식으로 화학물질을 사용할 수 있기를 원하는 비밀스런 욕구를 감추게 된다. 치료에 대한 그들의 순응은 물질 중독과 그들의 인생에 고통을 안겨다 주는 물질 남용의 문제를 직면하고자 하는 진정한 욕구에 의해서라기보다는 더 심각한 결과를 피하고자 하는 그들의 소망과 죄책감에 의해 강하되고 동기화된다. 결과적으로 중독 환자들이 공공연하게 치료에 저항하고 반항적이지 않다면, 그들은 열심히 치료 작업을 해 순응의 느낌을 만들어 내며 그들에게 기대되는 요구를 충족시킬 수 있고 삶에 필요한 요구들과 대인 관계를 다룰 수 있는 새로운 습관적 패턴을 다시 얻게 된다.

어떤 종류의 성공적인 치료라 하더라도 이는 환자가 치료 과정에서 적극적인 참여자가 될 때에 향상될 수 있다. 사실상 스트룹(1999)은 치료 과정의 필수적 구성 요소의 하나는 "적합한 환자appropriate patient, 말하자면 작은 통찰에 이를 수 있으며 근본적으로 정신분석적 모델을 따르는 치료 상황에 성실히 임할 수 있는 동기를 가지며 '치료적 중립therapeutic neutrality'이라는 요구를 이겨낼 수 있는 사람"이라고 주장하면서 성공적인 치료에서 결정적인 변수의 하나로 이것을 인용하였다(p. 34).

중독 환자들에 관한 많은 사례에서 치료자들은 위에서 말한 성공적 치료의 가장 중요한 구성 요소들 중 하나와 작업할 수 없었기 때문에, 특별한 전략이 요구된다. 위기 상황에서, 치료 동맹이라는 일종의 상호계약에 강력하게 저항하거나 혹은 수동적으로 겉으로만 순응적인 환자들에게 치료를 적용하기 위한 능력의 개발은 중독 전문가가 발전시킬 필요가 있는 특수한 기술들이다.

위기는 개인의 애착 시스템을 연다

위급한 상황들은 흔히 사람들에게 인생관의 커다란 변화를 가져오게 하며 상징적 죽음이라는 문제를 직면하게 만든다. 실존주의적 관점을 가진 얄롬(1974)은 사람들 사이에서 일어나는 변화의 결정적인 원칙을 강조했다. 그는 "이러한 원칙 – 불일치dissonance 또는 부조화incongruity 상태 후에 따르는 변화 – 은 임상적인 면에서나 사회적인 면에서 아주 중요한 심리적 후퇴backing" 라고 기술하였다(p. 263). 특히 이는 물질 남용자들에게 해당되는데 지나친 물질 사용 때문에 그들은 맑은 정신 상태에서 지녔던 가치들과 중독 행동 사이에서 커다란 간극을 경험한다. 약물 중독자들과 알코올중독자들은 종종, AA 멤버들이 바닥치기hitting bottom라고 이야기하는 경험인, '자신의 지하세계 내의 머무름'을 경험한다(p. 263). 바닥치기는 치료와 치료 동맹의 형성에 대해 두 가지 상반된 의미를 가진다. 그것은 장애물이면서 동시에 매우 중요한 잠재적인 회복의 시발점reference point이 된다. "환자들은 극단적인 상황에서 그들의 한계와 그에 따른 상징적 죽음들을 만나게 될 때, 종종 인생관에 큰 변화를 만들 수 있다. 그들은 욕구의 우선순위를 재배열할 수 있으며 살아가면서 커다란 걸림돌이 되었던 사소한 것들을 의식하지 않고 무시할 수 있게 된다(Brown & Yalom, 1977, p. 448)."

그러나, 치료자는 바닥을 치고 있는 많은 중독 환자들에게 치료 동맹의 확립을 위한 기회의 시기는 아주 짧고 일시적일 수 있음을 알 필요가 있다. 이때 치료자가 (1)중독 환자가 자신의 진단을 받아들일 수 있도록 하고 (2)치료 동맹을 확립할 수 있도록 하면 치료를 위한 작은 기회의 창이 열린다. 많은 물질 남용자들은 이러한 위기이자 기회가 지나가고 나면 빠르게 다시 '봉인을 하며seal over', 장애가 있었던 애착 유형으로 빠르게 돌아간다. 기회의 순간은 미끄러져 지나가며 겨우 싹이 보이던 치료적 동맹은 자라나지 못한다.

다른 상황들에서 진단되지 않은 알코올이나 약물 중독자들은 외래 치료 동안에 그들의 고통의 정도를 서서히 드러내게 될 것이다. 이 경우 치료자는 계속 되풀이되는 물질 사용을 '허용하거나' 치료 동맹의 싹이 성장하는 것을 저해하지 않고 그들의 물질 사용 문제를 다루어야만 한다. 예리한 치료자라면 물질로부터 남용자를 분리하는 문제를 잘 다룰 수 있는 방법을 찾아야 하며 그럴 수 있을 때만 치료자에 대한 애착 동맹이 온전히 영향력을 발휘하고 회복의 씨앗이 충분히 결실을 맺게 된다.

집단 리더십의 기능들

집단 치료의 효과에 대한 가장 방대한 대조군 연구가 얄롬에 의해 수행되었다(Lieberman, Yalom, & Miles, 1973). 얄롬의 말처럼 연구가 복잡했고 비용도 많이 들었다. 여기에 그 프로젝트에 대한 전체적인 내용은 기술되어 있지 않다. 한편 이 연구의 목적 중 하나는 치료 결과에 리더의 기술이 미치는 효과를 조사하는 것이었다.

다양한 학파 출신의(말하자면, 게슈탈트, 사이코드라마, TA, 정신 역동적 치료 등) 숙련된 전문 집단치료자 18명이 12주에 걸쳐 총 30시간 동안 만나는 집단을 운영하기 위해 모집되었다. 각 집단의 각 구성원들에게는 방대한 심리검사 및 성격검사가 세 번 적용되었는데, 첫 번째 집단 시작 전, 12번째 집단 세션 직후, 그리고 집단치료 종료 6개월 후에 각각 실시되었다.

얄롬은 몇 개의 혼란스러운 결과들을 발견했다. 연구에 참여했던 전체 대상자의 3분의 2가 전혀 얻은 것이 없는 경험이었다고 했다. 실제로 일부는 치료 결과 더 악화되었으며 얄롬은 그들을 치료의 희생자로 판단했다. 이때의 희생자란 집단 치료 경험으로 인해 지속적이고 상당한 정신적 불편감을 겪는 사람이다. 몇 가지 유형의 그룹들이 연구되었는데, 희생자의 주된 원인은 집단의 유형이라기보다 집단 리더의 개인적, 인격적 특성에 있다는 것이 밝혀졌다. 가장 높은 희생자 비율을 보였던 집단의 리더들을 얄롬은 "공격적으로 자극하는 사람들aggressive stimulators"로 묘사했다. 그들은 주제넘게 나서며 강제적이고, 대립적이며 도전적이었다. 그들은 상당히 많이 그들 자신을 드러냈고 대부분의 구성원들은 놀라울 정도로 카리스마적인 사람으로 여겼다. 반면에 낮은 희생자 비율을 경험한 집단들은 '사랑이 많은loving'으로 묘사되며 '수용적이고accepting, 믿을 수 있는trusting 분위기'를 창조해 내는 리더들을 가졌던 것으로 드러났다.

얄롬은 각 그룹에 대해 독립적으로 연구 자료를 분석하였음에도 불구하고, 흥미로운 공통적인 결론을 내릴 수 있음을 발견하였다. 일부 집단에서는 거의 대부분의 구성원이 희생자로서 부정적인 경험 없이 긍정적인 변화를 얻었다. 다른 집단에서는 한 명의 구성원만이 치료에서 이득을 얻지 못했다.

모두가 희생자일 수도 있었으며 혹은 운 좋게 본래 그대로의 모습을 유지할 수도 있었다. 다시 말하면, 리더십의 유형이 성공적인 치료에서 가장 중요한 기여 인자였다는 것이 발견되었다. 사실상, 가장 높은 성공률을 보였던 그룹은 가장 낮은 성공률과 가장 많은 수의 희생자를 냈었던 집단 리더와 동일한 이론적 학파에 속해 있던 리더가 이끌던 집단이었다. 실제로 집단 리더가 속해 있는 학파의 학문적 배경은 이 연구에서 어떤 치료 집단의 성공률과도 관련이 없었다.

무엇이 성공적인 집단 치료를 결정하는가라는 질문에 답하기 위해, 얄롬은 다음과 같이 썼다.

> 다음의 명료한 질문(정신 치료에 매우 적합한)은 어떤 유형의 리더가 최고의 결과를 내고, 어떤 리더가 최악의 결과를 내는가이다. T-집단 리더, 게슈탈트, T. A.(교류분석), 사이코드라마 리더, 등등? 그러나 우리는 곧 이러한 형태의 질문이 의미가 없다는 것을 알았다. 관찰자들에 의해 주의 깊게 평가될 때 집단 리더의 행동은 매우 다양했고 우리의 집단 치료에 대한 기대에 어긋났다. 한 리더가 속해 있는 이론적 학파는 그 리더의 실제 행동에 대해 우리에게 거의 설명해 주는 것이 없었다. 어느 한 학파(예를 들어, 교류분석)에 속한 리더의 행동은 다른 학파에 속한 17명의 리더만큼이나 다른 교류분석 리더의 행동과 더 가까워 보이지 않았다. 다른 말로 하면, 리더의 행동은 그가 특정 학파의 회원이라는 것에서 예측될 수 없었다. 그러나 집단의 효율성은, 많은 부분, 그 집단 리더의 행동에 의한 작용이다. (1985. p. 501)

집단 리더가 집단 내에서 한다고 말하는 것과 실제로 그들이 집단 내에서 하는 것 사이의 불일치에 대한 얄롬의 발견은 프리츠 펄스Fritz Perls에 대한 밥 굴딩의 언급에 서 명료해진다. 수 년 간 펄스와 함께 작업하고 훈련을 한 후 굴딩은 정신치료를 하는 법에 대해 저술했던 펄스의 방식은 종종 그가 실제로 정신치료를 시행하는 방법과는 꽤 달랐다고 진술했다. 확실히 얄롬의 연구 결과들은 집단 치료에서 보편적으로 인정되는 전문가에 관한 굴딩의 개인적 관찰을 지지하고 있다. 이러한 관찰은 로버트 굴딩이 최초의 리버만 연구, 얄롬 연구, 그리고 마일스 연구에 참여했던 18명의 집단 리더 중 한 명이었다는 사실에 의해 보다 설득력을 가진다. 굴딩은 단 한 명의 집단 치료 희생자를 갖지 않고 가장 많이 호전된 집단 구성원들을 가졌던 그룹의 리더였으며 결과적으로 이 연구에서 가장 유능한 집단 리더로 평가되었다.

얄롬과 그의 동료들은 성공적인 치료 결과에 영향을 주었던 로버트 굴딩과 다른 성공적인 집단 리더들에 대해 그것이 무엇인지를 정확하게 규정하고자 하였다. 얄롬(1995)은 많은 수의 리더십 변수들에서 요인 분석을 도출해 내고 그것들을 네 개의 기본적 리더십 기능으로 분류했다.

1. 감정적 자극Emotional stimulation (도전하고 직면시키는 활동, 개인적 위험감수와 높은 자기노출을 통해 침습적 모델링 구축).
2. 보살핌Caring (지지, 호의, 칭찬, 보호, 온정, 수용, 진심, 배려의 제공).
3. 의미 귀인Meaning attribution (설명, 명료화, 해석, 변화를 위한 인지적 틀의 제공, 느낌과 경험을 생각으로 표현).
4. 실행 기능Executive function (한계, 규칙, 기준, 목표 설정/ 절차를 페이스 조절하고, 멈추고, 중개하고, 제안하기)

이러한 네 가지 리더십 기능들은 성공적 치료 결과와 강력한 관련이 있는 것으로 밝혀졌다(그림 11.1 참조). 그

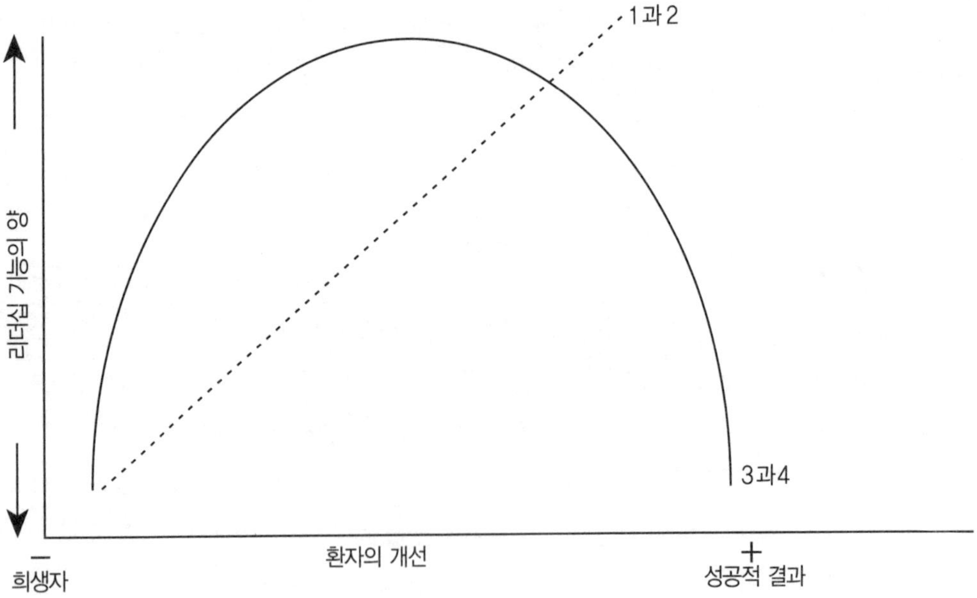

1. 보살핌 (지지, 온정, 배려, 사랑, 보호)
2. 의미 귀인 (설명, 인지적 틀의 제공)
3. 실행 기능 (규범, 목표, 한계 설정, 지침)
4. 감정적 자극 (직면, 위험 부담, 자기 노출)

〈표 11. 1〉 치료 결과와 관련된 리더십 기능들

림 11.1이 보여주는 것처럼 보살핌, 의미 귀속과 성공적 치료 결과 사이에는 정비례하는 1차적 선형 관계가 존재한다. 다른 말로 하면, 집단 리더들은 그들의 집단 구성원을 아무리 보살펴도 지나치지 않으며 환자들의 혼란이나 고통에 대해 아무리 많은 의미 해석을 전달해도 지나치지 않다. 반면, 너무 많은 혹은 너무 적은 감정적 자극과 너무 많거나 너무 적은 실행 기능을 보이는 집단 리더들은 성공적이지 못한 집단 치료를 할 가능성이 커진다. 이들 사례 중, 어떤 경우는 리더들이 너무 수동적이어서 집단에 충분한 지침을 제공하지 못하거나 아니면 너무 도발적이거나 지나치게 직면을 시켜서 집단이 감독과 리더십에 있어서 리더에게 너무 의존적이 될 수 있다.

성공적 치료 집단을 이끌기 위한 힌트

서로 다른 리더들에 대한 평가 연구를 통해, 얄롬은 집단 치료 참여에서 성공적 결과를 초래하는 어떤 흐름에 대한 첫 번째 징후가 있다는 것을 알게 되었다. 리더들에 관한 연구는 근본적으로 분석적이고 해석을 주로 하는 리더에서, 집단의 에너지 관리를 그들의 독특한 기능으로 보는 리더와, 교육적이며 종종 비인어적인 연습만을 제공하는 리더에 이르기까지 다양했다. 일부의 리더들은 사랑의 힘을 열정적으로 믿고, 다른 리더들은 증오의 힘을 열렬히 믿는다. 어떤 리더들은 말하기 치료talk therapy에만 의존했나. 나른 지료자늘은 음악, 빛, 그리고 몸의 접촉을 치료에 사용하였다.

연구 결과 이상적인 유형이라 할 수 있는 가장 유능한 치료자들은 적당한 양의 자극과 실행 행동을 보였으며 아주 세심하게 보살펴주는 모습과 적극적으로 의미를 찾아주는 모습을 보여주었다. 의미귀인은 긍정적인 결과와 가장 강한 연관성을 보였다.

사회 시스템으로서의 집단의 속성은 매우 중요하다고 얄롬은 판단하였다. 참여자들이 집단과 동일시하는지, 그들이 집단을 좋아하고 집단 내에서의 그들의 역할을 좋아하는지, 집단이 그들을 좋아하는지는 모두 결과와 관련되어 있었다. 이 연구는 나아가 집단을 좋아하고 적극적으로 참여하며 다른 집단 구성원들에 의해 가치롭게 평가되는 집단 구성원일수록 집단에서 더 많은 것을 배운다는 사실을 보여준다. 이런 사실들은 적절한 정도의 감정과 직면을 선호하는 규칙을 서서히 스며들도록 하는 치료자가 가장 인기가 있다는 것을 보여준다.

많은 집단 리더들과 구성원들이 믿는 것("집단은 없다, 오직 개인들만 있다")과 달리 사회 시스템으로서의 집단의 본질이 결과에 영향을 주는 데 중요하다는 명백한 증거들을 이 연구는 제시한다. 또한 "집단은 위로는 줄 수 있지만 치료해 주지는 못한다"(Back, 1972)라고 혹자들이 말하는 것과 달리, 얄롬의 연구는 적절한 리더십 하에서 집단 치료가 한 개인의 삶에 중요한 영향을 줄 수 있다는 것을 보여준다. 리더가 응집력의 감각을 주입해 수는 집단일수록 잘 기능했으며 구성원들은 그들의 경험을 보다 호의적으로 보고했다. 명백한 사실은, 집단 구성원들이 집단 내에서 무엇보다 자율성을 느낀다는 점에서 보다 민주적으로 운영하는 권위적이지 않은 리더들이 더 호의적으로 바라봐진다는 점이다. 많은 보이지 않는 것이 복잡하게 결합되어 하나의 유능한 집단 치료를 이끌도록 하는 자질들에 기여한다. 집단 구성원들과 강한 치료동맹을 맺고 그 집단이 응집력을 발달시킬 수 있도록 돕는 리더의 능력보다 더 중요한 것은 없다.

알코올 중독 치료 결과 연구

알코올 중독과 물질 남용 치료 연구에 대한 많은 리뷰들은 일반적으로 혼잡하고 모순적인 결과들을 보여주고 있다. 그러나 진단 기준의 불일치(한 연구에서의 알코올 중독은 다른 연구에서의 알코올 중독의 기준과 맞지 않았다)로 인한 방법론적 결함 때문에, 그리고 중독에 대한 보다 효과적인 치료는 지금에야 쓰일 수 있기 때문에 오래된 연구들이 배제될 때, 의견 일치의 문제는 더 많은 연구 노력을 통해 나오기 시작할 수 있을 것이다. 여러 연구결과들은 일반적으로 어떤 치료라 하더라도 치료를 하지 않는 것보다는 낫다는 결론을 지지한다(Leshner, 1997b). 기간이 긴 치료는 짧은 치료에 비해 치료 성공률을 증가시킨다. 정신치료 특히 집단 정신치료는 그것이 단주의지를 꺾지 않고 치료 받지 않는 사람들이 치료 받는 사람보다 더 성공하는 모습을 보이는 외부 지지 집단에 참여함으로 혼란을 겪지만 않는다면, 치료의 성공에 긍정적으로 영향을 줄 수 있다(Miller, 1995). 치료에서 환자들의 차이 혹은 치료 시간의 차이에 따라 다르게 구분되는 메타돈methadone 유지 치료, 거주 마약 중독 치료residential drug-free, 외래 환자 마약 중독 치료outpatient drug-free treatment를 받는 아편 중독 환자들을 보면 결과에 있어 유의미한 차이는 거의 발견되지 않는다. 물질 중독자들을 대상으로 한 대부분의 잘 수행된 연구들은 치료를 유지하는 환자들이 실질적인 변화들을 보여주고 있다는 데 일치된 의견을 보이며, 일반적으로 치료가 길어질수록 더 좋은 결과와 관련된다. 그러나 조기에 치료에서 탈락하는 환자들은 대체로 시간을 거듭해도 많은 호전을 보이지 않았다.

변화하고 있는 제3자 배상third party reimbursement 분위기 또한 중독 치료에 상당한 영향을 주고 있다. 경비 지출 억제 사업들은 거주 서비스로부터 외래환자 서비스로의 극적인 변화와 개인 치료에서 집단 치료로의 극적인 이동을 가져왔으며 또한 치료 기간에도 상당한 단축을 가져왔다(National Institute on Alcohol Abuse and Alcoholism, 1995). 비용 절감효과 정책 사업들은 종종 현실적으로 회복과 완전한 단주에 대한 기대에도 부정적인 영향을 미친다. 당뇨, 고혈압, 천식 등 비교적 만성적인 질병에 대한 포괄적인 리뷰는 재치료 비율과 치료에 대한 순응도가 물질 남용 치료에서보다 더 좋지 않았으며, 대부분의 경우 더 인상적이지 않다는 것을 보여주었다(NIAAA, 1995).

모든 연구들은 마약중독자들과 알코올중독자들이 치료 전보다 치료 후에 더 나아진다는 관점을 지지한다. 일부 연구들이 모든 절차들은 치료적 성공에 같은 정도의 기여를 한다(Matakas, Koester, & Leidner, 1978; Emrick, 1974; Miller, 1995)는 점을 발견했듯이, 치료의 유형은 유효한 차이를 거의 보이지 않는 것 같다. 자연적인 회복을 포함한 치료 성공률은 40-50% 사이이다. 그러나 이러한 일반적인 결과들과 달리 일부 예외들이 보고되고 있다. 사회 밑바닥의 알코올중독자들을 치료하는 어떤 치료 프로그램들은 5% 정도의 낮은 성공률을 보인 반면 환자 집단을 잘 선택해 치료한 일부 사립 병원들은 90%에 이르는 높은 성공률을 보고했다. 지속적인 치료 혹은 지지집단이 포함된다면 치료 효과는 2년 또는 그 이상 유지될 수 있다. 그렇지 않은 경우 치료는 보통 오래 가지 못한다(Miller, 1995). 전체적으로, 1년 회복률은 5년 회복률과 거의 비슷하게 보여 지는 데 이는 대부분의 상습적인 재발이 치료 첫 해에 발생하기 때문이다.

결과적으로, 대부분의 다른 정신치료 양식에 대한 연구처럼 중독 치료에 대한 연구도 대부분의 치료적 절차들이 특정 변수들 특히 단주상태를 유지할 수 있다면 어느 정도 효과적이라는 것을 보여준다.

중독 치료 결과 연구에 대한 가장 최근의 방대한 리뷰들 중 하나에서, 밀러(1995)는 중독 치료가 "일반적으로 실제로 행해진 것에 비해 심리학 논문과 의학 논문에 제대로 잘 보고되지 않는다"고 결론을 내렸다(p.4). 그는 이것이 치료가 12단계 치료 프로그램과 같은 형태라서 임의로 제외시킨 것에 의한 것일 수 있다고 추측했는데 왜냐하면 그런 치료들은 연구 패러다임에 항상 말끔하게 잘 맞는 것은 아니기 때문이며 "실제 임상 방법과 실험적 연구 사이에 현저한 거리dichotomy가 존재하기"(p.4) 때문이다. 밀러는 이러한 환경에 대해 "특별한 예외를 제외하고 현재 중독치료는 주류가 되는 의학이나 정신과학과 심리학의 영역 밖에서 발전해 오고 있다"(p.4)고 설명을 하고 있다. 단주에 근거한 치료 방법은 최근까지 광범위하게 연구되어오지 않았기 때문에 이를 비판하는 사람들은 이러한 형태의 치료가 중독 치료에 있어 얼마나 효과적인지를 알기 어렵다.

밀러에 의해 제기된 하나의 결정적인 비판은 수개월을 넘어선 치료들을 대상으로 한 잘 설계된 대조군 연구들이 부족하다는 것이다(베일런트Vaillant의 방대한 연구 작업을 제외하고). 중독은 일생동안 지속되는 병이라는 12단계 모임에서 하는 주장에 관련한 관점에서는 특히 더 비판적일 수 있다. 이러한 이해에 근거하며, 치료 결과 연구는 짧은 기간(수 주 또는 수 개월)에 효과가 나타나는 다양한 치료 방법의 존재를 확인해 주고 있다.

그러나 긴 기간에 걸친 치료 결과를 연구해 보면 오직 단주abstinence만이 유효한 치료 옵션임을 알 수 있다. 밀러는 다음과 같이 썼다.

> 치료 결과 연구에 따르면 오직 한 가지 치료 방법만이 효과적이며 장기적으로(몇 년에서 평생) 꾸준히 효과가 있는데, 그것은 단주를 기본으로 AA에 규칙적이고, 지속적이고 무기한으로 참석하는 것밖에 없어 보인다(익명의 마약류 중독자 모임Narcotics Anonymous도 효과적이나 충분한 자료가 아직 부족하다). (1995. p. 18)

치료 유형에 관계된 환자 특징

기본적으로 입원 치료는 외래 치료보다 더 성공적이지 않다고 밝혀졌다. 그러나 환자가 처한 상황에 따라 어떤 형태의 치료가 다른 형태의 치료보다 더 나을 수 있다는 것을 알려주는 몇 가지 확인된 특성들이 존재한다. 보다 심각한 수준의 중독뿐 아니라 심각한 사회적, 심리적 불안정 상태를 보이는 환자들은 입원 치료를 받는 편이 더 낫다고 판단된다. 반면 장기간의 입원 치료에 의해 어느 정도 문제가 해결되어 안정적이고 영속적인 치료적 작업 관계를 가지고 있는 환자들은 외래 치료에서 이득을 얻을 가능성이 더 많다. 이것은 특히 중요한데 치료에 가장 잘 반응하는 환자들은 영속적인 작업 환경, 손상되지 않은 결혼 생활 그리고 가족에게 지속적인 지지를 받는 사람들이기 때문이다(Matakas et al., 1978). 매우 유사한 결과들이 콜린스Collins(1995)에 의해 보고되었는데, 그는 다음과 같이 기술했다.

> 치료 결과의 차이는 환자 측 요인들에 더 많이 관련되는데, 이러한 것들은 이론적 지향, 내용, 초점, 치료 결과 정도를 포함하는 치료 인자보다는 동기, 병의 만성화, 그리고 알코올 중독의 심각도, 나이와 성별, 그리고 개인적 자원, 대인관계의 자원, 가족의 자원, 교육적 및 직업적 자원 등을 포함한다. 환자 변수들이 프로그램의 내용보다도 결과에 대한 더 좋은 예측인자라는 가능성은 치료 자체가 쓸모없다는 것을 의미하는 것은 아니다. 오히려 교육 모델과 유사하게, 그 과정에 더 많은 것을 가지고 오는 사람이, 단지 더 강한 동기의 형태만을 띰에도 불구하고, 더 큰 성공을 획득할 수 있는 것처럼 보인다. (p.35)

스펙트럼의 다른 한쪽 끝에는 낮은 계층으로 교육 정도가 떨어지고 사회적으로 불리한 알코올중독자들과 약물 중독자들이 가장 나쁜 치료 예후를 갖는다는 것을 명확하게 보여주는 연구 증거가 있다. 해독치료detox는 그 자체가 장기적인 변화를 가져오기에는 충분하지 않은 치료다. 하나의 제안은 기약 없는 치료 아마도 평생을 통한 치료가 가장 현실적인 접근이라는 것이다. 분명히 이것은 12단계 프로그램 및 협력 지지 집단과 관계를 가지는 일이 이런 환자들에게는 가장 실행 가능한 선택임을 시사한다.

자발적인 치료 모델은 알코올 중독과 마약 중독에는 효과가 없는 것으로 보인다. 중독 치료를 시작할 때 보통 어느 정도는 강제적인 힘에 의하는데 이는 사법 당국이나 직장 또는 사회 복지국의 제재 혹은 가족과 지역 사회로부터의 압력을 포함한다(NIAAA, 1995). AA, NA, 그리고 CA와 같은 자조 집단들이 중독 치료 영역의 주류를 이루고 있다. 실제로 전국적인 조사 연구 자료는 많은 사람들이 공식적인 치료 프로그램보다는 AA에 더 많이 참여한다는 것을 보여주고 있다. 마약 의존의 치료 모델은 대부분 AA의 접근에 크게 의존한다. 그러나 중독 치료 영역에서는 여러 가지 이론적 논쟁과 차이점들이 뚜렷하게 나타난다. 단주에 근거한 치료 양식 외에도 절주나 피해 축소, 절제 관리 기술Moderation Management techniques은 행동 과학을 지향하는 연구자들의 관심을 끌고 있으며 그들에 의해 옹호되고 있다(NIAAA, 1995).

집단 정신치료

물질 남용 치료에서의 집단정신치료의 유용성에 관한 연구는 집단정신치료의 인기에도 불구하고 최근까지 제한되어 있고 일화적이며 애매한 것으로 여겨지고 있다(Cahn, 1970; Matakas et al., 1978; Stein & Friedman, 1971). 보다 최근의 증거들이 중독 치료에서 집단치료의 효과를 지지하기 위해 현재 모아지는 중이다. 초기의 연구들은 집단 치료의 폭넓은 인기를 비판하였는데 왜냐하면 "효과에 대한 적절한 임상적 연구가 부족하기 때문이었다"(Matakas et al., 1978, p.5). 마타카스 등(1978)도 이와 비슷한 소회를 피력하면서 집단 정신치료가 그것의 인기를 지지하기 위한 경험적인 연구가 거의 존재하지 않음에도 불구하고 알코올 중독과 마약 남용의 치료에서는 정설로 간주된다는 점에 동의했다. 그러나 드문드문 존재하던 과거의 경험적 연구들은 사례보고들과 임상적 인상들에 의해 열렬히 지지되고 있다(Kanas, 1982). 예를 들어 칸Cahn(1970)은 전국적인 연구조사에서 집단정신치료가 알코올 중독 프로그램에서 널리 선호되는 방법이라는 것을 발견했다. 패티슨Pattison (1979)은 알코올 중독과 마약 남용 치료를 위한 하나의 선택으로 집단정신치료의 인기를 지지할 만한 충분한 임상적 연구가 존재하지 않는다는 의견을 내놓았다. 그에 따르면, 필요한 것은 서로 다른 유형의 환자들에게 맞는 치료 목표를 위해 선택적으로 사용될 수 있는 종류별 집단치료 방법을 명확히 구분하는 것이다. 이것은 집단정신치료가 유용하지 않다는 것을 의미하는 것이 아니라 집단 정신치료를 위한 특이적 지침을 만들 필요가 있다는 것을 패티손(1979)이 제안한 것이다. 반면 카나스(1982)는 중독 환자들을 대상으로 한 집단정신치료의 효과에 대해 열광적으로 지지하면서 일화적이고 경험적인 임상 연구를 인용했다. 어찌됐든 집단정신치료는 비록 알코올 중독 치료에서 주도적인 치료 양식은 아니었지만 오래된 역사를 가진 중요한 치료법이다(Stein & Friedman, 1971). 많은 연구들이 대부분의 예에서 중독에 대한 최선의 치료 선택은 집단정신치료라는 것을 보여주고 있다. 일부 사례에서 보면 집단 치료에 참가하는 환자들의 회복률은 개인정신치료만 받는 환자들보다 두세 배 높았다(Kanas, 1982; Yalom, 1985). 집단정신치료와 중독에 관한 치료 결과 논문의 리뷰에서, 카나스(1982)는 치료 방법으로서 집단정신치료가 갖는 효과에 관한 사례문건들이 주장하는 바가 많은 연구들에 의해 뒷받침되고 있다는 사실을 발견했다.

다행히도, 연구는 단지 중독과 집단정신치료에 대한 것뿐만 아니라, 다른 많은 장애들에 대해서도 집단정신치료가 최선의 방법임을 뒷받침하는 임상 실제와 경험을 가지고 있다. 독립적인 하나의 치료 방법으로서 집단정신치료가 가지는 효과는 현재 잘 입증되고 있다(Burlingame et al., 2004). 연구는 개인치료와 집단치료가 서로 다른 메커니즘과 치료 기술을 통해 이뤄지지만 효과는 동일하다(Kivlighan & Kivlighan, 2004; Holmes & Kivlighan, 2000)는 것을 분명히 보여준다(McRoberts, Burlingame, & Hoag, 1998). 파이퍼Piper와 오그로드니첵Ogrodniczuk(2004)도 집단 치료에 관한 연구 논문의 방대한 리뷰를 통해 비슷한 결론에 도달했다. 그들은 일부의 경우 집단 치료가 더 효과적이며 상황에 따라서는 가장 우선순위 치료가 되어야 한다는 증거를 찾아냈다. 그린Greene(2002)은 집단 치료와 중독에만 초점을 둔 다른 방대한 리뷰에서 이와 비슷한 결과를 발견했다.

과거 몇 년간 집단 치료는 물질 의존 환자들이 선호하는 치료 방법이 되었다. 많은 종류의 집단 치료가 의존 환자 집단에서 사용되고 있는데 예를 들면, 행동 치료, 인지 치료, 사이코드라마, 게슈탈트, 그리고 합리적 감정 치료Rational Emotive Therapy를 포함한다(Zimberg, 1980; Brandsma & Pattison, 1985). 어떤 연구자들은 정신역동적이고 통찰지향적인 치료가 중독 환자 집단에서는 효과적이지 않다고 주장한다(Holder, Longabaugh, Miller, & Rubonis, 1993; Miller & Hester, 1986). 그러나 중독 환자들과만 작업해 온 그룹 리더들이 한 대부분의 보고들은 이러한 치료들을 강력하게 권유한다.

특별한 집단 전략과 필요조건

지난 몇 년 동안 증가하고 있는 연구와 임상 논문들의 핵심은 집단정신치료가 중독 환자에게 특별히 필요한 것들을 충족시키기 위해 적용될 수 있는 방법을 다루고 있다. 일반적으로 집단 치료의 형식 안에서 중독 환자들과 규칙적으로 치료 작업을 하는 치료자들 사이에는 하나의 일치된 의견이 자라고 있다. 칸치안 등(1990), 바니첼리(1988), 브라운(1985), 마타노와 얄롬(1991), 플로레스와 마혼(1993) 그리고 이 책의 저자(Flores, 1997, 2004)는 중독 환자들만이 가지는 특별한 문제와 특성을 다루기 위해 이미 검증된 집단 치료 전략들이 적용되고 수정될 수 있는 방법에 대한 광범위한 제안을 제공해 오고 있다. 위의 저자들은 물질 남용자 회복에 있어 비록 단주가 가장 중요한 요소는 아니더라도, 그것이 필수적이라는 데 동의한다. 그들 모두 환자가 치료집단에 참여하는 동안에 12단계 프로그램에 참여하는 것을 지지한다. 저자들은 얄롬(1985)의 대인관계 이론 모델이나 변형된 형태의 정신역동적 집단치료에 입각한 대인관계 접근을 포함한 집단치료의 형태로 작업한다(Flores & Mahon, 1993; Khantzian et al., 1990). 얄롬의 이론과 결합해 이들 대부분은 정신역동적 집단 치료의 많은 원칙들을 수용했는데, 이때 환자의 불안, 수치, 분노, 죄책감 등이 사려 깊게 조절되지 않는다면 다시 약물로 돌아갈 수 있는 중독 환자 특유의 경향성을 각별히 고려하여 기법의 일부를 수정하였다. 이는 특히 치료 초반기에 해당한다.

AA와 12단계 프로그램의 상당한 영향력 때문에, 집단 리더들이 12단계 프로그램의 언어와 철학에 숙달되어야 한다는 것 역시 중요하다. 마타노와 얄롬(1991)은 집단 치료자들이 AA, AA의 언어, 12단계와 12가지 전통에 대해 철저하게 익숙해질 것을 권유한다. 그들은 여러 가지 이유로 이것을 권하는데, 그 대표적인 이유로는 12단계 프로그램에 대한 의도적 회피나 오해 때문에 AA를 치료 저항으로 사용하는 중독 환자들의 경향성을 들 수 있다. 마타노와 얄롬이 제안한 것처럼 "치료자는 치료 저항으로서 사용되는 AA에 대한 오해를 허용하지 말아야 하고 정신치료의 목적으로 AA의 지혜를 잘 제어할 수 있어야 한다"(1991, p.269).

집단정신치료에 대한 대부분의 연구는 과정보다는 결과에 초점이 맞추어져 있다(Kassel & Wagner, 1993). 알코올중독자를 대상으로 한 집단 치료에서 가장 영향을 주는 변화 메커니즘을 기술하기 위해 시도되었던 최근의 한 연구는 치료 경과 동안 서로 다른 요인들이 서로 다른 시점에서 더 중요한 역할을 하거나 덜 중요한 역할을 한다는 것을 보여주었다. 평가 도구로서 얄롬의 치료 인자들을 사용했을 때, 카타르시스catharsis 또는 억압된 감정의 방출이 입원 환자 집단에서는 더 중요하고 영향력이 있는 것으로 보였다. 반대로, 희망hope과 이타주의altruism의 주입은 외래 환자 치료에서 더 중요했다. 집단 응집력group cohesion과 상호 작용(대인간 입력과 출력)은 외래와 입원 환자 집단치료 모두에서 중요하였다. 엠릭 등(1977)은 AA의 치유 인자들이 어떤 것인지 확인하기 위한 비교 연구를 수행했다. AA와 외래 집단치료 사이에서 유사점들이 발견되었는데 이타주의, 응집력, 희망의 주입instillation of hope, 그리고 동일시identification 등이 AA 논문에서 가장 빈번하게 인용되는 치유 인자들이었다(Kassel & Wagner, 1993).

행동 치료

마타카스Matakas 등(1978)은 고전적 조건화와 혐오 조건화 치료 모두에 대한 다양한 성공률을 보고하였다. 그러나 엠릭Emrick(1989)과 왈라스Wallace, 포르베스Forbes, 챌머스Chalmers(1979)는 알코올 중독 치료 성공에 대한 대부분의 다른 연구들처럼 이 연구에도 중대한 결점이 있다고 옳게 지적했다. 마타카스 등의 성향은 치료의 첫 번째 목표로서 강하게 단주에 의지하는 시작을 분명히 했으며 '절주'의 효과는 아직 분명하게 확립되지 않았기 때문에, 이 영역에서 그들의 연구 결과는 지속적인 조절 음주보다는 단주를 격려하는 그러한 행동 전략들에 한정된다.

엠릭Emrick(1974)이 478개의 알코올 중독 치료 결과 연구들에 대한 방대한 리뷰에서 보였던 것처럼, 어떤 치료들은 치료를 안 하는 것보다는 낫다. 엠릭(1979)은 나중에 어떤 유형의 행동에 관한 중재는 실제로 일부 환자들에게 오히려 해가 될 수도 있다는 점에 주목했다. 엠릭은 이러한 종류의 치료에 의해 불이익을 받을 수 있는 환자들을 확인하기 위한 연구가 시도되어야 한다고 주장한다.

비슷하게 마타카스 등(1978)은 "그 논문에서 언급되었던 조건화 치료에 대한 기준이 아주 설득력이 있는 것은 아니다"(p.2)라고 기술하였다. 다이설피람disulfiram에 의한 약물 치료의 유용성 역시 의심스러운 것으로 보고되었으며 따라서 이것은 다른 형태의 치료와 함께 지지적으로만 사용돼야 한다고 주장한다.

밀러Miller(1995)에 의해 수행된 절주controlled drinking 연구에 대한 리뷰는, 최상의 결과를 보였던 그룹들은 하나같이 단주를 가장 많이 했거나 오랜 기간 단주를 했었던 집단들이었음을 보여주었다. 일반적으로 더 많은 기간 동안 단주했던 알코올중독자들이 적은 기간 단주를 했던 알코올중독자들보다 좋은 결과를 보인다. 밀러는 그러한 자료들이 "절주보다는 단주가 초기에 더 좋은 결과를 가져오게 한다"는 것을 지적한다고 말한다. 밀러는 또 1년과 2년의 추적 관찰 결과, 전에 익숙한 음주 패턴으로 서서히 황폐화되어 간다는 것을 발견했다. 일반적으로, 밀러는 "절주에 대한 훈련을 받은 사람들 사이에서 완전 단주를 하고 있는 사람들이 가장 좋은 결과를 보였다. 실제적으로 조절음주는 나쁜 결과와 연결된다"는 결론을 내렸다(1995, p. 14).

행동과 인지 기법들의 사용은 단주를 유지하기 위한 방법으로 사용될 때 가장 도움이 된다. 왈라스(1978a)는 중독 환자들의 치료에 행동 기법들을 사용하는 것에 대해 훌륭한 리뷰를 썼다. 그는 절주, 혐오 조건화, 체계적인 유관계획contingency-management(바람직한 행동을 강화하기 위하여 상대기 반응하는 것을 관리 조작하는 것 - 역주) 기술 등에 대한 행동적 방법들 같이 논란의 여지가 있는 주제들은 여러 가지 이유로 다루기를 피했다. 즉 알코올중독 환자들에 대한 다년간의 임상 경험은 이러한 방법들이 큰 효과가 없다는 것을 그에게 가르쳤다. 그러나 왈라스는 대다수의 재발이 처음 1년 이내에 발생하며 특히 단주에 결정적으로 중요한 첫 몇 달 동안, 일부 행동적 인자를 잘 사용하면 회복을 높일 수 있다는 것을 알게 되었다. 사실상 왈라스는 행동적 변화 형식 내에서 AA가 운영되는 것을 보았다. 그는 다음과 같이 기술한다.

> AA 모임에 참석하는 것은, 사실상 알코올 환자의 삶에서 중요한 행동적 변화다. 이런 모임에 가는 것은 그의 전형적인 활동 스케줄을 바꾸고, 새로운 친목을 만들도록 하며, 그를 사회적 지지 및 강화 체계로 노출시켜, 다른 알코올중독자와 알코올 중독이라는 질병에 대한 정보를 매우 직접적으로 얻게 해준다. 많은 면에서 AA 자체가 행동 변화다. (1978a, p.102)

자조 모임 집단

엠릭Emrick 등(1977)은 알코올중독자의 목표가 완전한 단주일 때, AA가 다른 치료적 접근에 비해 더 성공적이라는 데 주목하였다. 초기의 연구에서 엠릭(1974)은 AA가 특정하게 공유된 특성들을 가진 알코올 중독 환자들에게만 적합한 것이라고 주장했었다. 그는 후일 다른 연구에서 AA에 참석을 가장 잘하는 알코올중독자들에 대해 어떤 명확한 특징들이 없다는 결론을 내고 이러한 견해를 뒤집었다. 그는 모든 알코올 관련 문제를 가진 환자들은 AA의 잠재적 구성원으로 폭넓게 고려되어야 하며 AA가 가지는 잠재적 이점에 대한 정보는 최소한으로 제공될 필요가 있다고 주장했다(1989). 그가 보여주었던 견해의 변화는 많은 연구자들이 AA 친목에 대해 과거에 가졌었고 지금도 가지고 있는 오해들을 보여준다. 전형적으로 AA는 중년의, 종교적인 믿음과 의존 경향을 가진 중산층의 백인에게 가장 적절한 것처럼 많은 사람들에 의해 잘못 기술되어 왔다.

최근의 AA에 대한 연구 조사(Alcoholics Anonymous, 1992)는 이러한 많은 통념과 고정관념들을 파기한다. AA 멤버의 35%는 여성이고 해마다 증가하고 있다. 여성의 43%와 남성의 57%는 30세 이하이며 이 숫자 역시 해마다 증가하는 중이다. 단주의 평균 기간은 5년으로 35%는 5년 이상 단주를 유지하였다. 증가하는 많은 수의 구성원들은(46%) 다른 마약에도 중독되었다. AA에의 참석은 매우 안정되었으며, 매주 평균 3번 출석하였다. AA에 오기 전, 멤버의 63%는 의학적 심리학적 혹은 영적인 여러 종류의 치료나 상담을 받은 적이 있었다. 80%는 이 치료가 그들을 AA로 향하게 하는 데 중요한 부분을 담당했다고 보고하였다. AA에 온 이후 56%는 다른 종류의 치료와 상담을 시작하였다. 다른 형태의 전문 치료를 받았던 구성원들의 87%가 알코올 중독에서 회복되는 데 그것이 중요한 역할을 했다고 말했다.

경험적 연구는 AA 참석이 좋은 결과와 좋은 경제적 비용 효과를 가진다고 보고하고 있다. AA에 매주 참석하는 개인들은 좋은 치료 결과를 가지며 보다 참석 빈도가 낮으면 단주 비율도 낮은 것으로 나타났다. 이와 비슷하게 대조 연구들은 일반적으로 단주에 근거한 프로그램들, 특히 AA와 결합되었을 때 유의미한 치료 결과를 발견한다(Miller, 1995).

권고

미국 전역에 걸쳐 치료 프로그램을 시작하는 8,000명 이상의 환자들에 대한 자료들로부터 명확한 결론이 도출될 수 있었다. 밀러Miller와 그의 동료들이 이끌어냈던 결론은 단주abstinence에 근거한 치료가 단주를 강조하지 않는 치료들에 비해 더 효과가 있다는 것이다. 이러한 인식이 상대적으로 부족한 행동 치료 지향의 연구자들이 강세를 보임에도 불구하고 단주에 근거한 이러한 치료들이 중독 치료 분야를 지배하고 있다. 조절음주controlled drinking 즉 절주는 학문적이고 이론적인 연구 밖에서는 거의 효과가 없는 것으로 보인다. 밀러는 단주에 근거한 치료와 다른 치료적 접근 사이에서 서로 너무 다르게 보고되는 성공은 환자의 선별(더 동기가 높은 환자를 선택하는 변수, 등등)에서 기인한다고 추정하는 것은 비현실적이라는 결론을 내리고 있다. 어떤 환자들은 단주에 근거한 치료가 분명히 좋은 성과를 보이는데도 회피하게 되는데 왜 어째서 그런지를 알아보기 위해서는 충분한 연구가 뒤따라야 한다고 권고한다. 그는 AA나 다른 자조 그룹에 환자들의 참여를 독려할 수 있는 방법들을 찾도록 권유한다. 비슷하게 다른 연구자들(Kellogg, 1993)은 중독 치료가 환자를 12단계 그룹과 관계를 맺을 수 있도록 돕는 것에 중점을 두어야 한다고 주장한다. 그리고 이에 대한 환자의 저항과 치료자의 저항은 적극적으로 탐색되고 보다 깊이 있게 이해될 필요가 있다.

치료자 특성과 환자 특성 간의 조화

정신 치료 연구는 치료가 대부분의 환자들에게 효과가 있다는 것을 보여주는 데 성공했다. 그러나 왜 일부 환자들은 다른 환자들에 비해 더 많은 이득을 얻는지는 명확하게 알 수 없다. 이 장에서 인용된 연구는 정신 치료의 결과가 어떤 기법과 이론들에 의해 환자에게 실제적 변화를 가져오는지에 대해서는 거의 설명을 않고 있다. 그러나 환자는 치료자를 유능하고 신뢰할 수 있으며 수용적이고 환자가 보이는 어려움에 반응하여 보살펴 줄 수 있는 사람으로 인식하는 것이 대부분의 치료적 이득을 결정한다는 풍부한 증거들이 있다. 이러한 인식들은 치료자가 가지고 있는 이론적 지향이나 수련 배경 또는 치료 기법에 의존하는 것이 아니며, 이러한 것들을 환자마다 똑같이 받아들이는 것도 아니다. 환자가 치료자의 좋은 자질들을 인식할 수 있는지의 여부는 환자의 특성들이 상당 부분 결정한다는 것을 여러 증거들이 보여줌에도 불구하고 왜 어떤 환자들은 특정 치료자와는 잘 맞고 다른 치료자와는 그렇지 않은지는 명확하지 않다. 확실히 환자와 치료자의 가치들과 인격, 이러한 양 진영의 접근은 치료적 관계의 확립에 중요한 부분을 담당한다. 정신치료와 알코올 중독 치료 모두에서의 성공은 상당 부분 좋은 치료 동맹의 확립에 크게 의존한다는 것을 여러 증거에서 보여준다. 그래서 유능한 그룹 리더가 되길 원한다면 치료적 관계와 작업 동맹의 본질을 이해하는 것이 중요하다.

한스 스트룹(1978)은 치료에서 좋은 치료 관계를 확립하는 과정에 대해 간결하게 윤곽을 그렸다. 치료자와 환자 특성들의 조화는 치료 초기의 시간을 성공적으로 다룸으로써 상당 부분 결정된다. 게다가 좋은 인간관계는 치료자의 기술적 중재를 위한 전제 조건이 된다고 스트룹은 판단했다. 스트룹은 다음과 같이 썼다.

> 어떤 '좋은 인간관계', 말하자면 이해, 수용, 존경, 신뢰, 공감, 그리고 온정에 의해 특징지어지는 상호작용은 유용하며 건설적이라는 충분한 증거가 존재한다. 불행하고, 사기가 저하되어 있으며, 좌절하고, 우리 사회가 정신 건강 전문가의 도움을 필요로 한다고 진단 내린 어떤 종류의 문제로 고통스러워하는 한 사람(환자)에게 이런 좋은 관계가 다른 사람(치료자)에 의해 제공된다면, 만일 수용자가 치료자가 제공하는 것에 반응할 수 있거나 그를 활용할 수 있다면, 그 결과는 일반적으로 '치료적'이 될 것이다. 어떤 치료자들은 정신치료가 좋은 인간관계로부터 환자가 이득을 얻을 수 없는 지점에서 출발하며, 좋은 인간관계를 고질적으로 구하지 못하고 그로부터 이득을 얻지 못하는 사람들은 전문가를 필요로 하게 된다고 본다. (1978, p. 9)

스트룹은 환자에게 변화를 가져오게 하는 것은 어떤 기법의 사용이나 과거사를 밝히는 일이 아니라는 것을 반복해서 강조한다. 변화가 일어나는 것은, 치료자-환자 또는 집단-집단원들의 상호작용이 살아 움직이는 지금-여기에서 과거의 의미 있는 패턴들을 재경험하고 이를 변형하는 것을 통해서다. 이해는 이성에 의해 결정되며 치료적 변화의 무게는 이성에 의해서가 아니라 환자, 집단, 집단 치료자 사이의 감정적 관계에 실린다.

확실히 하나의 인간으로서 치료자는 이러한 관계가 얼마나 중요하고 효과적인지를 결정하는 데서 중요한 부분을 담당한다. 단지 좋은 사람에 불과한 치료자는 환자가 치료에서 필요로 하는 전체 범위의 자극을 제공하는 데 실패할 것이다. 만일 어떤 믿을 만한 관계에서 잠재적으로 살아날 수 있는 전 범위의 감정적 경험들을 치료자가 제공할 수 있다면 치료자들은 용기를 북돋을 수 있어야 하고, 달랠 수 있어야 하며, 보살피고 사랑하며, 환자와 때로는 다툴 수도 있어야 한다. 치료자들은 환자들의 모든 열정에 자유롭게 접근하기를 희망하며 그들이 자신의 목표를 달성하도록 훈련을 시킬 것이다. 치료자는 친절하고 이타적이고 이해심을 보일 때마다, 그것이 단지 상냥하고 친절해 보이려는 욕망에 의해 동기화되어서는 안 된다. 다른 사람을 진심으로 위로하고 관대하게 대하는 능력은 치료자 자신의 깊은 자기 가치감self worth으로부터 나와야 한다. 니체Nietzsche(1968)는 그의 저술에서 이러한 의미를 정확히 짚어내고 있다.

> 우아함은 훌륭한 영혼을 가진 사람들이 지닌 자애로움의 일부다. 권위가 자비로우며 눈에 보이도록 아래로 전해질 때, 그러한 하강을 나는 아름다움이라고 부른다. 그 누구에게보다 나는 권력을 가진 당신에게서 이러한 아름다움을 보길 원한다. 당신의 친절함이 당신의 최종적 자기-정복이 되게 하라. 모든 사악한 것들 중에서도 나는 당신을 능력 있는 자로 존중한다. 그래서 나는 당신에게 선함을 바란다. 참으로, 나는 발톱을 안 갖고 있다고 해서 그들 자신을 좋게 생각하는 병약한 소인배들을 비웃곤 했다. (1968)

이 장을 끝마치며 집단 치료자로서 첫 시작을 하는 분들을 위한 중요한 메시지를 전하고자 한다. 전에 언급했던 것처럼 치료자로서의 시작은 대가들로부터 배워야 하며 자신만의 스타일을 발전시키기 위한 배에 승선하기 전에 집단 치료의 기본 원칙들에 익숙해져야 한다. 그러나 집단 리더들 각자는 또 다른 얄롬, 폴스터, 굴딩, 휘테이커가 되기 위해 노력하지 말아야 한다. 이 사람들은 모두 자신만의 색깔을 지닌 전문가들이며 집단 치료에 대한 접근에서도 독특한 차이를 보인다. 집단 리더로서의 시작은 완벽하게 다른 사람을 흉내 내거나 자신을 그들이 존경하는 치료자의 복제품이 되도록 만들어서는 안 된다. 각각의 집단 리더는 그 자신만의 스타일을 발전시키고 발견해 나가는 것이 최선이다. 이러한 원칙은 하시디즘의 종교 지도자(자딕zaddik)가 그의 젊은 제자에게 준 충고에 관한 쉘던 코프Sheldon Kopp의 이야기 속에 명확히 드러나 있다.

> 이렇게 자딕과 그의 제자 사이의 관계는 영적인 도움을 주기 위한 시도에 있어 결정적인 인자였는데, 이는 마치 치료자와 환자 사이의 관계가 치료적 상황에서 중요한 것과 같다. 스승의 인격은 교의의 지위를 갖는다. 그러나 스승의 인격이 교의로 바뀌는 것에 대해서는 경계해야 한다. 우리는 많은 자딕들에 관한 이야기들을 읽으면서, 그들을 특징짓는 것은 그들의 비유사성과 놀라운 개성들이었음을 보게 된다. 물론 이것은 도움뿐만 아니라 그들이 배우고 행동할 수 있는 모델, 방법을 원하는 사람들에게 처음부터 항상 유쾌한 것은 아니다. 한 이야기에서는 랍비 쥬시아Zusya의 제자들이 그에게 물었다. "선생님, 말해 주십시오. 왜 선생님은 이렇게 가르치시나요? 모세는 그렇게 안 가르쳤는데요." 그

러자 쥬시아가 대답했다. “내가 다음 세상에 도착하게 될 때, 거기에서 그들은 나에게, ‘왜 당신은 모세를 더 닮지 않았나요?’ 라고 묻지 않을 것이다. 오히려 그들은 내게 ‘왜 당신은 더 쥬시아답지 못했나요?’라고 물을 것이다.” (1971, p. 36)

III

임상 적용

12

진단과 중독치료

결코 쉽지 않은 중독치료가 지닌 20여년 동안 더욱 복잡해지고 어려워졌다. 다중 요인들이 중독치료의 복잡성을 증가시키는 데 기여하였다. 복잡성에 기여한 요인은 합법적 혹은 불법적인 약물 사용의 증가이다. 한때 중독치료는 알고올과 알코올 중독자 치료에 대해서만 언급하였다. 알코올 중독자의 대부분은 30~40대 후반의 백인 남성으로, 마리화나, 헤로인, 코카인과 같은 불법 약물의 사용이 증가하면서 중독 치료 상황이 더욱 어렵게 되었다. 불법 약물은 연령, 인종, 신념, 사회 경제적 지위나 인종과 상관없이 모든 사회 구성원에게 빠르게 확산되었다(남성, 여성, 청소년과 아이들). 복잡한 중독 치료의 특성과 함께, 최근의 약리학적 혁명은 일반인들에게도 많은 이득을 주었다. 그러나 사람들이 이득을 본 만큼, 암페타민이나 진정제와 같은 약물에 중독되거나 남용되었다. 치료 전략들과 접근들에 대한 중독 치료 전문가들이 보이는 모순이나 상반된 태도와 제언들은 놀랍지 않다. 약물 섭취나 사용과 무관하게, 중독으로 간주되는 장애나 문제들(도박, 성, 일 등)의 증가가 중독 치료의 어려움을 더욱 어렵게 한다. 중독 치료를 어렵게 하는 마지막 요인은 최근의 경제 분위기와 제3자 보험/책임보험 적용 범위의 변화이다. 보상 및 관리에 대한 경제적 측면을 담당하는 보험회사가 하는 일은 저렴한 중독치료 양식을 치료 시장에 내놓아 치료 경쟁력을 증진시키는 것이다.

중독 치료와 물질 사용은 아무 것도 없는 진공상태에서 생기지 않는다. 또한 사회적 및 문화적 맥락 밖에서 이해되고 설명될 수도 없다. 물질 사용에 대한 사회적 태도와 치료는 매우 빠르게 변하고 있다. 사회적 태도 변화가 물질 사용의 증가와 중독치료를 복잡하게 한다. 특히, 헤로인과 같은 불법 약물이든지 니코틴이나 카페인과 같은 합법적인 약물이든지 다루어야 하는 문제는 동일하다. 사람들은 활기를 되찾으려고, 이완하려고 약물을 한다. 모닝커피 한잔으로 하루를 시작하여, 정오에 아스피린 한 알, 저녁에 마티니 한 잔으로 마무리되는 우리 문화에서는 약물이 일상의 스트레스를 해소 시키는 효과적인 수단으로 본다. 약물 사용의 증가는 약물 사용을 문제 해결의 수단으로 보는 문화적 변화를 반영 한다(Ray, 1972; Johnson, 1973).

우리 문화에서 약물 사용이 증가하는 몇 가지 이유가 있다. 풍요로운 나라에서 살아가는 사람들은 과학과 기술이 문제에 대한 해답을 준다고 배운다. 사회와 기술의 변화로, 문제를 빨리 해결하려 하는 기대가 우리 문화에 뿌리를 깊이 내리고 있다. 약물은 문제를 빨리 해결해 준다. 약물 사용과 오용의 증가는 빠르게 발전하는 약리학적 혁명의 한 부분이다. 흥미롭지만 아직 연구가 미흡한 문화적 변화들 중 한 가지가 향정신성 약물의 사용이 신체에 미치는 영향에 관한 것보다 정신에 미치는 영향에 관한 것이다. 약물이 몸을 치료하는 것에서 마음을 치료하는 것으로 인식이 바뀌었다. 약물이라고 명확히 명시된 화학물질들이 약물이 주는 편리함 때문에 건강한 사람들에게도 널리 사용되었다.

약물학이 모든 질병에 즉각적인 답을 준다는 사회적 기대는 약물이 개인적인 문제들도 해결해 준다는 희망을 촉진시켰다. 치료 시장 내에서는 약물을 사용하여 불편한 상황들을 개선하라는 권유로 넘쳐난다. 이는 허위 광고는 아니지만 오해를 불러일으킨다. 약물에 대한 이러한 비현실적인 기대는 약물의 소비, 처방과 사용에 대한 의료 전문가들의 열렬한 지지 때문이기도 하다. 의사들의 지지가 약물 사용을 합법화시켰고 정상적인 상황에서도 약물을 사용하도록 부추겼다. 약물과 관련된 이슈는 문화적으로 정의된 개념들을 넘어 약물을 약물로 보지 못하게 하고, 허위 가정과 착각을 불러일으키기도 한다.

이러한 정황으로 인해, 어떤 종류의 약물은 치료 약물로 보기 어렵게 되었고 아울러 기분 전환용으로 사용하는 약물에 대한 경고alarm도 증가하였다. 이러한 불일치는 약물 사용이 사회의 뿌리 깊은 부분임을 나타낸다. 많은 사람들은 커피 한잔, 담배 한 모금, 콜라 한 잔, 맥주 한 잔이 약물 사용이나 남용과 어떤 관련이 있는지 모른다. 항정신병 약물, 항우울제, 항불안제가 약국에서 가정으로 들어온 변화는 카페인, 니코틴, 술에 대한 현대적 수용의 한 예이다.

회피적 사회 : 손상된 애착의 문화적 뿌리

사람이 나무에서 내려와 다른 동물들과 함께 살게 된 선사시대 이후부터, 사람들은 살기 위해 무리를 지어 함께 지냈다. 동굴에서 함께 잠자거나 떼를 지어 사냥하고, 다른 사람들과 가까이 지내면서 살아남았다. 애착에 관한 고전에서, 카렌Karen(1994)은 진화론적 변화로 인한 역사적·문화적 결과들을 다음과 같이 말한다.

> 현대로 오기 전에는 사람들은 대부분 가족과 함께 살았다. 산업화가 되기 이전 유럽에서는 가족 농장이나 작은 가게가 생산을 맡았다. 농부, 제빵사, 구두 수선공으로 고용된 노동자들은 집에서 친척처럼 함께 살았고, 가족 구성원으로 여겼다. 하인들도 가족에 포함되었다. 하인들과 주인의 자녀와의 관계는 삼촌이나 숙모 같았고, 하인들의 아이들과는 형제나 사촌지간 같았다. 스승은 제자를 자식처럼 대했고, 제자는 스승에게 순종하였다. 제자는 21살이 될 때 까지 스승을 전적으로 의지하였다. 사람들은 외지로 나가 일을 하지 않았다. 나이 많은 사람들은 은퇴촌이나 특정 기관으로 보내져 격리되지 않았고, 가족들과 함께 여생을 보냈다. 사람들과 함께 살다보면 강한 혐오심, 적개심, 살인적인 질투가 당연히 생겨난다. 사람들은 이런 감정들로 시달릴 수 있었지만, 거기엔 사랑, 친근함, 소속감이 있었다. (p. 411)

한 가지 더 덧붙이자면, 함께 살아가는 삶에는 서로의 정서를 조절하는 기회가 무한하다. 카렌이 정확하게 지적한 바와 같이, 애착된 삶에는 어려움이 있다. 형편없는 영양, 원시적인 의료 시술, 열악한 생활 조건과 극심한 빈곤이 실존을 위협했다. 그 당시, 심리적 곤란의 유형(히스테리성 전환 장애, 신경증 등)이 프로이트와 초기 정신분석 이론가들이 관찰했었던 것보다 다양하지는 않았겠지만, 오늘날처럼 심리적 곤란을 잘 피할 수는 없었을 것이다. 그러나 그 당시 사람들은 의심 없이 받아들인 전통과 가치로 이루어진 사회 속에서 보다 큰 안정감을 경험했을 것이다. 특별한 대가를 치르면서 사람들은 소속감을 느꼈다. 산업혁명과 기술혁명으로 인한 변화는 소속감에 대한 특별한 대가를 치르게 했다. 카렌은 그 대가를 다음과 같이 설명한다.

> 친밀한 연대감과 익숙한 본성의 리듬을 거슬러, 사람들은 비인격적이고 참담한 환경 속으로 일을 하러 나갔다. 종종, 사람들은 자신의 마음을 굳혀야 했고, 자신의 감정을 삼켜야 했다. '의존'은 남자들에게 있어서는 안 되는 자질이 되었고 이후 여자들에게도 그렇게 되었다. 그러면서 이전의 유대감은 해체되고 사람들의 삶의 중심에서 벗어나게 되었고, 사람들의 친밀감은 줄어들었다.(1994, p. 413)

카렌의 관찰은 우리 사회가 아이들을 어떻게 키워야 하는지의 중요한 의미를 나타낸다. 또한 그의 코멘트에는 애착 장애로 인한 개인의 고통과 치료의 중요성도 내포되어 있다. 우리 문화는 자율성과 독립성을 위해 안전을 희생시켰다. 애착 이론은 관계를 생각해 보는 이론적 틀 즉, 일개의 이론이 아니다. 특히, 애착의 결여는 내재화된 초기 관계 양식에 영향을 미치고 성인기까지 지속된다. 이러한 관계 양식과 불안정한 애착이 변할 때까지, 중독자들의 중독은 해결되지 못하고, 다른 종류의 중독으로 대체될 위험이 있다. 성인기에서 이러한 역기능적 관계 양식을 어떻게 바뀌어야 하는지 알기 위해, 애착 유형에 관한 연구와 애착 유형이 어떻게 성인기까지, 어떤 방식으로 계속 나타나는지에 대한 연구 결과를 살펴보아야 한다. 부모의 양육 방식에 대해서는 본서의 Part III에서 살펴보겠지만, 이에 대한 정보는 치료자들에게 중요한 의미가 있다.

약물 사용을 어떤 문제를 해결하는 데 활용가능하고 편리한 수단으로 보는 사회적 태도는 중독치료와 중독의 정의에 대한 태도이다. 어떤 경우에는 정상적이고 수용 가능한 방법이 될 수 있고, 다른 경우에서는 오용, 남용, 심지어 중독이 될 수 있다. 어떤 어려운 문제를 쉽게 해결하는 방법으로 약물 사용을 보는 사회적 태도는 중독의 치료와 정의에 관한 태도를 반영한다. 약물 사용에 대한 태도와 중독의 정의에 사용되는 기준은 중독을 어떻게, 언제, 무엇을 다루어야 하는지를 나타낸다. 분명히, 준거에 대한 혼란은 중독에 대한 정의와 권고사항들이 왜 그렇게 다양한지 설명해 주는 한 가지 이유이다. 어떤 연구자들(보통 연구자들)은 손톱을 물어뜯는 버릇과 같이, 중독은 반드시 바뀌어야하는 나쁜 습관으로 본다. 그러나 다른 사람들(보통 치료 장면의 중독 관련 전문가들)은 중독을 영적, 신체적 및 심리적 측면을 지닌 삶과 죽음의 장애로 본다. 전자에 속한 사람들은 치료적 대안으로 행동적 유관성과 인지적 재구조화를 자주 언급한다. 이런 치료 방법들과 환자의 특성과 태도 매칭의 중요성이 밝혀졌다. 사람들에게 스테이크를 중간 정도 익힐지 많이 익힐지 묻는 것처럼, 두뇌가 손상된 중독환자들에게 치료적 대안으로 약물 사용을 선호할지 아니면 단약(절제)을 선호하는지의 여부를 선택하도록 권유한다.

이것은 중독치료에 대한 대안적 접근들을 탐색하지 말아야 한다는 의미가 아니다. 이 부분은 약물과 알코올 사용에 대한 다양한 사회적 및 문화적 태도들이 치료 옵션들과 중독이 무엇으로 구성되어 있는지에 대한 정의들 간의 유사성을 반영한다는 점이다. 술을 적당히 마시는 사람, 음주로 인한 사회적, 법적, 영적, 부부 관계적, 신체적, 심리적 혹은 경제적 결과와 관련된 이전 경력이 없는 사람과 내담자의 음주와 관련된 지침이나 치료적 방향성이 필요한 사람에게는 물론 다른 치료적 옵션들이 제시되어야 한다. 그러나 이들 중 얼마나 많은 사람들이 자발적으로 치료를 받는가? 준거 차이에 관한 이슈와 더불어, 잠재된 부정적 결과나 실용적 가치가 없는 치료적 대안들의 적용과 관련된 윤리적 문제에 대해서도 주의 깊게 고려해야 한다. 이 부분에 대한 사례는 다음과 같다.

4년제 지방대 다니는 22세 대학생이 분노와 우울증으로 치료자에게 면담을 의뢰하였다. 첫 면담에서, 치료자는 내담자의 분노와 언어적 갈등이 친구들과 함께 심하게 술을 마시거나 마리화나를 할 때마다 나타난다는 점을 관찰하였다. 이 젊은 청년의 우울증은 항상 '심한 약물파티heavy partying'가 있었던 주말 이후에 나타났다. 어느 정도 약물을 사용했는지 물어봤을 때, 그는 '파티에 참석한 친구들'이 하는 정도로만 한다고 심하게 약물을 하는 것은 아니라고 부정했다. 중독, 의존 혹은 남용을 나타내는 음주(약물 복용) 운전이나 저조한 학업 수행과 같이, 물질과 관련된 다른 경고 신호는 없었다. 하지만 그는 매우 성공한 외과 의사인 자신의 아버지가 AA 모임에 정규적으로 참석하여 알코올 중독을 이겨냈었다는 사실을 선뜻 이야기했다. 그의 아버지처럼 그도 알코올 중독자라고 의심한 적이 있었는지 치료자가 물었을 때, 내담자는 '그런 생각이 스쳐지나갔었다' 라고 시인하였다. 치료자는 아버지가 했었던 것처럼 내담자도 AA 모임에 나가서 자신이 알코올 중독자인지 아닌지를 알아보도록 하였다. 치료자의 이런 제안에 내담자는 동의하였다.

일주일 후 치료 회기에 그가 왔을 때, 그의 기분은 상당히 많이 달라져 있었다. 치료자와 약속한 이후, 그는 매일 저녁마다 AA 모임에 참석하였고, 아버지에게 자신이 가진 염려들을 전화해 보기로 결심하였다. 그는 4개월이 지난 후, 대학을 졸업할 때 까지, 매주 치료 회기에 지속적으로 참석하였고 AA 모임은 거의 매일 참여하였다. 졸업 후에, 그는 직장 때문에 도시를 떠났다. 만 3년 만에, 그 도시로 다시 돌아와서, 치료자를 만나보려고 전화하였다. 치료실에 왔을 때, 그는 아주 잘 지냈었고 새로운 일도 성공적으로 시작하게 되었다고 하였다. 여전히 단주를 하고 있으며 AA에도 적극적으로 참여한다고 하였다. 그는 자신의 진단과 관련하여, 몇 가지 마음에 걸리는 의문들이 있다고 하였다. 이것이 치료자와 다시 만나고 싶었던 첫 번째 이유라고 하였다. 그는 치료자가 무슨 이유로 자신에게 알코올 중독자라고 진단 내렸었는지 알고 싶었었고, '또다시 술을 마시게 될지 여부'를 궁금해 하였다. 그는 치료자가 그에게 알코올 중독자라고 진단을 내린 적이 없었었다는 말을 듣고 의아해 하였다. 치료자는 그에게 '알코올 중독자일 수 있다고 생각한 적이 있었나요?' 라고 물었던 질문과 AA 모임에 몇 번 참석하여 알코올 중독인지 아닌지를 체크해 보라는 제안을 다시 상기시켰다. 실제로, 치료자는 그가 자기 스스로 자가 진단을 내렸었다는 사실을 상기시켰던 것이다. 몇 분이 지난 후에, 그는 이런 현실을 받아들였고 '이젠 더 이상 저는 알코올 중독자라고 생각하지 않습니다' 라고 말하였다. '제가 무엇을 해야 하죠?' 라는 질문에, 치료자는 당황하지 않고 단호하게 '글쎄요, 당신이 그 부분에 대해 항상 체크해 볼 수 있겠죠'라고 하였다. 이런 응답은 다소 의외였긴 하였지만, 청년은 자신이 정말 알코올 중독자였다면 다시 술을 마실 위험이 클 것이라고 하였다. 그는 문자 그대로 치료

프로그램을 받았던 많은 사람들이 거리로 혹은 음주로 되돌아갔던 사실을 보았고, 대부분의 경우 그 결과가 끔직하다는 사실을 알고 있었다. 회기 막바지에, 그는 자신이 알코올 중독자였는지 아닌지에 대한 의문을 경험적으로 검증해 보려는 의도는 아니었지만, 자신에 대한 진단이 옳은 것이었는지 아닌 것인지에 대한 의문과 불확실성은 감출 수 없었다고 이야기 하였다.

중독 정의의 기준

인간 행동의 범위는 '정상이다' 혹은 '평균이다'에서, '이상하다' 혹은 '지나치다'까지의 스펙트럼 상에 속한다. 알코올과 약물 사용에 관한 스펙트럼도 이와 유사하다. 비슷한 문화나 사회적 맥락 속에서도 절제 vs. 지나친 알코올과 약물 소비에 대한 접근의 범위는 매우 광범위하다. 이런 양상은 미국 원주민의 경우에 극적으로 드러난다. 애리조나 중부에 살고 있는 피마족과 피마족 인디언 보호구역의 바로 북쪽 지역에 거주하는 호피족은 다른 부족이지만 지역적으로 가까이 살고 있다. 그러나 이들 부족들은 알코올 소비와 알코올 중독율에서 놀라운 차이를 보인다. 호피족에게서는 알코올 중독이 나타나지 않지만, 피마족은 평균 4~5배 더 높은 알코올 중독율을 보인다. 알코올 소비에 관한 문화적 태도가 정상 혹은 수용 가능한 약물 사용이 무엇인지를 나타내는 다른 요인들 보다 더 우위에 있다.

'정상적인' 사용 : 다른 모든 행동과 같이, '정상'이라는 용어는 문화적으로 정의된다. 예를 들어, 사회적 상황에서의 음주(알코올)나 마리화나 사용이 몇 몇 사회적 집단에서는 정상적인(혹은 적합한) 행동으로 간주되지만, 대부분의 사회에서는 그렇지 않다. 정상적이라는 말이 합법적이라는 의미는 아니다. 1919~1932년 까지 미국에서는 술도 불법이었다. 니코틴(흡연)은 1920년대에 여러 주에서 불법이었다. 불법이라고 규정되어 있지만 어떤 집단에서는 정상으로 여겼다.

약물남용 : 의료 목적이 아닌 다른 목적을 위해('스릴'이나, '회피' 등) 지속적으로 약물을 투여하는 것을 남용이라 한다. 고통을 완화시키기 위한 모르핀 투여는 정상으로 간주될 수 있지만, 우울증을 감소하기 위해 모르핀을 투여할 때는 약물 남용으로 간주된다. 이 분야의 어떤 연구자들은 이를 약물 오용이라 부르기도 한다. 이는 약물이 의료적으로나 치료적으로 사용되었지만, 부적합하게 사용된 경우다. 예를 들어, 비이러스 감염(흔히 감기)으로 페니실린을 처방한 의사나 성적 수행을 개선하기 위해 비타민 E를 (오)사용한 사람들.

강박적 남용(오용) : 강박적 남용은 약물이 자신의 웰빙 상태를 유지하는 데 필수적이라고 느끼는 사람들의 행동을 말한다. 담배를 피우지 않을 때 니코틴 발작nicotine-fits을 경험하는 강박적인 흡연자, 항불안제librium 없이는 하루도 살지 못하는 사람들 등이 그 예이다. 때로, 습관화라는 용어가 강박적 오용을 지칭할 때 사용된다.

중독 : 중독은 약물을 사용하고 구하기 위해 저항하지 않고 약물에 관여하는 패턴을 말한다. 약물이 사용자의 삶에 만연화 되어 있다. 이런 유형의 행동은 강박적 남용과는 질적으로 다르다. 예를 들어, 담배가 갑자기 불법화되거나 담배 한 갑의 가격이 50 달러 오를 경우, 중독 범주에 속하는 사람과 강박적 흡연자

는 질적으로 다르다. 이차 세계 대전 이 후 독일에서, 중독된 흡연자들이 식품 쿠폰이나 몸을 팔아 담배와 교환했다.

약리학자들은 중독이라는 용어를 약리학으로 다루지 못하는 뜻이 내포되어 있고 논쟁의 여지가 있어서 이 용어를 쓰지 않는 경향이 있다. 결과적으로, 세계보건기구WHO 약물 전문가 위원회에서는 약물 의존이라는 용어를 사용했다. 즉, 만성적인 약물 사용으로 인한 심리적 및 신체적 의존 상태(아래 정의 참조). 약물 의존의 성질은 약물마다 다양하므로, WHO 위원회는 약물 의존의 여러 가지 특정 유형에 대해 다음과 같이 설명하였다: (1) 오피오이드 유형, (2)알코올-바르비튜레이트barbiturate(진정제) 유형, (3)암페타민(흥분제) 유형, (4)환각제(LSD 등) 유형, (5)카나비놀(마리화나) 유형. 이 유형 체계는 세 가지 장점이 있다. (1)융통성이 있다. 즉, 사람들이 남용하는 새로운 약물 범주가 생기면 유형 목록에 추가시킬 수 있다. (2)어떤 종류의 물질 의존(예 : 알코올 의존)과 다른 종류의 물질 의존(마리화나 의존)을 전혀 다르게 본다. 알코올의 경우 신체적, 심리적 의존 가능성이 있다. 마리화나의 경우에는 심리적 의존만 있다. 또한 이런 양상이 뚜렷이 확인가능 해야 한다. (3)약물 의존이라는 용어는 약물 사용자보다 약물에 더 강조점을 둔다. 중독은 인간 행동(지나친)을 묘사하며 약물 의존이라는 용어는 약물의 속성이나 그 특징을 나타낸다.

내성

신체적 및 심리적 의존에 더해, 약물 의존에는 내성이라는 현상이 종종 수반된다. 반복된 약물 투여 이후에(잦은 투약 이후에), 약물의 효과가 감소된다. 이를 다른 방식으로 살펴보면, 원래 더 작은 용량으로 얻었던 효과와 동일한 효과를 얻기 위해 더 많은 양의 약물이 필요하다. 모든 약물이 내성을 유발하지 않고, 내성 효과를 드러내지 않는다(다음의 내용 참조).

신체적 의존

신체적 의존은 반복적인 약물 투여로 인해 달라진 생리적 상태를 말한다. 달라진 상태란 정형화된 증후군(절제 증후군)이 나타나지 않도록 지속적인 약물 투여가 필수적이다. 신체적 의존은 특정 약물들에 한에서만 그러한 속성이 있다. 이 증후군은 반동적 과민감성 특징을 나타내고, 단약(절제)은 약물의 역효과를 유발시키는 경향이 있다.

심리적 의존

때로 정신적 갈망으로 불리는 이 상태는 어떤 약물에 의해 어떤 사람들에게 일어날 수 있다. 약물 사용자의 웰빙을 위해 약물 사용이 필수적이라고 느끼고, 지속적으로 약물을 사용하게 하는 감정적 욕구와 심리적 의존이 특징이다. 강박적으로 약물을 사용한다(강박적 남용).

약물군

약물군group of drugs이 기분, 행동 및 지각에 미치는 영향에 대해 아는 것이 중요하다. WHO 위원회는 의존을 유발시킬 수 있는 여섯 가지 약물군을 분류하였다. 집단들-약리학자, 의사, 변호사, 마약류 취급자narcotic agents, 약물 사용자들 마다, 약물을 분류하는 고유한 틀이 있다.

1. **마약성 진통제**Narcotic Analgesics : 이 부류의 약물들은 고통을 가라앉힌다(혹은 고통과 관련된 불안을 감소시킨다). 어떤 사람들이 이 약물에 의존하고, 이 범주에 속한 강한 약물들은 도취감euphoria을 야기 시킨다. (예 : 모르핀, 헤로인, 메페리딘demerol, 메타돈, 코데인 등)
2. **중추신경 억제제**CNS Depressants : 이 부류의 약물들은 중추 신경제와 많은 기관계의 세포 기능을 억제시킨다. 이 약물은 불안을 가라앉히고 긴장을 줄이는 경향이 있다. 예: 일반적인 마취제, 알코올, 바비투레이트barbiturates, 메프로바이메이트meprobamate, 다이아제팜(발륨) 등
3. **중추신경 흥분제**CNS Stimulants : 이 약물들은 중추신경계와 함께 많은 기관계를 흥분시킨다. 이에 속한 약물들도 도취감euphoria을 유도한다(예 : 암페타민, 코카인, 카페인, 니코틴 등).
4. **환각제**Psychedelics : 이 약물들은 환각, 감각적 지각, 기분과 판단의 변화를 야기 시킨다. 예: LSD, 메스칼린, 실로시빈 등. 위 세 가지 약물구들도 환각을 유발시킬 수 있지만, 환각 외의 다른 효과들은 확실히 나타나지 않는다(예 : 항콜린제, 암페타민, 마약 길항제 등).
5. **Cannabinols**(마리화나) : 이에 속한 약물들은 분류하기 매우 어렵다. 어떤 사람들은 2군에 넣고, 다른 사람들은 4군에 넣기도 한다. 이에 속하는 약물들은 여러 면에서 매우 특유하다.
6. **항정신병약물과 항우울제** : 이 약물들은 기분장애를 치료하는 데 사용된다. 대부분의 사람들에게 이 약물의 효과는 불쾌하고 남용되는 일은 거의 없다(예 : 클로르프로마진, 아미트리프탈린 등). 어떤 연구자들은 이 약물 군에 속한 몇 가지 약물들이 신체적 의존을 야기 시킨다고 보고하지만, 대부분 의존을 유발시키는 것으로 알려져 있지 않다(집단 2 참조).

약물 의존과 약물군

내성

이 여섯 가지 약물군들은 약물 효과들 중 하나인 내성을 유발시킬 수 있다. 내성이 마리화나의 '하이high'를 일으길 수 있는지와 같이, 내성과 관련된 몇 가지 의문이 있다. 최근 연구에서 마리화나가 역내성reverse tolerance을 일으킨다는 사실이 밝혀졌다-즉, 더 작은 '복용량'으로 하이high에 이르기. 모든 약물이 내성을 일으키지 않는다. 마약성 진통제의 진통작용과 도취감의 작용으로 내성이 생길 수 있지만, 마약성 진통제가 눈동자(동공이 작게 축소되는 pinpoint pupils)나 소화관gastrointestinal tract, GI tract에는 내성을 일으키지 않는다. 예를 들어, 헤로인 사용자는 약물을 하면 항상 변비에 걸린다.

마약성 진통제의 도취, 진통 및 치사효과로 인한 내성은 뚜렷하다. 보통 사람에게 모르핀 100mg을 투여하면 죽을지도 모른다(치료적으로 사용하는 보통 사용량은 10mg). 만성적인 약물 남용자들 중의 어떤 사람은 4,000mg을 투여했다고 알려져 있다. 그러나 특정 복용량은 내성이 잘 발달한 사람이라도 죽음에 이르게 한다.

일반 억제제는 약물사용의 치사효과로 내성이 덜 일어나게 한다. 알코올 중독자는 알코올 중독자가 아닌 사람들 보다 혈중알코올 농도의 2배는 견딜 수 있다. 이는 바비투레이트와 같은 억제제들도 그러하다. 억제제에 내성이 있는 사람은 마약성 진통제를 견디지 못한다(그런 사람이 마약성 진통제를 만성적으로 사용한 사람이 아닐 경우). 그러나 마약성 진통제를 사용하는 사람은 바비투레이트, 다이아제팜 등과 같은 기타 모든 일반 억제제들을 견딜 수 있다(어느 정도의 양까지 견딜 수 있다). 유사하게, 헤로인 사용자는 모든 마약성 진통제를 견디지만 알코올, 기타 억제제, 암페타민과 같은 약물군은 견디지 못한다,

신체적 의존

지난 수 년 동안, 암페타민과 기타 중추신경계 흥분제로 인해 신체적 의존이 생긴다는 사실이 관찰되었다. 두 가지 유형의 신체적 의존이 일어난다. 클로르프로마진, 이미프라민과 기타 몇 가지 약물들로 인해 신체적 의존이 일어날 수 있다(아래 참조). 정의가 잘 이뤄진 두 가지 의존 유형은 다음과 같다: (1)마약성 진통제(혹은 모르핀) 유형, (2)중추신경계 억제제(혹은 바비투레이트) 유형.

마약성 진통제에 의존한 사람이 갑작스럽게 투약을 중지하면, 교과서에 설명되어 있는 것처럼 절제 증후군abstinence syndrome이 나타난다(Ray, 1972). 헤로인의 경우, 금단증상이 생긴 후 2~3일 동안 정점효과peak effects가 일어난다. 헤로인의 이런 시간은 다른 마약성 진통제와는 다르다. 외관상 보이는 것만큼 이런 증후군은 생명을 위협하지 않고, 다른 마약성 진통제의 투약으로 곧바로 중지된다. 그러나 암페타민이나 바비투레이트와 같은 약물로는 중단되지 않는다. 이는 교차의존cross-dependence으로 설명할 수 있다. 교차의존은 신체적 의존 상태를 유지시키기 위해 다른 약물로 대치시키고, 다른 약물에 의해 유도된 신체적 의존 징후들을 억제시키는 것이 약물의 능력이다.

중추신경계 억제제는 마약성 진통제보다 사회와 남용자에게 더 위험한 신체적 의존을 유발시킨다. 예를 들어, 어떤 연구에서 주립 정신병원에 입원했던 남자들의 20~40%가 알코올 중독자로 진단받았다고 보고하였다. 마약성 진통제 남용자들보다 바비투레이트 남용자들이 더 많다. 사망에 이르게 한, 교통사고의 절반 이상은 음주 운전자와 관련 있다(Ray, 1972).

켄터키 주 렉싱턴의 U.S 공중보건 서비스 센터의 연구자들이 의존에 관한 결정적인 실험하였다. 1940년대 후반부터 1950년대 까지도 억제제로도 의존될 수 있다는 사실을 몰랐다-적어도 미국에서는 몰랐다. 병원에서 실험에 참여한 참여자들에게 약 13주 동안 참여자들이 원하는 만큼 술을 주었다(매일 평균 100proof1) 알코올의 약 4/5쿼터(즉, 0.76리터 정도). 참여자들은 약물을 매우 잘 견디었지만 갑자기 알코올 금단증상을 보였다. 8시간 이내, 이들은 신경이 예민해지고, 불안하게 되었다. 거의 모든 참여자들에게서 진전, 발한, 구토, 설사와 거식증(식욕부진)이 나타났다. 그 중 $\frac{2}{3}$는 진전 섬망(DTs)과 환각이 생겼다. 참여자의 $\frac{1}{3}$은 대발작Grand mal seizures을 일으켰다. 이런 증상들은 생명을 위협하는 것으로, 비슷한 증상들이 바비투레이트나 기타 CNS 억제제에 의존한 사람들에게서도 갑작스런 금단증상이 일어났다. 알코올 절제로 인한 금단

증상은 바비투레이트나 기타 CNS 억제제에 의해 중단될 수 있지만(교차 의존), 다른 약물군에 속한 약물들에 의해서는 중단될 수 없다.

심리적 의존

모든 약물들이 CNS에 작용하여 기분, 행동 및 지각에 영향을 미치지는 않지만, 어떤 약물들은 심리적 의존(정신적 갈망)을 야기 시킨다. CNS에는 영향을 주지만 정신적 갈망을 일으키지 않는 약물들은 신체적으로 의존되더라도 남용되지 않는다. 다른 말로, 약물에 심리적으로 의존하지 않고 신체적으로 의존할 수 있다는 것이다. 날로르핀과 같은 마약 길항제들이 이런 속성을 지닌다. 클로르프로마진과 이미프라민도 신체적 의존을 야기 시킬 수 있지만 정신적 갈망이나 약물에 남용 되지는 않는다. 분명하게, 알코올, 바비투레이트, 마약성 진정제, 암페타민, 니코틴 등과 같이 신체적 및 심리적 의존을 모두 야기 시키는 약물들은 대부분 남용될 가능성이 있고 개인의 삶을 지배할 가능성이 높다. 어떤 약물들의 경우, 심리적 의존이 약물남용과 관련된 유일한 요인으로 볼 수 있는데 마리화나와 LSD가 그 예이다. 이런 약물들은 신체적 의존을 야기 시키지 않는다.

신경 심리학적 손상

진단과 치료의 초기 과정에서 중요하지만 흔히 간과되는 변인은 약물과 알코올이 뇌에 미치는 영향이다. 이것이 중요한 의미를 지니는 데는 여러 가지 이유가 있다. 간략히 표현하자면, 모든 형태의 심리치료(개인, 집단, 가족, 인지, 정신역동 등)는 사람들이 자신이 처한 상황과 자신에 대한 정확한 통찰과 이해에 근거하여, 의사 결정을 할 만큼 이성적이라는 가정에 근거한다. 약물이나 알코올을 적극적으로 사용하거나 회복의 초기 단계에 있는 중독 환자들에게 전통적인 치료 양식의 적용은 불가능하다. 대부분의 치료자들이 이 입장에 동의한다. 그러나 인지적 손상에 의한 증상은 매우 세밀하고 특정적이어서, 회복이 일어나는 3개월, 6개월, 심지어 9개월 동안, 대부분의 치료자들은 알코올과 약물 중독자들의 인지적 손상의 중요성을 잘 모른다. 알코올과 약물 중독자들은 언어성 지능에서 뚜렷한 곤란이 없기 때문에, 중독자들의 실질적인 인지적 곤란보다 '훨씬 더 좋은 것'으로 보인다. 집단 리더들이 2개월, 6개월 혹은 12개월 동안 맑은 정신을 유지하는 어떤 중독자의 세밀한 인지적 차이를 알기 위해서는, 인지적 결손에 대한 이해와 인식이 있어야 한다. 이런 인식이 있어야만 환자의 욕구와 능력에 맞는 집단에 환자와 치료를 맞출 수 있다. 이러한 인지적 결손에 대한 이해는 집단 리더에게 본 장에서 설명하는 직면적 기법들(즉, 강요, 영향력, 개입 등)이 환자들의 치료 초기 단계에서 필요한 이유를 알게 도와준다.

지난 20년 동안 방대하게 축적된 연구 결과는 알코올 중독과 그와 관련된 신경학적 기능과 신경 심리학적 결손에 대한 것이다. 최근에 행해진 조사연구와 문헌고찰(Wells, 1982; Parsons & Farr, 1981; Grant 등, 1980; Wilkinson & Carlen, 1981; Ryan & Butters, 1980)에서 만성적인 알코올 남용과 그와 관련된 손상 패턴은 확인가능하고, 예측가능하다고 밝혔다. 피질 손상cortical compromise과 인지적 결손으로 언급된 가장 중요한 결손은 치료에서도 중요한 의미를 지닌다. 불행하게도, 알코올 중독 치료에서 신경학과 신경 심리학에 대한 주의를 기울이지 않거나 이를 활용하지 않는다. 치료에 대한 유용한 정보가 있어도 임상적으로 적용하지 않는다. 대신 '기질성organicity'과 같이 모호하고 비기술적인 전문 용어를 사용하며 학문적으로 이해하기 어려운 상태로 남아 있다. 신경학적 결과가 명료하게 표현되고 전달되어야만, 인지적 결손에 대한 실용적인 임상적 적용에 의미가 있다. 어떤 신경학적 손상 패턴이 알코올 중독 환자의 동기, 절제 및 회복에 어떻게 영향을 미칠 수 있는지는 중요하다. 신경 심리학적 평가에서 손상된 점수대에 속한 알코올 중독자들과 신경원-방사선학적 연구(CAT 스캔)과 신경심리학적 평가에서 형태학적 이상성을 보인 알코올 중독자들은 치료에서 다르게 반응할까? 간략히 말해, 신경학적 손상과 치료 결과 간의 관계가 있을까? 마지막으로, 확인된 신경학적 손상을 치료하기 위해 어떤 전략들을 채택하고 적용해야 할까?

이러한 의문들은 명확히 해결되지 않았고, 이 문제에 대한 반복 검증 연구도 없었다(Wells, 1982; Parsons & Farr, 1981). 본 장의 한 가지 목적은 이를 활용할 수 있다는 것과 치료적 적용에 관한 의의를 이끌어내기 위해서이다. 기대하건데, 이런 시도가 순수 연구와 연구결과의 임상적 적용을 잇도록 도울 것이다. 특히, 본 장에서는 베르니케-코르사코프 증후군, 알코올성 뇌병증Alcoholic encephalopathy과 알코올 유도성 치매 간의 관계를 그리려고 한다. 이와 관련된 각 조건들과 알코올 중독의 연속체 및 조기 노화 이론들continuum and premature aging theories 간의 관계를 간략하게 탐색한다. 이러한 각 조건들에 대한 손상 패턴은 무엇이며, 이러한 패턴들과 치료 및 회복은 어떻게 관련될 수 있는가? 여기에서 제시된 증거들을 감안하여, 익명의 알코올중독자 모임AA과 같이 구조화된 회복 프로그램이 성공하는 이유는 회복을 위한 직관적 패러다임 속에 매우 구조화되고 지시적인 전략을 담고 있기 때문이다.

추상적 추론, 융통성 있는 사고, 유동적 지능과 새로운 학습에 민감한 신경심리 검사에서, 알코올과 약물 중독자들의 점수는 두뇌-손상 범위에 속한다(고찰을 위해 Flores 1997 참조). 하지만 이들이 언어성 지능과 과거 학습은 온전하게 남아 있다. 결과적으로, 이들은 관찰자에게 손상되지 않은 것처럼 보인다. 이들의 손상 수준은 영구적이지 않고 피질의 구조적 손상을 수반하지 않는다. 대신, 이들의 두뇌의 역기능은 확산적인 성질이 있고, 보통 영양과 비타민 부족으로 악화된 알코올 유도성 뇌병증을 초래한다. 비타민과 영양 섭취로 신체 기능이 개선되고 알코올과 약물에서 자유로워지면alcohol and drug-free, 대부분의 알코올과 약물 중독자들은 피질성 기능 상실 이후에 '자발적 회복'을 경험한다. 이러한 인지적 기능 회복은 점진적이고 지속적이다. 최고의 개선은 보통 절제를 한 첫 달에 경험하고 절대회복total recovery은 절제 1~2년 후에 이뤄진다.

Gallant(1983)는 알코올과 약물 중독자들의 치료 전략을 세울 때 인지적 기능 평가의 중요성을 지지한다. 그는 다음과 같이 말한다.

> 어떤 치료 계획을 시작하기 전에 모든 알코올 중독자의 신경심리학적 손상을 평가하는 것이 필수적이다. 심지어 판단이나 인지의 경미한 손상이라도 안타부스와 같은 약물치료와 심리치료를 심각하게 방해할 수 있다. 특히 그런 손상이 환자나 치료자에게 분명하지 않을 때 그러하다. 간단한 신경심리 검사에서 손상과 뇌 위축 간의 상관은 알코올 유도성 손상의 향후 과정이나 진행에 관한 정보를 제공할 수 있다. 알코올 중독 환자의 치료 계획을 평가하기 위해, 저렴하고 쉽게 활용할 수 있는 신경심리

학적 평가 도구들이 값 비싼 컴퓨터 단층 촬영CT 만큼이나 도움이 된다는 사실을 나타낼 수도 있다.

급성 물질 중독으로 입원한 대부분의 알코올과 약물 중독자들은 해독detoxification을 한 2~7일 후에는 안정된다. 유능하고 경험이 많은 의사일지라도 해독 기간을 안전하게 관리하고 집단치료와 다른 치료 프로그램에 환자가 안전하게 참여할 수 있을 만큼 생명에 위협이 되는 발작이나 진전 섬망의 가능성이 충분히 줄어든 때를 정확히 평가할 수 있어야 한다. 그래야 많은 환자들이 심한 금단 증상을 겪지 않고 가능한 한 빨리 집단 치료의 이득을 볼 수 있다. 표 12.1은 만성적인 알코올 사용으로 있을 수 있는 신경학적 합병증에 대한 개관이다.

알코올과 약물들은 보통 중추 신경계의 역기능을 유발한다. 최근까지, 연구자들은 코르사코프 증후군에서 나타나는 장기적 효과나 급성 진전 섬망의 결과를 평가하는 것보다 물질들이 두뇌에 미치는 세밀한 영향에 대해서는 대부분 간과하였다. Wells(1982)는 자신의 저서에서 이런 상황을 다음과 같이 요약한다.

> 두뇌 기질성 장애에 관심 있는 정신과 전문의는 금단증상의 결과(진전 섬망)나 베르니케-코르사코프 증후군을 생기게 하고 물질사용에 동반되는 티아민 결핍에 주의해야 한다. 만성적인 에탄올 남용은 중추 신경계 기능과 구조에 장기적으로 영향을 미친다는 사실이 최근에 관심을 많이 끌었다. 알코올 중독자들은 항상 뇌 기능의 악화를 보인다. 이에 대한 원인으로 영양실조, 간부전, 두부외상-주로 모든 원인에 의해 유빌된나고 보지만 사실상 알코올 효과 그 자체로 생김-이다. 뇌의 기능적 및 구조적 악화가 알코올 남용에 의해서만 기인되는지 여부에 대해서는 몇 가지 의혹이 남아 있지만, 그런 두뇌 악화는 만성적인 알코올 중독자들에게서 나타날 수 있다는 사실에는 의심의 여지가 없다.(p. 111)

〈표 12.1〉 알코올과 관련된 신경학적 질환

1. 급성 중독
2. 알코올 금단증상(음주 중단 후 출현 시간)
   - 떨림(7~12시간)
   - 환각-시각적 혹은 청각적(12~48시간)
   - 진전 섬망(36~96시간)
   - 금단 발작(7~48시간)
3. 신경계의 영양성 질환
   - 말초신경병증
   - 베르니케-코르사코프 증후군
   - 약시
4. 알코올 혹은 대사물의 영양 및 독성 효과
   - 알코올성 근육병증
   - 소뇌 변성
5. 이차적 간경변증

급성 금단이나 코르사코프 증후군으로 고통 받는 알코올 혹은 약물 중독자들에게서 신경심리학적 평가 결과 이상성을 드러낼 수 있다는 사실에는 어떤 의심의 여지도 없다.

이런 제약이 없는 사람들에게 신경심리학적 평가 절차를 적용하면, 컴퓨터 단층촬영(CAT 스캔)과 동일한 결과가 나온다. Wells는 그의 논문에서 이러한 결과들에 대해 다음과 같이 요약한다.

> 이러한 연구 결과들은 두드러지게 일관적이다. 지능 검사의 모든 소검사 결과는 만성적 알코올 중독자군과 중독자들과 매치시킨 통제군 간에는 유의미한 차이가 없었지만, 신경심리학적 기능 평가에서 알코올 중독자들에게는 이상성abnormalities이 나타난다. 많은 알코올 중독자들이 단기기억, 복잡한 기억 과제 수행, 시각-운동 협응력, 시공간 과제 수행, 추상적 추리력과 정신운동 속도가 결손 되어 있다. 언어적 기술의 상대적 빈곤이 종종 관찰되고 장기기억은 유지되고 있다.(1982, pp. 111-112)

신경심리학적 평가 이후 시간과 절제 기간

회복한지 3일 만에 검사한 알코올 중독자는 회복 중인 3주 혹은 3개월 만에 평가 받은 알코올 중독자보다 훨씬 더 심하게 손상되어 있다. 사실, 알코올 중독자의 마지막 음주와 신경심리학적 검사를 받은 날짜 간의 시간차는 중독자의 역기능적 수준을 평가하는 데 가장 유의미한 요인이다.

신경심리학적 평가가 알코올 중독자들의 치료와 회복에 대한 어떤 실용적 의미가 있으면, 환자들이 검사받는 시간과 절제 기간을 주의 깊게 평가하는 것이 중요할 것이다. Wells(1982)는 '신경심리 검사에서 손상 수준은 피검자가 음주를 중단한 이후 검사 받을 때까지의 기능 수행 정도이다, 일반적으로 음주를 중단하자마자 결손 정도가 더 크다'(p. 112)라고 기술한다. 대부분의 알코올 중독자들은 회복 초기에 제일 큰 손상을 드러낸다. 대부분의 연구에서 절제를 유지한 지 1~2년 까지 대뇌 피질성 회복이 지속적으로 개선된다고 한다. 코르사코프 증후군으로 고통 받는 사람보다 알코올 중독자의 손상 수준이 더 가역적인reversible 것으로 밝혀졌다. 인지 기능의 손상 정도는 절제의 첫 몇 주 동안 가장 크다. 그러나 개선 정도는 절제하는 기간이 늘어날수록 정적으로positive gradient 증가한다(그림 12.1).

이러한 신경심리학적 연구 결과들은 회복과 관련된 AA 격언에 신뢰성을 부여해 준다. 알코올과 약물 중독자들에게 절제한 지 한 달이 지난 이후에, 명확하고 구조화된 프로그램을 제공해야하는 이유이다. 12단계 프로그램에 들어온 새 구성원들에게 12단계 스폰서와 AA 구성원들이 회복하는 첫 1년 동안 어떤 중요한 결정도 내리지 않도록 한다. 새 구성원들에게 프로그램을 분석하지 말라고 가르친다. '프로그램이 효과 있기 때문에 프로그램을 한다! 90일 동안 90번 모임에 가라! 몸이 가면 마음도 간다!' 라고 말한다.

이러한 각각의 제안들은 절제의 초기 단계에 있는 알코올과 약물 중독자들이 명료한 생각이 불가능하고 이성적이고 합리적인 결정을 내리는 데 필요한 인지적 능력을 갖추지 않았다는 AA와 다른 12단계 프로그램의 직관적 이해에 근거한다. 프로그램은 중독자들이 반드시 따라야 하는 뚜렷한 12단계를 제공한다. 새 구성원들에게 '단순하게 살아라' 라고 말한다. 첫 번째 단계를 마친 다음에, 두 번째 단계를 수료하게 하고 그 다음에 세 번째 등의 단계로 진행시킨다.

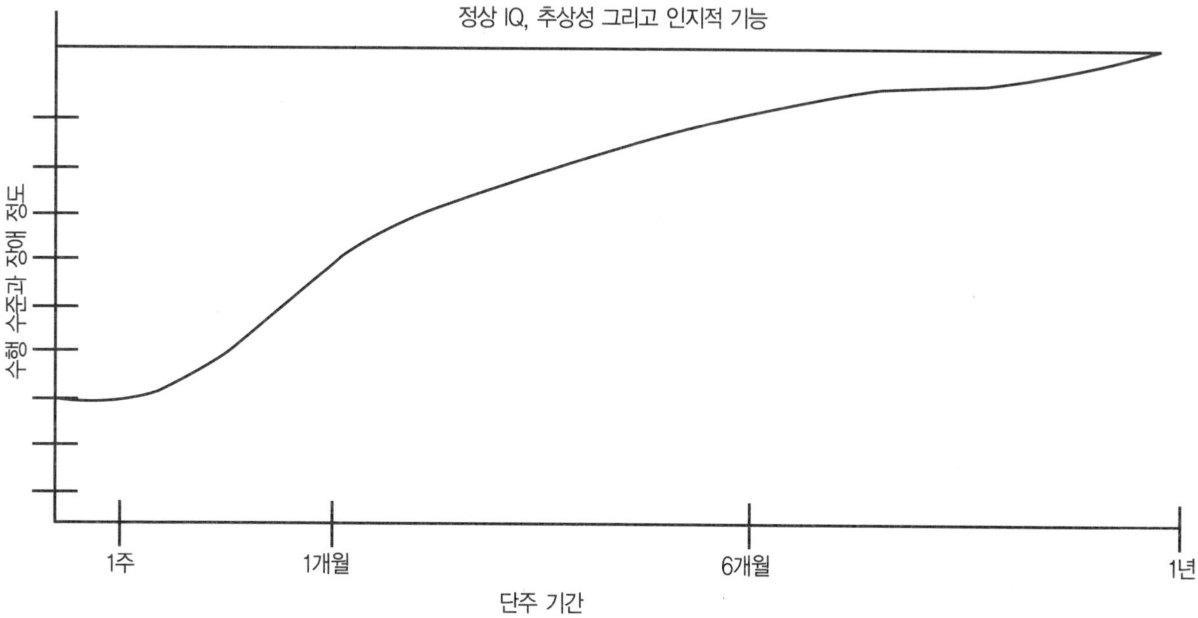

〈그림 12. 1〉 인지 기능의 개선

이것이 순수 연구와 신경심리하저 검사가 임상적 실제에서 실용적으로 석용되는 부분이다. 집단 치료와 치료 모형은 치료를 위해 AA 철학이 지니는 중요한 의미를 따른다. 왜냐하면, 이런 철학의 중요한 의미가 최근 신경심리학적 연구 결과에서 밝혀지고 있기 때문이다. AA의 절제에 관한 강조는 알코올 유도성 치매나 뇌병증을 치료하기 전에 반드시 고려해야 하는 피질성 회복의 중요한 변화와 매우 동일하다. 회복을 위한 단순하게 살기와 구체적으로 윤곽잡기에 대한 AA의 주장과 확연히 구분되는 단계에 관한 강조는 알코올 중독자에게 측정 가능한 목표, 분명한 전략과 성취 가능한 계획을 제공한다. 이것은 추상적인 사고능력이 손상으로 고통 받는 개인에게 매우 중요하다. 이것이 치료를 시작하는 그들에게 절실히 필요한 것들이다: 방향, 구조 및 지침. 알코올 중독자들이 잃어버렸던 인지 기능을 점차 회복하면서, 일단 그들의 새로운 학습에 필요한 능력, 정보의 공고화, 추상적 사고, 창의적 사고와 동기 수준이 병전 기능으로 되돌아오면, 대안적인 치료 전략들이 실행될 수 있다. 이 시점에서, 알코올 중독자들은 통찰, 자기-이해하기와 자율적인 의사결정을 활용할 수 있다. 그때 집단 리더들은 치료 집단에서 대안적인 치료 양식을 이용할 수 있다 하지만 알코올 중독자들이 이 단계에 도달할 때 까지, 집단 리더는 심리치료 집단을 구조화하고 지시적 방식 집단을 운영해야 한다.

신경학적 준비도의 단계와 집단 개입의 매칭은 치료에서 중요한 의미를 지닌다. 신경학 손상의 정도를 복잡하게 만드는 것은 사람마다 다른 동기수준과 행동변화를 위한 준비수준이다. 심리적 준비도와 신경학적 준비도 간에는 강한 상관을 보이지만, 모든 사람들이 똑같은 동기 수준이나 부정denial을 드러내지 않는다. 성격 변인들과 특정 약물들의 속성 간에는 상호작용한다. 어떤 중독은 다른 중독보다 더 강하게 두뇌에 영향을 끼친다. 인지 및 행동 중심의 연구자들이 중독 행동의 일반적인 표제 아래에서 모든 중독을 분류시키는 경향이 있지만, 이는 중독과정을 과잉 일반화시킬 위험이 있다. 예를 들어, 니코틴 중독도 생명을 위협하고 알코올과 약물은 중독 과정이 매우 유사하지만, 물질 남용의 행동적 결과와 손상에는 유사성이 없다. 니코틴 남용으로 알코올이나 약물에 중독되었을 때 나타나는 공격성이나 긴박성을 다루어야 한다고 하지 않는다. 비슷한 관점에서, 물질 중독은 도박, 성과 소비와 같은 강박행동과 관련된 중독과 비교된다. 금연이나 카페인 섭취를 약물과 알코올 치료 결과로 일반화시킨 연구들이 치료적 접근의 유용성을 크게 잘못 이끌었다. 이러한 결점에도 불구하고, 변화 단계와 동기 수준이 알코올과 약물 중독자의 치료에 어떤 중요한 의미가 있는지 알아봄으로써 많은 것을 얻을 수 있다.

변화 단계 모형

과거 몇 년 동안, 행동 중심의 연구자들은 행동 기법으로 사람들이 어떻게 변화되는지 수량화하려고 노력했다. 그 연구의 대부분은 중독에 적용하였고 알코올이나 약물사용을 중단하려는 결정에 영향을 주는 변인들을 찾아냈다. 한 대중적인 개념적 모형에서 개인의 동기 수준과 중요한 관계가 있고 치료자의 개입전략에 필요한 변화 과정의 다섯 가지 단계를 알아냈다. 이를 중독에 적용시킴에 있어서, 중독치료의 초기 단계에 있는 사람들이 물질사용 중단에 양가적ambivalent이거나 관심이 없을 때는 동기증진 혹은 소위 '동기면담MI : motivational interviewing'이 가장 중요하다고 제안한다. 치료를 위한 개인의 동기를 증진시키기는 변화 가능성과 바람직성을 믿게 하는 것이다. 이 분야에 있는 어떤 사람은 이런 필요들은 거의 도움이 되지 않는다고 확신한다. 그러나 준비, 행동 실천 재발 예방과 회복 유지와 같은 활동들이 우선순위인 후반부 변화 단계에서는 동기적 요소가 지침이 된다고 하였다. 이런 입장과 반대인 사람들은 변화의 초기 단계에서 행해지는 동기 유발적 개입들이 중독을 다루는 데 매우 필요하다고 믿는다. 일단 개인이 인식전precontemplative 단계와 인식contemplative 단계를 통과하면, 절제에 필요한 행동을 실천할 것이다.

중독을 위한 변화 단계 모형은 Prochaska, DiClemente 등이 개관하였는데(Prochaska & DiClemente, 1992; Prochaska, DiClemente, & Norcross, 1992; DiClemente, Carbonari, & Velasquez, 1992), 이들은 중독을 위해 자발적인 개입과 전문가에 의해 촉진된 개입으로 생기는 변화의 다섯 단계를 알아냈다. Horvath(1993)는 이 모형을 다음과 같이 기술한다.

> 변화단계 모형은 개인이 문제행동을 지속적으로 해결하기 위해 순환과 재순환 과정을 거치는 인식전, 인식, 준비, 행동실천과 유지라는 다섯 단계를 말한다. 이 모형에서는 어떻게 변화가 일어나는지 구체화시킬 때 나타나는 10가지 변화과정에 대해서도 언급한다(예: 의식 고양, 자기 재평가, 강화 관리). 변화 과정은 특정 단계와 연결되어 있다. 예를 들어, 행동실천 단계에서는 환자가 강화를 어떻게 관리하는지에 초점을 둔다(새로운 행동의 장점을 증가시키고 단점 감소시키기). 환자가 인식전 단계에서는 의식적 고양에 어느 정도 초점을 둔다. 변화 단계와 일치하지 않는 변화과정에 초점을 맞추면 대부분 비생산적일 수 있다(예: 인식전 단계에 속한 환자에게 강화관리에 대해 가르치기). (p. 474)

이런 관점에서, 부정과 저항은 알코올과 약물 중독자들의 변화 준비도 단계와 치료자의 전략의 불일치 때문으로 본다. Prochaska와 DiClemente(1992)는 물질사용을 중단하기 위한 개인들의 특정 준비단계와 치료적 개입을 신중하게 맞추지 못하면 치료자들이 부정과 저항을 유도하거나 증가시킬 수 있다고 하였다.

이 모형에 속한 변화 단계는 다음과 같다.

1. **인식전 단계**. 이 단계에 있는 개인들은 자신에게 문제가 없다고 보거나 변화가 정당할 만큼 문제가 충분히 심각하지 않다고 믿기 때문에, 변화할 의도가 전혀 없다. 때로 이들은 변화가 너무 어렵거나 불가능하다는 입장을 유지한다. 보통, 이 단계에 속한 사람은 다른 사람들(즉, 배우자, 고용인, 사법 제도 등)이 자신에게 물질남용 문제가 있다고 보기 때문에, 어떤 강요의 형태로 치료를 찾는다. 이 단계에서 치료자의 과제는 개인들의 입장에 대해 의혹을 제기시키는 어떤 형태의 치료적 동맹을 수립하고 개인을 치료에 참여시키는 일이다. 자신에게 문제가 있고 그 문제들은 물질에 의해 직접적으로 기인되거나 영향 받은 것으로 보도록 도와야 한다. 변화가 자신에게 유익하고 동시에 성취가 능하다는 사실을 깨달아야 한다.
2. **인식단계**. 변화가 절실하지만 변화를 시작하는 데 대한 양가감정이 있다는 인식이 이 단계에서 두드러진다. 사람들은 지속적인 물질 사용 결과에 대한 몇 가지 인식은 있지만, 자신들이 변화할 수 없거나 대안적으로 혹은 덜 과감한 방법(즉, 절제된 음주)으로 치료될 수 있다고 믿는다. 치료자의 과제는 변화하지 않았을 때의 결과를 제시하거나(즉, 아편제 사용을 중단하지 않으면 교도소에 가거나 죽음에 이르게 된다는 사실을 헤로인 중독자에게 말해주기), 변화의 희망을 주어(즉, 변화 가능성) 균형을 유지하도록 돕는 것이다.
3. **준비단계**. 이 단계에서 중요한 요인은 변화가 필수적이지만 어떻게 변화를 시작해야 할지 불확실하다는 것이다. 치료자가 개인에게 가장 좋은 행동실천 과정을 빨리 결정하도록 도와주지 않으면, 미루기와 회피가 이 단계를 복잡하게 만들 수 있다. 치료적 선택에 관한 정보주기와 행동을 실천하도록 격려하기가 이 단계에서 필요하다.
4. **행동실천 단계**. 이 단계의 지속기간이 가장 짧고, 최고의 에너지 수준이 한정된 시간 동안 유지될 수 있다. 대안적인 행동 옵션들이 시도되고 결과에 보상이 없으면 쉽게 좌절을 경험하거나 시도들이 지나치게 복잡해도 결과에 지장을 준다(즉, 병원 입원 절차나 보험 문서화 요건들). 치료자는 이 단계이 변화과정이 갖는 취약성에 계속 민감해야하고 사람들이 변화에 필요한 조치를 취하도록 도우면서, 있을 수 있는 모든 방해물들을 제거해야 한다.
5. **유지단계**. 술에 취하지 않고 정신이 맑아지는 것과 맑은 정신 혹은 또렷함을 유지하는 것에는 큰 차이가 있다. 회복의 첫 몇 주 동안 술을 끊고 맑은 정신으로 지내기 위한 전략들은 3개월, 6개월 혹은 12개월 동안 회복으로 술을 끊고 지내는 데 필요한 전략들과는 많이 다를 것이다. 변화 행동이 유지되려면 예전의 음주와 투약과 관련된 행동, 가치, 태도와 양립 불가능한 새로운 행동, 가치 및 태도 배우기가 필수적이다. 12단계 프로그램과 철학의 통합과 동화는 유지 과정의 한 가지 결정적인 구성요소이다. 회복이 유지되려면 심리치료와 집단을 활용하는 방법이 또 다른 결정적인 구성요소가 될 것이다.

재발예방

재발예방이 변화의 유지 단계에서 중요한 부분이긴 하지만, 알코올과 약물 사용을 중단하기 위해 행동실천을 한 후부터는 지속적으로 재발예방에 초점을 맞추어야 한다. 모든 알코올과 약물 중독자들이 재발하지는 않지만, 재발은 대부분의 중독자들에게서 피할 수 없다. 중독자들이 재발을 적절히 검토하고 통합시키면 헤아릴 수 없을 만큼 귀중한 학습 경험이 될 수 있다. 12단계 회복 프로그램에 참여하여 회복중인 다른 약물과 알코올 중독자들과 친밀하게 이어져 있으면, 다른 사람들의 재발을 통해 각자 배울 수 있는 기회를 갖게 된다. 또한 재발로부터의 배움이 개개인의 개인적 손실 없이도 가능할 것이다. 중독자들은 재발이 예측 가능하고 알기 쉬운 패턴을 따른다는 사실을 배운다. 재발이 개인에게 치명적일 수 있기 때문에 이런 사실은 대단히 중요하다. 치료자는 정보와 방향을 제공할 수 있고 재발의 충격과 발생을 예방하고 최소화시키도록 도울 수 있는 전형적인 재발경고 신호에 대해 설명할 수 있다. 이러한 정보만큼 중요한 사실은 재발 초기의 고통에 대한 다른 약물과 알코올 중독자들의 재발 충격과 감정적 학습이 똑같이 전이되지 않는다는 것이다.

이러한 입장은 추상적인 사고 능력이 손상되어 고통 받는 사람들에게 매우 중요하다. 치료를 시작하는 시점에는 중독자들에게 필요한 것을 반드시 제공한다. 방향, 구조 및 지침. 알코올 중독자들이 그들의 잃어버린 인지 기능을 점차 회복하기 시작하면, 대안적 치료 전략들이 새로운 것에 대한 학습할 수 있는 능력, 정보의 공고화, 추상적 사고, 창조적 사고를 실행시킬 수 있다. 그리고 동기가 병전 수준으로 되돌아간다. 이 시점에서, 알코올 중독자들은 통찰, 자기이해와 자율적인 의사결정을 할 수 있다. 그러면 치료자는 중독자들의 치료를 위해 좀 더 전통적인 치료양식을 적용시킬 수 있다.

대인 관계적 신경생물학, 동기, 변화단계 모형과 두뇌 손상

많은 초보 집단 치료자들은 성공적인 중독 치료를 위해 무엇이든지 기꺼이 하는 물질남용자들이 왜 그렇게 적은지 도저히 이해하지 못한다. 물질사용으로 인한 일시적 두뇌 손상이 대부분의 알코올과 약물 중독자들의 절제 동기 수준이 왜 그렇게 다양한지를 설명해 준다. 이러한 사실은 알코올과 약물로 유도된 인지적 손상 수준이 가장 심각한 치료 초기 단계에 있을 때와 예전의 문제들에 대한 대안적 해결책을 탐색하려는 중독자들의 능력이 더 경직되어 있고 제한되어 있을 때 특히 그러하다. 약물과 알코올 중독자들이 온전히 자신의 자유의지로 치료에 참여하고 물질 사용을 중단하려는 강한 내적 동기를 가지고 있을 때조차, 중독자들이 지닌 다양한 수준의 성격적 병리나 신경학적 손상 때문에 많은 환자들이 자신들의 회복에 필요한 작업을 하기 어렵다. 이런 조건은 또한 물질 사용으로 악화되고, 보통 중독자들을 더 반항적이고 의심하고 조종적인 상태로 머물러 있게 한다.

변화 준비도를 평가하기 위한 Prochaska와 DiClemente(1992)의 모형은 물질에 의존한 사람들을 처음 다룰 때 필요한 전략들을 결정하는 데 유용한 몇 가지 지침을 제공한다. 이들의 연구는 심리치료의 전통적인 방법들이 알코올과 약물 중독자를 치료할 때 적용될 수 없다는 공감대를 보충한다. 물질에 의존한 사람이 심리치료로부터 이득을 볼 수 없는 것에 대한 몇 가지 논란은 있다. 그러나 회복 초기에 있는 사람이 회복 후기에 있는 사람 보다 개인, 가족 혹은 집단이든지 간에 전통적인 심리치료 방법에 반응하거나 이득을 볼 가능성은 낮다. 최근의 한 문헌고찰에서(Kaufman & Reoux, 1988), 치료의 세 가지 측면에 맞추어 치료적 전략을 적용하도록 추천하였다: (1)맑은 정신 달성하기, (2)초기 회복이나 절제, (3)진행된, 후기 회복 단계. 이와 비슷한 방식으로, Washton(1992)은 약물과 알코올 중독자들이 회복의 특정 단계와 관련된 문제에 초점을 둔 일련의 집단을 거쳐 가게 하도록 추천하였다: (1)초기 회복, (2)재발 예방이나 유지, (3)장기적 회복.

역자 주) 100proof: 서양에서는 알코올의 농도, 즉 酒精(Spirit주정)을 표시하는 단위에 Proof를 사용한다. 특히 미국에서는 '50% 알코올+50% 물' 의 함량 비율을 100Proof로 정해 놓았다(정확한 비중은, 화씨 60도에서, 0.7939)

13

집단 치료의 초기 단계 : 직면, 개입과 재발

치료의 초기 단계에서는 Prochaska와 DiClemente(1992)가 개관한 변화의 인식전, 인식 및 준비 단계에 속한 문제들을 주로 다룬다. 치료 초기 과정에서 집단 리더의 에너지는 주로 알코올과 약물 중독자들이 지닌 높은 수준의 양가감정과 부정denial을 인식하도록 하여 변화를 향해 가도록 쓰인다. 치료 시작에, 집단 리더들은 알코올과 약물 중독자들이 대부분 자발적으로 치료에 참여하지 않았다는 사실을 안다. 결과적으로, 이러한 환자들의 대부분은 치료와 집단을 시작할 때, 가족, 고용주나 판사들의 외부 압력에 의해서나, 물질 사용으로 인한 심각한 건강 문제로 치료를 받기 시작한다. 집단 리더들은 많은 집단 구성원들이 죄책감, 수치심과 우울증과 같은 강한 정서적 상태를 경험하거나, 다른 사람들의 부당함과 불공평하고 가혹한 요구에 화가 나 있다는 사실도 안다. 화학적으로 의존한 사람들은 자신에게 치료가 필요하다고 인정은 하지만, 이들은 보통 안전하고 일상적인 방식으로 술을 즐기고 약물을 할 수 있었으면 하고 바란다. 이들의 치료적 순응은 성공적인 치료 방법들을 배우는 쪽으로 동기화되어 있기 보다, 다른 사람들의 비난을 피하고 자신의 후회를 해결하는 쪽으로 더 많이 동기화되어 있다. 따라서 집단 리더는 이러한 두 가지 저항을 모두 다루어야 하는 어려운 과제에 직면해 있다. 집단 구성원들이 치료에 적극적으로 반항하지 않거나 저항하지 않는다면, 환자는 집단 리더와 치료 책임자에게 회복과 치료에 적극적으로 참여하려는 인상을 주려고 열심히 노력하고 있는 것이다. 수동적으로 불평하는 사람들을 치료하는 것보다 적극적으로 저항하는 집단 구성원들을 치료하는 것이 좀 더 쉽기 때문에, 이런 사실들은 집단 리더에게 까다로운 문제이다.

자발적인 순응은 치료 과정에 대한 조종manipulation으로 드러나고, 회복은 외부 스트레스와 압력에서 자유로워지고 싶은 욕구에 의해서만 동기화 된다. 환자들의 이런 태도는 통상적인 입원치료 기간인 28일 내에 직면시키고 바꾸어야 한다. 이를 달성하지 못하면, 환자가 AA 프로그램을 내면화하지 못하고 환자들에게 회복과 절제에 대한 개인적 책임을 지게 할 수 없다. 집단 심리치료는 알코올과 약물 중독 치료와 병행할 수 있지만, 집단 리더들은 성공적인 중독 치료를 위해 어떤 치료라도 기꺼이 참여 하려는 환자가 거의 없다는 사실도 알게 된다.

중독치료 전문가들 간의 일반적인 공감대는 전통적인 심리치료 기법으로 알코올과 약물 중독자를 치료할 수 없다는 것이다. 물질에 의존한 사람이 심리치료에서 이득을 보는 것에 대한 몇 가지 논란은 있지만, 많은 전문가들이 환자가 어떤 치료(개인, 가족 혹은 집단 치료 등)에 속해 있든지 간에, 회복 초기에 있는 사람이 회복 후기에 있는 사람 보다 전통적인 심리치료에 반응하거나 이득을 볼 가능성이 낮다고 본다. 기존 연구에서(Kaufman & Reoux, 1988)는 다음 세 가지 측면에 맞추어 치료 전략을 적용하도록 추천하였다: (1)맑은 정신 달성하기, (2)초기 회복이나 절제, (3)진행된, 후기 회복 단계. 이와 비슷한 방식으로, Washton(1992)은 알코올과 약물 중중독자들이 회복 단계에 따라, 각 단계와 관련된 문제들에 초점에 따라, 환자들이 일련의 연속적인 집단들을 거쳐 가도록 권유하였다: (1)초기 회복, (2)재발 예방이나 유지, (3)장기적 회복.

중독 환자의 특별한 문제

중독 치료에서 예술적인 부분은 대부분의 알코올과 약물 중독자들이 갖고 있는 엄청난 부정denial이나 저항-수동적 혹은 능동적-극복하기이다. 치료에서 환자들이 보이는 이러한 태도는 윤리적 및 치료적 문제들을 제기한다. 이것을 너무 처벌적으로 적용하거나, 집단 리더의 역전이로 직면confrontation시키면, 치료적 동맹은 크게 손상될 수 있다. 그러나 물질 의존 환자의 중독 심각도, 시간, 낮은 동기가 비중독 환자들이 심리치료에서 보이는 통상적인 치료과정을 방해하기 때문에, 집단리더가 치료적 중립을 취하거나 한걸음 뒤로 물러나 있을 여유는 없다. 물질 의존 환자들의 치료는 집단 리더에게 드라마틱한 초점 전환을 요구하고 보통 훈련을 받지 않았거나 경험해 보지 못한 기법들을 활용하게 한다. 부적절하거나 무차별적인 직면, 개입, 강요와 치료적 영향력의 활용은 개인이나 집단에게 손상damaging effects을 입힐 수 있는 기법들이다. 그러한 치료적 접근은 현대적인 치료 유형과는 매우 상반 되며, 많은 집단 리더들이 그러한 치료적 사용을 불편해하거나 적절한 치료적 적용을 알지 못한다. 결과적으로, 이러한 방법들이 종종 오용되거나, 무시되거나, 지나치게 열성적으로 적용된다. 어떤 경우에, 이러한 방법들의 활용에 익숙하지 않는 집단 리더들은 모든 집단원들에게 모든 시간에 동일한 강도로 무차별적으로 치료적 방법을 적용한다. 집단 리더가 어떤 알코올과 약물 중독자들에게는 그런 방법이 거의 필요 없거나 어느 정도로만 필요하다는 사실을 알지 못한다. 이들은 자신의 집단원들을 개별적으로 다루는지 못하고, 이러한 기법들이 치료자 자신의 목적이 되어 버린다. 치료 초기에는 알코올 중독자에게 적절한 직면이 될 수 있어도 치료 후반부에는 매우 파괴적일 수 있다.

정상적인 기능을 효과적으로 하기 위해, 불안을 피하기 위해, 자아는 방어를 활용한다. 따라서 알코올과 약물 중독자들의 경직된 방어를 깨트리는 도구로 직면을 사용하면, 불안을 증가시켜 결국 회피반응과 부정을 촉발시킨다. 직면이 철수, 회피 혹은 달래주기 반응을 유발시킬 수 있고 결국, 경직된 사고와 행동 패턴을 강화시켜 변화에 대한 저항을 증가시킨다. 많은 경우에 보다 간접적인 직면으로 치료가 증진될 수 있다. 또한 수동적인 순응성(직면의 불안을 피하기 위한 치료자와 집단 리더에게 동의하기)이 직접적인 공격으로 인해 증폭된다.

이것이 이 장의 목적이다. 이러한 기법들 – 강요, 치료적 영향력의 활용, 직면과 개입 – 각각에 대한 치료적 유용성과 적용성의 한계를 규정하는 것이 이 장의 목적이다. 항상 그렇진 않지만, 보통 이러한 기법들은 치료의 초기에 더 적합하다. 물질에 의존한 사람들에게 치료에 들어오지 못하게 하는 어려움을 깨닫게 하거나, 그들의 행동 실천과 감정 간의 심한 불일치를 알도록 돕기 위해서는 이러한 기법들이 활용되어야 한다. 요약하면, 이러한 기법들은 중독자가 자기 자신을 보다 정직하게 보게 하고, 자기기만이 중독 심각도에 기여하는 중요한 요인임을 깨닫게 도울 수 있다.

치료적 신뢰는 환자들의 삶속에 있는 어려움들과 알코올과 약물 사용 간의 관계를 지각하고 알게 해준다. 기본적인 신뢰가 이뤄지면, 물질 사용이 초래한 문제들과 음주나 약물을 하지 않았을 때의 이점들을 비교해 보게 한다. 환자들 마다 각자의 비중을 가늠해 보게 하고, 각 개인이 결정을 내려야 한다. 하지만 중독자들이 지닌 자원에만 의존하도록 내버려두면, 대부분의 약물과 알코올 중독자들은 하루아침에 정상적이고 건강하게 약물과 알코올을 사용하게 될 거라는 믿음에 집착할 것이다. 대부분의 치료자들이 환자를 대신하여 결정을 내려주지 않는다는 사실이 중요하다. 어떤 대가를 치르더라도 치료적 동맹과 타협해서는 절대 안 되지만, 초기 회복 단계에서 사투를 벌이는 집단을 이끄는 집단 리더는 자신의 치료적 태도를 신중하게 평가해야 한다. Shore는 다음과 같이 말한다. "알코올 중독자들이 술을 마시면서 자신을 계속 죽이고 있는 동안, 융통성 없는 지지를 계속 보내는 치료자들은 자신의 치료적 입장에 대해 재고해 볼 필요가 있다"(1981, p. 13).

알코올과 약물 중독자들은 집단에서 새롭고 독특한 문제들을 집단 리더에게 끊임없이 내놓는다. 이 대상군과의 치료적 작업을 하는 집단 리더는 자신이 지닌 치료에 대한 많은 가정들을 재평가해 볼 필요가 있다. 비중독 환자에게 매우 효과적인 치료적 접근이 현재 중독 상태에 있거나 회복의 초기 단계에 있는 사람에게는 매우 부적당할지도 모른다. 집단 리더는 많은 알코올과 약물 중독자들이 상당히 세련된 방어를 하고 치료자를 꺾기 위해 이를 활용한다는 사실도 알고 있어야 한다. 자발적으로 치료를 받으러 오고, 자신의 증상을 완화시키기 위해 적극적으로 도움을 구하는 신경증 환자들이나 비중독 환자들과는 달리, 대부분의 중독 환자들은 치료적 의뢰로 끔찍한 실수가 있었던 적은 없었는지 혹은 치료 책임자나 집단 리더가 중독자들의 현실적인 문제에 더 많은 초점을 두길 원한다. 종종 이런 문제는 병리적인 물질 사용의 근본적인 원인이 되는 환자들의 마음을 나타낸다. 비밀리에, 환자가 이런 근본 원인을 알게 되면, 그는 정상적인 물질 사용으로 되돌아 갈 수 있을 것이다. 물질에 의존한 사람들은 음주나 약물 사용이 삶에서 느끼는 유일한 기쁨-어떤 대가를 치르더라도 보호해야하는 기쁨-이기 때문에, 이를 치료자에게 강조할 것이다.

치료적 영향력의 활용

집단 리더들은 물질사용으로 초래된 쾌락과 도취감보다 고통과 불쾌감dysphoria이 더 커질 때까지 알코올과 약물 중독자들은 알코올이나 약물을 포기하지 않는다는 사실을 알아야 한다. 결과적으로, 알코올과 약물 중독자들은 알코올과 약물이 그들의 삶의 영역에 어떤 영향을 주는지 알아야 한다. 집단 리더들은 또한 지속적인 음주나 약물 사용을 위협하는, 알코올과 약물 중독자들에게 가장 중요한 것이 무엇인지부터 개인 치료를 통해 알아야 한다. 어떤 중독자에게는 그것이 직업이고, 다른 이에게는 배우자, 건강, 가족 혹은 자기존중이다. 어떤 경우에는 감금일 수도 있다. 치료에 강요되어 온 사람들에게 이러한 지식은 치료적 도구들, 집단 혹은 AA를 활용하는 데 사용될 수 있기 때문에 중요하다. 알코올과 약물 사용이 판단에 영향을 미치고 만성적으로 물질 사용은 일시적이지만 심한 인지적 손상을 야기시키기 때문에, 많은 환자들이 그들이 처한 상황의 본질을 정확하게 이해하고, 해석하고, 지각할 수 없으며, 그들의 삶, 가족, 건강과 직업에 영향을 주는 명료하고 합리적인 결정은 더더욱 내릴 수 없다. 집단 리더가 알코올과 약물 중독자들이 치료 초기 단계를 거쳐 가도록 안내해 주기 위해, 치료적 영향력therapeutic leverage 활용의 필요성을 아는 것이 중요하다. 환자들이 자기 스스로 합리적인 선택을 더 잘 할 수 있을 때까지, 집단 리더의 치료적 영향력이 필요하다. 배우자, 직업, 건강의 상실 혹은 감금의 위협에서, 집단 리더의 방식을 환자들이 시도해 보도록 납득시키는 일이 중요하다. 그러나 이는 집단 리더의 방식이 싫으면 일 년 후에 자신만의 방식으로 시도해 볼 수 있다고 정중하게 전달할 수도 있다.

자신의 건강 상태를 염려하는 집단 구성원들이 임상 검사laboratory testing를 자주 받고 의사에게 곧바로 진료 받을 수 있도록 미리 준비되어 있어야 한다. 간 기능 검사와 신경학적 검사는 매우 중요하다. 대뇌 위축에 대한 CAT 스캔은 시행 가격이 비싸고 시행하기 어렵지만, 치료적 영향력을 발휘하는 데 매우 중요한 근원이 될 수 있다. 특히 물질에 취하지 않고 맑은 정신을 유지할 경우, 이러한 상태의 가역성reversibility을 밝힌 연구 결과들은 풍부하다. 신경 심리학적 평가는 가격이 훨씬 절감된 수준에서 환자에게 동일한 결과evidence를 제공할 수 있다. 심리학적 및 신경심리학적 검사결과로부터 얻은 결과는 구체적이고 특히 입증가능한 행동과 관련 있어서 더욱 영향력이 있을 수 있다. IQ와 추상적 추리력에서 두드러지게 낮은 점수를 보이는 알코올과 약물 중독자들은 물질 사용을 더욱 절제하려는 동기에 영향을 줄 수 있다. 만성적인 물질 사용이 영구적이고 회복 불가능한 두뇌 손상을 유발 시킬 수 있다는 경고를 받은 경우는 특히 더 그러하다.

알코올과 약물 중독자가 기혼이거나 중요한 인간관계가 있을 때, 집단 리더는 결혼이나 관계의 다중적인 어려움이 있다는 사실을 알게 된다. 많은 경우에, 배우자와 이혼 과정에 있거나, 이혼을 요구하거나 환자와 별거 중이다. 결혼 상태나 인간관계가 환자에게 중요하다면, 특히 배우자가 물질에 중독되어 있지 않으면, 중요한 치료적 영향력의 근원이 될 수 있다. 그런 알코올과 약물 중독자의 배우자나 중요한 타자는 반드시 치료 과정에 관여시켜야 한다. 이는 환자가 입원 중이고 28일 낮 병동 프로그램에서 치료 받고 있을 때엔 특히 더 그렇다. 알아논Al-Anon:가족친목 모임과 협동치료 회기conjoint therapy sessions 참여는 배우자나 중요한 타자가 치료적 영향력을 위협하는 자기 파괴적 행동self-defeating behavior을 하지 않게 한다. 중독자에게 중요한 사람으로부터 얻은 정보를 적절히 활용하면 치료에 도움이 될 수 있다. 중요한 사람이 알코올과 약물 중독자를 지지하거나 치료적 영향력을 강화시키는 데 도움이 되는 관찰과 정보를 제공해 줄 수 있다. 그러나 배우자나 중요한 타자가 중독자들에게 무의미한 위협을 하지 않도록 해야 한다. 그러한 위협을 계속할 경우, 별거나 이혼에 대해서만 위협하도록 권면 한다. 배우자나 중요한 타자가 보이는 태도는 종종 중독자의 회복에 강한 동기를 부여하는 힘으로 활용할 수 있다.

음주나 약물 사용으로, 직업과 관련된 어려움을 겪는 환자들은 절제에 대한 극심한 압력 을 받을 수 있다. 이는 고용주가 치료를 의뢰하였을 때 특히 그러하다. 이러한 상황에서는 고용주, EAP(근로자 원조 프로그램) 대표나 회사 의료부와 접촉해야 한다. 물론, 집단 리더가 정보 공개에 동의하였을 때이다. 치료적 계약은 집단 리더를 법적으로 보호받게 하지만 집단 리더의 목표, 동기와 의도를 분명히 나타내는 것이어야 한다. 치료적 계약의 목적은 환자에게 직장을 위협하려는 것이 아니고, 치료 프로그램이 중독자들의 회복에 절실하다는 것과 그들의 행동의 결과를 똑바로 보게 하려는 데 있다는 메시지를 전달하는 것이다. 치료나 집단에서 나누는 개인적이고 구체적인 일들에 대해서는 논의되지 않지만, 환자의 음주나 약물 사용과 관련된 치료적 진행 상황에 대해서는 전달된다는 사실을 환자들에게 알려준다. 약물과 알코올 절제 과정과는 무관한 문제에 대해서는 비밀보장confidentiality이 유지된다는 사실을 전달하여 집단 구성원들을 안심시킨다. 많은 알코올과 약물 중독자들의 경우, 그들의 직업적 안전과 업무 수행과 관련된 치료적 영향력이 회복의 동기를 부여하는 가장 강력한 힘이다.

법원에서 의뢰된 경우, 알코올과 약물 중독자들은 매우 유사한 입장을 취한다. 중독자들이 공공장소에서의 중독행위public intoxication, 중독 상태에서 운전DWI이나 물질사용하의 운전DUI으로, 2개 이상의 유죄 판결을 받았을 때 특히 더 그러하다. 법정이나 보호 관찰관을 통해 이뤄진 치료적 계약은 개인의 회복에 강한 인센티브가 될 수 있다. 의뢰로 집단 치료 형식을 활용할 때는 특별한 집단 형식이 필요하다. 그러나 이런 적용이 성공적으로 이뤄지면, 집단은 법정 의뢰로 선택된 치료이다. 그러한 치료도 이 장에서 기술하는 모든 기법들(즉, 직면, 개입, 강요, 치료적 영향력)이 활용되며, 이 장의 뒷부분에서 그 형식에 대해 자세히 소개하고 기술할 것이다.

여기에서 분명히 개관한 바와 같이, 치료적 영향력의 사용은 치료적 계약과 관련된 중요한 고려사항들을 제기한다. 신뢰는 모든 형식의 심리치료와 치료에서 결정적으로 중요한 요인이다. 많은 경우에, 신뢰와 치료적 동맹은 집단 혹은 치료에 들어오는 환자들의 환경과 중독이라는 질병의 성격으로 심하게 약화된다. 집단 리더들이 치료 영향력 발휘와 관련된 함정들을 피할 수 있는 두 가지 방법이 있다. 치료시설이나 입원해 있는 동안 집단에 들어온 환자라면, 환자의 주 치료자나 집단 리더에 의한 것보다 다른 사람이 더 도움이 된다. 이는 집단 리더의 치료적 동맹이 약화되지 않도록 돕는다. 그러나 집단 리더는 치료적 계약의 제한점을 정확하게 파악해야 한다. 집단 리더는 집단원들에게 병원에 있는 다른 치료자들에게도 그들의 집단 진행 과정과 관련된 정보를 알려주어야 한다는 사실을 명확히 전달해야 한다. 환자들이 치료의 첫 부분을 마친 후에, 집단 리더들은 집단과 집단 구성원들과 새로운 계약을 맺을 수 있다. 이는 집단이 진행 중이고, 장기적이며, 치료 후 집단일 때 특히 중요하다. 그러나 어떤 사람들은 치료를 강요받았다거나 통제를 받았다고 느끼면, 집단 리더를 신뢰하지 못하고, 어떠한 경우 신뢰 형성이 불가능할 수 있다. 집단 치료가 자신에게 도움을 주었다 하더라도 그러하다. 이런 경우 신뢰와 치료적 동맹을 수립하거나 재수립하기는 불가능하다.

치료적 영향력의 활용이 집단 리더들에게 몇 가지 어려움을 주더라도, 치료 효과 면에서 치르는 대가보다 얻는 이득이 보통 더 많다. Zimberg(1980)는 잘 계획된 치료적 방식을 실행할 때, 그러한 접근이 주는 이점을 개관하면 다음과 같다.

신중하게, 적절하게, 비 처벌적으로 그리고 비 판단적으로 치료가 이뤄질 때, 치료에 반응적으로 알코올 중독을 이끌어 갈 때, 치료적 영향력은 매우 효과적이다. 그러나 환자에 대한 분노와 좌절이 포함된 심각한 역전이 문제가 있는 치료자가 치료적 영향력을 발휘하면, 치료적 관계는 파괴된다. 집단 리더는 알코올 중독자의 회복을 촉진시키기 위해 치료적 영향력을 발휘하는 것인지, 성공적인 치료를 위해서 혹은 중독자의 필요를 충족시키기 위해서가 아니라 알코올 중독자의 도발적인 행동에 대한 처벌과 보복을 하기 위해 치료적 영향력이 행사되고 있는 것은 아닌지, 집단 리더는 알코올 중독자를 치료할 때 끊임없이 자기 관찰을 해야 한다.(pp. 112-113)

직면

집단 리더들이 집단에서 효과적으로 치료적 영향력을 행사하기 전에, 알코올과 약물 중독자들이 사용하는 방어들의 목적과 그런 방어들을 바꾸기 위해, 필요한 직면 기법들 간의 복잡한 상호작용을 알아야 한다. 방어는 방어를 하는 이유가 있기 때문에 항상 한다. 직면을 목적으로 너무 심하게 직면시키거나 너무 서둘러 방어를 없애지 말아야 한다. 방어는 환자들이 자신의 목적을 완전히 이해하고 고통스러운 정서 상태를 좀 더 건강한 방식으로 방어하고, 자아 강도와 대안적인 자원들이 충분히 개발될 때 까지 방어를 바꾸지 않는 것이 심리치료의 일반적인 원리이다. 그러나 알코올과 약물 중독자들은 집단 리더가 중독자들의 상태를 그려보는 데 시간을 할애하는 동안, 알코올과 약물 중독자들이 자살하거나 지지 체계가 완전히 파괴될 수 있다. 이런 경우에, 집단 리더는 지지와 무조건적 수용으로 환자를 대하는 전형적인 태도를 바꾸어야 한다. 직면은 알코올과 약물 중독자의 경직되고 자기-파괴적인 방어 기제를 다룰 때 활용할 수 있는 한 가지 방법이다. 그러나 직면의 정해진 한도와 제한에 대해 먼저 올바르게 인식하고 알아야 한다.

환자의 말이나 집단 리더가 제시한 말의 공감적 명료화와 해석과는 달리, 직면은 환자가 모르고 있거나 부정하고 있는 것을 다룬다. 직면은 환자들이 의식적으로 혹은 무의식적으로 회피하고 있지만, 다룰 수 있거나 반드시 다루어야(다루지 말아야) 하는 상황에서 이뤄질 때 가장 효과적이다. 환자들이 감정 없이 사건을 기술하거나 사건 묘사가 그들의 삶 속에 있었던 이전 에피소드들과 매우 흡사하거나, 환자 자신의 생각, 감정과 행동 간에 불일치를 보일 때들이 직면의 최고 후보감들이다. 직면은 과거로 빠져 나가지 못하고 곤경에 처한 상황에서 앞으로 나갈 수 있도록 돕는다.

집단 리더가 알코올과 약물 중독자들의 고통과 괴로움만 강조하면, 중독자들의 부정이나 망상 체계를 강화시킬 위험이 있다. 또한 중독자들이 물질 사용을 포기하려 하지 않기 때문에, 리더는 부정이 중독자들의 괴로움과 고통의 많은 부분을 결정하고 있다는 사실에 대해서도 강조할 수 있어야 한다. 집단 리더는 환자들이 원하는 말이나 환자들이 듣고 싶은 말을 해주거나 행동하는 것이 공감empathy이 아니라는 사실을 기억해야 한다. 불가피하게, 변화 과정에서 중요한 단계를 촉진시키기 위해서, 반응적인 집단 리더는 자신의 역전이 감정을 민감하게 모니터링하면서, 고통스러운 진실을 구성원에게 직면시키는 결정적인 순간은 집단 과정에서 항상 일어난다. 사실상, 이러한 위험은 집단 리더가 확신을 갖고 말하고 있는 암묵적으로 가능한 일이다. "제 판단으로, 당신은 이제 자기 자신에 대한 이 문제를 인정하고 대처할 준비가 되어 있습니다. 저는 집단 리더로서 당신을 직면시킬 책임이 있습니다. 사실에 직면할 수 있는 당신의 능력을 확신합니다." 이런 태도에서 직면이 이뤄지고 집단 리더에게 좌절이나 분노가 유발되지 않으면, 직면은 효과적이다. Louis Ormont(1985)가 말한 것과 같이, "당신이 환자들을 사랑하고 환자들도 그렇게 느낀다면, 당신은 그들에게 어떤 말이라도 할 수 있다."

이런 관점에서 적용된 직면은 중독 치료에서 지금까지 사용되어 온 방식과 매우 다르다. 역사적으로, 집단 치료에서 직면의 사용은 Day-Top과 시나논과 같은 약물에 자유로운drug-free 치료적 공동체와 주로 탈중독자들ex-addicts이 이끄는 치료적 작업에서 발전하였다. 본래 취지는 '우리가 당신을 걱정하지 않거나 염려하지 않는다면, 당신의 삶을 구할 수 있는 무언가를 굳이 지적하지 않을 겁니다'라는 메시지를 전달하는 것이다. 그러나 어떤 치료 기법도 과도하게 적용될 수 있듯이, 직면도 반치료적 결과를 가져올 수 있는데, 특히 직면이 치료를 공격할 때 그렇다(Rachman & Heller, 1974).

Rachman과 Heller의 경고처럼, 직면이 다음과 같은 상황에서 이뤄질 때 '공격 치료attack therapy'가 된다.

1. 직면적 분위기에서, 개인은 종종 심리적인 상처를 받는다. 물질 남용에서 재활 중인 사람들이 존엄성, 반대할 수 있는 자유나 독립심, 개성적으로 생각하고, 느끼고 행동할 기회를 잃어버릴 수 있다.
2. 직면이 '개념'으로 알고 있는 철학과 행동으로, 엄격하고 융통성 없는 규칙을 따를 때
3. 치료적 동맹이 발달되기 전에 직면이 종종 사용될 때
4. 치료적 융통성이 부족하여, 도움이 되는 여러 개입들과 직면이 통합되지 못할 때
5. 진실한 내적 변화가 일어나지 않고 사람들이 서로를 계속 직면시키는 의례적인 상호작용이 발달할 때

Rachrrtan과 Heller(1974)가 경고한 것과 같이, 구성원들은 공격에 대한 반응으로 '경찰 게임cop-to-the game'을 배운다. 그들의 등 뒤에 있는 치료자와 집단 리더를 잡기 위해, 구성원들은 자신의 행동 위반을 시인한다. 오로지 직면만 사용하면 긴장, 분노, 적대감, 그리고 공감, 염려와 보살핌이 없는 적개심이 촉진된다.

이런 입장과 대조적으로, Raubolt(1974)는 다음의 지침 하에 형성되는 '보살피는 직면caring confrontation'의 분위기를 제안한다.

1. 직면과 제한된 치료 장면은 개인의 충동성이 통제를 벗어날 때 필요하다. 직면은 물질남용의 파괴적 효과에 대한 여러 층의 방어 껍질을 제거하기 위해 사용된다.
2. 변화의 촉진자로 전통적인 권위상 보다 동료를 활용하라.
3. 중독에는 개인을 소진시키는 생활양식과 정체성이 종종 관련 있다는 사실을 인식하라.
4. 성격적 변화가 일어나기 전에, 절제 및 알코올과 물질 사용 행동에 초점을 두도록 강조하라.
5. 개인들에게 자신의 자기 파괴적이고 물질 지향적 행동에 책임을 지도록 강조하라.

6. 심리적 문제와 개인적 기능을 논의할 때 비전문 용어를 사용하라.

직면은 항상 집단 리더에 의해서만 전달되는 건 아니다. 동료와 집단의 다른 구성원들이 서로를 직면시킬 수 있다. 특히 집단리더가 직면을 허용하고 심지어 촉진하는 분위기 일 때 그러하다. 이런 분위기가 '공격치료' 인지 '보살피는 직면' 인지의 여부에 따라, 이득이 되거나 불리한 결과를 가져올 수 있다. Washton(1992)은 집단 구성원들이 직면의 목적을 이해하고 직면을 좀 더 잘 받아들이도록 도와주기 위해, 다음의 지침들을 제안한다.

효과적인 직면을 위한 지침

1. 직면은 그들의 행동에 대한 현실적인 피드백을 누군가가 제공하는 것이다. 그/그녀가 다른 사람에게 어떻게 보이는지 '거울을 보여주는' 과정이다. 직면은 '인신공격'이 아니다.
2. 직면은 존경어린 어조로 공감, 관심과 염려를 말할 때 가장 유익하다.
3. 직면은 문제가 되는 행동의 예를 들어 주면서, 관찰에 대한 기술이다. 직면에서 개인의 행동에 관한 추측, 설명, 해석, 조언과 비판은 제외된다.
4. 직면은 개인적 위험, 자기 패배적 행동에 대한 관심을 드러내는 진술이다. 가능하다면, 자신의 경험에서 자기 패배적 행동과 유사한 예를 든다. (p. 514)

이 지침을 따르면, 현실을 직면하는 데서 굴욕감과 공격성이 용인될 수 있다는 일부 적대적 구성원들의 잘못된 신념으로 인한 어려움들을 집단 리더가 피할 수 있다. 직면이 지나치게 남용될 가능성에 대해 쓴 Washton은 집단에서 직면을 적용할 때 모니터링 하도록 집단 리더에게 경고한다.

> 집단 구성원들은 부정적 태도를 집단 리더보다 잘 참지 못한다. 이러한 태도가 자기 자신을 떠올리게 할 때 특히 더 그렇다. 공격을 받을 가능성이 높은 타겟은 반복적으로 재발하는 구성원들, 도전적이고 피상적이거나 불성실한 구성원들, 집단의 다른 구성원들과 진솔하게 교제하지 못하고 자신의 문제를 최소화시키는 구성원들이다.
> 때로 집단 리더가 지금까지 못보고 지나쳐 왔고 다루기엔 너무 늦어진 어려운 문제가 있는 집단 구성원들에게 직면을 그만 두면 그들은 양가감정을 느낀다. 집단 리더는 다른 구성원들에게 인기가 없고 좌절을 주고, 저항적이거나 문제가 많은 집단 구성원들이 다른 동료의 희생양이 되거나 집단의 공격을 당하게 해서는 절대 안 된다. 심지어 그런 구성원에 대한 집단원들이 경험이 정확할 때도 허용되어서는 안 된다. 가혹하고 지나친 직면이 특정 구성원들을 집단 밖으로 몰아내는 수단으로, 그들이 다시 집단으로 되돌아오지 못하게 막는 수단으로도 사용되지 않아야 한다. (1992, p. 514)

직면이 적절하게 이뤄지면, 환자는 자신에 대한 새로운 이해를 갖게 된다. 그러나 직면이 처벌적이거나 공격적이라면, 방어만 일어나고 저항이 커진다. 어떤 경우에, 수동적으로 순응하는 환자를 직면시키면, 직면은 환자가 숨기려는 것을 드러내 주기 때문에 상당한 이득을 준다. 환자가 숨긴 것을 명료하게 하는 것이 효과적인 직면의 본질적인 구성 요소이다. 결과적으로, 집단 리더들은 명백히 관찰 가능한 사건들에 한해서만 직면이 효과적이다. 집단 리더들이 사실을 솔직하게 드러내지 못하거나 관찰의 정확성을 잘못 판단하면, 직면의 잠재력과 영향력은 잃어버린다. 직면은 사실적인 진술일수록 훨씬 더 강력하고 환자의 동기나 행동에 대한 가정과는 혼동하지 말아야 한다.

예를 들어, "전 당신이 술을 너무 많이 마시기 때문에, 알코올 중독자라고 생각 합니다" 라고 알코올 중독자에게 말한 집단 리더의 직면은 개인의 행동에 대해 가장 그럴 듯한 가정을 제안하는 주관적인 의견일 뿐이다. 이는 어떤 사람에게는 매우 심한 음주이지만 다른 사람에게는 적절한 소비가 될 수 있기 때문에 논쟁의 여지가 있는 상대적인 표현이다. 그런 진술은 관찰 가능한 사실에 근거한 것이 아니고 직면을 받은 개인에게 집단 리더의 주관적인 견해에 대항할 가능성을 야기 시킨다. 그러나 집단 리더들이 입증 가능한 사실적 관찰에 근거한다면 훨씬 더 믿을 수 있는 직면을 할 수 있다. 예를 들어, 집단 리더가 동일한 예에서 다음과 같이 말할 수 있다.

> 신중하고 현실적으로 음주의 결과를 평가해 보는 일이 당신에게 도움이 될 수 있습니다. 당신은 술을 마시면 참을성이 없어져서 아내와 이혼 소송 중이시죠. 음주 운전으로 두 번이나 체포 되셨는데요. 그로 인해 변호사 비용과 보험료 인상으로 상당한 돈을 지불하셨어요. 당신의 직장 상사는 주말폭음으로 당신의 작업 능률과 출근율이 매우 위태로워 당신을 해고하겠다고 위협하고 있지요. 이런 사실들은 당연히 정상적인 음주는 아닙니다. 이러한 어려움들은 당신이 알코올 중독자일 수 있다는 사실을 의미하는데요. 이런 말이 불편하시다면 음주 문제가 심한 사람으로 이해하셔도 됩니다.

앞의 두 가지 직면 간의 차이는 뚜렷하다. 첫 번째 직면은 주관적으로 편향되어 있고 독단적인 것으로 해석될 수 있다. 두 번째 직면은 관찰 가능하고 부정할 수 없는 사실들을 다룬다. 두 번째 진술도 역시 매우 직면적이지만, 분노나 무례한 태도는 보내지 않는다. 환자의 진실성이나 존경을 훼손시키면서 직면시켜서는 절대 안 된다. 직면이 적절히 이뤄지면, 고통스러운 인식이 유발될 수 있지만, 개인에게 상처는 주지 않을 것이다. '자기 자신의 이득'을 위해 환자에게 '심하게 쏘아대는' 집단 리더들은 그런 태도에 대한 대안들을 신중하게 탐색해 볼 필요가 있다. 예시에서처럼, 메시지의 영향력을 없애지 않고 동일한 정보를 좀 더 효과적으로 전달하는 방법은 있다. 다음의 사례가 이런 점을 명료화하는 데 도움을 준다.

31세 복합약물 남용자인 John은 악화된 약물과 알코올 사용으로 인한 염려와 어려움이 커져 치료를 받으러 왔다. 그의 두 번째 아내는 이혼 소송을 제기했고 그는 약물과 알코올 사용에 의한 여러 신체 합병증들을 경험하기 시작했다(즉, 기억 상실증, 떨림, 진전 섬망과 경련). 매일 만나는 치료 집단에 2주간 참여하면서, 그는 생각이 또렷해지고 신체 상태가 안정될 때 까지 얌전하고 수동적으로 앉아만 있었다. 그러나 그 후에 그는 점 점 더 말이 많아지기 시작했다. 그가

회복의 힘을 얻고 맑은 정신을 얻게 되면서, 전형적인 방어 기제들이 되돌아 왔다. 그는 자신의 삶에서 이례적인 사건과 상황인 지나친 도박에 대해 말하며 집단의 모임을 주도하기 시작했다. 그런 그의 행동은 집단에 해를 끼쳤을 뿐 아니라, 다른 사람들도 John을 멀리하게 되었다. 이런 그의 행동은 그의 아내의 주요 호소였기 때문에, 집단 리더는 이 문제를 다루고 교정할 필요가 있겠다는 결정을 신중하게 내렸다. John이 현재 가지고 있는 자원만으로 이 문제를 해결하도록 내버려 두면, 이 문제를 인식하는 데 수 개월이 걸릴지도 모른다. 다음 회기가 시작하자마자, John은 자신의 누이를 '대단한 뻥쟁이' 라고 평하면서, 이에 대해 상세하게 설명하기 시작하였다. 지난 두 회기 동안 반복적으로 보여 왔던 행동 방식이 이번 회기에서도 드러냈다. John이 설명하는 중간에, 집단 리더는 다음과 같이 간략하게 언급하면서 John의 이야기를 잠시 중단시켰다. "John, 잠시 만요, 당신이 이야기를 계속하기 전에, 질문을 하나 하고 싶은데요." John은 신속히 말을 중단하였고, 집단 리더의 질문에 호기심이 생겼다. "제 모든 존경을 담아 이 질문을 드리는데요, 당신의 마음이 상하지 않았으면 합니다. 허풍이 그 집안의 유전인가요 ?" 라고 집단 리더는 정중하게 John을 직면시켰다. John은 잠시 멈춰 생각하더니 크게 소리 내어 웃었다. "네, 방금 선생님이 하신 말씀처럼, 제 생각으로 유전인 것 같은데요"라고 말하며 자신의 행동에 대한 통찰의 미소를 지었다. 다른 집단원들도 John을 따라 웃었고 이에 대해 함께 나누기 시작했다. 집단원들은 비생산적인 방식으로 오랫동안 이야기하는 그의 말버릇을 눈치 챘지만, 그가 2주전까지만 해도 너무나 조용하게 지냈기 때문에 섣불리 말하고 싶지 않았다. 집단원들은 그들이 그에게 어떤 말이라도 하면, 그가 다시 껍질 속으로 다시 들어가 버릴까 봐 두려웠다. 그와 다른 집단원들은 자신들의 진정한 감정을 감추기 위해 말을 사용한다는 통찰에 대해 서로 더 많은 나눔을 가졌다. 이러한 직면의 결과로 그 회기의 남은 시간 동안 집단원들은 두려움과 방어에 대한 생산적인 탐색을 하였다.

이 사례에서, 집단 리더는 좀 더 일찍 더 직접적입 방식으로 존을 직면시킬 수도 있었다. '그런 게 허풍이죠'와 같은 표현은 도발적이지만 적절하다. 그러나 그런 진술이 존의 감정을 상하게 하고, 화나게 하고, 집단으로부터 멀리 떨어져 나가게 할 수 있다. 개방성, 신뢰와 안전에 큰 영향을 주고, 끔직한 결과를 초래할 수 있는 집단 분위기를 만들 수도 있다. 또한 이 사례에서 분명히 드러나는 것과 같이, 처벌적으로 혹은 화를 내면서 직면시킬 필요는 없다. 유머와 역설이 가미되어 신중히 적용된 개입은 지나치게 엄격하고, 도발적이거나 독단적인 방식으로 직면시킨 개입 못지않게 생산적이다.

알코올과 약물 중독자들로 구성된 집단에서 직면시키기 전에, 직면이 목표로 하는 의도에 대해 조심스럽게 평가할 필요가 있다. 알코올과 약물 중독자들은 보통 깊은 수치심, 낮은 자존감과 지나치게 처벌적인 자기혐오와 미움과 관련된 고통스러운 정서에서 자기 자신을 보호하는 수단으로 보통 방어를 사용하기 때문에, 이러한 방어들을 너무 성급하게 직면시키거나, 부적절하게 직면시키면 중독자들의 회복에 역효과를 일으킨다. 집단 리더들은 중독자들이 치료의 초기 혹은 시작 단계에 있는 동안, 알코올 중독자의 음주나 음주와 관련된 행동에 대해서만 직면하도록 제한하면, '엽총으로 움직이는 것을 모두 쏘아대는' 위험은 피한다. 알코올과 약물 중독자들의 회복이나 그들이 적극적으로 사용하는 방어를 다룰 때, 비중독자들과 다르게 다루어야 한다는 원리를 집단 리더가 지킨다면, 이는 자신의 발을 견고한 이론적 근거 위에 두는 것이다. 모든 방어적 작용이 이들의 물질 사용과 관련되어 있다고 직면시킬 필요가 있다. 그러나 공감적 이해와 감정적 완화가 환자들의 음주나 약물 사용 행동과 분리될 때 까지, 다른 방어들은 직면시키지 않는 것이 더 유익하다. 회복중이거나 물질을 적극적으로 사용하고 있는 알코올과 약물 중독자들의 경직된 방어들과 여러 가지 분명한 불일치들에 대해서, 집단 리더는 중독자들이 그들의 문제를 좀 더 현실적으로, 정직하게 볼 수 있을 때 까지 견딜 수 있어야 한다. 알코올과 약물 중독자들이 향후 알코올이나 약물을 다시 사용하지 않거나 재발하지 않고 직면을 견딜 수 있겠다는 확신이 있을 때 까지, 집단 리더들은 직면을 피하고 참아야 한다.

이 대상군과 함께 치료적 작업을 할 때, 집단 리더들은 직면과 지지 간에 섬세한 균형을 유지해야 한다. 어떤 사람들의 경우, 너무 많은 지지는 알코올과 약물을 계속 사용하도록 강화시키기만 할 것이다. 반면에, 다른 경우, 시기가 너무 이르고 부적절한 직면은 도전적인 저항을 증가시키거나 재발을 유발시킬 수 있다. 불행하게도, 부적절하고 시기가 좋지 않은 직면이 항상 집단 리더에게서만 기인되진 않는다. 따라서 집단 리더는 집단 구성원들 간의 직면을 다루고 관리하는 데 능숙해 지는 것이 중요하다. 때로 집단에 속한 다른 누군가에 의한 정확하고 공감적인 직면이 훨씬 더 큰 치료 효과를 환자에게 줄 수 있다. 하지만 다른 집단원에 의한 직면은 빈번히 분노를 유발시키기 때문에, 보통 파괴적일 가능성이 더 크다. 그런 직면이 생겼을 때 집단 리더가 재빨리 반응할 수 있으면, 리더가 상호작용을 이끌어내어, 직면이 배려와 지지로 받아들여질 수 있다. 다음의 사례가 이런 점을 설명하는 데 도움을 준다.

미군은 미성숙하고 거만할 정도로 도전적인 19세의 퇴역군인 인 Scott에게 퇴역 군인 병원에서 하는 약물 재활 입원 프로그램에 참여하도록 요청하였다. 몇 달 전에, 그는 약물 사용과 관련된 반복된 규율상의 문제로 조기 명예 전역을 하였다. 병동에 3주 동안 있으면서, 그는 끊임없이 적대적이고 도전적이고 화를 냈다. 매일 모임이 있는 입원 집단에서 10번째 모임을 하는 동안, 집단 리더는 Scott가 미군과 의사, 치료자들의 타고난 악함과 불공정성에 대해 긴 연설을 할 때, 다른 집단원인 Dave가 머리를 절래 절래 흔들며 다리를 떠는 모습을 보았다. Scott의 길고 신랄한 연설 끝에, 집단 리더는 다소 몸집이 크고 우람하며, 다른 사람들의 존경과 두려움을 받는 38세 베트남 퇴역군인인 Dave에게 Scott가 했던 말에서 무엇을 느꼈는지를 조용히 물었다. Dave는 "저 사람은 제가 보기에 자기 연민이 가득한 허풍쟁이 같아요." 라고 한 마디 하였다. 정맥류 헤로인 중독자인 Dave는 병동에 있는 다른 퇴역군인들이 무서워했지만 존경을 많이 받았기 때문에, Scott는 그의 코멘트에 다소 놀랬다. 이 시점에서 Scott에게 직면시키기보다, 집단 리더는 Dave에게 Scott가 누구를 상기시키는 물었다. 그 질문으로 처음엔 깜짝 놀라긴 했지만, Dave는 "넌 19년 전에 나 같아, 너의 태도를 바꾸지 않으면, 나처럼-마약 쟁이-되서나 죽거나 교도소에 가겠지." 집단리더가 Dave와 Scott간의 입장 바꾸기를 함으로써, Dave가 화가 난 것보다 속으로는 관심이 많았었다는 사실이 더 분명해졌다. 이런 모습은 평소의 Dave답지는 않았지만, 그는 Scott와 그 집단에서 그의 부드럽고 배려 싶은 모습을 계속 드러냈다. 이런 모습이 직면 초기에 보였던 가혹함을 누그러지게 했고 Scott의 마음에도 훨씬 더 들었다. 그런 직면을 집단 리더가 했다거나 Dave의 여는 말로만 남겨두었다면 치료 효과는 잃어버렸을 것이다. 직면에 숨겨진 이유에 대한 탐색은 Scott가 이전에 몰랐던 자신에 대해 알게 하였다.

이런 직면은 효과적일 수 있다. 그러나 집단 리더는 직면 그 자체가 목적이 아니라는 사실을 알아야 한다.

직면은 전략적으로 적용되어야 하고, 다른 임상적 기술이나 지식과 함께 사용될 때 알코올과 약물 중독자의 부정과 치료적 저항에 대한 치료적 작업을 증진시킬 수 있다. 직면이 항상 직접적이거나 따뜻함과 배려가 부족할 필요는 없다. 비유, 유머, 풍자, 반대 세력을 이용한 역설적인 개입들은 집단 리더에게 따뜻하고 공감적인 태도를 띠게 해준다. 이는 변화에 대한 책임을 알코올과 약물 중독자의 양 어깨에 두면서, 집단 리더의 좌절을 줄여 주고 치료를 더욱 효과적이게 한다. 맑은 정신과 절제는 알코올과 약물 중독자가 변화에 책임을 질 준비가 되어 있지 않으면 불가능하다. 직면은 사실상 동기 유발적이고 촉진적일 때만 도움 된다. 집단 리더가 알코올과 약물 중독자를 변화시킬 수 없고 변화하도록 강요하거나 강제로 변화를 시도해서도 안 된다. 그런 권력 투쟁에서 이기는 사람은 아무도 없다. 약물과 알코올 중독자는 지속적으로 물질을 사용하기 위해 다른 변명을 하게 되고 집단 리더는 점점 더 낙담하고 실망하게 된다.

이 장에서 직면에 대한 논의는 집단 심리치료에서 직면의 적절한 사용과 그 성격에 대한 비판과 오해를 분명히 밝히려는 데 있다. 좋은 해석과 명료화처럼, 직면은 이전에 알지 못했던 행동들을 알게 하려는 것이다. 자기 자신에 대한 정확하고 현실적인 이해가 더욱 더 이뤄짐에 따라, 환자들이 사용하는 방어와 방어를 사용하는 이유에 대해 검토할 수 있게 된다. 알코올과 약물 중독자들과 함께 치료적 작업을 할 때, 그들의 음주와 약물 사용에 대한 정확한 인식에서부터, 방어를 사용하는 이유를 알기까지 수개월이 걸리고, 경우에 따라 수년이 걸리기도 한다. 많은 알코올과 약물 중독자들이 갖고 있는 자신의 행동에 대한 무의식적 동기는 환자들이 그런 인식을 다룰 수 있을 만큼의 충분한 맑은 정신과 감정적 안정성을 지닐 때까지 탐색되어서는 안 된다. 이는 다른 환자들이 아닌 중독환자들과 함께 치료적 작업을 할 때, 집단 리더가 반드시 배워야 하는 가장 의미 있고 중요한 것이다.

모든 방어적 작용의 배후에 있는 무의식적 동기를 좀 더 탐색하기 위해, 맑은 정신 유지하기와 직접적으로 관련된 행동, 태도와 행동실천에만 직면시키도록 한정하는 것은 개인마다 신중하게 평가하려는 전략이다. 치료에서 어떤 사람은 좀 더 일찍 그런 준비가 되어 있고, 다른 사람의 경우, 더 많은 시간이 필요할 수 있다. 일단 집단 리더가 회복중인 알코올과 약물 중독자가 좀 더 탐색적인 치료 형태를 취할 수 있을 것으로 느껴지면, 집단 리더는 알코올과 약물 중독자를 상위 집단으로 이동시키거나 그 치료 집단의 초점을 바꿀 수 있다.

무의식을 의식화시키는 원리는 원래 Freud가 고안한 것이다. "id가 있었던 곳에 ego가 있게 하라 Where id was, there ego shall be" (Freud, 1936, p. 80)라는 표현은 심리치료와 관련된 Freud의 입장을 분명하게 요약한 것이다. 심리 치료자나 집단 리더는 이전에 무의식이었던 것id을 환자의 의식ego으로 가져 온다. 하지만, Freud는 심리치료의 궁극적인 목표가 무의식의 의식화로 보지는 않았다. 다른 말로, 직면을 위한 직면은 절대 하지 않아야 한다. 되풀이해서 말하자면, Freud의 표현에서 정신분석의 의도는 'id의 건강한 부분을 활용하기 위해, ego를 강화시키기 위해, super-ego에서 ego를 좀 더 독립시키기 위해, ego의 지각 장을 확대시키고 ego의 조직을 확장시키는 것이다" (1936, p. 80). 여러 면에서, Freud는 무의식을 자각하도록 환자를 돕는 것은 이런 인식을 견디는 능력(자아 강도)을 강화시키는 것에 좌우된다고 제안한다.

이는 집단 리더가 집단에서 알코올과 약물 중독자와 함께 치료적 작업을 할 때 반드시 취해야하는 전략적 입장을 정확하게 설명한 것이다. 또한 무의식적 동기에 대한 인식의 증가 그 자체가 행동을 변화시킨다고 기대하지 않아야 한다. 직면과 해석의 분명한 목적은 사람들이 인식하지 못하고 통제하지 못했던 생각과 감정을 인식하게 하는 것으로, 이때 인식은 다른 생각과 감정의 관계를 고려할 수 있고, 검증가능하며, 그것들이 행동에 영향을 주는 정도에 따라 어떠한 의식적 통제를 발휘할 수 있게 되는 지점을 말한다. 이러한 과제를 달성하기 위해, 집단 리더들은 직면적 입장에서 해석과 지지에 이르기까지, 집단에서 자신의 진술을 어떻게 전환시켜야 하는지 배워야 한다.

알코올과 약물 중독자들의 무의식적 동기를 좀 더 정확하게 인식하도록 도우려는 집단 리더들에게 절대적으로 중요한 다른 구성요소는 알코올, 음주, 명정drunkenness, 알코올 중독과 약물에 대한 건강하고, 박식하고, 명백하고, 관대한 태도이다. 알코올과 약물 중독자들과 함께 가장 효과적으로 치료적 작업을 하는 집단 리더들은 다른 사람들과 깊은 관계를 나누는 능력을 지닌 사람, 희망을 갖고 그들과 함께 관계를 유지할 수 있는 사람이다. 어떤 리더들은 감정적, 신체적으로 상처 입는 사람들과 깊이 교감할 수 있는 능력을 타고난 것 같다. 공감에 대한 이런 능력은 자기 인식을 통해 개발시킬 수 있지만, 기법이나 기술로는 배울 수 없다.

그렇지만, 집단 리더들은 물질에 의존한 환자와 현실적으로 의사소통하기를 바라기 전에 익숙해져야 하는 좋고 기본적인 의사소통 기술들이 있다. 첫째, 감정적 위기와 신체적 질병이 있는 시기에 개인의 심리적 상태를 설명하기 전에, 어떤 분명한 가정이 설정되어야 한다. 감정적 곤란과 신체적 장애들은 종종 원인과 결과의 관점으로 언급된다. 이것은 인간은 두 가지 근본적으로 다른 물질인, 몸과 마음으로 구성되어 있고, 어떤 면에서 그 둘은 상호간에 영향을 미친다고 잘못된 추정을 하게 한다. 마음과 물질의 이원론이라는 성가신 문제를 피하려는 것이 현대 사조의 흐름이다. 정신분석이 설정한 가정은 자극에 반응하는 기본 단위는 마음도 아니고 신체도 아닌 유기체라는 것이다. 어느 것도 다른 것보다 우선은 아니다. 감정적으로 스트레스를 주는 사건이 신체장애를 촉진시키고 생리적 곤란이 감정 반응을 일으킨다.

알코올과 약물 중독자와의 의사소통의 본질은 중독의 성질을 참작해야 하고 면담 기법의 근본 원칙들과 통합되어야 한다. 집단 리더는 환자가 말한 내용에 주의를 두기보다 환자가 말하는 스타일과 정서에 초점을 두어야 한다. 듣는 법을 아는 것이 예술이다. R.D. Laing(1972)은 환자에게 컨설팅 할 때 준準 언어의 개념을 사용할 것을 제안한다. 무슨 말을 했는지에 초점을 두고 이와 더불어 무슨 이유로 그런 말을 했는지, 무엇을 빠뜨렸는지, 신체적 버릇, 얼굴 표정 등에 주의를 두라. 환자가 중독되었는지, 되지 않았는지 여부에 관한 효과적인 의사소통에는 언어 그 이상의 것과 관련되어 있다. 정서적 각성 수준이 높은 알코올과 약물 중독자가 집단 리더의 숨은 의제agenda를 잘 받아들인다. 환자들이 자신의 재활의 성과를 환자에 대한 치료자의 진정하고 진솔한 관심으로 믿기보다, 치료자의 능력을 반영하는 것으로 믿으면, 치료와 회복은 손상될 수 있다.

정신분석은 억압repression과 어제suppression라는 두 가지 기본 원리로 움직인다. 간접적인 면담 방식은 개인에게 중요한 환상들과 더불어 개인이 지닌 생각의 맥脈도 드러낸다. 따라서 그런 방법은 자유연상 즉 환자의 의식을 따라 흐르는 모든 생각들과 의사소통하고, 관찰할 수 있게 해 준다. 집단 리더가 연상의 흐름을 너무 자주 끊거나 자신의 생각을 너무 많이 주입시키면, 그 흐름이 오염되거나 왜곡될 수 있고, 저변에 깔려 있는 동기요인을 밝혀 내지 못한다. 사실, 모든 생각과 환상들을 자유롭게 공개하는 것에 대한 정상적인 꺼림 때문에, 진정한 자유 연상은 실제 거의 성취되지 않는 이상ideal이다. 게다가, 환자가 생각을 억누르는 듯하고, 자유로운 사고의 흐름에 저항하는 부분이 관찰될 때, 그런 정보는 환자의 인격 구조에 관한 중요한 정보를 제공한다. 집단 리더는 성급한 끼어들기나, 너무 이른 해석이나 개인적 회상들을 자기 스스로 자제해야 한다. 리더는 환자가 침묵할 때라도 언제까지 입을 다물고 있어야 하는지도 알아야 한다-환자들만의 방식으로, 환자들만의 진행 속도로 환자들이 해야 하는 말을 하게 하기 위해서. 또한 리더는 감정적 갈등 영역이 어디에서인지 단서를 잡기 위해 환자들의 행동을 관찰해야 한다-그들의 움직임, 제스처, 목소리 톤, 신체적으로 보이는 정서. 집단 리더는 무슨 말을 해야 할지, 그리고 언제 말을 해야 하는지도 알아야 한다. 질문의 내용은 환자들이 어떤 주제로 토론할 준비가 되어 있는지에 대한 인식, 어떤 순간이 그 주제들에 대해 논의되어야 하는 적기인지를 아는 것에 좌우된다.

집단 리더는 어떤 말을 해서는 안 되는지에 대해서도 알아야 한다. 그들은 언제 조언을 해야 하는지, 침묵이 지혜로울 때가 언제인지도 알아야 한다. 환자들이 언제 의사소통을 할 준비가 되는지에 대한 감각도 있어야 한다. 그들은 참을 수 없는 불안을 줄이기 위해 언제 환자를 지지하고 안심시키는지, 의사소통 과정을 유지하기 위해 언제 불안을 유발시킬지에 대해서도 알아야 한다. 종종, 집단 리더는 그들이 환자들에게 보낸 메시지들의 근거에 너무 매달리거나, 사람들이 드러내는 반응과 두려움에 대한 숨은 단서들을 종종 놓치는 것 같다.

보고서와 연구 결과들에서 알코올과 약물 중독자와의 통찰 치료를 강조하는 치료 프로그램들이 AA에 기초한 치료보다 비성공적이거나 효과적이지 않다고 보고된다. 선택된 치료 양식과 무관하게, 의사소통과 심리치료는 알코올과 약물 중독자의 재활과정의 한 부분으로 남아 있어야 한다. 성공적인 중독치료는 다양한 학자들의 협력이 필요하다. 치료는 불가능하지만, 중독은 저지시킬 수 있다. 집단 치료는 중독 치료의 효과가 입증된 접근들 중 하나이다. 적절한 관리 하에서, 집단 치료가 알코올과 약물 중독자의 회복 과정을 증진시킬 수 있다.

개입

절제에 대한 양가감정이 있고 자신의 질병을 받아들이길 꺼려하는 알코올과 약물 중독자들과 함께 하는 집단은 알코올과 약물 치료만의 다소 각별한 문제이다. 알코올과 약물 중독자들이 바닥을 쳐야 한다는 인식과 실제로 재활이 시작될 수 있기 전에 그들의 삶에 있는 실존적 위기에 직면해야 한다는 인식은 알코올과 약물 치료에서 대중적인 처세훈popular maxim이다. 위기의 문제, 위기의 인식, 위기의 결과와 치료적 접근에서 활용되는 개입법들은 모두 집단 리더들이 참작해야하는 중요한 요인들이다. 그러나 집단 리더들이 치료 과정에 뛰어들기 전에, 그 치료 과정과 종종 관련된 게임과 전술에 대해 인지해야 한다. Steiner(1969, 1971)는 알코올 중독자들의 게임을 그들의 질병에서 풀리지 않는 부분이라 하였다. Steiner는 사람들이 어린 나이에 자기 자신의 역할을 정하고 그 역할들은 알코올 중독자들을 변화시킬 수 있다고 가정한다. 그는 또한 어떤 유형의 치료는 득이 되기보다 해가 될 수 있다고 경고한다. 그는 다음과 같이 말한다.

> 무엇보다도 먼저 치료자의 일은 '알코올 중독 게임'을 하는 것이 아니다. 다시 말하면, 환자에게 치료자의 기대 효과를 주지 않기 위해 치료자는 어떤 역할도 하지 않아야 한다- 박해자, 구조자, 희생자, 관계자- 이것이 알코올 중독 치료에서 필요한 핵심이다. 치료자가 자기 파괴적 음주를 결함적 자아의 결과가 아니라, 어떤 목적을 달성하기 위한 신중한 전략적 책략의 결과로 볼 수 있게 된다면, 알코올 중독자들을 훨씬 더 잘 치료할 수 있을 것이다.(Steiner, 1971, p. 38)

Steiner는 알코올 중독의 질병 모형을 인정하지 않았지만, 그는 집단 리더들을 위한 훌륭한 치료적 조언을 하였다. 그가 한 권고들 중에서 가장 중요한 것은 집단 리더가 알코올과 약물 중독자들에 의해 속지 않도록 당부한 것들이다. 알코올과 약물 중독자는 약물이나 술에 생리적으로 중독될 수 있지만, 사회 학습적 영향력이 작용하고 질병 그 자체에 인생 각본이 난해한 부분을 맡고 있다. Steiner가 말한 것과 같이, 알코올과 약물 중독자가 인생 각본에 지치게 되면, 자신의 각본이 파괴적이고 부적합하다는 사실을 인정하고 그들의 문제를 찾게 하는 일이 성공적인 치료를 위한 핵심 구성요소이다. 일단 알코올과 약물 중독자가 자신의 문제를 야기 시키는 약물 사용과 음주를 통제할 수 없다는 결론에 맞닥뜨리면, 새로운 인생 각본을 선택할 수 있다.

선택하기가 결정점crucial point이다. 알코올과 약물 중독자들은 자신의 행위에 책임을 져야 하고, 본능적인 수준gut level에서 자신의 삶을 바꾸기 위해 선택해야 한다. Johnson은 "당신은 매번 알코올 중독자를 구하려고 애쓴다," "당신이 유용한 치료를 지연시키고 있다" 라고 경고한다(1973, p. 59). 선택을 위한 알코올과 약물 중독자의 결정은 보통 삶의 위기의 결과로 이뤄진다. Johnson은 이어서 "위기에 처했다고 하는 사람들의 삶을 살펴보면, 위기가 자신의 실제 상태를 자세히 보게 했다는 사실을 알게 된다. 현실로 되돌아가는 유일한 길은 위기를 통해서이다" 라고 하였다(p. 59). 그러나 Johnson은 알코올과 약물 중독자가 바닥을 칠 때 까지 기다리는 일은 무의미하고 위험하다고 경고한다. 알코올과 약물 중독자들이 피해왔던 위기가 실제 그들의 방어들을 깨트리는 데 이용된다. 빈번히, 죽음을 향한 내리막길downward spiral을 막기 위해 개입이 실행되어야 한다. Vernon Johnson은 질병의 초기 단계에서 위기를 다루는 데 효과적인 대안들을 조사하였다. 집단 리더는 도움을 구하는 중독자의 소리를 알아차리고 이에 주파수를 맞추어야 한다. Johnson은 "위기를 꾸며내거나 창조해서는 안 된다.... 위기를 창조적으로 활용할 만큼 박식한 상담가를 갖는 게 문제이다"라고 하였다(p, 59)

최근 연구 결과는 가족을 대신하여 직장과 법정의 중요성을 강조하는 개입의 활용에 대해 일반적으로 지지한다. Vernon Johnson은 이에 다음과 같이 동의 한다: "개입의 첫 번째 원칙하에, 우리는 사장이나 그 다음 순위의 간부를 가장 중요한 사람으로 본다. 따라서 직계 가족원 대신하여 사장이 환자를 직면시킬 수 있다" (1973, p. 98).

알코올과 약물 중독자들에게 있어 치료적 개입의 중요성은 익명의 알코올중독자 모임AA: Alcoholics Anonymous의 초기 역사에 친숙한 사람들이 오래전부터 알아온 요건이다. 미국 정신 의학회 최우수 회원이자 미국 알코올 중독 협의회 전 위원장인 Henry Tiebout(1961)는 알코올 중독자의 삶에서 개입의 중요성을 광범위하게 기술했다. 중독이 개인을 고립시키고, 동시에 경직되고, 과장적이며, 자기애적 방어에 의지하게 하는 경향이 있기 때문에, 개입은 현실 세계에서 온 중요한 메시지를 전달한다. Tiebout는 자신의 행동과 행동 실천에는 결과가 있다는 사실은 사람들에게 정보를 제공한다. 알코올 중독자들의 행동을 올바른 시각에다 두면, 이런 행동들은 중독자들로 하여금 더 이상 행복한 자기중심성에 머무를 수 없다는 메시지를 확실히 전달한다. 적절한 개입은 중독자들의 부정에 객관적인 타당성을 제공한다. 개입 의향이 있는 치료자는 중요한 메시지를 전달한다. 치료자는 고통스러운 진실을 직면시킬 만큼 관심이 있고, 이에 충분한 힘이 있는 사람이다. 또한 치료자는 영향력이 있고, 중독자들이 눈여겨 봐야하는 현실적이고 객관적인 표상이라는 메시지를 그들에게 전달한다.

개입은 알코올과 약물 사용으로 파국적인 결혼, 고용 및 법적 결과와 더불어, 돌이킬 수 없는 심리적, 생리적 및 사회적 파장을 경험하기 전에 알코올과 약물 중독자들이 치료 받으러오게 하는 방법이다. 근로자 지원 프로그램EAP의 효과성이 입증되었다. 형사사법 체계는 조기 발견과 개입에 대한 또 다른 경로이다. 이는 DUI(음주 혹은 취중운전)나 DWI(물질에 중독되어 있는 동안 운전) 유죄판결의 결과로, 법원체계가 의뢰한 사람들이 그런 경우에 속한다. 이 집단을 대상으로 개입할 때, 치료적 접근과 관련된 특별한 역동적 고려가 필요하다. 이 집단에 개입을 할 때도 일반적인 치료 원칙을 따른다. 따라서 DWI 범죄자들에게도 이런 치료적 원칙을 활용한 모형을 소개하고 조심스럽게 설명해 준다. 효과적인 모든 모형들이 개입에 대한 이론적 토대를 설명해주기 때문에, DWI 범죄자들에게 이러한 접근을 적용하는 이유들을 먼저 알려준다.

음주(취중)운전DUI과 개입

알코올과 약물 중독자들과 수 년 동안 치료적 작업을 해 온, 경험이 풍부한 중독 전문가들은 이 대상군과 관련된 부정적 치료 경험과 나쁜 치료 성과에 기여하는 많은 요인들을 알아냈다. 그중 중요한 한 요소가 치료를 받으러 오는 물질 남용자들의 저항이다. 직장과 가족을 중심으로 한 개입 프로그램에서 모은 증거에 의하면, DUI 프로그램들이 화학 의존을 조기 발견하는 데 훌륭한 기회를 제공할 수 있다는 사실이 밝혀졌다. 가장 중요한 발견으로는 체포된 음주 운전자들의 대부분이 이전에 알코올 문제로 치료 받은 경험이 없었다는 점이다(Scott, 1970). 도로 안전 프로그램이 음주 문제와 약물 사용 과정에서 알코올과 약물 문제가 있는 사람들을 조기에 찾아내는 데 효과적인 또 다른 방법이다. 국립 DWI 컨퍼런스 회보(1976)에서는 다음과 같이 학술대회의 권고를 따르기로 하였다.

1. 치료는 알코올 중독자의 법적 책임에 대한 보충이다.
2. 연구 결과에서, 알코올 중독자들을 회복 과정에 능동적으로 관여시키기 위해 압력이 필요하다고 한다.
3. 효과적인 치료를 위해서는 세 가지 요소가 필요하다: 조기 발견, 위기의 생성, 지속적이고 장기적인 상담이나 관리.

중독의 조기 발견은 확인된 환자(IP: identified patients)를 성공적으로 치료하는 기회가 되므로, 치료에서 중요한 역할을 한다. 각 DUI 클래스를 구성하는 표본의 성질 때문에, 이 클래스들이 중독과정에서 조기 발견과 개입에 대한 최적의 기회를 제공한다. 따라서 이러한 조기 발견 과정은 최적 효과를 확실시하는 데 중요하다.

조기 개입과 치료 과정은 일단 약물이나 알코올 중독자가 확인되어야 한다. 확인된 환자가 치료를 시작하면서, 자신에게는 문제가 없다고 할 경우 논란의 여지가 있다. 개인의 지나친 음주나 약물 사용이 자신과 사회에 많은 해를 야기할 것이라는 증거가 제시 되고 그 증거가 명백할 때, 개입의 윤리적 결과는 형사사법 체계에서 내린 판결과 에이전시agency의 평가에 따라 신중하게 고려되어야 한다.

개입의 활용이 확인된 알코올과 약물 중독자를 치료 받게 하는 데 효과적이라면, 법정 책임자가 신중하게 적용하고 구체적인 대책이 필요하다. 서비스를 제공하는 에이전시나 집단 리더에게 이런 책임을 짊어지우면, 관료주의의 비능률적 형식 절차와 책임전가로 인해 문제를 복잡하게 만들고 혼란스럽게 한다. 권고를 강요할 수 있는 권위가 형사사법 체계의 영역 내에 있고, 강요가 적용되어야 하는 건 체계 안에서 이다.

DUI 개입 프로그램은 이러한 상황의 이점을 활용할 수 있어야 한다. DUI 프로그램은 알코올 중독 과정에서 조기 발견과 개입에 대한 이상적인 기회를 제공한다. 그러나 프로그램은 개입과 집단 심리치료의 확실한 원리들은 각 DUI 범죄자에게 더 많은 개인적인 시간을 할애하도록 계획하였다. 이러한 측면은 집단 리더가 알코올과 약물 중독자들의 부정 체계를 다루는 데 더 좋은 기회를 제공한다. 또한 집단이 주말에 마라톤 형식으로 진행될 경우 집단 상호작용을 유발하여 개인적인 직면을 더 일으킬 수도 있다.

개입 원리

직면 기법을 활용한 중독치료의 조기 개입은 개인이 치료의 필요성을 인식하도록 돕는다. 개입은 회복을 위한 개인의 방어적인 방애물들을 제거하거나 감소시켜 주는 직면을 통해 위기를 유도하기 위해, 개인의 환경 속에 있는 중요한 타자들(즉, 배우자, 고용주, 친구, 자녀)의 협동적인 노력으로 이뤄질 때 가장 효과적이다. Twerski(1983)는 개입의 원리를 다음과 같이 요약한다.

> 효과적인 개입을 위해, 치료자들은 알코올 중독이라는 질병을 이해해야 한다. 알코올 중독이 치료 되지 못할 경우, 일반적으로 나타나는 질병의 냉혹한 경과 과정에 대해서도 알아야 한다. 치료자들은 또한 환자의 복지를 위해 진심어린 관심으로 행동해야 한다. 직면의 위기 알아차리기, 필요할 경우를 대비하여 개입 준비하기. 그리고 환자나 사랑하는 사람의 야비한 행동을 묘사할 때, 고통과 직면의 불편을 견디도록 준비하고, 환자가 치료를 거부할 때 그들의 삶에서 중요한 변화를 실행하도록 준비시키기. (p. 1030)

Twerski는 두 가지 개입 유형의 차이를 기술한다. 첫 번째 유형은 전통적인 의료장면이나 정신과 치료 장면에서 이뤄진다. 이 개입 유형에는 알코올이나 약물 문제의 심각성을 환자에게 전문적으로 직면시키는 일이 포함된다. 두 번째는 환자와 깊이 관련된 사람들이 가능한 한 치료에 많이 참여하길 바라는 좀 더 강력한 개입 양식으로 집단적이고 안내 지향적인 노력으로 구성된다. Twerski(1983)는 이 두 가지 접근을 위한 전략에 대해 매우 상세하게 개관하고, 이 절차에 대한 부가적 정보가 필요할 경우에는 이를 인용한 논문을 참고하길 바란다. 이 시점에서, Twerski가 개관한 두 가지 다른 과정의 요소들을 결합시킨, 세 번째 접근을 소개한다. 세 번째 접근에서는 전통적인 집단 심리치료 형식의 사용을 강조하고, 집단 리더는 형사사법 체계에 의해 강요되어 치료에 들어온 다수의 저항적인 환자들을 다루기 위해 필요한 치료적 상황에 맞게 치료 형식을 바꿀 수 있다.

알코올이나 약물 남용으로 강제로 치료에 들어온 저항적인 환자들과 집단 치료를 할 경우, 집단 리더는 다음의 여섯 가지 개입 원칙에 익숙해야 한다.

1. 리더 혼자서만 개입에 참여하지 말라. 개입은 지지적인 공동 치료자와 치료 팀과 함께 소집단 내에서 이뤄져야 한다. 집단이 원칙에 따라 이뤄지면, 집단 리더는 영향력 있는 개입 양식으로 집단 동료의 압력을 사용할 수 있다. 알코올과 약물 중독자를 적극적으로 치료에 참여시키면 집단 리더가 관여하는 부분이 거의 없기 때문에, 전문가는 개입 과정에서 어떠한 책임도 지지 않는다. 집단 리더의 효과성은 개입 과정에서 지지의 원천으로서 다른 집단원들을 동원시키는 능력에 좌우된다.
2. 각 집단의 회기마다 구체적인 목표를 수립하고 유지하라. 각 회기마다 개인의 깊은 부정 수준을 다루고 점진적인 직면이 일어나는 방향으로 집단을 구조화시키지 않으면, 집단 과정은 전쟁 이야기들로 제한되고, 행동화가 일어나고, 논쟁적인 불평을 의미 없이 주고받으며 나빠질 것이다. 회기들의 목표는 훈련하기, 인식과 개입이다. 집단을 실행하는 전통적인 방식들을 포기하거나 좀 더 인색하게 사용한다.
3. 분명하고, 구체적이며, 논란의 여지가 없는 특정 자료에 초점을 맞추라. 이는 개입 과정에서 가장 중요한 구성요소이다. 집단 리더가 알코올과 약물 중독자들의 물질 사용에 대한 구체적인 정보를 모으고, 약물과 알코올의 사용이 그들의 삶에 어떻게 불리하게 영향을 주었는지를 결정하는 데 집단 회기들의 초반부를 할애해야 한다. 이런 자료들을 너무 직접적인 방식으로 수집하지 말고, 사람들의 구미에 맞게, 부정하지 못하고 논란의 여지가 없는 방식으로 이뤄져야 한다.
4. 관심과 염려의 분위기를 조성하라. 이것은 집단 리더의 첫 번째 과제이다. 직면은 치료적 분위기가 조성될 때 까지 아껴서 사용한다. 이런 분위기가 조성되지 않으면, 집단은 논쟁적이고, 저항적이고 방어적인 상태로 있을 것이다. 종종, 알코올과 약물 중독자의 허를 찌르는 유일한 것은 집단 리더, 치료 팀과 집단 구성원들의 아끼는 마음이다. 대부분의 알코올과 약물 중독자들은 직면을 매우 두려워한다. 중독자들은 이에 대해 방어를 강화시키고 방어할 준비가 되어 있다. 보통 그들은 오래 전부터 이러한 비슷한 상황들을 통제해 왔기 때문에 집단 리더나 상담가를 어떻게 다룰 수 있는지도 안다.
5. 기초가 튼튼한 치료적 구조로 운영하라. 빠져나갈 구멍을 허용하지 말라. 치료적 양식을 합의하여 결정하라(즉, 입원, 외래, AA 등). 치료적 구조가 설정되면, 사람들은 그들이 중독되어 있다는 사실을 받아들일 것이다. 일단 이러한 합의가 이뤄지면, 개입과 선택된 치료 프로그램 의뢰에 대한 시간이 단축된다.
6. 중독자들이 치료를 거절할 경우 결과는 분명하다. 고용주가 개입된 상황에서는 직장을 잃을 수도 있다. 가족에 의한 경우는 이혼할 수도 있다. 법정 의뢰로 개입이 이뤄진 경우는 보통, 그런 결과를

강요한 법정 체계의 지원에 좌우된다. 몇몇의 경우, 집행유예, 실형선고나 벌금이 될 수 있다.

법원에서 의뢰한Court-Referred 범죄자들을 위한 집단 개입 형식

많은 집단 리더들이 알코올이나 약물 문제로 체포되어 집단에 강제로 참여한 저항적인 환자들과 집단 심리치료를 할 때 겪는 어려운 과제로 고군분투한다. 법원 체계에 의해 집단 치료와 치료를 받도록 강요된 DUI 범죄자들을 다루는 치료양식group format에 대해 설명한다. 집단 양식의 세부 사항은 DUI 범죄자들로 제한되어 있지만, 치료 양식의 원리들은 그들의 특별한 상황에 맞게 채택할 수 있다. 예를 들어, 많은 경우에, 법원은 알코올이나 약물 문제가 있다고 간주되는 사람들을 치료에 의뢰할 것이다. 종종, 이 사람들은 약물의 값을 치르기 위해서나 중독되어 있는 동안에만 범죄를 저지른다. 치료는 보통 알코올과 약물 사용이 중단되면 범죄도 중단될 것이라는 이유로 실형 선고의 대안이다. 이러한 사람들을 대상으로 전통적인 치료, 특히 지지적 개인 치료를 할 경우 반드시 실패한다. 규정된 방식으로 실행되는 심리치료 집단은 선택적 치료이여야 한다.

개인이 체포되어 DUI 유죄 판결을 받은 후에, 교도소로 가거나 치료적 대안을 제시한다. 그들 대부분 치료를 선택할 것이다. 비록 타협된 것이긴 하지만 선택이라는 요소가 치료의 수용성을 증진시키기 때문에 이는 중요하다. 또한 보호관찰 선고나 유죄 협상제plea bargain를 사용하여 치료 순응도를 확고히 하기 위해 법원의 영향력을 허용하기 때문에, 범법자가 유죄판결을 받은 후에 이런 선택이 주어지는 것이 중요하다. 유죄 판결을 받은 범법자가 합의된 약속을 따르지 않으면, 법원이 이 선택에 대한 대안적 결과가 강요된다는 사실을 알려 주어야 한다. 그러한 계약은 법원에 의해 분명히 언급되어야 한다. 범법자들은 또한 이 계약이 치료적 비밀보장에 대한 일반적인 전통에 제한이 있다는 점에 대해서도 알아야 한다. 동의서에 서명을 받아야 하고 범법자들이 이 계약을 어길 경우, 치료 책임자는 이 사실을 법원이나 보호관찰관에게 알려야 한다는 사실을 분명하게 알려줘야 한다. 이러한 입장은 치료자-환자 간의 치료적 동맹을 여지없이 손상시키기 때문에, 치료 책임자는 개인적 정보는 법원과 공유하지 않는다는 사실을 범법자들에게 확실히 전달하여 치료적 동맹을 보호한다. 사실, 법원으로 보내질 통신문의 복사본을 범법자들에게 보여주고 동의를 구하면 동의를 받는 데 도움이 된다. 이것이 범법자들에게 법정과 관련된 정보를 잘 알게 해주고 원래 치료 계약에서 잃어버린 대부분의 신뢰와 안전을 재수립한다.

DWI 범법자에게 주말에 DWI 스쿨에 가든지 혹은 교도소에서 교도관과 함께 보내든지 선택하도록 한다. 범법자들의 대부분이 스쿨을 선택하고 금요일 저녁에 프로그램을 받으러 간다. 범법자들은 대규모 집단 강연이나 소집단 심리치료와 시간적 부담이 다른 집중적인 주말 마라톤 경험이 이제 막 시작된다는 사실을 대부분 모른다. 소집단은 구성원을 10명으로 제한된다. 마라톤 장면은 외부지지 체계와의 분리되고 완벽한 난약(주)이 보장된다.

DWI 프로그램은 치료에 초점을 맞추지 않고, 집단 리더는 주말 동안 심리 치료를 하지 않아야 한다. 내신, 프로그램과 치료 집단은 개입에 초점을 두어야 하고, 전치료pre-treatment, 감정, 평가 및 진단을 강조한다. 3일 마라톤 장면을 적절히 유도하면, 개인은 삶에서 매우 강력하고, 일회적인 상황적 경험을 할 수 있다. 마라톤 장면의 구조는 집단 리더가 각 범법자들의 알코올이나 약물에 관여한 정도를 결정하는 데 필요한 시간을 갖게 하고 이에 집중할 수 있는 기회를 제공한다. 많은 집단 리더들이 그러한 집중치료 프로그램을 갖거나 그들의 배후에서 치료 팀 전체가 지원하는 경우는 거의 없기 때문에, 마라톤 접근의 목표, 목적, 심지어 결과 기대는 특정 상황에 맞게 수정되어야 한다.

신원 파악, 집단 개입과 치료적 권고(필요할 경우)의 목적을 이루기 위해, 다음 세 가지 목표가 수립되어야 한다.

1. 평가하고 자료를 수집하라. DWI 범법자들의 $\frac{1}{3}$ ~ $\frac{1}{2}$ 은 뚜렷한 알코올이나 약물 문제를 전형적으로 드러내지 않는다. 문제가 있는 범법자들은 평가가 필요하고, 이런 평가는 집단 회기를 진행하는 동안 수집한 특별하고 구체적인 자료가 뒷받침 되어야 한다.
2. 개인들의 물질사용과 그들이 경험한 어려움들이 연결되도록 부정denial을 깨트리는 데 집단 역동을 활용하라.
3. 확인된 환자identified patients가 치료를 찾게끔 동기화시키라.

집단 개입 양식

이렇게 규정된 방식으로 운영된 집단과 자신의 의지로 집단 치료를 찾은 사람들에게 적용되는 집단 정신치료를 혼동해서는 안 된다. 집단과정과 집단역동의 다양한 일반적 원리들이 집단 개입에 활용되지만, 각 집단 회기의 목표는 개인과 집단 모두, 대부분의 전통적 심리치료 유형들과는 확연히 다르다. 중독 과정과 관련된 역동, 시간적 제한과 집단 구성원들의 일반적 저항은 개입 과정을 이끌어 감에 있어 집단 리더에게 매우 적극적인 자세를 요구한다. 각 집단 구성원에게 질병의 개념에 관한 정보를 제공해야 한다. 이는 대규모 집단 강연 양식에서 소집단 모임으로 따로 분리시켜 진행시켜야 한다. 소집단 과정의 목표가 각 집단 구성원의 삶과 관련되도록 교육 자료와 통합시켜야 한다. 이런 맥락 내에서, 집단 리더는 집단원들이 서로에게 영향을 미치도록 에너지를 기울여야 한다. 집단원들의 상호작용으로, 집단 리더는 각 구성원의 알코올과 약물 중독의 가능성을 파악하는 데 필요한 자료들을 얻을 것이다.

대부분의 집단 구성원들은 첫 회기를 시작할 때 집단이 그들에게 무엇을 기대하는지 모르기 때문에, 불안과 방어 수준이 매우 높다. 첫 회기 혹은 처음 몇 회기동안 이런 불안을 경감시키고, 각 구성원의 방어적 자세를 감소시키는 방향으로 이끌어야 한다. 이는 집단 구성원들에게 자기소개를 하게 하면서, 그들의 체포 상황을 설명하게 하며 주말 집단 모임에 참여하게 된 이유에 대해 말하게 할 때, 가장 잘 이뤄진다. 방어적이지 않는 구성원들이 먼저 말하도록 격려하고 집단 리더는 집단에서 사소한 분노나 정서적 동요가 드러날 때마다 지지적으로 반응해야 한다. 자유로운 집단 상호작용이 생기기 전에 분노를 분산시켜야 한다. 많은 구성원들이 법정, 변호사, 판사, 혹은 그들을 체포한 경찰에게 몹시 화낼 것이다(몇몇은 정당하게, 대부분 정당하지 않게). 그들의 분노를 첫 회기나 초기 회기들을 진행하는 동안, 건설적이고 배려적인 방식으로 지지하면, 적대감이 일어난 이유를 설명하기 시작하거나 때로 유머가 일어나기도 한다. 적대감을 장식으로 치장하지 않고 주고받은 허심탄회한 웃음good-natured laughter으로 탐색하다 보면 집단의 초기 단계의 긴장은 상당히 누그러진다. 집단이 좀 더 편안하게 느껴지기 시작할 때, 집단 리더는 향후 회기의 초점이 되는 무언가를 집단에게 제공해야 한다. 대부분의 알코올과 약물 중독자들은 자신의 음주나 약물 사용에 대해 방어할 준비가 되어 있다. 집단 리더는 다음 사항에 관여하지 않음을 명확히 언급하라. (a) 어떻게 술을 마시고 약물을 사용하는지, (b) 어떤 술을 마시고 어떤 약물을 사용하는지, (c) 언제 술을 마시고 약물을 사용하는지, (d) 누구와 함께 술을 마시고 약물을 하는지, (e) 어디에서 술을 마시고 약물을 하는지. 리더의 이런 자세는 그들의 방어를 분산시키고 평가 과정으로 그들을 참여시킨다. 일단 집단원들이 자신의 분노와 불안에서 벗어나면, 전부는 아니지만 대부분의 집단원들에게 "지금 여기에 있는 상황을 최대한 이용해야 합니다. 여러분은 여전히 화가 날 수도 있고, 끔직한 주말을 보내게 될 수도 있지만 자기 자신에 대해 알고 배우는 데 주말을 활용할 수도 있습니다"라고 설득시킬 수 있다. 이런 시점에서 설득적으로 개입이 이뤄지면, 집단 리더는 물질에 중독되었든 중독되지 않았든 알코올과 약물이 자신의 삶에서 어떻게 영향을 미치는지 알고자 하는 사람들이 많다는 사실에 놀랄 것이다. 다음과 같은 방식으로 전달할 때 가장 효과적이다.

> 술을 마시고 약물을 하는 사람들은 대부분 두 가지 범주에 속합니다. 어떤 문제없이 술을 마시거나 약물을 하는 사람이 있고, 물질에 중독되거나 의존되는 생리적 혹은 유전적 경향이 있는 사람도 있습니다. 우리나라는 약 1억 명의 사람들이 술을 마십니다. 그들 중 9천만 명은 사회적 음주자들이죠. 극히 일부인, 10% 내지 천만 명 정도는 사회적으로 술을 마실 수 없습니다. 당신이 그 소수의 사람들 중에 속한다면, 저희는 당신이 이번 주말에 집단에 나오시길 바랍니다. 오시면 관련성의 정도에 대해 이해하고 물질이 삶에서 어떤 영향을 미치는지 알게 되는 기회를 가지실 겁니다. 저희는 당신이 음주와 약물 사용의 결과를 꼼꼼히 살펴보시길 권 합니다. 저희는 당신의 생애사와 물질과의 관계를 알아가길 바라고, 음주나 약물을 계속하는 것이 당신의 최대 관심사인지의 여부를 결정하시길 바랍니다. 저희는 당신이 다음 여덟 가지 결정적으로 중요한 삶의 영역들을 살펴보시길 권합니다.
>
> 1. 자존감(자기상)
> 2. 가족 관계
> 3. 동료 관계
> 4. 작업 수행
> 5. 재정
> 6. 법적 상황
> 7. 성적 활동
> 8. 건강
>
> 당신의 약물과 알코올 사용과 관련된 각각의 영역들을 탐색해 보십시오. 어떤 영역들이 음주나 약물 사용으로 부정적인 영향을 받았나요? 이들 영역들 중 어떤 것에 영향을 받았다면, 술을 마시고 약물을 하기 위해 이 부분을 계속 위태롭게 할 작정이신가요? 그것은 당신의 결정입니다. 그러나 당신이 결심할 때 까지, 저희는 집단에서 다른 집단원들과 함께 이 질문들에 대해 당신이 탐색해 보도록 권

면하고 싶습니다. 저희는 당신과 논쟁하거나 설득하려고 여기에 있는 게 아닙니다. 그것은 당신의 선택입니다. 하지만 집단에서는 똑같은 결정이나 문제로 고군분투하는 다른 집단원들의 피드백을 받게 되는 특별한 기회가 있습니다. 저희는 그저 당신에게 거울이 되고자 합니다. 당신이 사회적으로 술을 마시고 약물을 할 수 있는 사람인지 혹은 그렇지 못하는 범주 속하는지 저희에게, 그리고 자기 스스로에게 밝혀 보시기 바랍니다.

집단 리더는 이러한 태도를 취하면서 알코올과 약물 중독자라는 낙인을 찍지 않으려 한다면, 가장 저항적인 집단원들을 치료에 관여시키고, 그들은 치료에 도전할 수 있다. 알코올과 약물 중독자는 대부분 다양한 수준의 과대성과 자기애로 고통 받고 있기 때문에, 그리고 자신에게는 알코올이나 약물 문제가 없음을 누구에게든지 확신시킬 수 있다고 느끼기 때문에, 그런 도전에 쉽게 응할 것이다. 그러나 그들은 보통 알코올이나 약물이 다른 사람들에게 어떤 영향을 주는지 지적하면 저항을 하지 못한다. 그들은 다른 알코올과 약물 중독자들을 자신과 동일시하므로, 이런 것에 익숙하다. 이 두 가지 원리를 적용하면서, 아주 짧은 시간 안에 집단 리더의 책임 하에 그들을 집단에 적극적으로 참여시킬 수 있다.

보통 집단이 시작할 때, 집단 리더와 공동 치료자들은 중독자들이 그들의 약물 남용에 대해 의문을 가져보길 기대한다. 그런 의문은 불가피하고 자기 노출은 필수적이다. 집단 리더가 이런 정보를 직접적으로 제시하지 않으면, 중독자들은 자신의 알코올과 약물 사용과 관련된 질문을 공개적으로 받을 거라고 생각한다. 그러면 이 주제에 대한 경계적 태도나 치료적 중립성이라는 안전지대 속으로 숨으려 하지 않을 것이다. 집단은 짧은 시간 동안 지속되고 집단의 불수의적 성질involuntary nature 때문에, 집단 리더가 모든 집단원들에게 특별한 주제에 대해 자기개방self-disclose을 하도록 요구하기 때문에, 이 부분에 대한 경계성이나 회피성은 다른 집단원들의 방어만 증가시킬 것이다. 이 주제와 관련하여, 집단 리더는 다른 집단원들에게 무엇을 요구하는지 보여주는 본보기가 되어야 한다. 집단 초기에 약물과 알코올에 대하여 자유롭게 자진하여 개인적 정보를 제공하는 일은 집단 과정을 증진시킨다. 그러나 집단 리더는 매우 정직해야 한다. 집단 리더가 알코올과 약물 중독자들을 회복시키려 한다면, 집단과 함께 공유해야 한다. 집단 리더가 과거에 약물을 남용했지만 지금은 약물을 하지 않을 경우, 이런 정보는 구성원들로 하여금 약물과 알코올 사용에 관한 자기 개방을 증가시킨다. 집단 리더는 알코올에 중독된 양상 없이 술은 마신다는 사실을 집단에 숨겨서는 안 된다. 적절한 맥락에서 이런 정보가 제시되면, 보통 자기 개방이 증진된다. 그러나 집단 리더나 공동 치료자가 소위 기분 전환으로 마리화나를 한다거나, 다른 약물을 사용한다는 사실은 집단에서 절대 공유되어서는 안 된다. 사실, 치료자가 어떤 종류의 약물을 사용하고 있으면, 집단의 치료적 효과성은 심하게 손상 받는다. 약물 사용이 불법이라는 사실을 잊어서는 안 된다. 집단에게 치료자가 기분전환으로 약물을 한다는 사실을 치료자 스스로 인정하는 일은 법규가 치료자를 위해서가 아니라 당신들만을 위해 있다는 미묘한 메시지를 전달하게 된다. 이것은 위선적인 태도이며 정직하지 않다. 약물을 사용하는 치료자가 중독 환자들과 함께 치료적 작업을 하지 않는다면, 모두의 마음이 더 편해질 것이다. 집단 리더가 약물을 사용할 경우, 중독 환자들을 다른 치료자에게 의뢰해야 하고, 중독 치료 분야와 관련된 어떤 형태의 치료적 작업도 피해야 한다.

집단원들이 알코올과 약물 사용과 관련 있는 다른 사람들의 염려를 동일시하기 시작하면, 서로를 정중하게 직면시키도록 쉽게 격려시킬 수 있다. 적당한 타이밍과 권면으로, 집단 리더는 직면에 매우 반응적인 집단을 갖게 된다. 보통 정직하고 열린 방식으로 다른 사람에게 반응하는 몇 명의 집단 구성원들에게만 약간의 격려를 한다. 개방성과 솔직함은 가장 덜 방어적인 구성원들에 초점을 두어 증진시킨다. 더 불안해하고 경계적인 구성원들일수록 좀 더 천천히 집단에 참여시켜야 한다. 개방하지 않으려하고 솔직해지길 꺼리는 구성원들을 주의 한다. 집단에서 방어에 대한 규정을 수립할 때에는 이들을 가장 먼저 참여시킨다. 집단 상호작용이 증가함에 따라, 집단 리더는 좀 더 방어적인 구성원들을 집단과정에 참여시키기 위해 개방적인 집단 구성원들을 활용할 수 있다. "이봐요, Joe, Bill이 정말 피드백을 원한다고 생각하세요?"와 같은 진술은 저항적인 구성원을 참여시키는 효과적인 방법이 될 수 있다.

세 번째 마지막 날에는, 보통 집단원들은 매우 솔직하게 서로를 개방한다. 집단이 끝나기 전에, 각 구성원들에게 알코올과 약물에 유해하게 관여되어 있는지 아닌지의 여부를 자가 평가해 보게 한다. 삶의 주요 영역을 검토해 보도록 집단원들을 격려하라. 그리고 그들의 삶에서 음주와 약물을 사용하는 환경과 다른 사람들로부터 받은 피드백, 강의와 집단에서 함께 나누면서 들었던 개인적 이슈들에 대해 이번 주말에 모았던 정보와 어떻게 관련되는지를 결정하라. 그들이 들었던 것과 자기 자신에 대해 알게 된 것에 근거하여, 자신이 실천하는 데 적합한 행동이 될 수 있다고 생각하는 것들을 집단에게 설명하게 한다. 그런 다음에, 무슨 이유로 이런 것들이 사실이라고 믿겨지는지에 대해 말해 보게 하라. 이런 작업을 마친 후에, 상태 평가와 계획에 동의하는지 동의하지 않는지의 여부를 나머지 각 집단원에게 물어보라. 집단에 대한 동의는 보통 높고 대부분 이에 따른다. 어떤 경우에, 주말 동안 거의 나눔을 갖지 않은 사람들에게, 집단은 그들에게 그들이 오랫동안 의심해 왔었지만 살펴보기 두려워했던 것, 주로 그들이 알코올 중독자인지의 여부에 관한 사실을 분명히 알려줄 것이다. 집단이 끝날 쯤에 치료적 권고를 전달하고 합의된 치료적 목표를 따를 때 있을 수 있는 실패에 대해 논의하기 위해 개인 회기 스케줄을 잡는다.

개입의 주요 목표는 음주와 약물 사용에 대한 선택을 하도록 환자를 돕는 것이다. 환자들은 음주와 약물 사용이 그들의 삶에서 초래하는 문제들과 음주와 약물을 하지 않을 때의 이점들을 주말까지 결정할 수 있어야 한다. 궁극적으로 집단의 각 구성원들이 이런 선택을 해야 한다. 상반되는 증거가 많지만, 어떤 사람들은 자신이 처한 상황을 정확하게 보려하지 않거나 자기 파괴적인 행동을 바꾸는 데 적합한 도구들을 취하지 못할 것이다. 집단 리더는 물질에 의존한 사람이 자신의 행동을 통제할 수 없다는 것과 자신이 무엇을 해야 할지 집어낼 수 없다는 사실을 알고 있어야 한다. 집단 리더는 자신이 원하는 대로 쓸 수 있는 모든 치료적 영향력을 사용하고, 직면시키고, 강요하고 개입할 수 있지만, 행동 실천의 선택은 구성원들이 결정한다. 알코올과 약물 중독자들이 직장을 잃거나 직장을 유지시키는 선택, 교도소에 가는 선택, 가족을 지키거나 가족이 흩어지게 되는 선택을 한다. 또한 치료에는 옵션이 있다. 희망적으로, 이 장에서 기술한 기법들이 긍정적 성과를 높이는 기회가 될 것이다.

재발과 회복

중독 치료 공동체에서 잘 알려져 있는 공리axiom는 알코올과 약물 중독자들은 물질사용으로 경험되는 고통과 불쾌감이 물질 사용으로 인한 쾌락과 도취감을 넘어설 때 까지 물질 사용을 포기하지 않는다는 것이다. 반대로, 알코올과 약물 중독자들은 단약(주)에서 경험하는 불쾌감과 고통이 회복에서 경험하는 쾌락이나 평온함을 넘을 때 약물을 다시 선택하거나 재발할 가능성이 있다. 결과적으로, 많은 중독 치료의 목표는 쾌락과 불쾌감 간의 균형을 섬세하게 모니터링 하는 것이다. 대부분의 약물과 알코올 중독자들은 만족지연 능력이 매우 부족하고 먼 미래에 충족 가능한 공급원source보다 즉각적인 만족을 충족시키는 공급원(즉, 약물과 알코올)을 보통 선택하기 때문에, 그들은 항상 즉각적이고 확실한 것을 택할 것이다. 뿌리 깊은 태도와 습관적인 기질적 행동양식을 바꾸기 위해서는 먼저 자신의 해결책에 문제가 있다는 전제를 받아들이고 깨달아야 한다. 물질은 답이 아니라는 사실을 깨닫도록 중독자들은 도움을 받아야 한다. 왜냐하면 그들은 현실 상황을 지연시켜 심한 고통만 연장하기 때문이다. AA 구성원들이 "술 몇 잔이 상황을 더 악화시키지 않을 거야라고 말하는 것만큼 나쁜 건 없다" 라는 말과 같다. 둘째, 치료가 효과적으로 되기 위해, 회복 중인 알코올과 약물 중독자들에게 희망을 주고 알코올과 약물 사용으로 즉각적인 도취감을 얻는 것 보다 단약(주)으로 더 장기적인 쾌락을 갖게 하는 새로운 행동 방식을 제시해야 한다.

알코올 중독자들의 맑은 정신과 약물 중독자들의 온전한 정신을 유지하기 위해서는 먼저 물질을 하지 않는 것 이상의 다른 전략들이 필요하다. 중독자들이 약물과 알코올에서 벗어나고자하는 기대는 절제의 이득을 깨닫고, 이를 수용하고 경험하는 것이 필요하다. 절제의 이득은 항상 즉각적으로 경험되지 않기 때문에, 환자들은 이득이 있을 거라는 신념과 희망의 바탕 위에 있어야 한다. 심리 치료로부터 이득을 이끌어 낼 수 있는 개인의 능력에 대해 표현한 Yalom (1975)은 모든 유형의 치료에서 신념과 의지의 중요성을 강조한다. 환자들이 변화할 거라는 기대는 인간이 선good을 알고(즉, 가장 심오한 의미로, 인간에게서 가장 흥미로운 것), 그에 따라 행동할 것이라는 도덕 철학의 단순한 확장이다. Aquinas의 표현으로: "자신의 의지대로 행동하는 한, 그는 어떤 이상적인 선에 따라 행동 한다"(Yalom, 1975, p. 157). 그러므로 절제와 맑은 정신의 유익함을 중독자들에게 설득해야 한다. 재발 예방의 중요한 측면은 약물과 알코올로 되돌아가는 것이 그들의 최대 관심이 아니라고 중독자들을 설득시키는 효과적인 방법을 찾는 것이다. 논리와 이성만으로 이런 과제를 달성시키지 못한다. 100년 전 독일 철학자인 Schopenhauer가 "따라서 논리의 무용uselessness, 논리로 누군가를 설득한 사람이 하나도 없다. 논리학자들도 수입원으로만 논리를 사용한다. 한 사람을 납득시키기 위해서는 당신은 그의 자기관심, 욕구, 의지에 호소해야 한다" 라고 저술했을 때, 그는 이미 이성의 한계를 알았다(Durant, 1926). 또 다른 철학자인 Spinoza는 다른 사람의 변화를 위해, 어떤 것을 강한 감정으로 대체시키는 것의 중요성에 대해 썼던 Schopenhauer보다 거의 200년 전에 이 이슈에 대해 다음과 같이 말했다. "열정은 항상 이성을 이긴다. 감정은 그 감정과 반대 되는 더 강한 감정 이외에 다른 어떤 것에 의해서도 방해 받거나 제거되지 않는다. 그는 열정을 위해 무분별하게 이성에 맞서는 것 보다- 더 깊이 대대로 내려온 요소가 이기는 경쟁- 이성에 의해 조율된 무분별한 열정을 더 반대한다." 덜 파괴적인 행동을 하기 위해 우리의 열정을 이끌게 하는 이성을 사용하지 않으면, 우리는 이성적인 분별을 잃어버리거나 수동적인 열정으로 '인간의 굴레' 에 영원히 매일 것이다. 감정은 전혀 다른 감정이나 더 강한 감정에 의해서만 중재될 수 있다 (Durant, 1926, pp. 201-202).

이런 딜레마를 해결하기 위한 한 가지 방법은 알코올과 약물 중독자들에게 몇 가지 대안을 제공하는 것이다. 알코올과 약물을 포기하도록 그저 호소하는 것보다 이런 대안들이 더 필요하기 때문이다. 우선 예전의 태도, 행동, 중독 생활양식과 연합된 친구까지도 끊도록 요구한다. 12단계 프로그램에 새로 들어온 구성원에게 AA 구성원들은 다음과 같이 말한다. "미끄러지지 않으려면, 미끄러운 곳에 가지 마라", "회복 하려면, 놀던 곳을 바꾸어야 한다." 각각의 경우, 이는 이전에 약물과 알코올이 제공한 현실에서 벗어나도록, 그런 흥분을 동료의식과 대치하도록 알코올과 약물 중독자를 격려하는 것이다. 초기 그리스 철학자인 Epicurus는 2,000년 전에 "우리는 쾌락을 피해야 하지만, 피할 것을 먼저 선택해야 한다. 감각의 기쁨 보다 지성의 기쁨을 더 고양시키라. 고요하고 진정된 영혼보다 흥분시키고 어지럽히는 쾌락을 조심하라" 라는 사실을 깨달았다(Durant, 1926).

재발 예방은 두 가지 수준에 영향을 미친다. 일차적인 수준에서, 알코올과 약물 중독자가 단약(주)과 회복으로부터 즉각적인 이득을 경험하면, 이런 경험 자체가 알코올과 약물을 하지 못하게 하는 동기가 된다. 치료에 처음 들어오는 사람들에게는 치료가 그러한 경험이 될 것이다. 그들은 즉각적인 위안, 희망, 방향성을 느끼게 하는 혼란스러움, 정서적 고통, 절망감의 근원을 알게 되면 마음이 놓일 것이다. 그들은 자신의 길을 버리는 것 외에 마땅히 할 일이 없고 자신의 직관적 지식을 부추기는 일을 할 수 있게 한다. 다음의 사례가 이런 점을 명료화시켜 준다.

복합 약물 남용에다 알코올 중독자인 36세 Ralph는 "상습적으로 소란을 일으키는 사람bell-raiser에다 분별력 없는 사람"으로 평생 살아 온 Midwestern라는 작은 마을에서 악명이 높다. 그는 그를 아는 모든 사람들에게 유명했고, 사람들은 그가 취하지 않았을 때엔 그를 매우 좋아했다. 그러나 그는 그가 회복하도록 도와주는 모든 사람들의 노력에 부응하지 못하였다. 그의 가족들도 유명했고 존경도 받았다. 그의 가족과 그를 염려하는 마을 사람들이 그의 유별난 행동과 '이상한 생각'을 치료하기 위해, 최고의 전문적 도움을 받게 하려고 노력했다. 대도시 메트로폴리탄에 있는 저명한 두 명의 정신과 전문의가 그를 방문했었지만, 그에게 어떤 치료적 도움이나 이득도 주지 못했다. 마침내, 그가 음주운전DUI으로 세 번째 체포된 다음에, Ralph는 음주운전의 위험을 강조한 운전자 교육 프로그램을 수강하도록 행정처분을 받았다. 그날 저녁 강의를 맡았던 알코올 상담가와 우연히 나눈 대화로, Ralph는 AA 모임에 참여하게 되었다. AA 모임에 참여하면서 Ralph는 정신보건 센터에 있는 중독 상담가와 몇 회기 상담을 하기 시작했는데, 상담을 시작한 이유로 그는 "그 모임에 온 사람들은 뭔가가 있었어요. 그들이 모두 제 이야기를 하는 겁니다"라고 말했다. Ralph는 술을 마시지 않겠다는 동의를 하고 자신이 준비되었다고 느껴질 때 까지 알코올 중독자로 인정할지 말지에 대해 어떤 결정도 내리지 않고 보류해 두기로 하였다. 그는 상담을 받으면서 AA에 참석했다. Ralph에게 생긴 이런 일시적인 변화로는 작은 공동체의 시선을 끌지 못했지만, 그 마을 사람들은 그 상담가 때문에 일어난 '기적적인 치유'에 대해 말하기 시작했다. 마을에서는 Ralph에게 생긴 놀라운 변화나 이제 그가 더 이상 술을 마시지 않는다는 사실을 알아차리거나 그의 문제가 술과 관련된다고 생각하는 사람은 아무도 없었다. 사람들이 염려하는 그의 "이상한 생각"은 호전되었다. 상담을 시작한지 약 4개월이 될 때, 자신이 알코올 중독자

였다는 사실을 인정하였다. Ralph는 상담가에게 "선생님도 아시다 시피 최고로 멋진 일이 제게 일어났어요. 제가 알코올 중독자였다는 걸 알게 됐습니다. 무엇이 잘못되었었는지 몰랐지만, 뭔가 잘못 되어 있다는 사실을 알았어요. 그저 미치는 게 아닌지, 아무런 희망이 없다는 사실이 두려웠습니다. 제가 알코올 중독자란 사실을 알아가는 일은 제가 '땅콩'이라고 믿는 것만큼 두렵지 않습니다."

모든 알코올과 약물 중독자들이 이런 절대적인 절제와 맑은 정신을 기꺼이 받아들이지 않을 것이다. 그들 대부분은 Ralph가 경험한 안도감을 얻지 못한다. 정서적 고통과 불편감이 증가하면서 그들은 회복한다. 이것이 다른 수준의 재발예방이다. 이런 관점에서, 재발예방 전략은 다른 알코올과 약물 중독자들을 회복시키는 데 도움을 주고 유익하다고 밝힌 수단, 훈련, 권면을 제공하여 그들이 좀 더 안정적인 안도감을 가질 때 까지 중독자들의 절제를 도와주는 것이다. 재발이 어떻게 예방되고, 이런 전략들이 얼마나 유익한지 알기 위해, 다음 두 가지 변인의 차이를 알면 도움 된다: (1) 재발에 기여하는 요인들의 초기 단계 vs. 후기 단계, (2) 재발에 대한 환자의 기여 vs. 치료자의 기여.

재발의 초기 단계 vs 후기 단계

재발은 다음과 같은 문제들 중의 하나가 나타나는 관찰 가능한 증상이고 구체적인 사건이다. (1) 예전의 사고방식으로 되돌아가기(자기중심성, 해결되지 않은 수치심을 반영하는 자기애적 방어), (2) 어떤 프로그램도 추천하지 못하는 사람, (3) 치료자가 개인 치료를 통해 중요한 문제를 다루지 못함. 잘 살펴보면, 재발은 무엇이 잘못 되었는지 혹은 어떤 것을 반드시 다루어야 하는지를 알려주는 기회가 된다. 재발 검토하기는 변명하기가 아니다. 어떤 일이, 무슨 이유로 일어났는지에 대해 좀 더 알고 싶어 하는 욕구를 동기화 시켜야 한다. 재발하는 사람들이 갖는 절제의 무능력을 통제하고 어떤 통달감을 얻도록 도와주는 것이 재발 예방의 목표이다. 결국, 향후 일어날 수 있는 재발을 막기 위해 이전과는 다르게 행동하도록 책임감을 갖게 한다. Santayana가 "실수의 역사를 모르는 사람은 그런 실수를 계속 반복할 운명이다."

재발의 초기 단계에 보통 나타나는 몇 가지 공통요인이 있다. 재발하는 전형적인 환자의 유형들은 다음과 같다:

1. **부인**Denial. 부정하는 알코올과 약물 중독자는 아직 자신이 약물과 알코올에 무력하다는 사실을 인정하는 첫 단계를 밟지 않았다. 때로 새롭게 회복을 도모하는 환자들은 자신이 '정상적으로' 술을 마실 수 있다거나 기분 전환으로 약물을 할 수 있다는 모든 가능성을 없애기 위해 첫 단계를 검증해야 한다. 백색 칩 들기는 그들이 기꺼이 다시 프로그램을 시작한다는 상징이고, 이는 보통 그들이 회복을 위해 해야 하는 모든 것이다.
2. **프로그램 단계 밟기의 실패**. 많은 알코올과 약물 중독자들이 회복 중에 그들이 해야 하는 일의 전부는 물질을 멀리하는 것이라는 착각에 사로 잡혀 있다. 이런 신념이 있는 사람은 회복이란 물질

을 절제하는 것 이상을 요구한다는 사실을 배워야 한다. 회복의 12단계 중에 첫 단계는 약물과 알코올에 대해 말하는 것이다. 나머지 11단계에서는 수치심, 죄책감, 정직(시인), 이타심, 성격적 결함의 제거, 두려움 없는 도덕심을 검토 한다. 프로그램은 이런 노력들을 요구한다. 그들은 또한 집단에 정성껏 참여해야 한다.

3. **정직은 너무 어려워**. 12단계 회복 과정의 초석은 정직이다. 다른 사람에게 정직해야 하고, 자기 자신에게 정직한 것이 가장 중요하다. 대부분의 알코올과 약물 중독자들은 강한 수치심으로 고통 받기 때문에, 아주 작은 잘못이나 결점을 인정하는 일도 고통스러울 수 있다. 자기 자신에 대한 부정성negativity을 더 이상 견디지 못하고 취약한 자존감을 위협하는 현실적 상황을 피하거나, 최소화시키고 부인하기 위해 노력을 기울일 것이다. 때로 망상적 수준까지 이르는 자기기만이라는 특별조치를 발휘한다. 문자 그대로 그들은 자신의 주변에 있는 모든 사람들이 알고 있는 진실을 볼 수도 인정할 수도 없다. 이러한 사실이 집단 양식과 12단계 모임이 그들을 치료하는 데 왜 그렇게 중요한지 그 이유이다. 자신을 닮은 다른 사람들을 동일시하고 수용하지만, 혼자서는 직면할 수 없는 것들을 다른 사람들과 함께할 때는 정직하게 대면할 수 있다.
4. **'난 특별해**Specialness' 라는 환상. 수치심과 무가치감을 지키기 위해 자기애적 방어와 자기 과대적 방어를 지나치게 사용하기 때문에, 대부분의 물질 중독자들은 자신은 특별한 사람이여서 다른 불행한 사람들과는 다르다는 신념이 강하다. 있는 그대로의 자신을 인정하는 일은 자기 가치를 매우 떨어뜨리므로, 이들에게 겸손은 해독제이다. "안녕하세요, 전 알코올 중독자 Joe입니다" 와 같이 AA 방식으로 자기 소개하기는 AA 프로그램에서 매우 중요하다. 프로그램 밖에 있는 사람은 이를 '유해한 낙인찍기' 로 흔히 오해하지만, 이는 회복에 꼭 필요한 겸손을 일깨워 준다.
5. **아직 바닥은 치지 않았어**. AA와 다른 12단계 프로그램에 적극적으로 참여하는 구성원들 중에 자신이 알코올 중독자임을 기꺼이 인정하기 전에, 모든 것을 잃어버려야 회복을 할 수 있다고 믿는 사람들이 있다(즉, 직장, 가족, 재정, 자기존중, 건강 등). 자신이 처한 현실적 상황을 마주 보길 꺼려하는 그런 고집은 프로그램에서 '낮은 수위low-bottom' 사람들에게서 나타난다. 이와 반대로, '높은 수위high-bottom' 물질 중독자들도 있다. 많은 경우에, 이들은 프로그램에 속한 대부분의 사람들이 보이는 광범위한 황폐화를 경험하지 않고 음주나 약물 사용의 결과에 대해 말할 수 있는 사람들이다. "중독자들의 바닥 일으키기"는 음주와 약물 사용의 결과와 그런 현실과 사실을 부정할 수 없는 곳 까지 잘 진행된 개입 의도이다. 다른 사람의 모습에서 자신의 모습을 보며 배우는 방법은 개인 치료로는 이루지 못하는 12단계 모임과 집단만의 유일한 이득이나. 중독자들은 회복 중에 무엇을 할지 혹은 피할지를 알기 전까지 어떤 실수라도 해서는 안 된다. 그들은 다른 사람을 통해 배우는 증인이 될 것이다.
6. **인지적 결손**. 연구 결과에서는 특히 회복 초기에 있는 중독자들이 그들의 회복을 돕는 치료적 노력에 충분히 반응할 만한 정신적 능력을 갖추지 못했다고 분명히 밝힌다. "단순하게 살기"와 "오늘 하루 충실히 살기"와 같은 AA 격언은 초기 회복 중인 사람들에게 필요한 일종의 구조와 방향을 제시한다. 통찰 중심의 심리치료는 실제적으로 이런 것들이 소용없다. 영감, 동기, 방향과 구체

적인 제안들은 이제 막 맑은 정신을 유지하거나 최근에 재발한 사람에게 가장 좋은 결과를 가져다 준다. "악어가 당신의 엉덩이를 물어 꼼짝 달싹하지 못하는 상황에서, 당신의 일은 늪의 물을 모두 빼는 것이었단 사실을 떠올리기 어렵다" 라고 신입 AA 구성원에게 말해주는 것처럼, 위기를 겪는 동안에는 상황을 이해하기보다 살아남기가 더 우선이다.

치료자 vs 환자의 재발 기여

부적절한 치료

부적절한 치료inadequate treatment는 일반적으로 회복에 필요한 몇 가지 결정적 요소가 너무 많거나, 부족한 결과이다. 대부분의 경우에, 부적절한 치료는 치료적 상황에서 너무 일찍 너무 많은 감정이 일어났다는 의미이다. 어떤 경우에는 치료에서 너무 늦게 너무 적은 감정이 제시되었다는 의미이기도 하다. 부적절한 치료는 치료 과정에서 환자의 동기가 거의 없었거나, 치료자가 너무 무관심했다는 의미일 수도 있고, 너무 많은 직면을 시켰지만 지지가 너무 없었다는 것을 나타낼 수도 있다. 다른 상황에서, 부적절한 치료는 지지만 많이 할 뿐 직면은 거의 시키지 않았다는 의미일 수 있다. 각 환자에게 필요한 균형을 섬세하게 잡을 수 있는 능력은 효과적인 치료를 위해 매우 훌륭한 기술이다.

때로, 중독자들이 12단계 프로그램에 연계되거나 참여하길 거절하는 일은 부분적으로는 환자의 저항 때문이고, 부분적으로 치료자의 저항 때문이다. 많은 일차 진료 개원의, 치료자, 기타 건강관리 제공자들은 12단계 회복 프로그램과 절제가 중요하다고 말은 앞세우지만, 알코올과 약물 중독자의 회복을 돕기 위해 환자를 그런 프로그램에 의뢰하거나 권고하는 경우는 거의 드물다. 최근 Miller와 Hoffman(1995)이 한 설문 조사 결과는 다음과 같다.

> 의사들은 일반적으로 알코올이나 약물 중독을 위해 단약(주)에 기초한 프로그램이 환자들에게 필요하다고 보지 않고, 그런 프로그램으로 의뢰하지도 않는다.... 중독자들이 다른 건강관리 대상군들과 매우 다른 치료적 결과를 드러낸다는 사실을 고려해 볼 때, 이는 통계 결과의 문제가 있다. 의료적 및 정신의학적 장면에서 알코올과 약물 중독자들의 유병율은 25%~80% 범위이다. (p. 41)

조사자들은 알코올 중독자들의 입원율이 30% 정도 차지한다고 추정한다. 이 연구 결과는 1964년 한 주립 병원에서 조사당일 입원환자의 3.3% 만이 알코올 중독자라고 보고한 통계 결과와 일치한다(Moore & Buchanan, 1966). 이후에 한 대도시 정신보건 센터에서 정신치료를 받는 환자들의 무작위 표본 중 23%가 자기 스스로 중독 문제가 있거나 지나친 물질 남용으로 고통 받고 있다고 보고 하였지만, 그 환자들의 치료자들은 환자들이 물질로 인해 고통 받는 시간은 3.5%만 보고하였다(Cummings, 1979).

중독자들의 재발에 일차적으로 기여하는 것은 12단계 프로그램의 관여가 부족할 때이다. 그러므로 물질 남용자들이 12단계 모임에 정규적으로 참여하도록 권면하는 일은 중요하다. 또한 치료자들이 프로그램 내에서 동료의식이 치료 결과에 어떤 영향을 주는지에 대해 정확하게 알고 충분히 배우는 일도 중요하다. 충분히 훈련받지 못한 치료자들은 12단계 프로그램에 대한 부정적인 편견이 있거나 잘못 의뢰하기도 한다. 모든 모임들이 AA 원칙을 유사하게 따르지만, 모든 12단계 집단들은 그 집단만의 독특한 성격이 있다. 결과적으로, 자신에게 적합한 사람들이 모여 있는 "모임을 찾아다니도록shop around" 중독자들을 격려해야 한다. "홈그룹Home Group" 찾기를 꺼려하는 부분에 대한 직면은 건강한 회복 프로그램이 형성되도록 하는 데 중요하다.

재결정 치료Redecision Therapy의 Bob Goulding 모형에 영향을 받은 알코올 상담가들이 알코올과 약물 입원병동에서 물질 중독자들에게 강의를 하였다. 그 알코올 상담가들은 치료에서 저항 다루기의 중요성을 강조하였고, 자신의 행위에 책임을 지지 않으려하고 저항하는 사람들의 지표는 '시도하지요try, 할 수 없어요can't, 필요해요need"와 같은 표현을 사용하는 것과 이와 관련한 Bob Goulding의 강조를 언급하였다. 강한 교류분석TA 이론에서 유래한 Goulding은 사람들이 사용하는 언어 속에 변화에 대한 수동적 저항이 종종 드러난다고 하였다. Bob의 경우, Goulding의 핵심 단어 중의 하나인 '시도하지요try'가 갖는 의미는 개인적인 확신을 갖고 시도하기보다 '시도하고 있다trying'고 착각을 불러일으키는 의미이다. 성공을 위한 진정한 의도 없이 실패를 피할 수 없을 때, "보세요, 제가 시도했지만 실패 했어요" 라고 울부짖으며 정당화할 수 있다. Bob Goulding과 TA의 경우, 이 말의 의미는 당신은 그렇게 하든지 그렇게 하지 않을 수 있고, 아무 것도 하지 않을 수도 있다는 것이다. Bob Goulding 원칙 중 다른 핵심 단어는 '할 수 없어요can't'이다. 이는 그렇게 하지 않을 겁니다can't의 의미이고 '필요해요need'는 원한다는 의미이다. 그날 오후 강의에서, 알코올 상담가는 알코올 중독자의 회복에 AA의 필요성과 중요성에 대해 이야기하던 중이었다. 환자들 중 한 사람이 AA에 대해 방금 상담가가 한 말의 포인트를 반박하고자 상담가의 말을 자르며 끼어들었다. Bill은 최근에 두 번째 재발을 한 36세 알코올 중독자로 치료를 받은 이후 6개월 이상 음주를 절제하지 못했다. Bill은 AA가 자신에게 맞지 않고 치료에 도움이 되지도 않았다며 불평했다. 그는 12단계 철학과 단주에 대한 강조점이 갖는 한계와 실패 요인에 대한 일장 3분 연설을 하였다. Bill에게 맞는 모임을 찾는 일이 필요하겠다는 알코올 상담가의 제안으로, Bill의 말이 잘리자, Bill은 재빨리, "제게 적합한 모임을 찾으려고 시도try 했었지만, 제게 필요한 모임인지 확신이 들지 않았어요" 라는 말을 하며 상담가의 제안을 반박했다. 그 강의에 참석한 모든 사람이 재결심과 TA에 관한 아침 강의가 그들의 마음에 아직 생생했기 때문에, 그의 말 속의 핵심 표현들을 재빨리 알아차렸다. 집단 전체로부터 즉각적인 직면을 받은 Bill은 그와 다른 환자들을 허심탄회하게 웃게 만들었던, 자신의 말 속의 유머를 피하지 못했다. 집단원들은 "전 AA 모임을 찾지 않을 겁니다. 왜냐하면 제가 AA 모임에 가고 싶지 않거든요" 라고 말하며 그의 저항에 대해 격려하였다. 이런 진술은 단주와 회복에 관한 그의 입장을 좀 더 정확하게 나타내고 그의 재발의 원인이 되는 저항을 어떻게 다룰지에 대한 신선한 이해를 갖게 도와주었다.

재발의 후기 단계

재발의 초기 단계에 무수히 많은 요인들이 기여하지만, 재발의 후기 단계는 두 가지 요인이 크게 두드러진다. 물질 중독자들이 재발하게 되는 기회는 중독자들의 기분이 너무 좋거나 너무 나쁘다고 느끼기 시작할 때 증가한다. 너무 좋다고 느끼는 것은 예전의 자기애적 방어가 다시 되돌아 왔다는 지표이다. 과대성과 특별함은 알코올과 약물 중독자가 지속적으로 체크해야 하는 겸손을 서서히 파괴시키는 능력이 있다. 맑은 정신sobriety은 물질의 힘을 가라앉히고 창조적 힘과 에너지를 모으는 기회를 주기 때문에, 중독자들은 성취와 성공에 대한 자기 자신의 능력을 재발견한다. 어떤 실패나 실수에 대해 전적으로 자신을 비난하고 자책하기 쉬운 만큼 성공의 모든 원인도 자신의 특별함에 기인한다고 중독자들은 보기 쉽다. 성취가 늘어갈 때마다, 그들은 약물과 알코올에 중독되었던 것만큼 성공에도 취약하다. 모임에 빠지기 위해 "중요한 일로 너무 바빠서" 라고 말하거나, "전 그들처럼 되진 못해요" 라고 하거나 "이런 일은 고쳐지지 않아요"라고 말하는 것은 재발을 재촉하는 종종걸음이다. 음주와 물질사용을 통제하는 데 한두 번 성공해본 경험은 자신이 특별하고 다르다는, 자신에 대한 새로운 평가를 굳히게 한다. 결국 피할 수 없는 재발이 촉진된다.

재발 스펙트럼의 다른 한쪽 끝은 증진된 평온함과 만족감으로, 맑고 깨끗한 정신을 지속적으로 유지하는 회복중인 알코올과 약물 중독자이다. 이러한 중독자들은 약물과 알코올을 그저 절제만 하고 있는 것은 아닌지, 자신의 회복을 위해 절제 그 이상의 것을 시도하고 있는지 신중하게 평가하는 일이 중요하다. 중독자가 진정으로 회복에 몰두하지 않으면 모든 내기에서 진다. 특히, 그들이 회복의 단계를 밟아 가고 있는지, 모임에는 참석하는지, 스폰서는 있는지, 정직한 자기 탐색을 실천하는지, 집단에 적극적으로 참여하는지 등을 평가해야 한다. 자신에게 필요한 모든 노력을 하고 있더라도, 많은 신실한 12단계 구성원들의 상태는 나빠질 수 있다. 맑은 정신과 12단계 프로그램 자체가 중독자들에게 어떠한 장기적인 이득도 주지 않는다. 종종, 자기 투약이 주는 안도감이 예측불가능하고 지속 기간이 짧다하여도, 중독자들은 그런 안도감을 박탈당했다고 느낀다(약물과 알코올). 다시는 술을 마시거나 약물을 하지 않겠다는 흔들리지 않던 굳은 결심이 자신의 생존을 쥐고 흔드는 이가 갈리는 불행과 괴로움으로 서서히 그리고 천천히 파괴된다. 결과적으로, 그들의 삶의 어떤 기쁨이나 행복도 끝나버렸기 때문에, 맑은 정신을 유지하는 일도 그만둔다. "난 이제 약물과 상관없어"와 같은 무관심은 중독자들의 회복에 위험한 태도이다. "난 상관없어"에서 "차라리 마시는 편이 낫지. 이보다 더 나쁠 순 없을거야" 까지의 거리는 짧다.

집단 리더는 회복을 위해 해야 할 일을 모두 다하지만 기분이 계속 나빠지는 중독자의 증상을 살펴보는 일이 중요하다. 대부분, 처방의가 중독 전문가이거나 중독 원칙과 치료를 잘 아는 경우, 항우울제와 그 외 비중독 약물치료가 가능하다. 이 범주에 속하는 환자들은 주로 기타 정신 건강 장애들로 고통 받는 이중 진단 받은 사람들이다. 가계에 흐르는 중독의 경향 때문에, 많은 중독자들은 알코올과 약물에 중독된 부모 밑에서 성장하였다. 해결되지 않는 ACOA(알코올 중독자 가정의 성인아이) 문제도 그런 성장 배경 때문일 수 있다. 더 집중적이고 더 빈번한 심리치료와 보조 치료가 필요하다. 성학대를 받은 사람들이 물질과 알코올에 남용될 비율이 높다는 인식이 증가하면서, 해리성 방어와 억압된 기억에 대한 신중한 탐색도 경우에 따라 필요하다. 위에서 언급한 상황 하에서 중독자들이 회복을 해 나갈 때, 그들이 회복을 하려고 노력하더라도,

불행의 이유가 될 만한 요인들은 많을 수 있다. "감사 목록을 작성하려고요," "자기연민은 그만 둘래요"라는 말을 환자로부터 듣기 위해, "넌 연민으로 가득 찼구나"와 "프로그램을 잘 받았으면 그렇게 느끼지 않을 텐데"라고 말하는 것은 그들에게 도움이 될 수는 있지만 파괴적이다.

재발 예방

지난 20여 년 동안, 안전이 보장되고 엄격히 통제된 입원장면에서 퇴원한 이후, 물질 중독자들의 높은 재발률은 수많은 재발예방 모형이 발달하게 했다. 재발에 대한 염려가 일관적인 치료 초점이다. 물질 중독자들이 재발을 염려를 하는 순간 대부분 물질 사용을 중단한다. 일단 중독자들이 구조화된 치료 환경에서 퇴원한 후에 재발에 대한 염려는 더 뚜렷해지고, 재발에 대한 압력과 그들이 살아가는 현실의 요구에 직면하게 된다.

재발예방 모형이 가지는 한 가지 뜻밖의 재미있는 결과는 재발예방 모형이 외래 장면에서 유용한 치료적 틀을 제공하는 방식으로 구조화되어 왔다는 것이다. 재발예방은 원래 재발의 부정적인 결과를 최소화시키기 위해, 물질 중독자들이 더 악화되지 않도록 도와주는 기술들을 가르치기 위해, 재발에 기여하는 감정적 및 상황적 요인들을 피하도록 도와주는 단서들을 제공하기 위한 것이다. 대부분의 재발예방 접근은 행동 중심이고 알코올이나 약물 사용의 원인이 되는 특별한 상황이나 환경을 중독자들이 파악하도록 구조화되어 있다. 이러한 전략들은 매우 유익하고 Yalom, Ormont 혹은 Kohut가 지지한 정신 역동적 집단 치료 접근과 쉽게 통합된다.

Rawson, Obert, McCann과 Marinelli-Casey(1993)은 재발예방 접근에 대해 문헌고찰을 하였다. 그 문헌고찰에서 그들은 재발예방을 활용하여 다양한 치료 모형을 만들어 낸 여러 저자들과 연구자들의 모형들을 인용하였다. 그들은 모든 유형의 물질남용(즉, 알코올, 마리화나, 코카인, 크랙, 오피오이드)에 재발예방이 어떻게 활용될 수 있는지, 여러 가지 방법들에 설명을 덧붙여 임상적 권고를 하였다. Rawson 등은 이 접근을 특정 약물 남용군에게 적용시켜, 프로토콜을 만든 많은 연구자들의 연구에 대해서도 기술한다. Rawson 등의 논문(1993)은 외래 환자 물질남용 치료에서 쉽게 재검증되는 치료적 틀을 제공하면서, 외래 치료 모형과 쉽게 통합되는 기법들도 제공한다.

14

입원 집단과 치료 중기 단계

집단리더가 물질 중독자들이 변화의 인식전 단계, 인식단계, 준비단계를 거쳐 가도록 이끌면, 회복에서 그 다음으로 중요한 주제는 행동실천 요소이다. 중기 단계에서 집단 리더의 과제는 집단원들을 치료와 회복 과정에 적극적으로 참여시키는 일이다. 이를 위해, 치료 기법과 관련하여 집단 리더가 특별히 고려해야할 사항들이 있다. 회복의 각 단계마다 강조해야 하는 기능들은 집단 리더가 결정해야하기 때문에, 집단 리더는 개인의 회복 단계에 민감해야하고 집단의 발달 단계에 대해서도 잘 알아야 한다.

Allen Surkis(1989)는 집단에서 리더십 기능과 치료 기능 간의 차이를 강조했다. Surkis는 전자가 후자를 위한 필요조건이기 때문에 리더십 기능이 치료 기능보다 우선되어야 한다고 주장한다. 리더십 기능이 적절히 적용되고 관리되면, 집단 내의 불안과 긴장이 약화된다. 이는 치료 기능이 집단의 후반부를 주도하게 될 때 필요한 분위기를 조성하도록 돕는다. 이것은 집단 리더의 세 가지 기본 과제 중 첫 번째 과제가 집단의 물리적 생존을 보장하는 것이라고 한 Yalom의 주장과 매우 비슷하다. Surkis의 입장과 같이, 그런 자세는 시간적 경계, 치료 규준과 집단 구조가 명확한 안정적인 환경을 조성하도록 집단 리더의 에너지를 모은다.

Surkis는 리더십과 치료 기능의 차이가 연속선상에서 잘 구별된다고 하였다(표 14.1 참조). 집단 리더는 중독된 개인의 변화 단계와 가장 잘 맞는 치료 접근을 결정할 때, 그 외 다른 중요한 차이점들에 대해서도 잘 알아야 한다. 회복 단계의 초기, 중기, 후기에 있는 이슈들은 목표와 집단 리더의 활동요구 사항에 대한 강조가 각기 다르다. 표 14.2는 이러한 몇 가지 차이를 개관한다.

〈표 14. 1〉 리더십 기능과 치료 기능 간의 차이

리더십 기능: 초기/중기 단계	치료 기능: 후기 단계
1. 불안 감소와 긴장 관리	1. 발견과 호기심에 대한 감각 촉진시키기
2. 저항을 극복하도록 집단 도우기와 응집력 형성하기	2. 교정적 감정 경험이나 관계를 위한 기회 제공하기
3. 경계선 이슈 유지시키기 (정시에 시작하고 마치기, 새 구성원 통합시키기 등)	3. 집단원들이 자신이 아니라고 인정하지 못하는 수치스러운 부분을 발견하거나 다시 찾도록 돕기
4. 감정 및 분노 해소 조절하기	

Minkoff(1995)는 Prochaska와 DiClemente(1992)의 다섯 가지 변화 단계 모형과 일치하는 회복을 위한 네 가지 단계를 제안한다. Minkoff의 제안은 다음과 같다:

1. 빠른 안정
2. 치료 참여
3. 안정의 연장
4. 다음의 초점을 둔 회복
   a. 지속적인 안정
   b. 지속적인 맑은 정신

치료 초기 단계에서 중독자들이 안정을 갖게 되면, 회복 과정의 중기 단계에서는 관여와 지속적인 안정이 중심이 된다. 질병의 개념과 절제 모형의 관점에서, 물질 중독자들의 참여를 격려하기 위해 12단계 회복 프로그램과 지지 집단을 활용한다.

최근의 많은 연구자들은 환자의 치료 참여 과정에서 중요한 부분으로 치료 환경과 AA의 "회복 문화" 에 "문화적 동화" 를 권유한다(Kemker 등, 1993). 이것은 환자의 치료에 필요조건이고, 12단계 집단의 언어, 문화, 치료 철학에 익숙지 않는 많은 전문가들에게도 필요하다. Kemker 등에 따르면, 집단 치료가 문화적 동화 과정을 통합시키는 역할을 한다고 하였다. 회복의 참여 단계나 치료의 중기 단계를 거치면서, 집단 구조가 감정적 유대감을 형성시키는 잠재력이 가장 크다. 이 과정에서 두 가지 본질적인 요소는 (1) 절제의 필요성에 대한 수용과 (2) 문화 회복으로의 유도이다. Kemker 등(1993)은 구조화된 치료적 환경 속에서 알코올과 약물 중독자들과 함께 작업하는 독특한 특성을 강조한다. 그들은 "중독 관리는 매우 강력한 두 가지 치료의 산물: 정신의학과 AA" 라고 한다(p. 300). 성공적인 중독 치료를 위해 치료자에 의한 몇 가지 특별 맞춤 즉, "상위 목표의식과 지지를 위해 회복으로의 방향 전환이 필요하다"(p. 300). 치료자는 지지와 목표의식만으로 중독 치료가 이뤄지지 않는다는 인식이 필요하다- "중독이 뿌리 깊이 박혀 있을수록, 중독 환자는 너무 소외되어 있다." Kemker 등이 지적한 전통적인 심리치료 유형과는 다르게, 중독 치료에서는 "집단과 자조 운동self-help movement에 대한 강조" 가 필요하다(p. 299).

〈표 14. 2〉 집단리더의 목표와 활동사항 요건

목표	초기/중기단계	후기단계
1. 정서/감정	최소화 : 인지와 내용에 대한강조	최적 수준의 불안
2. 퇴행	감소	증가
3. 지금-여기에	감소 : 그때-거기에 음주 행동을 더 많이 강조	증가(즉각성 원칙)
4. 직면	음주나 약물과 관련된 행동에 초점	더 적게 : 친밀함을 더 많이 강조
5. 집단리더 활동	더 능동적이고 솔직한	덜 능동적이고, 중립적인
6. 개인적-개인내적	더 많이	더 적게
7. 대인관계	더 적게	더 많이
8. 전체로서 집단	더 적게	더 많이
9. 지지-만족	더 많이	더 적게
10. 내용 vs 과정	내용	과정

최근 문헌에서, Matano와 Yalom(1991)은 AA와 12단계 회복 원칙을 집단치료 양식에 통합시키기 위해서는 특별히 고려해야 할 점이 있다고 말 한 Kemker 등의 주장과 비슷한 권고를 한다. Matano와 Yalom은 다음과 같은 지침이 관찰되지 않을 경우, 중독 치료를 위한 전통적 접근이 실패할 가능성이 있다고 경고한다.

1. 회복과 절제는 항상 우선순위와 일치할 것
2. 환자가 알코올 혹은 약물 중독자로서 동일시할 필요성
3. 집단에서 불안을 조심스럽게 조정시키는 것
4. 알코올과 약물 중독자들이 책임져야 하는 것과 책임지지 말아야 하는 것을 적절히 구분하는 것
5. 집단리더가 AA와 기타 12단계 회복 프로그램의 언어, 단계와 전통에 완전히 익숙해지는 것

Matano와 Yalom은 중독 환자와 집단 치료 작업에 익숙하지 않은 치료자들이 종종 간과하는 두 가지 중요한 문제를 강조한다. 첫째, 이들은 12단계 회복 프로그램의 언어와 원칙에 익숙하지 않는 집단 리더는 집단원들이 치료에 저항하기 위해 AA의 개념을 오용하거나 왜곡시킬 때 취약할 수 있다고 경고한다. 집단 리더가 AA 프로그램에 정통해 있으면, 치료과정에 AA 원칙을 통합시키는 데 도움을 주고, 중독자들이 조종manipulation할 때 드러내는 저항을 줄인다.

둘째, Matano와 Yalom은 중독자들이 책임을 져야하는 상황들을 명료화하는 데 도움을 준다. 그들이 정확히 지적한 바와 같이, 중독자들은 일단 술을 한 잔 마시거나 약물을 하게 되면 통제할 수 없거나 자신의 질병에 책임을 지지 못한다. 하지만 술 한 잔 하는 것이나 한 번의 약물 사용에는 분명히 책임져야 한다. 예를 들어, 알코올 중독자들은 폭음을 유발시키는 첫 한 잔의 책임을 회피하기로 유명하다. 종종 그들

은 자신의 재발을 '실수slip'라고 변명한다. 이는 우연히 생긴 일이라는 의미이다. 경험이 풍부한 AA 구성원과 중독 전문가는 진실이 무엇이든 알코올 중독자 자신이 술을 마시기로 결정했다는 사실을 강조하여 책임 회피를 직면 시킨다: "고의로 마신 음주" "우연히 일어난 일이 아닙니다. 당신이 마신 거죠! 더 중요한 건, 음주에 대한 책임을 회피하면, 어떤 것도 배울 수 없습니다" 라고 말한다. 결과적으로, 중독자들은 자신의 모든 행위와 행동에 책임을 져야 한다. 단기적으로는, 그들이 12단계 프로그램을 거치든 거치지 안 든 자신의 책임을 받아들여야 하고, 자신의 회복을 다지기 위해 다른 중독자들의 경험을 활용해야 한다. 지금-여기에서 다른 집단원들과 관련되는 책임도 져야 한다. 회복과 치료의 후기 단계에서는, 대인 관계에 대한 책임이 매우 두드러지는salient 치료적 이슈이다.

Matano와 Yalom은 AA와 심리치료의 갈등 원인에 대해서도 언급한다. 그들은 이 둘 간의 차이를 어떻게 해결할 수 있는지 혹은 이런 차이가 구성원들의 오해를 어떻게 불러일으키는지에 대한 유용한 제안을 제시한다. 그들은 이러한 차이가 12단계 프로그램과 전문가 공동체 간의 건강한 작업 동맹의 수립을 방해할 필요는 없다고 한다.

> AA와 심리치료 간의 양립 불가능한 부분을 해결하는 것이 중요하다. 우리는 AA와 심리치료가 서로 간의 치료 효능성이나 생존을 위협하는 힘은 아니라고 생각한다. AA와 심리치료의 목표는 비슷하고, 이들은 일반적으로 생각하는 것 이상의 공통된 방법들을 공유하고 있다. 그러나 AA와 심리치료는 각각의 이론에 근거한 광범위한 임상적 적용과 해석, 전통이 담겨 있는 다른 실체라는 사실을 잊어서는 안 된다. 불행하게도, AA를 멸시하는 심리치료자들과 치료적 개념을 공개적으로 적대시하는 AA '강경파'는 항상 있기 마련이다.(1991, pp. 284-285)

회복의 초기와 중기 단계에서, 전통적인 집단치료와 12단계 회복 원칙을 통합시키는 일은 집단 리더의 중요한 과제들 중 하나이다. Dies와 Dies(1993)는 이러한 과제를 달성하려는 집단 리더에게 단기적 집단 치료를 추천한다. Dies와 Dies가 권고 하는 단기적 집단치료의 지시적인 촉진 모형은 발달에 기초를 두고 대인관계에 초점을 두고 있어서, Yalom의 권고와 매우 잘 맞다. Dies 등은 21가지 원칙을 소개하였다. 그러나 여기에서는 그 중 10가지 원칙들만 제시하는데, 이 원칙들이 집단 치료의 초기/중기 단계와 관련이 많다.

1. 현실적인 치료적 계약을 하라

본서의 7장에서, Dies와 Dies의 치료 전 준비 과정을 제시하였다. Kemker의 권고와 Matano와 Yalom의 권고를 채택하여, Dies와 Dies는 절제와 자기 자신을 알코올 혹은 약물 중독자로 보는 동일시가 알코올 혹은 약물 중독자와의 현실적인 치료적 계약의 기본 구성요소라고 주장한다.

2. 긍정적 분위기를 심어주라

집단 리더는 최고의 치료적 구조를 제공하여, 지지적 집단 규범을 촉진시키고 집단원들 간의 긍정적인 상호작용을 하도록 중독자들을 권고해야 한다. 모형 설정model setting으로 치료적 규범의 수립과 집단 리더를 위한 Yalom의 권고는 대부분 긍정적 분위기 형성과 관련 있다.

3. 내용에 초점을 두기보다 과정에 초점을 두고 반응하라

Yalom과 같이, Dies와 Dies는 집단에서 집단 구성원들 간의 의미 있는 대인관계가 항상 촉진되어야 한다고 강조한다. 이들은 집단의 내용에 초점을 두거나 개인에게 치중된 치료적 작업은 피해야 한다고 경고한다. 12단계 집단과 개인 회기에서는 구성원들의 개인적 경험을 탐색하거나 개인적 이야기를 하려는 구성원들에게 시간을 충분히 제공한다. 그러나 집단치료는 집단의 상황 속에서 개인 간의 상호작용을 강조하는 과정에 초점을 둘 때 가장 유용하다.

4. 상황을 주도해 나가는 리더십 스타일을 가지라

Yalom과 같이, Dies와 Dies는 적극적인 리더십 스타일을 추천한다. 이것이 왜 중요한지는 9장에서 논의하였다. 그 이유들 중에서 가장 중요한 것은 알코올과 약물 중독자들은 전통적인 심리치료 접근에서 만연한 리더십 스타일 즉, 수동적이거나 집단과 멀리 떨어져 있는 스타일에는 일반적으로 잘 반응하지 않는다는 점이다.

5. 집단 장애물을 직면시키라

안전, 정직, 개방성과 진정성에 대한 문제를 집단에서 반드시 다루어야 한다. 집단 구성원들은 집단에서 다른 사람에게 진실하게 대하는 방법을 배워야 한다. 집단 리더는 집단에서가장 흔한 장애물들을 빨리 파악하고, 구성원들이 반드시 드러내는 저항과 장애물을 통해 집단을 적극적으로 이끌어 가는 것이 중요하다.

6. 집단 갈등과 저항을 해석하라

Dies와 Dies의 견해로, 임상가들은 집단원들의 집단 저항을 집단 작업을 피하기 위한 집단원들의 무의식적 결탁이라고 과도하게 해석한다. 집단에서 그런 방어 과정은 분명히 드러난다. Dies와 Dies는 치료 작업에서 드러나는 개인적 저항은 보통 두 가지 원인에 기인한다는 사실을 그들의 경험을 통해 알아냈다: (1) 개인적 취약성에 대한 위협과 (2) 집단 과정의 명료화 부족으로 인해 집단을 어떻게 효과적으로 활용할지의 모호함. Dies와 Dies는 "우리가 대인 관계적 지지와 응집력을 촉진시키기 위해, 그리고 변화를 위한 치료적 틀을 명료화시키기 위해 노력할 때, 개인적 경계는 자연스럽게 녹는다" 라고 하였다(p. 180).

7. 변화 이론을 설명하라

새로 들어온 집단 구성원은 가장 생산적인 집단이 어떻게 이뤄지는지 잘 모른다. Yalom과 같이, Dies와 Dies는 치료를 도우는 집단의 힘은 "말차례를 지켜 돌아가며 말하지 않고, 조언하지 않으며, 딱딱 끊어지는 질문과 대답을 하지 않는 서로를 탐색하고 나누는 과정에 있다"(p. 181). Yalom, Ormont와 경험이 풍부한 대부분의 집단 리더들은 집단원들에게 교훈적인 정보를 제공하지 않고 집단에서 일어나는 경험을 통해 배우게 한다.

8. 자주, 그렇지만 간결하게 표현하게 하라

집단 리더가 자주, 그렇지만 간략하게 개입하며 자신의 존재를 드러낸다. Dies와 Dies가 말한 것처럼, 이것을 리더십의 독재성으로 해석해서는 안 된다. 집단에서 가장 좋은 개입은 항상 간략하고 단순한 것들이다. 훌륭한 집단 리더십의 예술적인 부분은 어렵고 중요한 일을 단순하고 간략하게 말하는 능력이다.

9. 책임을 지도록 집단원들을 격려하라

가장 좋은 개입은 집단과 구성원들이 책임을 갖게 하는 것이다. Yalom의 권고처럼, 자기-모니터링 집단 self-monitoring group이 매우 효과적인 집단이다.

10. 지금 여기에 초점을 맞추도록 촉진시키라

Dies와 Dies는 집단 리더가 집단의 순간적인 즉시성immediacy을 유지시키도록 권면 한다. Yalom과 Ormont의 제안과 같이, 구성원들이 지금-여기에, 즉시성에 머물러 있을 때 집단은 최대 효과를 낸다. Dies와 Dies가 여기에서 제시한 권고들은 Yalom이 개관하고Ormont가 다듬은 모형을 보완해 준다. Yalom과 Ormont은 장기 외래 집단을 주로 다루었지만, 이 10가지 원칙은 초보 집단 치료자가 더 크고 포괄적인 치료 프로그램의 일환으로 구조화된 집단 치료와 가장 잘 맞는 전략들을 결정할 수 있도록 도와준다.

입원병동이나 시설 환경 내에서 단기 치료를 할 때, 집단 치료자들은 성공적이고 장기적인 외래 집단 심리치료의 원칙들을 수정해야 한다. 이러한 환경에서는 집단 치료만이 유일한 치료 경험이 아니다. 더 크고 포괄적인 치료 접근들 중에서 집단 치료는 한 요소이다. 결과적으로, 집단을 어떻게 운영할지, 집단 리더가 할 수 있는 것과 할 수 없는 것이 무엇인지는 치료 프로그램을 주도하는 분위기의 제한과 역동에 의해 결정된다.

구조화된 집단 치료

지난 몇 년 동안, 재정적 제약, 의료 관리 비용의 증가로 인해 치료적 비용을 줄이기 위한 보험 관련자들의 노력은 중독 치료에 큰 영향을 주었다. 4~6주간 입원 치료는 더 이상 표준 치료 계획이 아니다. 낮 치료 프로그램과 외래 장면에서 더 많은 치료가 제공된다. 입원 병동에서 이뤄지는 포괄적인 치료 프로그램들은 외래 장면에서도 적용된다. 이러한 적용면에서 집단 치료는 매우 중요한 구성 요소이고, 입원 장면에서 활용되는 프로그램들이 구조화된 외래 프로그램에서도 비슷하게 적용된다.

치료적 분위기가 신속하게 변하더라도, 입원장면에서 집단 치료에 대한 특별한 수요에 대해 아는 것이 중요하다. 집단을 폐쇄 병동에서 진행될지 낮 치료 프로그램의 일환으로 진행될지의 여부는 집단 리더가 집단 치료를 운영할 때 무엇과 싸워야 하는지에 크게 영향을 미친다.

구조화된 치료 프로그램의 일환으로 집단을 이끌어 갈 때, 집단리더가 극복해야하는 많은 어려움은 입원 장면의 어려움들과 유사하다. Yalom은 입원 환자 집단 치료에 대한 훌륭한 책을 썼는데, 그는 이 책에서 입원 장면에서 집단을 이끌어 갈 때, 반드시 적용되어야 하는 사항들을 언급하였다. Yalom이 보기에 정신과 병동에서는 집단 치료의 효과가 덜 수용적이라고 인정하였지만, 알코올 및 약물(A&D) 병동의 중독자 치료에서는 집단치료를 열성적으로 수용하였다. 집단 치료를 기꺼이 받아들이더라도, 구조화된 치료 프로그램에서 집단 치료를 할 때 고려해야할 사항들이 몇 가지 있다. 입원 환자 치료에 대한 Yalom의 권고는 모든 시설 상황에 일반화시킬 수 있다는 데 중요한 의미가 있다.

Yalom이 지적한 바와 같이, 입원 환자 병동에서 적용되는 집단의 목표, 구조와 방법이 항상 일관적이거나 명확하지 않다. 이는 A&D와 정신과 입원환자 집단의 경우에도 그러하다. 집단 치료의 적용을 둘러싼 혼란이 많은 의료 책임자들이 집단의 효과성을 인정하지 못하게 한 이유이다. 현대적 집단 심리 치료는 외래에서 정신증적 증상이 없는 환자들을 대상으로 한 것으로부터 유래 된다. 보통 입원 대상군에는 적용되지 않았다. 정신과 및 물질의존자들을 대상으로 한 입원 환자 집단 치료는 집단 리더가 섬세한 치료적 작업에 착수하기 전에 입원 치료를 둘러싼 특별한 환경을 고려해야 한다. Yalom은 효과적인 입원 환자 집단 치료에서 반드시 고려해야하는 몇 가지 중요한 사항들을 개관 하였다. 이는 다음 장에서 좀 더 상세히 설명한다. 먼저, 새로 입원한 알코올과 약물 중독자의 특별한 특성과 환경이 집단 치료의 적용 한계를 규정하기 때문에, 이들의 특성과 환경을 반드시 평가해야 한다.

중독치료 이외의 분야에서, 질병의 개념이 지닌 의미와 타당성과 관련된 논쟁이 여전히 뜨겁지만, 중독 분야에 속한 집단 리더들은 집단 치료를 중독 치료에 맞추기 위해 질병과 구조를 규정하려고 노력하였다. 효율적인 입원환자 집단 치료 모형을 개발하기 위해, 입원 환자 치료의 문제들과 단계 특정적인 이론이 필요하다. 치료에 참여하는 알코올과 약물 의존 환자들 모두 해독치료가 필요하지는 않다. 하지만 일반적으로 해독치료는 입원 조기 단계에 적합하다. 의료적 해독치료의 필요성을 평가하는 기준에 대한 논의는 이 책의 영역을 넘어선다. 그러나 이는 입원 환자가 의료적으로 안정될 때 까지 집단 치료에서 배제되어야 한다는 말로 충분하다. 알코올과 약물 중독 치료의 모든 단계에서, 진행성 금단증상에 대한 이해와 이 증상과 익숙해지는 일은 집단 리더에게 꼭 필요하다.

입원환자 집단을 위한 Yalom의 권고

수많은 어려움들이 입원 환자 집단 리더를 막아선다. 집단 리더는 저항적인 환자와 인지적으로 손상된 환자와 씨름해야 하고, 모든 입원 환자 치료와 관련된 특수한 환경적 어려움에 대처해야 한다. Yalom은 다음과 같이 말한다.

> …….. 효과적인 리더십을 위해서는 전문화된 기술이 필요하다. 입원 환자를 위한 집단 치료자가 개인 혹은 외래 환자 집단 치료 훈련을 받았다 하더라도, 임상적 준비가 충분히 갖춰진 것은 아니다. 급성 입원환자 병동은 다른 임상 장면과는 근본적으로 다르게 구성되어 있으므로, 집단 치료 기법의 파격적인 수정이 필요하다. (1983, p. 36)

본서의 8장과 9장에서 개관한, 집단 치료자의 기법과 과제를 입원환자 치료 장면에 맞게 수정해야 한다.

Yalom(1983)은 입원환자 집단을 효과적으로 운영하기 위해, 집단 리더의 치료에 영향을 줄 수 있는 요인들의 목록은 다음과 같다.

1. 환자들의 교체가 상당히 빠르다. 평균 입원 기간은 4~6주 정도이다. 단 며칠 동안 입원해 있는 환자들도 있다. 일반적으로 매 모임마다 신입 환자가 있다.
2. 어떤 환자들은 1~2회 정도 집단 모임에 참여한다. 종결 작업을 할 시간이 없다. 거의 매번 모임에서 치료 종결을 해야 하기 때문에, 종결에 초점을 두면 집단의 거의 모든 시간이 종결에 대한 논의로 허비하게 된다.
3. 정신 병리의 이질성heterogeneity이 크다. 신경증, 성격 곤란, 물질 남용, 청소년 문제, 주요 정동 장애, 거식증, 때로 정신증적 장애 등이 한 집단 내에 모두 참석해 있다.
4. 모든 환자들이 불편한 급성 상태에 있다. 환자들은 개인적인 성장이나 자기-이해를 하기보다 금단증상이나 심각한 절망감을 해결하려고 애쓴다. 환자들은 그런 급성 위기에서 벗어나면 대부분 퇴원하려 한다.
5. 집단에 동기가 없는 환자들이 많다. 환자들은 심리적인 면에 무지하거나, 집단에 있고 싶어 하지 않거나, 치료가 필요성에 동의하지 않으며, 종종 치료비용을 지불하지 않고, 자기 자신에 대한 호기심도 거의 없다.
6. 치료자는 환자를 준비시키거나 선별screen할 시간이 없다.
7. 집단을 구성할 때, 치료자는 보통 영향력을 행사하지 못한다.
8. 치료자의 안정성이 거의 없다. 많은 치료자들이 교대 스케줄이 있고, 일반적으로 모든 집단 회기에 참석하지 못한다.
9. 환자들은 온 종일, 병동에서 여러 가지 역할을 하는 치료자의 모습을 본다.
10. 집단치료는 환자들이 참여하는 많은 치료들 중 하나에 불과하다. 다른 치료 집단의 환자 중 일부가 함께 참석하기도 하고, 때로는 치료자도 같이 참석하기도 한다.
11. 대부분 집단 응집력이 거의 없다. 서로 신뢰하는 법을 배우거나 서로 아끼는 방법을 배울 시간이 충분하지 않다.
12. 미묘한 대인관계 양상을 차분히 알아갈 시간이 없거나, '훈습working through' 할 시간적 여유가 없고, 배운 것을 다른 상황으로 전이시킬 기회도 없다(pp. 50-51).

입원환자 치료 집단을 운영할 때, 가장 어려우면서도 중요한 집단 리더의 과제는 입원병동의 상황, 시간, 입원 환자군이라는 제한에 맞는, 달성 가능하고, 적합하며, 현실적인 치료 목표를 세우는 것이다. 목표를 설정하지 않으면, 치료자와 집단 구성원들, 그리고 집단은 목적 없이 표류하게 된다. 그러나 목표가 비현실적이거나 너무 야심차면, 집단 리더는 점점 더 실망하게 되고, 집단치료를 비효과적이라고 여기게 된다. 목표 설정에는 분리되어 있으면서도 병행적인 두 가지 과정이 있다. 외현적 목표는 집단원들의 맑은 정신과 회복을 다지는 데 필요한 대인 관계와 관련하여 설정한다. 집단 과정과 관련된 특정 개인의 욕구에 대해,

집단 리더의 평가에 근거한 암묵적 목표는 리더가 모니터해야 한다. 집단 리더는 특정 구성원을 지지해야 할지, 직면시켜야 할지, 격려해야 할지 혹은 집단이 돌아가는 동안 그대로 두어야 할지를 신중하게 결정해야 한다.

이런 상황에서, 집단 치료의 목표가 입원 혹은 치료 시설이 지닌 목표와 항상 일치하지는 않을 수 있는데, 이것이 상황을 더 복잡하게 만든다. 불행하게도, 어떤 의료적 및 프로그램 책임자들은 집단 치료에 지지적이지 않다. 이들은 중독자의 회복에 집단 치료가 갖는 잠재력을 인정하지 않는다. 어떤 경우에, 입원환자 병동은 책임자들이 모든 유형의 심리치료가 알코올 중독자 혹은 약물 중독자의 회복에 역효과적counter-therapeutic이라고 보는 질병 개념과 AA가 너무 엄격하게 적용될 수 있다. 집단 리더가 새로 입원한 중독 환자가 자신에 대해 이해하기도 전에 집단에서 너무 빨리 퇴행을 유도하거나, 지나치게 열성적이거나, 질병의 개념에 대한 이해 없이 집단을 이끌어 가면, 절제의 필요성과 인지적 손상 수준을 간과하게 되어 해로울 수 있다. 이것들이 집단 리더가 무슨 이유로 현실적인 목표를 설정해야 하는지, 치료 시설과 목표 간의 조화가 왜 필요한지 설명해주는 이유이다. 새로 입원한 환자의 특별한 상황을 신중하게 고려하여 집단을 운영하면, AA와 질병 개념과는 갈등이 생기지 않을 것이다. AA와 질병 개념을 염두에 두지 않고, 환자가 회복해야 하는 영역들을 다루기 위해 집단을 활용할 수 있다.

AA와 질병 개념은 환자가 맑은 정신을 달성하고 유지하도록 도와주는 데 매우 효과적이다. 맑은 정신 유지하기는 환자의 회복에 매우 중요하기 때문에, 치료의 첫 단계에서는 이 목표에 우선순위를 두어야 한다. 집난 치료가 불안이나 내성을 너무 많이 촉진시키거나, 알코올이나 약물 사용을 통제할 수 있다는 신념을 너무 강하게 권장하면, 회복 과정에 방해만 된다. 집단 치료는 다음 두 가지 목표를 달성하는 데 매우 효과적이다. 첫째, 집단 구성원들이 스트레스를 피하고 스트레스를 관리하도록 도와서, 재발을 감소시키는 역할을 한다. 둘째, Yalom에 따르면, 입원환자 치료 집단의 가장 중요하고 근본적인 목표는 치료 과정에 환자를 참여시키는 일이다. 이는 이중 치료 과정으로 Yalom은 이를 수평적horizontal 과정(집단치료, 강의 AA 모임이 환자들이 입원해 있는 동안 함께 이뤄지는 다중적 치료 프로그램)과 종단적longitudinal 과정(사후관리 집단, AA 모임 등이 퇴원 후에 이뤄지는 치료 과정)이라 부른다.

수평적 과정

집단 치료는 알코올과 약물 중독자들의 고립감, 수치심과 자기혐오를 줄이는 데 도움을 주기 때문에 치료 시작 단계에 가장 효과적이다. 다른 집난원들과의 동일시를 통해, 중독자는 자신이 혼자가 아니라는 사실을 배운다. 중독자는 또한 자기 자신과 다른 사람들에게 무례하고 경멸적인 행동을 보이고, 중독 현상이 자신에게만 일어나는 일이 아님을 알게 된다. 치유 과정으로서 보편성universality은 중독자가 다른 사람들과 동일시하고, 다른 사람들과 함께 유대감을 나누고 배워가는 과정이다. 집단을 통해 자신의 성격적 결점을 알고 수용해준 다른 구성원들에 대한 신뢰와 응집력은 고립감과 따돌림을 없애준다. 지속적인 음주와 약물 사용에 크게 기여한 두 가지 환경, 질병 개념은 중독자들의 어려움을 간결한 틀 속에 넣기 때문에, 중독자들의 죄책감을 낮추고 자존감을 증진시킨다. 1~2달에 걸친 절제는 중독자들을 인지적, 정서적 및 신체적으로 온전하게 해준다. 보통 수년 만에 처음으로, 중독자들은 어떤 희망을 느끼고 그들이 가려고 하는 방향과 그들의 상황을 알게 된다.

종단적 과정

알코올과 약물 중독자들의 회복에 수평적 과정이 중요한 것처럼, 입원 치료는 지속적인 사후 관리와 병행할 때 효과적이다. 외래 집단 치료와 AA 모임의 참여는 종단적 과정에서 중요한 두 가지 구성요소이다. 결과적으로, 입원 환자 집단 치료의 중요한 목표는 집단 치료가 의미 있고, 편안하고, 효과적이라고 소개하는 것이다. 이러한 경험은 입원 환자가 사후 관리 집단에서 지속적으로 집단 치료에 참여할 가능성을 증가시킨다. 알코올과 약물 중독자들이 회복 단계를 밟는 방법을 배우고, 주요 문제 영역을 파악하는 데 집단을 활용할 수 있다는 사실을 알게 되면, 사후 관리나 외래 집단 참여에 매력을 느낄 것이다.

입원치료 집단의 구성요소

Yalom은 입원 환자 치료 집단을 구성하는 데서 두 가지 기본 전략인 팀team 접근과 수준level 접근을 구별한다. 팀 접근은 환자들을 보통 입원하는 순서에 따라 집단에 배치한다. 수준 접근은 환자들의 기능 수준에 따라 집단에 배치한다. 증상이 심한 환자들을 한 집단에 배정하고, 기능이 높은 환자들은 다른 집단에 배치시킨다. 두 접근 모두 장점과 단점이 있다. 두 접근에서 이득을 얻기 위해, Yalom은 매일 팀 집단을 열고 이틀에 한 번씩 수준 집단을 열도록 충고한다. Yalom은 특히 정신과 환자들을 위해 이 제안을 하고 있기 때문에, 물질 의존 환자들에게 일반화시키기 전에, 그의 권고를 재고해 봐야 한다. 대부분의 알코올과 약물 중독자들은 비슷한 수준의 자아 기능을 갖고 있기 때문에, Yalom의 권고는 중독 환자 집단에는 해당되지 않는다. 드문 경우지만, 어떤 중독 환자는 매우 심각한 정신과적 문제를 드러내는데, 알코올이나 약물 사용에 의해 다소 약화되어 있던 정신과적 증상들이 절제로 인해 점점 더 심해진 경우이다. 이런 환자는 정신과 병동으로 전동시켜야 한다. 대부분의 물질의존 환자들은 동일한 수준의 집단에 속하기 때문에, 더 낮은 수준 집단이나 더 높은 수준의 집단은 거의 필요 없다.

그러나, Brix(1983)는 Yalom의 제안과 비슷하게, 물질 의존 환자들을 위한 2단계 양식을 제안한다. 그의 권고는 환자들이 2단계 치료 양식에 모두 참여하길 바란다. 첫 번째 단계는 리더가 적극적인 집단leader-active group이다. 두 번째 단계는 Brix가 "집단 중심 접근group-centered approach"이라 부르는 것이다. Brix는 다음과 같이 말한다.

> 독성의 효과로 환자의 맑은 정신과 주의 집중력이 약화되어 있으면, 환자는 1회기 45분 동안 매주 5일 정도 만나는 소위 "A" 집단이라 불리는 집단에 들어간다. 이 집단의 목표는 치료 프로그램에 대해 환자를 오리엔테이션 시키는 것으로, 특히 주제나 훈련-중심의 양식에 의존하지 않고 치료 집단 구성원이 되는 경험을 시작하도록 도와주는 것이다. 치료를 시작하는 환자들의 인지 기능의 차이가 크기 때문에, 나는 치료적 접근을 매우 융통성 있게 운영한다 – 때로는 진지하게, 때로는 기발하게. "A-

집단"에서 7~10일 지난 후에, 대부분의 환자들은 집단-중심인, "B-집단" 으로 옮긴다. 환자들은 집단의 이동을 지위의 상징으로, 치료적 진보의 징표로 여긴다.(1983, pp. 254-255)

입원한 환자가 집단-중심 집단group-centered group에 성공적으로 참여하기 위해서, Brix는 환자들이 먼저 집단이 주는 좌절과 불안을 견뎌낼 수 있어야 한다고 본다. 그는 다음과 같이 말한다.

심리치료 집단은 (1)단 몇 회기만 경험하여도, 많은 알코올 중독 환자들에게 이 집단이 다른 어떤 집단보다도 더 가치 있다는 신념을 이끌어낸다. 그러나 (2)이전에 리더가 적극적이었던 집단의 참여로 준비가 된 환자들에게, 이 집단이 더 적합하다는 신념을 이끌어 낸다.(p. 254)

"A" 집단에서 7~10일 정도 보내고, Brix는 이 환자를 집단-중심적 "B" 집단으로 이동시킨다. 환자가 B 집단에 들어가기 전 날, 다음과 같은 메시지를 공지 한다:

치료의 남은 부분은 "B" 집단에 참여하여 이뤄질 겁니다. "B" 집단에서는 당신에게 한 가지 일만 부탁 합니다. 그 일은 당신 사신에 대해, 감정에 대해 더 잘 알아 가는 겁니다. 강한 감정은 일시적으로 당신을 꼼작하지 못하게 하기에, 때로 불안해지고 혼란스러워집니다. 이것이 집단 치료에서 당신에게 바라는 일입니다. 이 일을 당신 스스로, 최대한 이루기 위해, 오직 한 가지 일에만 전심전력해야 합니다. 그 일은 바로 집단과 동료 집단원들에 대해 당신이 생각하고, 느낀 바를 진솔하게 표현하는 일입니다. 오늘 남은 30분~1시간 동안, 이런 준비를 해 주시길 바랍니다.(Brix, 1983, p. 254)

집단 참여를 준비하도록 격려하는 이 설명은 집단 리더에게 두 가지 중요한 과제를 달성하게 한다. 환자에게 심리치료 집단을 준비하게 하고, 집단에 필요한 구조를 제공한다. "B" 집단 형식에 대한 Brix의 제안에는 최근에 회복을 막 시작한 중독자들에게는 문제가 된다. 하지만 이는 치료에 대한 이점을 제공하기 때문에, "A" 집단에서 "B" 집단으로의 이동과 관련된 Brix의 설명은 신중하게 고려해볼 가치는 있다. Brix는 "B" 집단의 이점을 다음과 같이 설명 한다:

내가 보는 바로는, 알코올 중독 치료 프로그램에 집단-중심 치료를 포함시키는 이유는 다음 네 가지이다: (1)집단 치료는 치료자가 직면을 지나치게 사용하지 않도록 한다, (2)역전이에 근거한 치료자 개입의 위험성을 줄인다, (3)전이 현상이 생길 가능성이 더 크다, (4)환자들 간의 치료적 영향이 생길 가능성이 더 크다.(1983, p. 256)

짧은 입원 기간, 빠른 환자 교체와 Yalom이 제시한 그 외의 어려움 때문에, Brix(1983)가 설명한 "집단-중심적" 치료에는 많은 어려움이 따른다. 그러나 2단계 접근과 "A" 에서 "B" 집단으로 이동시키는 방법은 매우 효과적이다. 집단 리더가 Brix의 권고를 따라 Yalom의 전략을 통합시키면, "B" 집단에서 더 많은 이득을 볼 수 있다.

Yalom의 전략과 리더십 기법

Yalom이 권고한 대로, 입원환자 집단을 효과적으로 운영하기 위해, 집단 리더는 집단 구조를 제공하고 매우 적극적으로 집단에 관여해야 한다. Yalom은 "입원환자 집단 치료에, 수동적이고 적극적이지 않은 치료자가 있을 곳은 없다. 비지시적인non-directive 리더가 있을 곳 또한 없다!" 라고 하였다(1983, p. 107). 입원환자들의 빠른 교체율과 짧은 입원 기간 때문에, 집단 리더는 수동적인 관점으로 구조화되지 않은 리더십으로는 집단을 진행시키지 못한다. 집단 리더는 집단의 생명을 단일 회기가 마지막 회기가 될 수 있다고 보아야 한다. 이러한 태도는 집단 리더에게 가능한 한 많은 환자들을 최대한 효과적으로 이끌도록 유도한다. 이를 달성하기 위해, 집단에는 적극적이고 방향 지향적인 리더가 필요하다.

입원 환자 병동의 집단 리더의 관점은 다음 네 가지이다.

1. 집단 리더는 적극적이고 효율적이어야 하며 집단에서 시간을 낭비해서는 안 된다.
2. 집단 리더는 집단의 우선순위인 안전성을 확보해야 한다.
3. 입원 환자 집단에서는 지지적인 집단 리더가 필요하다.
4. 집단 리더는 집단을 위한 구조를 제공하고 방향 지향적이어야 한다.

1. 집단 리더는 적극적이고 효율적이어야 한다

집단 리더가 구성원들이 내적 통제력을 갖게 도와주는 첫 단계로 외현적인 집단 구조를 잡는 일이다. 입원 환자들은 다음과 같은 집단 리더를 좋아하고 이런 리더에게 가장 좋은 반응을 보인다:

1. 집단에서 시간을 균등하게 배분시키라. 말이 많은 환자의 반복적이고 끊임없는 불평은 다른 집단원들을 힘들게 하고 집단을 파괴시킨다.
2. 여러 사람들이 집단에 기여하고 서로 상호작용하도록 적극 권유하라.
3. 집단의 주의를 의미 있고 관련된 주제에 두게 하라.
4. 산만한 환자들이 집단을 흩트리지 못하게 하라.
5. 집단 회기의 방향을 명확히 제공하라.

2. 입원환자 집단의 우선순위로서 안전성

집단 리더는 건설적이고, 따뜻하고, 안정적이고, 신뢰로운 분위기를 만들어야 한다. 집단 원들에게 집단은 경청하고, 수용되고, 이해받는 곳으로 경험되어야 한다. 입원환자 집단 치료는 파괴적인 직면, 비판이나 분노를 조장하는 곳이 아니다. 이는 집단 리더가 화를 내지 말라는 의미가 아니다. 하지만 집단 리더는 집단원들의 분노를 표현하도록 조장하거나 격려하기보다, 갈등을 빠르게 해결하는 쪽으로 움직여야 한다. 대부분의 물질 의존 환자들은 파괴적이지 않는 방식으로 분노를 표현하여 갈등을 해결한 경험이 거의 없다. 갈등이 신체적인 해를 입히지 않고 건설적으로 해결될 수 있다는 사실은 중독자들에게 매우 치료적이다. 보통, 격분이나 장광설을 다루기 전에, 사소한 짜증에 대한 토의가 분노와 관련된 학습 과정에 중요하다. 집단에서 두 명의 구성원 사이에 분쟁이 일어나면, 그들의 분노를 직접적으로 표현하기보다, 어떤 문제나 규정, 집단 리더를 통해 분노를 드러내도록 집단원들을 격려한다.

3. 입원환자 집단 리더를 위한 지지적 전략

집단의 지지는 상냥하고 친절한 것 그 이상이다. 집단 리더는 확고함, 예측 가능성과 지지 간의 균형을 잡아야 한다. 집단과 집단원들에게 기대하는 바를 명확하게 설명하라. 그렇게 하면, 리더의 행동들이 집단원들에게 납득 된다. 집단에서 집단원들이 솔직한 나눔을 갖는 것보다 더 놀라운 경험은 지지이다. 이런 지지적인 상호작용을 격려하기 위해, 집단 리더는 다음의 과제들을 이뤄야 한다.

1. 각 집단원들이 집단에 기여한 바를 인정하라. 집단원들은 치료자가 자신을 좋아하고, 귀하게 여기고, 긍정적인 특징을 알고 강화하는 일에 긍정적으로 반응한다.
2. 각 구성원을 진지하게 대하라. 그들의 노력을 깎아 내리거나 최소화시키지 말라.
3. 자기 파괴적 행동을 저지시키라. 많은 집단원들이 다른 사람의 행동에 매우 민감하듯이, 자신의 행동에도 민감할 수 있다. 집단원들이 어떻게 혹은 무슨 이유로 자기 파괴적 행동을 하는지 이해하지 못하면, 집단에서 다른 사람들과 계속 떨어져 있게 된다. 때때로, 많은 환자들의 행동 중에서 긍정적인 부분을 집어내기 위해 집단 리더의 노력이 매우 필요하다.
4. 서로의 행동을 이해하도록 집단원들을 도우라. Yalom은 "이해는 모두를 용서하는 것이다." 왜 그런 행동을 하는지 이유를 알면, 집단은 다른 사람의 불쾌한 행동을 수용할 것이다"라고 하였다.
5. 다른 집단원들의 가치를 파악하고 이를 강조하라. 대부분의 알코올과 약물 중독자들은 자기 정죄와 같은 강한 감정이 있어서, 자신이 다른 집단원들에게 가치롭다는 사실은 매우 치료적이다. 사실, 이것은 AA 프로그램의 12단계에서 중요한 측면들 중 하나이다(5장 참조).
6. 한 집단원을 희생시켜, 다른 집단원을 지지하거나 공격하지 말라. 모든 구성원들은 집단이 안전한 공간으로 배워야 한다. 다른 집단원이나 리더에 의해 직면이 일어날 경우, 13장에서 설명한 지침을 따라, 파괴적이지 않게 하다.
7. 집단원이 집단에서 보일 수 있는 나눔과 개방성의 깊이를 조절하게 하라. 많은 집단원들이 집단에서 자유롭게 말하지 않으려는 이유는 자신의 의도보다 너 많은 말을 하거나 표현할 수 있기 때문이다. 집단원들이 집단에서 자신의 감정을 표현할 때, 자신이 그런 한계를 정할 수 있다는 사실을 알아야 한다. 그러나 음주와 약물 사용과 관련된 행동에 대해서는 배제시킨다(9장 참조). 중독자들은 자신의 알코올과 약물 사용과 관련된 감정들에 대해 솔직하게 이야기하는 것이 중요하다. 결과적

으로, 이런 조건을 방해하는 어떤 기법도 아끼라.

8. 존중감을 갖고 각 집단원을 대하라. 집단원들의 비언어적 행동이나 갈등을 노출시키거나 해석하지 말라. 이런 행동이 알코올이나 약물 행동과 직접적으로 관련될 때만, 개방적으로 직면시킨다.

4. 집단의 방향과 구조를 제공하라

외부의 방해를 받지 않는 공간, 되도록이면 탁자보다 둥근 테이블이 있는 깨끗하고 구조화된 장소가 좋다. 시간을 지켜 집단을 시작하고 마치면, 집단원들에게 분명한 경계를 제공한다. 집단이 방해를 받지 않아야 한다. 의무적으로 집단에 참석해야 한다는 운영 방침은 치료의 중요성을 부각시킨다.

Yalom은 입원 환자 집단에 필요한 최적량의 구조를 제공하는 기본 청사진을 제안한다(표 14.3 참조). Yalom은 각 집단원과의 치료 계약이 입원 환자 집단에서 결정적으로 중요하다고 한다. 치료 계약을 맺지 않으면, 회기가 산만하고 혼란스런 토론으로 악화될 수 있다.

돌아가며 의제 설정하기

의제 협의agenda rounds에 대해 Yalom이 설명한 선례가 있다. Robert와 Mary Goulding은 집단에서 재결정 치료를 적용할 때, 교류분석TA을 활용한다(Goulding & Goulding, 1979). Gouldings는 집단 작업을 하기 전에 각 집단원들과 계약을 맺는다. 이들에게는 1주, 2주, 4주 훈련 집단이 있는데, 각 훈련의 첫 부분은 대부분 계약을 하며 보낸다.

구성원들은 집단에서 무엇을 변화시키고 싶은지 결정해야 한다. 집단 "계약"을 하지 않고, Gouldings 집단에 참여해서는 안 된다. 집단원들은 계약이 분명해야 한다는 사실을 바로 배운다. 중독자가 변화를 "시도"하는 것은 Bob Goulding의 유명한 "트라이 벨try bell"을 울리는 것이다. Gouldings는 개인이 변하길 바라면서도 변화를 원하지 않는다고 본다. 적극적인 자세는 Yalom이 집단에서 관찰되는 "구경꾼"을 예방한다. 사람들이 오늘 어떤 쇼가 펼쳐질지 구경하러 Gouldings 집단에 나와서는 안 된다.

〈표 14. 3〉 입원환자 집단을 위한 Yalom의 기본 청사진

1. **오리엔테이션과 준비** (집단리더는 자신을 소개하고 모임의 목적, 길이와 시간을 집단원들에게 상기시킨다. 참관자, 새로운 구성원, 새로운 공동 치료자가 있을 경우, 리더는 집단에 그들을 소개한다)	2~3분
2. **돌아가며 의제 설정하기**Agenda go-roun) (집단회기를 위해 각 구성원이 개인의 의제를 설정한다)	10~20분
3. **의제에 관여하기** (집단리더는 집단이 돌아가는 동안 가능한 한 많은 의제들을 다루려 한다)	60~80분
4. 요약하기, 코멘트하기와 집단 마무리	2~3분

Yalom의 권고는 Gouldings의 집단만큼 엄하진 않지만 목표는 동일하다. 첫째, 의제 협의가 구조를 제공하지만 너무 구조화시켜서는 안 된다. 집단 리더를 중심으로 집단이 돌아가서는 안 된다. 자유롭게 상호작용하는 집단을 만드는 것이 최종 목표이다. 지나친 구조화는 집단원들의 자유로운 상호작용을 어렵게 하고, 집단의 방향과 지침을 리더에게 의존하게 만든다. 너무 미약한 구조화는 집단이 어디로 향하는지 목적 없이 어슬렁거리게 되고, 집단원들의 퇴행을 조장하거나 중요한 시간을 허비시킨다. 둘째, 의제 협의는 간략하고 비지시적이지만, 각 집단원에게 어떠한 접촉을 제공한다. 의제 계약은 집단이 시작될 때, 집단 리더가 각 구성원의 감정 상태를 '읽어 볼' 기회를 준다. 셋째, 집단 리더가 구조화시켜 오프닝을 할 경우, 각 구성원의 활동과 참여에 대한 메시지를 분명하게 전달할 수 있다. 집단 리더는 의제 모임agenda meeting을 따라가지 못하는 집단원들을 신중하게 평가해야 한다.

집단원들은 의제 협의를 어떻게 활용하는지 배워야 한다. 집단 리더의 기본 과제는 각 구성원이 현실적인 의제를 설정하도록 돕는 일이다. 집단원의 의제가 너무 모호하거나 너무 구체적일 수 있다. Yalom은 의제를 당일 집단에서 현실적으로 달성할 수 있는 개인적인 부분들을 표현한 것이라 한다. Yalom은 또한 의제는 대인관계를 다루는 통로가 되므로, 집단이 지금-여기에here-and-now서 열릴 때 가장 효과적이라고 한다. 하지만 집단 리더는 이런 형식에 얽매일 필요는 없다. 그리고 Yalom의 권고에서 집단이 "지금-여기에"에서 이뤄져야 한다는 강조는 그의 신념을 나타낸다. 중독자들의 회복에는 "그때-거기에there-and then"가 "지금-여기에here-and-now" 만큼 중요하다. 집단 리더가 Yalom이 권고한 스타일로 의제 협의를 구조화 하도록 추천 한다. 하지만 집단 리더는 최근에 해독한 알코올과 약물 중독자들은 이런 지시를 따라할 수 없다는 사실을 잊어서는 안 된다. 중독자들에게 너무 정교한 도식이나 계획을 요구하지 않는 것이 좋다. AA의 지혜 중에, "단순하게 살자"는 중독자들이 안정될 때 까지 시간을 줄 수 있는 가장 좋은 지혜이다.

예를 들어, 집단 리더는 다음과 같이 집단을 시작할 수 있다.

> 오늘 집단을 시작할 시간이네요. 의제 협의로 시작해 볼까 합니다. 여러분 각자 자신에 대해 소개하거나, 기분이 어떤지를 이야기하거나, 오늘 집단에서 나누고 싶은 이야기가 있으시면 말씀하시면 됩니다. 먼저 말씀하고 싶으신 분 있으세요?

이 시점에서, 집단 리더는 어떤 사람에게 먼저 말하게 하거나, 집단원들이 돌아가며 응답 순서를 기다리게 하는 것 보다, 조용히 기다려야 한다. 이러한 오프닝 진술로, 집단 리더는 집단이 시작될 수 있는 구조를 제공한다. 집단 리더가 응답할 구성원을 고르는 일은 과잉 통제가 될 수 있다. 보통 이 시점에서 집단원들은 집단의 방향을 잡는다. 이러한 구조화된 오프닝으로 집단을 시작하면, 집단이 오랫동안 침묵하는 경우는 드물다. 5분 이상 침묵이 지속되어도, 침묵을 깨기 위해 집단 리더는 어떤 사람을 "지목하지picking" 말아야 한다. 그 대신, 집단이 주는 어려움에 대해 코멘트하고, 무슨 이유로 아무도 말을 하지 않는지 의문이 든다는 말을 건네는 것이 가장 좋다.

다음은 짧고 간단한 오프닝 진술의 한 예이다. 당일 집단에 새로 참여한 구성원이 있을 경우, 집단 리더는 의제 협의의 목적을 상세하게 설명하고 싶을 것이다. 예를 들어, 집단 리더는 다음과 같이 오프닝 진술을 덧붙일 수 있다.

> 집단에서 주제는 제한하지 않습니다. 집단에서 당신이 바꾸고 싶은 행동을 다루거나, 다른 구성원들이 어떻게 느끼는지 알아보는 시간을 가질 수도 있습니다. 때로 어떤 집단원은 다른 집단원들의 피드백을 원하기도 합니다. 어떤 경우에는, 지난 회기에서 나누었던 이야기를 하고 싶어 하기도 합니다.

많은 환자들이 의제 설정을 어려워한다. 의제가 모호하면, 집단이 모호하게 되거나 준準-AA 모임이 된다. 이는 AA 모임이 나쁘다는 의미가 아니라, AA와 심리치료 집단은 목적이 다르다. 집단 리더의 과제는 집단의 목적을 달성하는 것이다. 집단 리더는 집단원들이 의제를 설정하도록 도와야 한다. 어떤 의미에서, 집단 리더의 일은 집단원들이 집단을 활용하도록, 집단원들을 가르치는 것이다. 집단원들은 AA, 교육적 강의, 토론 집단과는 다른 목적을 지닌 치료의 한 형태로 집단을 보아야 한다. Yalom의 기준과 같이, 환자들이 현실적이고 "실천할 수 있는doable" 의제를 설정할 수 있을 때 까지, 환자들의 생각이 명료해지고 안정되는 것이 중요하다.

Yalom은 이 이슈에 대해 다음과 같이 언급한다.

> 의제 설정은 노력이 들지 않는 자동적 과제가 아니다. 환자들은 의제를 쉽게 설정하지 못한다. 치료자는 환자들이 의제를 설정하도록 상당히 노력해야 한다.
> 대다수의 환자들은 치료자가 무엇을 바라고 왜 그러는지 정확히 파악하지 못한다. 치료자는 환자들에게 그런 과제를 단순하고 명쾌하게 설명해야 한다. 치료자는 적당한 의제의 예를 들어 주고, 각 구성원들이 의제를 설정할 수 있도록 아낌없이 도와야 한다. 치료자는 또한 의제 설정의 이점을 언급하여, 치료자가 무슨 이유로 의제 설정을 하려고 하는지 환자들에게 설명해야 한다.
> 의제 설정을 하기 위해서는 세 가지 단계가 필요하고, 치료자가 대부분의 환자들을 에스코트해야 하는데, 특히 첫 모임에서 그러하다. 각 세 단계는 다음과 같다.
> 1. 환자는 자신이 변하길 바라는 어떤 중요한 개인적인 부분을 찾아내야 한다. 또한 그 과제는 현실적이어야 한다. 즉, 그런 부분은 변화가능하고 집단치료 접근에 적합해야 한다.
> 2. 환자는 자신의 불편함을 대인 관계적 표현으로 바꾸어야 한다.
> 3. 환자는 대인 관계적 불만족을 지금-여기에 있는 수많은 결과들 중 하나로 전환시켜야 한다.(1983, pp. 216-217)

보통, 대부분의 집단원들은 모호하고 과잉 일반화된 방식으로 의제를 표현하는 경향이 있다. 예를 들어, 집단원이 다음과 같이 자신의 의제를 제시할 수 있다. "전 우울해요. 이제 그만 우울했으면 좋겠어요." Yalom이 언급한 것처럼, 이런 내용의 의제는 일회기 집단에서 이룰 수 없는 과제이기 때문에 활용할 수 없다. Gouldings는 집단원들이 합리적이고 성공 가능한 구체적인 행동으로 계약하게 한다. 집단원들이 작은 성공은 천천히 이루면서 자신의 변화 능력에 자신을 갖게 되면, 더 어려운 과제를 다룬다. "전 영원히 행복하고 싶어요"라는 내용의 계약은 실패할 수밖에 없다. 집단 리더와 집단원 모두를 위한 계약을 채결한다. 우울해지지 않길 바라는 집단원을 위해, 집단 리더는 다음과 같이 말할 수 있다.

> 들어보세요. Jim, 전 당신이 우울증으로 무척 고통스럽고 무력했었다는 사실을 알고 있어서, 이 의제가 당신에게 매우 중요하게 보이네요. 하지만 이 의제가 당신에게 얼마나 현실적인지 궁금합니다. 당신은 수 년 동안 우울했었는데요. 어떻게 한 회기만으로 우울증이 나을 수 있을지 궁금합니다. 이전에 말씀하신 것처럼, 너무 조급해 하시는 건 아닌지, 너무 무리한 걸 바라시는 건 아닌지 염려되네요. 당신이 우울해 지는 한 가지 이유는 고립 같은데요. 친구가 없다고 고민하셨지요? 외로움이 음주와 우울증을 어떻게 유도하는지에 대해서도 말씀하셨어요. 여기 이 집단에서 당신이 어떻게 자기 자신을 고립시키는지 살펴보시는 건 어떨까요? 당신이 다른 사람들과 만남을 차단하는 이유는 무엇일까요? 이 집단에서도 말이에요. 전 당신이 고립과 우울증이 어떻게 관련되는지 집단에서 탐색해 보시길 권합니다.

이 예에서, 집단 리더는 일반적인 의제에서 구체적인 의제로 집단원들을 이끈다. 집단리더는 "지금-여기에"에서 대인 관계 용어를 적용하여 집단원이 자신의 의제에 주력하도록 정중하고 지속적인 노력을 기울인다.

훌륭하고 명료한 의제의 예는 다음과 같다:

1. 외로워요. 변하고 싶습니다.
2. 다른 사람들과 이야기를 나누고 싶어요.
3. 다른 사람들이 절 어떻게 보는지 피드백을 받고 싶어요.
4. 다른 사람들을 쉽게 믿질 못합니다. 변하고 싶어요.

의제 협의의 어려움

앞서 세시한 훌륭하고 명료한 의제의 예들은 지금-여기에의 대인 관계 작업으로 쉽게 바꿀 수 있다. 하지만 불행히게도, 모든 구성원들이 그렇게 깔끔하세 사신의 의제를 표현하지 못한다. 의제 협의에서 초보 집단 리더가 갖는 가장 큰 어려움은 10~15분정도 의제 협의를 마치지 못하는 것이다. 진행이 잘 되면, 의제는 각 구성원마다 1~2분 정도 걸린나. 이런 사실을 알지 못하면, 집단 리더는 종종 의제 협의로 집단 회기를 모두 소요시키거나, 더 나쁜 경우는 집단원들 중 반만 의제 협의를 마친 경우이다. 집단원이 자신의 의제를 진술하면서 강한 감정을 드러내면, 집단 리더는 그 집단원의 나눔과 개방성을 저해시키지는 않을까 하는 두려움으로 다른 집단원으로 진행하기 어려워질 수 있다. 집단을 할 때 집단 리더는 특정 기법에 묶이지 않아야 한다. 그러나 대부분의 집단원들은 리더의 정중한 개입에 반응할 것이다.

예를 들어, 집단리더는 다음과 같이 말할 수 있다.

> Mary, 이 주제는 당신에게 매우 중요하고 고통스러울 것 같네요. 길어지는 이야기는 여기에서 잠시 중단하는 게 좋을 것 같아요. 오늘 집단에서 이 주제에 대해 좀 더 이야기해 보는 시간을 가졌으면 합니다. 일단 먼저 의제 협의를 마치려 합니다. 의제 협의가 끝났을 때 이 주제에 대해 이야기해 보시는 건 어떠세요?

이런 반응으로, 집단 리더는 특정 집단원과 타협하지 않고 집단의 통합된 구조를 유지시킬 수 있다. 또한 집단 리더는 이 주제 대한 중요성을 인정하고 의제 협의를 마친 다음에 그녀의 주제를 계속 다룰 수 있다는 분명한 약속을 하였다.

시설 내 입원환자 치료 집단에서의 특별한 상황

입원환자 치료에는 집단, 집단원과 집단 역동을 임상적으로 적절히 관리하는 것 이상이 필요하다. 입원환자 치료 집단은 치료 프로그램에서 여러 가지 구성요소들이 포함된다. 이런 구성요소들은 큰 목적과 여러 사람들이 있는 치료 시설 내에서 진행되기 때문에, 전체 그림에 맞는 집단을 채택해야 한다. 외래환자 집단에서는 집단과 바깥세상의 경계가 뚜렷하고 분명하다. 그러나 입원환자 집단에서는 이런 경계들이 분명하지 않고 불분명하다. 입원환자 집단은 병동과 치료 팀이라는 더 큰 체계에 속한 하위 체계이다. 집단과 다른 병동 활동 간의 불분명한 경계는 집단 리더에게 어려움을 주는 원인이 된다. 따라서 이러한 경계 문제의 관리는 성공적인 입원환자 집단 치료에서 매우 중요하다. 이런 문제가 없다면, 여기에서 본 장을 끝맺을 수 있다. 그리고 집단 리더는 지금까지 제시된 임상적인 문제들만 관여하면 된다. 그러나 입원 장면과 팀 접근은 집단 리더와 다른 책임자들이 서로 함께 작업해야 한다. 치료 팀과 협동 작업이 성공적이지 못하면, 그 결과는 환자들에게 끔찍할 수 있다. 이에 대한 극단적인 예는 어떤 책임자는 치료 목표로 완전 단주를 요구하고, 다른 책임자는 은밀히 음주 통제를 권장하는 경우이다.

Vannicelli(1982)은 집단 치료에서 알코올 중독자들이 드러내는 특별한 어려움들을 설명하면서 이런 문제에 접근한다. 입원환자 병동에서 이런 어려움들을 관리하기 위해 다루어야 하는 여섯 가지 핵심 이슈에 대해 다음과 같이 권고한다.

> 하지만, 우리 리더들은 알코올 중독자와 신경증 환자의 방어 스타일 간에 몇 가지 미묘한 차이에 대해, 이런 차이들이 집단에 어떤 영향을 미치는지에 대해, 철저히 유념해야 한다. 특히, 우리는 알코올 중독자들이 한계를 피하고 초점을 전환시키거나 교란시키는 데 매우 능숙하다는 사실에 민감해야 한다. 신경증적 환자들은 불안이 치료에 대한 동기와 방향을 제공하지만, 알코올 중독자들의 강하고 산발적인 불편함이 이런 동기를 유발시키지 않는다. 사실, 중독자들의 산만한 방어는 집단 작업을 꽤

어렵게 한다. 따라서 집단 리더는 제한과 초점을 제공한다. 집단 리더는 필요 이상의 불안을 조장하지 않고 개입할 수 있어야 한다 – 집단 리더가 알코올 중독 집단에서 자주 일어나는 분쟁점들을 잘 알고 이를 다룰 준비가 되어 있을 때에 촉진되는 과제.

집단 리더가 도전적이지 않고 확고한 방식으로 반응하도록 도움을 주는 여섯 가지 핵심 이슈가 있다. (pp. 19-20) (Reprinted with permission from Journal of Studies on Alcohol, vol 38, pp. 75-88, 1977. Copyright Journal of Studies on Alcohol, Inc., Rutgers Center of Alcohol Studies, Piscataway, NJ 08854.)

Vannicelli의 여섯 가지 핵심 이슈는 다음과 같다.

1. 집단 리더의 음주와 약물 남용에 관한 정보를 공개하도록 요구 받을 때, 어떤 반응을 할지 준비 되어 있어야 한다.
2. 환자와 집단 간의 계약, 그리고 집단과 병원 간의 계약
3. 구성원들이 다른 집단(AA, 심리교육 집단 등)에 속해 있을 때, 집단의 기대에 혼란이 있어날 수 있다.
4. 집단 리더와 제3자들(그 외 책임자, 환자, 교용주, 가족 등) 간의 의사소통으로 비밀보장과 관련된 특별한 문제가 발생한다.
5. 필요할 경우, 집단 리더의 적극적인 지원 활동.
6. 음주하는 시간, (사후관리 집단의 경우) 단약(주)과 집단원이 재발했을 때, 집단에 미치는 영향과 이와 관련된 방어 전략들.

알코올과 약물 사용에 관한 집단 리더의 투명성

Vannicelli는 집단 리더가 집단원들로부터 리더의 물질 사용에 관한 질문을 받을 수 있다고 경고한다. 이런 질문을 피하거나, 무슨 이유로 그런 질문을 하는지 추론하지 않고 꾸밈없이 응답한다. 하지만 집단 리더는 환자의 호기심에 깔린 동기는 탐색해야 한다. Vannicelli의 경우, 이런 호기심은 항상 "당신은 저를 이해할 수 있나요? 혹은 저를 도울 수 있습니까?"와 관련된 염려가 내포되어 있다고 해석한다. 물론, 그 대답은 양날의 검이다. 집단 리더가 술을 마시지 않거나 약물을 하지 않는다고 말하면, 집단원들은 그런 치료자가 어떻게 자신의 상태를 이해할 수 있을지 의아해 할 수 있다. 집단 리더가 때론 술을 마신다는 사실을(9장에서 약물을 사용하는 치료자들은 알코올과 약물 중독자들과 함께 치료적 작업을 하지 않아야 한다는 나의 입장에 대해서는 반복하지 않을 것이다), 집단원들 앞에서 자신의 물질 사용을 인정할 경우, 음주를 통제할 수 없는 사람이 어떻게 자신들을 도울 수 있을지 의문을 가질 수 있다. 회복 중인 집단 리더는 어떤 구성원들에게는 편안함의 근원이 될 수 있고, 다른 구성원들에게는 치료자는 "전문가가 아니라 나와 같이 그저 회복중인 중독자" 일 뿐이라는 의혹을 제기시킬 수도 있다.

그런 질문에 만족할 만한 응답은 다음과 같다:

제 추측으로, 당신과 동일한 문제가 있어서(혹은 없어서) 당신을 이해하고 도울 수 있을지 궁금하셔서 질문하신 것 같네요. 당신의 염려에 대해 더 말씀 해 주시겠습니까? 그리고 과거에 당신을 이해하지 못했던 사람은 없었나요?

음주와 약물 사용에 관한 투명성은 치료에서 중요한 의미를 지니지만, 이 주제가 이 문제에만 국한되지 않는다. Yalom은 입원환자 집단의 리더는 더 많은 자기노출self-disclosure을 더 많이 해야 한다고 느낀다. 외래환자 집단 치료에 관한 8장에서 개관했던 치료자의 투명성에 대한 많은 제약들이 입원치료 집단에서도 적용된다. 리더의 입장에서 가장 적합한 자기노출은 치료 목표 달성에 도움이 될 때이다. 투명성은 지지, 수용과 격려가 필요할 때 사용해야 한다. 집단원들에게 자신에 대한 긍정적인 느낌을 조장하는 것이 집단 리더의 역할은 아니지만 선택적인 자기노출로 환자에게 그런 반응을 심어주고 확인해야 한다. 지지와 도움이 필요한 환자에게 나쁜 감정을 조장하거나 환자를 향한 불신과 분노를 표현하는 집단 리더는 치료적 이득을 보지 못한다.

집단 계약

입원환자 알코올 및 약물A&D 집단을 할 때, 집단 계약은 세 가지 주요 요소로 구성된다. 첫째는 절제와 관련된 문제이다. 분명히, 이것은 AA가 명백히 주창하고 있는 목표이자 이 책에서 계속 다루는 주제이기도 하다. 계약의 두 번째와 세 번째 구성요소는 입원환자 집단에 포함된 특별한 환경과 관련 있고, 이는 Rice와 Rutan(1981)의 권고에서 유래한다. Vannicelli는 절제에 관한 집단 규준의 중요성을 다음과 같이 요약한다.

> 음주와 관련된 집단 규준은 집단 계약의 일환으로 초기에 분명히 이뤄져야 하고, 절제가 모든 구성원들의 목표가 되도록 작업이 이뤄져야 하고, 이 목표를 달성하면서 생겨나는 어려움(음주나 실제 음주에 대한 두려움의 형태로)에 대해서도 집단에서 논의 되어야 한다. 집단에서 어떤 사람의 음주 문제를 다루는 것의 의미가 무엇인지, 집단에서 공유된 규준의 중요성이 과소평가되어서는 안 된다. 절제가 알코올 중독자들에게만 적절한 목표인지 아닌지의 여부에 대해 약간의 의견 차이는 있지만, 한 집단에 다양한 목표를 지닌 환자들이 있으면, 극복하기 힘든 집단 보존성의 문제가 생긴다. 집단원들은 목표를 회복의 의미로 공유하고 있지만, 집단원들이 서로의 회복을 돕거나, 다른 사람들은 어떻게 하는지 평가하게 된다. 또한 회복 중인 모든 알코올 중독자의 바람은 언젠가 다시 술을 마실 수 있을지도 모른다는 것이다. 그런 바람에서 행동하는 구성원이 집단에 있으면 불안을 일깨울 수 있는데, 이런 불안은(AA와 절제 등을 지지한다는 차원에서) 비생산적이고 지나친 방식으로 다루어진다. (1982, p. 29)

집단 안과 밖에서 계약

Rice와 Rutan(1981)은 계약을 집단의 경계가 되는 그릇으로 본다. 경계가 분명하고 구체적이면 입원환자 집단의 구성원들에게 적합한 치료를 공고히 한다. 계약은 누가 집단의 일원이 될지, 얼마나 집단이 오랫동안 지속될지 결정한다. 또한 계약은 집단의 안과 밖에서, 집단에서 공유된 정보를 어떻게 활용할지도 결정한다.

집단 내inside 계약

집단 내부의 계약은 집단 리더와 구성원들 간의 계약이다.

1. 모든 집단원들은 각 회기마다, 집단 전체를 위해 정시에 참석한다.
2. 환자들 간의 비밀 보장은 꼭 지킨다. 집단에서 나눈 정보를 집단 밖에 있는 다른 사람들에게 말해서는 안 된다.
3. 집단원들이 하위집단을 형성해서는 안 된다. 집단원들이 집단 회기 사이에 집단 밖에서 공유한 정보는 대부분 집단에서 다시 언급된다.

집단 밖outside 계약

집단 밖의 계약은 집단 리더와 병원장이나 병동장 간의 계약이다. 특히, 집단에서 제공된 치료와 병원 치료 프로그램과 관계 있다. 합의 내용은 다음과 같다.

1. 집단 치료는 병동이나 병원의 전반적인 치료 프로그램과 맥이 통해야 한다.
2. 집단 치료는 일차적인 치료 양식으로 다른 치료에 부수적이지 않다.
3. 집단 경계는 모든 치료 책임자들과 환자들이 지켜야 한다. 초대되지 않은 치료 책임자가 집단에 들어오거나 다른 약속으로 계획 없이 환자들을 불러내어, 집단 회기와 시간을 위반해서는 안 된다.

다른 집단과의 동시 구성원 자격

회복 중인 알코올과 약물 중독자들이 동시에 다른 여러 집단의 구성원이 될 수 있다. 입원 치료를 받고 있는 동안이나 받은 후에, 중독자들이 병원 밖에서 열리는 AA 모임에 참여하거나 병원에 있는 동안 지향성이 다른 집단과 교육 집단에 참여하여, 집단 치료의 오리엔테이션과 목적이 다른 집단과 중복 경험을 한다. 이것은 집단 리더가 반드시 극복해야하고, 상당히 다른 두 가지 중요한 걸림돌이 있다. 먼저, 집단 리더는 집단원들이 집단 밖에서 만나는 기회를 막지 못한다. 외래환자 집단 치료는 집단원들이 집단 밖에서 교제하지 않도록 권고한다. 이 규칙은 회복 중인 알코올과 약물 중독자들이 빈번히 AA와 집단 치료에 이중 회원 자격을 갖고 있어서 사회적 활동을 규제하기 어렵다. 이런 통제 불가능한 현실적 상황은 많은 임상가들이 알고 있는 것만큼 치명적이지 않다. 그러나 이를 적극적으로 권유할 필요는 없다. 중복된 치료적 및 사회적 관계로 일어날 수 있는 위험들을 신중하게 논의하고 이해시켜야 한다. 물론 집단원들 간의 성적 접촉은 분명히 금해야 한다. 그러나 모든 사회적 활동을 금하면 집단원들이 몰래 만날 계획을 세우거나 집단에서 그들의 모임에 대한 비밀을 지키게 한다. 집단 리더가 집단 밖의 사회적 관계에 대해 미심쩍은 이의를 제기하는 것 보다, 집단 밖에서 일어날 수 있는 어떤 상호작용에 대해 집단에서 언제든지 이야기할 수 있도록 격려하는 편이 훨씬 더 낫다. 집단 밖에서 두 명 이상의 구성원들 간에 어떤 사건이 일어났을 때, 항상 그런 일에 대해 집단 내에서 나눔을 갖는다. Vannicelli는 이런 입장을 다음과 같이 요약한다.

> 집단원들이 AA 집단에 소속되어 있는 일은 흔하다. 따라서 집단 밖에서 구성원들 간의 활동을 제한하는 일은 현실적이지 않다(또한 바람직하지 않다). 그러나 다른 어떤 집단에서와 같이 알코올 중독자 집단에서도 집단 밖에서 나온 "관련" 내용을 집단에서 논의하도록 환자들을 격려해야 한다. "관련" 이란 말이 다소 모호하고 분명히 환자들마다 다 다르게 해석하겠지만, 집단 밖에서 보통의 사회적 만남을 넘어 집단과 접촉한다면, 그 부분에 대해서는 반드시 집단에서 나눔을 가지고 논의 되어야 한다. 때로 환자에게 구체적인 예를 제시해 주는 것이 도움 된다(예: 두 명의 집단원이 본인도 모르는 사이에 다른 집단원에 관한 이야기를 하거나 집단에서 일어난 일을 이야기하는 경우, 두 명 이상의 집단원들이 폭넓은 사회적 관계를 유지하고 있는 경우, 혹은 두 명의 환자가 "특별한" 만남을 갖는 경우). 이런 예들에 대한 토론으로 집단 밖에서 이뤄지는 중요한 일이나 대인 관계를 명료화시키도록 돕는다. 이러한 것들을 집단에서 다루지 않으면, 이런 문제들을 탐색해 볼 기회를 집단에게서 빼앗고, 다른 집단원으로부터 귀한 피드백을 받을 기회를 빼앗게 된다. 이와 똑같이 중요한, 집단에서 언급되지 않았던 집단 밖의 일은 상호 개방과 신뢰라는 집단의 공유된 목표에 반하는 "특별한 비밀" 의 특성을 가진다. (1982, p. 24)

집단원들이 기대와 목표가 다른 집단의 동시 참여는 입원환자 병동의 집단 리더에게 특별한 문제를 야기시킬 수 있다. 교육 집단과 같이 교훈적인 요소가 있거나 AA 집단과 같이 구조적이면서 지지적인 요소가 많은 집단과 교훈적인 정보가 거의 없고 구조화되지 않은 집단 치료에 구성원들이 동시에 참여할 때 혼란이 야기될 수 있다. 집단 리더가 입원해 있는 동안 병원에서 참여할 수 있는 집단과 집단 치료 간의 차이를 분명하게 해 주는 일은 중요하다. 이 장에서 이미 인용한 "A" 와 "B" 수준 집단의 활용에 관한 Brix의 권고와 7장에서 추천한 지침을 따른 치료전 준비는 이런 어려움을 피할 수 있는 훌륭한 방법들이다.

특히, 집단원들에게 AA와 집단 치료의 보완적 성질에 대해서도 언급해야 한다. AA는 일차적으로 단주(단약)에 도움을 준다. 집단 치료는 대인 관계에 대처하고 새로운 대처 방식을 배우도록 돕는다. 이 두 가지 치료 양식은 상호 배타적이진 않지만, 환자들은 집단이 그들에게 원하는 것과 AA에서 바라는 것의 차이를 분명히 알아야 한다. 예를 들어, 환자들은 본인이 원할 때마다 AA 모임에 갈 수 있다. 사실, 환자들이 AA 모임에 처음 참여하면 다른 사람의 말을 듣도록 "선임" AA 구성원들이 그들을 권면한다. 반면, 집단원들은 매 회기마다 정시에 집단에 참여해야 한다. 자발적인 의지로 집단 과정에 참여해야하고 덜 구조화된 지도를 받게 된다. 교육 집단과는 달리, 집단에서는 구조화된 형식에서 제공되지 않는 정보를 얻는다.

집단원들이 집단에서 좀 더 적극적이고 책임 있는 역할을 해야 한다는 사실을 이해하지 못하고, 집단 치료에서 얻을 수 있는 이득을 완전히 납득하지 못하면, 혼란스럽고 동요가 일어 날 수 있다.

입원치료 장면에서 비밀보장에 관한 특별한 문제

비밀 보장과 정보 교환과 관련된 규칙들은 입원환자 치료 집단에서 좀 더 복잡하다. 현대 치료에서 대부분 환자들이 공유하는 모든 정보는 비밀이 보장되어야 한다. 이것은 입원환자 집단에서도 예외는 아니다. 전부는 아니지만, 많은 물질 의존 환자들은 고용주, 가족이나 법원에서 치료가 의뢰된다. 결과적으로 이혼, 고용이나 감금은 환자의 자발적인 참여를 누그러뜨릴 수 있다. 보통 집단 리더는 의뢰원들과 정보를 공유한다. 또한 입원환자 팀 접근에서 환자와 관련된 모든 정보는 다른 치료 책임자들과도 공유해야 한다. 배신감이나 기만감을 피하기 위해, 집단 리더는 비밀 보장의 한계에 관한 계약을 분명히 맺어야 한다. 집단원들에게 정보 교환이 있다는 사실을 미리 알려야 한다. 서명 동의서도 분명히 받아야 한다.

물론, 서명 동의서가 집단 리더와 다른 치료 책임자들의 정보 교환을 위해 필요한 것은 아니다. 그러나 집단원들은 집단에서 공유한 것이 다른 치료자들에게 공유된다는 사실은 분명히 알아야 한다. 예를 들어, 그들에게 다음과 같은 방식으로 알릴 수 있다.

> 공동 치료자나 저는 집단에서 나눈 내용 중에서 당신의 치료와 회복에 중요하다고 여겨지는 정보를 다른 치료 책임자들과도 나누려 합니다. 저희 모두가 이 병원에서 당신의 치료에 함께 관여하고 있다는 사실을 아는 게 중요합니다. 저희들의 경험으로, 팀 접근은 중독 치료에서 가장 성공적인 방법입니다. 때로, 저희는 고용주, 배우자, 변호사나 법정 대변인과 같은 사람들과 병원 밖에서 여러분에 대해 이야기해야 할 때도 있습니다. 그럴 경우에, 저희는 정보 노출에 관한 동의를 여러분에게 받을 겁니다. 그러나 치료 진행과 관련 없는 개인 정보에 대해서는 가능한 한 제공하지 않을 겁니다. 이야기들이 오고 간 후에, 저희는 여러분에게 누구와, 무슨 이유로, 어떤 이야기를 나누었는지에 대해서도 알려 드릴 겁니다.

외부인에게 정보를 제공하는 것만이 입원환자 치료에서 집단 리더를 괴롭히는 어려움은 아니다. 집단 리더들은 또한 집단 밖에서 들어온 정보를 다루면서 있을 수 있는 문제들을 다룰 준비가 되어 있어야 한다. 집단 밖에서 들어온 정보를 다루기 위한 두 가지 기본 규칙은 다음과 같다:

1. 집단 리더가 구성원들에 대한 비밀을 지키지 못할 수 있다는 점과 임상적으로 정보를 활용할지에 관한 결정은 집단 리더가 내린다는 방침을 세우라. 리더는 또한 집단원에게 해로울 수 있는 가족원, 친구나 고용주와 만나면 안 된다. 집단 리더는 필요하지 않을 경우, 정보의 출처를 밝히지 않겠다고 할 수도 있다. 그러나 집단 리더는 미리 정해둔 것들 이외에, 집단 리더 혼자서 이런 결정들을

자유롭게 내리지 않아야 한다.

2. 집단 리더는 환자가 제공한 정보 보다 집단 밖에서 들어온 정보가 더 타당하고, 정직하고 신뢰롭다고 여겨서는 절대 안 된다.

집단원에 관한 정보를 집단에 제시할 때, 집단 리더는 먼저 환자를 격려하여 자발적으로 이 문제에 대해 말하게 한다. 직면은 최후 수단으로 사용한다. 예를 들어, 한 집단 리더가 이런 딜레마를 어떻게 다루는지를 보여주는 예는 다음과 같다.

Arnold는 술을 마시고 필름이 끊겨 아내를 폭행한 후에 치료를 받으러 온 24세 알코올 중독자이다. 그가 치료자나 집단에 이 사실에 대해 말하길 너무 수치스러워 하여, 집단 리더는 Arnold의 아내가 가족 평가 면담에서 했던 신체적 학대에 관한 정보를 집단에서 어떻게 활용해야 할지 결정해야 했다. 집단의 다른 구성원이 취한 상태에서 분노를 억제하기 힘들었다는 이야기를 하기 시작하자, 집단 리더는 Arnold의 불편함을 알아채고, "Arnold, 뭔가 강하고 불편한 감정이 끓어오르는 것 같아 보이는데요. 취했을 때 드러낸 분노로 인한, 죄책감과 난처함에 공감하시는 것 같네요"라고 말했다. 이것은 Arnold가 말하도록 하는 가벼운 요청으로, 위협적이지 않고 판단하지 않은 방식으로 제시되었다. 이런 제안은 Arnold가 풀기 매우 어려운 문제를 해결하도록 돕는 데 충분했다. 이 주제를 다루지 않으면, Arnold는 남은 4주 동안 집단에서 자신을 더 숨기고 철수되어 지낼 가능성이 높다. 죄책감과 부정은 재발에 기여하는 매우 강한 요인들이고, 집단 리더가 몇 주 동안 기다려 주는 사치를 부릴 수 없고, 이런 정보를 집단에서 나눌 정도로 Arnold가 신뢰감이나 안정감을 느끼기 까지 몇 달이 걸릴 수도 있기 때문에, 그를 격려하여 이 주제에 대해 개방하게 하는 것이 중요하다. 그러나 집단 리더는 너무 침입적이지 않게 접근하여 본인 스스로 그 주제에 대해 언급할 기회를 주어 그의 보존성을 유지시켜 준다.

때로, 치료자와 환자가 사적인 대화를 하는 동안 생기는 정보 교환이 집단 리더에게 또 다른 갈등원이 될 수 있다. 대부분의 입원 환자 집단 리더는 자신의 집단원들 중 몇 몇을 각별하게 여기거나, 입원 상황이라는 색다른 입장으로 인해, 다른 치료 팀과 공유하지 않은 정보의 권한이 자신에게 있다는 사실을 안다. 이러한 상황은 집단 리더에게 난처한데, 특히 "선생님만 이 사실을 아시고 비밀을 지켜 주세요"라는 환자의 요구에 이미 동의한 경우에 더욱 그러하다. 집단 리더가 입원환자 치료 팀의 일원일 경우, 입원 환자 치료와 외래 환자 치료가 근본적으로 다르다는 사실이 중요하다. 입원환자 치료에서는 비밀 보장 규칙이 다른 치료에서와 다르다. 집단 리더는 입원환자 병동에 있는 환자와 비밀 보장에 대해 개인적으로 약속해서는 안 된다. 예를 들어, 집단 리더가 아끼는 구성원이 "여기 입원해 있는 동안, 전 누구보다도 선생님을 믿어요. 다른 사람들이 이해하지 못할 거라 생각해서 어떤 누구에게도 말하지 않은 일이 있어요. 하지만 선생님에게만 말한 일에 대해 비밀을 지켜 주신다고 약속해 주세요" 라는 말은 아첨이 될 수 있다. 이 시점에서, 집단 리더는 그런 아첨에 넘어가는 유혹에 빠지지 않아야 한다. 대신, 집단 리더가 이런 부탁에 다음과 같이 반응하면, 집단원과 집단 리더에게 더 좋을 것이다.

저와 함께 나눔을 갖기 전에 잠시만 기다려 주세요. 그렇게 짧은 시간에 저를 믿게 되셨다니 기분이 좋아 지네요. 말씀하신 부분에 대해 좀 더 나누고 싶네요. 하지만 저는 치료 팀의 다른 치료자들에게 이 사실을 비밀로 지키겠다는 약속은 할 수 없습니다. 지금 당장, 이 사실을 다른 사람에게 알리진 않겠지만, 당신의 회복과 치료에 중요하다는 생각이 들면, 당신을 위해 다른 사람들에게 알려야 하겠지요. 긴 안목으로 볼 때, 어떤 것이 당신의 회복과 치료에 가장 최선인지가 저의 관심이라는 사실을 이해해 주세요.

환자들은 치료자 입장에 대해 대부분 반대하지 않는다. 치료자가 이런 방식으로 반응한 후에도, 자신의 "비밀"을 지켜 달라고 하거나, 치료자를 조종하려 하면 파괴적인 전이 왜곡에 갇힌 경우일 수 있다. 집단 리더의 이런 자세는 환자의 원시적 투사로부터 지켜 준다. 많은 알코올과 약물 환자들이 성격적 병리로 고통 받기 때문에, 그들은 치료자들을 매우 좋게 혹은 매우 나쁘게 양분화 하는 경향이 있다. 집단 리더가 그런 요구에 성급하게 동의하는 자신의 경향을 신중하게 관찰하면, 곤란한 상황에 스스로 빠지는 일은 없을 것이다. 예를 들어, 환자가 자살할 계획이 있다고 말하거나 다른 환자가 병동에 약물이나 술을 갖고 들어왔다고 한다면 그런 상황에서 집단 리더는 비밀 보장의 약속을 깨지 않겠는가?

적극적인 아웃리치 ACTIVE OUTREACH

입원 환자 알코올과 약물(A&D) 치료는 지난 수년 동안 중독 치료에서 공존하는 두 가지 변화로 더욱 복잡하게 되었다. 첫째, 많은 병원들이 4~6주 입원환자 프로그램을 성공적으로 시행한 후, 사후 관리 집단을 진행한다. 둘째, 재정적인 한계로 더 많은 병원들이 낮 치료 프로그램을 새롭게 도입하고 있는데, 이 프로그램은 환자가 저녁에 집에 있거나 낮 동안 일을 하도록 허용한 환자를 제외하고, 입원치료 프로그램과 매우 비슷한 치료 형식을 제공한다. 어떤 경우든지, 집단 리더는 알코올과 약물 중독군이라는 다소 독특한 상황에 맞춰 대응해야 한다. 특히, 리더는 대부분의 집단원들이 맑은 정신을 유지하는 기간이 매우 짧고 불안정하거나 폐쇄 병동의 제한이 필요하지 않는 경우에, 상당 양의 적극적인 아웃리치outreach가 필요하다. 결과적으로, 집단원의 맑은 정신을 더 많이 유지하고, 이런 상황을 상쇄시키기 위해 집단 리더는 상당한 양의 적극적인 개입을 해야 한다. 특히 규범을 어긴 집단원에게 전화를 하는 등 치료자의 손길이 닿아야 한다. 비중독 집단의 집단 리더는 집단 구성원의 치료 참여가 무슨 이유로 비정규적이거나 불규칙적인지 천천히 탐색해 볼 여유가 있지만, 최근에 회복 중인 알코올과 약물 중독자들에게는 그렇게 느긋하게 접근 할 수만 없다. 대부분 집단 치료의 현대적 유형에서는 집단원들이 집단에 빠질 경우, 집단 리더가 적극적으로 전화하거나 물어보지 못하게 한다. 최근에 회복 중인 알코올과 약물 중독자들의 경우, 그런 일이 일어나거나 예고 없는 결석은 경고를 알리는 신호나 도움을 요청하는 것으로 해석되어야 한다. 이런 이유로, 예고 없는 결석에 대해 다음 회기까지 기다리기보다, 집단 리더는 집단 모임이 끝난 후에 곧바로 혹은 그 다음 날 전화한다. 다른 경우에, 집단원이 아주 힘든 시간을 겪었고, 이번 주 모임에도 참석하지 못할 것 같다고 이야기 한다면, 집단 리더는 그 집단원이 집단을 피하는 어떤 사유가 있는지 신중하게 조사해 봐야 한다. 보통, 조심스런 질문이나 가벼운 언지로, 집단원이 집단에 저항하는 이유를 알게 된다.

집단 리더의 적극적인 자세는 이점 있고 적극적인 태도로 재발을 막을 수도 있지만, 너무 통제적이거나 부모 같다는 느낌이 전달되면 저항을 일으킬 수도 있다. 이를 최소화시키기 위해, 집단 참여를 관찰하기 위해, 다른 집단원들을 가능한 한 많이 활용하라. 특정 집단원의 행동에 더욱 초점들 두면서 판단적이지 않은 스타일로 개입하라. 관심어린 방식으로 전달된 아웃리치는 집단원들의 저항과 집단 회피에 대한 파괴적인 함축적 의미를 보도록 집단원들을 돕는다.

재발하여 집단에 참여한 집단원들

사후 관리 집단과 낮 치료 집단 치료는 폐쇄 병동의 제한된 영역 밖에서 이뤄지기 때문에, 집단 리더는 재발한 집단원을 다루기 더 어렵다. 이 장에서 이미 언급한 것으로, 중독자들이 재발을 적절히 통합시키고 이해를 하면, 중요한 학습 기회가 될 수 있다. 재발에서 유일하게 나쁜 점은 자신의 재발을 되짚어 보지 않는 것이다. 집단원이 자신의 재발 이유를 검토해 보면 매우 유익하고 다른 집단원에게 귀중한 학습 경험이 될 수 있다. 재발이 여러 단계로 되어 있다는 사실을 알면 유익하다. 첫째, 알코올 중독자의 재발을 다룰 때 AA 구성원들이 취하는 입장은 집단 리더에게 중요하다: 재발한 사람이 자신의 경험을 "실수slip"라고 설명하게 두지 말라. 이 말에는 자신에게 일어난 일로 술을 다시 마시게 되었다는 의미가 숨어 있다. AA에서 "실수하지 않으려면, 미끄러운 데 가지 마라" 라고 말하는 것처럼, AA 구성원들은 "실수" 라고 하기보다, "계획된 음주" 라는 말을 더 좋아한다. 알코올 중독자들이 "미끄러진" 이유를 함께 탐색해 보고, 앞으로 이러한 패턴들을 어떻게 알아차리고 피할 수 있는지 살펴보게 한다.

물질 영향 하의 집단에 참여하기

약물을 하였거나 술에 취해 있는 사람을 심리 치료하려고 했던 헛된 노력의 예는 Brown과 Yalom의 고전 연구(1977)에 제시되어 있다. 그들은 이 문제를 명확히 해결하거나 완전히 다루지는 못했지만, 이 문제가 큰 어려움을 야기 시켰다는 사실은 명백하다. 중독자들의 치료 탈락율이라는 어려움을 넘어, 집단 과정에 물질에 중독된 환자들이 가장 치명적인 영향을 줄 수 있다는 사실이 밝혀졌다. 연구에서(2년 반 동안 15회기에 걸친 연구), 물질 사용 구성원들은 집단 치료 전반부에서 집단에 참여하여 회기를 주도하였다. 그들은 다른 사람들이 무시할 수 없는 방식으로 집단의 주의를 사로잡았다. "술에 취한 구성원이 대부분 모임의 마지막까지 남아 있는 경우는 거의 없어서, 집단원들은 집단이 쉽게 증발할 수 있다는 사실에 의기소침해진다. 집단원들은 알코올의 위력을 느끼고 허무감에 압도 된다" (Brown & Yalom, 1977, p. 438).

중독 치료에서 반드시 다루어야 하는 일차적인 문제는 약물과 알코올 사용 그 자체이다. 그러나 치료자들은 이 사실을 잘 모른다. 대부분의 심리 치료자들은 알코올 중독이 어떤 병리가 깔려 있는 증상이라는 오래된 개념을 계속 붙들고 있다. 그렇게 생각하지 않는다면, 어떻게 그렇게 명석한 심리 치료자들이 물질로 인해 의식적 상태가 바뀐 사람들을 합리적 토대위에 만들어진 치료양식(심리치료)에 적용시키려고 계속 노력하는지 이해하기 어렵다. 연구에는 물질로 유도된 의식 상태에서 한 학습은 약물을 하지 않는 의식 상태로 일반화되지 않는다는 사실이 밝혀졌다(Fischer, 1976). 이전의 모든 심리 치료의 상당 부분은 자기 패배적 행동들의 탈학습과 적응적인 행동에 대한 학습이다. 변화는 보통 통찰, 인지적 재구조화와 감정적 카타르시스를 필요로 하기 때문에, 어떤 구성원이 중독 상태에 있으면 학습 과정에 많은 손상을 받는다. 알코올 중독자를 위한 모든 치료의 핵심에는 단주가 필요조건이다.

Yalom은 실제 음주가 집단에서 긍정적인 치료 효과를 가져올 수 있다고 하였다. 때로, 그는 비디오 테이프를 사용하여 그런 사건들을 치료적 형태와 통합시켰다. 가끔, 이런 도구로, 그는 집단원이 술이 깬 후에, 술이 취했을 때 그가 보였던 혐오스럽고 자기패배적인 행동이 다른 집단원들에게 어떻게 보이는지 제시하였다. 그때 당시, Yalom은 개인을 가장 맥 빠지게 하는 자신의 실수가 치료에 이득을 줄 수 있다고 하였다. 이는 알코올 중독자가 재발한 경우이다. Brown과 Yalom(1977)은 AA는 "실수를 완벽한 대참사로 여긴다: 실수는 지속적으로 절제하는 구성원들과 실수한 구성원을 구별해주고, AA 구성원 개인사에 지울 수 없는 잉크로 적힌다" 라고 잘못된 주장을 하였다(p. 433). 그 대신, AA에서는 실수를 알코올 중독자의 회복에 불가피한 과정으로 본다. 실수를 대참사로 보기보다, 재발은 알코올 중독자가 잘못된 길을 가고 있음을 나타내며, 이를 학습 경험으로 접근해야 한다. 이 시점에서 집단과 치료자의 과제는 술을 마시게 부추기는 환경을 탐색하는 일이다. 과신, 수동성, 적개심과 분노를 드러내는 옛 패턴들은 집단원들이 너무 쉽게 동일한 실수를 한다고 깨닫게 해주는 공통 주제들이다. 집단에서 재발은 보통 다른 구성원들에게 매우 유익한 경험이 될 수 있다.

이 문제를 다루면서, Vannicelli는 치료 집단에서 발생하는 네 가지 공통적인 음주 지표를 다음과 같이 작성한다.

1. 눈에 띄게 술에 취해 집단에 참여한 집단원들
2. 회기와 회기 사이에 술을 마시고, 이 사실을 직접적으로 직면시켜도 인정하지 않는 집단원들
3. 술을 마신 사실을 인정하지만, 술을 끊으려고 하지 않는 집단원들
4. 주기적으로 술을 마시지만, 술을 마시지 않는 동안에는 단주를 계속 하고 있다고 우기는 집단원들

이런 각 상황마다, 특정 상황에 맞는 다른 전략이 필요하다.

1. 술이 취한 상태로 집단에 참여했을 때

그 집단원에게 단호하고 정중한 태도로, 오늘은 집단을 떠나고 다음 주에 오도록 요청하라. 집단원들에게 술이 취한 상태로 집단에 참여해서는 안 된다는 사실을 재빠르게 설명하라. 하지만 집단원들에게 집단은 반드시 다시 참석해야 한다는 사실을 언급해야 한다. 고집이 세고 다루기 어려운 구성원이 술이 취해 집단

에 참석했을 때, 집단 밖에서 잠시 기다리도록 정중히 부탁하고, 커피를 마시거나 담배를 피우도록 제안한다. 이러한 제안은 그 집단원이 집단 밖으로 나갈 수 있는 여지를 제공해 주고, 다른 집단원들 앞에서 체면을 살려줄 수 있다. 그 집단원을 가까운 AA 모임에 보내거나 그와 함께 이야기를 나눠 줄 AA 구성원을 요청한다. 술에 취한 구성원이 집단을 나간 다음, 이 사건에 대한 집단의 반응을 신중하게 탐색하라.

2. 약물이나 알코올 사용을 인정하지 않지만 의심될 때

집단원이 술이나 약물을 하고 있다는 사실이 분명하진 않지만, 외부 정보원(즉, 아내 등)으로부터, 그 집단원이 술을 마시거나 약물을 한다는 정보가 있을 때, 그 집단원에게 정중하게 직면시키는 것이 최선이다. 보통, 그 주제에 대해 이야기하게 하는 초대가 그 집단원이 이야기하도록 하는 데 충분하다. 그러나 그 집단원이 자신은 정신이 말짱하고 물질에 취하지 않았다고 고집을 부린다면, 이 문제는 더 이상 강요하지 않는 것이 좋다. 약물이나 술을 계속 하면서, 단주(약) 계약을 맺은 집단에 계속 참여하는 알코올과 약물 중독자는 흔치 않다. 사후 관리 집단이나 낮 병동에서 주기적으로 무작위 약물 선별 검사를 하겠다는 동의에 서약하면, 이런 어려움은 보통 없다.

3. 약물과 알코올을 계속 했다고 인정할 때

어떤 집단원이 연속해서 재발한 경우, 향후 치료를 위한 평가가 필요하다. 술이 문제라면, 디술피람disulfiram을 처방해야 한다. 집중 입원치료도 고려해 볼 필요가 있다. 보충 개인치료나 AA 참여를 늘이는 것도 환자의 치료를 조정하는 한 방법이다. 구성원이 이런 요건을 받아들이려 하지 않거나 술이나 약물을 계속하고 싶다고 솔직히 인정하면, 집단은 약물이나 술을 끊으려 원하는 사람들을 위한 것임을 정중하지만 단호하게 설명해야 한다. 개인적인 차원에서 자신을 볼 기회를 제공하기 위해 개인 치료를 의뢰할 수 있다. 그의 마음이 바뀌면 언제든지 집단으로 되돌아 올 수 있다고 전달하라. 음주와 관련된 특정 조건이 없을 때, 집단 리더는 회복 중인 집단원들과 물질을 사용하는 알코올과 약물 중독자들을 집단에 함께 두려고 노력해야 한다.

> Vannicelli는 이런 각 문제 영역과 관련된 함정을 피하기 위해, 견고한 집단 계약의 중요성을 강조한다. 그녀는 다음과 같이 말한다. 네 가지 문제들〔여러 집단에 동시 회원 자격 갖기, 외부인들과의 의사소통, 술을 마시는 환자들, 집단의 치료 초점으로서 음주〕을 효과적으로 다루기 위해, 집단원들이 무엇을 해야 하는지를 명료화한 치료 계약이 필요하다. 이러한 동의는 집단을 하기 전 면접 때 제시한다. 기본 규칙들은 다음과 같다. (1) 집단의 최소 참석 기간에 관한 언급(예 : 저희는 적어도 3개월 동안 참석하실 것을 바랍니다). (2) 환자가 집단에 늦어지거나 집단에 나오지 못하는 경우(그리고 환자가 모임에 참석할지 혹은 못할지 여부), 그 사실을 미리 공지하고 시간을 엄수하여 정규적으로 집단에 참여하도록 요구한다. (3) 집단을 떠나야 할 경우 집단에 미리 알려야 한다. (4) 자신에게 일어난 실수나 음주에 대한 두려움에 대해 말하고자 하고 절제를 결심함. (5) 온전한 삶을 사는 데 어려움을 주는 삶 속의 다른 중요한 문제들이나 사람들에 대해 이야기하려는 결심. (6) 자신의 내적 역동을 더 깊이 알아가는 방법으로 집단에 참여하여 이야기하려는 결심. (7) 집단

원들이 집단 밖에서 만남을 가지는 것에 대한 세부적인 제한(혹은 집단 밖에서 일어난 일들을 집단에 가져오는 조건으로). (8) 집단 리더와 외부인들 간의 의사소통의 성질과 정도. (1982, pp. 36-37)

입원환자 집단 치료를 위한 권고 요약하기

대부분의 현대 집단 치료의 다른 유형들과는 달리, 알코올과 약물 남용 환자들의 입원 환자 집단 치료에서는 환자의 치료 과정에 영향을 주는 세 가지 관리가 동시에 이뤄져야 한다. 첫째, 신경학적 결손이 회복중인 알코올과 약물 환자들에게서 대부분 관찰된다. 둘째, 입원환자 집단을 이끌어가는 집단 리더가 직면하는 임상적인 문제들이 있다. Yalom이 개관한 바와 같이, 이런 임상적인 어려움들은 입원 치료와 관련된 특별한 환경에 의해 더 크게 야기된다. 셋째, 집단 치료는 더 큰 치료 체계에 속한 하위 체계이기 때문에, 집단 리더는 상위 체계에 속한 하위 체계에서 발생하는 어려움들을 언제든지 해결할 수 있어야 한다. 이러한 문제는 자신을 치료 팀의 일환으로 보는 집단 리더에게 흔히 나타난다. 치료 집단의 원칙들은 팀 접근 치료의 특별한 역동에 의해 타협이 일어난다. 집단 리더가 구성원들에게 이로운 치료를 제공하려면, 치료 경험에 영향을 주는 세 가지-신경학적 손상, 임상적 관리와 팀 접근-를 통합된 방식 혹은 보완적 방식으로 제공해야 한다. 입원 환자 병동에서 집단과 치료 목표는 입원 환경에 맞게 바꾸어야 한다. 특히, 집단은 환자의 전반적인 치료 경험을 보충해야 한다. 치료 집단이 다른 입원치료 프로그램들의 목표와 맞지 않으면, 환자가 성공적으로 회복할 기회는 크게 감소된다. Mueller 등(1982)은 환자가 입원해 있는 동안 이루어야 하는 8가지 중요한 목표를 다음과 같이 요약한다.

1. 음주로 인한 손실로 고통 받는 관점에서, 환자의 삶 속에 알코올과 약물이 있다는 사실을 인식하게 하라(즉, 가족, 직업, 금전, 건강, 자존감, 법적문제, 영성).
2. 각 환자가 개인적인 치료 목표를 찾도록 돕고 개인적인 치료 계획을 세운다.
3. 알코올과 약물 '중독자'가 된다는 말은 다시는 절대로 술을 마시거나 약물을 해서는 안 된다는 뜻임을 환자가 깨닫게 한다.
4. 환자가 음주의 대안들을 찾아내고 맑은 정신으로 지내기 위해 무엇이 필요한지 파악하게 한다(즉, AA 참여, 이래한지 집단 등).
5. 가능할 때마다 언제든지 치료 속에, 환자의 사회적-정서적 지지 체계(가족, 친구, AA 스폰서와 고용주)를 참여시킨다.
6. 감정을 표현하고 경험하기 위해 "허용해 주기permission giving", 수용, 상호작용으로, 치료자와 다른 환자들이 귀하게 여기는 치료 경험을 각 환자에게 제공하라.
7. 알코올과 약물 중독이 질병이라는 사실을 알코올과 약물 중독자에게 교육시키라.
8. 술과 무관하고, 치료적 효과를 주는 깨끗한 환경을 환자에게 제공하라. 이것은 AA와 지속적인 외래환자 집단 참여와 관련 있다. 특히 입원환자 집단 치료 경험이 환자에게 외래환자 집단 치료의

수용력을 더 높여줄 것이다.(p. 940)

집단 리더의 과제는 이러한 목표들을 집단원들에게 이끌어가는 것이다. Berger(1983)는 이러한 시퀀스에 대해 다음과 같이 개관한다.

첫째, 치료자는 술이 환자의 삶에 미치는 해로운 효과를 탐색하게 하고, 지금-여기에를 강조하여 함정을 피하고, 음주를 하게 되는 원인들을 환자와 함께 살펴보면서, 맑은 정신을 유지하려는 환자의 동기를 증진시켜야 한다. 치료자는 환자의 방어(부인, 투사 및 과대성)를 정중하게 직면시켜야 하고, 알코올 중독을 포함한 환자 자신의 행동에 책임을 지도록 도와야 한다. 또한, 치료자는 어느 날 부터 사회적 음주로 되돌아 갈 수 있을 거라는 환자의 환상을 다룰 수 있어야 한다.

둘째, 치료자는 술이 없는 삶을 살도록 재적응하는 방법을 배우도록 환자를 도와야 한다. 환자는 술이 그의 삶에서 더 이상 핵심 부분을 차지하지 않도록, 건설적으로 자기의 시간을 채워가는 방법을 배워야 한다. 그와 동시에, 가족 교육회기의 참여를 제안하고, 치료자는 환자가 AA 모임에 참여하도록 격려하고, 충동적인 음주를 최소화시키기 위해 디술피람disulfiram을 신중하게 사용하면, 맑은 정신을 유지할 수 있는 기회를 최적화시킬 수 있다(p. 1043).

집단 치료의 가장 현대적 및 전통적 유형들에서 활용되는 기법들과는 달리, 치료 시작 단계에서부터, 자신의 강점이나 자기 이해를 위해 자신의 내면을 스스로 내성하도록 알코올과 약물 중독자들을 권면하지 않아야 한다. 그 대신, 중독자들의 초기 고통을 심화시키고 자신의 실패를 보도록 직면시켜 삶을 고찰해 보도록 격려해야 한다. 내적 갈등에 대한 쓸데없는 논의에 집단 리더가 속지 않아야 한다. 알코올과 약물 중독자들을 자신의 음주와 약물 사용이 문제라는 역설로 도망가게 해서는 안 된다. 그 대신 중독자들은 음주와 약물 사용에 대해 책임을 져야 한다. 그러나 그들은 약물을 하거나 술을 마시려는 욕망에 대항하는 방어가 없다는 사실을 스스로 배워야 한다. 요약하면, 중독자들은 술을 마시고 약물을 할 수 없다는 사실을 배워야 하지만, 자기 혼자서 술과 약물을 끊을 수 없다는 사실도 배워야 한다. 이런 입장은 알코올과 약물 중독자들에게 자신의 지지 체계와 자기 자신에 대한 무력감을 갖게 한다. 이러한 경험을 한 다음, 외부의 통제, 도움, 길잡이를 받아들이도록 한다. 역설적으로, 다른 대안을 주어서는 안 된다. 이런 경험이 중독자들의 과대적인 자기중심성과 고립감과 싸우게 한다. 결국, AA와 집단 치료를 통해, 중독자들은 새로운 희망과 힘의 원천이 자신과 동일시할 수 있는 타인들임을 배워야 한다.

15

집단 치료의 후기 단계 : 갈등, 관계 회복과 재연합

중독자들과 함께 하는 후기 단계의 치료적 관심은 치료의 전반적인 과정과 밀접하게 연관되어 있는 두 가지 이슈가 주도한다. 무엇보다도 먼저 중독자들의 단주(단약)를 공고히 하기와 동시에 중독 환자들의 성격을 변화시키는 것이다. 치료가 진행되어 감에 따라, 그리고 중독자들의 현재와 과거 물질 사용 간의 차이가 점점 더 커짐에 따라, 알코올과 약물 중독자들의 성격적 구조를 주도하는 기질적 특성을 다루는 방향으로 치료의 강조점을 서서히 전환시킨다. 12단계 치료 공동체 내에서, 이 두 가지 이슈는 보통 재발예방 방침과 성격적 결함의 제거로 범주화된다. AA와 기타 12단계 프로그램들에서는 건강한 절제를 달성하고 이를 유지시키려면, 회복과 양립 불가능한 성격적 특성의 완화, 수정 혹은 제거가 필요하다는 사실을 오래 전 부터 인식하였고 직관적으로 알았다. AA의 관점에서, 알코올과 약물 중독자들의 유일한 목표인 회복, 즉 평온함serenity을 얻기 위해 성격적인 결함을 제거하는 작업은 매우 중요하다. 중독에서 장기적인 회복은 알코올과 약물 사용의 중단 그 이상이 필요하다. 중독자들의 기본 성격을 바꾸기 위해 몇 가지 대안을 실행하거나 "프로그램의 단계를 밟아 가야" 한다. 이를 달성하지 못하면, 중독자들은 약물을 하거나 술을 마셨을 때처럼 비참하게 지낼 것이다. 이러한 경우, 재발은 불가피하다, 알코올과 약물 중독자는 폭발을 기다리는 시한폭탄과도 같다. "무시무시한 절제white knuckled sobriety"는 사람을 화나게 하고, 불만족스럽고 비참하게 한다. 이런 사람을 AA에서는 단지 물질만 하지 않을 뿐, 개인의 성격이나 특성은 크게 변하지 않은 채 그대로 남아 있는 "마른 주정dry drunk" 상태에 있는 사람으로 본다. AA는 단주(약)와 장기적 회복은 "성격적 결함이 제거" 되지 않은 한 계속 유지될 수 없다. 하지만 우선 절제가 이뤄질 때까지 성격적 결함이 변하거나 수정될 수 없다는 역설적 딜레마에 대해서도 잘 알고 있다.

치료 후기 단계의 집단 심리치료는 초기와 중기 단계에서 치료적 적용보다 덜 엄격하게 적용되거나 융통성이 있다. 이전에, 중독자들은 회복과 정서적 안정성이 매우 취약하기 때문에 불안, 퇴행과 분노조절과 관련된 관심이 집단 리더의 치료적 접근을 주도한다. 치료자의 치료적 행위가 중독자들을 정서적으로 너무 빠르게 혹은 너무 강하게 자극시켜, 예전의 대처 방식으로 되돌아가도록 부추기는 건 아닌지 고려해보면서, 모든 개입과 기법의 무게를 끊임없이 저울질 해봐야 한다. 또한 회복을 위한 12단계 공동체로의 문화적 동화와 알코올과 약물 중독자로서의 동일시에 대한 수용을 계속 강조한다. 재발의 염려는 치료를 시작하는 그 시점부터 치료적 전략을 주도한다. 그러나 맑은 정신, 안정성과 절제가 더 많이 달성되는 회복의 후기 단계에서는 재발의 염려에 관한 초점이 달라진다. 알코올과 약물 중독자들은 더 이상 자신의 감정을 너무 빨리 오픈하여, 너무 많은 감정에 시달리지 않도록 주의를 받지 않는다(예: 그냥 잊어버려요, 하루에 한 번만 느껴요 등등). 중독자들은 이러한 감정의 문제와 그들의 삶을 쥐고 흔드는 갈등을 다루지 않으면 재발의 위험에 처하게 된다는 사실을 스스로 실감한다.

결국, 알코올과 약물 중독자의 장기 치료는 개인의 성격 치료이다. 이것이 성격 장애의 형태를 취하는지 혹은 환자의 몸과 영혼에 퍼부은 물질로 인한 뿌리 깊은 역기능적 행동의 습관적 패턴을 나타내는지 결정하기 위해, 성격적인 부분을 적극적으로 다루어야 한다. 이런 이유로, 집단 치료는 중독자의 회복 과정에서 결정적인 요소이다. 임상가와 연구자들이 알아낸 바와 같이, 집단 치료는 중독을 위한 치료적 선택이면서, 성격 장애를 위한 치료이기도 하다(집단 치료가 주도하는 치료, Alonso & Rutan, 1993; Klein, Orleans, & Soule, 1991; Leszcz, 1989). 회복의 후기 단계에서는 장기적 접근을 위해 기법을 바꾸어 적용한다. 훈련을 잘 받은 임상가가 알고 있듯이, 성격 장애는 단기적인 전략들과 응급조치로는 반응하지 않는다. 이와 비슷하게, 재발 예방을 평생 과정으로 인식하고 과신overconfidence은 교만과 특별함이라는 이전의 자기애적 패턴으로 되돌아감을 알리는 경고 신호들 중 하나이다. 예를 들어, AA 구성원들은 "난 이 문제를 샅샅이 훑을 거야"에서 "때로 한잔 할 수도 있지"로, "난 다른 사람과 달라서 알코올 중독자는 될 수 없어"로, "난 특별하고 귀한 사람이여서 사람들이 날 좋아하지 않아"로 조금씩 진행되는 종종 걸음을 오래 전부터 알고 있다. 자신이 부족하고 능력이 한정되어 있다고 여기는 겸손과 수용은 알코올과 약물 중독자에게 두드러지는 중독적 신념과 태도의 해독제이다. 장기적 중독 치료의 성공을 위해서는 중독자들이 근본적으로 가지고 있는 방어적 성격(과대적, 자기애적 및 강박적 특성)과 그들의 정서적 삶을 지배하는 수치심과 무가치감 간의 균형을 잘 유지시켜야 한다. 집단 리더는 알코올과 약물 중독자들의 재발은 언제나 이런 양 극단을 끝에서 끝으로 왔다갔다(과대성과 수치심)한다는 사실을 너무 잘 안다. 중독자들은 기분이 너무 좋거나 너무 나쁠 때, 재발할 가능성이 매우 높다. 중독자들을 위한 장기 치료의 미학은 중독자들이 두 가지 극단적인 입장들 간의 조화로운 균형과 융통성을 유지하도록 돕는 치료자의 능력이다.

패러다임의 전환

물질 의존 환자의 장기 치료를 위해서는 전형적인 의료 모형인, 비중독 환자에게 활용되는 전통적인 개인-집단 심리치료에서 패러다임 전환이 필요하다. 성격적 병리와 중독 간의 관계는 정신의학과 중독 간의 분열을 천천히 풀어가는 과정을 살펴보면 더 잘 알게 된다. 중독자들을 성공적으로 치료하려면, 중독과 성격적 병리에 대한 전통적인 치료법을 수정해야 하며, 이러한 사실은 현재 보편적으로 받아들여지고 있다. 정신 역동적 치료의 오래된 두 가지 초석인, 해석과 전이 해결로는 성격적 병리와 중독을 해결하기엔 불충분하다. 성격적 병리를 바꾸기 위해, 환자들은 현재의 관계들을 내재화internalization하고 또한, 새로운 관계들을 내재화하고 흡수해야 한다는 증거들이 더 많아지고 있다. 대부분의 개인적 전이는 중독자들의 강한 대상 갈망feelings of object hunger, 의존과 적대감을 야기 시키기 때문에, 부분-대상 만족part-object gratification과 지지가 뒤섞여 있는 집단 치료가 전이 왜곡의 해결에 필요한 치료적 환경을 제공하고, 좀 더 성숙하고 건강하며 만족스러운 대인관계의 내재화를 위한 치료적 환경을 제공한다.

Alonso와 Rutan(1993)은 성격적 병리를 치료하는 데 집단 치료가 왜 필요한지 그 이유들을 명확히 규명한 집단 치료의 권위자들이다. 분석가들의 고전적 고정관념인 "해부학적 모형cadaver model"에 대한 Leo Stones(1961)의 비평에 따르면, 그들은 고전적 입장이 "전이 해석을 한 이후에 실제적인 내재화나 함입의 기회를 제공하지 못했다" 라고 지적하였다(p. 441). 이와 매우 비슷한 관점으로, 오이디푸스 전pre-oedipal 단계에 있는 환자들에 대해 저술한 Louis Ormont(1992)는 이들이 가진 문제는 언어(단어)를 효과적으로 사용하기 전, 즉 초기 인생에서 일어날 수 있는 발달적 곤란의 결과이기 때문에, 이 단계에 속한 환자들은 특별한 문제가 있다고 하였다. Ormont는 이들은 감정에 지배를 받고, 감정을 과장하여 표현하는 경향이 있다고 하였다. 발달이 정지되어 있는 이들은 만족을 위해 외부 근원(즉, 약물, 술, 성관계 등)을 사용하고, 언어나 해석에는 잘 반응하지 않는 경향이 있다. 따라서 그들의 감정과 행동에 영향을 주어 감정과 행동을 통한 치료적 접근을 해야 한다.

환자의 문제를 해결하기 위해 권위상과 의존적 신뢰를 형성하는 전통적인 의료 모형에서는 중독이나 성격 장애만을 단순히 다루지 않는다. 이런 문제가 있는 사람들은 보통 자신에게 문제가 있다고 보지 않는다. 그들은 문제가 외부에 있다고 보며, 치료 계약과 같은 규칙을 따르는 능력은 제한되어 있고, 행동화나 물질남용을 통해 불안을 분산시키는 경향이 있으며, 친밀한 대인 관계가 매우 어렵다. 마지막 문제 즉 친밀한 관계의 어려움 때문에 치료적 상황의 조율이 완벽하게 이루어지지 않으면, 환자와의 치료적 동맹을 관리하고 견디기 매우 어려워진다. 치료자가 조율을 완벽하게 할 수 있을 때라도, 환자들이 물질 사용을 중단하고 성격을 변화시키기 위해 직면, 좌절 그리고 제한된 치료 환경이 필수적이라는 치료적 역설therapeutic paradox이 있다. 결과적으로, 대인관계, 상호작용과 공동체 의식을 강조하는 집단 치료가 환자들이 치료적 상황에 가지고 들어오는 다양한 문제와 욕구를 적절히 다룰 수 있는 가장 효율적인 패러다임이다.

전前 오이디푸스 이론이나 성격 병리학 이론을 통해, Alonso와 Rutan(1993)은 이런 환자들이 보이는 다섯 가지 문제 영역을 알아냈다. 일반적인 성격 문제는 다음과 같다.

1. 환자가 인식하지 못할 때
2. 환자가 인식 할 때, '그게 바로 나야'라고 지각하기
3. 환자가 변화를 원하면서도 변화에 저항하기
4. 지칠 때까지 강박적으로 반복하기

5. 동기가 있어도 변화하기 어려움

이러한 다섯 가지 문제들을 자세히 설명하면서, Alonso와 Rutan은 집단 심리치료가 각 영역을 어떻게 다루는지 다음과 같이 설명한다.

1. **환자가 인식하도록 도우라**. 성격은 대인관계에서 가장 뚜렷하게 드러나기 때문에, 개인 심리치료보다 집단 치료가 상당한 이점을 제공한다. 중독자들은 집단에서 그들의 어려움을 말하지 않으려 한다. 하지만 다른 집단원들과 즉각적인 상호작용에서 명백하게 드러날 것이다. 집단이 거울이 되어 개인의 경험을 반영해 주기 때문에, 지성이나 통찰에 덜 의존하고 집단에서 다른 구성원들과 함께 느끼고 살아 있는 경험으로 자기 자신을 인식한다.
2. **그게 바로 나야**. Alonso와 Rutan이 지적한 바와 같이, "성격은 자아-동조적ego-syntonic이기 때문에-환자의 내면에 '이건 내가 아니야'라는 특정 감각이 생겨나지 않는다는 것-자신이 집단에 속해 있다는 부정할 수 없는 사실undeniability이 보통 듣지 못하게 하고 성격적 방어의 큰 원동력이 된다"(1993, p. 443). Alonso와 Rutan은 이런 사실이 노출에 대한 강한 감정과 수치심을 들게 한다고 지적한다. 그들은 이러한 경험이 치료에서 극복되어야 하는 가장 결정적인 방해물이라고 한다. 그들의 저술(Alonso & Rutan, 1988)과 본서의 7장에서 강조한 바와 같이, AA가 이런 수치심의 문제를 특유한 방식으로 다루기 때문에 AA가 운영된다. 비슷한 양식으로, Alonso와 Rutan은 수치심 해결의 결정적인 요소를 노출과 수용의 상호관계로 보았고, 이러한 것은 집단치료 형식에서만 가능하다고 하였다.
3. **변하길 원하지만, 난 변할 수 없어**. Alonso와 Rutan은 성격적 변화에 대한 일차적인 방해물을 노출에 대한 위협과 수치심으로 본다. 기질적 행동의 대부분은 습관적이고, 수치심의 결과로 아동 초기에 형성되기 때문에, 이러한 패턴을 바꾸려면 수치심을 극복하는 작업이 필요하다. 생애 최초 대상애착과 관련된 습관을 포기한다는 말은 다른 사람에게 반응하는 습관과 엉켜있는 유기 우울abandonment depression을 해결해야 한다는 의미이다. 성격적 변이alteration of character는 강한 수치심, 격분과 유기 우울로 인한 어려움이기 때문에, 자기 자신의 취약성을 드러낸 집단원들을 수용한다는 약속은 노출의 고통을 완화시킨다.
4. **여기에서 다시 시작할래요**. 성격은 습관이다. 따라서 사람들의 행동 양식은 집단에서 반복될 것이다. 이를 바꾸기 위해서는 우선 치료가 필요하다. 장기적인 집단 치료에서는 환자들의 퇴행과 반복 강박이 두드러진다. Alonso와 Rutan이 지적한 바와 같이, 다중 전이 반응의 다양성 때문에, 집단은 퇴행의 증폭과 필요한 안전과 수용을 제공하여, 중독자들의 삶을 주도하는 반복 강박을 다루어 보는 기회를 제공한다.
5. **왜 변해야 하나? 내게 어떤 이익이 있나?** 습관적인 행동을 포기하는 일은 고통스럽고 어렵다. 많은 사람들 이런 포기를 다른 사람에게 받아들여지기 위해, 자신을 팔아넘기거나 타협하는 것처럼 느낀다. 이는 개인적 보존성integrity이 상실되는 것같이 느껴지기 때문에, 어떤 대가를 치루더라도 피해야 하는 위협이다. 또한 질투와 파괴적이고 자기 패배적인 행동이 호전되지 못하게 하는 힘은

수치심이다. Alonso와 Rutan은 "응집력 있는 집단의 필요성과 그 집단에 소속될 필요성이 변화에 대한 강한 저항을 능가할 수 있다. 자조-운동self-help movement의 힘이 이런 힘을 증명 한다"라고 하였다(1993, p. 445).

중독과 성격 병리의 공동 치료

알코올 중독자와 물질 남용자는 보통 감정적 만족, 지지와 반응성을 제공하지 않는 치료에는 반응을 보이지 않고, 집단 리더에 의한 감정 버티기withholding에도 치료적 반응을 보이지 않는다. Bion(1961), Ezriel(1973) 혹은 Rice(1965)가 고찰한 것과 같이, 집단 리더가 고전적 정신역동 이론이나 Tavistock 기법을 활용할 경우, 중독자들은 집단에서 생기는 퇴행이 잘 유발되지 않는다. 이 말은 집단 리더가 소아기적 방식으로 집단과 집단원을 만족시켜야 한다는 뜻은 아니다. 집단원들의 자기애와 즉각적인 만족에 대한 절대적 기대 충족시키기는 비현실적이고, 비치료적이며 불가능하다. 그 대신, 집단원들이 자신의 파괴적인 충동과 감정을 서서히 통제할 수 있을 때까지, 적절한 좌절이 조성되는 분위기와 그들의 의존 욕구를 충족시키는 섬세한 균형이 필요하다.

집단 리더의 과제는 집단원들의 파괴적이고 부적응적인 성격 패턴과 대응 스타일을 촉진시키는 불안과 좌절을 경험하게 히면서, 질제를 유지시키는 것이다. 또한 집단원들이 좀 더 생산적인 방식으로 역경과 스트레스를 대처할 수 있을 때 까지, 집단의 안(파괴적인 전이 왜곡 최소화시키기와 병리적 투사 동일시)과 밖(집단 탈락이나 고통스러운 정서를 관리하기 위해 다시 알코올이나 약물 사용하기)에서 행동화하지 않도록 충분한 지지와 만족이 필요하다.

이러한 목적을 달성하기 위해, 집단 리더는 비중독 환자들을 대상으로 한 치료보다 더 적극적이어야 하고 중독자들의 욕구를 충족시켜야 한다. 중요한 치료 요소로서 응집력에 관한 Yalom의 강조는 중독 대상군과 함께 작업할 때 더 중요한 의미를 갖는다. 자신에 대한 이해와 대인관계의 이해를 촉진시키는 치료적 분위기는 집단원들이 자신의 심리적 취약성이 알코올-약물 사용과 의존으로 이끌어 가는 방식을 알도록 도와준다.

대상관계 이론을 활용한 보다 더 전통적인 역동 집단치료에서, 집단 리더의 과제는 집단에서 수용할 수 없는 위험한 대상관계 유형과 불안을 관리하기 위해 각 구성원들이 사용하는 방어를 다루는 것이다. 이런 불안은 보통 무의식적 본능적 욕구와 관련되고, 리더의 과제는 이런 방어와 불안을 해석하는 것이다. 그러나 Kohut(1977b)와 자기심리학 관점에서, 이러한 불안이나 방어 행동을 왜곡이나 부적응으로 해석하지 않고, 지금-여기에의 집단 상호작용에서 반복되는 대상관계 반응으로 채워지지 않은 발달적 욕구와 관련되는 것으로 해석한다. 발달적 욕구의 결과임을 알코올 중독자와 물질 남용자가 이해하도록 돕는 것이 최선이다. 자기심리학적 치료에 큰 영향을 받은 이 접근은 대부분이 중독자들의 취약성을 다루는 데 있어, 전통적인 접근보다 덜 위협적이고 수치심을 덜 주며 훨씬 더 지지적이고 욕구를 충족시킨다.

집단 리더는 최근에 회복을 시작한 알코올 중독자를 위한 개입은 1년, 2년 혹은 심지어 10년 동안 절제해 온 알코올 중독자에게는 적합하지 않다는 사실을 기억해야 한다. 조기개입에서는 너무 많은 부정적인 감정을 너무 빨리 유도하지 않으면서, 중독자들의 부정denial을 서서히 줄여가도록 유도해야 한다. 결과적으로, 점진적인 전환은 중독자 자신의 자기 파괴적 행동 패턴(즉, 알코올과 약물 사용)을 보지 못하게 막는 방어와 성격적 병리를 객관적으로 보게 하는 것부터 시작한다. 결국 중독자들은 자신의 감정을 달래거나 조절하기 위해 물질에 의존하지 않고 대인 관계적 갈등을 어떻게 다루어야 하는지 배워야 한다. 집단 리더가 집단에서 활용할 수 있는 치료적 요인들을 성공적으로 제어했는지의 여부를 알 수 있는 중독자 집단 치료만의 몇 가지 특유한 특징들이 있다. 또한 유능하고 훈련이 잘된 집단 리더는 진행이 잘된 집단의 모든 치료적 요인들(Yalom, 1985)을 활용할 수 있다. 그러나 집단 리더는 이 요인들 중에서 몇 가지 요인을 더 강조해야 한다. 다음에 소개하는 몇 가지 치료적 요인들은 중독자들의 초기 치료단계에서 특히 중요하다.

1. 단약과 단주를 위한 동료들의 긍정적인 지지와 압력
2. 중독자들이 물질에 대한 강박 사고로 사투를 벌이는 유별난 존재가 아니며, 혼자가 아니라는 사실을 배울 수 있는 기회와 상호 동일시
3. 다른 알코올과 약물 중독자들에게서도 나타나는 유사한 태도와 방어를 보는 기회를 가짐으로써, 중독에 대한 자신의 태도와 부정denial을 더 잘 알게 되는 기회
4. 자신이 중독자라는 동일시를 증진시킴으로서, 절제가 항상 우선순위라는 사실을 전하는 실제적인 정보 교환과 실험 학습
5. 동일시, 응집력, 희망과 지지는 잘 구조화되고 훈련된 장면을 제공하여, 중독자들이 책임 질 수 있는 것(즉, 첫 잔 마시기)과 책임을 지지 못하는 것(즉, 중독은 질병이다)의 차이를 둘 수 있도록 도움
6. 물질에 의존한 사람들의 대인관계 스타일이 다른 사람들과 만족스럽고, 건강하고 친밀한 관계 형성 능력을 어떻게 방해하는지 더 잘 알게 되는 기회 제공

대인관계의 어려움을 유발시키는 성격적 병리나 성격 장애가 없는 물질 남용자들을 찾아 보기 어렵다. 건강한 관계 형성 능력의 곤란은 물질을 다시 사용하게 하고 재발에 기여하는 주요 요인이기 때문에 특히 더 중요하다. Khantzian 등(1990)은 다음과 같이 말하다. "처음 치료를 받게 하는 것은 약물 사용이지만, 약물을 그만두게 하거나 심오한 변화를 유발시키는 것은 성격 치료이다... 궁극적으로, 우리는 중독에서 회복으로 가는 길을 성격장애의 치료로 본다"(p. 3).

수많은 이유들로 인해, 성격적 병리에 대한 치료 혹은 자아와 정신 구조의 결손(Kohut, 1977b)은 집단 치료의 최종적인 장기 목표이다. Kohut와 그 외 대상관계 이론가들은 중독을 정신구조의 결손으로 그릇된 자기 복구self-repair가 초래한 상태로 본다. 취약한 자아는 발달 곤란과 초기 환경이 박탈된 결과이다. 복구reparation의 시도인 물질 남용은 신체적 의존과 더불어 기존의 생리학적 및 심리적 구조를 더욱 손상시켜, 전반적인 상태를 더 악화시킨다. 지속적이고 만성적인 스트레스가 정서와 행동조절, 자기관리를 더 어렵게 하고 성격적 병리를 악화시킨다.

결과적으로, 알코올과 약물 중독자들은 자아-구조self-structure 내의 취약성이 회복되고 수정될 때까지, 한 종류의 중독(즉, 약물, 알코올, 성, 도박, 일, 음식이나 성도착)에서 다른 중독으로 끊임없이 대체시키면서, 충동적, 강박

적 및 중독 행동에 항상 취약할 것이다. 자아의 수정과 회복은 치유적이고 건강한 관계 속에서만 달성될 수 있다. 더 건강한 함입과 내적 대상표상을 동일시하고, 내재화시키고, 통합시키는 기회를 개인에게 제공하고 동시에, 부정적이고 파괴적인 충동을 관리할 수 있는 환경을 유지하고, 지속적인 보살핌과 반영을 항상 제공해야 한다.

그러나 일단 정신 구조가 수정되고 회복되면, 다른 생명체와 같이 정신 구조도 지속적으로 보살피고, 양육하고, 번성하고 자라게 하는 환경이 제공되어야만 유지된다. 이는 치료적 환경 밖에서, 알코올과 약물 중독자들이 건강하고 친밀한 대인관계가 어떻게 형성되고 유지되는지 배울 때 비로소 이뤄진다. 대인관계도 강박성을 띄거나 중독이 될 수 있기 때문에, 집단원들은 대인관계 범위interpersonal sphere 내에서 어려움이 어떻게 발생하는지 알기 위해 다른 사람과의 관계를 스스로 경험해 볼 필요가 있다. 이러한 것이 달성될 때까지, 중독자들의 삶 속에서 만족스럽고 충만한 관계가 없으면 내적 공허감과 고통스러운 감정을 피하기 위해 파괴적인 외적 만족원과 감각원(즉, 약물, 성, 음식 등)을 추구할 가능성만 남는다.

후기 단계의 치료 전략

집단 리더가 알코올과 약물 중독자들이 단주와 단약에 대한 책임을 내재화하도록, 집단의 힘과 영향력을 능숙하게 활용할 수 있게 되면, 정서조절과 만족원으로 외적 요인(즉, 약물, 알코올, 성, 음식 등)을 사용하게 하는 내적 요인들에 대해서도 집단원들이 점차 인식하도록 해야 한다. 이를 위해서는 집단원들이 자신의 약물 사용, 성격적 병리와 건강하고 만족스럽고 관계 형성 능력의 곤란 간의 관계를 탐색하고 알아야 한다. 이런 이해에는 구성원들의 과거와 가족들 간의 초기 관계사를 객관적으로, 확실하고 정적하게 살펴봐야 한다.

대부분의 알코올과 약물 중독자들은 역기능적 가정과 알코올 중독 가정에서 생겨나기 때문에, 불만족스럽고 역기능적 관계가 흔하다. 이런 관계의 근원은 대부분 초기 아동기의 박탈 경험과 역기능적 관계 스타일을 반복하게 하는 반복 강박repetition compulsion이다. 결과적으로, 그들은 자신이 과거에 취급받았던 것과 똑같이 다른 사람들에게 행동하는 무의식적 강요와 투사적 동일시의 위력으로, 보통 형편없이 나쁜 관계를 반복적으로 선택한다.

집단원들이 자신의 과거가 현재에 어떻게 영향을 미치는지를 살싹 엿보기 시작하는 것도 치료 집단의 지금-여기에서 경험한 대인관계 영역 안에서 이다. Alonso(1985)가 "집단원들은 집단에서 자신의 문제에 대해 이야기할 필요 없다. 그들은 문제를 갖고 있지 않다" 라고 말한 것과 같다. 집단 피드백과 지지의 힘으로, 집단원들은 자신의 알듯 말듯 한 파괴적인 대인관계 스타일을 파악하고 인식하기 시작한다.

지난 과거의 음주나 약물사용과 현재의 음주나 약물 사용의 거리를 어느 정도 둘 수 있는 성숙한 집단원들은 지금-여기에서 일어나는 상호교환에 초점을 둔 전략을 통해 더 많은 것을 배우고 더 많은 이득을 볼 수 있다. 중독자들이 정신이 맑아지고 절제로 인해 금단증상과 심리적 갈망의 몰두preoccupation에서 자유로워지면, 그들의 욕구를 덜 채워주고 요구를 더 많이 하는 치료적 접근을 견딜 수 있다. 이 시점에서 집단의 궁극적인 목표는 대인관계 기술이 집단 밖, "현실세계"로 일반화하고 적용시키기 위해, 집단 안에서 건강한 대인관계 기술을 개발하도록 돕는 것이다. 중독자들은 그들을 곤란하게 하는 파괴적 충동에 굴복하지 않고 만족스러운 관계를 어떻게 형성하고 키워나가고 풍성해지는지 알아야 한다. Kohut와 그 외 다른 대상관계 이론가들이 제안한 것과 같이, 집단 리더는 우리는 모두 태어나면서부터 대상을 추구하는 창조물이고 만족스러운 관계를 가지려는 욕구는 본질적임을 집단원들이 알도록 도울 필요가 있다. Kohut(1984)가 제안한 바와 같이, 사람은 자신이 필요한 만큼 만족스러운 관계를 경험하고, 치료환경 밖에서 건강한 관계를 맺을 수 있을 때 치유가 이뤄진다.

Yalom의 치료 모형과 자기심리학

집단 치료 형식에 포함된 중독 치료에서 자아 심리학이 갖는 중요한 의미들 중의 하나는 집단에서 두 가지 상호작용이 보통 동시에 진행된다는 개념이다. 집단원들과 외부 세계의 사람들 간에 외부적 상호작용이 일어난다. 동시에, 내적 상호작용도 내적 세계에서 지속적으로 경험된다. 외부적 상호작용은 자신과 대상관계의 내적 표상에 영향을 주는 반면, 개인의 내적 세계는 개인의 투사된 무의식적 기대에 "맞추는" 방식으로 행동하고 실천하도록 외부 세계에 있는 다른 사람들에게 영향을 주고, 왜곡시키고, 색채를 덧입힌다. 상호 교환의 각 수준은 집단 리더와 구성원들이 집단에서 각 개인마다 일어나는 역동을 완전히 파악하여 평가해야 한다.

Yalom의 상호작용 모형은 집단원들의 외적 행동을 이해하고 설명하기 좋은 모형이지만, 대상관계 이론과 자아 심리학은 지금-여기에서 외적 사건과 관련된 구성원들의 내적 경험을 가장 잘 설명할 수 있다. 집단은 개인 치료가 제공해주지 못하는 핵심 요소들을 제공하기 때문에, 상호작용과 관련된 과제를 가장 잘 달성시킨다. 집단 치료에서는 의존적이거나 분노에 쉽게 이끌리는 다양한 물질 남용자들을 만날 수 있기 때문에 이 과제를 쉽게 달성시킬 수 있다. 많은 집단원들의 덕택으로, 집단은 친밀한 대인관계에서 반드시 활성화되고, 성격 변화를 위해 반드시 훈습되어야 하는 감정의 강도를 약화시킨다. 이 과정은 일대일 관계에서는 매우 위협적일 수 있다. 그러나 집단은 물질 남용자들에게 더 안전한 "공간"을 제공하면서 승인, 의존과 보살핌에 대한 그들의 욕구를 명확히 표현해주는 강한 적대감과 양가감정을 다루게 한다. 보통, 대부분의 알코올과 약물 중독자들은 개인 치료와 친밀한 관계에서 활성화되는 의존적 열망이나 "대상 갈망 object hunger"을 견디지 못한다. Kosseff(1975)가 개관한 바와 같이, "집단은 치료자에 대한 의존이 집단으로 전이되기 때문에, 강한 의존적 두려움에서 환자를 보호하는 일종의 중간대상移行物, transitional object이 될 수 있다. 일대일 관계에서는 처벌의 두려움과 좌절에 대한 방어벽을 제공할 수 없지만, 집단 내에서는 자유와 지지를 제공할 수 있다"(p. 237).

다음의 임상 사례가 이런 점을 설명하는 데 도움 된다.

거의 2년 동안 절제해 온 회복된 중독자인 Jennifer는 집단 치료를 통해 매우 좋아졌다. 그녀는 입원환자 A&D 치료 프로그램에서 퇴원하자마자 이 집단에 들어왔다. 집단에서 편안함을 느끼면서, 그녀는 여성 집단 리더에게 이

상화 전이idealizing transference를 빠르게 발달시켰다. 리더의 모든 코멘트에 강한 반응을 보이며, 집단 리더가 그녀에게 보인 모든 주의와 지지에 매우 기뻐하였다. 거의 1년이 다 될 쯤, Jennifer는 그녀의 말을 지지 하지 않는 사람은 누구라도 견디지 못한다는 다른 집단원들의 관찰을 집단 리더가 동의 했을 때, 리더에 대한 그녀의 칭송은 갑자기 중단되었다. 집단 리더가 아프고 지친 사람들을 배신했다고 소리 지르고 집단 리더를 비난하면서 Jennifer는 격분을 폭발시켰다. 그녀의 분노 중 대부분은 집단 리더에게 향한 것이었다. 집단 리더가 시도한 견제와 해석은 아무런 소용이 없었다. 하지만 Jennifer는 다른 집단원들로 부터 약간의 위로를 얻을 수 있었는데, 그들의 삶 속에서 너무도 비슷한 감정을 경험적이 있었기에, 그녀의 감정이 이해된다고 표현 하였다. 이러한 감정 폭발을 드러낸 후, Jennifer는 집단 리더의 얼굴을 쳐다보지도 않고 말도 거의 하지 않은 채 몇 주를 보냈다. 그 후 2달 동안 그녀의 유일한 코멘트는 "여기가 더 이상 안전한 것 같지 않아서" 집단을 떠나야겠다고 하였다. 그러나 Jennifer는 여러 집단원들과 충분한 감정적 유대감이 형성되어 있어서, 그들이 그녀를 좋아하고 집단을 떠나면 그녀를 그리워할 것 같다며, 그녀가 집단에 머물러 있기를 바라는 집단원들의 당부에 응했다. 결과적으로, Jennifer는 지속적으로 회기에 참석하였고, 집단 리더를 다소 경계하며 거리를 두었지만 집단원들과 점점 더 자유롭게 상호작용하였다. 차츰 그녀는 집단 리더와 다시 관계를 맺기 시작하면서 심지어 리더의 몇 가지 개입에 흔쾌히 반응하기도 하였다. 마침내, 어느 날 저녁에 그녀는 집단에서 직장에서 자신의 여성 감독자와 있었던 언쟁에 대해 이야기하였다. 그녀는 집단 리더를 똑바로 쳐다보면서 솔직히 고백했다. "선생님도 아시다시피, 두세 달 전에 제가 선생님께 그랬던 것처럼, 그녀의 코멘트도 왜곡시키고 과민 반응을 보였다고 생각해요."

해석이 필요 없다. 집단이 그녀에게 안정적인 환경을 제공하였고 내재화된 부정적인 부모상을 대표하는 집단 리더에 대한 강한 전이 감정을 그녀가 풀어나갈 수 있을 때 까지 집단원들이 "훌륭한 대상"이 되어 주었다. 집단원들이 Jennifer를 '버텨줄' 수 있을 만큼 안전하지 않았더라면, 그녀는 치료에서 탈락할 가능성이 높았거나 이전의 욕구 충족원(술이나 약물)을 찾았을 것이다.

보통, 알코올과 약물 중독자들은 모든 관계에서 표면으로 떠오르는 분노를 견디지 못하고 결과적으로 자신의 분노, 유기나 보복의 두려움으로 위협을 느낄 때 관계를 떠나버린다. 집단은 안전한 "전이 대상"과 환경을 제공하기 때문에, 알코올과 약물 중독자들이 자신의 분노, 의존이나 치료자와의 친밀함의 두려움으로 인한 손상 없이 다른 집단원들과 적절한 상호의존 관계를 이뤄가게 한다. 집단은 중독자들과 치료자 간의 안전한 공간을 만들도록 돕는다. 결과적으로, 다른 사람들과 함께 있으면 기쁘고 함께 하려는 욕구 때문에, 중독자들은 집단 리더들과 집단의 다른 구성원들을 모델로 하여 더 안정적인 내적 표상을 내재화시키고 동일시할 수 있다. 집단은 지금까지 그들의 삶을 주도해 온 파괴적인 약물 사용 환경의 대안을 제공한다. 집단의 지속적인 활용 가능성 또한 구성원들에게 위기가 생길 때 마다 위기를 완충시키는 역할을 수행할 수 있다. 집단은 집단원들이 의지할 수 있고 자신의 분노를 유도해줄 만한 다양한 대상들을 공급하고 단일 관계single relationship의 상실이나 친밀함에서 오는 심한 위협감 없이 대인관계의 양가감정을 다룰 수 있게 한다.

내적 구조의 결손에 대한 치료

Krystal(1982)은 '변형적 내재화transmuting internalization' 과정을 통해 치료 상황에서 알코올 중독자의 자기만족 능력의 곤란이 치유될 수 있다는 Kohut의 관점에 동의하지 않는다. 여러 면에서, AA 동료 의식이 이러한 일들을 가능하게 한다. Krystal은 알코올과 약물 중독자의 어려움이 결핍된 자기 구조와 관련된다고 보지 않는다. Krystal은 이 문제가 자기 표상의 문제가 아니라 대상의 오귀인mistaken attribution에서 초래된 억제 때문으로 본다(p. 611). 그는 이런 사람들은 자신을 아동기 박탈의 희생자로 보고 치료를 받으면 모든 것이 좋아지고 건강해 질것이라는 신념에서 잃어버린 사랑을 치료자가 공급해 주길 기대한다고 본다. Krystal은 알코올과 약물 중독자의 입장을 다음과 같이 본다:

> 당신이 절 사랑한다면, 저에게 좋은 감정을 느끼게 해주실 거예요. 모든 것이 완벽하지 않는 한, 전 행복해지지 않을 겁니다. 그건 당신이 저를 사랑하지 않는 거죠. 그는 "이런 환자들이 자신의 과거에 대해 대단히 분개한다고 덧붙이고, 치료자가 그들의 삶의 릴reel을 되감아 모든 것을 소급하여 고정시켜 주길 바란다.(p. 611)

중독자들의 요구와 기대에 대한 평가에서 Krystal의 관점이 옳았다는 점이 드러나기도 했지만, 그가 간과한 부분은 중독자들이 경험한 박탈은 현실이라는 것이다. 그들은 자신의 욕구가 지지 받거나 공감적인 자기-대상으로 충족되지 못했었다. 이러한 사실은 불가능한 욕망들을 찾아 헤매고 세상이 거부적이고 불공평하다고 보는 중독자들의 관점에서 끊임없이 확인된다. 그러나 Krystal은 이런 상태는 착각이고, 아마도 중독자들이 꾸며낸 것으로 본다. 이 입장은 박탈 모형인 Mahler의 발달 이론과는 아무 관련이 없다. 우리가 인정하듯이, 자신의 세상 속에 있는 알코올과 약물 중독자들은 대상을 왜곡 시키고 다른 사람들은 비공감적이고 만족을 주지 못한다고 지각한다. 이는 중독자들이 만족을 채워주지 않고 비지시적 태도를 취하는 치료자에게 왜 그렇게 화를 내고 적개심을 드러내는지를 정확하게 설명해준다. 치료자의 비공감적인 태도는 과거에 그들을 좌절시킨 아주 오래된 자기-대상에 대한 고통스러운 기억들을 다시 떠올리게 한다.

또한 Krystal이 중독자들의 기대는 비현실적이고 절대 충족되지 못하거나 만족할 수 없다는 사실을 지적한 부분은 옳았다. 화학적으로 의존한 사람들은 이러한 사실을 반드시 받아들여야 한다. 그들은 자신이 찾고 있는 것이 헛되다는 사실을 인정하고, 이런 깨달음을 깔끔하게 수긍해야 한다. AA의 용어로 바닥을 쳤다는 의미이다. 그들이 원하는 것을 줄 수 있는 사람은 아무도 없고, AA 프로그램의 12단계를 내재화하여 자기-구조를 다시 세우는 힘든 일의 책임은 자신에게 있다는 사실도 받아들여야 한다. 이는 중독자 치료에서 개인 치료는 빈번히 실패 하지만 AA와 집단 심리치료가 무슨 이유로 성공할 수 있었는지를 설명해 준다. AA와 집단이 부족한 측면들을 동일시하고 내재화하여 회복하도록, 자기-대상이나 전이 대상을 대체 시킨다. 어떤 사람을 향한 과도한 동일시와 기대로 유발 되는 자기-대상 왜곡이 최소화되고, 전이 왜곡을 충분히 분산시킬 시간과 거리를 그 사람에게 제공한다. AA 표현으로, "혼자서 하지 못했던 일을 우리는 할 수 있다."

Krystal은 아동의 초기 경험을 세부적으로 전부 이해하지 못했다. 부모의 행동이 거부적이고 화를 내거나 박해하더라도, 아이들은 자신의 생존을 위해 부모가 필요하고 외부 대상을 포기할 수 없다. 아이들은 너무 무력하고 의존적이기 때문에 자신의 외부 세계를 바꿀 수 없다. 결과적으로 아이들은 자신의 부모를 사랑하면서도 미워하는 대상으로 내재화하여, 좌절과 실망을 다룬다. 정신세계 속에 있는 대상을 다스리고 통제하면서 내재화가 이뤄진다. 사랑하면서도 미워하는 관계love-hate relationship는 아이들의 내적 세계에 있는 심리적 표상을 함입含入 introjection하여 억압시키거나 유지시킨다. 이것은 감정이 아닌, 자신과 내재화된 외부 대상과의 감정적 관계이다. 이러한 함입이 성격 구조의 일부분이 된다.

생애 초기에 이러한 분리splitting와 함입이 일어나면, 외부 세계가 훨씬 더 고통스럽고 좌절스럽다. 예를 들어, 알코올 중독자들은 다른 사람을 완전히 좋게good 혹은 완전히 나쁘게bad 지각할 가능성이 높다. 선한 대상에게 실망하면 또 다시 박탈감에 빠진다. 그들은 선한 함입 대상을 보호하려고 자신을 전적으로 나쁘게 지각하여 선한 대상을 이해하려 한다. 가까워지면서, 덫에 걸린 것처럼 완전히 빠졌다고 느껴지는 선한 대상과 온전한 합일을 이루려는 강한 갈망을 가질 수 있다. 이런 특성이 대상과 절교하게 만든다. 사람들은 알코올 중독자의 함입이나 부정하는 분리적 특성denied split-off traits만 본다. 알코올 중독자는 왜곡된 기대를 초래하는 자신의 내적 세계에 비추어 외부 세계에 있는 관계들을 무의식적으로 해석할 뿐 아니라, 친밀한 관계를 자신의 내적 역할 모형에 맞춰 바꾸고 강요하는 무의식적인 시도를 한다.

부모가 요구적이고 비판적이었다면, 그들은 외부 현실과 자신의 내부 세계를 딱 맞추기 위해 자신의 외부 세계에 속한 타인들에게 요구하고 비판하여 바꾸려 할 것이다. 그런 관계는 제3의 존재 형태를 취하고 함입이 일어난다. 아이들은 요구적이고 비판적으로 성장한다. 성인이 된 그들은 자신에게 요구를 하고 자신을 비판한다. 관계 속에서, 그들은 다른 사람들이 요구적이고 비판적이라고 지각하고, 결국 타인들을 자신의 내적 경험에 맞춘다.

내사에 대한 치료

Kohut가 지적했었던 것처럼, 정신적 구조 만들기psychic structure-building는 유아와 부모가 서로의 신호를 오해했을 때 서로를 더 잘 알기 위한 노력을 거듭하면서 이뤄진다. 치료를 하는 동안, 좋은 양육good-enough mothering의 개념과 적당한 좌절의 개념은 치료자의 태도에 중요한 부분을 담당한다. 치료자와 환자 간의 관계와 오해로 생기는 장애물을 극복하려고 애쓸 때, 성숙이 일어나고 정신적 구조가 놓인다. 구조화structuralization의 가장 빠르고 근본적인 특징은 생애 초기 몇 년 이내에 생긴다. 그러나 발달은 생애 전반에 걸쳐 지속되는 과정이다. 치료적 과제는 한 편으로는 적당한 좌절과 다른 한 편으로는 적당한 불안 간의 행로를 걷는 것이다. 이때 중독자가 치료를 떠나지 않을 정도로 적당히 충분한 만족을 제공한다.

알코올과 약물 중독자들은 기법적인 중립성technical neutrality을 견디지 못하기 때문에, 그들에게는 적극적이고 활력적인 치료자가 필요하고, 어느 수준까지 그들을 만족시킬 수 있는 치료자가 필요하다. 치료자가 그들을 아끼고 보살핀다는 사실을 알아야 한다. 하지만 완벽한 지지와 만족은 내재화internalization, 함입과 구조-세우기structure-building를 수정시키지 못한다. 이를 위해서는, 먼저 공감적 이해가 필요하고 그 다음에 환자에 대해 알게 된 부분을 전달해야 한다. 오해는 밝혀지고 갈등을 해결된다는 사실을 아는 치료자와 집단 리더가 필요하다. Basch는 "파국적인 결과에는 검증되지 않은 오류들만 있다" 라고 했다(1980, p. 101).

보통 알코올과 약물 중독자들을 대상으로 개인치료가 치료적 성공을 거둔 적은 거의 없다. 전통적인 일대일 치료는 전이 왜곡을 너무 많이 일으키고 치료자에게 좌절과 패배를 안겨준다. 회복 초기에, 개인치료는 알코올과 약물 중독자들에게 너무 위협적이다. 중독자들은 자신의 의존 욕구를 참지 못하고, 관계의 지속성을 위협하고 부득이하게 관계를 피상적으로 유도하는 적대감을 다루지 못한다. 그렇지만, 알코올과 약물 중독자들은 다른 사람들과 의미 있는 수준에서 관계를 유지시키는 능력을 갖춰야 한다. 중독자들은 자신의 적대감과 친밀감에 대한 두려움에 방해 받지 않고 적합한 의존 관계를 달성할 수 있도록 도움을 받아야 한다. 다른 사람들을 기쁘게 하려는 바람과 다른 사람과 함께 있고 싶다는 희망 하에서만, 중독자들은 그들을 도우려고 하는 만든 치료적 모형을 따라 좀 더 안정적이고 내재화된 가치를 동일시하고 성취할 수 있다.

건강한 관계를 이루기 위해 이러한 잠재력을 어떻게 내재화시킬 수 있을까? 집단과 AA는 수많은 이유로 효과적이다. 첫째, 집단과 AA 구성원들의 덕택으로, 일대일 치료 장면에서 환자들이 받는 강한 느낌이 희석된다. 따라서 알코올과 약물 중독자들은 자신의 애착을 여러 사람들에게 분산시킬 수 있다. 집단은 알코올과 약물 중독자들이 의존하거나 자신의 분노를 유도할 수 있는 다수의 대상을 제공하기 때문에, 그들의 대인관계 속에 있는 강한 적개심과 양가감정을 다룰 수 있다. 중독자들의 적대감과 의존, 친밀함의 두려움이 심하게 위협받지 않는다. 따라서 집단과 AA는 필요한 분리방어splitting defense를 유지시킨다. 이는 분노를 흡수할 만한 비적대적인 집단 리더의 반응과 비슷한 효과가 있으며, 이후에 동일시의 토대를 조성시킬 수 있다.

집단과 AA는 또한 술집과 거리를 어슬렁거리는 알코올과 약물 중독자의 생활양식에 대안이 될 수 있다. 이는 이행물transitional object의 욕구를 충족시킬 수 있는 대안으로, 더욱 안정적이고 적합한 대상 항상성을 개발시키는 길이 되어 준다.

이것이 집단과 AA 프로그램이 화학적으로 의존한 개인의 삶 속에 알맞은 변화의 동인動因이 되는 부분이다. 담요나 테디베어가 유아의 욕구를 채워주는 것만큼, 집단과 AA 프로그램이 자율성과 분리를 향한 열정적인 작업을 시작하게 해준다. 집단은 중독자들의 약물이나 알코올 뿐 아니라 자기-대상self-object과의 공생적 유대에서 벗어나려고 애쓰는 알코올과 약물 중독자들의 이행물이 될 수 있다.

Kosseff(1975)는 이런 내재화 과정에서 집단이 갖는 이행물적 특징을 다음과 같이 개관한다.

1. 집단은 환자와 치료자 간의 관계를 나타내는 유형적 표상tangible representation이다. 그러나 치료자에 대한 의존이 집단으로 전이되기 때문에, 치료자에 대한 강한 의존에서 환자를 보호한다.
2. 집단은 치료자와 분리하고, 상호관계에서 제공되지 않았던 자유와 지지를 환자에게 허용한다.
3. 환자가 자율적으로 기능해야 하는 경우, 집단은 처벌의 두려움과 좌절감에 대한 방어벽이다. 집단은 한 가지 의존 대상의 대안으로, 다른 구성원들의 지지를 제공한다.

4. 집단은 치료자와 환자들 간의 "공간"을 제공하고, 환자들이 창조적으로 채울 수 있는 자유로운 공간을 제공해 준다. 환자들은 자신이 필요할 때 전이적 동일시를 분리시키고 치료자와의 관계를 단단히 조이거나 풀면서, 그들의 선택으로 집단을 활용할 수 있다.
5. 집단은 환자의 내재화된 나쁜 대상들을 다루기 위해 환자의 노력에 부응한다.
6. "충분히 좋은 환경, 촉진적인 환경"인 집단은 치료자를 통제하거나 치료자에 의해 통제를 받을 가능성을 대신하거나 무마시킬 수도 있다.
7. 환자가 집단의 도움으로 치료자에 대한 자신의 내적 왜곡을 포기할 때, 그는 왜곡과 현실을 더 잘 구분할 수 있게 된다. 집단 리더와 환자 간의 경계가 더 확실해 진다.
8. 이행물로서 집단은 진정한 자신의 출현을 증진시키고, 환자가 새로운 방식으로 대상을 대할 때 자아의 통달mastery of the self을 촉진시킨다. 집단에서 공감, 재확인, 이해와 자기 확신을 주고받으면서, 친밀감의 능력이 더 강해지고 충동을 자유롭게 표현하도록 유도한다.

요약하면, 이행물로서 집단의 가치는 동일시 과정의 촉진에 있다. 이는 알코올과 약물 중독자들을 (1) 내재화되어 있는 분리된 자아상이 다른 집단원들과의 동일시로 좀 더 단일화된 자아 표상으로 전환되게 한다, (2) 부분적 대상에서 온전한 전체 대상으로 보게 한다(치료자를 오로지 나쁜 대상으로만 보아온 것을), (3) 집단 리더가 그렇게 강력하지 않고 집단 리더를 다른 집단원들과 공유하여 리더와 융합하려는 개인의 갈망을 차단시키기 때문에, 집단 리더에게 빨려 들어가는 두려움이 일어날 수 없다는 사실을 다른 집단원들을 통해 점차 알아가도록 돕는다(Kosseff, 1975, p. 237). Kosseff는 이러한 과정은 다음과 같이 요약 기술한다.

> 집단은 환자에게 현실과 치료자의 결점을 지적하면서 치료자에 대한 원시적인 이상화와 그의 전지전능함에서 벗어나도록 돕는다. 환자가 좀 덜 긍정적인 태도로 치료자를 볼 수 있을 때, 그는 "변화할 준비가" 되었고 좀 더 가치 있는 관점으로 자기 자신을 볼 수 있다. 개인치료에서 환자는 치료자에 대한 자신의 관점과 실재 치료자 간의 차이를 간과하는 경향이 있다. 하지만, 다른 집단원들이 치료자나 자기 자신에 대한 병리적 동일시를 지속시키려하는 환자의 노력을 어렵게 하고, 다른 사람들과 자신의 다른 점을 인정하고 궁극적으로 이를 받아들이게 한다. 개인치료에서 치료자의 상대적인 침묵이 그런 병리적 동일시를 촉진시킬 수 있지만, 집단에서는 가시적인 집단행동과 상호작용이 객관적인 인식을 갖게 한다. 실재 대상을 포기하고 내재화되고 이상화된 대상의 대체를 포기하면서까지, 그리고 문제가 많고 불만 가득한 자신을 좋아하며 자신의 진정한 잠재력을 포기하면서까지, 치료자에 대한 일방적이고 발전성 없이 지속되어 오던 동일시가 이제는 다른 사람과 자신은 다르며, 자신을 진정으로 사랑하도록 자신을 인식하게 된다. 치료자와의 융합과 자기 헌신의 위험이 가라앉으면, 환자는 희망, 분리의 가능성 그리고 진정한 개성화individuation가 발달한다. (1975, p. 237)

보통 알코올 중독자들은 치료가 끝난 후에, 방문자의 입장으로 치료에 다시 들어오고 싶어 한다. 특히 불안할 때 그러하다. 이것이 평생 활용 가능한 AA 프로그램이 이행 기능transitional function을 할 수 있다는 명백한 실례이다. 많은 사람들이 AA 프로그램에서 젖을 떼는 데 어려움을 겪고, AA와 끊임없이 접촉할 가능성이 높다. 그들은 AA 공동체의 승인을 받은 활동들로 계속 확신을 얻는다. 이런 식으로, 대상 항상성으로 정의되는 자기인정self-approval과 관련된 감각이 열려지는 경험을 할 수 있다. 프로그램이 모성 기능maternal function을 갖게 되면, 아동기에 달성하지 못했던 일들을 완료할 수 있다. 프로그램이 처음에는 이행물의 기능을 하지만 개인이 프로그램의 가치를 내재화한 후에는 대상 항상성의 근원이 된다.

AA에 대한 알코올 중독자의 신뢰는 보통 전문가에게 염려와 의혹을 일으킨다. AA에 대한 몇 명의 비평가들은 알코올과 약물 중독자들이 AA 프로그램 의존에 대한 우려를 표현한다. 그러나 이런 의존에 대한 공통된 제안은 "현실 그대로의 세상을 마주 볼" 준비가 된 사람을 얻는 것이다. 약물과 알코올 중독자의 내적 삶의 관점에서 볼 때, AA에 대한 의존 행동의 출현은 긍정적인 방향으로의 중요한 변화를 알려주는 신호이다. 그러나 그렇게 많은 전문가들이 부정적인 전환점으로 AA를 본다는 사실은 불행한 일이다. 알코올 중독자들이 AA 프로그램에 "걸려드는hooked" 건 행운이다. 이런 의존 행동의 출현은 보통 알코올 중독자들이 일대일 관계를 맺을 수 있는 능력을 나타내는 첫 번째 증거이다. 이는 중독자들이 동일시할 수 있는 새로운 사람을 찾게 해 주고 도움을 받고 싶어 하는 그들의 욕구를 충족시켜준다. 이 과정은 시간이 걸린다. 그러나 결국 그런 사람들이 건강한 독립성을 발달시킨다.

Kohut가 건강한 의존에 대해 정의한 바와 같이, 다른 사람에 대한 건강한 의존 원칙과 밀접하게 관련된 것은 자기애의 성숙이다. 알코올과 약물 중독자들은 자기애로 지향되어 있다. 그들의 과대적 자아에 대한 믿음은 약물과 알코올 하위문화에서 표현된 가치에 명백히 드러난다. 따라서 알코올과 약물 중독자의 낮은 자존감을 영속시키는 자기애적 고착을 저해시키는 치료적 원칙이 필요하다. 또한 건강한 자기애의 성숙을 촉진시키는 치료적 원칙이 필요하다. 따라서 치료는 건강한 형태로 자기애적 욕구를 충족시킬 수 있는 이상화된 애착idealized attachment을 촉진시켜야 한다. 알코올과 약물 중독자들이 자신이 참여한 프로그램 철학의 가치를 존중하면 유익하다. AA는 유용한 실례이다. 왜냐하면 AA 가치가 왜 그렇게 열광적으로 유지되는지, 약물과 알코올 하위문화에서 유지되는 신조들과 왜 그렇게 자주 부딪히는지가 그 이유이다. 자신의 집단이나 AA 프로그램의 가치를 이상화시킴으로써, 알코올과 약물 중독자들은 음주와 약물 사용에 덜 빠지게 되고, 그들이 이상화하는 것에 의존할 수 있다. 새로운 존경의 대상이 자신의 음주나 약물 사용 친구, 이전의 부모상 보다 훨씬 더 공감적이고 신뢰할만하기 때문에, 알코올과 약물 중독자들은 자신과 다른 존재에 의탁하려는 위험을 감수한다. 이러한 분위기에서 희망이 생겨나고, 변화가 가능하다는 믿음이 싹트기 시작한다. 그리고 동일시를 위한 새로운 대상의 도움으로 좀 더 적응적인 대인관계 양식이 출현할 수 있다.

치료의 후기 단계 : 갈등, 관계 회복과 재연합

정신이 맑고 깨끗하게 되는 것과 맑고 깨끗한 정신으로 지내는 것은 차이가 크다. 알코올과 약물 중독자가 지속적이고 만족스러운 회복을 유지하도록 돕는 전략들은 초기 절제를 달성하기 위해 필요한 전략과는 매우 다르다. 결과적으로, 물질 남용자들이 치료에서 처음 몇 주 동안 필요한 것과 회복 3개월, 6개월이나 12

개월에서 필요한 것은 훨씬 다르다. 물질 남용자들이 자신의 대인관계 애착을 설정하고 관리하는 방식이 전환되면, 그들은 예전의 음주와 약물 사용 행동, 가치관과 태도와 양립 불가능한 새로운 행동, 가치관과 태도를 배워야 한다. 12단계 프로그램과 철학으로의 통합과 동화는 이 과정의 중요한 한 구성요소이다. 심리치료를 어떻게 장기적으로 효과적이게 활용할지를 배우는 것은 회복 과정의 또 다른 중요한 구성요소가 될 것이다.

치료 후기 단계의 전반적인 과정은 물질 남용자들이 자신의 정서에 익숙해지도록 도우면서 성공적인 공감적 애착 관계를 형성시키는 것으로 정의할 수 있다. 알코올과 약물 중독자들이 건강하고 정규적인 애착을 형성하는 능력을 개발하고, 대인관계에서 발생하는 갈등을 효과적으로 다룰 수 있을 때까지, 재발에 항상 취약하다. 그러나 관계 회복 능력은 설명이나 통찰을 통해 이뤄지지 않는다. 왜냐하면 애착관계를 조절하는 능력에서 관계를 회복하는 능력이 생기기 때문이다. 물론, 대화하기talking는 애착 경험의 중요한 구성요소이다. 그러나 대화하기만으로는 애착 과정을 충분히 성장시킬 수 없다.

애착 이론의 공헌

Fonagy 등(2002)의 제안과 같이, 정신역동 이론은 실제 발달에 기초하고 있지 않기 때문에 애착 이론에 대한 몇 가지 통합이 필요하다. 예를 들어, 유아를 대상으로 한 연구들은 아이의 발달에서 갈등 없는 자유로운 상호작용conflict-free interactions의 중요성을 강조하였다(Biringen, Emde, & Pipp-Siegel, 1997; Emde, Biringen, Clyman, & Oppenheim, 1991; Stern, 1985; Ainsworth, 1989). 이와 상응하여, 성인을 대상으로 한 임상 심리치료 이론에서는 역사적으로 치료적 동맹working alliance 유지하기의 중요성을 강조했다(Harris, 2003). 그러나 최근의 연구 결과에서는 불협화음, 갈등과 성공적인 갈등해결은 건강한 성장을 증진시키는 모든 관계에서 필요하다고 주장한다(Biringen 등, 1997). 성공적이고 중요한 모든 관계는 비슷한 원형prototype을 따르고 이런 패턴은 세 가지 관계 유형에서 뚜렷하다(Lewis, 1998):

1. 보호자-유아 간의 애착 상호작용
2. 부부관계
3. 심리치료 관계

모든 역기능적 관계는 회복 과정의 부재로 특징화된다. 최근, 유아발달 신경 생물학적 연구에서 애착 과정, 불화와 결렬, 그리고 관계 회복에 대해 밝혔다. 이 연구에서 관계 회복의 실패가 정신증적 장애의 생물학적 기질을 조성하여 이후 뇌의 구조적 변화를 일으킨다고 하였다(즉, 정서조절 능력에 관여하는 전전두엽-변연 영역에서 시냅스 성장을 촉진시키는 도파민과 내생적 아편제제 분비) (Schore, 1996, 1997). 청소년과 성인 발달에 관한 종단 연구에서 애착 양식의 예측력을 보고 하였다(Warren, Huston, Eyland, & Sroufe, 1997; Hazan & Shaver, 1987; Ainsworth, 1989).

모든 상황 속의 내재화 역동에는 다음 세 가지 주요 시퀀스가 필요하다.

1. 애착이 반드시 형성되어야 한다. 심리치료에서, 애착 형성은 치료적 동맹을 수립하거나 환자의 애

착 능력을 개발하도록 도울 때 필요하다.

2. 불화는 반드시 일어난다. 진행 중인 모든 신뢰 관계에서, 결과적으로 그리고 자연스럽게 공감적 실패나 불협화음이 생긴다. 관계가 회복 되려면, 불화를 반드시 인식하고 파악해야 한다. 환자들은 보통 자신이 상처 받았던 불화의 경험을 치료자에게 알리지 않고 이를 오랫동안 간직하기 때문에, 민감한 치료자는 관계의 실패에 대해 섬세한 주의를 기울여야 한다. 유아 애착에 관한 연구에서 이 주제에 대한 몇 가지 중요한 부분을 명백히 밝혀냈다(Lewis, 2000; Tronick & Gianino, 1986).
   - 유아-보호자 관련 연구에서 매우 유능한 엄마라도 자신의 시간 중 $\frac{1}{3}$ 은 아이의 감정 상태를 정확히 맞추는 데attuned 보낸다.
   - 엄마의 또 다른 시간 중 $\frac{1}{3}$ 은 부조화misattunements로 생긴 아이의 감정 상태를 적절히 조율하는 데 보낸다.
   - 성공적인 관계 회복repairs이 성장을 도모하고 더 큰 통달감sense of mastery과 정교한 대처 기술을 갖게 하기 때문에 발달에서 매우 중요하다. 가장 중요한 것은 이를 통해 건강한 관계 양식이 내재화된다.
3. 관계 회복은 일단 불화가 인식된 이후에 시작되어야 한다. 관계에서 불화가 인식되면, 불시에 놓친 감정이나 정서 상태를 파악하기 위해 오류나 실패를 탐색하여 상호작용을 조정한다.

치료적 공동체의 중요성

비중독 환자들과 중독 환자들을 치료하기 위해 다양한 심리치료 모형과 무수한 접근들이 있다. 어떤 치료 방법이 다른 치료 방법보다 왜 더 나은지를 제시하기 위해 많은 연구가 이뤄지고 많은 책들이 집필 되었다. 누군가가 이 연구 결과들을 면밀히 검토해 본다면, 그 사람은 일관된 한 연구 주제를 발견할 것이다. 견고한 연구 결과들은 안정애착secure attachment으로 볼 수 있는 긍정적인 치료적 동맹이 모든 유형의 심리 치료에서 훌륭한 치료 결과의 가장 좋은 예측인자임을 반복적으로 제안한다.

애착적 유대attachment bond의 중요성에 관한 강조는 치료적 동맹의 강점을 다르게 언급하는 방법이다. 중독 환자에게 이 보다 더 중요한 것은 없다: 그리고 물질을 사용한 사람이 애착적 유대를 유지하는 것만큼 어려운 것도 없다. 알코올과 약물 중독자들에게 집단 치료를 제공하면 치료를 떠나지 않고 남아 있을 가능성이 더 많은 것도 사실이다.

집단 치료와 갈등

집단 심리치료가 갖는 일차적인 이점은 집단 치료가 역기능적 대인관계 패턴을 이해하고 수정하는 기회를 제공하고 확장시키는 점이다(Ormont, 2001; Rutan & Stone, 1993; Yalom, 1995; Gans & Alonso, 1998; Rice, 2003). 반대로, 개인들 간의 개방, 정직과 신뢰로운 상호교환을 촉진시키는 어떤 상황이라도, 상처와 갈등은 반드시 생긴다. 집단 치료 문헌에서 이 문제에 대한 신중한 주의와 관리를 하도록 반복적으로 권고하고 있기 때문에(Ormont, 1992; Pica, Engel, & Welches, 2003; Levingston & Levingston, 1998), 집단 치료자가 직면하는 가장 큰 염려 중의 하나가 집단에서 상호작용을 해칠 수 있는 수치심, 상처와 공격성을 성공적으로 관리하는 것이다(Bernard, 1995; Buchele, 1995). 신뢰에 바탕을 둔 어떤 관계에서도 갈등은 피할 수 없다는 사실은 일반적인 통념이다. 성공적으로 갈등을 관리하고 친밀한 관계를 유지하는 능력과 심각한 불안, 우울과 중독을 포함한 정신 병리에서의 자유는 같은 말이기 때문에 불협화음은 환영 받을 일이다(Kohut, 1984; Vaillant, 1983, Lewis, 1998).

이 부분에서 정서적 유대를 증진시키고 불가피하게 생기는 분열을 개선시키는 치료적 접근은 모든 심리치료 – 개인, 부부 및 집단 – 에서 반드시 필요하다. 임상경험과 치료성과 연구, 그리고 아동 발달과 심지어 성인과 아이들을 대상으로 한 신경과학의 연구에서도 이 가정은 뚜렷하다(Schore, 2003a; Stem, 2000; Lewis 등, 2000). 애착 이론의 연구에서는 이 원칙을 지지함과 동시에, 사람은 오랫동안 지속되어온 정서를 자기 스스로 완벽하게 조절하는 것은 생물학적으로 거의 불가능하다고 밝혔다(문헌고찰을 위해 Lewis 등, 2000 참조). 본질적으로, 우리들이 다른 사람의 감정 조절인자이다.

치료적 적용을 위해 적당한 패러다임을 채택할 경우, 집단 치료는 치료의 중요한 요소를 전달하는 매우 효과적인 매체가 될 수 있다. 다양한 과학 분야(신경과학, 동물연구, 신경 생물학, 아동 발달 등)의 최근 연구 결과는 애착이론(Bowlby, 1988)이 이러한 연구 결과들의 잠재력을 모두 이루고 성공적인 치료를 위한 잠재력을 극대화시키기 위해, 집단치료가 적용되는 방식을 전달해 주는 모든 것을 포용하고 매우 효과적인 이론적 원칙을 제공한다.

패러다임 전환으로서 애착중심 이론

임상적 적용에 관한 정보를 제공해 주기 위한 발견적 가설을 생성하거나 더 좋은 결과를 얻기 위해, 다양한 관점들을 통합하는 치료 모형이 필요하다. Bowlby(1979b)와 Kohut(1984)는 초기 발달에서 구체적인 발병과정의 기원은 가정의 정서적 분위기를 좌우하는 부모의 자녀양육과는 관련이 없다고 하였다. 이와 비슷하게, 성공적인 치료적 결과에 영향을 주는 것은 치료자가 특별한 기법을 치료에서 활용하는 것 보다 적절한 치료적 분위기를 조성하는 것이다. 따라서 애착중심 치료AOT는 치료자의 개입을 유도하는 기법이나 이론적 모형과는 관련 없으며 대신, 누가 치료를 진행하는지 치료자가 어떤 방식으로 치료적 관계를 형성하는지와 관련 있다. 과학적 이론의 기초가 아무리 견고하고 섬세하더라도, 어떤 치료적 접근이든 그 치료를 전달하는 사람만큼의 효과가 있다. 치료자가 무엇을 했는가 보다, 관계에 대한 적당한 감정적 분위기를 치료자가 어떻게 조성하는가이다. 왜냐하면 이러한 치료적 환경이 치료에 환자가 관여하도록 촉진시키기 때문이다.

애착중심 치료AOT는 관계에 초점을 둔다. 그리고 '바꾸는 힘'(transformational power: 변환력)은 어떤 신뢰에 기초한 친밀한 관계에 내재되어 있다(Shane, Shane, & Gales, 1997). 치료적 동맹의 강도는 광범위한 장애들의 다양한 심리치료 접근들을 아우르는 긍정적인 치료 결과의 일관적인 예측인자이다. 또한 치료적 동맹의 강도는 모든 유형의 치료의 공통된 요소로 주목받고 있다(문헌고찰을 위해 Norcross, 2002 참조). 그러므로 애착중심 치료를 모든 심리치료 모형들과 이데올로기적 관점들을 포용하는 "범汎 이론적pan-theoretical" 접근으로 볼 수 있다. 이런 관점에서, AOT는 치료적 접근이기 보다 치료에 대한 태도이다. AOT는 정신 건강이나 성숙의 관점을 개인의 능력이 독립적인 관계에서 상호의존을 향한 것으로 정의한다. 결과적으로, AOT는 기법에서의 변화 혹은 심지어 이론에서의 변화가 아닌 패러다임의 전환이다.

애착, 중독과 작업 동맹

심리치료 특히 중독치료에 적용된 애착이론은 치료에서 환자의 욕구에 어떻게 접근하는지에 대한 중요한 의미를 제공한다. 애착이론은 관계에 대해 새롭게 생각하는 방식이고, 애착은 성장하는 아이들에게 결정적으로 중요한 발달적 기능을 제공하고 성숙한 성인에게는 중요한 조절 기능을 제공한다. 하지만 치료적 동맹을 형성하는 능력만으로, 대부분의 환자들 특히, 중독 장애로 고통 받는 사람들이 치료적 만남therapeutic encounter에서 갖는 대부분의 딜레마를 해결하지 못한다. 훌륭한 이론과 그 이론의 기법을 적용하기 위해 탄탄한 훈련도 필수적이다. 그러나 Lambert와 Barley(2001)가 주장한 바와 같이, 치료자의 능력은 환자의 이득에 어떠한 영향력을 주면서, 애착과 작업 동맹을 형성하는 것과 관련 있다. 애착이 없으면, 기술을 적용시키는 것과 같이 의미 없는 기회만 갖게 된다. Strupp는 이론의 통합, 전문적인 기술, 치료적 동맹을 형성하는 능력이 왜 그렇게 중요한지에 대해 다음과 같이 설명한다.

> 나는 이전보다도 더, 전문적인 기술이 유능한 심리 치료자들의 홀마크hallmark라고 믿는다. 전문적인 기술에는 내가 치료적 목적을 향한 능숙한 인간관계 관리라고 부르는 것을 포함한다. 내 생각에 의하면, 이러한 기술들은 치료자의 개입을 안내하는 지도地圖와 같이 치료이론에 기초한다('훈련만큼 좋은 이론은 아무것도 없다'라는 Kurt Lewin의 격언에 맞추어). Vanderbilt에서 한 나의 연구에서, 경험이 풍부한 치료자들과 훈련은 받지 않았지만 친절한 대학 교수들을 비교하였다(Strupp & Hadley, 1979; 1998). 연구에서 보인 관찰들 중의 하나는 대학 교수들이 직면적인 코멘트encountered comment를 자주 사용 하였고, "치료"(내가 고의적으로 따옴표를 사용함)를 시작한지 몇 시간 후에, "이야기 꺼리가 모두 동이 나 버렸다." 다른 말로, 그들은 당황해 하고 자료들을 조직화하거나 처리하지 못하여 자료의 바다에 둥둥 떠 다녔다. 이 연구의 마지막 분석에서, 치료 이론은 상대적으로 간단하지만, 어떤 것이 "문제"이고 그 문제를 줄이기 위해 어떤 것을 해야 하는지 구체화시켜야 한다. 또한 치료자는 복잡하게 뒤엉켜있는 정신 병리의 방어적 작용의 성질, 발달력과 의사소통의 변덕에 대해서도 잘 알아야 한다(Strupp, 1999, p. 35) (Reproduced with permission from The Psychotherapy Bulletin, 34, 34-36, APA Division 29, Psychotherapy).

Strupp의 권고에 덧붙여, 애착이론은 중독이라는 "문제"를 건강한 감정조절 관계를 형성하지 못하는 개인의 무능력의 해결과 그 결과로 정의한다. 중독 문제의 해결 혹은 "문제를 경감시키기 위해 반드시 해야 할 일"은 치료자가 지금까지 중독자들이 자신의 중독 대상과 애착되어 있고, 그들의 치료나 회복하지 못하게 하는 중독 대상으로부터 탈애착시키는 일이다. 알코올과 약물 중독자들과의 치료적 동맹이나 애착을 형성하고 유지하는 것은 일련의 특별한 기술과 Strupp의 Vanderbilt 연구에서 친절한 교수들이 보여준 것처럼, 치료자가 "당황하여 어쩔 줄 몰라 하며 자료들을 조직화시키거나 처리하지 못하여 자료의 바다에서 표류하지 않도록", 중독이 어떤 것으로 구성되어 있는지에 대한 지식이 필요하다.

다음의 임상 사례는 애착이론이 중독력이 있는 환자가 진료실에 왔을 때, 거의 무관한 자료들을 어떻게 조직화하는지 보여준다.

최근 직장에서 승진하여 시카고에 있는 기업본사의 새 경영자로 이동하게 된 이후에, 뉴욕에 있는 Susan의 전 치료자는 그녀의 치료를 다른 사람에게 의뢰했다. 의뢰를 결정할 때, 그녀의 전 치료자는 Susan에게 "지난 5년 동안 매우 열심히 치료에 참여하셨어요. 정서적 학대와 신체적 학대로 크게 고통 받은 아동기와 코카인 중독을 극복하면서 큰 호전을 보였습니다" 라고 따뜻하게 말했다.

"하지만, 당신에게는 중단되지 않고 지속되는 고통이 하나 있지요. 이겨내지 못하는 듯 보입니다. 강박적으로 쇼핑으로 계속 빚을 지고 있으시죠" 라고 치료자는 주의를 주었다.

Susan은 부임 첫날 완전 무장한 말쑥한 차림을 선 보였는데, 슬릭한 알마니 검은 색 정장에 페라가모 하이힐을 신고, 금색 롤렉스 시계를 하고, 그녀의 가녀린 어깨에 멋진 가죽 가방을 매고 있었다. 늘씬하고 매력적인 여성인 Susan은 보그 잡지 광고 속에서 금방 튀어나온 사람처럼 보였다.

그녀의 감정은 엉망진창이었다.

스트레스로 주의가 흐트러져 있었다. 외모와는 달리 그녀는 최근의 이사, 새로운 직장, 아버지의 죽음, 남자친구와의 이별, 치료자의 상실을 늘어놓으며 스트레스에 압도될 지경이라고 말하였다. 그녀의 얼굴은 창백하고 긴장되어 보였고, 눈 접촉을 잘 하지 못했다. 자신의손톱과 손가락 피부를 신경질적이게 물어뜯어 상처와 피가 난 자국이 손가락에 고스란히 남아 있었다. 그녀는 잠을 자지도, 먹지도 AA 모임에도 나가지 못했다.

"지금까지 해 오던 운동을 그만 뒀어요" 라고 그녀는 슬퍼했다. "제가 코카인 사용으로 극심한 고통을 겪었을 때도 항상 해오던 것 중 한 가지 였어요."

"무슨 이유로 운동을 그만 두셨나요 ?" 라고 치료자가 물었다. Susan은 대답하기 전 몇 초 동안 멍하니 바닥을 쳐다보았다. "제 생각엔 아마, 아파트에서 나가고 싶지 않아서 그런 거 아닐까요. 전 저의 이런 안타까운 상태를 누구에게도 보이고 싶지 않아요."

"혼자 고립되어 있네요" 라고 치료자는 말했다. "혼자 있는 건 약물 중독자에게 치명적입니다."

"저도 알아요" 라고 Susan은 치료자를 쳐다보고, 살짝 미소 지으며 고개를 끄덕였다.

"제가 할 수 있는 게 없는 것 같아요. 제가 할 수 있는 유일한 일은... " Susan은 잠시 말을 멈추고 고개를 저으며, "...... 쇼핑이죠."

치료자가 말문을 열려는 순간, Susan은 지체 없이 말을 이었다.

"신용 카드 대출이 최대한도로 청구돼요. Nieman Marcus라는 사람에 저에게 협박 편지를 보내 왔어요. 색스 피프스 애버뉴Saks Fifth Avenue에서는 제 재고를 먹어버리겠냐고 위협 했어요" 라며 Susan은 눈살을 찌푸렸다. "전 그들이 제 계좌를 폐쇄시켰으면 좋겠어요. 그들에게 5만 달러(한국 돈으로 약 6천 만 원 정도) 빚져있어요." Susan은 손으로 자신의 머리를 감싸 쥐었다 "제가 이렇다니, 믿을 수 없어요." 그녀는 화가나 일그러진 얼굴로 치료자를 쳐다보았다. "그들은 제가 거래해 온 마약상들 보다 더 나빠요. 선생님도 아시다시피, 선생님이 "우수고객" 이라면, 그들은 선생님에게 Armani의 최신 상품을 제일 처음 선보이려고, 새 상품이 입고되었다는 정보를 선생님께 전해주는 특별 사원을 배치할 겁니다."

"그들은 마치 최고 품질의 마약stash 이 콜롬비아에서 최근에 왔을 때, 최고 고객들에게 전화하는 약물 상들과 같네요."

"네 정확히 그래요 !" 라며 Susan은 주먹을 쥐었다. "지금 제가 그들에게 5천 달러 빚이 있지만, 아직도 제

신용대출은 늘고 있어요. 그들은 아주 친절이고 이 사실을 잘 알고 있지요."

"당신이 왜 계속 그들의 요구를 받아들이는지에 대해 알고 있나요?" 치료자는 어떤 대답을 할지 알면서도 Susan에게 질문하였다.

Susan의 얼굴에 깊은 슬픔이 내려앉았다. "네, 저도 알아요. 저의 개인 판매 컨설턴트인 Barbara는 저를 너무 상냥하게 대해 줍니다. 그녀가 제게 다시 전화해 줄 유일한 사람이에요. 적어도 친절하게 말을 건네주는 사람이죠. 그녀의 일이란 것도 알지만 전 정말 그녀가 절 좋아한다고 생각해요. 그리고 그녀와 이야기 할 수 있어요." Susan의 눈에서 눈물이 주르르 흘러 내렸다. "정말 아주 슬퍼요. 제게 친절히 대해주는 누군가를 그렇게 열망하는 제 모습이 가여워요.

"아니죠, 전 그게 가엽다고 전혀 생각하지 않습니다. 우리 모두 다 이런 욕구가 있어요. 우리를 친절하게 대해줄 누군가를 그리워합니다." 치료자는 그녀에게 이런 사실을 확실히 가르치기 위해 자신의 손으로 제스처를 보였다. "문제는 당신의 그리움에 있는 게 아니에요. 당신이 그런 욕구를 어디에서 추구하고 있는지 그게 문제요. 수년 전에, 오래된 서부 컨트리송과 같네요. 당신은 전혀 잘못된 곳에서 사랑을 구하고 있네요."

Susan은 가냘픈 미소를 지었다. "선생님의 말씀이 옳다고 생각하지만, 제가 이런 곤경에 어떻게 빠졌는지, 어떻게 빠져 나올 수 있을까요?"

"당신은 이것과 다른 종류의 중독을 다룬 적이 있잖아요" 라고 치료자는 대답했다. 당신이 이것을 다룰 수 있는 모델, 원형template을 갖고 있다는 건, 좋은 정보이죠. 당신은 코카인 중독을 어떻게 다루는지 알고 있어요. 당신은 그저 쇼핑에다 그와 똑같은 원리를 적용하기만 하면 됩니다."

Susan은 얼굴을 찌푸렸다. "혼란스러워요. 유사성이 없는 걸요."

"보세요" 라고, 치료자는 손을 들고 자신의 손가락으로 세기 시작하며 말한다. "첫째, 당신의 삶에 스트레스를 경험하고 감정에 압도당한다. 둘째, 당신의 감정을 약물로 치료하기 위해, 약물을 사용한 것과 똑같은 방식으로 당신은 쇼핑을 활용한다. 셋째, 당신은 혼자이다. 실제 대화를 나누는 유일한 사람 혹은 당신이 접촉하는 사람은 판매원들이다. 넷째, 당신은 자신의 행동에 수치심을 느낀다. 이것은 당신의 자존감과 자긍심만 서서히 파괴시킬 뿐이다."

Susan은 머뭇거리며 그녀 앞에 들려 있는 치료자의 손가락만 쳐다봤다. 그녀는 천천히 고개를 끄덕였다. "아마도, 선생님 말씀이 옳은 것 같아요."

"들어 보세요, Susan"라고 치료자는 말했다. "중독은 전부 고립에 관한 겁니다. 당신 혼자서 고통스러운 감정들을 관리하려고 노력하거나 혹은 그런 감정들을 다루는 데 도움이 되는 사람들이 아닌 다른 뭔가를 사용하는 게 중독이죠. 지난 몇 달 동안, 당신이 가졌던 걸 모두 잃어 버렸기 때문에, 당신을 안정시키는 데 도움을 준 사람들은 더 이상 활용할 수 없죠-당신의 치료자, 남자친구, 심지어 당신의 가정과 같은 AA 집단마저도. 당신은 Barbara나, Saks 외판원과 같은 나쁜 사람들에게 눈을 돌리고 있거나, 혹은 외로움이나 고립감에서 벗어나기 위해 쇼핑하는 방법을 활용하고 있어요."

치료적 동맹과 연구

현재 경험이 풍부한 모든 임상가들이 대부분 직관적으로 알고 있는 것을 지지하기 위해 경험적 증거가 활용된다. 치료적 관계는 특별한 기법이 치료적 영향력을 발휘하는 맥락을 제공하는 관계의 질quality이기 때문에, 뛰어나고 숙련된 치료자는 치료적 관계의 발달과 유지가 성공적인 치료의 일차적인 치료적 구성요소라고 알고 있다. 이러한 인식에 덧붙여, 연구에서 중독은 개인의 친밀한 애착 능력과 관련되고, 애착과 치료적 동맹 간의 관계가 성공적인 치료에 중요한 영향을 준다고 밝히고 있다. 상이한 애착 유형이 치료적 동맹을 형성시키는 개인의 능력에 어떻게 영향을 미치는지, 그리고 강한 치료적 관계에 어떻게 영향을 미치는지에 관한 간략한 문헌고찰은 애착중심 이론이 중독 치료에 왜 그렇게 중요한지를 설명해 준다.

미국 심리학회APA는 지난 10여 년 동안, 경험적으로 지지된 심치 치료의 권고에 따라 일련의 Task Force 연구들을 지원했다(Chambless & Hollon, 1998; Chambless 등, 1996: 심리적 절차의 촉진과 유포에 관한 Task Force, 1995; Nathan, 1998). 이러한 Task Force 연구들은 잘 통제된 무선 연구에 적절히 잘 반응하는 다양한 장애를 찾아내는 것과 방법론적 엄밀성methodological vigor의 승인 및 수용 정도를 유지하는 것이 목적이었다. "경험적으로 타당한 절차" 혹은 "경험적으로 지지된 기법"으로 인정된 치료들은 보통 여러 회기로 규격화되어 엄격하게 매뉴얼화 된 개인 치료 접근을 따르고 성인 환자들에게만 제한적으로 적용된다.

치료에 대한 Task Force 접근의 한 가지 강점은 경험이 많은 치료자들이 다른 유형의 개인 및 집단 치료에서 배운 기법들의 사용을 제한하고, 치료자가 "모형에 근거하도록on model" 도와주는 간결하고 명료한 권고勸告이다. 표준화된 치료적 접근은 수많은 연구자들의 경험과 Task Force 연구의 영향을 받았다. 표준화된 매뉴얼을 따라 치료가 시도될 때, 어떤 것을 해야 하는지에 대한 명확한 정의가 필요하다. 결과적으로, "경험적으로 타당한" 혹은 "경험적으로 입증된" 치료 절차를 위해 Task Force 기준에 맞는 치료적 접근은 결국 치료 매뉴얼을 읽는 것과 같다.

엄격한 절차 적용하기가 치료적 작업의 일차적인 힘이지만, 그것은 또한 일차적인 약함의 근원이기도 하다. 매뉴얼은 몇 가지 측정치를 준수하면서 치료 공급자들을 훈련시키고 치료자를 관찰하는 데 사용되기 때문에, 모든 사람들에게 똑같은 치료를 적용하기 위해 표준화시킨다. 표준화 접근에는 장점도 있고 단점도 있다. 표준화의 한 가지 피할 수 없는 함정은 한 사람이자 변화의 핵심 동인動因인 치료자를 배제시키기 위해서는 매뉴얼이 상당히 길어야 한다는 것이다. 치료자 변인이 성공적인 치료에서 가장 큰 성공 변량이지만, 표준화 과정에서 치료자 변인은 손상될 수 있다(Norcross, 2002). 불행하게도, "경험적으로 타당한" 매뉴얼화 된 치료들에서 치료자들을 축 I 장애를 따라 절차만 적용하는 실체 없는 사람들과 같다고 묘사한다. Norcross가 제안한 것과 같이, 이 입장은 진단적 범주가 다른 사람과 강한 대인 관계적 및 정서적 접촉을 한 만큼 치료가 진행되면서, 보통 달라진다는 경험이 풍부한 임상가의 치료적 경험과 현저히 대조된다. 피할 수 없는 사실은 치료자와 치료적 관계가 표준화된 심리치료의 적용에 의해 경험적으로 밝혀질 수 있다는 점이다.

이전의 Task Force의 취지에서, 이러한 편향과 불일치에 반응하여, APA 분과 29(심리치료 분과)는 치료자와 관계 변인을 설명하지 못하는 치료 기법들과 대조적으로, 경험적으로 지지된 관계에 대한 정보를 찾아내고, 통제하고, 보급하겠다고 하였다. 일련의 연구들과 100개 이상의 경험적 연구 결과에 대한 문헌 고찰에 따라, Task Force는 다음과 같은 결론을 내렸다:

- 치료적 관계는 특정한 치료 유형과 무관하게 심리치료 결과에 기본적이고 일관적으로 기여한다.
- 치료적 실제와 지침에는 촉진적인 치료적 관계를 증진시키는 치료자의 행동과 자질을 분명하게 다루어야 한다.
- 치료적 관계가 포함되지 않은 효과적 심리치료에 대한 증거 기반 목록이나 훈련 지침은 임상적 경험적 기초에 근거하여 매우 불완전하고 잠재적으로 잘못된 인도를 할 수 있다.
- 치료적 관계는 치료 효과를 결정하는 임상적 자질, 환자의 특성, 상이한 개입들과 함께 작용한다.
- 특별한 환자의 욕구와 특징(진단에 따라)에 대한 치료적 관계를 수정하거나 교정하는 것은 치료 효과성을 증진시킨다(Norcross, 2001).

결론적으로, 분과 29 Task Force의 회장은 치료자 개인의 치료적 힘과 환자와 치료자 의 관계는 심리치료법의 매뉴얼화 된 치료만큼 경험적으로 타당성이 밝혀졌고, 더 중요한 사실로, 치료 결과에서 치료적 관계의 효과는 매우 견고하다는 사실이 밝혀졌다고 하였다(Norcross, 2001). 다음의 진술은 이 문제에 관한 분과 29의 입장을 요약하고 있다.

> 여러 연구들의 일반적인 경향으로, 이전부터 있었던 환자의 특성에 기인하지 않고, 치료적 결과를 설명하는 가장 큰 변량은 기법이나 치료 학파와는 상관없이, 치료자 차이와 환자와 치료자 간의 치료적 관계이다. 이것은 지난 30년 동안의 경험 연구의 주요점이다. (Henry, 1998, p. 128)

동맹 : 동맹이란 무엇이며 왜 중요한가?

어떤 사람들은 치료적 동맹의 중요성을 시시하게 여기고, 애착 중심 이론을 상냥하고 좋은 사람과의 단순히 좋은 관계 – 어떤 특정한 훈련 없이 어느 누구나 할 수 있는 무언가 – 처럼 여길 수 있다. 이와 반대로, 훌륭한 심리치료를 위해서는 따뜻하고 상냥한 사람 그 이상의 것이 필요하다. 치료적 동맹의 중요성이 진부한 "Carl Rogers" 그 이상 아무 것도 아니라는 잘못된 해석을 하지 않기 위해, 몇 가지 요점을 분명히 해야 한다. Norcross는 훌륭한 치료적 동맹을 효과적으로 수립하기 위해 필요한 기술들에 대해 다음과 같이 언급한다.

> 연구에서 효과적인 심리치료자는 강한 치료적 관계를 제공하고, 개인의 조건에 맞는 방식과 관계에 능숙한 특정 방법만을 활용한다고 나타난다. 이는 상당한 훈련과 경험이 필요하다. "누구라도 심리

치료를 할 수 있다는 것" 과는 대조적으로… (Norcross, 2001, p. 353)

Strupp(1998)는 Vanderbilt의 고전적 연구들의 검증에서, 조기 치료 탈락과 치료 실패에 기여하는 가장 큰 요인은 치료 관계의 관리라고 하였다. 특히 환자의 문제가 극심한 대인 관계적 비평, 부정성, 불만족으로 복잡해 질 때 그러하다. 심지어 유능하고, 재능 있고 경험이 풍부한 치료자들도 보통 "부정적인 보완대체 negative complementary" 를 효과적으로 다루지 못한다. Startup는 "이에 대한 내 견해는 아주 간결하게, 심리치료에서 누그러져야 하는 '병'은 대인관계 문제로 유력한 사람들과 관계 하려는 보통 흔한 인간의 경향성이다" 라고 하였다" (Startup, 1999, p. 35). 지난 수십 년 간 연구에서 치료의 주요 구성요소는 치료적 관계의 성질이라는 대인관계 과정을 나타낸다. 이 주제에 관한 문헌 고찰 논문에서, Lambert와 Barley(2001, p. 358)는 "심리치료에서 개선은 내담자의 관계 능력을 증진시키는 학습을 통해 가장 잘 달성된다"라고 할 만큼, 이 입장에 대한 경험적 지지가 확고하다.

많은 연구에서 여러 변인들이 "내담자와 관계" 를 촉진시켜, 강한 치료적 동맹을 수립한다고 밝혔다. 강한 치료적 동맹은 성공적인 치료 결과에 긍정적인 영향을 준다. 의심의 여지없이, 환자들과의 치료적 작업에서 있을 수 있는 어려움은 다양하다. 연구에서는 치료적 동맹을 발달시키는 능력이 단순히 치료자의 훈련이나 경험에 의한 것이 아니라고 한다. 알코올과 약물 중독자들처럼, 문제가 더 중하고 동기가 낮은 환자들이 치료 과정에 관여하기 더 어렵다. 환자는 다양할 수 있지만, 훌륭한 치료적 동맹의 질qualities과 긍정적 치료 결과에 기여하는 요인들이 매우 안정적이다.

동맹에 대한 리뷰 논문에서, Horvath(2000)는 동맹의 중요성에 대해 다음과 같이 요약한다.

> 20여 년간의 경험 연구에서, 치료자와 내담자의 치료적 동맹과 치료 결과 간의 관계는 일관적이다. 치료적 관계의 크기는 치료의 유형과는 독립적이고, 관계를 치료자, 내담자 혹은 관찰자에 따른 평가와도 상관없었다. 관계의 강도는 치료 전반에 걸쳐 일정하게 보이지만, 내담자가 보고한 초기 동맹이 임상적으로 가장 유용한 지표이다. 성공적인 치료에서, 동맹에 대한 치료자와 내담자의 평가는 시간에 따라 비슷해지는 경향이 있다. 최근 연구에서 치료자의 기술과 개인적 요인 모두 내담자와의 좋은 치료적 동맹의 개발 가능성에 영향을 미칠 수 있다고 제안한다. 치료자의 훈련 수준과 동맹의 질quality의 관계는 불일치하지만, 훈련을 더 많이 받은 치료자들이 심하게 손상된 내담자와 더 좋은 동맹을 형성할 가능성이 더 높다. (p. 365)

애착 중심 이론의 원칙

AOT 지침을 따르는 치료는 성숙이나 정신 건강이 독립성과 일치한다는 고전적 정신분석 발달 모형을 따르지 않는다. 관계의 중요성, 상호 존중, 신뢰와 책임감의 발달을 더 많이 강조한다. Bowlby(1980)와 Kohut(1984)이 제안한 바와 같이, 정상적인 발달은 의존에서 독립으로 이동하는 것이 아니라, 미숙한 의존에서 성숙한 상호 의존 혹은 상호 관계로의 변화이다.

정신화Mentalization와 자기 반영적 기능

자기 자신과 깊은 대화하기는 대부분의 성인이 이루지 못하는 발달 기능이다. 어떤 사람이 자기 자신과 더 온전하고 진정한 관계를 나눌 때, 자신의 어떤 부분이 다른 부분을 감싸 안음으로 자기 자신을 더 잘 알게 된다. 자기 알아가기는 혼자서는 절대 이룰 수 없고, 다른 사람과의 관계 속에만 달성된다. Fonagy 등(2002)의 정신화Mentalization 개념에는 이러한 발달의 본질이 있다. 정신화에는 자기 반영적 및 대인 관계적 요소가 포함되어 있고, 이는 자신과 다른 사람의 감정이나 정신 상태를 경험적으로 이해하게 하는 능력을 제공한다. 정신화는 지적인 이해를 넘은, 사고와 감정을 잇는 능력이기 때문에, 단순한 인지 과정이 아니다. 따라서 자신의 감정에 담긴 이해와 다른 사람을 잇도록 도와준다.

다른 사람과의 관계에서 자신의 느낌에 대한 의사소통 기술은 많은 사람들이 소유하고 있지 않다. 자기 알기와 다른 사람들과 함께 지식 공유하기는 말 속에 자신의 감정을 싣는 능력이 필요하고, Meares(1993)가 자기 구술self-narrative이라고 언급한 것 혹은 내적 언어의 획득이 필요한 발달과제이다. 발달 이론, 특히 Margaret Main(1995)의 연구와 그녀의 성인 애착 면담AAI의 발달로 아동기의 애착 상태와 성인기의 구술narrative 양식 간의 관계를 밝혔다. Fonagy, Steele, Steele, Higgitt와 Target(1994)은 반영적 자기-기능RSF에 대해 저술하였는데, 반영적 자기 기능은 다른 사람과의 관계에서 자기 자신에 대해 생각할 수 있는 능력-친밀함을 위한 필수요건-이다. 개인의 과거를 정확하게 열거하기 위한, 구술하기narratives(통찰)는 자기 자신을 알고 다른 사람을 알기 위한 핵심적인 결정요인이다. Holmes(1996)가 말한 것과 같이, "내부적 언어를 획득하는 것은 자기 자신과 친밀해 진다는 의미이다. 자기 자신에 대한 이해는 다른 사람에 대한 이해와 항상 함께 간다"(p. 14).

다음의 임상 사례가 이 원칙을 설명하는 데 도움을 준다.

Andrew가 심리치료 집단에 나왔을 때, 5년 이상 단주를 하고 있었고 AA 모임에도 매우 적극적으로 참여하였다. 집단에 참여하고 몇 주가 지난 후에, Andrew의 대인관계 스타일이 집단 리더와 다른 집단원들에게 심한 고통을 주었다. 그는 집단에서 지금-여기에서 발생하는 감정적 문제들을 다른 사람들과 나누는 데 큰 어려움이 있었다. Andrew는 다른 사람의 고통스러운 경험이나 이야기에는 지지적이고 인정을 베풀었지만, 집단원들의 경험적 내용을 넘어 사람들과의 관계가 필요한 대인 관계적 상호작용에는 관여하지 못했다. Andrew의 몇 가지 이야기 스타일은 부분적으로 AA 모임의 반복적인 노출에 영향을 받았을지도 모른다. AA 모임에서는 보통 개인의 이야기를 틀에 박힌 형식으로 기술하고 "잡담"을 크게 저지시킨다. Andrew가 자기 자신에 대해 말 했을 때, 그는 다른 사람들을 이야기 속으로 끌어들이지 못했다. 집단원들은 그의 고통스러운 과거사를 낱낱이 묘사하는 데 지쳐, 산만해지거나 관계가 틀어져 버렸다. 집단에 있는 사람들은 Andrew를 안쓰럽다고 느끼긴 했지만, 그의 이야기에 반응하진 않았다. 집단에 처음 참여했을 때, 새로운 집단원들은 자신의 이야기를 해야 한다고 느끼는 일은 당연하지만, 그의 문제는 그런 차원이 아니었다. 보통 모든 사람은 일정 시간 자신의 이야기를 다른 사람에게 전달하는 데 할애해야 한다는 걸 알고 집단에 참여한다. Andrew의 문제는 그의 이야기가 묶여 있다는 점이었다. 그의 이야기는 상투적이고 기계적이었다. 결국 집단원들이 Andrew에게 상투적인 반응을 보이고, 무관심하거나 지루해 하는 쪽으로 집단이 흘러가는 걸 막기 위해 집단리더는 노력을 기울여야 했다("정말, 곤란했겠네요. 당신은 끔찍한 아동기를 보냈군요.

그들이 당신에게 그런 짓을 했다는 사실을 믿을 수 없네요"). 그리고 Andrew가 집단원들에게 유발시키는 감정들을 직접적으로 다루기 위해 집단원들을 이끌었다. Margaret Main의 연구에서 이야기 스타일과 애착에 대한 지식을 사용하여, 치료자는 역사적 진실과 구술적 진실의 이분법으로 접근하였다. Andrew의 이야기 내용이 아닌, 이야기들의 형식에 초점을 두어, 집단 리더는 집단을 도울 수 있었고, Andrew는 자신의 이야기에 대한 몰입이 관심을 베푸는 사람들에게 보호적 애착 행동을 유발시키려고 자신의 지난 고통과 상처에 애착이 있었음을 알게 되었다. 이 사례에서 집단 리더의 행동은 치료자들이 자신의 환자들이 어떤 내용의 이야기를 하려는 것만큼 그들이 이야기하는 방식에 주의를 기울이도록 할 때, 매우 유용한 예이다.

애착이론은 정신 건강이나 성숙을 관계와의 독립으로 보기보다 상호 의존으로 향해 가는 개인의 능력으로 본다. 이 모형의 일차적인 목표는 서로 이어져 살아가기이다. 관계의 유지는 환자가 고립되어 있고, 화가 나있고, 회피적일 때 환자에게 매달려서 이룰 수 있는 것이 아니라, 환자가 갖는 애착의 두려움과 대인관계의 어려움을 공감적으로 이해해 가면서 이뤄진다. 어떤 관계에서나 있는 주고받기give and take의 다양한 협상 경험이 좀 더 만족스러운 관계를 유지하도록 알코올과 약물 중독자를 돕는다. 결과적으로, 물질 남용자는 다른 사람들과의 상호 관계의 형태로 치료적 환경 밖에서도 이러한 섬세한 상호작용이 어떻게 전이될 수 있는지 배우게 될 것이다.

상호관계는 관계에 관여된 사람에게 이득을 주어 성장을 증진시키는 관계로 정의될 수 있다. 상호관계는 서로를 휘말리게 하거나 공동 의존을 말하는 것이 아니다. 상호관계는 서로의 경험을 알고 이해하는 노력이다. 이것은 중독된 사람이나 중독되지 않는 사람에게 해당하지만, Jeffrey Roth(2004)가 "중독은 고립이라는 질병"이라고 말한 것 때문에, 알코올과 약물 중독자에게 특히 더 중요한 능력이다. 상호 존중과 신뢰의 분위기 속에서 공감적으로 서로에게 관여하는 것은 중독자의 소외감과 외로움을 경감시키도록 돕는다. 이러한 관점에서, 상호관계는 관계에 속한 각 사람에게 안정적인 정서와 더불어, 정신 건강의 대표 특징hallmark인 정서 조절을 동시에 제공한다. Lewis 등(2000)은 "완전한 자기 충족self-suffiency은 백일몽일 뿐이다... 안정성은 자기 자신을 잘 조절하고 가까운 사람들과 함께 지내는 사람들에게서 찾아 볼 수 있는 의미이다" 라고 쓴 말에 동의하였다(p. 86).

관계가 달라질 때마다 개입이 필요하다. 부정적 과정과 치료적 동맹의 분열에서 관계 회복은 다음 장에서 논의 될 예정이다. 성공적인 치료는 어떤 관계에서나 발생하는 갈등을 해결하는 치료자의 능력과 기술이다. 애착이론은 물질 남용자의 관계 복원력relational resilience에 대해 살펴본다. 의견의 불일치와 갈등이 생겨났을 때 다른 사람들과 관계를 지속시키게 하는 능력은 무엇인가? 동맹 간에 불화가 생겼을 때 얼마나 빨리 그들은 관계를 회복시킬 수 있는가? AOT는 모든 장기적 애착 관계에 고유한 주기적이고 반복적인 변화ebb and flow에 초점을 둔다.

애착, 치료적 동맹과 부정적 과정

치료적 실패에 기여하는 가장 일관된 치료자 요인은 부정적인 과정을 효과적으로 대처하지 못하는 치료자의 무능력이다(Startup, 1999; Beutler, Machado, & Neufeldt, 1994). 부정적 과정과 동맹 결렬alliance ruptures은 어떤 유형의 치료 과정에서 어쩔 수 없이 발생한다. 부정적 과정과 치료적 동맹의 결렬을 효과적으로 회복시키는 치료자의 능력이 긍정적인 치료 결과에 가장 크게 기여 한다(Startup, 1999; Beutler, 2000). 오해로 인한 부정적인 감정들을 드러내려는 집단원들의 의지와 불화를 회복시키기 위해 노력하는 자신의 의지가 곤경을 해결로 이끈다. 인식되지 못했거나 회복되지 못한 불화는 치료 과정을 방해하거나 회복 과정이 일어나지 않았을 때, 집단원에 의한 일방적인 치료 종결로 이어진다.

가장 어려운 요인이지만, 치료 결과에 영향을 미치는 가장 중요한 요인들 중의 하나가 집단 리더의 애착 곤란이 동맹 결렬의 해결과 회피에 얼마나 기여하는지 알려고 노력하는 리더의 의지이다. 이 기술은 경험이 풍부한 집단 치료자들도 어렵다. 치료 실패에 기여하는 대부분의 문제들은 치료자가 치료적 동맹의 힘을 과도하게 평가하거나 당연한 것으로 여길 때 생긴다. 이 주제에 관한 몇 가지 초기 연구에서(Rennie, 1994; Safran, Muran, Samstag, & Stevens, 2001), 치료자가 동맹에 곤란을 주는 단서를 집어내는 데 능숙해지고 집단원들이 자신의 불만족을 개방적으로 토론하도록 도와주는 것이 중요하다고 하였다. 보통 Rennie(1994)가 집단원들은 자신의 리더를 보호하는 것이 집단을 유지하는 가장 좋은 방식으로 알고 있어서, 많은 경우에 집단원들은 자신의 염려를 개방적으로 말하려 하지 않기 때문에, 이런 작업은 보통 쉽지 않다.

치료자와 환자의 양편에서, 애착 양식에 관한 최근의 경험적 연구들은 치료 동맹에 실패하거나 성공하는 방식을 새롭게 조명하였다(Meyer & Pilkonis, 2001). 애착이론은 부정적 전이나 동맹이 결렬된 집단에서 성공적으로 관리하기 위해 집단리더가 조성해야 하는 분위기 유형에 대한 몇 가지 대안을 제공한다. 수 년 전에, Bowlby(1980)는 건강한 발달의 결정적인 요소는 어린 아이가 안정감을 느낄 만큼의 환경 조성하기라고 하였다. 이러한 원리를 확장시켜, 집단리더는 아마 생애 처음으로, 분노와 항의가 안전하게 경험될 수 있는 집단 환경을 조성할 필요가 있다. Holmes(1996, p. 6)는 "항의를 인정하고 수용하는 보호자의 능력은 정신 건강에서 중요하다. Bowlby는 외상에 대한 부정denial과 항의에 대한 억제가 신경증의 중요한 결정요인이다"라고 언급하였다. Bowlby는 보복의 두려움이나 지나친 불안 없이, 항의를 수용하는 부모의 능력과 동조는 안정된 애착을 위한 기반을 형성시킨다고 본다. 비슷한 양식으로, 보복이나 두려움 없이 집단원의 적개감이나 분노를 관리할 수 있는 집단리더는 훌륭한 치료적 성공을 거둘 가능성이 더 높다.

숙련된 집단 리더는 또한 부정적 과정을 다루는 일이 스포츠 관람하기가 아니라는 사실을 알고, 부적응적 관계 패턴을 어떻게 변화시킬지에 대해 환자에게 말하는 것 그 이상이 필요하다는 것도 안다. Lewis 등(2000)은 다음과 같이 저술한다.

> 누군가에게 좋은 관계에 대해 표현하는 것은, 아무리 정확하더라도 혹은 아무리 자주 말하든지 간에, 신경망 속에 잘 새겨지진 않는다. 자조self-help와 관련된 서적들은 자동차 수리 매뉴얼과 같다. 하루 종일 읽어 볼 수는 있지만, 명확히 와 닿지 않는다. 자동차 수리는 팔을 걷어붙이고 엔진 뚜껑을 열고,

당연히 팔이 더러워지고 손톱 밑에 기름이 낄 각오를 해야 한다. ... 오늘 누군가와의 관계로 괴로운 각인이 마음에 생겼다면, 영향력 있는 관계는 한 사람의 마음에 자국을 남겨 다음에도 그렇게 행동하게 한다. 변연계의 연결limbic connection이 신경 패턴을 형성할 때, 그 연결이 복원될 수 있도록 패턴이 형성된다.(p. 177)

집단리더가 리더의 결점에 대해 공개적으로 솔직하게 말하겠다는 집단원들과의 약속을 위해 열심히 노력하더라도, 보통 유익한 방식으로 갈등을 다루기 어렵다. Safran 등(2001)이 인용한 많은 연구들에서 치료자들은 보통 자신의 기법 뒤에서 자신의 불편한 감정을 숨기고, 방어적으로 반응하는 경향이 있다고 밝혔다. 정신역동 심리치료자들은 전이 해석에 지나치게 의존하고, 인지 치료자들은 환자의 인지적 왜곡에 초점을 둔다. 집단 리더의 편에서 융통성과 공감을 드러내는 반응이 집단 응집력을 증진시킨다. 다음의 임상 사례가 전이 해석을 오용한 예이다.

집단 심리치료의 10번째 모임에서, 젊은 여성이 화가 나서 집단 리더가 독단적이고, 무관심하고 냉담하다 라고 말하며 그를 직면시켰다. 집단은 즉시 중단되었고 모든 구성원들은 자기 의자 끝부분에 걸 터 앉았다. 이 일은 리더에 대한 첫 번째 직면이었고 집단은 리더가 어떻게 반응할지 보고 있었다. 마침내, 몇 초 동안 괴로운 시간을 흐른 뒤에, 집단 리더는 그녀에게 "저를 보며, 아버지가 생각 나셨나요?" 라고 물었다. 그 여성이 그와 자신의 아버지가 닮았다고 재빨리 인정하자, 이는 현재의 신뢰로운 만남에서 과거의 안정된 관계로 상호 교환이 생기는 계기가 되어 그녀의 분노가 완화되었다. 집단 치료자는 그녀의 아버지와 그녀의 관계에 대해 더 살펴보고자 하였다. 직면에 대한 첫 위기는 수그러들었고 나머지 집단원들은 자신의 의자에 등을 기대고 편안히 앉았다. 이는 이 이슈가 다룰 수 있을 만큼 덜 위협적인 수준으로 경감되었음을 나타낸다. 집단원들이 그 집단에서 분노를 표현할 수 있을 만큼 마음은 놓았지만, 귀중한 치료 경험의 기회는 사라졌다. 사실, 집단 리더는 그들에게 직접적인 직면과 부정적 과정을 어떻게 피해야 하는지 보여 줘야 한다. 이 여성과 집단 리더 간의 문제는 해결되지 않았다. 사실, 집단 경험을 하는 동안 나머지 집단원들에게, 그녀가 제기한 이의가 옳았던 건 아닌지의 여부는 아직 해결되지 않았다. 실제로 그 집단 리더는 독단적이고, 무관심하고 냉담했다. 그녀의 아버지와의 지난 관계로 되돌린 그의 응급조치는 이 여성의 정확하고 고통스러운 이의제기를 피하려는 치료자의 욕구를 반영한다. 전이는 현재에 부적절할 때만 전이이다.

이 예와는 대조적으로, 여러 연구에서 집단 리더들이 방어적으로 빙이하지 않고, 동맹에 직접적으로 관여하고, 자신의 반응과 행동을 조정하고, 리더들이 조성한 불화들을 다룰 때, 실제적으로 동맹이 개선되고 더 강해진다고 제안한다(문헌 고찰은 위해, Horvath, 2001 참조). 관계 회복은 치료를 지속시키고 성급한 탈락을 예방시킬 뿐 아니라, 연구에서는 분열된 관계 회복이 동맹의 강도를 증신시킨다는 사실을 입증한다(Horvath, 2001). 불화와 관계 회복이 반복되었던 동맹과 지속적으로 안정적이었거나 계속 증진되는 치료적 관계와 비교했을 때도, 이런 사실을 분명하다.

오랫동안 만족스러운 관계를 형성하지 못하는 무능력함은 초기 애착 경험의 질quality과 직접적으로 관련되어 있다(Main, 1995). 애착중심 집단치료는 개인의 내적 작용 모형(internal working model) 속에서 표상된 애착 스타일을 이끌어내고, 탐색하고, 통합하고 수정하는 방법으로 정의될 수 있다. 성숙한 상호관계의 발달을 저해하는 파괴적인 힘에 대한 탐색은 Wolf(1988)가 공감적인 자기대상 분위기로 말한 것에서만 이뤄질 수 있다. 집단 치료에서는 전이강도가 감소되고 분산되기 때문에, 집단은 집단원에게 환경 유지하기, 자신의 분노, 의존이나 친밀함에 대한 두려움으로 인해 큰 손해를 주는 방해 없이 다른 집단원들과 함께 적절한 상호 의존 관계 달성하기를 제공한다. 애착과 동일시를 통해, 더 안정적인 내적 자아와 대상 표상들(내적 작용 모형)이 통합될 것이다. 집단은 또한 집단원과 집단 리더 간의 안전한 공간을 조성하도록 돕는다(Kosseff, 1975).

결론

집단 치료는 개인 치료보다 더 많은 좌절을 조장시키기 때문에, 불협화음이 높아질 잠재력과 갈등과 해결이 정서적인 유대 관계에서 더 깊어질 수 있다는 사실을 배우는 기회를 제공한다. 다른 사람의 상호작용 관찰하기와 모델링으로, 집단은 친밀함의 과정이 관계에서 공감을 증진시키는 조율, 불협화음, 이의제기와 재연합 등의 정서조절 구성요소들과 어떻게 관련되는지를 경험적으로 학습하게 하는 최적의 환경을 제공한다. 분노와 상한 마음이 경청자listener에게로 향하지 않을 때 학습과정이 시작되기 훨씬 더 쉽다. 특히 부정적인 코멘트가 치료자들을 향할 때, 아무리 숙련된 심리치료자들이라도 공감하기와 지지하기라는 미션을 달성하기 어렵다. 분노가 리더, 다른 집단의 집단원 혹은 외부인에게로 향할 때, 공감과 지지하기가 훨씬 덜 어렵다. 후자의 경우, 즉 다른 집단의 집단원이라 외부인에게 향할 때, 방어적인 반응, 주의를 흩트리는 반응이 줄어들 가능성이 있다.

많은 요인들이 공감적 실패나 손상이 있은 후에 갈등이 확대될 가능성이 있을지 혹은 갈등이 해결될 가능성이 있을지에 영향을 준다. 공감은 배울 수 있는 기술이라는 Lewis 등(2000)의 의견을 확장하여, 집단원들 중 두 사람이 강한 갈등을 겪고 있는 동안, 그 회복 과정에 직접 관여하지 않고도, 그들과 함께 참여하고 관찰할 수 있을 때, 회복의 좋은 기회를 갖게 된다. 강한 비난하기-투사하기 과정에 성공적으로 개입할 수 있는 집단 리더는 다른 사람의 분노와 상한 마음을 정확히 인식하고, 이에 반응하는 능력을 집단원들이 개발하도록 더 잘 도울 수 있고, 분노와 상한 마음 나누기가 다른 사람의 주관적 현실을 공감적으로 이해하는 데 중요하다는 사실을 배우도록 도울 수 있다. 구성원들이 지금-여기에 집단 안에서 반복적인 상호 교환을 나누게 됨에 따라, 구성원들은 다른 사람을 이해하는 마음이 모든 건강한 조절적 관계에서 중요한 요소라는 사실을 배우고, 다른 사람들이 공감적 협력자로 관여할 때 의미의 공동-창조creation가 생긴다는 사실을 알게 된다. 또한 공개적으로 다룬 갈등은 관계를 파괴시키기보다 더 돈독하게 만든다는 사실을 배운다.

16

집단에서의 전이

전이transference는 심리 치료에서 오랫동안 중심 역할을 해 온 개념이다. 이 개념은 Freud가 이룬 가장 위대한 발견 중의 하나로 그가 사망한시 거의 60년이 지났지만, 정신분석과 정신역동 중심의 치료에서 가장 중요하다. 유능하고 훈련을 잘 받은 모든 치료자는 심리치료에서 전이가 중요하다고 여기지만, 과거에 어떤 비평가들은 전이가 집단에서 실제 일어나는지의 여부를 의심하였다. 어떤 이들은 집단 치료가 전이 반응을 감소시키고 전이 현상을 중립화시킨다고 보았다. 많은 개인 중심의 치료자들은 전이가 자유연상 상황에서만 발생할 수 있다고 믿었다. 집단이 자유 연상을 방해하기 때문에, 집단에서는 전이가 발생하지 않는다고 보았다. 물론, 집단이 정신역동 관점에서 진행되면, 집단에서도 자유 연상이 일어난다. 경험이 풍부한 집단 치료자는 집단이 전이 대상의 폭이 넓기 때문에 실제로 더 확장된다는 사실을 안다. 전이가 집단 리더에게 뿐 아니라, 집단과 각 집단원들에게서도 일어난다. Yalom은 거의 30년 전에 그의 저서를 처음 출판했을 때, 이 관점을 정당화시키려는 시도를 분명히 드러내었다. 그는 그 당시 몇몇 치료자들의 의혹을 다루면서 여섯 가지 전이 원칙을 다음과 같이 개관하였다.

1. 전이는 치료 집단에서도 일어난다. 실제로, 전이는 어디에든 존재하고 집단 담화group discourse의 성질에 근본적으로 영향을 미친다.
2. 전이와 전이 명시manifestations에 대한 이해가 없으면, 치료자는 보통 집단 과정을 이해할 수 없게 될 것이다.
3. 전이를 고려하지 않고 무시하는 치료자는 몇 가지 교류transactions를 심각하게 오해할 수 있고, 집단원들을 혼란시킬 수 있다. 그러나 치료자 자신과 집원들 간의 관계를 전이 관점에서만 보면, 치료자와 집단원들 간의 진실한 관계 형성은 실패한다.

4. 환자들의 치료는 전이 왜곡의 해결에 달려있다. 개선은 치료자로 인한 대인관계 학습에 의존하지 않으며 경쟁, 착취, 성적 및 친밀성의 갈등 속에서 다른 구성원들과 더불어 배우면서 생겨난다. 그리고 집단에서 대안적 치료 경로를 선택하는 환자들과 다른 치료 요소들로 일차적인 이득을 보는 환자들이 많다.
5. 치료자에 대한 환자들의 태도가 모두 전이에 근거하는 것은 아니다. 어떤 태도들은 현실에 기초하고, 어떤 태도들은 비합리적인 집단 역동에 의해 생긴다(Freud가 알고 있었듯이, 모든 집단 현상을 개인 심리학에 근거하여 설명할 수 없다).
6. 집단의 수많은 다른 기능들을 간과하지 않으면서 동시에, 치료자에 대한 비합리적 태도(전이)를 치료에 훌륭하게 활용할 수 있다(1975, p. 194).

Yalom의 원칙을 따른다면, 집단원들은 초기 가족관계의 질qualities에 따라 서로에게 투자하는 정도를 알게 될 것이다. 집단 리더의 가이드와 리더십 하에, 집단원들은 집단리더와 다른 집단원들에게 부모상과 형제자매 상images이 어떻게 투사되는지 배우는 기회를 가질 수 있다. 그들은 이러한 왜곡들이 어린아이였을 때 환경적 경험에 의해 어떻게 결정되었는지 알게 되고, 자신에게 없는 특징을 가진 사람들을 향한 투사가 왜곡된 성격 구조의 결과라는 사실을 알게 될 것이다.

전이의 정의

단순히 정의할 때, 전이에는 다음의 두 가지 특징이 포함된다.

1. 전이는 과거의 반복이어야 한다.
2. 전이는 현재에 부적절해야 한다.

이런 특징들이 일어나지 않으면, 관찰된 현상이 전이일 가능성이 낮다. 예를 들어, 집단원이 집단 리더를 통제적이고 요구적이라고 지각할 때, 실제 집단 리더가 통제적이고 요구적이라면 이러한 지각은 전이가 아니다. 이 예에서, 치료자에 대한 집단원의 지각은 현재에 매우 적절하다. 또한, 그 집단원이 중립적인 사람을 통제적이고 요구적이라고 반복적으로 지각한 적이 과거에 없었고, 그 집단원이 이렇게 반응할 만한 타당한 다른 이유가 없으면, 그 사람은 현실에 기반 하여 그렇게 지각할 가능성이 없다.

그러나 집단원이 자신의 과거에 중요한 어떤 사람(즉, 아버지, 어머니, 자매, 형제 등)을 차갑고, 무관심하고, 독재적이거나 불공평하다고 경험해 왔다면, 현재에서 중립적인 사람들에게 이러한 태도나 특징들을 비현실적으로 부과시킨다. 이때 그 집단원은 전이 왜곡에 사로 잡혀 있을 가능성이 높다. 전이는 다른 사람들을 있는 그대로 보지 못하게 한다.

예를 들어, Mary가 Burt를 다른 집단원들의 감정을 거의 돌보지 않고 화가 많이 나 있으며, 비판적인 사람으로 보고, 나머지 집단원들을 친절하고, 상냥한 신사들로 본다면, Mary의 지각에 어떤 불일치되는 면이 있다. 다른 일곱 명과는 완전히 다른 관점으로 Burt를 보고 있다. 나머지 구성원들이 보지 않은 방식으로 Mary가 Burt를 왜곡하도록 이끈 것이 무엇일까? Mary가 성공적인 여성, 아내, 어머니이자 회계사라면, 그녀는 정확한 지각을 가지고 삶을 꾸려갈 것이다. 그러나 지나치게 처벌적이고 비판적인 알코올 중독자 아버지 밑에서 성장한 Mary는 Burt가 그의 성격 스타일로 말할 때마다, 아버지를 떠올린다. Mary는 자신의 아버지를 향한 분노와 적개심이 Burt에게로 전이되고 있다. Burt의 체구와 화술 이외에는 Burt가 Mary의 아버지와 실제 닮은 점이 없었기 때문에, 이 감정은 현재에 부적절하다.

Levy(1984)는 이 과정을 다음과 같이 서술 한다:

> 정신분석 이론은 과거가 현재를 왜곡시키고, 과거의 어려움이 계속 반복된다는 개념에 뿌리를 두고 있다. 회복은 이전의 갈등에 대한 노출에 근거하고, 왜곡의 영향력이 소멸되는 방식으로 이뤄진다. 환자는 자신에게 중요한 관계를 왜곡시키고, 그의 무의식적 구조와 일치하는 방식으로 왜곡시킨다. 이런 무의식적 구조는 수년에 걸쳐 발달하고 보통 부모와의 갈등적 관계와 관련 있다.(p. 94)

치료적 상황 속에서 일어나는 전이로 집단 리더는 환자의 과거를 살짝 엿본다. 집단에서 집단 구성원의 상호작용 탐색은 환자의 현재 관계를 방해하는 전이 반응으로, 즉 계속 반복되는 환자의 과거를 이해하는 수단이다. 전이는 현재에서 다시 재경험하며 과거를 알아가는 도구이다. 우리는 모두 현재를 왜곡시키면서 과거를 반복하는 경향이 있고, 환자들은 자신의 특유한 왜곡을 알기까지 자신의 과거를 반복하게 될 것이다.

Levy는 이러한 반복이 모든 사람들에게 일어난다는 사실이 중요하며, 다음과 같이 강조 한다:

> 이런 왜곡이 정신병리가 두드러진 사람에게만 있는 것으로 한정시킬 필요는 없다. 모든 대인 관계적 상호작용은 현재의 기대와 반응을 형성시킨 과거 경험에 의해 색이 입혀진다. 특히 아동기에 부모나 다른 영향력 있는 사람과의 갈등과 불만족스러운 관계는 성인기까지 지속되고, 관계를 왜곡 시키는 힘이 있다. 주변에 흔한 왜곡과 임상적으로 의미 있는 전이와는 어떤 관련이 있는가? 심리 치료적 관계에서, 전이는 과거의 관계가 현재의 관계를 왜곡시키는 영향력의 명시manifestation이다. 전이는 치료적 상황에서 유발되는 퇴행적인 힘에 의해 심화되고, 치료자의 중립성, 상대적인 익명성과 객관성에 의해 환자의 왜곡이 명료화된다.(1984, p. 94)

개인의 과거를 해석하는 수단인 전이는 치료에 귀중한 도구이다. 그러나 환자를 더 잘 알기 위해서가 아닌 도구로만 활용되면 파괴적일 수 있다. 치료자는 정서적으로 각성된 직면을 자기 스스로 다루지 못하기 때문에, 치료자가 직면에 주의하지 않으면 자신의 직면적 해석 뒤에 숨어 버릴 수 있다. Kernberg(1984)의 경고와 같이, 직면은 보통 치료자 성격의 어떤 현실적인 측면의 언저리에서 구체화된다. 편집증에는 항상 진실이라는 요소가 있다. 그러나 편집증적 지각은 관찰자에 의해 항상 과장되고 왜곡된다. 치료자가 주의를 두지 않으면, 자신의 전이 왜곡을 간과하기 쉽다.

Scott Rutan(1983)은 이런 한 곤경을 나타내는 이야기를 소개한다.

> 사례회의에서, 한 의대생이 자신의 첫 정신과 의뢰 건을 관리함에 있어서, 큰 곤란을 겪었다고 하였다. 그 학생의 말로는, 자신의 환자가 만성적인 약물 남용자에다 세상 물정에 밝은 경계선 인격 장애자라고 하였다. 또한 그녀는 이 의대생의 소심함과 무능함을 잘 알고 있는 듯 하였다. 의대생의 이러한 면들이 그녀를 더욱 격분시켰다. 몇 주 동안, 의대생이 연이어 그녀에게 치료적인 실수를 보이자, 그녀의 자기애적 격분이 그녀가 겪은 자기애적 손상narcissistic injury에 비례하여 커졌다. 마침내, 그녀의 감정적인 폭발이 3주간 지속된 후에, 의대생은 소진되기 시작하였다. 그때 선임 레지던트가 친절하게 약물치료를 권유하였다. 약물치료의 가능성에 대해 논의 하면서, 레지던트들과 의대생들은 Rutan을 향해 고개를 돌리며, 약물치료에 관한 Rutan의 생각을 물었다. 눈썹하나 깜짝하지 않고, Rutan은 "환자가 아닌 의대생에게 좋은 아이디어라고 생각합니다"라고 대답하여다.

자신의 역전이 반응을 조율하지 않은 치료자들은 이를 부정확하고, 왜곡되거나 과장시키는 환자의 특성으로 돌릴 수 있다. 앞의 사례에서와 같이, 치료자들은 자기 자신의 내적 불편감이나 분노를 환자에게 행동화시킬 수 있다. 너무나도 자주, 치료자에 대한 환자의 정서가 불안정하기 때문에, 환자는 약물치료를 받는다.

전이가 발달하는 데는 보통 시간이 걸린다. 그러나 수많은 사례에서, 환자는 전이를 즉각적이고 강력하게 드러낸다. 대부분의 경우, 많은 알코올과 약물 중독자들이 처한 상황에서도 이러할 것이다. 전이 왜곡을 해결하기 위해서는 보통 기술, 인내심, 그리고 시간이 필요하다. 보통, 집단 리더에게 부족한 것은 시간이다. 특히 입원환자 치료에서 시간은 부족하고 관리와 보험으로 인해 시간이 제한된다. 집단 리더는 부정적이거나 파괴적인 전이 왜곡에 신속하고 직접적으로 반응해야 한다. 이상화와 같은 긍정적인 전이 반응은 환자를 위해 활용될 수 있다. Yalom은 투명성, 만족과 자기노출에 대한 노련함과 신중함이 수많은 부정적 전이 반응을 도울 수 있다고 권고한다. 치료적 문제와 시간적 제약으로 치료자들이 전이 왜곡을 천천히 다룰 기회가 부족하기 때문에, 치료자의 신중함과 노련함은 말할 수 없이 귀할 수 있다.

Yalom은 신중하게 적용한다면, 투명성이나 자기노출이 전이 현상을 방해하지 않는다고 믿는다. 그러나 치료자의 투명성과 자기노출이 치료적 목표를 촉진시킬지 혹은 방해할지의 여부를 결정해야 한다. 지지, 수용과 격려가 필요할 때, 자기노출과 투명성을 사용한다. 이것은 회복 초기에 있는 알코올과 약물 중독자들이 섬세한 균형으로 절제가 지속적으로 유지되고 있을 때 특히 그러하다. 절제를 방해하는 전이는 재빨리 해결되어야 한다. Yalom은 치료자의 과제는 긍정적인 감정을 조장시키는 것이 아니라, 선택적인 자기노출을 통해 긍정적인 감정을 찾고 파악하는 것이라는 사실을 집단 리더에게 상기시킨다. 지지, 조력과 인도가 필요한 환자는 치료자의 혐오, 불신이나 분노로부터 이득 얻지 못하고, 자신을 좋아해 주고, 존경해주고, 이상화시켜 주길 원하는 건강하지 않은 치료자에게서도 이득을 얻지 못한다.

익명성의 다른 한 면인, 투명성은 정신분석 영역 내에서 조차 종종 오해받는 개념이다. 중립성에 대한 치료적 입장은 분석적 치료자의 비간섭적 태도나 텅 빈 스크린으로 보통 혼동한다. 분석적 전통 내에서도, 치료자들은 자신의 편견, 갈등과 치료 회기를 방해하는 외부 요소를 허용하지 않고 온정적인 관계를 형성시켜야 한다. 이것은 치료자가 멀게 느껴지고, 냉담하고 차갑거나, 관여하지 않아야 한다는 의미가 아니다. 집단 리더들이 집단 내에서 참여적 관찰자participant observers로 환자들의 정서에 관여해야 하는 것과 같이, 치료자들은 환자들의 삶에 정서적으로 관여해야 한다.

전이는 환자 뿐 아니라, 치료자와 집단 리더에게도 일어난다. 역전이의 초기 개념은 치료자 전이와 환자 전이 간의 차이를 구분하기 위해 활용될 것이다. 치료자 전이는 의미의 측면에서 환자의 전이와 매우 다르다. 역전이에 관한 관점은 지난 몇 년 동안 몇 가지 근본적인 변화가 있었다. 초기에, 역전이는 다소 협소하게 적용되었다. 치료자가 반드시 피해야 하는 것으로, 일반적으로 환자의 전이에 대한 치료자의 반응에 제한이 되는 무언가로 언급되었다. 많은 고전적 분석가들은 역전이 반응이 분석가 내에 존재하는 해결되지 않았거나 완벽하게 분석되지 못한 갈등의 결과로 보았다. 환자를 향한 역전이 감정은 보통 치료자가 정신분석을 다시 시작해야 한다는 의미이고, 받아들여질 수 없는 감정이었다. 최근에, 그런 역전이 반응은 피할 수 없으며, 피해서도 안 된다는 공감대가 점점 확대되고 있다. 치료자가 역전이 반응을 적절히 파악하고 활용하면, 환자에 대한 강력하고 유용한 정보의 풍부한 근원이 될 수 있다. 환자와 치료자로부터 전이가 어떻게 상호작용할 수 있으며, 결과적으로 치료를 증진시키는 중요한 정보가 될 수 있는지 돕기 위해 이런 개념들을 여기에서 살펴보았다.

집단에서 전이 가능성

Harry Stack Sullivan(1953)이 Yalom에게 준 영향에 대해서는 8장에서 개관하였다. 집단에서 전이 왜곡을 해결하기 위한 Yalom의 접근에서 준향準向 왜곡parataxic distortion에 대한 Sullivan의 개념이 갖는 중요한 의미를 여기에서 간략하게 소개하는 것이 중요하다. 준향 왜곡은 다른 사람의 지각을 왜곡시키는 우리의 성향proclivity을 말한다. 이러한 왜곡들은 자기 영속적이고self-perpetuating, 자기 충족적 예언self-fulfilled prophecies을 따른다. 알코올과 약물 중독자들의 일차적인 왜곡은 사람들을 믿을 수 없다는 것이다. 그들은 악명 높을 만큼 신뢰의 가치가 없는 알코올과 약물 중독자들을 친구와 연인으로 계속 선택한다. 결과적으로, 다른 사람과 세상을 믿지 못하는 중독자들의 관점이 지속된다. 따라서 그들은 다른 사람들과 거리를 유지하고 어느 누구도 믿지 않는 것이 옳다고 느낀다. 이것이 중독된 사람들의 게임이다. 중독자들에게 내재된 두려움은 측량할 수 없고, 다른 사람들은 절대 이해하지 못하고 부적절하게 보일 수 있기 때문에, 그들의 비극은 민지 못하는 사람과 너무 친해져서는 안 된다는 것이다.

이런 왜곡은 Sullivan이 "합의적 타당성consensual validation"이라 부르는 것으로 수정될 수 있다. 정신적 발달 중인 아이들은 자신의 지각과 또래의 지각을 비교해 볼 수 있다. 고립된 사람들은 자기 영속적인 왜곡을 계속 유지한다. 그들은 자신이 "사악하다"고 믿으며, 다른 사람들이 자신의 진정한 모습을 알게 되면, 모두 자신을 거부할거라고 생각한다. 다른 사람들을 믿지 않는 지각은 알코올과 약물 중독자들이 진정한 자기 자신을 타인들에게 들키지 않도록 보호 하는 방어 작용defensive operation이다. 집단 치료는 구성원들이 자신의 무의식적 두려움을 다루게 해주고 합의적 확인을 통해 그들 자신의 왜곡을 수정한다. 집단에서 구성원들이 자신의 전이 왜곡을 알기 시작하면, 좀 더 현실적으로 자기 자신을 볼 수 있고, 이후에 집단에서 보다 더 진정한 자기 자신을 드러낼 것이다. 결과적으로, 교정적 정서 경험을 통해, 그들은 자신의 초기 과거 경험에 근거한 방식으로 다른 사람들과 관계를 유지할 필요 없이, 진정한 자신이 받아들여질 수 있다는 사실을 깨닫게 될 것이다.

집단 리더는 전이가 무의식적 현상임을 기억해야 한다. 집단원들은 자신들이 그렇게 하고 있다는 사실을 깨닫지 못한다. 그들은 다른 집단원들이 납득하지 못하는 방식으로 행동할 때만, 전이 왜곡에 노출되는 기회를 잡는다. 집단원의 반응이나 과잉 행동은 보통 본인보다 다른 사람들에게 더 확연하게 보인다. 이 행동이 변화될 수 있기 전에, 현재에서 자신의 유아적 반응infantile reaction을 다시 체험해야 한다. 구성원들이 자신의 전이 왜곡을 인식하지 못하면 변화는 불가능하다. 치료 집단은 집단원들이 자신을 더 완전히 이해할 수 있는 능력을 가진 성인으로서, 이러한 유아기적 왜곡을 다루어 보게 한다. 집단원들은 예전의 무의식적 패턴이 그들을 계속 괴롭히지 않도록 안전한 집단 속에서 변화되고 재생될 수 있다고 믿는다. 한 집단원이 자신의 전이 왜곡을 분명히 알게 된 후에, "집단의 위대한 부분은 어린 아이로 되돌아 갈 수 있고, 혼자서 애써야 하는 것을 다시 경험할 수 있다는 거예요. 여기에 있는 사람들이 저를 도와 줍니다"라고 외쳤던 것과 같다. 심리치료의 모든 유형에서 전이가 일어나지만, 집단 치료는 전이 가능성이 증폭된다. 각 집단원마다 각자의 개인적 전이 반응이 유발되고, 모든 집단 경험에는 세 가지 고유한 전이 과정이 있다. 이는 종측, 횡측 및 상징적이다(그림 16.1. 참조).

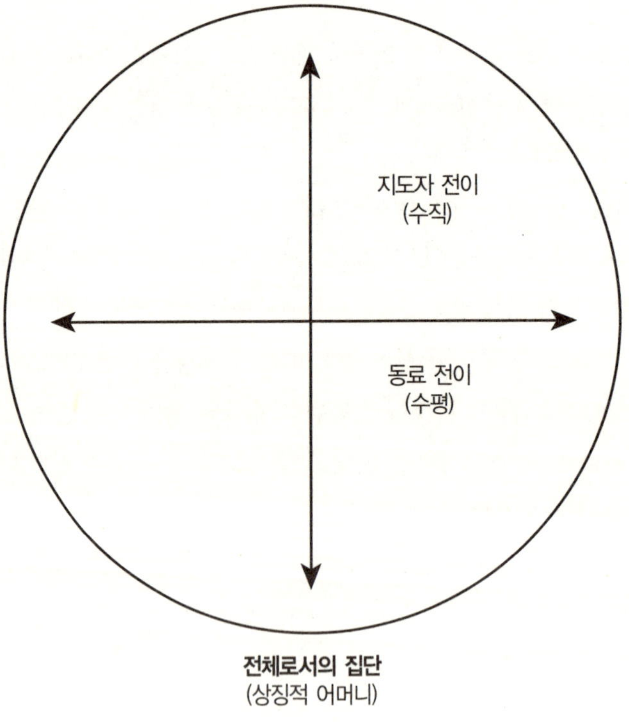

〈그림 16. 1〉 집단 경험 내의 전이과정

1. 집단 리더 전이(종측)
2. 동료 전이(횡측)
3. 전체로서 집단(상징적 어머니)

집단 리더 전이

집단 리더의 전이는 보통 해결되지 못한 오이디푸스 문제와 관련된 리비도적 왜곡을 말한다. 결과적으로, 종측에는 파워, 의존, 성공과 권위와의 갈등이 두드러진다. 이런 전이는 대부분 개인 치료에서 쉽게 나타난다. 집단원들의 개인적 초기 경험에 의존하여, 어떤 사람들은 집단 리더를 차갑고 냉담하게 볼 것이다. 또 어떤 구성원들은 집단 리더를 따뜻하고 지지적으로 볼 것이다. 다른 사람들은 집단 리더에게 반항적으로 독립적이고 도전적인 반면, 어떤 이들은 인도와 지도를 받기 위해 집단 리더에게 의존적이거나 매우 적극적으로 옹호적일 것이다.

동료 전이

집단원 간의 전이에는 질투, 부러움과 협력과 관련된 경쟁적 문제들이 포함된다. 집단원들은 보통 형제자매 간의 라이벌 문제에 다시 불 붙는다. 구성원들은 각자 다른 형제와 자매, 남편과 아내 혹은 사랑하는 사람들을 빈번히 떠 올릴 수 있다. 평소에 집단원들은 부모와 관련된 전이 왜곡을 일으킬 것이다. 집단은 동료 전이와 같이 다양한 전이 자극원을 제공하기 때문에 더 많은 왜곡들을 경험하게 하고 마침내 해결하게 한다.

전체로서 집단 전이

상징적인 어머니로서 집단은 치료 과정을 꾸준히 돕는다. 집단이 지닌 치료적 효율성의 대부분은 전前 오이디푸스기pre-oedipal의 모성 전이maternal transference에 근거한다. 집단이 상징적으로 나쁜 어머니라면, 원시적인 분노와 격분을 자극시킬 것이다. 그런 감정을 견딜 수 있는 알코올과 약물 중독자들은 거의 없으며 집단은 큰 위협을 받게 될 것이다. 이것이 응집성, 신뢰와 안전이 치료 집단을 시작할 때 왜 그렇게 중요한지의 이유이다. 집단의 자비로운 관용, 수용과 안전이 엄마와 유아 간의 공생관계와 회복에 대한 해산의 경험이 될 수 있다. 저항적인 분노나 의존의 두려움과 빠져들게 하는, 개인적 전이 왜곡의 강도는 다른 집단원들의 존재로 약화된다. 상징적인 좋은 어머니는 집단원들의 불안을 담는 그릇이 되고, 전이 왜곡을 나누고 수정하는 데 필요한 환경 조성을 유지시키도록 할 것이다.

집단에서 전이 왜곡의 수정

일단 치료적 분위기가 적절히 형성되면, 집단 리더는 자신의 에너지를 각 집단원의 전이 왜곡을 노출시키고 수정하는 쪽으로 돌릴 수 있다. 이 과제를 달성하기 위해 집단 리더들이 활용할 수 있는 세 가지 주요 수단이 있다.

1. 해석
2. 합의적 타당성
3. 투명성

해석

해석은 정신분석과 정신분석적 집단 치료에서 매우 특별하고 고유한 역할을 한다. 모든 유형의 심리치료는 개인적 삶에서 변화를 가져오는 수단이지만, 해석은 정신분석적 집단 심리 치료에서 정보를 전달하는 주춧돌이다. 해석은 지금까지 하나도 인식하지 못했던 행동적 측면들을 환자에게 인식시키기 위해 환자가 했던 말이나 행동을 집단 리더가 언급하는 진술이다. 전이 해석은 집단에서 일어나는 다른 사람들의 특유한 왜곡들에 대해 환자의 인식을 확장시키는 것이다. 전이의 활용은 집단리더의 핵심 과제이지만, 그들은 공격적이고, 성급하거나 당황스러운 방식으로 전이를 직면시키거나 노출시켜서는 안 된다. 적절하지 않은 시기에 이뤄진 해석은 집단에서 더 많은 억압과 퇴행을 초래시킬 수 있다. 정확성은 다른 중요한 요인이다. 해석이 정확하지 않을 때, 집단원들은 보통 방어적인 방식으로 그 진술을 받아들일 것이다. 정확한 해석은 더 깊은 연상과 더 깊은 감정을 촉진시킬 것이다. 그러나 정확한 해석 또한 입원환자들에게 강한 부정적인 감정을 유발시킬 수 있다. 집단원들이 "매우 감사합니다, 정말 도움이 되었어요"라는 말로 정확한 해석에 감사 반응을 보일 것으로 기대하지 마라. 정확한 해석은 사람들에게 노출과 자기애적 손상으로 종종 경험된다. 정확한 해석으로, 집단 리더가 "당신의 실수가 보이네요. 그리고 저는 그것을 알아요"라고 본질적으로 말하는 것이다. 이 말을 구성원들에게 집단 리더가 그들의 방어를 꽤 뚫어 본 것으로, 그 결과는 보통 두려움, 분노나 수치심이기 때문에, 구성원들은 보통 당황해 한다.

합의적 타당성

전이 왜곡은 집단원들이 다른 집단원들의 지각과 자신의 지각을 비교하기 시작할 때, 가장 쉽게 수정된다. 이것은 특히 알코올과 약물 중독자와 성격 장애자에게 중요하다. 이들은 자아 동조적인ego-syntonic 방어를 과잉 활용하는 경향이 있기 때문에, 이런 환자들에게는 거의 해석을 하지 않는다. 그들의 성격적 방어는 자신을 너무 잘 보호한다. 그들은 신경증 환자들이 경험하는 내적 불편감을 거의 경험하지 않는다. 그런 이유로 그들이 자발적으로 치료를 찾는 일은 거의 없다. 그들은 보통 혼란을 유발시키고, 공격적이고 신경을 건드리는 성격적 특징을 잘 아는 타인들이 치료로 데려오거나 보낸다. 이 환자들은 문제가 있는 사람은 "저쪽에 있는 다른 사람들"이라고 확신한다. 이때 그들을 혼자 내버려두면 훨씬 더 좋아 한다. 그들은 자신의 어려움의 근거가 될 수 있는 사고들을 고려해 보기 전에, 그들의 왜곡의 타당성을 부여하기 위해 다른 집단원들의 합의적 동의가 필요하다. 동료에 의한 타당성은 집단 리더에 의한 타당성 보다 훨씬 더 큰 영향력을 지닌다.

투명성

리더가 자기 자신을 좀 더 투명하게 드러낼 때도 전이 왜곡이 교정될 수 있다. 그러나 리더들이 자신을 너무 드러내면, 전이에 혼란을 초래시킬 수 있다. 자유 연상과 꿈처럼, 전이도 개인의 무의식에 닿아있는 길이기 때문에, 성급한 투명성의 활용이 자기 발견과 자각에 대한 귀중하고 중요한 근원을 훼방시킬 수 있다. 파괴적인 전이 왜곡을 교정하는 방법으로서, 집단 리더가 투명성을 사용하는 것은 중요하지만, 리더들은 집단과 집단원에게 자기 자신을 더 많이 드러내는 이유를 신중하게 평가해 보아야 한다. 리더들이 자신의 요구를 충족시키기 위해 사용하거나 집단을 주도할 목적으로 투명성을 사용해서는 안 된다. 집단 리더들은 어떤 식으로 든 자신의 뛰어함을 자애적으로 드러내거나 자신의 우월함을 보이며, 집단원들과 주도권 싸움을 벌이지 말아야 한다. 집단 리더들은 동료 관계가 효과적인 치료적 압력을 발휘하는 수단으로 자신의 투명성을 사용해야 한다.

집단에서 전이의 유형

전이는 다양한 형태로 나타난다. 개인 치료에서는 특정 유형의 전이가 발현되도록 특별한 형태의 분위기를 조성 한다. 집단 치료는 집단 치료만의 고유한 영향력을 발휘한다. 치료 집단에서 세 가지의 전이가 나타날 수 있다.

1. 전치 전이displaced transference
2. 행동화 전이acting out transference
3. 반복 강박repetition compulsion

전치 전이

어떤 치료자들은 전치 전이가 치료 집단에서 나타날 가능성이 가장 많은 전이 형태라고 한다(Alonso, 1985). 집단원들은 자신의 저항을 전치시키는 방법으로 자신의 개인적 경험을 활용한다. 예를 들어, 집단원은 자신의 아버지에게 화가나 있다고 말은 하지만, 실제 집단 리더에게 화를 낸다. 이는 그의 개인력에서 두드러지게 나타날 수 있다. 집단 리더는 그런 감정의 실제 원인을 깨닫지 못하는, 집단원의 감정을 따라가 그런 감정을 쫓아내고 싶은 유혹을 받을 것이다. 집단원들은 그런 감정들이 집단 리더에게 직접 표현하기보다, 서로에게 전치시킬 수 있다. 극단적인 경우에, 희생양 만들기가 초래될 수 있다. 집단에서는 집단 리더보다 한 집단원에게 그러한 공격성이 향할 것이다.

행동화 전이

행동화acting out는 치료자들이 쉽게 혼동하는 용어이다. 행동화는 보통 사회를 향한 공격적이고 반사회적 행동을 표현할 때 사용한다. 그러나 이것은 너무 협소한 정의이다. 행동화는 실제 전이 현상이다. 사람들은 자신의 감정을 말로 하거나 승화sublimation하는 것 대신 직접적으로 자신의 감정을 표출한다. 화가 나면, 사람들은 집단 리더에게 소리를 지르거나 회기에 나오지 않는다. 그들은 또한 집단 리더를 이상화시킬 수 있다. 실망할 때, 그들은 실망감이나 좌절감에 대해 언급하기보다 분노를 표출한다.

행동화는 실제 의사소통의 한 형식이다. 어떤 이들은 행동화를 저항의 한 형태로 보았지만, 행동화는 중요한 의사를 전달하기 때문에 전이에 대한 저항이기 보다 행동화가 그 자체로 전이이다. 행동화의 정의에서는 신체적 행위를 너무 지나치게 강조하였다. 실제로, 행동화는 행동 그 이상이다. 행동화에는 사고와 정보 처리 과정이 포함된다. 이런 맥락에서, 행동화는 집단원들이 자신에게 이뤄졌으면 하고 바라는 것이나 두려움을 집단 리더에게 행한다. 애정 어린 대우를 리더에게 바라기 때문에, 집단원들은 집단 리더에게 애정을 담아 대한다. 혹은 집단 리더가 먼저 공격할지도 모른다는 두려움 때문에, 집단 리더를 공격한다.

Blanck와 Blanck(1974)는 행동화를 "자아에 의해 억압된 무의식적이고, 대상 관계적 환상으로 동기화된 행동"으로 정의 한다(p. 101). Kemberg(1975)는 행동화를 환자와 치료자 간의 관계를 끈끈하게 묶어 주는 것으로 본다. 그는 "환자가 치료자에게 대한 느낌을 반영하기보다 치료자를 향해 행동하는 경향이 있다" 라고 저술한다(p. 85). 고전적인 의미로, 행동화는 현재 상황이 마치 그 욕구가 처음 발생한 상황인 것처럼, 욕구 긴장을 표출 한다. 태도나 행동이 어떤 특정 사람에 대한 반응이라면 전이라는 용어를 쓴다. 사람을 가리지 않고 무차별적으로 행해지는 것을 행동화라 한다.

한 사람의 성격 구조는 본능적 요구나 좌절을 유발시키는 외부 세계 간의 갈등의 결과로 생긴 행동화의 만성적이고 습관적인 패턴의 한 예이다. 그들은 방어로 자신의 성격적 패턴을 활용하기 때문에, 치료에서 알코올과 약물 중독자들은 행동화를 과하게 사용한다. 퇴행을 조장하는 집단 치료의 성질 때문에, 집단 치료는 평소엔 행동화를 할 수 없던 사람들마저 행동화하게 할 것이다.

결과적으로, 집단 리더들은 개인 치료보다 집단 치료에서 행동화가 일어날 가능성이 더 높다는 데 동의한다. 또한 물질 의존 환자들에게서 일어날 가능성도 많다. 행동화를 저지시키는 것은 쓸데없는 일이다. 그 대신, 집단 리더는 행동화를 정보로 활용해야 한다. 행동화의 양이나 유형은 집단 구성에 달려 있는 것과 동시에, 집단 리더의 의식적 및 무의식적 태도에도 달려있다.

행동화 전이의 공통 유형

성격적 행동화 전이의 세 가지 공통 유형이 자기애적 전이에 대한 Kohut의 설명에도 있다(1977a). 유형들은 이상화 전이idealizing transference, 반사反射-갈망 전이mirror hungry transferences와 합병 전이merger transferences이다 (4장 참조).

이상화 전이

이상화 전이는 어린 아이가 안전과 편안함을 느끼기 위해 강한 부모와 안정적인 관계를 갖고자 하는 욕구에서 형성된다. 부모는 자신보다 훨씬 더 강력하고 강한 존재로 지각되고 이상화 된다-아이가 불안의 두려움과 환경적 위협으로부터 보호받으려는 수단으로서.

이상화는 개념이나 개념의 형태를 취한다. 개념은 건강한 양식으로 아이가 추구하고 동일시하는 목표가 될 수 있다. 아이의 자기가치는 보통 성취와 인식 개념에 의해 유도된다. 아이가 점점 성장함에 따라, 자기가치는 자부심과 자존감을 위한 성숙한 능력으로 절정에 이른다. 자기 정체감이 형성되고, 자기만족 능력이 내재화된다. 이런 과정이 성공적으로 착수되면, 아이는 안전을 느끼기 위해 강한 타인이나 이상적인 존재가 더 이상 필요 없는 성인으로 성장할 것이다.

이상적인 타인으로 부터 박탈을 당하는 환경에서 성장한 사람들은 그들의 성인기의 삶 전반에 걸쳐 이상화를 끊임없이 추구한다. 그들은 강한 리더와 근원, 안전을 느끼게 하는 경직된 신념 체계를 추구한다. 심한 병리적 사례에서, 그런 사람들은 모든 명령을 따르는 한 자신을 보호해 주고, 견고한 신념 체계를 제공하는 카리스마 있는 종교 지도자의 희생자가 될 수 있다. 어떤 경우에, 박탈을 경험한 사람들은 독재적인 리더가 있는 정치 체계를 쫓아다니거나, 가혹하고 통제적인 배우자를 선택할 것이다. 타인들이 자신을 있는 그대로 봐 주지 않을 것으로 보기 때문에, 그들은 다른 사람의 강하거나 존경할 만한 자질에만 초점을 두려고 자신의 지각을 왜곡시킬 것이다. 이러한 사람들이 자신의 치료자를 이상화시키고 항상 경이로운 존재로 치료자를 보는 환자들이다. 리더를 자신의 욕구대로 보려는 자기 자신을 지키기 위해, 자기 스스로 자신이 의존해야 하는 사람들의 결점을 보려하지 않을 것이다.

Yalom(1995)은 Tolstoy의 고전 소설인 전쟁과 평화의 한 부분에서 이상화 전이의 사례를 제시한다. 주인공인 Rostov는 자신의 이상적 존재인 리더 Tsar의 뜻하지 않는 출현에, 감정에 완전히 압도되는 자신을 발견한다.

> 그는 황제가 가까이 있다는 사실에 행복감에 휩싸였다. 가까이 있는 것만으로도 오늘 하루의 손실이 보상되는 듯하였다. 만날 날을 간절하게 기다리는 연인처럼 행복 했다. 맨 앞 대열에서 감히 돌아 볼 수도 없었고, 주변을 둘러보지도 못하고 황홀경에서 황제의 접근을 느꼈다. 그는 가까워지는 기마대의 말굽 소리에서 그를 느꼈고, 황제가 가까워 올 때, 그의 주위의 모든 것이 환해지고, 더 기쁘고 소중하게 느껴지고, 마음이 들떴기 때문에 황제의 접근이 느껴졌다. Rostov에게 있어서 이 태양은 주위에 부드럽고 장엄한 빛을 비추면서, 점점 더 가까이 다가왔다. 그리고 그의 음성이 들렸다- 달콤하고, 차분하며, 웅장하지만 소박한 음성이 들렸다...... Rostov는 목숨을 아끼지 않고 그저 황제의 눈앞에서 죽을 수 있다면, 얼마나 행복할까 하고 공상하면서(그런 것은 꿈에서도 생각할 수 없었다), 일어나 모닥불 사이를 서성이기 시작했나. 그는 확실히 황제와 사랑에 빠졌다. 그리고 러시아 군의 영광과 앞으로 있을 승리에 대한 희망에도 듬뿍 취해 있었다. 또 Austerlitz 전을 앞두고 기억할 만한 수일 동안, 이런 감정을 느낀 사람은 그 하나만이 아니었다. 러시아군의 열의 아홉은 그 순간에 비록 그보다 덜 황홀하기는 했지만, 황제와 러시아군의 영광에 도취되어 있었다. (Cited in Yalom, 1995, pp. 195-196)

어떤 경우에, 이상화하기는 환자들이 치료자를 실수를 하지 않는 사람으로 오랫동안 지각하게 한다. 이상화하기는 환자들이 흠이 있는 사람으로 치료자를 보는 일은 너무 위협적이다. 이는 또한 집단 밖의 관계에서도 드러난다. 예를 들어, 이 환자들이 자신과는 매우 "틀린wrong" 파트너와 결혼하는 이유이다. 그들은 자신의 파트너를 이상화시키고 훌륭한 자질들만 지각하는 경향이 있다. 그 사람이 정말 어떤 사람인지 일단 알게 되면, 시간이 지나면서 이상화의 기운이 "서서히 기울기" 시작하면, 그들은 환멸감과 배신감을 느낀다. 다음은 이상화하는 환자가 "이상화된 타인"에 대한 자신의 이미지를 계속 유지시키고 있는 사례이다.

36세 회계사인 Fred는 자신의 집단 리더에게 강한 이상화 전이가 있었고, 다른 집단원들이 리더에게 거센 비판을 하면, 열렬이 리더를 옹호하였다. 또한 집단에서 그가 언급할 때마다 리더의 동의를 얻기 위해 집단리더를 꼭 쳐다보곤 하였다. 혼란스러우면, Fred는 집단리더에게 "제가 지금 무엇을 느끼고 있죠?" 라고 물었다. 집단리더가 아픔으로 호소한 Fred를 공감해 주지 않았을 때, Fred는 마침내 자신의 불편함을 이해하지 못한 리더에게 화를 냈다. 집단리더도 결점이 있을 수 있고 잘못을 저지를 수 있다는 현실을 견디지 못한 Fred는 자신의 실망을 비인격적 분노 반응으로 극복했다. Fred의 분노 폭발이 가라앉은 후에, 다른 집단원들은 Fred가 집단리더를 따르지 않은 첫 번째 일로, 그의 자기주장을 축하해 주었다. 집단이 마무리될 즈음에, 리더도 Fred의 비인격적 도전에 대해 지지해 주었다. 그 다음 회기에, Fred는 지난 한 주 동안 그 사건에 대해 생각해 보았다고 리더에게 이야기하며, 실제 리더는 목적이 있는 실수를 한 것이었다고 말하였다. Fred는 "그 일에 대해 신중하게 생각한" 후에, 집단리더가 자신에게 그렇게 하는 것이 이롭다는 사실을 알았기 때문에, 리더는 내가 화를 내도록 자극시키려고 그런 행동을 했다는 사실을 알게 되었다고 말했다. Fred는 그런 창조적 전략을 활용한 리더의 기술과 선견지명에 대해 지체 없이 고마워하였다. 이상화된 타인으로 리더에 대한 자신의 이미지를 유지시키려는 Fred의 욕구가 너무 강해서, 리더의 실수가 계획되고 계산된 전략으로 지각화하기 위해 정교한 지적 술수를 부린 것이다. 이는 집단 밖의 Fred의 딜레마이기도 했다. 그에게 매우 착취적이었던, 상사에게 그의 좋은 아이디어들을 넘겨주는 경향 때문에, 반복적으로 승진에서 떨어졌다. Fred는 자신이 원하는 사람이 아닌 다른 사람으로 상사를 보는 걸 견디지 못했다.

반사反射-갈망 전이

감정이 발달하는 동안, 아이들이 엄마나 아빠의 무조건적인 존중과 인정을 받지 못하면, 그들은 성인의 삶 속에서 이러한 확인을 끊임없이 추구한다. 반사 갈망 전이를 보이는 사람들은 그들의 거울이 되어 주고 동의해 주는 관계가 필요하다. 그들은 다른 사람들이 자신에게 끊임없이 반응하고, 존중하고, 인정하기를 요구한다. 그들이 어린아이였을 때 부족했던 것을 성인의 삶 속에서 외부로 부터 얻으려 한다. 타인들은 그들에게 Kohut가 자기-대상self-objects 이라 부르는 존재가 된다. 그들은 보통 다른 사람들에게 인정과 존중을 얻고, 존경 받는 성공적인 사람들이 된다. 그들은 인정에 목말라 하고, 인정과 칭찬을 받지 못하면 박탈감, 공허감, 위축감을 느낄 것이다. 자신의 권능감sense of entitlement 에 도전을 받거나 즉각적인 만족을 얻지 못하면, 그들은 자기애적 손상을 입고 화를 벌컥 내거나 극단적으로 우울하게 된다. 다음 사례는 반사-갈망 전이의 문제를 보여준다.

30세 코카인 중독자인 Tim은 개인 치료와 집단 치료를 동시에 받았다. 모든 시간과 에너지가 그에게 완전히 맞춰진 개인 회기에서, 그는 매우 원기 왕성하였다. 말 그대로 그가 오늘 어떻게 보이냐고 치료자에게 질문하면서 매

회기를 시작했다. 그는 치료자에게 자신이 옳은가하는 확인을 구했다. 마치 어떤 사람이 자신의 넥타이가 비뚤어지지 않았는지 보려고 거울 앞에 서 있는 것과 같았다. Tim은 치료자 앞에서 이와 똑같았다. 개인 치료에서는 그가 필요한 거울보기를 할 수 있었지만, 집단에서는 훨씬 더 큰 어려움을 겪었다. 다른 집단원들은 매주 자신의 이야기만 하는 그의 고집에 지치기 시작했다. Tim은 집단 스포트라이트를 함께 나누려고 하지 않았다. 그의 이런 저항으로 집단에서 가장 지지적이었던 두 사람이 정서적 불편함을 그에게 드러내었다 하지만 집단에서 "그만의 시간"을 포기하지 않자, Tim의 마음을 확연히 알게 된 어떤 한 주에 결국 위기를 맞게 되었다. 두 여성이 매우 눈에 띄게 그녀들의 감정을 드러내거나, 집단에서 그녀들 만의 시간을 요구하는 일은 그녀들답지 않았기 때문에, 다른 집단원들은 Tim의 둔함에 화를 냈다. 이 두 여성은 과거에 그를 지속적으로 지지해왔던 사람들이여서, Tim의 행동이 특히 집단을 자극시켰다. Tim은 집단의 반응을 참을 수 없어서, "절 지지하지 않는 집단은 어디에도 참여하고 싶지 않아요. 현실은 너무 견디기 힘들어요"라고 말하며, 집단에 끝까지 되돌아오지 않았다.

합병 전이

자기애적 전이의 다른 유형은 쌍둥이twinship, 분신分身, alter ego이나 합병 전이이다. 이는 집단에 있는 모든 사람들이 자신과 같거나 유사하다는 것이다. 어떤 경우에, 집단원들은 집단리더의 심리적 구조가 자신과 똑같거나 유사하길 바란다. 이 현상은 우리가 처음 다른 나라에 갔을 때, 낯선 상황에서 경험하는 불편한 느낌들과는 다르게, 합병 전이는 우리와 다른 사람이 같다고 지각할 때, 경험하는 편안함을 말한다.

발달이 정지된 대부분의 집단원들에게서, 합병 전이는 집단에 있는 다른 사람들을 다르다고 보지 않는 모습으로 드러날 것이다. 그들은 "우리는 모두 똑같다" 혹은 "저는 이 집단에 있는 사람들을 모두 다 공평하게 좋아해요"라고 주장하면서, 집단원들 간의 차이를 차별화시키는 어떤 노력들에 대해 저항할 것이다. 이런 전이 왜곡은 집단 리더에게 도전적이지는 않지만, 집단에서 그런 양상을 보이는 구성원은 강요된 순응과 거짓 유사성의 배후에 자신을 계속 숨길 것이다. 그들은 자신이 정말 다른 사람들과 함께 위험을 감수할 수 있는지의 여부를 배우지 못한다. 이런 것이 변하지 않으면, 집단은 모든 사람들이 동일성과 평등이라는 틀 속에 들어가 있는 공유 환상을 갖게 된다. 집단 리더의 과제는 집단원들의 개인력을 개별적으로 대조시키고, 그들 간의 차이를 반복해서 지적하는 일이다. 이런 작업의 목적은 집단원들을 "우리"에서 "나"로 점차 나아가게 하려는 것이다. 각 집단원은 개인화와 분리가 위협적이지 않다는 사실을 깨달아야 한다.

반복 강박

반복 강박은 대부분의 치료에서 맨 먼저 나타날 가능성이 있는 전이 현상으로(Rutan, 1983), 지금-여기에 집단 상호작용에서도 명백하게 나타날 것이다. 반복 강박의 발현을 통해, 집단원들은 그들의 과거에 완성되지 못하고 남겨져 있는 부분을 이루려 할 것이다. 반복 강박에는 경험의 반복이 포함 되어 있다. 모든 인간의 행동은 고통스러운 경험을 반복하려하고, 완성되지 못했거나 불완전한 어떤 경험에 사로잡히는 경향이 있다. 성인의 경험에서, 반복 행위는 보통 자기 패배적이지만, 개인의 차원에서 내재된 동기는 기존의 트라우마를 극복하려는 소망에서 다시 반복된다. 극단적인 경우에, 이는 알코올 중독자 가정에서 성장한 아이들에게서 반복 강박이 생긴다. 다음의 한 사례가 이러한 점을 밝히는 데 도움을 줄 것이다.

졸업 논문을 마무리하고 있던 박사 과정생인 나는 한 지방의 알코올 중독 치료 센터에서 상담자로 시간제 근무를 했다. 어느 늦은 밤 자정쯤에, 밀린 서류들을 처리하느라 사무실에 혼자 있었는데, 갑자기 전화벨이 울렸다. 그렇게 늦은 시간에 전화가 오는 일은 흔치 않는 일이었다. 자정 이후에 걸려오는 전화는 모두 자동 응답 서비스로 넘어갔다. 전화가 계속 반복해서 울리자, '저 전화는 내가 받아야 하는 게 아닐까' 하는 의문적 충동이 일어났다. 이런 일은 평소의 나답지 않았지만, 나는 그렇게 오랫동안 받지 않는 전화를 끈덕지게 하는 이유를 알아 봐야 할 것 같았다. 수화기 너머로 술에 취한 사람의 목소리가 들려올 거라고 상상했기 때문에, 곤경에 처한 여성의 부드럽고, 점잖고 유순한 목소리가 들렸을 때 난 깜짝 놀랐다. 그녀의 목소리는 깊은 슬픔이 실려 있었다. 그런 슬픈 목소리는 그녀 자신과 관련된 불행한 일로 고군분투한 후에 나오는 것이었다. 나는 센터가 밤에는 문을 닫지만 응급 상황인 경우에 다른 센터로 기꺼이 의뢰해 줄 수 있다고 정중하게 말하였다. 그녀는 아침까지 기다리겠다고 하였고 다음 날 다시 전화를 걸겠다고 하였다. 내가 막 전화기를 놓으려 하자, 그녀는 현재 자신을 괴롭히는 한 가지 질문에 대답해 줄 수 없냐고 물었다. 그녀의 목소리는 매우 개인적이고 중요한 문제로 조용히 싸우고 있는 고통스러운 사람의 목소리였기에, 나는 좋다고 동의했다. 그녀는 잠시 말을 멈춘 후에, "지금의 제 남편은 알코올 중독자입니다. 제 첫 남편도 알코올 중독자였죠. 저의 아버지도 알코올 중독자이셨어요. 제가 무슨 잘못이 있는 건가요?" 라고 매우 진지하게 물었다. 진지한 그녀의 질문에 나는 마음이 움직였다. 즉각적으로 대답할 수 없었다. 나는 자정이 넘은 시간에, 이런 난처한 질문에 대답을 듣길 간절히 바라며, 주방 탁자 앞에서 당황한 모습으로 홀로 앉은 젊은 여인을 마음속으로 그려보면서 조용히 있었다. 그녀의 과거의 충격은 이미 그녀의 눈앞에서 고통스럽고 분명한 자신의 삶의 패턴으로 그려지면서, 뚜렷한 현실로 와 닿고 있었기 때문에, 나는 대답할 필요가 없었다.

많은 다른 알코올 중독자 성인 아이들처럼, 이 여성도 반복 강박의 고통에 사로 잡혀 있는 전형적인 한 예이다. 반복 강박은 알코올 중독 부모 밑에서 성장한 아이들이, 어른이 되었을 때, 왜 논리에 맞지 않게 계속해서 알코올 중독자와 결혼하거나 파트너로 선택하는지 설명해 준다. 정서적 발달이 정지된 수준에서, 그들은 가족적 대혼란에 대한 책임을 느낀다. 자신이 아버지가 술을 그만 마시도록 했었더라면, 모든 것이 괜찮아질 수 있었을 것이다. 자신이 아버지를 잡아주지 못했지만, 아마도 이번에 배우자와는 다르게 꾸려갈 수 있을 지도 모른다. 근본적인 외상 경험(아버지의 알코올 중독)이 이번에는 극복할 수 있을 거라는 희망으로 자신의 성인의 삶에서 또다시 경험하도록 유도한다. 대부분의 전이 현상과 같이, 반복 강박도 무의식적이기 때문에 이런 과정에 대한 인식은 묻혀 있다. 알코올 중독자와 "결국" 결혼한 많은 성인 아이들은 수년의 결혼생활 동안, 자신의 배우자가 술을 마시지 않았다고 주장한다. 그것을 음주라기보다 변화 가능한 배우자의 개인적 특징으로 간주한다.

반복 강박이 지금-여기에 집단 상호작용에서 명백하게 드러나기 때문에, 집단 리더는 각 집단원의 개인사를 알기 위해 집단원들의 상호작용을 관찰해야 한다. 집단에서 각 집단원들은 개개인의 특유한 전이 왜곡을 드러낸다. 삶에서 분노로 어려움을 겪는 사람은 집단에서도 분노의 고통이 있을 것이다. 다른 사람들을 착취하며 살아온 사람은 집단원들을 이용할 것이다. 집단원들은 현재에서 과거의 불완전한 외상을 드러낼 것이다. 집단 리더의 과제는 현재에 일어나는 집단원들의 왜곡을 반복적으로 지적해 주는 것이고 현실에서 그들의 과거를 반복하는 여러 방식들을 자세히 밝히는 것이다.

전이의 남용

집단 리더는 자신이 집단에서 전이를 다루는 방식을 주의 깊게 지켜봐야 한다. 집단 리더가 집단에서 자기 자신을 방어하고 지키는 수단으로 해석을 사용할 수 있다. 전이 해석은 집단을 위한 공감적 유대에서 이뤄질 때만 유익하다. Freud는 치료자들이 자신의 불편감을 방어하기 위해 전이를 사용할 때 환자에게 주는 상처에 대해 기술하였다. 집단 리더가 집단에게 우월함을 드러내기 위해 해석을 사용해서는 절대 안 된다. 일단 리더들이 영웅이 되려고 하면 집단을 버린 것이다.

역전이

모든 치료자들처럼, 집단 리더들도 사람이고, 환자들과 다르지 않다. 치료자들도 자신의 전이 반응으로 괴로워한다. 또한 환자들에 대한 치료자의 강한 전이는 치료자의 치료적 능력을 방해하는 여러 무의식적 반응들을 유발시킬 수 있다. 이런 반응을 역전이라 부른다. 고전적인 용어로, 역전이는 환자와 치료자 간의 접촉으로 치료자의 의식적, 전의식적, 그리고 무의식적 태도, 신념, 느낌의 전 범위를 반영하는 환자에 대한 치료자의 전반적인 감정 반응을 말한다.

그러나 이전에 언급한 바와 같이, 역전이에 대한 고전적인 정의는 현재 너무 협소하고 제한적이다. 역전이는 환자에 대한 강한 전이로 치료적 반응을 하지 못하는 치료자의 무능력 그 이상을 말한다. 감정과 무의식적 의사소통은 모든 친밀한 만남에서 항상 일어난다. 숙련된 치료자는 환자에 대한 무의식인 감정 반응과 자신의 감정을 구분할 수 있다. 치료에서 생긴 감정이 치료 과정에서 갖는 의미와 그 결과들을 파악하기 위해, 전이 현상과 관련된 몇 가지 핵심 개념을 살펴보는 것이 중요하다. Louis Ormont(1992)는 "가장 최악의 치료자는 자신의 느낌으로 환자를 건드리는 사람이거나, 그의 감정이 치료에 영향을 끼치는 사람이다"(p. 52). 치료자가 경험하는 모든 감정들은 반드시 환자에 의해 유발된 것은 아니다. 환자가 유발시키는 감정과 치료자 자신의 감성을 파악하는 일은 중독과 집단 치료 뿐 아니라, 모든 유형의 심리 치료에서 매우 중요하다.

역전이의 정의

1. 전이에 대한 Freud의 초기 정의는 환자의 전이에 대한 치료자의 무의식적 반응으로 한정된다. 환자에 대한 역전이는 치료자의 분석을 방해하는 무의식적 반응이다. 이 정의에서 중요한 두 가지 요소는 역전이가 무의식적인 것과 치료를 방해한다는 점이다.

2. Freud의 정의는 고전적 정신 분석 이론에 의해, 환자가 치료자를 자극시키는 반응에서 치료자가 반응 할 수 있는 전체 레퍼토리로 점차 확대되었다. 역전이는 환자에 대한 치료자의 전이로 본다.
3. 역전이는 결국 치료자의 신경증적 곤란을 나타내는 지표이다. 역전이는 환자 특정적patient specific이지 않고, 환자에 의해 유발 되는, 치료자 내면에 있는 문제를 반영한다. 많은 경우에, 치료자의 어려움은 주제 특정적topic specific(성, 분노, 질투, 경쟁 등)이다. 치료자 자신의 해결하지 못한 갈등 때문에, 어떤 환자가 제시한 문제로 치료자의 신경증적 반응이 각성될 수 있다.
4. 대상관계 이론이 역전이의 정의를 더욱 확장시켰다. 역전이는 환자가 치료자에게 끼친 심리적 영향으로 인한 어떤 반응으로 정의된다. 역전이 반응이나 행동이 치료에 반드시 문제가 되지 않으며, 반드시 무의식적인 것도 아니다. 광의적인 정의로 역전이는 환자들이 치료자를 부추기는 모든 느낌(의식적 및 무의식적)과 생각이다. 보통 무의식적인 지각이나 공감 과정으로 언급되지만, 치료자는 환자의 말로 유발된 무의식적 느낌이나 연상들을 모니터하고 분석해야 한다. 치료자가 환자의 감정과 무의식에 대한 치료적 가정을 세울 때, 환자에 의해 유도된 내적 사고나 감정을 치료자가 활용하도록 권고한다.
5. 역전이에 관한 현재의 관점은 환자의 전이와 감정적 요구에 영향을 받지 않는 경우는 대부분이 역전이가 일어나지 않고 일어난 경우 비생산적이라고 설명한다. 결과적으로, 치료자-어떤 치료자-는 환자의 요구에 어떤 식으로 든 영향을 받는다. 특히 일반적으로 치료자가 원치 않는 어떤 행위를 환자가 무의식적으로 유발시킬 때(미루기, 만족시키기 등), 환자의 특별한 감정적 요구에 반응하는 치료자의 방식을 재연enactment이라 한다. 재현 과정은 투사적 동일시와 치료자 자신의 해결하지 못한 과거의 모습 되살리기가 포함된 강하고 무의식적인 경험과 보통 관련 있다.

Adler(1994)의 주장과 같이, 역전이로 인한 어려움들을 충분히 훈련받지 않았거나 정신 병리에 대한 경험이 풍부하지 못한 "치료자들"이 가끔 유혹을 받는다. Adler는 다음과 같이 저술한다.

> 나는 모든 치료자들이 잠재적으로 이런 어려움이 있다고 본다. 어떤 치료자는 취약하고, 다른 이들은 그렇지 않을 수 있다. 그러나 정신 병리의 스펙트럼 상에서, 이런 취약성에 반응하는 사람들과 그렇지 않는 사람들은 분명하다. 그러나 이런 문제들은 모든 치료자에게 어느 정도 나타난다. (p. 156)

Adler는 고통스러운 성장 배경과 그러한 경험이 있는 환자들이 어떤 치료자의 개인적인 정서에 부담을 줄 가능성이 높고, 환자에게 파괴적으로 사용될 가능성이 있다고 설명한다. 역전이 감정들로 유도된 잠재력이 어떻게 파괴적이지 않고 생산적으로 사용될 수 있는지의 이해를 돕기 위해, 투사적 동일시의 개념과 치료에서 객관적 및 주관적 역전이와 재현과의 관계에 익숙해지는 것이 중요하다.

객관적 및 주관적 역전이

Louis Ormont 등은 주관적 역전이와 객관적 역전이를 처음으로 구별하여, 전이, 역전이그리고 투사적 동일시와의 관계를 설명하였다. 주관적 역전이는 치료자의 과거, 개인적 취향과 관련된 환자에 대한 주관적 반응이다. 반면, 객관적 역전이는 환자로 유발된 감정이나 생각들을 말한다. 객관적 역전이는 치료자의 편에서 일어나는 주관적 반응이라기보다, 치료자가 살짝 엿본 환자의 정서적 삶의 객관적 자료이며, 환자와 함께 의사소통을 하게 한다. 객관적 역전이는 대부분의 사람들이 유발될 수 있는 감정이라는 의미에서 객관적이란 의미도 있다. 예를 들어, 한 집단원이 치료자의 감정을 유발시키고, 다른 모든 집단원들이 그 집단원의 아내나 친구들처럼 그에게 화를 낸다면, 객관적 전이를 다루고 있다고 보면 된다. 당신과 유사한 방식으로 반응하는 다른 집단원들이 없고, 집단 리더인 당신이 특정 집단원을 지나치게 염려하고 보호하고 있다면, 주관적 전이 반응을 경험하는 훌륭한 기회이다.

주관적 역전이

주관적 역전이에 대한 간단하지만 간결한 정의는 치료자들이 환자나 집단의 전이로 다시 각성된, 자신의 과거에 있었던 중요한 사람에게 가졌던 어떤 감정들이다. 이것은 다양한 형태를 취할 수 있다. 공통적으로 경험되는 세 가지 유형은 다음과 같다.

1. 긍정적. 치료자가 환자를 너무 사랑하고 보호하고 환자에게 반응한다. 가장 심한 경우에, 환자에 대한 치료자의 사랑이 에로틱하게 되거나 환자에게 어린아이 같은 반응을 야기시킬 수 있다. 집단에서, 치료자의 두드러진 편애나 과잉보호는 희생양 만들기나, 강한 라이벌, 경쟁과 질투를 유발시킬 수 있다.
2. 부정적. 치료자가 환자를 너무 싫어하거나 환자에게 화를 낸다. 훨씬 더 심한 환경에서는 지나친 직면, 무반응성과 무보호가 야기될 수 있다. 집단은 치료자의 분노에 행동화할 수 있고 환자는 희생양이 되거나 무시되기 쉽다.
3. 자기애. 치료자의 감정이 환자와 무관하다. 조율, 공감과 반응성이 사라지거나 불충분하다. 치료자 자신의 만족을 위해 환자를 이용한다(재정적 혹은 개인적으로). 치료자는 구성원들의 존경과 순종을 촉진시키는 도구로 집단을 활용한다.

객관적 역전이

객관적 역전이는 두 가지 범주로 나뉠 수 있다. 한 범주에는 환자의 전이 감정, 사고와 행동을 초래하는 치료자의 감정, 생각과 행동이 포함된다. 다른 범주는 환자가 그 당시 경험했던 감정들을 다시 떠올리는 능력으로 환자의 감정들로 구성된다.

첫 번째 범주에서, 환자들이 부모나 과거 중요한 권위상에게 반응해 온 것처럼, 환자들은 치료자나 다른 집단원들에게도 똑같이 반응한다. 특히, 치료자가 평생 다른 사람에게 따뜻하고 유익을 주며 살겠다고 결심 했다면, 차갑고 냉담하고 억제적으로 보통 보이지 않을 것이다. 치료자가 사랑받고, 칭송받고 존경을 받으려는 터무니없는 욕구가 있으면 이런 상황은 훨씬 더 복잡해진다. 많은 경우에, 이러한 욕구는 정상적인 치료적 입장을 완전히 바꿀 수 있다. 치료자들은 전이 왜곡을 상쇄시키기 위해 사실보다 더 만족하거나 환자의 은혜를 모르는 행동과 불공정한 판단에 대해 계속 분노할 수도 있다.

Adler(1994)가 지적한 바와 같이, 치료자들은 자신의 역전이 반응에 면역이 될 만큼 발달 상태에 절대 도달하지 못한다. 그의 주장과 같이, 환자에게 주는 전이 반응의 충격을 최소화시키기 위해 치료자는 자신에 대해 아는 것이 중요하다. 환자들이 치료에 조기 탈락하는 이유와 집단 치료에서 이득을 얻지 못하는 이유에 대한 논문에서, Har Paz(1994)는 치료자의 성격, 특성과 역전이 반응이 중요한 요인이라 하였다. 환자들이 치료에 탈락하는 아홉 가지 이유에 대한 Yalom(1975)의 목록을 인용하며, Har paz는 이 목록 속에는 치료자의 역할에 대한 언급은 없다고 하였다. Har paz는 치료자의 해결되지 않은, 비합리적 두려움을 집단 치료 실패의 주요 기여 요인으로 본다. 집단 치료의 실패 원인을 살펴 본, Weiner(1983)는 "가장 미묘하고 가장 파괴적인 잠재 요인은 치료자의 자기애적 취약성"이라고 주장한다. 이런 역전이 변인을 기술하면서, Har Paz는 집단 리더에게 치료자가 환자들에게 효과적이기 위해, 환자들을 어떻게 다루어야 할지(즉, 좋아하고, 존중하고, 필요하고 등) 분명히 알아야 한다고 경고한다.

효과적인 치료적 전달을 방해하는 치료자의 역전이에 대한 두려움과 자기애적 취약성을 막도록 돕기 위해, Har Paz는 다음의 질문에 답해 보도록 한다.

1. 치료자의 역전이 반응이 그 집단에서 특유한가?
2. 치료자가 자신의 의식적, 전의식적 및 무의식적 감정과 바람들을 해소시키거나 행동화하려고 집단을 이용하는가?
3. 치료자의 두려움이 치료자의 치료적 스타일이나 치료자의 활동 수준에 얼마나 영향을 미치는가?
4. 집단 장면에서 어떤 비합리적 두려움(불안)이 활성화되고, 이것이 치료자에게 부정적으로 영향을 미친다. 예를 들어:
   a. 치료자가 남성 혹은 여성과 친밀하게 지내길 두려워하는가?
   b. 치료자가 권위, 파워나 통제 상실을 두려워하는가?
   c. 치료자가 감정의 개방, 강한 감정 표현을 두려워하는가?
5. 치료자의 심리적 구조에서 어떤 유형의 두려움이나 불안이 주도하는가? 즉, 유기의 두려움인가 아니면 몰입의 두려움인가? (1994, p. 7)

역전이 반응에 대한 두 번째 범주에서, 환자의 무의식적인 감정과 의사소통하는 치료자의 능력이 적절히 활용되고 적용될 경우, 중요한 정보원이 된다. 무의식적인 감정적 의사소통의 분야에서는 투사적 동일시에 대한 개념을 확실히 알아야 한다.

투사적 동일시

투사적 동일시에는 개인 간 구성요소와 개인 내적 구성요소가 모두 포함된다. 투사적 동일시는 두 사람 이상의 상호작용적 맥락에서 존재하는 투사와는 실질적으로 다르다. 투사는 개인 혼자에게서도 일어날 수 있고 신뢰하는 관계에서는 거의 일어나지 않는다. 투사적 동일시는 투사자projector와 수용자receiver가 필요하다. 수용자의 방어가 약할수록 즉, 더 개방적이고 감정적으로 친밀하고, 투사자에게 수용자가 상처받기 쉬울수록, 투사자의 투사를 "떠안지" 않을 수 없다. Ogden(1982)은 다음 투사적 동일시의 세 가지 단계를 알면 투사적 동일시 가정을 더 쉽게 알 수 있다고 제안한다.(표 16.1 참조)

〈표 16.1〉 Odgen의 투사적 동일시 단계

1. 다른 사람에게 자신의 경험을 전달하기
2. 다른 사람에게 자신의 부분을 경험하도록 강요하기
3. 다른 사람에게 자신의 부분을 되돌려 받기

Ogden의 제안과 같이, 투사자는 수용자에게 투사하고 그가 경험하도록 어떤 정서적 압력을 가한다. 투사자는 자신의 감정 혹은 어떤 부분을 견딜 수 없어서 이를 제거 하려 한다. 이런 이유로 투사자는 다른 사람에게 이를 강요하거나 투사하여, 수용자가 투사자의 감정이나 다른 부분을 경험하게 한다. 투사자는 자신의 기대를 확증시키듯이 수취인에게 자신의 경험을 전달한다. 예를 들어, 투사자는 자신에 대한 부정적인 감정과 무가치감을 이미 경험하기 때문에, 투사자는 그런 나쁜 마음을 품게 한 사람을 견디지 못한다(즉, "좋은 사람은 화를 내지 않는다. 나는 좋은 사람이여서, 화를 낼 수 없다. 내가 분노를 느끼는 것으로 보아, 화를 내는 사람은 틀림없이 당신이다!"). 그러면 수용자는 투사자의 투사를 강제로 떠안게 되고 투사자에게 행동화한다. 결국 투사자의 기대가 검증된다(즉, "거 봐, 내가 옳았잖아. 넌 화를 내고 있지. 넌 내가 나쁜 사람이라고 생각하고 미워해!"). 대상관계 관점에서 Ogden은 다음과 같이 이 과정을 자세히 기술한다.

> 이런 무의식적인 투사적 환상과 관련하여, 투사적 환상이 구체화된 자기 표상과 대상 표상, 그리고 투사된 감정들과 일치된 방식으로 수용자가 생각하고, 느끼고, 행동하는 방식으로 대인 관계 상호작용이 이뤄진다.(1982, p. 2)

그러나 투사적 동일시는 방어 그 이상이다. Ogden은 투사적 동일시가 기여하는 그 외의, 중요한 세 가지 기능을 알아냈다. (1) 의사소통, (2) 대상 관계성, (3) 심리적 변화를 위한 경로. 이 기능들 중 마지막 기능이 적절히 이해되고 활용되면, 치료자에게 상당히 귀중한 치료적 정보를 제공한다(표 16.2. 참조).

의사소통으로서 투사적 동일시

투사적 동일시를 적절히 파악하고 활용하면, 환자에 대한 귀중한 정보들을 치료자에게 제공한다. 투사적 동일시가 개인의 과거의 감정적 의사소통과 그 경험을 반영하는 개인의 정서적 생활의 근원으로 보이면 많은 정보를 얻을 수 있다. 학대당하는 아이가 무관심한 부모를 어떻게 느끼는지에 대해 의사소통할 수 있고, 또한 학대적이고 무관심한 부모가 환자에 대해 어떻게 느낄 수 있는지 살짝 엿볼 수도 있다. 결과적으로, 상동적 동일시concordant identification라 부르는, 환자가 치료자를 환자의 자기self와 동일시하거나 보완적 동일시complementary identification라 부르는, 환자의 내재화된 대상과 치료자를 동일시할 수 있다. 치료자가 활용할 수 있는 동일시의 두 가지 유형(상동적 및 보완적)은 정서적 의사소통과 이해의 중요한 원천을 제공한다. 동일시의 궁극적 가치는 치료자의 공감 능력을 증가시킬 수 있다. 공감은 성공적인 투사적 동일시 과정을 초래하고 환자의 정서적 경험을 더 잘 이해하도록 이끌어 준다.

〈표 16. 2〉 Ogden의 투사적 동일시의 네 가지 기능

1. 방어–자신의 원치 않는 부분에 거리를 두기 위하거나 다른 누군가로 살아남기 위해
2. 의사소통–수용자를 강요하여, 누군가에게 자기 자신과 같은 느낌을 경험하도록 이해 시키기 위해
3. 대상 관계성–투사할 만큼 분리되어 있지만, 어떤 오해가 일체감sense of oneness 을 유발시키고 촉진시킬 만큼 미분화된 수용자와의 상호작용을 위해
4. 심리적 변화를 위한 경로– 엄마와 아기와의 관계, 결혼이나 환자와 치료자 관계에서 일어나는 것처럼, 수용자에 의해 투사가 재함입하여 전환되기 위해

보완적 투사적 동일시

보완적 투사적 동일시는 학대자가 어떻게 느끼는지 알 수 있는 기회를 치료자에게 제공할 뿐 아니라(대상-표상), 치료자가 환자의 과거 경험을 보다 더 완전히 공감적으로 이해하게 한다. 예를 들어, 치료자가 환자들의 "징징거림"을 참지 못하는 자신을 발견하고, 환자들의 칭얼거리기를 그만두라고 말하고 싶은 자신의 충동과 싸워야 한다면, 환자가 아이였을 때 그들의 부모와 어떤 경험을 했었는지 드러내 주는 좋은 기회이다. 더 큰 공감적 이해는 아끼고 이해하는 방식으로 경청하는 일이 얼마나 어려운지 알게 해준다. 환자를 비판하여 재현enactment의 유혹에 굴복하는 것 보다, 치료자는 환자의 경험과 공명할 수 있을 것이다.

상동적 투사적 동일시

투사적 동일시의 가장 단순하고 순수한 형태인 상동적 투사적 동일시는 환자의 실제 감정과 매우 비슷한 감정을 경험하는 치료자의 능력이다. 자기심리학은 여러 방식으로, 다른 사람의 경험과 정확하게 공명하는 치료자의 능력을 기술하기 위해, 대리적 성찰vicarious introspection과 공감empathy과 같은 용어를 사용한다. 상동적 투사적 동일시는 동일한 감정적 감각을 전달한다. 상동적 투사적 동일시는 공감과 뜻이 같다. 자기심리학에서 적어도 그 용어를 정의하는 방식에서 그러하다. 공감은 다른 사람의 심리적 상태와 순간적인 감정을 이해하고 공유하는 내적 경험으로 묘사된다. 공감적 경험은 환자와의 하모니와 친밀감과 더불어 긍정적으로 간주되는 경험이 좀 더 특징적이다. 공감의 가장 간결한 정의로, 공감은 상동적 동일시와 정확히 같진 않지만, 치료자가 내적으로 유도된 경험을 처리하는 데 성공할 경우 있을 수 있는 최상의 결과이다. 공감은 내재화된 대상과 관련된 자기self의 심정을 아는 것이다.

대상 관계성

많은 알코올과 약물 중독자들, 특히 회복 초기에 있거나 중요한 성격적 병리가 있을 경우, 방어적 동일시를 지나치게 많이 사용하면 치료되기 어렵다. 가깝고 친밀한 관계일수록, 과거 초기 관계에서 형성된 내적 자기 표상과 대상 표상이 현재에서 활성화될 가능성이 더 높다. 적절히 관리될 경우, 전이와 역전이 반응이 과거와 현재를 잇는 교량 역할을 할 수 있다. 전이와 실제 관계, 과거와 현재, 그리고 당신과 나와는 가끔 불분명한데, 가장 노련한 치료자들에게도 그렇다. 희망하건대, 이런 상황에서 치료자는 현실적이고 믿을 만한 관계의 모호함을 견딜 수 있을 것이다. 그러나 환자와 치료자가 함께 만들어야 하는 의존적 관계에서는 훨씬 더 모호하다. 치료자가 동등하고 비권위적인 관계를 형성하려고 아무리 노력하더라도, 애매함은 피할 수 없다. 환자가 치료자가 근무하는 사무실이나 병원에 오거나, 서비스에 대한 대가를 지불하는 한, 동등한 관계는 아니다.

애매한 관계를 견딜 수 있는 능력, 특히 치료적 모호함을 견딜 수 있는 능력은 많은 환자들에게는 없다. 훌륭한 합임이나, 좋은 내적 자기 표상을 가지고 있지 않은 사람들은 그런 애매함을 견디지 못한다. 그런 사람들은 보통 신뢰로운 부모의 옹호적인 반응을 충분히 받지 못했다. 결과적으로, 그들은 치료자 편에서 드러나는 어떤 모호함의 경험을 무관심의 증거나 수용의 실패로 파악한다(즉, 공감실패, 부족한 조율, 마음의 혼란, 태만 등).

심리적 변화를 위한 경로

투사적 동일시의 네 번째 기능으로, 치료자의 과제가 분명하고 중요시 된다. 수용자는 투사자의 투사를 투사자에게 되돌려 줘야 하지만, 전달받은 원래의 형태로 돌려줘서는 안 된다. 투사자는 참을 수 없는 자신의 어떤 부분을 제거 시기키는 것이 목적이었기 때문에, 투사는 투사자가 견딜 수 있는, 소화된 방식으로 수용자가 되돌려 주어야 한다. 환자의 경험 속으로 통합시킬 수 있고, 환자가 견딜 수 있는 방식으로 되돌려 주기 전에, 치료자는 그 느낌을 억제시키고 해독시켜야 한다. 이런 작업에는 때로 치료자가 투사자에게 "해를 주는 해석"을 하여, 그 감정에 너무 빨리 반응해서는 안 된다. 투사자를 돕기 전에 그 느낌들을 자제시키고, 해독시키고, 소화시키는 일은 치료자의 편에서 어떤 일이 일어나고 있는지에 대한 심사숙고나 이해이다. 이 과정을 몇 가지 분명히 하기 위해 다음 세 기지 단계 절차가 제공될 수 있다.

1. 첫째, 치료자는 일시적으로 나마 탐탁지 않게 자신을 보는 경험을 참아내면서, 환자에 대한 비판과 방어를 중지시키려고 노력해야 한다.
2. 둘째, 치료자에게 내재된 긍정적인 자기 표상과 관련하여 경험되는, 자존감을 위협하는 느낌은 아니지만 불편한 느낌이더라도, 치료자는 현재 자신의 경험을 관리할 수 있는 능력이 있어야 한다.
3. 셋째, 치료자는 투사적 동일시에 대한 암시나, 일시적으로 유도된 경험을 이해하는 능력이 있어야 한다.

이 과정을 조명하도록 돕기 위해, 몇 가지 예가 환자의 투사적 동일시에 반응하는 유용한 방법들을 명료화하는 데 도움을 준다. 예를 들어, 집단 리더가 비난과 책임에 대한 몇 가지 모호한 언급을 한 후에, 집단에서 다시 재발한 남편을 둔 한 여성이 격렬하게 리더를 공격한다. 치료자가 너무 성급히 반응하기보다, 그녀의 분노를 완전히 이해한다는 인정과 어떻게 그 진술이 그녀를 나무라는 소리로 들렸는지를 전달한다. 그런 다음, 치료자는 전이나 역전이에 근거한 관점에서 해석해 볼 수 있다.

1. 전이에 근거한 의사소통:
   a. "어찌되었든, 화가 난 것 같이 보이네요. 남편의 재발이 당신에게 얼마나 위협적이고 당신을 황폐하게 하는지 짐작이 갑니다. 지금, 저에게 화를 내면 마음이 좀 더 편해지는 것 같이 보이네요."
2. 역전이에 근거한 의사소통:
   a. "전 당신 남편의 재발이 당신에게 큰 압박을 주는 것같이 보이네요. 그리고 여기에서 싸움에 확 휘말린 것 같아요. 남편의 재발과 어떤 관련이 있다고 보세요?"
   b. "오늘 저와 싸우려는 것 같네요. 떠오르는 생각이 있나요?"
   c. "저, 한 사람만, 이 부분을 이해하지 못하는 것처럼, 긴장을 많이 하시는 것 같네요."

집단원의 남편이 재발한 사례처럼, 다른 상황 속에서, 집단 리더는 집단원의 전이적 분노의 근원을 신속히 알아내거나 이해하지 못할 수 있다. 그런 상황에서, 집단 리더의 과제는 치료자를 향한 행동화를 정당화시키지 않고, 집단원들에게 들리는 방식대로 인정하고 전이적 느낌을 가라앉히는 일이다. 치료자가 보복하지 않는다는 사실을 집단원들에게 확신시켜야 하고, 집단원들은 치료자가 그들의 분노에 위협을 받거나 겁에 질리는 쉽고 만만한 상태가 아님을 반드시 알아야 한다.

예를 들어 :

"우리가 이런 경험을 하기 전까지, 전 치료자를 약하고, 비효과적이고, 차갑고, 잔인한 사람으로 지각하거나 보려고 했어요."

"전 선생님의 치료에 화가 나고 지금 불행합니다. 하지만 이런 마음 때문에 선생님을 공격하거나 처벌 하려고 하지는 않을 겁니다... 우리가 이 일을 해결할 때까지 선생님과 함께 참고 견딜 작정이에요."

중독과 역전이

역전이는 모든 치료자에게 중요한 관심거리다. 역전이는 다른 환자들보다 알코올과 약물 중독자들에게서 강한 적개심, 분노, 무례함과 불신이 더 잘 유발되기 때문에, 이들과 함께 작업하는 치료자들에게 더 자주 일어나는 문제이다. 역전이가 자신의 만족이나 쾌락을 위해 환자를 이용하는 치료자에게서 나타날 수 있긴 하지만, 집단 리더에게 가장 어렵고 부정적인 감정일 가능성이 높다. Imhof, Hirsch와 Terenzi(1984)는 알코올과 약물 중독자들이 치료 과정에서 유발될 수 있는 강한 감정에 주의하도록, 이들과 치료적 작업을 함께 하는 치료자들에게 경고한다. 그들은 다음과 같이 기술 한다:

> 무가치감, 자기혐오와 파괴적 분노를 지닌 약물 남용 환자가 지금 그의 관찰자–"훌륭한" 치료자, "본보기paragon of virtue," 본질적으로 환자가 갖고 있지 않은 모든 것–를 만난다. 좋다–나쁘다라는 이분법은 환자의 자아 정체성을 심각하게 위협한다. 이 환자를 위한 정신적 치료 작업의 일순위는 그러한 불균형을 뒤집는 일이다. 특히, 그 환자(무의식적으로)는 치료자가 자신을 더 좋아하도록, 혹은 더 싫어하도록 하기 위해 치료자가 화를 내고, 속고, 굴욕감을 느끼도록 하기 위해 어떤 전략을 활용하기 시작한다. 치료자는 자신의 기술, 역전이와 태도를 비롯하여, 역동적 이해를 하지 않으면, 치료는 생명이 짧을 수 있고 모든 부정적인 결과가 환자의 탓으로 돌아갈 가능성이 너무 많다.(1984, p. 26)

역전이 반응에 대한 정확한 인식이 없으면, 치료자는 알코올과 약물 의존 환자의 임상적 관리가 사실상 불가능하다는 사실을 알게 될 것이다. 또한 부정적 역전이 태도는 파생적인 형태로 행동화를 일으킬 수 있다. 치료 시간에 늘 지각하고, 회기를 짧게 단축시키고, 공상에 잠겨있는 치료자는 쉽게 게을러지거나 환자들의 전화를 받지 않고 돌려버린다. 이러한 행동들을 신중하게 평가하기 위해서는 상당한 시간이 필요할 수 있고, 환자들로부터 무의식적인 영향을 받고 있다는 좋은 기회이기도 하다.

Imhof 등(1984)은 알코올과 약물 의존 환자들이 치료자에게 흔히 유발시키는 여섯 가지 역전이 반응의 목록을 작성하였다. 그들은 이러한 반응들이 공공연하게 드러나거나 분명할 수 있고, 평소에는 거의 위장되어 있다고 한다.

1. 치료자를 충동적인 나쁜 아이를 구하는 좋은 부모로 본다. 치료자는 자신의 "사랑"과 "관용"으로 약물과 알코올 사용하는 환자들을 치료할 희망으로, 환자들을 과잉보호하고, 과도하게 관여하거나, 보호하고 포용하게 될 수 있다. 알아논Al-Anon의 전형적인 구성원과 같이, 치료자도 알코올-약물 중독자들에게 자신의 모든 것을 내어 주고 열심히 노력하면, 치료자의 사랑으로 환자들의 약물 사용과 음주를 중단할 거라 착각할 수 있다.
2. 의사들이 약물을 과잉 처방하여 환자의 중독을 조장할 수 있다. 오진단이나 약물 남용이 될 수 있는 약물들에 대한 잘못된 처방은 알코올과 약물 중독자의 문제에 크게 기여할 수 있다. 알코올과 약물 중독자의 허무함이 환자를 위해 무언가를 해야 한다는 의사의 역전이를 부추길 수 있다. 즉각적으로 환자를 돕기 위한 노력은 다른 사람의 고통을 덜어주는 사람으로 평가 받으려는 의사의 적극적인 자세로 볼 수 있다. 가치 있는 사람이 되려는 역전이 욕구는 의사의 약물 처방을 초래한다. 이런 약물 처방이 환자에게 최선이 아니라는 의사 자신의 판단이 될 때라도 그런 결정을 한다.

3. 치료자들은 중독 환자의 놀랍고 빠른 회복에 사로잡힐 수 있다. 치료자는 자신이 효과적인 치료적 기술로 치유가 일어났다는 착각에 빠질 수 있다. 극단적인 경우, 치료자는 환자가 음주를 통제할 수 있을 만큼 "충분히 잘" 회복되었다는 신념에 사로잡힐 수 있다. 치료자는 환자의 재발로 속았다는 느낌, 분노와 화를 느끼거나, 자신 자신이 충동적인 아이를 잘못 치료한 실패한 "나쁜 치료자"로 느낄 수 있다.
4. 치료자들은 환자의 행동화로 대리만족을 얻을 수 있고 "세상과 싸우는 당신과 나"의 동맹을 맺을 수 있다. 자신의 해결되지 못한 무의식적 충동적 공상과 사투를 벌이는 치료자는 환자와 지나치게 동일시 할 수 있다. 환자와 치료자가 "정말로 저만이 당신을 이해합니다" 라는 태도가 발달할 수 있다.
5. 치료자는 보통 "소진burn-out" 이라 불리는 증후군이 생길 수 있다. 치료자가 환자에게 무감각하고 무관심해질 수 있다. 치료자는 철수, 자기애적 무관심, 지루함과 분노가 주가 되는 방어 기제를 활용한다.
6. 알코올과 약물 의존 환자들에 대한 치료자의 분류가 환자들은 절대로 변하는 않는다는 "약물 중독자," "주정뱅이," "아편쟁이" 그 이상 아무 것도 아니라는 태도를 갖게 할 수 있다.

치료적 관계와 치료 결과에 미치는 영향과 치료자의 치료 참여로, 집단에서 치료적 효과가 증가한다면, 집단 리더의 자기 반영과 자기 분석은 필수적이다. 알코올과 약물 중독자의 치료가 실패하는 원인은 환자-치료자 간의 부정적인 상호작용으로 보기 보다 환자의 정신병리 탓이 될 때이다. 집단 리더가 자기 자신의 파괴적인 역전이 영향을 회피하면, 대부분의 물질 의존 환자들에게서 유래하는 강한 감정들을 수용하고, 인식하고 분석하기 위해, 감정적으로, 그리고 인지적으로 수용해야 한다.

Imhof 등(1984)은 파괴적인 역전이를 최소화하기 위해 다음의 다섯 가지 권고를 집단 리더가 따르도록 한다.

1. 중독 치료는 치료 제공자로 선임 환자들(즉, 회복 중인 알코올 ? 약물 중독자들)을 치료에 활용한다는 점이 특별하다. 많은 경우에, 이런 활용은 치료에 많은 이점을 준다(즉, 동일시, 치료적 동맹, 이타심 등). 그러나 해로운 효과를 지닐 수도 있다. 회복 중인 알코올과 약물 중독자들은 자신이 경험한 치료와 똑같은 치료를 활용하려 한다. "저에게 도움이 되었던 치료는 당신에게도 도움이 될 겁니다" 라는 태도가 비합리적 치료 기대를 초래할 수 있다. 어떤 경우에, 임상 훈련과 관련된 이전의 경험을 더 많이 강조할 수 있다. 치료자가 중독 문제로 회복 중이든지, 이 문제로 고통 받은 적이 없었든지 간에, 훌륭하고 건전한 임상 기술을 대치할 수 있는 건 아무 것도 없다는 사실을 깨닫는 것이 중요하다. 임상 훈련이 잘된 회복중인 사람이 회복 중이거나 임상 훈련만 받은 치료자보다 훨씬 더 많은 것을 제공할 수 있다.
2. 자신에 대한 개인 치료는 양질의 치료를 제공하는 데 매우 중요한 자산이다. 이것은 집단 치료에서 특히 중요하다. 개인 치료와 집단은 어떤 점에서 비슷하고, 어떤 점이 다른지 아는 집단 리더는

집단에서 제기되는 이슈에 더 민감할 것이다. Yalom(1985)은 집단 훈련 경험의 중요성을 다음과 같이 쓰고 있다:

> 집단 훈련 경험은 어디에서도 배울 수 없는 다양한 학습을 제공할 수 있다. 학생은 자신이 이전에 머리로만 알 수 있었던 것을 가슴으로 배울 수 있다. 그는 치유시킬 수 있거나 상하게 할 수 있는 집단의 힘을 경험 한다. 그는 집단에 의해 받아들여지는 것이 얼마나 중요한지 배운다. 그는 자기개방이 실제 어떤 것을 수반하는지, 자신의 비밀스런 세계, 개인의 공상, 자신의 취약한 감정들, 분노와 나약함을 드러내는 일이 얼마나 어려운지 알게 된다. 그는 자신의 강점 뿐 아니라 약점도 인정 한다. 그는 집단에서 선호하는 역할에 대해 배운다. 그리고 모든 것 중에서 가장 인정하는 부분은 리더의 힘과 지식에 대한 자신의 비현실적인 평가와 자신의 의존성을 알게 되면서, 리더로서의 역할을 배우게 된다. (p. 523)

Imhof 등은 개인 치료에 대한 비슷한 의견을 다음과 같이 기술한다.

> 우리는 자기 자신의 감정적 발달의 검증을 통해서만 치료자는 환자들의 치료에서 무한한 역전이와 자신의 고유한 태도들을 인식하고, 선별하고 견딜 수 있게 된다고 장담한다(1984, p. 29).

3. 알코올과 약물 남용 분야에서 특히, 치료자가 남용 환자들에 의해 유발될 가능성이 있는 모든 역전이들을 성공적으로 관리하려고 한다면, 임상적 슈퍼비젼은 필수적이다.
4. 끊임없는 교육이 필요하다. 집단 리더는 알코올 중독과 약물 의존에 영향을 미치는 다중 요인들보다 자기 자신에 대한 더 많은 이해에 끊임없이 익숙해 져야 한다.
5. 물질을 남용하거나 의존하는 사람들에 대한 치료자 자신의 개인적 가치와 태도에 대한 끊임없는 평가가 필요하다. 이것은 치료자가 알코올과 약물 사용에 대한 자신의 태도를 신중하게 모니터해야 한다는 의미이다. "기분 전환을 위해" 마리화나나 코카인을 사용하는 치료자는 알코올과 약물 문제가 있는 사람을 다루는 데 적합하지 않다. 이는 코카인과 마리화나가 불법이라는 사실에 더 큰 문제가 있다. 그런 입장에 대한 도덕적이고 윤리적인 자세는 치료에 중요한 의미를 지닌다. 다른 극단적인 예로, 종교적 이유로, 약물이나 알코올 사용을 노덕적인 문제로 보는 치료자는 알코올과 약물 의존 환자들과의 치료적 작업이 치료자 개인만의 관심거리는 아닌지 신중하게 평가해야 한다. 이러한 태도가 환자에게 해로운 효과를 준다는 말은 아니다.

집단 리더가 중독 환자들의 치료 과정에서 이러한 원칙들을 따르고자 자신을 훈련시킬 수 있으면, 치료 집단이 성공할 기회가 증가된다. 자신의 역전이적 영향력과 반응에 대한 인식이 집단 장면에서 알코올과 약물 중독자들과의 치료적 작업에 필수적이다. 자기 자신을 잘 조율하는 집단 리더는 그 자체가 귀중한 진단 도구이다. 각 환자가 집단 리더에게 어떻게 영향을 주는가? 지금 이 순간, 리더는 집단과 집단들에게 어떤 감정을 갖는가? 이와 같은 질문들을 끊임없이 모니터링하면, 집단과 집단원들에 대한 보다 더 귀중한 정보를 리더에게 제공한다. 집단원은 집단 리더에게 각각 다르게 반응한다. 집단원들 개개인의 반응에 대해 연구하는 일은 집단 리더가 집단원들을 통해 배울 수 있고, 자기 자신을 더 잘 이해하는 기회를 제공한다. 집단원들이 집단 리더 자신도 잘 모르는 반응, 감정과 태도들을 보통 집어낸다. 집단 리더는 자신을 정직하게 관찰하려는 용기, 자기 반영에 대한 개방성과 집단에 대한 자신의 기여를 비판적으로 검토하려는 의지, 구성원들의 반응들이 귀중한 치료적 도구가 될 수 있다. 소크라테스의 표현과 같이, 집단리더는 "자기 자신을 알아야" 한다.

17

집단에서의 저항

집단 리더가 직면하는 가장 어려운 문제들 중 하나가 집단 저항에 대한 인식과 해결이다. 집단 리더가 집단원들을 성공적으로 도우는 범위는 감정이 실린 문제를 피하는 개인과 공동의 노력을 다루는 것으로, 이는 집단 치료의 성공과 실패를 대부분 결정한다. 집단 리더는 집단에서 각 사람의 다양한 저항을 관리하고 집단 저항을 파악하고, 각 집단원이 드러내는 동시 다발적인 저항을 성공적으로 해결할 수 있어야 한다. 집단 리더의 저항 다루기는 중요하다. 리더가 저항에 대처하는 기술이 부족하면 집단은 막다른 골목에 머무를 수 있고, 분열되거나, 완전히 해체될 수 있다.

집단 리더가 개인 치료에서 저항을 다루어본 경험이 있다 하더라도 그런 경험은 집단 장면에서는 거의 무용지물이다. 집단 리더는 집단에서 발생하는 저항을 탐지하고 집단 수준에 따라 저항을 다루는 기술을 특별히 개발해야 한다. 집단 리더는 집단과 집단원들이 집단 목표 달성에 기여하거나 손상시키는 정도에 따라, 집단의 성격을 효과적으로 가늠하는 법을 배워야 한다. 집단의 성공과 실패는 집단 리더가 저항을 어떻게 관리하는지에 따라 결정된다. 집단이 운영되기 전에, 성공적으로 저항을 해결하기 위해 집단 저항의 두 가지 중요한 원칙을 다루어야 한다.

집단의 저항을 다루기 위해 형성되어야 하는 첫 번째 원칙은 저항이 언제 생기는지 아는 것이다. 집단 리더가 저항을 알지 못하거나 느끼지 못하면 성공적으로 집단 저항을 다룰 수 없다. 집단 리더는 집단 저항의 유형들을 파악하고, 저항의 지속 기간, 강도와 해결을 위한 리더의 반응과 무개입이 집단에 어떤 영향을 미치는지 알아야 한다. 집단 리더는 집단원들이 언제 저항적인지 인식하도록 도와야 한다. 집단 리더는 집단원들이 집단과정의 저항에 주의를 두도록 해야 한다. 그러나 집단 리더가 저항에 주의만 둔다고 해서 저항이 충분히 해결되는 것이 아니다. 저항이 일어나는 데는 항상 이유가 있고 집단 리더가 집단이나 집단원의 안전이 위험에 빠지지 않도록, 감정적 영향력이 충분히 해소되고 전환될 때 까지, 집단원들의 저항이 종식될 것으로 기대해서는 안 된다. 각 구성원들의 생활사와 경험을 통해 저항의 의미를 이해한다.

집단 저항을 다루기 위한 두 번째 원칙은 집단 리더가 집단에서 저항을 정착시키고 유지시키는 역할을 해야 한다는 것이다. 저항은 항상 환자와 치료자 간의 상호작용의 결과이다. 집단에서 저항은 수동적이고, 호전적이고, 비효과적이고, 방어적이고, 약하거나, 끊임없는 칭찬과 호의를 요구하는 리더에 의해 유발될 수 있다. 집단 리더는 저항이 일어나는 과정의 부분과 집단 퇴행의 맥락 내에서 구성원들이 상호작용하는 부분을 구별할 수 있어야 한다. 리더들이 응집력 있고 안정된 집단 분위기를 형성시키지 못하면, 개인의 안전을 위협하는 집단 본래의 성질에 의해 저항이 촉진될 수 있다. 이러한 원칙들을 신중하게 평가하지 않고 적용된 접근이나 기술은 집단 치료에서 실패할 가능성이 높다.

저항의 정의

저항의 본질을 가장 잘 드러내는 정의는 다음 두 가지이다.

1. 저항은 자유롭게 떠오르는 무의식적 재료unconscious material를 저지시키는 힘이다.
2. 저항은 감정에 대한 회피와 부정denial이다.

첫 번째 정의는 저항에 대한 고전적인 정신 역동적 정의이다. 정신역동 중심의 집단 치료자들은 저항을 무의식적인 감정들을 의식화시키는 일차적인 치료 작업에 반하는 어떤 힘으로 정의한다. 저항은 구성원의 모든 생각과 감정을 집단 리더에게 자유롭게 전하지 못하게 한다. 저항이 해결되기 전 까지, 환자들은 자기 패배적인 방식으로 행동하도록 부추기는 무의식적 동기를 알아차리지 못한다. 두 번째 정의는 치료자에게 의미 있는 자료를 드러내지 않고 피하는 개인의 경향을 더 일반화한 것이다. 의미 있는 대인관계의 갈등으로 치료를 시작하더라도 환자들은 저항을 보인다. 결과적으로, 환자들의 정서와 표현된 내용이 치료 목표에 반하고 부적절한 채로 계속 지속된다.

집단에서 저항은 여러 형태를 취할 수 있다. 저항은 침묵, 분노, 지나친 주지화, 복종, 무관심이나 심지어 지루함으로 나타난다. 많은 집단 리더들이 지루함을 저항으로 인식하지 않기 때문에, 이는 저항 중에서 특히 성가신 유형이다. 집단이 퇴행을 조장한다는 것은 일반적으로 아는 사실이다. 모든 집단원은 생존, 수용, 거부와 친밀함과 같이 정서를 각성시키는 문제를 다루어야 한다. 문자 그대로 지루함은 감정이 아니다. 다른 집단원이 말할 때, 꾸벅 꾸벅 졸거나 집단이 지루하다고 느낀다면, 집단 리더는 지루해 하는 사람에게는 자신도 모르는 강한 감정을 있다고 확신할 수 있다. 살펴볼 만하고 변화시킬 수 있는 억압된 감정을 표면화시키는 일이 집단 리더의 과제이다.

Erv Polster가 진행한 집단만큼 지루함이 저항임을 나타내는 사례는 없다. 집단원은 집단에서 지루함 만으로 Erv Polster의 주의를 끌 수 있었다. 사실, Erv Polster의 관심을 끄는 가장 확실한 방법은 지루하다고 말하는 것이다. 6~8명이 친밀하게 모인 집단에서 한 집단원이 아무런 감정적 동요 없이 앉아 있는 것만큼 Erv의 관심을 끄는 일도 없을 것이다. Erv의 혜안의 눈이 떠지고, 그는 몸을 앞으로 숙여 진지하게 물어 볼 것이다. "지금, 흥미롭네요! 이렇게 친한 사람들이 함께 모여 있는데 어떻게 지루한지, 저와 다른 집단원들에게 말씀해주실래요?"

Erv Polster(1981)는 또한 저항에 대한 그만의 특유한 정의를 내렸다. 그는 치료자가 환자에게 하길 바라는 것을 환자가 하지 않는 것을 저항이라고 본다. 저항은 Erv Polster를 위해 존재하지 않는다. Erv의 경우, 저항은 치료자가 만든 "쓰레기"라고 본다. 고전적인 게슈탈트 관점에서, Erv Polster는 환자의 저항을 "따라 간다." 저항을 탐색할 때, 선禪의 형태Zen-type인, 무술martial arts을 활용하여, Erv Polster는 이득이 되게 저항을 활용하는 쪽으로 움직인다. 저항이 환자의 에너지를 막고 있기 때문에, 그는 저항을 확대시킨다. 저항의 탐색과 확대는 보통 억압된 산물repressed material을 방출시킨다.

보다 고전적 정신분석적 관점에서, Heinz Kohut(1977a)가 저항에 대해 서술한 부분은 Erv Polster의 입장과 비슷하다. Kohut은 저항이 비공감적 치료자의 부주의로 유발될 수 있다고 본다. 저항은 집단 리더의 공감적 이해나 다른 집단원의 공감과 유사 경험에 의해 감소된다. 집단 리더가 대리 경험으로 내성하고 환자와 함께 공감적으로 조율하면 저항은 급격히 사라진다.

Robert와 Mary Goulding(1979)은 이와는 조금 다르게 저항을 보지만, 성공적인 치료를 위해 가장 중요한 구성요소 중의 하나가 저항의 해결이라는 데는 동의한다. Goulding 등의 경우, 환자와의 치료는 체스 경기와 같다고 한다. 환자는 자신이 변하고 더 좋아지길 바란다. 이것이 치료 회기로 환자가 나오는 부분이다. 그러나 동시에 자신이 지금처럼 그대로 있고 싶어 하기도 한다. 이 부분이 저항을 야기시키며, 치료자가 부너뜨려야 하는 부분이다. 이것은 Goulding 등이 치료자가 환자의 첫 번째 반대 사유를 살펴보도록 경고하는 부분이다. 첫 번째 반대 사유는 보통 환자의 첫 진술에서 명백히 드러나고(예: "이런 게 도움되리라곤 생각하지 않습니다만…"), 할 수 없어요, 필요해요, 해야 합니다 혹은 노력합니다와 같은 핵심 단어에서도 나타난다.

Kohut, Goulding 등과 Polster는 저항을 좀 다르게 보지만, 저항이 개인의 심리적 기능에서 중요한 역할을 하는 데에는 동의한다. 집단 리더는 저항이 방어 체계의 한 부분이고 방어에는 항상 이유가 있다는 시각을 절대 놓치지 말아야 한다. Scott Rutan(1983)은 "환자들은 우리에게 문제가 아닌 해결책을 가지고 온다"라고 말한 것과 같다. 그는 저항을 오랫동안 지속되는 성격으로, 고통스러운 정서 경험에서 자신을 보호하는 방어적 도구로 보았다. 자신을 보호하기 위한 방어가 보통 방어를 유도한 정서적 트라우마 보다 훨씬 더 나쁜 것이 문제이다. 방어 작용은 방어를 통해 보호하려는 감정이나 생각들 보다 훨씬 더 파괴적이다. 방어의 이러한 성질을 다루는 데 있어서, 집단 리더는 저항의 난순 원리를 유념해야 한다. 보다 더 경계적이고 방어적인 사람일수록, 경계심 뒤에 있는 고통, 상처와 두려움이 더 크다. 분노는 개인의 삶에서 경험한 상처의 양과 거의 정비례하는 감정이다. 집단원들이 분노를 더 많이 드러낼수록, 수치심, 죄책감, 상처와 자기혐오와 같은 부정적인 감정들에서 자신을 보호하려는 가능성이 더 크다. 따라서 너무 빨리 방어를 제거시켜서는 안 된다. 노출을 목적으로 방어를 제거시켜서는 안 된다. 사람들이 자기 자신을 보호하는 새롭고, 더 건강한 방법들을 점차 개발해 나가면서, 천천히 그리고 신중하게 방어를 걷어내야 한다.

집단 저항과 Wilfred Bion의 치료적 작업

Wilfred Bion은 정신 역동적 집단 심리치료에서 가장 영향력 있는 인물들 중 한 사람이다. 그는 집단 치료에서 명성과 평판을 얻었다. 이런 명성은 그의 저서인 『집단 내에서의 경험』(1961)이 집단 치료를 위한 정신 역동적 접근에 강력한 영향을 끊임없이 주었기 때문에, 그의 모든 공헌은 더욱 두드러진다.

Bion의 연구에서 가장 널리 알려진 부분은 기본 가정 이론이다. Bion은 기본 가정 집단basic assumption group과 작업 집단work group의 차이를 기술하였다. Bion의 관점에서, 이 두 집단은 모든 집단 장면에서 항상 나타난다 – 공개적 혹은 작업 집단, 그리고 비공개적 혹은 기본 가정 집단 등에서. 작업 집단은 항상 공개적인 과제를 달성하기 위해 형성된다. 비공개 집단은 공개 집단과 함께 존재하고, 보통 비공개 집단만의 암묵적인 규칙으로 운영된다. Bion은 기본 가정 집단에서 은밀히 작동하는 원초적인 마음 상태가 작업 집단을 지배하는 경향이 있고, 집단에서 공표한 과제를 방해할 수 있다고 주장하였다. 이런 기본 가정 상태에서 조직화되는 감정적인 태도들을 무의식적 과정이라 하였고, 이는 세 가지 범주로 나뉜다. 이런 범주들에는 "가정as if-양식"의 특성quality이 있고, 의존dependency, 투쟁/도피fight/flight와 짝짓기pairing로 표현된다.

Ⅰ. 작업 집단	Ⅱ. 기본 가정 집단
(1) 공개적	(1) 비공개적
(2) 과제 중심 활동	(2) 경험에 의한 혐오 학습
(3) 협력할 준비	(3) 발달에 대한 저항
(4) 자아활동, 현실검증 및 책임	(4) 치료에 필요한 자아 관념Ego Ideas보다 마술적 사고를 더 선호함
(5) 개별 구성	(5) 집단정신Group Mind
(6) 실제적 및 양적인 특성	(6) "가정as if"의 질적인 특성

의존

집단은 "마치" 만족하고 안전한 것처럼 행동한다. 그리고 집단의 미래는 강한 리더에게 달려있다. 집단의 목표는 전지전능하고 대단하게 보일 수 있는 리더의 보호를 받으며 안전감을 얻는 것이다. 집단의 목표는 집단원들을 보살펴 줄 누군가를 찾는 것이다.

의존의 기본 가정 :

1. 집단 리더가 전지전능하고 대단하다고 이상화시키기
2. 리더에 대한 무력한 의존
3. 리더로부터 파워를 끌어내려는 시도

투쟁/도피

집단은 "마치" 도전을 받아들여야하고, 피해야 하는 내적 혹은 외적 위협이 존재하는 것처럼 행동한다. 투쟁/도피라는 기본 가정 내에서 행동은 필수적이다. 집단이 '그때-거기로then-there'의 추상적인 대화로 달아나거나 종종 집단원들의 싸움이 집단의 "진정한 작업"으로 착각하면서 서로 싸운다. 실제, 그들의 싸움은 집단의 공식적인 실제 과제에 대한 방어이다. 집단 리더가 내부 다툼을 견디지 못하면, 집단은 외부적으로 분노가 향하고, 미워할꺼리, 이데올로기나 다른 집단을 찾을 것이다.

> **투쟁/도피의 기본 가정 :**
> 1. 외부싸움Outfighting : 집단이 적을 향해 뭉침
> 2. 내부싸움Infighting : 하위 집단 간의 싸움
> 3. 과제 회피

짝짓기Pairing

집단은 "마치" 분노에 가득 찬 자기주장으로, 절망적인 우울함이 없는 것처럼 행동한다. 수동적인 심사숙고가 파괴적인 격분이나 피해적인 불안, 우울함을 드러내지 않으면서, 이상화와 희망감을 통해 유지된다. 집단은 집단원들의 친밀함이 자신을 구원할 메시아나 새로운 관념의 근원이 될 수 있다는 희망으로 산다.

> **짝짓기Pairing의 기본 가정**
> 1. 짝은 이룬 하위 집단의 친밀함
> 2. 두 사람의 용인과 공모
> 3. 두 사람의 갈등 해결을 통한 희망에 찬 구원의 기대

융합Fusion

Bion이 보지 못한 네 번째 공통된 기본 가정은 융합fusion이다. 집단은 "마치" 모든 구성원들이 똑같이 행동한다. 집단과 구성원들은 "우리주의(we-ness : 너와 내가 더불어 하나 됨)"에 쏙 들어간다. 집단에서 집단원들은 모두 평등하다고 언급하는 집단원들에 의해 공유된 우리가 나타난다. "저는 이곳에 있는 모든 사람이 평등하다고 믿어요," "전 집단에 있는 모든 사람을 똑같이 보살펴요" 라는 표현은 집단원들이 자신의 개성을 부인하기 위해 얼마나 애쓰는지 보여주는 예들이다. 융합은 집단, 사회 혹은 가족의 일환이 되려는 집단원의 퇴행적 욕구로 인한 방어적 반응이다. Bion은 우리는 영원한 사회적 동물이라고 주장한다(표 17.1 참조).

Bion은 자신과 비슷한 동기, 가치, 그리고 성향을 가진 사람들에게 끌리는 경향을 묘사하기 위해 '결합가valency'라는 용어를 사용한다. 이런 valency는 집단이 집단 치료 요건을 유지시키지 못하고 좌절에 직면했을 때, 기본적 가정의 활성화를 이끌어 낼 수 있고, 강한 퇴행적 욕구가 발휘될 수 있다. 기본 가정들은 집단의 이중적 요구로 인한 딜레마로부터 생성되는 원시적인 정신 상태이다. 각 구성원은 집단의 일환이 되길 바라지만, 개성을 갖고 싶어 한다. Bion이 "사람은 교전 중인 집단적 동물이다. 단순히 집단과 함께 있는 것이 아니라, 집단적 동물이 되길 바라고, 집단 이기성groupishness이 있는 성격적 측면을 갖고 있다" 라고 하였다(1961, p. 131). 집단 속에 기본 가정이 있다는 사실은 맞지만, 집단 리더는 기본 가정이 단계-특정적stagespecific이고 집단 리더의 행동에 의해 유도될 수 있다는 사실을 아는 것이 중요하다.

단계-특정적 기본 가정

1. 집단 발달의 초기 단계에서는 집단에 대한 의존성이 두드러진다. 집단은 집단 리더가 마술적인 해결을 할 것으로 기대한다. 정서적 상태는 의존과 두려움 중 하나이다.
2. 집단 발달의 중기 단계에서는 집단의 안과 밖에서 제기되는 과제나 교전을 피하려는 양상이 두드러진다. 정서적 상태는 호전적이거나 두려움 중의 하나이다.
3. 집단 발달의 후기 단계에서는 희망이 두드러진다. 집단은 집단 친밀성이 집단의 딜레마에 대한 궁극적인 답을 주는 사람이나 아이디어가 생길 거라는 치료적 공상과 희망을 갖는다. 짝짓기pairing는 낙관과 희망이라는 정서 상태를 수반한다. 집단은 희망을 버릴 수 없기 때문에, 절대 죽지 않는 메시야의 탄생을 기다린다.

집단 리더가 기본 가정에 미치는 영향

리더가 집단의 발달에 미치는 영향에 관해 저술한, Otto Kemberg(1984)는 리더의 성격이 집단 발달에 미치는 영향을 강조한다. 그는 수동적이고, 활동력이 떨어지고, 조용한 집단 리더가 Bion의 기본 가정을 유발시킬 가능성이 많다고 지적하였다. 따라서 기본 가정 상태는 대부분 집단 리더가 집단에 부여한 조건들conditions 때문이다. D. G. Brown(1985)은 Bion의 많은 추종자들이 너무 문자 그대로 기본 가정 이론을 적용한 것은 아닌지 우려하였고, Bion의 아이디어는 집단 치료에 적용하기에 부적합하다고 하였다. Brown은 "내가 생각하기로, Bion의 아이디어 중 몇 가지는 치료에 부적절하고, 치료를 잘못 이끌 수 있다. 특히 교정되지 않은 기본 가정의 개념이 그러하다" 라고 하였다(1985, p. 192). 또한 Brown은 Bion의 연구에서 자아 상태가 생각보다 더 성숙하다는 사실을 간과하고 있고 원시적인 과정에만 집중되어 있다고 하였다. Brown은 Bion의 관점이 "성숙한 자아 기능을 간과하고 원시적인 과정에 집중한 Kleinian의 관점에 기초한" 것으로 보았다(1985, p. 215). 이것이 Bion이 기본 가정 집단을 강조하는 이유이다. 집단은 좀 더 원시적인 자아 기능을 반대하지 않는다. 대신 집단 리더가 이 과정으로 집단을 이끌어 가는 데 실패하지 않는다면, 집단이 원시적 기능들을 발달시키고 대체시킨다. 따라서 기본 가정은 집단이 비성공적으로 저항과 싸우고 있다는 표시이다. 그러나 저항을 해결하기 위해, 기본 가정 상태가 치료 개입에 초점이 될 필요는 없다.

기본 가정을 해결하려는 집단 리더의 시도는 헛된 노력이다. 이것이 대부분의 정신 역동적 집단 리더들이 기본 가정 상태의 영향력을 가늠하지 못한 부분이기도 하다. 교정되지 않은 기본 가정은 진정한 만남을 피한 결과이다. 관계에서 생기는 괴로운 느낌들은 결국 부정하고 억압된다. 억압과 부정이 기본 가정 상태를 유도한다. 집단 리더가 방향이 잘못된 개입을 선택할 가능성이 높다. 교정되지 않은 기본 가정들은 진정한 만남을 갖지 못 하게 한다. 의존, 융합, 투쟁/도피 혹은 짝짓기를 통해 관계에서 생기는 괴로운 느낌들을 부정한다. 친밀한 만남이 없는 3~4 명의 모임은 기본 가정적 감정 상태를 유도할 가능성이 높다. 집단원들에게 집단에서 생기는 모든 감정들을 정직하게 다루도록 격려해야 한다. 부정적인 감정들 뿐 아니라, 긍정적인 감정들도 표현하고 인정해야 한다. 그렇지 않으면 집단은 기본 가정 상태에 빠져있게 된다. 기본 가정 상태는 집단원들이 위험한 감정과 충동들을 그들 스스로 제거하고 대처하는 방식을 나타낸다. 집단원들은 집단 리더가 자신의 금지된 감정을 보호해 주는 바람과 환상을 갖게 될 것이다. Ezriel(1973)은 집단원들이 자신을 방어하기 위해 먼저 집단 리더와 다음 세 가지 유형의 관계를 형성하고자 한다.

1. 각 구성원은 먼저 자신에게 필요한 관계를 형성하려고 노력할 것이다. 왜냐하면 두 번째 관계 second relationship 에서 자기 자신을 보호하기 위해 그런 관계가 필요하기 때문이다.
2. 두 번째 관계를 회피적 관계avoided relationship라 부른다. 왜냐하면 이는 집단원이 외부 현실을 피하기 위해 형성한 관계이기 때문이다. 집단원이 회피적 관계를 가질려는 비밀스런 바람이 생기면, 세 번째 관계를 갖게 한다.
3. 세 번째 관계는 관계가 전혀 아니다. 재앙은 회피적 관계의 결과이다.

재앙은 각 구성원이 모든 대가를 지불하고 피해야 하는 무서운 결과이다. Ezriel은 이 과정을 다음과 같이 기술한다.

1. 필요관계: 치료자에 대한 이상화
2. 회피적 관계: 회피적 관계가 형성되면, 집단원이 치료자를 공격하게 된다.
3. 재앙: 집단원이 치료자에게 해를 입힐 수 있거나 치료자가 보복할 수 있어서 결국 집단원을 파괴시킬 수 있다는 집단원의 두려움에 근거한다.

치료 하는 동안에 집단 리더가 현실 검증을 더 많이 유도하면, 무의식적 재앙은 일어나지 않는다. 필요 관계에 대한 욕구는 제거되고, 회피적 관계와 그와 관련된 행동 패턴이 나타난다. 부정적 감정과 긍정적 감정이 모두 경험되고 표현된다. 참된 친밀함이 집단에서 형성된다. 기본 가정 집단, 즉 의존 집단의 리더는 전지전능해야 한다. 투쟁하는 집단의 리더는 천하무적이어야 하고, 도피하는 집단의 리더는 따라잡을 수 없다. 그리고 짝짓기 집단의 리더는 근사하지만 아직 태어나지 않았다 기대한 재앙이 교정되면, 집단원들은 집단 리더를 향한 자신의 진짜 느낌에 저항할 필요가 없다는 사실을 배운다. 적합한 가정들을 보다 적응적으로 사용하는 성숙한 치료 집단에서, 의존 집단의 리더는 신뢰할 만하고, 투쟁/회피 집단은 용감하며, 짝짓기 집단의 리더는 창조적이다.

집단 리더는 집단이 기본 가정 집단에서 작업 집단으로 전환시키는 데 매우 중요한 역할을 한다. 이상화를 원하는 집단 리더는 의존적인 집단을 유지한다. 이후에 나쁜 느낌들은 분리시키고 집단원들에게 그 느낌들을 투사한다. 희생양을 만들 가능성이 증가한다. 집단을 위해 희생양은 중요한 기능을 한다. 희생양은 집단원들이 집단 리더를 향해 표현할 수 없는 좌절을 담는 그릇이다. 모든 집단에서 희생양이 되는 한두 명의 지원자는 항상 나타난다. 집단은 결국 지원자들의 목록 중에서 그들의 분노를 담을 만한 그릇, 지

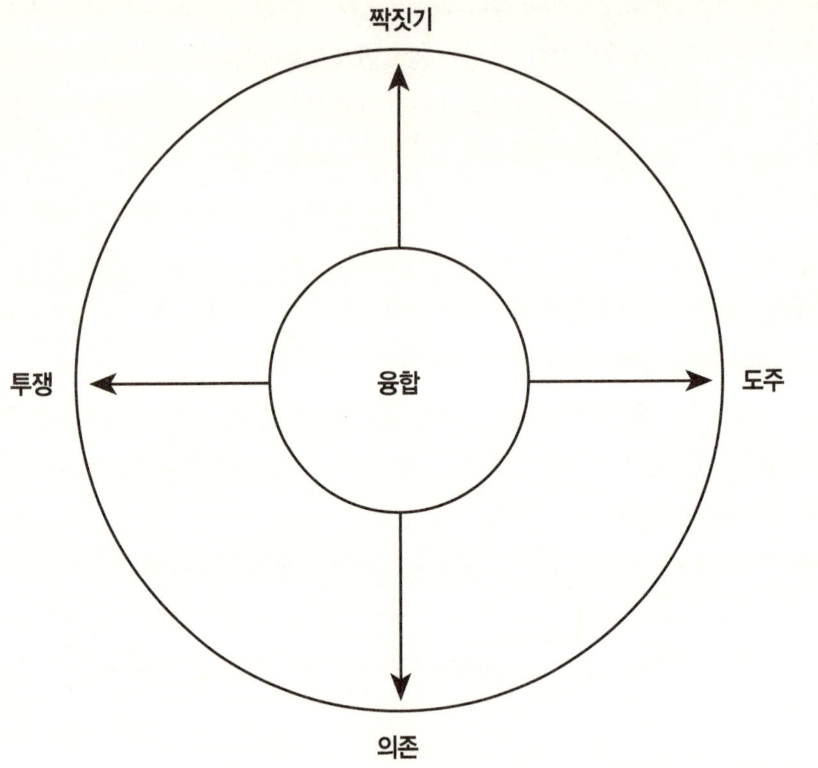

기본 가정
집단 저항

1. 의존
2. 투쟁/도주
3. 짝짓기

〈그림 17. 1〉 집단 저항

원자를 택할 것이다.

응집력이 강한 집단을 원하는 리더는 집단원들 간의 부정적인 느낌이 유도되지 않도록, 집단 밖에서 일어난 그때-거기에 있었던 부정적 느낌을 유도한다. 집단에서 짝짓기를 격려하는 집단 리더는 분노와 절망과 같은 부정적인 느낌들의 출현을 막기 위해 집단원들에게 희망욕구need for hope를 갖게 한다.

그러나 다른 기본 가정과 같이 짝짓기는 집단 리더의 시험testing으로 볼 수 있다. 희망을 계속 촉진시키는 치료자를 덜 의존하게 되면서 생겨나는, 패배에 대한 분노와 절망이 확실한 감정으로 바뀌지 않으면, 짝짓기는 지속될 것이다. 집단 리더가 집단원들에게 리더의 한계와 이런 현실적 결과에 대한 분노와 실망을 집단원들이 받아들이도록 도우면, 집단은 좀 더 자유로와진다. 투쟁/도피의 부정적인 힘은 분리(split off)가 일어나지 않게 한다. 짝짓기에서, 집단은 짝짓기의 환상을 깨닫고 수용하는 기회를 갖는다. 집단에서 짝짓기는 집단이 친밀하고 안전한지를 결정하는 집단의 실제 실험이다. 환상이나 착각은 항상 방어적이지 않다. 그것은 창조적이고 적응적인 반응일 수 있다. 집단은 환상이나 착각이 존재하지 않는다는 사실을 깨닫게 한다. 집단은 결국 희망을 희생시키지 않고 친밀한 관계를 형성시킬 수 있다는 사실을 배운다. 보다 중요한 것은, 집단은 우울해지거나, 화가 나거나 희망을 잃어버리지 않고, 완벽하지 않지만, 관계를 수용하는 방법을 배운다.

이것이 기본 가정에 대한 Bion의 원 개념에서 신중하게 평가하고 수정되어야 하는 부분이다. 기본 가정은 친밀함을 금하는 리더나 상황에 대한 반응, 친밀함을 피하려는 집단의 시도가 아니다. D.G. Brown의 제안처럼, "관계의 힘든 느낌을 부정하고 진정한 만남을 피할" 때, 집단에서 기본 가정이 생긴다(1985, p. 216). 따라서 개인적 접촉이 제한되는 상황에서 기본 가정 상태가 나타날 가능성이 높다(즉, 혼란스러운 가족, 큰 집단, 작업 상황이나 Bion 학파의 노선을 고수하는 치료 집단). 이런 상황에서, 강한 리더, 적이나 이상적 관념이 집단의 모든 문제에 어떻게 가시적이고 흥미로운 대안이 되는지 알 수 있다.

D.G. Brown은 기능을 잘 하는 집단과 같이, 진정한 만남을 촉진시키는 장면들이 기본 가정 상태의 출현을 감소시킨다고 한다. 그런 문제와 차이를 직시하고, 모든 감정들-불편하고, 부정적이거나 긍정적인-을 모두 표현하도록 허용하는 집단은 기본 가정의 출현과 지속을 막는다. 집단 리더의 과제는 기본 가정의 출현을 분석하고 연구하기 위해, 그런 가정들을 장려하는 것이 아니다. 대신 리더의 과제는 집단에서 기본 가정들이 나타나거나 지속되지 않도록 하는 것이다.

치료적 의도가 없는 집단 장면에서는 기본 가정들은 중요한 기능을 한다. 기본 가정 상태를 교회, 군대나 귀족사회에서 볼 수 있다. 교회의 기능은 신에 대한 의존을 형성하는 것이다. 군대의 기능은 영토를 지키는 것이고 귀족 사회의 기능은 상위 리더들을 다음 세대로 전수시키는 일이다.

기본 가정 상태에 대한 Bion과 Ezriel의 해석이 맞다면, 집단 치료에서 이 과정에 대한 두 가지 중요한 의미를 갖는다. 첫째, 그들의 연구결과에서는 기본 가정들이 참되고 친밀한 대화를 금하는 집단 장면의 원인이 아닌 결과라고 한다. 둘째, D.G. Brown이 분명히 언급하였듯이, 집단 리더의 과제는 기본 가정을 분석하거나 강조하는 것이 아니라 집단원들 간의 친밀한 상호작용을 촉진시키는 것이다. 또한 집단의 공식적인 과제를 억제시키는 파괴적인 힘을 최소화시키고 결과적으로 없애는 일이다.

집단에서 친밀에 대한 저항

그러나 집단 리더는 집단에서 친밀함을 촉진시키기는 일이 쉬운 작업이 아님을 안다. 집단원들은 친밀함을 바라면서 친밀함을 두려워한다. 각 집단원은 친밀함을 체계적으로 무너뜨리는 자신만의 특별한 전략들을 드러낼 것이다. 이것은 회복중인 알코올·약물 중독자들에게서 특히 그러하다. 집단 리더의 과제는 자신의 집단의 각 집단원이 잠된 친밀함을 막기 위해 어떤 예방 조치를 취하는지 파악하는 것이다. 집단 구성원의 저항은 대부분 친밀함에 대한 두려움과 가장 강하게 관련되어 있다. 알코올·약물 중독자들은 친밀함을 막는 자신의 방식을 찾을 수 없으면, 그들은 정당성이 입증된 느낌을 받을 것이다. "거 봐, 내가 옳았잖아. 당신은 진심으로 사람을 믿을 수 없어."

집단 리더가 집단원들이 친밀함에 저항하는 방식들을 자세히 살펴보는 훈련이 되어 있으면, 리더들은 집단원들 자신만의 특별하고 독특한 스타일을 파악할 수 있도록 도울 수 있다. 예를 들어, 집단원은 다른 때에, 다른 일로, 다른 사람에게, 다르게 말할 수 있는 요령이 있다. 때로 어떤 집단원은 네 가지 전부를 동시에 할 것이다.

집단 치료는 친밀함과 관련된 문제를 해결하는 치료이다. 약물-알코올 중독자들이 위험을 무릅쓰고 개방했을 때, 친밀함에 대한 저항은 다른 사람들이 자신을 거부하지 않을까하는 두려움 때문이다. 친밀함의 저항 배후에 있는 두려움은 성숙한 수준에서 다른 사람들과 친밀하게 사귈 수 있으면 해결된다. 친밀함에 대한 어린 시절의 두려움에서 벗어나야 하고 성숙한 친밀함으로 대체되어야 한다.

39세 세일즈 매니저인 Eric은 그의 가족 치료자의 권유로 집단 치료에 들어왔다. 그와 그의 아내는 결혼한 지 15년이 되었고, 그들의 부부 관계가 불만족하여 커플 치료를 받았다. 6개월 이상 커플 치료를 받은 후에, 그들의 부분 관계의 어려움은 정서적 친밀함 때문이라는 사실이 밝혀졌다. 그들은 커플 치료에 오기 1년 전부터 각방 생활을 했었고, 그들의 관계는 정서적 거리가 생긴 기간만큼 위태 위태했다. Eric은 아내가 자신과 거리를 두고 성적으로 무관심하고 성관계를 갖지 않는 것에 대해 불평했다. 그녀는 매번 그와 가까워지려고 다가갔지만, 그는 그녀를 밀쳐내곤 했다. 그의 이런 비일관적 태도 때문에 그녀는 그를 더 이상 신뢰할 수 없었다. 그들은 이 문제를 둘러싼 권력 투쟁이 생겨서, 친밀함에 대한 두려움을 각각 해결하는 것이 최선이라고 생각했다. 집단 치료를 한지 한 달 후에, 친밀함과 거리두기를 왔다갔다하는 Eric의 우유부단한 패턴은 집단에서 명백히 드러났다. 그에 대한 아내의 관찰에 대해서는 부정하고 화를 냈지만, 그는 다른 집단원들의 합의된 관찰에 대해서는 좀 더 개방하는 자기 자신을 발견했다. Eric은 또한 자신의 혼외정사나 지속적인 마리화나 흡입에 대해서도 자유롭게 이야기했다. 그의 아내가 알코올 중독 아버지를 둔 가정에서 성장했고, AA을 통해 8년 넘게 술을 마시지 않고 그녀 스스로 알코올 중독에서 회복하는 중이기 때문에, 그녀는 그가 약물에 취했을 때 보여준 Eric의 일관성 없는 행동에 강한 반응을 보였다. 그는 그녀가 AA에 의해 세뇌 당했다고 말하면서, 그녀의 호소에 반대했다. 그러나 대부분의 다른 집단원들이 회복중인 알코올 중독자들로, 비슷한 염려의 목소리를 내기 시작하자, Eric은 자신의 마리화나 사용이 어떨 때는 정말 염려스럽다고 인정하기 시작했지만, 이런 말이 그녀가 옳았다는 사실을 인정하는 것이기 때문에 자신의 아내에게는 이 사실을 인정하지 않으려 했다. 다른 집단원들이 Eric의 모순된 메시지에 도전하자, 그는 자신의 마리화나 흡연과 혼외정사에 대한 자신의 동기에 의문을 갖기 시작했다. 그는 아내의 냉담함으로 화가 날 때마다, "문제가 더 이상 악화되지 않기 원하기 때문에" 자신의 분노를 억제하는 일환으로 약물에 취하곤 했다. 그의 마리화나 사용으로, 그녀가 점점 그로부터 멀어지게 되자, 그는 자신의 성적 욕구를 다른 곳에서 충족시키는 것이 정당하게 느껴졌다. 다른 여성과 성관계를 가진 뒤, 그의 죄책감으로 인해 그의 분노가 사라지자, 그녀와 다시 가까워지려고 노력했다. 그녀는 그의 노력에 반응하기 시작했지만, 그의 동기가 의심스러웠다. 지난 10년 동안 이런 패턴이 계속 반복되었기 때문에, 그녀는 그들의 관계 회복을 보류하였다.

집단이 Eric의 친밀함에 대한 불편감과 그의 혼란스런 메시지에 대해 지적하자, 그는 친밀함에 대한 자신의 두려움을 알게 되었다. 마침내, 어느 날 저녁 집단에서, 자신의 아내와 가까워지거나 결혼에 헌신하는 것이 두려웠다고 Eric은 인정했다. "전 한 발은 안쪽에 두고 다른 한 발은 밖에 있어요. 제가 계속, 그녀에게 변함없는 노력을 하더라도, 그녀는 계속 절 거부할지도 몰라서, 두려워요. 그런 위험을 감수하고 싶지 않아요." Eric은 그녀와 가까워지면, 자신이 거절당할 수 있다는 가능성에 직면하려 하지 않았다. Bion의 스키마에 있는 짝짓기 가정 상태와 같이, Eric은 친밀함 때문에 자신의 희망을 포기해야 할지도 모르기 때문에, 참된 친밀함을 위해 위험을 감수하려 하지 않았다. 그의 이상화된 환상은 영원히 태어나지 않은 채 있어야 했다. 이것은 정확히 그의 어머니와 관련된 문제였다. 그의 어머니는 차갑고, 거리를 둔 채, 있는 그대로 Eric을 수용하지 않았다. 그들 사이엔 참된 친밀함은 없었고, Eric은 그가 깊이 사랑하는 다른 여성에게 거절당하는 위험을 무릅쓰고 싶지 않았다. 친밀함에 대한 Eric의 두려움을 그의 아내에게 드러냈다. 그가 있는 그대로의 자신을 그녀에게 드러낸다면, 그는 거절당할 거라고 생각하였다. 자신의 어머니는 그가 그녀의 바람과 기대에 맞을 때만, 그를 받아들였기 때문에, 그는 어머니의 바람을 충족시키고 싶지 않았다. 하지만 그는 어머니를 향한 자신의 분노를 솔직하게 표현하면, 그의 어머니가 그를 더욱 밀쳐냈기 때문에, 어머니를 향한 자신의 분노를 솔직하게 표현하는 것이 두려웠다. 그가 자신의 아내에게 한 것처럼, Eric은 관계 안에 한발을 두고(즉, 친밀하게 되기), 관계 밖에다 다른 한발을 두었다(그녀는 그가 그녀의 기대에 맞을 때만 그를 받아들일 수 있기 때문에, 그가 그녀에서 진심으로 친밀해지길 바란다면 거절당할 거라는 두려움).

시간이 충분이 주어지면, 집단에서 친밀함에 대한 저항은 항상 나타난다. 집단 리더는 집단원들의 친밀함에 대한 두려움이 관찰되고 해결되기 전에 집단원들의 저항이 두드러지게 해야 한다. 집단에서 저항에 대한 관찰은 집단 리더에게 각 구성원의 친밀함에 대한 두려움과 관련된 정보를 많이 제공할 것이다. Freud가 한번 "사람들이 당신에게 말을 하지 않고 피하는 것은 그들이 그들의 두려움에 대해 말하는 메시지 내용 보다 더 중요하다" 라고 말한 것과 같다. Oscar Wilde도 비슷한 언급을 하였는데, 그는 "사람들의 가면은 그들의 얼굴보다 더 많은 것을 말한다" 라고 하였다.

Louis Ormont(1988)는 집단에서 드러나는 네 가지 주요 친밀함과 관련된 두려움을 나음과 같이 소개한다.

1. 충동성에 대한 두려움
2. 합병에 대한 두려움
3. 유기에 대한 두려움
4. 취약성에 대한 두려움

충동성에 대한 두려움

집단원들, 특히 알코올-약물 중독자들은 자신의 충동성에 대해 굉장한 두려움을 갖고 있다. 그들은 자신의 충동성을 느끼고 충동성이 드러나면, 걷잡을 수 없게 될까봐 두려워한다. 이러한 두려움들은 자신의 분노나 적개심으로 한정되지 않고, 타인에 대한 자신의 관심이 나타나면, 성욕과 자주 혼동되기도 한다. 특히 한 남성 집단원이 집단에서 다른 남성들과 이야기할 때마다, 두드러지게 경직될 수 있다. 그는 자신이 다른 남성들에게 따뜻한 느낌을 드러내면, 동성애자로 보일 수 있다는 사실을 두려워하였다. 많은 남성과 여성들이 성적 관계를 갖지 않고 가까워지는 법을 잘 모르기 때문에, 친밀함의 문제로 씨름한다. 그들에게는 가까워진다는 것이 자신의 성적 느낌에 따라 행동해야 한다는 것을 뜻하므로 서로 가까워지는 것을 두려워한다.

합병에 대한 두려움

많은 사람들, 특히 통제적이고 침투적인 부모 아래서 자란 사람들은 합병에 대한 강한 두려움을 갖고 있다. 그들은 자신과 가까워지는 다른 사람에게 빨려 들어갈까 봐 두려워한다. 그들은 고립되어 혼자 지내거나 다른 사람에게 빠져 자신을 잃어버린다. 이전의 사례에서, Steve의 아내는 그런 두려움을 경험하였다. 그녀는 어머니가 자신의 알코올 중독 남편을 어떤 식으로든 통제할 수 없었기 때문에, 어머니가 그녀를 통제하려고 무진장 애쓰는 가정에서 성장했다. Steve의 아내는 그녀의 어머니가 통제 수단으로 친밀함과 가까움을 활용하였기 때문에, 그녀를 통제하기 위해 가까워지려 하는 Steve의 노력을 알았다.

유기에 대한 두려움

집단원들은 보통 유기에 대한 굉장한 두려움을 갖고 있다. 이것은 특히 이전에 깊이 사랑한 사람에 의해 유기된 경험이 있는 사람에게서 두드러진다. 집단원들이 친밀함과 사랑을 원하기 때문에, 그들의 딜레마의 답은 간단하게 보인다. 사랑과 친밀함은 풍부한 욕구충족의 근원이다. 고립감의 해결책인, 친밀함과 가까움의 유일한 문제는 사랑하는 대상의 자비 하에 있다는 것이다. 사랑, 가까움과 친밀함은 대상 상실이나 거절에 매우 취약한 상태이다. Freud가 "우리가 사랑할 때만큼 고통에 무감각할 때도 없고, 사랑하는 대상이나 그 사랑을 잃었을 때만큼 불행할 때도 없다"라고 말한 것과 같다(Fancher에서 인용, 1973, p. 229). 거부를 경험한 사람들은 보통 행복을 위해 가까움과 친밀함을 다시 선택하지 않고 이에 매우 저항적이다. 다음 사례에서 이러한 부분이 명확하게 드러난다.

> 친구가 없고 우울하여 집단에 들어온 36세 Ellen은 비서였다. 그녀는 자신의 어머니와 아버지를 결코 기쁘게 할 수 없었다. 그녀의 부모는 그녀의 외모, 지적 능력, 그리고 심지어 성별에 대해서도 매우 비판적이었다. 그녀의 오빠는 남자에다, 매우 유능한 학생이자 운동선수이고 사업가였기 때문에, 그녀보다 더 많은 사랑을 받았다. Ellen은 집단원들이 그녀에 대해 언급한 해석에 매우 예민했다. 가장 가벼운 수준으로, 그녀의 옷에 대한 언급에도 민감했고, 그녀는 그런 언급들을 비판하는 것으로 받아들였다. 또한, 집단에서 한 사람도 자신을 진정으로 좋아하는 사람이 없고, 자신이 그런 이유에 대해 안다고 말하며, 끊임없이 자신을 비하시켰다. 집단 리더의 관심이 다른 집단원에게 향할 때 마

다, 그녀는 그 집단원을 공격하였고, 그녀가 자신의 관심만큼 집단 리더가 관심을 보이지 않으면, 리더를 비난했다. 그녀의 행동은 집단의 주의를 흩트려 놓았다. 그녀의 비난에 대한 집단원들의 항의는 효과가 없었고, 그녀의 반응에 대한 좌절로 그녀를 피하는 집단원들이 많아졌다. 거부에 대한 그녀의 두려움이 그녀와 만나는 모든 사람들을 테스트하였다. 마침내, 어느 날 저녁 집단에서, 그녀는 집단 리더에게 직접적으로 자신의 두려움에 대해 말했다. "저도 제가 가치 없다는 사실쯤은 알아요. 제가 선생님을 더 좋아하기 전에, 지금 절 거부해 주셨으면 좋겠어요" 라고 하였다. 그녀의 행동 배후에 깔린 동기가 집단과 집단원들에게 명백히 드러나자, 집단 리더는 그녀와 다른 집단원들에게 그녀의 행동에 대해 해석할 수 있었다. 마침내, 집단은 이런 직면을 거쳐, Ellen의 자기 충족적 예언이 실현되지 않았다. 그들은 그녀의 끊임없는 테스팅에 굴복하지 않았고, 그들은 또한 그녀에게 관심을 보이기 시작했다. Ellen의 삶에서 반복된 패턴이 결국 바뀌었다.

취약성에 대한 두려움

취약성에 대한 두려움은 친밀함의 두려움 중 가장 흔한 것이다. 집단원들은 그들이 다른 사람과 정말 친해지면, 자신의 무가치함, 부족함이 노출될 거라고 두려워한다. 그들은 다른 집단원들이 자신이 정말 어리석고 부족하다는 걸 알게 될까봐 두려워한다. 어떤 집단원들은 진실은 추구하지만 친밀함은 피하거나("당신이 말하는 온정의 뜻이 정확이 뭐죠?"), 결점은 찾으면서("당신의 관심에 감사드립니다만, 관심을 계속 보여주실 건가요?"), 친밀함은 피하려 한다. 어떤 사람들은 친밀감을 위해 비현실적인 소선을 설정하거나("좀 더 부드럽게 말하실 순 없어요?"), 다른 사람의 친밀한 말을 꺾어 버릴 것이다("그건 직장에 있는 제 친구를 떠올리게 해요. 어떻게 그 친구와 똑같은 어려움이 있을까요?"). 때로, 집단원은 분노로 다른 사람의 친밀함을 누그러뜨릴 것이다("당신은 지금 여기에 있는데, 지난주엔 어디에 있었어요?").

집단 리더의 과제는 집단원들이 친밀함에 대한 두려움을 서로 다루도록 돕는 것이다. 처음에는, 집단원들은 자신이 살아남으려고 배웠던 것과 다르기 때문에, 리더의 노력에 의아해 할 것이다. 그들의 초기 경험은 다른 사람과 친해지고, 가까워지려고 마음을 여는 것이 안전하지 않다고 배웠다. 그들의 오래된 부적응적인 대처 방식을 버릴 것으로 기대하지 말라. 그들의 두려움은 비현실적이지만, 관계의 초기 방식을 어른의 경험으로 채색할 필요는 없음을 배운다. Shakespeare가 "우리는 버릴 수는 없고, 감싸야 한다" 라고 쓴 것과 같다. 두려움에 직면하도록 집단원들을 격려해야 한다. 집단원들은 두려움을 경험하고 완전히 파악해야 한다. 그들의 두려움은 아동기 경험에 기반을 둔 신호 signal 라는 사실을 배워야 한다. 집단원들이 무엇을 하고 있는지, 집단원들의 주의를 거기에 계속 두게 요구하라. 친밀함의 두려움을 피하려고 어떻게 행동하는지 집단원들이 보게 하라.

집단원들은 생애 초기에 형성된 자신만의 두려움이 있다. 집단의 초기 단계에서, 집단원들은 어린 시절의 두려움과 친밀감에 대한 환상을 계속 품고 있을 것이다. 집단에서 집단원들이 자신의 두려움에 대해 말하기 시작하면, 친밀감에 대한 그들의 태도가 다소 부드러워지기 시작한다. 집단원들은 자신의 두려움이 자신의 부모와 초기 유대감 형성하기의 어려움에서 비롯되었다는 사실을 알게 된다. 이런 두려움들이 집단에서 드러나고 집단원들은 보다 성숙한 유형의 친밀감에 대해 알게 된다. 집단원들은 친밀감에 대한 어린 시절의 기대가 전혀 근거 없다는 사실을 마침내 깨닫게 된다. 한 가지 공통적인 두려움은 그들의 욕구에는 바닥이 없다는 것이다. 집단원들은 자신의 욕구에 수치심을 느끼고, 그들의 욕구는 아이 때처럼, 절대 충족될 수 없기 때문에, 그런 결핍감이 그들을 위협한다. 그들은 다른 사람들에게 무언가를 기대하면 위험하다는 것도 배운다. 집단원들은 그들이 이렇게 취약한 채로 있게 될 거라는 두려움 때문에 친밀함에 대한 욕구를 더 이상 부정하지도 못한다. 이것이 그들이 자신의 욕구를 다른 사람에게 드러내지 않는 이유이다. 그들은 다른 사람들이 이 사실을 안다면, 결핍되어 보이고 거절당할까 봐 두려워한다. 어떤 구성원들은 친밀함에 대한 자신의 두려움이 빚을 지는 두려움과 관련 있다는 사실을 알게 된다. 다른 사람들의 것을 취하면, 빚을 지게 되고 다른 사람들에게 반드시 되갚아야 한다는 사실이 두렵다. 그들은 다른 사람에게 주면 앞날에 또 주는 것을 기대 받을까 봐 두렵고, 주는 데 개인적 대가가 따를까 봐 두렵다.

이런 문제와 두려움이 집단에서 해결되면, 각 구성원마다 친밀함에 대한 성숙한 욕구를 경험한다. 친밀함과 가까움이 단지 일회적 사건이 아닌 지속되는 것으로 경험하고, 집단원들에게 생생한 경험을 줄 것이다. 이런 경험이 그들의 인격 속에 구체화되고 존재 속에 통합될 것이다. 집단은 전 범위의 감정 표현과 경험을 허용하는 공통적인 친밀함을 공유하게 될 것이다. 집단은 친밀한 순간에는 항상 살아 있다.

즉시성에 대한 저항

저항은 여러 형태를 취할 수 있고 수많은 상황, 주제, 조건과 상황에 의해 유발될 수 있다. 집단에서, 친밀함에 대한 저항을 밝힌, Louis Ormont(1993)는 대부분의 저항은 지금-여기에서 즉각적으로 일어난다고 하였다. 그가 정확히 지적한 바와 같이, 대인 관계적 사건은 전이일 뿐 아니라(16장 참조), "집단에서 모든 저항은 전이적 저항이다(자아 전이, 원초아 전이 등)" (p. 400). Ormont는 의사소통을 위한 저항은 전이로 보아야 하고, 집단은 수많은 전이 대상을 제공한다고 하였다. 집단 리더, 구성원들, 집단의 전이 때문에 의사소통 저항은 보통 집단을 지지부진하고 목적 없이 이끌어 간다. Ormont는 "집단 치료의 예술적 부분은 집단을 계속 살아가게 유지하고 순간에 머물게 하는 것이다" 라고 한다(개인적 의사소통, 1985). 따라서 저항을 효과적으로 다루기 위해, 집단 리더는 집단의 즉시성 속에서 발생하는 저항을 적극적으로 인식하고 집단원들이 그러한 저항을 다루도록 도와야 한다. Ormont의 관점에서, 집단에서 두드러질 수 있는 저항의 세 가지 공통 유형이 있고, 이 모든 저항들은 지금-여기에의 회피와 관계 있다.

1. 현재 대신에 과거에 대해 이야기하려는 집단원들의 강한 경향
2. 미래에 대해 깊이 생각하려는 집단원들의 경향
3. 자신의 외부적 삶과 관련된 문제로 집단을 차지하려는 집단원들의 선호

Ormont는 집단 리더가 지금-여기에의 즉시성에서 집단원들이 의미심장한 의사소통을 적극적으로 관여시키는 정도에 따라 집단이 성공하거나 실패한다고 믿는다. 집단 리더가 저항의 원인을 인식하고 알아낼 수 있는 정도가 이런 저항이 해결될지 실행될지의 여부를 결정한다. 많은 경우에, 자기-인식의 증진, 동일시와

저항의 해결이 치료의 목표이다. 정신분석에서는 무의식을 의식화하는 것이 Freud의 초기 목표들 중 하나이다. 그는 종종 치료 목표를 "원초아가 있는 곳에, 자아가 있게 하라"라고 정의하였다. 이런 목표가 알코올-약물 중독자들보다 더 절실한 대상군은 거의 없다. 중독을 보통 부인denial의 질환으로 부른다. 저항이 부인보다 더 원시적이고 파괴적이지 않다. 중독된 사람들의 부인은 그들이 알코올이나 약물에 중독되어 있다는 사실을 부인하는 것에만 그치지 않는다. 그들은 자신이 감정에 취약한 존재라는 사실과 그들이 다른 사람들을 필요로 한다는 사실을 부인한다. 자신이 알코올-약물 중독자라는 저항에 대한 훈습working through의 첫 단계는 자신이 약하고, 자신이 이해하거나 알지 못하는 방향으로 흘러가는 강한 감정의 소유자라는 사실에 대한 것이다. Spinoza는 수 년 전에 이런 감성을 다음과 같이 서술했다. "우리는 감정에서 동 떨어져 있는 정도와 이런 감정들이 우리의 행동을 이끌어내고, 행동에 영향을 미치는 정도에 따라 본질적으로 이런 감정들에 속박되어 있다"(Durant에 인용, 1926, p. 201). 지금-여기에의 즉시성에 머무르기는 억압되어 있고 잠재되어 있는 감정들을 이끌어 낸다.

집단에서 감정에 대한 저항

집단 치료는 분노 뿐 아니라 행복, 모든 감정들이 표현될 수 있는 곳이어야 한다. 집단에서는 모든 감정들이 드러날 수 있어야 한다. 그러나 감정의 표현과 인식에 대한 저항은 모든 개인과 집단에 있다. 집단 리더는 집단에서 개인적인 저항을 다루기 전에, 먼저 집단 저항을 다루어야 한다. 집단에서 유발되는 감정들을 적절히 다룰 때마다, 저항은 줄어든다. 그러나 감정이 너무 강하고, 무의식적이거나 감정을 부정할 때, 집단과 집단원들은 Bion의 기본 가정에 빠지게 될 수 있다. 집단에서 모든 저항의 원인은 집단의 다른 집단원들에 의해 유발되었던 감정이다. 집단 리더는 집단의 효과성이 중단된 부분과 그 시점에까지 저항을 더 들어 갈 수 있어야 한다. 집단과 집단원들은 보통 자신의 저항을 인식하지만, 그들의 인식은 보통 피상적이고 자신의 다른 나머지 경험과는 통합이 잘 되어 있지 않다. 집단원들의 저항을 유발시키는 무의식적 감정들을 인식시키는 일이 집단 리더의 과제이다. Fancher(1973)는 저항에 대한 Freud의 초기 발견에 대해 저술하면서, 이 이슈에 대해 다음과 같이 간결하게 언급한다.

> Freud는 저항의 가장 중요한 부분이 가장 분명한 부분은 아니라고 하였다. 환자가 경험한 의식적인 스트레스와 혐오는 저항의 가장 피상적인 명시manifestation일 뿐이다. 환자의 가장 깊은 저항은 전이 신경증으로 구현 되는데, 이는 환자의 실제 신경증의 모사模寫이고 무의식적이다. Freud는 가장 의미 있는 수준의 저항과 갈등의 본래 성질은 알지 못한다고 하였다. 즉, 자신이 억압한 내용은 자신이긴 하지만, 억압의 과정은 무의식적이다.(pp. 200-201)

저항과 감정의 방해물 다루기는 집단 리더의 주요 과제이다. 리더는 집단과 구성원들이 저항하고 감정을 차단하는 방식을 알아차리도록 해야 한다. 집단원들은 고통과 불쾌한 감정을 피하기 위해 저항하기 때문에, 감정에는 위험이 없다는 사실을 깨달아야 한다. 구성원들은 자신을 보호하기 위해, 이러한 불완전한 조치가 더 이상 필요하지 않다는 사실을 알아야 한다.

심리치료의 일차적 기능은 정서적 삶의 어려움이 줄어드는 것이다. 심리 치료에는 할 수 있는 것과 할 수 없는 것의 한계가 있다. 치료의 일차적인 효과성은 개인의 주관적인 정서적 경험이 대인 관계와 지적 능력을 방해하는 수많은 방식 내에서 달성된다. 집단에서 이런 과제를 달성하기 위해, 집단 리더는 집단원들의 감정들을 파악해야 한다. 이것을 위해 집단에서 집단원들의 감정이 활성화되어야 한다. 집단원들은 감정은 감정에 대해 말하는 것만으로는 학습되거나 변화될 수 없기 때문에, 집단에서 집단원들은 폭 넓은 감정들을 경험해야 한다. 집단에서 감정들이 관찰되고 경험해야 한다. 위험 요소는 항상 감정의 활성화에 있다. 그러나 집단 리더와 감정을 경험하는 사람은 그 감정들이 어디에서 생겼는지 정확히 알지 못한다. 감정은 종종 전염되기 때문에, 집단에서 상호작용하는 다른 집단원들의 감정적 반응을 예측할 방법은 없다. 이것이 집단에서 감정 표현의 장점이자 단점이다. 이런 위험과 감정의 예측 불가능성에 대한 두려움이 집단원들로 하여금 감정 표현을 저항하게 한다.

진공 상태에서는 보통 감정이 생기지 않는다. 감정을 일으키기 위해 다른 사람의 활성화가 필요하다. 집단 리더는 집단원들의 경험을 방해하지 않고 감정을 어떻게 촉진시킬지 알 필요가 있다. 집단과 집단원이 작업하고 있을 때, 집단 리더는 조용히 있는 것이 최선이다. 개인이나 집단이 정체되어 있을 때는 집단 리더가 다른 집단원들로부터 반응을 활성화시켜야 한다. 정서 유발은 보통 집단원들 간의 상호작용이다.

억압된 감정이 드러나기 위해서는 실제 감정 수준으로 관여되어야 한다는 신념은 상호작용과 대상관계에 근거한 정신내적 모형의 전환을 반영하는 새로운 신념이다. Freud의 분석적 신념은 사람들이 자신의 감정을 차단하는 이유(방어)와 감정에 초점을 맞추는 것이다. 그의 모형을 엄밀히 따르면, 대인관계 맥락에서 상호교환의 반응으로 유발된 감정들은 충분히 강조하지 않는다. 감정들은 적응적 의미를 갖고 항상 문제를 해결하는 기능이 있다. 집단의 대인 관계적 상호교환에서, 집단 리더는 각 집단원들이 친밀함이나 분노에 의해 유발된 감정을 어떻게 적응시키는지 알게 된다.

정신 건강은 개인과 개인의 감정 간의 상호작용에 의해 결정된다. 감정을 저항하거나 감정에 휘둘리지 않고 개인의 감정을 경험하는 능력은 개인이 건강 한가 건강하지 않는가의 정도를 결정한다(그림 17.2 참조).

질병illness은 보통 개인의 감정을 막는다. 건강하지 않는 사람들은 자신의 감정과 연결이 끊겨 있고 자신의 느낌을 만지지 못한다. 대부분의 집단원들이 갖고 있는 공통된 신념과는 달리, 건강한 사람들은 슬픔, 분노, 질투와 불안과 같은, 자신의 부정적인 느낌들을 경험할 수 있다. 많은 알코올-약물 중독자들은 부정적인 감정들을 절대로 다시 경험해서는 안 된다고 믿는 이상적 상태에 닿으려고 노력한다. 알코올과 약물들은 그들의 착각을 일시적으로 유지시킨다. 그러나 그들이 두려워하고 저항하는 부정적인 느낌들은 끊임없이 표현되도록 계속 요구한다. 부정적 느낌들에 대한 저항은 알코올-약물 중독자가 바라는 만큼 선택적으로 이뤄질 수 없다. 느낌들은 부정되고 억압되는데, 긍정적인 느낌들도 그렇다. 집단 리더는 억압된 모든 느낌들을 표현하는 방향으로 집단을 설정해야 한다. 집단 리더는 건강하고 질병을 멀리하는 방향으로 운영되도록 집단의 분위기를 형성해야 한다.

집단원들이 자신의 느낌들을 차단시키고 저항하는 쪽으로 노력을 기울일 때, 문제가 발생한다. 건강

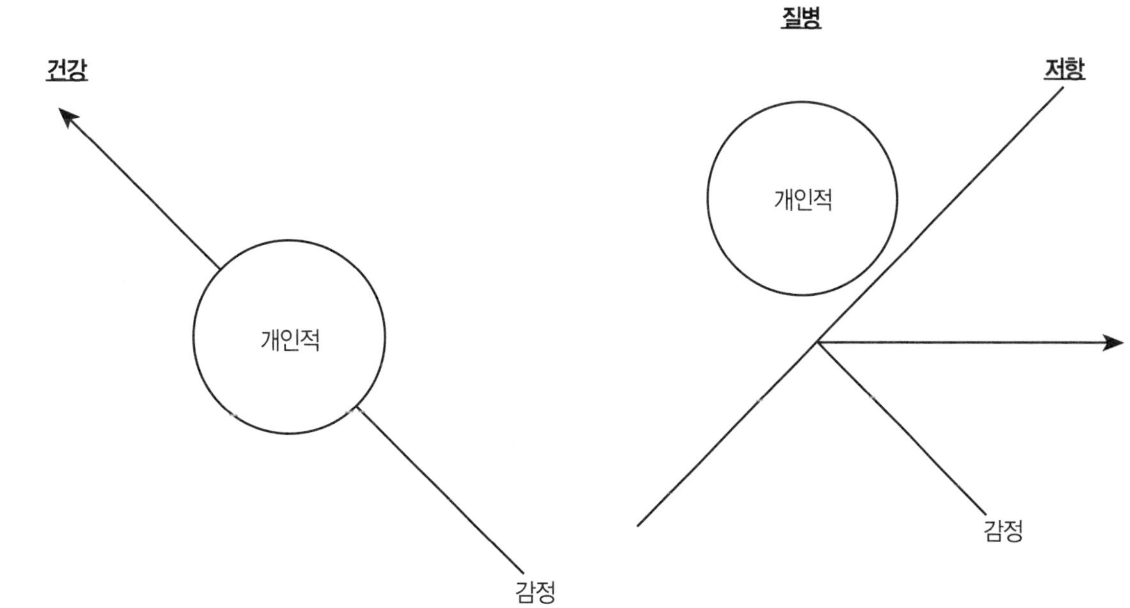

〈그림 17. 2〉 정신 건강 결정

한 집단원들은 자신의 느낌을 담색할 수 있고, 그 느낌의 배후에 있는 이유들을 찾을 수 있다. 분노가 너무 격렬하거나 고통이 너무 압도적일 때, 사람은 매우 경직된 방어를 한다. 집단원들은 갇혀있던 자신의 느낌들을 밖으로 드러내는 위험을 감수하기 전에, 집단의 안전과 격려가 필요하다. 그 느낌들이 표현된 후에야, 자신에게 무슨 일이 일어났는지 대강 알게 된다. 인지적 왜곡들이 제거되고 현재가 과거에 얽매여 있지 않게 되거나, 과거에 의해 결정되지 않기 위한 경험을 반영하는 더 큰 기회를 갖게 된다. 이렇게 완성되어 가는 느낌이 필요하다. 사람들이 화가 나면, 분노가 반드시 표현되어야 한다. 일단 어떤 감정이 완전히 표현되면, 보통 사람은 자유를 경험하게 된다. Ward(1984)는 경험한 바를 이해하기 전에 완전히 경험해 보는 것이 필요하다는 그의 언급은 이 원칙의 중요성을 표현한다. "당신이 늘 원하던 차를 사기 전에, 먼저 그 차가 당신에게 무슨 이유로 중요한지 알아야 한다." 분노의 표현이나 스포츠 카 구매를 유도하는 일련의 사건을 이해하면 종결 경험을 할 것이다. 이해되지 못하고 단지 표현만 한 감정은 향후 그 감정에 대한 저항이 증가된다.

집단 리더는 집단원이 감정으로 부터 자신을 보호하려고 어떤 작업을 한다는 사실을 안다. 자발성은 저하되고 경직성이 증진된다. 형식을 갖춰져 있지만 그 속에 혼spirit은 없다. 관례가 그들 삶의 규칙이고, 관례가 자발적인 분노와 친밀함의 표현을 저지시킨다. 자신의 대인 관계적 상호작용이 원활하고 감정 표현이 편안한 집단원들은 정신이 건강한 삶을 산다

감정은 또한 개인의 지적 능력을 방해할 수 있다. 그들의 친밀한 상호작용의 자발성을 잃게 하고, 생각과 문제해결은 경직된다. 다른 사람에게 어떤 문제에 대해 적극적으로 설명한다는 것은, 그문제에 질서를 부여하는 것이고 자신의 난처한 입장에서 벗어나기 위해 자신의 감정이나 정신을 떨어뜨려 두는 것이

다. 불안에 사로잡혀 있고 대안을 탐색하지 않으면, 있는 그대로 생각하지 못한다. 정신을 전환시킬 필요가 있다. 사람들은 한 가지 정신에 갇혀있거나 말 그대로 감정적 반응은 정체되어 있다. Ward(1984)는 이를 보여주는 뛰어난 예를 소개한다.

> 회사 기술자들은 수백만 달러를 절약하기 위해 그 신문을 재활용할 수 있도록, 신문에 인쇄된 잉크를 녹일 수 있는 용제를 수년 동안 찾았지만 실패했다. 결국, 반복된 실패로 당황해 하며, 그들은 외부 컨설턴트의 조언을 구했다. 그 컨설턴트는 다음과 같이 말하며, 그들의 요구를 거절했다. "거절합니다. 당신들은 이미 가능한 모든 용제들에 대해 알고 있습니다. 저희가 새 용제를 찾아낼 수 있을지 의문이네요. 그 대신, 이미 생각하고 있는 용제들 중에서, 가능한 게 있을지 함께 찾아봅시다."

이 예에서처럼, 경직된 사고 양상은 사고 과정을 동결시킨다. 심리 치료를 개인의 경험을 재구조화시키고 해동시키는 방향으로 이끌어 가야 한다. 보통 느낌에 대해 이야기하는 것만으로도 경험에 대한 개인의 개념적 이해를 재구조화시킨다. 감정들은 우주의 중심에 사람들을 움직이지 못하게 얼려 둔 지도와 같다. 그들이 "큰 그림" 을 그리면, 그들의 지각이 문제를 크게 부풀렸다는 것이다. 그들은 말 그대로 나무는 보지만 숲은 볼 수 없는 것이다. 사물을 가까이에서 보면 멀리 떨어져서 보는 것보다 보통 더 크게 보인다. 사람들은 사물을 자신에게 맞게 역사적 및 시간적 배치를 할 수 있으면, 적절한 크기로 사물을 축소시키는 데 도움이 될 것이다.

집단과 같은, 대인 관계적 상호작용은 구성원들의 감정을 유발시킨다. 낯선 느낌이 강하게 생길수록, 이런 감정에 대한 이해는 원시적이다. 한 사람이 다른 사람으로 인해 화가 나거나 상처를 받으면, 마치 다른 사람 때문에 화가 나고 상처 받는 것처럼 보인다. 어린 시절에는 모든 것이 감성적이다. 아이들이 발달하면서 자신의 감정들을 더 잘 알게 된다. 이해하기는 감정의 강도를 줄이고 자신에게 적당한 감정 표현을 촉진시키도록 돕는다. 집단 치료에서, 집단원들은 적당한 일련의 감정들을 경험하고, 자신의 감정들을 이해하는 법을 배워야 한다. 이런 것들을 배우지 못하면, 감정의 희생자가 되거나 감정 없는 사람이 될 것이다. 느낌 이해하기는 느낌에 대한 저항을 덜 일으키고, 자신의 감정을 보다 더 완전하게 표현할 수 있게 된다. 이는 자신의 감정을 배제시키거나 감정의 통제되기보다, 감정 표현을 적절하게 조절할 수 있게 한다.

중독에 대한 저항의 특별한 고려 사항

화학적 의존이 개인의 삶에 미치는 영향과 똑같이, 저항도 치료와 집단 치료에 매우 큰 영향을 준다. 집단 리더는 보통 이 대상군에게 특유한 치료적 이슈들을 제시한다. 집단에서 약물-알코올 중독자에게 저항은 다양한 형태를 취한다. 집단 리더들은 개인적 저항과 어떤 집단에서도 나타나는 전형적인 저항을 다루어야 한다. 또한 이 대상군과 관련된 성격적 방어와 행동화를 효과적으로 다루는 방법을 모색해야 한다. 집단에서 약물-알코올 중독자들이 흔히 보이는 저항을 명료화시키기 위해, Marsha Vannicelli(1992)는 다음 세 가지 범주로 저항을 구분하였다. 이는 “걸림돌을 제거하는” 방법들을 살펴보는 데 도움을 준다고 제안 한다.

1. 집단에서 걸림돌이나 저항 제거하기
2. 집단에서 개인적 걸림돌이나 저항 제거하기
3. 집단 리더에게 속한 걸림돌이나 역전이 저항 제거하기

집단 저항

개인적 저항과 집단 저항을 구분할 수 있어야 한다. 때로, 이러한 저항들은 서로 상호작용하기 때문에 구분하기 어렵다. Vannicelli가 지적한 바와 같이, 때로 개인적 저항으로 드러나는 것이 실제로는 집단 저항일 수 있다. 이는 집단의 어떤 저항적 부분을 “갖고 있는” 구성원에 의해 드러나게 된다. 예를 들어, 집단원은 집단의 판단과 공격에 대한 두려움을 표현할 수 있다. 이것은 집단의 안전과 신뢰와 관련된 집단원의 목소리이다. 집단원들 중 한 사람이 집단에서 안전이나 신뢰의 부족을 호소하거나 공격의 두려움을 호소한다면, 그리고 이런 경험이 한 집단원의 개인적 수준의 느낌으로 여겨지면, 남은 집단원들은 집단이 안전하고 보통 ‘집단은 그러하다’ 라는 사실을 그 사람에게 확신시키는 데 에너지를 허비하거나, “집단”과 그들을 불신하는 개인을 공격할 수 있다. 이런 경우, 개인적인 저항으로 보이는 것이 실제적으로 집단의 저항을 나타낸다. 이는 집단의 중요한 발달 단계를 현실적으로 다루지 못한 것이다. 집단에서 삶과 모든 관계의 모호함과 불확실성에 대해 다루기보다, 집단은 순응을 강요하고 개인차를 허용하지 않는 잘못된 상태를 다루어야 한다. 집단은 집단의 건강한 발달 단계를 효과적으로 저항할 것이고, 대신 “프로그램에 끼지 않는” 일탈된 구성원을 공격할 것이다.

저항의 세 가지 범주가 중복된다고 한 Vannicelli은 이 세 가지 범주에 포함되지 않은 ‘전체로서의 집단 저항’을 살펴봐야 한다고 제안 한다.

1. **활동 방해**. 집단 밖의 위기에 초점을 두고, 주변과 어울리고, 패턴이 있는 상호작용으로, 더 중요한 주제나 문제를 피하는 방식으로, 집단은 한 가지 주제나 문제에 적극적으로 참여한다.
2. **회피 방어**. 집단은 마치 무엇이 진행되고 있는지 모르는 것처럼 행동하고, 공감적으로 행동하고, 조용히 입을 다물고(침묵이 함8), 중요한 자기 개방을 무시하고, 다른 유형의 투쟁을 하면서, 고통스러운 주제를 무시한다.
3. **전치**Displacement. 집단은 다른 치료 집단과 대치시켜 이야기한다. 예를 들어, 집단이 직장에서 매주 갖는 모임이나 AA/Al-Anon 모임을 얼마나 싫어하는지에 대해 이야기 할 때(1992, p. 118).

개인적 저항

동기가 가장 많이 유발되어 있고 매우 열정적인 집단원의 저항도 뚜렷하다. 회복을 위한 치료 진행과정에서 저항은 피할 수 없다. 어떤 경우에, 저항 다루기나 저항의 해결은 치료에서 가장 중요하고 의미 있는 작업이다. 무의식적 소망, 두려움, 환상, 양가감정과 뿌리 깊고 습관적이며 성격적인 패턴은 모두 파괴적, 자

기 패배적인 행동과 생각에 기여한다. 이런 행위와 태도는 보통 집단원들의 인식 밖에 있어서, 이런 것들을 밖으로 드러내고 소거시킬 때 저항이 생긴다. 개인이 부인할 수 없는 정확하고 예리한 접근만이 이런 습관적인 특질들을 바꿀 수 있다. 저항이 먼저 분명히 드러나야 하고 치료 과정에서 그런 저항을 경험해야 한다.

저항이 있는 그대로 드러나게 하는 가장 효과적인 방법들 중의 하나가 어떤 것을 궁지에 몰아넣거나 저항하게 하는 것이다. 이것이 집단 계약의 목적이다. 집단 계약은 환자가 위반할 것 같은 기본 규칙, 기대와 치료적 동의이다. "치료적 계약의 구조는 일탈을 생산적으로 검토해 보게 하는 것이다"(Vannicelli, 1992, p. 139). Ormont는 보다 더 화려하게 말한다: "집단 규칙은 당연히 깨지기 때문에 제공한다. 그 후에 우리는 규칙을 왜 어겼는지 물어보고 그 이유에 대해 살펴보고 검토해 보게 한다"(대화 중에서, 1985).

모든 치료 프로그램과 치료적 만남에는 일련의 기대, 가정과 치료적 기본 규칙이 있다. 집단에서, 이러한 치료적 계약이 명확하고 분명할수록, 치료가 더 잘되고 리더의 과제는 더 쉬워진다. 계약이 집단 리더의 기대와 개인적 책임에 대한 한계를 규정하기 때문에, 집단에서 가장 중요한 작업은 집단의 경계와 집단의 치료적 구조를 관리해 나가도록 이끌 것이다. 다음과 같은 행동을 보이는 집단원으로 부터 귀중한 정보를 얻을 수 있다:

1. 시간에 늦는다
2. 오지도 않고 전화도 없다
3. 상담비를 내지 않는다
4. 자기 인생에서 의미 있는 부분을 얘기하지 않는다
5. 말의 분량이 일정치 않다
6. 성적으로 행동화 한다
7. 약물로 행동화 한다
8. 집단 멤버들과 지나치게 외부적 접촉을 가져 비밀을 유지하고 하위 그룹을 형성한다
9. 집단 리더와 특별한 관계를 형성하고자 한다

집단 리더 안에서 일어나는 저항

저항은 또한 집단 리더에서도 다양한 형태로 일어난다. 집단 리더 편에서 일어나는 저항들은 대개 리더의 역전이와 관련 있는데, 이는 16장에서 보다 광범위하게 다룬 바 있다. 그러나 여기서도 집단의 계약을 끝까지 유지 못하는 집단 리더에 대해 언급할 필요가 있겠다. 리더는 계약을 강화시키고 결석, 행동화, 회비 지불, 너무 말이 많은지 너무 말이 적은지, 그 외 환자를 집단 내에 유지시키는 데 필요한 수많은 이슈들을 적극적으로 살필 필요가 있다.

이런 이슈들이 아무리 중대하다 해도, 중독자들과 알코올중독자들이 반드시 치료에서 다뤄야 하는 가장 중대한 문제인 단주, 단약 등을 다루는 데 실패하는 리더만큼 심각한 이슈도 없다. 내담자가 중독자나 알코올 환자일 경우 치료에서 최대의 관건은 단주인데, 단주를 유지하지 못한다면 이는 중독 치료자에 대한 가장 강력한 저항이 된다. 심한 음주자나 심한 약물의존자들이 꼭 중독자인 것은 아니라는 점을 기억해

야 한다. 적어도 이들은 AA, CA, NA 등에서 정의한 바대로의 중독자는 아닐 수 있다. 만약 어떤 사람이 AA나 다른 12단계 프로그램에서 중독자로 정의한 기준에 합치된다면 그는 반드시 단주를 유지해야 한다. 만일 치료자가 단주는 선택사항이지 필수사항은 아니라고 믿는 중독자와 합력한다면 이는 중독자 군에서 나타나는 가장 위험하고 문제성 있는 저항에 치료자가 동참하는 것이 된다.

집단 저항에 리더가 미치는 영향

집단 내에서의 저항을 평가하는 데서 리더십의 유형이나 리더의 인격이 차지하는 비중이 종종 간과된다(D. G. Brown, 1985). 비온이 기술한 바 있는 기본적 전제basic assumption 상태는 "비온 자신이 집단에 부과한 조건들에서 상당 부분 기인하는 것일 수 있다"(p.192). 컨버그(1984)도 이와 유사한 소회를 밝힌 적이 있는데, 그는 집단 역동에 대한 비온과 프로이트의 언급들은 상당 부분 그들 자신이 집단에 미친 영향에 의해 결정된 것들이라 말한다. 컨버그는 더 나아가 리더는 집단, 조직, 제도에 영향을 미칠 어떠한 자질도 갖고 있지 않다는 잘못된 신념이 널리 퍼져있다고 언급했다. 이는 어떤 조직이 리더의 인격이 미치는 효과를 부인하고자 하는 데서 기인한다. 컨버그가 지적하고자 하는 요점은, 리더가 집단에 영향을 미치지 않을 수 없다는 것이다. 더 중요한 것은 집단 저항에 기여하고 저항을 증대시키는 리더의 측면들이 존재한다는 점이다.

많은 치료-파괴적 저항들이 집단에서 일어나지만, 리더의 태도나 역전이가 이러한 저항 패턴에 결정적인 역할을 하기도 한다. 많은 집단원이 이런 방향으로 그들의 경향성을 행동화하는데, 이는 리더가 그들의 행동을 무시했거나 무성의하게 그 문제들을 처리하고자 했기 때문이다. 집단원의 저항은 집단 리더에게 용인할 수 없는 느낌을 불러일으키기 때문에 리더는 자신의 분노, 무관심, 불안 등을 역이용하여 치료에 활용하지 않고 오히려 그 감정들을 억누르려 할 수 있다. 그렇게 되면 그 집단원의 저항은 집단 내에서 온전히 환기되고 탐색될 수가 없다. 저항의 이면에 있는 그 감정은 모호함과 부인 속에 덮인 채로 남게 되는데, 이것이 후에 그 집단원에 의해 행동화로 나타난다. 일단 저항이 감지되면 그것은 반드시 탐색되어야 한다. 저항에 반응하지 않는 것은 그 집단원의 파괴적 패턴을 강화할 수 있으며 결국 그를 치료로부터 도망치게 할 수 있다. 일단 저항이 감지되면 다른 모든 것에 우선해서 이 저항을 다뤄야 한다. 치료-파괴적 저항에 대한 직면을 뒤로 미루는 것을 정당화해주는 치료적 근거는 어디에도 없다. 집단 리더의 일차적 목표는 집단을 보전하고 집단원 각각에게 심난의 손재성이 보존되도록 하는 것이어야 한다.

집단 리더의 역전이 문제가 집단원 개개인의 저항을 다루는 데 거부감을 불러올 수도 있으니, 다음과 같은 리더의 성격 특성들은 집단 내에서 분명히 저항을 증가시킨다.

1. 리더 편에서의 공감 부족
2. 집단원들에게 적절한 시기에 적절히 반응해 주지 않음
3. 집단원들에게 시기상조의 부정확한 해석 제공
4. 집단에서 적절치 않은 시기에 적대적인 대면을 함

한편, 집단 내에서 저항을 최소화하려면 집단 리더는 아래와 같은 자질을 갖춰야 한다. 집단 리더는 반드시,

1. 지적이어야 한다
2. 정직하고 부패성이 없어야 한다
3. 다소 자기애적이어야 한다
4. 다소 편집증적이어야 한다

집단 리더가 나르시스틱 하지 않으면, 생동력 있게 집단을 유지하는 카리스마와 에너지가 없다. 집단 리더가 약간 편집적이지 않으면, 집단원들이 리더를 쉽게 속이거나 엉뚱하게 유도한다. 하지만 집단 리더가 집단과 집단원들을 장악하지 않으려면, 자신의 성품을 누그러뜨리는 능력이 있어야 한다. 집단 리더는 집단의 저항을 해결하기 위해 집단원들에게 자신의 영향력과 인격을 활용할 수 있어야 한다.

저항을 병리적으로 본다면, 저항을 절대 해결하지 못한다. 저항을 병리학으로 초점을 맞추기는 것보다 의사소통의 영역으로 본다. 집단 리더가 "이 환자는 저항으로 나에게 어떤 의사소통을 하려고 할까?" 라는 질문을 리더 스스로 할 때에만, 환자의 저항이 번역될 수 있다. 이것이 치료에서 저항을 해결하는 본질이다. 집단 리더는 먼저 집단원들이 그들의 저항으로 무엇을 전달하려고 하는지 알아야하고, 그 다음에 집단원이 이해하는 방식으로 저항을 설명해야 한다. 많은 집단 리더들은 침묵이 중립적이라고 배운다. 종종, 중립성으로서 침묵은 치료자의 신조이다. 하지만, 환자들은 보통 침묵을 중립적인 행위로 지각하지 않는다. 환자들은 침묵을 무관심이나 거절로 지각한다. 집단 리더가 염려하기 때문에, 집단리더가 집단원들이 이해할 수 있는 방식으로 정보를 되돌려 주지 않으면, 집단 리더가 집단원들을 염려하고, 사랑하고 경청하고 있다는 사실을 모른다.

심리 치료의 목적은 환자가 경험하고 있는 것을 경험하고 경험한 바를 환자에게 되돌려 주는 것이다. 환자들이 알지 못하면, 점점 더 멀리 물러설 것이다. 집단 리더가 환자에 대해 듣고 생각한 것에 대해 집단원들이 동의하는 권한, 반대하는 권한, 바꾸는 권한을 주어야 한다. 집단원들은 집단 리더의 코멘트가 정확한 것 같지 않으면, 더 많은 정보를 나누려하지 않는다. 치료적 과정은 집단원들과 집단 리더 간의 의사소통에서 생긴다. 저항이 최소화되고 해결되기 위해, 다음 세 가지는 반드시 있어야 한다:

1. 집단원들이 억압된 자료들을 인식할 만큼 충분히 안전하다고 느껴야 한다.
2. 이런 자료들과 관련된 느낌들을 집단 리더와 집단원들이 반드시 수용해야 한다.
3. 이런 자료들은 각 집단원들의 성격 속에 통합시켜야 한다.

모든 사람들은 자신의 삶 속에서 지속성continuity을 경험하길 원한다. 안정감은 집단 장면에서 다른 사람들과 자신의 관점에서 억압되어 있거나 거부된 측면들을 함께 나눌 때 중요하다. 집단에서 안정감을 가지면, 집단원들은 다른 사람들에게 이해받고 수용 받고 싶은 강한 욕구에 굴복한다. 공감적 이해와 수용은 자신

의 삶에 대한 연속성과 의미를 소생 시키도록 돕는다. 집단에서 타인과의 공감적 소통은 내성을 증진시킨다. 성인으로서 다른 사람에 의해 이해받는 느낌은 아이였을 때 가졌던 경험과 똑같다. 이런 경험은 자기 정체성을 공고히 한다. 자아 통합은 저항적 욕구를 감소시키고 변화 능력으로 이끈다. 개인이 더 많이 알게 될수록, 예전의 방어는 더 이상 필요 없다. 집단 리더가 저항을 방어적인 병리로 보지 않고 대신, 왜 그런 방어가 나타났는지의 이유에 초점을 둔다면, 집단원들의 건강과 집단의 효과성이 증진될 것이다.

18

집단의 치유과정

Kohut(1984)은 사후에 출판된 책에서 "어떻게 치료를 분석할 것인가?"라는 질문을 던지고 자기심리학의 관점에서 이에 대하여 답을 제시하였다. 그러나 그는 집단 치료에 존재하는 특수한 치료적 힘을 고려하지 않았으므로 그가 제시한 답은 확대해 생각해야 한다. 심리치료는 수많은 요인의 영향을 받는 하나의 과정이자 사건이다. 집단 치료는 이 과정에 영향을 미치는 상황이 집단에 고유하다는 점에서 개인 치료와 다르다. 그러나 개인 치료와 집단 치료는 사건이나 목표로써의 치유과정에 유사한 측면이 있다. Kohut의 관점에서 볼 때 개인이 건강한 대상관계를 발달시킬 수 있으면 치료는 완성된다. 그에게 심리적으로 건강한 사람이란 다른 건강한 사람과 건강한 대인 관계를 맺을 수 있는 능력을 소유한 사람을 의미한다. 대인관계의 왜곡이나 조종, 병리적 의존 그리고 비현실적인 기대는 모두 중요한 것이 아니다. 가장 중요한 것은 건강한 자존감을 가지고 있는 사람은 자신만큼 건강한 사람을 선택하거나 그런 사람에게 끌린다는 것이다. Kohut은 아픈 사람은 아픈 사람을 끌어들이고 건강한 사람은 건강한 사람에게 끌린다고 설명하고 있다. 따라서 Kohut은 치료를 통해 "치유된" 사람은 더 나은 친구나 연인, 동료를 신중하게 선택할 수 있는 능력이 발달한 사람이라고 제안하고 있다. Kohut은 건강한 사람 또는 "치유된" 사람은 더 이상 다른 사람의 도움이 필요하지 않으며, 타인의 의견이나 행동 또는 승인으로부터 완전히 독립적으로 행동할 수 있는 사람이라는 잘못된 신념에 도전한다. Kohut에게 있어서 정신건강은 타인으로부터의 완전한 자율성을 얻었는가가 아니라 자신의 욕구를 충족시키는 낡고 유치한 방식을 자신의 대인관계에서 만족을 얻는 성숙한 방식으로 바꿀 수 있는 능력에 달려있다. Kohut은 이에 대하여 다음과 같이 서술하였다.

> 자기심리학은 자기와 대상의 관계가 탄생에서 죽음까지의 심리적 삶의 본질을 형성하며, 생물학적으로 산소에 의존하는 삶에서 산소에 독립적인 삶으로 이동하는 것이 불가능한 것처럼 심리적 영역에서도 의존(공생)에서 독립(자율성)으로의 이동은 가능하지 않다는 입장을 가지고 있다. 정상적인 심리적

> 삶을 특징짓는 발달은 반드시 자기의 자기-대상을 포기하는 것이 아니라 자기와 자기-대상 사이의 관계가 변하는 것에서 관찰된다. 특히 자기-대상을 사랑-대상으로 대체하거나 자기애에서 대상애로 이동하는 것이 발달이라는 점은 받아들이기 어렵다(1984, p.47).

Kohut의 치료의 본질과 정신 건강의 정의에 대하여 동의하더라도 집단 치료에서 이것을 어떻게 구현할 수 있을까? Kohut은 개인 치료에서는 심리적 구조를 축적하여 이를 성취할 수 있다고 한다. Kohut은 "이러한 심리적 구조의 축적물이 어떻게 발생하는가?"하는 질문을 던졌다(1984, p.98). 이어서 그는 자기심리학 관점에서 이에 대해 대답하고 있다. 심리적 구조는 (1) 적절한 좌절을 통해 그리고 (2) 적절한 좌절의 결과로 내재화가 변하여 형성된다(Chapter 4를 보라). 치료는 개인 스스로가 무례하고 해롭거나 부당하게 다뤄지는 것을 허용하지 않으면서, 타인을 적절히 반영하고 돌보는 만족스러운 관계를 통해 자신을 존중하고 수용하며 돌보는 방법을 배울 때 치유를 얻을 수 있다.

집단 치료는 정신적 구조를 구축하도록 돕는다는 점에서 Kohut이 기술한 치료와 유사하다. 한 가지 남아있는 질문은 집단치료가 어떻게 개인이 적절한 좌절을 통해 자아감이 내재화되고 견고해지도록 하느냐는 것이다. Kohut은 견고한 자아감은 집단원이 집단에서 그들의 개인차를 충분히 경험하고, 적응적인 방법으로 대인관계와 내면의 갈등을 해결하는 것을 학습함으로써 확립된다고 제안한다. 집단은 각 집단원에게 내재화되고 통합될 수 있는 건강한 가치를 제공하면서 지지와 동일시, 그리고 수용의 원천이 될 수 있기 때문에 학습과정을 촉진한다. 궁극적으로 집단의 가치가 개인의 심리적 구조의 일부가 될 때까지 집단은 각 집단구성원이 자신의 파괴적인 규준을 집단의 건강한 규준으로 대체하는 것을 강화한다.

치료 집단에서 치료가 이루어지는 과정을 이해한다는 것은 집단에서 작동하는 두 개의 명백히 다르지만 관계가 있는 치료적 힘을 탐색함을 의미한다. 첫째, 치료적 요소는 한 사람의 정신병리적인 행동이 심리적 건강으로 변하는 것을 향상시킨다. 또한, 집단의 치료과정은 개인을 건강과 치료 그리고 회복이라는 점진적이고 분리된 단계를 따라 바꾸어 나간다. 얄롬(1985)은 집단의 치료요소를 규명하는 대규모 연구를 수행해왔고, Rutan과 Stone(1984)은 집단에 존재하는 치료과정을 종합적으로 분석하였다. 그들의 관점을 건강하고 응집력 있는 자아의 성취에 대한 Kohut의 생각과 관련하여 살펴보자.

Yalom의 치료요소

Yalom에게 치료는 다양하게 유도된 인간 경험의 복잡한 상호작용을 통해 일어나는 상당히 복합적인 과정이다. 치료의 복합적인 과정은 Yalom이 치료적 변화로 규정한 것과 복잡하게 얽혀있다. 집단원이 변하지 않는 한 치료는 이루어질 수 없다. 치료적 변화를 성취하기 위해 집단의 리더는 반드시 치료과정을 향상시킬 계획과 전략을 세워야 한다.

Yalom(1995)은 치료 집단의 효과를 광범위하게 평가해왔다. 그는 집단구성원과 지도자가 치료 집단에서 도움이 되었다고 생각한 특성을 규명하기 위해 그들에게 질문함으로써 가치 있는 정보를 얻었다.

Yalom은 치료 집단에서 치료과정은 복잡하고, 사람마다 다양하고 수많은 집단의 영향에 서로 다르게 반응한다는 것을 인정했다. 그러나 그는 이러한 복잡한 과정을 지나치게 단순화하는 것은 위험하지만 여러 치료요인을 규명하고 범주화하려고 시도하면 많은 것을 얻게 해 준다고 생각했다. 이러한 중요한 치료적 힘의 체계를 규명하기 위해 여러 해에 걸쳐 수많은 연구(Yalom, 1985)가 수행되었다. 대다수의 연구에서, 집단구성원은 집단에서 경험할 수 있는 유용한 속성을 기술하는 12개의 진술문을 받아서 가장 유용한 것에서 유용하지 않는 순서로 놓아달라는 요청을 받았다. 12개의 치료요인은 표 18.1에 요약되어 있다.

이 치료 요인이 알코올 중독과 물질 중독의 회복에 미치는 영향을 이해하기 위해 중독 환자가 치료집단에서 치료받을 때 발생하는 특별한 상황과 관련하여 치료요인을 탐색해 보자.

〈표 18.1〉 심리치료집단에서 작용하는 치료요인

1. 이타성. 집단원이 타인을 돕고 있다는 것과 그들의 삶에서 중요하다는 느낌. 환자는 잠시 동안이라도 자신을 잊고 타인을 돕는 것에 집중한다. 사람들은 자신이 필요한 존재라는 것을 느낄 필요가 있다.
2. 정화. 집단 지도자와 다른 집단원을 향한 부정적인 감정과 긍정적인 감정을 표현하는 것. 새로운 행동을 시도한 결과로서 자신의 변화와 개방에 대한 수용이 나타나기 시작한다. 감정을 더 이상 내면에 가지고 있을 필요가 없다. 어떻게 자신의 감정을 표현하여야 하는 지를 학습하는 과정이 나타난다.
3. 실존적 요인. 개인은 세계가 한계가 있고, 자신의 삶에 대한 책임은 전적으로 자신에게 있다는 것을 배운다.
4. 집단 응집력. 정서적 공유와 수용. 따뜻하고 친밀한 감정과 함께 소속감과 인정받고 있음을 느낌. 서로 지지하고 이것이 자아존중감을 높인다. "우리"라는 느낌이 확립된다. 이것은 효과적인 치료를 위한 선행조건이다.
5. 안내. 집단의 초기 단계에서 정보를 제공하는 것(예 : 조언을 하면서 "왜 이렇게 해보지 않으셨어요 ?").
6. 동일시. 개인은 다른 집단구성원을 보고 그들의 말을 들음으로써 대리 학습한다.
7. 희망의 고취. 좋아진 다른 사람을 보는 것, 다른 사람이 좋아지는 것을 보고 집단이 다른 사람을 돕는 것을 알게 됨으로서 치료방법에 대해 믿음을 갖게 된다. 효과가 있을 것이라는 기대가 확고해진다.
8. 대인관계적 투입. 다른 사람과 어떻게 관계를 맺고 다른 사람은 자신과 어떻게 관계를 맺는지를 아는 것. 이를 통해 더욱 만족스러운 대인관계를 형성하게 된다.
9. 대인관계적 산출. 환자는 감정을 개방적으로 표현하고 집단은 지지적이다. 환자는 다른 구성원 모두의 수용을 받으면서 사건을 탐색하게 된다.
10. 통찰. 환자는 대인관계 행동과 관련하여 더욱 객관적인 관점을 갖게 된다. 환자는 자신이 하는 행동과 다른 사람에게 하는 행동을 이해하게 된다. 특히 왜 그랬는가에 대하여 이해를 하게 된다.
11. 초기 가족관계의 반복. 집단은 많은 측면에서 가족과 닮았다. 미해결된 가족 문제가 반복되면서 교정된다.
12. 보편성. 자신이 다른 사람과 다르지 않다는 것을 느끼는 것. "우리는 모두 한 배를 타고 있다." 공통분모가 나타나면서 지지가 발생한다.

집단의 치료 요소

집단 응집력

집단 응집력은 알코올 중독자가 아닌 사람보다는 알코올 중독자에게 중요한 요인일 가능성이 크다. 왜냐하면 알코올 중독자에게 있어서 의존 갈등은 전형적으로 알코올중독과 연합되어 있기 때문이다. Brown과 Yalom이 제안한 것처럼 응집력 자체는 치료 요소가 아니지만 효과적인 치료를 위해 필수적인 선행조건이다. Brown과 Yalom은 집단의 초기 단계에서 음주 문제가 통합된 주제의 역할을 하고, 다른 응집력의 원천이 발달할 때까지는 집단구성원의 결속감에 의해 집단이 하나가 되는 것을 보았다. 치료자가 이 결속감을 적절히 활용하여야 한다. Yalom이 보여주었듯이, 음주가 각자의 삶에서 다양한 방어기능을 해왔음을 집단과 함께 탐색해 봄으로써 환자를 구분하는 것도 가능하다. 집단의 지지와 강화는 술에 취하지 않은 상태라는 목표에 대해 강력한 유인가로 작용할 수 있다. 대인관계의 변화와 내적인 변화는 지지적이고 보살피는 분위기가 확립된 후에 용이해질 수 있다.

보편성

알코올 중독 후 성격에 관한 증거를 고려해볼 때, 보편성의 개념 역시 알코올 중독자에게 효과적이다. Brown과 Yalom(1977)은 알코올 중독자가 일반적으로 사고와 행위를 구분하는 것을 어려워함을 발견하였다. 많은 알코올 중독자가 실제 행동을 동반하는 죄책감과 공포심을 가지고 환상에 반응하였다. 이는 집단에서 선택할 수 있는 치료의 하나로서 환상을 제거하려고 하는데, 보편성은 알코올 중독자가 자신만이 유일하게 비참한 상태에 있다는 생각을 멈추게 하는 데 중요하다는 것을 말해준다. 이러한 유일감은 알코올 중독자의 사회적 고립감과 자신의 음주 행동과 관련된 죄책감에 의해 고조된다. Yalom이 인간으로 "돌아온 것을 환영받는" 과정이라고 기술한 이 현상은 비슷한 걱정과 경험을 공유하는 것에서 비롯된다. 또한 이 현상은 알코올 중독자의 초기 회복 단계에서 중요한 치료요소이다. 알코올 중독자는 초기 단계 동안 자신만 지옥에 홀로 남겨진 것이 아니라는 걸 깨닫게 될 것이다. 다른 사람이 그들과 어려움을 공유하고 있다는 것을 이해하는 것은 회복과 용서 그리고 자신을 수용하는 강력한 유인가가 될 수 있다.

희망의 고취

집단구성원은 치료가 끝날 무렵에 다른 사람이 호전되는 것을 관찰하는 것이 얼마나 중요했는지를 언급하곤 한다(Yalom, 1985). 집단 치료자는 무슨 일이 있어도 주기적으로 집단구성원이 보여 준 향상에 주의를 환기함으로써 이 요소를 활용해야 한다. 사실, 익명의 알코올 중독자 모임(AA)의 중요한 힘 중의 하나는 알코올 중독에서 회복된 사람이 다른 사람에게 생생한 영감을 준다는 점이다. AA의 모임에서 구성원의 몰락과 구제에 대한 이야기를 포함하는 것은 결코 우연한 현상이 아니다.

마찬가지로 중요한 것은 치료의 초기에는 알코올 중독자가 위기 상황에 빠져 있다는 사실이다. 그들은 과거에 자신의 음주를 통제하려고 수도 없이 시도했고 실패해왔다. 이러한 사실은 알코올 중독 환자의 전형적인 의존성과 수동성으로 인하여 치료자가 중독환자들에게 직접 지침을 주고 그들을 도울 수 있다는 메시지를 전달해야 함을 시사한다. 만약 환자가 AA와 치료자의 권유를 따른다면 2년 후 치료가 끝날 때에는 그들이 술에 취하지 않은 상태를 유지하여 음주를 억제할 가능성이 높아진다는 것을 공개적으로 말하는 것도 도움이 된다. 금주를 시작한 첫 1년 동안 90%가 재발한다는 것을 고려하면 이것은 특히 중요하다 (Chalmers & Wallace, 1978).

정보 전달

정보의 전달은 일반적으로 대부분의 집단 치료에서 높게 평가받는 치료방법은 아니다(Yalom, 1985). 그러나 알코올 중독 치료에서는 그렇지 않다. 회복 중인 알코올 중독자에게 알코올 중독에 대한 정보를 전달하는 것은 가치가 크지 않을지라도 중요하다. 질병 개념, 내성, 생리적 합병증과 중독 과정은 모든 알코올 중독자가 반드시 알아야 할 단순하면서 중요한 문제이다. 자신의 알코올 중독을 심리적, 사회적 그리고 문화적 요인의 영향을 받는 생리적 장애로 해석하는 알코올 중독자가 회복가능성이 가장 높다(Wallace, 1978b).

금주를 시작한 초기 단계에서는 죄책감이 알코올 중독이라는 질병 개념을 수용하게 하고 치료에 역효과를 내기 때문에 환자에게 (피상적인 음주 경험을 넘어서) 이전의 생활문제를 깊이 탐색하도록 격려하여야 한다. 그 대신 알코올 중독에 대한 정보와 음주를 피하는 방법에 대한 정보를 전달하는 데에 치료시간을 할애해야 한다. 이것은 알코올 중독자가 자신의 알코올 중독 행위를 Wallace와 Yalom이 각각 "이국적인 신념 exotic beliefs"과 "필수적인 거짓말"이라고 한 범위 안에서 해석하도록 도우면서 치료의 구조와 방향에 대한 그들의 요구를 충족시킨다. Fehr(1976)는 치료의 초기 단계에서 치료사가 각 환자와 개별적으로 작업할 때에는 집단구성원 간의 상호작용을 제한해야 한다는 점에 동의하였다. 이러한 치료의 초기 단계는 환자가 과도한 음주와 관계가 있으면서 이에 기여하고 있는 문제를 탐색한다는 점에서 진단적-교육 단계로 기술된다. 이러한 과정에서 알코올 중독자는 자신이 자신뿐 아니라 집단구성원에게 어떻게 도움을 줄 수 있는지를 배우게 된다. 따라서 치료의 초기 단계에서는 집단 치료 시간을 각 환자와 개별적인 진단 작업을 하는 것에 사용하게 된다.

실존적 요인

Yalom(1975)은 대인관계의 변화를 위한 중요한 원리를 강조하였다. "변화는 불협화음 또는 부조화 상태에 의해 발생한다는 이 원리는 임상과 사회심리학 연구의 지지를 받고 있다(p. 263)." 이는 특히 과도한 음주로 인해 술에 취하지 않는 것이 갖는 가치와 알코올 중독 행위 간의 깊은 괴리를 경험하고 있는 알코올 중독자에게 적용된다. 전형적인 신경증 환자와 달리 알코올 중독자는 "AA 구성원이 바닥을 친다고 표현한 자신만의 어두움 속에 머무는 경험"을 한다. 어떤 알코올 중독자는 이러한 경험으로부터 통합감이 증가하기도 하지만 대다수의 중독자는 그렇지 않다(Brown & Yalom, 1977, p.447).

바닥을 치는 것은 치료에 있어서 이중의 의미를 갖는다. 이것은 방해물인 동시에 잠재적으로 귀중한 참조가 된다. 이러한 긴급한 경험(Jaspers는 "경계 상황"이라 표현함)은 적절하게 통합되기만 한다면 성장을 이끌 수 있다(Jaspers, 1975). "환자가 자신의 한계와 상징적인 죽음을 직면할 때 인생관에 엄청난 변화가 일어날 수도 있다. 그들은 인생의 우선순위를 재배열하여 사소한 것을 하찮은 것으로 돌릴 수 있다"(Brown & Yalom, 1977, p.448).

Yalom의 경험에 의하면 치료를 받고 있는 신경증 환자는 집단의 종교적이고 실존적인 요소가 그들에게 중대한 관심사가 될 때도 이를 회피하곤 한다. Yalom은 신경증 환자의 치료 집단은 종종 삶의 비극을 희석시키는 경향이 있지만, 자신의 내부로 깊게 빠져드는 구성원, 그리고 개방적이고 단호하게 자신의 운명에 직면하는 구성원은 병에 걸리기 전보다 더욱 실존적이 되어 간다고 느꼈다. 이것은 AA의 기본철학에서 넓게 다뤄진 공통 주제를 인식하고 공유하는 알코올 중독 환자에게 더 잘 적용된다(Alcoholics Anonymous, 1955). 유명한 실존주의 작가는 정신적 심연의 가장자리로 내몰린 후에 진정으로 성격이 발달하는 것을 주제로 작품을 완성하기도 하였다(Buber, 1960; Camus, 1960; Heidegger, 1963; Sartre, 1956). Yalom은 까뮈가 "어떤 인간도 삶을 끝낼 힘과 완전히 합의할 때까지는 자신의 인생을 진정으로 심각하게 고민하지 않는다" 라고 말한 것에 동의한다.

자살, 바닥을 치는 것 그리고 삶의 비극과 같은 주제는 비알코올 중독자 집단보다 알코올 중독자 집단에게 훨씬 중요하다. 만약 환자가 자신의 경험을 건강한 방식으로 통합하도록 치료자가 도울 수 있다면 환자의 두려움 때문에 치료자가 좌지우지되는 일은 없을 것이다. 따라서 치료자는 알코올 중독자가 자신의 경험에 몰두할 수 있도록 부드럽고 반복적으로 이끌어야 한다. "충분히 오래 다루어진 공포는 해소될 것이다."(Brown & Yalom, 1977, p.477).

이타심

알코올 중독자는 취하였을 때 하는 행동과 달리 대인관계에서의 갈등을 좋아하지 않고 잘 다루지도 못한다. 그들은 집단에서 다른 사람이 지나치게 불편해하고 있다고 생각하면 그들을 정서적으로 지지하고 경우에 따라서는 치료에 중요하고 필수적인 정화를 경험하도록 하여 그들을 도울 수도 있다. 치료자는 알코올 중독자가 경쟁보다는 상호 보완적인 상호 관계 속에서 최선을 다한다는 것을 곧 발견하게 될 것이다. Brown과 Yalom(1977)은 알코올 중독자를 대단히 성실한 사람으로서 태평스럽기 보다는 "비난과 죄책감을 집단에서의 불쾌한 사건 또는 타인에 의해 시달리는 고통으로 과도하게 가정하는 경향이 있다"고 묘사하였다(p. 450). 이들은 일반적으로 지나치게 조심스럽고 타인에 대해 깊은 책임감을 느낀다. 무엇보다 그들은 다른 사람에게 고통을 줄 만한 행동은 회피했다. 알코올 중독자 집단에서 관찰할 수 있는 보살핌 행동과 깊은 지지감은 강력한 치료적 자산이 될 수 있다. Yalom은 이러한 과잉각성이 혼란의 신호를 지속적으로 탐색하게 한다고 보았다. 집단구성원은 다른 사람에게 도움이 되고자 노력하면서 자신의 욕구를 감추는 경향이 있다. Yalom의 연구를 통해 이것이 모든 피험자에게 공통적으로 나타나는 심층적인 성격구조의 한 부분이었음이 명백해졌다.

동일시, 대인관계적인 투입과 산출

알코올 중독자는 치료자와 집단과의 상호작용을 통해 처음으로 술에 취하지 않은 채로 다른 사람과 의미 있는 관계를 맺는 방법을 배우곤 한다. 일반적으로 과거의 모든 사회적 활동은 음주의 영향을 받거나 음주 행동의 산물이었다. 친밀한 관계가 부족한 몇몇 사람에게 있어서 집단은 대인관계에 대해 처음으로 정확한 피드백을 받는 기회가 될 것이다. 알코올 중독자의 일반적인 분리감과 고독감은 그들의 주변에서 벌어지고 있는 상황과 하나가 되는 일체감과 조화감을 통해 무너져야 한다. 집단은 대부분 이러한 필요를 적절하게 충족시켜준다.

정화

Yalom의 주장처럼 정서표현의 강도는 매우 상대적이다. 따라서 정서의 표현은 반드시 개인적인 관점에서 평가해야 한다. 알코올이나 물질 중독자가 정서를 매우 조용히 표현하고 있더라도 사건의 강도가 상당한 것일 수도 있다. 많은 사람의 생각과 달리 알코올이나 물질 중독자는 정서를 잘 표현하지 못한다. 그들은 보통 자신의 감정 표현을 조절하지 못한다. 이는 알코올과 물질 중독자가 보통 정동을 표현하는 방법을 모방할 적절한 모델을 가지고 있지 못하다는 사실과 일부 관련 있다. 알코올과 물질 중독자는 불편한 감정을 억압하는 데 능숙하고 자신의 진정한 정서 상태를 의식적으로 자각하지 않으려고 하는 경향이 있다. 일단 그들이 정서를 표현하면 그 정서에 압도되거나 폭발할 것이라는 공포를 가지고 있음을 자각하지 못한다. 그러나 만약 알코올이나 물질 중독자가 자신의 감정과 접촉하지 않고, 충동을 다스리는 방법을 배우지 못한다면 치료가 적절히 이루어질 수 없다. 따라서 집단 치료자는 반드시 집단을 끊임없이 관찰하고, Wallace의 주장처럼 정서표현이 지나치게 부족하거나 과도하지 않은 중간 지점으로 이끌어야 한다. 결국 집단 치료자의 기본적인 과업은 두 가지 위험한 대안 중에서 안전한 것을 선택하는 것이다. 부인을 줄이고 최소 수준으로 불안을 유지하는 동시에 자신을 인식하고 자기 개방과 관련된 정서적 각성이 증가하게 하는 것이 중요하다. 이것은 집단 치료자가 극적인 돌파구를 찾기보다 점진적으로 자기를 깊이 개방하는 것에 만족해야 한다는 것을 의미한다.

보통 신경증 환자의 방어는 적절하지 않지만 알코올과 약물중독자는 자신의 의식에 골치 아픈 감정이 들어오지 못하게 하는 것에 능숙하다. 그러나 만약 집단 치료자가 알코올 또는 약물 중독자로 하여금 자신의 정서를 너무 빨리 느끼고 표현하도록 몰아붙인다면 대처하기 힘들 정도로 정서의 범람이 나타날 것이다. 초기 회복단계에서는 이런 사태를 피해야 한다. 집단에서 카타르시스 경험이 너무 빠르게 나타나면 장기적으로는 해로운 결과를 가져온다는 것은 저자의 경험이다. 집단구성원이 오래 묻혀 있던 감정과 접촉할 수 있도록 알코올과 약물 중독자의 방어를 다루는 것은 집단 치료자에게 자기만족을 줄 수는 있지만 환자가 치료를 회피하는 결과를 불러올 수도 있다. 그래서 많은 정신역동 이론가가 집단 치료자의 집단구성원과의 작업을 자아 강도의 구축이라고 말하고 있는 것이다.

개인의 방어는 그것이 존재하는 이유가 분명히 있기 때문에 너무 빨리 제거해서는 안 된다(Erv & Miriam Polster,1973). "부인에는 목적이 있다. 이것은 이미 산산이 부서진 자존감을 지지하는 접착제이다. 그리고 이는 지나친 불안을 담아놓을 수 있는 하나의 방략일 수 있다"(Wallace, 1977, p.15). 한편 Yalom의 주장처럼 자기 이해가 동반되지 않으면 영구적으로 정서적 각성 상태가 변할 가능성은 거의 없다. 자기 이해만으로는 알코올이나 약물 중독자의 방어 체계를 충족시키고 치료를 어렵게 할 뿐이다. 정화가 없는 통찰은 술과 약물을 계속 사용하게 하는 동시에 자신이 왜 술을 마시고 약물을 하는가에 대한 이유를 만들어내게 할 뿐이다. 이러한 회복 과정에서는 알코올과 물질 중독자가 받을 수 있는 도움이 거의 없다.

가족의 재연

Yalom의 설명과 문화적 요인의 중요성을 다룬 연구가 입증한 것처럼 집단구성원은 보통 초기의 가족 경험을 반복하는 것이 도움이 된다고 생각하지 않는다. 하지만 Yalom은 성공적인 대면 집단의 구성원은 이 요인이 중요하다고 말하고 있음을 지적하였다. 따라서 Yalom은 집단구성원이 가족 재구조화의 중요성을 인정하지 않을지라도 이는 매우 중요한 문제라고 제안하였다. 중독 환자의 집단에 있어서도 이는 사실이다. 알코올 중독의 제일 좋은 예측 변수 중 하나는 알코올 중독자의 가정이다. 알코올 중독자의 40%는 결손 가정에서 태어났고, 약 40%는 최소한 한 명의 부모가 음주 문제를 가지고 있다(Ray, 1972). 그러므로 집단 치료는 비슷한 문제로 애쓰고 있는 다른 사람이 자신과 같은 태도와 방어를 하고 있음을 관찰함으로써 음주에 대한 자신의 태도와 방어를 이해할 수 있게 해준다.

하지만 초기 가족 경험의 망령이 오랫동안 문제가 되고 있음에도 불구하고 Yalom이 지적한 것처럼 이 주제에만 몰두하는 것은 집단구성원에게 생산적이지 못하다. 오히려 알코올 중독자나 다른 중독자는 현재 하는 일이 중요함을 인식하면서 과거에 대한 관점을 바꾸고 초기 가족 경험의 영향을 이해하게 될 수 있다. 과거 가족과의 경험을 직접 질문하는 것은 변화를 일으킬 가능성이 적다. 과거의 부모와의 관계를 다루는 것은 현재 구성원이 서로에게 느끼는 감정과 문제, 그리고 알코올과 약물을 자제하려는 노력을 분석하는 작업을 방해할 수 있다. 약물이나 알코올 중독자는 "심리치료 게임을 하는 것"에 능숙한 편이고 전문가가 이 주제가 중요하다고 생각하여 공략하고 싶어한다는 것을 치료 초기에 일찌감치 알아챈다. 따라서 부모의 영향과 부모와의 경험을 직접 다루는 것은 종종 알코올 중독자와 중독자의 방어 체계를 유지하면서 현재의 생산적인 집단 작업을 지연시킬 수 있다.

자기 이해

Yalom은 개인이 자신의 부정적인 측면을 발견하고 확인할 때까지 방어를 "탐정 수사하고... 캐내거나 벗겨내는 것"이 심리치료라고 대중적이고 단순하게 개념화하는 것을 비판하였다. Yalom의 연구에 참여한 집단구성원은 자기 이해가 중요하다고 말하는데, 이는 "이전에는 잘 몰랐거나 받아들이지 않았던 자신의 부분을 발견하고 받아들이는 것"을 말한다(Yalom, 1975, p.92). 따라서 그가 말하는 자기 이해란 집단구성원이 이전에는 몰랐고 확인하지 않았던 자기의 긍정적인 부분을 발견하는 것을 의미한다. 알코올 중독자와 중독자의 집단 치료는 이러한 원칙에 입각하여 진행되어야 한다. 중독된 사람은 보통 수치심과 창피함, 그리고 자기 혐오와 같은 강렬한 감정을 가지고 있기 때문에 다른 사람이 자신을 긍정적으로 바라보고 있다는 것을 아는 것만으로도 치료적 가치가 크다. 알코올 중독자는 뿌리 깊은 수치심으로 고통스러워한다(Kurtz, 1982). 사실 Kurtz는 AA를 수치심을 치료하기 위한 프로그램으로 보았다. 서양에서 시작한 대부분의 현대적 심리치료는 죄책감의 치료에 집중해 있지만, AA는 더욱 근본적인 정서적 구속의 치유에 초점을 맞추고 있다. Kurtz에 따르면 죄책감은 "나는 내가 한 일에 대해 나쁘게 느낀다."를 뜻한다. 모든 알코올 중독자와 중독자가 고통스러워하는 더욱 심각한 감정인 수치심은 "나라는 사람 때문에 나쁘다고 느낀다." 를 뜻한다. 이러한 관점에서 중독자를 위한 집단 치료에서는 이들이 자기에 대한 강한 혐오감을 가지고 있음에도 불구하고 자신이 가치 있는 존재임을 이해하고 수용할 수 있도록 강화해 주어야 한다. Kurtz의 주장처럼, 수치심을 치유하기 위해서는 수치심에 대해 얘기하는 것 이상을 필요로 한다. 즉, 다른 사람 안에서 자기 혐오감을 발견하고 자신과 똑같이 자기 혐오감을 갖고 있는 타인들을 결국 수용할 필요가 있다. 자신이 치유될 수 있기 전에 자신이 다른 사람을 치유할 수 있다는 것을 알아야 한다는 것을 "치료적 공생"이라고 한다 (Searles, 1973). 이 원칙은 Searles가 치료자에 대해 언급하면서 사용한 것이었지만 집단구성원에게도 적용할 수 있다. 집단 심리치료 장면은 사람들이 다른 사람을 돕는 치유자로서 행동할 수 있는 능력을 가졌다는 것을 학습할 수 있는 기회를 제공한다. 사실, AA는 회복을 위한 12단계 프로그램의 12번째 단계에서 이 원칙을 적용한다. 알코올 중독자와 중독자는 다른 알코올 중독자 또는 중독자가 음주를 하지 않게 도와줌으로써 자신의 술에 취하지 않은 상태를 유지한다.

AA에서 치료 요인

Yalom의 치료 요인은 치료 집단뿐만 아니라 AA에도 작용한다는 것을 기억하라. 변화를 위한 조건과 변화의 치료기제가 집단마다 다를 수 있고, 각 집단에서 강조점과 가치를 두는 치료 요인이 다를지라도 그 과정은 비슷하다. Emrick과 그의 동료(1977)는 이 가능성을 염두에 두고 Yalom의 12개 치료 요인을 직간접적으로 언급한 AA 문헌을 조사하였다. 그들은 Yalom의 12개 치료 요인 중 10개가 AA 집단에서 작용하였음을 발견하였다. 표 18.2는 그들이 각 치료 요인의 중요성을 평가한 순서이다.

〈표 18.2〉 AA 집단에서 작용하는 치료 요인을 참조한 출판물의 빈도 (N=26)

치료 요인	출판물의 개수
이타주의	21
집단 응집성	20
동일시	14
희망의 고취	12
지도	12
보편성	10
카타르시스	8
"통찰력"	6
대인관계 학습, "결과"	2
가족 재구조화	1
대인관계 학습, "투입"	0
실존적 자각	0

출처 : Emrick, Lassen, & Edwards (1977).

Emrick 등(1977)은 "만약 자주 언급된 요인이 AA에서 중심적인 역할을 한다면, AA에서 작용하는 변화의 구성요소와 기제가 요인의 순위에 반영되었을 것이다."라고 결론을 내렸다(p. 130). 이 순위를 Yalom(1985)의 순위와 비교하면서 Emrick 등은 이러한 치료 요인에 중심을 두는 정도와 중요성에 있어서 AA 집단이 집단치료와 다르다는 가설을 제기하였다. AA 집단은 지도, 동일시, 그리고 희망의 고취에 더 많은 주안점을 둔다. 반대로 전문적 집단 치료는 대인관계 학습, 카타르시스, 통찰력, 그리고 실존적 자각에 더 많이 의존한다. 두 치료집단의 유사성을 확인하기 위해 Emrick과 그의 동료(1977)는 알코올 중독자를 심리치료 집단과 AA 집단에 무선으로 배정하고 Yalom의 도구를 사용하여 치료적 요인에 대한 구성원의 지각을 비교하는 것이 가치가 있다고 생각했다. 아울러 성격특성에 따라 치료 효과를 매칭하거나 구분하는 것에 대해서도 향후 더 연구가 필요한데, Emrick 등(1977)은 성격 특성에 따라 AA에 더 맞는지 아니면 다른 전문 집단치료에 보다 적합한지에 관해 이미 연구한 바 있다.

> AA에 적절한 내담자는 동료에게 잘 반응하고 종교적이며 큰 집단 앞에서 자신의 중독에 대해 편하게 이야기할 수 있고 회복 중인 알코올 중독자와 사귀는 것을 즐기는 사람이다. 전문적 돌봄에 적합한 사람은 전문가에게 잘 반응하고 강력하게 자기 성찰을 하려고 하고 알코올 중독을 심리적 문제로 보고 가급적 적은 사람과 얘기하기를 바라는 알코올 중독자일 것이다.

다른 종류의 치료 집단에 작용하는 치료 요인

Kanas와 Barr(1982)는 외래의 알코올 중독환자 치료 집단과 입원한 알코올 중독 환자 치료 집단의 차이를 연구하였다. 또한 알코올 중독이 아닌 외래환자와 입원환자에서의 치료요인의 순서도 비교하였다. 표 18.3은 그 연구의 결과이다.

표 18.2와 표 18.3은 치료 집단의 응집성이 중요함을 보여준다. 어느 연구에서도 응집성을 가장 중요한 치료 요인으로 평가하지 않지만, 종합 순위를 보면 대부분의 집단에서 응집성은 매우 중요하였다. Yalom이 반복하여 말한 것처럼, "집단 응집성은 장기 집단치료의 효과를 결정하는 필수 요소이다. 집단치료자는 이러한 치료자원을 최대한 개발하기 위해 노력하여야 한다(1985, p.111)." Yalom은 변화의 기제로서 치료 요인과 변화조건으로서 치료 요인의 차이를 강조하였다. 집단에서 응집성을 달성하는 것은 아무리 강조해도 지나치지 않다. Yalom은 여러 연구결과와 임상적 경험에 근거하여 집단치료가 힘을 발휘하기 전까지는 안전하고 신뢰로운 분위기를 형성하는 것이 필요함을 지적하였다. 응집력 자체가 다른 어떤 치료 요인보다 더 중요할 수는 없겠지만 다른 변화기제와 치유가 진행되기 위한 필수조건임에는 틀림없다.

〈표 18. 3〉 다른 모집단에서의 집단 치료 요인

연구	Yalom (1975)	Maxmen (1973)	Feeney와 Dranger (1976)	Kanas와 Barr (1981)		
모집단	20 정신과 외래 환자	100 정신과 입원 환자	20 알코올중독 입원 환자	8 알코올중독 외래 환자		
# 회기 시간	약 64	9	약 35	36.8		
평균 기간	16개월	18일	49일	25.9주		
서열법	Q-sort	설문지	Q-sort	설문지		
순위					**종합순위**	
대인관계적 투입	1	5	3	7	3.7	(2)
카타르시스	2	8	1	6	5.7	(6)
집단 응집성	3	2	4	3	3.0	(1)
통찰력	4	9	2	8	5.7	(6)
대인관계적 결과	5	7	7	4	5.0	(5)
실존적 요인	6	6	6	9	4.2	(4)
보편성	7	4	8	5	4.0	(3)
희망의 고취	8	1	5	1	5.7	(6)
이타주의	9	3	9	2	6.7	(7)
가족 재연	10	11	10	11	10.4	(10)
지도	11	10	11	10	11.0	(11)
동일시	12	12	12	12	12.0	(12)

출처 : Kanas와 Barr(1982)

집단 치료에서의 변화와 치유의 기제

Yalom의 상호작용 집단치료 모델은 집단의 지도자가 구성원의 건강하거나 파괴적인 대인관계에 참여할 능력을 평가할 수 있는 기회를 제공한다. 앞에서 언급한 Kohut의 치료에 대한 관점을 고려한다면 집단구성원이 심리적 건강을 이룰 수 있도록 그들이 가지고 있는 대인간 혹은 개인내 왜곡을 수정하는 것은 매우 중요하다. 이것은 두 가지 이유 때문에 중요하다. 첫 번째로, Carl Rogers와 Heinz Kohut 등 대상관계 이론가가 강조한 것처럼 건강하고 진정한 인간관계에 참여할 능력을 갖는 것은 그 자체로 강력하고 지속적인 치료과정이기 때문이다. 둘째, 사람들이 다른 사람을 대하고 관계를 맺는 것처럼 자신을 대하고 관련을 짓는다. 예를 들어, 비판적이고 처벌적인 사람은 자기 자신에게도 비판적이고 처벌적이다. 타인을 용서하고 배려하며 정직한 사람은 자신에게도 비슷한 방법으로 대한다. 다른 사람과의 교류하는 모습은 자신의 내적 현실을 잘 표현해 준다. 다양한 창구가 무의식 세계로 열려 있다. 사람의 내적 세계에 접근하는 다양한 방법에는 전이, 자유연상, 말실수, 신체언어, 성격 스타일, 꿈, 강박적 행동 그리고 저항이 있다. 개인의 대상관계와 다른 집단구성원과 교류하는 것을 주목하는 것은 개인의 내적 무의식 과정을 이해하는 훌륭한 방법이기 때문이다.

Sullivan학파, Rogers학파, 또는 대상관계 전통에 따라 작업하는 집단의 리더는 고전적인 통찰을 넘어서 지금 여기에서의 관계와 교정적 정서 체험을 주요한 치료 힘으로 강조한다. "집단치료에서는 분석가와의 일대일 관계 보다 인간관계의 네트워크가 변화를 낳을 수 있는 다양한 경험의 기회를 증가시킨다(Rutan & Stone, 1984, p.53)."

Rutan과 Stone은 또한 사람의 조각난 자아 또는 결함이 있는 자아를 재형성하는 데 필요한 구조적 변화를 달성하기 위해서 안전하고 신뢰로우며 응집력 있는 분위기가 집단 안에 확립되어야 한다고 언급하였다. 그들은 만약 집단구성원이 왜곡되고 조각난 자신이 드러나는 것을 허용할 만큼 자신의 방어를 오랫동안 억제하여 궁극적으로 그것을 검토하고 변화시킬 수 있다면 침투적이지 않은 집단 리더가 필요하다고 생각했다.

Rutan과 Stone은 집단 안에서 치유되기 위해 필요한 세 가지 변화의 기제를 기술하였다.

1. 모방
2. 동일시
3. 내재화

모방

집단구성원은 다른 사람이 감정을 개방하여 공유하고 표현하여 이득을 얻는 것을 보면서 증상이 완화되기를 바라고, 집단의 다른 사람에게 소속되어 수용되어야 하기 때문에 다른 사람과 같은 방식으로 행동하도록 격려를 받을 것이다. Rutan과 Stone은 이렇게 쓰고 있다.

> 치료 집단에서 개인은 상호작용과 관계하는 방식, 그리고 문제해결 기술을 관찰할 기회를 갖는다. 대부분 집단에서 초기에 이루어지는 학습은 모방이다. 강한 감정을 참고 나누는 데 어려움을 가지고 있는 환자는 다른 구성원이 강렬하게 상호작용하는 것을 처음으로 관찰할 수 있다. 이러한 교류가 서로 상처를 주지 않으면서 서로 가까워질 수 있다는 것을 구성원이 학습하면서 변화에 대한 희망을 갖게 되어 그 과제에 성공한 사람을 모방하고 감정을 공유하기 시작할 수 있다. 모방은 주로 집단을 구성한초기에 사용하지만 치료를 진행하는 중에도 새로운 행동을 선택하는 하나의 방법으로 사용된다. 이들은 모방행동을 성공적으로 반복하면서 집단을 매력적이라고 생각하고 소속되고자 하는 소망을 강화시키며 응집성을 증가시킨다. 이것은 구성원 간의 동일시를 발전시킨다. 다른 사람이 지금까지 성공적이었다는 느낌의 결과, 그리고 생각하거나 표현하거나 행동하는 대안적인 방법을 발견하는 수단으로서 사용되기도 한다. 이는 결코 집단 치료에 한정되지 않는다. 하지만 집단 치료는 다양한 상호작용과 관계라는 장점이 있기 때문에 모방 학습을 통한 변화의 기회가 더욱 넓다.(1984, p.54)

동일시

오랫동안 동일시는 아동이 부모와 유사한 속성과 행동 패턴을 학습하는 과정을 설명하는 매력적인 이론이었다. 고전적인 의미에서 동일시는 개인이 존경하면서 닮고 싶은 타인을 모방하게 되는 무의식적인 과정이다. 치료 집단의 구성원과 집단 자체가 응집하게 되고 사람의 마음을 끌게 되면서 집단구성원 사이에 동일시가 발전하게 된다. Rutan과 Stone은 집단에서 치료의 힘을 자극하는 데 있어서 이 과정이 중요함을 역설하였다.

> 동일시는 기억의 내용과 연상, 그리고 감정에서 뿐만 아니라 그것에 대하여 얘기하는 과정에서 일어난다. 이러한 동일시는 매력, 소속감, 그리고 구성원과 집단에 대한 애착의 형태로 표현될 수 있다. 이것은 집단의 응집성을 공고히 하는 벽돌과 같다. 자신이 혼자가 아니라는 생각에서 발전한 보편성은 구성원 간에 집단에 대한 매력과 동일시를 발전시킨다. 다시 이러한 강력한 영향력은 집단구성원에게 서로 영향을 미치는 선순환적 과정이 일어나게 한다. 그 결과 동일시는 구성원이 지각하고 반응하는 기본적인 방식을 바꾸어 놓는다. 튼튼하게 동일시가 형성되고 나면 이것은 변화를 유지하는 기반을 형성한다(1984, p.56).

내재화

변화와 치료의 마지막 단계는 집단구성원이 다른 구성원의 가치와 규범, 그리고 행동을 내재화하는 것이다. 이것은 개인이 독립적으로 심리적 건강과 치유의 방향으로 나아가고 있음을 시사한다. 집단구성원은 더 이상 동일시나 모방과 같은 원시적인 외적 요소에 의존하지 않고 변할 수 있게 된다. 갈등을 해결하고 집단내의 정서적 상호작용을 지속적으로 검토하면서 정신적 구조가 서서히 그리고 체계적으로 구축된다. Rutan과 Stone은 이러한 변화의 중요성을 정리하였다.

> 내재화는 내적 상태와 상호적 상태를 다루는 데 있어서 융통성이 있다. 그리고 내재화는 갈등을 훈습했거나 이전의 파괴적이었던 불안을 다루기 위해 새로운 정신적 구조를 형성한 결과이다. 치료자는 정서적 의미가 담긴 상호작용을 검토하고 재검토하면서 건강한 내재화를 촉진시킬 수 있다. 동일시와 명료화, 그리고 해석을 통해서 개인은 지금 여기에서 교류하여 얻은 지식을 이전의 기정과 통합시킨다. 이것은 정서와 내상관계의 통합을 촉진할 뿐만 아니라 내면의 갈등을 감소시킨다. 그 결과는 치료 장면에서 재현되고 있는 자극에 대해 환자가 새로운 방식으로 행동하는 것을 통해 관찰할 수 있다(1984, p.57).

Rutan과 Stone이 설명한 집단에서의 변화기제는 AA에서도 발생한다. 알코올 중독자는 초기 회복단계에서는 "술을 마실 수 없어." 라고 말하면서 다른 알코올 중독자의 행동을 모방하기 시작한다. 이들은 AA 모임에 계속 참석하면서 술 취하지 않은 상태로 있으려면 동료 AA 구성원의 행동을 모방해야 한다는 것을 깨닫는다. 이 단계는 외적 통제(예. 입원, 알코올 중독 치료, 항중독제 등)가 필요한 첫 번째 단계이다. 이 단계에서는 술을 마시려는 충동으로부터 알코올 중독자를 보호해야 한다. 두 번째 단계는 Wallace(1978b)가 "술을 마시지 않을 거야." 단계라고 부른 것으로 동료 AA 구성원과 자신을 동일시하는 단계이다. 술을 마시지 않는 상태로 남아있고자 하는 욕구는 외적인 압력으로 결정된 것이 아니라 술 취하지 않은 상태에서 AA에 적극적으로 참여하고자 하는 자신의 욕구에 의해 결정된다. 세 번째 그리고 마지막 단계는 내재화 단계로, Wallace는 "술을 마실 필요가 없어." 단계라고 불렀다. 이제 갈등이 해소된다. 알코올 중독자는 AA 프로그램의 12단계를 성공적으로 끝내고 회복을 통해 지극한 평온함을 경험하게 된다. 어떤 알코올 중독자나 재발의 위험이 완전히 없어진 것은 아니다. 하지만 이들은 다른 단계에 있는 사람보다 훨씬 안정되어 있음을 경험한다(표 18.4를 보라).

치료과정

Rutan과 Stone은 모방, 동일시, 그리고 내재화에 내재하는 변화기제가 치료과정을 통해 강화된다고 생각하였다. 치료과정은 직면, 명료화, 해석, 그리고 훈습을 요구한다. 이 각각의 요인은 치료과정에서 단계에 따라 특이하게 나타난다.

직면

중독 환자를 집단에서 치료하는 초기에는 직면이 필수적이다. 이 때 알코올 중독자나 중독자의 무의식적 가정에 초점을 두어서는 안 된다. 이보다는 그들 행동의 외적 부분을 끊임없이 지적해 주어야 한다. 초기 회복단계에서는 알코올 중독자와 중독자가 자신을 위해 할 수 없는 것에 치료의 목표를 두어야 한다. 그들의 부정은 매우 강력하고 방어는 병적이고 융통성이 없기 때문에 중독 환자를 비난하지 않으면서 그들의

〈표 18. 4〉 치료의 단계

단계	환자의 상황	치료
단계 I	"나는 술을 마실 수 없어." (외적인 통제를 필요로 함) 모방	알코올 중독 치료 항중독제 AA(첫 번째 4단계) 지시적 심리치료 입원 교육
단계 II	"나는 술을 마시지 않을 거야." 동일시	지지적 심리치료 AA(모든 12단계)
단계 III	"나는 술을 마실 필요가 없어." 내재화	AA－후원(sponsorship)과 12번째 단계 작업 통찰 지향적 심리치료

출처 : Zimberg(1978)에서 발췌함.

파괴적인 행동 패턴을 지적하여 그들의 분노와 불안을 포용하는 역할을 하는 집단 지도자와 강력한 치료관계를 형성할 필요가 있다.

성공적으로 직면하는 것을 학습시키려면 (1) 시기적절성, (2) 동맹을 형성할 수 있는 능력, 그리고 (3) 공감이 필요하다. 만약 이러한 기술이 충분하게 발달되지 않았다면 집단구성원은 두려움 때문에 방어를 하고 정서적으로 후퇴하며, 집단과 집단구성원을 공격하는 반응을 하거나 치료에서 중도 탈락할 것이다.

직면의 형태는 매우 다양하다. Rutan과 Stone은 집단 내에서 다양한 직면방법을 발견할 수 있다고 한다. 집단 내에서의 직면은 그 영향력이 확산적이고 다양한 방식으로 서로에게 영향을 미칠 수 있다.

> 대부분의 직면은 구성원 간 혹은 치료자와 구성원 간에서 일어난다. 그러나 집단 내에서의 직면은 독특한 면이 있다. 거울로 된 큰 방을 들여다보는 것처럼 환자는 자신을 포함한 다른 사람이 비생산적이고 병리적으로 행동하는 것을 관찰할 것이고, 그들이 서로 얼마나 비슷하거나 유사한 행동을 하는지에 대해 호기심을 갖게 될 것이다. 이것은 자기직면의 한 형태이다. 치료 집단 내에서 독립적으로 직면하게 하는 경우는 없다. 심지어 직면이 집단의 다른 구성원에게 맞추어져 있을 때에도 집단의 모든 구성원은 이를 보고 영향을 받는다. 그러므로 치료를 할 때에는 그들이 서로 관찰할 수 있도록 특정인의 개방적인 태도를 격려하여야 한다. 즉, 그들은 다른 구성원이 자신과 같은 반응을 한다는 것을 인식하는 것이 포함되어야 한다. (1984, p. 61)

명료화

집단 내에서 상호작용과 직면이 이루어진 후에 명료화가 뒤따른다. 명료화는 개인의 상호작용과 교류에 주목하는 데 도움이 된다. 명료화는 집단구성원이 자신의 행동을 반복된 패턴으로 보도록 하여 준다. 집단이 발전하면서 각 구성원의 다양한 패턴이 나타나기 시작할 것이다. 이는 각 집단구성원의 행동이 자신 뿐 아니라 나머지 집단 성원의 주의를 끌게 되는 집단치료의 중간 단계에서 일어난다. 쌀쌀 맞으면서 다른 구성원과 거리를 두는 사람은 이런 말을 듣게 될 것이다. "당신 부인이 자주 불만스러워 하고 친구가 없는 이유가 바로 이것이군요. 당신이 다른 사람에게 어떤 영향을 주고 있는 지를 여기서 탐색하여 보는 것이 당신에게 크게 도움이 될 것 같은데요."

해석

해석은 집단구성원의 숨겨진 동기와 갈등을 이해할 수 있게 도와줌으로써 자신이 억압하고 있는 무의식적 요소를 자각하도록 무의식에 목표를 둔다는 점에서 명료화와 다르다. 집단 치료과정에서 성공적으로 해석을 하기 위해서는 진술의 정서적이고 인지적인 의미가 제대로 전달되어야 한다. 그러나 가장 중요한 것은 해석의 시점이다. 감정이 폭발할 때 해석을 하거나 너무 지적인 방식으로 해석하면 집단구성원의 이해와 행동에 영향을 미칠 수 없을 것이다.

훈습

직면, 명료화와 해석은 집단구성원이 자신의 행동 패턴과 무의식적 갈등을 자각할 수 있게 해주지만 지속적으로 근본적인 변화를 이끌어내기 위해서는 위의 요소를 단독으로 시행하는 것은 적절하지 못하다. 훈습에서는 구성원이 자신을 검토하고 자신의 갈등과 취약성의 범위를 이해하는 능력을 증가시키는 것을 강조한다. 자신의 행동을 해석하는 능력이 커지면 다른 사람과 진정으로 친밀감을 유지하면서 지나친 불안으로부터 자신을 적절히 보호할 수 있는 다양하고 유연한 방어 체계가 발전할 것이다.

훈습을 위해서는 치료집단의 시간을 많이 사용하여야 한다. 각 집단구성원은 장해와 자기 패배적 행동을 이해하고 확인함에 따라 연합된 사고와 감정을 해결하게 된다. 그러나 이러한 사고와 감정, 행동의 통합은 집단 내 개인 치료에서 가장된 형태로 반복하여 나타날 것이다. 다음 예가 이러한 점을 설명하는 데 도움이 될 것이다.

서른두 살의 프리랜서 사진작가인 마르타는 심각한 우울과 자살 사고 때문에 심리치료를 받게 되었다. 이 주간 개인 치료를 진행한 후 그녀의 우울이 과도한 알코올 섭취와 관계가 있음을 발견하게 되었다. 마르타에게 금주와 함께 AA에 참석하라고 하자 그녀는 이에 즉시 응했다. 사실, 마르타는 치료과정에서 치료자가 요청한 모든 것을 흔쾌히 받아들였다. 그녀는 치료자를 "완벽함 그 자체"로 지각하는 이상화 전이를 발전시켰다. 심리치료를 받게 한 증상이 빠르게 호전되었기 때문에, 치료자는 증상이 나빠지거나 재발하는 것이 두려워서 치료자에 대한 그녀의 생각을 다루고 싶어 하지 않았다. 심리치료가 진행됨에 따라서 그녀는 모든 것이 완벽하다는 환상의 세계로 깊숙이 철수되어 가고 있음이 분명해졌다. 그녀는 어렸을 때 자폐적으로 자기에게 몰입되어 있어서 학교에서 정신과 의사에게 의뢰한 적이 있다고 말하였다. 그녀는 어렸을 때 쌀쌀한 아버지와 행동, 외모, 학업에서 완벽하기를 요구하는 냉담하고 참견이 많은 어머니에게 상처를 받은 경험이 있었다. 13살이 되었을 때 그녀는 언니의 일기장과 옷장 안에 숨겨져 있던 여러 문서를 읽고 자신이 입양되었다는 사실을 알게 되었다. 어머니에게 이 일에 관하여 물어보자 어머니는 격노하면서 모든 증거를 부정했다. 그녀의 현실 세계는 너무 혼란스러웠고 위협적이었으며 이상하게 생각되었고, 결국 마르타는 자신의 완벽한 환상적 세계를 확신을 가지고 추구하게 되었다.

개인 치료를 6개월간 받은 후에도 마르타는 치료자에게서 완벽한 모델을 보았다고 생각했고 치료자의 모든 지도가 훌륭하다고 믿었다. 치료자는 절대 오류가 없는 사람이라고 신실하게 믿었기 때문에 그녀는 완벽해지기 위해서 치료자의 지시사항을 완벽하게 수행했다. 이러한 행동이 3개월간 지속된 후에 마르타는 자신이 완벽하게 치료가 되지 않았다는 것을 깨달았다. 그녀는 여전히 시시각각으로 분노와 슬픔, 혼란을 느꼈다. 마침내 그녀는 치료자가 원하는 모든 것을 했음에도 아직 자신은 완전히 행복하지 않다고 치료자에게 화를 냈다. 치료자가 그녀에게 분명하게 어떤 행동방식이나 제안을 하지 않았음을 확인하여 주자 마르타는 자기가 치료자와의 대화에서 추측한 것이었음을 인정했다. 그리고 치료자는 마르타가 부모와 함께 한 초기 가정생활과 동일한 상황을 치료 장면에서 경험하고 있다고 알려주었다. 특히 그녀는 자신이 모든 일을 완벽히 하면 그 결과도 완벽하게 될 것이라고 믿고 있었다.

치료가 진행되면서 통찰이 촉진되었고 종결에 대한 계획을 세우기 시작했다. 그러나 종결 날짜가 가까워지자 그녀는 다시 한 번 절망에 빠져들었다. 마침내 마르타는 치료를 종결하는 날짜가 다가옴을 실감하면서 자신의

절망감이 촉발되었음을 이해하게 되었고 자신이 아직 완벽하지 않다는 사실에 직면했다. 그녀는 치료가 끝나면 완벽해 질 거라는 환상을 끝까지 포기하지 않고 있었다. 더욱 통찰이 촉진되면서 마르타는 더 이상 자신을 속이지 않기 위해서 치료를 계속하기로 결정했다.

그러나 완벽을 향한 그녀의 욕구는 다른 형태로 다시 나타났다. 그녀가 치료자의 사무실로 들어왔을 때보다 떠날 때 더욱 나빠졌음을 느꼈던 회기가 두 번 있었는데, 그 후 마르타는 또 다른 중요한 현실에 부딪혔다. 치료자는 그녀가 상처를 받을만한 지적을 두 번 하였다. 그녀는 왜 그가 그런 말을 했는지 이해할 수 없었다. 그녀는 여전히 치료자를 완벽한 사람으로 인식하고 있었기 때문에 그가 일부러 그녀를 아프게 했음에 틀림없다고 여겼다. 치료자가 그녀에게 의도적으로 상처를 준 것이 아니었고 그녀의 감정을 잘못 이해하여 생긴 실수라는 것을 알게 된 후에 그녀는 현실이 만들어 낸 절망을 처리하여야 했다.

몇 달간의 개인 치료 후에 집단 치료로 옮겼을 때 그녀의 완벽에 대한 환상은 다시 떠올랐다. 그녀는 이번에는 모든 일이 정말 완벽하게 될 것이라고 자기 자신과 비밀스럽게 약속했다. 또 다시, 다른 형태로 완벽추구가 나타나서 작동했다. 2년 후, 마르타는 남자친구를 만나면서 완벽에 대한 환상으로의 도피가 재연되었다. 같은 일이 반복된 것이었다. 그녀는 남자친구와의 관계는 완벽할 것이라는 신념을 붙잡고 있었다. 치료가 단계별로 진행된 후에야 마르타의 완벽 환상에 대한 신뢰는 약해졌고 지속 시간도 짧아졌다.

적절한 순서를 따라 직면과 명료화, 그리고 해석을 실시하면 집단구성원의 다양한 갈등과 저항, 그리고 자기파괴적이고 반복적인 패턴을 해결하는 데 도움이 된다. 이러한 과정을 적절한 순서에 따라 진행하기 위해 집단의 리더는 다음과 같은 일을 반드시 해야 한다:

1. 방어에 직면시키기. 참여하지 않는 집단구성원을 관찰을 통해 확인한 것과 직면시켜야 한다: "당신은 다른 사람이 당신에게 특별히 해줄 일이 없다고 합니다. 그러나 집단의 모든 사람은 당신에게 호의적으로 대하지 않으면 당신이 화를 잘 낸다는 것을 알고 있습니다. 그리고 당신에게 관심을 기울이면 당신은 매우 좋아한다는 것도 알고 있습니다."
2. 방어를 명료화하기. "당신은 또 다시 그런 행동을 했군요. 누가 당신에게 관심을 보이면 당신은 그들을 밀어낼 행동을 합니다."
3. 해석하기. "당신은 어렸을 때 어머니가 반복적으로 거부한 것과 같은 일이 다시 일어날까 두려워서 다른 사람과 친해지고자 하는 욕구를 계속 부정하고 있습니다."
4. 해결하기. 다양한 행동 패턴이 반복하여 나타날 것이다. 집단 리더는 판단하지 않는 자세로 그 패턴이 다시 나타났음을 지적해주고, 집단구성원이 자신이 가지고 있는 두려움과 환상, 그리고 파국적 기대를 해결할 수 있도록 도와야 한다.

중독환자와의 훈습과정

전형적인 중독 환자를 치료할 때 집단의 리더는 집단구성원이 단주상태를 유지하게 하는 일련의 작업을 반드시 완수해야 한다. 먼저 리더는 반드시 구성원이 약물을 사용하지 않도록 해야 한다. 강제와 직면, 격려와 호소를 하여서라도 이것은 반드시 치료의 첫 번째 목표가 되어야 한다.

둘째, 집단 리더는 반드시 각 구성원이 올바른 정서 경험을 하도록 인도해야 한다. 이 때 집단 치료의 목적은 집단 내에서 통찰을 통해 무의식을 자각하는 것이 아니라 집단 내에서 술 취하지 않은 맑은 정신과 성숙한 정신 상태에서 옛 경험을 재현하여 경험하도록 하는 데 있다. 알코올 중독자와 중독자가 분노 아래에 묻혀있는 우울과 상처를 해결하기 위해서는 옛날부터 억눌러 온 감정에서 안전하고 건설적인 방법으로 해방되어야 한다. 그들은 "세상과 모든 사람은 끔찍하다. 나 또한 끔찍하다."는 생각의 흐름을 확인하여 부수어야 한다. 파괴적인 관계를 바꾸거나 끊어내고 건강한 사람과의 건강한 관계로 대체해야 한다. 이러한 파괴적인 악순환은 자아존중감에 상처를 주지만 결국에는 자아존중감은 회복되어야 한다. 방어하기 위해 외부로 과장하여 표현되었던 잘못된 자기의 모습은 진정한 관계를 확립하기 위해서 진정한 자아상으로 바뀌어야 한다. 자아감을 확고하게 확립함에 따라 구성원은 더욱 자율적인 결정과 건강한 선택을 할 수 있는 능력을 발전시킬 것이다. 파괴적인 의존성은 감소할 것이고 자신의 초기 욕구와 기대를 잃어버리지 않고도 진정으로 친밀한 관계에 자유롭게 참여할 것이다.

치료 집단에서의 치료 단계

집단 치료에서는 집단 리더에게 집단의 단계에 따른 특정 행동을 세심하게 모니터할 것을 요구한다. 그들이 안녕감을 느끼기 전에 집단을 떠날 것이라고 기대하지 마라. 집단에 신뢰가 형성되기 전에 진정한 친밀감이 형성될 것이라고 기대하지 말라. 단계에 따른 행동을 훌륭하게 조절하는 집단 리더는 집단구성원과 함께 성공적인 경험을 하게 될 것이다. 집단의 발달과 치료 과정을 이해하면 집단이 반드시 직면하게 되는 어렵고 다양한 발달 단계를 집단의 리더가 성공적으로 인도할 수 있게 될 것이다.

집단이 발달하는 과정을 6단계로 나누어 살펴보자. 처음 두 단계는 집단이 일대일의 관계에서 상호작용을 하는 단계로 나아가기 위해 반드시 거쳐야 할 단계이다. (표 18.5를 보라)

1. 의존

의존단계에서는 안전과 신뢰가 가장 중요하다. 파티 중에 수다를 떠는 것처럼 집단구성원은 자신이 집단에서 수용되고 싶다는 욕구로 인해 상호작용이 일어날 것이다. 이 단계에서 그들이 하는 말은 현재 자신이 집단에서 가치 있고 중요한 사람인 것처럼 보여야 한다는 관심 이상의 의미를 지니지 못한다. 파티 중에 하는 대화처럼 사람들은 불안이 줄어든 후에야 "참! 당신의 성함이 뭐라고 했죠?"라고 말할 것이다. 이제 그들은 의미 있는 수준에서 서로 관여할 준비를 하게 된다.

〈표 18.5〉 집단 발달의 단계

1. 의존	A. 각 구성원은 치료에 환상을 가지고 집단에 들어옴 B. 친밀감을 피하고 현재의 상황이 두드러지게 나타남 C. 대화가 평행선을 그림 D. 거짓 동맹이 발달함
2. 의존의 반작용	A. 반항이 지배함 B. 희생양을 찾음 C. 투쟁을 하면서 친밀감을 회피함
3. 힘과 권위의 문제 해결	A. 짝지음과 혼돈이 뚜렷함 B. 실망과 환멸감 C. 집단과 리더에게 부족한 점이 발견됨
4. 진정한 동맹 단계	A. 분노와 실망이 해결된 후에 깊은 친밀감이 발전함
5. 상호의존	A. 모호함에 대한 공동의 수인화 B. 집단의 성숙과 진정한 친밀감
6. 종결	A. 분리/개별화

이 단계에서 집단구성원은 집단 리더에게 전적으로 의존한다. 집단구성원은 집단에 참여하면서 집난이 마술처럼 자신을 도와줄 것이라는 막연한 기대감을 갖게 된다. 그러나 그들은 한편으로 부모에게 받은 것처럼 집단이 자신에게 상처를 주고 좌절감을 느끼게 할 것이라고 두려워한다. 과거 부모님에게 원했던 것을 집단 리더로부터 얻으려고 시도하여 치료에 대한 환상이 두드러지게 나타날 것이다. 많은 구성원은 집단으로부터 자신이 수용되고 지지되고 거부당하지 않기를 바랄 것이다. 이것이 바로 그들이 원하는 전부인 경우도 있다. 집단으로부터 자신이 괜찮다는 말을 듣는 것은 자신의 자아감에 확신을 주는 것이고 많은 경우 이것이 치료의 시작점이 될 것이다.

집단구성원은 자신의 부족한 부분을 강화하기 위해 집단을 활용할 것이다. 특히 Kohut은 사람들이 부서진 자아와 불완전한 자기를 치료하고 싶다는 직관적 추동을 가지고 참여한다는 점을 강조하였다. 그들은 집단의 상호작용과 수용을 통해 자아감이 수선되고 강해질 것이라는 직관적인 환상을 가지고 있다.

2. 의존의 반작용

집난이 점자 감정적인 문제에 초점을 맞추게 되지만 구성원은 아직도 친밀함에 대한 두려움을 느낀다. 굴욕감과 위협감으로부터 안전한지를 확신하기 위해서 집단구성원은 리더와 집단을 시험할 것이다. 그들은 이러한 질문을 던질 것이다: "나와 내가 하는 말이 과연 수용될까?" 그들은 집단이 경계가 확고하게 설정되어 있고 안전하게 관리된다는 것을 깨닫게 되어야 한다.

3. 힘과 권위의 문제 해결

마침내 집단에서 분노가 표현되어 다루어지고 나면 거짓 동맹의 단계로 나아가게 된다. 집단은 희망감을 경험하고 Bion이 말한 짝짓기에 대한 기본 가정이 중요한 위치를 차지하게 된다(17장을 보라).

4. 진정한 동맹 단계

이 단계에서 집단이 확고하게 구성되어 나가지만 그 지속시간은 한시적이다. 그러나 지속만 된다면 집단은 따뜻하고 참되고 진정성을 갖게 된다. 하지만 집단의 동맹이 확립되다가 와해되기도 한다. 이것은 충분히 예상할 수 있는 일이다. 만약 집단 리더가 지속적이고 안전하며 믿을 수 있는 집단을 구성하기를 원하고 있고, 현재 집단이 그렇다고 믿고 있다면 그 또한 실망하게 될 것이다. 이것은 마치 분리/개별화 단계에서 아이가 자신의 무릎 안에서 행동하고 머물기를 원하는 어머니와 비슷하다. 집단 리더는 이 단계를 방해해서는 절대 안 되며, 집단의 공격과 분노가 희생양을 만드는 방식으로 나타나지 않도록 하면서 다룰 수 있어야 한다.

5. 상호의존

이 단계는 Alonso(1985)가 집단의 경계선이 존재한다고 말한 단계이다. 분리와 투사적 동일시가 집단구성원 사이에서 반복적으로 일어난다. 집단과 리더는 부족함을 느끼게 된다. 사람들이 떠나겠다고 위협한다. 집단구성원 사이에서 경쟁과 투쟁이 나타난다. 이 단계에서 집단구성원이 바뀔 수 있고, 집단의 갈등을 다루는 작업이 나선형의 형태로 이루어진다. 동일한 문제가 나타나고 다시 나타난다. 집단에서 각 문제를 다루면서 구성원은 자신의 갈등이 해결될 때까지 더욱 깊은 단계로 나아가게 된다.

집단은 최종적으로 성숙 단계로 진입한다. 각 구성원은 자신이 집단과 독립적이고 분리되어 있다는 것을 배울 수 있는 기회를 갖게 된다. "나는 당신과 친해지기 전에 당신 없이 살 수 있다는 것을 배워야 한다"의 원리를 더 깊은 수준에서 경험하게 된다. 분리가 해답이다. 이것이 회복과 용서의 과정이다. 구성원은 "당신과 나, 그리고 누구도 완벽하지 않다."는 것을 깨닫는다. 그러나 집단과 집단구성원은 결국 자신이 완벽하지는 않지만 충분히 괜찮은 사람이라는 것을 인정한다.

6. 종결

치료의 마지막 단계로서 종결은 적절히 다루게 되면 떠나는 사람뿐 아니라 전체 집단에게도 중요한 치료적 의미를 제공할 수 있다. 그러나 서툴게 다루게 되면 떠나는 사람과 남아 있는 사람 모두에게 비참한 결과를 이끌어낼 수 있다. 집단에서 종결을 적절하게 관리하지 못하면 집단이 해체된 후에도 오랫동안 전체 집단구성원의 생활에 강력한 영향을 미치게 될 것이다. 종결은 중요한 사건이이지만 이를 적절히 관리하여야 한다는 것이 중요하다는 점이 무시된다. 하지만 집단 리더는 효과적으로 이를 논의하고 관리할 수 있어야 한다. 전체 집단이 함께 종결하는 경우는 드물고, 떠나는 사람에게 작별 인사를 할 기회를 갖기도 힘들기 때문에 종결은 집단과 집단구성원에게 더욱 중요하다. 집단의 종결은 보편적인 사건으로서 우리 사회에서 사람들이 건강하고 진정한 방법으로 이별을 다룰 기회를 가지는 것은 드문 편이다. 집단의 종결은 이것을 경험하도록 한다. 단지 한 사람이 떠나는 의미만이 있는 것이 아니라 남아있는 집단구성원에게 다양한 이유를 가지고 있는 사람과 새롭고 강력한 교정적인 경험을 공유할 기회를 갖게 하기 때문이다.

개인 치료에서는 환자의 준비상태를 고려하여 종결을 결정해야 한다. 이것은 집단 치료에서도 마찬가지이지만 종결 과정(숙고, 논의, 공고, 종결)은 특히 집단에게 중요하다. 왜냐하면 치료자만 남게 되는 개인 치료와 달리 집단에서의 종결은 남게 돼는 사람이 환자, 더 정확히 말해서 많은 환자들임을 뜻하기 때문이다. 집단의 종결은 완전히 새로운 집단으로 구성됨을 의미하고 한 치료자가 떠나는 한 개인에게 제공하는 것보다 폭넓은 정서적 자극을 제공한다. 다소 차이가 있기는 하지만 종결을 고려하기 전에 달성해야 할 이상적인 목표를 작성해 둘 필요가 있다. 다음은 일반적으로 가장 많이 열거하는 치료의 목표이다:

1. 저항과 전이를 이해하고 다루어야 한다. 이 말은 개인이 권위와 친밀함에 반응적이지 않다는 의미이다. 그러나 전이는 절대 완벽하게 해결되지 않음을 알아야 한다. 우리는 전이하는 동물이다. 사람들은 자신이 저항하는 이유(변화를 꺼림, 통찰, 현실 등)를 이해할 뿐 아니라 기꺼이 계속 저항하려는 의지를 가지고 한다.
2. 방어가 약해지고 타인에게 더욱 유연하게 반응할 수 있다. 이것은 원시적인 방어(즉, 부인)에 덜 의존하고 더 높은 수준의 방어(즉, 승화)를 사용하는 능력이 증가한다는 것이다. 전반적인 패턴이나 스타일이 변했다는 것은 고정관념적이고 자동적인 방어반응을 적게 사용하고 유연하고 적응적인 방어를 좀 더 사용하며 제한된 방어기제에 덜 의존한다는 것을 의미한다.
3. 추동은 승화되고 좌절에 대한 내성이 확립된다. 전능감은 감소하고 한계를 인식하는 능력을 얻게 된다(알코올중독의 사례에서 이것은 "나는 술을 마실 수 없다"를 의미한다). 현실검증과 수용은 신뢰를 사랑하는 성향, 성실함에 대한 격려, 자진해서 다른 사람과 함께 자신의 지각을 검토하는 것과 함께 달성된다.
4. 관찰하는 자아는 통찰과 자신에게 솔직함, 그리고 반성의 능력과 함께 확립된다. 충동의 영향력은 감소하고 감정표출을 지연하는 능력을 갖게 된다. 대신에 자신의 감정을 하나의 신호로 사용하는 능력을 확립한다.
5. 정체성은 자아를 반응적인 사람으로 확신하게 한다. 자율성은 요구하거나 의존하거나 혹은 일시적으로 다른 사람과 자기를 융합시키는 능력을 버리지 않고도 얻을 수 있다. 목적과 의미, 자부심, 자신의 신념의 강도(예, 자존감), 가치, 그리고 확신을 얻게 되고 더욱 확고하게 유지하게 된다.
6. 정신적 구조가 구축되고 자기의 통합도 이루어진다. 이전의 발달적인 구속이 해결되고 그 결과 신뢰, 분리, 개별화, 건강한 죄의식과 부끄러움, 자기주장, 성적 정체감을 위한 능력이 커지게 된다. 쾌락을 추구하는 것에 대한 과도한 죄의식이나 의존을 하지 않고 행복을 관리하는 능력이 생긴다. 기쁨, 감사, 즐거움, 편안함, 유쾌함과 놀이에 대한 능력도 증가한다.
7. 대상관계가 증진되어 타인과 친밀한 관계를 맺는 능력을 획득한다. 자기애와 자기중심성이 감소하고 공감에 바탕을 두고 타인과 관계를 맺는 능력도 얻게 된다. 이상하고 현실성이 없는 개인적 소원과 환상에 몰두하지 않게 된다.
8. 정서적 건강과 신체적 건강이 증가하면서 증상이 감소한다. 즐거움과 수용, 애매함에 대한 감내력

이 증가한다. 충만한 경험 속에서 분노와 기쁨, 슬픔과 비탄감, 행복 등 모든 감정적 상태에 접근하는 능력이 증가한다.

중독 그리고 종결의 목적

앞에서 다룬 모든 목표가 중독에 해당되지만 이외에도 여러 가지 기본적인 요소가 있다. 자신이 알코올중독 혹은 중독자라는 점과 다시는 물질이나 약물을 사용하지 않아야 한다는 것을 완전하게 받아들여야 한다. 이것은 그들이 진정으로 12 단계 프로그램의 첫걸음을 내딛었다는 것과 중독은 만성적이고 치료될 수는 없으나 억제할 수 있는 질병임을 알았다는 것을 의미한다. 상징적인 수준에서 보면 그들이 신이 아님을 인정하고 수용하는 것이다(Kurtz, 1982). 이와 함께 인식은 Kurtz와 실존주의자가 모든 중독의 핵심이라고 한 인간 조건의 수용에 관한 중요한 실존적 시사점을 준다.

1. 한계

   알코올 중독이나 중독자는 앞으로 화학 물질을 사용하지 말아야 한다는 것을 알아야 한다. 그들은 자신의 행복이 무한하지 않다는 점과 다른 사람이나 자신의 감정을 통제할 능력을 소유하고 있지 않다는 것을 받아들여야 하며, 인생에는 항상 제약이 있다는 사실을 고통스럽지만 받아들여야 한다. 늙어서 죽는 것이 인간으로서 숙명이라는 것도 받아들여야 한다. 또한 자신이 사랑하거나 소중히 여기는 모든 것은 반드시 변하고 늙고 죽거나 떠나버리게 된다는 것도 받아들여야 한다. 마지막으로 자신이 한 행동의 결과로부터 도피할 수 없다는 것을 깨달아야 한다. Sartre가 말했던 것처럼 우리는 우리가 한 행동의 총합이다.

2. 타인의 필요

   알코올 중독이나 중독자는 반드시 혼자서 어떤 일('인생' '단주' 등)을 할 수 없다는 것을 인정해야 한다. 다른 사람이 필요하고, 다른 사람도 나를 필요로 한다는 것을 받아들임으로써 그들은 완벽한 사람이 되어간다.

3. 완벽하지 않음

   알코올 중독과 중독자는 자신의 단점과 약점, 완벽하지 못함을 인정하는 능력을 발전시킨다. 그들은 자신을 수치심으로부터 보호하기 위해 발달시켜 온 자기가 특별하고 우월하다는 자기애적 방어를 포기하여야 한다. 이는 건강한 수준에서 자신의 수치심을 다루고 있음을 의미한다. 자신의 실패를 인정할 뿐 아니라 자신과 마찬가지로 다른 사람도 결함이 있다는 것을 받아들여야 한다.

4. 진정성

그들은 다른 사람의 관계에서 실제적이고 정직한 상호작용을 할 수 있는 능력을 발전시키는 실제적이고 완전한 인간이 되어 간다. 그들은 지금 이 순간에서 살아서 존재하고 자신의 행동이 자신의 말이나 약속보다 중요하다는 것을 학습한다.

종결 과정

알코올 중독이나 중독자가 종결을 위해 여러 가지 시도를 하였음에도 불구하고 누구나 자신이 원한 모든 것을 얻어서 집단을 떠나는 것은 아니다. Vannicelli(1992)는 많은 환자가 미처 떠날 준비를 하기 전에 혹은 중요하지만 어려운 문제를 다룰려고 하는 바로 그 순간에 집단을 떠나게 되는 현실을 집단의 리더가 수용하여야 한다고 제안한다. 집단의 리더로서 우리는 비록 이 순간에 집단을 떠나지 않는 것이 바람직하다는 것을 알고 있더라도 개인을 강제로 집단에 머무르게 할 수도 없고 해서도 안 된다. 그러나 집단을 떠나려고 하는 사람의 감정이나 생각, 그리고 그 이유에 대해 함께 이야기 하는 것은 여러모로 도움이 된다. 가장 중요한 점은 감정에 대해 이야기를 나누게 되면 행위가 일어날 가능성이 적어지기 때문이다. Vannicelli는 종결하는 사람을 세 가지 범주로 분류했다. 이렇게 세 가지 범주로 분류하는 것은 집단 리더에게도 도움이 된다. 또한, Vannicelli는 치료의 종결을 원하는 사람에게 자신이 세 가지 범주 중 어디에 속하는지 분류하게 하라고 제안했는데 그렇게 하면 집단 내에서 이를 공개적으로 토론할 기회를 가질 수 있기 때문이다. 그가 분류한 종결하는 사람의 범주는 다음과 같다.

1. 완료한 사람

이들은 자신이 가지고 온 문제를 근본적으로 해결한 사람이다. 이들은 집단에서 진행한 작업의 이점을 이해하고 그 과정에서 한 행위의 영향력에 대해 충분히 교육을 받고 작별을 고한 사람을 말한다. 그들은 또한 작별인사를 하는 것도 효과적으로 작별하는 방법을 학습할 수 있는 하나의 과정일 뿐 아니라 치료 집단이 그 기회를 제공한다는 것을 이해한다. 이러한 환자는 치료를 통해 자신의 목표와 얻은 바를 살펴볼 수 있을 뿐 아니라 집단을 떠나는 것과 떠남에 따른 감정을 생각해 봄으로써 자신이 경험하게 될 손실을 생각해볼 수 있게 된다.

2. 완료하지 못한 사람

이들은 자신이 가지고 온 문제를 다루었지만 실제로 아무 것도 끝난 것이 없다고 생각하는 사람이다. 이 때 이들은 당황스러워 하고 현재 무엇을 성취해야 하는가에 대해 분명한 생각을 갖지 못하고 있다. (나중에 이들이 다시 치료장면으로 돌아오는 경우도 있다.) 이들에게는 완료한 사람보다 축약된 방식이기는 하지만 일부 작별인사를 하는 방법을 사용할 수 있다. 작별인사는 이들이 작업을 통해 마지막으로 얻을 수 있는 산물이 될 것이다.

3. 도망가는 사람

("도피자"라고 부르기도 한다.) 이들은 떠나고 싶다는 압박감을 경험한다. 떠나고 싶다는 압박감은 곧 도망갈 사람이라는 신호가 될 수 있다. 이런 환자는 서둘러 떠나야 한다는 강력학 압박감을 느끼고 있어서 종결을 위한 시간을 가질 수 없다. 일반적으로 이들은 집단에서 뿐만 아니라 기본적으로 회피를 하여 가능한 한 빨리 떠나고 싶다는 불편함을 느낀다.

집단에서의 종결

성공적으로 집단이 종결되는 경험은 매우 특별하다. 사람들이 살아가면서 긍정적이면서 완전하게 종결하는 경험을 하거나 목격하는 경우는 그리 많지 않기 때문이다. 대부분의 관계는 건강하게 마무리 짓지 못하고 끝난다. 죽음이나 이별로 인해 관계가 종결되는 경우에도 복잡한 정서적 문제가 발생하여 진정한 종결을 방해하기도 한다. 죽음의 경우 이를 부인하거나 혹은 갑작스러움 때문에 종결을 성공적으로 다루지 못할 수 있다. 이혼은 대부분 분노와 비참함을 경험하게 하는 실망스러운 분리경험이기 때문에 적절하게 이별을 다룰 수 없는 경우가 많다. 일반적으로 종결하는 방법에는 두 가지가 있다. 관계를 조금씩 멀리하여 종결하는 방법과 분노와 함께 격정적인 태도를 보이며 자리를 박차고 일어나는 것이다. 떠나는 사람에게 관대하고 수용적인 태도를 취하면서 이를 수용하는 것은 흔하지 않은 사건이다. 개인 치료에서는 대개 언제라도 치료 회기로 돌아올 수 있음을 이해시키면서 서서히 치료회기를 줄여나간다. 그러나 집단의 경우에는 개인이 집단을 떠난 후 같은 집단으로 되돌아올 수는 없다.

종결은 언제나 어렵다. 만약 성숙하지 못한 방법으로 종결이 되거나 갈등이 해결되지 못하고 동의가 이루어지지 않은 채 종결이 되었다면 사람들은 어려움을 경험하고 새로운 집단에게 해가 될 수도 있다. 이별을 적절히 처리하지 못하였거나 다루지 못했다면 집단 내에서 전염성을 갖게 된다. 즉, 자포자기에 빠지거나 분노를 일으킬 뿐만 아니라 죄책감("모두 다 내 잘못이야. 내가 더 잘 했었어야 하는데")이나 질투심("이렇게 어려운 문제를 다루느니 떠나는 사람이 좋겠다")을 갖게 한다.

치료가 완전히 끝났고 모든 사람이 종결할 준비가 되었다는 점을 인정한 경우에도 종결은 어려운 문제이다. 물론 투표를 통해 떠날 사람을 결정하는 것은 아니다. 이것은 중요한 문제이기 때문에 의사결정 과정에서 집단구성원과 함께 논의할 수는 있지만 결국 결정은 그 개인이 하게 된다. 바람직한 것은 떠나기로 결정했음을 고지하기 전에 종결에 대한 자신의 생각을 함께 나누는 것이다. 4주 전에 미리 집단에 알려서 다른 사람이 떠남으로 인해서 촉발될 수 있는 감정을 다룰 수 있는 기회를 주는 것이 바람직하다. 종결은 좋은 것임에도 왜 어려운가? 그 이유는 다음과 같다.

1. 작별은 종종 깊고 고통스러운 정서를 이끌어낸다. 특히 중독자나 알코올 중독자는 어떠한 정서든 극단적으로 참기 어려워하는 특성을 가지고 있다. 그들은 정서를 자유롭게 표현하는 것이 좋은 이유를 학습하지 못하였기 때문에 슬픔과 비탄, 눈물을 흘리는 것 같은 정서적 표현을 피하려고 한다.

2. 종결은 오래 전 해결하지 못한 많은 상실과 죽음, 결말 그리고 완벽하지 않은 작별을 떠오르게 한다.

3. 사람들은 종종 자신이 떠나는 상황에서 다른 사람을 우울하게 하고 그들을 버리는 것 같다는 죄책감을 느낄 수 있다. 많은 사람은 개별화/분리라는 중요한 발달 과정을 밟지 못했다. 그들은 이전에 건강하고 지지적인 방법으로 떠나는 것을 허락받거나 개별화되는 경험을 전혀 하지 못했다. 그들은 종종 분란이나 갑작스런 떠남, 그리고 분노가 개입된 이별을 한 경험을 가지고 있다.

4. 떠나는 것이 다른 사람을 실망시키거나 그들에게 해를 끼칠 수 있다는 극단적인 두려움 때문에 떠나기 어려워할 수 있다. 지나친 책임감과 비난, 그리고 수치심을 경험한 환자는 떠나는 것이 다른 사람을 어렵게 하고 고통을 주는 것이 아니라는 것을 증명해 주어도 작별을 어려워한다.

5. 작별을 알렸는데 아무도 관심을 두지 않고 알지 못할 것이라는 두려움에 사로잡혀 작별을 어려워할 수 있다. 집단의 리더는 떠나는 이들이 타인에게는 사소한 문제에 불과한 그러한 기대에 직면하게 하기 보다는 자신의 두려움에 직면하여 타인의 눈치를 보거나 혹은 말없이 떠나가지 않도록 도와야 할 것이다. 떠나는 사람은 자신의 존재와 떠남이 다른 사람에게 커다란 영향을 줄 수 있다는 것을 알고 매우 놀라는 경우가 종종 있다.

결론

이제 집단의 종결을 다루면서 이 책을 마무리해야겠다. 집단 리더가 치료 집단을 종결하고 떠날 때 그와 함께 한 집단 구성원에게 전달하고 싶어하는 감정과 메시지를 여러 독자에게 전달하고 싶다. 독자와 집단 구성원이 중독을 잘 이해하고 집단 치료에 대해 혼란을 느끼지 않으면서 그들의 회복과 그들의 미래에 대한 희망을 줄 수 있는 방향으로 이끌어갈 수 있기를 바란다. 우리는 무언가를 제공하고 방향을 제시하며 지지를 제공하려고 노력하였지만 결국 우리의 인생과 회복, 그리고 성장과정은 외로운 작업이다. 이것은 인간으로서 피할 수 없는 어려운 조건이다. 실존주의자는 우리는 결국 혼자이고 자신의 운명에 책임을 져야 한다고 말하고 있다. 그러나 이 말이 곧 우리가 살아가면서 공동체 속에서 타인의 도움과 지지, 그리고 응원을 받을 수 없다는 것을 의미하는 것은 아니다.

집단이 종결될 시점에서는 우리는 집단구성원에게 무엇인가를 전달해 주고 싶다는 희망을 가지게 된다. 특히 그들이 진정으로 원하는 공동체에 소속되어 수용되었다는 감정과 경험을 제공할 수 있다. 화학물질에 의존하는 모든 사람은 소외감과 공허감, 그리고 오해를 받는다는 감정을 경험하고 고통스러워한다. 치료 집단은 매우 기초적인 수준에서 그들에게 소속감과 이해 받고 있다는 느낌을 제공한다. 바로 이런 까닭에 이 책에서는 협력과 믿음, 그리고 안전과 같은 주제를 중요하게 다루었다. 모든 사람은 수용되고 사랑받으며 인식되기를 바라지만 중독자는 조건 없이 그것을 받기를 원한다. 중독된 사람뿐만 아니라 우리 모두는 기본적으로 우리 자신을 잃지 않은 채 우리 자신보다 더 큰 무언가에 속하고 연결되기를 바란다. 아마도 알코올중독자와 중독자는 더욱 강력하게 이를 원할 것이며, 이 때문에 그들은 반항적이고 자기중심적이며 요구하는 방식으로 자율성이나 독립성을 표현할 것이다. 그들은 어떤 사람이나 집단에 속하려면 그 대가로 개별성을 희생하여야 할 것이라는 두려움을 느낀다. 이것은 우리 모두가 일관성 있게 경험하는 주제이다. 나를 상실하지 않고 독립성을 희생하지도 않고 다른 사람과 진정으로 친밀해질 수 있을까? 인간과 친밀해지고 싶은 욕구를 만족하기 위해 나의 자율성과 타협하지 않은 채 분리를 참아낼 수 있을까?

이 책에서는 이러한 인간의 딜레마를 집단치료는 만족시킬 수 있다고 주장하였다. 집단 치료는 정체감이나 자율성의 대가 없이 화학물질에 의존하는 사람이 자신을 수용해주는 다른 사람과 가까워지고 친밀해지는 것을 허락한다. 그리고 그것은 분리에 대한 의구심을 갖지 않고 다른 사람과 친밀해지는 기회를 제공하여 개별성을 유지하도록 하여 준다. 그것은 결국 알코올 중독자와 중독자가 알코올이나 약물에 의존하지 않고 다양한 친밀한 관계를 통해 자신의 감정을 진정시키거나 완화하거나 혹은 변화시킬 수 있는 기회를 제공해준다.

많은 면에서 알코올 자조모임과 같은 집단 치료는 사람들이 사적인 자신과 공적인 자신 간의 관계를 깊이 이해할 수 있는 '안아주는 환경' 으로 지각될 수 있다. 동시에 그들은 독립적으로 자신의 속도에 맞춰 발전할 수 있도록 격려된다. Wallace의 말처럼 회복과정에는 시간이 필요하다. 초기에는 알코올중독자와 중독자가 안전하고 신뢰할 만하며 치료에 도움이 되는 문화에 참여하는 것을 환영해 주어야 한다. 나중에 이들이 다음 단계로 발전하게 되면 자신의 정체성을 잃지 않고 혹은 다른 사람으로부터 고립되지 않으면서도 다른 사람과 친밀해지는 방법을 학습하여 독립해 가는 것을 격려하게 될 것이다. AA에서 강조하는 것처럼 AA의 구성원은 알코올 중독에서 회복하고 있는 중이다. 이들은 아직 완전히 회복된 것은 아니다. 성장과 발전은 전 인생과정을 통해 지속적으로 일어난다. 집단치료는 알코올 중독자나 중독자가 회복하는 과정의 한 부분으로써 이러한 과정을 밟아나갈 수 있도록 도와준다. 소속되면서도 독립적인 존재가 되는 것은 인생 전반을 통해 계속되는 문제이기 때문에 그들이 집단 치료 장면을 떠나거나 단주를 한다고 하더라도 이러한 과정은 끝이 나지 않는다. 집단 치료는 회복중인 사람이 이처럼 매우 중요한 인생의 여정에 성공적으로 적응하는 방법을 학습할 수 있도록 도와준다.

대표 역자 후기

'백골에 벌레가 모이는 무덤은 먼 날의 일
심장이 아비누스에게 던져지는 일도 먼 날의 일
극락은 십만 팔천리 밖에 있고
열락은 지금 여기에 있네

지루한 이 세상으로부터
Dropping out
Dropping out'

<김백겸의 시 '알코올 중독자의 행복' 에서>

중독은 하나의 사랑이야기이다. 그것 없이는 살 수 없는 것과의 삭별을 고하는 것처럼 헤어지기 힘든 어떤 것에 관한 이야기이다.

그러나 언제나 비극으로 끝나는 사랑이야기이다. 알코올 중독자였던 보들레르는 <파리의 우울Spleen de Paris>에서 시인은 자신의 시적 영감이 메말라가는 걸 보지 않기 위해 현실과의 괴리를, 현실로부터 유리된 상태를 항구적으로 유지해야만 한다고 말한다. 결국 최선책으로는 시간의 무게를 느끼지 않는 것이며 권태로부터 달아나기 위해서는 항상 취해있는 것밖에 해결책이 없다고 말한다.

"끊임없이 취해야 한다. 그런데 무엇에 취한단 말인가? 술이건 시건 덕성이건 그대 좋을 대로 취할 일이다."

취한 상태를 인공낙원에의 도피이며 결국은 가짜 천국이며 비참한 지옥으로 떨어지고 만다고 그의 시 <인공낙원>에서 고백한다.

보들레르에게는 술을 마시고 마리화나를 피우는 것이 단번에 천국으로 가기 위한 시도였다고 한다. 그러나 그러한 시도는 술꾼이 꿈 꾼 천국이며 가상의 세계에 불과하다고 고백한다. 인공낙원을 향한 비상 후에 이어지는 숙취나 의기소침한 기분 등을 신이 내린 벌이며 감히 신과 대등하게 되려는 인간의 죄 값이라고 말하면서 발효음료들이 제공하는 낙원의 장식물들은 실제로는 지옥을 감추고 있는 것이라고 말한다. 결국 술꾼은 병들고 불행해질 뿐이라는 경험에서 나온 통찰을 위대한 시인답게 보여준다

치유, 멀고 험하며 외로운 길인가?

분석심리학의 창시자이자 웅혼한 영혼의 탐구자이자 마음의 의사인 칼 융Jung이 하자드라는 알코올 중독자를 수년간 치료한 한 후 내린 처방이 큰 충격을 주었다.

"당신에게 의학적인 치료와 모든 정신분석 치료를 했지만 효과가 없다. 영적인 변화나 깨달음에 의한 각성만이 음주문제에 대한 강박증을 없앨 것이다."

중독에서 벗어난다는 것은 술 없이 맑은 정신으로 지내고 싶은 마음과 삶의 의미와 만족감을 찾고자 하는 마음이 빚어내는 근원적인 갈등을 해결하는 일이다. 중독자들은 알코올을 떠난 삶의 공허감과 무의미감이 주는 괴로움의 무게를 견딜 수 없다.

질적인 자기 변화가 있어야 가능한 일이며 질적인 변화는 가장 복잡한 형태의 변화다. 자신이 믿는 것과 자신이 삶을 어떻게 살고 있는가에 대한 믿음, 가치관과 생활 태도까지 전적으로 바뀌야 가능한 변화다.

마틴 부버(Martin Buber, 1988)는 말한다. 심리학과 정신분석이 인간을 이해하고 치유하는 데 성공하려면, 그것들이 인간에 대한 현실적인 개념과 경험에 바탕을 두어야 한다. 서로가 고립된 채로는 우리는 결코 서로를 진정으로 알 수 없으며, 서로의 관계 내에서만 이해할 수 있다. 실제의 삶이 모두 만남이라면 진정한 치유는 만남을 통해 일어난다. 이때의 만남은 진정한 만남encounter으로 한 개인이 자신의 전적인 존재를 가지고 온전히 현존한 상태로 만남에 들어가는 직접적이고 상호적인 만남이어야 한다는 것이다.

상호성이 없는 상태로 다른 사람을 돕는 것은 건방진 것이며, 마치 사람을 상대로 속임수 마술을 하는 것과 같은 것이다. 치료자가 환자를 지배하려는 욕망에 사로잡히는 순간 치료자는 심각한 오류에 빠질 위험성이 있다. 이 왜곡의 위험을 중심으로 사이비 치료자들이 생겨난다고 말한다.

좁은 분수령narrow ridge에는 만남이라는 확실성만이 존재하며, 그곳을 넘어 타인을 진정으로 만날 때 생기는 성스런 불안정성holy insecurity을 경험해야 한다.

치유는 I-YOU와의 진정한 만남이다. 자기 자신을 온전하게 내놓지 않으면 진정한 만남이 아니라는 것이다.

중독을 치료한다는 것은 산을 오르는 것이다. 동네 뒷산이나 계룡산이나 설악산이 아닌 에베르스트라는 최고봉을 등반하는 일이다. 평범한 산을 오르는 전략으로는 어림없다. 고산등반은 극지법이라는 고산 등반을 위한 전략이라야 겨우 가능하다는 것을 이론적으로 경험적으로 확실하게 알려주고 있는 분이 바로 이 책의 저자인 플로레스다. 2010년 <애착장애로서의 중독>이라는 책을 선보이게 되었는데 많은 분들이 공감하고 사랑해 주셨다. <애착장애로서의 중독>이 총론이라면 이 책은 각론이라고 해도 좋겠다.

중독에 관한 강의를 할 때마다 마지막에 도킨스의 <불가능한 산 오르기>라는 책을 소개하곤 한다. 에베르스트를 단숨에 정면으로 오르는 것은 불가능한 일이다. 그러나 여럿이 오랜 시간에 걸쳐 캠프를 옮겨가면서 완만한 길을 찾아가면 결국은 정상에 오를 수 있다. 이러한 방법이 바로 진화가 위대한 생명체를 만들어 내는 방법이라는 것이다.

플로레스는 친절하게 그러나 단호하게 중독이라는 최고봉을 오르는 방법을 설득력있게 이 책에서 알려주고 있다고 확신한다.

어려운 출판사정에도 지난 번에 이어 두 번째 책을 낸 NUN 출판사 임말희 대표께 경의를 표한다. 워낙 방대한 내용이어서 혼자는 어림없는 작업이었다. 공역자 선생님들께도 감사의 말씀을 드린다.

참고문헌

Ackerman, R. J. (1979). Children of alcoholics: A guidebook for educators, therapists, and parents. Holmes Beach, FL: Learning Publication, Inc.

Adams, K. A. (2006). Falling forever: The price of chronic shock. *International Journal of Group Psychotherapy, 56*(2), 127-172.

Adler, G. (1994). Transference, counteitransference and abuse in psychotherapy. *Harvard Review of Psychiatry, 2*, 151-159.

Agazarian, Y. M. (1992). Contemporary theories of group psychotherapy: A systems approach to the group-as-a-whole. *International Journal of Group Psychotherapy, 42*, 177-203.

Agazarian, Y. M. & Alonso, A. (1993). *Discussions around shame in a shamed group*. Philadelphia: Blue Sky Video.

Ainsworth, M. D. S. (1989). Attachment beyond infancy, *American Psychologist, 44*, 709-716.

Alcoholics Anonymous (1939). *Alcoholics Anonymous*. New York: AA World Services.

Alcoholics Anonymous (1955). *Alcoholics Anonymous: The story of how many thousands of men and women have recovered from alcoholism*. New York: AA World Services.

Alcoholics Anonymous (1957). *Alcoholics Anonymous comes of age*. New York: AA World Services.

Alcoholics Anonymous (1960). Is A.A. for you? *AA Grapevine*. New York: AA World Services.

Alcoholics Anonymous (1990). *Alcoholics Anonymous 1989 membership survey*. New York: AA World Services.

Alcoholics Anonymous (1992). *Alcoholics Anonymous 1992 membership survey*. New York: AA World Services.

Alexander, F. (1950). *Psychosomatic medicine*. New York: W. W. Norton.

Alibrandi, L. A. (1978). The folk psychotherapy of Alcoholics Anonymous. In S. Zimberg, J. Wallace, & S. B. Blume (Eds.), *Practical approaches to alcoholism psychotherapy* (pp. 163-180). New York: Plenum Press.

Allen, M. (1990). Group psychotherapy-past, present and future. *Psychiatric Annals, 20*(1), 358-361.

Alonso, A, (1985, November). Lecture given at Harvard Medical School seminar on group psychotherapy. Boston, MA.

Alonso, A. & Rutan, J. S. (1988). The experience of shame and the restoration of self-respect in group psychotherapy. *International Journal of Group Psychotherapy, 38*, 3-14.

Alonso, A. & Rutan, J. S. (1993). Character change in group therapy. *International Journal of Group Psychotherapy, 43*, 439-452.

American Psychiatric Association (1994). *Diagnostic and statistical manual of mental disorders* (4th ed.). Washington, DC: APA.

American Psychiatric Association (2000). *Diagnostic and statistical manual of mental disorders* (4th ed. TR). Washington, DC: APA.

Anderson, N. B. & Anderson, E. P. (2003). *Emotional longevity: What really determines how long you live*. New York: Penguin Putnam.

Angyal, A. (1965). *Neurosis and treatment: A holistic theory*. New York: John Wiley & Sons.

Avishai-Eliner, S., Brunson, K., Sandman, C., & Baram, T. (2002). Stress-out or In (utero). *Trends in Neuroscience, 25*, 518.

Bacal, H. A. (1985). Object-relations in the group from the perspective of selfpsychology. *International Journal of Group Psychotherapy, 35*, 483-501.

Bacal, H. A. (1992). Contributions from self-psychology. In R. H. Klein, H. S. Bernard, & D. L. Singer (Eds.), *Handbook of contemporary group psychotherapy* (pp. 55-86). Madison, CT: International Universities Press.

Back, K. W. (1972, May). Beyond words; The story of sensitivity training and the encounter movement. *Psychology Today*, pp. 39-44.

Bailey, M. B. & Leach, B. (1965). *Alcoholics Anonymous, pathway to recovery: A study of 1,058 members of the AA fellowship in New York City*. New York: National Council on Alcoholism.

Bakan, A. (1972). *On method*. San Francisco: Jossey-Bass.

Barber, J. P., Luborsky, L., Crits-Christoph, P., Thase, M. E., Weiss, R., Frank, A., Onken, L., & Gallop, R. (1999). Therapeutic alliance as predictor of outcome in treatment of cocaine dependence. *Psychotherapy Research, 9*, 54-73.

Barnett, L, (1948). *The universe and Dr. Einstein.* New York; Bantam Books.

Barrett, C. L. (1985). Who are the alcoholics? Where are the devils? *Bulletin of the Society of Psychologists in Addictive Behaviors,* 4(1), 17-28.

Basch, M. F. (1980). *Doing psychotherapy.* New York: Basic Books.

Bateson, G. (1971). The cybernetics of self: A theory of alcoholism. *Psychiatry,* 34, 1-18.

Becker, E. (1973). *The denial of death.* New York: Free Press.

Beebe, B. (1993, October). *A Dyadic Systems View of Communication: Contributions from Infant Research.* Film shown at the 16th Annual Conference on the Psychology of the Self. Toronto, Canada.

Begley, S. (2004, November 5). Scans of monks' brains show meditation alters structure, functioning. Science Journal, *The Wall Street Journal,* p. Bl.

Berger, F. (1983). Alcoholism rehabilitation: A supportive approach. *Hospital and Community Psychiatry,* 54(11), 1040-1043.

Bergin, A. E. (1971). The evaluation of therapeutic outcomes. In A. E. Bergin & S. L. Garfield (Eds.), *Handbook of psychotherapy and behavior change: An empirical analysis* (pp. 36-51). New York: John Wiley & Sons.

Bergin, A. E. (1981). Psychotherapy and religious values. *Journal of Consulting and Clinical Psychology, 48*(1), 95-105.

Beme, E. (1961). *Transactional analysis in psychotherapy.* New York: Grove Press,

Berenstein, R. (1995). *Lost boys: Reflections on psychoanalysis and countertransference.* New York: W. W. Norton.

Bernard, H. S. (1995). Introduction to Special Section on Anger and Aggression in Groups. *The International Journal of Group Psychotherapy, 45,* 271-274.

Beutler, L. F. (2000). David and Goliath: When empirical and clinical standards of practice meet. *American Psychologist, 55,* 997-1007.

Beutler, L. F., Machado, P. P., & Neufeldt, S, A. (1994). Therapist variables. In A.E. Bergin & S. L. Garfield (Eds.). *Handbook of psychotherapy and behavior change* (4th ed.) (pp. 229-269). New York: Wiley and Sons.

Bion, W. R. (1961). Experiences in groups. New York: Basic Books,

Biringen,Z., Emde, R. N., Pipp-Siegel, S. (1997). Dyssynchrony, conflict, and resolution: Positive contributions to infant development. *American Journal of Orthopsychiatry, 67,* 4-19.

Bixenstine, E. (1956). The value-fact antithesis in behavioral science. *Journal of Humanistic Psychology, 16,* 35-57.

Blanck, G. & Blanck, R. (1974). *Ego psychology: Theory and practice.* New York: Columbia University Press.

Blatt, S. J. (1974). Levels of object representation in analytic and introjective depression. *Psychoanalytic Study of the Child, 29,* 107-157.

Blum, K., Cull, J. G., Braver man, E. R., & Comings, D. E. (1996). Reward deficiency syndrome. *American Scientist, 84,* 132-145.

Bollerud, K. (1995, March). A model for treating sexually abused substance abusers. Paper presented at workshop, The Addictions. Harvard Medical School, Boston, MA.

Bonanno, G. A. (2004). Loss and human resilience: Have we underestimated the human capacity to thrive after extremely aversive events? *American Psychologist, 59*(1), 20-28.

Bordin, E. (1979), The generalizability of the *psychoanalytic concept of the working alliance. Psychotherapy: Theory, Research, and Practice, 16,* 252-260.

Bourne, E, & Fox, R. (1973). *Alcoholism: Progress in research and treatment.* New York: Academic Press.

Bowlby, J. (1958). The nature of the child's tie to the mother. *International Journal of Psychoanalysis, 39,* 350-373.

Bowlby, J. (1973). *Attachment and loss: Vol. 2. Separation: Anxiety and anger.* New York: Basic Books,

Bowlby, J. (1979a). *The making and breaking of affectional bonds.* London & New York: Routledge.

Bowlby, J. (1979b). On knowing what you are not supposed to know and feeling what you are not supposed to feel. *Canadian Journal of Psychiatry, 24,*403-408.

Bowlby, J. (1980). *Attachment and loss: Vol. Ill, Loss.* New York: Basic Books.

Bowlby, J. (1988). A secure base: Clinical applications of attachment theory. London: Routledge.

Bradshaw, J. (1993). *Healing the shame that binds you.* Deerfield Beach, FL: Health Communications.

Brandsma, J. & Pattison, E. M. (1985). The outcome of group psychotherapy in alcoholics: An empirical review, *American Journal of Drug & Alcohol Abuse, 77*(1), 151-160.

Braun, C., Schweizer, R., Elbert, T., Birbaumer, N., & Taub, E. (2000). Differential activation in somatosensory cortex for different discrimination tasks. *Journal of Neuroscience, 20*(1), 446-450,

Brix, D. J. (1983). Use of a group-centered psychotherapy group with the inpatient treatment of alcoholism. *Bulletin of the Society of Psychologists in Addictive Behaviors, 2*(14), 253-258.

Bronowski, J. (1973). *The ascent of man.* Boston/Toronto: Little, Brown & Co.

Brown, D. G. (1985). Bion and Foukles: Basic assumptions and beyond. In M. Pines (Ed), *Bion and group psychotherapy* (pp. 192-219). London: Tavistock/Routledge.

Brown, N. O. (1959). *Life against death. Middletown,* MA: Wesleyan University Press.

Brown, S. (1985). *Treating the alcoholic: A developmental model of recovery.* New York: John Wiley & Sons.

Brown, S. (1988). Treating adult children of alcoholics: *A developmental perspective.* New York: John Wiley & Sons.

Brown, S. & Beletsis, S. (1986). The development of family transference in group for adult children of alcoholics. *International Journal of Group Psychotherapy, 36,* 97-114.

Brown, S. A., Inaba, R. K., Gillin, J. C., Steward, M. A., Schuckit, M. A., & Irwin, M. R. (1994). Alcoholism and affective disorder: Clinical course of depressive symptoms. *American Journal of Psychiatry, 152,* 45-52.

Brown, S. & Yalom, L (1977). Interactional group psychotherapy with alcoholic patients. *Journal of Studies on Alcohol, 38,* 426-456.

Buber, M. (1955a). *Hasidism and modern man.* (M. Friedman, Trans.). New York: Horizon Press.

Buber, M. (1955b). *The life of dialogue.* (M. Friedman, Trans.)- London: Routledge.

Buber, M. (1960). *I and thou,* (W. Kaufmann, Trans.). New York: Scribner & Sons.

Buber, M. (1963). *Pointing the way.* (M. Friedman, Trans.). New York: Harper Torchbooks.

Buber, M. (1964). In M. Friedman (Ed.), *The worlds of existentialism* (pp. 385-395). New York: Random House.

Buchele, B. J. (1995). Etiology and management of anger in groups: A psycho dynamic view. *The International Journal of Group Psychotherapy, 45,* 275-286.

Budman, S. H., Demby, A., Soldz, S., & Merry, J. (1996). Time-limited group psychotherapy for patients with personality disorders; Outcomes and dropouts. *International Journal of Group Psychotherapy. 46*(3), 357-377.

Burlingame, G. M., Fuhriman, A., & Johnson, J. E. (2001). Cohesion in group psychotherapy. *Psychotherapy, 38,* 373-384.

Burlingame, G. M., Fuhriman, A., & Johnson, J. E. (2002). Cohesion in group psychotherapy. In J. C. Norcross (Ed.), *Psychotherapy relationships that work: Therapist contributions and responsiveness to patients* (pp. 71-88). New York: Oxford University Press.

Burlingame, G., MacKenzie, D., & Strauss, B. (2004). Small group treatment: Evidence for effectiveness and mechanisms of change. In M. J. Lambert (Ed), *Bergin and Garfield's handbook of psychotherapy and behavior change* (pp. 647-696). New York: Wiley & Sons

Burlingame, G. M., Strauss, B., Joyce, A., MacNair-Semands, R., MacKenzie, K. R., Ogrodniczuk, J., & Taylor, S. (2006). *CORE Battery-revised.* New York: American Group Psychotherapy Association.

Cahn, S. (1970). *The treatment of alcoholics: An evaluative study.* New York: Oxford University Press.

Camus, A. (1960). *The myth of Sisyphus, and other essays.* New York: Vintage.

Carnes, P. (1991). *Don't call it love: Recovery from sexual addiction.* New York: Bantam Books.

Cassell, E. J. (1985). *The healer's art. Cambridge,* MA: MIT Press.

Center for Substance Abuse Treatment (1994). *Assessment and Treatment of Parients with Coexisting Mental Illness and Alcohol and Other Drug Abuse.* Treatment Improvement Protocol (TIP) #9. Washington, DC: U. S. Department of Health & Human Services, Substance Abuse and Mental Health Services Administration.

Cermak, T. L (1984). Children of alcoholics and the case for a new diagnostic category of codependence. *Alcohol, Health, and Research World, 8*(4) 38-42.

Cermak, T, L. & Brown, S. (1982). Interactional group therapy with adult children of alcoholics. *International Journal of Group Psychotherapy, 32,* 375-389.

Chambless, D. L., Baker, M. J., Baucom, D. H., Beutler, L. E., Calhoun, K. S., Crits-Cristoph, P., Daiuto, A., DeRubeis, R., Detweiler, J. Haaga, D. A. R, et al. (1996). An update on empirically validated therapies II. *The Clinical Psychologist, 51,* 3-16.

Chambless D. L., & Hollon, S. D. (1998). Defining empirically supported therapies. *Journal of Consulting and Clinical Psychology, 66,* 7-18.

Clavell, J. (1986). *Shogun.* New York: Dell.

Collins, G. B, (1995). Why treatment for alcohol dependence is changing. In N. S. Miller (Ed.), *Treatment of the addictions: Applications of outcome research for clinical management* (pp. 23-40). Binghamton, NY; The Haworth Press.

Core-R Task Force, Burlingame, G., Strauss, B., Joyce, A., MacNair-Semands, R., MacKenzie, K,, Ogrodniczuk, J., & Taylor, S. (2006). Core Battery-Revised. American Group Psychotherapy Association, p. 22.

Cortina, M. & Marrone, M. (2003). *Attachment theory and the psychoanalytic process.* London: Whurr Publishers.

Cox, P. D. (2006, March 2). *Interpersonal neurobiology.* AGFA Conference, San Francisco, CA.

Cummings, N. (1979). Turning bread into stones. *American Psychologist, 54*(12), 1119-1129.

Diamond, N. & Marrone, M. (2003). *Attachment and intersubjectivity.* London: Whurr Publishers.

DiClemente, C. C., Carbonari, J. P, & Velasquez, M. M. (1992). Alcoholism treatment mismatching from a process of change perspective. *Drug and Alcohol Abuse Reviews, 3,* 115-142.

Dies, R. R. (1977). Group therapist transparency: A critique of theory and research. International Journal of Group Psychotherapy, 27, 177-200.

Dies, R. R. (1992). Models of group psychotherapy: Sifting through confusion. *International Journal of Group Psychotherapy, 42,* 1-18.

Dies, K. R. & Dies, R. R. (1993). Directive facilitation: A model for short-term group treatments (Part 2). *The Independent Practitioner, 13,* 177-183.

Dodes, L. K. (1988). The psychology of combining dynamics psychotherapy and Alcoholics Anonymous. *Bulletin of the Menninger Clinic, 52,* 283-293.

Dolliver, R, (1981). Some limitations in Peris' Gestalt therapy. *Psychotherapy: Theory, Research, and Practice, 18*(1), 38-45.

Dostoyevsky, F. (1957). *The brothers Karamazov.* New York: Basic Books.

Dublin, J. (1976). Gestalt therapy. Existential-Gestalt therapy and/versus "Perlism" In E. W. L. Smith (Ed.), *The growing edge of Gestalt therapy* (pp. 57-69). Secaucus, NJ; Citadel Press.

Durant, W. (1926). *Story of philosophy.* New York: Simon & Schuster.

Dumont, M. P. (1974). Self-help treatment programs. *American Journal of Psychiatry,* 131, 631-635.

Durkin, H. E. (1964). *The group in depth.* New York: International Universities Press.

Early, P. H. (1994). Is everything I do an addiction? *Ridgeview Insight,* pp. 3-7, Atlanta, GA.

Ekman, P. (1992). An argument for basic emotions. *Cognition and Emotion,* 6(3/4), 169-200.

Eisler, R. & Levine, D. S. (2002), Nature, nurture, and caring: We are not prisoners of our genes. *Brain and Mind, 3*(1), 9-52.

Eliot, T. S. (1943). "Little Gidding" In *Four Quarters,* New York: Harcourt Brace Jovanovich.

Emde, R. N., Biringen, Z., Clyman, R., & Oppenheim, D. (1991). The moral self of infancy. *Developmental Review, 11,* 251-270.

Emrick, C. D. (1974). A review of psychological-oriented treatment of alcoholism. 1: The use and interrelationships of outcome criteria and drinking behavior following treatment. *Quarterly Journal of Studies on Alcohol, 36,* 523-549.

Emrick, C. D. (1979). Perspectives in clinical research: Relative effectiveness of alcohol abuse treatment. *Family and Community Health, 2*(2), 71-88.

Emrick, C. D. (1989). Alcoholics Anonymous: Membership characteristics and effectiveness as treatment. In M. Galanter (Ed,), *Recent developments in alcoholism* (pp. 37-53). New York; Grune & Stratton.

Emrick, C., Lassen, C. L., & Edwards, M. T. (1977). Nonprofessional peers as therapeutic agents. In A. S. Gurman & A. M. Razin (Eds.), *Effective psychotherapy: A handbook of research* (pp. 120-161). New York: Pergamon.

Ettin, M. F. (1988). By the crowd they have been broken, by the crowd they shall be healed; The advent of group psychotherapy. *International Journal of Group Psychotherapy, 38*(2), 139-168.

Eysenck, H. J. (1952). The effects of psychotherapy: An evaluation. *Journal of Consulting Psychology, 16,* 319-324.

Ezriel, H. (1973). Psychoanalytic group psychotherapy. In L. R. Wolberg & E. K. Schwartz (Eds.), *Group therapy* (pp. 183-210). New York: Stratton Intercontinental Medical Books.

Faber, L. (1966). *The ways of will.* New York: Basic Books.

Fairbaim, W. R. D. (1952). *Psychoanalytic studies of the personality.* London: Tavistock Publications.

Fancher, R. E. (1973). Psychoanalytic psychology. *The development of Freud's thought.* New York: W. W. Norton.

Fehr, D. (1976). Psychotherapy: Integration of individual and group methods. In R. E. Tarter & A. A. Sugarman (Eds.), *Alcoholism: Interdisciplinary approaches to an enduring problem* (pp. 637-654). Reading, MA: Addison-Wesley.

Fischer, R. (1976). On creative, psychotic, and ecstatic states. In L. Allen & D. Jaffe (Eds.), *Consciousness as role and knowledge. Readings in abnormal psychology: Contemporary perspectives* (pp. 122-143). New York: Harper & Row.

Flores, P. (1985). Alcoholism treatment and the relationship of Native American cultural values to recovery. *International Journal of the Addictions, 20*(11/12), 1707-1726.

Flores, P. (1988a). Alcoholics Anonymous: A phenomenological and existential perspective. *Alcoholism Treatment Quarterly, 5*, 73-94.

Flores, P. (1988b). *Group psychotherapy with addicted populations.* Binghamton, NY: The Haworth Press.

Flores, P. (1993). Group psychotherapy with alcoholics, substance abusers, and adult children of alcoholics. In H. L. Kaplan & B, J. Sadock (Eds.), *Comprehensive group psychotherapy* (3rd ed.) (pp. 429-442). Baltimore, MD: Williams & Wilkins.

Flores, P. (1997). *Group psychotherapy with addicted populations: An integration of twelve-step and psychodynamic theory* (2nd ed.). Binghamton, NY: The Haworth Press.

Flores, P.J. (2001). Addiction as an attachment disorder: Implications for group psychotherapy. *International Journal of Group Psychotherapy, 51*, 63-81.

Flores, P. J. (2004). *Addiction as an attachment disorder. Northvale*, NJ: Jason Aronson.

Flores, P. & Mahon, L. (1993). The treatment of addiction in group psychotherapy. *International Journal of Group Psychotherapy, 43*(2), 143-156.

Fonagy, P., Gergely, G., Jurist, E. L., & Target, M. (2002). *Affect regulation, mentalization and the development of the self.* New York: Other Press.

Fonagy, P., Steele, M., Steele, H., Higgitt, A., & Target, M. (1994). The theory and practice of resilience. *Journal of Child Psychology and Psychiatry, 35*, 231-257.

Foulkes, S. H. (1975) *Group analytic psychotherapy.* London: Interface (Gordon and Breach Science Publishing Ltd.).

Fox, R. (1973). Treatment of the problem drinker by the private practitioner. In P. G. Bourne & R. Fox (Eds.), *Alcoholism: Progress in research and treatment* (pp, 227-241). New York: Academic Press.

Frank, J. (1961). *Persuasion and healing.* Baltimore, MD: Johns Hopkins Press.

Frank, J. (1972). Remarks. In M. E. Chafetz (Ed.), *Proceedings of the 2nd annual alcoholism conference of NIAAA* (pp. 242-244). Washington, DC: U. S. Government Printing Office.

Frank, J. (1978). *Psychotherapy and the human predicament.* New York: Schocken Books.

Frankel, C. (1971). *The case for modern man.* Boston: Beacon Press.

Frankl, V. (1969). *The will to meaning.* Cleveland, OH: New American Library,

Freimuth, M. (1994), Psychotherapy and twelve-step programs: A commentary on Humphreys. *Psychotherapy, 31*, 551-552.

Freimuth, M. (2005). *Hidden addictions.* Lanham, MD: Jason Aronson Press.

Friedman, W. H. (1989), *Practical group therapy.* San Francisco: Jossey-Bass.

Freud, A. (1936). *The ego and the mechanisms of defence: The writings of Anna Freud, Vol. 2.* New York: International Universities Press.

Freud. S. (1910). *The future prospects of psycho-analytic therapy. The standard edition of the complete psychological works of S. Freud*, Vol. 11 (pp. 139-152). London; Hogarth Press.

Freud, S. (1921). *Group psychology and the analysis of the ego. Complete psychological works of Sigmund Freud.* London: Hogarth Press.

Fromm, E. (1941). *Escape from freedom.* New York: Farrar and Rinehart.

Galanter, M., Dermatis, H., Egelko, S., & De Leon, G, (1998). Homelessness and mental illness in a professional and peer-led cocaine treatment clinic. *Psychiatric Services, 49*, 533-535.

Gallant, D. M, (1983). Prediction of cortical atrophy in young alcoholics. *Alcoholism: Clinical & Experimental Research*, 7(4), 448.

Gans, J. S. & Alonso, A. (1998). Difficult patients: Their construction in group therapy. *International Journal of Group Psychotherapy, 48*, 311-326.

Gartner, A. & Riessman, F. (1984). *The self-help revolution.* New York; Human Sciences Press.

Gauron, E. F. & Rawlings, E, L (1975). Procedure for orienting new members to group psychotherapy. *Small Group Behavior, 6,* 293-307.

Gitlow, S. E. (1973). Alcoholism: A disease. In P. G. Boume & R. Fox (Eds.), *Alcoholism: Progress, research and treatment* (pp. 1 -9). New York: Academic Press.

Glatzter, H. T. (1969). Working through in analytic group psychotherapy. *International Journal of Group Psychotherapy, 19,* 292-306.

Goodwin, D. (1979). Alcoholism and heredity: A review and hypothesis. *Archives of General Psychiatry, 36,* 57-61.

Goulding, R. L. & Goulding, M. M. (1979). *Changing lives through redecision therapy.* New York: Brunner/Mazel.

Grant, L, Reed, R., & Adams, K. (1980). Alcohol and drug-related brain disorder: Implications for neuropsychological research. *Journal of Clinical Neuropsychology, 2*(4), 321-331.

Greene, L. R. (2002). Research in group psychotherapy for substance abuse: Fiction, fact, and future. In D.W. Brook & H. I. Spitz (Eds.), *The group therapy of substance abuse. Binghamton,* NY: The Haworth Press.

Grotjahn, M. (1983). The qualities of the group psychotherapist. In H. I. Kaplan & B. J. Sadock (Eds.), *Comprehensive group psychotherapy* (pp. 294-301). Baltimore, MD: Williams & Wilkins.

Group for the Advancement of Psychiatry. Dual Diagnosis. (1993). In *Residents' Guide to Treatment of People with Chronic Mental Illness* (pp. 145-161), Report No. 136. Washington, DC: American Psychiatric Press.

Guntrip, H. (1971). *Psychoanalytic theory, therapy and the self.* New York: Basic Books.

Haley, J. (1976). *Problem-solving therapy,* San Francisco: Jossey-Bass.

Har Paz, N. (1994). Failure in group psychotherapy: The therapist variable. *International Journal of Group Psychotherapy, 44,* 3-20.

Hartocollis, P. (1964). Some phenomenological aspects of the alcoholic condition. *Psychiatry, 27,* 345-348.

Hartocollis, P. & Hartocollis, C. (1980). Alcoholism, borderline and narcissistic disorders: A psychoanalytic overview. In W. Fann, I. Karacan, A. Porkory, & R. S. Williams (Eds.), *Phenomenology and treatment of alcoholism* (pp. 93-110). New York: Medical and Scientific Books.

Harris, T. (2003). Implications of attachment theory for developing a therapeutic alliance and insight in psychoanalytic psychotherapy. In M. Cortina & M. Marrone (Eds.), *Attachment theory and the psychoanalytic process* (pp. 62-91). London: Whurr Publishers.

Hartrup, W. W. (1970). Peer interaction and social organization. In P. H. Mussen (Ed.), *Carmichael's manual of child psychology, Vol. 2* (3rd ed.) New York: John Wiley & Sons.

Harwood, I. (1986). The need for optimal, available caretakers: Moving toward extended selfobject experiences. *Group Analysis, 19,* 291-302.

Harwood, I. (1998). Advances in group psychotherapy and self psychology: An intersubjective approach. In I. Hardwood & M. Pines (Eds.), *Self experience in group,* (pp. 30-45). London: J. Kingsley Publishers.

Kazan, C. & Shaver, P. R. (1987). Romantic love conceptualized as an attachment process. *Journal of Personality and Social Psychology,* 52, 511-524.

Heard, D. & Lake, B. (1997). *The challenge of attachment for caregiving.* London: Routledge.

Hebb, D. O. (1949). *The organization of behavior: A neuropsychological theory.* New York: Wiley.

Heidegger, M. (1963). *Being and time.* (J. MacQuarrie, & E, Robinson, Trans.) New York: Harper & Row (original 1927).

Heider, J, (1976). Preparatory techniques in initiating expressive psychotherapy with lower class, unsophistocated patients. *Psychology Bulletin, 3,* 339-352.

Henry, W. P. (1998). Science, politics, and the politics of science: The use and misuse of empirically validated treatment research. *Psychotherapy Research, 8,* 126-140.

Heyman, S. E. (1995, March), What can neuroscience teach us about addiction? Paper presented at workshop, The Addictions, Harvard Medical School, Boston, MA.

Hibbard, S. (1987). The diagnosis and treatment of adult children of alcoholics as a specialized therapeutic population. *Psychotherapy, 24,* 779-788.

Hofer, M. (1984). The importance of touch in rat development: Relationships as regulators, *Psychosomatic Medicine, 46,* 183.

Holder, H., Longabaugh, R., Miller, W. R., & Rubonis, A. V. (1993). The costeffectiveness of treatment for alcoholism: A first approximation. *Journal of Studies on Alcohol, 52*, 517-203.

Holmes, J. (1996). *Attachment, intimacy, autonomy: Using attachment theory in adult psychotherapy*. Northvale, NJ: Jason Aronson.

Holmes, S. E. & Kivlighan, D. M. (2000). Comparison of therapeutic factors in group and individual treatment process. *Journal of Counseling Psychology, 47*, 478-484.

Horner, A. (1976). Oscillatory patterns of object relations and the borderline patient. *International Review of Psycho-Analysis, 3*, 479-482.

Horner, A. (1979). *Object relations and the developing ego in therapy*. New York: Jason Aronson.

Horvath, A. O. (2000). The therapeutic relationship: From transference to alliance. *Journal of Clinical Psychology/In session, 56*, 163-173.

Horvath, A. O. (2001). The Alliance. *Psychotherapy, 38*, 365-372.

Horvath, A. T. (1993). Enhancing motivation for treatment of addictive behavior: Guidelines for the psychotherapist. *Psychotherapy, 30*(3), 473-480.

Humphreys, K. (1993). Psychotherapy and the twelve-step approach for substance abusers: The limits of integration. *Psychotherapy, 30*, 207-213.

Hutchinson, J. A. (1969). *Paths of faith*. New York: McGraw-Hill.

Imhof, J., Hirsch, R., & Terenzi, R. E. (1984). Countertransferential and attitudinal considerations in the treatment of drug abuse and addiction. *Journal of Substance Abuse Treatment, 1*, 21-30.

Insel, T. R. & Quirion, R. (2005). Psychiatry as a clinical neuroscience discipline. *JAMA, 294*, 2221-2224.

Irons, R. R. & Schneider, J. P. (1996). Addictive and sexual disorders. In N. S. Miller (Ed.), *The principles and practice of addictions in psychiatry* (pp. 441- 457). Philadelphia: W. B. Saunders.

Izard, C. E. (1971). *The face of emotion*. New York: Appleton-Century-Crofts.

James, W. (1902). *The varieties of religious experience*. New York: Longmans.

James, W. (1907). *Pragmatism*. New York: Longmans.

Jarmas, A. L. & Kazak, A. E. (1990). Young adult children of alcoholic fathers: Depressive experiences, coping styles and family systems. *Journal of Consulting and Chemical Psychotherapy, 60*(2), 244-251.

Jaspers, K. (1975). On my philosophy. In W Kaufman (Ed.), *Existentialism from Dostoevsky to Sartre*. New York: New American Library (original 1941).

Jellinek, E. M. (1960). *The disease concept of alcoholism*. New Haven, CT: College & University Press.

Jerrell, J. M. & Ridgely, M. S. (1999). Impact of robustness of program implementation on outcomes of clients in dual diagnosis programs. *Psychiatric Services, 50*(1), 109-112.

Johnson, V. E. (1973). *I'll quit tomorrow*. New York: Harper & Row,

Jones, R. K. (1970). Sectarian characteristics of Alcoholics Anonymous. *Sociology, 4*, 181-195.

Jordan, J. (1986). *The meaning of mutuality*. Work in Progress, No. 23. Wellesley, MA; Stone Center.

Kahn, E. (1985). Heinz Kohut & Carl Rogers: A timely comparison. *American Psychologist, 40*(8), 893-904.

Kanas, N, (1982). Alcoholism and group psychotherapy. In E. M. Patti son & S. E. Kaufman (Eds.), *Encyclopedic handbook of alcoholism* (pp. 1011-1021). New York: Gardner Press.

Kanas, N. & Barr, M. A. (1982). Outpatient alcoholics view group therapy. *Group: The Journal of the Eastern Group Psychotherapy Society, 6*, 17-20.

Karen, R. (1994). *Becoming attached: First relationships and how they shape our capacity to love*. New York: Oxford University Press.

Kassell, J. D. & Wagner, E. F. (1993). Processes of change in Alcoholics Anonymous: A review of possible mechanisms. *Psychotherapy, 30*, 222-234.

Kaufman, E. & Reoux, J. (1988). Guidelines for the successful psychotherapy of substance abusers. *American Journal of Drug and Alcohol Abuse, 14*(2), 199-209.

Kellogg, S. (1993). Identity and recovery. *Psychotherapy, 30*, 235-250.

Kelly, G. (1955). *The psychotherapy of personal constructs: Clinical diagnosis and psychotherapy*, Vol. 2. New York: W. W. Norton.

Kemker, S. S., Kibel, H. D., & Mahler, J. C. (1993). On becoming oriented to inpatient treatment: Inducing new patients and professionals to recovery movement. *International Journal of Group Psychotherapy, 43*, 285-302.

Kernberg, O. F. (1970). *New developments in psychoanalytic object-relations theory*, Topeka, KS: Menninger Foundation.

Kernberg, O. F. (1975). *Borderline conditions and pathological narcissism.* New York: Jason Aronson.

Kernberg, O. F. (1983). The boderline patient. *Psychiatry (Audio Digest), 12*(16).

Kernberg, O. F. (1984). The couch at sea: Psychoanalytic studies of group and organizational leadership. *International Journal of Group Psychotherapy, 34*(1), 5-23.

Khantzian, E. J. (1982). Psychopathology, psychodynamics and alcoholism. In E. M. Pattison & S. E. Kaufman (Eds.), *Encyclopedic handbook of alcoholism* (pp. 581-597). New York: Gardner Press.

Khantzian, E. J. (1985). On the psychological predisposition for opiate and stimulant dependence. *Psychiatry Letter, 3*(1), 1-3.

Khantzian, E. J, (1994). Alcoholics Anonymous–*Cult or corrective?* Paper presented at Fourth Annual Distinguished Lecture. Manhasset, NY Cornell University.

Khantzian, E. J. (2001). Reflections on group treatments as corrective experiences for addictive vulnerability. *International Journal of Group Psychotherapy, 51*, 11-20.

Khantzian, E. J., Halliday, K. S., & McAuliffe, W. E, (1990). *Addiction and the vulnerable self.* New York: Guilford Press.

Khantzian, E. J. & Treece, C. J. (1977). Psychodynamics of drug dependence: An overview. In J. D. Blaine & D. A. Julius (Eds.), *Psychodynamics of drug dependence.* NIDA Research Monograph No. 12. DREW Publication No. ADM 77- 470. Washington, DC: Superintendent of Documents, U. S. Government Printing Office.

Kishline, A. (1994). *Moderate drinking: The moderation management guide for people who want to reduce their drinking.* New York: Crown Trade Paperbacks.

Kivlighan, D. M. & Kivlighan, M. C. (2004). Counselor intentions in individual and group treatment. *Journal of Counseling Psychology, 51*, 347-353.

Klein, R. H., Orleans, J. F., & Souie, C. R. (1991). The Axis II group: Treating severely characterologically disturbed patients. *International Journal of Group Psychotherapy, 41*, 97-116.

Kline, K. (2003). *Hardwired to connect: The new scientific case for authoritative communities.* New York: Institute for American Values,

Kohut, H. (1977a). Preface. In J. D. Blaine & D. A. Julius (Eds.), Psychodynamics of drug dependence. NIDA Research Monograph No. 12. DREW Publication No. ADM 77-470. Washington, DC: Superintendent of Documents, U.S. Government Printing Office.

Kohut, H. (1977b). *The restoration of the self.* New York: International Universities Press.

Kohut, H, (1984). *How does analysis cure?* Chicago: University of Chicago Press,

Kohut, H, & Wolfe, E. S. (1978). The disorders of the self and their treatment: An outline. *International Journal of Psychoanalysis, 60*, 413-425.

Kopp, S. B. (1971). *Guru: Metaphors from a psychotherapist.* Palo Alto, CA: Science & Behavior Books.

Kosinski, J. (1977, December). Horatio Algers of the nightmare. *Psychology Today*, pp. 59-64.

Kosseff, J. W. (1975). The leader using object-relations theory. In Z, A. Liff (Ed), *The leader in group* (pp. 212-242). New York: Jason Aronson.

Kraemer, G. W. (1985). Effects of differences in early social experience on primate neurobiological-behavioral development. In M. Reite and T. Fields (Eds.), *The psychobiology of attachment and separation* (pp. 121-135). New York: Academic Press.

Kraemer, G. W. (1992). A psychobiological theory of attachment. *Behavioral and Brain Sciences, 15*, 493-541.

Kritsberg, W. (1985). *The adult children of alcoholics syndrome: From discovery to recovery*, Pompano Beach, FL: Health Communications, Inc.

Krystal, H. (1982). Character disorders: Characterological specificity and the alcoholic. In M. E. Patti son & E. Kaufman (Eds.), *Encyclopedic handbook of alcoholism* (pp. 607-618). New York: Gardner Press.

Krystal, H. & Raskin, H. A. (1993). *Drug dependence. The disturbances in personality functions that create the need for drugs.* Northvale, NJ: Jason Aronson.

Kuhn, T. S. (1962). *The structure of scientific revolutions.* Chicago: University of Chicago Press.

Kurtz, E. (1979). *Not-God: A history of Alcoholics Anonymous.* Center City, MN: Hazelden.

Kurtz, E, (1981). *Shame and guilt: Characteristics of the dependency cycle.* Center City MN: Hazelden.

Kurtz, E. (1982). Why AA works. The intellectual significance of Alcoholics Anonymous. *Quarterly Journal of Studies on Alcohol, 43*(1), 38-80.

Kurtz, E. (1983, February). *Shame and alcoholism.* Paper presented at the Conference for National Association of Alcohol and Drug Abuse Counselors. Atlanta, GA.

Kushner, M. G., Sher, K. J., Wood, M. D., & Wood, P. K. (1994). Anxiety and drinking behavior: Moderating effects of tension-reduction alcohol outcome expectancies. *Alcoholism: Clinical & Experimental, 18*, 852-860.

Laing, R. D. (1969). *The self and others.* London: Tavistock Publications.

Laing, R. D. (1972). *The divided set: An existential study in sanity and madness*, Baltimore, MD: Penguin,

Lambert, M. J. & Barley, D. E. (2001). Research summary on the therapeutic relationship and psychotherapy outcome. *Psychotherapy, 38*, 357-364.

Langs, R. (1976). *The bipersonal field.* New York: Jason Aronson.

Leshner, A. I. (1996, October 15). Understanding drug addiction: Implications for treatment. *Hospital Practice*, 1-11.

Leshner, A. I. (1997a, April) Drug abuse and addiction are biomedical problems. *Hospital Practice: A Special Report*, 2-4.

Leshner, A. I. (1997b, December 4) Introduction to the special issue: The National Institute on Drug Abuse's (NIDA's) Drug Abuse Treatment Outcome Study (DATOS). *Psychology of Addictive Behaviors*, 211-215.

Leshner, A. I. (2001). Addiction: A brain disease with biological underpinnings. *Voice 6*(1), 1-3.

Leszcz, M. (1989). Group psychotherapy of the characterologically difficult patient. *International Journal of Group Psychotherapy, 39*, 311-336.

Leszcz, M. (1992). The interpersonal approach to group psychotherapy. *International Journal of Group Psychotherapy, 42*, 37-62.

Leuba, J. H. (1896). A study in the psychology of religious phenomena. *American Journal of Psychology, 7*, 309-385.

Levingston, M. S. & Levingston, L. R. (1998). Conflict and aggression in group psychotherapy: A self-psychological vantage point. *The International Journal of Group Psychotherapy, 48*, 381-392.

Levy, S. (1984), *Principles of interpretation.* New York: Jason Aronson.

Lewis, J, M. (1998). For better or worse: Interpersonal relationships and individual outcome. *American Journal of Psychiatry, 155*(5), 582-589.

Lewis, J. M. (2000). Repairing the bond in important relationships: A dynamic for personality maturation. *American Journal of Psychiatry, 157*, 1375-1378.

Lewis, T., Amini, F., & Lannon, R. (2000). *A general theory of love.* New York: Random House.

Lichtenberg J. D., Lachmann, F. M◊ & Fosshage, J. L. (1992), *Self and motivational systems.* Hillsdale, NJ: Analytic Press.

Lichtenstein, H. (1961). Identity and sexuality: A study of their interrelationship in man. *Journal of American Psychoanalytic Association, 9*, 179-260.

Lieberman, M. A. & Borman, L. D. (1979). *Self-help groups for coping and crisis: Origins, members, processes and impact.* San Francisco: Jossey-Bass.

Lieberman, M., Yalom, L D., & Miles, M. (1973). *Encounter groups: First facts.* New York: Basic Books.

Liese, B. S. (1998). Project MATCH and the Issue of Psychotherapy Talent. *The Addictions Newsletter, 5*, 1-25.

Liotti, G. (2004). Trauma, dissociation, and disorganized attachment: Three strands of a single braid. *Psychotherapy: Theory, Research, Practice, Training, 4*, 472-486.

Lomranz, J., Lakin, M., & Schiffman, H. (1972), Variants of sensitivity training and encounter: Diversity of fragmentation? *Journal of Applied Behavior Science, 8*, 399-420.

Lowen, A. (1969). Bio-energetic group therapy. In H. Rouiten (Ed.), *Group therapy today* (pp. 279-290). New York: Atherton.

Luborsky, L. (1976). Helping alliances in psychotherapy. In J. L. Claghom (Ed.), *Successful psychotherapy* (pp, 92 116). New York: Brunner/Mazel.

MacKenzie, K. R. (2001). Group psychotherapy. In W. J. Livesley (Ed.), *Handbook of personality disorders* (pp. 497-526). New York: Guilford Press.

MacLeod, J, A, (1968). Management of the initial phase of psychotherapy: Optimal frustration as a guide to technique in psychotherapy. *Comprehensive Psychiatry, 9*(4), 400-406.

Madsen, W. (1974). *The American alcoholic.* Springfield, IL: Charles C Thomas.

Main, M. (1995). Clinical aspects of attachment: The work of Mary Main. Lecture given at conference, University College, London.

Main, M. & Hesse, E. (1990). Parents' unresolved traumatic experiences are related to infant disorganization status: Is frightened and/or frightening parental behavior the linking mechanism? In M. T. Greenberg, D. Chicchetti, & E. M. Cummings (Eds.), *Attachment in the pre-school years: Theory, research, and intervention* (pp. 161-182). Chicago: University of Chicago Press.

Mahler, M. S. (1968). *On human symbiosis and the vicissitude of individuation.* New York: International Universities Press.

Mahler, M. S. (1979). *The selected papers of Margaret Mahler, Volumes I and II.* New York: Jason Aronson.

Mahler, M. S., Pine, F., & Bergman, H. (1975). *The psychological birth of the human infant.* New York: Basic Books.

Malcolm, J. (1984). *In the Freud archives.* New York: Alfred Knopf.

Mann, M. (1973). *The disease concept of alcoholism.* San Francisco: Faces West Productions.

Marlatt, G. A. (1983). The controlled drinking controversy; A commentary. *American Psychologist, 38,* 1097-1 111.

Marlatt, G. A., Larimer, M. E., Baer, J. S., & Quigley, L. A. (1993). Harm reduction for alcohol problems: Moving beyond the controlled drinking controversy. *Behavior Therapy, 24,* 461-503.

Marrone, M. (1998). *Attachment and interaction.* London: Jessica Kingsley Pub.

Masterson, J. F. (1981). *The narcissistic and borderline disorders.* New York: Brunner/M azel.

Matakas, F., Koester, H., & Leidner, B. (1978). Which treatment for which alcoholic? A review. (Selected translation of international alcoholism research). *Psychiatrische Praxis, 5,* 143-153.

Matano, R. A. & Yalom, I. (1991). Approaches to chemical dependency: Chemical dependency and interactive group therapy–a synthesis. *International Journal of Group Psychotherapy, 41*(3), 269-294.

May, R. (1983). *The discovery of being.* New York: W. W. Norton.

McCallum M. & Piper, W. (1990) A controlled study of effectiveness and patient suitability for short-term group psychotherapy. *International Journal of group Psychotherapy, 40,* 431-438.

McCluskey, U. (2002). The dynamics of attachment and systems-centered group psychotherapy. *Group Dynamics: Theory, Research, & Practice, 6*(2), 131-142.

McCluskey, U. (2005). *To be met as a person: The dynamics of attachment in professional encounters.* London: Karnac Publishers.

McCrady, B. S. (1985). Comments on the controlled drinking controversy. *American Psychologist, 40*(3), 370-371.

McDougall, J. (1989). *Theaters of the body.* New York: W. W. Norton.

McHugo, G. J., Drake, R. E◊ Teague, G. B., & Xie, H. (1999). Fidelity to assertive community treatment and client outcomes in New Hampshire Dual Disorders Study. *Psychiatric Services, 50*(8), 818-824.

McNeel, J, (1977). The seven components of redecision therapy. In G. Barnes (Ed.), *Transactional analysis after Eric Berne.* New York; Harpers College Press.

McRoberts, C., Burlingame, G., & Hoag, M. (1998). Comparative efficacy of individual and interactive group therapy: A meta-analytical perspective. *Group Dynamics: Theory, Research, and Practice, 2,* 101-117.

Meares, R. (1993). *The metaphor of play.* Northvale, NJ: Jason Aronson.

Meissen, G., Powell, T. J., Wituk, S. A◊ Girrens, K., & Arteaga, S. (1999). Attitudes of AA contact persons toward group participation by persons with a mental illness. *Psychiatric Services, 50*(8), 1079-1081.

Meyer, B. & Pilkonis, P. A. (2001). Attachment style. *Psychotherapy, 38,*466-472.

Miller, N. S. (1995). *Treatment of the addictions: Applications of outcome research for clinical management.* Binghamton, NY: The Haworth Press,

Miller, N. S. & Hoffman, N. G. (1995). Addiction treatment outcomes. In N. S. Miller (Ed.), *Treatment of the addictions: Applications of outcome research for clinical management* (pp. 41-56). Binghamton, NY: The Haworth Press.

Miller, W. R. & Brown, S. A. (1997). Why psychologists should treat alcohol and drug problems. *American Psychologist, 52,* 1269-1279.

Miller, W. R. & Hester, R. K. (1986). Matching problem drinkers with optimal treatments. In W. M. Miller & N. Heather (Eds.), *Treating addictive behaviors: Process of change* (pp. 175-203). New York: Plenum Press.

Minkoff, K. (1995, March). *Assessment and treatment of dual diagnosis: Serious mental illness and substance*

abuse disorder. Paper presented at workshop, The Addictions, Harvard Medical School, Boston, MA.
Minkoff, K. & Drake, R. E. (1994). Homelessness and dual diagnosis. In H. R, Lamb, L. L. Bachrach, & F, I. Kass (Eds.), *Treating the homeless mentally ill: A task force report of the American Psychiatric Association* (pp. 221-235). Washington, DC. American Psychiatric Press.
Mitrani, J. L. (1996). *A frameworkfor the imaginary.* Northvale, NJ: Jason Aronson.
Modell, W. (1955). *The relief of symptoms.* Philadelphia: W. B. Saunders.
Monte, C. F. (1980). *Beneath the mask: An introduction to theories of personality* (2nd ed.). New York: Holt, Rinehart & Winston.
Moore, R. A. & Buchanan, T. K. (1966). State hospitals and alcoholism: A nationwide survey of treatment techniques and results. *Quarterly Journal of Studies on Alcohol, 27,* 459-468.
Morahan-Martin, J., & Schumacher, P. (2000). Incidence and correlates of pathological Internet use among college students. *Computers in Human Behavior, 76*(1), 13-29.
Moreno, J. L. (1971). Psychodrama. In H. Kaplan & B. Sadock (Eds.), *Comprehensive group psychotherapy.* Baltimore, MD: Williams & Wilkins.
Morris, D◊ Crago, J., Uswatte, G., Wolf, S◊ Cook, E. W. Ill, & Taub, E. (2001). The reliability of the Wolf Motor Function Test for assessing upper extremity function following stroke. *Archives of Physical Medicine and Rehabilitation, 82,* 750-755.
Morrison, A. P. (1989). *Shame: The underside of narcissism.* Hillsdale, NJ: Analytic Press.
Mueller, S. R., Sutter, B. H., & Prengaman, T. P. (1982). A short-term intensive treatment program for the alcoholic. *The International Journal of Addictions, 17*(6), 931-943.
Muggeridge, M. (1980). *Do we need religion or religious institutes?* Sussex, England: Firing Line.
Muiis, R. E. (1968). *Theories of adolescence* (2nd ed.). New York: Random House,
Nathan, P, E. (1992), A response to "Alcoholism, politics, and bureaucracy: The consensus against controlled drinking in America." *Addictive Behaviors, 17*(1): 63-65.
Nathan, P. E. (1998). Practice guidelines: Not yet ideal. *American Psychologist, 53,* 290-299.
National Association of State Alcohol and Drug Abuse Directors and National Association of Mental Health Program Directors. (1998, June 16-17). *National Dialogue on Co-occurring Mental Health and Substance Abuse Disorders.* Washington, DC
National Association of State Mental Health Program Directors. (1999, October 27- 28). *Transforming Knowledge and Research into Practice in the Public Health Sector: Focus on Dual Diagnosis, Criminal Justice/Mental Health Interface and Psychiatric Rehabilitation/Recovery.* Best Practice Symposium Proceedings, New Orleans, Louisiana.
National DWI Conference (1976). *Alcohol and the impaired driver.* Chicago: National Safety Council.
National Institute on Alcohol Abuse and Alcoholism (1995, June). *Distinctive features of the alcohol treatment system.* NIAAA Research Publication, Washington, DC.
Neibergh, N. (1993, February). Presentation on group psychotherapy at American Group Psychotherapy Conference, San Diego, CA.
Newberg, A., D' Aquili, E., & Rause, V. (2001). *Why God won't go away: Brain science and the biology of belief.* New York: Ballantine Books.
Nietzsche, F. (1968). *Basic writings of Nietzsche* (W. Kaufman, Trans.). New York: Modem Library.
Norcross, J. C. (2001). Purposes, processes, and products on the Task Force on Empirically Supported Therapy Relationships. *Psychotherapy, 38,* 345-354.
Norcross, J. C. (2002). *Psychotherapy relationships that work: The therapist contributions and responsiveness to patients.* New York; Oxford University Press.
Ogden, T. H. (1982). *Projective Identification and psychotherapeutic technique.* New York; Jason Aronson.
Ogden, T. H. (1983). The concept of internal object relations. *International Journal of Psychoanalysis, 64,* 227-241.
Orford, J. (1985). *Excessive appetites: A psychological view of addiction.* New York: Wiley.
Ormont, L. (1985, November). *Intimacy and group psychotherapy.* Paper presented at Harvard Medical School Seminar on group psychotherapy. Boston, MA.
Ormont, L. (1988). The leader's role in resolving resistances to intimacy in the group setting. *International Journal*

of Group Psychotherapy, 38, 29-46.
Ormont, L. (1990). The craft of bridging. *International Journal of Group Psychotherapy, 40*, 3-18.
Ormont, L. (1992). *The group therapy experience.* New York: St. Martin's Press.
Ormont. L. (1993). Resolving resistances to immediacy in the group setting. *International Journal of Group Psychotherapy, 43*, 399-418.
Ormont, L. (2001). Meeting maturational needs in the group setting. *International Journal of Group Psychotherapy, 51*, 343-360.
Omstein, P. (1981). The bipolar self in the psychoanalytic treatment process: Clinical and theoretical considerations. *Journal of American Psychoanalytic Association, 29*, 353-375.
Omstein, P. (1982, January-March). *Self-* psychology. Lecture Series: University of Cincinnati.
Osborne, J. W. & Baldwin, J. R. (1982). From one state of illusion to another? *Psychotherapy: Theory, Research, and Practice, 19*, 266-275.
Parsons, O. A. & Farr, S. P. (1981). The neuropsychology of alcohol and drug use. In S. B. Felskov & T. J. Boll (Eds.), *Handbook of clinical neuropsychology* (pp. 320-365). New York: John Wiley & Sons.
Patterson, G. R. & Anderson, D. (1964). Peers as social reinforcers. *Child Development, 35*, 951-960.
Patti son, E. M. (1979). The selection of treatment modalities for the alcoholic patient. In J. H. Mandelson & N, K. Mello (Eds.), *The diagnosis and treatment of alcoholism* (pp. 229-255). New York: McGraw-Hill.
Paulus, M. P., Tapert, S. R, & Schuckit, M. A. (2005). Neural activation patterns of methamphetamine-dependent subjects during decision-making predict relapse. *Archives of General Psychiatry, 62*(7), 761-768,
Peele, S, (1989). *Diseasing of America: Addiction treatment out of control*, Boston: Houghton Mifflin.
Pendery, M. L., Maltzman, I. M., & West, L. J. (1982). Controlled drinking by alcoholics? New findings and a reevaluation of a major affirmative study. *Science, 217*, 169-174,
Peris, F. S. (1969). *Gestalt therapy verbatim.* Lafayette, CA: Real People Press.
Peris, F. S., Hefferline, R., & Goodman, P. (1951). Gestalt therapy: *Excitement and growth in the human personality.* New York: Julian Press.
Peris, L. (1976). Comments on the new directions. In E. W. L. Smith (Ed), *The growing edge of Gestalt therapy* (pp. 36-51), New York: Brunner/Mazel.
Perry, B. D. (2002). Childhood experience and the expression of genetic potential: What childhood neglect tells us about nature and nurture. *Brain and Mind, 3*(1), 79-100.
Pesso, A. (1991). Ego function and Pesso System/Psychomotor Therapy. In A, Pesso & J. Crandall (Eds.), *Moving psychotherapy* (pp. 41-50), Franklin, NH: Brookline Books.
Piaget, J. (1954). *The construction of reality in the child.* New York: Basic Books.
Pica, M., Engel, S. D., & Welches, P. (2003). An experiential approach to inpatient anger management group. *The International Journal of Group Psychotherapy, 53*, 177-200.
Pines, M. (1992). *Contrasting views of representative group events.* Garden Grove, CA: Info Medix Audio Tape.
Pines, M. (1998). The self as a group: The group as a self. In I. Hardwood & M. Pines (Eds.), *Self-experience in group* (pp. 24-29). London: J, Kingsley Publishers.
Piper, W, E. (1994). Client variables. In A. Fuhriman & G. M. Burlingame (Eds.), *Handbook of group psychotherapy* (pp. 83-113). New York: Wiley.
Piper, W. E. & Ogrodniczuk, J. S. (2004). Brief group therapy. In J. Delucia-Waack, D. A. Gerrity, C. R. Kolodner, & M. T. Riva (Eds.), *Handbook of group counseling and psychotherapy* (pp. 641-650). Beverly Hills, CA: Sage Publications.
Piper, W, E., Ogrodniczuk, J. S., Joyce, A. S., Weideman, R., & Rosie, J. S. (2007). Group composition and group therapy for complicated grief. *Journal of Consulting and Clinical Psychology,*
Piper, W. E. & Perrault, E. L. (1989). Pretherapy preparation for group members. *International Journal of Group Psychotherapy. 39*, 17-34.
Plotsky, P◊ Hunt, R., & Ladd, C. (2000). Maternal separation. In Fink, G. (Ed.), *Encyclopedia of stress.* Academic Press, San Diego.
Polster, E. (1975). Techniques and experience in Gestalt therapy. In F. D. Stephenson (Ed.), *Gestalt therapy primer* (pp. 75-91). Springfield, IL; Charles C Thomas.

Polster, E. (1981, July). Resistance and Gestalt therapy. Lecture given at the Gestalt Institute of San Diego. LaJolla, CA.

Polster, E. & Polster, M. (1973). *Gestalt therapy integrated.* New York: Brunner/ Mazel.

Polster, E. & Polster, M. (1974). Notes on the training of Gestalt therapy. Voices: *The Art and Science of Psychotherapy, 10*(3), 38-44.

Polster, E. & Polster, M. (1976). Therapy without resistance: Gestalt therapy. In A. Burton (Ed.), *What makes behavior change possible?* (pp. 259-277). New York: Brunner/Mazel.

Prochaska, J. O. & DiClemente, C. C. (1992). Stages of change in the modification of problem behaviors. In M. Hersen, R. M. Eisler, & P. M. Miller (Eds.), *Progress in behavior modification.* Vol. 28 (pp. 184-214). Sycamore, IL: Sycamore Press.

Prochaska, J. O., DiClemente, C. C., & Norcross, J. C. (1992). In search of how people change: Applications to addictive behaviors, *American Psychologist,* 47(9), 1102-1114.

Project MATCH Research Group (1997). Matching alcoholism treatments to client heterogeneity: Project MATCH posttreatment drinking outcomes. *Journal of Studies on Alcohol, 58,* 7-29.

Rachman, A. W. & Heller, M. E. (1974). Anti-therapeutic factors in therapeutic communities for drug rehabilitation. *Journal of Drug Issues, 4,* 393-403.

Raubolt, R. (1974). Games addicts play: Implications for group treatment. *Corrective and Social Psychiatry, 20,*7.

Rawson, R. A., Obert, J. L., McCann, M. J., & Marinelli-Casey, P. (1993). Relapse prevention models for substance abuse treatment. *Psychotherapy, 30,* 284-298.

Ray, O. (1972). *Drugs, society and human behavior,* St. Louis, MO: C.V. Mosby Co.

Ray, O. (1983). *Drugs, society, and human behavior* (3rd ed). St. Louis, MO: C. V, Mosby Co.

Rennie, D. L. (1994). Client's deference in psychotherapy. *Journal of Counseling Psychology, 41*(14), 427-437.

Rice, A. K. (1965J. *Learning for leadership.* London: Tavistock Publications.

Rice, C. (1988, October 28-29). *Shame.* Paper presented at Conference on Group Psychotherapy, Atlanta, GA.

Rice, C. A. & Rutan, J. S. (1981). Boundary maintenance in inpatient therapy groups. *International Journal of Group Psychotherapy, 31,* 297-309.

Rice, H. R. (2003). Interpersonal problems of persons with personality disorders and group outcomes. *The International Journal of Group Psychotherapy, 53,* 155-176.

Ridgely, M. S., Lambert, D., Goodman, A., Chichester, C. S., & Ralph, R. (1998). Interagency collaboration in services for people with co-occurring mental illness and substance use disorder. Psychiatric *Services, 49*(2), 236-238.

Rinpoche, S. (1992). *The Tibetan book of living and dying.* San Francisco: Harper.

Rogers, C. (1942). *Counseling and psychotherapy.* Boston: Houghton Mifflin.

Roman, P. M. (1989). *Inpatient alcohol and drug treatment: A national study of treatment centers.* Executive report (pp. 1-22). Institute for Behavioral Research, University of Georgia.

Roth, J. (2004). *Group psychotherapy and recovery from addiction: Carrying the message.* Binghamton, NY: The Haworth Press.

Rutan, J. S. (1983, February). *Transference and group psychotherapy.* Paper presented at 40th Annual American Group Psychotherapy Association Conference, Toronto, Canada.

Rutan, J. S. & Stone, W. (1984). *Psychodynamic group psychotherapy.* Lexington, MA: The Collamore Press.

Rutan, J. S. & Stone, W. (1993). *Psychodynamic group psychotherapy* (2nd ed.). New York: The Guilford Press.

Rutan, J. S. & Stone, W. (2001). *Psychodynamic group psychotherapy* (3rd ed.). New York: The Guilford Press.

Ryan, C. & Butters, N. (1980). Further evidence for a continuum of impairment encompassing male alcoholic Korsakoff patients and chronic alcoholic men. *Alcoholism, 4,* 190-198.

Safran, J. D. & Muran, J. C. (2000). *Negotiating the therapeutic alliance: A relational treatment guide.* The Guilford Press, New York

Safran, J. D., Muran, J. C., Samstag, L. W., & Stevens, C. (2001). Repairing alliance ruptures. *Psychotherapy, 38,* 406-412.

Salvendy, J. T. (1993). Selection and preparation of patients and organization of the group. In H. I. Kaplan & B. J. Sadock (Eds.), *Comprehensive group psychotherapy* (3rd ed.) (pp. 72-84). Baltimore: Williams & Wilkins.

Sapolsky, R. M. (2004). *Why zebras don't get ulcers* (3rd ed.)- New York: Henry Holt & Co.

Sartre, J. P. (1956). *Being and nothingness.* New York: Philosophical Library.

Schaffer, H. J. (1995, March). *A clinical update on the addictions.* Paper presented at workshop, The Addictions,

Harvard Medical School, Boston, MA.

Scheidlinger, S. (1983, February). *Current theories in group psychotherapy.* Paper presented at 40th Annual American Group Psychotherapy Association Conference, Toronto, Canada.

Schneider, J, P. & Schneider, B. H. (1991). *Sex, lies, and forgiveness: Couples speak on healing from sex addiction.* Center City, MN: Hazelden Educational Materials.

Schmidt, W. (1968). *Social class and the treatment of alcoholism.* Monograph 7. Toronto: University of Toronto Press.

Schore, A. N. (1996). The experience-dependent maturation of a regulatory system in the orbital prefrontal cortex and the origin of developmental psychopathology. *Developmental Psychopathology 8,* 59-87.

Schore, A. N. (1997). Early organization of the nonlinear right brain and development of a predisposition to psychiatric disorders. *Developmental Psychopathology, 9,* 595-631.

Schore, A. N. (2003a). *Affect dysregulation and disorders of the self.* New York, W. W. Norton & Co.

Schore, A. N. (2003b). *Affect regulation and the repair of the self.* New York, W. W. Norton & Co.

Schuckit, M. A. (1973). Alcoholism and sociopathy. Diagnostic confusion. *Quarterly Journal of Studies on Alcohol, 37,* 157-164.

Scott, E. M. (1961). The technique of psychotherapy with alcoholics. *Quarterly Journal of Studies on Alcohol, 22,* 69-80.

Scott, M. (1970). In D. Cahalan (Ed.), *Problem drinkers: A national survey.* San Francisco: Jossey-Bass.

Searles, H. (1973). Concerning therapeutic symbiosis. *Annals of Psychoanalysis, 1,* 247-262.

Shane, M., Shane, E., & Gales, M. (1997). *Intimate attachments: Toward a new selfpsychology.* New York. Guilford Press.

Shaver, P. & Kazan, C. (1992). Adult romantic attachment; Theory and evidence. In D. Perlman & W. Jones (Eds.), *Advances in personal relationships* (pp. 29-70). Bristol, PA: Taylor & Francis.

Shestov, L, (1932). *On Job's balance.* (Coventry & Macartney, Trans.). London: Dent & Sons.

Shore, J. J. (1981). Use of paradox in the treatment of alcoholism. *Health and Social Work, 38,* 11-20.

Siegel, D. L. (1999). *The developing mind: Toward a neurobiology of interpersonal experience.* New York: Guilford.

Siegel, D. L. (2006, March 1). *The social brain in human relationships: Insights from interpersonal neurobiology,* AGFA Conference, San Francisco, CA.

Simkin, J. (1976). *Gestalt therapy mini-lectures.* Millbrae, CA: Celestial Arts.

Simmel, G. (1950). *Sociology of George Simmel* (K. Wolff, Trans.)- New York: Free Press,

Singer, D. L., Astrachan, B. M., Gould, L. J., & Klein, E. B. (1975). Boundary management in psychological work with groups. *Journal of Applied Behavioral Science, 11*(2), 137-176.

Smart, R. T., Schmidt, W., & Moss, M. K. (1969). Social class as a determinant of the types and duration of therapy received by alcoholics. *International Journal of Addictions, 4,* 543-556.

Sobell, L. C. (1995). *Natural recovery from alcohol problems.* Paper presented at workshop. The Addictions, Harvard Medical School, Boston, MA.

Sobell, M, B. & Sobell, L. C. (1973a). Alcoholics treated by individualized behavior therapy: One-year treatment outcome. *Behavior Research and Therapy, 11,* 599-618.

Sobell, M. B. & Sobell, L. C. (1973b). Individualized behavior therapy for alcoholics. *Behavior Therapy, 4,* 49-72.

Sollod, R. H. (1993). Reply to Humphreys; On the compatibility of twelve-step programs and psychotherapy. *Psychotherapy, 31,* 549-550.

Spitz, R. (1945). Hospitalism: An inquiry into the genius of psychiatric conditions in early childhood. *Psychoanalytic Study of the Child, 1,* 53-74.

Sroufe, L. A. (1996). *Emotional development. The organization of emotional life in the early years.* New York: Cambridge University Press.

Stace, W. (1966). What is mysticism? In P. Struhl & K. Struhl (Eds.), *Philosophy now!* (pp. 235-251). New York: Random House.

Stachnik, T. J. (1980). Priorities for psychology in medical education and health care delivery. *American Psychologist, 35*(1), 8-15.

Starbuck, E. D. (1899). *The psychology of religion.* New York: Scribner & Sons.

Stein, A. & Friedman, W. H. (1971). Group therapy with alcoholics. In H. I. Kaplan & B. J. Sadock (Eds.), *Comprehensive group psychotherapy,* Baltimore, MD: Williams & Wilkins.

Steiner, C. M. (1969). The alcoholic game. *Quarterly Journal of Studies on Alcohol, 30,* 920-938.

Steiner, C, M. (1971). *Games alcoholics play.* New York: Grove Press.

Stern, D. N. (1985). *The interpersonal world of the infant.* New York: Basic Books, Inc.

Stern, D. N. (2000). Foreword. In J. Bowlby (Au.) *Attachment and loss, Vol. III: Loss: Sadness and depression.* New York; Basic Books.

Stern, D. N., Sander, L. W., Nuhum, J. P., Harrison, A. M., Lyons-Ruth, K., Morgan, A. C., Bruschweilerstem, N., & Tronick, E. Z. (1998). Noninterpretive mechanisms in psychoanalytic therapy: The something more than interpretation. *International Journal of Psychoanalysis, 79,* 903-921.

Stewart, D. A. (1985). Control or freedom? *American Psychologist, 40*(3), 373-374.

Stinson, D., Smith, W., Arnidjaya, L, & Kaplan, J. (1979). System of care and treatment outcomes for alcoholic patients. *Archives of General Psychiatry, 36,* 535-539.

Stolorow, R., Brandchaft, B., & Atwood, G. (1987). *Psychoanalytic treatment: An intersubjective approach,* Hillsdale, NJ: Analytic Press.

Stone, L. (1961). *The psychoanalytic situation.* New York: International Universities Press.

Stone, W. N. (1992). The place of self-psychology in group psychotherapy: A status report. *International Journal of Group Psychotherapy, 42,* 335-350.

Stone, W. N. (1996). Self-psychology and higher mental functioning hypothesis: Complementary theories. *Group Analysis, 29,* 169-181.

Strupp. H. H. (1972, July). Freudian analysis today. *Psychology Today,* pp. 33-40.

Strupp, H. H. (1978). A reformation of the dynamics of the therapist's contribution. In A. German & A. Rozier (Eds.), *The therapists contribution to effective psychotherapy: An empirical assessment* (pp. 62-91). Elmsford, NY: Pergamon Press.

Strupp, H. H. (1998). The Vanderbilt I study revisited. *Psychotherapy Research, 8,* 335-347.

Strupp, H. H. (1999). Essential ingredients of a helpful therapist. *Psychotherapy Bulletin, 34,* 34-36.

Strupp, H. H. & Hadley, S. W. (1979). Specific versus nonspecific factors in psychotherapy: A controlled study of outcome. *Archives of General Psychiatry, 36,* 1125-1136.

Sullivan, H. S. (1953). *The interpersonal theory of psychiatry.* New York; W. W. Norton.

Suomi, S. J. (2004). How gene-environment interactions can influence emotional development in rhesus monkeys. In C. Garcia-Cole, E. L. Bearer, & R. M. Lemers (Eds.), *Nature and nurture: The complex interplay of genetic and environmental influences on human development* (pp. 35-51). Mahway, NJ: Lawrence Erlbaum Assoc.

Surkis, A. (1989). *The group therapist's quandary:* To lead or to treat? Workshop presented at Tenth International Congress of Group Therapy, Amsterdam.

Task Force on Promotion and Dissemination of Psychological Procedures (1995). Training in and dissemination of empirically validated psychological treatments; Report and recommendations. *The Clinical Psychologist, 48,* 3-23.

Taub, E., & Uswatte, G. (2000). Constraint-induced movement therapy based on behavioral neuroscience. In R. G. Frank and T. R. Elliott (Eds.), *Handbook of rehabilitation psychology* (pp. 475-496). Washington, DC; American Psychological Association.

Thune, C. E. (1977). Alcoholism and the archetypal past: A phenomenological perspective on Alcoholics Anonymous. *Quarterly Journal of Studies on Alcohol, 38,* 75-88.

Tiebout, H. M. (1953). Surrender vs. compliance in therapy with special reference to alcoholism. *Quarterly Journal of Studies on Alcohol, 14,* 58-68.

Tiebout, H. M. (1954). The ego factors in surrender in alcoholism. *Quarterly Journal of Studies on Alcohol, 15,* 610-621.

Tiebout, H.M.(1961). Alcoholics Anonymous: An experiment of nature. *Quarterly Journal of Studies on Alcohol, 22,* 52-68.

Toumier, R. F. (1979). Alcoholics Anonymous as treatment and as ideology. *Quarterly Journal of Studies on Alcohol, 40,* 230-239.

Tronick, E. Z. & Gianino, A. (1986). Zero to three. *Bulletin of the National Center for Clinical Infant Programs, 6*(3), 1-6.

Truax, C. B. & Wargo, A. G. (1969). Effects of vicarious therapy pretraining and alternative sessions on outcome in group psychotherapy with outpatients. *Journal of Consulting and Clinical Psychology, 33,* 440-447.

Twelve steps and twelve traditions (1952). New York; AA World Services, Inc,

Twerski, A. J. (1983). Early intervention in alcoholism: Confrontational techniques. *Hospital & Community Psychiatry, 34*(11), 1027-1030.

Vaillant, G. (1983). The natural history of male alcoholism. Is alcoholism the cart or horse to sociopathy? *British Journal of Addictions, 78*, 317-320.

Vaillant, G. (1995, February). The natural history of alcoholism: A fifty-year follow up. Paper presented at workshop, The Addictions, Harvard Medical School, Boston, MA.

Vaillant, G. & Milofsky, E. (1982). The etiology of alcoholism: A prospective viewpoint. *American Psychologist, 37*(5), 494-503.

Van der Kolk, B. A. (2006). Clinical implications of neuroscience research in PTSD. *Annals of the New York Academy of Science, 1071*, 277-293.

Vannicelli, M. (1982). Group psychotherapy with alcoholics: Special techniques. *Journal of Studies on Alcohol, 41*(1), 17-37.

Vannicelli, M. (1988). Group therapy aftercare for alcoholic patients. *International Journal of Group Psychotherapy, 35*(3), 337-353.

Vannicelli, M. (1991). Dilemmas and countertransferences considerations in group psychotherapy with adult children of alcoholics. *International Journal of Group Psychotherapy, 41*, 295-312.

Vannicelli, M. (1992). *Removing the roadblocks: Group psychotherapy with substance abusers and family members.* New York: The Guilford Press.

Verinis, J, S. (1995). Treatment of the socially disadvantaged alcoholic. In N. S. Miller (Ed,), *Treatment of addictions: Applications of outcome studies for clinical management* (pp. 93-112). Binghamton, NY: The Haworth Press,

Walant, K. B, (1995). *Creating the capacity for attachment: Treating addictions and the alienated self.* Northvale, NJ: Jason Aronson.

Wallace, J. (1975). Tactical and strategic use of the preferred defense structure of the recovering alcoholic. New York: National Council on Alcoholism.

Wallace, J. (1977a). Alcoholism from the inside out: A phenomenological analysis. In N. J. Estes & M. E. Heinemann (Eds.), *Alcoholism, development, consequences, and interventions* (pp. 51-69). St. Louis, MO: C.V. Mosby Co.

Wallace, J. (1977b), Between Scylla and Charybdis: Issues in alcoholism therapy. *Alcohol and Health Research World, 1*, 15-19.

Wallace, J. (1978a). Behavioral modification methods as adjuncts to psychotherapy. In S. Zimberg, J. Wallace, & S. B. Blume (Eds.), *Practical approaches to alcoholism psychotherapy* (pp. 99-117). New York: Plenum Press.

Wallace, J. (1978b). Working with the preferred defense structure of the recovering alcoholic. In S. Zimberg, J. Wallace, & S. Blume (Eds.), *Practical approaches to alcoholism psychotherapy* (pp. 19-29). New York: Plenum Press.

Wallace, J. (1984a). Comments on the controlled drinking controversy. *American Psychologist, 40*(3), 372-373.

Wallace, J. (1984b). Myths and misconceptions about Alcoholics Anonymous! *About AA.* New York: AA World Services,

Wallace, J., Forbes, R., & Chalmers, D. K. (1979). Alcoholism treatment revisited. *World Health Project, 2*(1), 1-28.

Ward, K. (1984, May), *Resistance*, Lecture given at Atlanta Psychoanalytic Interest Group, Atlanta, GA.

Warren, S. L., Huston, L., Egeland, B., & Sroufe, L. A, (1997). Child and adolescent anxiety disorders and early attachment. *Journal of the American Academy of Child and Adolescent Psychiatry, 36*, 637-644.

Washton, A. M. (1989). Cocaine may trigger sexual compulsivity. *U.S. Journal of Drug & Alcohol Dependency, 13*(6) 8.

Washton, A. M. (1992). Structured outpatient group therapy for alcohol and substance abusers. In J. Lowinson, P. Ruiz, & R. Millman (Eds.), *Substance abuse: A comprehensive textbook. Baltimore*, MD: Williams & Wilkins.

Watzlawick, P. (1978). *The language of change.* New York: Basic Books,

Weiner, M. F. (1983). The assessment and resolution of impasse in group psychotherapy. *International Journal of Group Psychotherapy, 33*, 313-331.

Weis, T., Miltner, T., Huonker, R., Friedel, R., Schmidt, L., & Taub, E. (2000). Rapid functional plasticity of the somatosensory cortex after finger amputation. *Experimental Brain Research, 134*(2), 100-203.

Wells, C. (1982). Chronic brain disease: An update on alcoholism, Parkinson's disease, and dementia. *Hospital and Community Psychiatry, 33*(2) 111-126.

West, M. L. & Sheldon-Keller, A. E. (1994). *Patterns of relating: An adult attachment perspective.* New York: Guilford.

Whitaker, C. A. & Malone, T. P. (1953). *The roots of psychotherapy.* New York: Blakiston.

White, M. (1972). *Documents in the history of American philosophy.* New York: Oxford University Press.

Whitehead, A. N. (1925). *Science and the modern world.* New York: The Free Press.

Whitehead, A. N. (1933). *Adventures of ideas.* New York: The Free Press.

Whitfield, C. L. (1987). *Healing the child within: Discovery and recovery for adult children of dysfunctional families.* Deerfield Beach, FL: Health Communications, Inc.

Wilkinson, D. A. & Carlen, P. L. (1981). Chronic organic brain syndromes associated with alcoholism: Neuropsychological and other aspects. In Y. Israel, F, Glace, H. Kalanet, R. E. Popham, W. Schmidt, & R. G. Smart (Eds.), *Research advances in alcohol and drug problems,* Vol. 6. New York: Plenum Press.

Winnicott, D. W. (1965). *The maturation process in the facilitating environment.* New York: International University Press.

Wogan, M., Getter, H., Anidur, M. J., Nichols, M. F., & Okman, G. (1977). Influencing interaction and outcome in group psychotherapy. *Small Group Behavior, 8,* 26-46.

Wolf, E. S. (1980). On the developmental line of self-object relations. In A. Goldberg (Ed.), *Advances in self-psychology* (pp. 117-130). New York: International Universities Press.

Wolf, E. S. (1985). The search for confirmation: Technical aspects of mirroring. *Psychoanalytic Inquiry, 5,* 271-282.

Wolf, E. S. (1988). *Treating the self: Elements of clinical psychology.* New York and London: The Guilford Press.

Wolfe, A. & Schwartz, E. K. (1962). *Psychoanalysis in groups.* New York: Grime & Stratton.

Wood, B, L. (1987). *Children of alcoholism: The struggle for self and intimacy in adult life.* New York: New York University Press.

Wurmser, L. (1978). *The hidden dimension: Psychodynamics in compulsive drug use.* New York: Jason Aronson.

Yalom, I. D. (1974). Group therapy and alcoholism. *Annals of the New York Academy of Sciences, 233,* 85-103.

Yalom, I. D. (1975). *The theory and practice of group psychotherapy* (2nd ed.). New York: Basic Books.

Yalom, I. D. (1980). *Existential psychotherapy.* New York: Basic Books.

Yalom, I. D. (1983). *Inpatient group psychotherapy.* New York: Basic Books.

Yalom, I. D, (1985). *The theory and practice of group psychotherapy* (3rd ed.)- New York: Basic Books.

Yalom, I. D. (1995). *The theory and practice of group psychotherapy* (4th ed.). New York: Basic Books.

Yalom, I. D. & Leszcz, M. (2005). The theory and practice of group psychotherapy (5th ed.). New York: Basic Books.

Yalom, L D. & Rand, K. H. (1966). Compatibility and cohesiveness in therapy groups. *Archives of General Psychiatry, 15,* 267-276.

Yalom, I. D., Flouts, P. S., Newell, A. B., & Rand, K. H. (1967). Preparation of patients for group therapy. *Archives of General Psychiatry, 17,* 416-428.

Zimberg, S. (1980). *The clinical management of alcoholism.* New York: Brun- ner/Mazel.

Zinker, J. (1977). *Creative process in Gestalt therapy.* New York: Brunner/Mazel.

색인

ㄱ

ㄴ

ㄷ

ㄹ

ㅁ

ㅂ

ㅅ

ㅇ

ㅈ

ㅊ

ㅋ

ㅎ

A

C

D

T

W

1

6